KB260451

매튜 헨리 주석 호세아~말라기

저자 **매튜 헨리** Matthew Henry 1662-1714

성경 주석가. 영국 국교회의 복음주의 목사의 아들인 그는 통일령으로 아버지가 성직에서 쫓겨난 직후에 태어났다. 학문을 좋아하는 소년이었으며 1672년에 회심하였다. 옥스퍼드와 케임브리지의 학문성이 차츰 떨어지므로 1680년 런던 이슬링턴 대학에서 신학 교육을 받았다. 그 대학은 신앙을 저버린 시대에 높은 학문을 유지해왔다. 그 대학의 학장은 케임브리지에서 온 토머스 두리틀이었고, 부학장은 옥스퍼드에서 온 토머스 빈센트였다. 그 후에는 그레이 법학원에서 법률을 공부하였다. 그는 국교회 목사가 되려고 생각하였지만, 비국교도가 되기로 결심하였고, 개인적으로 장로교 목사 안수를 받았다. 첫 목회지는 체스터(1687-1712)였으며 그 뒤에 런던의 해크니(1712-1714)로 옮겼다. 청교도들에게서 크게 영향을 받은 그는 성경 해설을 목회의 중심으로 삼았다. 날마다 4시 또는 5시에 일을 시작하였던 그는 시간을 최대한 사용하는 것을 목적으로 삼았다. 1704년에 「성경 주석」을 집필하기 시작하였는데, 그는 사도행전까지 탈고하였으며, 그의 사후 목회 동역자들이 그의 노트와 저서들을 참고하여 신약성경 주석을 완성하였다. 그 주석은 성경에 대한 자세하고 종종 대단히 영적인 해설 양식을 취하였는데, 그 양식은 그 이후의 복음주의적 목회의 형태를 결정하였다. 스펄전은 자신이 매튜 헨리에게 큰 도움을 받았다는 사실을 인정하였다.

역자 **박문재**

역자는 서울대학교 법과대학, 장로회신학대학교 신대원 및 대학원(Th.M.)을 졸업하였다. 역서로 비슬리 머리의 「예수와 하나님 나라」, 존 브라이트의 「이스라엘 역사」, F.F. 브루스의 「바울」, B.S. 차일즈의 「구약신학」, 아이히로트의 「구약성서신학 I , II」, 제임스 D.G. 던의 「바울 신학」 외에 다수 있다.

매튜
헨리
주석
전집

15

매튜 헨리 주석 박문재 옮김

호세아~말라기

Matthew Henry

크리스찬
다이제스트

호세아

서론

Ⅰ. 지금 우리 앞에는 열두 권의 소선지서가 놓여 있는데, 일부 옛 사람들은 구약의 책들의 수를 헤아릴 때에 십이 소선지서를 한데 묶어서 한 권의 책으로 취급하기도 하였다. 이 열두 권의 책이 소선지서들이라 불리는 것은 이 책들이 대예언서들보다 권위나 유익성에 있어서 떨어지기 때문이거나, 하나님이 또는 우리가 보기에 그 중요성이 덜하기 때문이 아니라, 단지 책들의 분량이 대예언서들보다 적고 짧기 때문이다. 이 선지자들도 대예언서들을 쓴 선지자들 못지 않게 하나님의 말씀을 많이 전하였지만, 자기가 전한 내용들을 별로 기록으로 남기지 않은 것으로 보인다. 활동할 당시에 사람들에게 큰 유익을 끼쳤지만 자신이 전한 말씀들을 전혀 또는 거의 기록으로 남기지 않은 뛰어난 선지자들이 많이 있었다. 마찬가지로, 기독 교회에도 활동할 당시에는 활활 타오르며 밝게 빛나는 빛들이었지만, 기록이 남아 있지 않아서 후세들에게 알려지지 않은 인물들이 많이 있다. 그들 가운데는 자기가 전한 내용을 글로 남긴 인물들에 비해서 그 은사와 은혜, 그들 세대에 끼친 유익에 있어서 결코 뒤떨어지지 않은 인물들이 많다. 그리고 기록을 조금밖에 남기지 않아서 저자로서는 크게 두각을 나타내지 못한 인물들이라도 많은 기록을 남긴 인물들 못지않게 소중하고 귀한 인물들이었다.

요세푸스는 이 십이 소선지서가 에스라 시대에 공회 의원들에 의해서 한 권의 책으로 편찬되었는데, 이 박학다식하고 경건한 자들 중에는 십이소선지서의 마지막 세 저자도 끼여 있었다고 말한다. 십이 소선지서는 하나님의 감동을 따라 기록된 글들 중에서 여기저기 남아 있던 글들을 모아 놓은 것이다. 골동품 애호가들은 오래된 것들의 단편들을 소중히 여기는데, 이것들은 마치 사도 바울의 긴 서신들 뒤에 짧은 서신들이 나오듯이 예언의 내용들이 완전히 다 없어져 버리지 않도록 하기 위해서 하나님의 섭리와 유대 교회의 노력에 의해서 세심하게 수집된 예언 단편들이다. 시락(Sirach)의 아들은 그가 쓴 「집회서」에서 이 십이 소선지서의 예언자들을 야곱을 든든하게 세워준 인물들이라고 찬사를 보낸다. 이 열두 예언자들 가운데서 아홉 명은 포로기 이전에 활동하였고,

나머지 세 명은 유대인들이 고국으로 돌아온 후에 활동하였다. 십이소선지서의 배열 순서는 약간씩 차이가 있다. 우리는 옛 히브리인들이 정해 놓은 순서를 따랐다. 호세아서가 맨처음에 나오는 것에는 이견이 없다. 그러나 호세아서가 시간상으로 가장 오래된 것인지는 알 수 없다. 왜냐하면, 우리가 십이 소선지서를 오래된 순서대로 배열하고 싶다고 해도, 그 중 일부의 저작 연대가 불확실해서, 그렇게 배열하기는 불가능하기 때문이다.

Ⅱ. 우리는 이제부터 호세아의 예언을 살펴보게 될 것인데, 호세아는 모든 문서 선지자들 중에서 최초의 인물로서 이사야 시대보다 조금 전에 활동을 하였다. 옛 사람들은 그가 벧세메스 출신으로서 잇사갈 지파에 속하였다고 말한다. 그는 아주 오랫동안 선지자로 활동하였다. 유대인들은 그가 대략 50여년 동안 예언 활동을 하였다고 추정하였다. 제롬(Jerome)은 이것을 근거로 호세아가 열 지파로 구성된 북왕국이 멸망하기 한참 전에 그 멸망을 예언하였고, 실제로 북왕국을 멸망을 눈으로 지켜 보면서 통곡하였으며, 그 사건을 남왕국을 경고하는 말씀을 선포하는 데에 선용하였다고 말한다. 그의 예언의 목적은, 죄를 드러내서 회개하라고 외치고, 삶을 고치고자 하지 않는 백성에 대한 하나님의 심판을 선포하는 것이었다. 그의 문체는 다른 그 어느 선지자보다도 아주 간결한 격언식의 문체이다. 몇몇 대목들에서는 문장들이 서로 연결이 안 되어서 잠언서 같은 느낌을 주기 때문에, 호세아서는 그의 설교집이라기보다는 금언록이라 불리는 편이 더 나을 정도이다. 때로는 무게 있는 금언 한 마디가 고심해서 쓴 장문의 글보다 더 효과가 있는 법이다. 휘티우스(Huetius)는 예레미야와 에스겔의 예언들 중 많은 구절들이 그들보다 한참 전에 자신의 예언들을 기록하였던 선지자 호세아의 글을 참조하거나 빌려다 쓴 것으로 보인다고 지적한다. 예를 들면, 예레미야 7:34; 16:9; 25:10; 에스겔 26:13은 호세아 2:11과 동일한 것을 말하고 있고, 에스겔 16:16 이하는 호세아 2:8에서 빌려온 것이며, 예레미야 30:8-9에 나오는 약속, 즉 그들은 그들의 하나님 여호와를 섬기며 내가 그들을 위하여 세울 그들의 왕 다윗을 섬기리라는 약속은 호세아가 이미 3:5에서 말한 것이었고, 에스겔 19:12도 호세아 13:15에서 빌려온 것이다. 이런 식으로, 선지자들은 서로서로 다른 선지자가 전한 말씀을 확증하고 보강하는데, 이 모든 일을 이루어가시는 것은 한 분 동일한 성령이시다.

제

— 1 —

장

개요

하나님의 마음은 처음 세 장에 걸쳐서는 징조들과 모형들을 통해서 호세아 선지자에게 계시되고, 그 선지자를 통해서 백성들에게 계시되지만, 그 후에는 오직 강론을 통해서만 계시된다. 이 장에는 다음과 같은 내용들이 나온다. I. 호세아서 전체의 표제(1절). II. 하나님이 그의 백성을 깨우치시기 위해서 호세아에게 명하신 몇몇 구체적인 지시들. 1. 호세아에게 음란한 여자와 결혼함으로써 이 백성이 하나님을 떠나 음란하게 행한 죄를 그들에게 깨우치라고 하심(2-3절). 2. 호세아에게 그의 아들들의 이름을 하나님이 이 백성을 버렸다는 것을 나타내는 이름으로 지음으로써 이 백성에게 그들의 죄로 말미암아 멸망이 임할 것을 예언하라고 하심(4-6, 8-9절). 3. 호세아에게 하나님에 대한 순수한 예배를 여전히 유지하고 있는 유다 왕국에게 위로의 말씀을 전하고, 그들에게 여호와의 구원이 있을 것임을 약속하는 말씀을 전하라고 하심(7절). 4. 호세아에게 하나님이 말일에 이스라엘과 유다를 위하여 큰 긍휼을 예비해 두신 것을 전하라고 하심(10-11절). 왜냐하면, 이 예언 속에는 긍휼에 대한 많은 귀한 약속들이 진노의 경고의 말씀들과 섞여 있기 때문이다.

¹웃시야와 요담과 아하스와 히스기야가 이어 유다 왕이 된 시대 곧 요아스의 아들 여로보암이 이스라엘 왕이 된 시대에 브에리의 아들 호세아에게 임한 여호와의 말씀이라

1. 이 선지자의 성과 이름. 호세아는 다른 선지자들과 마찬가지로 자기가 쓰고 있는 것이 하나님의 말씀이라는 것을 모든 사람들에게 보증하여 그들을 안심시키기 위해서 그의 예언을 본격적으로 소개하기 전에 자신의 성과 이름을 밝힌다. 그의 이름인 호세아는 구원자를 의미한다(호세아라는 이름은 여호수아의 원래 이름과 동일하다). 왜냐하면, 선지자들은 신실한 목회자들과 마찬가지로 하나님의 백성에게 구원을 전하는 도구들이기 때문이다. 그들은 많은

영혼들을 죄로부터 구원함으로써 그 영혼들이 사망으로부터 구원받는 것을 돕는다. 그의 성은 벤 브에리 또는 브에리의 아들이었다. 오늘날의 우리와 마찬가지로, 당시에도 사람들은 모레셋 사람 미가, 엘고스 사람 나훔의 경우처럼 그들의 출신지를 성으로 사용하기도 하였고, 브두엘의 아들 요엘, 브에리의 아들 호세아의 경우처럼 그들의 부모 이름을 성으로 사용하기도 하였다. 아마도 그들은 그들의 부모가 유명한 사람들이어서 그분들의 명예와 존귀함을 잇기 위해서 그런 식의 성을 사용하였을 것이다. 그러나 어떤 선지자가 자신의 아버지의 이름을 성으로 사용했다고 해서 그 아버지도 선지자였다고 단정하는 것은 유대인들의 근거 없는 독단이다. 브에리는 우물을 의미하기 때문에, 우리는 그 이름을 들으면 선지자들이 끊임없이 길어 올리는 생명의 샘을 떠올리게 된다.

2. 그의 권위와 사명. 호세아에게 임한 여호와의 말씀이라(1절). 하나님의 말씀은 그에게 확실한 능력으로 임하였고, 하나님이 그의 종들인 선지자들에게 자기 자신을 드러내시는 방식으로 인간이 만들어낸 허구나 상상의 산물이 아니라 하나의 실재(實在)로 그에게 계시되었다. 그가 말하고 기록한 것은 하나님의 감동을 따라 된 것이었다. 그것은 여호와의 말씀에 의해서 계시되었다. 사도 바울도 자기가 순전히 계시로 하나님의 말씀을 받았다고 말한다(살전 4:15). 그러므로 호세아서는 항상 구약의 정경(正經)으로 받아들여졌고, 이 책이 정경이라는 것은 신약에서 호세아서를 인용하고 있는 것에 의해서 확증된다(마 2:15; 9:13; 12:7; 롬 9:25-26; 벧전 2:10). 왜냐하면, 여호와의 말씀은 영원하기 때문이다.

3. 그가 예언한 시대 상황. 그가 예언한 시기는 웃시야와 요담과 아하스와 히스기야가 이어 유다 왕이 된 시대 곧 요아스의 아들 여로보암이 이스라엘 왕이 된 시대였다. 호세아서에는 그의 예언에 대하여 오직 이러한 일반적인 연대만이 나오고, 호세아서보다 앞에 나오는 이사야, 예레미야, 에스겔, 다니엘이나 뒤에 나오는 학개, 스가랴에서와는 달리 구체적인 예언들의 연대는 나오지 않는다. 이 기간 동안에 이스라엘에는 더 많은 수의 왕들이 연이어 통치하였지만, 오직 한 명의 왕만이 언급되고 있는데, 그 이유는 유다의 왕들을 다 열거해서 활동 기간이 명확하게 정해진 상황에서 굳이 이스라엘의 왕들을 다 열거할 필요가 없었기 때문이었고, 또한 그 이스라엘의 왕들은 다 악한 자들이었기 때문에 그들의 이름을 입에 올리거나 그들에게 존귀함을 더하고자 하는 마음이 호세아

선지자에게 없었기 때문이었다. 호세아가 예언 활동을 하였던 시기에 유다와 이스라엘을 다스렸던 왕들(이 기간 전체에 걸쳐서 여호와의 말씀이 그에게 이따금씩 계속해서 임하였던 것으로 보인다)에 대한 이러한 소개를 통해서 우리는 다음과 같은 것들을 알 수 있다.

(1) 그가 오랫동안 예언하였다는 것. 그는 아주 젊었을 때부터 예언을 시작하였기 때문에 힘 있고 활기차게 활동할 수 있는 이점이 있었고, 나이가 아주 많이 들 때까지 예언 사역을 계속하였기 때문에 경험에 의한 노련함과 권위를 지닐 수 있는 이점이 있었다. 그가 이렇게 오랫동안 이 선한 일에 쓰임받은 것은 그에게 큰 영광이었고, 백성들에게는 그들의 사정을 아주 잘 알아서 세심하게 보살필 수 있었던 사역자, 그들을 상대로 오랫동안 사역을 해왔기 때문에 그들에게 더 유익할 수 있었던 사역자를 그토록 오랫동안 그들 가운데 갖고 있었던 것은 큰 은혜였다. 그렇지만, 잘은 모르겠지만 아마도 그는 그들 가운데서 그리 좋은 대우를 받았던 것 같지는 않다. 그가 그들 가운데서 예언 활동을 하면 할수록, 그들은 그를 점점 더 존중하거나 주목하지 않았다. 그들은 그가 젊었을 때나 나이 들어서나 그를 멸시하였다.

(2) 그가 여러 가지 다양한 상황들을 겪었다는 것. 이 왕들 중 일부는 아주 선한 왕이었기 때문에 그를 지지하고 그에게 힘을 실어 주었을 것이고, 일부는 아주 악한 왕이었기 때문에 그를 못마땅하게 여겨서 방해하였다. 그렇지만 그는 늘 한결같았다. 하나님의 사역자들은 존귀한 대접을 받기도 하고 수치를 당하기도 하며, 악평에 시달리기도 하고 칭송을 받기도 하며 이런저런 일들을 겪을 각오를 하여야 하고(고후 6:8), 어느 경우에서이든 자신의 온전한 신앙을 지키고 자신의 직무와 일을 충실히 해나가기로 단단히 결심하여야 한다.

(3) 그가 하나님의 심판의 기운이 널리 퍼져 있던 때에 예언 활동을 시작하였다는 것. 그 때에 하나님은 이 죄악된 백성을 사람의 손에 넘기시기 전에 먼저 그들과 좀 더 직접적인 방식으로 다투고 계셨기 때문에, 그들은 하나님의 손에 빠져 들어가 있었다(히 10:31). 왜냐하면, 유다 왕 웃시야 시대, 즉 이스라엘 왕 여로보암 시대에 무시무시한 지진이 있었고(슥 14:5; 암 1:1), 그 후에 메뚜기 떼 재앙이 있었던 것으로 언급되고 있기 때문이다(욜 1:2-4; 암 7:1; 호 4:3). 하나님은 말씀을 힘 있게 하시기 위하여 매(rod)를 보내시고, 매를 설명해 주시기 위하여 말씀을 보내시지만, 그의 성령을 통해서 사람들의 귀를 여셔서 가

르침과 징계를 알아들을 수 있게 하시지 않는다면 말씀이든 매든 소용이 없다.

(4) 그가 북왕국 이스라엘이 형통하고 번성하던 시절에 예언 활동을 시작하였다는 것. 왜냐하면, 이스라엘이 그의 영토 중에서 해안 지역을 회복하고, 하나님이 그의 손으로 그들을 구원하신 것은 바로 여로보암의 치세 때였기 때문이다 (왕하 14:25). 그렇지만 그런 때에도 호세아는 그들에게 그들의 죄악들에 대하여 말하며, 그들의 멸망을 담대하게 예언하였다. 사역자들은 사람들이 이 세상에서 형통한다고 해서 그들의 죄악된 행실들을 눈감아 주고 듣기 좋은 말만을 해주면 안 되고, 그럴 때에도 신실하게 그들을 책망하며, 그들의 형통이 그들을 안전하게 지켜주는 보호막이 될 수 없다는 것과 그들이 계속해서 범죄한다면 그들의 형통이 오래 가지 않으리라는 것을 분명하게 말해 주어야 한다.

²여호와께서 처음 호세아에게 말씀하실 때 여호와께서 호세아에게 이르시되 너는 가서 음란한 여자를 맞이하여 음란한 자식들을 낳으라 이 나라가 여호와를 떠나 크게 음란함이니라 하시니 ³이에 그가 가서 디블라임의 딸 고멜을 맞이하였더니 고멜이 임신하여 아들을 낳으매 ⁴여호와께서 호세아에게 이르시되 그의 이름을 이스르엘이라 하라 조금 후에 내가 이스르엘의 피를 예후의 집에 갚으며 이스라엘 족속의 나라를 폐할 것임이니라 ⁵그 날에 내가 이스르엘 골짜기에서 이스라엘의 활을 꺾으리라 하시니라 ⁶고멜이 또 임신하여 딸을 낳으매 여호와께서 호세아에게 이르시되 그의 이름을 로루하마라 하라 내가 다시는 이스라엘 족속을 긍휼히 여겨서 용서하지 않을 것임이니라 ⁷그러나 내가 유다 족속을 긍휼히 여겨 그들의 하나님 여호와로 구원하겠고 활과 칼이나 전쟁이나 말과 마병으로 구원하지 아니하리라 하시니라

여호와께서 처음 호세아에게 하신 말씀이라는 구절은 다음 둘 중 하나와 관련되어 있을 것이다.

1. 당시에 하나님이 일으키신 저 영광스러운 일련의 선지자들. 이 시기에 살면서 예언 활동을 하였던 선지자들로는 요엘, 아모스, 미가, 요나, 오바댜, 이사야가 있다. 그러나 호세아는 이 선지자들 가운데서 이스라엘의 멸망을 예언한 최초의 선지자였다. 여호와의 이 말씀은 호세아에 의해서 시작되었다. 우리는 여기에 언급된 이 여로보암에 관한 이야기 속에서 여호와께서 아직 이스라엘의

이름을 천하에서 없이 하겠다고 아니하셨다(왕하 14:27)는 말씀을 읽지만, 얼마 후에 하나님은 이스라엘을 멸망시키겠다고 말씀하신다. 호세아는 이 말씀을 전하기 시작한 최초의 선지자였는데, 다른 선지자들이 일어나서 이 메시지를 동일하게 전함으로써 그를 도울 때까지 그가 이 듣기 싫은 메시지를 한동안 홀로 전하여야 했다는 것이 그에게는 무척이나 힘든 일이었다.

2. 호세아 자신의 예언들. 하나님이 그를 이 백성에게 보내시면서 주신 최초의 메시지는 그들이 악하고 음란한 세대(마 12:39)라는 것을 그들에게 전하라는 것이었다. 아마도 호세아는 자기가 백성들 가운데서 어느 정도 권위와 명성을 얻어서 상당한 영향력을 확보할 때까지는 이렇게 그들의 심기를 심히 불편하게 만들 말씀을 그들에게 전하는 일은 하고 싶지 않았을 것이다. 그러나 그렇지가 않았다. 그는 그들에게 여호와의 선지자로부터 무엇을 기대할 수 있는지를 똑똑히 알게 해주기 위해서 이것으로부터 시작하지 않으면 안 된다. 아니, 그는 그것을 그들에게 전할 뿐만 아니라, 그것을 글로 기록하고 널리 공표하여 그들을 치는 증거로 남겨 두지 않으면 안 된다.

I. 호세아는 그들에게 그들의 죄를 거울에 비쳐 보듯이 분명히 볼 수 있게 해주어야 하고, 그들의 죄가 얼마나 지독하고 가증스러운 것인지도 보여주어야 한다는 것. 하나님은 호세아 선지자에게 음란한 여자를 맞이하여 음란한 자식들을 낳으라(2절)고 명하신다. 그리고 실제로 그는 그렇게 하였다(3절). 그는 평판이 나빴던 한 여자, 즉 디블라임의 딸 고멜과 결혼하였는데, 고멜은 결혼한 상태에서 간음을 범한 여자가 아니라(만약 그랬다면 그녀는 사형에 처해졌을 것이기 때문에), 독신으로 있는 동안에 문란하게 살았던 여자였다. 그러한 여자와 결혼하는 것은 내재적인 악인 것은 아니었지만, 우연적인 악으로서 슬기롭지도 못하고 고상하지도 못하며 바람직한 것도 아니었기 때문에, 제사장들에게 금지된 것이었다. 만약 실제로 이런 일이 이루어진다면, 그것은 하나님이 거룩한 목적을 위해서 명하신 것이기 때문에 죄인 것은 아니지만, 호세아 선지자에게는 괴로운 일이 될 것이었다(하나님은 아마샤에 대한 저주의 결과의 하나로서 그의 아내가 창녀가 될 것이라고 경고하신다, 암 7:17). 아니, 그것은 하나님이 명하신 일이기 때문에 호세아가 반드시 해야 할 일이었고, 그는 사람들 가운데서의 자신의 평판과 관련된 문제를 하나님께 맡기지 않으면 안 된다. 그러나 대부분의 주석자들은 이 일이 환상 속에서 일어났거나 비유에 지나지 않

는 것으로 생각한다. 그것은 옛 사람들, 특히 선지자들 가운데서 흔히 사용되던 가르침의 방식이었다는 것이다. 사도 바울이 말한 것처럼(고전 4:6), 선지자들은 다른 사람들에게 일어난 일을 비유적으로 자기 자신에게 전가시켜서 말하는 경우가 비일비재하기 때문이다. 호세아는 음란한 여자를 맞이해서, 아내가 간음을 행하다가 임신한 음란한 자식들, 즉 결혼 생활 중에 태어나긴 했지만 누가 보아도 다른 사람의 자식일 것이라고 생각하는 그런 자식들을 낳아야 했다. 왜냐하면, 독신으로 지낼 때에 문란하게 살았던 자들은 결혼을 하고 나서도 그 버릇을 버리지 못하는 것은 너무도 흔한 일이기 때문이다.

하나님은 이렇게 말씀하신다: "호세아야, 음란한 여자와 음란한 자식들이 네게 큰 수치이자 근심이고 속상하고 분통 터지는 일인 것과 마찬가지로, 이 백성이 내게 그러하다. 왜냐하면, 이 나라가 크게 음란함이니라." 그들은 여호와를 떠나서 온갖 악행을 저질러 왔지만, 하나님이 여기에서 특별히 그들을 고소하시는 죄목은 그들의 우상 숭배이다. 오직 하나님께만 드려야 마땅한 저 영광을 어떤 피조물에게 돌리는 것이 하나님께 권리 침해이자 모욕이 되는 것은 아내가 다른 남자의 품에 안기는 것이 그 남편에게 권리 침해이자 모욕이 되는 것과 같다. 이미 신앙 고백을 하고 하나님과의 계약 관계 속으로 들어간 자들이 우상 숭배를 하는 것은 특히 그러하다. 그것은 결혼 계약을 깨뜨리는 것이다. 그것은 극악무도하고 가증스러운 죄로서, 그 어떤 것 못지않게 사람을 얼빠지게 만들고 사람의 마음을 빼앗아가 버리는 일이다. 우상 숭배는 다른 그 어떤 음행보다도 더 악한 큰 음행, 즉 크게 음란한 것이다. 그것은 우리가 우리의 결혼 관계 속에서 남편과 아내가 지는 의무보다도 더 큰 의무들 아래에 놓여 있는 여호와를 떠나는 것이다. 이 나라가 음행을 저질렀다. 일부 사람들이 여기저기에서 드문드문 우상 숭배를 죄를 범하는 것이 아니라, 온 나라가 우상 숭배로 물들어 있다. 우상 숭배의 죄는 전염병처럼 번져서 나라 전체의 죄가 되었다. 거룩한 하나님의 사람인 선지자가 음란한 아내를 맞아서 음란한 자식들을 낳는다는 것은 생각만 해도 역겹고 끔찍한 일이었을 것이다! 선지자에게 이것보다 더 강도 높은 인내 훈련이 어디 있겠는가! 음란한 아내가 계속해서 음행을 저지른다면, 그는 그녀에게 이혼 증서를 줄 수밖에 없지 않겠는가! 하지만, 이 백성을 아내로 맞이하여 하나님의 이름으로 불리게 하시고, 하나님의 성전을 드나들며 하나님을 예배하게 하신 것이야말로 거룩하신 하나님에게 너무나 역겹고 끔찍한 일이 아니었겠는가? 그들을 참으시는 하나님의 인내심은 도대체 얼마나 크신 것인가! 하나님이 그들을 진작 내쳤어야 마땅한 일이 아니었던가! 하나님이 이스라엘 백성을 아내로 맞으신 것은 마치 하나님이 당시에 유명한 창녀였을 것임에 틀림없는 디블라임의 딸 고멜과 결혼한 것과 같은 것이었다. 이스라엘 나라는 디블라임의 딸 고멜과 같았다. 고멜이라는 이름은 타락을 의미하고, 디블라임은 두 덩이의 무화과를 의미한다. 이것은 이스라엘의 멸망이 가까웠고, 그들의 사치와 방탕과 호색이 멸망의 원인이라는 것을 보여주는 것이다. 그들은 사람이 먹을 수 없는 나쁜 무화과들과 같았다(렘 24:8). 그들은 그렇게 악하였다. 이것은 풍요가 죄를 낳고, 풍요의 남용이 멸망을 낳는다는 것을 보여주는 것이다. 어떤 이들은 여기에서 하나님이 선지자에게 주신 명령을 다음과 같이 해석한다. "너는 가서 음란한 여자를 아내로 맞이하라. 왜냐하면, 네가 정직하고 정숙한 여자를 찾고자 하여도, 이 나라 전체와 거기에서 살아가는 모든 백성이 너나 할 것 없이 다 음란하여 우상 숭배를 저지르고 있어서, 너는 그런 여자를 찾을 수 없을 것이기 때문이다."

II. 호세아는 그들에게 마치 투시경으로 보듯이 그들의 멸망을 보여주어야 한다는 것. 그는 이 음란한 여자에게서 낳은 아이들에게 붙여준 이름들을 통해서 이 백성의 멸망을 보여준다. 왜냐하면, 욕심이 잉태한즉 죄를 낳고 죄가 장성한즉 사망을 낳기(약 1:15) 때문이다.

1. 그가 그의 첫 번째 아들에게 붙여 주기로 되어 있던 이름을 통해서 이스라엘 왕가(王家)의 몰락을 예언함. 그의 이름을 이스르엘이라 하라(4절). 우리는 선지자 이사야가 자기 자녀들에게 예언적인 이름들을 붙여 준 것을 보았는데(사 7:3; 8:3), 호세아 선지자도 여기에서 그렇게 한다. 이스르엘은 하나님의 씨(그들은 그렇게 되었어야 했다)를 의미하지만, 하나님의 흩어진 자들을 의미하기도 한다. 그들은 목자도 없이 산 위에서 헤매는 양들처럼 될 것이다. 그들을 이스라엘이라 부르지 말라. 왜냐하면, 이스라엘은 통치 또는 지배를 의미하는데, 그들은 그 이름이 지닌 온갖 영예를 다 잃어버렸기 때문이다. 그들을 이스르엘이라 부르라. 왜냐하면, 이스르엘은 흩어짐 또는 이산(離散)을 의미하는데, 여호와를 떠난 자들은 끝없이 방황하게 되어 있기 때문이다. 지금까지 그들은 우상을 좇아 스스로 자원해서 흩어졌지만, 이제부터는 가라지가 되어 강제로 흩어지게 될 것이다. 이스르엘은 이스라엘의 왕들이 거주하던 성읍들 중 한 성읍

의 이름이었다. 이스르엘은 쾌적한 계곡에 자리잡은 아름다운 성읍이었는데, 하나님은 호세아에게 그의 첫 아들의 이름을 이 성읍에 빗대어 이스르엘이라 지으라고 명하신다. 왜냐하면, 조금 후에 하나님이 이스르엘의 피를 예후의 집에 갚으실 것이기 때문이다. 당시 이스라엘의 왕이었던 여로보암은 예후의 집의 직계 후손이었다. 예후의 집은 예후의 죄악들 때문에 벌을 받았다. 왜냐하면, 하나님은 흔히 사람들의 죄악을 쌓아 두었다가 나중에 그 자녀들이나 후손들에게 그 죗값을 치르게 하시기 때문이다. 이스라엘 족속의 나라는 현재의 왕가인 예후의 집을 의미할 수도 있고, 북왕국 이스라엘 전체를 가리키는 것일 수도 있다. 하나님은 이 여로보암 왕의 아들인 스가랴가 왕위에 오른지 단지 육 개월만에 죽임을 당하게 하여 예후의 집을 신속하게 폐하셨고, 북왕국 이스라엘이 계속적으로 타락하고 악해지자, 그로부터 70여년 후인 호세아 왕 때에 북왕국을 폐하셨다. 70년은 하나님께 "조금 후"에 지나지 않는다. 왕들이나 나라들이 하나님께 계속해서 반역한다면, 그들이 지닌 권세나 부귀영화가 하나님의 멸망의 심판으로부터 그들을 안전하게 지켜줄 수 없다는 것을 명심하라.

(1) 이 논쟁의 근거는 무엇인가. 내가 이스르엘의 피, 즉 예후가 하나님으로부터 사명을 받고 그 명령에 순종해서 아합의 집 및 그 집과 함께 하였던 모든 자들을 모든 바알 숭배자들과 더불어서 철저하게 도륙했을 때에 이스르엘에서 흘린 피를 예후의 집에 갚으리라. 하나님은 예후가 한 일을 칭찬하셨다(왕하 10:30): 네가 나보기에 정직한 일을 행하되 잘 행하였다. 그렇지만 여기에서 하나님은 예후의 집으로 하여금 사대까지 이 나라를 다스리게 하시겠다고 하신 약속을 따라 그 기간이 끝날 때를 기다려서 이스르엘에서 흘린 피를 예후의 집에 갚으시겠다고 말씀하신다. 하나님이 예후가 한 동일한 행위에 대하여 상과 벌을 동시에 내리시겠다고 하시는 것은 도대체 어찌된 일인가? 그런 일은 얼마든지 가능하다. 예후가 한 일은 선한 일이었다. 그것은 아합의 집에 내려진 의로운 판결을 집행하는 일이었고, 따라서 예후가 한 일은 상을 받아 마땅한 일이었다. 그러나 예후는 그 일을 올바른 방식으로 하지 않았다. 그는 하나님의 영광을 위해서가 아니라 자신의 출세를 위해서 그 일을 하였고, 하나님의 공의를 집행하면서 거기에 자신의 적개심을 뒤섞었다. 그는 죄에 대한 적대감이 아니라, 죄인들에 대한 악의를 가지고서 그 일을 행하였다. 왜냐하면, 그는 금송아지를 섬기는 일을 그대로 유지시켰고, 하나님의 율법을 지켜 행하지 아니하였기

때문이다(왕하 10:31). 그러므로 예후의 집이 저지른 죄악의 분량이 다 찼을 때, 하나님이 그들에게 오셔서 계산하시면서 가장 먼저 거론하신 것(이것은 나머지 모든 죄를 대표하는 것이다)은 예후가 아합의 집에 흘린 피(이스르엘의 피)에 대한 죗값을 치르는 일이었다. 마찬가지로, 하나님이 바아사의 집을 멸절시키신 것은 바아사가 여로보암의 집과 같이 악을 행하였고 여로보암을 죽였기 때문이었다(왕상 16:7). 공의를 집행하는 일을 맡은 자들은 올바른 원칙과 의도 가운데서 그 일을 행하고, 그들이 벌한 자들이 저지른 죄들을 그들 자신도 저지르며 살아가는 일이 없도록, 세심한 주의를 기울이지 않으면 안 된다는 것을 명심하라. 그렇지 않으면, 그들이 한 일들이 아무리 정당하게 공의를 집행하는 일들이었다고 해도, 저 심판의 날에 하나님은 그들에게도 다른 살인자들에게와 마찬가지로 그 책임을 물으셔서 벌하실 것이다.

(2) 이 논쟁은 어디까지 진행될 것인가. 그것은 징계에서 그치지 않고, 멸망까지 나아가게 될 것이다. 어떤 이들은 "내가 이스르엘의 피를 예후의 집에 갚으리라"는 구절을 그 피흘림에 대하여 원수를 갚으시겠다는 말씀이 아니라 그 피흘림을 예후의 집에 그대로 반복하시겠다는 말씀으로 해석한다. "예후가 아합의 집이 받은 벌을 경고로 삼아서 행실을 올바르게 하지 않고, 도리어 그들의 우상 숭배를 그대로 답습하였기 때문에, 내가 아합의 집을 벌하였듯이 예후의 집도 벌하리라. 그리고 내가 예후의 집을 멸한 후에 이스라엘 족속의 나라를 폐하리라. 이스라엘 족속의 나라가 지금은 번영하고 있지만, 내가 그 나라를 무너뜨리는 일을 곧 시작하리라." 예후의 집의 마지막 왕이었던 스가랴도 죽은 후에, 열 지파의 나라는 눈에 띄게 국력이 약해져서 망해 가기 시작하였다. 하나님은 그 나라를 멸망시키기 위해서 "내가 이스르엘 골짜기에서 이스라엘의 활을 꺾으리라"(5절)고 경고하신다. 갈대아 역본에서는 이스라엘의 활이라는 어구를 이스라엘 전사들의 힘으로 번역한다. 하나님은 이스라엘 전사들을 무력화시켜서 스스로를 방어하거나 그들의 적들에게 대항할 수 없게 하실 것이다. 활이 굳세다거나 활이 손에서 끊이지 않는다는 표현이 점점 힘이 강해진다는 것을 의미하는 것과 마찬가지로, 활을 꺾는다는 표현은 힘이 꺾여서 망한다는 것을 의미한다. 이스라엘의 활은 병기고가 있던 곳이었을 이스르엘 골짜기에서 꺾이게 될 것이다. 또는, 이것은 이스르엘 골짜기에서 어떤 전투가 벌어졌고, 그 싸움에서 북왕국 이스라엘의 힘이 현저하게 약화된 것을 가리키는 것일 수도 있다.

하나님이 다투시면, 그것을 막을 방도가 없다는 것을 명심하라. 하나님이 어떤 백성을 대적하여 나아오실 때면, 그들의 튼튼한 활들은 곧 꺾이고, 그들의 요새들은 곧 무너진다. 의로우신 하나님은 그들이 많은 사람들로 하여금 피를 흘리게 만들었던 곳인 바로 그 이스르엘 골짜기에서 그들에게 원수를 갚아 주실 것이다. 하나님은 이렇게 종종 악명 높은 행악자들을 그들이 악행을 무수히 저질렀던 바로 그 곳에서 사슬에 매여 죽임을 당하게 하심으로써, 그들로 하여금 그들의 죄에 상응한 벌을 받게 하신다.

2. 그가 그의 두 번째 자녀에게 붙여 주기로 되어 있던 이름을 통해서 하나님이 북왕국 이스라엘 전체를 버리실 것을 예언함. 그의 첫 번째 자녀가 아들이었던 반면에, 그의 두 번째 자녀는 딸이었는데, 이것은 이스라엘의 아들들과 딸들이 다 타락하였다는 것을 보여주는 것이다. 어떤 이들은 이것을 이스라엘이 여자 같이 나약해졌다는 것을 의미하는 것이라고 해석하기도 한다. 이 딸의 이름을 로루하마라 하라. 이 이름은 내가 사랑하지 아니한 자라 번역되기도 하고(롬 9:25), 긍휼을 얻지 못한 자라 번역되기도 하지만(벧전 2:10), 둘 다 뜻은 동일하다. 이것은 이스라엘 족속의 운명을 보여주는 것이다: 내가 다시는 이스라엘 족속을 긍휼히 여기지 아니하리라. 이것은 하나님이 그동안 그들에게 크신 긍휼을 베풀어 주셨지만, 그들이 그의 은총들을 악용하였기 때문에, 이제는 더 이상 은총을 베푸시지 않으시겠다고 하신 것을 의미한다. 하나님의 긍휼들을 버리고 거짓되고 헛된 것들을 택한 자들은 결국 하나님이 그의 긍휼들을 거두어 가시고서 그들을 그들이 좋아하는 거짓되고 헛된 것들(욘 2:8)에게 내어주실 것임을 명심하라. 죄는 하나님의 백성인 이스라엘 족속으로부터도 하나님이 그의 긍휼을 거두어 가시게 만들었는데, 이제 하나님이 그들에게 더 이상 긍휼을 베풀지 않으시겠다고 말씀하셨기 때문에, 그들의 처지는 정말 비참하게 되고 말았다. 이 말씀 바로 뒤에 "내가 철저히 그들을 치우리라"는 말씀이 나오는데, 이 말씀은 "내가 그들을 철저히 제거하리라"로 해석되기도 하고, "내가 그들을 철저히 뿌리뽑으리라"로 해석되기도 한다. 긍휼의 물줄기들이 흘러나오는 것이 멈출 때, 우리는 진노의 대접들이 쏟아지는 것 외에 다른 것을 기대할 수 없다는 것을 명심하라. 하나님이 더 이상 긍휼을 베풀지 않으시는 자들은 쇠똥이나 분뇨로 취급되어 철저하게 치워질 것이다. 여기에서 치우다로 번역된 단어는 종종 죄를 용서하다를 의미하기도 한다. 그래서 어떤 이들은 이 구절을 다음과 같

이 해석한다: 내가 지금까지는 그들을 용서하였지만 다시는 그들을 긍휼히 여기지 아니하리라. 삶을 고치기를 싫어하는 백성을 하나님은 오랫동안 참으시기는 하지만, 언제까지나 참으시지는 않으신다. 또는, 어떤 이들은 이 구절을 다음과 같이 해석하기도 한다: 내가 다시는 그들을 긍휼히 여겨서 용서하는 일은 없으리라 또는 내가 다시는 그들을 긍휼히 여겨서 용서하는 일은 결코 없으리라(난외주의 읽기). 용서하시는 긍휼이 있어야 다른 모든 긍휼이 있을 수 있기 때문에, 용서하시는 긍휼을 얻지 못한다면, 그 어떤 긍휼도 기대할 수 없다. 어떤 이들은 이 구절을 위로의 말씀으로 읽기도 한다: 내가 그들을 용서할 때까지, 즉 구속자가 시온에 와서 야곱에게서 경건치 않음을 제거할 때까지 다시는 그들을 긍휼히 여기지 아니하리라. 갈대아 역본에서는 이 구절을 "그러나 그들이 회개한다면 내가 그들을 용서하리라"로 읽는다. 아무리 큰 죄인들이라도 때를 놓치지 않고 자신을 잘 살펴서 하나님께로 돌아온다면 죄사함이 하나님께 있다는 것을 발견하게 될 것이다(시 130:4).

Ⅲ. 호세아는 하나님이 이렇게 이스라엘 족속과는 다투고 계시지만, 유다 족속에게는 긍휼을 준비해 두고 계신다는 것을 그들에게 보여주어야 한다는 것(7절). 그러나 내가 유다 족속을 긍휼히 여기리라. 사람들이 불순종으로 말미암아 버림을 받는다고 할지라도, 하나님은 언제나 그의 긍휼의 그릇들이자 기념비들이 될 남은 자들을 자신을 위해 확보해 두신다는 것을 명심하라. 하나님은 어떤 자들에 대해서는 공의의 집행을 통해서 영광을 받으시고, 어떤 자들에 대해서는 거저 주시는 은혜를 통해서 영광을 받으신다. 사람들이 불신앙으로 말미암아 멸망을 받는다고 하여도, 하나님은 종말의 때까지 이 세상에서 그의 교회를 남겨 두실 것이다. 하나님이 유다에게 긍휼을 베푸심으로써 이스라엘이 버림받은 것은 더욱 부각될 것이고, 유다도 악하게 행하였지만 하나님이 이스라엘처럼 유다도 버리시는 것이 아니라 도리어 유다에게 긍휼을 베푸심으로써 하나님의 긍휼은 더욱 부각될 것이다. 내가 유다 족속을 긍휼히 여겨 그들을 구원하리라. 우리의 구원은 순전히 하나님의 긍휼 덕분이고, 우리 자신의 그 어떤 공로 때문이 아니라는 것을 명심하라.

1. 이것은 의심할 여지 없이 하나님이 이스라엘에게와는 달리 유다에게 베푸실 현세에서의 구원들과 은총들을 가리킴. 앗수르 군대는 사마리아를 멸망시키고 열 지파를 포로로 끌고 간 후에, 계속해서 예루살렘을 포위하였다. 그

러나 하나님은 유다 족속에게 긍휼을 베푸셔서, 천사로 하여금 어느 날 밤에 앗수르 군대를 무수히 살육하게 하심으로써 유다 족속을 구원하셨다. 그 때에 유다 족속은 칼이나 활에 의해서 구원을 받은 것이 아니라, 그들의 하나님 여호와가 직접 나서서 그들을 구원하셨다. 열 지파가 이방 땅에 포로로 끌려가 있고, 그들의 땅이 이방의 지배 아래 있어서, 그들이 철저하게 제거된 때, 하나님은 유다 족속을 긍휼히 여겨 그들을 구원하셨고, 나중에 그들이 포로로 끌려가고 나서도 칠십 년이 지난 후에 힘으로나 능력으로가 아니라 만군의 여호와의 영으로 그들을 되돌아오게 하셨다(슥 4:6). 내가 그들의 하나님 여호와로 그들을 구원하리라. 즉, 하나님은 자기가 직접 나서서 그들을 구원하시겠다고 약속하신다. 하나님은 이 일을 직접 자기 손으로 하심으로써 자신의 힘을 드러내어 스스로 높임을 받으실 것이다. 하나님이 이 일을 하신다면, 그들의 구원은 확실한 것이다. 왜냐하면, 하나님이 하시고자 하신다면, 그의 일을 방해할 자는 아무도 없기 때문이다. 하나님이 이 일을 직접 나서서 하신다면, 그들의 구원은 가장 만족스러운 구원이 될 것이다. 왜냐하면, 여호와께서 홀로 그들을 인도하셨기 때문이다. 어떤 구원에 있어서 사람의 개입이 적고 하나님의 개입이 많을수록, 그 구원은 더욱 밝게 빛나고 더욱 만족스러운 것이 된다. 갈대아 역본에는 "내가 그들을 여호와의 말씀으로 구원하리라"로 되어 있다. 즉, 그들은 영원한 말씀이신 그리스도와 그의 능력으로 구원을 받으리라는 것이다.

내가 그들을 활과 칼로 구원하지 아니하리라. 이것은 다음과 같은 것들을 의미한다. (1) 그들은 철저하게 낮아져서 스스로를 방어할 활이나 칼이 없을 때에 구원을 받게 될 것이다(삿 5:8; 삼상 13:22). (2) 그들은 그들 자신의 힘이나 전쟁 무기들을 의지하지 않게 될 때에 여호와의 구원을 받게 될 것이다(시 44:6). (3) 그들은 칼이나 활을 쏘는 수고를 하지 않고도 쉽게 구원을 받게 될 것이다(7절; 사 9:5). 내가 그들의 하나님 여호와로 그들을 구원하리라. 하나님은 자신을 그들의 하나님이라 부르심으로써, 그들의 하나님인 그를 버린 열 지파를 힐책하신다. 그들이 하나님을 버렸기 때문에, 하나님도 그들을 버리셨다. 그들의 하나님이라는 표현은 하나님이 유다 족속에게 특별한 긍휼을 베푸셔서 그들을 구원하신 진짜 이유가 무엇이었는지를 보여준다. 하나님이 유다 족속을 구원하신 진짜 이유는 그들의 하나님 여호와로서 그가 유다 족속과 맺은 계약을 이행하시기 위한 것임과 동시에, 그들이 악하게 행하기는 했지만 어쨌든 하나님께 신실하게 붙어 있으면서 하나님의 말씀과 예배를 보존한 것에 대하여 상을 주시기 위한 것이었다.

2. 이것은 유다 족속으로 하여금 다른 구원들을 받을 수 있도록 준비시키기 위하여 하나님이 유다를 우상 숭배로부터 건지시겠다는 것을 가리킬 수도 있음. 이것은 진정으로 그들의 하나님 여호와에 의한 구원이다. 그것은 칼이나 활에 의해서는 될 수 없고, 오로지 하나님의 은혜의 능력에 의해서만 될 수 있다. 이스라엘 왕국이 호세아 치하에서 철저하게 제거된 바로 그 때에, 유다 왕국은 히스기야 치하에서 멋지게 개혁을 이루어내어서 멸망을 피하고 보존될 수 있었다. 바벨론에서 하나님은 먼저 그들을 우상 숭배로부터 건지시고 나서, 그런 후에 그들을 포로 생활로부터 구원하셨다.

3. 어떤 이들은 이 약속을 때가 차서 우리 하나님 여호와, 즉 자기 백성을 그들의 죄에서 구원하시기 위하여 이 세상에 오신 예수 그리스도에 의해서 이루어질 저 큰 구원을 가리키는 것으로 해석한다.

[8]고멜이 로루하마를 젖뗀 후에 또 임신하여 아들을 낳으매 [9]여호와께서 이르시되 그의 이름을 로암미라 하라 너희는 내 백성이 아니요 나는 너희 하나님이 되지 아니할 것임이니라 [10]그러나 이스라엘 자손의 수가 바닷가의 모래 같이 되어서 헤아릴 수도 없고 셀 수도 없을 것이며 전에 그들에게 이르기를 너희는 내 백성이 아니라 한 그 곳에서 그들에게 이르기를 너희는 살아 계신 하나님의 아들들이라 할 것이라 [11]이에 유다 자손과 이스라엘 자손이 함께 모여 한 우두머리를 세우고 그 땅에서부터 올라오리니 이스르엘의 날이 클 것임이로다

우리는 여기에서 다음과 같은 것들에 대한 예언을 듣는다.

I. 이스라엘이 한동안 버림을 받으리라는 것. 하나님은 이것을 호세아가 그의 음란한 아내로 말미암아 얻은 또 다른 자녀의 이름을 통해서 나타내신다 (8-9절). 우리는 이스라엘에게 불길한 징조들이 될 이름들을 지닌 호세아의 이 자녀들이 모두 음란한 자식들(2절), 즉 호세아가 결혼한 저 창녀가 낳은 자녀들이라는 사실을 여기에서도 주목하여야 한다. 이것은 이스라엘의 멸망이 이스라엘이 범한 죄의 자연스러운 산물이었다는 것을 보여주는 것이다. 만약 그들이 애초에 하나님을 반역하고 떠나지 않았다면, 그들이 하나님께 버림받은 일

은 결코 일어나지 않았을 것이다. 사람들이 먼저 하나님을 버리기 전에 하나님이 사람들을 버리는 일은 결코 없다.

1. 세 번째 자녀의 출생. 고멜이 두 번째 자녀인 딸을 젖뗀 후에 또 임신하여 아들을 낳았다. 이스라엘 왕국이 완전히 버림을 받게 될 것을 보여줄 징조가 될 이름을 갖게 될 세 번째 자녀의 출생이 일정 기간 동안 연기되었다는 것을 주목하라. 이것은 하나님이 가능하다면 그들에게 극단적인 조치를 취하고 싶지 않으셔서 일정 기간 동안 다시 한 번 그들에 대하여 인내하셨다는 것을 보여주는 것이다. 어떤 이들은 고멜이 또 다른 아들을 임신하였다는 것은 이스라엘 백성이 계속해서 악행을 저지르고 있었다는 것을 의미한다고 생각한다. 그들 가운데서는 여전히 욕심이 잉태하여 죄를 낳고 있었다. 갈대아 역본에서는 이 대목에서 "그들이 악행을 더하였다"는 말을 덧붙인다. 그들은 오랫동안 음행을 계속해 왔고, 그 음행을 행함에 있어서 끈질겼다.

2. 이 자녀에게 주어진 이름. 그의 이름을 로암미(즉, 내 백성이 아니라)라 하라. 그들은 하나님에게서 "내가 다시는 이스라엘 족속을 긍휼히 여기지 아니하리라"는 말씀을 들었지만 꿈쩍도 하지 않은 채, 여전히 그들이 하나님의 백성이기 때문에 하나님은 그들에게 긍휼을 베푸실 수밖에 없다는 망상에 빠져서 헛된 희망을 붙잡고 있었다. 그래서 하나님은 그들과의 모든 관계를 전면적으로 다 부정하심으로써, 그들이 기대고 있던 그 기둥을 완전히 뽑아 버리신다. 너희는 내 백성이 아니요 나는 너희 하나님이 되지 아니할 것이다. "나는 너희의 소유가 되지 아니할 것이다(원문은 이렇게 되어 있다). 나는 너희와 그 어떤 관계 속에도 있지 않을 것이고, 너희와 아무 상관도 없는 자가 될 것이다. 나는 너희의 왕이 되지도 않을 것이고, 너희의 아버지나 너희의 후견인과 보호자가 되지도 않을 것이다." 우리는 이 구절에 모든 것을 포괄하는 단어인 하나님을 보충해 넣어서 다음과 같이 해석하는 것이 좋을 것이다. "나는 너희 하나님이 되지 아니할 것이다. 전에는 내가 너희의 하나님이었고, 지금도 너희는 내가 여전히 너희의 하나님이라고 헛된 기대를 갖고 있지만, 너희가 나를 가까이 하지 않는다면, 나는 이제 결코 너희 하나님이 되지 아니할 것이다." 또한, "너희는 내 백성이 아니다. 너희는 내 백성으로서 합당하게 행하고 있지 않다. 내가 말하면, 내 백성은 내 말을 주의해서 듣고 순종해야 마땅한데도, 너희는 그렇게 하지 않는다. 너희는 내 백성이 아니라, 이런저런 쓰레기 같은 신(神)들의 백성이다. 그러므로

나는 너희를 내 백성으로 인정하지 않을 것이고, 너희를 보호하지도 않을 것이며, 너희에 대한 모든 권리를 포기하고 너희에게 그 어떤 요구도 하지 않을 것이고, 너희를 사로잡은 자들의 손에서 너희를 구하고자 하지도 않을 것이다. 너희는 내 백성이 아니니, 그들로 하여금 너희를 그들 마음대로 하게 하라. 너희는 나를 너희 하나님으로 받아들이지 않고, 신(神)인 체하는 자들에게 충성을 맹세하고 있으니, 나는 너희 하나님이 되지 아니할 것이다. 너희는 내 안에서 그 어떤 분깃도 갖지 못할 것이고, 내게서 그 어떤 유익도 기대하지 못할 것이다." 우리가 하나님과 계약 관계 속에 있게 된 것은 순전히 하나님의 은혜 덕분이라는 것을 명심하라. 왜냐하면, 그 계약은 하나님이 시작하신 것이기 때문이다. 내가 그들의 하나님이 되기로 결심한 후에야, 비로소 그들은 내 백성이 될 수 있다. 우리가 사랑함은 그가 먼저 우리를 사랑하셨음이라(요일 4:19). 그러나 우리가 계약 관계로부터 내쳐지는 것은 순전히 우리 자신과 우리의 어리석음 때문이다. 계약을 깨는 것은 전적으로 우리 인간이다. 너희는 내 백성이 아니기 때문에, 나는 너희 하나님이 되지 아니할 것이다. 하나님이 어떤 자를 미워하신다면, 그것은 그들이 먼저 하나님을 미워하였기 때문이다. 하나님의 이 말씀은 이스라엘이 철저하게 제거되어서 앗수르 땅으로 끌려가서 그들이 살던 땅이 더 이상 그들을 알지 못하게 되었을 때에 성취되었다. 그들은 더 이상 하나님의 백성이 아니었다. 왜냐하면, 그들은 하나님을 아는 지식과 하나님에 대한 예배를 잃었기 때문이다. 두 지파가 포로 생활을 했던 때와는 달리, 열 지파가 포로 생활을 할 때에는 그 어떤 선지자도 그들에게 보내지지 않았고, 그 어떤 약속도 그들에게 주어지지 않았다. 아니, 그들은 더 이상 하나의 백성으로 존재하지도 못하였다. 왜냐하면, 그들은 그들이 끌려간 이방 나라들 속에 뒤섞여서 자신의 정체성을 상실하고 동화된 것으로 보이기 때문이다.

Ⅱ. 때가 차면 이스라엘이 다시 회복되리라는 것. 하나님은 이전과 마찬가지로 여기에서도 진노 가운데서 긍휼을 잊지 않으신다. 이스라엘은 하나님으로부터 버림을 받겠지만, 완전히 버림을 받지도 않을 것이고, 최종적으로 버림을 받지도 않을 것이다(10-11절). 그러나 이스라엘 자손의 수가 바닷가의 모래 같이 되리라. 하나님은 그의 손으로 사람들을 상하게 하시지만 그 동일한 손을 뻗으셔서 그들을 고쳐 주시는 것을 보라. 하나님은 자애로우셔서 찢으시기만 하시는 것이 아니라, 그 상처를 싸매어 주신다. 하나님은 그의 경고의 말씀으로

사람들을 근심하게 하시지만, 그들을 불쌍히 여기서서 영원하신 인자하심으로 그들을 모으실 것이다. 하나님이 여기에서 이스라엘에 대하여 하신 약속들은 지극히 보배로운 약속들로서 지금 우리에게도 적용되는 약속들이다.

1. 어떤 이들은 유대인들이 바벨론에서의 포로 생활로부터 돌아옴으로써 이 약속들이 성취된 것이라고 생각함. 그 때에 열 지파에 속한 사람들 중 다수도 유다 족속과 더불어서 고레스가 선포한 자유의 혜택을 입어서, 그들이 사로잡혀 가서 흩어져 살았던 여러 이방 나라들로부터 나와서, 전에는 별개의 두 나라였던 이스라엘과 유다가 한 백성이 되어서 스룹바벨을 영도자로 삼아 고국 땅으로 돌아올 것이었다. 또한, 그 때에 하나님은 전에 그의 선지자들을 통해서 그들을 자기 백성이 아니라고 선언하고 버렸던 바로 그 땅에서 다시 그의 선지자들을 통해서 그들을 자기 백성이라 시인하고 그의 자녀들인 그들을 위해 나타나실 것이다. 그 때에 그들은 전국 방방곡곡에서 하나님께 예배를 드리러 예루살렘 성전으로 올라올 것이다. 우리는 이 약속이 추가적으로 가리키는 것이 있다고 할지라도, 어쨌든 이 약속은 바벨론에서 포로로 살아가는 자들에게 하나님이 그들과 그들의 땅을 위하여 긍휼을 예비해 놓으셨다는 것을 전체적으로 그들에게 보여줌으로써, 그들에게 힘과 위로를 주기 위한 은혜롭고 경건한 목적이 있었다고 보아야 한다. 이 축복이 그들 가운데 있고 그들을 위하여 예비되어 있는 한, 그들의 나라는 멸망당하지 않을 것이었다.

2. 어떤 이들은 말일에 유대인들이 전체적으로 회심하게 될 때까지는 이 약속들이 적어도 온전히 성취되지는 않을 것이라고 생각함. 지금은 바닷가의 모래처럼 흩어져 있는 유대인들 중에서 무수히 많은 수가 그 때에는 그리스도를 믿는 신앙을 받아들여서 복음 교회에 합류하게 될 것이다. 그 때에 하나님은 비록 그들이 버림받았음을 보여주는 절망적인 증표들 아래에 놓여 있다고 할지라도, 즉 그들이 이방 나라들 가운데에 흩어져 살고 있다고 할지라도, 바로 거기에서 그들을 자기 백성이자 자기 자녀라고 시인하실 것이다. 유대의 랍비들은 오늘날에도 이 약속이 아직 성취되지 않은 것으로 본다.

3. 복음이 선포되어 그리스도의 나라가 세워지고 유대인과 이방인이 함께 그 나라로 들어오게 됨으로써 이 약속이 성취되었다는 것은 확실함. 왜냐하면, 사도 바울도 이 약속이 그런 식으로 성취되었다고 말하고 있고(롬 9:25-26), 사도 베드로도 흩어진 유대인들에게 편지를 보내서 여기에 나오는 말씀을 그런

식으로 적용하고 있기 때문이다(벧전 2:10). 여기에서 이스라엘은 복음 교회, 즉 영적 이스라엘이고(갈 6:16), 유대인이든 이방인이든 모든 믿는 자의 조상인 아브라함의 발자취를 좇고 그 복을 함께 유업으로 받은 모든 믿는 자들이다(롬 4:11-12). 이제 이 이스라엘에 대하여 하나님이 무엇을 약속하고 계시는지를 살펴보자.

(1) 이스라엘 자손이 크게 번성하여, 그 수가 헤아릴 수 없이 늘어나게 되리라는 것. 이스라엘 자손의 수가 바닷가의 모래 같이 되어서 헤아릴 수도 없고 셀 수도 없게 될 것이다. 육체를 따라 난 이스라엘은 점차 줄어들어서 희소하게 되겠지만, 영적 이스라엘은 그 수를 헤아릴 수 없게 될 것이다. 기독교의 초창기와 그 이래로 복음이 전파되어서 이스라엘의 모든 지파와 여러 이방 나라들로부터 무수한 사람들, 즉 아무도 능히 셀 수 없는 큰 무리가 그리스도께로 돌아옴으로써 이 약속은 성취되었고(계 7:4, 9; 갈 4:27), 하나님이 아브라함을 부르셔서, 그로 하여금 여러 민족의 아버지(창 17:5)가 되게 하시고, 그의 씨가 바닷가의 모래와 같게 하시겠다고 하신 약속도 성취되었다(창 22:17). 어떤 이들은 하나님이 여기에서 그들을 바닷가의 모래에 비유하시는 것은 단지 그들의 수가 많다는 의미만이 아니라, 바닷가의 모래가 바닷물의 경계선 역할을 하여 땅을 침범하지 못하게 하는 것과 마찬가지로, 이스라엘 백성이 그들이 살고 있는 곳의 방벽(防壁)이 되어서 심판들을 막아낼 것이라는 의미도 나타내는 것이라고 지적한다. 롯이 소돔에 있는 한, 하나님은 소돔을 해치는 그 어떤 일도 하실 수 없으시다.

(2) 하나님은 복음적 이스라엘과 계약을 새롭게 하셔서, 구약 교회를 받아들이셨을 때에 주셨던 것과 같은 온전하고 풍성한 특권을 복음적 이스라엘에게 주시고 자신의 교회로 받아들이시리라는 것. 아니, 복음적 이스라엘이 받을 특권들은 구약 교회에 주어진 특권들보다 훨씬 더 클 것이다. "전에 그들에게 이르기를 너희는 내 백성이 아니라 한 그 곳에서 너희는 다시 나와 계약을 새롭게 하여 내 백성이 될 것이다." 버려져 있던 이방인들은 그들 각자의 처소에서, 그리고 버림받은 유대인들은 그들이 있는 곳에서 하나님의 은총과 복을 받게 될 것이다. 조상들이 불신앙으로 말미암아 버림받았던 바로 그 곳에서 그 자녀들은 믿음으로 말미암아 하나님께 받아들여지게 될 것이다. 하나님의 백성이 아니었던 자들이 하나님의 백성이 되는 것은 복된 부활이다. 아니, 그들의 특권은

더욱 확대될 것이다. 이제 그들은 이전처럼 "너희는 내 백성이라"이라는 말을 들을 뿐만 아니라, 유대인이든 이방인이든 "너희는 살아 계신 하나님의 아들들이라"는 말을 듣게 될 것이다. 율법 아래에 있던 이스라엘은 하나님의 아들이자 하나님의 장자였지만, 그 때에는 아직 어른이 되지 않은 미성년의 자녀들이었다. 하지만 이제 복음 아래에서 그들은 다 자라서 더 큰 명철과 자유를 지니게 되었다(갈 4:1-2).

[1] 살아 계신 하나님, 영원히 사시는 하나님이 그들의 아버지이고, 그 하나님이 은혜와 양자 삼으심을 통해서 그들을 그의 자녀들로 여기신다는 사실은 모든 믿는 자들의 이루 말할 수 없는 특권이다.

[2] 하나님은 모든 믿는 자들이 그의 아들들이라는 것을 시인하시고 인정하실 것이다. 하나님은 그들의 위로와 만족을 위해서, 아니 그들을 높이시기 위해서 온 천하가 다 듣는 가운데에 그들에게 이르기를 너희는 살아 계신 하나님의 아들들이라 하실 것이다. 성도들은 불안해하지 말고, 사람들은 성도들을 멸시하지 말라. 왜냐하면, 조만간에 하나님의 아들들이 나타날 것이고, 온 세상이 그들이 뛰어나다는 것과 하나님이 그들을 귀히 여기신다는 것을 알게 될 것이기 때문이다.

[3] 그들이 하나님의 진노의 증표들 아래에서 오랫동안 살아가던 바로 그 곳에서 하나님이 그의 은총의 증표들을 통해서 그들을 높이실 때에 그들은 큰 위로를 받고 그들의 존귀함도 크게 더해지게 될 것이다. 하나님의 자녀들이 되기 위해서 굳이 예루살렘으로 올라갈 필요가 없다는 것은 믿는 이방인들에게 위로가 되는 말씀이다. 아니, 그들은 그들이 살고 있는 곳에서, 즉 세상의 가장 후미진 곳에 살고 있다고 할지라도 바로 그 곳에서, "너희는 내 백성이 아니라 내가 너희를 내 백성으로부터 갈라내리라"(사 56:3, 6)는 말씀을 하나님으로부터 들었던 바로 그 곳에서 "너희는 살아 계신 하나님의 아들들이라"는 말씀을 듣게 될 것이다. 그들은 그들의 나라와 친척을 떠나지 않고서도, 믿음만 가진다면, 그들의 영과 더불어서 "그들이 하나님의 자녀"라는 것을 증언해 줄 양자의 영을 받게 될 것이다(롬 8:15).

(3) 사이가 나빴던 자들이 하나가 되리라는 것(11절). 이에 유다 자손과 이스라엘 자손이 함께 모이리라. 지금까지 서로를 못잡아먹어서 앙숙이 되어서 서로 물어뜯고 싸워 왔던 두 나라, 즉 유다와 이스라엘이 하나가 되리라는 것은 단

지 그리스도의 나라가 이 세상에 세워질 때의 복된 결과로서 서로를 불구대천의 원수로 여겼던 자들이 서로를 잘 이해하고 화목하게 될 것임을 보여주는 하나의 표본 또는 예로서 언급되고 있는 것이다. 이 예언은 열 지파에 속하였던 땅에 거주하면서 그 대부분이 북왕국의 후예들이었을 것임이 틀림없는 갈릴리 사람들이 유대인(유다 땅에 살던 사람들)이라 불렸던 자들과 진심으로 하나가 되어서 그리스도를 따르고 그의 복음을 받아들였을 때에 문자 그대로 성취되었다. 그리스도의 최초의 제자들 중 일부는 유대인이었고 일부는 갈릴리 사람이었다. 복음의 빛을 보는 복을 받은 최초의 사람들은 스불론 땅과 납달리 땅의 사람들이었다(마 4:15). 유대인과 갈릴리 사람 간에는 서로에 대한 호의가 전혀 없었지만, 오직 그리스도를 믿음으로써 그들은 복된 하나가 되었고, 그들 간에는 이전의 적대감이 남아 있지 않게 되었다. 아니, 사마리아 사람과 유대인 간에는 훨씬 더 큰 적대감이 있었지만, 사마리아 사람들이 믿었을 때, 그들은 그리스도 안에서 온전한 하나가 되었다(행 8:14). 유다와 이스라엘은 이런 식으로 해서 함께 모이게 되었다. 그렇지만 이것은 그리스도의 죽음을 통해서 율법 중에서 의식법(儀式法)이라는 장벽이 무너짐으로써 유대인과 이방인이 훨씬 더 복된 하나가 될 것임을 보여주는 모형일 뿐이었다(엡 2:14-16). 그리스도께서는 흩어진 하나님의 자녀를 모아 하나가 되게 하기 위하여 죽으셨다(요 11:52; 엡 1:10).

(4) 예수 그리스도께서 하나님의 모든 영적 이스라엘의 구심점이 되시리라는 것. 그들은 모두 한마음으로 한 우두머리를 세울 것인데, 그분은 하나님이 세우신 그리스도 외에 다른 사람일 수 없다. 예수 그리스도는 교회의 유일한 하나뿐인 머리이시되, 한 국가의 머리처럼 통치의 머리이실 뿐만 아니라, 육신의 몸의 머리처럼 생명력을 지닌 머리이심을 명심하라. 그리스도를 믿는다는 것은 그분을 우리의 머리로 세우는 것, 즉 하나님이 그리스도를 우리의 머리로 정하신 것에 동의하고, 기꺼이 그분의 인도하심과 다스리심에 우리 자신을 맡기는 것이며, 그것을 그분을 그들의 머리로 삼은 모든 선한 그리스도인들 가운데서 및 그들과의 교제 속에서 행하는 것이다. 그럴 때에 그들은 비록 다수이지만 그리스도 안에서 하나이고, 서로서로 하나가 된다. 제3의 인물과 마음을 같이 하는 자들은 그들 서로 간에도 마음을 같이 하는 것이다.

(5) 그들이 그리스도를 그들의 우두머리로 세운 후에 그 땅에서부터 올라오리

라는 것. 유대 교회의 시대에 백성들이 하나님을 예배하기 위하여 이스라엘 땅의 방방곡곡에서 예루살렘으로 올라왔듯이, 그 때에는 온갖 지역들로부터 온갖 부류의 사람들이 와서 교회에 합류하게 될 것이다. 이방인들이 교회로 모여오게 될 것을 예언하고 있는 이사야 2:3의 말씀("오라 우리가 여호와의 산에 오르자") 속에는 유대 교회의 시대에 행하여졌던 전례(典禮)를 보여주는 시 122:4의 말씀("지파들이 그리로 올라가는도다")이 분명하게 암시되어 있다. 이것은 지역적인 이동을 의미하는 것이 아니라(그들은 그들이 살고 있는 바로 그 곳에서 하나님과 만나는 것으로 되어 있기 때문에, 10절), 그들의 마음이 변화되어서 그 심령이 그리스도께로 나아가는 것을 의미한다. 그들은 땅으로부터 올라가게 될 것이다(본문은 이렇게 읽을 수도 있다). 왜냐하면, 그리스도를 자신의 머리로 세우고 그분께 자신의 모든 것을 맡긴 자들은 이 땅과 거기에 있는 것들에 대한 애착을 끊고서 위의 것에 마음을 두기 때문이고(골 3:1-2), 그들은 세상에 속한 자들이 아니라(요 15:19) 그들의 시민권이 하늘에 있는 자들이기 때문이다. 그들은 비록 그 땅이 그들이 태어난 곳이라고 할지라도 그 땅에서부터 올라오게 될 것이고, 그들의 마음과 애정은 그 땅에서 나와서 어린 양이 어디로 인도하든지 따라갈 것이다(계 14:4). 포코크(Pocock) 박사는 이 본문을 이렇게 해석한다.

(6) 이 모든 일이 일어나게 될 때, 이스르엘의 날이 클 것이라는 것. 비록 이스르엘의 환난의 날이 클지라도(어떤 이들은 이렇게 이해한다), 이스르엘의 영광의 날은 클 것이다. 그 날은 이스라엘의 날이 될 것이다. 그 때까지는 오랫동안 그들의 원수들의 날이었지만, 그 날은 그들의 날이 될 것이다. 이스라엘은 여기에서 이스르엘, 즉 하나님의 씨, 거룩한 씨, 그 땅의 그루터기라 불린다(사 6:13). 이 씨는 지금 땅에 뿌려져 있고, 흙 속에 묻혀 있다. 그러나 수확기가 올 때, 그 날은 클 것이다. 구원받는 자들이 날마다 더해질 때, 교회의 날은 클 것이다. 그 때에 전능자가 그들을 위하여 큰 일들을 행하실 것이다.

제
— 2 —
장

개요

이 장의 요지는 앞 장의 요지와 거의 같아서, 앞 장에 나온 것과 동일한 사건들 및 그 원인들을 보여주는 것으로 보인다. I. 하나님은 호세아 선지자를 통해서 그들에게 죄를 드러내시고, 특히 그들의 우상 숭배의 죄, 그들의 영적 간음, 그들이 하나님 및 하나님에 대한 책무들을 망각하고 우상들을 섬긴 죄에 대하여 그들을 호되게 책망하심(1-2, 5, 8절). II. 하나님은 그들이 우상들을 섬길 때에 우상들에게 드린 차고 넘치는 온갖 좋은 것들을 그들에게서 제하시고, 그들을 버려서 돌이킬 수 없는 파멸에 이르게 하실 것이라고 경고하심(3-4, 6-7, 9-13절). III. 그렇지만 하나님은 자기 자신을 위하여 결국에는 그들에게 다시 긍휼을 베푸셔서(14절), 그들에게 이전의 풍요로움을 회복시켜 주시고(15절), 우상 숭배에 이끌리는 그들의 성향을 고쳐 주시며(16-17절), 그들과의 계약을 새롭게 하시고(18-20절), 온갖 좋은 것들로 그들에게 복을 주실 것이라고 약속하심(21-23절).

¹너희 형제에게는 암미라 하고 너희 자매에게는 루하마라 하라 ²너희 어머니와 논쟁하고 논쟁하라 그는 내 아내가 아니요 나는 그의 남편이 아니라 그가 그의 얼굴에서 음란을 제하게 하고 그 유방 사이에서 음행을 제하게 하라 ³그렇지 아니하면 내가 그를 벌거벗겨서 그 나던 날과 같게 할 것이요 그로 광야 같이 되게 하며 마른 땅 같이 되게 하여 목말라 죽게 할 것이며 ⁴내가 그의 자녀를 긍휼히 여기지 아니하리니 이는 그들이 음란한 자식들임이니라 ⁵그들의 어머니는 음행하였고 그들을 임신했던 자는 부끄러운 일을 행하였나니 이는 그가 이르기를 나는 나를 사랑하는 자들을 따르리니 그들이 내 떡과 내 물과 내 양털과 내 삼과 내 기름과 내 술들을 내게 준다 하였음이라

이 장의 처음에 나오는 말씀을 어떤 이들은 앞 장의 끝부분과 연결되는 것으로 보고서, 하나님이 장차 그들을 위하여 행하실 큰 일들과 관련하여 거기에 나오는 약속들에 이 말씀을 추가한다. 그들이 그리스도를 그들의 머리

로 세워서 그들의 구심점으로 삼게 되었을 때, 그들로 하여금 뛸 듯이 기뻐하며 서로에게 이렇게 말하게 하라(갈대아 역본에는 "선지자들로 그들에게 이렇게 말하게 하라 내 백성아 너희가 서로 위로하고 위로하라"로 되어 있는데, 백성들이 서로를 위로하게 하는 것이 이제는 선지자들의 사명이라는 것이다). "그들에게 암미 또는 루하마라고 말하라. 그들을 다시 그렇게 부르라. 왜냐하면, 그들은 더 이상 로암미 또는 로루하마라 불리는 수치 아래 있지 않게 될 것이고, 도리어 이제 다시 내 백성이 될 것이며, 긍휼을 얻게 될 것이기 때문이다."

아무런 차별 없이 유대인과 이방인으로 이루어질 하나님의 영적 이스라엘은 서로를 형제와 자매로 부르게 될 것이고, 서로를 하나님의 백성이자 하나님의 사랑을 받은 자로 인정하게 될 것이며, 그런 이유로 서로를 포용하고, 그들이 동참하고 있는 이 공통의 구원에 감사하고 거기에 합당한 삶을 살도록 서로를 격려하게 될 것이다. 또는, 그 뒤에 나오는 말씀이 이 말씀과 연관성을 지니고 있는 것으로 보이기 때문에, 이 말씀 속에는 그들로 하여금 죄를 깨닫고 스스로 낮아지게 하기 위한 의도가 담겨져 있다. 2절에 나오는 어머니는 1절의 형제들 및 자매들과 마찬가지로 열 지파의 교회를 가리키는 것으로 보인다. 따라서, 어머니는 형제들이기도 한 북왕국의 백성들, 특히 나머지 형제들에게 젖을 주고 키운 어머니 같은 역할을 한 그 우두머리들과 지도자들을 가리키는 것으로 볼 수 있다. 그렇다면, 하나님으로부터 "너희 어머니와 논쟁하라"는 말씀을 듣고 있는 자녀들은 도대체 누구를 가리키는 것인가? 여기에서 자녀들은 다음 둘 중의 하나이다.

1. 그들 가운데에 살면서 당시의 죄악들을 목격한 경건한 자들. 그들은 이제 그들 가운데에 만연된 우상 숭배와 극심한 부패에 대하여 담대하게 증언하여야 한다. 바알에게 무릎을 꿇지 않은 자들은 바알에게 무릎을 꿇은 자들을 만나서, 하나님이 여기에서 그들의 입에 넣어 주신 논거들을 그들에게 제시하며 이치를 잘 따져서 그들의 죄를 깨우쳐 주고자 애써야 한다. 개개인들은 하나님의 이름 및 예배와 관련된 공적인 타락상들을 자신의 위치에서 나서서 항의할 수 있고, 또한 항의하여야 한다는 것을 명심하라. 부모들이 잘못하면, 자녀들도 겸손한 태도로 부모들과 논쟁을 벌일 수 있다. 요나단이 다윗 문제를 놓고 아버지인 사울에게 그랬듯이, 너희 어머니와 논쟁하고 논쟁하라.

2. 그들 가운데서 당시의 재난들을 함께 겪었던 자들. 그들은 마치 하나님

이 그들을 자애로운 아버지로서 대하지 않고 가혹하게 대하였다는 듯이 하나님께 불평하고 시비를 걸며 하나님을 탓하지 않아야 한다. 그들은 그들의 어머니와 논쟁하고, 그것이 무엇이든 그 탓을 어머니에게 돌려야 한다. "너희의 어미는 자신의 배역함으로 말미암아 내보냄을 받았느니라(사 50:1). 그녀가 당한 일은 다 그녀 자신의 탓이고, 너희가 겪는 모든 비참한 일도 다 그녀 탓이다." 그러면, 이제 하나님은 그들의 어머니에게 어떻게 항의하여야 한다고 그들에게 말씀하시는지를 살펴보자.

I. **하나님은 그들이 그녀에게 하나님에 대한 그녀의 관계, 하나님이 그녀에게 보여주었던 인자함, 하나님이 그녀에게 베푸셨던 많은 은총들과 장차 베풀기로 계획하셨던 추가적인 은총들을 상기시켜야 한다고 말씀하심.** 그들은 그들의 형제들과 자매들에게 그들이 암미이자 루하마였었다는 것, 그들이 하나님의 백성이자 그의 긍휼의 그릇들이었고, 만약 그들의 잘못이 없었다면 지금도 여전히 그랬으리라는 것을 말해 주어야 한다(1절). 우리와 하나님의 관계 및 우리가 하나님께 의존되어 있다는 사실은 우리가 하나님께 반기를 들고 반역한 사실이 갖는 악함을 더욱 가중시킨다는 것을 명심하라.

II. **하나님은 그들이 그녀가 하나님 간의 혼인 계약을 깨뜨린 것에 대하여 하나님의 이름으로 고소하여야 한다고 말씀하심.** 그들은 그녀에게 하나님이 더 이상 그녀를 그의 아내로 여기지 않으시고, 자신을 그녀의 남편으로 여기지 않으신다는 것을 말해 주어야 한다. "그는 내 아내가 아니요 나는 그의 남편이 아니라"(2절)고 그녀에게 말하고, 그녀의 영적 간음으로 인해서 그녀가 하나님과의 관계에서 오는 모든 존귀함과 위로를 다 상실하였고, 하나님을 화나시게 하여 그녀에게 이혼 증서를 내어주시게 만들었다고 그녀에게 말하라. 우리가 죄로 말미암아 하나님을 화나시게 하여 우리를 부인하고 내치시게 만들었다는 말보다 우리의 정신을 번쩍 들게 하여 우리로 하여금 회개에 이르게 하기에 더 강력한 말은 없을 것이다. 하나님이 우리를 버리시겠다고 경고하신다면, 그 때는 우리가 우리 자신을 살펴서 어떤 길을 가야 하는지를 심각하게 생각해 보아야 할 때이다. 왜냐하면, 하나님이 우리의 남편이 아니라고 선언하시면, 우리에게는 화가 있을 것이기 때문이다. 그들은 다음과 같이 말하며 그녀를 호되게 책망하여야 한다(5절): 그들의 어머니는 음행하였다. 그들의 회중은 거짓 선지자들을 좇아(갈대아 역본의 읽기), 또는, 그들의 거짓 선지자들의 부추김을 받아서 우상들을 좇아 음행하였다. 그들을 임신했던 자, 즉 그녀는 우상들을 만들어 숭배함으로써 부끄러운 일을 행하였다. 우상은 부끄러운 것으로 불리고(9:10), 우상 숭배는 부끄러운 일로 불린다. 이사야 선지자가 말하고 있듯이, 나무 토막 앞에 굴복하여 엎드리는 것은 하나님에 대한 모독일 뿐만 아니라 인간의 수치이기도 하다(사 44:19). 또는, 이것은 죄인이 죄 가운데에 있으면서도 수치심도 없이 뻔뻔스럽고 얼굴도 붉히지 않았다는 것을 가리킬 수도 있고(렘 6:15), 그녀를 보는 모든 사람들이 그녀를 수치스럽게 여겼다는 의미일 수도 있다. 그녀의 자녀들조차 그녀가 그들의 어머니라는 사실을 부끄러워하였다.

Ⅲ. 하나님은 그녀가 하나님으로부터 모든 것을 받아놓고도 그 영광을 우상들에게 돌리고, 한 걸음 더 나아가서 모든 것을 우상들이 주었으니 오직 우상들에게만 충성을 맹세하겠노라고 말함으로써, 그녀의 은인인 하나님께 끔찍할 정도로 배은망덕한 것에 대하여 그들이 그녀를 힐책하여야 한다고 말씀하심(5절).   그녀가 이르기를 나는 나를 사랑하는 자들을 따르리니 그들이 내 떡과 내 물과 내 양털과 내 삼과 내 기름과 내 술들을 내게 준다고 한 것은 그녀가 정말 부끄러운 일을 행한 것이다. 좀 더 살펴보자.

1. 하나님이 그녀를 우상 숭배에서 건져내시기 위해서 그의 선지자들과 섭리들을 통해서 온갖 말씀으로 설득하시고 경고하셨는데도, 그녀는 악하게도 우상 숭배를 계속하겠다고 단단히 결심함. 하나님이 그 어떤 말씀을 하셔도, 그녀는 "나는 나를 사랑하는 자들 또는 나로 하여금 그들을 사랑하게 만드는 자들, 내가 사랑에 빠질 수밖에 없는 자들을 따르리라"고 말하였다. 갈대아 역본에서는 본문에 나오는 "나를 사랑하는 자들"이라는 어구를 이스라엘이 구애하고 의지하던 동맹 국가들, 이스라엘에게 그들이 필요로 하는 것들을 공급해 준 나라들을 가리키는 것으로 이해한다. 그러나 이 어구를 그들이 섬긴 우상들을 가리키는 것으로 이해해서, 그들이 우상들을 그들의 연인이라 부르며 우상들에 대한 그들의 사랑을 정당화하는 말로 이 본문을 해석하는 편이 더 나은 것 같다. 수치스럽게 행하는 자가 누구인지를 보라. 죄를 완강하게 고집하는 자들, 죄 가운데에 머물겠다는 결심을 공개적으로 선언하는 자들이 바로 수치스럽게 행하는 자들이다. 생명이 없는 것들을 그들의 연인이라 부르는 것에서 우상 숭배자들의 어리석음을 보라. 그렇지만, 우리는 그들을 타산지석으로 삼아서, 우리 하나님을 우리의 연인이라 부르는 것을 배워야 하고, 하나님에 대하여 늘 좋게

생각하며, 우리가 하나님의 사랑 안에 있다는 것을 아주 소중히 여겨야 한다.

2. 그녀의 이러한 결심은 그녀의 큰 오산(誤算)이 근거가 되었다는 것. "나를 사랑하는 자들이 내 몸을 유지하는 데에 필요한 내 떡과 내 물, 내 몸을 보호하는 데에 필요한 내 양털과 내 삼, 나를 즐겁게 해주는 내 기름과 내 술들, 나의 포도주와 독주를 내게 주기 때문에, 나는 그들을 따르리라."

(1) 감각을 즐겁게 해주는 것들은 육적인 마음을 지닌 자들에게 가장 좋은 것들이고 가장 강력하게 끌리는 것들이기 때문에, 그들은 그들이 무엇을 좇고 있는지를 아랑곳하지 않은 채로 그것들을 좇아간다는 것. 이스라엘의 하나님은 그들에게 금보다 더 사모할 것이며 꿀보다 더 단(시 19:10) 그의 규례와 법도(신 4:8)를 주셨고, 곡식과 새 포도주와 기름이 풍성할 때보다 더 큰 기쁨을 그들의 마음에 선사할 그의 은총을 약속하셨다(시 4:7). 그러나 그들은 이러한 것들에 대해서는 흥미를 갖지 않았다. 그들은 우상들이 그들에게 기름과 술을 준다고 생각해서, 우상들에게 그들의 최고의 애정을 바치고자 하였다. 땅만을 바라보고 하늘의 것들은 전혀 안중에 없는 타락한 마음들이여.

(2) 감각을 즐겁게 해주는 것들을 따라가느라고, 우리에게 더 좋은 것들을 주실 뿐만 아니라 감각을 즐겁게 해주는 것들도 주시는 하나님을 버리는 것은 하나님에 대한 큰 모욕이라는 것. 우상 숭배자들은 그들에게 이 좋은 땅과 이 땅으로부터 재물을 얻을 능력을 주신 그들의 하나님 여호와를 망각하고서, 케레스(Ceres)를 그들의 곡식의 여신으로 삼고, 바쿠스(Bacchus)를 그들의 포도주의 신으로 삼아서, 어리석게도 이 신들이 그들에게 그들의 곡식과 포도주를 준다고 제멋대로 상상하였다.

(3) 세상적으로 형통함으로써 죄 가운데서 완악해지는 자들이 많다는 것. 그들은 감각을 즐겁게 해주는 것들을 풍성히 소유한 가운데 우상들을 섬기면서, 우상들이 그것들을 그들에게 주었다고 상상하고, 계속해서 우상들을 섬겼다. 그들은 "하늘의 여왕에게 분향하던 때에는 우리가 먹을 것이 풍부하였다"(렘 44:17-18)고 주장하였다.

IV. 하나님은 그들이 그녀를 설득하여 회개하고 삶을 고치도록 하여야 한다고 말씀하심. 그녀가 음행을 지속한다면, 하나님은 그녀를 부인하실 것이다. 그녀가 그녀의 얼굴에서 음란을 제하게 하라(2절). 그녀가 자신의 삶을 고치는 것이 가능하다는 것을 깨닫게 해주라. 그녀는 우상들이라면 죽고 못 살지만 그래도 얼마든지 우상들과 결별할 수 있다. 그녀가 삶을 고치기만 한다면, 그녀는 반드시 잘 될 것이다. 우리가 죄인들과 변론할 때에는 그들을 회개로 이끌어야지 절망으로 이끌어서는 안 된다는 것을 명심하라. 그녀로 하여금 음란들을 제하게 하고 음행들을 제하게 하라. 동일한 취지의 말씀을 둘 다 복수형으로 두 번 반복하고 있는 것은 그들의 우상 숭배가 얼마나 극심했는지를 보여줌과 동시에, 하나님과 화해하고자 한다면 그 모든 것을 다 버려야 한다는 것을 보여주는 것이다. 그녀는 우상들을 혐오스러워서 쳐다보기조차 싫다는 듯이 그녀의 눈 앞에서 치워 버려야 한다. 그녀는 우상들에게 나가라(사 30:22)고 말하여야 한다. 그녀는 우상들을 그녀의 얼굴에서 및 그 유방 사이에서 치워 버려야 한다. 즉, 창기들은 그들의 얼굴에 분칠을 하고 그들의 유방을 드러내며 온갖 치장을 하고서 사람들을 악으로 유인함으로써 그들의 악한 성향을 드러내는 법인데, 그녀는 다시는 그런 짓을 하지 말아야 한다는 것이다. 그녀는 이런 식으로 우상 숭배에 온갖 쾌락과 즐거운 것들을 혼합해서 스스로 즐김과 동시에 다른 사람들을 그 우상 숭배로 유인하는 짓을 하지 말아야 한다. 그녀는 이 모든 것들을 제거하여야 한다. 죄악된 길을 지속적으로 가는 것은 다 하나님을 떠나 간음하는 것이다. 여기에서 우리는 죄악된 길을 진정으로 회개하고 거기에서 돌아서는 것이 무엇인지를 볼 수 있다.

1. 참된 회개자들은 두 가지 죄 모두를 버린다는 것. 즉, 그들은 눈에 보이는 음란들만이 아니라, 그들의 유방 사이에 은밀하게 놓여 있는 음행들, 즉 사탕처럼 혀 아래에서 굴리는 죄들도 제거하는 법이다.

2. 그들은 죄를 지을 외적인 기회들을 피함과 동시에, 죄에 이끌리는 내적인 성향도 죽인다는 것. 우상 숭배자들은 그들의 눈을 좇아 행하여 음란한 눈으로 우상들을 섬겼다(겔 6:9; 신 4:19). 그러므로 그들은 우상들을 숭배하고자 하는 유혹을 받지 않으려면 그 우상들을 그들의 눈 앞에서 제거하여야 한다. 포도주는 붉고 잔에서 번쩍이며 순하게 내려가나니 너는 그것을 보지도 말지어다(잠 23:31). 그러나 그것만으로는 충분하지 않다. 도끼가 뿌리에 놓여져야 한다. 즉, 마음의 부패한 성향과 끌림이 변화를 받아 유방 사이에서 제하여져서, 오직 그리스도만이 마음의 가장 깊은 곳에 자리를 잡으시게 하여야 한다(아 1:13).

V. 하나님은 그들이 그녀에게 그녀가 회개하여 삶을 고치지 않는다면 그녀의 죄의 치명적인 결과인 철저한 파멸이 그녀에게 임하리라는 것을 보여주어

야 한다고 말씀하심(3절).   그렇지 아니하면 내가 그녀를 벌거벗기리라. 이것은 여기에서 하나님이 그녀에게 이런 확정적인 선고를 내리시는 것이 아니라, 그녀가 그렇게 되지 않도록 하기 위하여 그녀에게 미리 경고하시는 것이다: 내가 그녀를 벌거벗기는 일이 일어나지 않도록 그녀로 하여금 그녀의 음란을 제하게 하라. 이것은 하나님이 어떻게 해서든지 죄인들에게 긍휼을 베푸시고자 하여, 죄인들이 긍휼하심을 입을 자격을 갖출 때까지 가능한 한 최대한도로 기다리신다는 것을 보여주는 것이다. 하나님은 여기에서 의롭고 질투하는 남편이, 그의 집을 사생아들로 가득 채우고도 그 삶을 고치고자 하지 않는 음란한 아내를 처리하는 예를 따라 그녀를 다루시겠다고 경고하신다. 그런 경우에 남편은 그 아내와 자녀들을 집에서 쫓아내어 밖에서 구걸하며 살게 한다. 내가 그녀의 자녀들을 긍휼히 여기지 아니하리라(4절). 국가적인 재앙에 개입된 개인들과 새롭게 일어나는 세대가 그 재앙으로 말미암아 멸망을 받게 될 것이다. 왜냐하면, 그들은 음란한 자식들(4절)이고, 그들의 조상이 물려 준 헛된 행실(벧전 1:18)을 고수하는 자들이기 때문이다. 하나님은 그들이 벌거벗고 굶주리게 될 것이라고 경고하신다. 그들은 그들이 섬기는 우상들이 그들에게 그들의 떡과 물과 양털과 삼을 준다고 생각하였다. 그러나 하나님은 그것들을 그들에게서 제거하심으로써 그들로 하여금 그것들을 주신 이가 하나님이심을 알게 만드실 것이다.

  1. 그녀가 벌거벗겨지게 되리라는 것. 그렇지 아니하면 내가 그녀를 벌거벗겨서, 그녀가 뽐내던 온갖 장신구들, 그녀의 연인들을 유혹할 때에 사용하던 장신구들을 제할 것이고, 그녀를 그 나던 날과 같게 하여, 세상에 들어왔던 그대로 벌거벗은 채로 세상에서 떠나게 할 것이다. 죽음이 그녀를 그렇게 만들 것이다(욥 1:21). 내가 그녀를 벌거벗겨서 추위와 수치에 노출시킬 것이다. 그녀는 부끄러운 일을 행하였기 때문에 수치에 노출되어도 마땅하다(5절). 그들이 애굽에서 노예나 거지와 다름없이 살았던 때에 하나님이 그들을 애굽에서 나오게 하신 날이 그들이 나던 날이었다. 하나님은 그들을 바로 그 나던 날처럼 비천하고 비참한 처지로 되돌릴 것이라고 경고하신다. 그들로 하여금 이웃들 가운데서 존중을 받게 해주었거나 멸시를 당하지 않게 해준 것들은 무엇이든지 그들에게서 제하여질 것이다(겔 16:4, 39).

  2. 그녀가 굶주리게 되리라는 것. 그녀는 그녀를 존귀하게 만들어준 것들만이 아니라 그녀에게 위로가 되었거나 사는 데에 꼭 필요한 것들까지 박탈당하

게 될 것이다. 그녀는 굶주릴 것이고, 광야 같이 되고 마른 땅 같이 되어서 목말라 죽게 될 것이다. 그녀를 사랑하는 자들이 많은 떡과 물과 기름과 술들을 그녀에게 주었다고 입에 침이 마르도록 자랑하던 그녀는 일용할 양식조차 없게 될 것이다. 하늘에서 비가 내리지 않아서 땅은 그 주민들의 생존에 꼭 필요한 양식조차 공급해 주지 못할 것이다. 또는, 땅의 소출이 있다고 하여도, 원수가 그들에게서 그것을 빼앗아가 버려서, 원래 주인은 양식이 없어서 죽게 될 것이다. 어떤 이들은 이 구절을 이렇게 이해한다: 내가 그녀를 광야에 있는 것 같이 만들고 마른 땅에 있는 것처럼 만들어서 목말라 죽게 할 것이다. 이런 식으로 읽으면, 이 구절은 3절의 전반부를 설명하는 것이 된다: 내가 그녀를 그 나던 날과 같게 할 것이다. 왜냐하면, 이스라엘은 저 광대하고 황령한 광야에서 처음으로 하나의 민족으로 형성되었기 때문이다. 그들은 광야에서 죽어간 그들의 조상들처럼 통탄스러운 처지에 놓이게 될 것이고, 당시에는 자녀들이 약속의 땅을 물려받게 되어 있었지만 지금은 그런 약속도 없다는 점에서 그들의 조상들보다 더 못한 처지에 놓이게 될 것이다: 내가 그녀의 자녀들을 긍휼히 여기지 아니하리니 이는 그들의 어머니가 음행하였음이라(4-5절).

⁶그러므로 내가 가시로 그 길을 막으며 담을 쌓아 그로 그 길을 찾지 못하게 하리니 ⁷그가 그 사랑하는 자를 따라갈지라도 미치지 못하며 그들을 찾을지라도 만나지 못할 것이라 그제야 그가 이르기를 내가 본 남편에게로 돌아가리니 그 때의 내 형편이 지금보다 나았음이라 하리라 ⁸곡식과 새 포도주와 기름은 내가 그에게 준 것이요 그들이 바알을 위하여 쓴 은과 금도 내가 그에게 더하여 준 것이거늘 그가 알지 못하도다 ⁹그러므로 내가 내 곡식을 그것이 익을 계절에 도로 찾으며 내가 내 새 포도주를 그것이 맛 들 시기에 도로 찾으며 또 그들의 벌거벗은 몸을 가릴 내 양털과 내 삼을 빼앗으리라 ¹⁰이제 내가 그 수치를 그 사랑하는 자의 눈 앞에 드러내리니 그를 내 손에서 건져낼 사람이 없으리라 ¹¹내가 그의 모든 희락과 절기와 월삭과 안식일과 모든 명절을 폐하겠고 ¹²그가 전에 이르기를 이것은 나를 사랑하는 자들이 내게 준 값이라 하던 그 포도나무와 무화과나무를 거칠게 하여 수풀이 되게 하며 들짐승들에게 먹게 하리라 ¹³그가 귀고리와 패물로 장식하고 그가 사랑하는 자를 따라가서 나를 잊어버리고 향을 살라 바알들을 섬긴 시일대로 내가 그에게 벌을 주리라 여호와의 말씀이니라

하나님은 여기에서도 이 우상 숭배를 일삼는 기만적인 백성을 어떻게 하실 것인지를 말씀하시며 그들에 대한 경고를 계속해 나가신다. 하나님이 경고하시는 것은 백성이 다치지 않게 하시기 위한 것이고, 그가 그들을 치는 일이 일어나지 않게 하기 위한 것이다. 사람이 회개하지 아니하면, 하나님은 그의 칼을 가실 것이다(시 7:12). 그러나 사람이 돌이키면, 하나님은 그 칼을 도로 칼집에 넣으실 것이다. 그들은 돌이키지 않았다. 그러므로 이 모든 것이 그들에게 임하였다. 하나님이 이것을 이전에 미리 경고하셨다는 것은 이것이 그들의 악행으로 말미암아 하나님이 그들에 대하여 선고하신 것을 집행하는 것임을 보여준다. 이것은 우리에게 경고하기 위하여 기록되었다.

I. 그들의 계획들이 틀어져서 그들이 당황해하고 당혹해하게 될 것이고, 그들의 모든 기대들은 실망으로 변하게 되리라는 것. 이것이 하나님이 경고하신 내용이다(6-7절). 그러나 이 경고에는 이것이 그들의 어리석음을 깨우쳐서 그들을 그들의 본분으로 되돌아오게 하기 위한 수단이 될 것이라는 약속이 덧붙여져 있다. 하나님은 그들이 겪는 재앙조차도 그들에게 선한 것이 되게 하실 것인데, 이것은 하나님이 아직 그들을 위해 긍휼을 예비해 두고 계신다는 것을 보여주는 증표가 될 것이다. 이것이 환난의 복된 열매이자 결과일 것이기 때문에, 이 예언 또는 환난 자체를 경고라 해야 할지, 아니면 약속이라 해야 할지를 결정하기는 어렵다.

1. 하나님이 그들의 길에 난관들과 장애물들을 놓아두실 것이기 때문에, 그들의 공적인 계획과 일들이 성공하지 못하고, 그들의 일은 진척될 수 없으리라는 것. 내가 가시로 너의 길을 빙 둘러쳐서 막으리라. 하나님은 가시와 엉겅퀴처럼 죄와 저주의 산물인 여러 가지 장애물들로 그들의 길을 둘러치실 것이기 때문에, 그들은 거기에 긁히고 찢기며 신경이 쓰여서 앞으로 나아가지를 못하고 뒤로 물러날 수밖에 없게 될 것이다. 그녀는 이렇게 말하였다: "나는 나를 사랑하는 자들을 따르리라. 나는 이방 나라들과의 동맹을 추구할 것이고, 그 나라들을 의지할 것이다." 그러나 하나님은 이렇게 말씀하신다: "그녀의 계획들은 좌절되어서 진척되지 못할 것이다. 내가 가시로 너의 길을 둘러쳐서 막을 것이고, 그것이 제대로 통하지 않으면 담을 쌓을 것이다." 하나님이 보내신 작은 난관들이 그녀의 계획들을 막아내지 못하면, 하나님은 더 큰 난관들을 보내실 것이다. 왜냐하면, 하나님은 심판하실 때에 반드시 그 뜻을 이루시는 분이시기 때

문이다. 하나님이 가시로 울타리를 치시고 담을 쌓으시면, 그녀는 자신의 길을 찾지 못하게 될 것이다. "내가 너의 길을 막으리니 그녀가 그것을 찾지 못하리라"는 구절에서 나타나는 인칭의 변화는 성경, 특히 진지한 말하기 방식에서는 통상적인 것이다. "죄인아, 너는 내가 너의 길을 막으리라고 말하였다는 것을 명심하고, 옆에서 구경하는 너희 모든 자들은 그 결과가 무엇이 될지를 눈여겨 보라. 너희는 그녀가 그 길을 찾지 못하는 것을 보게 될 것이다." 그녀는 자기 앞에 놓여 있는 많은 길들 중에서 어느 길로 가야 할지를 모를 뿐만 아니라 앞으로 나아가는 길 자체를 찾지 못하는 여행자 같이 될 것이다. 그 때에 그녀가 그 사랑하는 자들을 따라갈지라도 미치지 못할 것이다. 그녀는 앗수르와 애굽의 호의를 이끌어 내어서 그들을 그녀의 보호자들로 삼고자 애쓰겠지만, 그 목적을 이루지 못할 것이다. 그들은 그녀와 동맹을 맺지도 않을 것이고 그녀를 도와 주지도 않을 것이다. 그들의 도움을 기대해도 아무 소용이 없을 것이고, 그들은 상한 갈대 지팡이 같을 것이다(사 36:6). 그녀가 그들을 찾을지라도 만나지 못할 것이고, 그녀의 우상들에게 구하여도 그녀가 기대했던 만족감을 그 우상들에게서 발견하지 못할 것이다. 그녀가 그토록 열애하고 의지하였던 우상들은 그녀를 위해 아무것도 해줄 수 없을 뿐만 아니라, 그녀에게 힘이 되는 말 한 마디조차 해줄 수 없을 것이다.

(1) 이것은 소돔 사람들과 아람 사람들에게 임하였던 것과 같은 의로운 심판이라는 것. 하나님이 소돔 사람들의 눈을 어둡게 하니 그들이 문을 찾느라고 헤매었고(창 19:11), 하나님은 아람 사람들의 눈도 마찬가지로 어둡게 하셨다(왕하 6:18). 단단히 결심을 하고서 죄악을 추구하는 자들은 그들이 하는 일들에서 흔히 가장 큰 난관을 만나게 된다는 것을 명심하라. 패역한 자, 즉 고집이 세서 제멋대로 하는 자의 길에는 가시와 올무가 있다(잠 22:5). 하나님은 고집을 부리고 제멋대로 하는 자들에게는 하나님도 고집이 있음을 보여주시고(시 18:26), 하나님께 대항하여 행하는 자들에 대해서는 하나님도 마찬가지로 그들에게 대항하여 행하신다(레 26:23-24). 예레미야 선지자는 애곡을 하면서, 하나님이 내 길들을 막으셨다(애 3:7, 9)고 탄식한다. 하나님의 길, 우리가 마땅히 행해야 할 길은 흔히 가시들로 듬성듬성 둘러쳐져 있지만, 죄악된 길은 가시들로 완전히 둘러쳐져서 막혀 있다.

(2) 이것은 발람이 겪은 것과 같은 인자하신 책망이자 긍휼이라는 것. 발람

이 이스라엘을 저주하기 위해서 길을 나서자, 천사가 그의 길을 방해하기 위해서 막으셨다(민 22:22). 악한 길을 가다가 만나는 난관들과 장애들은 큰 축복들이고, 또한 우리는 그것들을 그렇게 여겨야 한다는 것을 명심하라. 그것들은 우리로 하여금 범죄하지 못하게 막으시고, 푸른 초장을 벗어나 방황하지 않도록 우리를 억제하시며, 사람이 자기 뜻대로 하고자 하는 마음을 버리게 하시고(욥 33:17), 죄의 길을 어렵게 만드셔서, 우리가 원하든지 원하지 않든지 죄의 길에 들어서거나 머무는 것을 막으시기 위한 하나님의 울타리이자 장벽이다. 우리는 우리로 하여금 죄를 짓지 못하도록 억제하시는 은혜와 섭리에 대하여 하나님께 감사하여야 한다.

2. 하나님이 그들의 길에 두시는 이 난관들은 그들의 마음속에 하나님께 돌아오고자 하는 생각을 불러일으키게 되리라는 것. "그제야 그녀가 이르기를 내가 나의 사랑하는 자들을 만날 수 없다면 차라리 본 남편에게로 돌아가리라, 즉 하나님께 돌아가서 내 자신을 그 앞에서 낮추고 나를 다시 받아 주라고 부탁하리라고 말할 것이다. 왜냐하면, 내가 하나님 곁에 있었을 때에는 내 형편이 모든 면에서 지금보다 나았음이라." 하나님은 여기에서 이 타락하고 배교한 백성으로부터 다음과 같은 두 가지를 억지로 이끌어 내고자 하신다.

(1) 하나님은 그들로 하여금 그들의 배교가 어리석었다는 것을 인정하게 하시리라는 것. 그들은 이제 그들이 그들의 하나님께 붙어 있던 때가 하나님을 버리고 살아 왔던 때보다 더 나았다는 것을 시인하게 될 것이다. 지금까지 세상과 육신을 섬기기 위해서 하나님을 버린 자들은 누구나 조만간에 그들이 그들에게 해로운 짓을 했다는 것과 만약 그들이 계속해서 선한 무리들과 어울려서 선한 길을 가며 그들의 시간과 언행을 사용하는 데에 좀 더 주의를 기울였더라면 그들의 형편이 지금보다 더 나았으리라는 것을 시인하였다는 것을 명심하라. 그들은 하나님을 떠나 있을 때보다도 하나님 곁에 있을 때에 참된 위로를 받았고 즐거운 시간을 보냈다.

(2) 하나님은 그들에게서 다시 그들의 본분으로 되돌아가야 하겠다는 선한 결심을 이끌어 내시리라는 것. 내가 나의 본 남편에게로 돌아가리라. 그녀는 하나님의 선하심과 기꺼이 용서해 주시고자 하신다는 것을 너무나 잘 알고 있기 때문에, 하나님이 그녀를 다시 받으셔서 은총을 베풀어 주시고 그녀의 형편을 이전과 같이 만들어 주실 것에 대하여 전혀 의심하지 않는 가운데에 말을 한

다. 우리는 피조물에서 만족을 추구하다가 실망하게 되면, 결국에는 창조주께로 돌아가게 되어 있는데, 이는 다른 그 어떤 것도 우리에게 만족을 줄 수 없고 오직 하나님만이 그렇게 하실 수 있다는 것을 우리가 알기 때문이다. 모압이 산당에서 피곤하도록 봉사하다가 질리면 성소에 나아가게 될 것이다(사 16:12). 탕자는 쥐엄나무 열매를 먹을 정도로 핍절하게 되자, 그의 아버지의 집에는 양식이 풍족하다는 것을 기억하고서, "내가 일어나 내 아버지의 집에 가리라"고 말한다(눅 15:17-18).

II. 그들이 하나님이 주신 것들로 하나님을 욕되게 하였기 때문에, 하나님은 생존에 꼭 필요한 것들과 삶의 위로들을 그들에게서 빼앗으시리라는 것(8-9절). 그들의 땅은 풍요로웠다. 좀 더 자세하게 살펴보자.

1. 그들의 풍요로움은 하나님이 은혜로 그들에게 주신 것이라는 것. 하나님은 그들에게 생존에 꼭 필요한 곡식만이 아니라, 즐거움을 위한 포도주와 단장(丹粧)을 위한 기름도 주셨다. 아니, 하나님은 그들에게 은과 금도 더하여 주셔서, 그들로 하여금 그것으로 다른 나라들과 교역을 해서 그 나라들의 생산물들을 들여오고, 후손들을 위해서 재물을 비축할 수 있게도 해주셨다. 은과 금은 곡식과 포도주와 기름보다 더 오래 보존이 가능해서 재산의 비축 수단으로 사용될 수 있기 때문이다. 또한, 하나님은 그들의 벌거벗은 몸을 가리고 그들을 단장하는 데에 소용되는 양털과 삼도 그들에게 주셨다(겔 16:10). 하나님은 장차 그에게 배은망덕하고 감사하지 않을 줄을 뻔히 아시는 그런 자들에게조차도 후하게 거저 주시는 분이시라는 것을 명심하라.

2. 그들이 그들의 풍요로움을 아주 비열하게 악용하였다는 것.

(1) 그들은 하나님이 주신 것들을 악용함으로써 하나님을 욕되게 하였다는 것. 그녀는 내가 그녀에게 곡식과 포도주를 준 것을 알지 못하였다. 그녀는 그런 사실을 기억하지 못하였다. 율법과 선지자들은 그들에게 그들이 소유한 온갖 위로들이 아낌 없이 주시는 하나님의 섭리에 의해서 주어졌다는 것을 거듭거듭 말해 주었었다. 그러나 그들은 그들의 거짓 선지자들과 우상을 섬기는 제사장들로부터, 그들에게 곡식을 준 것은 이 신(神)이고, 포도주를 준 것은 저 신이라는 등등의 말을 귀가 따갑게 들었기 때문에, 그들에게 이 모든 것을 거저 후히 주신 하나님에 대한 그들의 관계와 본분을 까맣게 망각해 버리고서, 그런 사실을 깊이 생각하지도 않았으며, 그런 사실을 인정하려고 하지도 않았다. 그

들은 그 임자를 아는 소나 그 주인의 구유를 아는 나귀보다 더 짐승 같은 자들이어서 그런 사실을 일부러 잊으려 하였다(벧후 3:5). 그녀는 그런 사실을 알지 못하였다. 왜냐하면, 그녀는 선물들을 주신 것에 대하여 하나님께 감사하지도 않았고, 자기가 어떻게 해야 보답할 수 있는지를 궁리하지도 않았기 때문이다. 또한, 그녀는 하나님이 그녀에게 주신 것들 가운데서 마땅히 하나님께 돌려드려야 할 것을 돌려드리지 않았고, 마치 그들에게 주신 자가 누구신지를 모르는 것처럼 행동하였다.

(2) 그들은 하나님이 주신 것들로 하나님의 원수들을 섬기고 존귀하게 하였다는 것. 그들은 그것들을 바알을 위하여 썼다. 그들은 그들의 우상들을 은과 금으로 꾸몄고(렘 10:4), 그들의 우상들을 섬기기 위해서 스스로를 단장하였다(13절; 또한, 겔 16:17-19). 그들은 그것들로 바알, 즉 바알 우상을 만들었다(난외주의 읽기). 하나님은 우리에게 잘 먹고 힘을 차려서 그를 섬기라고 곡식을 주시고, 우리의 순종의 바퀴가 더 잘 돌아가게 하기 위하여 기름을 주셨는데, 하나님께서 그의 섭리 가운데 이렇게 우리에게 주신 것들을 우리가 우리의 정욕을 만족시키는 양식과 연료로 사용한다면, 그것은 하나님을 이루 말할 수 없이 욕보이는 일이라는 것을 명심하라.

3. 하나님이 그들에게서 그들의 풍요로움을 빼앗으시는 것은 지극히 마땅한 일이라는 것. "그러므로 내가 도로 찾으리라. 내가 그들에 대한 나의 태도를 바꾸어 다른 식의 조치를 취해서, 내 곡식과 내가 그녀에게 준 좋은 것들을 도로 찾아 오리라." 여기에서 도로 찾다라는 단어는 법률 용어로서, 사람이 타인에 의해서 부당하게 점유당한 자신의 소유물을 적절한 법적 조치를 통해서 되찾아오거나, 소작인이 지주에게서 빌린 토지를 훼손하였을 때에 지주가 그 훼손된 가치를 배상받을 때에 사용된다. 하나님이 그들의 풍요로운 것들을 내 곡식, 내 포도주, 내 양털, 내 삼이라고 하시는 것을 주목하라. 그들은 그것들을 그들의 것이라고 하였지만(내 떡과 내 물, 5절), 하나님은 그것들이 그들의 것이 아니라는 것을 그들에게 알게 하신다. 하나님은 그것들에 대한 소유권은 계속해서 스스로 지니고 계시면서, 단지 그들에게 소작인으로서 그것들을 사용하는 것을 허락하시고, 청지기로서 그것들을 관리하도록 맡기신 것뿐이다. "그것은 내 곡식이고 내 포도주이다." 하나님은 우리에게 우리가 피조물로부터 누리는 온갖 위로들이 하나님으로부터 오는 것일 뿐만 아니라, 하나님은 그것들에

대한 절대적인 소유권을 여전히 가지고 계시다는 것, 그것들은 우리의 것이 아니라 하나님의 것이기 때문에 하나님을 위하여 사용되어야 하고, 우리가 그것들을 사용할 때에는 하나님께 그 책임을 져야 한다는 것을 알게 하고자 하신다. 여기에서 그들은 법원의 기록상으로 엄연한 소작인임에도 불구하고 원래 주인인 하나님의 권리를 부정함으로써 그것들에 대한 사용권과 관리권을 상실하였기 때문에, 하나님은 그들에게서 그것들을 거두어 가실 것이다. 왜냐하면, 소작인은 원래 주인의 뜻을 따라 주인의 자산을 보유하고 있는 것인데도, 마치 자기가 주인인 것처럼 그 자산을 다른 사람에게 양도하는 경우에는 소작인으로서의 지위와 권리를 상실하게 되어 있기 때문이다. 하나님은 그들 때문에 썩어짐의 종 노릇을 하며 신음하는 피조물들을 그들로부터 해방하여(롬 8:21) 그것들을 도로 찾으시고 건지셔서 더 이상 악용되지 않게 하실 것이다. 하나님은 그것이 익을 계절에, 그리고 그것이 맛 들 시기에, 즉 그들이 수확을 기대하고 그것들이 그들의 것이 될 것이라고 확신한 바로 그 때에 그것들을 도로 찾으실 것이다. 항구에서 배가 좌초당할 것이고, 수확기에 농작물이 없어질 것이다(사 17:11). 하나님은 때 아닌 불순한 기후나 이성이 없는 사람들을 통해서 그것들을 가져가 버리실 것이다. 하나님이 주신 긍휼들을 악용하여 하나님을 욕되게 하는 자들은 그것들을 오래도록 누릴 생각을 아예 하지 말아야 한다는 것을 명심하라.

Ⅲ. **그들이 그들의 모든 존귀함을 잃고 경멸을 받게 되리라는 것**(10절). "내가 그녀의 수치를 드러내고, 그녀의 은밀한 악행을 백일하에 드러내어, 그녀로 수치를 당하게 할 것이다. 내가 그녀의 악행을 벌함으로써 그 악행이 얼마나 극악무도하고 가증스러운 것인지를 보여줄 것이다. 그녀의 실상이 지금까지는 드러나지 않았지만, 이제 드러나게 될 것이다. 그녀의 잘못이 지금까지는 축소되어 왔지만, 그것이 극히 죄악되다는 것이 이제는 드러나게 될 것이다. 이 모든 일이 그녀의 사랑하는 자들의 눈 앞에서, 즉 그녀가 그토록 동맹을 맺고 싶어하였고 그토록 의지하고자 하였던 이웃 나라들이 보는 앞에서 일어날 것이고, 그들은 그녀의 연약함과 가난과 악한 행실로 인해서 그녀를 멸시하고 부끄러워하게 될 것이다. 그들은 더 이상 그녀를 사귈 가치가 없는 자로 생각하게 될 것이다." 이 예언이 그대로 성취된 것을 보라(애 1:8): 전에 그녀에게 영광을 돌리던 모든 사람이 그녀의 벗었음을 보고 업신여김이여. 또는, 그녀가 그녀의

사랑하는 자들로 섬겼던 해와 달이 보는 앞에서 그녀의 음탕함이 드러나게 될 것이다. 이것과 예레미야 8:1-2의 말씀을 비교해 보라: 그 때에 사람들이 유다 왕들의 뼈와 그의 지도자들의 뼈를 끌어내어 그들이 사랑하며 섬기며 뒤따르며 구하며 경배하던 해와 달과 하늘의 뭇 별 아래에서 펼쳐지게 하리라. 죄는 수치를 가져다 준다는 것을 명심하라. 부끄러운 일을 행한 자들은 그렇게 수치를 당하게 될 것을 예상하여야 한다. 이 뻔뻔스러운 음녀가 죄수의 수레에 태워져서 온 성읍을 돌며 수치를 당하는 일반적인 창기의 운명 외에 그 어떤 다른 운명을 기대할 수 있겠는가? 하나님이 그녀를 이렇게 다루시기 위하여 오실 때, 그녀를 하나님의 손에서 건져낼 자가 없을 것이고, 그녀는 신들이든 사람들이든 아무도 의지할 수 없을 것이다. 하나님의 긍휼의 손에 자기 자신을 맡기려 하지 않는 자들은 하나님의 공의의 손에서 결코 건짐을 받을 수 없을 것임을 명심하라.

IV. 그들이 그들의 온갖 즐거움을 다 잃고, 우울하게 되리라는 것(11절). 내가 그의 모든 희락을 폐하리라. 그들은 음행하여 그들의 하나님을 떠나갔었지만, 이방 사람처럼 기뻐 뛰놀 수 있었던 것으로 보인다 ― 그렇게 기뻐 뛰노는 것을 하나님이 금하셨음에도 불구하고(9:1). 죄책과 진노 아래 놓여 있으면서도 여전히 아주 쾌활하고 즐겁고 신나게 인생을 살아가는 자들이 많다는 것을 명심하라. 그러나 그들이 웃는 동안에 그들의 마음이 슬펐든지 슬프지 않았든지와는 상관없이, 한 가지 확실한 것은 그들의 희락의 끝은 암담함이 되리라는 것이다. 왜냐하면, 하나님은 그들의 모든 희락을 그치게 하실 것이기 때문이다. 여기에서 버로우스(Burroughs) 목사는 죄와 희락은 결코 오랫동안 함께 할 수 없다고 지적한다. 사람들이 그들의 희락으로부터 죄를 제거하지 않는다면, 하나님이 그들의 죄로부터 희락을 제거하실 것이다.

1. 하나님은 그들이 종교적인 희락을 누릴 기회들을 제거하시리라는 것. 내가 그들의 절기와 월삭과 안식일과 모든 명절을 폐하리라. 하나님은 이 성일(聖日)들과 절기들을 경건하게 지키라고 제정하셨는데, 그들은 즐기기 위해서 그것들을 지키고자 하였다. 그들은 비록 하나님에 대한 순수한 예배로부터 떠났었지만, 여전히 이러한 날과 절기들을 지켰던 것으로 보인다. 하지만, 그들은 예루살렘에 있는 하나님의 성전을 버린 지 이미 오래되었기 때문에 이 날과 절기들을 그 성전에서 지킨 것이 아니라, 송아지 우상들이 세워져 있던 단과 벧엘, 또는 그들이 종교적인 모임을 가졌던 어떤 다른 곳들에서 지켰던 것 같다. 그

들이 종교상의 날과 절기들을 지킨 것은 하나님을 영화롭게 하기 위해서나 하나님에 대한 참된 신앙심(信仰心)이 있어서가 아니라, 단지 그들의 조상들로부터 내려온 전통에 따라서 그런 날과 절기들이 그들이 잔치를 벌여서 먹고 마시며 춤추고 노래하며 친구들을 만나서 즐기는 좋은 때였기 때문이었다. 그들은 경건의 능력을 잃어버렸고 그런 능력을 부정하였지만, 헛되고 육적인 마음을 즐겁게 하기 위하여 계속해서 경건의 모양을 지켜 나갔다. 이렇게 해서, 그들이 지키는 월삭들과 안식일들은 하나님이 견디기 힘든 죄악이 되었다(사 1:13).

(1) 하나님은 그의 월삭과 안식일이라 부르지 않으시고, 그들의 월삭과 안식일이라 부르신다.

(2) 하나님은 그것들을 폐하실 것이다. 사람들이 그들의 죄로 말미암아 하나님이 정하신 규례들의 생명력과 실질(實質)을 폐하여 버렸을 때, 하나님이 그의 심판을 통해서 껍데기만 남아 있는 그 규례들을 완전히 폐하여 버리시는 것은 마땅한 일이다.

2. 하나님이 그들의 육적인 마음이 의지하는 것들을 제거해 버리시리라는 것. 그들이 월삭과 안식일을 좋아한 것은 그런 때에 행해지는 어떤 신앙적인 활동들 때문이 아니라, 단지 사람들이 함께 모여서 떠들썩하게 한바탕 웃고 즐기는 것이 기분좋은 일이었기 때문이다. 그들이 신앙적인 활동들을 다 집어치운 지는 이미 오래되었다. 이제 하나님은 그들이 이러한 종교적인 예식들을 준비할 때에 필요로 하는 것들을 제거해 버리실 것이다(12절): 내가 그녀의 포도나무와 무화과나무들을 멸하리라. 사람들이 절기에 하나님의 말씀과 규례로 하나님을 영화롭게 해드려야 하는데도 불구하고, 도리어 하나님의 말씀과 규례들을 폐하여 버린다면, 하나님이 그들을 즐겁게 해줄 그들의 포도나무와 무화과나무들을 멸하시는 것은 의로운 일임을 명심하라. 그들은 이 나무들의 열매를 먹으며 기뻐하면서, 그들이 사랑하는 자들인 우상들이 그들에게 이 열매를 주었다고 생각하여, 그 우상들에게 찬송을 돌렸다. "이것들은 나를 사랑하는 자들이 내게 준 값 또는 상이다. 나는 이것들을 준 나의 별들에게 감사하여 그 별들을 섬기고, 이것들을 준 나의 이웃들에게 감사하여 그들과의 연합을 굳건하게 할 것이다." 그러므로 하나님은 그것들을 멸하시되, 세찬 바람으로 그것들을 시들게 하시거나, 외적을 오게 하여 이 나라를 초토화시켜서, 그들의 포도원이 수풀이 되게 하실 것이다. 전쟁이 나면 보통 그러하듯이, 그 때에 울타리들이

다 무너져서, 들짐승들이 마음대로 들어와서 그들의 포도와 무화과를 먹을 것이다. 또는, 그 나무들은 세찬 동풍을 맞아 시들어서, 그 과실수들은 수풀의 나무들처럼 아무 소용이 없게 되어 버릴 것이다. 그 나무들이 시들어서 아무짝에도 소용이 없게 되었을 때, 혹시 남은 열매들이 있다고 할지라도, 그 열매들은 들짐승들의 차지가 될 것이다. 또는, 그 열매들은 그들의 원수들, 즉 들짐승만큼이나 야만적인 자들이 와서 삼켜 버릴 것이다.

(1) 이것이 그들의 희락을 망쳐 놓게 되리라는 것. 하나님은 그들의 모든 희락을 폐하실 것이다. 그렇다면, 하나님은 어떤 식으로 그 일을 하시는가? 하나님이 월삭과 안식일을 폐하신다고 하여도, 그들의 희락이 제거되는 것은 아니다. 그들은 월삭과 안식일이 폐하여진다고 해도 상실감을 느끼지도 않고, 눈 하나 깜짝 하지 않을 것이다. 그러나 "내가 그녀의 포도나무와 무화과나무를 멸하여, 그녀의 감각적인 쾌락들을 제거할 것인데, 그러면 그녀는 자기가 정말 망했다고 생각하게 될 것이다." 포도나무와 무화과나무가 폐하여지면, 육적인 마음이 기뻐하는 온갖 희락도 폐하여지게 된다는 것을 명심하라. 그녀는 미가처럼 "너희가 나의 신들을 빼앗아 갔으니 이제 내게 남은 것이 무엇이냐"(삿 18:24)고 말할 것이다.

(2) 이것이 그녀의 우상 숭배에 대한 벌이 되리라는 것(13절). "그녀가 바알들을 섬긴 시일대로 내가 그녀에게 벌을 주리라. 그들이 조상 때로부터 오늘날까지 온갖 바알들을 만들어서 섬긴 모든 일에 대하여 내가 그녀에게 책임을 물어 벌을 주리라." 그들은 아주 오래 전인 사사 시대부터 이미 바알을 섬겼다. 바알들을 섬긴 시일(또는, 바알들의 날들)은 이렇게 사사 시대까지 거슬러 올라가는 것 같다. 왜냐하면, 우상 숭배를 금하는 둘째 계명에서 하나님은 아버지의 악행을 자손에게 보응하리라(출 34:7)고 경고하고 계시기 때문이다. 우상 숭배의 죄는 하나님이 아주 일찍부터 경고하셨는데도 아주 오랫동안 관습처럼 행해져 온 죄이기 때문에 다른 어떤 죄보다도 더 벌을 받아 마땅하다. 이제 이스라엘의 죄악의 분량이 다 찼기 때문에, 하나님은 그들의 이전의 모든 죄들에 대한 책임을 물어서, 그 죗값을 이 세대에게서 찾으실 것이다. 또는, 바알들을 섬긴 시일(또는, 바알들의 날들)은 그들이 그들의 우상들을 기리기 위하여 지킨 절기일 수도 있다. 하나님은 그녀가 바알의 날에 죄악된 즐거움을 누린 날수만큼 그녀에게 애곡의 날들로 갚아 주실 것이다. 그 날들은 그녀가 그 예식에 영광을 더

하기 위하여 우상들에게 향을 사르고, 바알로 하여금 더 큰 영광을 얻게 하기 위하여 자신을 귀고리와 패물로 장식하였던 날들이었다. 또는, 그녀는 그녀가 사랑하여 밤낮으로 생각하는 자들에게 잘 보이기 위해서 그녀의 남편이 준 귀고리와 패물로 자신을 단장하는 그런 아내였다. 그녀가 나를 잊어버렸다고 여호와께서 말씀하신다. 우리가 하나님을 배신하고 떠나는 것은 하나님 및 그의 본성과 속성들, 그와 우리의 관계, 그에 대한 우리의 의무들을 잊어버렸기 때문이라는 것을 명심하라. 기억력이 좋지 않아서 하나님에 관한 일들을 까맣게 잊어버린 것이라고 변명하면서도 다른 것들은 너무나 잘 기억하는 자들이 많다. 아니, 그들이 하나님이 그들에게 주신 은혜들을 그토록 까맣게 잊어버리는 이유는 그들이 거짓되고 헛된 것들을 늘 생각하고 연모하기 때문이다.

[14]그러므로 보라 내가 그를 타일러 거친 들로 데리고 가서 말로 위로하고 [15]거기서 비로소 그의 포도원을 그에게 주고 아골 골짜기로 소망의 문을 삼아 주리니 그가 거기서 응대하기를 어렸을 때와 애굽 땅에서 올라오던 날과 같이 하리라 [16]여호와께서 이르시되 그 날에 네가 나를 내 남편이라 일컫고 다시는 내 바알이라 일컫지 아니하리라 [17]내가 바알들의 이름을 그의 입에서 제거하여 다시는 그의 이름을 기억하여 부르는 일이 없게 하리라 [18]그 날에는 내가 그들을 위하여 들짐승과 공중의 새와 땅의 곤충과 더불어 언약을 맺으며 또 이 땅에서 활과 칼을 꺾어 전쟁을 없이 하고 그들로 평안히 눕게 하리라 [19]내가 네게 장가 들어 영원히 살되 공의와 정의와 은총과 긍휼히 여김으로 네게 장가 들며 [20]진실함으로 네게 장가 들리니 네가 여호와를 알리라 [21]여호와께서 이르시되 그 날에 내가 응답하리라 나는 하늘에 응답하고 하늘은 땅에 응답하고 [22]땅은 곡식과 포도주와 기름에 응답하고 또 이것들은 이스르엘에 응답하리라 [23]내가 나를 위하여 그를 이 땅에 심고 긍휼히 여김을 받지 못하였던 자를 긍휼히 여기며 내 백성 아니었던 자에게 향하여 이르기를 너는 내 백성이라 하리니 그들은 이르기를 주는 내 하나님이시라 하리라 하시니라

　　　그들 자신의 죄로 말미암아 망한 이스라엘의 상태는 이 장의 전반부에서 그렇게 캄캄하고 암울하게 보이지 않았지만, 하나님이 그 은혜로 말미암아 타이르고 계시는 이스라엘의 상태는 여기 이 장의 후반부에서 밝고 즐거워 보인다. 경고의 말씀이 끝나자마자 이렇게 곧바로 약속의 말씀이 나오는 것은

너무 뜻밖이고 놀랍다. 아니, 하나님이 "그러므로"라는 접속사를 통해서 그들의 멸망에 관한 경고의 말씀의 근거가 된 그들의 죄악에 대한 선포와의 분명한 연관 관계 속에서 약속의 말씀을 하고 계신다는 것이 너무나 놀랍고 기이하다: 그녀는 그녀가 사랑하는 자를 따라가서 나를 잊어버렸다 여호와의 말씀이니라 그러므로 보라 내가 그녀를 타이르리라(13-14절). 따라서, 이 둘을 연결시키는 접속사인 "그러므로" 바로 뒤에 감탄사가 나오는 것은 아주 적절하다: 보라 내가 그녀를 타이르리라. 하나님이 "그녀가 나를 잊어버렸다"고 말씀하시는 것을 들었을 때, 우리는 "그러므로 내가 그녀를 버릴 것이고 잊을 것이며 다시는 결코 돌아보지 아니하리라"는 말씀이 나올 것이라고 예상하였다. 그런데 그렇지가 않았다. 그러므로 내가 그녀를 타이르리라. 긍휼을 베푸시는 것과 관련된 하나님의 생각과 길들은 우리의 예상을 무한히 뛰어넘는다는 것을 명심하라. 하나님이 긍휼을 베푸시는 이유들은 모두 다 하나님 자신 속에서 나오고, 우리 속에 있는 그 어떤 것으로부터 나오는 것은 없다. 아니, 하나님의 선하심은 인간의 악함으로 인해서 더욱더 빛을 발할 기회를 얻게 된다(사 57:17-18). 그녀가 진노의 경고에 의해서 죄를 그치고자 하지 않기 때문에, 그러므로 하나님은 긍휼을 베푸심을 통해서 그녀가 과연 마음이 움직일지를 시도해 보고자 하신다. 어떤 이들은 여기에서 "그러므로"로 번역된 단어는 "후일에" 또는 "그럼에도 불구하고"로 번역될 수도 있다고 생각한다. 하지만 그렇게 번역해도 의미는 마찬가지이다. 하나님이 이 접속사를 사용하시는 의도는 하나님이 도저히 긍휼을 얻을 자격이 없는 자들에게 긍휼을 베푸시는 것임을 보여주어서 그들에게 주어지는 은혜가 온전히 거저 주어지는 것임을 분명하게 부각시키는 것이다. 여기에서 하나님이 이스라엘에게 주시는 약속은 다음과 같은 것들이다.

I. 그들은 지금 비탄에 잠겨서 절망하기 직전이었지만, 위로들과 소망들로 다시 생기를 되찾게 되리라는 것(14-15절). 하나님은 앞에서 그들의 포로 생활의 고독하고 통탄할 만한 처지를 그들이 나던 날에 애굽에 있던 상태와 비교하였듯이(3절), 여기에서는 그들이 다시 생기를 되찾게 될 것이라는 약속을 하나님이 그들을 애굽에서 이끌어 내셨던 일에 비추어서 표현하신다. 그들은 그들이 처음으로 하나의 민족으로 형성되던 때에 하나님이 베푸셨던 것과 같은 사랑과 긍휼의 놀라운 이적들에 의해서 새롭게 형성될 것이고, 그 때에 그들이 누렸던 것과 같은 놀라운 기쁨을 다시 누리게 될 것이다. 이 약속이 열 지파의

왕국 속에서 성취되었다고 말하기는 힘들다. 이 약속이 주로 보여주고자 하는 것은 그리스도의 복음에 의해서 유대인과 이방인이 교회 속으로 들어오게 되리라는 것임은 의심의 여지가 없다. 아니, 우리는 이 약속을 개개인들의 영혼이 회심하여 하나님께 돌아오는 것에 적용하는 것이 적절하다. 좀 더 자세하게 살펴보자.

1. 하나님이 그들에게 취하실 은혜로운 조치들.

(1) 하나님은 처음에 그들을 애굽에서 이끌어 내셔서 광야에서 가르치시고 그들과 계약을 맺으셨듯이 다시 그들을 거친 들로 데리고 가시리라는 것. 이제 그들이 포로로 끌려간 땅은 옛적의 광야처럼 그들에게 고난의 풀무 불이 될 것이고, 하나님은 그 가운데서 그들을 택하실 것이다(사 48:10). 내가 너희를 인도하여 이방의 광야에 이르러 거기에서 너희를 대면하여 변론하리라(겔 20:35-36). 하나님이 앞에서 그가 그들을 광야 같이 되게 하시겠다고 말씀하셨을 때(3절), 그것은 경고의 말씀이었다. 하지만 여기에서 하나님이 그들을 광야로 데리고 가실 것이라고 하신 말씀은 약속의 말씀의 일부로서, 그의 은혜로 말미암아 그들로 정신을 차리게 하여 그들의 처지를 똑바로 보게 만드실 것이라는 의미이다. "그들은 그들의 마음을 낮추기 위한 섭리들 아래에서 겸손한 마음을 갖게 될 것이다. 그들은 가난해지면 그 심령도 가난해져서, 그들의 죄악에 대한 형벌을 기쁘게 받게 될 것이고, 그렇게 함으로써 하나님이 그들에게 약속하신 위로를 받을 수 있는 준비를 갖추게 될 것이다." 하나님은 이스라엘을 애굽에서 건져내시고 나서 광야로 인도하여, 그들에게 복을 주시려고 그들을 낮추시며 그들을 시험하셨는데(신 8:2-3, 15-16), 이제 다시 그렇게 하실 것이다. 하나님은 어떤 자들에게 은혜를 주시고자 하시면, 먼저 그들을 광야로 데리고 가서서 그들로 이 세상의 소음에서 벗어나서 한적하고 고독한 곳에서 그와 더 자유롭게 교제할 수 있게 하시고, 먼저 그들로 죄책감과 진노에 대한 두려움 속에서 마음의 괴로움을 겪게 하셔서 그들의 영혼으로 하여금 어쩔 줄 몰라서 당혹해하는 가운데 하나님의 위로를 받을 수 있는 준비가 되게 하시며, 먼저 그들로 종종 외적인 환난과 어려움을 겪게 하셔서 하나님의 훈계의 말씀에 귀를 열 준비가 되게 하신다.

(2) 하나님은 그런 후에 그들을 타이르고 말로 위로하며, 그들을 설득하고 그들의 마음에 말씀하시리라는 것. 즉, 하나님은 그의 말씀과 성령을 통해서 그들 속

에 그에게로 돌아오고자 하는 마음이 일어나게 하시고, 실제로 그들이 그렇게 할 수 있도록 힘을 북돋워주실 것이다. 하나님은 전에 그의 진노에 대한 경고의 말씀으로 그들을 두렵게 하셨듯이, 이제는 은총에 대한 약속의 말씀으로 그들을 타이르실 것이고, 전에는 거칠게 말씀하셨지만 이제는 그의 선지자들과 섭리들을 통해서 그들에게 다정하게 말씀하실 것이다(사 40:1-2). 내 종 선지자들의 손을 빌려서 내가 그녀의 마음에 위로의 말을 전하리라(갈대아 역본). 이것은 그리스도의 복음을 가리키는 것이고, 하나님이 복음 안에서 사람들을 그의 은혜로 초대하실 것임을 가리키는 것이다. 하나님은 복음 안에서 우리에게 죄악들을 버리고 하나님께로 돌아오라고 타이르시고, 죄를 깨달은 죄인의 마음을 향하여 그 죄인의 처지에 모든 면에서 적절한 말씀을 들려주시며, 죄로 인하여 근심하고 애통하며 하나님을 찾는 자들에게 차고 넘치는 위로의 말씀을 주신다. 성령으로 말미암아 하나님의 위로의 말씀이 죄인의 마음에 효과적으로 전해져서 그의 양심에 닿을 때(이렇게 하시는 것은 하나님의 대권이다), 그 말씀은 그 죄인에게 너무나 복된 변화를 일으킨다! 방황하는 영혼들을 하나님께로 이끄는 가장 좋은 방법은 하나님이 정하신 수단들을 사용하는 것임을 명심하라. 하나님은 그리스도 안에 안식이 있다는 약속을 우리에게 제시하시며, 그리스도의 멍에를 메라고 우리에게 권유하신다. 회심의 역사(役事)는 죄를 깨닫게 해주는 것에 의해서와 마찬가지로 위로해 주는 것에 의해서도 일어날 수 있다.

(3) 하나님은 거기서 그녀의 포도원을 그녀에게 주시리라는 것. 하나님은 그녀를 괴롭게 하여 그녀로 하여금 그녀의 어리석음을 깨닫고서 스스로 낮아지게 하신 그 때와 그 곳에서 그녀에게 복을 주서서, 그녀에게 위로의 말씀을 전하실 뿐만 아니라, 그가 그녀에게 행하셨던 환난들을 다 제거하시고, 그녀를 복되게 하실 것이다. 하나님은 그녀의 포도나무들을 멸하셨었지만(12절), 이제는 마치 그가 멸한 그녀의 포도나무들을 하나하나 다 회복시키시고 거기에 덤까지 붙여서 주시려는 듯이 그녀에게 포도원을 통째로 다 주실 것이다. 그녀는 이제 생존하는 데에 꼭 필요한 곡식만이 아니라 즐거운 삶을 위한 포도원까지 얻게 될 것이다. 이것들은 그들의 사랑하는 자인 그리스도를 의지하고 거친 들에서 올라오는 자들을 위하여 준비되어 있는 복음의 특권들과 위로들을 가리킨다(아 8:5). 하나님은 회개하고 그에게로 돌아오는 자들에게 주시려고 위로의 포도원들을 가지고 계시다는 것을 명심하라. 하나님은 열기에 지친 자들에게 그 무엇

보다도 반가운 안식을 줄 수 있는 포도원을 거친 들 또는 광야에서 주실 수 있으시다.

(4) 하나님은 그녀에게 아골 골짜기를 주셔서 소망의 문이 되게 하시리라는 것. 아골 골짜기는 아간이 돌에 맞아 죽은 골짜기였다. 그 곳이 아골 골짜기, 즉 괴로움의 골짜기라 불리게 된 것은 거기에서 아간이 이스라엘을 괴롭게 하였고 하나님이 아간을 괴롭게 하셨기 때문이다. 이 사건이 일어난 때는 이스라엘이 가나안과 전쟁을 벌이기 시작하던 때였다. 그들이 하나님의 명령대로 저주받은 것들을 그 곳에 버렸기 때문에, 그들은 하나님이 계속해서 그들과 함께 하시고 그들로 하여금 끝까지 승리하도록 지켜 주시리라는 소망을 품을 근거를 갖게 되었다. 이렇게 하나님이 자기 백성에게 돌아오셔서 다시 긍휼을 베푸시고, 그들이 하나님께로 돌아와서 그들의 본분을 다할 때, 그것은 그들에게 그 어떤 것 못지 않은 복된 징조가 될 것이다. 그들이 그들 가운데서 저주받은 것들을 제거하고, 죄를 죽임으로써 그들의 진영을 괴롭게 하였던 아간을 돌로 쳐서 죽인다면, 그것은 그들이 그들 내부의 적을 복속시킨 것이기 때문에, 가나안의 모든 왕들에 대하여 그들이 승리를 거두게 될 것임을 보여주는 전조(前兆)가 된다. 또는, 여기에서 하나님이 아골 골짜기를 언급하신 것이 그 이름의 의미만을 사용하시기 위한 것이었다면, 그것은 죄에 대하여 진심으로 괴로워하면 소망이 문이 열린다는 것을 보여주는 것이다. 왜냐하면, 우리가 어떤 죄에 대하여 진정으로 괴로워한다면, 그 죄는 우리를 파멸시키지 못할 것이기 때문이다. 아골 골짜기는 대단히 비옥하고 아름다운 골짜기였는데, 어떤 이들은 포도원으로 유명한 엔게디 골짜기가 바로 그 아골 골짜기였을 것이라고 생각한다(아 1:14). 하나님은 가나안 땅 전체를 주시겠다는 약속의 담보물로 이스라엘에게 이 골짜기를 주셨다. 마찬가지로, "하나님은 천국의 온전히 선한 것들에 대한 맛보기로서 현세에서 그의 복음을 통하여 모든 믿는 자들에게 은사들과 은혜들과 위로들을 주셔서, 그들로 하여금 장차 때가 되면 그들이 그것들을 온전히 향유하게 될 것이라는 확실한 소망을 갖게 하실 것이다." 이것은 이 대목에 대한 포코크(Pocock) 박사의 해설인데, 그것은 이 단락 전체의 취지이기도 하다.

2. 하나님이 그들에게 돌아오셔서 은혜를 베푸실 때에 그들이 크게 기뻐하게 되리라는 것. 그녀가 거기서 노래하며 응대하기를 어렸을 때와 같이 하리라. 이

것은 분명히 모세와 이스라엘 자손들이 홍해에서 불렀던 예언적인 성격을 띤 저 승리의 노래를 가리킨다(출 15:1). 그들은 포로 생활에서 건짐을 받을 때에 그 노래를 다시 부르게 될 것이고, 그 노래는 하나님이 새 일을 행하실 때에 불려질 것이기 때문에 그들에게 옛적의 노래에 결코 뒤지지 않는 새 노래가 될 것이다. 하나님은 그녀의 모든 희락을 폐하시겠다고 말씀하셨었지만(11절), 이제는 그것을 다시 회복하실 것이다. 그녀는 애굽 땅에서 올라오던 날과 같이 노래할 것이다. 하나님이 이전의 은혜들을 다시 베푸시면, 우리는 우리가 이전에 드렸던 찬송들을 다시 드려야 한다는 것을 명심하라. 우리는 모세의 노래가 신약에서 다시 불려지는 것을 본다(계 15:3). 이스라엘이 노래하게 되리라는 이 약속의 말씀은 그리스도의 복음 안에서 성취된다. 왜냐하면, 복음은 우리에게 기뻐하고 찬송할 제목들을 차고 넘치게 제공해 주고, 능력으로 역사하는 복음을 받아들인 자들의 마음을 넓혀서 기뻐하고 찬송하게 만들기 때문이다. 아골 골짜기가 소망의 문이 되어서, 우리가 그 문으로 들어가면, 젖과 꿀이 흐르는 땅이 펼쳐지는데, 복음이 바로 그 땅이다. 우리는 환난 중에도 즐거워한다(롬 5:3).

Ⅱ. 그들은 비록 바알 숭배에 많이 중독되어 있었지만, 이제는 그것을 완전히 끊고서, 우상 숭배라면 그 모양이나 비슷한 것까지도 다 버리고, 오직 하나님만 붙좇아, 하나님이 정하신 대로 하나님을 섬기게 되리라는 것(16-17절). 어떤 백성이 하나님의 은총을 받게 될 것임을 보여주는 가장 확실한 담보이자 징표(徵標)는 그들이 사랑하던 죄들과 완전히 결별하였음을 실제로 보여주는 것임을 명심하라. 바알 숭배는 이스라엘 백성이 가장 쉽게 빠져 들어가곤 했던 죄였다. 바알 숭배는 그들 자신의 죄악이었고, 그들을 지배하고 있던 죄였다. 그러나 이제 그들 가운데서 우상 숭배는 완전히 폐하여져서, 그 흔적조차 남아 있지 않게 될 것이다.

1. 바알 우상들, 즉 바알들의 날들(또는, 바알을 섬기던 시일)에 그들이 바알이여 우리에게 응답하소서(왕상 18:26)라고 서로 다투어 그 이름을 불렀던 바알들 중 그 어느 것도 더 이상 그들의 입에 오르내리지 않게 되리라는 것. 바알들의 이름 자체가 그들의 입에서 제거될 것이다. 바알들의 이름은 그들 가운데서 전혀 사용되지 않게 되어서, 마치 그런 이름들이 언제 이스라엘에서 알려진 적이 있었느냐는 듯이 완전히 망각될 것이다. 그들은 바알이라는 이름을 혐오해서, 스스로 그 이름을 입에 올리지 않을 뿐만 아니라, 다른 사람들이 그 이름을 말

하는 것을 듣는 것조차도 참을 수 없어 할 것이기 때문에, 후손들은 그런 이름이 과거에 있었는지조차 알지 못하게 될 것이다. 그들은 그들이 전에 바알을 흠모했다는 사실을 너무도 수치스럽게 생각하여, 온 힘을 다해서 바알 숭배에 대한 기억을 완전히 지우고자 할 것이다. 다윗이 그랬듯이(시 16:4), 그들은 우상 숭배를 금지하는 율법을 문자 그대로 철저하게 지킬 것이다(출 23:13): 다른 신들의 이름은 부르지도 말며 네 입에서 들리게도 하지 말지니라. 사도 바울은 우상 숭배와 관련해서 사용된 이러한 표현을 사용해서, 우리가 육체의 온갖 정욕들을 혐오해야 한다고 말한다(엡 5:3): 음행과 온갖 더러운 것과 탐욕은 너희 중에서 그 이름조차도 부르지 말라. 그러나 에디오피아 사람의 피부 색깔이 바뀌는 것과 같은 이러한 변화가 어떻게 일어날 수 있단 말인가? 그 대답은 하나님의 능력이 그것을 하실 수 있고, 또한 하실 것이라는 것이다. 내가 바알들의 이름을 제거하리라(17절). 내가 우상들의 이름을 이 땅에서 끊으리라(슥 13:2). 사람의 마음속에 하나님의 은혜가 들어가면, 사람은 그 때까지 그렇게 좋아하였던 우상 숭배를 혐오하게 되어서, 말 자체도 바뀌게 될 것임을 명심하라(습 3:9): 그 때에 내가 백성의 입술을 깨끗하게 하여 깨끗한 말로 돌아오게 하리라. 어떤 랍비는 이 약속은 이방인들이 그리스도의 복음으로 말미암아 그들이 그토록 좋아하였던 우상 숭배를 버리게 될 것과 관련되어 있다고 말한다(살전 1:9).

2. 그들이 바알이라는 단어 자체를 아무리 순수한 의미로도 결코 사용하지 않게 되리라는 것. 하나님은 네가 나를 내 남편('이쉬')이라 일컫고 다시는 내 바알('바알리')이라 일컫지 아니하리라. 히브리어로 '이쉬'와 '바알리'는 둘 다 내 남편을 의미하는 단어들이었고, 둘 다 하나님에 대하여 사용되었었다: 너를 지으신 이가 네 남편, 즉 네 바알(원어는 이렇게 되어 있다), 네 주인, 네 후견인, 네 보호자이시다(사 54:5). 따라서, 많은 선한 자들이 이스라엘의 하나님을 예배할 때에 '바알리'라는 단어를 사용했을 것이다. 악한 자들은 바알에게 무릎을 꿇으면서, 하나님이 그들의 바알이라고 자랑하였다. 하나님은 이렇게 말씀하신다: "그러나 내가 바알들의 이름 자체를 제거해 버릴 것이기 때문에, 너희는 나를 다시는 내 바알이라고 부르지 않게 될 것이다." 우리는 그 자체로는 아무리 순수한 것이라도 하여도 그것이 우상 숭배에 악용되었을 때에는 그것을 폐하여 사용하지 않아야 한다는 것을 명심하라. 그래야만, 사람들에게 우상들의 이름이 각인되거나 생각나게 하는 일이 없어질 것이기 때문이다. 하나님을

'이쉬' 라고 불러도 되고 '바알리' 라고 불러도 된다면, 우리는 우리가 하나님을 '바알리' 라고 부름으로써 다른 사람들에게 그들이 이전에 섬겼던 바알들을 상기시키지 않도록 하기 위해서 '이쉬' 라는 말을 사용하는 것이 마땅하다. 어떤 이들은 여기에는 사람들이 장차 하나님을 '바알리' 가 아니라 '이쉬' 라 부르게 될 또 다른 이유가 암시되어 있다고 생각한다. 이 두 단어는 둘 다 내 남편을 의미하지만, '이쉬' 는 사랑과 포근함이 느껴지는 좀 더 친근한 호칭인데 반해서 '바알리' 는 경외와 복종의 뉘앙스를 지니는 좀 더 공식적인 호칭이다. '이쉬' 는 나의 사람이라는 의미이고, '바알리' 는 나의 주인이라는 의미이다. 복음 시대에 하나님은 우리로 하여금 그의 은혜의 보좌 앞에 담대히 나와서 거기에서 거룩하고 겸손한 자유를 사용하도록 격려하시는 방향으로 스스로를 우리에게 계시하신다. 하나님은 우리의 주인이시기 때문에, 우리는 하나님을 그렇게 불러야 하지만, 우리는 하나님을 우리 아버지라고 부르도록 가르침을 받는다. '이쉬' 는 여호와로 말미암아 얻은 사람(창 4:1)을 가리키기 때문에, 복음 시대에 사람이신 그리스도 예수, 그의 형제들과 같이 되신 예수가 교회의 남편이 될 것이고, 따라서 사람들이 그를 '바알리' 가 아니라 '이쉬' 라 부를 것임을 보여주는 것이다.

Ⅲ. 그들은 마치 온 피조물이 그들과 전쟁을 벌이는 것처럼 끊임없는 환난 속에 있었지만, 이제는 마치 온 피조물과 우호 동맹을 맺은 것처럼 온전한 평화와 평온함을 누리게 되리라는 것(18절).   그들이 우상들을 버리고 하나님의 보호하심 아래에 그들 자신을 맡기는 그 날에 내가 그들을 위하여 언약을 맺으리라.

1. 그들이 재앙으로부터 보호를 받게 되리라는 것. 그 어떤 것도 그들을 해치지 못할 것이고, 그들에게 그 어떤 해악도 가하지 못할 것이다. 우리가 하나님과 화목하면, 하나님은 모든 피조물도 우리와 화목하게 하신다. 전에는 들짐승들이 그들의 포도원의 열매들을 먹어 치우고(12절), 사나운 짐승들은 하나님의 혹독한 심판들 중의 하나였지만(겔 14:15), 이제는 열등한 피조물들이 그들에게 그 어떤 해악도 끼치지 못할 것이다. 공중의 새와 땅의 곤충도 이 계약 속에 들어와 있다. 왜냐하면, 하나님이 그것들을 그의 공의의 도구들로 사용하실 때에는 그것들도 사람에게 아주 큰 해악을 끼칠 수 있지만, 이제는 더 이상 그런 일이 없을 것이기 때문이다. 아니, 이 계약 덕분에 그것들은 그들을 섬기며 그들

에게 유익을 가져다 줄 것이다. 하나님은 열등한 피조물들을 마음대로 부리실 권한을 가지고 계시기 때문에, 그것들을 그가 뜻하시는 계약 속으로 들어오게 하신다는 것을 명심하라. 하나님은 들짐승들로 하여금 그를 존경하게 하시고 (사 43:20), 자기 백성을 위로하는 데에 기여하게 하실 수 있으시다. 열등한 피조물들이 이렇게 우리를 섬기는 일에 동원될 때, 그것들을 악용하지 않고 그것들로 하나님을 섬겨야 한다는 것이 이 계약에서 우리가 지켜야 할 몫이다. 어떤 이들은 이것이 그리스도께서 그의 제자들에게 뱀을 집어올리는 이적의 능력을 수여하심으로써 성취되었다고 생각한다(막 16:17-18). 이것은 하나님이 포로 생활에서 돌아온 이스라엘에게 주신 구체적인 약속들과도 일치하고(겔 34:25, 내가 악한 짐승을 그 땅에서 그치게 하리라), 모든 성도들에게 주신 좀 더 일반적인 약속들과도 일치한다(욥 5:22-23, 들짐승이 너와 화목하게 살 것이니라; 시 91:13, 네가 사자와 독사를 밟으며 젊은 사자와 뱀을 발로 누르리로다). 그러나 이것이 전부가 아니다. 사람들은 들짐승보다도 사람에 의해서 더 많이 위험에 처하기 때문에, 하나님은 전쟁을 없이하고 원수를 무장해제시키시겠다고 추가적으로 약속하신다: 내가 활과 칼을 꺾어 전쟁을 없이하리라. 하나님은 그가 기뻐하시기만 하면 그런 일을 하실 수 있으시고(시 44:9), 자신의 행실로 하나님을 기쁘시게 하는 자들을 위하여 기꺼이 그렇게 하실 것이다. 왜냐하면, 하나님은 그들의 원수라도 그들과 더불어 화목하게 하시기 때문이다(잠 16:7). 이것은 복음 시대에 사람들이 칼을 쳐서 보습을 만들 것이라고 하신 약속과 일치한다(사 2:4).

2. 그들이 재앙의 염려로부터 벗어나 평안한 삶을 살게 되리라는 것. 하나님은 그들을 안전하게 지키실 뿐만 아니라, 그들로 평안히 눕게 하실 것이다. 그들은 그들 자신이 하늘의 보호 아래 있다는 것을 알기 때문에, 음부의 권세를 두려워하지 않을 것이다.

IV. 그들의 음행으로 인해서 하나님이 그들에게 이혼 증서를 내주셨지만, 그들이 회개하기만 하면, 하나님은 그들을 다시 그와의 혼인 계약 속으로 들어오게 하시리라는 것(19-20절). 하나님이 그들을 위하여 열등한 피조물들과 계약을 맺으시겠다고 하신 것도 큰 은총이었다. 그러나 그것은 하나님이 그들을 그와 계약 속으로 들어오게 하셔서 그들에게 복을 주시겠다고 하신 것에 비하면 아무것도 아니다. 좀 더 살펴보자.

1. 이 계약의 성격. 그것은 선택과 사랑에 토대를 두고서 가장 가까운 관계

를 창설하는 혼인 계약이다. 내가 네게 장가 들리라. 하나님은 이 말씀을 두 번도 모자라서 세 번이나 하신다. 하나님께 진정으로 헌신된 모든 자들은 하나님과 약혼한 자들이라는 것을 명심하라. 하나님은 그들에게 사람이 상상할 수 있는 가장 신성하고 침범할 수 없는 안전 보장을 해주고 계신다. 즉, 하나님은 그들을 사랑하시고 보호하시며 그들에게 필요한 모든 것을 공급해 주실 것이고, 그들에 대하여 남편으로서의 역할을 다하실 것이며, 그들의 마음을 여서서 그들로 하나님을 받아들이게 하시고, 그들이 그렇게 할 때에 은혜로 그들을 기쁘게 받아주시리라는 것이다. 믿는 영혼들은 그리스도의 신부가 된 것이다(고후 11:2). 복음 교회는 신부 곧 어린 양의 아내이다(계 21:9). 만약 하나님이 그의 은혜의 능력으로 말미암아 스스로 그들에게 장가 들지 않으신다면, 그들은 결코 하나님과 그런 관계가 될 수가 없다. 이혼은 우리가 스스로 하나님을 멀리함으로써 우리 쪽에서 시작하지만, 혼인이나 재결합은 하나님이 스스로 우리에게 장가 드심으로써 하나님 쪽에서 시작하신다.

2. 이 계약의 지속 기간. "내가 네게 장가 들어 영원히 살리라. 이 계약은 결코 깨뜨려질 수 없을 것이다. 하나님이 이 계약을 깨뜨리시는 일은 결코 없을 것이고, 네 쪽에서도 이 계약을 깨뜨리지 못할 것이다. 이 계약으로 인한 축복들은 영원할 것이다." 한 유대 랍비는 이것은 그녀가 절대적인 영원 또는 영속(永續)을 의미하는 내세의 삶을 얻게 될 것이라는 약속이라고 말한다.

3. 이 계약에 대한 하나님의 태도.

(1) 의와 공의. 하나님은 그들과의 계약 속에서 진실하고 정직하게 행하실 것이다. 그들은 계약을 깨뜨렸지만, 하나님은 의로우시다. 하나님은 이렇게 말씀하신다: "그러나 나는 의 가운데서 이 계약을 새롭게 할 것이다." 하나님은 이 문제를 그런 식으로 매듭을 지으시기로 하셨기 때문에, 그의 공의에 대한 그 어떤 고려도 없이, 아니 이 계약의 중보자인 그리스도에 의해서 그의 공의가 만족을 얻어서 크게 높임을 받을 것이기 때문에, 이 타락한 자녀들을 다시 그의 가족으로 받아들이실 것이다. 그러나 그토록 자주 기만적으로 행하였던 백성을 하나님이 다시 그와의 계약 속으로 받아들이시는 이유를 제시하시는 것이 과연 가능할까? 하나님은 자신의 지혜를 아예 제쳐 놓으신 채로 그렇게 하시기로 결심하신 것인가? 하나님은 이렇게 말씀하신다: "결코 그렇지 않다. 나는 경솔하고 무분별하게가 아니라 공의 가운데서 적절한 숙고를 거쳐서 그

렇게 하기로 결심한 것이다. 나는 내가 그렇게 하기로 한 이유를 제시할 수 있고, 나의 결정이 의롭다는 것을 증명해 보일 수 있다."

(2) 인자와 긍휼. 하나님은 그들과의 계약 속에서 자애롭고 은혜롭게 행하실 것이다. 하나님의 행실은 그의 말씀만큼 선하실 뿐만 아니라, 오히려 말씀하신 것보다 더 선하실 것이다. 하나님은 그들과의 계약을 지키심에 있어서 의로우실 뿐만 아니라, 그 계약 안에서 그들을 지키심에 있어서 풍성한 긍휼을 베푸실 것이다. 그들에게는 연약한 것들이 많이 있기 때문에, 만약 하나님이 그들이 잘못 행하는 것을 일일이 다 문제삼으신다면, 그들은 곧 그 계약으로 인한 유익을 상실하게 될 것이다. 그러므로 하나님은 이 계약은 그들의 연약한 것들을 불쌍히 여겨서 다 고려하여 맺어지는 은혜의 계약이 될 것이기 때문에, 그들이 이 계약 가운데서 죄를 범할 때마다 이 계약으로부터 내쳐지는 일은 없을 것이라고 약속하신다. 하나님은 영원한 인자함으로 그들을 모으실 것이다.

(3) 신실하심. 하나님은 이 계약 속에 들어 있는 모든 조항들을 정확하고 꼼꼼하게 시행하실 것이다. 그들을 부르신 이는 미쁘시니 그가 또한 이루시리라(살전 5:24). 하나님은 항상 미쁘시니 자기를 부인하실 수 없으시리라(딤후 2:13).

4. 그들로 하여금 이 계약을 신실하게 지키도록 하기 위해서 하나님이 제공해 주실 수단들. 네가 여호와를 알리라. 이것은 하나님이 이전보다 더 온전하고 분명하게 자신을 그들에게 계시하시겠다는 약속일 뿐만 아니라, 하나님이 그들에게 그를 아는 마음을 주실 것이라는 약속이기도 한다. 그들은 하나님에 대해 더 많이 알게 될 것이고, 이전과는 다른 방식으로 하나님을 알게 될 것이다. 그들이 배교하게 된 이유는 하나님이 그들의 은인이라는 사실을 그들이 알지 못했기 때문이었다(8절). 그러므로 똑같은 일이 반복되는 것을 미리 막기 위해서, 하나님은 그들을 가르치셔서 하나님을 알게 하실 것이다. 하나님은 사람들의 영혼에 사물들을 바르게 아는 지식과 선한 명철을 주심으로써 사람들의 영혼 속에서 자신의 세력을 계속해서 유지해 나가신다는 것을 명심하라(히 8:11).

V. 그들에게 하늘은 놋과 같았고 땅은 쇠와 같았었지만, 이제는 하늘이 이슬을 내고, 그 덕분에 땅도 그 열매를 내게 되리라는 것(21-22절). 복음 교회 및 모든 믿는 자들에게 장가를 드신 하나님이 어찌 하나님 자신 및 그의 아들과 함께 모든 것, 즉 생명과 경건에 속한 모든 것, 그들이 필요로 하거나 원하는

모든 것을 그들에게 거저 주시지 않으시겠는가? 모든 것이 그들의 것이다. 왜냐하면, 그들은 그들과 정혼하신 그리스도의 것이기 때문이다. 그들이 하나님 나라의 의를 먼저 구할 때, 다른 모든 것이 그들에게 더해질 것이다. 그렇지만, 곡식과 포도주에 관한 이 약속은 영적인 의미로도 해석되어야 한다(포코크 박사). 야곱의 축복에서 가장 먼저 등장하는 하늘의 이슬과 땅의 기름짐(창 27:28)이라는 현세의 축복들에 관한 비유를 통해서 하나님이 여기에서 약속하고 계시는 것은 영혼과 관련된 축복들과 은혜들을 나누어 주시겠다는 것이다. 하나님은 곡식과 포도주를 빼앗아 버리시겠다고 경고하셨었지만(9절), 이제는 자연의 순리를 따라서 그것들을 다시 회복시켜 주시겠다고 약속하신다. 그들은 기근의 심판 아래 놓여 있는 동안에 땅에게 그들 자신과 그들의 가족을 부양할 곡식과 포도주를 내놓으라고 하였다. 땅은 그들에게 그것들을 공급해 줄 수 있었다면 아주 기뻤을 것이지만, 땅 자신이 하늘로부터 받지 않으면 줄 수가 없고, 하나님의 강에 물이 가득하지(시 65:9) 않으면 곡식과 포도주를 낼 수가 없다. 그러므로 땅은 하늘을 불러서 때를 따라 이른 비와 늦은 비를 내려 달라고 말하고, 비가 오지 않을 때에 자신의 우울한 모습을 보임으로써 비를 달라고 항의한다. 그러면, 하늘은 이렇게 말한다: "그러나 구름 곳간의 열쇠를 쥐고 계신 분이 그 곳간을 여셔서 그 물병들의 마개를 열지 않으시면, 우리에게는 땅에 줄 비가 없다. 그러므로 주께서 너를 돕지 아니하시면, 우리도 어쩔 도리가 없다." 그러나 하나님이 그들을 그와의 계약 속으로 들어오게 하시면, 자연의 바퀴는 다시 그들에게 유리한 쪽으로 움직이기 시작하고, 긍휼의 물줄기들은 일상적인 통로를 따라 풍부하게 흐르기 시작할 것이다. 여호와께서 이르시되 그 날에 내가 응답하리라(21절). 내가 너의 기도를 받으리라(갈대아 역본에서는 첫 번째의 응답을 이렇게 해석한다). 하나님은 그들이 그에게 하는 말들을 은혜로 들어주실 것이다. 그런 후에 내가 하늘에 응답할 것이고, 그런 후에 하늘이 땅에 응답하여, 땅에 때에 맞는 비를 내려줄 것이다. 그런 후에 땅은 곡식과 포도주에 응답하여 그것들에 습기를 공급해 줄 것이고, 이것들은 이스르엘에 응답하여 이스르엘에 거주하는 자들에게 자양분과 양식이 되어 줄 것이다. 여기에서 우리는 이차 원인자들이 쇠사슬처럼 서로서로 아주 긴밀하게 연결되어 있고, 그것들 모두가 제1원인이신 하나님께 필연적으로 의존되어 있는 것을 보게 된다. 우리는 하나님이 정하신 수단들과 통상적인 방법들을 통해서 우리의 모든 위로가 하나님으로부터 오기를 기대하여야 한다는 것을 명심하라. 언제라도 그런 수단들과 방법들을 통해서 우리에게 위로가 오지 않는다면, 우리는 눈을 들어서 작은 산들과 큰 산들 너머에 계신 하나님을 바라보아야 한다(시 121:1-2). 피조물들이 하나님의 백성을 섬기게 되기를 얼마나 고대하며 그런 영광을 누리기를 얼마나 소원하는지를 보라. 하나님의 백성들에게 쓸 것을 공급하기 위해서, 곡식은 땅을 부르고, 땅은 하늘을 부르며, 하늘은 하나님을 부른다. 하나님이 우리의 곤경을 해결해 주시기를 얼마나 원하시는지를 보라: 여호와께서 이르시되 내가 응답하고 응답하리라. 하나님이 자기 백성을 위하여 하늘의 부르는 소리를 기꺼이 들어주신다면, 하늘보다 더 높으신 그의 아들이 그들을 위하여 드리는 중보 기도를 어찌 들어주지 아니하시겠는가. 하나님과 계약 관계 속에 있는 자들이, 피조물에 의한 위로들이 모두 하나님의 손길에 의해서 그들에게 주어지는 것을 볼 때에 얼마나 기뻐하고 즐거워하는지를 보라. 그들은 온갖 위로의 물줄기들을 거슬러 올라가 그 원천을 찾아낼 수 있고, 평범한 긍휼들 속에서 계약으로 인한 사랑을 맛볼 수 있는데, 이것은 그들에게 주어진 위로와 긍휼을 갑절로 달콤하게 만들어 준다.

Ⅵ. 지금 그들은 시므온과 레위 족속이 야곱 가운데에 나뉘어 있고 이스라엘 가운데에 흩어져 있을 뿐만 아니라 서로 나뉘어서 온 세상에 흩어져 있지만, 하나님이 그 저주를 축복으로 바꾸시리라는 것. "내가 그들을 위하여 땅에 물을 줄 뿐만 아니라, 그들을 이 땅에 심을 것이다. 그들의 흩어짐은 바람에 나는 타작마당의 겨의 흩어짐과 같지 않고, 더 크게 번성하기 위해서 밭에 씨앗들을 흩뿌리는 것과 같을 것이다. 그들은 어디에 흩어지든지 거기에서 아래로 뿌리를 내리고 위로 열매를 맺을 것이다. 좋은 씨는 천국의 아들들이니(마 13:38), 내가 나를 위하여 그들을 심으리라." 이것은 이스르엘이라는 이름을 은연중에 풀이해서 말씀하고 있는 것이다. 왜냐하면, 이스르엘은 하나님에 의해서 심겨진 자들 또는 하나님을 위하여 심겨진 자들을 의미하기 때문이다. 그들은 하나님에 의해서 흩어졌듯이(이것은 이 말씀이 지닌 한 가지 의미이다), 하나님에 의해서 심겨질 것이다. 하나님은 그가 심은 것들을 반드시 자라서 번성하게 하신다. 세상의 모든 곳에 기독교가 뿌리를 내리고 기독교 신앙을 고백하는 자들이 생겨났을 때, "내가 나를 위하여 그들을 이 땅에 심으리라"고 하셨던 하나님의 이 약속은 성취되었다. 이 땅이 받은 가장 큰 축복은 하나님이 거기에 교회

를 두셔서, 그 교회로 인하여 하나님이 이 땅으로부터 온갖 영광의 공세(貢稅)를 받게 되신 것임을 명심하라. 그들은 하나님이 자신을 위하여 심으신 것이기 때문에 온전히 하나님의 것이다.

Ⅶ. 그들은 로암미(내 백성이 아닌 자들)이자 로루하마(하나님으로부터 긍휼히 여김을 받지 못하였던 자들)였었지만, 이제는 하나님의 은총을 회복하고 다시 하나님과의 계약 속으로 받아들여지게 되리라는 것(23절). 그들은 긍휼히 여김을 받지 못하였고, 도리어 버림받은 것처럼 보였었다. 그들은 하나님의 백성으로서 특별한 대우를 받지 못하였고, 이방 나라들과 똑같은 대우를 받았었다. 이것이 버림받은 유대인들의 처지였다. 세상에서 소망이 없고 하나님도 없는 자들이었던 이방 세계의 형편은 이 버림받은 유대인들과 동일하였거나 더 비참하였다(사도 바울은 호세아서의 이 본문을 이방인들에게 적용한다, 롬 9:24-25). 그러나 유대인과 이방인의 무수한 사람들이 그리스도를 믿음으로 말미암아 기독 교회로 들어왔을 때, 다음과 같은 일들이 일어났다.

1. 하나님이 긍휼히 여김을 받지 못하였던 자들에게 긍휼을 베푸심. 오랫동안 하나님의 은총 밖에 있었고 진노의 자식들이었으며, 하나님의 무한하신 긍휼이 개입하지 않았다면, 영원히 그런 처지에 있었을 자들이 하나님의 은총을 발견하였고, 하나님이 사랑하시는 자녀들이 되었다. 음부(陰府)의 이 쪽에 있는 동안에는 하나님의 긍휼을 받을 가능성에 대하여 그 누구도 절망하지 않아야 한다는 것을 명심하라.

2. 하나님이 외인(外人)이자 낯선 자들이었던 사람들을 하나님과의 계약 관계 속으로 받아들이심. 하나님은 그들에게 "너는 내 백성이라 내가 너희를 시인하고 축복하며 보호하고 모든 쓸 것을 공급하리라"고 말씀하시고, 그들은 "주는 내 하나님이시라 내가 주를 섬기고 예배하며, 주의 존귀하심을 위하여 나의 모든 것을 영원히 바치리이다"라고 말하게 될 것이다.

(1) 믿는 자들의 행복의 총체(總體)는 그들과 하나님의 상호 관계, 즉 하나님이 그들의 하나님이시고 그들이 하나님의 백성이라는 사실에 있다는 것. 이것은 모든 약속들의 절정이다.

(2) 이 관계는 거거 주시는 은혜를 토대로 하고 있다는 것. 우리가 하나님을 택한 것이 아니라, 하나님이 우리를 택하신 것이다. 하나님이 먼저 그들이 나의 백성이라고 말씀하시고, 그의 권능의 날에 그들로 하여금 기꺼이 그의 백성

이 되고자 하는 마음을 먹게 하신다. 그런 후에야, 그들은 하나님이 그들의 하나님이라는 것을 인정하게 되는 것이다.

(3) 우리에게는 우리가 행복하게 되기 위해서 우리가 하나님의 백성이라는 것 외에 다른 것이 필요가 없듯이, 우리가 평안하고 즐겁게 되기 위해서는 하나님이 그의 성령을 통해서 우리의 영과 더불어서 너는 내 백성이라고 확인해 주시는 것 외에 다른 것이 필요가 없다.

(4) 여호와 하나님을 자신의 하나님으로 받아들인 자들은 그 사실을 고백하고, 그에게 나아가 기도하며 주는 내 하나님이시라고 말하고, 사람들 앞에서 기꺼이 그런 고백을 하여야 한다.

(5) 성도들은 다수이지만 하나님의 백성이라는 점에서 하나라는 사실을 토대로 해서 성도들 간의 교통이 존재한다는 것은 하나님과의 계약 가운데서 우리가 얻는 또 하나의 위로라는 것. 하나님은 그들을 향하여 너희는 내 백성이라고 말씀하시는 것이 아니라, 너는 내 백성이라고 말씀하실 것이다. 왜냐하면, 하나님은 그들을 그리스도 안에서 하나로 여기시고, 그들에게 말씀하시며 그들과 계약을 맺으실 것이기 때문이다. 또한, 그들도 주는 우리의 하나님이시라고 말하지 않는다. 왜냐하면, 그들도 그들 자신을 하나의 몸으로 여기고, 한 마음과 한 입으로 하나님께 영광을 돌리고자 하여, 주는 내 하나님이시라고 말할 것이기 때문이다. 또는, 이것은 여기에서 하나님이 옛적에 자기 백성 이스라엘 전체와 맺으셨던 그런 계약을 이제 복음 시대에서는 개개인들과 맺으시고, 그가 옛적에 무수한 이스라엘 백성에게 말씀하실 때와 동일하게 기쁜 마음으로 그들 각 사람에게 너는 내 백성이라고 말씀하시며, 옛적의 모세나 이스라엘 백성이 주는 나의 하나님이시요 내 아버지의 하나님이시라고 말하며 기뻐하였던 것과 마찬가지로(출 15:2), 그들 각 사람에게 주는 내 하나님이시라고 말하면서 기뻐하라고 권유하시며 힘을 북돋워 주고 계신다는 것을 보여주는 것일 수도 있다.

제
— 3 —
장

개요

하나님은 이 장에서도 계속해서 호세아 선지자를 통해서 이 무심한 백성에게 앞에서와 동일한 것을 거의 동일한 방식으로, 즉 남편이 음란한 아내를 다루는 것과 관련된 모형 또는 상징을 통해서 역설하신다. 이 장에는 다음과 같은 내용들이 나온다. I. 이스라엘 백성이 지금 갖고 있는 악한 성품. 그들은 사도 바울이 아덴 사람들에 대하여 말했던 것처럼(행 17:16) "온통 우상 숭배에 빠져" 있었다(1절). II. 그들이 포로로 잡혀감으로써 비천한 처지로 전락하게 되리라는 것과 하나님이 그들과 논쟁하시는 다른 예들(2-4절). III. 말일에 마침내 그들에게 일어날 복된 변화(5절).

¹여호와께서 내게 이르시되 이스라엘 자손이 다른 신을 섬기고 건포도 과자를 즐길지라도 여호와가 그들을 사랑하나니 너는 또 가서 타인의 사랑을 받아 음녀가 된 그 여자를 사랑하라 하시기로 ²내가 은 열다섯 개와 보리 한 호멜 반으로 나를 위하여 그를 사고 ³그에게 이르기를 너는 많은 날 동안 나와 함께 지내고 음행하지 말며 다른 남자를 따르지 말라 나도 네게 그리하리라 하였노라 ⁴이스라엘 자손들이 많은 날 동안 왕도 없고 지도자도 없고 제사도 없고 주상도 없고 에봇도 없고 드라빔도 없이 지내다가 ⁵그 후에 이스라엘 자손이 돌아와서 그들의 하나님 여호와와 그들의 왕 다윗을 찾고 마지막 날에는 여호와를 경외하므로 여호와와 그의 은총으로 나아가리라

어떤 이들은 앞에서 선지자가 결혼한 음녀(1:3)가 열 지파의 왕국 이스라엘을 나타내듯이 이 장에 나오는 음녀는 두 지파의 왕국 유다를 가리킨다고 생각한다. 왜냐하면, 여기에 나오는 음녀는 열 지파를 나타내는 앞에 나온 음녀와는 달리 이혼을 당하는 것이 아니라, 두 지파처럼 오랫동안 홀로 적적하게 지내다가 다시 돌아오는 것으로 묘사되기 때문이다. 그러나 여기에 나오는 자들도 앞에 나오는 자들과 마찬가지로 열 지파를 가리키는 이스라엘 자손이라

불리는 것으로 보아서, 앞에 나온 비유나 여기에 나오는 비유나 둘 다 북왕국 이스라엘을 가리키는 것으로 보는 것이 타당할 것 같다. 하나님은 호세아 선지자에게 "가라"는 말씀을 반복해서 하신다. 죄인들을 깨우쳐서 낮아지게 하기 위해서는 교훈에 교훈을 더하고 경계에 경계를 더할 필요가 있다는 것을 명심하라. 그들이 하나의 표징(sign)을 믿으려 하지 않는다면, 또 다른 표징을 시도할 필요가 있다(출 4:8).

I. 이 비유에서 우리가 주목해야 할 것들.

1. 하나님의 선하심과 이스라엘의 악함이 이상하게 서로를 돋보이게 만듦(1절). 이스라엘은 타인의 사랑을 받은 여자, 즉 그녀와 결혼한 자 또는 그녀에게 구애한 자의 사랑을 받은 여자였지만 음녀가 된 여자였다. 하나님과 이스라엘의 관계도 마찬가지였다. 우리는 서로 사랑하는 자들에 대해서 그들 간에는 헛된 사랑이 없다고 말한다. 그러나 우리는 여기에서 하나님이 하찮고 배은망덕한 백성에게 쏟아부은 엄청난 사랑이 내팽개쳐져서 헛된 사랑이 되고 만 것을 발견하게 된다. 이스라엘의 하나님은 이스라엘 자손에 대한 엄청난 사랑을 간직하고 계시지만, 그들은 악하고 음란한 세대였다. 너 하늘아 이 일로 말미암아 놀랄지어다 너 땅아 이 일로 말미암아 기이히 여길지어다.

(1) 하나님의 선하심이 그들의 악함을 막지 못하였다는 것. 하나님은 그들을 사랑하시고, 그들에 대하여 인자함을 가지고 계시며, 끊임없이 그들에게 인자하심을 보여주셨다. 그들도 하나님이 그들을 친구이자 아버지처럼 대해 주셨다는 것을 알고 있었고, 또한 인정할 수밖에 없었다. 그렇지만 그들은 그들의 눈으로 볼 수 있는 신들, 그들의 눈이 그들을 이끄는 대로 다른 신들을 바라보았다. 그들은 동경의 눈빛으로 그 신들을 바라보고서 온갖 것들을 다 그 신들에게 바쳤고, 온전히 기대고 싶어하는 눈빛으로 그 신들을 바라보고서 그들의 온갖 위로들을 그 신들로부터 기대하였다. 하나님은 우상들에게 무릎을 꿇지 말라고 그들을 제지하셨지만, 그들은 우상들에게 추파를 던졌고, 그들의 눈에는 음심, 즉 영적인 음란함이 가득하였다(벧후 2:14). 그리고 그들은 병에 든 포도주를 좋아하였다. 우상 숭배자들이 마음껏 술을 마시며 즐겁게 사는 것을 보고서, 그들은 우상 숭배자들에게 합류하였다. 그들은 신전에서 종종 내어주는 풍성한 좋은 포도주 때문에 다른 신들에 대하여 호감을 지니게 되었다. 우상 숭배와 음행은 서로 붙어 다닌다. 술 취한 자들처럼 자신의 배를 신으로 섬기

는 자들은 다른 어떤 것도 쉽게 신으로 섬기게 된다. 하나님의 제사장들은 직무를 수행할 때에는 포도주를 마시지 못하게 되어 있었고, 나실인들은 어느 때든 술을 일체 마실 수 없었다. 그러나 다른 신들을 섬기는 자들은 대접으로 포도주를 마셨다(암 6:6). 아니, 그들은 병에 든 포도주만 있어도 만족이었다.

(2) 그들의 악함은 하나님의 은총이 그들에게 흘러가는 것을 막지 못하였다는 것. 그녀가 타인의 사랑을 받아 음녀가 된 여자임에도 불구하고, 하나님의 긍휼이 그녀에게 있었다는 것은 정말 긍휼의 신비가 아닐 수 없다. 이스라엘 자손을 향한 하나님의 사랑은 바로 그런 것이었다. 하나님은 이렇게 말씀하신다: "가서, 그런 여자를 사랑하라. 네 속에 그럴 마음이 생기는지를 살펴보라. 아니, 너는 그럴 수 없다. 그 어떤 남자의 가슴도 그런 사랑을 용납하지 못할 것이다. 그런데, 이스라엘 자손에 대한 나의 사랑이 바로 그런 것이다. 그것은 나를 전혀 사랑하지 않는 자들, 사랑할 만한 것이 전혀 없는 자들, 무수히 나의 사랑을 배신해 온 자들에 대한 사랑이다." 가엾은 죄인들에게 보이시는 선의(善意)와 관련된 하나님의 생각과 길들은 우리의 생각과 길들을 무한히 뛰어넘는 것들이고, 하나님의 사랑은 우리가 하는 사랑보다 무한히 더 자신을 낮추고 상대방을 불쌍히 여기는 그런 사랑이라는 것을 명심하라. 다른 것들에서와 마찬가지로 이 점에서도 그는 하나님이요 사람이 아니시다(11:9).

2. 지극히 선하신 하나님과 지극히 악한 백성을 다시 결합시키기 위하여 사용된 방법. 이것이 하나님이 목적하신 것인데, 하나님은 그가 목적하신 것을 반드시 이루신다. 우리는 이렇게 바다 같이 넓은 틈새가 효과적으로 치유되고 메워지는 것을 보고서 크게 놀라게 된다. 하나님의 긍휼이 그치지 않는 한, 이적들도 그치지 않는다. 좀 더 살펴보자.

(1) 하나님이 그들을 낮추셔서 그들로 하여금 스스로를 알게 만들기 위하여 취하신 조치(2절). 내가 은 열다섯 개와 보리 한 호멜 반으로 나를 위하여 그녀를 샀다. 즉, 내가 그녀를 타이르고 말로 위로하면서, 그녀에게 나와 화해하고, 그녀의 악한 길을 버리고, 그녀의 본 남편에게로 돌아오라고 간청하였다(2:14). 이것은 그 첩이 행음하여 남편을 떠나 다른 남자와 도망치자, 본 남편인 레위인이 그녀를 좇아가서 그녀에게 다정하게 말한 것과 같은 것이었다(삿 19:2-3). 그러나 여기에서 우리가 주목할 만한 것은 호세아 선지자가 그녀를 사서 그녀의 호의를 얻는 데에 지불한 액수가 아주 보잘것없었다는 것이다. 그러나 그녀는 그

액수만으로 홀로 살아가야만 한다. 하나님은 그녀의 교만을 벌하시기 위해서 그녀를 아주 초라하게 만드시고, 얼마 안 되는 생활비로 살아갈 수밖에 없을 정도로 그녀의 처지를 어렵게 만드신다. 삼손은 그를 버리고 간 아내와 화해하려고 장인 집에 갔을 때에 염소 새끼 한 마리를 가지고 그의 아내에게로 찾아갔는데(삿 15:1), 이것은 상당히 위신이 서는 선물을 들고 간 것이었다. 반면에, 호세아 선지자는 여기에서 적은 액수인 은 열다섯 개를 들고서 그의 아내를 찾아갔지만, 그럼에도 불구하고 그녀는 그녀의 남편이 그녀를 처음의 신분으로 회복시키는 것이 적절하다고 생각할 때까지 그 액수로만 한참 동안 홀로 살아가야만 하였다. 또한, 그녀는 떡을 만들 재료용으로 보리 한 호멜 반을 받았다. 그녀는 그녀가 적절한 시련의 기간을 거쳐서 충분히 낮아졌고 그녀의 삶이 바뀌었다는 것을 보여주는 충분한 증거를 나타내 보일 때까지 오직 그것만으로 살아가야 한다. 선지자는 본 남편인 자기가 그녀에게 다시 돌아오라고 간청하는 것은 그녀 자신의 어떤 공로나 장점 때문이 아니라는 것을 알게 하여야 한다. 그가 그녀를 위해서 단지 낮은 가격만을 치를 수 있을 뿐이다. 종 한 명의 가격은 삼십 세겔이었기 때문에(출 21:32), 그가 그녀를 위해 치를 의향이 있는 가격은 종 한 명의 가격의 절반이었다. 그렇지만 그녀는 그 가격도 그녀의 실제 가치보다 더 많이 쳐준 것임을 알아야 한다. 하나님은 이스라엘을 속량하기 위한 속전(贖錢)으로 애굽을 주셨다(사 43:3). 당시에 이스라엘은 하나님의 눈에 그만큼 보배 같은 존재였고 존귀한 존재였다. 그러나 그들이 음행을 하여 그를 떠난 지금에 와서는, 그들은 그들의 죄악으로 말미암아 그들의 가치의 상당 부분을 잃었기 때문에, 하나님은 그들을 위해 고작 은 열다섯 개만을 지불할 의사가 있을 뿐이었다. 하나님은 어떤 자들에게 존귀와 위로를 주시고자 하시면, 먼저 그들로 하여금 그들 자신의 무가치함을 알게 하셔서, 탕자처럼 지금부터는 아버지의 아들이라 일컬음을 감당하지 못하겠나이다(눅 15:21)라고 고백하게 만드신다는 것을 명심하라. 하나님이 이스라엘에게 기름진 밀을 먹이셨던(시 81:16) 때가 있었지만, 그들은 방자해져서 병에 든 포도주들을 즐겼다. 그러므로 하나님은 그들을 낮추셔서 원래의 상태로 되돌리시기 위해서, 그들로 하여금 포로로 잡혀간 땅에서 보리떡을 먹게 하시고, 보리떡이라도 먹을 수 있는 것에 감사하게 하시며, 무게와 됫박으로 재어서 배급을 받아 먹게 하셔서 보리떡조차도 아까워서 함부로 먹을 수 없게 하셨다. 가난과 수치는 종종 큰 죄인들을 참된 회개자로 바꾸어 놓는 복된 수단이 된다는 것을 명심하라.

(2) 하나님이 새로운 조건들을 내거시고서 그들과 협상하심(3절). 너는 많은 날 동안 나와 함께 지내고 음행하지 말며 다른 남자를 따르지 말라 나도 네게 그리하리라. 하나님은 그들에게 이혼 증서를 내어주고서, 더 이상 그들을 상관하지 않기로 결심하실 수도 있으셨지만, 기꺼이 그들에게 인자함을 베푸셔서, 이 문제가 잘 타협이 되기를 바라신다. 하나님은 엄한 공의와 엄격한 율법을 따라서가 아니라 그의 많은 긍휼하심을 따라 그들을 대하신다. 이것은 하나님이 바람이 나서 음행을 하여 그를 떠나 배교한 인류를 은혜로 대하시는 모습을 보여주는 것이다. 하나님은 그들이 잘나서가 아니라 자신의 공의를 지키시기 위하여 정말 계산할 수조차 없을 정도로 높은 가격을 치르고서 그들을 사셨다. 이제 하나님이 그들에게 제시하시는 제안이자 기꺼이 그들과 맺고자 하시는 은혜의 계약은 이런 것이다: 그들은 그의 백성이 되어야 하고, 그는 그들의 하나님이 되어야 한다는 것. 이것은 하나님이 이스라엘에게 제시하신 제안과 동일하다.

[1] 그들은 배교한 수치를 스스로 떠안고서, 그들의 죄악에 대한 벌을 순순히 받아들여야 한다는 것. 너는 고적하고 근심에 싸인 과부로서 많은 날 동안 홀로 조용히 나를 위해 지내라. 그들은 장신구를 떼어내고, 순종하고 인내하는 마음으로 하나님의 처분, 즉 하나님이 그들 같은 비열한 철면피들에게 다시 은혜를 베풀어야 하는 것인지를 정하실 때까지 기다려야 한다(출 33:4-5). 그들의 아버지, 즉 그들의 남편은 그들의 얼굴에 침을 뱉어서(하나님이 미리암에 대하여 하신 말씀), 그들에 대하여 진노하였다는 뜻을 나타내었다. 그러므로 그들은 미리암처럼 할례 받지 아니한 그들의 마음이 낮아질 때까지(레 26:41) 이레 동안 부끄러워하고 진영 밖에 갇혀 있어야 마땅하다(민 12:14). 그들은 혼자 앉아서 여호와의 구원을 바라고 잠잠히 기다려야 하고, 그 기다리는 동안에 여호와께서 메워주신 멍에를 메어야 한다(애 3:26-28). 그들은 하나님이 그들에게 속히 돌아오셔서 긍휼을 베푸실 것이라고 기대해서는 안 된다. 그들은 많은 날 동안, 즉 그들이 포로로 잡혀 있는 모든 날 동안에 그 구원을 원하거나 기대하지 말고, 그 구원을 충분히 기다릴 가치가 있는 긍휼의 이적으로 여겨서, 그 구원이 마침내 이를 때까지 잠잠히 기다려야 한다. 하나님은 어떤 자들에게 긍휼을 베푸시기로 작정하신 때에는 먼저 그들로 하여금 스스로 낮아지게 하셔서 그의 은총이 얼마나 귀한 것인지를 깨닫게 하신다는 것을 명심하라.

[2] 그들은 다시는 우매함으로 되돌아가서는 안 된다는 것. 다름 아닌 이것이야말로 하나님이 그의 백성과 그의 성도들에게 화평을 말씀하시기 위한 조건이다(시 85:8). "너는 너의 부정(不淨)함으로 인해서 포로 된 땅에 따로 격리되어 있는 동안에 거기에서 음행하지 말며 우상들을 섬기지 말라." 우리는 우리가 지은 죄들로 인한 수치를 스스로 떠안고서, 그 죄들로 인하여 우리를 징계하시는 하나님을 의로우시다고 하는 것만으로는 충분하지 않고, 하나님이 주시는 은혜를 힘입어서 다시는 범죄하지 않겠으며, 하나님을 떠나 세상과 육신을 좇아 음행하지 않겠노라고 단단히 결심하여야 한다는 것을 명심하라. 하나님께 감사하게도, 우리가 어떤 일에서나 결코 잘못을 저지르지 않아야 한다는 것은 이미 맺어진 계약의 한 조항이기는 하지만, 계약 성립의 조건은 아니다. "그러나 너는 음행하지 말며, 다른 신들을 섬기지 말고, 다른 남자를 따르지 말라." 그들은 포로로 끌려간 땅에서 그 나라의 우상들을 섬기라는 유혹을 받게 될 것이고, 그것은 그들에게 많은 날 동안 오랜 기간에 걸친 시험이 될 것이다. "그러나 네가 너의 온전한 신앙을 굳게 붙잡고서 요동하지 않고, 이 모든 일이 네게 있을 때에 네가 네 손을 이방 신을 향하여 뻗지 않는다면, 너는 하나님의 은혜를 다시 받을 자격을 얻게 될 것이다." 우리가 환난을 겪을 때에 하나님의 은혜로 말미암아 여러 가지 시험과 유혹에 넘어가지 않는다면, 그것은 우리에게 닥친 환난이 우리로 하여금 더 많은 복을 받게 하기 위한 수단이자 징조라는 것을 보여주는 확실한 증표임을 명심하라.

[3] 이러한 조건들 위에서 그들의 창조주는 다시 그들의 남편이 되시리라는 것. 나도 네게 그리하리라. 하나님과 돌아온 죄인들 간의 계약은 이것이다: 그들이 그를 섬긴다면, 그도 그들을 구원할 것이다. 그들은 그들의 마음을 차지하기 위해서 하나님과 경쟁하는 모든 것들을 단호히 끊고 버려야 하며, 오직 하나님께만 전적으로 헌신하여야 한다. 그래야만, 하나님은 그들에게 모든 것에서 부족함이 없이 채워 주시는 하나님이 되어 주실 것이다. 우리가 하나님에 대한 우리의 본분을 변함없이 신실하게 행하고, 결코 하나님을 떠나거나 버리지 않는다면, 하나님도 우리에게 긍휼을 베푸심에 있어서 그렇게 하실 것이고, 결코 우리를 떠나거나 버리지 아니하실 것이다. 이것보다 더 공정한 제안은 있을 수 없다.

Ⅱ. 이 비유에 대한 해석과 이스라엘에의 적용(4-5절).

1. 그들은 그들의 온갖 기쁨과 명예들이 다 벗겨진 가운데 오랫동안 과부처럼 앉아 있어야 한다는 것(애 4:1-2). 그들은 많은 날 동안 왕도 없고 지도자도 없이 지내리라. 이런 상태에 있는 나라는 과부로 불릴 만하다. 그들에게는 다음과 같은 복이 없을 것이다.

(1) 시민 정부. 그들은 그들의 왕도 없고 지도자도 없이 지낼 것이다. 그들 위에 군림하여 그들을 가혹하게 압제하는 왕들과 지도자들은 있었지만, 그들을 보호하고 그들을 위하여 싸워 주며 그들에게 공의를 베풀고 그들의 안녕(安寧)을 보살펴 주는 왕이나 지도자는 없었다. 그들을 돌보아줄 방백이 있다는 것은 백성들에게 아주 큰 축복이고, 방백이 없다는 것은 슬프고 비통한 심판이라는 것을 명심하라.

(2) 공예배. 그들은 제사도 없고 주상(이 단어는 야곱이 세운 기둥들에 대해서 사용된다, 창 28:18; 31:45; 35:20)도 없고 에봇도 없고 드라빔도 없이 지낼 것이다. 드라빔은 여기에서 에봇과 밀접하게 연관되어 있는 것으로 보아서, 대제사장의 흉패에 있는 우림과 둠밈 같은 것을 가리키는 것으로 보인다. 이 구절의 의미는 그들은 포로 생활을 하는 동안에 나라를 이루지도 못할 뿐만 아니라 교회를 이루지도 못하리라는 것이다. 그들은 그들 자신의 선택을 따라서 그 어떤 공적인 신앙 고백이나 신앙 활동(그것이 참된 것이든 거짓된 것이든)을 할 자유를 갖지 못할 것이다. 그들은 제사나 제단을 갖지 못할 것이다(칠십인역에는 이렇게 되어 있다). 제단이 없을 것이기 때문에 당연히 제사도 없을 것이다. 그들은 에봇이나 드라빔, 합법적인 제사장단, 하나님의 뜻을 알기 위한 수단들, 의심스러운 경우에 참조할 수 있는 하나님의 말씀을 갖지 못하여서, 완전한 어둠 속에서 살아가게 될 것이다. 공적으로 하나님께 예배를 드릴 모든 기회를 박탈당한 자들의 처지는 정말 암울한데, 그것이 포로로 잡혀간 유대인들의 처지였다. 회당이 있기는 하지만 성전 예배를 드리지 못하는 것이 오늘날에도 흩어진 유대인들의 처지이다. 하나님과의 교제가 막히고, 제사와 제단을 통해서 하나님께 아뢰며 에봇과 드라빔을 통해서 하나님으로부터 가르침을 받을 기회를 갖지 못하는 그들의 처지는 정말 쓸쓸하고 고적하기 짝이 없다.

2. 그들은 마침내 다시 아내로 받아들여지게 되리라는 것(5절). 그 후에 세월이 흘러서 연단의 과정을 통과하고 나서, 그들이 돌아올 것이다. 즉, 그들은 그들의 우상 숭배를 회개하며 버리고서, 하나님을 의뢰하고 따름으로써, 하나

님께 받아들여지게 될 것이다. 하나님은 여기에서 그들이 돌아와서 받아들여지는 과정과 관련해서 두 가지를 약속하신다.

(1) 그들이 하나님을 찾게 되리라는 것. 그들이 그들의 하나님 여호와와 그들의 왕 다윗을 찾으리라. 하나님을 발견하여 그에게 은총을 받고자 하는 자들은 그를 찾고 구하며, 그를 알고자 하고, 그와 화해하고자 하며, 그를 사랑하여야 하는데, 하나님께 받아들여질 때까지 그렇게 애써야 한다는 것을 명심하라. 그들이 하나님을 찾는다는 것은 그들이 하나님을 잃어버렸다는 것, 그 상실을 애통해하고 있다는 것, 그 잃어버린 것을 다시 되찾기를 간절히 원하고 있다는 것을 의미한다. 그들은 하나님을 자기 하나님으로 여기고 찾을 것이다. 백성이 자기 하나님께 구할 것이 아니냐(사 8:19). 그리고 그들은 그들의 왕 다윗을 찾을 것인데, 여기에서 다윗은 메시야이자 다윗의 자손인 우리 주 예수 그리스도, 다윗 자신도 주라 불렀던(시 110:1) 다윗의 뿌리이자 자손(계 22:16), 하나님이 그 조상 다윗의 왕위를 주신 이(눅 1:32) 외에 다른 사람일 수 없다. 갈대아 역본에서는 이 본문을 이렇게 읽는다: 그들은 그들의 하나님 여호와를 섬기고자 할 것이고, 그들의 왕 다윗의 아들 메시야께 순종할 것이다. 이 본문을 예레미야 30:9; 에스겔 34:23; 37:25과 비교해 보라. 여호와를 찾아서 발견하고자 하는 자들은 예수 그리스도 앞에 나아가서 그들의 왕이신 그에게 물어야 하고, 자원하여 그의 백성이 되어서, 그에게 충성 맹세를 하여야 한다는 것을 명심하라.

(2) 그들이 하나님을 경외하게 되리라는 것. 그들은 여호와와 그의 선하심을 경외하리라(KJV). 어떤 이들은 여기에서 그의 선하심을 그들이 하나님을 예배할 때에 바라보게 될 성전을 가리키는 것으로 이해한다. 유대인들은 이스라엘이 르호보암 시절에 세 가지, 즉 천국, 다윗 왕가, 성전을 버렸다고 말한다. 하나님은 여기에서 그들이 돌아와서 이 세 가지를 찾게 될 것이라고 약속하고 계시는데, 그 때까지는 그들이 결코 잘 될 수 없을 것이다. 그들은 그들의 하나님 여호와 속에서 천국을 찾을 것이고, 그들의 왕 다윗에게서 다윗 왕가를 찾을 것이며, 여호와의 선하심 속에서 성전을 찾을 것이다. 또 어떤 이들은 여기에서 그의 선하심을 그들의 왕 다윗과 마찬가지로 그리스도를 가리키는 것으로 이해한다. 그러나 그의 선하심이라는 어구는 하나님께 영광이 되는 그의 한 속성, 그의 이름을 선포하시는 토대가 되는 그의 속성을 나타내는 것으로 보아야 할 것이다. 우리는 여호와와 그의 크심만이 아니라 여호와와 그의 선하심도 경외하여야

하고, 그의 위엄만이 아니라 그의 긍휼도 경외하여야 한다는 것을 명심하라. 그들은 여호와와 그의 선하심을 경외하므로, 거기를 그들의 도피성으로 여겨서 그리로 피할 것이다(어떤 이들은 이렇게 해석하기도 한다). 우리는 하나님의 선하심을 경외하여야 한다. 즉, 모세가 하나님의 이 이름이 선포될 때에 그랬듯이, 우리는 하나님의 선하심을 경이로운 눈으로 바라보며 지극히 높이고 경배하여야 한다: 여호와께서 그의 앞으로 지나시며 선포하시되 여호와라 여호와라 자비롭고 은혜롭고 노하기를 더디하고 인자와 진실이 많은 하나님이라(출 34:6). 우리는 우리가 하나님의 선하심에 누를 끼치고 있지는 않은지, 그 선하심에 대하여 배은망덕한 짓을 하고 있지는 않은지, 그렇게 해서 그 선하심을 상실하게 되는 것은 아닌지를 두려워하여야 한다. 죄사함이 하나님께 있음은 주를 경외하게 하려 하심이니이다(시 130:4). 우리는 하나님의 선하심을 두렵고 떨리는 마음으로 즐거워하여야 하고, 높은 마음을 품지 말고 도리어 두려워하여야 한다(롬 11:20). 이제 이 약속은 그리스도의 복음으로 말미암아 유대인과 이방인의 큰 무리가 하나님께 나아와서 신약 교회로 합류하여, 하나님의 자녀로서 그의 은혜를 경외하는 가운데 그리스도 안에서 하나님을 섬기고, 하나님에 의해서 그의 이스라엘로 받아들여지게 되었을 때에 성취되었다. 어떤 이들은 이 약속은 이방인의 충만한 수가 들어오고 난 후에 그 때까지 여전히 불신앙 가운데 남아 있던 유대인들이 회심하여 그들의 왕 다윗인 메시야를 찾게 됨으로써 메시야에 의해서 온 이스라엘이 구원을 받을 때에 추가적으로 성취될 것이라고 생각한다(롬 11:25-26). 그들이 가이사 외에는 우리에게 왕이 없나이다(요 19:15)라고 말하며, 메시야를 십자가에 못 박아 죽게 하고자 했던 때가 있었지만, 그들이 메시야를 그들의 머리로 세우고 그의 멍에를 메고자 할 날이 올 것이다. 그들이 그렇게 하게 될 것이라고 여기에서 약속하신 하나님은 그들로 하여금 그렇게 하도록 하실 수 있으시고, 마지막 시대, 즉 메시야 시대의 마지막 날들에 그의 방식과 때를 따라서 이 큰 일을 하실 것이다. 그러나 슬프다! 하나님이 그 일을 하실 때까지 살아 남아 있을 자가 과연 있겠는가? 유대인들의 민족적인 회심이 과연 어느 정도까지 이루어질 수 있을지를 말하기는 어렵다. 그러나 우리는 유대인들이 회심할 수 있게 해주시라고 기도하여야 한다.

제 4 장

개요

선지자들은 책망하는 자들이 되라고 보내심을 받았기 때문에, 백성들에게 그들의 잘못들을 말해 주고, 그들의 죄로 말미암아 그들에게 임할 하나님의 심판을 경고하였다. 따라서, 호세아 선지자도 이 장과 이후의 장들에서 바로 그 사역을 위해 쓰임을 받는다. 호세아는 여기에서 만왕의 왕의 법률 대리인으로서 이스라엘 백성에 대한 고소장을 읽어내려 가면서, 그들로 하여금 회개하고 삶을 고치도록 만들기 위해서, 그들의 죄 및 죄로 인한 그들의 참상과 위험을 깨우치고자 애를 쓴다. I. 선지자가 그들에게 하나님이 그들과 논쟁하시는 이유가 무엇인지를 보여줌: 악덕과 불경(不敬)의 만연(1-2절), 하나님에 대한 무지와 망각(6-7절), 세상적이 되어버린 제사장들(8절), 술 취함과 부정함(11절), 점술과 마술을 행하는 것(12절), 산당들에서 제사를 지내는 것(13절), 음행(14, 18절), 관리들이 뇌물을 받는 것(18절). II. 선지자가 그들에게 하나님이 그들과 논쟁하시는 것의 결과들이 무엇일지를 보여줌: 하나님은 이러한 일들로 인해서 그들을 벌하실 것이다(9절). 온 땅이 황폐화되고(3절), 온갖 부류의 사람들이 죽으며(5절), 그들의 존귀함이 상실되고(7절), 피조물들이 주는 위로들이 그들을 만족시키지 못하며(10절), 그들 자신이 수치를 당하게 될 것이다(19절). 다음과 같은 것들이 여기에서 무엇보다도 가장 극심한 심판으로 여러 차례에 걸쳐 언급된다: 그들은 그들의 죄 가운데에 버려질 것이고(17절), 서로를 책망하지 않을 것이며(4절), 하나님이 그들을 벌하지 않을 것이고(14절), 도리어 그들로 형통하게 하실 것이다(16절). III. 선지자가 유다를 향하여 그들이 이스라엘의 발걸음이 음부(陰府)로 내려가는 것을 보았으니 이스라엘의 전철을 밟지 말라고 경고함(15절).

¹이스라엘 자손들아 여호와의 말씀을 들으라 여호와께서 이 땅 주민과 논쟁하시나니 이 땅에는 진실도 없고 인애도 없고 하나님을 아는 지식도 없고 ²오직 저주와 속임과 살인과 도둑질과 간음뿐이요 포악하여 피가 피를 뒤이음이라 ³그러므로 이 땅이 슬퍼하며 거기 사는 자와 들짐승과 공중에 나는 새가 다 쇠잔할 것이요 바다의

고기도 없어지리라 ⁴그러나 어떤 사람이든지 다루지도 말며 책망하지도 말라 네 백성들이 제사장과 다투는 자처럼 되었음이니라 ⁵너는 낮에 넘어지겠고 너와 함께 있는 선지자는 밤에 넘어지리라 내가 네 어머니를 멸하리라

이 단락에는 다음과 같은 내용들이 나온다.

I. 선지자가 이스라엘 자손들에게 법정에 출두하여 경청할 것을 요구함. "이스라엘 자손들아 여호와의 말씀을 들으라. 왜냐하면, 네가 듣든지 아니 듣든지, 죄를 깨우치는 이 말씀은 너에게 주어진 것이기 때문이다." 하나님을 믿는다고 고백한 자기 백성, 이스라엘 자손들 외에 그 누가 하나님의 말씀을 제대로 들으며 그의 경고를 제대로 들어 주기를 기대할 수 있으시겠는가? 하나님이 그들에게 위로의 말씀을 전하시면, 그들은 기꺼이 그 말씀을 듣고자 하겠지만, 하나님이 그들과 논쟁하실 때에 과연 그들이 들으려고 하겠는가? 그렇지만 그들은 하나님이 그들을 책망하시며 그들을 쳐서 변론하실 때에 그의 말씀을 들어야 한다. 여호와께서 이 땅, 이 거룩한 땅 주민과 논쟁하신다. 죄는 큰 재앙을 만들어 내는 자라는 것을 명심하라. 죄는 하나님과 이스라엘 사이에 불화의 씨를 심는다. 하나님은 자기 백성 가운데서 죄를 보시면, 그 죄로 인하여 그들을 고소할 수 있는 충분한 명분을 가지고 계신다. 하나님은 다른 죄인들에 대해서와는 달리 자기 백성에 대해서는 좀 더 구체적인 소송을 제기할 수 있으시다. 하나님이 그들과 논쟁하시는 것은 그들이 그와의 계약을 깨뜨리고, 그에게 수치를 안겨주며, 그가 베푼 은혜에도 불구하고 그를 향하여 배은망덕하게 행하기 때문이다. 하나님은 그가 행하시는 모든 일이 의로우시다는 것을 나타내시고, 죄인들이 죽는 것을 그가 원하지 않으신다는 것을 나타내시기 위해서, 그의 손에 의한 심판으로 그들에게 항의하시기 전에 그의 입에 의한 심판으로 항의하시려고, 먼저 그들과 논쟁을 하시는 것이다. 그들은 하나님이 항의하시는 말씀들을 경청하여야 한다. 왜냐하면, 조만간에 그들은 좋든 싫든 심문을 받게 될 것이기 때문이다.

II. 선지자가 고소장을 읽어내려감. 호세아 선지자는 하나님을 진노하시게 만든 극악무도한 범죄들을 열거하며, 이스라엘이라는 나라 전체를 고소한다.

1. 선지자는 그들이 마땅히 행하여야 할 가장 중요한 본분들을 나라 전체가 한통속이 되어 행하지 않았다고 그들을 고소함. 이 땅에는 진실도 없고 인애도 없

다. 즉, 공의도 없고 박애도 없다. 우리 구주께서 말씀하셨듯이, 정의와 긍휼과 믿음은 율법의 더 중한 것들이다(마 23:23). 백성의 대부분은 정직이라 불리는 것에 대하여 전혀 감각이 없었던 것으로 보인다. 그들은 진실과 반대되고 이웃에게 해를 끼치는 말과 행위를 아무렇지도 않게 행하였고, 그러고도 양심의 가책을 전혀 느끼지 않았다. 그러니, 그들에게 사람을 긍휼히 여기는 마음이나 가난한 자들을 불쌍히 여기고 도와야 한다는 의무감이 있을 리가 없었다. 그 땅에 하나님을 아는 지식이 없는 상황에서 진실과 인애(仁愛)가 없다는 것은 전혀 이상한 일이 아니다. 하나님을 아는 지식이 없는 곳에서 우리가 그 어떤 선한 것을 기대할 수 있겠는가? 하나님이 이스라엘에 알려지셨다는 것은 그 땅에 주어진 특권이었고(시 76:1), 하나님의 이름은 위대하셨는데, 이것은 그들이 하나님을 알지 못한 죄를 가중시키는 것이었다.

2. 선지자는 뒤이어서 온 나라가 첫 번째 돌판과 두 번째 돌판에 적힌 하나님의 계명들을 범하는 흉악무도한 죄들을 저질렀다고 고소함. 그들은 이 두 개의 돌판에 적힌 계명들을 전혀 아랑곳하지 않았다. 세 번째 계명을 어기는 저주, 아홉 번째 계명을 어기는 속임, 여섯 번째 계명을 어기는 살인, 여덟 번째 계명을 어기는 도둑질, 일곱 번째 계명을 어기는 간음은 온 나라의 방방곡곡에서 온갖 부류와 신분의 사람들에 의해서 저질러졌다(2절). 부패는 온 나라에 만연되어 있었다. 그들 가운데 있던 선한 자들은 죽임을 당하거나 사람들의 눈을 피해 몸을 숨겼다. 이러한 죄악들을 통해서 그들은 이성과 양심, 하나님의 법이 정해 놓은 온갖 경계들을 다 무너뜨렸다. 그들의 악행은 극에 달했고(욥 36:9), 그들은 지나치게 악인이 되어 있었다(전 7:17). 그들은 그들의 부패한 본성과 심성을 마음껏 발산하였다. 그들은 그들의 죄악된 길을 방해하거나 가로막는 모든 것들을 마치 강물이 둑을 무너뜨리듯이 무서운 기세로 돌파하였다. 죄는 포악한 것이고, 그 힘은 엄청나다는 것을 명심하라. 사람들의 마음이 악을 행하는 데에 담대할 때(전 8:11), 무엇이 그들이 하고자 하는 일을 막을 수 있겠는가(창 11:6)? 그들이 이렇게 거침없이 죄악들을 행하였기 때문에, 그 땅에는 피가 피를 뒤이었다. 즉, 온 나라의 도처에서 끊임없이 연쇄적으로 많은 살인들이 저질러졌다. 살인자들이 연이어 나왔다. 그들 가운데서는, 심지어 왕실에서도 피가 강물을 이루었다. 왕권을 차지하기 위해서 그토록 많은 피를 흘렸던 것도 바로 이 때였다. 살룸은 스가랴를 죽였고, 므나헴은 살룸을 죽였으며, 베가가

브가히야를 죽였고, 호세아는 베가를 죽였다. 그 땅에서 이와 비슷한 피비린내 나는 살육이 서로 다투는 자들 사이에서 벌어졌고, 그 땅은 피로 더러워졌다(시 106:38). 그 땅은 이 끝에서 저 끝까지 피로 가득하였다(왕하 21:16).

Ⅲ. 이 죄악되고 더러워진 땅에 내려진 선고(3절).   이 땅은 완전히 파괴되어 황폐화될 것이다. 온 땅이 죄로 물들어 있기 때문에, 그 온 땅이 하나님의 혹독한 심판 아래에서 크게 슬퍼하며, 온갖 부와 아름다움이 다 벌거벗겨진 채로 주저앉아서 애곡할 것이다. 풍요롭고 평화로울 때에 골짜기들이 기뻐 소리치며 노래한다고 말하듯이, 여기에서는 전쟁과 기근으로 이 땅이 황량해질 때에 이 땅은 크게 슬퍼하며 애곡할 것이라고 말한다. 하나님이 율법을 통해서 경고하셨듯이, 그 온 땅이 유황이 되며 소금이 되며 또 불에 탈 것이다(신 29:23). 그들은 하나님의 모든 계명들을 다 깨뜨리고 범하였기 때문에, 이제 하나님은 그들의 모든 위로들을 가져가 버리시겠다고 경고하신다. 가축을 위한 풀과 사람을 위한 채소가 없을 때(시 104:14), 땅은 애곡한다. 그 때에 거기 사는 자는 꺼져가는 생명을 살릴 양식이 없어서 쇠잔해지고 초췌해지며, 사람에게 기쁨을 주는 맛있는 음식이 없어서 짜증을 낼 것이다. 들짐승들도 쇠잔해질 것이다(5-6절). 아니, 땅의 열매들의 파괴됨이 너무 심하여서, 공중에 나는 새들이 먹고 살 곡식 부스러기조차 없을 것이다. 새들은 사람과 함께 고통을 당하게 될 것이고, 새들이 죽거나 삐쩍 마르는 것은 평소에 그들의 식탁을 새고기로 풍성하게 하곤 하였던 자들에 대한 벌이 될 것이다. 아니, 바다의 고기들이 떼를 지어 다른 연안으로 옮겨가 버려서 없어질 것이고, 그 때에 어업은 망하게 될 것이다. 이 점에 있어서 이 땅의 황폐함은 노아의 홍수 때보다 더 광범위하게 미칠 것이다. 왜냐하면, 노아의 홍수 때에는 적어도 바다의 물고기는 별 영향을 받지 않았기 때문이다. 애굽에 임한 재앙들 중의 하나는 하나님이 그들의 물고기를 죽이신 것이었다(시 105:29). 바다나 강이 마르면, 물고기가 죽는다(사 50:2; 습 1:2-3). 사람이 하나님께 불순종할 때, 열등한 피조물들이 사람을 섬기지 않게 되는 것은 당연한 일이라는 것을 명심하라. 우리 땅에 너무도 많은 저주와 속임과 살인과 도둑질과 간음이 있는데도 여전히 우리의 식탁에 풍부한 고기와 생선과 새고기가 오른다는 사실만으로도, 우리는 하나님이 우리 땅에 대하여 오래 참으시는 가운데 긍휼을 베풀어 주고 계시는 것을 감사하고 찬송할 이유가 충분하다!

Ⅳ. 이미 정죄받은 죄인을 회개시키려고 수고하지 말라는 법정의 명령과 그러한 명령의 이유.

1. 명령의 내용(4절). 그러나 어떤 사람이든지 다투지도 말며 책망하지도 말라. 그들을 돌아오게 하거나 바로잡기 위한 시도를 아예 하지 말라. 그들을 고치고자 했던 의사들은 그들의 병을 불치의 죽을 병으로 진단하고서 그들을 포기하라. 이것은 조금이라도 소망이 남아 있는 동안에는 우리가 죄인들을 책망하여야 한다는 것을 보여주는 것이다. 책망을 주고 받는 것은 우리가 서로에 대하여 빚지고 있는 의무이다. 너는 네 이웃을 반드시 견책하라(레 19:17)는 것은 모세 율법의 일부였다. 책망하는 것은 형제 사랑을 보여주는 한 예이다. 아주 따끔하게 책망할 필요도 종종 있다. 즉, 단순히 책망하는 것이 아니라, 다투는 것처럼 보일 정도로 호되게 책망해서, 책망을 받는 사람이 그 책망에 질려서 자신의 죄를 버리게 할 필요도 종종 있다는 것이다. 하나님이 어떤 사람이든지 책망하지 말라고 말씀하시면, 그것은 하나님이 그 백성을 이미 멸망에 내어주셨다는 것을 보여주는 징표(徵標)이다. 하지만 그것은 하나님이 종종 선지자들에게 이 백성을 위하여 기도하지 말라고 명령하시는 것과 동일한 차원에서 이해되어야 한다. 하나님의 이러한 명령에도 불구하고, 선지자들은 이 백성을 위하여 기도하였다. 하나님이 이렇게 말씀하시는 취지는 그들이 죄 가운데서 너무나 완악해져서 멸망의 때가 무르익었기 때문에 그들을 상대하거나 그들을 위하여 하나님을 상대하여 어떻게 해보려는 시도가 별 소용이 없으리라는 것이다. 책망하는 자들이 잠잠하고, 그 세대의 죄들을 증언하여야 할 자들이 후미진 곳으로 물러나서 증언을 포기한다면, 그것은 백성에게 불길한 징조라는 것을 명심하라(대하 25:16).

2. 명령의 이유들. 그들 중 누구도 책망하지 말라. 하나님이 이렇게 명령하시는 이유는 다음과 같다.

(1) 그들은 계속해서 죄를 범하기로 작정하였기 때문에, 그 어떤 책망도 그들을 고쳐서 죄를 짓지 못하게 할 수 없으리라는 것. 네 백성들이 제사장들과 다투는 자들처럼 되었다. 그들은 죄 가운데서 너무나 뻔뻔스러워지고 오만방자하게 되어 책망을 듣는 것을 전혀 참을 수 없는 자들이 되어 버렸기 때문에, 누가 그들을 조금이라도 제지하려 하면 그 사람의 신분이나 직위 고하를 막론하고 심지어 제사장이라 할지라도 눈에 불을 켜고 달려들어 싸우고자 할 것이다. 사정

이 이런데, 하물며 어떻게 그들이 제사장이 아닌 평범한 개인이 그들에게 하는 책망을 받아들일 수 있겠는가? 그들에게 신실하게 대하는 목회자들과 다투는 죄인들은 이미 그 마음이 악하게 굳어진 자들이라는 것을 명심하라. 하나님이 사람들의 삶을 고치도록 하기 위해서 세우신 목회자들의 책망에 반기를 들며 다투는 자들은 이미 형제의 책망을 누리는 유익도 상실한 것이다. 이것은 아마도 유다 왕 요아스와 그의 백성들이 최근에 하나님의 말씀을 그들에게 전한다는 이유로 여호야다의 아들 스가랴를 돌로 쳐 죽인 악행을 저지른 것과 관련되어 있는 것 같다(대하 24:21). 그는 제사장이었다. 그들은 스가랴가 제단과 성전 사이에서 직무를 수행하고 있을 때에 그와 다투었다. 라이트푸트 박사는 호세아 선지자가 피가 피를 뒤잇고 있다고 말하였을 때에 스가랴의 죽음을 염두에 두고 있었을 것이라고 생각한다(2절). 제사를 드리는 자의 피가 제물의 피와 섞였다. 호세아 선지자는 그들이 제사장과 다투는 자가 되어서 아무도 그들을 책망할 수 없게 되었기 때문에 구제불능이 되어 버린 것과 마찬가지로, 그들이 제사장의 피를 흘린 것은 그들의 악행이 절정에 도달한 것을 보여주는 것이기 때문에 그들의 멸망이 기정사실이 되어 버린 것이라고 말한다(마 23:35).

(2) 하나님도 그들을 멸하시기로 작정하셨다는 것(5절). "네가 책망이나 조언을 전혀 받아들이려 하지 않기 때문에, 너는 넘어지겠고, 그 일은 이미 작정되었기 때문에, 누가 그것을 막아 보려고 해도 아무 소용이 없을 것이다. 너는 낮에 걸려서 넘어지겠고, 네게 좋은 말만을 해주며 너를 유혹하였던 거짓 선지자는 너와 함께 밤에 넘어지리라. 너와 너의 선지자는 밤낮으로 넘어져서, 이런저런 재난 속으로 끊임없이 떨어질 것이다. 밤의 어둠도 너를 환난으로부터 숨겨 주는 데에 도움이 되지 못할 것이고, 낮의 빛도 네가 환난으로부터 도망하는 데에 도움이 되지 못할 것이다." 선지자들은 눈먼 지도자들이고, 백성들은 눈이 멀어서 그 지도자들을 따르는 자들이다. 눈먼 자들에게는 낮과 밤이 동일하기 때문에, 낮이든 밤이든 그들과 그들의 지도자들은 함께 구덩이에 빠지게 될 것이다. "너는 네가 넘어질 염려가 거의 없다고 안심하는 낮에, 다른 사람들이 뻔히 다 보는 앞이라 큰 창피를 당하게 될 낮에 넘어질 것이다. 선지자는 그가 가장 두려워하는 밤에 넘어질 것이다." 다른 사람들이 멸망하도록 도운 자들은 특별히 견딜 수 없을 정도로 두려운 멸망을 당하게 될 것임을 명심하라. 자녀들은 그들이 넘어질 위험에 처해 있을 때에 그들의 어머니가 그들을 도와 줄 것

이라고 생각하겠지만, 그런 기대는 아무 소용이 없을 것이다. 왜냐하면, 네 어머니, 즉 북왕국 이스라엘이라는 나라의 어머니 성(城)인 사마리아를 내가 멸할 것이기 때문이다. 그 나라 전체가 잠잠해질 것이다. 나라 전체가 죄에 연루되어 있을 때, 우리는 나라 전체가 멸망하게 된다는 것을 명심하여야 한다.

[6]내 백성이 지식이 없으므로 망하는도다 네가 지식을 버렸으니 나도 너를 버려 내 제사장이 되지 못하게 할 것이요 네가 네 하나님의 율법을 잊었으니 나도 네 자녀들을 잊어버리리라 [7]그들은 번성할수록 내게 범죄하니 내가 그들의 영화를 변하여 욕이 되게 하리라 [8]그들이 내 백성의 속죄제물을 먹고 그 마음을 그들의 죄악에 두는도다 [9]장차는 백성이나 제사장이나 동일함이라 내가 그들의 행실대로 벌하며 그들의 행위대로 갚으리라 [10]그들이 먹어도 배부르지 아니하며 음행하여도 수효가 늘지 못하니 이는 여호와를 버리고 따르지 아니하였음이니라 [11]음행과 묵은 포도주와 새 포도주가 마음을 빼앗느니라

하나님은 여기에서 제사장들 및 백성들과의 논쟁을 계속해 나가신다. 백성들은 자신의 본분을 다하는 제사장들과 다투는 자들이 되어 있었다(4절). 그러나 대부분의 제사장들은 그들의 본분을 게을리하며 살았기 때문에, 여기에 그런 제사장들 및 그런 제사장들을 좋아하는 백성들에 대한 말씀이 나온다(렘 5:31). 여기에서 주목할 만한 것은 죄와 벌이 서로 상응한다는 것과 하나님이 자기가 하시는 일들이 의로우시다는 것을 드러내시기 위해서 죄와 벌을 대비시켜서 보여주신다는 것이다.

I. 백성들은 그들에게 하나님을 아는 지식을 가르치려고 하는 제사장들과 다투었다는 것. 그러므로 그들이 지식이 없으므로 망하게 된 것은 마땅한 일이었다(6절). 빛에 대하여 반기를 드는 자들은 어둠 가운데서 죽어가는 것 외에 다른 것을 기대할 수 없다는 것을 명심하라. 또는, 이것은 제사장들이 여전히 백성에게 지식을 가르쳤어야 하는데도(전 12:9) 그렇게 하지 않아서 그 땅에 하나님을 아는 지식이 없게 만들어 버린 것에 대한 고소일 수 있다. 묵시 또는 제대로 된 묵시가 없었기 때문에, 백성이 망하였다(잠 29:18). 무지는 헌신의 어머니가 결코 될 수 없기 때문에 멸망의 어머니가 될 수밖에 없다는 것을 명심하라. 개인이든 백성이든 지식이 없으면 망한다. 그런데 이렇게 망하는 자들은

다름아닌 내 백성이다. 그들이 하나님의 백성이라는 사실은 그들과 계약을 맺으시고 그들에게 계명들을 주신 하나님을 알려고 하지 않은 그들의 죄와 그들을 가르쳤어야 하는데도 가르치지 않은 자들의 죄를 더욱 가중시킨다. 하나님은 그의 자녀들에게 그 지식을 가르치시고자 온갖 애를 쓰셨지만, 그들은 그 지식에 관심이 없었고 그 지식을 얻으려고 애를 쓰지도 않았다.

Ⅱ. 제사장들이나 백성들이나 똑같이 지식을 버렸다는 것. 그러므로 하나님이 그들을 버리시는 것은 마땅한 일이다. 백성들이 배우지 않고 제사장들이 가르치지 않은 이유는 그들에게 빛이 없었기 때문이 아니라 그들이 빛을 미워하였기 때문이었고, 그들에게 하나님을 아는 지식을 전하거나 얻을 길들이 없었기 때문이 아니라 그 지식을 전하거나 얻을 마음이 없었기 때문이었다. 그들은 하나님을 아는 지식을 버리고 배척하였다. 그들은 하나님의 도리를 알기를 바라지 아니하였고(욥 21:14), 도리어 그 도리를 멀리하며 그 빛을 보지 않으려고 눈을 감아 버렸다. 그러므로 "나도 너를 버리리라. 나도 너를 아는 체하지 않을 것이다. 네가 나를 모른다고 하고, 내게 떠나달라고 하였으니, 나도 네게 내가 너를 도무지 알지 못하니 내게서 떠나가라고 말할 것이다(마 7:23). 너는 내 제사장이 되지 못할 것이다."

1. 제사장들은 더 이상 제사장으로서의 특권을 갖거나 그 직분을 행하지 못하게 되고, 다시는 받아들여지지 못하게 되리라는 것(겔 44:13). 지식을 버려서 무지하고 악한 목회자들은 더 이상 목회자로 인정되어서는 안 되고, 그들이 그들에게 있는 줄로 아는 것까지도 빼앗기게 될 것임을 명심하라(눅 8:18).

2. 백성들은 더 이상 이전처럼 제사장들의 나라, 왕적인 제사장들이 되지 못하리라는 것(출 19:6). 하나님의 백성이 지식을 버리면, 그들의 존귀함은 상실되고, 그들의 면류관은 훼손된다.

Ⅲ. 그들이 하나님의 율법을 잊었고, 그 율법을 마음에 간직하거나 후손에게 전해 주는 것을 원하지도 애쓰지도 않았기 때문에, 하나님이 그들과 그들의 자녀들을 잊어버리시겠다는 것. 그들은 그들의 자녀들에게 하나님을 아는 지식이나 하나님에 대한 본분을 교육해야 마땅한데도 그렇게 하지 않았기 때문에, 하나님은 그들이 그와 계약 관계에 있다는 것을 부인하실 것이다. 자녀들이 어릴 때에 그들에게 그들의 창조주를 기억하도록 가르치지 않는다면, 부모들은 그들의 창조주가 그들의 자녀들을 기억하여 주실 것을 기대할 수 없다는 것

을 명심하라. 또는, 여기에서 말하는 것은 제사장들의 자녀들을 의미하는 것일 수 있다. 하나님이 엘리 가문에 대하여 경고하셨듯이(삼상 2:30), 그 자녀들은 아버지의 제사장직을 물려받지 못하고, 가난해지게 될 것이다.

IV. 하나님이 그들에게 주신 존귀함과 영화(榮華)로 그들이 하나님을 욕되게 하였기 때문에, 하나님이 그들에게서 그 존귀함과 영화를 벗겨 버리시리라는 것(7절).   그들은 자손이 번성하고 그들의 부와 권력과 위엄이 커짐으로써 존귀하게 되었다. 그들의 민족의 시작은 미미하였지만, 시간이 흐르면서 그 민족은 크게 번성하여 대단한 존재로 성장하였다. 제사장들의 가문도 놀랍도록 번성하였다. 그러나 그들은 번성할수록 하나님을 거슬러 범죄하였다. 그들이 번성하여 그 수가 늘어날수록, 그들은 더 많은 죄를 저질렀고 더 속되고 불경스러워졌다. 그들의 부와 영화와 권력은 단지 그들로 하여금 더욱 대담하게 죄를 짓게 할 뿐이었다. 그러므로 하나님은 "내가 그들의 영화를 변하여 욕이 되게 하리라"고 말씀하신다. 그들의 수가 많다는 것이 그들의 영광이고 자랑인가? 하나님이 그들의 수를 줄여서 작은 민족이 되게 하실 것이다. 그들의 부가 그들의 영광이고 자랑인가? 하나님이 그들을 빈곤하고 비천하게 만드실 것이다. 그래서, 그들은 그들이 자랑했던 것을 스스로 창피해하게 될 것이다. 하나님이 그들의 제사장들로 하여금 멸시와 천대를 당하게 하실 것이다(말 2:9). 우리가 우리의 영화로 하나님을 욕되게 하면, 조만간에 우리의 영화는 욕과 수치로 변하게 될 것임을 명심하라. 왜냐하면, 하나님을 멸시하는 자들은 경멸을 받게 될 것이기 때문이다(삼상 2:30).

V. 제사장들이 하나님의 백성의 죄를 먹었기 때문에, 그들은 먹어도 배부르지 아니하리라는 것.

1. 그들이 하나님의 율법에 의해서 아론 가문의 제사장들에게 허용된 제물에 대한 권리, 또는 그들 스스로가 정해서 송아지 우상을 섬기는 제사장들에게 허용한 제물에 대한 권리를 남용하였다는 것(8절). 그들이 내 백성의 죄, 즉 그들이 드리는 속죄제물을 먹었다. 여기에서 말하는 것이 송아지 우상들을 섬기는 제사장들이라면, 이것은 그들이 그들에게 아무 권리도 없는 것들을 취하였다는 것을 의미한다. 그들은 사실 제사장이 아니면서도 제사장만이 얻을 수 있는 수입들을 챙겼다. 여기에서 말하는 것이 합법적인 제사장들이라면, 이것은 그들이 제사장의 본연의 직무를 행하는 데에는 전혀 관심이 없고, 오직 그들의

직분에서 생기는 수입이나 부수입만을 탐하였다는 것을 의미한다. 그들은 하나님께 드려지는 제물들 중 그들의 몫을 잘 챙겨서 그것으로 잔치를 벌였지만, 그들로 하여금 그렇게 잘 먹도록 해준 제사장 직무에는 충실하여야 함에도 불구하고 도리어 소홀히 하였다. 그들은 그들의 마음을 백성들의 죄악에 두었다. 즉, 그들은 백성들이 죄악을 범하면, 그 죄를 속하기 위해서 제물을 가져와야 될 것이고, 그러면 자신의 몫을 챙길 수 있을 것이라고 생각해서, 백성들이 죄를 짓나 안 짓나 유심히 지켜 보고 있다가, 죄를 지으면 기뻐하였다. 백성들이 죄를 많이 지을수록 속죄제물도 더 늘어날 것이기 때문에, 그들은 백성들이 죄를 많이 지을수록 쾌재를 불렀다. 그들은 희생제사를 통해서 백성들에게 죄가 하나님의 진노를 가라앉히는 제사가 필요할 만큼 하나님을 노엽게 하는 것임을 보여주면서 죄에 대하여 경고하여야 함에도 불구하고 그렇게 하기는커녕, 도리어 아주 적은 비용으로 속죄 제사를 드리면 된다고 하면서, 백성들로 하여금 죄를 별 것 아닌 것으로 여기게 만들고 대담하게 죄를 짓게 만들었다. 이런 식으로, 제사장들은 백성들이 지은 죄들에 의지해서 배불리 먹었고, 그런 까닭에 죄를 짓지 말라고 말하며 마땅히 말려야 했는데도 도리어 죄를 짓도록 부추겼다. 다른 사람들이 죄를 지으면, 그것이 이런저런 식으로 우리에게 이득이 된다고 하여서, 그것을 기뻐하고 부추기는 것은 아주 악한 일이라는 것을 명심하라.

2. 하나님이 그들의 먹는 것에 축복하지 않으시리라는 것(10절). 그들이 먹어도 배부르지 아니하리라. 그들은 백성들이 가져오는 많은 제물들로 인해서 푸짐하게 먹을 것이지만, 그렇게 먹어도 배부르지 않게 될 것이다. 그들이 먹는 음식이 그들에게 좋은 자양분이 되지 못할 것이고, 그들의 탐욕스러운 식욕은 그 음식으로 만족을 얻지 못할 것이다. 불의하게 얻은 것이나 과도하게 욕심을 부려서 얻은 것은 결코 마음 편하게 사용할 수 없는 법이라는 것을 명심하라. 만족할 줄 모르는 욕망들이 늘 충족되지 못한 채로 있고, 충분히 있는데도 충분한 줄을 알지 못하는 자들이 결코 충분하다고 느끼지 못하리라는 것은 너무도 당연한 것이다(미 6:14; 학 1:6).

VI. 그들의 수가 늘어날수록 그들이 더 많이 범죄하였기 때문에(7절), **그들은 인구수를 늘리는 가장 악한 방법들을 사용하여 음행하여도 수효가 늘지 못하리라는 것.** 그들은 솔로몬처럼 많은 아내들과 첩들을 두어서 자손들의 수를 늘려 가문을 번성하게 하고자 하여도, 그들의 자손은 그 수가 늘어나지 않을 것이다. 어떤 식으로든 불법적인 수단을 통해서 번성하고자 하는 자들은 실망하고 좌절하게 될 것임을 명심하라. 그들이 여호와를 버리고 따르지 아니하였기 때문에, 하나님은 그들의 모든 계획을 다 이런 식으로 좌절시키실 것이다. 그들이 하나님 및 그들에 대한 하나님의 권위와 영향력을 어느 정도 존중하였던 때가 있었지만, 그들은 그런 존중하는 마음을 버렸다. 그들은 이제 더 이상 하나님의 말씀이나 섭리에 주의를 기울이지 않는다. 그들은 말씀이나 섭리 속에서 그들에게 말을 거시는 하나님을 쳐다보지도 않는다. 그들은 하나님을 버렸기 때문에, 하나님께 주의를 기울이지 않았다. 그들은 하나님을 전혀 그들의 안중에 두지 않고, 세상에서 완전히 하나님 없이 살아갈 정도로 배교하였다. 하나님을 떠나서 하나님을 아랑곳하지 않는 자들은 모든 복에서 떠난 것이기 때문에, 모든 복도 그들을 떠날 수밖에 없다는 것을 명심하라.

Ⅶ. **백성들과 제사장들은 죄를 짓도록 서로 격려하고 서로의 마음을 견고하게 해주었기 때문에, 그들이 함께 벌을 받게 되리라는 것**(9절).   장차는 백성이나 제사장이나 동일함이라. 백성들이나 제사장들이나 똑같은 자들이었다. 백성과 제사장은 둘 다 똑같이 무지하고 속되고 불경스러워서, 하나님을 무시하고 그들의 본분을 도외시하는 가운데에 우상 숭배에 빠져 있었다. 따라서, 장차 그들의 처지도 똑같게 될 것이다. 즉, 하나님이 그들에게 심판을 내리실 때, 제사장과 백성이 똑같이 멸망을 당하게 될 것이다. 기근이 들어서 백성들에게 양식이 없어지면, 백성들이 드리는 소제도 끊어져서 제사장들이 궁핍하게 될 것이다(욜 1:9). 백성과 제사장이 같을 것이라는 말은 모든 사람들에게 임할 심판에 관한 묘사의 일부이다(사 24:2). 하나님의 심판은 차별을 두지 않을 것이다. 죄를 짓는 데에 동참한 자들은 멸망에도 함께 동참하게 될 것을 예상하여야 한다. 백성과 제사장 둘 모두에게 하나님은 이렇게 그들의 행실대로 벌하며 그들의 행위대로 갚으실 것이다. 하나님은 그들의 행실이 그들에게 돌아가게 하실 것이다(원문은 이렇게 되어 있다). 죄인은 일단 죄를 짓고 나면 그 죄는 지나갔기 때문에 자기가 더 이상 그 죄에 대하여 듣는 일은 없을 것이라고 생각하지만, 장차 하나님이 그 죄를 그에게 다시 환기시키시며 돌아가게 하셔서, 그로 하여금 부끄럽게 하시거나 정죄를 당하게 하시는 것을 보게 될 것이다.

Ⅷ. **그들은 마음에 힘을 얻기 위해서 감각의 쾌락들을 탐닉하였지만, 그**

쾌락들이 그들의 마음을 빼앗아가 버리는 것을 알게 되리라는 것(11절).   음행과 묵은 포도주와 새 포도주가 마음을 빼앗느니라. 어떤 이들은 이 구절을 앞에 나온 구절과 연결시켜서 해석한다: 그들이 음행과 묵은 포도주와 새 포도주에 마음이 빼앗겨서(또는, 그것들이 그들의 마음을 빼앗았기 때문에) 여호와를 버렸다. 그들의 감각적인 쾌락들은 그들의 마음을 신앙에서 떠나게 하였고, 그들 속에 있는 모든 선한 것들을 익사시켜 버렸다. 또는, 우리는 이 구절을 우리의 매일의 경험을 통해서 확증되는 위대한 진리, 즉 음행과 술 취함은 사람들을 얼빠지게 만들고 연약하게 만드는 죄들이라는 진리를 담고 있는 별개의 문장으로 볼 수도 있다. 음행과 술 취함은 사람에게서 총명과 용기를 둘 다 앗아가 버린다.

[12]내 백성이 나무에게 묻고 그 막대기는 그들에게 고하나니 이는 그들이 음란한 마음에 미혹되어 하나님을 버리고 음행하였음이니라 [13]그들이 산 꼭대기에서 제사를 드리며 작은 산 위에서 분향하되 참나무와 버드나무와 상수리나무 아래에서 하니 이는 그 나무 그늘이 좋음이라 이러므로 너희 딸들은 음행하며 너희 며느리들은 간음을 행하는도다 [14]너희 딸들이 음행하며 너희 며느리들이 간음하여도 내가 벌하지 아니하리니 이는 남자들도 창기와 함께 나가며 음부와 함께 희생을 드림이니라 깨닫지 못하는 백성은 망하리라 [15]이스라엘아 너는 음행하여도 유다는 죄를 범하지 못하게 할 것이라 너희는 길갈로 가지 말며 벧아웬으로 올라가지 말며 여호와의 사심을 두고 맹세하지 말지어다 [16]이스라엘은 완강한 암소처럼 완강하니 이제 여호와께서 어린 양을 넓은 들에서 먹임 같이 그들을 먹이시겠느냐 [17]에브라임이 우상과 연합하였으니 버려 두라 [18]그들이 마시기를 다 하고는 이어서 음행하였으며 그들은 부끄러운 일을 좋아하느니라 [19]바람이 그 날개로 그를 쌌나니 그들이 그 제물로 말미암아 부끄러운 일을 당하리라

이 단락에서 우리는 앞에서와 마찬가지로 다음과 같은 내용들을 본다.

I. 하나님으로 하여금 이스라엘 백성과 논쟁하게 만든 죄들.   하나님이 이스라엘 백성이 저질렀다고 고소하시는 죄들은 다음과 같은 것들이다.

1. 영적 간음 또는 우상 숭배. 그들 속에는 음란한 마음, 즉 음행이라는 죄에 이끌리는 강력한 성향이 있다. 그들의 마음은 그런 쪽을 향해서 편향되고 굽어

져 있어서, 늘 그런 쪽으로 가게 되어 있다. 그것들은 그들 자신의 죄악이다. 그들은 뭐라고 설명할 수 없는 폭력적인 힘에 의해서 그런 쪽으로 끌려가고, 이것은 그들로 잘못된 길로 가게 만든다. 사람들이 그릇되고 잘못된 판단을 내리는 것은 보통 그들 속에 있는 부패한 성향들 때문이라는 것을 명심하라. 사람들이 죄에 대하여 호감을 갖게 되는 것은 그들 안에 죄를 향한 성향이 있기 때문이다. 그들은 우상들에 대한 그릇된 개념을 지닌 머리와 우상들에게 끌리는 강력한 성향을 지닌 마음을 갖고 있기 때문에, 그들이 그들의 하나님을 버리고 음행한 것은 전혀 이상한 일이 아니다(12절). 그들은 그들의 머리이자 남편인 하나님께 순복하고, 그의 인도하심과 명령 아래 있었어야 마땅했지만, 충성 맹세를 저버리고 하나님께 반기를 들고서, 그들을 거짓 신들의 인도와 보호 아래 두었다. 이스라엘은 이렇게 음행하여 왔다(15절). 우상들을 숭배할 때의 그들의 행실은 방자하고 뻔뻔스러운 창기(娼妓)의 행실과 같았다. 이스라엘은 완강한 암소처럼, 즉 길들여지지 않은 암소 또는 고집이 세거나 말을 잘 들어먹지 않는 암소처럼 완강하다(16절). 암소는 느슨하게 풀어 놓으면 초장(草場)을 미친 듯이 달리고, 멍에를 메워주면(여기에서는 이 경우를 얘기하는 것 같다) 앞으로 나아가지 않고 뒷걸음질을 치며, 자기 목에서 멍에를 벗어버리고 자기 발을 이랑에서 빼려고 몸부림을 치는데, 여기에서 이스라엘은 바로 이런 암소에 비유된다. 이스라엘 백성은 이렇게 고분고분하지 않고 제멋대로여서 다루기가 쉽지 않고 말을 도무지 들어먹지 않았다. 그들은 하나님의 규례라는 멍에를 메기 시작하였지만, 멍에를 견딜 수 없어 하는 벨리알의 자녀들(즉, 불량배들)처럼 뒷걸음질을 쳤다. 하나님이 그들을 앞으로 나아가게 하기 위하여 선지자들에게 책망의 가축 몰이 막대기를 들려서 파송하시면, 그들은 뒷발질을 하여 가시채를 차며 뒤로 달아났다. 이 모든 것의 총체(總體)는 에브라임이 우상들과 연합하였다는 것(17절), 즉 우상들과 완벽하게 하나가 되었다는 것이다. 그들의 애정은 우상들에게 들러붙어 있었고, 그들의 마음은 온통 우상들에게 가 있었다. 그들이 영적 간음을 어떻게 저질렀는지와 관련해서 두 가지 예가 나오는데, 그들은 오직 하나님께만 드려야 할 그러한 영광을 우상들에게 바쳤다.

(1) 그들이 우상을 섬기는 제사장들로부터 배운 점술을 이용해서 우상들에게 신탁(神託)을 구하였다는 것(12절). 내 백성이 나무, 즉 나무로 만든 신들에게 묻는다. 그들은 그들이 어떻게 해야 하는지, 장차 어떤 일이 일어날지에 대

하여 듣기 위해서 이 우상들에게 조언과 지시를 구하였다. 그들은 나무를 향하여 너는 나의 아버지라 한다(렘 2:27). 만약 이 나무로 만든 우상이 정말 아버지라면, 이러한 존귀함을 받을 가치가 있을 것이다. 하지만, 그들의 진짜 아버지이신 하나님이 그들 가운데 계시고, 하나님의 생생한 말씀들이 있으며, 그들이 언제든지 그 말씀들을 들을 수 있는데도, 그들이 이렇게 나무에게 묻는 것은 하나님에 대한 큰 모독이었다. 그들은 그들의 막대기가 그들이 어떻게 행해야 하는지, 장차 일이 어떻게 돌아갈지를 그들에게 고해 줄 것이라고 기대하였다. 느부갓네살이 화살들로 점을 쳤던 것과 마찬가지로(겔 21:21), 나무 조각이나 막대기로 점을 치는 것은 이방인들 가운데서 사용되었던 어떤 악한 점치는 방법으로서 유대인들이 그들로부터 배워 온 것일 가능성이 크다. 하나님의 말씀을 버리고 세상과 육신으로부터 나온 방법들을 사용하는 자들은 사실상 나무들과 막대기들에게 묻는 것임을 명심하라.

(2) 그들은 우상들이 진노할 것을 두려워하여 그 진노를 피하고 우상들로부터 복을 얻어내기 위해서 우상들에게 제사를 드렸다는 것(13절). 그들이 우상들을 달래기 위해서 제사를 드리고, 우상들을 기쁘게 하고 호감을 사기 위해서 분향하며, 그렇게 함으로써 우상들을 자기 편으로 만들고자 하였다. 하나님은 그의 이름을 두실 장소를 정해 주셨지만, 그들은 그 장소를 버리고서, 그들의 불경스러운 의식(儀式)들을 행할 장소들을 그들의 입맛대로 골랐다.

[1] 산당들. 그들은 어리석게도 높은 곳이 하늘과 교통하는 데에 유리할 것이라고 생각해서, 산 꼭대기에서와 작은 산들 위에서 우상들에게 제사를 드렸다.

[2] 그늘진 곳들. 그들은 참나무와 버드나무와 상수리나무 아래를 우상들에게 제사 드리고 분향하는 장소들로 선택하였는데, 이것은 특히 더운 지방에 사는 그들에게 나무 그늘이 좋았고, 그래서 그들은 그들의 신들도 그런 곳을 좋아할 것이라고 생각하였기 때문이다. 또는, 그들은 짙은 그늘이 명상하는 데에 아주 좋고, 사람들의 마음을 경외감으로 사로잡는 데에 좋기 때문에, 우상들을 섬기기에 적절한 곳이라고 생각했을 수도 있다.

2. 육체적 음행. 그들이 이어서 끊임없이 음행하였다(18절). 그들은 음행을 밥 먹듯이 저질렀다. 성경에서 음심이 가득한 눈을 가지고 그 죄를 짓기를 그치지 아니하는 자들이 많다고 한 것처럼(벧후 2:14), 음행은 그들이 가끔씩 저지른 일이 아니라, 늘 일상적으로 저지르는 일이었다. 이스라엘에서 발견된 이러

한 가증스러운 음란함과 음행에 대해서 여기에서는 다음과 같이 말한다.

(1) 음행이 우상 숭배와 더불어서 자행되었다는 것. 그들의 거짓 신들이 그들을 음행으로 이끌었다. 왜냐하면, 그들이 섬긴 마귀는 영(spirit)이기는 하지만 더러운 영이기 때문이다. 우상들을 섬긴 자들은 창기와 함께 나가며 음부와 함께 희생을 드렸다. 이것은 그들이 마음에 하나님 두기를 싫어하고 하나님을 욕되게 하였으므로, 하나님이 그들을 마음의 정욕대로 더러움에 내버려 두사 그들의 몸을 서로 욕되게 하셨기 때문이다(롬 1:24, 28).

(2) 음행은 우상 숭배에 대한 벌이었다는 것. 우상들을 섬긴 남자들은 바알브올을 섬기던 때와 마찬가지로(민 25:1-2) 우상 제의에 참석하였던 창기들과 함께 나갔다. 하나님은 이런 남자들을 벌하시기 위해서 그들의 아내들과 딸들도 동일한 마음의 정욕에 내어주셔서, 그 아내들과 딸들도 음행하며 간음을 행하였는데(13절), 이것은 그들의 남편들과 부모들에게 큰 근심이자 수치가 될 수밖에 없었다. 왜냐하면, 스스로 부정(不貞)을 저지르는 남자들도 그들의 아내들과 딸들은 정절을 지키기를 원하기 때문이다. 그러나 다윗이 저지른 간음죄가 그의 아들에 의해서 그의 첩들이 더럽힘을 당하는 것으로 벌을 받았듯이(삼하 12:11), 그들은 그들의 아내들과 딸들이 음행을 저지르는 것을 보고서 그들 자신이 저지른 죄에 대한 벌을 받는 것임을 깨달았을 것이다. 그들 자신이 저지른 동일한 죄를 다른 사람들이 저지르는 것을 보고서 근심하고 괴로워할 때, 그들은 하나님이 의로우시다는 것을 인정하여야 한다는 것을 명심하라.

3. 공의를 굽게 함(18절). 그들의 관리들은 받는 것을 좋아해서 달라고 한다. 즉, 관리들은 뇌물을 좋아해서, 달라는 말을 그들의 입에 달고 살았다. 그들에게는 부정한 이득을 얻는 것이 체질화되어 있었다. 관리들에게 볼 일이 있는 자는 누구나 그들로부터 "너는 무엇을 줄 것이냐"는 말을 들을 것을 예상하고 있어야 했다. 그들은 관리로서 직무상 당연히 공의를 행하여야 함에도 불구하고, 백성들은 그들에게 뇌물을 바치지 않고는 정당하게 공무가 집행될 것을 기대할 수 없었다. 따라서, 그들은 뇌물을 받으면 불의를 저지르는 일을 서슴지 않았을 것이다. 사람이 돈을 사랑하면 공평이 무너지고, 돈을 사랑하는 것은 일만 악의 뿌리라는 것을 명심하라. 그러나 특히 하나님을 두려워하고 탐욕을 미워해야 마땅한 관리들이 뇌물을 좋아해서 달라는 말이 그들의 입에 붙어 있다면, 그것은 정말 부끄러운 일이다. 아마도 이것은 여기에 나오는 "그들의 음료가 시

다"는 고소의 일부인 것 같다. 그들의 음료는 죽었고, 그들의 음료는 맛이 갔다. 공의가 정당하게 집행되면, 그것은 마치 목마른 자에게 주어진 음료처럼 사람의 마음을 시원하게 하고 새 힘을 주지만, 공의가 굽어져서 관리들이 뇌물을 받고서 죄 있는 자들을 풀어 주거나 무죄한 자들을 정죄한다면, 그 음료는 맛이 가서 시어져 버린 것이다. 그들은 공의를 쓴 쑥으로 바꾸었다(암 5:7). 또는, 이것은 나라 전체가 도덕적으로 타락했음을 가리키는 일반적인 말일 수도 있다. 그들은 그들의 모든 생기와 활력을 잃어버렸기 때문에, 마치 맛이 가서 시어져 버린 음료가 우리에게 역겨운 것처럼, 그들은 하나님께 역겨운 자들이 되었다(신 31:32-33).

II. 하나님이 그들의 죄들로 말미암아 그들에게 진노하셨음을 보여주는 징표들.

1. 하나님은 그들이 그들의 가족에게 끼친 해악과 수치로 인해서 그들의 아내와 딸들은 벌하지 않으시리라는 것(14절). 너희 딸들을 내가 벌하지 아니하리라. 그들의 아내와 딸들은 그 죄에 대한 벌을 받지 않기 때문에 계속해서 죄를 범하게 될 것이다. 하나님이 한 죄인에 대한 벌을 면제해 주시는 것이 종종 다른 사람에게는 벌이 되는 경우가 있다는 것을 명심하라. 또는, "내가 너희는 벌하겠지만 너희의 아내와 딸들은 벌하지 아니하리라. 왜냐하면, 유다가 그의 며느리에 대하여 그랬듯이, 너희는 너희의 아내와 딸들이 너희보다 더 옳고 의롭다는 것을 시인하여야 하기 때문이다(창 38:26)."

2. 그들 자신도 한동안 형통할 것이지만, 그들의 형통은 그들의 멸망에 일조하게 되리라는 것. 그들의 형통은 하나님의 진노의 한 징표가 될 것이다(16절). 여호와께서 어린 양을 넓은 들에서 먹임 같이 그들을 먹이시리라. 어린 양을 도살하기 전에 그러하듯이, 하나님은 그들을 넓고 기름진 초장에 풀어 놓고 가장 좋은 꼴을 배불리 먹여서 그들로 살지게 할 것이지만, 그것은 단지 그들을 도살하기 위한 준비작업이 될 것이다. 그들이 살이 쪄서 포동포동해진다면, 그것은 단지 도살당하기 위한 것일 뿐이다. 이스라엘의 목자이신 하나님이 그들을 그의 초장과 그의 보호로부터 쫓아내시면, 다른 사람들이 어린 양을 풀이 짧고 비바람에 노출된 넓은 들에서 먹임 같이 그들을 먹일 것이다.

3. 하나님이 그들을 회개하게 하기 위하여 그 어떤 수단도 사용하지 않으시리라는 것(17절). "에브라임이 우상들과 연합하여 우상들에게 푹 빠져 있으니,

그들 중 누구도 책망하지 말고(4절) 그냥 버려 두라. 그들을 그들의 마음이 정욕에 내어주어, 그들 자신의 생각을 따라 행하게 내버려 두라. 우리가 그들을 고치고자 하였으나, 그들이 고침을 받고자 하지 않았으니, 이제 그들을 버릴 것이다. 그들의 종말이 어떠함을 보라(신 32:20)." 하나님이 어떤 죄인에 대하여 다음과 같이 말씀하시면서 그 사람을 죄를 짓도록 죄 가운데에 내버려 두시는 것은 혹독하고 서글픈 심판이라는 것을 명심하라: "그는 그의 우상들과 세상과 육신과 연합하였다. 그는 치료가 불가능할 정도로 교만하고 탐욕스러우며 속된 자이고, 도저히 치유될 수 없는 알콜중독자 또는 간음하는 자이다. 그를 버려 두라. 양심이여, 그를 내버려 두라. 목회자여, 그를 내버려 두라. 섭리들이여, 그를 내버려 두라. 지옥의 불길이 그를 정신차리게 해줄 때까지, 그를 깨우치려 하지 말고 내버려 두라." 아버지가 패역한 아들과 의절하기로 마음을 먹으면 더 이상 그 아들을 바로잡고자 하지 않는 법이다. "자신의 죄 가운데서 요동하지 않는 자들은 그들의 죄로 말미암아 멸망받게 될 것이다."

4. 그들이 급속하고 수치스러운 멸망을 통해서 사라져 버리리라는 것(19절). 바람이 그 날개로 그녀를 쌌나니, 갑자기 강압적으로 옴짝달싹하지 못하게 만들어 놓고서, 그녀를 포로로 잡아서 먼 이방 나라로 데려가 버릴 것이다. 하나님이 그들을 회오리바람 또는 강한 바람으로 휩쓸어가 버리실 것이다(시 58:9). 그 때에 그들은 그들의 제물로 말미암아 부끄러운 일을 당할 것이고, 그들이 우상들에게 제사를 드린 죄를 부끄러워할 것이며, 그들을 도울 힘도 없는 우상들에게 그토록 엄청난 비용을 들여서 제사를 드리느라고 그들을 멸하실 수 있으신 전능하신 능력을 가지신 하나님을 그들의 원수로 만들어 버린 그들의 어리석음을 부끄러워할 것이다. 사람들이 언젠가는 부끄러워하게 될 제사들이 있다는 것을 명심하라. 자신의 시간과 힘과 명예와 온갖 소유를 세상과 육신에게 제물로 바친 자들은 머지않아 그 일을 부끄러워하게 될 것이다. 또한, 하나님께 눈멀고 다리를 저는 흠 있는 제물들을 아무런 정서도 담지 않은 채 드린 자들은 머지않아 그것도 부끄러워하게 될 것이다.

III. 하나님이 유다를 향하여 이스라엘과 똑같은 죄를 저지르지 말라고 경고하심. 하나님은 14절의 끝 부분에서 "깨닫지 못하는 백성은 망하리라"고 말씀하신다. 자기가 만나는 걸림돌들을 피하거나 극복하는 법을 깨닫지 못하는 자들(그런즉 선 줄로 생각하는 자는 넘어질까 조심하라, 고전 10:12), 특히 두 지파에게 경고하신다(15절). 이스라엘아 너는 음행하여도 유다는 죄를 범하지 못하게 하라. 이스라엘아, 너는 우상 숭배에 빠져 있지만, 유다로 하여금 물들게 하지는 말라.

1. 이것은 아주 필요한 경고였다는 것. 이스라엘 사람들은 유다 사람들에게 형제들이었고 가까운 이웃들이었다. 이스라엘은 그 수가 많았고 당시에 한창 번영하고 있었기 때문에, 유다 사람들은 이스라엘이 간 길을 배워서 그들의 영혼을 올무에 걸리게 할 위험성이 있었다. 우리는 죄에 물들 위험성이 많은수록 더욱 조심할 필요가 있다는 것을 명심하라.

2. 이것은 아주 적절한 경고였다는 것. "이스라엘은 음행하여도, 유다는 그렇게 하지 않게 하라. 왜냐하면, 유다에는 이스라엘보다 하나님을 아는 지식을 얻을 수 있는 더 많은 수단들이 있고, 성전과 제사장들, 다윗 가문의 왕이 있기 때문이다. 실로는 유다에서 나오게 되어 있다. 하나님은 유다를 위해서 큰 축복들을 준비해 두고 계신다. 하나님은 이스라엘보다 유다에 더 많은 기대를 걸고 계시기 때문에, 그들이 범죄한다면 더 큰 벌을 받게 될 것이고, 하나님도 그들을 더 가차없이 다루실 것이다. 그러므로 유다는 죄를 범하지 못하게 하라. 이스라엘은 음행하여도 유다는 그렇게 하지 못하게 하라. 왜냐하면, 유다마저 그런 죄를 범한다면, 하나님을 믿고 신앙을 고백하는 백성이 이 세상에 존재하지 않게 될 것이기 때문이다." 그리스도께서 많은 사람들이 그에게 등을 돌리고 떠나갔을 때에 열두 제자에게 "너희도 가려느냐"고 물으셨듯이(요 6:67), 하나님은 여기에서 유다에게 그렇게 묻고 계시는 것이다. 자신의 신앙을 온전히 지켜 온 자들은 많은 사람들이 배교하는 때에도 계속해서 자신의 온전한 신앙을 굳게 붙잡아야 한다는 것을 명심하라. 이제 하나님은 유다를 이스라엘이 저질렀던 죄악들을 범하지 않도록 지키시기 위하여 다음과 같은 두 가지 지침을 주신다.

(1) 그들이 우상 숭배의 죄를 범하지 않기 위해서는 사람들이 우상 숭배를 하던 장소들을 멀리 하여야 한다는 것. 그들의 모든 악이 길갈에 있으므로(9:15; 12:11) 너희는 길갈로 가지 말라. 그들은 길갈에 가서 죄를 더하였다(암 4:4). 그들이 길갈을 성지(聖地)로 여겨서 숭상했던 이유는 아마도 하나님의 천사가 길갈에서 여호수아에게 "네가 선 곳은 거룩하니라"고 말하였기 때문인 것 같다(수 5:15). 그러므로 하나님은 그들에게 길갈로 들어가는 것을 금지하셨다(암 5:5).

마찬가지의 이유로, 그들은 **벧엘**로 올라가지 말아야 한다. 벧엘은 원래 하나님의 집이라는 뜻인데, 여기에서는 **벧아웬**, 즉 헛된 것의 집이라 불리고 있다. 죄로부터 자신을 지키고자 하고 마귀의 손아귀에 떨어지지 않고자 하는 자들은 죄를 지을 수 있는 기회들을 힘써 피하고 마귀의 영지(領地)에 발을 들여놓지 않아야 한다는 것을 명심하라.

(2) 그들이 우상 숭배의 죄를 범하지 않기 위해서는 불경죄를 조심해서 여호와의 사심을 두고 맹세하지 말아야 한다는 것. 하나님은 그들에게 진실과 의로 여호와의 삶을 두고 맹세하라고 명령하셨다(렘 4:2). 그러므로 하나님이 여기에서 금하시는 것은 진실하지 못하고 불의하게 여호와의 사심을 두고 맹세하는 것, 경솔하고 무분별하게 또는 거짓되게 기만적으로 맹세하는 것, 여호와와 우상을 둘 다 걸고서 맹세하는 것이다(습 1:5). 변함없이 하나님께 붙어 있고자 하는 자들은 늘 하나님에 대한 경외심을 유지하고서, 하나님에 대하여 말할 때에 언제나 진지하고 엄숙하여야 한다는 것을 명심하라. 왜냐하면, 참 하나님을 놓고 장난할 수 있는 자들은 그 어떤 것이라도 기꺼이 자신의 신으로 삼고자 할 것이기 때문이다.

제
— 5 —
장

개요

이 장의 취지는 앞 장의 취지와 동일하여서, 이스라엘과 유다의 죄를 드러내고, 그들에 대한 하나님의 심판을 통보하는 것이다. I. 하나님이 그들에게 그들에 대한 고소에 귀를 기울이라고 하심(1, 8절). II. 하나님이 그들을 많은 죄들로 고소하심. 여기에서는 특히 다음과 같은 죄들이 부각된다. 1. 박해(1-2절). 2. 영적 간음(3-4절). 3. 교만(5절). 4. 하나님으로부터의 배교(7절). 5. 방백들의 폭정과 거기에 길들여진 백성들(10-11절). III. 하나님이 그들의 죄들을 기뻐하지 않으신다고 그들에게 경고하심. 하나님은 그들의 온갖 악행을 다 알고 계시고(3절), 이 때문에 그들에 대하여 진노하셨음을 그들에게 알리신다(9절). 1. 그들이 그들의 죄악 가운데서 망하리라는 것(5절). 2. 하나님이 그들을 버리시리라는 것(6절). 3. 그들의 분깃들이 삼켜져 버리리라는 것(7절). 4. 하나님이 그들을 책망하시고, 그들 위에 그의 진노를 쏟으시리라는 것(9-10절). 5. 그들이 압제를 당하게 되리라는 것(11절). 6. 하나님이 그들에게 은밀한 심판들을 통해서 좀과 같이 되실 것이고(12절), 공적인 심판들을 통해서 사자 같이 되시리라는 것(14절). IV. 하나님이 그들이 환난 가운데서 잘못 처신한 것에 대하여 그들을 책망하심(13절). V. 그들이 결국에는 옳은 길로 들어서게 되리라는 것(15절). 이러한 것들이 일반적으로 표현되어 있을수록, 그것들은 우리의 배움, 특히 우리의 경계(警戒)를 위해 더 일반적으로 사용될 수 있다.

¹제사장들아 이를 들으라 이스라엘 족속들아 깨달으라 왕족들아 귀를 기울이라 너희에게 심판이 있나니 너희가 미스바에 대하여 올무가 되며 다볼 위에 친 그물이 됨이라 ²패역자가 살육죄에 깊이 빠졌으매 내가 그들을 다 벌하노라 ³에브라임은 내가 알고 이스라엘은 내게 숨기지 못하나니 에브라임아 이제 네가 음행하였고 이스라엘이 더러워졌느니라 ⁴그들의 행위가 그들로 자기 하나님에게 돌아가지 못하게 하나니 이는 음란한 마음이 그 속에 있어 여호와를 알지 못하는 까닭이라 ⁵이스라엘의 교만이 그 얼굴에 드러났나니 그 죄악으로 말미암아 이스라엘과 에브라임이 넘어지고 유다도 그들과 함께 넘어지리라 ⁶그들이 양 떼와 소 떼를 끌고 여호와

를 찾으러 갈지라도 만나지 못할 것은 이미 그들에게서 떠나셨음이라 ⁷그들이 여호와께 정조를 지키지 아니하고 사생아를 낳았으니 그러므로 새 달이 그들과 그 기업을 함께 삼키리로다

이 단락에는 다음과 같은 내용들이 나온다.

I. 하나님이 온갖 신분과 부류의 사람들에게 그가 고소하시고자 하는 일들을 나와서 들으라고 하심(1절).　제사장들아 이를 들으라. 어떤 이들은 하나님이 여기에 합법적인 제사장들과 더불어서 송아지 우상을 섬겼던 거짓 제사장들도 포함시키고 있다고 생각한다. 합법적인 제사장들은 유다와 마찬가지로 이스라엘에도 많이 있었을 것이다. 왜냐하면, 열 지파의 왕국 내에도 제사장들과 레위인들이 사는 여러 성읍들이 있었고, 그들은 열 지파가 반란을 일으킨 후에도 그들의 영지에 그대로 남아서, 성전에서 할 수 있는 것을 제외한 나머지 많은 직무를 행하였을 것이기 때문이다. "이스라엘 족속들, 즉 평범한 백성들아 경청하고, 왕족들아 귀를 기울이라." 그들은 모두 주목하고 하나님이 하실 말씀을 들어야 한다. 왜냐하면, 그들은 모두 국가적인 범죄에 기여하였으므로, 국가적인 심판을 함께 받게 될 것이기 때문이다. 제사장들의 거룩함과 왕족들의 위엄으로 죄를 막아내는 데에 성공하지 못했다면, 그들은 진노를 막아내는 데에 성공할 것이라는 기대를 아예 하지 말아야 한다는 것을 명심하라. 제사장들과 왕족들은 고귀한 신분이지만 다른 사람들과 마찬가지로 범죄한다면, 그들의 고귀한 신분이 그들의 벌을 면제해 주지 못할 것이기 때문에, 그들은 다른 사람들과 마찬가지로 벌을 받을 수밖에 없다. 또한, 이스라엘 족속들, 즉 일반 백성들도 제사장들과 왕족들이 그들을 잘못 이끌어서 그렇게 되었다고 변명해 보아야 아무 소용이 없을 것이고, 그들의 비천한 신분이나 수가 많다는 것을 내세워도 벌을 면제받지 못할 것이며, 제사장들이나 왕족들과 더불어서 함께 심판을 받게 될 것이다.

II. 천 명의 사람들보다 더 강력한 증인이 될 자격이 있으신 하나님이 직접 그들의 죄들에 대하여 증언하심.　하나님은 모든 것을 아시기 때문에 가장 강력한 증인이 되실 수 있으시다(3절). 에브라임은 내가 알고 이스라엘은 내게 숨기지 못한다. 그들은 여호와를 알지 못하였지만(4절), 여호와 하나님은 그들을 아셨고, 그들이 어떤 식으로 위장하여도 그들의 진면목을 아시며, 그들이 아무리

숨기려고 해도 그들의 은밀한 악행을 다 아신다. 사람들이 하나님을 아는 지식을 거부하고 배척한다고 해도, 그것은 하나님이 그들을 아시는 데에는 아무런 지장이 되지 않는다는 것을 명심하라. 하나님은 그들과 다투실 때에 그의 지식으로 그들의 죄를 증명하실 것이기 때문에, 그들이 무죄라고 아무리 우겨도 아무 소용이 없을 것이다.

Ⅲ. 그들이 지극히 악한 일들을 저질렀다고 하나님이 고소하심.

1. 그들이 백성들을 죄 또는 곤경으로 끌어들이기 위해서 머리를 많이 쓰고 끈질기게 애를 썼다는 것. 너희가 미스바에 대하여 올무가 되며 다볼 위에 친 그물이 되었다(1절). 즉, 그들은 백성들로 하여금 걸려 들도록 하기 위해서 사냥꾼들처럼 산들 위에 올무와 그물들을 쳐 놓았다. 송아지 숭배가 이스라엘에 도입되었을 때, 그 우상 숭배를 후원하거나 신봉하는 자들은 그 우상을 숭배하는 것을 처음에 두려워하였던 백성들을 끌어들이고 친숙하게 받아들이도록 하기 위해서 온갖 술책들을 고안해 내었다. 사람들을 꾀고 유인하여서 죄를 짓게 만드는 자들은 아무리 그들이 우정이나 선의를 가장한다고 하여도, 그들의 술책들은 올무와 그물들이고, 그들의 손은 포승줄이라는 것을 명심하라(전 7:26). 그들이 유인해서 죄를 짓게 할 수 없는 자들에게도 그들의 술책들은 그물과 올무가 되어서 그 사람들을 괴롭게 하고 곤경에 빠뜨렸다. 어떤 이들은 예루살렘에서 절기를 지키는 때가 되면 그들의 백성 중에 경건한 자들이 혹시 예루살렘으로 몰래 가는지를 염탐하기 위해서 도로마다, 특히 미스바와 다볼의 산들에 정탐꾼들을 풀어 감시하게 하였고, 그렇게 해서 몰래 예루살렘으로 가다가 들킨 자들을 처벌하는 것이 그들의 관례였다고 생각한다. 그들은 우상 숭배로 더럽힐 수 없는 자들을 이런 식으로 불안하게 만드는 마귀 짓을 행하였다.

2. 그들이 그들의 음모들을 실행하는 데에 아주 영악하고 잔인하였다는 것(2절). 패역자들이 살육죄에 깊이 빠졌다. 하나님의 진리로부터 배교한 자들은 흔히 그 진리를 계속해서 지키는 자들을 가장 교묘하고 야만적으로 박해하는 자들이 된다는 것을 명심하라. 그 어떤 것도 그들의 살육죄를 막을 수 없다(그들이 목말라 하는 것은 성도들의 피이기 때문에). 그들은 뱀의 독이 든 뱀의 머리를 지니고 있다. 그들은 그 일을 하는 데에 철저하였다. 사탄의 깊은 것, 그리고 사탄의 대리자들인 철저하게 반역한 자들의 악행은 얼마나 지독한 것인지 모른다(사 31:6)! 하나님이 그들을 무수히 책망하시고 경고하셨다는 사실은 그

들의 이러한 죄를 더욱 가중시키는 것이었다. 내가 그들을 모두 지금까지 내내 책망해 왔는데도, 이 패역한 자들은 사람들을 살육하는 일에 깊이 빠져 있다. 호세아 선지자도 직분상 그들을 책망하는 자였었다. 그는 그들에게 그들의 길과 행위가 악하다는 것을 수없이 말해 주었었고, 제사장들이나 왕족들이라고 해서 봐주는 일 없이 그들 모두에게 분명히 그렇게 말해 주었었다. 하나님도 그들의 양심과 그의 섭리들을 통해서 그들을 모두 책망해 오신 분이었다. 책망을 받고도 저지른 죄들은 갑절로 죄악된 것임을 명심하라(잠 29:1).

3. 그들이 음행하였다는 것. 즉, 그들은 육체의 정욕을 좇아 행함으로써 그들의 몸을 더럽혔고, 우상들을 숭배함으로써 그들의 영혼을 더럽혔다(3절). 그들이 그러한 일들을 은밀하게 저지르고 교묘하게 은폐하였을지라도, 하나님이 그 일들에 대한 증인이시다. 아니, 모든 것을 꿰뚫어 보시는 하나님의 눈은 그들 속에 있는 음행의 영, 그러한 죄들에 끌리는 그들의 은밀한 성향과 기질, 그들이 그러한 죄들에 대하여 갖고 있던 애정, 그러한 죄들이 그들을 지배하고 있는 것, 그들이 음란의 영의 권세 아래에서 철저히 지배당하고 있는 것, 이 모든 독초와 쑥의 쓴 뿌리인 저 부패하고 독이 든 원천을 보셨다.

4. 그들에게는 하나님을 알고 교제하고자 하는 의향이 전혀 없었다는 것. 그들 속에 있는 음행의 영(또는, 음란한 마음)은 그들로 하여금 하나님을 떠나 어그러진 길로 가게 만들어서 끝없이 방황하게 하였다(4절).

(1) 그들은 여호와를 알지 못하였고, 알고자 하지도 않았으며, 도리어 그들의 죄악된 길에 방해가 될까봐, 여호와를 알기를 거절하고, 심지어 두려워하기까지 하였다는 것.

(2) 그들의 행위가 그들로 자기 하나님에게 돌아가지 못하게 하리라는 것. 이것을 통해서 드러나는 것은 그들이 하나님을 올바르게 알지 못하였다는 것이다. 이것은 그들이 하나님을 배교한 그들의 상태를 완고하게 고집하였다는 것을 보여준다. 하나님은 그들의 하나님이었고, 그들과 계약을 맺은 하나님이었으며, 그들이 하나님의 백성이라 불렸기 때문에 마땅히 하나님을 섬겨야 했음에도 불구하고, 그들은 하나님에게 돌아가고자 하지 않았다. 그들은 하나님의 예배에서 등을 돌리고 떠난 뒤로 다시는 그 예배로 돌아가고자 하지 않았다. 아니, 그들의 행위가 그들로 하나님에게 돌아가지 못하게 하였다. 그들은 그들의 길들을 숙고하거나, 그들을 하나님께로 돌아가게 해줄 것들을 진지하게 생각하려고 하지

않았다. 우리가 하나님의 특별한 은혜 없이 우리 자신의 힘으로 하나님께 돌아갈 수 없다는 것은 사실이다. 그러나 우리는 하나님이 우리에게 주신 여러 가지 능력들을 적절하게 활용하고 성령의 일반적인 도우심을 힘입어서 우리의 행위들을 잘 조절해서 하나님께 돌아갈 수 있다. 이렇게 하지 않는 자들, 여호와를 구하는 마음을 준비하지 않는 자들에게 있어서 그들이 하나님께로 돌아가지 못하는 것은 전적으로 그들 자신의 책임이다(대하 12:14). 그들이 죽는 것은 스스로 죽음을 선택하였기 때문이다. 그러나 하나님께 돌아가고자 하는 자들에게는 그들로 하여금 하나님께 돌아갈 수 있게 해주는 은혜가 주어질 것이다.

5. 그들이 죄 가운데에 있으면서도 악명 높은 교만과 오만방자함을 보이는 죄를 지었다는 것(5절). 이스라엘의 교만이 그 얼굴에 드러났다. 즉, 그들의 얼굴에는 그들이 하나님과 그의 통치에 반기를 든 반도(叛徒)라고 씌어 있다. 입고 있는 옷을 보면 창기라는 것을 알 수 있듯이(잠 7:10), 그들이 음란하고 흥겹게 우상들을 섬기는 것을 보면 그들 속에 음란의 영이 있다는 것이 드러난다. 창기가 입은 야하고 저속한 옷은 그녀가 정숙한 여자가 아니라는 것을 드러내 준다. 또는, 하나님이 그들에게 보내신 선지자들과 그들이 전한 말씀을 반박하는 그들의 교만한 태도(렘 43:2)나, 그들의 형제들과 그들의 수하에 있는 자들에 대한 그들의 오만방자하고 안하무인식의 태도는 그들이 하나님의 백성이 아니라는 것과 하나님이 그들을 낮추시고자 하는 심판들을 그들에게 보내신 것이 의로우신 일이었다는 것을 증언해 주었다. 그들의 교만은 그들의 얼굴에서 증명이 된다. 어떤 이들은 그들의 안색이 그들에게 불리하게 증거한다(사 3:9)는 말씀을 따라서 이 본문을 그렇게 읽기도 한다. 그들은 여호와께서 미워하시는 교만한 눈을 가지고 있었다(잠 6:16-17).

6. 그들이 하나님을 떠나 우상들에게로 갔고, 그들의 자녀들을 우상 숭배 속에서 양육하였다는 것(7절). 그들이 여호와께 정조를 지키지 아니하였다. 그들은 아내로서 혼인 계약을 무시하고서 남편을 버리고, 다른 남자와 바람을 피워 살고 있었다. 그들의 돈과 배를 신으로 삼고서 영적 우상 숭배의 죄를 저지르는 자들은 여호와께 정조를 지키지 아니하고 기만적으로 행하는 것이다. 그것은 그들이 하나님과 약속한 것들을 깨뜨리고, 그들에 대한 하나님의 기대를 저버리는 것이다. 고의적으로 죄를 짓는 자들은 기만적으로 행하는 자들임을 명심하라. 그들은 사생아를 낳았다. 즉, 그들은 그들이 낳은 자녀들을 하나님을 떠나

거짓된 우상 숭배 속에서 양육하였다. 그 자녀들은 음란한 데서 난 자식들로서 사생아들이기 때문에(요 8:41), 하나님의 자녀들로 인정받지 못할 것이다. 스스로 하나님으로부터 떠났을 뿐만 아니라 그들의 자녀들을 악한 길로 양육하는 자들은 하나님을 기만적으로 대하는 것임을 명심하라.

IV. 그들의 운명은 지극히 서글픈 것이 되리라는 것. 일반적으로 말해서, "너희에게 심판이 있을 것이다(1절). 하나님이 오셔서 너희와 다투시고, 너희의 죄들로 인하여 너희에 대하여 진노하셨음을 보여주실 것이다." 심판이 우리를 향하여 올 때는 우리가 귀를 기울여 하나님의 말씀을 들을 때이다. 구체적으로 그들에게 다음과 같은 일들이 일어날 것이다.

1. 그들이 그들의 죄악으로 말미암아 넘어지리라는 것. 그들의 교만이 그들의 얼굴에 드러났다는 말씀을 하신 후에(5절), 하나님은 곧바로 그러므로 이스라엘과 에브라임이 그들의 죄악으로 말미암아 넘어지리라고 말씀하신다. 교만은 패망의 선봉임을 명심하라. 교만은 멸망의 확실한 전조(前兆)이자 선행 주자이다. 스스로 높아진 자들은 낮아지게 될 것이고, 교만이 드러나 있는 얼굴은 낭패감으로 가득 차게 될 것이다. 그들은 넘어질 뿐만 아니라, 그들의 죄악 가운데서 넘어질 것인데, 이것은 가장 서글픈 패망이다. 그들의 교만이 그들이 자신의 죄악을 회개하는 것을 막았기 때문에, 그들은 그 교만 가운데서 망하게 될 것이다. 그들의 죄로 인하여 낮아지지 않는 자들은 그들의 죄 가운데서 영원히 망하게 되리라는 것을 명심하라. 유다도 자신의 죄악 가운데서 그들과 함께 넘어지리라는 말씀이 덧붙여 나온다. 열 지파가 그들의 우상 숭배 때문에 앗수르에 포로로 끌려갔듯이, 세월이 흘러서 두 지파도 그들의 악한 본을 따르다가 바벨론에 포로로 끌려갔다. 그러나 이스라엘은 넘어진 후에 완전히 엎드러졌지만, 유다는 넘어진 후에 다시 일으키심을 받았다. 유다에는 성전과 제사장들이 있었지만, 그런 것들이 그들을 구해 주지 않을 것이다. 그들이 이스라엘과 에브라임처럼 범죄한다면, 그들도 마찬가지로 넘어지고 망하게 될 것이다.

2. 그들이 하나님의 은혜를 받을 것이라고 공언할지라도 그 은혜를 받지 못하리라는 것(6절). 그들이 양 떼와 소 떼를 끌고 여호와를 찾으러 갈지라도 만나지 못하고 헛걸음만 하게 될 것이다. 이것은 주로 유다에 대하여 하신 말씀인 것으로 보인다. 그들이 죄악에 빠져 있을 때, 그리고 그들의 죄악 가운데서 넘어졌을 때, 그들은 여호와 하나님을 만나지 못하게 될 것이다.

(1) 그들이 죄악에 빠져 있을 때에 여호와를 찾았다는 것. 그러나 그들은 오직 여호와만을 구한 것이 아니었기 때문에, 하나님이 그들에게 나타나지 않으셨다. 그들은 이방 신들을 섬기면서도, 외형적으로는 참 하나님에 대한 예배를 그대로 유지하였다. 그들은 평소처럼 절기들에 양 떼와 소 떼를 끌고 여호와를 찾으러 갔다. 그러나 그들의 마음은 온전히 여호와를 향한 것이 아니었기 때문에 여호와 앞에서 정직한 것이 아니었다. 그러므로 하나님은 그들의 마음을 받지 않으셨다. 왜냐하면, 우리가 하나님과 바울 사이에서 마음이 갈리지 않고, 우리의 온 마음으로 하나님을 구할 때에만, 우리는 하나님을 만나게 될 것이기 때문이다(겔 14:3).

(2) 그들이 죄악 가운데서 넘어졌을 때, 또는 죄악으로 말미암아 그들 자신이 넘어진 것을 알았을 때, 그들은 여호와를 찾았다는 것. 그러나 그들은 좀 더 일찍 여호와를 찾은 것이 아니었기 때문에, 하나님이 그들에게 나타나지 않으실 것이다. 그들은 파멸이 그들에게 다가오는 것을 보고서 곤경에 처하게 되었을 때에야 하나님 앞에 부리나케 달려와서, 번제를 비롯해서 여러 제사들을 드리며 하나님을 그들의 친구로 만들려고 할 것이다. 그러나 하나님의 영(슈)이 내려졌을 때에는 그의 진노를 돌이키기에는 이미 때가 늦을 것이다. 심지어 요시야의 종교개혁조차도 하나님의 진노를 돌이키는 데에 성공하지 못하였다(왕하 23:25-26). 여호와를 찾으러 갈 때에 오직 양 떼와 소 떼만을 끌고 가고 그들의 마음과 영혼을 가지고 가지 않는 자들은 여호와를 만날 기대를 하지 말아야 한다. 왜냐하면, 하나님의 은혜는 천천의 숫양으로도 살 수 있는 것이 아니기 때문이다(미 6:7). 또한, 만날 만한 때에 여호와를 찾지 않는 자들은 응답을 받지 못할 것이다. 왜냐하면, 여호와를 만나지 못하게 될 때가 올 것이기 때문이다. 하나님은 그들에게서 떠나셨기 때문에, 그들은 하나님을 만나지 못할 것이다. 그들이 하나님을 찾아도, 하나님은 그들의 제사를 받지 않으시고 그들의 기도에 귀를 막으실 것이다. 은혜를 받을 만한 때요 구원의 날인 지금 우리가 일찌감치 하나님을 찾는 것이 얼마나 중요한 것인지를 보라(고후 6:2).

3. 그들과 그들의 기업(基業)이 다 삼켜지게 되리라는 것. 그들은 여호와께 정조를 지키지 아니하고 기만적으로 행하였고, 그들에게 사생아들이 있기 때문에 든든하게 설 수 있을 것이라고 생각하였다. 그러나 이제 새 달이 그들과 그들의 기업을 함께 삼킬 것이다. 즉, 그들의 재산과 유업들, 그들이 그들의 몫으로

챙겼던 모든 것들이 다 삼켜지게 될 것이다. 또는, 여기에서 그들의 기업은 그들이 하나님 대신에 그들의 기업으로 선택한 우상들을 가리킬 수 있다. 세상을 우상으로 삼아서 그들의 기업이 되게 한 자들은 세상과 함께 망하게 될 것임을 명심하라. 새 달, 즉 어떤 특정한 때에 짧은 시간 안에 그들과 그들의 기업이 삼켜질 것이고 다 먹어 치워져 버릴 것이다. 그들에게 하나님의 심판이 시작되면, 그들은 곧 끝장이 나게 될 것이다. 하나님의 심판이 자기 일을 하는 데에는 한 달이라는 시간은 충분할 것이다. 사람이 한 달 동안 앓으면 얼마나 많이 약해지는지, 또는 한 나라가 한 달 간의 전쟁을 치르고 나면 얼마나 많은 국력이 소모되는지를 생각해 보라! 하나님은 이렇게 말씀하신다: 한 달 동안에 내가 그 세 목자를 제거하였다(슥 11:8). 하나님의 심판은 종종 죄악된 백성을 신속하게 처리한다는 것을 명심하라. 한 달 동안에 삼켜진 기업(基業)은 수십 년이 걸려도 복구할 수 없을 것이다.

[8]너희가 기브아에서 뿔나팔을 불며 라마에서 나팔을 불며 벧아웬에서 외치기를 베냐민아 네 뒤를 쫓는다 할지어다 [9]벌하는 날에 에브라임이 황폐할 것이라 내가 이스라엘 지파 중에서 반드시 있을 일을 보였노라 [10]유다 지도자들은 경계표를 옮기는 자 같으니 내가 나의 진노를 그들에게 물 같이 부으리라 [11]에브라임은 사람의 명령 뒤따르기를 좋아하므로 학대를 받고 재판의 압제를 받는도다 [12]그러므로 내가 에브라임에게는 좀 같으며 유다 족속에게는 썩이는 것 같도다 [13]에브라임이 자기의 병을 깨달으며 유다가 자기의 상처를 깨달았고 에브라임은 앗수르로 가서 야렙 왕에게 사람을 보내었으나 그가 능히 너희를 고치지 못하겠고 너희 상처를 낫게 하지 못하리라 [14]내가 에브라임에게는 사자 같고 유다 족속에게는 젊은 사자 같으니 바로 내가 움켜갈지라 내가 탈취하여 갈지라도 건져낼 자가 없으리라 [15]그들이 그 죄를 뉘우치고 내 얼굴을 구하기까지 내가 내 곳으로 돌아가리라 그들이 고난 받을 때에 나를 간절히 구하리라

이 단락에는 다음과 같은 내용들이 나온다.

I. 심판이 임할 것을 알리는 큰 경고음이 울려퍼짐(8절).　　너희가 기브아와 라마에서 뿔나팔을 불라. 기브아는 유다 왕국의 국경 성읍이고, 라마는 이스라엘 왕국의 국경 성읍로서, 이 두 성읍은 서로 가까이 붙어 있었다. 따라서, 이

두 성읍에서 나팔을 불면, 그 경고는 두 왕국 모두에 전해지게 되어 있었다. "벧아웬 또는 벧엘에서 큰 소리로 외치라. 벧아웬은 이미 적군에 의해서 장악되어 있기 때문에 거기에서는 나팔이 울리지 않을 것이지만, 정복한 자들이 기뻐서 지르는 함성 소리 속에 정복당한 자들이 외치는 소리가 섞여서 들려올 것이다." 그들은 이렇게 큰 소리로 외칠 것이다. "베냐민아 네 뒤를 보라. 적군이 온다. 에브라임 지파는 이미 정복당하였으니, 베냐민아, 적군에 네 등 뒤에서 너를 칠 것이다. 조금 후면 네 차례가 올 것이다. 두렵고 떨리는 잔이 돌다가 네게 올 것이다." 호세아 선지자는 하나님이 그들과 논쟁하시는 것을 법정에서의 시련으로 묘사하였었는데(4:1), 여기에서는 그것을 전쟁에 의한 시련으로 묘사한다. 여기에서도 하나님은 심판하실 때에 반드시 이기실 것이다. 그러므로 그들은 모두 이 전쟁에서 그들의 하나님을 겪을 각오를 하지 않으면 안 된다. 하나님은 앞서 그들에게 심판이 임할 것이라고 확실하게 말씀하셨었는데, 여기에서는 그 심판이 가까이 왔다고 말씀하신다. 이 심판이 바로 문 앞에 가까이 와 있다는 것을 안다면, 그들은 너무나 놀라고 기겁을 해서 정신이 번쩍 들 것이다. 하나님은 이 나팔 소리의 의미를 설명해 주신다(9절): 내가 이스라엘 지파 중에서 반드시 있을 일, 즉 확실한 일을 보였노라. 회개하지 않는 죄인들의 멸망은 반드시 있을 일이라는 것을 명심하라. 그것은 그들을 겁주기 위한 빈 말이 아니라, 돌이킬 수 없는 선고이다. 하나님께서 우리에게 때를 맞춰 경고하여 반드시 있을 일을 알게 해 주셔서 우리로 하여금 임박한 진노를 피할 수 있게 하시는 것은 우리를 향하신 하나님의 큰 은혜이다. 그들에게 맡겨진 하나님의 말씀들을 통해서 그들의 본분을 들을 수 있는 것은 물론이고 그들에게 닥칠 위험도 들을 수 있는 것은 이스라엘 지파들의 특권이다.

II. 하나님이 그들과 논쟁하시는 이유.

1. 하나님이 유다 지도자들과 다투시는 것은 그들이 대담하게 죄를 짓는 지도자들이었기 때문이라는 것(10절). 그들은 오래된 경계표를 옮기는 자들과 같다. 하나님은 그들에게 그의 율법을 주셔서, 자기 소유인 그들 둘레에 울타리를 치셨다. 그러나 그들은 무엄하게도 그 울타리를 무너뜨리고 치워 버렸다. 그들은 하나님의 권리들을 침해하였고, 선과 악의 구별을 짓밟았으며, 그들이 지도자들이기 때문에 그들은 무슨 일이든 할 수 있고 그들의 뜻이 곧 법이라고 생각해서, 이성과 공평에 의거한 가장 신성한 의무들을 짓밟았다. 또는, 이것

은 그들이 그들의 특권을 확장하기 위해서 백성들의 자유와 재산을 침해한 것을 가리키는 것으로 이해할 수도 있는데, 그런 행위는 옛 경계표를 옮기는 것과 같은 것이었다. 어떤 이들은 유다의 지도자들이 이스라엘의 지도자들보다 더 절대적이고 독단적인 권력을 소유하고 있었다고 말한다. 이제 하나님은 그런 이유를 들어서 그들과 논쟁을 하고 계신다. 내가 나의 진노를 그들에게 물 같이, 즉 폭력이 가득하였던 저 옛 세상의 거인들에게 부어졌던 대홍수의 물 같이(창 6:13) 엄청나게 부으리라. 나라의 지도자들이라도 옮겨서는 안 되는 경계표들, 그들 스스로도 제한을 받아야 하는 신앙과 공의의 경계표들이 있다는 것과 만약 그들이 그 경계표들을 무너뜨리거나 옮긴다면, 그들에게 그 책임을 물으실 하나님이 그들 위에 계신다는 것을 그들은 알아야 한다.

2. 하나님이 에브라임의 백성과 다투시는 것은 그들이 죄를 은밀하게 좇는 자들이었기 때문이라는 것(11절). 에브라임은 **사람의 명령**, 즉 북왕국의 모든 신민들에게 단과 벧엘에서 송아지 우상을 숭배하고 예루살렘에 예배 드리러 올라가서는 결코 안 된다는 것을 법으로 정하여 강제하였던 여로보암과 이스라엘의 왕들의 명령을 뒤따르기를 좋아하였다. 그것은 **명령**이었다. 그것은 그 땅의 법이었고, 국시(國是)로 정해져 있었다. 백성들은 권위에 대한 맹목적이고 암묵적인 복종 속에서 그 명령을 따라 행하였을 뿐만 아니라, 우상 숭배에 대하여 그들이 지니고 있던 은밀한 반감을 버리고 자원해서 그 명령을 따랐다. 하나님의 명령을 뒤엎는 사람들의 명령을 쉽게 따르는 백성은 그 어떤 일 못지않게 그들의 멸망을 재촉하는 일임을 명심하라. 남들을 따라서 하나님께 불순종하여 죄를 범한 자들도 그 죄에 상응하는 벌을 받게 된다. 왜냐하면, 에브라임 백성들이 줏대 없이 이렇게 사람의 명령을 따른 까닭에, 에브라임이 공의라는 미명 아래에서 **학대를 받고 압제를 받았으며**, 그들의 모든 권리와 자유가 짓밟히게 되었기 때문이다.

(1) 하나님이 그의 소유를 팔아 버린 자들로 하여금 그들 자신의 소유도 잃게 하시고, 잘못된 지도자들과 독단적인 권력 앞에 자신의 양심을 굽힌 자들로 하여금 그런 지도자들과 권력을 신물 나게 겪게 만드시는 것은 의로우신 일이다.

(2) 사람의 명령 속에는 그들을 해롭게 하는 경향성이 원래부터 존재한다는 것. 하나님의 명령과 반대되는 **명령**이라도 기꺼이 **따라 행하는** 자들은 그 명령

이 남의 권리를 침해하는 것이고, 그 명령에 힘을 실어 줄수록 그 명령은 더 많은 것을 요구하게 될 것임을 발견하게 될 것이다. 사나운 폭군에게 가장 큰 힘을 실어 주는 자들은 그 앞에서 벌벌 떨며 그의 어떤 명령에도 복종하고 꼬리를 치며 아부하는 자들이라는 것을 명심하라. 그렇게 하였기 때문에, 에브라임은 공의라는 미명 아래에서 학대과 압제를 받았다. 어떤 백성이 공의라는 미명 아래 압제를 받는 것은 서글프고 혹독한 심판이라는 것을 명심하라. 이것은 하나님이 벌하는 날에 에브라임이 황폐할 것이라는 경고(9절)를 설명해 준다. 뻔뻔스러운 죄인들은 하나님이 벌하시는 날이 올 것이고, 그 날에 그들이 황폐화될 것이며, 그들이 가진 모든 위로와 소망을 빼앗기게 되리라는 것을 각오하여야 한다는 것을 명심하라.

Ⅲ. 하나님이 유다와 에브라임에게 이런저런 서로 다른 방법들을 어떤 때에는 한꺼번에, 어떤 때에는 순차적으로 사용하셔서 그들을 완전한 멸망으로 몰아가시리라는 것.

1. 하나님은 사람들이 눈치 채지 못하는 가운데에 은밀하게 진행되는 작은 심판들로 시작하시리라는 것(12절). 내가(즉, 나의 섭리들이) 에브라임에게는 좀 같으리라. 아니, 나의 섭리들은 지금 에브라임에게 좀과 같다. 왜냐하면, 에브라임이 지금 앓고 있는 병이 바로 좀과 같은 것이기 때문이다(13절). 하나님의 심판들은 죄악된 백성에게 종종 좀 같고 썩이는 것 같고 벌레 같다는 것을 명심하라. 좀은 의복에서 번식하는 작은 생물이고, 벌레는 나무에서 번식하는 작은 생물이다. 좀과 벌레가 의복과 나무를 갉아 먹듯이, 하나님의 심판들은 그들을 갉아 먹을 것이다.

(1) 이 심판들은 세상에서 그 어떤 소리도 나지 않게, 그러니까 그들이 전혀 눈치채지 못하는 가운데 조용하게 진행된다는 것. 그들은 그들이 안전하고 번성하고 있다고 생각할 것이지만, 그들의 상태를 좀 더 찬찬히 들여다보면, 그들이 소진되고 쇠락되어 가고 있다는 것을 발견하게 될 것이다.

(2) 이 심판들은 그들에게 회개할 여지를 주기 위해서 오랜 기간에 걸쳐서 서서히 진행된다는 것. 그렇기 때문에, 나라 또는 사람이 한창 전성기 때에 힘이 소진되어 죽는 경우가 많다.

(3) 이 심판들은 점진적으로 진행된다는 것. 하나님은 죄인들이 지혜로워서 경고를 받아들이면 더 큰 심판을 내리시지 않기 위해서 먼저 작은 심판들을 그

들에게 내리신다. 하나님은 그들이 망하기를 원하지 않는다는 것을 보여주시기 위해서 점진적으로 그들을 심판하신다.

(4) 좀은 의복에서 번식하고, 벌레 또는 썩이는 것은 나무에서 번식한다는 것. 마찬가지로, 죄인들도 그들 자신이 붙인 불에 의해서 살라질 것이다.

2. 작은 심판들이 제 소임을 다하지 못하였다는 것이 드러나면, 하나님은 더 큰 심판들을 그들에게 보내시리라는 것(14절). 내가 에브라임에게는 사자 같고 유다 족속에게는 젊은 사자 같으리라 ― 야곱의 축복 속에서 유다 자신이 사자 새끼임에도 불구하고. 하나님이 앞에서 그들에게 좀 같을 것이라고 말씀하셨다고 해서 그의 힘이 약해졌다고 생각할 사람이 있을지도 모르기 때문에, 하나님은 여기에서 그가 그들에게 사자 같이 되어서, 그의 포효하는 소리로 그들에게 겁을 줄 뿐만 아니라 그들을 갈가리 찢으시겠다고 말씀하신다. 하나님이 작은 심판들을 보내실 때에 말을 듣지 않는 자들은 더 큰 심판을 각오하여야 한다는 것을 명심하라. 그리스도는 종종 유다 지파의 사자로 등장하는데, 여기에서는 바로 그 유다 지파를 대적하는 사자로 나온다. 죄 가운데서 안일하게 살아가는 백성에게 하나님이 무슨 일을 하고자 하시는지를 보라: 바로 내가 그들을 찢어서 움켜가리라. 하나님은 유일하신 입법자로서 그들을 멸하실 수 있는 그의 대권을 자랑하시는 것 같다(약 4:12). "내가, 즉 바로 내가 그 일을 내 손으로 직접 하리라. 그 일을 하겠다고 말하고 있는 이는 바로 나다." 심판들 가운데는 하나님이 좀 더 직접적으로 개입하시는 심판들이 있다. 내가 그들을 찢고, 그리고 나서 가버리시리라.

(1) 하나님이 그들을 두려워함이 없이 가 버리시리라는 것. 하나님은 마치 사자가 그의 먹잇감을 찢은 후에 유유히 가 버리듯이 당당하고 위엄 있는 얼굴을 하시고서 가 버리실 것이다.

(2) 하나님이 그들을 돕지 않으시고 가 버리시리라는 것. 하나님이 환난의 섭리들을 통해서 우리를 찢으신 후에, 그의 은혜와 위로들을 통해서 우리 곁에 머무신다면, 그것은 참으로 좋은 일이다. 그러나 하나님이 찢으시고 나서 가 버리신다면, 즉 우리에게서 피조물로부터 오는 위로들을 빼앗으신 후에 하나님 자신도 우리 곁을 떠나신다면, 우리의 처지는 그야말로 처량해질 수밖에 없다. 하나님은 가실 때에 소중하고 귀한 모든 것을 가져가 버리신다. 왜냐하면, 하나님이 가시면, 모든 선한 것들도 하나님을 따라 가기 때문이다. 사자에게서

먹잇감을 건져낼 수 없듯이(미 5:8), 하나님이 그들을 탈취하여 가시면, 건져낼 자가 아무도 없을 것이다. 하나님의 은혜의 손길 속으로 들어간 자들 외에는 그 누구도 하나님의 공의의 손길에서 건짐을 받을 수 없다는 것을 명심하라. 사람이 그를 지으신 분과 다투어 보아야 아무 소용이 없다.

IV. 하나님의 서로 다른 심판의 방법들에 따른 서로 다른 효과들.

1. 하나님이 작은 심판들을 통해서 그들과 다투셨을 때, 그들이 하나님을 도외시하고, 피조물들을 통해서 건짐을 받고자 했지만 아무 소용이 없었다는 것(13절). 하나님이 그들에게 좀 갉고 썩이는 것 같았을 때, 그들은 자기의 병과 자기의 상처를 깨달았다. 한참 후에, 그들은 그들이 내리막길을 가고 있고, 그들이 하는 일들이 잘 되지 않으며, 그들의 재산이 눈에 띄게 축이 나고 있는 것을 발견하고서, 도움을 요청하기 위해서 앗수르로 사자들을 보내어 야렙 왕에게 구걸하였다. 어떤 이들은 여기에 나오는 **야렙 왕**이 앗수르 왕 **불**(Pul) 또는 디글랏빌레셀의 또 다른 이름이었을 것이라고 생각한다. 이스라엘과 유다는 앗수르와 동맹 관계를 이용해서 각자의 쇠약해져가는 국력을 회복하고 나라를 재건하려는 희망을 품고서, 이 앗수르 왕에게 그들을 곤경에서 건져줄 것을 요청하였다. 육적인 마음을 지닌 자들은 환난의 때에 그들의 병과 상처를 보기는 하지만, 그 원인이 되는 죄를 보지 못하기 때문에, 그들의 환난에 하나님의 능하신 손, 그의 의로우신 손이 개입되어 있다는 사실을 인정하고자 하지 않는다는 것을 명심하라. 그러므로 그들은 그들을 구원해 주실 수 있으신 창조주께로 한 걸음 더 나아가는 대신에, 그들에게 전혀 도움이 될 수 없는 피조물들에게 도움을 요청하기 위해 동분서주하느라 많은 고생을 한다. 자신의 죄로 말미암아 하나님을 노여우시게 해드린 것을 회개하지 않는 자들은 환난을 당했을 때에 하나님께 신세지는 것을 몹시 싫어하여, 그들을 구원해 줄 다른 것들을 찾아다닌다. 그들이 그렇게 했을 때, 그 결과는 무엇이겠는가? 앗수르 왕 야렙이 능히 너희를 고치지 못하겠고 너희 상처를 낫게 하지 못하리라(13절). 하나님을 도외시하고 피조물들에게서 도움을 구하는 자들은 반드시 실망하게 되리라는 것을 명심하라. 피조물들을 의지해서 힘을 얻고자 하는 자들은 그것들이 견고한 터가 아니라 상한 갈대라는 것을 발견하게 될 것이고, 피조물들을 의지해서 자신에게 필요한 것들을 공급받고자 하는 자들은 그것들이 생수의 근원이 아니라 터진 웅덩이라는 것을 발견하게 될 것이다(렘 2:13). 피조물들을 의지해서 위로

와 치유를 받고자 하는 자들은 그것들이 형편없는 위로자들이고 쓸모 없는 의원들이라는 것을 발견하게 될 것이다(욥 13:4). 유다와 이스라엘로부터 도움을 요청받은 앗수르 왕들은 그들을 돕지 아니하고 도리어 괴롭게 하였다(대하 28:16, 20). 어떤 이들은 유다와 이스라엘이 이 앗수르 왕의 권력에 많이 의지했다고 해서, 하나님이 이 앗수르 왕을 그런 식으로 부르신 것이라고 보고서, 앗수르 왕의 이름인 야렙이 크고 강력하며 장엄한 왕을 의미하는 것이라고 본다. 또 어떤 이들은 그들이 이 왕의 지혜와 대단한 언변을 의지하였고, 이 왕이 그들의 일에 관심을 갖고 있었다는 점에서, 야렙은 변호해 줄 왕이라는 의미라고 해석한다. 그들은 그 왕에게 상당한 액수의 예물을 갖다 바치고서(10:6) 그를 그들을 변호해 줄 자로 선임한 것이기 때문에, 그가 그들을 결코 배신하지 않을 것이라고 믿고 의심하지 않았다. 그러나 육체를 믿는 자들이 다 그렇듯이, 이 앗수르 왕은 그들을 보기좋게 배신하였다(렘 17:5).

2. 하나님이 그들에게 그들의 어리석음을 깨우쳐 주시기 위해서 더 큰 심판들을 그들에게 보내시면, 그들이 마침내 하나님께로 나아오지 않을 수 없게 되리라는 것(15절).

(1) 하나님은 사자가 되어 그들을 찢으신 후에 그들 곁을 떠나시리라는 것. 내가 내 곳으로 돌아가리라. 하나님은 그의 영광인 천국, 시은좌(施恩座), 은혜의 보좌로 돌아가실 것이다. 하나님은 죄인들을 벌하려 하실 때에는 그의 처소에서 나오시지만(사 26:21), 은혜를 베푸시고자 하실 때에는 그의 처소로 돌아가서서 그들이 은혜 받을 만할 정도로 고분고분해질 때까지 기다리신다. 또는, 하나님은 그들을 징계하신 후에, 그들을 돌아보거나 그들의 환난이나 기도에 주목하지 않으시고, 그의 처소로 돌아가서서, 그의 얼굴을 그들로부터 숨기실 것이다. 이것은 그들이 하나님의 은혜를 다시 받을 준비가 어느 정도 될 때까지 더욱 스스로를 낮추고 겸손해지기를 기다리시기 위한 것이다.

(2) 하나님은 그들에게 환난을 주셔서 그들 위에 역사하시고 그들로 하여금 그에게 돌아오게 하고자 하시리라는 것. 그들이 돌아오는 것이야말로 하나님이 바라시는 것이다. 그들이 돌아오기만 한다면, 하나님은 더 이상 그들에게서 떠나가지 않으실 것이다. 그들이 어떤 식으로 돌아오게 될 것인지를 보여주는 두 가지 예가 여기에 언급되어 있다.

[1] 그들이 죄를 회개하고 고백하게 되리라는 것. 그들이 그 죄를 뉘우치리라.

난외주에는 그들이 죄책감을 느끼리라로 되어 있다. 즉, 그들은 그들의 죄책을 깨닫고서 시인하게 될 것이고, 이로 인하여 하나님 앞에서 스스로 낮아지게 될 것이다. 사람들이 자신의 환난들보다도 자신의 죄들에 대하여 더 많이 탄식하기 시작할 때, 그들에게 소망이 생겨나기 시작한다는 것을 명심하라. 우리가 하나님의 징계하시는 손길 아래에 있을 때에 하나님이 우리에게 요구하시는 것은 우리가 우리의 잘못을 인정하고 하나님의 징계가 의로우시다는 것을 인정하는 것이다.

[2] 그들이 하나님의 은혜를 겸손하게 간구하게 되리라는 것. 그들은 다른 돕는 자들을 사방팔방으로 구하며 돌아다녀 보았지만 아무 소용이 없어서 결국 막다른 궁지에 몰리게 되었을 때에 내 얼굴을 구하게 될 것이다. 그들이 고난 받을 때에 나를 간절히, 즉 진지하고 부지런하며 아주 끈질기게 구하리라. 그들이 이렇게 진실하게 하나님을 찾기만 한다면, 비록 많은 시간이 흐른 뒤에 늦게 찾은 것이라고 할지라도, 그것은 아주 늦은 것은 아니다. 아니, 하나님은 그들이 그를 일찍 찾았다고 말씀하시며 기뻐하시고, 참되게 회개하고 그에게로 돌아온 자들을 큰 기쁨으로 반기신다. 하나님이 우리의 죄를 깨우치시고자 징계의 매를 드시면, 우리가 해야 할 일은 얼른 하나님의 얼굴을 찾는 것임을 명심하라. 우리는 하나님이 우리와 화목한 관계에 있으시다는 징표로서 그 자신을 우리에게 나타내시도록 하기 위하여, 하나님을 알고 친해지기를 원하여야 한다. 환난이나 고난은 오랫동안 하나님을 떠나 어그러진 길로 가서 멀리 있었던 자들을 하나님께로 데려다 줄 수 있다. 하나님이 한동안 우리에게서 떠나시는 것은 우리로 하여금 그에게 돌아오게 하신 후에 하나님 자신도 우리에게 돌아오시기 위한 것이다. 너희 중에 고난 당하는 자가 있느냐 그는 기도할 것이요(약 5:13).

제
— 6 —
장

개요

앞 장의 마지막에 나오는 말씀은 하나님과 이스라엘이 그들의 죄와 그의 진노에도 불구하고 다시 복되게 합칠 수 있고, 그들이 그를 찾으면 하나님이 그들을 만나 주실 것이라는 어느 정도의 소망을 우리에게 주었다. 이제 이 장에서는 그 문제를 좀 더 자세하게 다루는데, 어떤 이들은 이 장의 첫 부분을 앞 장의 끝 부분과 연결시켜서, "그들이 오라 우리가 여호와께로 돌아가자고 말하며 나를 간절히 구하리라"로 읽기도 한다. 그러나 하나님은 이 백성의 악함에 대하여 다시 탄식하신다. 왜냐하면, 이 백성 중 일부는 회개하고 삶을 고쳤지만, 더 많은 수는 여전히 완악한 채로 있었기 때문이다. I. 그들이 하나님께로 돌아가기로 결심하고, 돌아갈 힘을 얻고자 하나님이 주시는 위로들로 그들 자신을 격려함(1-3절). II. 그들 중 다수가 회개하기로 공언하고 약속해 놓고서 마음이 흔들리는 것을 보시고, 하나님이 그들을 혹독하게 다루심(4-5절). III. 하나님이 그들과 맺으신 계약과 그들에게 기대하시는 것들(6절), 그리고 그들이 그 계약을 어기고 그의 기대들을 좌절시킴(7-11절).

[1]오라 우리가 여호와께로 돌아가자 여호와께서 우리를 찢으셨으나 도로 낫게 하실 것이요 우리를 치셨으나 싸매어 주실 것임이라 [2]여호와께서 이틀 후에 우리를 살리시며 셋째 날에 우리를 일으키시리니 우리가 그의 앞에서 살리라 [3]그러므로 우리가 여호와를 알자 힘써 여호와를 알자 그의 나타나심은 새벽 빛 같이 어김없나니 비와 같이, 땅을 적시는 늦은 비와 같이 우리에게 임하시리라 하니라

이 단락에 나오는 말씀은 호세아 선지자가 백성들에게 회개할 것을 권하는 말씀으로 해석될 수도 있고, 백성들이 하나님의 긍휼하심을 얻고자 하는 소망 가운데서 하나님 앞에 자신을 낮추고 서로에게 여호와를 구하자고 격려하고 부추기는 말로도 해석될 수 있다. 하나님은 그들이 고난받을 때에 나를 구하리라(5:15)고 말씀하셨었다. 여기에서 호세아 선지자와 그의 벗들인 선한

자들은 쇠가 뜨거워져 있는 동안에 두들기고자 하여서, 자신의 죄를 이제야 겨우 깨달은 백성들을 독려한다. 스스로 하나님께 돌이키고자 하는 마음을 먹은 자들은 다른 사람들도 하나님께로 돌아오도록 최선을 다해서 격려하고 독려하여야 한다는 것을 명심하라.

Ⅰ. **그들이 행하기로 마음 먹은 일은 무엇인가.** "오라 우리가 여호와께로 돌아가자(1절). 우리는 이제 더 이상 앗수르로 가거나 야렙 왕에게 사자를 보내지 말자. 그런 짓은 우리가 지금까지 할 만큼 해 보았다. 그러니, 우리가 여호와께로 돌아가자. 우리의 우상 숭배를 버리고서 다시 여호와를 예배하는 것으로 돌아가고, 피조물들을 의지했던 것을 다 버리고서 다시 하나님께 소망을 두는 것으로 돌아가자." 하나님으로부터 반역한 자들은 하나님께로 돌아가는 것을 그들의 가장 큰 관심사로 삼아야 한다는 것을 명심하라. 서로 마음을 합하여 서로를 격려하며 한무리가 되어 하나님을 떠나서 서로를 죄로 이끈 자들은 하나님께 돌아올 때에도 서로를 격려하며 함께 돌아와야, 그것이 하나님께 영광이 되고 그들의 덕도 세워진다.

Ⅱ. **그들이 서로의 힘을 북돋우어 주기 위해서 역설하고 있는 유인책들과 격려가 되는 것들은 무엇인가.**

1. 그들이 경험한 하나님의 진노. "우리가 하나님께로 돌아가자. 왜냐하면, 여호와께서 우리를 찢으셨고 치셨기 때문이다. 우리가 찢겼는데, 우리를 찢으신 분은 하나님이셨다. 우리는 두들겨 맞았는데, 우리를 그렇게 치신 분은 하나님이셨다. 우리가 하나님을 반역해서 그가 우리에게 진노하셔서 우리를 찢으시고 치신 것이고, 우리가 그에게로 돌아가기 전에는 하나님이 우리와 화해하시기를 기대할 수 없기 때문에, 우리가 그에게로 돌아가자. 하나님은 우리에게 감화를 주셔서 그에게로 돌아오게 하고자 하시기 위하여 이렇게 우리에게 환난을 주셨다. 백성들이 그들을 치시는 하나님께 돌아가지 않는다면, 그의 손은 여전히 계속해서 뻗친 채로 있을 것이다(사 9:12-13)." 우리는 우리와 우리 땅에 임한 하나님의 심판들, 특히 우리를 찢으신 심판들을 깊이 생각함으로써, 정신을 차리고 회개하며 삶을 고치고, 기도하면서 하나님께로 돌아가야 한다는 것을 명심하라.

2. 그들이 하나님의 은혜에 대하여 갖고 있는 기대. "하나님은 우리를 찢으셨으나 도로 낫게 하실 것이고, 우리를 치셨으나 다시 *싸매어 주실 것이다.*" 하

나님은 노련한 외과 의사가 되셔서 자애로운 손길로 부러진 뼈나 피가 나는 상처를 싸매어 주신다. 자기 백성에게 환난을 주신 하나님은 그 동일한 섭리를 통해서 그들을 건져내실 것이고, 성도들에게 죄를 깨우쳐 주신 하나님은 그 동일한 성령을 통해서 그들을 위로해 주실 것임을 명심하라. 처음에는 종의 영으로 역사하던 성령은 나중에는 양자의 영으로 역사하신다. 이것은 하나님의 권능을 인정하는 것이고(우리가 아무리 심하게 찢겼다고 할지라도 그는 고치실 수 있으시다는 것), 하나님의 긍휼하심을 인정하는 것이다(그는 그렇게 하고자 하신다는 것). 아니, 하나님은 우리를 고치시고자 하여 우리를 찢으신 것이다. 어떤 이들은 이것이 특히 하나님의 긍휼하심이 그들에게로 다시 돌아올 것을 기대하면서 유대인들이 그에게로 돌아와서 그를 찾을 때에 바벨론으로부터 돌아오게 되리라는 것을 보여주는 것이라고 생각한다. 하나님 및 우리에 대한 그의 목적과 계획과 관련해서 선한 생각들을 늘 유지하는 것은 우리에게 대단히 유익해서, 우리로 하여금 환난 가운데서 힘을 얻을 수 있고 회개할 용기를 얻을 수 있게 해준다는 것을 명심하라. 그들이 기대하는 하나님의 은혜는 여기에서 몇 가지로 나누어 묘사되고 있다.

(1) 그들은 그들이 환난으로부터 건짐을 받는 것이 그들에게는 죽은 자 가운데서 다시 살리심을 받는 것과 같을 것이라고 말하며, 그러한 구원을 기대함(2절). "여호와께서 이틀 후에(즉, 하루 또는 이틀이라는 짧은 시간 내에) 우리를 살리시며, 시체가 부패하여 썩기 시작한다고 하여 매장되어 우리의 시야에서 사라지는 셋째 날에 우리를 일으키시리니 우리가 그의 앞에서 살겠고, 평안한 마음으로 여호와의 얼굴을 뵈오리니, 그것은 우리에게 다시 살리심을 받은 것과 같을 것이다. 그는 우리를 잠시 버리셨으나 영원한 자비로 우리를 다시 모으실 것이다." 하나님의 백성은 찢기고 두들겨 맞을 뿐만 아니라, 죽은 자처럼 아주 오랫동안 버려져 있을 수도 있다는 것을 명심하라. 그러나 그들은 영원토록 그렇게 누워 있지도 않을 것이고, 오랫동안 그렇게 누워 있지도 않을 것이다. 하나님은 얼마 후에 그들을 다시 살리실 것이다. 하나님이 그들에게 주신 이러한 약속은 그들로 하여금 그에게로 돌아가고자 하는 마음을 먹게 한다. 그러나 이것은 한 걸음 더 나아가서 예수 그리스도의 부활을 가리키고 있는 것으로 보인다. 여기에서 그들이 다시 살리심을 받게 될 기한은 이틀 또는 **셋째 날**로 표현되고 있는데, 이것은 그리스도께서 **셋째 날**에 부활하실 것을 보여주는 모형이

자 비유일 수 있다. 그리스도께서는 성경대로, 즉 이 성경 본문대로 셋째 날에 부활하신 것이라고 말해진다. 왜냐하면, 모든 선지자들은 그리스도가 받으실 고난과 후에 받으실 영광(벧전 1:11)에 대하여 증언하였기 때문이다. 우리는 여기에서 하나님이 호세아 선지자가 전하는 말씀을 이런 식으로 배정하셔서, 그로 하여금 유대 교회가 환난들로부터 건짐을 받게 될 것을 예언함과 동시에 그리스도로 말미암은 우리의 구원(다른 모든 구원은 이 구원의 모형이자 열매들이다)도 보여주게 하신 것 속에서, 하나님의 지혜와 선하심을 발견하고 경탄할 수밖에 없게 된다. 비록 그들은 이 말씀 속에서 이러한 신비를 눈치 채지 못했겠지만, 이 말씀이 그리스도의 부활을 통해서 문자 그대로 성취된 지금에 있어서, 이 말씀은 오신 그이가 바로 그리스도이시고, 우리가 다른 이를 기다릴 필요가 없다는 우리의 신앙을 확증해 준다(마 11:3). 그리스도께서 부활하실 것에 관한 예언이 "그가 우리를 살리시리니, 우리가 살리라"는 식으로 표현된 것은 모든 면에서 적절하다고 할 수 있다. 왜냐하면, 그리스도께서는 첫 열매로 부활하셨고, 우리는 그와 함께 다시 살리심을 받아서 그로 말미암아 살고 있는 것이기 때문이다. 성경에서는 그리스도께서는 우리를 의롭다 하시기 위하여 다시 살아나셨고, 모든 믿는 자들은 그리스도와 함께 다시 살리심을 받았다(골 3:1)고 말한다(사 26:19을 보라). 하나님이 그들을 다시 일으키셔서 그들의 비천한 상태로부터 나오게 하시리라는 것은 당시의 유대 교회에 위로와 힘이 되었을 것이다. 왜냐하면, 하나님은 때가 차면 자기 백성 이스라엘의 생명이자 영광이 될 그의 아들을 음부에서 다시 살리실 것이기 때문이다. 부활하신 그리스도를 믿음으로 바라보는 것은 고난받는 그리스도인에게는 큰 힘이 되고, 회개하고 돌아오는 죄인에게는 큰 격려가 된다는 것을 명심하라. 왜냐하면, 그리스도께서는 내가 살아 있기 때문에 너희도 살게 되리라(요 14:19)고 말씀하셨기 때문이다.

(2) 그 때에 그들이 하나님을 더 잘 알게 되리라는 것(3절). 그 때에 우리는 힘써 여호와를 알고자 하면 여호와를 알게 될 것이다. 하나님이 긍휼 가운데서 자기 백성에게로 다시 돌아오셔서 은혜를 베푸시고자 하실 그 때에, 하나님은 그의 은혜의 담보이자 열매로서 그들에게 그를 아는 지식을 더하실 것이고, 세상에는 여호와를 아는 지식이 충만할 것이다(사 11:9). 지식이 더할 것이고(단 12:4), 모두가 다 하나님을 알 것이며(렘 31:34), 우리도 여호와를 알고 힘써 여호

와를 알고자 할 것이다. 우리가 하나님을 아는 데에 필요한 더 좋은 수단들을 갖게 될 뿐만 아니라, 그 수단들을 통해서 하나님을 아는 지식이 더해지는 은혜를 받게 되는 것은 그리스도의 부활의 열매이자 우리가 그리스도로 말미암아 하나님 앞에서 살게 된 삶의 열매라고 할 수 있다. 하나님은 어떤 백성에게 긍휼을 베푸시고자 하실 때에 먼저 그들에게 그를 아는 마음을 주신다(렘 24:7). 그리스도와 함께 다시 살리심을 받은 자들에게는 지혜와 계시의 영이 주어진다. 우리가 하나님 앞에서 살게 되는 것을 갈대아 역본을 따라서 죽은 자들의 부활의 날에 대한 것으로 이해한다면, 우리가 여호와를 알게 될 것이고 알고자 힘쓰게 될 것이라는 말씀이 바로 뒤에 나오는 것은 아주 적절하다. 왜냐하면, 그 날에 우리는 하나님을 온전히 알게 되고, 하나님을 아는 지식에 있어서 무한히 자라가게 될 것이기 때문이다(골 1:10). 또는, 우리가 이 구절을 우리의 읽기대로 "우리가 알고자 힘쓴다면"이라는 조건문으로 읽을 때, 여기에는 다음과 같은 것들이 뒤따른다.

[1] 보배로운 축복이 약속됨. 우리가 하나님께로 돌아가는 그 때에, 우리는 여호와를 알게 될 것이다. 하나님께로 나아오는 자들은 그를 알게 될 것이다. 하나님은 우리를 그의 앞에서 살게 하고자 하실 때에는 우리로 하여금 먼저 그를 알게 하신다. 왜냐하면, 하나님을 아는 것이 바로 영생이기 때문이다(요 17:3).

[2] 이 축복을 얻는 방법과 수단들. 우리는 하나님을 알고자 힘써야 한다. 우리는 하나님을 아는 지식을 최고의 지식으로 여겨서 소중히 여기고 존중하여야 하며, 그 지식을 불러 구하며 얻으려고 소리를 높여야 하고(잠 2:3-4), 온갖 지혜를 동원해서 이것저것을 들추어가며 그 지식을 구하여야 하며(잠 18:1), 이 지식을 구하는 일과 이 지식을 더하고자 애쓰는 일을 계속해 나가야 한다. 우리가 하나님이 미리 정해 놓으신 본분을 다한다면, 우리는 하나님이 약속하신 은혜, 즉 우리가 하나님을 점점 더 많이 알게 되어서 결국에는 그 지식에서 온전하게 될 것이라는 약속이 우리에게 이루어질 것이다.

(3) 그 때에 그들에게 하나님의 위로하심이 차고 넘치리라는 것. 그의 나타나심, 즉 하나님이 자기 처소로 돌아가실 때에 우리에게서 거두어 가신 그의 은혜가 다시 돌아오는 것은 새벽 빛 같이 어김없다. 하나님이 우리에게 다시 은혜를 주시기 위하여 그 처소에서 나오시는 것은 어두운 밤이 지난 후에 어김없이 새벽이 돌아오는 것과 마찬가지로 우리에게 확실하게 준비되어 있는 일이다.

우리는 긴 밤 뒤에 새벽이 오기를 기다리는 자들처럼 하나님의 은혜가 다시 돌아오기를 기대하고, 그 은혜가 하나님이 정하신 때에 반드시 오리라는 것을 믿어 의심치 않는다. 하나님의 얼굴 빛은 새벽 빛처럼 우리에게 반가운 것일 뿐만 아니라, 점점 더 커져서 대낮 같이 밝게 될 것이다. 하나님은 비와 같이, 즉 땅을 적셔서 새 힘을 주고 비옥하게 만들어 주는 늦은 비와 이른 비 같이 우리에게 반갑게 임하실 것이다. 이것은 그들이 포로 생활에서 구원받게 될 것을 가리키는 것 외에도 한 걸음 더 나아가서, 그리스도와 복음의 은혜를 통해서 온전히 성취되었다. 구약의 성도들은 힘써 여호와를 알고자 하였고, 예루살렘의 구속을 간절하게 구하였다. 마침내 그리스도 안에서 하나님의 은혜가 나타난 것, 즉 그리스도께서 이 세상을 찾아 오시기 위하여 나타나신 것은 다음과 같은 것들이 되었다.

[1] 그것은 어두운 이 세상에 비치는 새벽 빛과 같았다는 것. 왜냐하면, 그는 의(義)의 해로서 나타나셨고(말 4:2), 그의 안에서 돋는 해가 위로부터 우리에게 임하였기 때문이다(눅 1:78). 그의 나타나심은 새벽 빛 같이 준비된 것이었다. 왜냐하면, 그는 때가 찼을 때에 오셨기 때문이다. 세례 요한은 그의 선행 주자였고, 그는 그 자신이 광명한 새벽 별이셨다(계 22:16).

[2] 그것은 메마른 이 땅에 내리는 비와 같았다는 것. 그는 벤 풀 위에 내리는 비 같이 내리리라(시 72:6). 그를 통해서 축복의 소나기들이 이 세상에 내려서, 파종하는 자에게는 종자를 주며 먹는 자에게는 양식을 준다(사 55:10). 그리스도 안에서 주어지는 하나님의 은혜는 성경에서 왕의 은택에 대하여 말한 것과 마찬가지로 늦은 비를 내리는 구름과 같다(잠 16:15). 그리스도 안에서 주어지는 하나님의 은혜는 늦은 비이기도 하고 이른 비이기도 하다. 왜냐하면, 그 은혜로 말미암아 우리가 열매를 맺는 선한 일이 시작됨과 아울러 지속되기 때문이다.

⁴에브라임아 내가 네게 어떻게 하랴 유다야 내가 네게 어떻게 하랴 너희의 인애가 아침 구름이나 쉬 없어지는 이슬 같도다 ⁵그러므로 내가 선지자들로 그들을 치고 내 입의 말로 그들을 죽였노니 내 심판은 빛처럼 나오느니라 ⁶나는 인애를 원하고 제사를 원하지 아니하며 번제보다 하나님을 아는 것을 원하노라 ⁷그들은 아담처럼 언약을 어기고 거기에서 나를 반역하였느니라 ⁸길르앗은 악을 행하는 자의 고을이라 피 발자국으로 가득 찼도다 ⁹강도 떼가 사람을 기다림 같이 제사장의 무리가 세

겜 길에서 살인하니 그들이 사악을 행하였느니라 ¹⁰내가 이스라엘 집에서 가증한 일을 보았나니 거기서 에브라임은 음행하였고 이스라엘은 더럽혀졌느니라 ¹¹또한 유다여 내가 내 백성의 사로잡힘을 돌이킬 때에 네게도 추수할 일을 정하였느니라

하나님은 여기에서 유다와 에브라임에게 그들의 두 가지 악한 일에 대하여 말씀하시며 그들을 고소하신다.

I. 그들이 죄를 깨닫고도 그 깨달음에 있어서 견고하지 못하고 물처럼 불안정하였다는 것(4-5절). 에브라임아 내가 네게 어떻게 하랴 유다야 내가 네게 어떻게 하랴. 이것은 이상한 말이다. 무한한 지혜를 지니신 하나님이 어찌 할 줄을 몰라 하실 수 있는 것인가? 여기에서 하나님은 정말 그의 조치가 통하지 않아서 새로운 조치를 강구하고자 하시지만 어찌 할 줄을 몰라 하시는 것인가? 결코 그렇지 않다. 하나님은 단지 그들이 얼마나 어이없고 분별 없이 행하였는지, 그래서 그들을 대적하여 그가 행하시는 일들이 얼마나 의롭고 마땅한 것이었는지를 보여주시기 위하여, 사람의 예를 따라 말씀하고 계시는 것뿐이다. 그들은 하나님이 그들을 찢고 치셨다고 해서 그를 가혹하고 엄한 분으로 생각하여 불평해서는 안 된다. 하나님이 그렇게 하지 않으시고, 다른 식으로 그들을 대하실 길이 과연 있었는가? 하나님이 도대체 그들에 대하여 어떤 다른 조치를 취하실 수 있으셨겠는가? 하나님은 이미 그들에게 다양한 방법들을 시도해 보셨고(내가 내 포도원을 위하여 행한 것 외에 무엇을 더할 것이 있으랴, 사 5:4), 상황이 극단으로 치닫게 되는 것을 몹시 꺼려하셨다. 하나님은 에브라임이여 내가 어찌 너를 놓겠느냐(11:8)고 속으로 말씀하신다. 하나님은 그들에게 복을 주고 싶은 마음이 간절하셨지만, 그들은 복을 받을 준비가 되어 있지 않았다. "내가 네게 어떻게 하랴. 내가 도의상 너를 구원하고자 해도 구원할 수 없다면, 내가 너를 버리는 것 외에 달리 할 수 있는 것이 있느냐?" 하나님은 모든 가능성이 다 막혀 버린 것을 확인하실 때까지는 죄인들을 결코 멸하시지 않는다는 것을 명심하라.

1. 하나님에 대한 그들의 처신은 어떠하였는가. 그들의 인애는 아침 구름과 같았다. 어떤 이들은 이것을 그들이 회개하였을 때에 그들 자신이나 그들의 영혼에 대하여 보인 인애(仁愛)를 가리키는 것이라고 이해한다. 그들이 그들의 죄에 대하여 회개한 것은 그들 자신에게 긍휼을 베푼 것이었지만, 그들은 이내

그들 자신에 대한 그러한 인애를 철회하고 무효화시켜 버리고서, 예전처럼 그들의 영혼에 해악을 가하였다는 것이다. 그러나 이 구절을 그들의 경건과 신앙에 대한 것으로 이해하는 것이 더 나은 것 같다. 그들 속에 어떤 선한 것이 나타났나 싶으면, 그것은 마치 아침 구름이나 이슬 같이 어느새 다시 사라져서 모습을 감추어 버렸다. 예후 시대의 이스라엘이나 히스기야와 요시야 시대의 유다의 인애가 그런 것이었다. 그것은 곧 사라져 버렸다. 가뭄이 들었을 때에 아침 구름은 사람들에게 비가 올 것이라는 기대를 주고, 이슬은 땅에 일시적으로나마 생기를 준다. 그러나 구름이 흩어져 버리고(위선자들은 물 없는 구름에 비유된다, 유 1:12), 이슬이 땅 속으로 스며드는 것이 아니라 다시 공기 속으로 증발되어 버리면, 땅은 여전히 메마른 채로 있을 수밖에 없다. 하나님은 그들을 도대체 어떻게 해야 좋은가? 하나님은 그들의 인애를 받으셔야 하는가? 그런데 그럴 수가 없다. 왜냐하면, 그들의 인애는 쉬 없어질 것이기 때문이다. 어떤 일이 행해지긴 했지만 지속되지 않는다면, 그 일은 행해졌다고 할 수 없다. 아침 구름이나 이슬 같은 그러한 인애나 선함은 결코 하나님을 기쁘시게 해드릴 수 없고 우리 자신에게 이롭지도 않다는 것을 명심하라. 사람이 선한 약속을 해놓고서 이행하지 않거나, 신앙을 잘 시작하였지만 지속하지 않거나, 신앙에 있어서 첫 사랑이나 처음 일들을 버리거나, 신앙을 완전히 버린 것은 아니지만 그 신앙이 불안정하고 고르지 않으며 변덕이 심하다면, 그들의 인애는 아침 구름이나 이슬 같은 것이다.

2. 하나님이 그들에 대하여 어떤 조치를 취하셨는가(5절). "그러므로, 즉 그들이 너무나 거칠고 왜곡되어 있기 때문에, 내가 마치 목재나 돌을 사용하기 위해서 베듯이 선지자들로 그들을 베고 내 입의 말로 그들을 죽였노라." 선지자들이 행한 일들은 그들의 입에 두어진 하나님의 말씀, 결코 헛되이 돌아오지 않는 하나님의 말씀으로 되어진 일들이었다. 선지자들이 그들을 신실하게 대하자, 그들은 하나님이 선지자들을 시켜서 그들을 죽였다거나 그들의 마음을 헤집어 놓았다고 생각하고 불평하였다.

(1) 선지자들이 그들에게서 그들의 죄악들을 끊어내고자 하여, 그들의 죄를 깨우치는 것을 통해서 그들을 베었다는 것. 그들의 신앙은 한결같지가 않았다(4절). 그래서 하나님은 그들을 베었다. 죄인들의 마음은 단순히 돌과 같을 뿐만 아니라 많은 수고를 하여 잘 다듬어야 쓸 수 있는 거친 돌과 같고, 옹이가

많아서 많은 애를 써서 깎아내어야 반듯해져서 쓸 수 있게 되는 목재와 같다. 사역자들의 일은 그들을 베는 것이고, 하나님은 사역자를 통해서 그들을 베신다. 왜냐하면, 고집 센 자들에게는 하나님도 고집이 있음을 보이시기 때문이다(시 18:26). 사역자들이 호되게 책망하여야만 하는 자들이 있는데, 그 때에 사역자들의 한 마디 한 마디는 그들을 베는 것이 되어야 한다. 나무 조각들이 장작을 패는 자의 얼굴로 튀고, 책망하는 자가 진리를 말한다고 해서 책망받는 자가 그를 원수로 여겨 그에게 덤벼든다고 할지라도, 사역자들은 자신의 일을 계속해 나가야 한다.

(2) 선지자들이 그들이 죽임을 당할 것이라고 예언하며 하나님의 진노에 대하여 경고함으로써 그들을 베었다는 것. 이것은 에스겔이 자기가 어떤 성읍이 멸망할 것을 예언한 것을 마치 자기가 그 성읍을 멸한 것처럼 말한 것과 비슷하다(겔 43:3). 하나님은 선지자들을 통해서 이렇게 미리 알리신 일들을 성취하셨다. "내가 내 입의 말대로 나의 심판들을 통해서 그들을 죽였다." 하나님의 말씀은 생명으로부터 생명에 이르는 냄새이거나 사망으로부터 사망에 이르는 냄새이기 때문에(고후 2:16) 죄나 죄인 중 어느 한 쪽을 죽게 만든다는 것을 명심하라. 어떤 이들은 이 구절을 이렇게 읽는다: "내가 선지자들을 베었고 내 입의 말로 그들을 죽였다. 즉, 내가 백성들의 유익을 위하여 선지자들을 고된 일에 사용하였는데, 그것은 그들의 힘을 소진시키는 것이었다. 그들의 일은 그들 중 다수가 그 일을 하다가 목숨을 잃을 정도로 위험한 일이었기 때문에, 그들은 그 일을 하면서 스스로를 소모하였고 그들의 모든 활력을 잃었다." 사역자들은 하나님이 사람들을 상대로 일하실 때에 사용하시는 도구들이라는 것을 명심하라. 사역자들이 많은 사람들을 상대로 수고하고 애쓴 것이 별 열매를 맺지 못한다고 할지라도, 하나님은 그의 도구들인 그들이 자신을 소모하며 수고한 것에 대하여 장차 다 계산해 주실 것이다.

(3) 하나님은 이렇게 하심으로써 나중에 그가 그들을 아무리 혹독하게 다루신다고 할지라도 그가 하시는 일들이 다 의로운 것으로 인정을 받고자 하신다는 것. 하나님의 선지자들은 그들을 상대로 많은 수고를 하였고, 그들에게 그들의 죄에서 떠날 것을 권면하였으며, 그들에게 닥칠 위험을 경고하였지만, 하나님에 의해 사용된 수단들은 소기의 효과를 내지 못하였다. 그들이 받은 약간의 선한 감화도 일시적인 것이어서, 곧 아침 구름처럼 사라져 버렸다. 그러므

로 이제 하나님이 그들에게 경고하신 심판들을 내리신다고 하여도, 그들은 하나님을 가혹하다고 고소할 수 없다. 호세아 선지자는 여기에서 하나님을 향하여서, 주의 심판들은 곧게 뻗쳐 나오는 빛과 같아서 명백하게 옳고 의롭다고 고백한다. 비록 사역자들이 죄인들을 상대로 한 수고에 의해서 그들이 고침을 받지 못하였다고 할지라도, 사역자들의 그러한 수고로 말미암아 하나님은 말씀하실 때에 의로우시고 심판하실 때에 순전하시다는 평가를 받게 되실 수 있으시다는 것을 명심하라(시 51:4). 마태복음 11:17-19을 보라.

II. 그들이 하나님과의 계약에 신실하지 않았다는 것(6-7절).

1. 하나님이 그들과 맺으신 계약은 어떤 것이었고, 그들은 어떤 조건 위에서 하나님의 은총을 얻고 하나님에게 받아들여지게 되어 있었는가(6절). 나는 인애를 원하고 제사를 원하지 아니하며(즉, 제사보다 인애를 더 원하신다는 것), 번제보다 하나님을 아는 것을 원하노라고 역설하였다. 여기에 나오는 인애는 히브리어로 '헤세드'로서 4절에 나왔던 것과 동일하다. '헤세드'는 모든 실천적인 신앙을 나타내는 데에 사용되는 단어로서 신약에 나오는 자비와 그 뜻이 동일하다. 그것은 하나님이 그의 말씀 속에서 계시하신 하나님을 아는 지식으로부터 흘러나오는 하나님과 이웃에 대한 사랑, 하나님은 자기를 부지런히 찾는 자들에게 상 주시는 이심을 믿는 확고한 믿음(히 11:6), 선한 판단에 의해서 인도함을 받아 신령한 것들에 대하여 갖게 된 선한 애정을 의미하기 때문에, 아주 선한 행실을 낳을 수밖에 없다. 하나님이 그의 계약을 통해서 요구하시는 것은 제사와 번제가 아니라 바로 이것이다. 이것은 상세하게 설명된다(렘 7:22-23): 내가 너희 조상들에게 번제에 대하여 말하지 아니하며 명령하지 아니하였고(그런 것은 내가 그들에게 말한 것 중에서 가장 중요하지 않은 것이었고, 별로 강조하지 않은 것이었다), 오직 내가 이것을 그들에게 명령하여 이르기를 너희는 내 목소리를 들으라고 말하였었다(미 6:6-8). 하나님과 이웃을 사랑하는 것이 모든 번제물과 기타 제물보다 낫다(막 12:33; 시 51:16-17). 사실 하나님은 그러한 제물들을 드리라고 요구하셨고, 그 제물들이 인애 및 하나님을 아는 지식과 더불어서 드려졌을 때에는 그것들을 기쁘게 받으셨다. 그러나 인애와 하나님을 아는 지식이 수반되지 않았을 때, 하나님은 그 제물들을 받지 않으셨고 멸시하셨다(사 1:10-11). 하나님이 여기에서 이런 말씀을 하시는 것은 아마도 그들이 버린 하나님과 그들이 좋아서 좇아간 신들이 어떤 차이가 있는지를 보여주시기 위한 것인

것 같다. 참 하나님은 그들이 선한 자들이 되어서 그들 자신의 복을 위하여 선한 삶을 사는 것 외에는 아무것도 그들에게 바라신 것이 없었고, 제물들로 하나님을 존귀하게 해드리는 예식은 그의 율법 중에서 가장 작은 일들 중의 하나였다. 반면에, 거짓 신들은 오직 제물들만을 요구하였다. 사람들은 거짓 신들의 제사장들과 제단들을 그들이 바친 제물들로 차고 넘치게 하기만 하면 되었고, 그들의 삶은 자기가 원하는 대로 살아도 되었다. 그러니, 자기를 섬기는 자들에게 새로운 성품을 주시는 것을 목표로 삼으신 하나님을 버리고, 오직 신으로 대접받기만을 바랄 뿐 자기를 섬기는 자들이 어떻게 되는지는 전혀 관심이 없는 거짓 신들을 따라간 자들은 얼마나 어리석은 자들인가! 또한, 하나님이 여기에서 이런 말씀을 하시는 것은 하나님이 그들과 논쟁하시는 것이 그들이 제사를 드리지 않아서가 아니라(나는 네 제물 때문에 너를 책망하지는 아니하리라, 시 50:8), 그들 가운데에 진실도 없고 인애도 없고 하나님을 아는 지식도 없기(4:1) 때문임을 보여주시고, 경건의 능력이야말로 하나님이 우리에게 요구하시는 주된 것이고, 그것이 없는 경건의 모양은 아무 쓸 데가 없다는 것을 우리 모두에게 가르쳐 주시기 위한 것이다. 마음와 삶 속에서의 진실한 경건이야말로 꼭 필요한 한 가지이고, 그것이 빠진 신앙의 행위들은 아무리 그럴 듯해 보이고 아무리 돈을 많이 들인 것이라고 해도 아무 소용이 없다. 우리 구주께서는 신령상(神靈上)의 본분들과 종교적 예식들이 서로 충돌할 때에는 전자를 후자보다 우선시해야 한다는 것을 보여주시고, 자기가 세리와 죄인과 함께 먹는 것은 사람들의 영혼에 대한 인애 때문이고 안식일에 사람들을 고치시는 것은 사람들의 몸에 대한 인애 때문이므로 먹고 마시는 것이나 안식일과 관련된 특별한 예식보다 우선시되어야 한다는 것을 보여주시기 위하여 이 본문을 인용하신다(마 9:13; 12:7).

2. 하나님은 이 계약 속에서 모든 것을 하나님이 아니라 그들이 유익과 복을 얻을 수 있도록 잘 안배해 놓으셨는데도, 그들은 이 계약을 거의 완전히 무시하였다는 것. 그들이 이 계약과 관련해서 어떻게 행하였는지를 보라.

(1) 전체적으로, 그들은 하나님과의 계약을 깨뜨렸고, 그들이 신실하지 못하다는 것을 스스로 증명하였다는 것. 하나님은 그들에게 선한 것들을 맡기셨다. 즉, 하나님은 제사와 번제라는 캐비닛(cabinet) 속에 인애와 경건, 하나님을 아는 지식이라는 보석들을 두셔서 그들에게 맡기셨지만, 그들은 하나님의 신뢰

를 저버리고, 그들의 천한 욕망을 채우기 위해서 그 보석들을 전당 잡혔다. 그리고 그것이 바로 하나님께서 그들과 다투시는 이유였다(7절). 그들은 사람처럼 하나님이 그들과 맺으신 계약을 어겼다. 그들은 그 계약의 조건들을 깨뜨렸기 때문에, 그 계약으로 인한 유익을 상실하였다. 그들은 인애와 하나님을 아는 지식을 내팽개쳐 버렸고, 그 밖에도 여러 가지로 불순종하였다.

[1] 그들은 서약과 계약을 깨뜨리는 죄를 범하였다는 것. 그들은 서로 간에 엄숙하게 맺어진 계약을 깨뜨린 사람들처럼 행동하였는데, 그런 행동은 온 세상 사람들로부터 야유를 들을 만한 것이었다. 세상 사람들은 그런 식으로 제멋대로 계약을 깨뜨린 자들을 사람으로 취급하지도 않고, 그런 자들과는 다시는 거래를 하지 않는다. "거기에서, 즉 그 일에서 그들은 나를 반역하고 나에 대하여 기만적으로 행하였다. 나는 그들이 거짓을 행하지 아니하는 자녀들이라고 믿었는데, 그들은 배신을 일삼고 비열하며 거짓되고 그 속에 신의라고는 찾아볼 수 없는 자녀들이었다."

[2] 이 점에서 그들은 사람처럼, 즉 일반적으로 거짓되고 변덕스러울 뿐만 아니라 기만적으로 행하는 부패한 본성을 지닌 사람처럼 행하였다는 것. 모든 사람은 거짓말하는 자들이고, 다 치우쳐 선을 행하는 자가 하나도 없다(시 14:2-3). 그들은 자연의 계약을 범한 이방인들 같은 사람들처럼, 그리고 비천한 사람들처럼 (여기에서 사용된 단어는 종종 신분이 낮은 사람들을 가리킬 때에 사용된다) 언약을 어겼다. 그들은 명예심이 전혀 없는 비열한 사람들처럼 기만적으로 행하였다.

[3] 이 점에서 그들은 우리의 첫 번째 조상의 전철을 밟았다는 것. 그들은 아담처럼 언약을 어겼다(본문은 얼마든지 이렇게 읽을 수도 있다). 아주 기만적이고 어리석게도, 아담이 순수의 계약을 어겼듯이, 그들은 은혜의 언약을 어겼다. 거기에서, 즉 에덴 동산에서 아담은 하나님과의 약속들을 어겼고, 또 다른 에덴 동산인 가나안에서는 그들이 하나님과의 약속을 어겼다. 그들은 아담처럼 그들의 기만적인 행위 때문에 그들 자신과 그들의 것을 망쳐 놓았다. 죄는 아담의 범죄와 같은 죄가 그 속에 더 많이 들어 있을수록 더 악한 죄라는 것을 명심하라(롬 5:14).

[4] 하나님과 그의 권세와 은총을 하찮게 여기는 생각이 이 모든 것의 밑바닥에 자리잡고 있었다는 것. 왜냐하면, 어떤 이들은 이 본문을 이렇게 읽기도

하기 때문이다: 그들은 그 계약을 사람과 맺은 계약처럼 어겼다. 즉, 그들은 그들이 하나님과 맺은 계약을 마치 그들과 대등한 어떤 사람과 맺은 계약 정도로 여겼고, 이 계약으로 말미암은 하나님의 명령들을 마치 그들과 같은 어떤 사람이 그들에게 한 명령 정도로 여겼으며, 그 계약에 의거한 하나님의 인애를 그들과 같은 부류의 어떤 사람의 인애 정도로 여겨서 별로 소중히 생각하지 않았다는 것이다. 사람들 간에 맺어진 사람의 계약 속에도 신성하고 구속력 있는 그 무엇이 존재하는데(갈 3:15), 하물며 하나님의 계약은 어떠하겠는가. 그런데도 그들은 하나님이 그들과 맺은 계약을 하찮게 여겼다. 거기에서, 즉 그 계약에서 그들은 기만적으로 행하였다. 즉, 그들은 말로만 번지르르하게 약속해 놓고서는 아무것도 이행하지 않았다. 하나님에 대하여 기만적으로 행하는 것은 여기에서 하나님을 반역하여 기만적으로 행한 것이라고 표현된다. 왜냐하면, 그런 행동은 하나님에 대한 모독이자 반역이기 때문이다. 하나님을 버리는 자들은 대역죄를 범한 자들이고, 또한 그렇게 취급될 것이다. 반기를 드는 마음은 곧 반역하는 마음이다.

(2) 그들의 사기성을 보여주는 몇몇 구체적인 예들. 거기에서, 즉 지금부터 열거되는 곳들에서 그들은 하나님을 반역하여 기만적으로 행하였다.

[1] 요단 저편을 보라. 그 땅은 이웃 나라들의 침략을 받을 위험이 가장 높은 곳이었기 때문에, 사람들이 그들 자신을 하나님의 보호하심 아래에 두고자 애를 쓸 만도 한 그런 곳이었지만, 그 어느 곳보다도 가장 대담하게 하나님의 위엄을 짓밟고 하나님의 진노를 불러일으키는 짓을 자행하는 곳이었다(8절). 갓과 므낫세 반지파의 영지에 속해 있던 길르앗은 악을 행하는 자들의 고을이었다. 악행을 저지르는 것은 거기에서 사람들이 일상적으로 행하는 일이었다. 그 고을은 길르앗이라는 이름이 있었지만, 사람들은 모두 그 곳을 그냥 고을이라고만 불렀다. 왜냐하면, 그 곳의 사람들은 모두 너나 할 것 없이 하나님을 반역하는 자들의 무리로서 하나의 공동체를 형성하고 있었기 때문이다. 또는, 대다수의 해석자들은 여기에서 말하는 성읍은 요단 저편에 있는 세 곳의 도피성 중의 하나로서 레위인의 성읍인 길르앗 라못이라고 생각한다. 이 성읍의 주민들은 신성한 지파에 속한 자들이었지만 악을 행하는 자들, 악을 꾸미고 실행하는 자들이었다. 레위인의 성읍이 악을 행하는 자들의 고을이 된 것, 선한 가르침을 베풀어야 마땅한 자들이 악한 삶을 살고 있는 것은 정말 불길한 일이라는 것을

명심하라. 특히, 본문에서는 그 성읍이 피로 더럽혀져 있다고 말하는데, 그것은 마치 악한 레위인들이 어떤 특별한 방식으로 범한 죄를 가리키는 것처럼 들린다. 가톨릭 국가들에서 사람들의 피를 가장 많이 흘리는 박해자들은 다름아닌 성직자들이다. 또는, 길르앗은 도피성으로서 살인자들을 재판하기 위하여 그 성읍이 갖고 있던 권력을 남용함으로써 피로 더럽혀지게 되었다. 그들은 고의적인 살인을 한 자들을 마땅히 사형에 처해야 했음에도 불구하고 뇌물을 받고서 그런 살인자들을 기꺼이 보호해 주었고, 실수로 사람을 죽인 자들이라도 가난해서 그들에게 줄 것이 아무것도 없는 경우에는 그런 자들을 피의 복수자에게 넘겨 버렸다. 이런 두 가지 형태의 죄악으로 말미암아 그들은 피로 더럽혀졌다. 사람의 피가 흘려졌는데도 조사가 이루어지지 않거나 그 피에 대한 복수가 이루어지지 않은 땅은 피에 의해서 더럽혀진 땅이라는 것을 명심하라. 공의와 자비 간의 균형을 맞추기 위해서 아주 잘 만들어진 최고의 제도들이 어떤 식으로 악용되고 왜곡되어서 공의와 자비를 둘 다 손상시키고 깨뜨릴 수 있는지를 보라.

[2] 거룩한 일들을 맡아서 복무하는 것을 업으로 삼은 자들을 보라. 그들은 가장 악한 자들만큼 악하였고, 가장 사악한 자들만큼 사악하였다(9절). 제사장들의 무리가 바로 그런 자들이었다. 제사장들 가운데서 어쩌다 한두 명이 그런 것이 아니라, 제사장들의 무리 전체가 어깨를 맞대고 모두 한마음이 되어서 악을 행하였다. 그들은 서로를 죄 가운데서 더 악하고 대담하며 포악하고 뻔뻔스러우며 더 교묘하고 잔인하게 만들었다. 제사장들의 무리는 혼자서는 감히 말하거나 행하기 힘든 일을 서로 공모하여 말하고 행하였다. 제사장들의 무리는 돈을 빼앗기 위해서 사람들의 목숨을 빼앗는 강도 떼 또는 노상강도단과 같았다.

첫째, 그들은 잔인하고 피에 목말라 있었다. 그들은 그들의 감정을 상하게 하거나 그들의 길을 방해하는 자들을 살인하였다. 그들은 살인을 해야 비로소 분이 풀리는 자들이었다.

둘째, 그들은 교활하였다. 그들은 남들을 해치는 악의적인 계략들을 실행에 옮길 좋은 기회를 얻기 위해서 몰래 숨어서 사람들을 기다렸다. 이렇게, 제사장들의 무리는 "명절에는 하지 말자"고 말하고는, 그리스도를 잡을 기회를 호시탐탐 노렸다.

셋째, 그들은 마치 한 사람처럼 움직였다. 그들은 길에서 살인하였다. 그들은 여행자들이 안전하다고 생각하는 대로에서 서로를 부추기고 도와서 한마음으로 살인하였다. 악인들이 사람들을 해치는 일을 할 때에 얼마나 마음이 서로 잘 맞는지를 보라. 선한 자들도 선을 행할 때에 그래야 하지 않겠는가? 그들은 예루살렘으로 예배를 드리러 가는 사람들이 통과해야 하는 세겜 길에서 살인한다(난외주의 읽기). 또는, 여기에서 "세겜 길에서"라는 표현은 그들의 조상 레위가 그의 형제인 시므온와 함께 속임수와 기만책을 써서 세겜 사람들을 살인한 것과 동일한 방식으로 그들이 살인하였다는 것을 의미하는 것일 수도 있다(창 34장). 어떤 이들은 이 구절을 그들이 사람들을 죄로 이끌어서 사람들의 영혼을 파괴한 것을 의미하는 것으로 이해하기도 한다.

넷째, 그들은 계획을 세우고 머리를 짜내서 살인하였다. 그들은 사악을 행하였다. 여기에서 사악이라는 단어는 가해할 의사를 가지고서 의도적으로 저지르는 악을 의미한다. 죄 속에 의도성과 계획성이 더 많이 들어 있을수록, 그 죄는 더욱 악한 죄가 된다.

[3] 이스라엘 집 전체를 보라. 그들은 모두 똑같았다(10절). 내가 이스라엘 집에서 가증한 일을 보았나니, 그들이 아무리 교묘하게 그 일을 하였을지라도, 하나님은 그것을 찾아내시고 그들에게 드러내실 것이다. 하나님이 보셨다고 직접 말씀하시는 것을 누가 부정할 수 있겠는가? 거기서 에브라임은 육체적으로 및 영적으로 음행하였다. 거기에서 벌어진 일은 너무나 분명해서 그 누구도 부인할 수 없다. 죄인들, 특히 이스라엘 집의 죄인들이 저지른 죄는 가증한 죄였기 때문에 그들을 두려워 떨게 만들기에 충분한 죄였고, 그 죄로 인하여 이스라엘이 더럽혀지고 하나님이 보시기에 역겨운 자들이 되었기 때문에 그들로 하여금 얼굴을 붉히게 만들기에 충분할 정도로 깜짝 놀랄 만하고 무서운 죄였다는 것을 명심하라.

[4] 유다를 보라. 그들도 이스라엘과 다를 바가 없었다(11절). 유다여 내가 네게도 추수할 일을 정하였느니라. 너도 에브라임과 마찬가지로 벌을 받아야 한다. 너의 멸망의 때도 무르익었고, 너를 멸하기로 정해진 때가 빠르게 다가오고 있다. 너는 악을 밭 갈고 독을 뿌렸기 때문에 그대로 거두게 될 것이다(욥 4:8). 전체적이고 일반적인 심판이 추수에 비유되는 것과 마찬가지로(마 13:39), 부분적이고 개별적인 심판들도 추수에 비유된다(욜 3:13; 계 14:15). 내가 너를 벌할 때를 정해 두었으니, 그 때는 내가 내 백성의 사로잡힘을 돌이킬 때, 즉 이스라엘

사람들에 의해서 잡혀간 유다의 포로들이 하나님께서 선지자 오뎃을 통해서 그들에게 전한 명령에 따라 풀려나서 돌아왔을 때가 될 것이다(대하 28:8-15). 하나님은 당시에는 그들을 살려 두셨지만, 그들을 추수할 날을 잡아 두셨다. 즉, 하나님은 장차 어느 날을 기해서 그들을 한꺼번에 벌하실 계획을 세워 두셨다. 현재의 심판들을 용케 피하였다고 하여도, 그들이 그 심판들을 잘 선용해서 교훈을 배우지 않는다면, 머지않아 더 큰 심판들이 그들에게 임할 것임을 명심하라.

제
— 7 —
장

개요

이 장에는 다음과 같은 내용들이 나온다. I. 하나님의 은총이 주어지는 것을 가로막았던 그들의 크고 작은 죄들로 인하여 하나님이 이스라엘을 전체적으로 고소하심(1-2절). II. 구체적인 고소들. 1. 나라의 지도자들에 대한 고소 — 왕과 방백들과 재판관들(3-7절). 2. 나라 전체에 대한 고소. 하나님은 여기에서 에브라임에 대하여 다음과 같은 것들로 고소하신다: 이방 나라들에 동화된 것(8절), 하나님의 심판들 아래에서도 뭐가 뭔지를 모르고 무감각하고 우둔한 것(9-11절), 하나님이 베풀어주신 긍휼들에 대하여 배은망덕한 것(13절), 하나님의 심판 아래에서도 행실을 고치지 않는 것(14절), 하나님을 멸시한 것(15절), 하나님께 돌아온 듯이 거짓으로 위장한 위선(16절). 또한, 하나님은 혹독한 징벌을 통해서 그들을 낮추시겠다고 경고하시고(12절), 그것이 통하지 않는 경우에는 이 나라를 완전히 멸망시키되(13절), 특히 그 지도자들을 멸하시겠다고 경고하신다(16절).

[1]내가 이스라엘을 치료하려 할 때에 에브라임의 죄와 사마리아의 악이 드러나도다 그들은 거짓을 행하며 안으로 들어가 도둑질하고 밖으로 떼 지어 노략질하며 [2]내가 모든 악을 기억하였음을 그들이 마음에 생각하지 아니하거니와 이제 그들의 행위가 그들을 에워싸고 내 얼굴 앞에 있도다 [3]그들이 그 악으로 왕을, 그 거짓말로 지도자들을 기쁘게 하도다 [4]그들은 다 간음하는 자라 과자 만드는 자에 의해 달궈진 화덕과 같도다 그가 반죽을 뭉침으로 발효되기까지만 불 일으키기를 그칠 뿐이니라 [5]우리 왕의 날에 지도자들은 술의 뜨거움으로 병이 나며 왕은 오만한 자들과 더불어 악수하는도다 [6]그들이 가까이 올 때에 그들의 마음은 간교하여 화덕 같으니 그들의 분노는 밤새도록 자고 아침에 피우는 불꽃 같도다 [7]그들이 다 화덕 같이 뜨거워져서 그 재판장들을 삼키며 그들의 왕들을 다 엎드러지게 하며 그들 중에는 내게 부르짖는 자가 하나도 없도다

어떤 이들은 앞 장의 마지막 구절을 가져와서 이 장의 시작으로 삼는

다: "내가 내 백성의 사로잡힘을 돌이킬 때에(또는, 돌이키고자 했을 때에), 즉 내가 다시 긍휼을 베풀기 위하여 그들에게 다가오고 있을 때에, 곧 내가 이스라엘을 치료하려 할 때에, 에브라임(나라 전체와 일반 백성들)의 죄와 사마리아(궁정과 도성)의 악이 드러났도다." 이 단락에서 우리는 다음과 같은 것들을 볼 수 있다.

I. 이스라엘의 현재 상황에 대한 전체적인 평가(1-2절). 그들이 지금 어떤 상태에 있는지를 보라.

1. 하나님이 은혜로 그들에게 복을 주시려고 계획하셨다는 것. 내가 이스라엘을 치료하려 하였다. 이스라엘은 병이 들고 상처를 입고 있었다. 그들의 병은 악성으로서 위태로워서 치명적일 수 있었다(사 1:6). 그러나 하나님은 그들을 치료하시기 위하여 의원이 되시겠다고 제안하셨고, 길르앗에는 하나님의 백성의 건강을 회복시키기에 충분한 연고가 있었다. 그들의 상태는 나빴지만 절망적인 것은 아니었다. 아니, 하나님이 이스라엘을 치료하려 나서셨기 때문에 그들의 상황은 희망적이었다.

(1) 하나님은 그들의 삶을 고치고자 하셨고, 그들에게서 죄들을 떼어내고자 하셨으며, 그의 율법과 선지자들을 통해서 그들 가운데에 있던 부패들을 깨끗이 척결하고자 하셨다.

(2) 하나님은 그들을 환난에서 건지셔서, 그들에게 평화와 번영을 회복시켜 주고자 하셨다. 몇 차례의 치료가 시도되었고, 그들의 쇠락한 상태는 종종 회복의 기미가 있는 듯이 보이기도 하였다. 그러나 그들의 어리석음으로 인해서 그들은 다시 원래의 상태로 되돌아가 버렸다. 죄악되고 비참한 영혼들이 치료나 도움을 받지 못하고, 그들의 죄와 참상 가운데서 죽는다면, 그들은 하나님을 탓할 수 없다는 것을 명심하라. 왜냐하면, 하나님은 그들을 치료하려 하셨고, 실제로 그들이 받아들이기만 했다면 얼마든지 그들을 치료하실 수 있으셨을 것이기 때문이다. 하나님은 그들을 멸망으로 이끄는 것들을 자기 손으로 직접 치워 주시겠다고 그들에게 제안하셨다. 하나님이 병에 걸린 교회와 나라를 치료해 주시겠다고 나서시는 특별한 때들이 종종 있는데, 그들의 상태가 아주 나쁘다고 할지라도, 주의 깊게 살펴서 고쳐 나가면, 그들이 건강을 회복하여 살아날 수 있는 희망이 존재할 때가 바로 그런 경우이다.

2. 그들은 그들 자신의 분별 없는 행동으로 자신의 복을 차 버렸고, 그들의 문에 빗장을 걸어 버렸다는 것. 하나님이 그들을 치료하려 하셨을 때, 즉 그들이

얼마든지 삶을 고치고 평화를 되찾을 가능성이 있었을 때, 그들의 **죄와 악**이 드러났고, 그것 때문에 하나님의 은혜의 물줄기가 막히고, 모든 것이 다시 무효화되어 원래의 상태로 되돌아가 버리고 말았다.

(1) 하나님이 치료를 위해서 그들의 상태를 살피러 오셨을 그 때에, 그동안 은폐되어 위장되어 있었던 그들의 악이 드러났다는 것. 사람들의 악은 결코 하나님에게서 감춰질 수 없지만, 여기에서는 하나님이 사람들의 예를 따라 말씀하고 계시는 것이다. 외과 의사가 병을 치료하기 위해서 상처를 꼼꼼히 살피다가 그 병이 내장 기관들까지 침투하여 불치병이 된 것을 발견했을 때에는 그 병을 치료하고자 하는 시도를 더 이상 하지 않는 것과 마찬가지로, 하나님은 선한 의도를 가지고 이스라엘의 상태를 살펴보시려고 내려 오셨을 때에(창 18:21) 그들의 악이 너무나 극심하고 그들이 죄악 가운데서 너무나 굳어져 있어서 뻔뻔스러우며 회개할 마음이 전혀 없는 것을 발견하시고서는, 그가 그들에게 계획하셨던 은혜를 도저히 그들에게 베풀 수가 없으셨다. 죄인들이 치료를 받지 못하는 것은 순전히 그들이 치료받고자 하지 않기 때문임을 명심하라. 그리스도께서는 그들을 **모으고자** 하셨지만, 그들은 그것을 원하지 않았다.

(2) 하나님이 그들의 삶을 고치고 바로잡기 위하여 몇몇 시도들을 하시던 중에 그 때에 그들이 그동안 꾹꾹 참고서 억눌러 두고 있었던 악이 **표출되었다**는 것. 하나님이 그들을 치료하시기 위해서 몇 가지 조치들을 취하시기 시작하자, 그들은 점점 더 참지 못하게 되어 결국에는 그들의 악한 본성을 드러내고 말았다. 마치 물줄기를 막으면 물이 점점 불어나듯이, 하나님이 그들의 삶을 고치고자 몇 가지 조치들을 취하셨을 때, 그들 속에 있던 악한 본성은 점점 더 격렬해지고 사나워지며 급속하게 팽창하게 되었다. 그들이 형통하여 번영하기 시작하자, 그들은 점점 교만하고 제멋대로 행하며 안일해져서, 그들을 치료하기 위한 과정은 중단되고 말았다. 선한 것들이 우리에게 다가오고 있을 때에 그 선한 것들을 멀리하는 것은 죄라는 것을 명심하라. 하나님이 복을 주시고자 하실 때에 어리석게도 스스로 그 복을 차 버려서 멸망하는 자들이 많다. 그들에게 이러한 재난을 가져다 준 것은 무엇이었는가? 한 마디로 말해서, 그들은 거짓을 행하였다. 그들은 우상들을 섬겼고, 서로를 속였다. 무엇보다도, 그들은 그들이 진정으로 회개하고 하나님께 돌아온 것처럼 위장하여 하나님을 속였다. 그들은 하나님으로부터 고침받기를 원하고, 그러기 위해서 기꺼이 하나님

의 통치를 받고자 한다고 말하였다. 그러나 그들은 그들의 입으로는 그에게 거짓을 말하고 그들의 혀로는 그에게 아첨하였다.

3. 하나님이 모든 것을 아시고 통치하신다는 것을 실질적으로 믿지 않는 불신앙이 그들의 모든 악의 밑바닥에 있었다는 것(2절). "내가 그들의 모든 악을 기억하고 있다는 것을 그들이 마음에 생각하지 아니한다." 그들은 마치 어디에나 하나님의 눈이 있는데도 하나님이 보실 수 없으시고, 그의 이름이 질투하시는 하나님이신데도 하나님이 그들을 주의하여 보지 않으시며, 하나님이 그 어떤 것도 잊으실 수 없는 분인데도 그들의 모든 악을 잊어버리셨고, 하나님이 천지의 주재이신데도 그들의 악을 벌하지 않으실 것이라고 생각하는 자들처럼 행동하였다. 이것이 죄인들의 무신론이다. 하나님은 아무것도 모르시고 무엇이든 다 잊어버리신다고 말하는 것은 하나님이 계시지 않는다고 말하는 것이나 같고, 하나님이 장차 심판하셔야 할 것들을 아무것도 기억하지 못하신다고 말하는 것은 이 세상에는 심판하시는 하나님이 계시지 않는다고 말하는 것이나 같다. 그런 식으로 생각하고 말하는 것은 하나님을 크게 모독하는 것이고, 그들 자신을 끔찍하게 속이는 것이다. 그들은 여호와가 보지 못할 것이라고 말하였다(시 94:7). 그들은 하나님이 그들이 하는 모든 일들을 다 기억하신다는 것을 귀가 따갑도록 들었기 때문에, 그 진리를 모를 수가 없었다. 아니, 당신이 그들에게 묻는다면, 그들은 그 진리를 시인할 수밖에 없겠지만, 그런데도 그들이 행동할 때에 그 진리를 깊이 생각하거나 고려하지 않았다. 그들은 그 진리를 마땅히 생각하여야 함에도 불구하고 생각하지 않았고, 그들 자신과 그들이 하는 일들에 그 진리를 적용해야 마땅한데도 그렇게 하고자 하지 않았다. 그러나 이렇게 스스로를 속이는 자들이 그 환상에서 깨어날 때가 장차 올 것이다. "이제 그들의 행위가 그들을 에워쌌다. 즉, 그들이 저지른 죄들이 그들을 사방에서 에워싸고 있을 정도로, 그들의 악이 마침내 극에 달했다. 그들의 모든 이웃들은 그들이 얼마나 악한지를 다 보고 아는데, 하나님이 그것을 보지 못하실 것이라고 생각하는 것이 과연 가능한 일인가?" 또는, "그들의 행위에 대한 벌이 그들을 에워싸고 있다. 그들은 환난들로 둘러싸여서 빠져나갈 수 없다. 이것은 그들이 저지른 죄들이 내 얼굴 앞에 있다는 것, 나는 그들의 죄를 보았을 뿐만 아니라 그 죄들에 대하여 진노하고 있다는 것을 증명해 준다." 왜냐하면, 하나님이 우리의 죄들을 용서하시고 그 죄들을 등 뒤로 던져버리실 때까지는 우리의 죄들은 하

나님의 얼굴 앞에 있기 때문이다. 하나님은 그가 그들의 모든 행위를 기억하고 계시다는 것을 지금 별로 심각하게 생각하지 않는 자들에게 조만간 그 사실을 깨우쳐 주실 것임을 명심하라.

4. 하나님이 이후의 본격적인 심판의 맛보기로서 그의 작은 심판들을 통해서 그들과 다투시기 시작하셨다는 것. 안으로는 도둑이 들고, 밖으로는 강도 떼가 노략질한다. 어떤 이들은 이 구절을 그들의 악행을 보여주는 한 예로 이해하여, 그들이 서로 도둑질하고 노략질하였다는 의미로 해석하기도 한다. 주인이나 손님이 서로를 두려워한다. 하지만, 이것은 그들의 죄에 대한 벌인 것으로 보인다. 그들 가운데서는 집이나 가게에서 물건들을 훔쳐가거나 호주머니를 터는 은밀한 도둑들이 만연하였고, 밖으로는 무력으로 노략질하는 강도 떼들이나 외적들이 창궐하였다. 이스라엘은 치료받기를 거절하였기 때문에, 강도들과 약탈자들에 의해서 나날이 새로운 상처들이 더해졌다. 이 모든 것은 죄의 결과로서 하나님의 것을 탈취한 그들에 대한 벌이었다(사 42:24; 말 3:8, 11).

Ⅱ. 왕과 방백들 및 그 주변 사람들 같은 나라의 지도자들의 죄악들, 그리고 그들이 하나님의 진노하심 아래에 있음을 보여주는 징표들에 관한 구체적인 설명.

1. 왕과 방백들은 신민들이 악하고 불경한 것을 기뻐하였고, 이로 인해 백성들은 대담해져서 더욱 악해졌다는 것(3절). 그들이 그들의 악으로 왕과 지도자들을 기쁘게 하도다. 왕과 방백들은 백성들이 그들을 따라 우상 숭배에 동참하고, 그들이 세운 악한 법과 모범들, 그 밖의 다른 불경스럽고 음란한 관행들을 잘 따라주는 것을 보고 기뻐하였고, 백성들이 그들의 악한 길들에 박수갈채를 보내며 아첨하는 말을 하는 것을 듣기를 기뻐하였다. 헤롯은 백성들이 그의 악행을 기뻐하는 것을 보고서 더욱더 악행에 박차를 가했는데(행 12:3), 하물며 백성들은 그들의 악행이 나라의 지도자들을 기쁘게 하는 것을 보았을 때에 얼마나 더 대담하게 악을 행하였겠는가. 백성들은 그들의 거짓말로 나라의 지도자들을 기쁘게 하였다. 즉, 백성들은 지도자의 총애하는 자들에 대해서는 거짓으로 칭송을 하고, 지도자들에게 미움을 받는 자들에 대해서는 거짓으로 중상모략과 비방을 함으로써, 지도자들의 환심을 사고자 하였다. 남을 비방하거나 헐뜯는 자들을 기뻐하는 자들 곁에는 그들의 귀를 그러한 이야기들로 채워 주는 자들이 끊이지 않을 것이다(관원이 거짓말을 들으면 그의 하인들은 다 악하게 되

어서 거짓말을 하여 그를 기쁘게 할 것이다, 잠 29:12).

2. 궁정에서는 자주 주연(酒筵)이 열려 고관대작들이 술에 취하여 흥청대었다는 것(5절). 우리 왕의 날은 그들에게 즐거운 날로서 아마도 해마다 기념하였던 왕의 생일이나 대관식 날이었거나, 왕이 직접 정한 국경일로서 왕의 날로 불리었던 날이었던 것 같다. 그 날에 왕은 고관들을 위하여 주연을 베풀었고, 고관들은 왕의 만수무강을 위해서 축배를 들며 함께 즐거워하다가 만취하였고, 왕으로 하여금 술의 뜨거움으로 병이 나게 만들었다. 왕은 보통 술을 과하게 마시지는 않았던 것으로 보이지만, 특별한 날에는 고관들의 술책과 술의 여신의 꾀임, 흥겨운 좌중과 신하들이 권하는 축배에 넘어가서 술에 취하였다. 그리고 평소에 술을 잘 마시지 않았던 왕은 이 때문에 병이 났다. 본문에서는 이런 식으로 신하들이 왕에게 술을 강요해서 병이 나게 한 것을 대역죄에 해당하는 범죄로 보고 고소한다. 그 날이 그들의 왕의 날이었다는 것은 변명이 되지 않고, 도리어 그 죄를 가중시키는 요인이 되는 것이었다. 왜냐하면, 그들은 왕의 날을 맞아서 왕을 높이는 체하면서, 실제로는 왕을 가장 지독하게 욕보이는 짓을 한 것이기 때문이다. 평범한 사람을 억지로 술에 취하게 만드는 것도 크게 욕보이고 해치는 일인데(합 2:15), 하물며 왕에게 그렇게 하는 것은 얼마나 큰 죄가 되겠는가. 왜냐하면, 어떤 사람의 위엄이 클수록, 그 사람을 술에 취하게 만드는 것은 그에게 더 큰 욕이 되기 때문이다. 르무엘아 포도주를 마시는 것이 왕들에게 마땅하지 아니하도다(잠 31:4-5). 술 취하는 죄가 사람에게, 그리고 왕에게 어떤 해악을 끼치는지를 보라.

(1) 건강에 해롭다는 것. 술 취한 것이 그를 병이 나게 하였다. 술에 취하는 것은 자연에 대한 폭력이다. 보통 때에는 충분히 이치를 아는 사람들이 도대체 어떤 마법의 주문에 걸려서, 하나님께 범죄가 되고 그들의 영적이고 영원한 복에도 손상을 끼칠 뿐만 아니라, 현세에서도 그들의 몸을 망가뜨리는 것, 즉 술 취하는 것에 이끌릴 수 있는 것인지 알다가도 모를 일이다.

(2) 명예에 해롭다는 것. 왜냐하면, 이렇게 술에 취하였을 때에 왕은 자신의 손을 내밀어서 오만한 자들과 더불어 악수를 하기 때문이다. 한 나라를 다스리는 소임을 맡은 왕이 술에 취하면 자기 자신을 다스릴 수 없게 되어, 다음과 같은 일이 벌어지게 된다.

[1] 그는 왕의 위엄을 까맣게 망각하고서, 한량들이나 난봉꾼들과 어울리게

되고, 이것은 왕에게 추문이 된다.

[2] 그는 왕의 본분을 까맣게 망각하고서, 무신론자들이나 신앙을 비웃는 불경스러운 자들과 어울리게 되고, 이것은 그들을 침묵하게 하고 부끄럽게 만들어야 하는 왕의 본분을 망각하고, 불경(不敬)의 극치를 보여주는 자들이라고 할 수 있는 오만한 자들의 자리에 앉는 것이다. 이렇게 해서, 그는 그들과 죽이 맞아서 그들이 말하는 대로 말하고, 그들이 행하는 대로 행하며, 그들이 좋아하는 쪽으로 자신의 권력을 행사하고, 자신의 통치의 손길을 뻗친다. 선한 자들과 그들의 선함은 종종 독주에 취한 무리의 노래가 된다(시 69:12; 35:16). 네 왕이 어려서 그를 유치하게 만드는 자들에게 그의 손을 뻗어 악수한다면, 그 나라여 네게 화가 있도다(전 10:16).

3. 간음과 음행이 고관들 사이에서 만연되어 있었다는 것. 음행을 고소하는 말씀이 4, 6-7절에 나오고, 그 중간에 술 취함을 고소하는 말씀이 나온다. 왜냐하면, 술은 정욕이라는 불을 활활 타오르게 만드는 기름이기 때문이다(잠 23:33). 육체의 정욕에 불타올라서 간음하는 자들은 여기에서 반복적으로 과자 만드는 자에 의해서 달궈진 화덕에 비유된다(4절). 그들의 마음은 화덕 같다(6절). 그들이 다 화덕 같이 뜨거워진다(7절).

(1) 부정(不淨)한 마음은 달궈진 화덕과 같다는 것. 마음의 부정한 욕망들과 감정들은 마음을 뜨겁게 만드는 연료와 같다. 그것은 내면의 불이기 때문에 열기를 자체 속에 머금고 있다. 따라서, 간음하는 자들과 음행하는 자들은 음욕이 불일듯한다(롬 1:27). 화덕의 열기는 아주 강한 열기이고, 여기에서 특히 그렇게 묘사되고 있다. 화덕을 달구는 자는 가루를 반죽하여 발효시켜서 떡을 구울 준비가 다 될 때까지는 한 번 지핀 불을 일으키기를 그치지 않는다. 이 모든 것은 단지 그들이 가장 뜨거워져 있을 때의 화덕과 같다는 것을 나타낼 뿐이다. 아니, 이것은 과자 만드는 자가 원했던 것보다 화덕이 더 뜨거워져서, 화력을 줄이기 위해, 반죽이 발효가 될 동안에 불을 더 일으키기를 그친다는 의미일 수도 있다(포코크 박사의 설명). 부정한 마음의 정욕은 이렇게 맹렬하게 뜨겁다.

(2) 부정한 자들은 그들의 악한 욕망들을 이룰 기회를 노린다는 것. 그들의 마음을 화덕 같이 달구어 놓음으로써 준비를 마친 그들은 먹잇감을 덮치기 위해서 매복하여 기다린다. 간음하는 자의 눈은 저물기를 바란다(욥 24:15). 과자 만드는 자가 밤새도록 자지만, 아침에 화덕은 세찬 불로 타오른다(6절). 과자 만드는

자가 화덕에 불을 붙이고 거기에 충분한 연료를 넣어 놓은 후에 침상으로 가서 밤새도록 자고, 아침에 일어나서 화덕이 잘 달구어져서 빵이나 과자를 구울 준비가 다 된 것을 보듯이, 이 악인들은 어떤 악한 일을 구상하여, 탐욕스러운 야망이나 복수, 또는 더러운 욕망을 채울 계획을 세운 후에는, 그들의 마음속에는 그 일을 어떻게 실행할 것인가에 대한 생각만 가득 차 있기 때문에, 그 마음을 잠시 억누르고 있다고 할지라도, 부패한 감정의 불길은 여전히 안에서 활활 타오르고 있어서, 그들의 악한 욕망은 기회가 온 순간에 거세게 타오르는 불길처럼 외적인 행동으로 분출된다. 이렇게 그들은 다 화덕 같이 뜨거워져 있다. 마음속의 정욕은 화덕을 달구는 불과 같아서, 마음을 뜨겁게 달군다는 것을 명심하라. 그러나 이렇게 자신의 악한 정욕들로 그들 자신을 뜨거운 화덕 같이 달구는 자들은 스스로 그 불을 하나님의 은혜로 끄지 않는다면, 그들 자신이 하나님의 진노로 말미암아 불 붙은 화덕 같이 될 날이 장차 오리라는 것을 알아야 한다(시 21:9). 만군의 여호와가 이르노라 보라 용광로 불 같은 날이 이르리라 (말 4:1).

4. 그들이 그들의 삶을 고치고 바로잡을 적절한 방법들을 거부한다는 것. 그들이 그 재판장들, 즉 그들 가운데 몇 안 되는 선한 재판장들, 그들을 달군 불들을 꺼줄 재판장들을 삼켰다. 그들은 그런 재판장들에게 대들고 덤벼들어서 공의를 행하지 못하게 막았고, 돌로 쳐서 죽이고자 하였으며, 아마도 실제로 그렇게 했을 것이다. 또는, 그들은 하나님을 진노하시게 하여, 그들에게서 선한 위정자의 통치를 받는 축복을 박탈하시게 하고, 모든 것을 혼란에 빠지게 하시도록 만들었다. 그들은 그들의 왕들과 왕족들을 차례로 다 엎드러지게 하여서, 나라가 혼란에 빠져 내분이 격화되고, 서로 당파를 지어 많은 피를 흘리게 만들었다. 그들 가운데는 시기와 앙심(heartburnings)이 난무하였다. 그들은 서로에 대한 분노와 앙심으로 화덕 같이 뜨거워져서, 그들의 재판장들을 삼키며 그들의 왕들을 엎드러지게 하였다. 나라는 죄가 있으면 주관자가 많아진다(잠 28:2). 그러나 이 모든 환난과 혼란 가운데서 하나님께 부르짖는 자, 즉 이러한 심판들 속에서 그들을 치시는 하나님의 손길을 보고서, 그 심판을 멈추어 주시라고 부르짖으며 하나님을 붙잡기 위해서 애쓰는 자는 아무도 없었다(사 64:7). 환난과 곤경 속에 있으면서도 기도 없이 계속해서 살아가는 자들은 죄로 뜨거워져 있을 뿐만 아니라 죄 가운데서 굳어져 있는 자들이라는 것을 명심하라.

⁸에브라임이 여러 민족 가운데에 혼합되니 그는 곧 뒤집지 않은 전병이로다 ⁹이방인들이 그의 힘을 삼켰으나 알지 못하고 백발이 무성할지라도 알지 못하는도다 ¹⁰이스라엘의 교만은 그 얼굴에 드러났나니 그들이 이 모든 일을 당하여도 그들의 하나님 여호와께로 돌아오지 아니하며 구하지 아니하도다 ¹¹에브라임은 어리석은 비둘기 같이 지혜가 없어서 애굽을 향하여 부르짖으며 앗수르로 가는도다 ¹²그들이 갈 때에 내가 나의 그물을 그 위에 쳐서 공중의 새처럼 떨어뜨리고 전에 그 회중에 들려 준 대로 그들을 징계하리라 ¹³화 있을진저 그들이 나를 떠나 그릇 갔음이니라 패망할진저 그들이 내게 범죄하였음이니라 내가 그들을 건져 주려 하나 그들이 나를 거슬러 거짓을 말하고 ¹⁴성심으로 나를 부르지 아니하였으며 오직 침상에서 슬피 부르짖으며 곡식과 새 포도주로 말미암아 모이며 나를 거역하는도다 ¹⁵내가 그들 팔을 연습시켜 힘 있게 하였으나 그들은 내게 대하여 악을 꾀하는도다 ¹⁶그들은 돌아오나 높으신 자에게로 돌아오지 아니하니 속이는 활과 같으며 그들의 지도자들은 그 혀의 거친 말로 말미암아 칼에 엎드러지리니 이것이 애굽 땅에서 조롱거리가 되리라

나라의 지도자들이 얼마나 사악하고 부패했는지를 본 우리는 이제 일반 백성들의 상황은 어떠한지가 궁금해지지만, 역시 그들의 상황도 나라의 지도자들보다 결코 더 낫지 않다는 것을 발견하게 된다. 머리가 심하게 병들었는데 몸 전체가 멀쩡하다면, 그것이 오히려 이상한 일일 것이다. 이 나라의 몸 전체도 그 머리와 마찬가지로 성한 곳이 없었다. 사마리아의 죄와 마찬가지로 에브라임의 죄도 드러났고, 나라의 지도자들만이 아니라 백성들도 썩어 있었는데, 여기에는 그것을 보여주는 여러 가지 예들이 나온다.

I. 그들이 온전히 오직 하나님만의 백성이었어야 마땅한데도 그러지 못하였다는 것(8절).

1. 하나님이 그들을 구별하셨는데도, 그들은 스스로를 이방 나라들과 구별하지 않았다는 것. 에브라임이 여러 민족 가운데에 혼합되어서, 그들과 어울리며 그들에게 동화되었고, 그들과 무엇이 다른지 구별이 되지 않을 정도로 그들 가운데서 자신의 정체성을 잃어버렸다. 하나님은 이 백성은 홀로 살 것이라(민 23:9)고 말씀하셨지만, 그들은 이방 나라들과 섞여서 그들의 행위를 배웠다(시 106:35). 그들은 이방 나라들 사이를 분주하게 왕래하면서, 어느 한 나라가 그

들을 치면 다른 나라에게로 가서 도움을 구걸하였다(어떤 이들은 이렇게 해석
한다). 하지만, 만약 그들이 하나님께 꼭 붙어 있었다면, 그들은 그 어떤 이방
나라의 도움도 필요로 하지 않았을 것이다.

2. 그들은 하나님께 온전히 헌신되지 않았다는 것. 에브라임은 뒤집지 않은 전
병이다. 즉, 그들은 한 쪽은 완전히 타버리고 다른 한 쪽은 익지 않은 가루 반죽
그대로여서 어느 쪽도 아무짝에도 쓸모가 없는 전병과 같은 존재였다. 아합의
때와 마찬가지로 지금도 그들은 하나님과 바알 사이에서 머뭇머뭇하였다(왕상
18:21). 그들은 하나님을 향한 열심이 있는 것 같이 보이는 때도 있었고, 바알
을 향해 뜨거운 것 같이 보이는 때도 있었다. 신앙을 고백했다고 하는 자들 가
운데에 뒤집지 않은 전병처럼 서로 상반되고 모순되는 것들이 뒤죽박죽으로 뒤
섞여 있어서 늘 자기모순을 드러내 보이고 한 쪽 극단으로 치닫다가도 어느 사
이에 또 다른 극단으로 치닫는 자들이 많다는 것은 서글픈 일이다.

**II. 그들이 하나님의 심판 아래 놓여 있어서 멸망하기 직전의 상황에 있는데
도 이상하게도 그런 사실을 알지 못하고 둔감해 있었다는 것(9절).**

1. 그들이 처한 상황. 하나님은 이제 그들에게 좀과 썩이는 것이 되어서 그들
을 심판하고 계시는 것이 아니었다. 그들은 부분적으로는 외적들의 침입에 의
해서 조용히 그리고 서서히 멸망을 향하여 나아가고 있었다. 이방인들이 그의
힘을 삼켰고, 그를 먹어 버렸다. 이방인들은 이 나라의 부와 국고를 소진시켰고,
백성들의 수를 줄였으며, 땅의 열매들을 먹어 치워 버렸다. 어떤 이방인들은
전쟁에 의해서 그들을 삼켰고(아람 왕이 그들을 타작 마당의 티끌 같이 되게 한
것과 같이, 왕하 13:7), 어떤 이방인들은 평화 조약이나 우호 조약을 맺어서 그
들을 보호해 주는 대가라는 명목으로 그들로부터 막대한 부를 뜯어갔는데, 그
들은 그 이방인들로부터 도움을 받기는커녕 도리어 나중에 값비싼 대가를 치
를 빌미가 된 이런 조약을 맺기 위해서 막대한 재물을 바쳐야 했다(왕하 16:9).
에브라임이 이방 나라들과 뒤섞인 대가는 그런 것이었다. 이방인들은 에브라
임이 의지하고 자신의 힘으로 삼았던 것을 삼켜 버렸다. 하나님을 자신의 힘으
로 삼지 않는 자들(시 52:7)은 이내 이방인들에 의해서 삼켜져 버릴 그런 것을
자신의 힘으로 삼게 된다는 것을 명심하라. 그들은 부분적으로는 이렇게 스스
로 처신을 잘못함으로써 그 힘이 쇠약해졌다. 흰 머리카락들이 에브라임 위에
여기저기 드문드문 났다. 즉, 환난을 겪고 시달림을 당한 결과들이자 국력이 쇠

하여져서 없어져 가고 있음을 보여주는 서글픈 징후들이 여기저기에서 나타났다. 사람이 근심하면 머리카락이 희어진다. 살구나무가 아직 꽃이 피지 않지만 색이 변하기 시작하면, 그것은 곤고한 날들, 즉 아무 낙이 없다고 할 해들이 다가오고 있다는 것을 큰 소리로 알려주는 것이다(전 12:1, 5).

2. 그들이 이러한 경고들을 아랑곳하지 않았다는 것. 에브라임이 그것을 알지 못한다. 그는 하나님이 그를 치시기 위하여 손을 뻗치셨다는 것을 알지 못한다. 하나님의 손이 높이 들려져 있는데도, 그는 그것을 보지 않는다(사 26:11). 그는 그의 멸망이 얼마나 가까이 와 있는지를 알지 못하고, 그 멸망을 미연에 막고자 하는 관심도 없다. 작은 심판들 아래에서 둔감하다는 것은 더 큰 심판들이 올 것임을 보여주는 전조(前兆)라는 것을 명심하라.

Ⅲ. 그들이 계속해서 그들의 악한 길을 고집하였고, 하나님의 책망을 듣고도 고치고자 하지 않았다는 것(10절).　앞에서와 마찬가지로(5:5), 이스라엘의 교만은 여전히 그 얼굴에 드러나 있다. 그들을 낮추시고자 하시는 하나님의 섭리들 아래에서도 그들의 마음은 여전히 낮아지지 않았고, 그들의 욕망은 죽지 않았다. 그들은 교만한 얼굴을 한 채로 하나님을 구하지 않았다(시 10:4). 그들은 이 모든 일을 당하여도 회개하고 삶을 고침으로써 그들의 하나님 여호와께로 돌아오지 아니하며, 믿음과 기도로 하나님을 구하지도 아니하였다. 그들은 하나님을 떠나 어그러진 길로 가다가 고생을 많이 했고, 그들이 하나님께로 돌아올 때까지는 그들이 결코 잘 될 수 없으며, 다른 자들에게서 도움을 구해 보아야 아무 소용이 없는데도, 하나님 앞에 나아올 생각을 하지 않았다.

Ⅳ. 그들이 그들의 생각에 빠져서, 그들이 곤경에 처하였을 때에 아주 잘못된 방법들을 취하였다는 것(11-12절).　에브라임은 생각도 없고 지혜도 없는 어리석은 비둘기 같다. 독이 없는 비둘기 같이 해롭지 않아서 다른 사람들을 해치거나 상하게 하지 않는 것은 좋은 일이다. 그러나 생각이나 지혜가 없는 비둘기 같이 얼이 빠져 있어서 어떻게 자신을 보호해야 하는지, 또는 자신의 안전을 어떻게 지켜야 하는지를 알지 못하는 것은 부끄러운 일이다.

1. 비둘기의 어리석음.

(1) 비둘기는 누가 그의 새끼를 가져가 버려서 자기 새끼를 잃어도 울지도 않고, 같은 장소에 다시 둥지를 튼다는 것. 마찬가지로, 에브라임의 백성들 중 일부는 외적에게 잡혀갔지만, 그들은 그런 일에 아랑곳하지 않고, 그들을 야만

적으로 다루는 자들과의 거래를 계속하였다.

(2) 비둘기는 다른 많은 새들과는 달리(잠 1:17) 새 잡는 그물 속에 넣어둔 미끼에 쉽게 걸려들고, 자신의 위험을 알아차리는 지혜나 총명이 없다는 것. 비둘기는 빨리 그물로 들어가되 그의 생명을 잃어버릴 줄을 알지 못한다(잠 7:23). 마찬가지로, 그들은 그들의 멸망의 빌미가 된 이웃 나라들과의 동맹을 별 생각 없이 아무렇지도 않게 맺었다.

(3) 비둘기는 겁을 집어먹으면 주인의 세심한 보호 아래에서 안전하게 지낼 수 있는 비둘기집에 진득하게 머물지를 못하고, 피신처를 찾아서 이곳저곳을 퍼덕거리며 날아다니는 통에 훨씬 더 많은 위험에 노출된다는 것. 마찬가지로, 이 백성도 곤경에 처하면 하나님을 찾지도 않고, 그들을 공격하는 온갖 맹조류들로부터 안전하게 피해 있을 수 있는 그들의 보금자리로 비둘기처럼 날아오지도 않으며, 도리어 하나님의 보금자리를 박차고 나가서, 애굽을 향하여 도와 달라고 부르짖다가 거절당하면, 다시 앗수르로 황급히 가서 도움을 요청하였다. 이렇게, 그들은 회개하고 기도하면 바로 가까이에서 그들의 하나님으로부터 얼마든지 도움을 얻을 수 있는데도, 아무 소득도 없이 공연히 이 나라 저 나라를 다니며 도움을 구걸하였다. 하늘에 계신 하나님을 섬기는 자들이 오직 하나님에게만 있는 구원하심과 도우심을 피조물들에게 구걸하며 다니는 것은 어리석고 지각 없는 짓임을 명심하라. 그렇게 하는 자들은 지각이 없는 백성이요 생각이나 지혜가 없는 백성이다.

2. 이 어리석은 비둘기가 어떻게 되는지를 보라(12절). 그들이 애굽이나 앗수르로 갈 때에 내가 나의 그물을 그들 위에 치리라. 하나님의 은혜 안에 머물고자 하지 않는 자들은 하나님의 공의의 추격을 받을 각오를 하여야 한다는 것을 명심하라.

(1) 그들이 덫에 걸리게 되리라는 것. "내가 나의 그물을 그들 위에 쳐서, 그들을 곤경에 빠뜨림으로써, 그들로 하여금 그들의 어리석음을 깨닫고서 돌아올 생각을 하도록 만들 것이다." 하나님을 떠난 자들은 그들이 피난처라고 생각했던 곳에서 덫에 걸리게 되는 일은 비일비재하다는 것을 명심하라.

(2) 그들이 낮아지리라는 것. 그들은 믿음직한 이방 나라들이 그들의 동맹국들이라고 자랑하며, 그 마음이 한껏 높이 치솟아올라서 의기양양해하였다. 그러나 그들이 공중의 새처럼 아무리 높이 날아올라도, 내가 그들을 떨어뜨릴 것

이다. 하나님은 독수리처럼 높이 올라서 스스로 높아진 자들을 떨어뜨리며 끌어 내릴 수 있으시고, 또 그렇게 하실 것이다(욥 1:3-4).

(3) 그들은 그들의 어리석음으로 인하여 벌을 받게 되리라는 것. 내가 그들을 징계하리라. 우리가 피조물들을 의지했다가 겪게 되는 실망들은 다음 번에는 더 지혜롭게 행하는 법을 배우기 위해서 꼭 필요한 징계이고 훈련이라는 것을 명심하라.

(4) 이 모든 일을 통해서 성경 말씀이 성취되리라는 것. 이 일은 내가 그들의 회중에게 들려 준 그대로 될 것이다. 그들은 성회와 예배들 속에서 "사람의 도움은 헛되고(시 60:11), 인생에게는 도울 힘이 없다(시 146:3)"는 하나님의 말씀이 봉독되고 설교되며 노래로 불려지는 것을 무수히 들어 왔다. 그들은 율법과 선지자들로부터 그들이 악을 저지르면 하나님의 어떤 심판들이 그들에게 임할 것인지를 무수히 들어 왔다. 이제 그들은 그들이 들은 대로 일이 되어지는 것을 보고 느끼게 될 것이다. 우리는 회중 속에서 때를 따라 듣는 하나님의 말씀을 경청하고 그 말씀의 지배를 받아 사는 데에 관심을 가져야 한다는 것을 명심하라. 왜냐하면, 우리는 머지않아 그 말씀대로 심판을 받을 것이기 때문이다. 하나님이 죄인들을 정죄하시는 것이 의로우시고, 그 죄인들의 죄가 더욱 가중되는 것은 그들이 이미 이 모든 일에 대한 경고를 많은 사람들 가운데서 분명하게 들었기 때문이다. 하나님이 그들에게 하시는 일들은 하나님이 전에 그들의 회중에게 수없이 들려 주셨지만 그들이 받아들이고자 하지 않았던 경고의 말씀을 통해서 미리 알리신 일들이다. "얘야, 너는 네가 그 일이 어떻게 될 것인지를 이미 들었다는 사실을 기억하라. 이제 너는 그 말들이 헛된 말들이 아니었다는 것을 보고 있는 것이다." 스가랴 1:6을 보라.

V. 하나님이 여러 가지 방법들을 사용하셔서 그들을 그에게 붙잡아 두고자 하셨지만, 그들이 하나님께 반기를 들고 반역하였다는 것(13-15절). 좀 더 자세하게 살펴보자.

1. 하나님은 그들을 지극히 인자하고 자애롭게 대하셨다는 것. 하나님은 자비로운 왕이 그에게 소중한 백성을 대하듯 그들을 대하셨고, 어떻게 하면 그들을 형통하게 할 수 있을지를 고심하셨다. 하나님은 그들을 구속하셔서 건져 주셨고(13절), 먼저 그들을 애굽 땅에서 이끌어 내셨을 뿐만 아니라, 그 이후로 그들을 수많은 곤경에서 건져 주셨다. 하나님은 그들의 팔을 연습시켜 힘 있게

해주셨다(15절). 팔이 부러지거나 골절되어서 그들의 힘이 약화되면, 마치 외과 의사가 부러진 팔을 고칠 때에 하듯이, 하나님은 팔의 뼈를 맞춘 후에 그 팔을 싸매고 고정시켜서 팔의 힘이 원래대로 돌아오게 하셨다. 하나님은 이스라엘로 하여금 아람 사람들을 여러 차례 이기게 하셨고(왕하 13:16-17), 이스라엘의 해안 영토를 회복하게 하셨으며(왕하 14:15-16), 그들에게 전쟁하게 하려고 능력으로 띠를 띠우셨다(삼하 22:40). "내가 어떤 때에는 그들을 징계하여 그들의 잘못들을 고치고자 하였고, 어떤 때에는 그들의 팔을 힘 있게 하고 그들을 건져주는 등, 그들을 설득하기 위해서 이런저런 수단들을 모두 동원해서 어르고 달래 보았지만, 아무 소용이 없었다. 그들은 은혜가 주어져도 요지부동이었고, 심판을 내려도 요지부동이었다."

2. 그럼에도 불구하고, 하나님에 대한 그들의 행실은 지극히 뻔뻔스러웠다는 것. 하나님이 여기에서 이런 말씀을 하시는 것은 어떤 식으로든 악한 길로 간 모든 자들로 하여금 그들의 죄를 깨닫고 스스로 낮아져서, 그들의 죄가 얼마나 흉악무도하고 악한 것인지, 하늘의 하나님이 그들의 죄를 어떻게 해석하시고 얼마나 그들의 죄를 미워하시는지를 알게 하기 위한 것이다.

(1) 하나님은 그들을 구슬러서 그와의 계약 속으로 끌어들이셨다는 것. 그러나 그들은 하나님이 언제나 그들의 신실한 친구라는 것이 입증되었음에도 불구하고 마치 하나님이 그들의 위험한 원수라도 된다는 듯이 하나님을 떠나 도망쳤다. 어리석은 비둘기가 자기 보금자리를 떠나 떠돌듯이, 그들은 하나님을 떠나 방황하였다. 왜냐하면, 하나님을 버린 자들은 피조물에게서 쉼을 얻을 수도 없고 정착할 수도 없어서, 끊임없이 떠돌며 방황할 수밖에 없기 때문이다. 그들이 하나님을 예배하는 것을 버렸고, 하나님을 섬기는 것으로부터 달아났으며, 하나님에 대한 충성 맹세를 철회하였을 때, 그들은 하나님을 떠나 도망친 것이었다.

(2) 하나님은 그들로 하여금 올바른 길로 행하도록 하시기 위하여 지극히 거룩하고 의로우며 선한 그의 율법을 그들에게 주셨다는 것. 그러나 그들이 내게 범죄하였다. 그들은 고의적이고 뻔뻔스럽게 범죄하였다. 그들은 하나님의 율법이라는 울타리를 무너뜨렸고, 그렇게 함으로써 하나님의 사랑의 계획을 뒤집어 엎어 버렸다.

(3) 하나님은 그의 진리들을 그들에게 알게 하셨고, 그들을 향한 그의 선의

가 진실하다는 것을 보여주는 온갖 증거들을 그들에게 주셨다는 것. 그렇지만, 그들이 나를 거슬러 거짓을 말하였다. 그들은 하나님 대신에 거짓 신들을 섬겼고, 하나님의 섭리와 능력을 부정하였다. 그들은 이런 식으로 여호와를 인정하지 않았다(렘 5:12). 그들은 하나님이 그의 선지자들을 통해서 그들에게 전하신 메시지들을 배척하면서, 하나님이 말씀하신 것을 정면으로 거슬러서 그들이 죄 가운데 머물지라도 그들은 얼마든지 평안할 수 있다고 말하였다. 그들은 위선적인 신앙 고백, 겉보기에만 그럴 듯한 기도, 삶을 고치겠다는 헛된 약속들을 통해서 하나님께 거짓을 행하였고, 하나님은 그런 것들을 그들이 그에게 거짓을 말한 것으로 받아들이셨다.

(4) 하나님은 그들의 합법적인 주(主)이자 왕이셨고, 언제나 자기 백성의 유익을 위하여 공평하게 야곱을 다스리셨다는 것. 그렇지만, 그들은 하나님을 거역하고 반역하였다(14절). 그들은 하나님을 떠나갔을 뿐만 아니라, 하나님을 대적하여 싸움을 벌였고, 다른 신을 세워서 하나님을 폐위하고자 하였다.

(5) 하나님은 그들에 대하여 선한 계획을 가지고 계셨지만, 그들은 하나님에 대하여 악을 꾀하였다는 것(15절). 죄는 해악을 끼치는 것이다. 죄는 하나님을 해치는 해악이다. 왜냐하면, 죄는 하나님의 왕권과 위엄에 대적하는 반역죄이기 때문이다. 죄인들은 무슨 짓을 해도 그들의 창조주이신 하나님을 해칠 수 없지만(어느 옛 사람이 이 구절에 대하여 설명하면서 이런 말을 하였다), 그들은 마치 하나님을 해칠 수 있을 것처럼 착각하고서 그들이 할 수 있는 일을 한다. 엉겁결에 또는 실수로 죄를 짓는 것이 아니라 궁리를 해서 의도적으로 악을 꾀하는 것은 훨씬 더 악한 일이다. 포코크(Pocock) 목사는 여기에서 다음과 같은 유대인들의 격언을 소개한다: 범죄하고자 하는 생각 자체가 실제의 범죄보다 더 악하다. 악을 꾀하는 것은 하나님이 보시기에는 이미 악을 행하고 있는 것이다. 왕을 죽이려고 생각하고 계획하는 것은 영국법에 의해서도 대역죄이다. 악한 일을 꾀한 자들은 비록 그 일이 수포로 돌아갔다고 할지라도 그 일을 꾀한 것 자체에 대한 벌을 받게 될 것이다(시 2:1).

3. 그들이 어떤 벌을 받게 될 것인가(13절). 화 있을진저 그들이 나를 떠나 그릇 갔음이니라. 하나님으로부터 도망간 자들에게는 화(禍)가 뒤쫓아오기 때문에, 그들은 여지없이 화를 당하게 된다는 것을 명심하라. 하나님의 진노가 그들을 치기 위해서 하늘로부터 나타난다. 하나님이 그들에게 화 있을진저라고 말

씀하시자, 곧이어서 패망이 그들에게 임한다. 하나님의 말씀은 그대로 이루어지기 때문에, 그들은 멸망의 화를 당할 수밖에 없다. 하나님의 손에 의한 심판들은 하나님의 입에 의한 심판들이 진실하다는 것을 증명해 줄 것이다. 하나님이 저주하시고 화를 선포하신 자들은 실제로 저주를 받고 화를 당하게 된다.

Ⅵ. 그들의 기도와, 삶을 고치겠다는 약속은 단지 말로만 그친 보이기 위한 것이었기 때문에, 사실은 그들이 하나님을 우롱한 것에 지나지 않는 것이었다는 것.

1. 그들은 기도하는 체하였지만, 거기에는 진심이 들어 있지 않았다는 것(14절). 하나님이 손을 들어 그들을 치시자, 그들은 하나님 앞에 나아오는 체하였다. 하나님이 그들을 죽이실 때에 그들이 그에게 구하며 돌이켜 하나님을 간절히 찾았다(시 78:34). 여호와여 그들이 환난 중에 주를 앙모하였사오며 주의 징벌이 그들에게 임할 때에 그들이 간절히 주께 기도하였나이다(사 26:16). 그러나 그들의 그러한 행동은 모두 위선이었다.

(1) 그들은 개인적으로 환난을 당하게 되었을 때에 하나님을 부르긴 하였으나 거기에는 진실함이 없었다는 것. 그들이 성심으로 나를 부르지 아니하였으며 오직 침상에서 슬피 부르짖었다. 그들은 전쟁에서 받은 상처들이 악화되어서, 병상의 고통과 뼈가 늘 쑤심의 징계를 받았을 때에(욥 33:19) 기도라는 형식을 빌려서 부르짖고 신음하며 하소연하였고, 그들의 처지가 절박하였기 때문에 많은 선한 말들을 사용해서 기도하는 체하였다. 그들은 "하나님이여 우리를 도우소서" 또는 "여호와여 우리를 돌아보소서"라고 부르짖었다. 그러나 그들은 그들의 마음을 담아서 성심으로 부르짖은 것이 아니었기 때문에, 하나님은 그것을 그에게 부르짖은 것으로 여기지 않으셨다. 반면에, 모세는 말 한 마디 하지 않고, 오직 믿음과 간절함으로 마음속으로 기도하였을 뿐인데도, 하나님은 그것을 그에게 부르짖은 것으로 여기셨다(출 14:15). 그들은 야단법석을 떨며 기도하는 체하였고, 기도라는 형식을 빌려서 많은 말들을 하였지만, 하나님께 부르짖은 것은 아니었다. 왜냐하면, 그들의 마음은 하나님 앞에서 올바르지 않았고, 하나님의 뜻에 순복하지 않았으며, 하나님을 높여 드리는 데에 바쳐지지 않았고, 하나님을 섬기는 데에 쓰이지도 않았기 때문이다. 기도한다는 것은 영혼 또는 심령을 들어서 하나님을 바라보는 것이다. 이것이 기도의 본질이다. 이것이 빠져 있다면, 그들이 아무리 좋은 말들을 골라서 기도를 한다고 해도, 그 말들은

바람과 같이 헛될 뿐이다. 그러나 거기에 진실한 마음이 들어 있다면, 뭐라 말을 못하고 탄식만 하더라도, 그것은 하나님이 기뻐 받으시는 기도가 된다(롬 8:26). 심령으로 기도하지 않는 자들은 하나님께 기도하는 것이 전혀 아니라는 것을 명심하라. 하나님은 그런 기도를 슬피 울부짖는 것이라 하시며, 그 기도를 받지도 않으시고 인정하지도 않으신다. 어떤 이들은 이 구절이 그들의 기도가 요란하였다는 것(즉, 그들은 마치 바알에게 부르짖을 때에 하던 것처럼 자고 계신 하나님도 깨워야 한다고 생각해서 큰 소리로 하나님을 향하여 울부짖었다는 것) 또는 그들이 기도하면서 그들 속에 있는 야만적이고 거친 혈기와 울분을 토해 내었다는 것을 나타내는 것이라고 생각한다. 그들은 돌을 보고 이빨을 드러내며 으르렁거렸고, 채찍 아래에서 울부짖었지만, 하나님의 손길은 무시하였다. 또는, 이 구절은 그들의 위선적인 기도가 하나님을 기쁘시게 하기는커녕 도리어 진노케 하였다는 것을 나타내는 것일 수도 있다. 하나님은 그들의 기도에 진노하셨다. 성전의 노래가 애곡과 울부짖음으로 변할 것이다(암 8:3). 하나님은 그들을 불쌍히 여기시기는커녕, 날이면 날마다 그의 권세를 비웃었던 그들이 재난당하는 것을 보시고 웃으실 것이다.

(2) 그들이 국가적인 환난을 당했을 때에 함께 모여서 하나님의 은혜를 간청하였지만, 그들의 그러한 행동도 위선적이었다는 것. 그들은 관습과 유행을 좇아서 함께 모였다. 왜냐하면, 국가적으로 어려운 때에는 성회로 모이는 것이 통상적인 관례였기 때문이다(습 2:1). 그러나 그들은 단지 하나님께 곡식과 새 포도주를 달라고 기도하기 위해서 모인 것일 뿐이었다. 그들에게 필요한 것은 그런 것들이었기 때문에, 그들은 하나님의 심판으로 인해서 비가 오지 않아 그런 것들을 수확하지 못하게 될 것을 우려하였다. 그들은 하나님의 은총이나 은혜를 받기 위해서 기도한 것이 아니었다. 그들은 하나님이 그들로 회개하게 하시고, 그들의 죄를 용서하시며, 그의 진노를 거두어 주시라고 기도한 것이 아니라, 단지 그들에게서 곡식과 포도주를 빼앗아 가지만 말아 달라고 기도할 뿐이었다. 육적인 마음을 지닌 자들은 하나님께 기도할 때에 오직 현세에서의 긍휼들을 원하고 현세에서의 심판을 피하기만을 바랄 뿐이다. 왜냐하면, 그들에게는 그 밖의 다른 것들에 대한 인식이 전혀 없기 때문이다.

2. 그들은 삶을 고치는 척하였지만, 그것도 진심이 아니었다는 것(16절).

(1) 이스라엘의 죄. 그들은 돌아오는 체하였다. 그들은 그들의 행위들을 회

개하고 고치는 체하였지만, 막상 실제로 그렇게 한 것은 아무것도 없었다. 하나님은 "이스라엘아 네가 돌아오려거든 내게로 돌아오라 나를 향하여 몸만 틀지 말고 실제로 내게로 돌아오라"(렘 4:1)고 말씀하시는데도, 그들은 하나님 앞으로 나아오지 않았고, 하나님께 돌아와서 충성하지도 않았다. 그들의 이러한 위장술로 인해서 그들은 속이는 활과 같았다. 여기에서 속이는 활이란 겉으로 보기에는 제대로 된 활 같아서 사람이 힘을 써서 그 활시위를 당기면 활이나 줄이 끊어져서 화살은 과녁을 향하여 날아가는 것이 아니라 활 쏘는 자의 발 아래에 떨어지고 마는 그런 활을 가리킨다. 그들이 회개하고 삶을 고치겠다고 하나님께 한 약속은 그런 속이는 활과 같았다.

(2) 이스라엘의 지도자들의 죄. 하나님이 그들을 고소하시는 죄목은 그들의 혀의 거친 말, 즉 그들이 하나님과 그의 섭리 및 그들을 거역하는 모든 자들과 다툰 죄였다. 나라의 지도자들과 방백들은 그들이 하고 싶은 말을 할 수 있고, 백성들에게 호령하고 호통을 치며 욕하고 꾸짖는 것이 그들의 특권이라고 생각한다. 그러나 그들은 그들의 혀의 거친 말에 대하여 그들에게 책임을 물으시고, 그들의 혀의 말이 그들 위에 임하게 하실 하나님이 그들 위에 계신다는 것을 알아야 한다.

(3) 이스라엘과 그들의 지도자들이 이러한 죄로 말미암아 받게 될 벌. 그들의 지도자들은 외적들이나 그들 자신의 백성의 칼에 엎드러질 것이다. 그들이 도움을 받기 위해서 애굽으로 도망칠 때에(11절), 이것이 애굽 땅에서 조롱거리가 될 것이다. 즉, 그들이 저지른 죄와 그 죄로 인해 그들이 받은 벌이 그들을 모든 이웃 나라들에서 조롱거리로 만들 것이다. 하나님을 기만적으로 대하고 속이며, 사람들을 혈기와 분노로 대하는 자들은 자기 자신을 스스로 우스꽝스러운 자들로 만드는 것이기 때문에 이웃들에게 조롱거리가 되리라는 것을 명심하라.

제
— 8 —
장

개요

　　이 장은 앞 장과 마찬가지로 이스라엘이 저지른 죄들과 그 죄들로 인하여 받는 벌들로 구분된다. 모든 것이 거의 다 이 두 가지를 다 선포하고 있는데, 그것은 그들로 하여금 회개하게 하기 위한 것이다. 그들의 죄가 얼마나 악한 것인지를 보여주는 글을 통해서 그 실상을 보았을 때, 그들은 너무도 악한 것이 분명한 그들의 죄를 회개하는 것이 그들의 도리라는 것을 마땅히 깨달을 수 있었을 것이다. 또한, 그들의 죄가 가져올 재앙 같은 결과들을 미리 알려주는 글들을 보았을 때, 그들은 그 재앙들을 미리 막기 위해서 회개하는 것이 그들에게 유익이라는 것을 마땅히 깨달을 수 있었을 것이다. I. 이스라엘의 죄가 여기에서 다음과 같이 제시됨. 1. 많은 일반적인 표현들을 통해서(1, 3, 12, 14절). 2. 많은 구체적인 예들을 통해서. 하나님 없이 왕들을 세운 것(4절), 하나님을 거슬러 우상들을 세운 것(4-6절), 이웃 나라들과의 동맹을 구걸한 것(8-10절). 3. 이러한 죄를 더욱 가중시킨 것은 그들이 그러면서도 여전히 하나님과의 관계 및 하나님에 대한 신앙 고백을 유지하였다는 것이다(2, 13-14절). II. 이스라엘에 대한 벌은 여기에서 죄에 상응하는 것으로 제시됨. 하나님은 그들에게 원수를 보내실 것이고(1, 3절), 그들의 모든 계획을 망쳐놓으실 것이며(7절), 그들이 믿고 있던 우상들이나 다른 나라들과의 동맹은 그들을 실망시킬 것이고(6, 8, 10절), 그들의 견고한 성들은 무용지물이 될 것이며(14절), 하나님이 그들의 제물은 받지 않으시고 그들의 죄악들에 대해서는 벌하실 것이다(13절).

¹나팔을 네 입에 댈지어다 원수가 독수리처럼 여호와의 집에 덮치리니 이는 그들이 내 언약을 어기며 내 율법을 범함이로다 ²그들이 장차 내게 부르짖기를 나의 하나님이여 우리 이스라엘이 주를 아나이다 하리라 ³이스라엘이 이미 선을 버렸으니 원수가 그를 따를 것이라 ⁴그들이 왕들을 세웠으나 내게서 난 것이 아니며 그들이 지도자들을 세웠으나 내가 모르는 바이며 그들이 또 그 은, 금으로 자기를 위하여 우상을 만들었나니 결국은 파괴되고 말리라 ⁵사마리아여 네 송아지는 버려졌느니라 내 진노가 무리를 향하여 타오르나니 그들이 어느 때에야 무죄하겠느냐 ⁶이것은 이

스라엘에서 나고 장인이 만든 것이라 참 신이 아니니 사마리아의 송아지가 산산조각이 나리라 ⁷그들이 바람을 심고 광풍을 거둘 것이라 심은 것이 줄기가 없으며 이삭은 열매를 맺지 못할 것이요 혹시 맺을지라도 이방 사람이 삼키리라

하나님은 책망과 경고의 말씀을 하시기 전에, 여기에서 먼저 호세아 선지자에게 나팔을 그의 입에 대고(1절) 불어서, 그가 곧 전하는 말씀을 모든 사람들이 듣고 경고를 받도록 하기 위해서 성회를 소집하라고 지시하신다. 선지자는 그 나팔로 경보를 울려서, 하나님의 이름으로 이 패역한 백성과의 전쟁을 선포하여야 하고, 그들의 땅을 점령하기 위해서 원수가 광분하여 무서운 속도로 달려오고 있으니 준비해야 한다고 그들을 일깨워 주어야 한다. 이렇게 선지자는 성을 포위한 적이 공격해 오는 것을 보았을 때에 성민들로 하여금 무장하도록 하기 위해서 나팔을 불어 알려야 하는 파수꾼의 역할을 담당하여야 한다(겔 33:3). 선지자는 그의 목소리를 나팔 같이 높여야 하고(사 58:1), 백성들은 그 나팔 소리에 귀를 기울여야 한다(렘 6:17).

I. 죄인들인 동시에, 그들의 왕이신 여호와를 배신한 반란자들이자 역도들인 그들에 대한 일반적인 고소

1. 그들이 하나님의 언약을 어겼다는 것(1절). 그들은 하나님의 명령을 어겼을 뿐만 아니라(모든 죄가 그렇다), 언약을 어겼다. 그들은 처음에 하나님과 맺은 계약을 깨뜨리는 그런 죄들을 저질렀다. 그들은 영적인 간음을 통해서 결혼 계약과 하나님에 대한 정절 의무를 깨뜨렸다. 그것은 사실상 그들이 더 이상 하나님의 백성이 아니며, 하나님을 그들의 하나님으로 인정하지 않겠다고 선언한 것이었다. 그것은 언약을 어긴 것이다. 그것은 그들이 어리석게 행한 것일 뿐만 아니라, 하나님을 기만적으로 대한 것이었다.

2. 그들이 많은 구체적인 사례들을 통해서 하나님의 율법을 범하였다는 것. 하나님의 율법은 우리가 행할 때에 따라야 하는 규범이다. 죄가 지닌 악성(惡性)은 죄는 하나님의 율법이 우리에게 정해 준 경계들을 허무는 데에 있다.

3. 그들이 선한 것을 버렸다는 것. 그들은 선, 즉 하나님 자신을 버리고 배척하였다. 어떤 이들은 이 본문을 이런 식으로 이해하는데, 그것은 아주 적절하다. 하나님은 선하시고, 선을 행하시며, 그 자신이 우리의 선이시다. 선한 이는 오직 한 분, 즉 모든 선의 원천이신 하나님뿐이시다(마 19:17). 그들은 더 이상 하나

님을 상대하기 싫다는 듯이 하나님을 버리고 내팽개쳤다. 하나님은 그들을 멸망에 내어주셨는데, 바로 그것이 그 이유였다. 하나님은 사람들이 그를 버리기 전까지는 결코 아무도 버리지 않으신다는 것을 명심하라. 또는, 이 본문에 대한 우리의 읽기를 따르면, 그들은 선한 것을 버렸다. 그들은 하나님을 섬기고 예배하는 것을 버렸는데, 그것은 사실상 하나님을 버린 것이었다. 그들은 사람을 선하게 만들어 주는 것을 버렸다. 그들은 하나님에 대한 경외, 사람에 대한 존중, 미덕과 정직에 대한 인식을 버렸다. 그들이 내 언약을 어겼다는 말씀을 주목하라. 모든 것은 결국 이것으로 귀결된다. 왜냐하면, 그들은 하나님의 율법을 범하였기 때문이다. 하나님의 명령을 깨뜨리는 것은 하나님과의 계약을 깨뜨리는 수순을 밟는 것이다. 그들은 선한 것을 버렸기 때문에 그렇게 할 수 있었다. 그것은 선한 것을 버리는 것에서 시작되었다. 그들은 지혜와 선행을 그쳤고(시 36:3), 그런 다음에 모든 것을 무효화시키는 쪽으로 나아갔다. 배교가 어떤 식으로 진행되는지를 보라. 사람들은 먼저 선한 것을 버린다. 그런 후에, 이런 소극적인 행동은 적극적인 행동으로 옮겨간다. 사람들은 하나님의 율법을 실제로 자주 범하다가 마침내 하나님과의 계약을 습관적으로 어긴다. 사람들이 기도하는 것과 말씀을 듣는 것과 안식일을 거룩히 지키는 것, 그 밖의 다른 선한 것들을 버린다면, 그들은 하나님을 완전히 버리는 탄탄대로에 들어서 있는 것이다.

II. 그들의 죄로 인한 하나님의 진노와 그들의 멸망에 관한 일반적인 경고의 말씀들. 원수가 독수리처럼 여호와의 집에 덮치고(1절) 그들을 따르며 추격할 것이다(3절). 여기에서 여호와의 집은 예루살렘에 있는 성전을 가리키고, 그 집을 덮치는 독수리는 산헤립이나 느부갓네살을 가리키는 것으로 볼 수 있다. 산헤립은 다른 나라들의 신전들을 파괴하였듯이 여호와의 집을 초토화시킬 목적으로 유다의 모든 요새 성읍들을 함락시키고 예루살렘을 포위하였으며, 느부갓네살은 성전을 불태우고 성전의 그릇들을 탈취해 갔다. 그러나 이것이 앗수르 왕에 의해 열 지파의 왕국이 멸망을 당하게 될 일을 가리키는 것으로 본다면, 우리는 여기에서 여호와의 집이라 불리고 있는 것은 양자 됨과 영광과 언약들(롬 9:4)이 주어졌던 이스라엘 백성의 무리를 가리키는 것으로 보아야 한다. 그들은 그들이 그런 백성이기 때문에 당연히 하나님의 보호하심을 받을 줄로 생각하였다. 그러나 하나님은 호세아 선지자에게 그들이 비록 신앙이라는 이름과 모양은 갖추고 있다고 할지라도 지금 신앙의 활기와 생명력은 상실한 상태여서 죽은 시체에 불과하기 때문에 독수리를 비롯하여 맹조류들이 그들에게 모여 들게 될 것이라고 그들에게 말해 주라고 지시하신다. 그들의 원수는 독수리처럼 아주 빠르고 강하고 맹렬하게 그들을 덮칠 것이다. 하나님과의 계약을 깨뜨린 자들은 주변의 모든 사람들로부터 미움을 사서 그들의 값싸고 손쉬운 먹잇감이 되고 말 것임을 명심하라. 그들 자신이 여호와의 집이었고 여호와의 산성전들이었기 때문에, 그들에게는 변명할 말도 없을 것이고, 다른 피할 곳도 없을 것이다(암 3:2).

III. 이 백성이 환난을 당하고 곤경에 처하게 되면, 그들이 하나님의 백성이라고 주장하는 위선적인 모습을 보이리라는 것(2절).　이스라엘이 장차 내게 부르짖으리라. 그들은 이러한 심판에 대한 경고를 듣고서 그 심판을 면제해 주시기를 간청하고자 하거나, 이 심판을 통해서 하나님의 징벌이 그들에게 임해서 그들이 구해 달라고 하나님 앞에 나아와서 간절히 기도할 때, 그들은 그들 가운데에 하나님이 알려지셨으며 그의 이름이 크시다(시 76:1)고 항변하며, 그들이 막상 곤경에 처하게 되자 전에 형통했을 때에는 알기를 원하지도 않았고 멸시하였던 하나님을 아는 지식이 그들 가운데에 있는 체할 것이다. 그 때에 그들은 하나님을 향하여 부르짖으며, 그를 그들의 하나님이라 부르고, 그들이 하나님을 오랫동안 알아와서 그를 잘 알고 있다고 말할 것이다(부끄러움을 모르는 뻔뻔스러운 거지들처럼). 평소에는 사실상 하나님을 부인하고 모른 체하다가, 상황이 바뀌어서 곤경에 처하게 되면, 자기가 하나님을 알며, 다른 어떤 사람들보다도 하나님을 더 잘 안다고 큰소리치는 자들이 많다. 그러나 "나의 하나님이여 내가 주를 사랑하나이다"라거나 "나의 하나님이여 내가 오직 주만을 섬기고 주만 붙드나이다"라고 말할 수는 없으면서 단지 "나의 하나님이여 내가 주를 아나이다"라고만 말할 수 있는 것이 도대체 곤경에 처한 자에게 무슨 도움이 되겠는가?

IV. 호세아 선지자가 그들에게 하나님의 이름으로 충고함(5절).　그들이 어느 때에야 무죄하겠느냐. 이것은 절대적인 무죄를 의미하는 것이 아니라(그런 것은 죄인이 결코 도달할 수 없는 것이다), 얼마나 더 시간이 흘러야, 그들이 회개하고 삶을 고쳐서, 우상 숭배의 죄로부터 벗어나 무죄하게 되겠느냐는 뜻이다. 그들은 그들의 우상들에게 푹 빠져 있었다. 이 본문은 이렇게 번역될 수

도 있다: 얼마나 더 시간이 흘러야, 그들이 우상들에게 싫증을 느끼고 우상들에게서 벗어날 수 있을까. 이것은 사람이 죄를 짓는 것이 습관이 되어 버리면 그 죄와 결별하는 것이 몹시 어려워진다는 것을 보여준다. 사람이 육신적인 더러운 죄나 영적인 더러운 죄에서 오랫동안 뒹굴다 보면, 거기에서 빠져 나와 깨끗하게 되기가 어렵다. 그러나 하나님은 마치 죄인들이 진작에 자신의 죄악들을 버리고 새 삶을 살았어야 하는데, 오랜 시간이 지났어도 그렇게 하지 못하고 있다는 듯이 말씀하신다. 하나님은 그들의 완악함과 완고함을 한탄하신다. 하나님의 진노가 그들에 대하여 계속해서 불타오르는 이유는 바로 그것이다. 만약 그들이 그 진노를 불붙였던 그러한 죄들로부터 벗어나서 무죄하게 되기만 한다면, 하나님은 그 진노를 곧 거두실 것이다. 그들은 환난 가운데서 어느 때에야 하나님이 다시 그들에게 긍휼을 베푸실 것이냐고 부르짖는다. 그러나 그들은 어느 때에야 그들이 하나님께 돌아와서 그들의 본분을 다하겠느냐고 하나님이 그들에게 물으시는 것을 듣지 못한다.

Ⅴ. 하나님은 여기에서 그의 진노가 그들을 향하여 타오르게 만든 그들의 몇 가지 구체적인 죄들을 들어서 그들을 고소하시고, 그들의 어리석음을 깨우치시며, 그 치명적인 결과들에 대하여 경고하심.

1. 그들이 나랏일들과 관련하여 저지른 죄들. 그들은 하나님과 상관 없이 하나님을 무시한 채로 왕들을 세웠다(4절). 그들이 하나님께서 그들의 왕이 되지 못하도록 하기 위하여 사무엘을 배척하고, 그들의 나라를 열방들과 같이 되게 하기 위해서 사울을 택하여 왕으로 세운 것이 바로 그런 것이었다. 또한, 그들이 다윗 가문에 대한 충성 맹세를 버리고, 여로보암을 세운 것도 그런 것이었다. 그들이 그렇게 한 것은 하나님의 은밀한 계획을 성취한 것이기는 했지만, 그들은 하나님의 영광을 위해서 그렇게 한 것도 아니었고, 그 일을 할 때에 하나님의 말씀이나 기도를 통해서 하나님의 뜻을 물은 것도 아니었으며, 하나님의 섭리를 존중하고 따른 것도 아니었다. 단지 그들은 그들의 마음이 내키는 대로 그 일을 한 것이었고, 그들 자신의 혈기에 이끌려서 후다닥 그 일을 해치운 것이었다. 또한, 그들은 호세아가 예언할 당시, 즉 왕권을 차지하기 위해서 다투는 자들의 이해관계에 따라서 왕들을 세우기도 하고 폐하기도 하는 것이 유행처럼 되어 버렸던 당시에도 그렇게 하였다(왕하 15:8 이하). 우리가 무슨 일을 할 때에 하나님께 묻지도 않고 하나님을 인정하지도 않는다면, 우리는 그

일에서 그 어떤 위로나 성공을 기대할 수 없다는 것을 명심하라. "그들이 왕들을 세웠으나, 내가 모르는 바이다. 즉, 그들에게는 선지자들과 말씀들이 있어서, 그들이 얼마든지 나의 뜻을 물을 수 있었는데도, 그들은 왕을 세우는 것이 옳은 일인지, 또는 그들이 그렇게 하는 것이 최선인지를 내게 묻지 않았기 때문에, 나는 그들을 통해서 그 일을 안 것이 아니다." 그들은 이스라엘의 거룩하신 이를 앙모하지 않았고(사 31:1) 쳐다보지도 않았다. 그들의 지도자들은 나라를 다스리는 일을 맡기 전에 **미스바에서** 자기의 말을 다 여호와에 아뢴 입다와 같이(삿 11:11) 하지 않았다. 공무를 맡게 된 자들, 특히 방백으로 선출되거나 지명된 자들은 그 일에 있어서 하나님의 인도하심을 바라고 그 일을 통해서 하나님께 영광을 돌리고자 함으로써 하나님이 그들과 함께 하시도록 하여야 한다는 것을 명심하라.

2. 그들은 신앙적인 일들에 있어서는 훨씬 더 악하였다는 것. 왜냐하면, 그들은 하나님을 버리고 하나님과 대항할 신들로서 송아지 우상들을 세웠기 때문이다. "하나님이 그를 섬기고 높이는 데에 쓰라고 주신 그들의 은과 금으로, 그들은 자기를 위하여 우상들을 만들었다." 그것들을 그들은 신들이라 불렀지만(왕상 12:28, 이스라엘아 보라 너희의 신들이라), 하나님은 우상들이라 부르신다. 우상들을 나타내는 단어는 근심 또는 괴로움을 의미한다. 왜냐하면, 우상들은 하나님을 진노하시게 하고, 그것들을 섬기는 자들을 파멸시키기 때문이다. 그들의 은과 그들의 금으로 그들은 그들을 위하여 우상들을 만들었다. 본문은 이렇게 되어 있기 때문에, 주로 그들이 금과 은으로 만든 그들의 신상(神像)들, 특히 단과 벧엘에 세운 금송아지 우상들을 가리킨다. 우상 숭배자들은 그들의 우상들을 섬기는 일에 비용을 아끼지 않는다. 그러나 이 본문은 탐욕스러운 자들의 영적인 우상 숭배에도 그대로 적용될 수 있다. 그들의 은과 그들의 금은 그들이 그들의 행복을 거는 신들, 그들이 마음을 쏟고 충성을 맹세하며 절대적인 신뢰를 바치는 신들이다. 이제 하나님은 그들의 우상 숭배가 얼마나 어리석은 짓인지를 보여주시기 위해서 그들에게 다음과 같이 말씀하신다.

(1) 그들의 신들은 어디에서 왔는가. 우상들을 그 근원까지 추적해 보라. 그러면, 그 우상들이 그들 자신의 공상에서 만들어진 것들이고 그들 자신의 손으로 만든 것들임이 밝혀질 것이다(6절). 그들이 숭배한 송아지 우상은 여기에서 **사마리아의 송아지**라 불린다. 왜냐하면, 아합 시대에 사마리아가 북왕국의 수도

가 되었을 때, 그들은 단과 벧엘에 있던 것들 외에도 사마리아에 송아지 우상을 세우거나 단과 벧엘에 있던 것들 중 하나를 거기로 옮겼을 가능성이 높기 때문이다. 왜냐하면, 새로운 신들을 좋아하는 자들은 항상 더 새로운 신을 원하기 때문이다. 이제 그들은 그들이 숭배해 온 이 신이 도대체 어떻게 해서 생겼났는지를 깊이 생각하여야 한다.

[1] 송아지 우상은 그들이 생각해낸 것이고, 그 제도는 그들이 창설한 것이라는 것. 그것은 이스라엘에서 났다. 즉, 그 우상은 이스라엘의 하나님으로부터 나온 것이 아니라(하나님은 명시적으로 그것을 금하셨다), 이스라엘로부터 나온 것이다. 그 우상은 애굽이나 그 어떤 이웃 나라들에서 가져온 것이 아니라, 그들 자신이 고안해낸 것이었다. 왜냐하면, 애굽 사람들은 살아 있는 암소로 상징되는 아피스(Apis) 신을 숭배하긴 했지만, 결코 금송아지를 숭배하지는 않았기 때문이다. 송아지 우상은 이스라엘에서 나온 것이었다. 그것은 그들 자신의 죄악이었다. 그런데, 그들 자신이 고안해 낸 것을 그들이 숭배한다는 것이 과연 말이 되는가? 송아지 우상은 이스라엘에서 난 것이다. 즉, 그 우상은 이스라엘 백성들로부터 모아진 금과 은으로 만들어진 것으로서, 사람들의 기부금으로 만들어진 보잘것없는 신이었다.

[2] 송아지 우상은 장인의 솜씨와 수고로 만들어진 것이라는 것(신 27:15). 이것은 장인이 만든 것이라 참 신이 아니다(6절). 하나님의 이러한 말씀들은 대단히 설득력 있고 결정적인 논증이고 너무나 명백하고 분명한 추론이었기 때문에, 그들은 그런 말씀들을 듣고서 스스로 잘 생각해 보고는 그들의 우상 숭배를 부끄러워하여야 마땅하였다. 사람이 자기가 생명을 불어넣지는 못하였지만 어쨌든 자기 손으로 직접 만들어서 존재하게 한 것을 신으로 숭배하고 복을 달라고 비는 것보다 더 어처구니없는 일이 세상에 과연 있을까? 사람에 의해서 만들어진 신은 하나님일 수 없다. 이것은 자명한 진리이다. 그런데도, 사도 바울은 사람의 손으로 만든 것들은 신이 아니라(행 19:26)고 설교하였다는 이유로 범법자로 몰려 고소당하였다. 그리고 여기에서도 그들은 하나님의 이런 말씀을 듣고서 마땅히 그들의 우상들로부터 돌아섰어야 하는데도, 그들이 그 우상들을 직접 만들었다는 이유로 더욱 애착을 느껴서 그들의 우상들에게 더 집착하였다. 송아지 우상을 숭배하는 일은 그들 자신으로부터 나온 것이었기 때문에, 그들은 거기에서 벗어나 깨끗하게 될 수 없었다. 그들은 그들의 마음에 맞

는 신들을 섬기면서 그들이 원하는 대로 행하기 위해서, 그들이 직접 신들을 만들어서 섬기고자 한 것이었다.

(2) 그들의 신들은 어떻게 될 것인가. 그것들은 신들이 아니기 때문에 오래 가지 못할 것이다. 아니, 그것들은 신들인 체하였기 때문에 벌을 받게 될 것이다. 사마리아의 송아지가 산산조각이 나리라. 하나님이 앞에서 하신 말씀을 수긍하지 않는 자들이라도 하나님의 이 말씀을 듣고는 그 우상이 하나님이 아니고 무익한 우상(갈대아 역본에서는 이 우상을 그렇게 부른다)이라는 것을 깨닫는 것이 마땅한 일이었다. 그 우상은 금송아지이긴 하지만 토기장이의 그릇처럼 산산이 부서지게 될 것이다. 그것은 자잘한 토막들이나 **톱밥**이 될 것이고, 거미집이 될 것이다(제롬의 설명). 이것은 아마도 모세가 광야에서 금송아지를 가루로 만들어 버린 사건을 암시하고 있는 것으로 보인다. 당시에 그런 일이 있었듯이, 장래에도 그런 일이 있을 것이다. 산헤립은 자기가 **사마리아와 그의 우상들에게** 한 일을 자랑하였다(사 10:11). 어떤 피조물을 신격화하는 것은 그 피조물의 멸망을 재촉하는 것임을 명심하라. 만약 그들이 그들의 금과 은으로 그들 자신을 위한 그릇이나 장신구들을 만들었다면, 그것들은 계속해서 남아 있었을 것이다. 그러나 그들이 그들의 금과 은으로 신들을 만든다면, 그 신들은 산산조각이 날 것이다.

(3) 그들의 신들이 그들에게 무엇을 해줄 것인가. 그들의 우상들이 산산조각이 나면, 그 우상들을 의지한 자들은 실망하게 될 것이다. 그러나 그것이 전부가 아니다. 그들은 **자기를 위하여** 우상들을 만들었기 때문에, 그들 자신이 파괴되고 죽게 될 것이고(4절), 그들이 악용하였던 그들의 금과 은이 그들에게서 없어질 것이다. 아니, 그들 자신이 하나님과 그들의 땅과 산 자들의 땅에서 끊어질 것이다. 그들의 우상 숭배는 마치 그들이 의도적으로 그것을 계획한 것처럼 반드시 그들의 멸절로 끝나게 될 것이다. 이것이 그들의 죄의 결과라는 것이 드러난 마당에, 그들이 그토록 의지했던 신들로부터 어떤 도움이나 구원을 얻겠는가? 그들은 결코 그런 것들을 얻지 못할 것이다. "사마리아여 네 송아지가 **너를 버렸느니라.** 그 우상은 네가 곤경에 처했을 때에 너를 전혀 도울 수 없고, 네가 지금 그 우상에게서 누리고 있는 즐거움은 사라질 것이며 네게 더 이상 즐거움이 되지 못할 것이다." 그들 자신이 택한 신들에게 가서 부르짖은 자들은 그 신들이 형편없는 위로자들이라는 것을 그제서야 비로소 깨달았다(삿

10:14). 사람들이 죄를 사랑하고 섬기는 일을 그만두지 않는다면, 그들은 반드시 죄로 인한 모든 쾌락들과 이익들을 잃게 될 것이다. 만약 사마리아가 계속해서 이스라엘의 하나님을 굳게 붙들고 신실하게 행하였더라면, 하나님은 그들에게 즉각적이고 강력한 도움이 되어 주셨을 것이다. 그러나 그들이 하나님보다 더 사랑하였던 송아지 우상은 상한 갈대와 같은 것이었다. 금과 은을 자신의 신으로 삼는 자들도 마찬가지이다. 금과 은은 그들을 버릴 것이고, 진노의 날에 그들에게 유익이 되지 못할 것이다(겔 7:12). 스스로 속아서 우상을 숭배하게 된 자들은 나중에 반드시 그들이 우상에게 속았다는 것을 알게 될 것임을 명심하라. 울지(Wolsey) 추기경은 만약 그가 그의 왕을 섬길 때처럼 그렇게 신실하게 그의 하나님을 섬겼다면, 그의 하나님은 그의 왕과는 달리 그의 노년에 그를 버리지 않으셨을 것이라고 고백하였다. 그들이 그들의 우상들에게 실망하게 되리라는 것은 하나님이 그들의 우상 숭배에 대한 벌로서 그들을 멸망시키실 것임을 보여주는 비유를 통해서 예시된다(7절).

[1] 그들은 우상들을 숭배함으로써 아무런 이득도 얻지 못하였다는 것. 그들이 바람을 심었다. 그들은 그들의 우상들을 만들고 숭배하느라고 많은 괴로움과 비용을 들였다. 또한, 그들은 농부가 많은 수확을 거두게 될 것을 기대하고서 씨앗을 뿌리듯이, 그들도 우상들을 숭배한 이웃 나라들처럼 번영하고 승승장구하게 될 것이라고 기대하고서 우상 숭배를 그들의 업(業)으로 삼아 수고하였다. 그러나 그것은 모두 사기였다. 그것은 바람을 심는 것처럼 아무런 소득도 없는 일이었다. 그들이 바친 모든 것은 바람을 잡는 수고, 헛된 수고였다(전 5:16). 그들은 아무런 소득도 없는 일에 무진 애를 썼고, 그야말로 헛된 일로 자신을 피곤하게 하였다(합 2:13). 이 세상을 우상으로 삼아서 섬기는 자들도 마찬가지이다. 그들은 허무한 것, 즉 바람과 같이 소리만 요란했지 알맹이가 전혀 없는 것에 주목하여 마음을 쏟고 있는 것이다(잠 23:5).

[2] 그들은 우상 숭배로 인해서 스스로 멸망을 자초하였다는 것. 그들은 광풍 또는 세찬 회오리바람(원어는 이런 뜻이다)을 거둘 것이고, 그 광풍은 그들을 순식간에 휩쓸어가서 산산조각을 내 버릴 것이다. 우상 숭배를 통해서 그들은 그들의 거짓 신들로부터 아무런 이득도 얻지 못했을 뿐만 아니라, 참 하나님을 그들의 적으로 돌려놓았다. 그들의 우상들은 바람처럼 그들에게 아무런 도움이 되지 못할 것이고, 하나님의 진노는 광풍이나 회오리바람보다 더 큰 재앙을

그들에게 가져다 줄 것이다. 사람은 심은 대로 거두는 법이다. "어떤 사람이 바람을 심고서, 그것을 흙으로 덮거나 한동안 거기에 가두어 두었다고 한다면, 그 바람은 거기에 갇혀 있었기 때문에 팽창되어 그 힘이 더 커져서 이전보다 더 많은 양의 바람이 훨씬 더 맹렬하게 흙을 뚫고 솟구쳐 나오는 것 외에 그가 무엇을 기대할 수 있겠는가?" 포코크(Pocock) 박사는 그렇게 말한다. 그들은 우상들을 섬기면서 풍요와 평화, 승전을 기대하지만, 그들이 기대한 것들은 전혀 이루어지지 않을 것이다. 그들은 바람을 심었기 때문에, 그들이 기대한 그런 것들은 결코 흙에서 나오지 않을 것이다. 그들이 심은 것에서는 줄기나 잎사귀가 나지 않을 것이고, 설령 그런 것이 난다고 하여도, 그 이삭은 열매를 맺지 못할 것이다. 그것은 바로의 꿈에서 보였던 가는 이삭들, 동풍에 떨어져서 아무런 열매도 맺지 못한 이삭들과 같을 것이다(창 41:6). 또는, 그것이 열매를 맺을지라도, 즉 그들이 우상을 섬기는 동안에 잠시 번영한다고 할지라도, 이방 사람들이 그것을 삼킬 것이다. 그것은 그들에게 어떤 유익이 되기는커녕, 단지 이방 사람들을 유인하여서 그들을 침략하게 만드는 미끼가 되고, 그 이방 사람들을 부유하게 해주어서 사람들에게 이전보다 훨씬 더 많은 해악을 끼칠 수 있게 해주는 노략물이 될 뿐이다. 우상들을 섬기는 것은 무익한 섬김이고, 어둠의 일들은 열매가 없다는 것을 명심하라. 아니, 그런 것들은 결국 사람을 위험에 빠뜨리게 될 것이다. 그런 것들의 마지막은 사망이다(롬 6:21). 악을 뿌리는 자는 헛 것을 거둔다(잠 22:8). 아니, 육체를 위하여 심는 자는 썩어질 것을 거둔다(갈 6:8). 죄인들이 바라고 기대하는 것들은 속이는 것들이 될 것이고, 그들이 얻은 것들은 그들에게 덫이 될 것이다.

⁸이스라엘은 이미 삼켜졌은즉 이제 여러 나라 가운데에 있는 것이 즐겨 쓰지 아니하는 그릇 같도다 ⁹그들이 홀로 떨어진 들나귀처럼 앗수르로 갔고 에브라임이 값 주고 사랑하는 자들을 얻었도다 ¹⁰그들이 여러 나라에게 값을 주었을지라도 이제 내가 그들을 모으리니 그들은 지도자의 임금이 지워 준 짐으로 말미암아 쇠하기 시작하리라 ¹¹에브라임은 죄를 위하여 제단을 많이 만들더니 그 제단이 그에게 범죄하게 하는 것이 되었도다 ¹²내가 그를 위하여 내 율법을 만 가지로 기록하였으나 그들은 이상한 것으로 여기도다 ¹³그들이 내게 고기를 제물로 드리고 먹을지라도 여호와는 그것을 기뻐하지 아니하고 이제 그들의 죄악을 기억하여 그 죄를 벌하리

니 그들은 애굽으로 다시 가리라 ¹⁴이스라엘은 자기를 지으신 이를 잊어버리고 왕궁들을 세웠으며 유다는 견고한 성읍을 많이 쌓았으나 내가 그 성읍들에 불을 보내어 그 성들을 삼키게 하리라

이스라엘에게 그들이 의지할 오직 한 분 하나님이 계시고, 그 하나님은 그들의 모든 곤경에서 그들을 능히 구원해 주실 수 있는 분이시라는 것, 그리고 그들이 섬길 오직 한 분 하나님이 계시고, 그 하나님은 그들이 기도 드리기에 합당하신 분이시라는 것은 그들의 존귀함이자 행복이었다. 그러나 그들이 잘 나갈 때에 그 사실을 알지 못해서, 그들에게 주어진 은혜들을 다 버리고서 거짓되고 헛된 것들을 좇아간 것은 그들의 죄이자 어리석음이었고 그들의 수치였다.

I. 그들이 그들의 동맹국의 수를 늘렸다는 것(9절). 에브라임이 값 주고 사랑하는 자들을 얻었도다. 그들은 이웃 나라들의 환심을 사서 동맹을 맺기 위하여 막대한 비용을 들였다. 만약 그들이 그런 식으로 금은 보화를 갖다 바치지 않았다면, 그 이웃 나라들은 세겜 사람들이 그들의 가축과 재산과 그들의 모든 짐승이 우리의 소유가 되지 않겠느냐(창 34:23)라고 말했던 것처럼 그들에게서 이득을 보는 것 외에는 그들에 대해서 별 관심이 없었고 그들을 하찮게 여겼기 때문에 그들과 어떤 관계를 맺을 마음이 전혀 없었을 것이다. 만약 이스라엘이 하나님의 선민으로서의 존귀함을 유지하였더라면, 주변 나라들은 계속해서 그들을 지혜와 지식이 있는 백성(신 4:6)으로 여겨서 높이 떠받들었을 것이다. 그러나 그들이 그들의 하나님을 버리고 그들의 면류관을 더럽히자, 이웃 나라들은 그들을 멸시하였고, 그들이 갖다 바치는 금은 보화 외에는 그들에 대한 관심이 없었다. 값 주고 사지 않으면 그들을 사랑해 주는 자가 없는 그런 사람들은 분명히 그들이 평소에 이웃들에게 잘못 처신해 온 것임을 알아야 한다.

1. 이스라엘이 열방들 가운데서 멸시를 받음(8절). 이스라엘은 이방인들에 의해서 이미 삼켜졌고, 그들의 땅도 이방인들에게 먹혔다(7절). 그들은 빈곤하게 되어서, 파산한 상인처럼 신용과 평판을 완전히 잃었기 때문에, 여러 나라 속에서 즐겨 쓰지 아니하는 그릇 같았고, 천하게 쓰는 그릇(딤후 2:20)이나 천하고 깨진 그릇(렘 22:28) 같았다. 이웃 나라들 가운데는 그들에게 어떤 가치를 두거나 그들과 좋은 관계를 맺으려고 관심을 갖는 나라가 하나도 없었다. 신앙을

고백하고서도 타락하여 속된 자가 되어 버린 자들은 모든 사람들로부터 가장 멸시를 받는 자들이 된다는 것을 명심하라. 소금이 만일 그 맛을 잃으면 아무짝에도 쓸 데가 없어서 사람에게 밟힐 뿐이다(마 5:13). 또는, 이 구절은 이스라엘이 이방 나라들 가운데 흩어져서 포로 생활을 하게 될 것을 의미하는 것일 수도 있다. 그들은 열방들 가운데서 가난한 포로들로 살아가게 될 것이다. 그러니, 그런 자들을 누가 반가워하겠는가?

2. 그럼에도 불구하고, 이스라엘은 열방들에게 구애를 하였다는 것(9절). 그들은 앗수르 왕을 설득하여 그들을 돕게 하기 위해서 앗수르로 갔다. 그들의 이런 모습은 홀로 떨어져서 어리석고 고집 세며 제멋대로 구는 들나귀 같았다. 그들은 고집스럽게 자기 길을 갔고, 하나님의 율법이라는 재갈을 비롯해서 그 어떤 것도 그들을 제어할 수 없고, 하나님의 진노의 칼을 비롯해서 그 어떤 것도 그들을 돌아오게 할 수 없을 것이었다. 그들은 스스로 자신의 길을 택해서 갔고, 그 결과는 홀로 떨어진 들나귀처럼 사자의 손쉽고 확실한 먹잇감이 되는 것이다(욥 11:12; 렘 2:24). 오직 하나님게만 있는 구원과 만족을 피조물에서 찾는 자는 들나귀 새끼보다 더 나은 것이 없는 자임을 명심하라.

3. 그들이 이웃 나라들과 동맹을 맺음으로써 겪게 될 불행들(10절). 그들이 여러 나라에게 값을 주고 그들의 멸망을 미리 막고자 하였을지라도 이제 내가 곡식 단을 타작 마당에 모음 같이 그들을 모으리라(미 4:12). 따라서, 그들은 그들의 안전을 위해서 이웃 나라들과 동맹을 맺었지만, 그 동맹은 도리어 그들을 그들의 원수들에게 더 손쉬운 먹잇감이 되게 해줄 빌미가 될 것이다. 분명한 소임을 띠고서 임하는 하나님의 심판들을 막을 울타리는 없다는 것을 명심하라. 아니, 사람들이 스스로를 보호하기 위해서 값을 주고 사는 바로 그것이 그들의 멸망의 빌미가 되는 경우가 자주 있다(사 7:20). 이스라엘이 환심을 사려고 애를 썼던 앗수르 왕은 스스로를 왕들의 왕(개역에서는 지도자의 임금)이라 자처하였다(사 10:8): 내 고관들은 다 왕들이 아니냐. 앗수르 왕은 이스라엘에게 짐을 지웠고, 그들에게서 세금을 거두어 들였다(왕하 15:19-20). 이런 것들 때문에 그들은 조금 근심하게 될 것이다. 그들에게 이것은 그들이 장차 당할 일에 비하면 작은 짐에 불과할 것이다. 또는, 그들은 이러한 짐이나 어려움을 별 것 아닌 것으로 여기고 마음에 두지 않을 것이기 때문에, 더 심한 심판들을 받게 될 것이다. 그들은 왕들의 왕이 지워 준 짐으로 말미암아 쇠하기 시작하였다(어떤 이

들은 이 본문을 이렇게 읽는다). 그러나 이것은 단지 재난의 시작(마 24:8), 원수 갚으심의 시작(신 32:42)일 뿐이다. 하나님은 그의 진노를 불러일으킨 백성을 심판하실 때에, 자기가 얼마나 노하기를 더디하는지를 보여주시고 그들을 어떻게든 회개로 이끄시기 위해서, 흔히 점진적으로 심판을 진행하신다는 것을 명심하라. 그러나 하나님의 작은 심판으로 약간 근심하게 된 자들이 경건한 근심에 이르러서 회개하지 않는다면, 그들은 언젠가는 더 큰 심판으로 크게 근심하며 영원히 근심하게 될 것이다.

II. 그들이 그들의 제단과 성전의 수를 늘렸다는 것.

1. 그들은 경건의 능력을 부인하고, 그것을 완전히 내팽개쳤다는 것(12절). 내가 그를 위하여 내 율법을 만 가지로 기록하였다. 이것은 하나님이 그들에게 그의 율례들을 알게 하시고 살아 있는 말씀들을 맡기심으로써 그들이 어떤 특권을 누리게 되었는지를 보여주는 것이다.

(1) 하나님의 율법에 관한 것들은 하나님의 위대한 것들이라는 것. 그것들은 율법을 만드신 이의 크심을 선포하는 것들이고, 우리에게 대단히 유익하고 중요한 것들이다. 그것들은 우리의 생명이고, 우리가 영원히 잘 되느냐의 여부는 그것들을 잘 지키고 순종하느냐의 여부에 달려 있다. 우리가 그것들을 올바르게 사용한다면, 그것들은 우리를 지극히 복되게 만들어 줄 것이다. 그것들은 하나님이 크게 높이시고 존귀하게 만들고자 하시는 것들이다.

(2) 하나님의 율법에 관한 것들을 기록해서 갖고 있는 것은 큰 특권이라는 것. 그것들을 기록해 놓으면, 그것들을 입으로만 전할 때보다도 사람들이 그 내용을 더 확실하게 알 수 있고, 그것들이 더 널리 전파되고 더 오래 보존될 수 있으며, 내용이 왜곡되거나 잘못 전달될 위험성도 훨씬 더 줄어든다.

(3) 하나님의 율법에 관한 것들은 하나님이 기록하신 것이라는 것. 왜냐하면, 모세와 선지자들은 하나님의 대필자들이고, 거룩한 자들은 성령의 감동을 따라서 글을 썼기 때문이다.

(4) 눈에 보이는 교회의 지체들이 지닌 유익은 이러한 위대한 것들이 그들을 가르치기 위해서 그들을 위하여 기록되어 있다는 것이라는 것. 따라서, 그들은 그것들을 받아들여야 한다. 이전 시대들에 기록된 것들은 무엇이든지 우리의 교훈을 위하여 기록된 것이기 때문에 우리에게 유익하다(롬 15:4). 그들을 위하여 기록된 하나님의 율법의 위대한 것들을 가진 자들이 복되다면, 우리를 위해

서 기록된 복음을 가지고 있는 우리는 얼마나 더 복된 자들이겠는가! 그러나 우리가 이 특권을 얼마나 경시하였는지를 보라.

하지만, 그들은 이 율법의 위대한 것들을 이상한 것으로 여겼다. 즉, 그들은 그것들을 도무지 알아들을 수 없고 터무니없는 것들(무슨 뜻인지 알 수도 없고, 어쩌자는 것인지 이해할 수도 없기 때문에 무시할 수 없는 것들), 그들의 관심을 끌 수 없는 낯설은 것들, 그들과 아무 상관이 없고 그들의 삶의 규범으로 받아들일 수 없는 것들로 여겼다. 그들은 그것들을 그들이 꺼리는 이방인들, 어떻게 대접해야 될지를 모르는 이방인들처럼 대하였다. 우리가 주의 도리 알기를 바라지 아니하나이다(욥 21:14).

[1] 하나님이 우리를 위하여 그의 율법의 위대한 것들을 기록해 두신 것이기 때문에, 우리는 그것들을 우리의 가장 가까운 혈육을 대하듯이 친밀하게 대하여야 한다는 것(잠 7:3-4). 왜냐하면, 그것들은 우리와 더불어서 말하기 위해서 기록된 것이기 때문이다(잠 6:22).

[2] 우리가 하나님의 율법에 관한 것들을 마치 우리와 상관이 없고 상관할 필요도 없다는 듯이 이상하게 여긴다면, 우리는 그것들로부터 아무런 유익도 얻을 수 없게 된다.

2. 그들은 그럼에도 불구하고 경건의 모양을 유지했지만, 그들이 그렇게 해 보아야 아무 소용이 없다는 것.

(1) 그들이 제단들의 수를 늘렸다는 것(11절). 에브라임은 죄를 위하여 제단을 많이 만들었다. 하나님은 오직 한 곳의 제단에서 그에게 제사를 드리라고 정하여 주셨다(신 12:3, 5). 그러나 열두 지파는 그 곳을 버린 후에도, 그들이 여전히 매우 독실한 신앙과 하나님을 향한 열심을 갖고 있다는 말을 듣고 싶어서, 마치 하나님이 정하신 제단을 모독한 것에 대하여 보상이라도 하려는 듯이, 제단을 많이 만들어서 이스라엘의 하나님께 봉헌하여, 하나님께 영광을 돌리는 체하였다. 그러나 그들의 그러한 행동은 하나님의 명시적인 명령을 그들이 범한 것을 정당화해 주는 것도 아니었고, 모세의 율법 이전에 많은 제단들을 갖고 있었던 족장들의 모범에 의거해서 정당화될 수 있는 것도 아니었다. 반대로, 그들이 제단을 많이 만든 것은 죄를 짓는 것이었다(즉, 그들은 그들에게 죄가 될 짓을 한 것이었다). 이 제단들은 그들에게 죄가 될 것이었다. 그들은 그들의 죄를 속하기 위해서 제단을 많이 만들었지만, 하나님은 제단을 많이 만든 것

자체를 흉악무도한 죄로 여기셔서, 그들의 많은 죄에 이 한 가지 죄를 더 추가하실 것이다. 또는, 그 제단들은 그들에게 추가적인 죄를 지을 빌미를 제공해 주는 것들이 될 것이다. 그들이 많이 지어서 이스라엘의 하나님께 봉헌한 제단들은 다른 신들에게 제사를 지내는 제단들이 될 것이다. 하나님의 예배를 손상시키거나 왜곡시키는 일은 큰 죄라는 것을 명심하라. 그런 일을 한 자들이 아무리 그럴 듯한 이유를 둘러대더라도, 하나님은 그들이 한 일을 죄로 여겨서 그 책임을 물으실 것이다. 다른 죄들과 마찬가지로, 이 죄의 길도 멸망으로 치닫는 내리막길이다. 하나님의 명령에 의해서 확고하게 정해진 규범을 일단 벗어난 자들은 끝없이 떠돌며 방황하게 될 것이다.

(2) 그들이 제사의 수를 늘렸다는 것(13절). 그들의 제단들에서는 끊임없이 연기가 피어 올랐다. 그들은 하나님께 고기를 제물로 드렸고, 그런 후에 그 고기로 잔치를 벌였다. 그들은 하나님께 제사를 드리는 데에 아주 많은 돈을 쏟아 부었고, 그들의 방식대로 하나님을 섬기는 데에 매우 열심이었다(하나님이 정하신 제도들 대신에 그들 자신이 고안해 낸 방식을 따라 신앙 생활을 하는 자들은 보통 그렇다). 그것은 마치 그들이 만들어낸 방식대로 제사를 열심히 드리면 하나님이 정하신 제사를 드리지 않은 그들의 죄가 용서받을 수 있고, 그들이 고안해낸 의식법(儀式法)을 열심히 지키면 하나님의 온갖 도덕적인 가르침들을 지키지 못한 그들의 죄가 용서받을 수 있을 것이라고 생각하는 것 같았다. 그렇다면, 그들은 어떤 응답을 받았는가?

[1] 하나님은 그들의 방식대로 드려진 제사를 전혀 제사로 여기지 않으신다는 것. 여호와는 그것을 기뻐하지 아니하신다. 그들이 예물을 거룩하게 할 수 있는 유일한 제단에서 제사를 드린 것도 아니고, 단지 제물의 고기만을 드렸을 뿐 회개하고 믿는 마음으로 영적인 제사를 드린 것도 아닌 그들의 제사를 어떻게 하나님이 기쁘게 받으실 수 있으시겠는가? 하나님의 말씀이라는 규범에 따라서 예수 그리스도로 말미암아 드려진 제사들만이 하나님께 열납될 수 있다는 것을 명심하라(벧전 2:5).

[2] 하나님은 그들이 그런 식으로 제사를 드리는 것을 죄로 여기시고 그들을 벌하시리라는 것. 하나님은 그들의 기대와는 달리, 그들의 죄악을 용서하시고 그들의 죄를 지워 버리시는 것이 아니라, 도리어 그들의 죄악을 기억하여 그들의 죄를 벌하실 것이다. 악인들의 제사는 여호와께 가증스러운 것이기 때문에, 하나

님은 그들에게 진노하셔서, 그들의 다른 모든 가증스러운 행위들에 대해서도 그들에게 책임을 물으셔서 벌하실 것이다. 그들은 그들이 제사를 많이 드려서 천지의 주재(主宰)이신 하나님을 뇌물로 매수하면 하나님이 그들의 악행을 눈감아 주실 것이라고 생각하겠지만, 하나님은 그들의 그런 행위를 그에 대한 가장 큰 모독으로 여겨서 분개하실 것이고, 그들의 그런 행위는 그들의 죄의 분량을 채우는 죄가 될 것이다. 죄를 짓도록 내버려 두시라고 간청하는 것은 죄를 지은 것에 대하여 저주를 내려 달라고 비는 것과 마찬가지이기 때문에, 하나님은 그것에 대하여 그 우상의 수효대로 보응하실 것임을 명심하라(겔 14:4). "내가 그들의 죄를 벌하리니 그들이 애굽으로 다시 가리라." 그들은 포로가 되어 앗수르로 끌려가게 될 것인데, 애굽이 그들의 조상들에게 종살이 하던 집이었던 것처럼, 그 곳은 그들에게 그런 곳이 될 것이다. 또는, 이것은 그들이 애굽으로 가는 것이 이 죄악된 나라의 참상의 결말이 될 것이라고 말씀하고 있는 신명기 28:68과 연관이 있을 수도 있다: 여호와께서 너를 배에 싣고 전에 네게 말씀하여 이르시기를 네가 다시는 그 길을 보지 아니하리라 하시던 그 길로 너를 애굽으로 끌어 가실 것이라 거기서 너희가 너희 몸을 적군에게 남녀 종으로 팔려 하나 너희를 살 자가 없으리라.

(3) 그들이 성전의 수를 늘렸다는 것. 그들은 이것도 참 하나님께 영광을 돌리기 위하여 행한 체하였지만, 사실은 하나님이 그의 이름을 두시기 위하여 예루살렘 성전을 택하신 것을 무시하는 짓이었다. 이스라엘은 자기를 지으신 이를 잊어버렸다(14절). 그들은 하나님을 아는 체하였지만, 사실을 하나님을 잊어버린 것이었다. 왜냐하면, 그들은 하나님을 기억하고서 그들의 욕망을 억제하였어야 하는데도, 그들의 마음에 하나님 두기를 싫어하였기 때문이다(롬 1:28). 하나님을 잊어버린 그들의 죄를 더욱 가중시키는 것은 하나님이 그들을 지으신 이라는 사실이다(신 32:15, 18; 욥 35:10). 하나님이 우리의 창조주라는 사실(전 12:1)보다 우리가 꼭 기억해야 할 더 중요한 것은 없다. "이스라엘은 자기를 지으신 이를 잊어버리고 성전들을 세웠다. 그들이 성전들을 짓고 있기 때문에, 그들이 내가 그들의 창조주라는 것을 기억하고 있고, 여전히 나를 기억하기를 원하는 듯이 보이지만, 사실 그들은 나를 잊어버렸다. 왜냐하면, 그들은 나를 경외하는 마음을 버렸기 때문이다." 어떤 이들은 여기에서 성전들로 번역된 단어를 왕궁들로 이해하기도 한다. 왜냐하면, 이 단어는 종종 그런 의미로도 사용되기

때문이다. "이스라엘은 자기를 지으신 이를 잊어버렸으면서도, 자신만만하고 오만방자하여서, 하나님의 심판들을 무시하고, 느부갓네살이 이 큰 **바벨론**은 내가 능력과 권세로 건설하여 나의 도성으로 삼고 이것으로 내 위엄의 영광을 나타낸 것이 아니냐(단 4:30)고 말한 것이 그들의 심정인 것처럼 으리으리한 왕궁들을 짓고 있다." 마찬가지로, 하나님은 하나님의 심판들이 도처에 있는 상황 속에서도 유다가 견고한 성읍을 많이 쌓고서 그 성읍들을 의지하여 그들의 안전을 도모하고 있다고 고소하신다. 그들의 성읍들을 견고한 요새로 만드는 데에는 그들이 범사에 하나님께 순종하고 복종하는 것만으로도 충분할 것이었다. 그러나 그들이 하나님이나 그의 섭리를 존중하지 않는 가운데에 하나님을 대적하여 그들의 성읍들을 요새화한 것(사 22:11)은 그들의 마음이 죄의 유혹에 의해서 미혹되어 절망적으로 완고하게 되었다는 것을 보여주는 것이다(히 3:13). 그러나 하나님을 거슬러 스스로 완악하게 행하고도 형통한 자는 없었기 때문에(욥 9:4), 그들도 당연히 형통하지 못할 것이다. 하나님은 유다와 이스라엘의 성읍들, 즉 그들의 수도인 예루살렘과 사마리아만이 아니라 이 두 왕국의 모든 성읍들에 불을 보내실 것이고, 그 불은 그들의 민가들만이 아니라 왕궁들도 삼켜 버릴 것이다. 왕궁들이 아무리 견고하게 지어졌다고 할지라도, 그 불은 왕궁들을 잿더미로 만들어 버릴 것이다. 왕궁들이 아무리 웅장하고 사치스럽게 지어졌다고 할지라도, 그 불은 왕궁들을 아끼지 아니할 것이다. 이 말씀은 이스라엘의 모든 성읍들이 앗수르 왕에 의해서, 그리고 유다의 모든 성읍들이 바벨론 왕에 의해서 잿더미가 되었을 때에 성취되었다. 이 두 왕이 모든 성읍들에 지른 불들은 하나님이 보내신 불이었다. 하나님은 심판하실 때에 반드시 이기신다.

제
— 9 —
장

개요

이 장에는 다음과 같은 내용들이 나온다. I. 하나님은 이스라엘의 이 타락한 자손들이 죄로 말미암아 그것들을 누릴 자격을 상실하였기 때문에 그들이 이 세상에서 누리는 온갖 것들을 그들로부터 다 빼앗아 버리시겠다고 경고하심. 그래서, 그들은 세상의 것들을 얻어서 스스로 누릴 때에나 하나님께 드릴 때에나 그 어느 쪽에서도 위로를 얻지 못하게 될 것이다(1-5절). II. 하나님은 그들 자신의 죄와 그들의 선지자들의 죄로 말미암아 그들을 철저하게 멸망시키시겠다고 경고하심(6-8절). III. 하나님은 그들의 조상들이 악하였고, 그들도 조상들의 전철을 밟고 있다고 책망하심(9-10절). IV. 하나님은 그들의 자녀들을 멸하시고, 그들의 후손들을 뿌리 뽑으시겠다고 경고하심(11-17절).

¹이스라엘아 너는 이방 사람처럼 기뻐 뛰놀지 말라 네가 음행하여 네 하나님을 떠나고 각 타작 마당에서 음행의 값을 좋아하였느니라 ²타작 마당이나 술틀이 그들을 기르지 못할 것이며 새 포도주도 떨어질 것이요 ³그들은 여호와의 땅에 거주하지 못하며 에브라임은 애굽으로 다시 가고 앗수르에서 더러운 것을 먹을 것이니라 ⁴그들은 여호와께 포도주를 부어 드리지 못하며 여호와께서 기뻐하시는 바도 되지 못할 것이라 그들의 제물은 애곡하는 자의 떡과 같아서 그것을 먹는 자는 더러워지나니 그들의 떡은 자기의 먹기에만 소용될 뿐이라 여호와의 집에 드릴 것이 아님이니라 ⁵너희는 명절 날과 여호와의 절기의 날에 무엇을 하겠느냐 ⁶보라 그들이 멸망을 피하여 갈지라도 애굽은 그들을 모으고 놉은 그들을 장사하리니 그들의 은은 귀한 것이나 찔레가 덮을 것이요 그들의 장막 안에는 가시덩굴이 퍼지리라

이 단락에는 다음과 같은 내용들이 나온다.

I. 하나님은 이스라엘 백성이 영적 간음을 저질렀다고 고소하심. 이스라엘아 네가 음행하여 네 하나님을 떠났느니라(1절). 그들이 하나님과 맺은 계약은 혼인 계약이었고, 그들은 이 계약을 통해서 다른 이들을 다 버리고 그들의 하나

님께 가서 그와 하나가 되었다. 그러나 그들은 우상들을 세워서 섬기고, 피조물들에게로 달려가서 구원을 요청하며, 피조물들을 의지하였는데, 그것은 거짓으로 신을 자처하는 우상들에게 오직 하나님께만 드려야 마땅한 사랑과 경배와 신뢰를 바쳐서 그 우상들을 높인 것이었기 때문에, 그들의 하나님을 떠나서 음행한 것이었다. 다른 백성들도 우상 숭배자들이긴 하였지만, 그 백성들은 하나님과 혼인한 이스라엘과는 달리 하나님을 떠나서 음행한 것이 아니었다. 신앙을 고백하고 하나님과 관계를 맺은 자들이 저지르는 죄들은 그렇지 않은 자들이 저지른 죄들보다 더 하나님을 노하게 하신다는 것을 명심하라. 하나님은 그들이 그를 떠나 음행하였다는 것을 보여주는 증거로서 그들이 각 타작 마당에서 음행의 값을 좋아하였다고 고소하신다.

1. 그들이 각 타작 마당에서 난 소출들을 우상들에게 예물과 첫 열매들로 바치기를 좋아하였다는 것. 그들은 그 소출들을 하나님께 성별하여 드리거나 하나님을 섬기는 일에 사용하는 것은 싫어하고 불평하였겠지만, 어찌 된 일인지 그것들로 우상들을 섬기는 것은 아주 좋아하였다. 하나님을 섬기는 일에는 인색한 자들이 그들의 욕망과 정욕을 위해서는 돈을 물 쓰듯이 하는 것은 흔한 일임을 명심하라.

2. 그들이 우상들로부터 상 받는 것을 좋아하였다는 것. 그들은 땅에서 난 소출들을 우상들이 주는 상으로 여겼다. 이것은 나를 사랑하는 자들이 내게 준 값이다(2:12). 하나님의 은혜와 영생이라는 상보다도 타작 마당에서 나는 상을 좋아하는 자들은 영적인 우상 숭배의 경향이 아주 짙은 자들임을 명심하라.

II. 하나님이 그들에게 다른 백성들처럼 기뻐하는 것을 금하심. "이스라엘아 너는 이방 사람처럼 기뻐 뛰놀지 말라. 기뻐하게 될 것을 기대하지 말라. 네 가운데에 음행과 마술이 만연되어 있는데, 어떻게 네가 평안이나 기쁨을 바랄 수 있겠느냐(왕하 9:19-22). 너는 기뻐하는 것이 마땅하지 않으니 기뻐할 생각을 하지 말고, 도리어 슬퍼하며 애통하며 울지어다(약 4:9)." 참 하나님께 꼭 붙어 있는 유다, 아니 하나님을 알지 못하거나 하나님을 떠났다는 고소를 듣지 않아도 되는 다른 백성들은 자기 하나님을 떠나 음행한 이스라엘과 같은 그런 부끄러워해야 할 이유를 갖고 있지 않기 때문에 즐거워하고 기뻐하는 것이 허용될 수 있다. 어떤 이들은 이 때에 그들에게 특별히 기뻐해야 할 일이 생겨서, 즉 어떤 손실이 회복되었거나 어떤 이득을 얻었거나 어떤 강력한 동맹국을 얻는 일이 생겨서, 그런 때에 다른 백성들이 흔히 그렇듯이, 그들도 나라 전체가 즐거워하고 기뻐하였던 것 같다고 생각한다. 그러나 하나님은 호세아 선지자를 그들에게 보내셔서 기뻐하지 말라고 말씀하신다. 기쁨은 악인들에게는 금지된 과실이라는 것을 명심하라. 그들은 그들의 하나님을 떠나서 음행하였기 때문에 기뻐해서는 안 된다.

1. 그들이 무엇을 기뻐하였든, 하나님을 멀리 떠나서 하나님과 전쟁을 벌이고 있는 동안에는, 그들이 기뻐한 그 어떤 것도 그들에게 안전을 보장해 주거나 그 어떤 유익이 되지 못하리라는 것. 우리가 하나님을 우리의 제일가는 기쁨으로 삼지 않는다면, 우리는 피조물로부터 오는 그 어떤 위로로 인한 기쁨도 누리지 못하게 될 것임을 명심하라.

2. 그들은 죄의식과 진노에 대한 두려움을 가지고서 그들의 모든 기쁨과 위로를 자제하고 억제하여야 마땅하다는 것. 하나님을 떠남으로써 회개할 일을 한 자들은 그들이 하나님께 돌아와서 화해할 때까지는 그들의 즐거움을 스스로 가로막은 것임을 명심하라.

Ⅲ. 하나님은 그들에게 그가 오래 전에 말씀하신 대로 그들의 영적 간음으로 인하여 그들을 멸하시는 심판들을 내리시겠다고 경고하심. 무릇 주를 멀리하는 자는 망하리니 음녀 같이 주를 떠난 자를 주께서 다 멸하셨나이다(시 73:27). 하나님은 여기에서 다음과 같이 경고하신다.

1. 그들의 땅이 예년(例年)과 같은 소출을 내지 않으리라는 것. 옥토였던 가나안은 그 주민의 악으로 말미암아 염전으로 변하게 될 것이다(시 107:34). 그들은 타작 마당에서 얻는 음행의 값을 좋아하였고, 수확의 기쁨을 만끽하였기 때문에, 그들의 죄로 인하여 애통해하고자 하는 마음을 전혀 먹지 않았다. 그러므로 하나님은 그들을 확실하게 낮추시기 위하여 그들에게서 그들이 즐기는 진수성찬들만이 아니라 그들의 일용할 양식까지도 가져가 버리실 것이다(2절). 타작 마당이나 술틀이 그들에게 잔치를 열 정도로 풍성한 소출을 주지 못하는 것은 물론이고, 그들을 먹이거나 기르지도 못할 것이다. 거기에서 난 소출들은 하나님의 손에 의해서 망쳐지거나 사람의 손에 의해서 약탈당할 것이다. 그들의 마음을 기쁘게 해주곤 하였던 새 포도주도 떨어질 것이다. 우리가 이 세상이나 세상에 속한 것들을 하나님이 원래 의도하셨던 것 이상으로 우리의 우상이자 분깃으로 삼을 때, 하나님이 그것들에 대한 그의 원래의 의도를 따라 우리

에게 꼭 필요한 양식과 자양분을 공급해 주시는 것조차 거두어 가심으로써, 우리에게 우리의 어리석음을 보여주시고, 우리를 징계하시는 것은 의로우신 일임을 명심하라. 타작 마당에서 자신의 상을 구하는 자들은 타작 마당에서 자신의 일용할 양식조차 얻지 못하게 될 것이다. 우리가 이 세상의 것들을 가장 좋은 것들로 여겨서 사랑한다면, 우리는 이 세상의 좋은 것들까지 잃어버리게 될 것이다.

2. 그들의 땅이 그들을 먹여 살리는 것을 거부할 뿐만 아니라, 그들의 거처가 되는 것조차도 거절하게 되리라는 것. 그들의 땅은 전에 그들 앞에서 가나안 사람들을 토해 냈듯이 그들을 토해 낼 것이다(3절): 그들은 여호와의 땅에 거주하지 못하리라. 가나안 땅은 특별한 의미에서 여호와의 땅, 세키나의 땅(갈대아 역본의 읽기), 세상의 주의 땅(아랍 역본의 읽기)이었다. 온 땅은 하나님의 것이기 때문에(시 24:1) 하나님의 영지이다. 하나님은 토지는 다 내 것이라고 말씀하신다(레 25:23). 그들은 그 땅을 마치 그들의 것인 양 사용하고 악용하였으며, 세(貰)를 내거나 그 땅의 주인이신 하나님께 합당한 섬김을 드리지도 않았다. 그러므로 하나님이 그 땅을 다시 거두어 가시고, 그들이 하나님께 빌린 땅을 잃게 된 것은 당연한 일이었다. 하나님은 이렇게 말씀하신다: "이것은 나의 땅이니, 내가 그것을 나타내 보이리라. 왜냐하면, 내가 악한 소작인들인 그들을 내쫓을 것이고, 그들이 이 땅의 주인이라고 생각한 것이 그들의 착각이고 그들은 단지 소작인들에 불과하다는 사실을 그들로 똑똑히 알게 할 것이기 때문이다." 하나님이 그를 떠나 음행하는 자들을 그의 땅에 살지 못하게 하시는 것은 그의 공의와 거룩함을 위한 것임을 명심하라. 그러므로 악인들은 조만간에 세상에서 쫓겨날 것이다(욥 18:18). 또는, 이 땅이 여호와의 땅이라 불리는 것은 그 땅이 거룩한 땅, 임마누엘의 땅, 하나님의 임재와 특별한 은총을 보여주는 여러 징표들이 깃들인 땅, 하나님이 알려져 있고 그의 이름이 크신 땅, 하나님의 선지자들과 말씀들이 있는 땅이었기 때문이다. 그 땅은 지상에 있었던 에덴 동산을 옮겨 놓은 듯한 곳이었고, 하늘에 있는 낙원의 모형이었다. 그러한 땅에 분깃을 갖고 있는 것은 큰 특권이었다. 그러한 땅에서 하나님을 거슬러 반역하고 떠나서 음행을 하고, 정직한 자의 땅에서 불의를 행한 것은 큰 죄이자 어리석은 짓이었다(사 26:10). 그리고 그러한 땅에서 쫓겨나는 것은 서글프고 혹독한 심판이었다. 그것은 우리의 첫 조상들이 에덴 동산에서 쫓겨나는 것과 같은 것

이었고, 하늘의 가나안에 들어가지 못하게 되는 것과 마찬가지였다. 여호와의 율법에 복종하고자 하지 않거나 여호와의 사랑의 감화를 받고자 하지 않는 자들은 여호와의 땅에 살기를 기대할 수 없다는 것을 명심하라. 교회가 지켜야 할 규범들을 지키지 않는 자들은 교회의 특권들을 상실하게 될 것이다.

3. 그들이 여호와의 땅에서 쫓겨난 후에는 그 어떤 땅에서도 안식이나 만족을 얻지 못하리라는 것. 가인은 쫓겨나서 여호와 앞을 떠났을 때에 그 후로는 어디를 가든 두려워 떠는 가운데에 도망자와 유랑자로 살았다. 여기에서 이스라엘도 마찬가지였다. 그들 중 일부는 옛적에 그들의 조상들이 종살이 하던 집이었던 애굽으로 다시 갈 것이다. 그들은 앗수르 사람들을 피하여 도망쳐서 거기로 갈 것이고(8:13), 거기에 피신하여 안전하게 살 것이라고 생각한 바로 그 곳에서 그들은 모든 것을 잃고 망하게 될 것이다. 또한, 그들 중 일부는 포로가 되어 앗수르로 끌려가서, 거기에서 더러운 것, 즉 부정한 것들을 어쩔 수 없이 먹게 될 것이다.

(1) 그들이 사람으로서 도저히 먹을 수 없는 것들, 부패하고 썩은 것들을 먹게 되리라는 것. 이것은 그들이 극도로 빈곤해져서, 탕자처럼 돼지들이나 먹는 쥐엄 나무 열매로 그들의 배를 채울 수밖에 없게 될 것임을 보여주는 것이다.

(2) 그들은 유대인들이 먹어서는 안 되는 것들, 그들의 율법에서 금지하는 것들을 먹게 되리라는 것. 그들이 고국에 있는 동안에는 다른 일들에 있어서는 아무리 불순종하였다고 할지라도, 적어도 구별된 음식을 먹는 것은 지켰고, 그것을 자랑스럽게 여겼을 것이다. 그러나 그들이 다른 일들에서 하나님의 율법을 지키고자 하지 않았기 때문에, 그들은 구별된 음식을 먹는 것조차 지키지 못하게 될 것인데, 그것은 우상들에게 바쳐진 것들을 먹은 그들의 죄에 대한 합당한 벌이었다. 어느 때라도 우리가 음식이 없어서 먹지 못하거나 건강상의 이유로 불쾌한 것을 먹거나 마실 수밖에 없게 되는 등 음식과 관련해서 고통을 당하게 된다면, 우리는 우리가 음식과 관련하여 범죄하여서, 좋은 음식을 지나치게 탐하였기 때문에, 그런 징계를 받는 것이라고 생각해서, 그렇게 하신 하나님이 의로우시다는 것을 인정하여야 한다.

4. 그들이 쫓겨갈 원수들의 땅에서 그들은 하나님이 기뻐하시는 제사를 드려서 하나님께 영광을 돌리거나 하나님으로부터 은혜를 얻을 기회를 갖지 못하리라는 것. 그들은 이방인들 가운데서는 명목상의 신앙을 이어갈 처지도 되

지 못할 것이다. "그들은 하나님과의 관계를 표현하는 모든 것, 하나님의 은혜와 관련된 모든 징표들, 하나님과 화해할 수 있는 모든 수단들로부터 완전히 단절될 것이고, 그것은 그들에게 그들이 하나님으로부터 떠났고 버림을 받았다는 것, 더 이상 하나님이 그들을 자기 백성으로 인정하지 않으신다는 것을 보여주는 징표가 될 것이다"(포코크의 설명).

(1) 그들에게는 하나님께 드릴 제물이나 그 제물을 올려 놓을 제단이나 제사를 드려줄 제사장들이 없으리라는 것. 그들은 다른 제사들은 말할 것도 없고, 하나님께 포도주를 부어 드리는 전제조차 올리지 못할 것이다.

(2) 설령 그들이 그런 제사를 드린다고 하여도, 하나님은 그들이나 그들의 제사를 기쁘게 받지 않으시리라는 것. 왜냐하면, 그것들은 합법적인 제사일 수가 없고, 그들의 마음이 낮아진 것도 아니기 때문이다.

(3) 그들은 기쁨과 찬송의 제물 대신에 애곡하는 자의 떡을 먹게 되리라는 것. 그들은 그들의 혈육들의 죽음과 그들 자신의 비참한 삶을 애곡하며 참담하고 쓸쓸하게 그 어떤 위로도 받지 못한 채 살아가게 될 것이기 때문에, 하나님께 제사를 드릴 기회를 얻었다고 할지라도, 결코 제사를 드릴 처지가 되지 못할 것이다. 왜냐하면, 애곡하는 날에는 성물을 먹는 것이 금지되어 있었고(신 26:14), 애곡하는 자의 떡을 먹는 자들은 모두 부정하게 되어서 제단에 참여할 수 없게 되어 있었기 때문이다.

(4) 그들의 떡은 그들이 먹지 않으면 굶어 죽게 될 그런 떡, 그들이 연명하기 위해서 먹어야만 하는 떡이기 때문에 자기의 먹기에만 소용될 뿐이고 여호와의 집에 드리지는 못하게 되리라는 것. 그들에게는 그 떡을 가져다 드릴 여호와의 집이 없게 될 것이고, 설령 여호와의 전이 그들에게 있다고 할지라도, 그들의 떡은 거기에 갖다 바치기에 합당하지 않은 그런 떡이거나, 자기가 먹기에도 충분하지 않아서 도저히 바칠 수 없는 그런 떡일 것이다.

(5) 성일이나 절기가 돌아오는 것이 그에게는 너무나 괴롭고 우울한 일이 되리라는 것(5절). 너희는 명절 날과 여호와의 절기의 날에, 즉 매주마다 돌아오는 안식일이나 달마다 돌아오는 월삭이나 해마다 돌아오는 유월절과 오순절과 장막절에 무엇을 하겠느냐. 여호와의 절기들은 엄숙한 날들이라는 것을 명심하라. 하나님이 우리를 이러한 절기들에 초대하실 때, 우리는 우리가 무엇을 해야 할 것인지를 진지하게 생각하지 않으면 안 된다. 그러나 하나님은 여기에서

이러한 엄숙한 절기들로 인한 유익과 위로를 박탈당할 자들에게 질문을 던지고 계신다. "그 때에 너희는 무엇을 하겠느냐. 만약 너희의 잘못이 아니었다면, 너희는 그런 날들에 기뻐하고 찬송하며 지냈을 것이지만, 슬프게도 장차 그런 날들에 너희는 근심과 애통함으로 지내게 될 것이다. 너희는 은혜들이 없어지고 나서야 그 은혜들이 얼마나 소중한 것이었는지를 알게 될 것이고, 신령한 양식이 없어 허기를 느끼게 되고 나서야 그 양식이 얼마나 소중한 것이었는지를 알게 될 것이다." 우리는 은혜의 수단들 또는 방편들을 누리고 있을 때에, 만약 우리에게 그런 것들이 없어지게 되거나 우리가 그런 것들에 참여할 수 없게 된다면 우리가 무엇을 할 것인지를 깊이 생각해 보아야 한다는 것을 명심하라.

5. 그들은 그들이 흩어진 땅에서 죽게 되리라는 것(6절). 보라 그들이 앗수르 사람들에 의해서 그들의 나라가 멸망하자 그 멸망을 피하여, 얼마든지 위로를 누리며 안식일을 비롯해서 나날들을 지낼 수 있었을 여호와의 땅을 나가서, 폭풍이 지나가면 다시 돌아올 요량으로 마음 편하게 애굽으로 갔다. 그러나 그들의 그러한 기대는 여지없이 무너지고 말 것이다. 그들은 그들의 불평하던 선조들이 말했던 것처럼 애굽에 그들을 위한 매장지가 있다는 것을 발견하게 될 것이다(출 14:11). 왜냐하면, 애굽은 죽은 자들을 한데 모아서 무덤으로 실어가기 위해서 그들을 모으고, 애굽의 큰 성읍들 중의 하나인 놉은 그들을 장사할 것이기 때문이다. 모으는 것과 장사하는 것은 서로 결합되어 사용된다(렘 8:2; 욥 27:19). 주제넘게도 하나님의 심판에서 도망칠 수 있을 것이라고 생각하는 자들은 그들의 목숨을 구해줄 피난처라고 생각했던 곳에서 죽음을 만나게 될 것임을 명심하라.

6. 그들이 다시 돌아올 것을 기약하며 뒤로 하고 떠나온 그들의 땅은 황폐화되리라는 것. 그들이 전에 살면서 재물들을 쌓아 두었던 그들의 장막, 그들의 은이 쌓여 있던 즐거운 곳은 다 무너져서 폐허가 되어, 찔레로 덮여 있게 될 것이다. 따라서, 그들이 환난 가운데서 살아 남아서 그들의 땅으로 다시 돌아온다고 하여도, 그 땅은 비옥하지도 않을 것이고, 사람이 살 만한 땅도 아닐 것이다. 그 땅은 그들에게 먹을 것이나 살 곳을 제공해 주지 않을 것이다. 여호와를 자신의 하나님으로 섬기는 자들이 그의 장막을 사랑스러운 곳으로, 그의 규례를 자신의 즐거운 것으로 여기듯이(사 64:11), 돈을 자신의 신으로 삼고 살아가

는 자들은 그들의 은이 있는 곳을 즐거운 곳으로 여긴다. 하나님과 교제하는 즐거움은 위험과 변화가 닿지 않는 곳에 있는 반면에, 사람들이 은으로 샀거나 그들의 은을 쌓아 두었거나 은으로 아름답게 장식한 즐거운 곳들과 사람들이 그 곳들에서 누렸던 온갖 즐거움들은 폐허가 되어 찔레로 덮일 수 있다.

[7]형벌의 날이 이르렀고 보응의 날이 온 것을 이스라엘이 알지라 선지자가 어리석었고 신에 감동하는 자가 미쳤나니 이는 네 죄악이 많고 네 원한이 큼이니라 [8]에브라임은 나의 하나님과 함께 한 파수꾼이며 선지자는 모든 길에 친 새 잡는 자의 그물과 같고 그의 하나님의 전에는 원한이 있도다 [9]그들은 기브아의 시대와 같이 심히 부패한지라 여호와께서 그 악을 기억하시고 그 죄를 벌하시리라 [10]옛적에 내가 이스라엘을 만나기를 광야에서 포도를 만남 같이 하였으며 너희 조상들을 보기를 무화과나무에서 처음 맺힌 첫 열매를 봄 같이 하였거늘 그들이 바알브올에 가서 부끄러운 우상에게 몸을 드림으로 저희가 사랑하는 우상 같이 가증하여졌도다

하나님은 여기에서 그들을 좀 더 일깨워서 정신을 차리게 하시기 위하여 다음과 같은 것들을 경고하신다.

I. 하나님이 말씀하신 멸망이 속히 임하리라는 것. 하나님의 심판은 하는 일 없이 빈둥거리지 않을 것이기 때문에, 그들은 그 심판이 오랫동안 연기될 것이라고 기대할 이유가 전혀 없을 것이다. 그 심판은 문 앞에 와 있다(7절). 형벌의 날이 이르렀고, 더 이상 연기는 없을 것이다. 하나님이 그동안 너무도 자주 경고해 오셨던 보응의 날이 이르렀다. 그들의 선지자들은 그들에게 멸망이 이를 것이라고 전하였는데, 이제 그 멸망이 이르렀다. 하나님이 참고 기다리시는 때는 끝이 났다.

1. 하나님의 심판의 날은 사람들의 죄를 심문해서 백일하에 드러내는 날임과 동시에, 사람들의 운명을 판결하고, 각 사람이 행위대로 보응을 받는 날이라는 것. 의로운 보응을 위해서는 엄격한 심문은 필수적이다.

2. 이 심문과 보응의 날은 신속하게 다가오고 있다는 것. 그 날은 마치 이미 온 것처럼 확실하고 가깝다.

II. 그 때에 그들이 이전에 그들의 선지자들에게 가졌던 감정을 부끄러워하게 되리라는 것. 형벌의 날이 이르렀을 때, 이스라엘은 전에 그들의 선지자들

이 그들에게 가르쳐 주고자 했을 때에는 알고자 하지 않은 것을 서글픈 체험을 통해서 알게 될 것이다. 그 때에 이스라엘은 하나님을 떠나는 것이 얼마나 악하고 고통스러운 일인지(렘 2:19), 하나님의 손에 빠져 들어가는 것이 얼마나 무서운 일인지를 알게 될 것이다(히 10:31). 주의 손이 높이 들릴 때에 그들이 보고자 하지 아니할 것이나 어쩔 수 없이 보게 될 것이다(사 26:11). 이스라엘은 참 선지자와 거짓 선지자의 차이를 알게 될 것이다.

1. 그 때에 그들은 예언자임을 자처하면서 죄 가운데에 있는 그들에게 듣기 좋은 말과 편안한 말만을 해주어서 기분좋게 잠이 오게 하였던 자들, 그들이 지금처럼 계속 행하여도 그들에게 평안이 있을 것이라고 말해준 자들이 아무리 신에 감동된 자들(아합의 선지자들처럼, 왕상 22:24)이고 신령한 자들인 체하여도 참 선지자들이 아니고 어리석은 자들이며 미친 자들이라는 것을 알게 될 것이다. 그들은 스스로를 속였고, 그들의 예언을 믿은 자들을 속였다. 그러나 왜 하나님은 자기 백성 이스라엘로 하여금 이 거짓 선지자들에게 속아 넘어가게 하셨던 것인가? 하나님은 이렇게 대답하신다: "네가 하나님의 율법을 멸시하고 끈질기게 행해 온 죄악이 많고, 하나님의 이름으로 너를 책망한 참 선지자들에 대한 네 증오가 컸기 때문에, 내가 그런 일이 일어나는 것을 허락하였다." 사람들은 진리의 사랑을 받아들이지 않으면 진리에 대한 증오심을 품고, 그들의 많은 죄악을 통해서 진리에 도전하기 때문에, 하나님은 강력한 미혹의 역사(役事)를 그들에게 보내사 거짓 것을 믿게 하신다는 것을 명심하라(살후 2:11). 하나님의 그 역사는 너무나 강력해서, 형벌과 보응의 날이 이를 때까지 그들은 그 미혹에서 깨어나지 못할 것이고, 그 날이 이르러서야 그들을 유혹하였던 자들이 어리석고 미쳤다는 것과 그들에게 속아 넘어간 그들도 어리석고 미쳤다는 것을 깨닫게 될 것이다.

2. 그 때에 그들은 그들이 어리석은 자들이요 미친 자들이라고 여겼고 그렇게 불렀던 자들이 하나님의 성령의 인도하심을 받은 진정으로 신령한 자들, 곧 참 선지자들이었다는 것을 알게 될 것이다. 그들은 이 참 선지자들이 당대의 지혜로운 자들이었고, 하나님이 그들에게 보내신 신실한 대사(大使)들이었는데도 그런 대우를 전혀 받지 못하였다는 것을 깨닫게 될 것이다. 이스라엘은 사무엘이 전한 말씀이 하나도 땅에 떨어지지 않은 것을 보고서야 그가 선지자로 세우심을 입은 줄을 알았다(삼상 3:20). 여기에서도 하나님의 사자들이 예언한 보응의

날이 도래하여 하나님이 그들이 전한 말씀을 성취하실 때에야, 이제까지 그들을 멸시하고 조롱하였던 자들, 그들에게는 정신병원이 가장 알맞은 곳이라고 생각하였던 자들은 이런 유의 그들의 많은 죄악과 참 선지자들에 대한 그들의 큰 증오로 인하여 하나님이 그들에게 이 신속한 멸망을 보내셨다는 것을 알고서 부끄러워하게 될 것이다. 하나님이 그들을 벌하시고 그들로 부끄럽게 하신 원인이 된 죄는 하나님의 사자들을 조롱한 죄였다.

Ⅲ. 그 때에 거짓 선지자들의 악이 드러나서 수치를 당하게 되리라는 것(8절). "에브라임의 파수꾼은 나의 하나님과 함께 있었다. 그가 전에는 그랬었다. 그들에게는 하나님께 꼭 붙어 있으면서 하나님과의 교제를 유지하였던 한 무리의 선하고 훌륭한 사역자들이 있었다. 그러나 지금 그들에게는 부패하고 악의에 차 있으며 사람들을 핍박하는 선지자들, 온갖 해악을 앞장서서 행하는 선지자들뿐이다." 또는, "지금 에브라임의 파수꾼은 나의 하나님과 함께 있는 체하며, 그의 거짓말 앞에 여호와께서 이렇게 말씀하신다는 서론을 꼭 붙인다. 그러나 그는 모든 길에 친 새 잡는 자의 그물과 같아서, 순진한 자들을 죄로 이끌고 정직한 자들을 고통 속에 몰아넣는 일에 교활하고 영악하다. 그는 선함과 선한 자들에 대한 증오감과 적대감이 가득해서, 그의 하나님의 전에서 또는 그의 하나님의 전을 대적하는 증오의 화신이 되었다." 악한 선지자들은 악인들 중에서도 가장 악한 자들임을 명심하라. 하나님을 대적하는 그들의 죄들은 가장 흉악무도하고, 신앙을 대적하는 그들의 음모들은 가장 위험하다. 그들은 그들이 파수꾼이요 생각을 많이 하는 자들이라는 것을 자랑스러워할 수 있고, 사실 생각이라는 면에서는 그들이 하나님과 함께 했을 수도 있으며, 그들의 머리는 좋은 말들로 가득 채워져 있을 수도 있다. 그러나 그들의 삶을 들여다보라. 그들은 그들 스스로도 잡히고 다른 사람들도 먹잇감으로 삼기 위해서 그들의 모든 길에 친 새 잡는 자의 그물이다. 그들의 마음을 들여다보라. 그들은 나의 하나님의 전에서 선한 사역자들과 선한 자들에 대하여 지독한 악의와 앙심을 품고 있는 증오 그 자체이다. 보는 자들이기는 하지만 행하는 자들은 아닌 파수꾼과 선지자들만을 가진 그런 땅과 교회에 화가 있으리라! 가장 선한 것들이 부패하였을 때에는 가장 악한 것들이 된다.

Ⅳ. 그들이 그들의 조상들의 전철을 그대로 밟아 행하였기 때문에, 하나님은 이제 그 조상들의 죄로 인하여 그들을 벌하시겠다는 것(9-10절).

1. 그들은 그들의 조상들만큼 악하였다는 것. 그들은 심히 부패하였다. 그들은 죄 가운데 깊이 뿌리가 박혀서, 그 죄를 뽑아낼 수 없을 정도로 그들의 죄는 깊었다. 그들은 사탄의 깊은 것들로 멀리 들어가 있었기 때문에(사 31:6), 그들이 돌아온다는 것은 거의 불가능에 가까웠다. 그들이 부패해서 생긴 녹은 아주 두터워서 없애기가 불가능하였다. 그것은 주홍빛과도 같았고, 표범의 반점과도 같았다. 그것은 그들 자신의 잘못이었다. 그들은 기브아의 시대와 같이, 즉 레위인의 첩이 기브라 사람들에 의해서 능욕을 당한 후에 죽임을 당한 것에 더하여서 베냐민 지파 전체가 이 악행을 후원하였던 그 때처럼, 심히 부패하였고, 그들의 마음은 심히 완악하였다. 그 때는 정말 부패가 심하였던 때였는데, 지금도 그랬다. 음란과 악행은 기브아의 날들처럼 지금도 너무나 뻔뻔스럽고 대담하게 행해지고 있었다. 그러므로, 그 때에 하나님이 기브아 사람들에게 행하셨던 보복 외에 그들이 지금 무엇을 기대할 수 있겠는가? 지금의 모든 지파는 그 때의 베냐민 지파처럼 악하기 때문에, 그 때에 그 지파가 그랬던 것처럼 낮아지게 될 것을 각오하여야 한다.

2. 그들은 그들의 조상들의 죄로 인하여 벌을 받게 되리라는 것. 여호와께서 그들의 악(즉, 그들의 조상들로부터 물려받은 악)을 기억하시고 그들의 죄(즉, 피를 타고 내려온 죄)를 벌하시리라. 하나님은 이제 아버지의 죄를 자녀들에게 물어 벌하실 것이다. 그런 까닭에, 하나님은 그들의 조상들의 타락과 배교, 배신과 비열한 배은망덕함을 거론하시며 그들을 힐책하신다(10절).

(1) 하나님이 처음에 이스라엘을 하나의 민족으로 형성하실 때에 그들을 아주 존귀하게 하심. 옛적에 내가 이스라엘을 만나기를 광야에서 포도를 만남 같이 하였다. 하나님은 여행자가 광야에서 거의 기대하지 않았지만 그에게 아주 절실하게 필요하였던 포도를 발견하였을 때와 같은 즐거움과 기쁨을 이스라엘에게서 느꼈다. 또는, 이스라엘이 광야에 있었을 때, 하나님이 만난 그들은 그 자체로는 귀하지 않지만 하나님에게는 귀한 포도, 포도원 주인에게 처음 익은 포도처럼 하나님을 즐겁게 해주는 존재였다. 그들은 그의 눈에 **보배롭고 존귀하였다**(사 43:4). 하나님은 그들을 참 종자 곧 귀한 포도나무로 심었고(렘 2:21), 그들을 처음 만났을 때에 그들은 그가 직접 만든 것이나 다름없을 정도로 좋은 포도였다. 내가 그들을 즐거운 마음으로 보기를 무화과나무에서 처음 맺힌 첫 열매를 봄 같이 하였다. 선한 자들은 처음 익은 좋은 것들에 비유된다(렘 24:2). 처음 익은

것 하나는 나중에 익은 많은 것보다 더 가치가 있다. 이것은 하나님이 그들 때문이 아니라 그가 그들의 조상들을 사랑하셨기 때문에, 그들을 기뻐하셨고 그들에게 복을 주시기를 기뻐하셨다는 것을 보여준다. 사람이 자기 포도원에서 난 처음 익은 극상품의 열매들을 세심하게 보살피듯이, 하나님은 그들을 그렇게 보살피고 지키셨다. 하나님이 그들을 이토록 존귀하게 하시고 소중히 살피셔서, 그들이 얼마든지 잘 될 수 있는 좋은 여건이 마련되어 있었기 때문에, 누가 보아도 그들은 계속해서 탁월하고 훌륭한 모습을 지켜나갈 것이라고 생각하였다.

(2) 그들이 스스로 큰 수치를 자초함. 하나님은 그들을 구별하여서 자신의 선민(選民)으로 삼으셨지만, 그들은 바알브올에게 가서, 모압 사람들과 함께 저 더러운 쓰레기 같은 신에게 제사하였다(민 25:2-3). 그들은 저 부끄러운 우상에게 그들의 몸을 드렸다. 바알브올은 특히 부끄러운 우상이었다. 왜냐하면, 이스라엘 백성이 모압 여자들과 음행하는 것은 바알브올에게 제사 지내는 의식(儀式)의 일부였기 때문이다(민 25:1). 하나님을 버린 자들이 그 어떤 것에 자신을 드리든, 그것은 반드시 언젠가는 그들에게 수치가 되리라는 것을 명심하라. 여기에서는 그들의 가증스러운 것들이 저희가 사랑하는 것들이라고 말한다. 하나님께 가증스러운 것이었던 그들의 행위들은 그들이 가장 사랑하는 행위들이었다. 또는, 그들은 일단 하나님을 버리고 나서는, 그들의 가증스러운 것들, 즉 그들의 우상들과 가증스러운 우상 숭배에 대한 그들의 사랑은 더욱더 커졌다. 이것은 그들의 조상들의 길이었다. 하나님은 그들의 조상들에게 잘 해주셨지만, 그 조상들은 하나님에 대하여 배은망덕하게 행하였고, 현재의 세대도 마찬가지로 심히 부패하였다.

[11]에브라임의 영광이 새 같이 날아 가리니 해산하는 것이나 아이 배는 것이나 임신하는 것이 없으리라 [12]혹 그들이 자식을 기를지라도 내가 그 자식을 없이하여 한 사람도 남기지 아니할 것이라 내가 그들을 떠나는 때에는 그들에게 화가 미치리로다 [13]내가 보건대 에브라임은 아름다운 곳에 심긴 두로와 같으나 그 자식들을 살인하는 자에게로 끌어내리로다 [14]여호와여 그들에게 주소서 무엇을 주시려 하나이까 아이 배지 못하는 태와 젖 없는 유방을 주시옵소서 [15]그들의 모든 악이 길갈에 있으므로 내가 거기에서 그들을 미워하였노라 그들의 행위가 악하므로 내 집에서 그들을

쫓아내고 다시는 사랑하지 아니하리라 그들의 지도자들은 다 반역한 자니라 ¹⁶에브라임은 매를 맞아 그 뿌리가 말라 열매를 맺지 못하나니 비록 아이를 낳을지라도 내가 그 사랑하는 태의 열매를 죽이리라 ¹⁷그들이 듣지 아니하므로 내 하나님이 그들을 버리시리니 그들이 여러 나라 가운데에 떠도는 자가 되리라

앞 단락에서 우리는 이스라엘의 죄가 그들의 조상들로부터 나왔다는 것을 보았는데, 여기에서는 조상들에 대한 벌이 그들의 자손들에게 임하는 것을 본다. 왜냐하면, 처음에 죄로 말미암아 사망이 들어 온 후에, 그 결과로 지금도 사망은 여전히 역사하고 있기 때문이다. 이 단락에서 우리는 다음과 같은 것들을 볼 수 있다.

I. 에브라임의 죄. 그 죄를 설명해 주는 몇몇 표현들이 여기에 나온다.

1. 그들이 하나님의 음성에 귀를 기울이지 않고 듣지 아니하였다는 것(17절). 그들은 하나님의 말씀이나 그의 징계를 통한 음성에 주의를 기울이지 않았다. 그들은 하나님이 말씀하시는 것을 믿지도 않았고, 그 말씀을 따라 다스림을 받고자 하지도 않았다. 하나님은 그들에게 그들의 본분, 그들의 유익, 그들의 위험이 무엇인지를 말씀해 주셨지만, 그들은 들은 체 만 체하였다. 하나님이 그의 선지자들을 통해서 그들에게 해주신 모든 말씀은 그들의 귀에 꾸며낸 이야기 같이 들렸다. 그러므로 우리가 다음과 같은 말을 듣는 것은 전혀 이상한 일이 아니다.

2. 그들의 행위가 악하다는 것(15절)과 그들의 죄 속에 있는 노골적인 악의. 그들은 연약해서 어쩔 수 없이 잘못을 저지르는 자들이 아니었고, 대담하고 뻔뻔스럽게 노골적으로 악을 행하는 자들이었다. 하나님이 그들을 가르치고 설득해서 선한 일을 하게 하시고자 그들에게 해주시는 말씀에 귀를 기울이고자 하지 않는 자들이 어떻게 악하게 행하지 않을 수 있겠는가? 그러므로 우리가 다음과 같은 악한 행위들이 그들 가운데에 있었다는 말을 듣는 것은 전혀 이상한 일이 아니다.

3. 그들의 예배가 부패하였다는 것(15절). 그들의 모든 악이 길갈에 있다. 길갈은 우상 숭배로 악명이 높은 곳이었다(4:15; 12:11; 암 4:4; 5:5). 우상 숭배자들이 길갈을 우상 숭배의 본산으로 택한 것은 길갈이 이전 시대들에서 하나님과 이스라엘 사이에 엄숙한 예식이 행해진 것으로 유명한 곳이었기 때문일 것

이다(수 5:2, 10; 삼상 10:8; 11:15). 우상 숭배가 길갈에서 처음 행해져서 거기로부터 나라 전체로 퍼져 나갔고, 우상 숭배는 모든 악의 근원이기 때문에, 그들의 모든 악이 길갈에 있다고 말할 수 있었다. 예배가 부패하면 도덕도 부패하게 된다. 음녀들의 어미는 다른 모든 가증한 것들의 어미이다(계 17:5). 그로티우스(Grotius)는 여기에 신비적인 의미가 들어 있다고 추측한다. 아람어 '골고다' 는 히브리어로는 '길갈' 이다. 그러므로 그는 이것이 그리스도께서 골고다에서 죽임을 당하시게 될 것을 보여주는 것이라고 생각한다. 그리스도를 죽인 것은 유대 민족이 저지른 가장 큰 죄였기 때문에, 그들의 모든 악이 그 죄 속에 집약되어 있었다고 말할 수 있다. 다음과 같은 상황 속에서 백성이 예배와 실생활에서 악하게 행하였다는 것은 전혀 이상한 일이 아니다.

4. 그들의 지도자들은 다 반역한 자들이었다는 것. 이것은 열 지파를 다스린 일련의 모든 왕들이 하나님이 보시기에 악을 행하였다는 뜻이거나, 당시의 일련의 모든 재판관들과 방백들이 악하였다는 뜻일 것이다. 그들은 정도(正道)에서 벗어나 죄악된 곁길들로 빠져서, 그 길들을 고집하였다.

Ⅱ. 하나님이 죄로 말미암아 에브라임에 대하여 진노하심. 이것은 죄가 하나님의 영광의 순전한 눈 앞에서 얼마나 큰 진노를 불러일으키는 것인지, 죄가 그 죄인을 하나님 앞에 얼마나 가증스러운 자로 만드는지를 보여주기 위하여 여기에서 여러 가지로 다양하게 표현되고 있다.

1. 하나님이 그들을 떠나신다는 것(12절). 그들이 하나님을 반역하여 그에 대한 충성 맹세를 거둘 때, 그들은 하나님이 그들을 떠나시고, 그의 보호하심과 풍성하신 은혜를 거두시게 될 것 외에 무엇을 기대할 수 있겠는가? 다음과 같은 무시무시한 하나님의 경고가 그대로 시행되는 것은 당연한 일이다. 내가 그들을 떠나는 때에는 그들에게 화가 미치리로다. 하나님이 버리신 자들은 정말 화(禍)를 당할 수밖에 없는 상태로 전락한다는 것을 명심하라. 우리의 길흉화복은 하나님이 그 은혜로 우리와 함께 하시느냐의 여부에 달려 있다. 하나님이 우리를 떠나가시면, 온갖 복이 하나님과 함께 떠나가 버리고, 온갖 화가 우리에게 찾아온다. 하나님이 그를 버리셨은즉 그를 핍박하고 따라 잡으라(시 71:11). 사울도 그것을 알고서, 블레셋 사람들이 나를 향하여 군대를 일으켰고 하나님은 나를 떠나셨다(삼상 28:15)고 탄식하였다. 아니, 하나님은 단지 그들을 떠나시는 것에서 그치시는 것이 아니다.

2. 하나님이 그들을 미워하신다는 것. 그들의 모든 악이 길갈에 있으므로 내가 거기에서 그들을 미워하였노라. 죄의 가증한 것들이 자행되고 있는 바로 그 곳에서 하나님은 그 죄인을 가증히 여기신다. 길갈에서 하나님은 그들의 조상들에게 그의 은총의 많은 징표들을 보여주셨었지만, 지금 길갈은 하나님이 그들의 비열한 배은망덕함으로 인하여 그들을 미워하시는 곳이 되어 버렸다. 아니, 하나님은 단지 그들을 미워하시는 것에서 그치시는 것이 아니다.

3. 하나님이 그들을 다시는 사랑하지 아니하시고, 그들에게 다시는 은총을 베풀지 아니하시리라는 것. 하나님과 이스라엘 간의 틈은 바다 같이 넓어져서 치유될 수 없었다. 이것은 하나님이 전에 내가 이스라엘 족속, 즉 열 지파를 긍휼히 여기지 않을 것임이니라(1:6-7)고 말씀하신 것과 부합한다.

4. 하나님이 그들을 버리시고 다시는 상대하지 않으시리라는 것. 그들의 행위가 악하므로 내가 내 집에서 그들을 쫓아내리라. 하나님은 이제 더 이상 그들을 이 세상에서 그의 소유나 그의 권속에 속하는 자들로 여기지 않으실 것이다. 하나님은 그들을 세(貰)를 내지 않는 불성실한 소작인들이나 그에게 득이 되는 일을 전혀 하지 않는 무익한 종들처럼 문 밖으로 내쫓으실 것이다. 하나님의 집을 더럽히는 자들은 그 집에서 쫓겨날 것이고, 더 이상 그 집에 기거하는 자나 거기에서 섬기는 자로 있을 수 없게 되리라는 것을 명심하라. 아니, 하나님은 단지 그들을 그의 집에서 쫓아내시는 것에서 그치시는 것이 아니다.

5. 하나님이 그들을 아주 멀리 쫓아내시리라는 것(17절). 내 하나님이 그들을 버리시리니, 그들이 그의 집에서 쫓겨날 뿐만 아니라, 그의 눈에 보이지 않을 만큼 멀리 쫓겨날 것이다. 하나님은 그들을 완전히 버리시고 배척하실 것이고, 그들은 버려진 자들이 될 것이다. 하나님은 그들을 그의 집에서 쫓아내실 것이라고 말씀하셨다. 여기에서 호세아 선지자는 자기 주인의 마음을 아주 잘 아는 자로서 그 말씀을 거든다: 내 하나님이 그들을 버리시리라. 호세아 선지자가 하나님을 그의 하나님이라 부를 때에 얼마나 큰 위로와 기쁨을 누렸을지를 생각해 보라. 다른 사람들이 하나님을 부인함으로써 그들도 하나님으로부터 부인을 당할 때, 선한 자들에게는 그들이 하나님을 그들의 하나님이라 부를 수 있고, 기쁜 마음으로 하나님을 시인하며 그들 자신도 하나님으로부터 시인을 받는 것은 지극히 큰 만족이 된다는 것을 명심하라. 모든 자들이 하나님을 반역한 자들이고, 모두가 멸망을 받아도, 하나님은 내 하나님이시다.

Ⅲ. 이 진노의 결과로 그들의 후손이 끊기고 버려지리라는 것. 이것은 여기에서 하나님이 반복적으로 경고하고 계시는 심판이다. 좀 더 자세하게 살펴보자.

1. 에브라임은 원래 번성하게 되어 있었던 족속이었다는 것. 에브라임이라는 이름은 번성을 뜻하는 단어에서 유래하였고(창 41:52), 요셉은 무성한 가지라는 의미이다(창 49:22). 모세는 에브라임의 자손은 만만이요(신 33:17)라고 축복 예언을 하였다. 이것은 그의 영광이자 자랑이었다(11절). 사람들의 거처의 경계를 정하시는 하나님은 에브라임을 이렇게 번성하는 족속으로 정하신 것으로 보인다. 내가 보건대 에브라임은 아름다운 곳에 심긴 두로와 같다. 즉, 하나님은 강가에 심겨진 나무가 번성하듯이 에브라임을 번성하게 하시기 위하여 아름다운 곳에 심으셨다. 에브라임은 두로처럼 강력하고 부유하였으며, 자부심이 강하고 평안한 가운데에 있었다. 갈대아 역본에서는 이 본문을 다음과 같은 의미로 의역한다: 이스라엘 회중은 율법을 지키는 동안에는 번성함과 안전함에 있어서 두로와 같았다.

2. 에브라임이 쇠잔하게 되리라는 것(11절). 에브라임의 영광이 새 같이 날아가리라. 그들의 자녀들은 잡혀갈 것이고, 그 가족들의 소망은 끊어질 것이다. 그들의 모든 영광은 하늘을 나는 독수리처럼 신속하게 회복이 불가능하게 날아갈 것이다(잠 23:5). 세상의 영광은 날아가 버릴 영광이라는 것을 명심하라. 그러나 하나님을 자신의 영광으로 삼는 자들은 자기 안에 시들지 않는 영원한 영광을 지니고 있는 것이다. 에브라임은 열매를 많이 맺는 나무였었다. 그러나 지금 에브라임은 맞아서 그 뿌리가 말라 열매를 맺지 못할 것이다(16절). 뿌리가 마르면, 당연히 가지도 마를 수밖에 없다.

(1) 하나님이 그들의 자녀를 멸하시는 심판을 내리시겠다고 경고하심.

[1] 그들이 하나님의 손에 의해서 저절로 망하게 되리라는 것(11절). 그들은 새 같이 날아 가리니 해산하는 것이나 아이 배는 것이나 임신하는 것이 없으리라. 그들의 자녀들 중 일부는 태어나자마자 죽게 될 것이기 때문에, 요람은 즉시 관으로 변하게 될 것이다. 그들의 자녀들 중 일부는 모태가 무덤이 될 것이기 때문에, 태아의 죽음은 곧 임신한 어머니의 죽음이기도 할 것이다. 그들의 자녀들 중 일부는 어머니가 잉태하자마자 유산되어 죽을 것이다. 하나님이 저 타락하고 죄악 많고 가증스러운 인류 전체를 뿌리 뽑으시고, 그 이름을 하늘 아래

에서 지워 버리시는 것이 얼마나 손쉬운 일인지를 보라. 하나님은 여기에서 에브라임에 대하여 하시듯이, 인류의 모든 자녀가 태어날 때와 모태와 잉태된 때에 날아가 버리게 하심으로써 인류를 모두 자녀가 없는 자들로 만드시고, 인류의 뿌리를 마르게 하여 그 어떤 열매도 맺지 못하게 하셔서, 인류를 짧은 기간 내에 망하게 하실 수 있으시다.

[2] 그들이 그들의 원수들의 손에 의해서 망하게 되리라는 것. 그들은 폭력적인 죽음을 죽게 될 것이다(12절). "그들이 자식을 길러서, 자녀들이 유아기에 병이나 다른 이유로 죽는 것을 피하고, 위험한 고비를 넘겨서 어느 정도 성장하였다고 생각이 될 때에 이런저런 심판으로 내가 그 자식을 없이하여 가문을 이루거나 가문의 이름을 이을 자를 한 사람도 남기지 아니할 것이라." 에브라임은 그 자식들을 살인하는 자에게로 끌어내리로다(13절). 어머니들은 잉태와 출산의 온갖 수고를 다하여 자녀들을 낳은 후에, 또다시 엄청난 비용과 수고를 들이고 희생을 하여 자녀들을 키울 것이지만, 잔인한 원수가 와서 남녀노소를 가리지 않고 닥치는 대로 모든 자를 칼로 죽일 때에 그들의 자녀들은 도살하기 위해서 먹여 키운 어린 양들과 같을 것이다. 부모들이 자식들을 아무리 애써 키워 놓아도, 그 자녀들이 장차 어떤 운명이 될지, 특히 살인하는 자에게 바쳐지는 신세가 될지 모른다는 사실, 그리고 자녀들이 그런 운명을 겪는 것이 그들의 죄 때문일 것이라는 사실은 자녀들을 양육하면서 부모들이 받는 위로를 크게 반감시킨다는 것을 명심하라. 하나님은 에브라임이 비록 아이를 낳을지라도 내가 그 사랑하는 태의 열매, 즉 그들이 그토록 애지중지하던 그들의 자녀들을 죽이리라(16절)고 다시 한 번 경고하신다. 부모의 사랑은 자녀들의 생명을 지켜주는 담보가 되지 않는다는 것을 명심하라. 아니, 종종 죽음은 종종 한 가족 중에서 가장 사랑 받는 자를 데리고 가서, 그 가족에게 큰 슬픔과 짐을 안겨 주는 소임을 행하기도 한다. 하나님이 광야에서 이스라엘에 대하여 그들이 모두 거기에서 죽게 되리라고 선고하셨을 때, 거기에는 그 진노 속에는 긍휼이 섞여 있었다. 왜냐하면, 그들은 불신앙으로 말미암아 안식에 들어갈 수 없었지만, 그들의 자녀들은 안식에 들어가게 될 것이었기 때문이다. 그러나 여기에서 하나님이 에브라임에 대하여 선고하시는 것은 그들이 총체적이고 최종적으로 버려지게 되리라는 것이다. 그들의 자녀들조차도 끊어지게 될 것이고, 그들의 땅은 상속자가 없어서 버려지게 될 것이다. 갈대아 역본과 많은 랍비들은 "그 자식들

을 살인하는 자에게로 끌어내리로다"라는 구절을 그들이 그들의 자녀들을 몰록에게 제물로 바치게 될 것임을 가리키는 것으로 이해한다. 이러한 인신제사 행위는 부모가 천륜을 어기는 죄를 범하였고 그 죄로 인하여 그들에게서 축복이 떠나가는 벌을 받았음을 보여주는 것으로서 그 자체가 죄이자 벌이었다.

[3] 그들 중에서 겨우 살아남은 소수는 흩어지게 되리라는 것(17절). 그들은 여러 나라 가운데에 떠도는 자가 되리라. 이렇게 해서, 유대인들은 오늘날까지 여러 나라에 남아 있긴 하지만, 이 세상의 어느 곳에서 하나의 독립적인 나라를 이루고 있지는 못하다.

(2) 이것과 관련된 호세아 선지자의 기도(14절). 여호와여 그들에게 주소서 무엇을 주시려 하나이까. 내가 이렇게 멸망의 선고를 받은 백성을 위하여 무엇을 구하겠는가? 그것은 이것이다. 그들의 자녀들이 태 중에서 죽거나 어느 정도 키워져서 살인하는 자에게 넘겨지기로 하나님이 이미 작정하신 상태이기 때문에, 이 두 가지 중에서 전자, 즉 그들의 자녀들이 태 중에서 죽게 하여 주소서. 그들의 자녀들이 출생하여 비참한 일을 당하느니 차라리 그들에게 자녀가 없게 해주소서. 동일한 이유로, 총체적인 멸망이 유대 민족에게 다가오고 있을 때, 그리스도께서는 잉태하지 못하는 이와 해산하지 못한 배와 먹이지 못한 젖이 복이 있다(눅 23:29)고 말씀하셨다. "그러므로 그들에게 아이 배지 못하는 태와 젖 없는 유방을 주옵소서. 왜냐하면, 사람의 손에 빠져 들어가는 것보다는 긍휼이 풍성하신 하나님의 손에 빠져 들어가는 편이 더 낫기 때문이나이다." 자녀가 없는 자들은 설령 자녀가 있다고 할지라도 자녀가 없었기를 바라게 될 그런 때가 올 수도 있다는 것을 생각해서 그들에게 자녀가 없게 하신 하나님의 뜻을 기꺼이 받아들이는 것이 좋다는 것을 명심하라.

제
— 10 —
장

개요

이 장에는 다음과 같은 내용들이 나온다. I. 하나님은 이스라엘 백성이 하나님에 대한 예배를 크게 부패시켰다고 고소하시면서, 그들의 우상들과 제단들을 파괴하시겠다고 경고하심(1-2, 5-6, 8절). II. 하나님은 시민 정부의 운영에 있어서의 부패들을 고소하시면서, 그 정부를 없애시겠다고 경고하심(3-4, 7절). III. 하나님은 그들이 그들의 조상들의 죄를 본받아 행하였고, 그들의 죄 가운데서 안일하다고 고소하시면서, 그들을 낮추시는 심판들로 그들을 벌하시겠다고 경고하심(9-11절). IV. 하나님은 그들에게 회개하고 삶을 고치라고 간절하게 권유하시면서, 만약 그들이 그렇게 하지 않는다면 멸망당하게 될 것이라고 경고하심(12-15절).

[1]이스라엘은 열매 맺는 무성한 포도나무라 그 열매가 많을수록 제단을 많게 하며 그 땅이 번영할수록 주상을 아름답게 하도다 [2]그들이 두 마음을 품었으니 이제 벌을 받을 것이라 하나님이 그 제단을 쳐서 깨뜨리시며 그 주상을 허시리라 [3]그들이 이제 이르기를 우리가 여호와를 두려워하지 아니하므로 우리에게 왕이 없거니와 왕이 우리를 위하여 무엇을 하리요 하리로다 [4]그들이 헛된 말을 내며 거짓 맹세로 언약을 세우니 그 재판이 밭이랑에 돋는 독초 같으리로다 [5]사마리아 주민이 벧아웬의 송아지로 말미암아 두려워할 것이라 그 백성이 슬퍼하며 그것을 기뻐하던 제사장들도 슬퍼하리니 이는 그의 영광이 떠나감이며 [6]그 송아지는 앗수르로 옮겨다가 예물로 야렙 왕에게 드리리니 에브라임은 수치를 받을 것이요 이스라엘은 자기들의 계책을 부끄러워할 것이며 [7]사마리아 왕은 물 위에 있는 거품 같이 멸망할 것이며 [8]이스라엘의 죄 곧 아웬의 산당은 파괴되어 가시와 찔레가 그 제단 위에 날 것이니 그 때에 그들이 산더러 우리를 가리라 할 것이요 작은 산더러 우리 위에 무너지라 하리라

이 단락에는 다음과 같은 내용들이 나온다.

I. 하나님이 여기에서 이스라엘을 고소하시는 죄들, 즉 민족적인 심판을 자초하게 된 민족 전체가 저지른 죄들은 무엇인가. 호세아 선지자는 그들에게 듣기 좋은 말을 해주어 보아야 아무 유익이 없다는 것을 잘 알고 있기 때문에, 여기에서 그 죄들을 분명하게 다룬다.

1. 그들이 의의 열매를 맺어서 하나님께 영광을 돌리지 못하였다는 것. 그들의 다른 모든 악은 여기에서 시작되었다(1절). 이스라엘은 열매 맺지 못하는 포도나무이다. 하나님의 교회는 약하고 별로 기대할 것도 없는 모습을 가졌지만 가지를 많이 뻗어서 열매를 많이 맺는 포도나무에 비유하는 것이 적절하다. 믿는 자들은 그러한 포도나무의 가지들로서 그 나무의 뿌리와 자양분에 함께 한다. 그러나 이스라엘은 열매 맺지 못하는 포도나무, 즉 그 안에 수액이 없어서 기대와는 달리 하나님과 사람을 존귀하게 해드릴 선한 열매들을 하나도 맺지 못한 포도나무였다. 악한 포도나무가 되지는 않았지만 그 안에 선한 것이 전혀 없는 열매 맺지 못하는 포도나무가 되어 버린 자들이 많이 있다는 것을 명심하라. 포도나무는 열매를 맺지 않으면 모든 나무들 중에서 가장 쓸모없는 나무이기 때문에, 열매를 맺지 못하는 포도나무는 아무 짝에도 쓸모가 없다(겔 15:3, 5). 포도를 맺지 못하는 포도나무들은 머지않아 들포도를 맺게 될 것이다. 즉, 선을 행하지 않는 자들은 곧 악을 행하게 된다는 것이다. 이스라엘은 열매 맺지 못하는 포도나무이다. 왜냐하면, 이스라엘은 자기를 위하여 열매를 맺기 때문이다. 그들 속에 어떤 선한 것이 있다고 하여도, 그들은 그것으로 하나님께 영광을 돌리는 것이 아니라, 그것으로 인한 칭찬을 자기가 받고, 그것을 뽐내며 자랑한다. 그리스도인들은 자신을 위하여 살지 않지만(롬 14:6), 위선자들은 자기를 모든 것의 중심으로 삼는다. 그들은 자신을 위하여 먹고 마신다(슥 7:5-6). 또는, 하나님의 심판들로 인해서 이스라엘의 모든 부(富)는 노략질을 당하여 텅 비어 버렸다. 왜냐하면, 이스라엘은 그들의 부를 가지고 하나님께 영광을 돌린 것이 아니라, 그들의 욕망을 채우는 데에 사용하였기 때문이다. 우리가 우리에게 있는 것들을 올바르게 사용하지 않는다면, 하나님은 그것들을 다 비워 버리실 것임을 명심하라.

2. 그들이 제단과 우상들의 수를 늘렸다는 것. 하나님의 섭리로 인해서 그들이 더 풍요롭게 될수록, 그들은 그 재물을 우상들을 섬기는 데에 더 아낌없이 썼다. 그들은 그 땅이 낸 열매가 많을수록 제단을 많게 하며, 그 땅이 번영할수

록 주상을 아름답게 하였다. 우리가 하나님으로부터 더 많은 은혜를 받을수록 그를 대적하여 더 많은 죄를 범하고, 더 많은 재물을 가질수록 더 많은 악을 행하는 것은 하나님에 대한 큰 모독이고 그의 선하심을 악용하는 것임을 명심하라. 그들이 그들의 우상들을 섬기는 일에 풍성하였듯이, 우리도 우리 하나님을 섬기는 일에 풍성하여야 하지 않겠는가? 우리는 우리의 재물이 늘어날수록 그것에 비례해서 더욱더 경건과 구제의 일에 더 많은 재물을 사용하여야 한다.

3. 그들의 마음이 나뉘어 있었다는 것(2절).

(1) 그들 자체가 서로 나뉘어 있었다는 것. 그들은 우상들에 대해서나 왕들에 대해서나 서로 생각이 다르고 견해가 달라서, 나라는 각자의 이해관계에 따라 여러 당파들로 분열되었고, 그들의 마음도 나뉘어서 서로에 대하여 소원(疏遠)하였기 때문에, 그들 간에는 진정한 우의(友誼) 같은 것이 존재하지 않았다. 그러므로 본문에서는 그들이 이제 잘못되었다는 것이 발견되어 벌을 받게 될 것이라고 말한다. 백성 내부의 분열과 적대는 많은 죄의 원인이고 멸망의 전조(前兆)라는 것을 명심하라.

(2) 그들이 하나님과 우상들 사이에서 마음이 나뉘어 있었다는 것. 그들의 마음속에는 하나님을 향한 애정이 조금 남아 있기는 하였지만, 우상들을 향한 애정이 훨씬 더 강하였다. 그들은 하나님과 바알 사이에서 머뭇머뭇하였고(왕상 18:21), 이 때문에 그들의 마음은 나뉘었다. 그러나 하나님은 사람들의 마음을 온전히 지배하셔야 마땅한 주권자이시기 때문에 결코 경쟁자를 용납하지 않으신다. 하나님은 사람들의 마음을 완전히 차지하시든가, 아니면 거기에서 완전히 나오시든가 둘 중의 하나를 택하신다. 사탄은 솔로몬 앞에서 아이의 어머니인 체하였던 여인처럼 "내 것도 되게 말고 네 것도 되게 말고 나누게 하라"(왕상 3:26)고 말한다. 그러나 하나님은 아이의 진짜 어머니처럼 "그렇게 하면 안 되니, 그 모든 것을 그에게 주라"고 말씀하신다. 이렇게 나뉜 마음은 잘못되었다는 것이 발견되어서, 하나님과 맺은 계약을 어기고 기만적으로 행한 것으로 여겨져서 거부될 것이다. 하나님과 맘몬(재물의 신) 사이에서 나뉜 마음은 겉보기에는 아무리 그럴 듯하게 깔끔하게 마무리되어 있는 것같이 보인다고 할지라도, 하나님이 모든 것을 드러내시는 그 날에 잘못되었다는 것이 발견될 것임을 명심하라.

4. 그들이 스스로 아주 엄숙하게 말하고 행한 것에서도 기만적으로 행하였

다는 것(4절).

(1) 그들은 맹세로써 한 말도 지키지 않았다는 것. 맹세는 가장 엄숙하게 말하는 방식이다. 그들은 헛된 말을 하였고, 오직 말뿐이었다. 왜냐하면, 그들에게는 그들이 말한 대로 행할 의향이 전혀 없었기 때문이다. 그들은 약속을 하였고, 거짓 맹세로 언약을 세웠다. 그들은 하나님과 계약을 맺을 때에도 기만적으로 행하였고, 할례의 계약이나 그들이 곤경에 처했을 때에 삶을 고치겠다고 한 굳은 약속들과 관련해서도 기만적으로 행하였다. 그들의 하나님께 거짓되게 행한 자들이 사람들에게 거짓되게 행한 것은 전혀 이상한 일이 아니었다. 그들은 속이는 것이 습관처럼 몸에 배어 있었기 때문에, 아무리 신성한 약속이나 계약도 아무렇지도 않게 깨뜨려 버렸다. 신민(臣民)들은 그들의 충성 맹세를 깨뜨렸고, 왕들은 대관식 때에 그들이 한 서약들을 깨뜨렸다. 그들은 그들이 동맹을 맺은 나라들과의 동맹 관계도 깨뜨렸고, 개인들 간에 맺어진 계약들도 지킬 생각을 하지 않았다.

(2) 그들은 재판에서 행한 것에서도 기만적으로 행하였다 것. 재판 가운데서 행하는 것은 가장 엄숙하게 행하는 방식이다. 사람들이 위증하는 것을 아무렇지도 않게 여긴다면, 재판은 아예 성립될 수가 없는 것이었다. 왜냐하면, 재판은 좋은 향기가 나는 약초여야 마땅한데도, 위증이 난무하는 가운데에 이루어지는 재판은 사람이 좋은 곡식을 얻기 위해서 쟁기질을 하여 만들어 놓은 밭이랑에 돋는 고약한 냄새를 풍기는 해로운 독초 같기 때문이다. 하나님은 그의 예배에서만이 아니라 사람과 사람 간의 재판 속에서 이루어지는 부패한 것들에 대해서도 크게 진노하시기 때문에, 어떤 백성이 정직하지 못하면, 그것은 그들의 우상 숭배나 불경(不敬)과 마찬가지로 하나님이 그들과 논쟁하시고 다투시는 이유가 될 것임을 명심하라. 왜냐하면, 하나님의 율법은 하나님의 영광만이 아니라 개개인과 공동체의 유익을 위한 것이기도 하여서, 하나님은 법정을 더럽히는 죄도 성전을 더럽히는 죄와 마찬가지로 반드시 벌하실 것이기 때문이다.

II. 하나님이 이러한 죄들로 인하여 이스라엘을 벌하실 때에 어떤 심판들을 사용하시는가. 그들은 시민적인 일들과 신앙적인 일들에서 모두 범죄하였기 때문에, 이 두 분야에서 다 벌을 받게 될 것이다.

1. 그들이 왕과 정부(政府)를 갖는 기쁨을 누리지 못하게 되리라는 것. 공의

가 변하여 압제가 될 것이기 때문에, 그들은 공의를 맡은 자들을 나라의 복이라고 해야 마땅할 터인데도 도리어 나라의 짐이라고 한탄하게 될 것이고(3절), 그런 자들은 백성을 다스릴 마음이 없을 것이기 때문에 백성을 보호할 수도 없게 될 것이다. 그들은 이제 이렇게 말할 것이다: "우리에게 왕이 없다. 즉, 우리에게는 왕이 없는 것이나 마찬가지이다. 우리에게 선을 행하거나 도움을 주는 왕도 없고, 우리가 스스로 멸망하거나 원수들에 의해서 멸망당하는 것에서 우리를 지켜줄 왕도 없으며, 공공의 질서를 유지해 주거나 전쟁에 나가 싸워 줄 왕도 없다. 이런 일이 우리에게 일어난 것은 합당하다. 우리가 왕들의 보호 아래 안전하게 있을 때, 우리가 여호와를 두려워하지 아니하므로 여호와에게서 버림을 받은 것이니, 왕이 우리를 위하여 무엇을 하리요. 우리가 하나님의 은총을 상실하였는데, 왕으로부터 무슨 선한 것을 기대할 수 있겠는가?" 하나님을 경외하기를 내팽개친 자들은 피조물로부터 오는 위로를 통해서 그 어떤 기쁨도 누릴 수 없다는 것을 명심하라. 사람들이 그들의 왕에게 충성한다고 해도, 그것은 그들에게 신앙이 없다면 별 도움이 되지 못할 것이다. 왜냐하면, 그들의 충성으로 인해서 왕이 그들을 위한다고 할지라도, 하나님이 그들을 대적하시면, 그것이 그들에게 아무런 유익도 되지 못할 것이기 때문이다. 하나님을 경외하는 가운데 그 은총을 받으며 살아가는 자들은 "아무리 큰 자라고 하여도 어찌 우리를 대적할 수 있겠는가"라고 의기양양하게 말할 수 있다. 그러나 하나님의 보호하심 밖으로 튀쳐나간 자들은 절망 가운데서 "아무리 큰 자라도 우리를 위해 무엇을 할 수 있겠는가"라고 말할 수밖에 없게 되어 있다. 여호와께서 너를 돕지 아니하시면 내가 무엇으로 너를 도우랴(왕하 6:27)고 말한 사람은 바로 왕이었다. 그렇지만, "왕이 우리를 도울 수 없다면 우리는 망할 수밖에 없으리니 왕들이 우리를 위해 할 수 없는 것은 하나님도 하실 수 없으시기 때문이다"(본문에 나오는 자들은 이런 말을 했음직하다)라고 말하는 자는 어리석은 자이다. 왕을 갖기 위해서 물불을 가리지 않았던 때가 있었다. 그들은 왕이 그들을 위해 무엇이든지 다 해줄 수 있을 것이라고 생각했지만, 정작 지금에 와서 왕이 그들을 위해 무엇을 할 수 있는가? 하나님은 사람들로 하여금 그들이 너무나 좋아해서 의지한 피조물 때문에 가슴앓이를 하게 만드실 수 있으시다. 여기에 나오는 본문은 그들의 왕이 그들을 도울 수 없다는 것을 알게 되었을 때에 그들이 한탄하면서 한 말이지만, 아직 최악의 사태는 오지 않았다. 최악의 사태란 그들의 시민 정부가 약화될 뿐만 아니라 완전히 멸망하게 되리라는 것이다 (7절). 이제는 거의 홀로 남아 있는 수도 사마리아에서 왕은 물 위에 있는 거품 같이 멸망할 것이다. 거품은 물의 가장 높은 곳에서 헤엄치며 물 위에서 장관을 연출하지만, 물의 출렁임에 의해서 일시적으로 만들어진 거품 더미에 불과하다. 이스라엘의 왕들도 다윗의 집을 배신하고 떠난 후에는 단지 그러한 거품에 불과한 존재들이었다. 그들의 정부는 토대가 없었다. 아무리 위대한 왕도 하나님을 대적하여 세워졌을 때에는 거품보다 더 나을 것이 없다. 하나님은 그의 심판들을 통해서 그들과 다투실 때에 물 위의 거품처럼 그들을 손쉽게 흩으시고 풀어헤치셔서 흔적도 없이 사라지게 하실 수 있으시다.

2. 그들이 그들의 우상들과 우상 숭배로부터 기쁨을 얻지 못하리라는 것. 왕들에게와 마찬가지로 신들에게도 실망하고 좌절한 백성의 처지는 비참하다.

(1) 승리한 원수가 그들이 만든 우상들과 그들이 우상들을 기려서 세운 제단들을 부수고 약탈하여 일반적인 노략물처럼 가져가리라는 것. 하나님이 그들의 제단들을 쳐서 깨뜨리실 것이다. 하나님은 이 일을 앗수르 사람들의 손을 통해서 하실 것이고, 앗수르 사람들은 하나님의 지시를 받아서 그 일을 행하게 될 것이다. 하나님이 그들의 주상을 허시고 노략을 당하게 하실 것이다(2절). 사람들이 무엇을 자신의 우상으로 삼든, 하나님은 그것을 쳐서 깨뜨리시고 노략을 당하게 하실 것임을 명심하라. 그러나 벧엘에 있던 송아지 우상은 최고의 우상이었다. 사마리아 주민들이 가장 깊이 빠져서 헤어나오지 못하였던 것도 바로 이 우상이었다. 이제 여기에서 하나님은 그 우상이 파괴될 것이라고 미리 말씀하신다. 하나님이 그 우상을 허물어 버리셔서 더 이상 사람들이 숭배할 수 없게 만들어 버리실 때, 사마리아의 영광은 그들로부터 떠나갔다(5절). 그러나 이것이 전부가 아니다. 그 송아지는 앗수르로 옮겨다가 예물로 야렙 왕에게 드려질 것이다(어떤 이들은 단에 있던 송아지 우상도 얼마 전에 그렇게 되었을 것이라고 생각한다). 앗수르 사람들은 이 우상을 값진 전리품이자 승전 기념물로 왕에게 바치기 위해서 본국으로 옮겨갔다(이 우상은 그 숭배자들로부터 들어온 예물로 장식된 금송아지였기 때문에). 영광스러운 기념물 또는 완벽한 정복임을 그 누구도 이의를 제기할 수 없게 증명해 줄 수 있는 증거품으로 이것보다 더 적합한 것이 있었겠는가? 따라서, 본문에서는 이스라엘의 죄가 파괴될 것이라고 말한다(8절). 즉, 그들의 죄의 중심이었던 그들의 우상들이 파괴되리라는

것이다. 성경에서는 그들의 우상들이 온 이스라엘에 죄가 되었다(왕상 12:30)고 말한다. 하나님의 은혜가 우리 안에 있는 죄를 사랑하는 마음을 파괴하는 데에 성공하지 못하면, 하나님의 섭리가 우리 주변에 있는 죄의 음식과 연료를 파괴하는 것은 마땅한 일임을 명심하라. 우상들과 더불어서 산당들, 곧 아웬 또는 벧엘의 산당들도 파괴될 것이다(5절). 그 곳은 하나님의 집이라 불렸지만(벧엘이라는 이름은 그런 의미이다), 이제는 죄악의 집 또는 죄 자체로 불린다. 왕들은 마땅히 공의의 칼로 산당들을 제거하여야 했지만 그렇게 하지 않았기 때문에, 하나님이 전쟁의 칼로 그것들을 제거하실 것이다. 이렇게 해서, 가시와 찔레가 그들의 제단들 위에 날 것이다. 즉, 제단들이 폐허로 변하게 될 것이다. 전에 그들의 제단들은 가시와 찔레처럼 하나님과 선한 자들의 노(怒)를 불러일으킨 것들이었고, 죄와 저주의 열매들이었다. 그러므로 그 제단들이 가시와 찔레로 덮이게 되는 것은 마땅한 일이다.

(2) 그들의 우상들과 제단들과 산당들이 파괴될 때에 그들은 슬픔과 수치와 두려움에 휩싸이게 되리라는 것.

[1] 그 때에 그들이 슬퍼하게 되리라는 것. 벧엘의 송아지 우상이 무너질 때, 그 백성이 슬퍼할 것이다. 송아지 우상을 그들 나라의 수호신으로 여기고 있던 그들은 그 우상이 없어지자 그들이 다 망하게 되었다고 생각하였고, 거짓 제사장들에게 미혹되어서 우상을 사랑하게 된 가엾고 무지한 그들은 미가처럼 "내가 만든 신들을 너희가 빼앗아 갔으니 이제 내게 오히려 남은 것이 무엇이냐"(삿 18:24)라고 말하며 슬피 통곡하였다. 그 우상을 기뻐하였던 제사장들은 이 일로 인해서 백성들과 더불어 슬퍼하였다. 사람들이 무엇을 자신의 신으로 삼든, 그들은 반드시 그것을 잃고서 크게 슬퍼하게 될 것임을 명심하라. 세상의 어떤 좋은 것을 잃었을 때에 지나치게 슬퍼하는 것은 우리가 그것을 우상으로 삼고 있었음을 보여주는 증표이다. 그들은 전에는 그들의 우상들을 섬기며 아주 즐거워하였지만, 이제는 그 우상들로 인하여 슬퍼하게 될 것이다. 왜냐하면, 죄악된 즐거움은 조만간에 슬픔으로 변하게 될 것이기 때문이다.

[2] 그 때에 그들이 수치를 당하게 되리라는 것(6절). 에브라임은 그들이 의지하던 신들이 사로잡혀서 끌려가는 것을 볼 때에 수치를 받을 것이요, 이스라엘은 그 신들을 의지하고 경배하였던 자기들의 계책을 부끄러워할 것이다. 하나님의 법궤와 제단들은 이 백성이 그것들을 버리고 배척하기 전에는 결코 무너지

지 않았다. 그러나 우상의 제단들은 이 백성이 거기에 흠뻑 빠져 있을 때에 무너졌다. 이것은 하나님의 제단들을 멸시하고 우상의 제단들을 숭배한 것이 하나님이 그들을 벌하신 원인이 된 죄였다는 것을 보여주는 것이다.

[3] 그 때에 그들이 두려워하게 되리라는 것(5절). 사마리아 주민이 두려워할 것이라. 그들은 그들의 신들로 인하여 노심초사하고 괴로워할 것이고, 그 신들을 잃어버릴까봐 두려워할 것이다. 또는, 그들은 하나님의 심판이 그들에게 닥치면서, 하나님이 애굽의 모든 신을 심판하셨듯이(출 12:12) 그들의 우상들로부터 그 심판을 시작하시는 것을 볼 때에, 그들 자신과 그들의 자녀들과 권속들을 염려하며 괴로워할 것이다. 하나님이 땅을 진동시키려고 일어나실 때에(사 2:21) 우상 숭배자들은 이렇게 두려워 떨게 될 것이다. 그 때에 그들이 산더러 우리를 가리라 할 것이요 작은 산더러 우리 위에 무너지라 하리라(8절). 우상 숭배를 지지하던 자들은 이렇게 바위들과 산들에게 하나님의 진노로부터 그들을 숨겨 달라고 헛되이 부르짖게 될 것이다(계 6:15-16).

⁹이스라엘아 네가 기브아 시대로부터 범죄하더니 지금까지 죄를 짓는구나 그러니 범죄한 자손들에 대한 전쟁이 어찌 기브아에서 일어나지 않겠느냐 ¹⁰내가 원하는 때에 그들을 징계하리니 그들이 두 가지 죄에 걸릴 때에 만민이 모여서 그들을 치리라 ¹¹에브라임은 마치 길들인 암소 같아서 곡식 밟기를 좋아하나 내가 그의 아름다운 목에 멍에를 메우고 에브라임 위에 사람을 태우리니 유다가 밭을 갈고 야곱이 흙덩이를 깨뜨리리라 ¹²너희가 자기를 위하여 공의를 심고 인애를 거두라 너희 묵은 땅을 기경하라 지금이 곧 여호와를 찾을 때니 마침내 여호와께서 오사 공의를 비처럼 너희에게 내리시리라 ¹³너희는 악을 밭 갈아 죄를 거두고 거짓 열매를 먹었나니 이는 네가 네 길과 네 용사의 많음을 의뢰하였음이라 ¹⁴그러므로 너희 백성 중에 요란함이 일어나며 네 산성들이 다 무너지되 살만이 전쟁의 날에 벧아벨을 무너뜨린 것 같이 될 것이라 그 때에 어머니와 자식이 함께 부서졌도다 ¹⁵너희의 큰 악으로 말미암아 벧엘이 이같이 너희에게 행하리니 이스라엘 왕이 새벽에 정녕 망하리로다

이 단락에는 다음과 같은 내용들이 나온다.

I. 하나님은 그들에게 그들의 조상들과 선배들의 죄들을 상기시켜 주심.

하나님은 이제 그 죄들로 인하여 그들을 벌하실 것이다. 하나님은 앞에서도 그들이 기브아의 시대와 같이 심히 부패하였다(9:9)고 말씀하셨는데, 여기에서도 이스라엘아 네가 기브아 시대로부터 범죄하였다고 말씀하신다. 그 시대에 저질러진 악은 단지 이 시대에 원본의 복사판으로 다시 부활했을 뿐만 아니라, 그 간의 모든 시대들을 거쳐서 오늘날에 이르기까지 끊임없이 대를 이어 지속되어 왔기 때문에, 이 백성의 죄악의 분량은 오랜 기간 동안 채워져 왔고, 거기에다 지금도 죄악들이 더해지고 있다. 또는, "이스라엘아 네가 기브아 시대보다도 더 많이 범죄하였다(본문은 이렇게 읽을 수도 있다). 이 시대에 저질러지고 있는 죄들은 이전 시대들 중에서 가장 악한 시대에 저질러진 죄들을 능가한다. 당시에도 상황은 나빴다. 왜냐하면, 그들이 거기에 섰기 때문이다. 범죄자들은 그들을 방어하기 위하여 섰고, 그들의 악을 징계하고자 했던 이스라엘 지파들도 거기에 섰는데, 첫 번째와 두 번째의 전투에서 행악자들이 승자가 되었다. 죄악의 자녀들을 친 기브아에서의 전쟁은 세 번째 접전이 있을 때까지는 그들을 잡지 못하였고, 그 접전에서도 600명이 도망쳤기 때문에 그들 모두를 잡지는 못하였다. 그러나 너의 죄는 그들의 죄보다 더 악하다. 그러므로 너는 죄악의 자녀들을 치는 전쟁에서 네가 잡히게 될 것 외에 다른 것을 기대할 수 없다."

Ⅱ. 하나님이 그들에게 곧 심판이 임할 것이라고 경고하심(10절). 하나님은 지금까지 그들을 불쌍히 여기셔서 목숨을 살려 두셨다. 그들이 하나님을 크게 진노하시게 하였지만, 하나님은 그가 오래 참고 인내하면 그들이 혹시 돌아올지 모른다고 생각하셔서 오랫동안 그들에게 기회를 주셨다. 그러나 지금은 "그들을 징계하는 것이 내가 원하는 것이다. 그것이 내가 의도하는 것이고 기뻐하는 것이다." 하나님은 그들을 망하게 하시며 멸하시기를 기뻐하실 것이다(신 28:63). 하나님은 죄인들이 죽어서 파멸하는 것을 원하지 않으시기 때문에 그들을 징계하고자 하신다는 것을 명심하라. 그 징계가 무엇인지를 보라: 기브아 전투에서 다른 모든 지파들이 모여 와서 베냐민 지파를 쳤던 것처럼, 만민이 모여서 그들을 치리라. 한 랍비는 이 구절을 이렇게 설명한다: "그들이 나의 이름으로 그들을 책망하는 나의 선지자들을 통한 나의 징계를 받지 않기 때문에, 그들이 두 고랑 사이에 그들의 몸을 묶을 때에, 즉 그들이 마치 이중 참호 안에 있는 것처럼 자신을 견고하게 요새화하였다고 생각할 때에, 또는 그들이 두 가지 죄(즉, 그들의 육체적 및 영적 간음, 또는 단과 벧엘에 있던 두 송아지 우상들, 또는 앞에서

언급된 두 가지 큰 악)에 걸릴 때에(난외주의 읽기), 또는 그들이 두 이랑 사이에 묶일 때에, 즉 그들이 앗수르 사람들의 종의 멍에를 메고서 두 이랑 사이에 묶인 채로 몰이 막대기가 무서워서 거기를 한 발자국도 벗어나지 못하고 밭을 왔다갔다 하면서 쟁기질을 할 수밖에 없는 황소 신세가 될 때에, 내가 그들을 칠 만민의 손을 빌려서 그들을 징계할 것이다(렘 2:12)." 갈대아 역본에는 이렇게 되어 있다: 그들을 치고자 모인 자들이 두 이랑 사이에 묶인 한 쌍의 암소처럼 그들을 다스리게 될 것이다. 하나님께 속한 자유자가 되고자 하지 않는 자들은 이렇게 그들의 원수들의 종이 되어서, 하나님을 섬기는 것과 세상 나라들을 섬기는 것이 어떤 차이가 있는지를 알게 될 것이다(대하 12:8).

Ⅲ. 그들이 고난과 역경에 친숙하지 않다는 이유로 하나님이 그들에게 아주 비참한 포로 생활을 면제해 주지 않으실 것임을 그들이 알게 되리라는 것(11절).   에브라임이 얼마나 멋지고 자상하며 섬세한지를 보라. 에브라임은 길들인 암소 같아서 곡식 밟기를 좋아한다. 왜냐하면, 암소는 그 입에 망이 씌워지지 않아서 그 일을 하면서 마음껏 먹을 수 있고, 그 일 자체도 무미건조하긴 하지만 아주 쉬워서, 그 일을 하게 되면 기분 전환도 되고 삯도 받을 수 있기 때문이다. 하나님은 이렇게 말씀하신다: "그러나 내가 그의 아름다운 목에 멍에를 메우고 에브라임 위에 사람을 태우리라. 즉, 사람들이 자기가 탈 짐승들에게 하듯이(시 66:12), 내가 에브라임을 길들여서 앗수르 사람들이나 다른 정복자들로 하여금 그 위에 타게 하고 그들을 가혹하게 다스리게 하리니, 유다도 밭을 갈고 야곱도 흙덩이를 깨뜨리리라. 그러나, 유다도 혹독한 대우를 받게 되기는 하겠지만, 에브라임처럼 그렇게 혹독하게 대우받지는 않을 것이다."

하나님이 안일함과 쾌락에 지나치게 빠져 있는 자들에게 역경과 고생이 무엇인지를 알게 하시는 것은 마땅한 일임을 명심하라. 포코크 박사는 이 구절은 하나님이 이 백성으로 하여금 그의 율법에 순종하도록 하기 위해서 자애롭고 온유한 방법들을 취하였다는 사실을 보여줌으로써 그것을 그들이 하나님께로 돌아와 그의 율법에 순종해야 마땅한 이유로 제시하고 있는 것으로 해석한다. 하나님은 농부가 자신의 가축을 농사에 사용하기 위해서 길들일 때에 사용하는 방법들을 통해서 그들을 설득하고 구슬려서 그의 율법을 지키게 하고자 하셨다. 에브라임을 길들인 암소 같이 되게 하여 쓰임받기에 적합한 자로 만드시기 위해서, 하나님은 그의 아름다운 목을 쓰다듬어 주어서 그로 하여금 하나님의 손에 익숙하게 만든 후에, 그에게 하나님의 계명의 멍에를 메우고, 자기 백성 이스라엘에게 율법을 주어, 하나님이 세우신 제도들 속에서 길들이고 훈련을 시켜서, 이방 나라들의 제도나 관습에 유혹을 받지 않게 하고자 하셨다. 하나님은 그들로 하여금 계속해서 순종하게 하시기 위해서 온갖 적절한 수단들을 사용하셨고, 유다로 하여금 밭을 갈게 하시고 야곱으로 하여금 흙덩이를 깨뜨리게 하시는 등 그들에게 적합한 계명들을 주셔서 지키게 하셨다. 그렇지만, 그들은 계속해서 순종하기를 원하지 않았고, 곁길로 나가기 시작하였다.

Ⅳ. 하나님이 그들에게 기도하고 회개하며 삶을 고침으로써 그에게로 돌아오라고 권하시고 격려하심(12-13절).

1. 그들의 본분들. 그들은 하나님의 농부들이기 때문에(고전 3:9), 그들의 본분들은 농부의 소명에서 빌려온 언어를 통해서 표현된다. 그들은 압제자들의 종이 되고자 하지 않는다면 하나님께 돌아와서 그를 섬겨야 한다.

(1) 그들은 묵은 땅을 기경하여야 한다는 것. 그들은 그들의 마음속에서 잡초와 가시 같은 온갖 부패한 심성들과 욕망들을 제거하여 그 마음을 깨끗하게 하여야 하고, 그들의 죄를 깨닫고 스스로 낮아져서 상하고 통회하는 심령이 되어야 한다. 그들은 그들의 죄들을 기억하고서 슬픔과 수치로 가득한 채로, 마치 쟁기질이 다 된 땅이 씨앗을 받아 뿌리를 내리게 하듯이, 하나님의 계명들을 마음으로 받아서 뿌리를 내리게 하여야 한다(렘 4:3).

(2) 그들은 자기를 위하여 의를 심어야 한다는 것. 그들은 하나님께 돌아와서 다시 의의 규범인 하나님의 율법을 따라 선한 일들을 행하여야 한다. 그들은 하나님을 향해서는 경건의 일들에서, 그리고 서로를 향해서는 공의와 구제의 일들에서 풍성하여야 하고, 그럴 때에 사도 바울이 말한 대로 성령을 위하여 심어야 한다(갈 6:7-8). 그들이 하는 모든 행위는 그들이 심는 씨앗이다. 그들은 그것들을 의(義) 가운데서 심어야 한다. 그들은 마땅히 심어야 할 것을 심어야 하고, 마땅히 행해야 할 것을 행해야 한다. 그렇게 할 때, 그들은 그들이 심은 것으로 인한 유익을 얻게 될 것이다.

(3) 그들은 여호와를 찾아야 한다는 것. 그들은 하나님의 은혜를 바라고서 그를 바라보아야 하고, 하나님께 그들이 심은 씨앗을 축복해 주시라고 간절히 기도하여야 한다. 농부는 하나님을 바라보는 가운데 하나님께 때를 따라 비를 내려 주시기를 기도하며, 밭을 갈고 씨를 심어야 한다.

2. 이 본문들을 강조하기 위해서 하나님이 사용하시는 논거들.

(1) 지금은 그렇게 할 때라는 것. 지금은 적기(適期)이다. 농부는 파종할 때에 씨를 뿌린다. 만약 그 시기 중 상당 부분을 허비해 버리면, 농부는 아주 바쁘게 그 일을 하지 않으면 안 된다. 여호와를 찾는 것은 날마다 해야 하는 일이기는 하지만, 하나님의 섭리와 은혜로 말미암아 주어진 특별한 기회들이 있고, 그 때는 특별한 의미에서 여호와를 찾을 때라는 것을 명심하라.

(2) 그들이 그들의 일을 하면, 하나님은 하나님의 일을 하시리라는 것. 그들이 자기를 위하여 의를 심고, 하나님의 은혜를 의지하여 그들의 본분을 정성껏 부지런히 행하면, 하나님은 그들에게 은혜를 내려 주셔서, 의를 심은 자들에게 가장 절실하게 필요한 것, 즉 의를 비처럼 내려 주실 것이다. 왜냐하면, 내가 나 된 것은 하나님의 은혜로 된 것이기 때문이다(고전 15:10). 어떤 이들은 이 구절을 그리스도께 적용해서, 때가 찼을 때에 그리스도께서 오실 것이기 때문에, 그들이 그의 오심을 준비하여야 한다는 의미로 이 구절을 해석한다. 그리스도께서는 여호와 우리의 의(義)로서 오셔서(렘 23:6), 그가 이 세상에 들여오신 저 영원한 의를 비처럼 우리에게 내리실 것이다. 그는 그 의를 그들에게 차고 넘치게 하사하실 것이다. 성경에서는 그가 비 같이 내리리라(시 72:6)고 예언하였다.

(3) 그들이 의를 심는다면 인애(또는, 긍휼)를 거두게 되리라는 것. 이것은 성령을 위하여 심는 자는 성령으로부터 영생을 거두리라(갈 6:8)는 약속의 말씀과 일치한다. 그들은 인애 또는 긍휼의 분량에 따라 거둘 것이다(원어는 이런 의미이다). 그것은 하나님의 풍성하신 인애를 따라 큰 상이 될 것이고, 그들 같은 비천한 피조물이 받기에는 합당하지 않지만 무한한 긍휼을 지니신 하나님이 주시기에는 합당한 그런 상이 될 것이며, 보수로 주어지는 상이 아니라 은혜로 주어지는 상이 될 것이다(롬 4:4). 그들은 그들의 공로가 아니라 하나님의 긍휼을 따라 거둔다. 그들은 씨를 심을 뿐이고, 거기에 그가 기뻐하시는 대로 형체를 부여하시는 분은 하나님이시다.

(4) 그들은 악을 밭 갈아 죄를 거두었다는 것. 그들이 그렇게 한 것은 지나간 때로 족하다(벧전 4:3). "전에 너희는 죄를 섬기느라 많은 수고를 하였고, 불 가운데로 들어가서 죄를 섬기는 일에 애를 썼다. 그런데, 너희가 지금 하나님을 섬겨서 너희의 유익이 될 일을 하는 것인데도 종일 수고하며 더위를 견디게 될 것을 생각하니 엄두가 나지 않는다고 불평하고자 하느냐(마 20:12)? 너희는 이

제까지 너희의 영혼을 망치고 파멸에 빠뜨리는 일을 많이 해왔다. 그런데도, 너희가 그것을 다시 무효화시키고, 너희의 영혼을 구할 일을 하고자 하지 않는 것이냐?"

(5) 그들이 죄를 섬기면서 아무것도 얻지 못하였다는 것. 그들은 악을 밭 갈 았고(즉, 그들이 죄의 천한 일을 행하였다는 것) 죄를 거두었다(즉, 그들이 심은 그대로 거두었다는 것). 그들은 추수 때까지 그 일을 계속하였는데, 그렇게 해 서 그들이 얻은 것이 무엇인가? 그것은 모두 사기(詐欺)였다. 그들은 거짓 열매, 즉 거짓일 뿐인 열매, 겉보기에는 좋아 보이지만 안은 썩은 열매를 먹었다. 어 둠의 일들은 열매 없는 일들이다(엡 5:11; 롬 6:21). 죄로 인해 얻어지는 것들은 죄인에게조차도 만족을 주지 못한다.

(6) 그들이 죄를 섬기면서 거기에서 위로와 의지(依支)를 구하면 반드시 실 망하고 좌절하게 되리라는 것. "네가 네 길과 네 용사의 많음을 의뢰하였다. 너는 피조물들, 네 자신의 능력과 술책을 의지해서 대담하게 악을 밭 갈아 왔지만, 네가 기대한 것들은 너를 속였다. 그러므로 너는 와서 여호와를 찾으라. 네가 여호와께 둔 소망은 너를 속이지 않을 것이다."

V. 그들이 육신적으로 행하고 육신을 의지하였기 때문에, 하나님이 그들을 철저하게 멸망시키시겠다고 경고하심(14-15절). 네가 악을 심고 네 자신의 길을 의뢰하였기 때문에, 그러므로 내분이나 외적의 침입으로 너희 백성 중에 요 란함이 일어나며, 나라가 온통 혼란에 휩싸여서 난리와 소동이 벌어지게 될 것 이다.

1. 그들의 성읍들과 요새들이 원수의 먹잇감이 되리라는 것. 그들이 의지했 던 산성들, 그들의 중요한 물건들을 쌓아 두었던 산성들이 살만이 전쟁의 날에 벧 아벨을 무너뜨린 것 같이 원수에게 함락되어 약탈당하게 될 것이다. 이것은 성 경의 다른 곳에 기록되어 있지는 않지만, 아마도 최근에 일어난 어떤 사건을 가리키는 것 같다. 살만, 곧 앗수르 왕 살만에셀은 최근에 어떤 성이나 요새 또 는 집(벧아벨은 아벨의 집이라는 뜻이다)을 군사 작전을 통해서 무너뜨렸는데, 이 때는 정복 초기여서 다른 요새들에게 두려움을 주어서 빨리 항복하게 만들 기 위하여, 아마도 아주 잔혹한 방법으로 그 곳을 점령하였던 것 같다. 하나님 은 그들에게 사마리아가 약탈당하게 될 것이라고 말씀하신다.

2. 주민들이 벧아벨의 경우처럼 칼에 죽게 되리라는 것. 앗수르 군사들은 벧

아벨을 점령한 후에 광분하여 어머니와 자식을 둘 다 한꺼번에 부서뜨려 버렸다. 전쟁이 얼마나 참혹한 일을 만들어내는지를 보라. 전쟁 때에 악은 거침이 없다. 인간이라는 존재가 그렇게 비인간적일 수 있다는 것은 참으로 이상하다. 그러나 죄로 인해서 어떤 일이 벌어지는지를 보라. 인간은 인간에 대하여 늑대이기 때문에, 인간은 인간에 대하여 어린 양이다.

3. 왕의 피가 평민들의 피와 섞이게 되리라는 것. 이스라엘 왕이 새벽에 정녕 망하리로다(15절). 호세아는 이스라엘의 마지막 왕이었다. 그를 마지막으로 북왕국 이스라엘은 끊어져서 종말을 고하였다. 여기에 나오는 왕은 호세아를 가리킬 수도 있고, 속임수에 의해서 죽임을 당한 선왕들 중의 어느 한 사람을 가리킬 수도 있다. 이 일은 새벽에, 즉 동이 트는 것과 같이 아주 짧은 시간 안에 갑자기, 또는 새벽이 정확히 제 시간에 오듯이 정해진 때에 이루어질 것이다. 또는, 그들이 재난의 밤은 지나갔고 새 날이 다시 오고 있다고 생각하는 바로 그 새벽에, 그들의 왕이 갑자기 죽임을 당함으로써 그들의 모든 소망은 산산조각이 나고 말 것이다(7절). 왕들은 우리에게는 신이지만 하나님께는 사람이기 때문에 보통 사람들처럼 죽게 될 것이다. 무엇 때문에 이스라엘은 이렇게 철저히 초토화되어 버리는 것인가? 이스라엘이 이렇게 피를 흘리게 되는 근본적인 원인은 무엇인가? 하나님은 우리에게 이렇게 말씀하신다(15절): 벧엘이 이같이 너희에게 행하리라. 벧엘은 송아지 우상들 중의 하나가 있던 곳이었다. 성경에서 그들의 모든 악이 있었다고 말하는 길갈도 거기에서 가까웠다. 거기에 그들의 큰 악, 그들의 악 중의 악(원어는 이런 의미이다)이 있었고, 그들의 죄는 거기에 총체적으로 집약되어 있었다. 이 모든 대재앙을 그들에게 가져다 준 것은 바로 그 벧엘이었다. 벧엘이 이 일을 그들에게 행하였다. 왜냐하면, 거기에서 그들이 행한 죄악으로 인해서 하나님이 진노하셔서 이 모든 일을 그들에게 행하신 것이기 때문이다. 하나님은 "앗수르 왕이 이같이 너희에게 행하리라"고 말씀하시는 것이 아니라, "벧엘이 이같이 너희에게 행하리라"고 말씀하신다. 어떤 해악이나 재난이 우리에게 일어나든지, 그것을 행하는 것은 바로 죄라는 것을 명심하라. 요새들이 약탈당하였는가? 여자들과 아이들이 살해되었는가? 왕이 죽임을 당하였는가? 이 모든 일을 행하는 것은 죄이다. 영혼과 육신과 재물을 모두 다 파멸시키는 것은 죄이다. 벧엘이 이같이 너희에게 행하리라. 너를 징계하는 것은 네 악이고, 너를 책망하는 것은 네 반역이다(렘 2:19).

제
— 11 —
장

개요

이 장에는 다음과 같은 내용들이 나온다. I. 자기 백성 이스라엘을 향하신 하나님의 큰 선하심과 그가 그들을 위하여 행하셨던 큰 일들(1, 3-4절). II. 그들에 대한 하나님의 은총들에도 불구하고, 그들이 하나님에 대하여 배은망덕하게 행함(2-4, 7, 12절). III. 하나님이 그들의 배은망덕함과 기만적인 행위로 인하여 그들에게 진노하실 것이라고 경고하심(5-6절). IV. 하나님이 진노 가운데서 긍휼을 기억하심(8-9절). V. 하나님이 장차 그들을 위하여 무엇을 행하시려 하시는지에 대한 약속들(10-11절). VI. 하나님이 유다를 높이 평가하심(12절).

¹이스라엘이 어렸을 때에 내가 사랑하여 내 아들을 애굽에서 불러냈거늘 ²선지자들이 그들을 부를수록 그들은 점점 멀리하고 바알들에게 제사하며 아로새긴 우상 앞에서 분향하였느니라 ³그러나 내가 에브라임에게 걸음을 가르치고 내 팔로 안았음에도 내가 그들을 고치는 줄을 그들은 알지 못하였도다 ⁴내가 사람의 줄 곧 사랑의 줄로 그들을 이끌었고 그들에게 대하여 그 목에서 멍에를 벗기는 자 같이 되었으며 그들 앞에 먹을 것을 두었노라 ⁵그들은 애굽 땅으로 되돌아 가지 못하겠거늘 내게 돌아 오기를 싫어하니 앗수르 사람이 그 임금이 될 것이라 ⁶칼이 그들의 성읍들을 치며 빗장을 깨뜨려 없이하리니 이는 그들의 계책으로 말미암음이니라 ⁷내 백성이 끝끝내 내게서 물러가나니 비록 그들을 불러 위에 계신 이에게로 돌아오라 할지라도 일어나는 자가 하나도 없도다

이 단락에는 다음과 같은 내용들이 나온다.

I. 하나님이 이스라엘에 대하여 지극히 은혜로우심. 하나님이 하늘 아래에 있는 그 어떤 민족보다도 이스라엘을 위해서 더 많은 일을 행하셨고, 그들에게 더 많은 것을 주셨다. 내가 이렇게 말하는 것은 그들을 꾸짖기 위한 것이 아니라, 그들의 죄를 더욱 부각시켜서 그들로 하여금 회개하도록 격려하기 위한 것

이다(하나님은 후히 주시고 꾸짖지 아니하시는 분이시기 때문에).

1. 하나님은 그들이 어렸을 때에 그들을 향한 인애(仁愛)를 지니고 계셨다는 것(1절). 이스라엘이 어렸을 때에 내가 그를 사랑하였다. 그들이 애굽에서 번성하여 처음으로 하나의 민족을 이루어 가기 시작하였을 때, 하나님은 그들을 사랑하심으로 말미암아 그들을 택하셨다(신 7:7-8). 그들이 아이 같이 약하고 힘이 없으며, 아이 같이 어리석고 제멋대로이며, 의지할 곳 없어서 위험에 그대로 노출된 아이 같았을 때, 하나님은 그들을 사랑하셨다. 하나님은 그들을 불쌍히 여기셨고, 그들을 향하여 선의(善意)를 지니고 계시다는 것을 표명하셨다. 하나님은 유모가 젖먹이 아기를 품듯이 그들을 품으시고 먹이셨으며, 그들의 응석을 받아 주셨다. 다 자란 자들, 아니 나이 들어서 늙은 자들은 종종 그들이 어렸을 때에 그들을 향하신 하나님의 선하심이 어떠하였는지를 묵상할 필요가 있다는 것을 명심하라.

2. 하나님이 그들을 종살이 하던 집에서 건져 내셨다는 것. 그들은 내 아들, 나의 사랑하는 아들이었기 때문에, 내가 내 아들을 애굽에서 불러냈다. 하나님은 애굽 왕 바로에게 이스라엘을 보내라고 요구하셨을 때에 그들을 자기 아들, 그의 장자라고 부르셨다. 하나님은 그가 사랑하시는 자들을 죄와 사탄에게 종살이 하는 처지에서 불러내셔서 그의 자녀로서의 영광스러운 자유 속으로 들어오게 하신다는 것을 명심하라. 성경에서는 헤롯이 죽자 하나님이 그리스도와 그의 부모를 애굽으로부터 불러내셨을 때에 이 말씀이 성취되었다고 말한다(마 2:15). 그러므로 이 말씀은 이중적인 측면을 지니고 있어서, 역사적으로는 하나님이 이스라엘을 애굽에서 불러내신 것을 가리키고, 예언적으로는 그리스도를 애굽으로부터 불러내신 것을 가리킨다. 전자는 후자의 모형으로서, 하나님이 그 백성을 위해 예비해 두신 무수한 큰 은총들, 특히 그의 아들을 세상에 보내실 것과 그들이 그를 무정하게 쫓아내어서 결코 그들에게 돌아오시지 않아야 마땅한 데도 그가 다시 이스라엘 땅으로 오실 것임을 보여주는 담보이자 전조(前兆)였다. 하나님이 그리스도를 애굽으로부터 불러내신 것은 그리스도께 속한 모든 자들을 그로 말미암아 영적인 노예 상태로부터 불러내실 것을 보여주는 표상(表象)이었다.

3. 하나님은 아버지 또는 가정교사로서 그들에게 좋은 교육을 시키셨을 뿐만 아니라, 스스로 지극히 낮아지셔서 어머니 또는 유모로서 그들을 돌보느라

많은 애를 쓰셨다는 것(3절). 아기가 줄을 잡고 걸음마를 배우듯이, 내가 에브라임에게 걸음을 가르쳤다. 그들이 광야에 있었을 때, 하나님은 구름 기둥과 불 기둥으로 그들을 인도하셨고, 그들이 가야 할 길을 보여주셨으며, 그들을 팔로 안아서 데리고 가셨다. 하나님은 미성년자인 이스라엘 백성에게 가정교사와 감독자 역할을 하도록 예식법을 제정하여 그들에게 그의 계명의 길을 따라 가는 법을 가르치셨다. 하나님은 그들이 곁길로 갈 때에 옳은 길로 인도하기 위하여 그들을 팔로 안으시기도 하셨고, 그들이 걸려넘어지지 않도록 그들을 땅에서 들기 위하여 그들을 팔로 안으시기도 하셨다. 하나님의 영적 이스라엘은 이런 식으로 보호를 받는다. 주께서 내 오른손을 붙드셨나이다(시 73:23).

4. 그들에게 뭔가가 잘못되었거나 그들이 정상에서 조금이라도 벗어나 있을 때에는 하나님이 그들의 의사가 되어 주셨다는 것. "내가 그들을 고쳤다. 나는 그들을 자상하게 보살폈을 뿐만 아니라(이런 일은 친구도 할 수 있다), 그들을 실질적으로 치료하였다. 그런 일을 할 수 있는 것은 오직 하나님뿐이다. 나는 너희를 치료하는 여호와, 너희의 온갖 고충과 애로들을 바로잡고 처리하는 여호와이다(출 15:26)."

5. 하나님이 온유하고 부드러운 방법들로 그들을 이끄셔서 그를 섬기게 하셨다는 것(4절). 내가 사람의 줄 곧 사랑의 줄로 그들을 이끌었다. 가엾은 영혼들을 자기에게로 이끄시는 것이 하나님이 하시는 일이라는 것을 명심하라. 하나님이 이끌지 아니하시면 아무도 하나님께 올 수 없다(요 6:44).

(1) 하나님은 사람의 줄로 이끄신다는 것. 사람의 줄이란 사람들이 이끌 때에 사용하는 인도주의의 원칙 같은 그런 줄, 또는 사람들이 이끌려 오게 할 수 있는 그런 줄을 가리킨다. 하나님은 그들을 사람으로 대하셨기 때문에, 그들을 사람의 줄로, 즉 공평하고 이치에 맞는 길을 따라, 그리고 편안하고 온유한 길을 따라 이끄셨다. 하나님은 원죄 이전의 상태의 아담을 대하듯이 그들을 대하셔서, 그들을 곧장 낙원으로 이끄셨고 자기와의 계약 관계 속으로 이끄셨다.

(2) 하나님은 사랑의 줄로 또는 사랑의 밧줄로 이끄신다는 것. 여기에서 사용된 단어는 앞에 나온 줄보다 더 튼튼한 줄, 곧 밧줄을 가리킨다. 하나님은 그들이 원하든 원치 않든 강제적으로 그들을 몰아부쳐서 그를 섬기게 하지도 않으셨고, 그들을 가혹하게 다스리거나 폭력에 의해서 그들을 잡아두지 않으셨다. 하나님은 그의 인애를 보여주셔서 그들의 마음을 녹이시기 위하여, 온갖 사랑

스럽고 달콤하고 온유한 유인책들로 그들을 자기에게로 이끄셨다. 하나님이 그들의 인도자로 삼으신 모세는 세상에서 가장 온유한 사람이었다. 우리는 흔히 사람들 가운데서의 인애(仁愛)를 사랑의 빚 또는 사랑의 줄이라고 부른다. 하나님은 이렇게 그의 아름다운 향기름으로 이끄시고(아 1:3-4) 인자하심으로 이끄신다(렘 31:3). 하나님이 이렇게 우리를 대하시기 때문에, 우리도 우리가 가르치고 다스리는 자들에게 그와 같이 대하여야 하고, 이치에 맞고 온유하게 대하여야 한다.

6. 그들은 오랫동안 무거운 짐 아래에서 신음하여 왔었는데, 하나님이 그들에게서 그 짐을 벗겨 주셨다는 것. 내가 그들에게 대하여 그들의 목에서 멍에를 벗기는 자 같이 되었다. 이것은 선한 농부가 자신의 황소를 끊임없이 고된 일을 시켜서 지치게 하지 않고 그 황소에게 긍휼을 베풀어서 그 목에서 멍에를 벗겨 쉬게 하는 것에 비유한 말씀이다. 아마도 당시에는 사람들이 황소의 목에 멍에를 메울 때에 재갈이나 굴레로 그 턱을 꽉 조여서 소의 입에 망을 씌웠던 것 같다. 애굽에 있던 이스라엘은 이렇게 그 어떤 위로도 누리지 못하도록 억제를 당하는 가운데에 끊임없이 고된 노역(勞役)에 동원되었다. 그러나 하나님은 그들의 어깨에서 짐을 벗겨서 그들을 편안하게 해주셨다(시 81:6). 자유, 특히 종살이에서 벗어나 자유를 누릴 수 있는 것은 큰 긍휼을 입은 것임을 명심하라.

7. 하나님은 그들에게 먹을 것을 공급해 주셨다는 것. 애굽에서 그들은 고된 노역을 해야 먹을 수 있었지만, 하나님은 마치 농부가 소의 멍에를 풀어 준 후에 꼴을 주어 먹게 하듯이 그들을 애굽에서 이끌어 내신 후에 그들 앞에 먹을 것을 두셨다. 하나님은 하늘로부터 내려오는 양식이자 천사들의 양식인 만나를 그들의 진영 주위에 비 같이 내려주셨다. 다른 피조물들은 자신의 먹을 것을 찾아 다녀야 하지만, 하나님은 마치 우리가 우리 자녀들에게 하듯이 자기 백성 앞에 먹을 것을 가져다가 놓아 두시고, 그 자신이 직접 음식을 만들어 내오는 자의 역할을 하심으로써, 그가 그들에게 장차 아름다운 복들을 내려 주시리라는 것을 미리 보여주셨다.

II. 이스라엘이 하나님에 대하여 대단히 배은망덕하게 행함.

1. 그들이 귀를 막고서 하나님의 음성을 듣지 않았고 불순종하였다는 것. 하나님은 모세 및 그 밖의 다른 선지자들 같은 그의 사자(使者)들을 통해서 그들에게 말씀하셨고, 그들의 죄에서 떠나서 그에게로 와서 그들의 본분을 다하

라고 그들을 부르셨다. 그러나 선지자들이 그들을 부를수록 그들은 선지자들을 점점 멀리하였다. 그들은 선지자들로부터 권면을 받은 바로 그 일들에서 하나님을 반역하였다. 선지자들이 그들에게 선한 것을 행하라고 그들을 더욱 간절하고 끈질기게 설득할수록, 그들은 더욱더 완고해져서 말을 듣지 않았고, 불순종 자체를 위해서 불순종을 하는 듯이 더욱 필사적으로 그들의 악한 길들로 행하였다. 이러한 어리석음이 아이들의 마음속에 얽혀 있어서, 그들은 선한 것을 행하라는 가르침을 듣자마자, 그들에게 그렇게 가르치는 자들로부터 멀리 도망간다.

2. 그들이 우상들을 좋아하고 숭배하였다는 것. 그들은 여호와의 선지자들로부터 여호와께서 미워하시는 이 가증스러운 일을 하지 말라는 말씀을 반복해서 들었으면서도, 바알들에게 제사하되 이번에는 이 바알, 다음에는 저 바알에게 제사하였고, 아로새긴 우상 앞에서 분향하였다. 우상 숭배는 처음부터 내내 이스라엘이 가장 쉽게 빠져 들어갔던 죄였다.

3. 그들이 하나님 및 하나님이 그들에게 주신 은총들을 무시하였다는 것. 내가 그들을 고치는 줄을 그들은 알지 못하였도다. 그들은 하나님이 그들을 구원하시기 위하여 사용하시는 도구들인 모세와 아론만을 보았고, 어떤 일이 그들의 뜻대로 잘 되지 않으면 모세와 아론에게 대들며 싸웠을 뿐, 그들 너머로 그들을 사용하고 계시는 하나님을 보지 않았다. 또는, 하나님이 그들을 바로잡기 위하여 혹독한 징계 아래 두셨을 때, 그들은 그것이 그들의 유익을 위한 것이고, 하나님이 그것을 통해서 그들을 고치시고자 하시며, 그들이 완전하게 고침 받기 위해서는 그것이 필수적이라는 것을 이해하지 못하였다. 만약 그들이 그것을 이해하였더라면, 그들은 하나님이 취하신 방법들을 좀 더 순순히 받아들였을 것이다. 무지는 배은망덕의 밑바닥에 있다는 것을 명심하라(2:8).

4. 그들에게는 배교의 성향이 아주 강하였다는 것. 이것은 하나님의 고소 가운데서 가장 암울하고 서글픈 조목이다(7절). 내 백성이 나에게서 물러가서 타락하고자 하는 성향이 있어서, 끝끝내 내게서 물러가는도다. 이 구절에 나오는 단어들은 모두가 하나님의 화를 돋구는 단어들이다.

(1) 그들은 자꾸 뒤로 물러가서 타락하고자 한다는 것. 그들을 붙잡아 둘 수 있는 것도 없고, 그들 속에 흔들림 없는 확고한 것도 없다. 그들은 하나님을 향하여 나아오는 듯이 보이다가도 금세 다시 뒤로 물러가서 타락하기 때문에, 속

이는 활과 같다.

(2) 그들은 나에게서 물러간다는 것. 즉, 그들은 최고의 선이자 생명과 생명수의 원천이신 하나님, 그들로부터 결코 돌아선 적이 없으시고 그들에게 광야 같은 적이 없으셨던 그들의 하나님에게서 자꾸 물러가서 타락으로 치닫는다.

(3) 그들은 물러가는 성향이 있다는 것. 그들은 죄를 지을 준비가 되어 있다. 그들의 본성 속에는 악한 것에 끌리는 성향이 존재한다. 아무리 좋게 말한다고 해도, 그들은 하나님과 세상 사이에 끼여 있어서, 조그만 미끼만 있어도 금세 잘못된 길로 들어서고 만다. 그들은 온갖 유혹에 약해서 금방 걸려들어 적극적으로 반응한다. 이것은 그들이 죄를 짓기로 결심하고 있다는 것을 보여주는 것이다. 그들의 마음은 악을 행하는 데에 담대하고(전 8:11), 악의 길에 끌리는 성향이 강하다. 하나님이 그들을 막으시기 위하여 어떤 말씀을 하시거나 어떤 일을 행하셔도, 그들은 하나님에게서 물러가서 결코 돌아오지 않으려고 고집스럽게 버틴다.

(4) "그들은 말로는 내 백성이라고 하고, 내 이름으로 불리며, 나와 관계가 있다고 고백한다. 그들은 내 자녀들로서, 나는 그들을 위해 많은 일을 행하였고, 내가 그들을 어릴 적부터 먹이고 키웠으며, 그들로부터 많은 것을 기대하고 있다. 그런 그들이 자꾸 내게서 물러가서 타락하고자 한다." 우리는 회개할 때에 우리가 하나님에게서 물러간 일들만이 아니라 우리가 지닌 물러가고자 하는 경향도 애통해해야 하고, 우리가 실제로 저지른 죄악들만이 아니라 우리에게 본래부터 있는 부패성, 우리 속에 거하는 죄, 육적인 마음도 애통해해야 한다는 것을 명심하라.

5. 그들이 이상하게 회개하고 삶을 고치기를 싫어하였다는 것. 그들의 완악함을 보여주는 두 가지 표현이 여기에 나온다.

(1) 그들이 돌아오기를 싫어하였다는 것(5절). 그들은 하나님에게서 물러가고자 하는 성향이 워낙 강해서, 한 번 시도를 해 본 후에는 그들이 하나님에게서 물러가는 것이 어리석은 일이었다는 것과 하나님을 버렸을 때에는 그들의 상황이 더 나빠질 수밖에 없었다는 것을 너무나 잘 깨닫고서도, 고집스럽게 그들의 악한 길을 계속해서 가고, 하나님께 돌아오기를 싫어하였다. 내가 이방 신들을 사랑하였은즉 그를 따라 가겠노라(렘 2:25). 하나님은 그들에게 돌아오라고 명령하셨고, 돌아오라고 사정하며 간청하셨고, 그들이 돌아오기만 한다면 그들

을 반갑게 맞이할 것이라고 약속하셨지만, 그들은 거절하였다.

(2) 선지자들이 비록 그들을 불러 위에 계신 이에게로 돌아오라 할지라도 일어나는 자가 하나도 없었다는 것. 하나님의 선지자들과 사역자들은 그들이 반역하고 떠나간 하나님께로 돌아오고, 그들이 빠져 있는 이 비참한 타락의 늪에서 나와서 지극히 높으신 하나님께로 돌아오라고 그들을 불렀다. 선지자들은 우상들은 그들보다 훨씬 못한 존재들이기 때문에 우상들을 숭배하는 것은 그들의 위신과 체면을 깎이게 하는 짓일 뿐이고, 참 하나님은 그들보다 훨씬 위에 계시기 때문에 그를 섬기는 것은 그들의 존귀함을 더해 주는 것이니, 우상 숭배에서 떠나서 참 하나님께로 돌아오라고 그들을 불렀다. 선지자들은 이 땅에 속한 것들에서 떠나서 하늘에 속한 것들을 찾으라고 그들을 불렀다. 그러나 선지자들의 그러한 외침은 헛된 것이어서, 그들 중에 하나님을 높이고자 하는 자가 하나도 없었다. 하나님은 지극히 높으신 이이신데도, 그들은 하나님을 그런 분으로 인정하고자 하지도 않았고, 그의 이름에 걸맞는 존귀나 영광을 그에게 드리는 일을 하고자 하지도 않았다. 또는, 그들은 그들이 스스로 뛰어든 저 배교와 참상(慘狀)의 늪에서 일어나고자 하지 않았고, 도리어 만족스러운 얼굴로 거기에 계속해서 누워 있을 뿐, 그들의 머리나 심령을 들고자 하지 않았다. 하나님의 신실한 사역자들이 타락으로 치닫는 하나님의 자녀들을 붙들고 지극히 높으신 이에게로 돌아오게 하기 위하여 많은 수고를 하였지만, 하나님께 돌아와서 그를 높이고자 하는 자가 하나도 없었다는 것을 명심하라.

Ⅲ. 하나님이 이스라엘에 대하여 크게 진노하심. 사실 이것은 당연한 일이었다. 하나님이 여기에서 그들에게 경고하시는 그의 진노의 징표들이 무엇인지를 보라.

1. 하나님은 그들을 자기 백성으로 삼으시기 위하여 애굽에서 이끌어 내셨지만, 그들이 그에게 신실하고자 하지 않았기 때문에, 이제 그들을 처음보다 더 나쁜 상태 속으로 들어가게 하시겠다는 것(5절). "그들은 그들이 충분히 고생하며 종살이 하던 집인 애굽 땅으로 되돌아가지는 않겠지만, 더 힘들게 섬겨야 하는 고역 속으로 들어가게 될 것이다. 왜냐하면, 앗수르 사람이 그들의 임금이 될 것이고, 그 임금은 애굽 왕 바로보다 그들을 더 학대할 것이기 때문이다." 애굽 땅은 가까이에 있어서, 그들이 거기로 가면 거기에서 종종 고국에 관한 소식도 들을 수 있고, 머지않아 고국으로 다시 돌아갈 수 있다는 소망을 품

을 수도 있을 것이지만, 그들은 애굽 땅으로 되돌아가는 것이 아니라, 앗수르로 끌려가게 될 것이다. 앗수르는 아주 멀리 떨어져 있어서, 그들이 거기로 끌려가면, 그들에게는 고국으로부터의 모든 소식이 다 끊길 것이고, 고국으로 돌아갈 소망도 끊기게 될 것이다. 그들은 하나님께 돌아오기를 싫어하였기 때문에, 그들에게 이런 일이 일어나는 것은 마땅하다. 자신의 본분을 버린 후에 다시 돌아와서 그 본분을 행하지 않는 자들은 그들이 잃어버린 위로들을 회복하기를 기대할 수 없다는 것을 명심하라.

2. 하나님은 그들에게 저 좋은 땅, 아주 안전하고 살기 좋은 땅인 가나안을 주셨지만, 이제 거기에 사는 그들에게 심판을 내리셔서, 그들의 거처를 불안하고 살기에 좋지 않은 곳으로 만드시겠다는 것(6절). 전쟁의 칼, 외적의 칼이 그들에게 임하여, 그들을 쳐서 이길 것이다.

(1) 이 심판이 널리 행해지리라는 것. 이 칼이 그들의 성읍들, 즉 백성들의 보금자리이자 그들의 재물을 쌓아둔 곳인 성읍들을 칠 것이다. 또한, 그 칼은 그들의 가지들(즉, 촌락들이나 성민들), 또는 그들의 성읍들의 빗장들과 성문들, 또는 그들의 수입과 재산의 모든 가지들, 또는 그들의 가족의 가지들인 자녀들에게도 미칠 것이다.

(2) 이 심판이 오래 지속되리라는 것. 칼이 그들의 성읍들에 머물 것이다. 다윗은 선지자 갓이 그에게 제시한 세 가지 심판 중에서 그가 그의 원수에게 쫓겨서 석 달 동안 도망해야 하는 심판만은 받고 싶지 않다고 생각하였다(삼하 24:13-14). 그러나 이 칼은 이스라엘의 성읍들에 석 달보다 훨씬 더 긴 기간 동안 머물게 될 것이다. 그들은 하나님에 대한 반역을 오랫동안 지속하였기 때문에, 하나님은 그들에 대한 심판을 오랫동안 지속시키셨다.

(3) 이 심판이 모든 것을 완전히 멸절시키리라는 것. 칼이 그들의 가지들을 삼켜서 없이하고, 모든 것을 초토화시킬 것인데, 이것은 그들의 계책으로 말미암은 것이다. 즉, 그들은 그들 자신의 계책대로 행하고자 하였기 때문에, 하나님이 그들을 그들 자신의 계책을 따라 행하도록 내어주신 것은 의로우신 심판이다. 죄인들이 곤경에 빠져서 어쩔 줄을 몰라 하게 되는 것은 다 그들 자신이 생각해낸 계책 때문이라는 것을 명심하라. 만약 그들이 하나님의 계책을 따랐다면 그 계책이 그들을 구원하였을 것이지만, 그들 자신의 계책을 따랐기 때문에 그들은 멸망하고 만 것이다.

⁸에브라임이여 내가 어찌 너를 놓겠느냐 이스라엘이여 내가 어찌 너를 버리겠느냐 내가 어찌 너를 아드마 같이 놓겠느냐 어찌 너를 스보임 같이 두겠느냐 내 마음이 내 속에서 돌이키어 나의 긍휼이 온전히 불붙듯 하도다 ⁹내가 나의 맹렬한 진노를 나타내지 아니하며 내가 다시는 에브라임을 멸하지 아니하리니 이는 내가 하나님이요 사람이 아님이라 네 가운데 있는 거룩한 이니 진노함으로 네게 임하지 아니하리라 ¹⁰그들은 사자처럼 소리를 내시는 여호와를 따를 것이라 여호와께서 소리를 내시면 자손들이 서쪽에서부터 떨며 오되 ¹¹그들은 애굽에서부터 새 같이, 앗수르에서부터 비둘기 같이 떨며 오리니 내가 그들을 그들의 집에 머물게 하리라 나 여호와의 말이니라 ¹²에브라임은 거짓으로, 이스라엘 족속은 속임수로 나를 에워쌌으나 유다는 여전히 하나님과 거룩하고 신실한 자들에 대하여 정함이 없도다

이 단락에서 우리는 다음과 같은 내용들을 본다.

I. 하나님이 기이하게도 이스라엘을 멸망시키기를 주저하심(8-9절). 내가 어찌 너를 놓겠으며 내가 어찌 너를 버리겠느냐. 좀 더 자세하게 살펴보자.

1. 하나님은 자비로우셔서 이스라엘의 운명을 놓고 마음속으로 공의와 긍휼 사이에서 갈등을 하심. 이 갈등에서 하나님의 마음은 긍휼 쪽으로 끌릴 수밖에 없다. 하늘이여, 이것을 보고 놀라워 하라! 땅이여, 하나님의 선하심의 영광을 보고 기이히 여기라! 하나님은 우리가 하는 것 같은 그런 갈등을 하지도 않으시고, 마음이 왔다갔다하시거나 결단을 하지 못하여 머뭇거리시는 일도 없다. 하나님은 한 가지 마음을 지니고 계시고, 그것이 어떤 것인지를 아시기 때문이다. 그런데도 여기에서 사람들의 예를 따라 그런 표현들을 사용한 것은 이스라엘의 죄가 혹독한 벌을 받아 마땅했다는 것과 하나님은 그럼에도 불구하고 그들을 어떻게 해서든 살려서 그의 은혜를 드러내고자 하신다는 것을 보여주기 위한 것이다. 이 절과 앞 절의 연결 관계는 너무나 의외이다. 하나님은 이스라엘에 대하여 "내 백성이 끝끝내 내게서 물러가나니 비록 그들을 불러 내게로 돌아오라 하는데도 일어나는 자가 하나도 없고 나를 높이는 자도 아무도 없도다"(7절)라고 말씀하셨기 때문에, 우리는 당연히 "그러므로 이제 내가 그들을 멸망시키고, 그들에게 더 이상 긍휼을 베풀지 않기로 결심하였노라"는 말씀이 뒤이어 나올 것이라고 예상하였다. 그런데, 우리의 예상을 깨고 그 뒤에 나오는 것은 "내가 어찌 너를 놓겠느냐"는 것이다. 하나님의 긍휼은 이렇게 절대적인

긍휼이고, 하나님의 은혜는 이렇게 모든 것을 아낌없이 거저 내어 주시는 은혜이다.

(1) 공의가 이스라엘에 대하여 내놓은 제안들은 어떤 것이었는가. 부모가 구제불능인 아들을 포기하여 의절하고, 의사가 불치병에 걸린 환자를 포기하듯이, 에브라임을 포기하라. 에브라임을 멸망에 내어 주라. 어린 양을 사자에게 내어주어 갈가리 찢기게 하듯이, 이스라엘을 원수의 수중에 넘겨 주라. 이스라엘을 소돔과 고모라처럼 하늘로부터 비처럼 내린 유황불에 의해서 멸망을 당한 두 성읍인 아드마와 스보임 같이 되게 하라. 이스라엘을 철저하게 돌이킬 수 없을 정도로 멸망을 당하게 하여, 죄 가운데 있다가 황폐화된 그러한 성읍들 같이 되게 하라. 율법에 기록되어 있는 저주를 이스라엘에 집행하여서, 그 온 땅이 유황이 되며 소금이 되며 소돔과 고모라와 아드마와 스보임의 무너짐과 같게 하라(신 29:23). 에브라임과 이스라엘은 이렇게 버림받아 마땅하기 때문에, 하나님이 그들을 이런 식으로 다루신다고 하여도, 그것은 그들에게 잘못하시는 것이 결코 아니다.

(2) 긍휼이 그러한 제안들에 대하여 내놓은 반론. 내가 어찌 그렇게 하겠느냐. 자애로운 아버지는 마음속으로 다음과 같이 이치를 따져서 생각할 것이다: '내 아들이 말을 듣지 않고 제멋대로 행한다고 해도, 내가 어떻게 내 아들을 내칠 수 있단 말인가? 그는 제멋대로 행하는 녀석이지만, 내 아들이 아닌가. 내가 어떻게 내 아들을 버릴 마음을 먹을 수 있겠는가?' 마찬가지로, 하나님도 속으로 다음과 같이 생각하신다: '에브라임은 소중한 아들이었고 사랑스러운 아이였다. 그런데 내가 어찌 그렇게 하겠느냐. 그의 죄가 무르익어서, 그는 멸망받을 때가 되었고, 심판들이 그를 붙잡기 위해서 준비를 마치고 대기하고 있다. 그를 버려야 할 모든 조건이 하나도 빠짐없이 갖추어졌지만, 나는 그렇게 할 수가 없다. 그들은 내게 친밀한 백성이었다. 그들 가운데는 아직도 일부 선한 것이 있고, 그들의 자녀들은 계약의 자녀들이다. 그들이 멸망한다면, 원수가 무척 기뻐할 것이다. 그리고 혹시나 그들이 회개하고 삶을 고칠지도 모르지 않는가. 그러니, 어찌 내가 그렇게 하겠느냐.' 하늘의 하나님은 노하기를 더디하시고, 그와 특별한 관계에 있었던 백성을 철저한 멸망에 내어주는 것을 특히 싫어하신다는 것을 명심하라. 혹독한 심판을 얘기하실 때에도 얼마나 큰 긍휼하심이 거기에 작용하고 있는지를 보라. 우리가 우리의 성미에 맞지 않는 일을 하게

될 때에 우리의 마음이 절망스러워 무너지듯이, 하나님도 그런 심정으로 "내 마음이 내 속에서 뒤집어지는구나"라고 말씀하신다. 하나님은 마치 그의 속에서 이스라엘을 불쌍히 여기는 심정이 들끓는 것이 이상하다는 것을 스스로 인식하고 계시는 것처럼 말씀하신다. 나의 애는 다 타고 나의 마음은 상하며 내 속에서 뒤집어진다(애 1:20). 그 뒤에 "나의 긍휼이 온전히 불 붙듯 하도다"라는 말씀이 이어진다. 하나님은 그들을 볼 때마다 애가 타셨고, 그들의 죄와 곤고 때문에 마음에 근심하셨다(삿 10:16). 예레미야 31:20의 말씀과 비교해 보라: 에브라임은 나의 사랑하는 아들 기뻐하는 자식이 아니냐 내가 그를 책망하여 말할 때마다 그를 위하여 내 창자가 들끓으니 내가 반드시 그를 불쌍히 여기리라 여호와의 말씀이니라. 하나님은 죄를 속할 희생제물로 그의 아들을 내어주시고 죄인들을 위하여 구주를 내어주시고자 하셨을 때에 "내가 그를 어떻게 내어주랴"고 말씀하지 않으셨다. 도리어, 하나님은 자기 아들을 아끼지 아니하시고 우리 모든 사람을 위하여 내주셨고(롬 8:32), 그에게 상함을 받게 하시기를 원하셨다(사 53:10). 하나님이 그의 아들을 아끼지 아니하신 것은 우리를 아끼시고 살리시기 위한 것이었다. 그러나 이것은 하나님이 오래 참고 기다리시는 때에만 적용되는 말씀이다. 사람들이 하나님의 오래 참으심을 멸시하고 계속하여 범죄한다면, 하나님의 진노가 나타날 저 큰 날에 하나님은 그들을 결코 아끼지 않으실 것이다. 아니, 하나님은 그들이 재앙을 만날 때에 웃으실 것이다(잠 1:26).

2. 하나님이 그 자비하심으로 이 갈등에 대하여 결론을 내리시고 작정하심. 오랜 갈등 끝에, 마침내 긍휼이 심판을 이기고 기뻐한다. 긍휼이 최종적인 승자가 된 것이다(9절). 결국 하나님은 유예 기간을 좀 더 늘려 주시기로 작정하신다: 내가 화가 나 있기는 하지만, 지금은 나의 맹렬한 진노를 나타내지 아니하리라. 하나님은 그들을 전혀 벌하지 않은 채로 그냥 넘어가지는 않으시겠지만, 그 형량을 감해 주시고 그 혹독함을 덜어 주시고자 하신다. 하나님은 자기가 화가 나 있고 그것은 의로운 진노라는 것을 보여주시겠지만, 결코 풀리지 않을 그런 진노는 아니라는 것도 보여주실 것이다. 하나님은 그들을 징계하여 바로 잡고자 하시겠지만, 완전히 소멸시켜 버리지는 않으실 것이다. 내가 다시는 에브라임을 멸하지 아니하리라. 하나님은 이미 그들에게 내린 바 있는 심판들을 반복해서 내리지는 않으실 것이고, 그들은 철저한 심판을 받아 마땅한 자들이지만 그 정도로 그들을 철저하게 심판하지도 않으실 것이다. 군사들은 한 번

약탈한 성읍에 다시 돌아가서 또 한 번 약탈하고, 팥중이가 남긴 것을 메뚜기가 먹고 메뚜기가 남긴 것을 느치가 먹고 느치가 남긴 것을 황충이 먹는 일이 있지만(욜 1:4), 하나님이 또다시 에브라임을 멸하시는 일은 없을 것이다. 9절의 끝부분에는 이런 말씀이 덧붙여져 있다: "내가 그 성읍으로, 즉 사마리아 또는 그 밖의 다른 어느 성읍으로 들어가지 아니할 것이다. 내가 아드마와 스보임 같은 성읍에 그랬듯이, 원수로서 그들의 성읍에 들어가서 철저히 그들을 멸망시키고 황폐화시키는 일은 없을 것이다."

3. 하나님이 이렇게 작정하신 근거와 이유. 이는 내가 하나님이요 사람이 아님이라 나는 이스라엘의 거룩하신 이니라. 하나님은 그들에게 긍휼을 얻을 소망을 가지라고 격려하시기 위하여 다음과 같은 것들을 생각하라고 말씀하신다.

(1) 하나님 자신이 어떤 분인지를 생각하라. 그는 다른 일들에서도 그렇지만 죄를 사하시고 죄인들을 살리시는 일에 있어서 하나님이요 사람이 아니다. 만약 그들이 그들 자신과 같은 사람에게 범죄하였다면, 그 사람은 그것을 참고자 하지도 않았을 것이고 참을 수도 없었을 것이다. 그 사람은 그들을 불쌍히 여기는 마음보다는 분노와 울분이 더 앞서서, 맹렬한 분노를 그들에게 퍼부었을 것이다. 그러나 나는 하나님이요 사람이 아니다. 하나님은 자신의 분노를 다스리시는 주이신 반면에, 사람들은 자신의 분노에 지배당하는 자들이다. 세상의 왕이라도 공의와 긍휼 사이에 끼여서 곤경에 처해 있다면, 그는 이 둘을 어떻게 조화시켜야 할지를 몰라서 곤혹스러워할 것이다. 그러나 여호와는 하나님이시고 사람이 아니시기 때문에, 그의 공의의 존귀함을 지키면서도 그의 긍휼의 존귀함을 높이는 방법을 어떻게 찾아내야 하는지를 알고 계신다. 우리 하나님의 자애로우신 긍휼에 비하면, 사람들이 갖고 있는 측은지심(惻隱之心)은 아무것도 아니다. 돌아오는 죄인들을 받으실 때의 하나님의 생각과 길은 마치 하늘이 땅보다 높음 같이 우리의 생각과 길보다 높으시다(사 55:9). 여호와가 하나님이시고 사람이 아니라는 것을 기억하면, 우리는 하나님의 긍휼을 기대할 큰 힘을 얻게 된다는 것을 명심하라. 하나님은 거룩하신 이이시다. 그렇기 때문에, 하나님은 그를 진노하시게 하는 백성을 당연히 버리실 것이라고 우리는 생각하기 쉽지만, 실제로는 그렇지가 않다. 하나님은 그의 거룩하심에 누가 되지 않고 도리어 존귀함을 더하는 방식으로 가엾은 죄인들의 죄를 사하시고 그들을 살리시는 방법을 알고 계신다. 하나님은 미쁘시고 의로우시기 때문에 우리 죄를 사하

실 때에 자기가 의로우시다는 것을 드러내신다(요일 1:9). 즉, 하나님이 우리의 죄를 사하시는 것은 공의를 훼손하는 일이 아니라 도리어 의로운 일이다. 왜냐하면, 하나님은 우리의 죄사함을 위하여 그의 아들 그리스도를 대속물로 내어 주셨기 때문이다.

(2) 하나님이 그들에게 어떤 분인지를 생각하라. 하나님은 네 가운데 있는 거룩한 이이시다. 하나님의 거룩하심은 그의 교회의 유익을 위하여 사용되기 때문에, 이 부패하고 타락한 땅과 세대 속에도 하나님의 거룩하심을 기억하고서 감사를 드리는 자들이 있다. 하나님은 그들 모두에게 그들도 자기와 같이 거룩할 것을 요구하신다(레 19:2). 우리 가운데 거룩한 이가 계시는 한, 우리는 안전하고 복되다. 그러나 하나님이 우리를 떠나시면, 우리에게 화가 있을 것이다! 하나님의 거룩하심에서 오는 감화를 순순히 받아들이는 자들은 하나님의 거룩하심에서 오는 위로도 누릴 수 있다는 것을 명심하라.

II. 하나님은 이스라엘에게 복을 주시고자 하시는 일에 놀랍고 기이할 정도로 적극적이시라는 것. 이것을 통해서 드러나는 것은 하나님이 그들을 위해 계획하신 복을 그들이 받을 수 있는 자격을 갖추도록 만드시기를 너무나 원하신다는 것이다(10-11절). 그들은 여호와를 따를 것이라. 이 말씀은 그들이 돌아와서 그들의 하나님 여호와를 찾으리라(3:5)는 말씀과 동일한 취지를 지니고 있다. 이 말씀은 열 지파에 대한 말씀으로서 에스라 시대에 그들 중 일부가 두 지파에 속한 사람들과 함께 고국에 돌아온 일을 통해서 부분적으로 성취되었다. 그러나 이 말씀은 그리스도의 복음으로 말미암아 이스라엘의 흩어진 자들이 함께 모여와서 하나님의 영적 이스라엘, 즉 복음 교회를 이루게 됨으로써 더 온전히 성취되었다. 옛 유대인들은 이 본문이 메시야 시대와 연관이 있는 것으로 해석하였다. 포코크 박사는 이 본문을 그리스도께서 흩어진 이스라엘의 자손들, 이방 나라들에 흩어져 있던 하나님의 자녀들에게 복음을 전하러 오실 것에 대한 예언으로 본다. 좀 더 자세하게 살펴보자.

1. 그들이 어떻게 부르심을 받고 함께 모여오게 될 것인가. 여호와께서 사자처럼 소리를 내실 것이다. 갈대아 역본에는 이렇게 되어 있다: 여호와의 말씀이 포효하는 사자와 같을 것이다. 그리스도는 유다 지파의 사자로 불리고, 그의 복음은 처음에 광야에서 외치는 자의 소리였다. 그리스도께서 큰 소리로 외치실 때, 그것은 사자가 부르짖는 것 같았다(계 10:3). 복음의 소리는 사자가 부르짖는 소리

와 같아서 멀리서도 들을 수 있는 힘 있고 웅장한 소리였다(시 68:33). 요엘 3:16을 보라.

2. 이 부르심이 그들에게 어떤 감화를 주게 될 것인가. 그것은 사자가 울부짖는 소리가 숲의 모든 짐승들에게 미치는 것과 같은 그러한 감화를 그들에게 미칠 것이다. 여호와께서 소리를 내시면 자손들이 떨리라. 아모스 3:8을 보라: 사자가 부르짖은즉, 즉 주 여호와께서 말씀하신즉 누가 두려워하지 아니하겠느냐. 마음으로 복음을 받은 자들이 떨며 놀라서 "우리가 어찌 할꼬"라고 소리쳤을 때, 그들이 그 일을 통해서 구원을 받고 두렵고 떨리는 마음으로 하나님을 섬기게 되었을 때, 이 약속은 성취되었다. 자손들이 서쪽에서부터 떨며 오리라. 흩어진 유대인들은 동쪽에 있는 앗수르와 바벨론으로 끌려갔기 때문에, 거기에서 돌아온 자들은 동쪽에서부터 왔다. 그러므로 이 구절은 가나안에서 볼 때에 서쪽에 있던 이방인들을 하나님이 부르신 것을 가리키는 것으로 보인다. 왜냐하면, 복음은 서쪽으로 퍼져 나갔기 때문이다. 그들은 떨 것이다. 그들은 복음의 경고하시는 음성을 듣기 위해서 서쪽에서부터, 즉 서쪽에 놓여 있는 이방 나라들로부터 여호와의 산으로(사 2:3), 즉 복음적 예루살렘으로 떨며 올 것이다. 사도 바울은 자기가 예루살렘으로부터 두루 행하여 일루리곤까지 그리스도의 복음을 편만하게 전할 때에 나타난 표적과 기사들에 대하여 말한다(롬 15:19). 그 때에 하나님의 자녀들이 서쪽에서부터 떨며 왔다. 육적 이스라엘은 애굽과 앗수르로 흩어졌지만, 그들이 거기로부터 호출을 받아 오게 될 것이라고 하나님은 약속하신다(11절): 그들은 떨며 오리라. 그들은 애굽에서부터 날개치는 새 같이, 앗수르에서부터 비둘기 같이 서둘러서 떨며 올 것이다. 비둘기는 특히 그 보금자리로 날아들 때에 신속하게 끊임없이 날아가는 것으로 유명한데, 여기에서 유대인들과 이방인들이 교회로 모여오는 것은 이 비둘기에 비유된다(사 60:8). 은혜를 따라 택함을 입은 자들은 동서남북 어디에 있든지 기쁜 소리를 듣고 그 소리에 감화를 받게 될 것이다. 애굽과 앗수르에 있던 자들은 함께 모여올 것이다. 서로 아주 멀리 떨어져 있던 자들이 그리스도 안에서 함께 모여 교회 속으로 들어오게 될 것이다. 이사야 선지자는 장차 애굽과 앗수르가 서로 한 나라처럼 왕래하리라고 예언하였다(사 19:23).

3. 이 감화가 그들에게 어떤 결과를 가져다 줄 것인가. 그들은 두려움에 사로잡혀서 방주로 피할 것이다. 그들은 여호와를 예배한 후에 여호와를 따라 행할 것

이다(갈대아 역본에는 이렇게 되어 있다). 그들은 주 그리스도를 그들의 인도자와 명령자로 삼을 것이다(사 55:4). 그들은 그들의 구원의 대장이신 그리스도 아래 모일 것이고, 성령의 인도하심을 따라서 그리스도의 말씀에 자신을 내어 줄 것이다. 그들은 모든 것을 버리고 그리스도를 좇게 될 것인데, 이것은 제자들에게 합당한 일이다. 우리가 그리스도의 말씀을 들을 때에 거룩한 떨림을 느끼면, 그 떨림은 우리를 그리스도에게서 멀어지게 만드는 것이 아니라 도리어 그리스도께로 이끌게 되리라는 것을 명심하라. 그가 사자처럼 포효하며 소리를 내실 때, 종들은 두려워 떨며 그에게서 도망하지만, 자녀들은 떨며 그에게로 피한다.

4. 그들이 돌아올 때에 어떤 환대를 받게 될 것인가(11절). 내가 그들을 그들의 집에 머물게 하리라. 복음의 부름을 받고 오는 모든 자들은 한편으로 복음 교회, 그리고 그들이 속해 있고 그들의 집인 개교회에서 그들의 자리와 이름을 갖게 될 것이다. 그들은 하나님 안에 거할 것이고, 사람이 자기 집에 있을 때처럼 거기에서 편안하고 안전할 것이다. 그들은 자신의 저택을 갖게 될 것이다. 왜냐하면, 우리 아버지의 집에는 머물 곳이 많기 때문이다. 다른 한편으로, 그들은 땅에 있는 하나님의 장막에 머물게 될 뿐만 아니라, 하늘에 있는 하나님의 성전, 즉 영원한 처소에 머물게 될 것이다. 이 영원한 하늘의 처소는 그들의 집이라 불릴 수 있다. 왜냐하면, 그 처소는 그들이 날들의 마지막에 가지게 될 그들의 몫이기 때문이다.

Ⅲ. 하나님이 에브라임과 이스라엘의 기만적인 행태에 대하여 서글픈 탄식을 하심. 이것은 앞에 나온 약속들이 육적 이스라엘이 아니라 영적 이스라엘에게 주어진 것임을 암시하는 것일 수도 있다. 왜냐하면, 하나님은 에브라임에 대하여 그들이 "거짓과 속임수로 나를 에워쌌다"고 말씀하고 계시기 때문이다. 그들이 하나님의 제단을 에워싸고 행하는 모든 섬김들은 속임수였고 위선이었다. 그들은 각자 하나님께 간구를 드리며 그들의 기도와 찬송으로 그를 에워쌌을 때에도 그들의 입으로 그에게 거짓을 말하였고 그들의 혀로는 그에게 아첨하였다. 그들의 말은 너무나 그럴 듯하였지만, 그들의 의도는 너무나 더럽고 추하였기 때문에, 그들은 할 수만 있다면 하나님이라도 속여 먹고자 하였다. 그들의 신앙 고백들과 약속들은 다 속임수이자 사기였지만, 그들은 그런 것들로 하나님을 에워싸면, 하나님이 그들을 떠나지 못하게 붙잡아 둘 수 있을 것이라고

생각하였다.

IV. 두 지파의 온전한 신앙에 대한 기분 좋은 칭찬. 여기에서 하나님은 그들이 여호와에 대한 신앙을 굳게 붙잡고 있다고 칭찬하신다. 하나님이 여기에서 이런 말씀을 하시는 것은 열 지파가 신앙을 배신한 죄가 크다는 것을 더욱 돋보이게 하고, 하나님이 이스라엘을 위해서는 준비해 놓지 않으셨던 긍휼을 유다를 위해서는 준비해 놓으신 이유를 보여주시기 위한 것이다(1:6-7). 유다는 아직 하나님과 함께 다스리며 그 성도들 또는 지극히 높으신 이에게 신실하다(KJV).

1. 유다는 하나님과 함께 다스린다는 것. 즉, 유다는 하나님을 섬긴다. 하나님을 섬기는 자는 참된 자유만이 아니라 위엄과 통치권도 지니게 된다. 유다, 즉 유다의 왕들과 방백들이 하나님과 함께 다스린다. 그들은 하나님 및 그의 영광, 그의 뜻을 이루기 위하여 그들의 권력을 사용한다. 하나님을 경외함으로 다스리는 자들은 하나님과 함께 다스리는 것이고(삼하 23:3), 그렇게 하는 것은 그들의 영광이며, 그들의 칭찬은 여기에서 유다에 대한 칭찬과 마찬가지로 하나님에게서 나온다. 유다는 하나님과 함께 한 왕이다(이것이 이스라엘의 의미이다).

2. 유다는 거룩하신 하나님에게 신실하다는 것. 그들은 하나님과 그의 성도들을 떠나지 않고, 아브라함과 이삭과 야곱의 발자취를 신실하게 따르고 있다. 그들은 선한 자들의 길을 따라 행한다. 그렇게 행하는 자들은 하나님과 함께 다스리는 자들, 즉 하늘에 강력한 영향력을 지닌 자들이다. 유다는 아직 그렇게 하고 있다. 이것은 유다도 하나님께 반역하고 타락하게 될 때가 장차 오게 될 것임을 암시하는 것이다. 하나님을 거짓과 속임수로 에워싸는 자들이 많은 때에 마음을 다하여 하나님께 붙어 있고 그의 성도들에게 신실한 하나님의 남은 자가 있다고 생각하면, 그것은 우리에게 위로가 된다는 것을 명심하라. 위선자들과 모든 거짓말쟁이들이 바깥 어두운 곳으로 쫓겨나 슬피 울 때, 이렇게 죽기까지 충성하는 신실한 자들은 생명의 면류관을 얻게 될 것이다.

제
— 12 —
장

개요

이 장에는 다음과 같은 내용들이 나온다. I. 하나님이 이스라엘과 유다의 죄들을 언급하시며 강도 높게 고소하심(1-2절). 그들의 이러한 죄들은 하나님이 그들과 논쟁하시고 다투시는 이유였다. 특히, 하나님은 에브라임을 사기와 불의의 죄로 고소하시지만(7절), 그들은 스스로 의롭다고 말한다(8절). 또한, 그들의 우상 숭배의 죄(11절)는 하나님이 진노하셔서 그들과 다투시는 원인이 되었다(14절). II. 하나님이 고소하시는 그들의 죄들을 더욱 가중시키는 요소들. 하나님은 그들의 조상인 야곱에게 존귀함을 더하셨고(3-5절), 비천하고 초라하였던 그들을 하나의 민족으로 만들어 주셨으며(12-13절), 선지자들을 보내셔서 그들의 영혼에 유익들을 주셨다(10절). III. 하나님이 회심하지 않은 자들을 향하여 하나님께 돌아오라고 부르심(6절). IV. 하나님이 그들을 위해서 긍휼을 준비해 놓으셨다는 것을 암시하심(9절).

¹에브라임은 바람을 먹으며 동풍을 따라가서 종일토록 거짓과 포학을 더하여 앗수르와 계약을 맺고 기름을 애굽에 보내도다 ²여호와께서 유다와 논쟁하시고 야곱을 그 행실대로 벌하시며 그의 행위대로 그에게 보응하시리라 ³야곱은 모태에서 그의 형의 발뒤꿈치를 잡았고 또 힘으로는 하나님과 겨루되 ⁴천사와 겨루어 이기고 울며 그에게 간구하였으며 하나님은 벧엘에서 그를 만나셨고 거기에서 우리에게 말씀하셨나니 ⁵여호와는 만군의 하나님이시라 여호와는 그를 기억하게 하는 이름이니라 ⁶그런즉 너의 하나님께로 돌아와서 인애와 정의를 지키며 항상 너의 하나님을 바랄지니라

이 단락에는 다음과 같은 내용들이 나온다.

I. 에브라임이 곤경에 처했을 때에 애굽과 앗수르를 의지하는 어리석은 죄를 범하였다고 하나님이 고소하심(1절). 에브라임은 바람을 먹는다. 즉, 그들은 하나님과 사이가 틀어지자 사람으로부터 도움을 얻고자 하는 헛된 소망을 품

는다. 그들은 그런 소망이 실망으로 끝나는 것을 반복적으로 경험했으면서도, 여전히 그들이 도저히 잡을 수 없는 동풍, 설령 잡을 수 있다고 하여도 아무런 유익이 없고 도리어 해로운 동풍을 기를 쓰고 따라간다. 동풍은 사람이나 짐승에게 좋지 않은 그런 바람이었다. 우리는 앞에서 그들이 바람을 심고 광풍을 거둔다(8:7)는 말씀을 들었다. 사람은 심는 대로 거두고, 거둔 대로 먹고 살게 되어 있다. 그들은 바람, 곧 동풍을 먹고 산다. 피조물을 의지하는 자들은 스스로를 바보로 만드는 자들이고, 그들 자신의 영혼을 속이고 그들 자신을 괴롭게 하기로 작정하고 몹시 애를 쓰는 자들이라는 것을 명심하라. 에브라임은 종일토록 거짓을 더한다. 즉, 그들은 이웃 나라들에 뻔질나게 드나들며 여러 나라들과 동맹 관계를 굳게 하고자 애를 쓴다. 그러나 그 모든 것은 그들을 속이는 것임이 장차 드러나게 될 것이다. 아니, 그러한 동맹 관계들은 장차 그들이 멸망하여 황폐화될 빌미를 제공해 주었다는 것이 드러나게 될 것이다. 그들의 피신처가 되어 줄 것이라고 그들이 철석같이 믿었던 바로 그 나라들에 의해서 결국 그들은 멸망하게 될 것이다. 거짓된 것들을 의지하는 자들은 그것들 위에 그들의 소망을 견고히 쌓기 위해서 그 거짓된 것들을 더욱 늘리려고 애를 쓰는 법이다. 하지만, 마치 거짓된 것들을 많이 서로 꼬아 놓으면 하나의 진리가 되고, 많은 상한 갈대들과 썩은 지지대를 모아 놓으면 하나의 성한 갈대와 지지대가 만들어지는 것처럼 생각하는 것은 커다란 착각이기 때문에, 그들의 그런 착각은 결국 그들에게 큰 파멸을 가져다 줄 것이다. 왜냐하면, 거짓되고 헛된 것을 숭상하는 자들이 그것들을 더 늘리면 늘릴수록, 그들은 그들 자신을 위하여 더 많은 실망들을 준비하는 것이고, 그들에게 진정으로 긍휼을 베푸실 자에게서 더 멀어지는 것이기 때문이다. 에브라임 사람들이 바로 그렇게 하였다. 그들은 맹세로써 공식적인 동맹을 맺고 거기에 서명하고 봉인해 두면, 앗수르 사람들을 그들의 편으로 확실하게 확보할 수 있을 것이라고 생각하여 그렇게 한 것이었다. 그들은 앗수르와 계약을 맺었지만, 장차 그것이 그들에게 아무런 의지도 되지 못한다는 것을 알게 될 것이다. 저 강력한 앗수르 왕은 자기가 한 말이나 약속에 구애받으려 하지 않을 것이다. 또한, 그들은 애굽 사람들의 호의를 살 뿐만 아니라, 그들이 우의(友誼)를 맺을 가치가 있다는 것을 보여주기 위하여, 그들의 나라에서 나는 특산물들을 많이 선물함으로써, 애굽을 그들의 동맹으로 확실하게 확보할 수 있을 것이라고 생각하였다. 에브라임이 기름을 애굽에 보내도다.

그러나 애굽 사람들은 뇌물만 받아 먹고서 입을 씻어 버렸기 때문에, 에브라임은 애굽에 보낸 뇌물로 인해서 얻은 것이 없었다. 그들은 기름과 수고를 둘 다 잃었다. 이것이 바람을 먹고 사는 것이었고, 거짓과 황폐화를 더하는 것이었다.

Ⅱ. 하나님이 유다 및 야곱과도 다투심(2절). 야곱이라고 하면, 거기에는 에브라임과 유다가 둘 다 포함된다. 여호와께서 유다와도 논쟁하신다. 왜냐하면, 유다는 얼마 전만 해도 하나님과 함께 다스렸고 성도들에게 신실하였었지만, 지금은 타락하기 시작하였기 때문이다. 또는, 그들은 다윗 가문과 아론의 집에 충성함으로써 왕권 계약과 제사장 계약을 지켜서 올바르게 행하여, 전자를 통하여 하나님과 함께 다스렸고, 후자를 통하여 성도들에게 신실하였지만, 다른 점들에 있어서는 하나님이 그들과 논쟁을 하셨고, 그들을 벌하실 것이었다. 사람들이 어떤 일들에 있어서, 즉 주된 일들에 있어서 올바르다고 해서, 그들이 잘못하고 있는 일들과 관련해서 징계를 면제받게 되는 것은 아니기 때문에, 그 일들에 대해서는 책망도 받아야 마땅하다는 것을 명심하라. 그리스도께서는 아시아의 일곱 교회 중에서 몇몇 교회를 칭찬하고 인정하셨지만, 거기에 "그러나 너를 책망할 것이 있나니"(계 2:4, 14, 20)라는 말씀을 덧붙이신다. 여기에서도 마찬가지이다. 야곱의 자손은 하나님과 가까운 백성이지만, 하나님은 그들이 행하는 악한 길들과 그들이 저지른 악한 일들에 대해서는 그들을 벌하실 것이다. 왜냐하면, 하나님은 자기 백성 가운데에 있는 죄도 다 보시고, 그 죄로 인하여 그들을 벌하실 것이기 때문이다.

Ⅲ. 하나님이 에브라임과 유다에게 그들의 조상 야곱이 했고 하나님이 그를 위하여 행하신 놀라운 일들을 상기시키심. 그들은 야곱의 자손으로서 그의 이름을 그들 속에 지니고 있었고, 이것은 그들의 영광이었다. 하나님이 여기에서 그들의 조상 야곱에 관한 얘기를 들려주시는 것은 그들로 하여금 그들이 그토록 고명(高名)한 조상을 두었으면서도 형편없이 타락하여 그토록 큰 이름에 먹칠을 한 것을 부끄러워하게 만들고, 아울러 그들의 조상 야곱으로 인하여 하나님께 은총을 입을 소망을 가지고서 그들의 조상 야곱의 하나님께로 돌아오도록 격려하시기 위한 것이었다. 하나님은 이 백성을 야곱이라 부르시면서, 그들을 벌하시겠다고 경고하셨었다(2절). 그러나 어찌 내가 그들을 놓겠느냐(11:8). 어떻게 내가 그 사랑스러운 이름을 잊겠느냐.

1. 하나님이 여기에서 이 백성에게 상기시켜 주고 계시는 야곱이라는 인물

과 관련된 세 가지 영광스러운 일들. 그러나, 그들은 이미 그 이야기를 잘 알고 있었기 때문에, 하나님은 그것을 단지 짤막하게만 언급하신다.

(1) 야곱이 모태에서 에서와 싸운 일. 거기에서 야곱은 그의 형의 발뒤꿈치를 잡았다(3절). 이 이야기는 창세기 25:26에 나온다. 그것은 에서는 속된 자여서 장자권을 멸시하였던 반면에, 야곱은 일찍부터 용감하였다는 것, 가장 좋은 것을 얻기 위해서 애썼다는 것, 하나님과의 계약에 따른 축복인 저 장자권에 대하여 경건한 야망을 지니고 있었다는 것을 보여주는 것이었다. 그러나 그의 타락한 자손들은 이방 나라들과 동맹을 맺고 어울림으로써 그들의 조상 야곱이 힘들게 얻은 영광의 면류관을 더럽히고 티끌 속에 내팽개쳤다. 그 때에 야곱에게 주어진 통치권은 이런 것이었다: 큰 자가 어린 자를 섬기리라(창 25:23). 그 때에 야곱은 하나님으로부터 그의 사랑하는 자라는 인정을 받았다: 내가 야곱은 사랑하고 에서는 미워하였다(롬 9:13). 그러나 그들은 그들의 죄로 말미암아 하나님의 사랑과 이웃 나라들에 대한 통치권을 둘 다 잃어버렸다.

(2) 야곱이 천사와 씨름한 일. "너희의 조상 야곱이 어떻게 그의 힘으로 하나님과 겨루었는지를 기억하라. 그는 하나님이 큰 권능을 가지시고 그와 더불어 다투시지 마시고(욥 23:6), 도리어 그에게 힘을 주시라고 간구하여서, 하나님의 선물로 힘을 얻었다." 야곱과 씨름한 천사는 하나님이라 불린다. 그러므로 그 천사는 계약의 사자인 하나님의 아들, 즉 그리스도이셨을 것으로 추정된다. "하나님은 야곱과 싸우시는 자이시면서 야곱을 돕는 자이셨다. 하나님은 야곱을 도우실 때에는 힘이 더 센 오른손을 사용하시고, 야곱과 싸우실 때에는 힘이 덜한 왼손을 사용하시기 때문에, 야곱과 씨름하셨을 때에 질 수밖에 없으셨다"(포코크 박사). 하나님의 섭리는 야곱으로 하여금 고향으로 돌아오는 길에 이런저런 위험을 겪게 함으로써 야곱을 대적하여 싸웠지만, 하나님의 은혜는 야곱에게 힘을 주어서 계속해서 기쁜 마음으로 그의 길을 가게 하셨고, 야곱은 하나님의 약속을 믿는 믿음 위에서 나아갔을 때에 그를 대적하는 하나님의 섭리로부터 생겨난 두려움들을 능히 이기고 극복할 수 있었다. 이렇게 해서, 야곱은 힘으로 하나님과 겨루어 이겼다. 그러나 이것은 특히 야곱이 하나님께 에서에게서 구원해 주시고 축복해 달라는 기도를 한 것과 관련되어 있다: 그가 천사와 겨루어 이겼으니, 이는 울며 간구하였음이라. 여기에서 우리는 지극한 용기와 지극한 나약함이 동시에 뒤섞여 있는 것을 본다. 야곱은 투사 같이 용감하게

천사와 씨름하였지만, 어린아이 같이 울었다. 기도와 눈물은 성도들이 지금까지 지극히 영광스러운 승리들을 얻어내기 위해서 사용해 온 병기들이었다는 것을 명심하라. 이렇게 해서, 야곱은 이스라엘, 즉 하나님과 함께 하는 왕으로 등극하였다. 그의 자손들은 이스라엘로 불리었지만, 그 이름 값을 하지 못하였다. 왜냐하면, 그들은 하나님에 대한 그들의 본분을 내팽개치고 떠남으로써 하나님과의 교제 및 하나님 안에서의 그들의 분깃을 상실하였기 때문이다.

(3) 야곱이 벧엘에서 하나님과 만난 일. 하나님은 벧엘에서 그를 만나셨고, 거기에서 우리에게 말씀하셨다. 하나님은 야곱이 밧단아람으로 가는 길에 벧엘에서 처음으로 그를 만나셨고(창 28:10), 밧단아람에서 돌아오는 길에 그를 두 번째로 만나셨는데(창 35:9), 이 구절은 이 두 번의 일을 가리키는 것 같다. 왜냐하면, 이 두 번의 만남에서 하나님은 야곱에게 말씀하셨고, 야곱과의 계약을 새롭게 하셨기 때문이다. 또한, 호세아 선지자가 거기에서 하나님이 야곱의 자손인 우리에게 말씀하셨다고 말한 것은 당연한 것이다. 왜냐하면, 하나님은 벧엘에서의 이 두 번의 만남에서 야곱에게 그의 자손에 관하여 말씀하셨기 때문이다: 네 자손이 땅의 티끌 같이 되리라(창 28:14); 내가 아브라함과 이삭에게 준 땅을 네게 주고 내가 네 후손에게도 그 땅을 주리라(창 35:12). 이렇게, 하나님은 그 때에 야곱 및 그의 자손과 계약을 맺으셨다. 그러므로 하나님이 그 계약을 근거로 해서 그들을 힐책하시는 것은 정당하다. 왜냐하면, 그들의 조상 야곱이 거기에서 하나님과 만난 것을 기념해서 벧엘(즉, 하나님의 집)이라 부른 바로 그 곳에 그들이 송아지 우상을 세우고 숭배하였기 때문이다. 그들은 그런 식으로 벧엘을 벧아웬(즉, 죄악의 집)으로 변질시켜 버렸다. 거기에서 하나님은 그들에게 말씀하시며 극히 놀랍고 보배로운 약속들을 주셨는데, 그들은 그 약속들을 멸시함으로써 그 유익을 상실하여 버렸었다.

2. 하나님이 야곱의 자손에게 가르치시기 위하여 야곱에 관한 이러한 이야기들로부터 두 가지 교훈을 이끌어 내심.

(1) 여기에 나오는 정보. 우리는 하나님과 야곱 사이에서 일어난 일들을 통해서 만군의 하나님 여호와가 이스라엘의 하나님이시라는 것을 배울 수 있다. 여호와는 야곱의 하나님이셨고, 야곱의 자손의 모든 세대에 걸쳐서 그를 기억하게 하는 이름이다(5절). 그들의 교회를 기억하게 하는 이름을 잊어버린 자들, 그들의 조상들의 하나님을 버린 자들, 만군의 여호와를 바알들과 바꾼 자들은 정

말 부끄러운 자들이다. 하나님을 기억하게 하는 이름, 하나님이 직접 제정하셔서 그 자신을 알게 하고자 하실 때에 우리에게 알려 주셔서 기억하게 하시는 이름을 꼭 기억하고 있는 자들만이 하나님의 백성으로 여겨질 수 있다는 것을 명심하라. 여기에 하나님을 기억하게 하는 두 가지 이름이 나오는데, 이 두 가지 이름을 통해서 하나님은 자신을 다른 모든 존재들로부터 구별하시기 때문에, 우리는 이 두 가지 이름을 통해서 하나님을 고백하고 경배하여야 한다.

[1] 여호와라는 이름은 그가 스스로 존재하신다는 것을 나타냄. 그는 여호와이시다. 여호와라는 이름은 나는 스스로 존재하는 자, 전에도 계셨고 이제도 계시고 장차 오실 이(계 4:8), 무한하시고 영원하시며 변함이 없으신 이라는 의미이다. 여호와는 그를 기억하게 하는 이름, 그에게 특유한 이름이다.

[2] 만군의 하나님이라는 이름은 그가 만유를 다스리신다는 것을 나타냄. 그는 하늘과 땅의 모든 만상(萬象)을 자기 뜻대로 부리시고 사용하시는 권세를 지니신 만군의 하나님이시다. 야곱은 천사와 씨름할 즈음에 마하나임(즉, 하나님의 두 군대)을 보았기 때문에(창 32:1-2), 하나님을 만군의 하나님이라 부르는 것을 알게 되었고, 그것을 하나님을 기억하게 하는 이름으로 우리에게 전하였다. 하나님의 이름들, 칭호들, 속성들은 하나님을 기억하게 하는 것들이다. 그러므로 하나님을 기억하기 위하여 성상(聖像)들을 만들 필요가 없다. 한 사람에게 주어진 하나님의 계시는 곧 그대로 많은 사람들, 아니 모든 세대에 하나님을 기억하게 하는 사건이 된다.

(2) 여기에 나오는 권면(6절). "네 조상 야곱이 만군의 하나님 여호와와 만나 교제를 가진 것이 네게 여전히 하나님을 기억하게 하는 사건이 되고 있는가?"

[1] 하나님을 떠나 어그러진 길로 간 자들은 회심하고 하나님께로 돌아와야 한다는 것. 그런즉 너의 하나님께로 돌아오라. 야곱의 하나님이었던 그는 이스라엘의 하나님이시고, 너의 하나님이시다. 네가 그런 하나님을 떠나 반역한 것은 불의하고 무정한 것이다. 그러므로 너는 회개와 믿음으로 네 하나님께로 돌아와서, 그를 사랑하고 그에게 순종하며 그를 의지하라.

[2] 하나님께로 돌아온 자들은 모든 거룩한 행실과 경건함으로 그와 더불어 행하여야 한다는 것. "인애와 정의를 지키라. 가난한 자들과 억눌린 자들을 붙들어 주고 도와 줌으로써 긍휼을 지키고, 모든 사람을 각자에게 합당한 대로 대

함으로써 정의를 지키라. 모든 사람에게 인애를 베풀고, 아무에게도 악을 행하지 말라. 경건과 공의를 지키라(본문은 이렇게 읽을 수도 있다). 이 현재의 세상 속에서 의롭고 경건하게 살라. 독실한 신앙을 가지고 정직하게 살라. 이것들을 이따금씩만 행하는 것이 아니라, 늘 정성을 다해서 꼼꼼하게 이것들을 행하라."

[3] 하나님과 더불어 행하는 자들은 그를 의지하는 삶을 살아야 한다는 것. "네가 필요로 하는 모든 도움들과 필요한 것들을 하나님으로부터 받을 것이라는 믿음과 기대를 가지고서, 항상 너의 하나님을 바랄지니라." 하나님의 뜻에 맞는 삶을 사는 자들은 그들이 잘못하지만 않는다면 하나님 안에서 확신에 찬 삶과 위로를 받는 삶을 살 수 있다. 우리의 눈은 항상 여호와를 향해 있어야 하고, 우리는 하나님의 권능의 보호하심과 그의 은총의 감화 아래에서 마음의 거룩한 평정심을 유지하고서, 모호한 사건이 있을 때에도 염려하지 말고 믿음으로 우리의 심령을 차분하고 평안하게 가진 채로 하나님을 바라보아야 한다. 이것은 하나님을 우리와 계약 관계에 있는 우리 하나님으로 생각하고 바라보는 것이다. 우리는 이것을 늘 행하여야 한다.

[7]그는 상인이라 손에 거짓 저울을 가지고 속이기를 좋아하는도다 [8]에브라임이 말하기를 나는 실로 부자라 내가 재물을 얻었는데 내가 수고한 모든 것 중에서 죄라 할 만한 불의를 내게서 찾아 낼 자 없으리라 하거니와 [9]네가 애굽 땅에 있을 때부터 나는 네 하나님 여호와니라 내가 너로 다시 장막에 거주하게 하기를 명절날에 하던 것 같게 하리라 [10]내가 여러 선지자에게 말하였고 이상을 많이 보였으며 선지자들을 통하여 비유를 베풀었노라 [11]길르앗은 불의한 것이냐 과연 그러하다 그들은 거짓되도다 길갈에서는 무리가 수송아지로 제사를 드리며 그 제단은 밭이랑에 쌓인 돌무더기 같도다 [12]야곱이 아람의 들로 도망하였으며 이스라엘이 아내를 얻기 위하여 사람을 섬기며 아내를 얻기 위하여 양을 쳤고 [13]여호와께서는 한 선지자로 이스라엘을 애굽에서 인도하여 내셨고 이스라엘이 한 선지자로 보호 받았거늘 [14]에브라임이 격노하게 함이 극심하였으니 그의 주께서 그의 피로 그의 위에 머물러 있게 하시며 그의 수치를 그에게 돌리시리라

이 단락에는 다음과 같은 내용들이 섞여서 나온다.

I. 죄에 대한 책망들. 하나님은 자기 백성과 논쟁하기 위하여 나오실 때에 자신의 의를 드러내시려고 그들의 불의를 드러내신다. 하나님은 앞에서 에브라임에게 그들의 하나님께로 돌아와서 공의를 지키라고 부르셨는데(6절), 이제 여기에서 그들에게 그럴 필요성이 있다는 것을 보여주시기 위하여, 그들이 하나님을 떠나 우상 숭배를 행하며, 공의와 정의의 법들을 깨뜨렸다고 고소하신다.

1. 하나님은 그들이 두 번째 돌판의 계명들을 어기고서 불의를 저질렀다고 고소하심(7-8절). 좀 더 자세하게 살펴보자.

(1) 하나님은 어떤 죄로 그들을 고소하시는 것인가. 그는 상인이라(7절). 난외주에서는 이 본문에서 상인으로 번역된 단어를 고유명사로 보아서 가나안 사람으로 읽는다. 이것은 그들이 야곱이나 이스라엘이라는 이름으로 불릴 자격이 없는 자들이고, 가나안 사람들처럼 저주를 받아 이 좋은 땅에서 쫓겨나야 마땅한 자들이라는 의미이다(암 9:7). 그러나 가나안이나 가나안 사람을 가리키는 단어는 종종 상인이라는 뜻으로도 사용되기 때문에, 하나님이 에브라임을 장사할 때에 속임수를 쓴다고 고소하시는 대목에 나오는 이 단어는 상인으로 번역하는 것이 좋을 것 같다. 하나님은 자기 백성에게 젖과 꿀이 흐르는 땅을 주셨지만, 그들이 장사를 통해서 부유하게 되는 것을 금하지 않으셨기 때문에, 그들은 가나안 사람들의 농업만이 아니라 상업도 이어받았다. 그들은 바다의 풍부한 것과 모래에 감추어진 보배를 흡수하였다(신 33:19). 만약 그들이 공정한 상인들이었다면, 그것은 그들에게 수치가 아니라 영광과 축복이 되었을 것이다. 그러나 그들은 사람들이 꼼꼼히 살필 때에만 정직하였고, 할 수만 있다면 모든 거래에서 속임수를 썼던 가나안 사람들과 같은 그런 상인이었다. 에브라임은 속이고 압제하였다. 무력에 의한 압제만 있는 것이 아니라 사기에 의한 압제도 있다는 것을 명심하라. 왕들과 지주들과 주인들만이 그들의 신민들과 소작인들과 종들을 압제하는 것이 아니라, 상인들과 장사하는 자들도 그들과 거래하는 자들의 무지나 약점을 이용해서 속임수로 부당한 거래를 하여 착취하거나 그들에게 빚 진 자들에게서 그 빚을 가혹하게 받아냄으로써 자주 압제를 저지른다.

[1] 에브라임이 아주 교활한 술수로 속였다는 것. 거짓 저울이 그들의 손에 있다. 그들은 마치 아주 정확하게 거래를 하는 듯이 저울을 사용해서 물건들의

무게와 부피를 재지만, 그 저울들은 거짓 저울들, 거짓된 중량 도구들과 거짓된 척량 도구들이기 때문에, 그들은 올바르게 한다는 미명 아래 아주 큰 악을 행하였다. 상인들과 업자들이 물건의 무게를 달거나 돈을 지불할 때에 하나님은 그들이 정직하게 행하는지, 아니면 속임수로 행하는지를 보고 계신다는 것을 명심하라. 하나님은 그들이 그들의 손에 어떤 저울을 들고 있는지, 그들의 손으로 그 저울을 어떻게 사용하는지를 눈여겨보신다. 그들과 거래하는 자들은 그들이 거짓 저울을 사용해서 어떤 손놀림으로 속이는지를 알지 못할 수 있지만, 하나님은 그것을 보시고 아신다. 사람이 지혜를 사용하여 장사하는 것은 그 자체가 신비인데, 사람의 죄로 말미암아 그 신비가 불법의 신비가 되어 버리는 것은 안타까운 일이다.

[2] 에브라임이 아주 큰 기쁨과 자부심을 가지고서 속였다는 것. 그는 속이기도 좋아하고 압제하기도 좋아하는도다. 압제하는 것은 그 자체로도 충분히 악하지만, 그것을 좋아하는 것은 훨씬 더 악하다. 그들의 양심이 그들을 말리고 책망하는 것이 마땅한데도, 양심이 제대로 작동이 되지 않는다. 만약 양심이 제대로 작동하였다면, 그들은 비록 죄를 범하였다고 할지라도, 그것을 기뻐할 수는 없을 것이었다. 그러나 그들의 부패한 본성은 그 힘이 아주 강해서 그들의 죄를 지적하는 양심을 누르고 승리하였기 때문에, 그들은 압제에 의해서 얻은 이득을 좋아할 뿐만 아니라, 압제하는 것 자체를 좋아하였다. 그들은 죄 자체를 즐기기 위해서 죄를 저질렀고, 속임수를 써서 들키지 않고 사람들을 속여 먹는 것에 쾌감을 느꼈다.

(2) 그들은 그러한 죄를 저지르고서도 자기가 의롭다고 자부함(8절). 악인들은 그들이 저지른 잘못들에 대하여 말을 들을 때에 그들에 대한 정죄를 피하기 위한 이런저런 변명거리들을 준비해 두고 있는 것이 보통이다. 에브라임은 속임수 투성이라는 고소를 받는다. 에브라임이 이러한 고소에 대하여 어떤 변명을 내놓는지를 보라. 그들은 그러한 고소를 부정하거나 자기들은 무죄라고 항변하지도 않고, 그러한 고소를 인정하고 회개하거나 용서해 달라고 구하지도 않으며, 단지 자기가 의롭다는 것을 역설한다. 하나님은 그들이 거짓 저울을 사용하였다고 고소하시는데, 이 고소에 대한 그들의 반응은 이렇다.

[1] 그들은 자기가 부자가 되었다고 항변함. 선지자가 그들이 속임수를 썼고, 그것은 죄이며, 거기에는 하나님의 저주가 있을 것이라고 선포했다고 하

자. 그러나 그런 말씀은 그들로 하여금 그들의 행위에 어떤 해로운 것이나 위험한 것이 들어 있다는 것을 깨닫게 해줄 수 없었다. 왜냐하면, 그들이 그들의 행위로 말미암아 부자가 되었다는 것은 너무도 분명한 사실이었기 때문이었다. "나는 실로 부자라 내가 재물을 얻었다. 너희가 우리의 행위를 어떻게 평가하든, 확실한 것은 우리가 우리의 행위로 말미암아 부자가 되었다는 사실이다." 육적인 마음을 지닌 자들은 흔히 그들의 방식을 따라 행하여서 그들이 세상적으로 형통하고 성공하면 그들의 악한 길이 옳은 길이라고 확신을 가진다. 그러나 그것은 큰 오산이고 착각이다. 에브라임이 여기에서 하는 말 속에 나오는 단어들은 모두 다 그들이 얼마나 어리석은지를 만천하에 알리는 말들이다. 첫째, 이 세상의 재물을 실체(여기에서 재물로 번역된 단어는 이런 의미이다)라고 부르는 것 자체가 어리석은 일이다. 왜냐하면, 세상의 재물은 그 실체가 없는 것들, 존재하지 않는 허무한 것들이기 때문이다(잠 23:5). 둘째, 그들이 그 재물을 그들의 손으로 얻었다고 생각하여 다음과 같이 말하는 것은 어리석은 일이다: "내가 내 힘으로 부자가 되었다(이 본문은 이렇게 읽을 수도 있다). 내가 어떤 재물을 얻었든, 그것은 전적으로 나의 재능과 성실함 덕분이다. 내가 그것을 얻었다. 내 능력과 내 손의 힘으로 내가 이 재물을 얻었다(신 8:17)." 셋째, 우리가 가지고 있는 것이 우리 자신을 위한 것이라고 생각하는 것은 어리석은 일이다. 마치 우리가 우리의 이익을 위해서 우리의 마음대로 써도 된다는 듯이, "내가 재물을 마침내 얻었다"고 말하는 것은 어리석은 일이다. 왜냐하면, 우리는 단지 청지기로서 재물을 맡아서 가지고 있는 것이기 때문이다. 넷째, 재물을 뭔가 자랑할 만한 것으로 생각하여, "내가 실로 부자라"고 기뻐서 소리치는 것은 어리석은 일이다. 재물은 우리의 영혼을 존귀하게 해주는 것도 아니고, 가장 선한 자들에게만 주어지는 것도 아니며, 우리에게 확실한 것도 아니다. 그러므로 부한 자는 자기의 재물을 자랑하지 말아야 한다(약 1:9-10). 다섯째, 죄악된 길로 행하여 부자가 되었다고 해서 그 길로 계속해서 가도 우리에게 죄가 없다거나 우리가 안전할 것이라거나 편안할 것이라고 생각하는 것은 어리석은 일이다. 왜냐하면, 어리석은 자들의 형통함은 그들을 속이고 멸망시키는 것이기 때문이다(사 47:10; 잠 1:32).

　[2] 그들은 자기가 명성을 얻었다고 항변함. 죄인들은 목회자들로부터 올바른 책망을 들을 때에 그들의 이웃들에게 도움을 요청하고, 그 이웃들은 그들이

악하다는 것을 모르거나 말하고 싶지 않거나 선지자들이 악하다고 고소한 것과는 달리 그들을 좋게 생각하기 때문에 그들을 책망한 자들에게 대들고 항의한다. 에브라임은 이렇게 말한다: 내가 수고한 모든 것 중에서 죄라 할 만한 불의를 내게서 찾아 낼 자가 없으리라(8절). 육적인 마음을 지닌 자들은 그들에 대한 이웃들의 좋은 평판을 그대로 믿고서 거기에 근거해서 자기가 꽤 괜찮은 사람이라고 생각하기 쉽다는 것을 명심하라. 에브라임은 다음과 같은 이유들 때문에 마음을 푹 놓고 안심하였다. 첫째, 모든 이웃들은 그가 자신의 일에 성실하다고 알고 있었다. 그들은 그가 수고한 모든 것을 직접 눈으로 다 보았고, 그것들로 인하여 그를 칭찬하였다. 네가 네 자신을 위하여 잘 하면 사람들에게 칭찬을 받으리라(시 49:18). 둘째, 그의 이웃들 중에서 그가 자신의 일에서 속인다는 것을 아는 자는 아무도 없었다. 그는 아주 교묘하게 행하였기 때문에, 그가 흠 없이 정직하게 행한다는 것을 부정할 수 있는 자가 아무도 없었다.

a. 그가 자신의 속임수를 은폐하였기 때문에, 아무도 그것을 발견해 내지 못하였다는 것. "내게 어떤 불의나 죄악이 있다고 한들, 그들 중에는 그것을 찾아 낼 자가 없으리라." 그는 마치 그가 불의를 하나님을 노하시게 하는 것도 아니고 사람들의 영혼을 망치는 것도 아니며, 단지 사람들 앞에 드러나면 창피한 것 정도로만 생각하고 있다는 듯이 말한다. 하나님이 장차 우리에게서 많은 불의와 죄악들을 찾아 내시고, 모든 은밀한 일들, 곧 우리의 은밀한 사기 행각들을 다 드러내셔서 심판하실 때, 사람들이 우리에게서 불의나 죄악을 발견하지 못하였다는 것이 우리에게 무슨 소용이 있겠는가?

b. 그가 자신의 속임수를 그럴 듯하게 변명하였기 때문에, 아무도 그것을 단죄하지 않았다는 것. "죄라 할 만한 불의, 즉 충분히 변명할 수 있는 죄들, 사소한 죄들, 말할 가치도 별로 없는 죄들 외에 아주 악한 죄들을 내게서 찾아 낼 자가 없으리라." 그의 이웃들은 그가 저지른 사소한 죄들은 그들이 문제삼지 않기 때문에 하나님도 문제삼지 않으실 것이라고 생각한다. 그가 행하는 것들은 누구나 다 하는 것들이고, 사람들이 유행처럼 저지르는 불법이며, 관례화되어 있는 것들이다. 그것들은 기분 좋은 일들이고, 이득이 있는 일들이다. 그렇기 때문에, 그들은 그런 것들이 죄가 될 만한 불의가 아니라고 생각한다. 그런 것들을 행하는 자들을 나쁘다고 생각하는 사람은 아무도 없다. 그러나 하나님이 보시는 것은 사람이 보는 것과 다르고, 하나님의 판단은 사람의 판단과 다르

다.

2. 하나님은 그들이 첫 번째 돌판의 계명들을 어기고서 우상 숭배를 하였다고 고소하심(11절). 그들은 허무한 것들인 우상들을 만들어서 숭배하는 불의를 저질렀는데, 이것은 특별히 헛된 일이었다: 과연 우상들은 허무한 것이다. 우상들은 유익을 주는 것이 아니라 속인다. 선지자는 여기에서 우상 숭배로 악명이 높았던 두 곳을 언급한다.

(1) 요단 저편의 길르앗. 길르앗은 앞에서도 우상 숭배로 악명 높은 곳으로 지명되었었다(6:8). 길르앗은 불의한 것이냐(또는, 길르앗에 불의가 있느냐). 그것은 놀랄 수밖에 없는 일이고, 슬피 탄식해야 할 일이다. 무엇이라고! 길르앗에 불의가 있다고? 거기에서 우상 숭배가 행해지고 있다고? 길르앗은 격언에 나올 정도로 비옥하고 살기 좋은 땅이었는데(렘 22:6), 그 곳이 여호와의 은혜를 이렇게 악으로 갚고 있다고? 그 곳은 국경도시여서, 외적의 침입을 받을 위험성에 많이 노출되어 있었기 때문에, 하나님의 보호하심을 특별히 필요로 하는 곳이었다. 그런데도, 불의를 행하여 스스로 그 보호하심 밖으로 뛰쳐나갔다고? 길르앗에 불의가 있느냐.

(2) 길갈. 거기에서 그들은 수송아지로 제사를 드렸고(9:15), 그들이 하나님이 정하신 제단에 반대하여 이방 신들을 위하여 거기에 세운 그들의 제단들은, 파종하기 위해서 준비된 밭이랑들에 쌓인 돌무더기 같이 여기저기에 많이 있다(8:11). 단지 길르앗에만 불의가 있느냐(어떤 이들은 이렇게 읽는다). 다른 나라들과 국경을 맞댄 저 후미진 변방들에서만 백성들이 미신에 빠져서 이렇게 우상을 섬기는 것이냐? 그렇지 않다. 백성들은 길갈에서처럼 다 악하다. 길르앗에서 하나님은 앞에서 이미 언급된 그들의 조상 야곱을 보호하여, 라반의 격노로부터 그를 지켜 주었다. 그런데도 너는 거기에서 불의를 자행하느냐?

II. 죄로 인하여 진노가 임할 것이라는 경고들. 어떤 이들은 "내가 너로 다시 장막에 거주하게 하기를 명절날에 하던 것 같게 하리라"(9절)는 구절을 그런 식으로 해석한다. 즉, 하나님은 그들을 이스라엘 백성이 장막에 거주하면서 광야를 사십 년 동안 유랑하였던 때와 같은 그런 상태가 되게 하시리라는 것이다. 사십 년은 하나님이 그들을 광야에 있도록 정하신 때였다. 에브라임은 하나님이 그들을 애굽에서 이끌어 내셔서 현재의 모습으로 키우신 것을 잊어버리고서, 자신의 재물을 자랑하였고, 그 재물을 늘리기 위해서 죄악된 길을 갔다. 그러므로 하나님은 그들을 그들이 광야에서 장막에 거주하면서 가난하고 비천하며 쓸쓸하고 불안정했던 시절로 다시 되돌리시겠다고 경고하신다. 사람들이 그들의 죄로 말미암아 그들의 장막을 집으로 바꾸었을 때에 하나님이 심판하셔서 그들의 집을 다시 장막으로 되돌리시는 것은 의로우신 일이라는 것을 명심하라. 어쨌든, 에브라임이 하나님을 격노하게 함이 극심하였다(14절)는 말씀은 분명히 경고이다. 사람들은 스스로 속아서 자기 자신에 대하여 착각하기 쉽다는 것과 언젠가는 그 착각이 밝혀지게 되리라는 것을 명심하라. 에브라임은 자기 속에 죄라 불릴 만한 불의가 전혀 없다고 생각하였다(8절). 그러나 하나님은 그들 속에 죄가 있고, 그들이 회개하고 삶을 고치지 않는다면 장래에도 죄 있는 자로 발견될 것이라고 그들에게 분명하게 말씀하셨다.

1. 그들의 불의는 하나님을 극도로 진노하시게 만들었다는 것. 에브라임은 하나님께서 너무나 싫어하시고 그들에게도 결국에는 쓴 것과 괴로움이 될 그들의 불의로 하나님을 격노하게 함이 극심하였다. 그들은 그들의 행위가 죄라는 것을 잘 알면서도 너무나 의도적으로 범죄하였기 때문에, 그 누구라도 그들이 하나님을 자극하여 극도로 진노하시게 만들고자 하고 있다는 것을 볼 수 있었고 알 수 있었다.

2. 그들의 불의는 반드시 그들 자신을 파멸에 빠뜨리게 되리라는 것. 하나님을 자극하여 그의 진노의 불을 붙이는 자들은 멸망을 받는 것 외에 다른 것을 기대할 수 없다.

(1) 하나님은 에브라임의 상실된 생명을 거두어 가시리라는 것. 하나님은 그의 피로 그의 위에 머물러 있게 하실 것이다. 즉, 하나님은 그를 죄 없다고 여기지 아니하시고, 죄의 삯인 죽음을 그에게 내리실 것이다. 그의 피가 그의 머리로 돌아갈 것이다(삼하 1:16). 왜냐하면, 그의 불의가 그에게 불리한 증언을 하였고, 오직 그가 그 삯을 담당하게 될 것이기 때문이다. 죄인들이 죽을 때, 그들의 피는 그들 위에 머물러 있게 된다는 것을 명심하라.

(2) 하나님은 에브라임의 상실된 존귀함을 거두어 가시리라는 것. 그의 주께서 그의 수치를 그에게 돌리시리라. 하나님은 그의 주이시다. 그들은 우상 숭배와 그 밖의 다른 죄들로 인해서 그들의 주께 수치를 안겨드렸고, 그들 자신 및 그들의 이름과 가족에게 불명예를 끼쳤으며, 다른 사람들에게 그들을 비난할 빌미를 제공하였다. 이제 하나님은 그가 하신 말씀, 즉 그를 멸시하는 자들을 그가

경멸하리라(삼상 2:30)는 말씀대로 수치를 그들에게 돌려주실 것이다. 부끄러운 죄들을 지으면 부끄러운 벌을 받게 되리라는 것을 명심하라. 에브라임이 그들의 하나님을 멸시한다면, 하나님은 이웃 나라들로 하여금 그들을 멸시하게 하실 것이다.

Ⅲ. 하나님이 이전에 그들에게 베푸셨던 긍휼들을 회상하심. 하나님이 여기에서 이런 말씀을 하시는 것은 그들이 하나님을 반역하고 떠난 것이 얼마나 악하고 배은망덕한 짓인지를 깨우치시기 위한 것이다. 그들은 다음과 같은 것들을 기억하고 부끄러워해야 마땅하다.

1. 하나님이 그들을 비천한 처지에서 일으키셨다는 것. 에브라임은 자기가 부자가 되었을 때에 그것을 자랑하면서, 하나님이 그들로 하여금 잊지 않도록 하시기 위하여 해마다 그의 앞에서 고백하게 하신 내용, 즉 내 조상은 곧 죽게 된 방랑하는 아람 사람이었다(신 26:5)는 고백을 잊었다. 그러나 하나님은 여기에서 그들에게 그 사실을 상기시키신다(12절). 그들은 그들의 조상 야곱이 지녔던 존귀함들(그들이 하나님을 반역하면서 상실하게 된 존귀함), 즉 야곱이 하나님과 함께 한 힘 있는 왕이었다는 사실만이 아니라(3절), 야곱이 라반의 보잘것없는 하인이었다는 사실도 기억하여서, 그들이 모은 재산으로 한껏 높아진 교만을 죽여야 했다. 야곱은 그를 해칠지도 모르는 형을 피해서 아람의 들로 도망하여, 아내를 얻기 위하여 탐욕스러운 삼촌을 섬겼고, 아내를 얻기 위하여 양을 쳤다. 왜냐하면, 그에게는 아내를 얻을 재산이 없었기 때문이다. 야곱은 가난하고 비천한 도망자 신세였다. 그러므로 그의 자손들은 교만하거나 자랑해서는 안 되었다. 야곱은 장막에 거주하며 양을 치는 평범한 사람이었다. 그러므로 그들에게 속이는 저울은 합당하지 않았다. 야곱은 에서의 아내와는 달리 가나안 여자가 아니었던 아내를 얻기 위하여 섬겼다. 그러므로 그들이 타락하여 가나안 사람들처럼 되어 이방인들과 뒤섞여 어울린 것은 부끄러운 일이었다. 하나님은 야곱이 도망치거나 일할 때에 놀라운 이적들로 그를 보호하고 지키셨기 때문에, 야곱의 자손들은 놀랍도록 번성하여, 메마른 땅에 박힌 저 뿌리에서 야곱의 이름을 지닌 영화로운 민족이 생겨났다. 이것에 비추어 보면, 야곱 및 그의 자손들에 대한 하나님의 선하심이 잘 드러날 뿐만 아니라, 그들의 민족을 창건하시고 계속해서 은혜를 베풀어 주신 하나님에 대한 그들의 비열한 배은망덕도 잘 드러난다.

2. 하나님이 그들을 비참한 처지에서 건지셨고, 그들을 가난으로부터만이 아니라 종살이로부터도 일으키셔서 현재의 모습이 되게 하셨다는 것(13절). 그러므로 하나님을 섬겨야 하는 그들의 의무는 더욱 강한 것일 수밖에 없었고, 그런 그들이 다른 신들을 섬긴 것은 더욱 깊은 죄일 수밖에 없었다.

(1) 하나님은 그들로 하여금 그를 섬기게 하고, 그들을 종살이에서 구속하심으로써 그들과 그들의 섬김에 대한 특별한 권한을 얻으시기 위해서, 이스라엘을 애굽에서 인도하셨다.

(2) 하나님은 마치 목자가 양들을 보살피듯이 그들을 보호하고 지키셨다. 하나님은 홍해에서 애굽 왕 바로의 격노로부터 그들을 지키셨고, 광야의 모든 위험들로부터 그들을 보호하셨으며, 그들에게 필요한 것들을 공급해 주셨다.

(3) 하나님은 한 선지자 모세를 통해서 이 일을 하셨다. 모세는 여수룬에 있는 왕이라 불리었지만(신 33:5), 하나님의 지시를 받아서 그의 말씀의 권능으로 한 선지자로서 이스라엘을 위하여 일하였다. 모세의 권위를 나타내는 증표는 왕의 홀(笏)이 아니라 하나님이 주신 지팡이였다. 그는 그 지팡이로 애굽에 내린 재앙들과 이스라엘에 주어진 축복들을 불러내었다. 모세는 한 선지자로서 그리스도의 모형이었다(행 3:22). 그리스도께서는 한 선지자로서 그의 진리의 능력으로 우리를 죄라는 애굽과 사탄으로부터 건져 내신다. 이것은 이 백성이 다음과 같이 한 것들이 얼마나 합당치 않고 배은망덕한 것인지를 보여준다.

[1] 그들은 그들의 하나님을 버렸다는 것. 하나님은 그들을 애굽에서 이끌어 내신 분이다. 하나님은 십계명의 서문에서 그들이 그의 앞에 다른 신들을 두지 않아야 하는 이유로서 그 사실을 가장 먼저 특별히 언급하신다.

[2] 그들은 하나님의 선지자들을 멸시하고 박해하였다는 것. 그들은 하나님이 그의 선지자를 통해서 그들을 애굽에서 이끌어 내시고 광야에서 지키셨다는 사실을 기억하고서, 마땅히 선지자들을 사랑하고 소중히 여겼어야 했으며, 선지자들을 보내신 하나님의 목적에 부응하고자 애를 썼어야 했다. 하나님의 말씀이 우리에게 주어졌는데도 불구하고 우리가 그 말씀을 경시하였다면, 우리의 죄와 어리석음은 한층 더 가중될 것임을 명심하라.

3. 그들이 자라갈 때에 하나님이 그들을 교육시키는 데에 관심을 많이 쏟으셨다는 것. 이것과 관련된 하나님의 선하심은 10절에서 언급된다. 하나님은 전에 한 선지자를 통해서 그들을 애굽에서 이끌어 내셨듯이, 그후로도 여러 선지

자를 통해서 그들에게 계속해서 말씀해 오셨다. 흙에서 지음을 받은 인간은 계속해서 흙에서 나는 것을 먹고 산다. 마찬가지로, 예언에 의해서 형성된 이 민족도 계속해서 예언을 먹고 살아가며 예언으로 가르침을 받았다. 우리는 모세에서 시작하여 그후로 일어난 모든 선지자에 이르기까지 교회의 여러 세대에 걸쳐서, 하나님의 계시가 그들의 가르침을 따라 이루어졌다는 것을 발견하게 된다.

(1) 그들 가운데서 선지자들이 연속적으로 일어났다(암 2:11). 모세로부터 말라기에 이르기까지 그들 가운데는 정도 차이는 있지만 예언의 영이 없었던 적이 거의 없었다.

(2) 이 선지자들은 선견자들이었다. 하나님은 이상과 꿈으로 선지자들에게 그의 뜻을 직접 드러내셨고, 그것이 그의 뜻이라는 온전한 확신을 그들에게 주셨다(민 12:6).

(3) 이 이상들은 많이 나타났다 하나님은 한 번 말씀하시고 다시 말씀하실 뿐만 아니라(욥 33:14), 여러 번 무수히 말씀하신다. 사람들이 이상(異象)을 무시하면, 하나님은 또 다른 이상을 보이셨다. 선지자들은 여러 가지 이상들을 보았고, 동일한 이상도 자주 반복해서 보았다.

(4) 하나님은 선지자들을 통해서 그들에게 말씀하셨다. 선지자들은 여호와에게서 말씀을 받았을 때에 그것들을 분명하고 충실하게 그들에게 전달하였다. 시내 산에서 이스라엘 백성은 하나님이 직접 말씀하지 마시고, 그들과 같은 사람들을 통해서 그들에게 말씀해 달라고 간청하였다.

(5) 하나님은 선지자들을 통해서 그들에게 말씀하실 때에 그의 메시지들을 더 알기 쉽고 더 감화받기 쉽고 더 기억하기 쉽게 하기 위해서 비유를 사용하셨다. 선지자들이 본 이상들은 흔히 비유들이었고, 그들이 전하는 말들은 아주 적절한 비유들로 꾸며져 있었다. 하나님은 그의 선지자들을 통해서 말씀하실 때와 마찬가지로 그의 아들을 통해서 말씀하실 때에도 비유를 사용하셨다. 왜냐하면, 그리스도께서는 그의 입을 열어 비유로 말씀하셨기 때문이다. 우리가 듣는 설교들을 우리가 기록해 두든 기록해 두지 않든, 하나님은 그것들을 기록해 두신다는 것을 명심하라. 순수하고 풍성하며 힘 있는 은혜의 수단들(또는, 방편들)을 오랫동안 누려 오면서, 하나님의 마음에 대하여 자주 신실하고 친밀하게 들어 온 자들은, 그런데도 계속해서 죄악의 길을 고집한다면, 저 큰 날에 더 많

은 벌을 받게 될 것이다.

IV. 하나님은 죄와 진노의 와중에서도 긍휼을 기억하셔서 장차 그들에게 베풀실 긍휼을 암시하심(9절).　어떤 이들은 9절의 본문을 이런 식으로 이해한다. "네가 애굽 땅에 있을 때부터 나는 네 하나님 여호와니라. 나는 그 때에 거기에서 너를 내 백성으로 삼았고, 그 때 이래로 계속해서 일련의 끊임없는 긍휼에 풍성한 섭리들을 통해서 내가 네 하나님이라는 것을 증명하여 왔으며, 네가 악해진 지금도 너에 대한 인애를 지니고 있다. 내가 광야 때처럼이 아니라 명절날에 하던 것 같이, 즉 큰 기쁨으로 송축하는 초막절 때처럼(레 23:40) 너로 장막에 거주하게 할 것이다."

1. 그들은 하나님의 은혜로 말미암아 그들이 비록 부자이고 재물을 얻었지만 단지 장막에 거주하는 자들일 뿐이고, 그들이 지닌 세상 재물 속에서 영구한 도성을 찾을 수 없다는 것을 알게 하실 것이다.

2. 그들은 아직 하나님을 기뻐할 이유를 갖게 될 것이고, 공적인 예배들을 통해서 그렇게 할 기회를 갖게 될 것이다. 초막절은 유대인들이 바벨론에서 돌아온 후에 첫 번째로 지켰던 명절이었다(스 3:4).

3. 이것은 다른 약속들과 마찬가지로 복음의 은혜 안에서 온전히 성취될 것이었다. 복음은 천국으로 가는 길에 있는 믿는 자들에게 초막을 제공해 주고, 초막절 때처럼 하나님 안에서 거룩하게 기뻐할 일들을 그들에게 제공해 준다(슥 14:18-19).

제
— **13** —
장

개요

　　이 장에서도 앞의 여러 장들에서와 동일한 내용이 탄주(彈奏)된다 — 전체적으로 우울한 기조이긴 하지만. 백성들은 그들의 죄나 죄로 인한 그들의 위험에 대하여 듣기를 싫어한다. 그렇지만, 그들이 죄를 회개하여 위험을 미리 막기 위해서는 죄와 위험에 대하여 듣는 것이 그들의 유익을 위하여 꼭 필요하고, 그들은 그것들을 하나님의 말씀과 그들의 신실한 사역자들로부터 가장 잘 들을 수 있다. I. 하나님이 이스라엘 백성을 그들의 우상 숭배로 인하여 책망하시고 경고하심(1-4절). II. 하나님이 그들의 고집과 교만과 사치, 그들의 재물과 형통을 여러 가지로 악용하는 것들에 대해서 책망하시고 경고하심(5-8절). III. 하나님이 이 죄들과 그들의 다른 모든 죄들로 인하여 그들에게 임할 멸망이 아주 무시무시할 것이라고 미리 말씀하심(12-13, 15-16절). IV. 하나님이 그들 중에서 아직 그들의 하나님을 공경하는 마음을 지니고 있는 자들에게 그들의 왕들과 방백들, 그들의 다른 도움과 지원들이 다 그들을 실망시킨다고 하여도 그가 그들을 구하기 위하여 나타나실 것이라는 소망을 가지라고 격려하심(9-11, 14절).

¹에브라임이 말을 하면 떨었도다 그가 이스라엘 중에서 자기를 높이더니 바알로 말미암아 범죄하므로 망하였거늘 ²이제도 그들은 더욱 범죄하여 그 은으로 자기를 위하여 우상을 부어 만들되 자기의 정교함을 따라 우상을 만들었으며 그것은 다 은장색이 만든 것이거늘 그들은 그것에 대하여 말하기를 제사를 드리는 자는 송아지와 입을 맞출 것이라 하도다 ³이러므로 그들은 아침 구름 같으며 쉬 사라지는 이슬 같으며 타작 마당에서 광풍에 날리는 쭉정이 같으며 굴뚝에서 나가는 연기 같으리라 ⁴그러나 애굽 땅에 있을 때부터 나는 네 하나님 여호와라 나 밖에 네가 다른 신을 알지 말 것이라 나 외에는 구원자가 없느니라

　　우상 숭배는 포로기 이후에도 여전히 유대 민족이 가장 손쉽게 빠져든 죄였다. 열 지파는 처음부터, 특히 아합 시대 이후로 우상 숭배의 죄를 범하

였다. 하나님이 이 단락에서 그들을 고소하시는 원인이 된 죄는 바로 이 우상 숭배의 죄이다.

I. 그들이 우상 숭배로 빠지는 것을 막으시기 위하여 하나님이 준비하신 것. 그 내용은 4절에 나온다. 하나님은 그들을 자기에게 붙잡아 두시기 위하여, 더 이상 하실 것이 없으실 정도로 모든 필요하고 적절한 조치들을 다 행하셨다.

1. 하나님이 그들에게 자기를 그들의 하나님 여호와로 알리셨고, 그들을 그의 선민으로 삼으셨다는 것. 하나님은 애굽 땅에서부터 내내 그의 말씀과 행위들을 통해서 "나는 네 하나님 여호와라"고 선포하셨다. 하나님은 시내 산에서 하늘로부터 그들에게 그가 그들을 애굽 땅에서 인도하여 낸 그들의 하나님 여호와(출 29:46)라고 말씀하셨다. 하나님은 그의 선지자들과 그의 섭리들을 통해서 이것을 계속해서 그들에게 선포하시고 증명하셨다.

2. 하나님이 그들에게 다른 신을 숭배하는 것을 금하는 법을 주셨다는 것. "나 밖에 네가 다른 신을 알지 말 것이니라. 너는 다른 신을 고백하고 숭배하지 않아야 할 뿐만 아니라, 다른 신을 알아서도 안 되고, 이방인들의 종교 의식들과 관습들을 알아서도 안 된다." 우리가 끼어들어서는 안 되는 것에 대해서는 아예 모르는 것이야말로 복된 무지라는 것을 명심하라. 성경에서는 사탄의 깊은 것들을 알지 못하는 자들이 칭찬을 받는다(계 2:24).

3. 하나님이 그들에게 그렇게 해야 하는 정당한 이유를 제시하심. 나 외에는 구원자가 없느니라. 어떤 존재를 우리의 하나님으로 모시든, 우리가 기대하는 것은 그 존재가 우리의 구원자가 되어 주고, 현세에서와 내세에서 우리를 복되게 만들어 주는 것이다. 우리는 우리를 보호해 주는 이에게 충성을 맹세하는 것과 마찬가지로, 우리에게 구원을 주거나 그 소망을 주는 이를 경배한다.

II. 에브라임이 자기를 지켜서 우상 숭배를 멀리하였을 때에 지녔던 존귀함 (1절). 에브라임이 두려워 떨며 말을 하던 때에는, 즉 에브라임이 그의 조상 야곱처럼 하나님을 향하여 울며 간구하고, 하나님과 그의 선지자들을 향하여 교만하거나 오만무례하게 말하지 않으며, 하나님에 대한 거룩한 경외심을 간직하고서 그를 예배하던 때에는(포코크 박사의 해석), 그가 이스라엘 중에서 자기를 높였다(즉, 에브라임이 지파들 가운데서 아주 유력한 지파였다는 것). 에브라임 지파에 속하였던 여로보암과 그의 가족은 높임을 받았다. 에브라임이 말을 하면 떨었도다(어떤 이들은 이렇게 해석하기도 한다). 즉, 주변의 모든 사람들이 에브라임을 두려워하였다. 하나님 앞에서 스스로 낮아지는 자들은 높아질 것임을 명심하라. 자기 자신을 경계하고 보잘것없이 여기며, 자신의 판단을 미덥지 못한 것으로 낮추고 다른 사람들의 판단을 존중하고 높이는 가운데에 말하는 자들은 사람들 가운데서 높임을 받고 명성을 얻게 된다. 그러나 에브라임은 이내 명성을 잃었다. 에브라임이 바알로 말미암아 범죄하므로 망하였다. 즉, 에브라임은 명성을 잃었고, 그의 존귀함은 이내 빛을 잃고 가라앉아서 티끌 속에 묻혔다. 여기에서 바알은 모든 우상 숭배를 상징하는 표현이다. 에브라임이 하나님을 버리고 우상들을 숭배하자, 그 나라는 치명상을 입었고, 그후로 그 어떤 처방에도 결코 나아지지 않았다. 하나님을 버리는 것은 곧 죽음이라는 것을 명심하라.

Ⅲ. 슬프게도 그들 가운데서 우상 숭배가 점점 심해졌다는 것(2절).   이제도 그들은 더욱 범죄한다. 그들이 일단 바알로 말미암아 범죄하기 시작하였을 때에 얼음은 깨졌고, 그후로 그들은 점점 더 악화되어서, 더 많은 우상들을 탐하였고, 그들이 이미 가진 우상들에 더욱더 빠져 들었으며, 우상들을 섬기는 가운데에 더욱 어리석어졌다. 우상 숭배의 길은 다른 죄들의 길과 마찬가지로 내리막길이어서, 사람이 그 길에 일단 들어서면 쉽게 멈출 수 없다는 것을 명심하라. 하나님을 버린 모든 자들은 점점 더 많은 죄를 범하게 된다는 것이 그들의 서글픈 처지이다. 그러면, 여기에서 그들의 배교 과정을 추적해 보자.

1. 그들이 스스로 우상들을 부어 만들어서, 그들이 원하는 모양대로 만든 신들을 갖게 되었다고 자랑했다는 것. 이 우상들은 아마도 은으로 만든 아데미 여신의 신상 모형(행 19:24)과 같은 송아지 우상의 모형들이었던 것 같고, 송아지 우상을 열렬히 숭배하는 자들은 그들이 숭배하는 신들의 신상 모형을 일부러 자기를 위하여 만들어서 몸에 지니고 다녔던 것 같다.

2. 그들이 그들의 은으로 우상들을 만들었다는 것. 그들은 그 우상들을 그들의 돈으로 사거나, 그러한 목적을 위하여 녹인 그들의 은으로 그 우상들을 제작하였기 때문에, 그 우상들이 그들의 소유라는 것을 의심하지 않았다. 그들은 그들의 우상들을 섬기는 데에 드는 비용을 아끼지 않았고, 그들이 가진 가장 좋은 것으로 우상들을 존귀하게 하였기 때문에, 그들의 은을 녹여서 우상들을 부어 만들었다.

3. 그들이 자기의 정교함을 따라, 즉 그들 자신이 생각한 대로 우상들을 만들

었다는 것. 그들은 그들의 우상을 어떤 모양으로 만들지를 궁리하여서, 그들의 최상의 판단에 따라 또는 그들의 형상을 따라(즉, 사람의 모양으로) 신을 만들었다. 그들은 그들의 우상들을 그들 자신과 같은 사람 형상으로 만들었을 때, 실제로는 그들 자신을 그 우상들과 같은 목석들로 만들어 버린 것이었다. 왜냐하면, 우상들을 만드는 자들과 그것들을 의지하는 자들은 다 우상들과 같기 때문이다(시 115:8).

4. 그것은 다 은장색이 만든 것이었다는 것. 그들의 우상들은 아데미 여신과는 달리 제우스에게서 내려온 체하지 않았다(행 19:35). 아니, 은장색들은 우상을 만들고 나서는 거기에다 자신의 이름을 새겨서 이 우상은 이 사람의 작품이라는 것을 알게 하였을 것이다(8:6; 사 44:9).

5. 우상들은 이렇게 그들의 손으로 만든 것들이었는데도, 그들의 영혼으로부터 사랑을 받는 존재들이었다는 것. 왜냐하면, 그들은 우상들에 대하여 제사를 드리는 자들은 송아지와 입을 맞출 것이라고 말하였기 때문이다. 이것은 제사장들이 백성들에게 그런 식으로 송아지 우상에게 예를 갖추라고 말한 것을 가리킬 수도 있고, 송아지 우상에 가까이 다가가는 것이 허용되지 않았던 백성들이 제사를 드리는 자들, 즉 우상들을 섬기는 제사장들에게 그들 대신에 그들의 이름으로 송아지와 입을 맞추어 달라고 요청한 것을 가리킬 수도 있다. 이렇게, 그들은 우상들을 공경해야 한다는 가르침을 받은 그대로 우상들에게 최대한의 공경심을 나타내 보이는 것을 아주 좋아하였다. 이 우상들은 송아지였지만 신들로 여겨졌기 때문에, 숭배자들은 그들 스스로 또는 그들의 대리자를 통해서 이렇게 우상들에게 존귀함을 돌렸다. 그들은 송아지 우상들을 그들의 신으로 모시고서 경배하고 사랑하며 충성한다는 증표로 거기에 입을 맞추었다. 마찬가지로, 하나님은 우리에게 그 아들을 우리의 주(主)이시자 하나님으로 받아들이고서 입을 맞추라고 명하신다.

IV. 하나님이 그들의 우상 숭배로 인하여 진노하실 것이라고 경고하심. 그 이름이 질투이신 여호와는 질투의 하나님이시기 때문에(출 34:14) 그의 영광을 다른 이에게 내어주시고자 하지 않으신다. 그러므로 신상들을 섬기는 모든 자들, 특히 우상을 숭배하는 에브라임은 낭패와 수치를 당하게 될 것이다(시 97:7). 그들은 그들의 송아지 우상들에게 입 맞추기를 너무나 좋아하기 때문에, 하나님은 그들의 어리석음을 피부에 와 닿게 깨우쳐 주실 것이다(3절). 그들은 그들의 우상들을 섬김으로써 그들이 아주 안전하고 만족하게 되며, 그들의 형통이 탄탄해지기를 기대하였다. 그러나 하나님은 그들이 실망하게 될 것이고 그들의 악 가운데서 휩쓸려 날아가 버리게 될 것이라고 그들에게 말씀하신다. 이것은 네 가지 비유를 통해서 예시된다.

1. 그들은 메마른 땅에 한바탕 소나기가 내리게 될 것이라는 기대감을 심어 주는 아침 구름 같을 것이다.

2. 그들은 그러한 소나기가 올 것임을 알리는 전조(前兆)로서의 역할을 하는 새벽 이슬 같을 것이다. 그러나 이 두 가지 전조가 잔뜩 기대감만 부풀려 놓고서는 사라져 버리면, 그 날에도 이전의 날들처럼 건조하고 더운 날씨가 계속된다. 마찬가지로, 그들의 신앙 고백도 순식간에 사라져 버리는 일시적인 것이어서(6:4), 그들에 대한 하나님의 기대를 저버리고 하나님에게 실망만 안겨 드렸다. 그러므로 그들의 형통도 순식간에 사라져 버리고, 우상들에 대한 그들의 기대도 실망으로 변하며, 이 세상을 우상으로 삼고 살아가는 모든 자들의 기대도 무너지는 것은 마땅한 일이다.

3. 그들은 가볍고 쓸데없는 쭉정이 같을 것이다. 그들은 타작 마당에서 광풍에 날리는 쭉정이 같이 날아가 버릴 것이다(시 1:4; 35:5; 욥 21:18).

4. 그들은 퀴퀴하고 고약한 냄새를 풍기는 연기 같을 것이다(사 65:5). 그들은 굴뚝에서 나가는 연기 같이 이내 흩어져서 사라져 버릴 것이다(시 68:2). 오직 하나님 안에만 견고하고 지속적인 위로가 존재하고, 다른 곳에서 그런 위로를 기대할 수 없다는 것을 명심하라.

[5]내가 광야 마른 땅에서 너를 알았거늘 [6]그들이 먹여 준 대로 배가 불렀고 배가 부르니 그들의 마음이 교만하여 이로 말미암아 나를 잊었느니라 [7]그러므로 내가 그들에게 사자 같고 길 가에서 기다리는 표범 같으니라 [8]내가 새끼 잃은 곰 같이 그들을 만나 그의 염통 꺼풀을 찢고 거기서 암사자 같이 저희를 삼키리라 들짐승이 그들을 찢으리라

우리는 여기에서 다음과 같은 것들을 볼 수 있다.

1. 하나님이 이스라엘에게 차고 넘치게 공급해 주셨고, 때를 따라 온갖 것들로 그들에게 복을 주셨다는 것(5절). "내가 광야에서 너를 알았고, 마른 땅에서 네

가 극도의 곤경에 처해서 통상적인 방법으로는 도울 길이 도무지 없을 때에 나는 네 처지를 돌아보고 네게 필요한 것들을 공급해 주었다.” 이 광야가 어떤 곳이었는지에 관한 설명을 보라(신 8:15; 렘 2:6). 광야에서 그들을 아셨고 자기 소유로 인정하셨으며 그들을 먹여 살리신 하나님은 진정한 친구이셨다. 왜냐하면, 하나님은 곤경에 처했을 때의 친구이셨고, 모든 것에 충족한 친구이셨기 때문이다. 하나님은 모든 통상적인 식량 공급의 길들이 다 차단되었을 때에 그토록 많은 군대에게 양식을 공급해 주실 수 있으셨다. 만약 이적들이 그들의 일용할 양식이 아니었다면, 그들은 광야에서 꼼짝없이 죽을 수밖에 없었을 것이다. 위급에 처했을 때에 받은 도움은 특별한 빚이기 때문에 결코 잊어서는 안 된다는 것을 명심하라.

2. 그들이 그들에 대한 하나님의 은총을 비열하고 배은망덕하게도 악용하였다는 것. 하나님은 광야에서 그들을 돌보아 주셨을 뿐만 아니라, 좋은 땅이요 크고 기름진 목장인 가나안을 그들에게 주어 소유하게 하셨다. 그들이 먹여 준 대로 배가 불렀다(6절). 하나님은 그들에게 모든 것들을 풍성하게 주시고 맛있는 진수성찬도 주셨는데, 그들은 오랫동안 만나만 먹었던 터라 가나안에 들어와서는 하나님이 주시는 대로 마음껏 먹고서 배가 불렀다. 이것은 결코 희망적인 징조가 아니었다. 만약 그들이 그들에게 주어진 풍요를 사용할 때에 좀 더 절제하고 검소하여서 자신을 부인하는 법을 배웠더라면, 그들의 장래의 처지는 더 나아졌을 것이고 유망했을 것이다. 그렇다면, 그들이 배가 불렀을 때에 그 결과는 어떤 것이었는가? 그들이 배가 부르니 그들의 마음이 교만하여졌다. 그들의 사치와 방탕은 그들을 교만하고 오만방자하며 안일하게 만들었다. 이 구절에 대한 최고의 주석은 모세가 한 말이다(신 32:13-15). 그런데 여수룬이 기름지매 발로 찼다. 육신이 풍요로움으로 채워지자(stuff up), 영혼은 교만으로 부풀어 올랐다(puff up). 그러자, 그들에게 그들의 신앙이 시시해 보였고, 그들이 머리를 숙여서 하나님을 예배하는 것이 그들의 위신을 떨어뜨리는 일이라고 생각하기 시작하였다. 악인은 그의 교만한 얼굴로 말미암아 여호와를 찾지 않는다(시 10:4). 그들은 광야에서 가난하여 가진 것이 별로 없었을 때에는 꼭 하나님과 함께 가야 한다고 생각하였지만, 가나안에 정착하여 모든 것이 풍성해지자 그들에게 더 이상 하나님이 필요없다고 생각하기 시작하였다. 그들의 마음이 교만하여 이로 말미암아 나를 잊었느니라(6절). 세상적인 형통은 사람들의

교만을 먹이고 살찌워서 그들로 하여금 하나님을 잊게 만든다는 것을 명심하라. 왜냐하면, 사람들이라는 것은 자기에게 필요할 때에만 하나님을 찾는 존재들이기 때문이다. 이스라엘이 배가 불렀을 때, 전능자가 그들을 위하여 더 해줄 수 있는 것이 무엇이 있었겠는가? 그러므로 그들은 하나님께 "우리를 떠나소서"(욥 22:17)라고 말하였다. 하나님의 은총을 받을수록, 우리는 마땅히 하나님을 더 생각하고 우리가 하나님께 드려야 할 것들을 더 열심히 드리고자 하여야 하는데도, 도리어 하나님을 점점 더 잊어가고 우리가 하나님께 드려야 할 것들에 대하여 무관심하게 되어 버리는 것은 서글픈 일이다. 우리는 광야의 이스라엘처럼 이적들에 힘입어서 살아가지는 않는다고 하여도, 우리가 일반 섭리에 따라 살아가는 것 자체가 하나님 덕분에 살아가고 있는 것임을 알아야 한다.

3. 그들의 비열한 배은망덕함에 대한 하나님의 의로우신 진노(7-8절). 하나님이 앞서 경고하신 심판들(3절)은 그들에게서 모든 선한 것들을 다 거두어 가시겠다는 것이었다. 여기에 나오는 경고의 말씀들은 거기에서 한 걸음 더 나아가서, 온갖 재난들을 그들에게 부으시겠다는 것이다. 왜냐하면, 지금까지 아주 적극적으로 그들의 편이 되어 주셨던 하나님은 이제부터는 그들의 원수로 변하셔서 그들을 대적하여 싸우실 것이기 때문이다. 이것은 여기에서 아주 무시무시하게 표현된다: 내가 그들에게 사자 같고 표범 같으리라. 사자는 힘이 세서 당할 자가 없고, 표범은 영리하고 아주 세심하며 주의 깊다. 내가 길 가에서 기다리는 표범 같이 그들을 지켜볼 것이다. 맹수들이 여행자들을 덮쳐서 잡아먹기 위하여 길 가에 숨어서 기다리듯이, 하나님은 지금까지 그들에게 복을 주시기 위하여 깨어서 그들을 살펴보셨던 것처럼 이제부터는 그들에게 그의 심판들로 재난을 내리시기 위하여 깨어서 그들을 지켜보실 것이다(렘 44:27). 하나님은 그들의 멸망을 촉진시키거나 강화시킬 수 있는 기회를 결코 그냥 지나치지 않으실 것이다(렘 5:6): 표범이 그들의 성읍들을 엿볼 것이다. 표범 같이 반점이 있는 짐승은 다른 어떤 동물보다도 눈초리가 날카롭기로 유명하다. 따라서, 이 구절은 하나님의 능력만이 아니라 지혜도 그가 다투시는 자들을 대적하실 때에 사용될 것임을 보여주는 것이다. 어떤 이들은 이 본문을 이렇게 읽는다(원문도 이런 의미를 내포하고 있다): 내가 앗수르의 길에서 표범 같으리라. 그들이 도움과 원조를 받기 위해서 앗수르 사람들에게 가고 있을 때에 하나님의 심판들이 갑

자기 그들에게 임하게 될 것이다. "내가 새끼 잃은 곰 같이, 즉 새끼를 잃어서 격분하여 더욱 잔인해진 곰 같이(삼하 17:8; 잠 28:15) 그들을 만나리라"는 말씀이 여기에 덧붙여져 있다. 이것은 하나님이 이루 말할 수 없이 크게 진노하셨다는 것과 그들로 하여금 그 진노를 느끼게 해주시겠다는 것을 보여주는 것이다. 하나님은 그들의 염통 꺼풀을 찢으실 것이다. 사자는 그가 먹잇감으로 삼은 짐승들을 덮쳐서 그 염통을 물어서 찢어 놓는다고 한다. 마찬가지로, 하나님도 사자 같이 그들을 삼키실 것이다. 하나님은 그들의 영혼들을 집어삼키고 그들의 중요한 내장 기관들을 물어뜯을 그런 심판들을 그들에게 보내실 것이다. 그들의 마음이 높아졌지만(6절), 하나님은 그 마음을 낮추시기 위한 효과적인 조치를 취하실 것이다: 들짐승이 그들을 찢으리라. 하나님은 그들에게 사자와 표범 같이 되실 뿐만 아니라, 이 은유는 문자 그대로 성취될 것이다. 왜냐하면, 사나운 짐승들은 하나님이 그의 진노를 불러일으킨 자들을 멸하시고자 보내실 네 가지 중한 심판이 될 것이기 때문이다(겔 14:15, 21).

이 모든 것은 우리에게 다음과 같은 것들을 가르쳐 준다.

1. 하나님의 선하심을 악용하면, 그것은 더 혹독한 심판이 되어 돌아온다는 것. 자상하고 세심하게 보살피는 목자로서 그들을 대하시는 하나님을 멸시하고 모독하는 자들은 자신의 양 떼에게조차도 맹수로서 다가오시는 하나님을 만나게 될 것이다. 하나님이 오래 참으심으로 관용하시고 많은 사랑으로 초청하셨는데도 아무런 반응을 보이지 않는 자들에게 하나님은 그의 진노를 보이시고, 그들을 진노의 그릇으로 삼으실 것이다(롬 9:22). 하나님의 오래 참으심을 멸시하면, 그것은 진노가 되어 돌아올 것이다.

2. 하나님의 심판들이 회개치 않은 죄인들을 치는 소임을 맡아서 올 때에는 그 누구도 거역할 수 없고 지극히 무시무시하다는 것. 그 심판들은 염통의 꺼풀을 찢어서, 그 영혼을 당혹감으로 가득 채울 것이고, 그 영혼을 갈기갈기 찢어 놓을 것이다. 어린 양이 포효하는 사자를 당할 수 없듯이, 우리는 그 심판들과 맞서 싸울 수 없다. 누가 주의 노여움의 능력을 알며 누가 주의 진노의 두려움을 알리이까(시 90:11). 우리는 주의 두려우심을 알므로 사람들을 권면하노니, 하나님과 화해하라(고후 5:11). 왜냐하면, 우리는 하나님보다 더 강한 자들이 아니기 때문이다.

⁹이스라엘아 네가 패망하였나니 이는 너를 도와 주는 나를 대적함이니라 ¹⁰전에 네가 이르기를 내게 왕과 지도자들을 주소서 하였느니라 네 모든 성읍에서 너를 구원할 자 곧 네 왕이 이제 어디 있으며 네 재판장들이 어디 있느냐 ¹¹내가 분노하므로 네게 왕을 주고 진노하므로 폐하였노라 ¹²에브라임의 불의가 봉함되었고 그 죄가 저장되었나니 ¹³해산하는 여인의 어려움이 그에게 임하리라 그는 지혜 없는 자식이로다 해산할 때가 되어도 그가 나오지 못하느니라 ¹⁴내가 그들을 스올의 권세에서 속량하며 사망에서 구속하리니 사망아 네 재앙이 어디 있느냐 스올아 네 멸망이 어디 있느냐 뉘우침이 내 눈 앞에서 숨으리라 ¹⁵그가 비록 형제 중에서 결실하나 동풍이 오리니 곧 광야에서 일어나는 여호와의 바람이라 그의 근원이 마르며 그의 샘이 마르고 그 쌓아 둔 바 모든 보배의 그릇이 약탈되리로다 ¹⁶사마리아가 그들의 하나님을 배반하였으므로 형벌을 당하여 칼에 엎드러질 것이요 그 어린 아이는 부서뜨려지며 아이 밴 여인은 배가 갈라지리라

이 단락의 첫 번째 절(9절)은 나머지 모든 절들의 요약 또는 내용이다.

1. 이스라엘의 멸망의 모든 책임은 그들 자신에게 있다는 것. 이스라엘아 네 멸망이 거기로부터 왔다. 즉, 네 멸망은 네 자신에게서 말미암았고 시작되었다. 또는, "이스라엘아 그것이 너를 멸망시켰다. 즉, 하나님이 앞에서 너를 고소하실 때에 언급하셨던 너의 모든 죄와 어리석음이 너를 멸망시켰다. 지금까지 무수히 너를 징계하였던 네 악이 이제는 마침내 너를 멸망시켰다." 의도적으로 죄를 짓는 죄인들은 자신을 멸망시키는 자들이라는 것을 명심하라. 완고하여 회개치 않는 것은 아주 악한 자살이다. 멸망시키는 자에게 멸망당한 자들의 피는 그들 자신의 머리로 돌아온다(고전 10:10). 왜냐하면, 그들 자신을 멸망시킨 것은 바로 그들이기 때문이다.

2. 이스라엘의 구원의 모든 영광은 하나님께 돌려져야 한다는 것. 그러나 너의 도움이 내게 있다.

(1) 하나님은 얼마든지 그들을 도우실 수 있으셨다는 것. "나는 너를 도울 수 있었고 고칠 수 있었지만, 네가 고침받거나 도움받기를 원하지 않았고, 완고하게 네 자신의 멸망을 향하여 나아갔다." 그들이 그들 자신을 멸망시킬 길로 스스로 나아갔을 뿐만 아니라, 하나님이 그들의 멸망을 막으시기 위해서 그

들에게 제안하신 방법들을 그들이 거절하였다는 것은 그들의 죄를 더욱 가중시킨다. 내가 그들을 모으려 하였으나 그들이 원하지 아니하였도다(마 23:37). 하나님은 그들을 쉽고 확실하게 도우실 수 있었지만, 그들은 하나님으로부터의 도움을 걷어차 버렸다.

(2) 하나님은 얼마든지 그들을 도우실 수 있으시다는 것. "너의 처지는 나쁘기는 하지만, 절망적인 것은 아니다. 네가 네 자신을 멸망시켰다. 그러나 내게로 오라. 내가 너를 도우리라." 이것은 그들이 난파한 후에 하나님이 그들에게 던지시는 널빤지와 같아서, 하나님의 능력만이 아니라 하나님의 은혜의 풍성하심을 크게 부각시킨다. 먼저 하나님의 능력과 관련해서, 하나님은 상황이 최악일 때에도 도우실 수 있으시고, 스스로 어찌 할 수 없는 자들을 도우실 수 있으시다. 다음으로, 하나님의 은혜의 풍성하심과 관련해서, 하나님은 자기 자신을 멸망시킨 자들, 그러므로 멸망하도록 내버려 두어도 할 말이 없는 자들을 도우시고자 하시고, 오랫동안 그의 도움을 거절한 자들을 도우시고자 하신다. 포코크 박사는 이 절을 다음과 같이 위에서와는 다른 식으로 읽고 해석한다: "이스라엘아 내게 너의 도움이 있다는 바로 그것이 너를 멸망시켰구나. 즉, 네가 하나님과 그의 은총이 네게 있다고 착각하고서 대담하게 악한 길들로 행하다가 결국 너의 멸망을 자초하였도다."

이제 우리는 이 단락의 나머지 절들에서 다음과 같은 내용들을 볼 수 있다.

I. 이스라엘은 자신을 어떻게 멸망시켰는가. 본문에서는 그들이 하나님을 배반하고, 그에 대한 충성 맹세를 거두고 반역하여, 그의 원수들과 동맹을 맺어서, 무장을 하고 그에게 대항하였다고 말한다(16절). 이것이 그들이 스스로 멸망한 이유였다. 왜냐하면, 마음을 완악하게 하여 하나님을 대적한 자가 형통한 예가 없기 때문이다. 자신의 하나님을 반역한 자들은 자기 자신을 멸망시키는 것임을 명심하라. 왜냐하면, 그런 자들은 그들이 도저히 상대할 수 없는 분을 그들의 원수로 돌려놓은 것이기 때문이다.

1. 그들이 진노의 날에 임할 진노를 쌓음으로써 자신을 멸망시키고 있다는 것. 그들은 저 큰 날에 그들에게 벌로 다시 돌아올 일들을 날마다 행하고 있다(12절): 에브라임의 불의가 봉함되었고 그 죄가 저장되었다. 하나님은 그들의 불의와 죄를 보셨고 기록하셨으며, 장차 그 불의와 죄를 그들에게 내보이시며 그들을 벌하실 것이다. 그들이 이전에 저지른 죄들은 그들의 현재의 멸망에 기여하

였다. 왜냐하면, 그들의 죄들은 하나님께 쌓여 있기 때문이다(신 32:34-35; 욥 14:17). 그것은 안전하게 쌓여 있고, 결코 잊혀지지 않을 것이며, 그들을 칠 증거는 없어지지 않을 것이다. 그것은 은밀하게 쌓여 있고, 감추어져 있다. 죄인 자신도 그것을 알지 못한다. 그것은 모든 것을 아시는 하나님 안에, 그리고 죄인 자신의 양심 속에 봉해져 있다. 죄인들의 죄는 사함을 받을 때까지는 잊혀지지 않고 정확히 기록되어 봉인되었다가 때가 되면 개봉이 될 것임을 명심하라.

2. 그들은 하나님이 책망하실 때에 서둘러서 회개하여 스스로 살 길을 찾아야 함에도 불구하고 그렇게 하지 않고 있다는 것. 그들은 그들에게 구원을 가져다 줄 일을 하고자 하지 않기 때문에 스스로 멸망하게 될 것이다(13절).

(1) 그들이 죄로 말미암아 환난과 곤고에 처하게 되리라는 것. 해산하는 여인의 어려움이 그에게 임하리라. 그들은 죄로 인하여 벌을 받게 될 것이고, 그 때에야 그들의 죄를 알게 될 것이다. 하나님은 죄로 말미암아 그들을 혹독하고 찌르는 듯이 아픈 고통과 고뇌 속에 던지실 것이지만, 그들의 환난은 마치 해산하는 여인이 겪는 산고(産苦)처럼 그들의 구원을 위한 것이기 때문에 소망이 있고 앞날이 밝은 환난이 될 것이다. 하나님은 이러한 환난과 고통을 통해서 그들을 징계하시지만, 그것은 다 그들의 유익을 위해서이다. 하나님은 그들이 멸망받는 것을 보고 싶지 않으시기 때문에 그들을 징계하시는 것이다.

(2) 그들은 환난 가운데서 회개하고 삶을 고침으로써 그들의 슬픔이 참된 기쁨으로 변하게 하여야 마땅함에도 불구하고 그렇게 하고자 하지 않는다는 것. 그는 지혜 없는 자식이로다 해산할 때가 되었으면 모태 안에서 질식되어 사산되지 않도록 거기에 더 오래 머물지 말고 나오려고 애를 써야 하는데도 그가 나오지 아니하느니라(13절). 태아가 모태 속에서 행하는 자신의 행위를 이해할 수 있다고 한다면, 태어날 때가 되었는데도 거기에 더 오래 머물고자 하는 태아를 우리는 지혜 없는 자식이라고 말할 수 있을 것이다. 왜냐하면, 결박된 포로가 구덩이 속에서 죽지 않기 위해서는 속히 거기에서 나와야 하기 때문이다(사 51:14). 회개를 해야만 살 수 있는데도 회개하기를 미루고 지체하는 자들은 그들 자신을 멸망시키는 자들이라고 할 수 있다. 회심을 미루거나, 회심을 속히 하여 그 결과를 보기를 주저하는 자들은 결국 회심을 하지 못하게 될 위험에 처해 있는 것이다.

3. 그들은 그들에게 반드시 멸망을 가져다 줄 일은 행하면서도, 정작 그들에게 구원을 가져다 줄 유일한 일은 무시함으로써 자신을 멸망시키고 있다는 것. 그들이 어떤 식으로 황폐화될 것인지에 관한 서글픈 묘사가 여기에 나온다(15-16절). 여기에서는 에브라임이 형제 중에서 결실하여 열매를 많이 맺었다는 것이 당연한 일로 전제된다. 에브라임이라는 이름은 열매를 많이 맺는 자를 의미한다. 에브라임은 자신의 땅에서 풍성한 수확을 거두었고 그 주민의 수가 많았다는 점에서 열매를 많이 맺는 자였다. 성경에서 예언된 대로, 에브라임은 부유하고 인구가 많은 지파였다. 그러나 죄는 이 열매를 많이 맺는 지파를 아무런 열매도 맺지 못하는 불모지로 바꾸어 놓을 것이다. 요셉은 무성한 가지였지만(창 49:22), 그 열매가 많이 맺힌 가지는 죄로 말미암아 꺾여 버렸다. 하나님이 그들을 멸망시키기 위해 사용하실 도구는 동풍인데, 동풍은 그들을 침략할 외적을 나타낸다. 그것은 여호와의 바람이라 불린다. 왜냐하면, 그 바람은 대단히 크고 거센 바람이 될 것일 뿐만 아니라, 하나님의 명령에 의해서 보냄을 받게 될 것이기 때문이다. 그 바람은 여호와로부터 나올 것이고, 그가 정하신 일을 행할 것이다. 그것이 저 번성하던 지파에게 어떤 결과를 가져다 줄 것인지, 그리고 이 전쟁이 그 지파를 어떤 식으로 황폐하게 만들 것인지를 보라.

(1) 에브라임이 부유한 지파였는가. 외적이 그 지파를 충분히 가난하게 만들어 줄 것이다. 이 여호와의 바람은 광야에서 일어나는 차갑고 거센 돌풍일 것이기 때문에, 에브라임이라는 나무에 물을 대주던 샘들과 근원들을 마르게 할 것이고, 그들이 쌓아둔 재물의 씨를 말려 버릴 것이다. 침략자는 그들의 땅을 초토화시켜서 농부들을 가난에 찌들게 만들 것이고, 상업이나 교역과 관련된 모든 것들을 빼앗아서 상인들을 가난하게 만들 것이다. 값진 가재도구라는 형태로 자신의 부를 쌓아 둔 큰 자들은 그들이 심판에서 면제를 받을 것이라고 생각해서는 안 된다. 왜냐하면, 침략자는 그 쌓아둔 바 모든 보배의 그릇들을 약탈할 것이기 때문이다. 땅에 자신의 보화를 쌓아 두는 자들, 보배의 그릇들, 즉 그들이 좋아하여 거기에서 위로와 만족을 얻기 위해 구입한 값비싼 그릇들 속에 자신의 보화를 쌓아 두는 자들이 얼마나 어리석은 자들인지를 보라. 그러한 보화는 얼마든지 약탈당할 수 있는 보화이고, 그 보화를 약탈당하고 나면 그들은 빈털터리가 되고 말 것이다. 그 보화는 좀이나 녹이 슬어 썩을 수 있는 것이고, 도적이나 군사가 와서 훔쳐 가거나 가져가 버릴 수 있는 것이다. 그러나 자

신의 보화를 하늘에 쌓아 두고, 저 세상의 좋은 것들 속에 쌓아 두는 자들은 지혜롭고 복된 자들이다. 왜냐하면, 그런 보화는 누가 약탈해 갈 수도 없고, 그들이 빼앗길 염려도 없는 것이기 때문이다. 그들은 영원히 행복하고 복될 것이기 때문에, 진정으로 지혜로운 자들이다.

(2) 에브라임이 인구가 많은 큰 지파였는가. 원수가 그 지파의 인구를 많이 줄여서 그 주민의 수가 적어지게 만들어 버릴 것이다. 사마리아가 황폐화되어 거기에 사는 자들이 없게 될 것이다.

[1] 현 세대를 지키는 자이자 기쁨이었던 자들이 죽임을 당하게 되리라는 것. 무기를 든 자들은 무용지물이 될 것이다. 왜냐하면, 그들이 칼에 엎드러져서, 정복자의 맹렬한 공격에 맞서거나, 백성들이나 개별 가족들을 돌보아 줄 자가 아무도 없게 될 것이기 때문이다.

[2] 다음 세대의 씨앗이자 소망인 자들, 칼에 엎드러진 자들을 대신하여 장차 일어나야 할 자들이 죽임을 당하게 되리라는 것. 나라 전체가 뿌리째 뽑히고 멸절을 당할 것이기 때문에, 그 어린 아이들은 아주 잔인하고 야만적인 방법으로 부서뜨려지며, 아이 밴 여인은 한층 더 비인간적으로 배가 갈라져 죽게 될 것이다. 이렇게 해서, 사마리아의 영광은 해산할 때와 태중에서 날아가 버릴 것이다(9:11; 10:14). 이러한 잔혹함을 보여주는 사례들을 보라(왕하 8:12; 15:16; 암 1:13).

II. 하나님은 어떻게 이 자멸해 가는 백성을 돕는 자가 되셨고, 그들의 유일한 돕는 자가 되셨는가(10절).   내가 네 왕이 되어 너를 다스리고 구원하리라. 그들은 하나님의 신민이 되기를 거절하고 그를 대적하여 반역하였지만, 하나님은 여전히 그들의 왕이 되고자 하시고, 그들을 버리고자 하지 않으신다. 선한 왕이 관심을 가지고 해야 할 일은 자기 백성을 단지 외적에 의해서 멸망당하는 것으로부터 지킬 뿐만 아니라, 스스로 자멸하거나 서로 물고 뜯어서 멸망해 가는 것으로부터도 지키는 것이다. 하나님은 전에 그들의 왕이셨듯이, 이제도 이렇게 기꺼이 이스라엘의 왕이고자 하신다. 우리가 우리 자신을 위하는 것보다 하나님이 우리를 더 위하시지 않는다면, 우리의 처지는 참으로 처량해질 것임을 명심하라.

1. 그들에게 왕이 없을 때에 하나님이 그들의 왕이 되시리라는 것. 그들의 보호자와 구원자가 되어 주었어야 하는 자들이 죽임을 당하여 없어졌을 때, 하

나님은 그들을 보호하시고 구원하실 것이다. 내가 바로 너를 도울 그이리라(10절은 이렇게 읽을 수도 있다). "네 모든 성읍에서 너를 구원할 왕, 네 성읍들이 외적의 침략을 받았을 때에 네 앞에서 출입하며 너를 대신하여 싸워줄 왕, 네 백성들이 서로 편을 갈라서 내분을 일으켜 싸우는 외침보다 더 위험한 상황을 평정해 줄 왕이 어디 있느냐. 재판을 통해서 공의를 베풀어 나라의 질서를 지켜줄 네 재판장들이 어디 있느냐. 왜냐하면, 의와 화평은 서로 입맞추기 때문이다(시 85:10). 네가 그토록 원하였고 의지하였던 네 재판장들, 네가 내게 왕과 지도자들을 주소서라고 말하였던 네 재판장들은 어디 있느냐. 이것은 다음과 같은 것들을 가리킨다.

(1) 그들은 사사 시대 동안에는 하나님의 직접적인 통치 아래에 있었지만, 그 신정 정치가 신물이 남과 동시에 그들에게 너무 초라해 보였기 때문에, 온 백성이 일어나서 왕정을 허락해 달라고 어리석고 악한 요구를 하였다. 그들의 왕이신 여호와가 엄연히 계시는데도, 그들은 이방 나라들처럼 "우리에게도 왕을 주소서"라고 요구함으로써, 사무엘과 여호와를 거부하고 배척하였다.

(2) 열 지파는 다윗 가문이 통치하는 왕정과는 다른 왕정을 갖기를 원하였다. 왜냐하면, 그들은 다윗 왕정이 너무 절대적이고 그들에게 가혹하게 행하는 것을 참을 수 없다고 생각해서, 여로보암을 왕으로 세우면 그들의 삶이 좀 더 나아질 것이라고 기대하였기 때문이었다. 이 두 가지는 다음과 같은 것들을 보여주는 사례들이다.

[1] 사람들은 그들 자신을 위한 것이 무엇인지를 분별할 수 있는 지각(知覺)이 없다는 것. 사람들은 그들의 현재의 처지에 불만을 느낄 때에 뭔가 새로운 것을 원하고, 그런 변화를 통해서 그들의 삶이 더 나아지게 될 것이라고 생각한다. 그러나 그들의 기대는 보통 실망으로 끝나고, 그들은 그런 변화를 통해서 그들이 기대했던 것을 얻지 못한다.

[2] 사람들은 하나님이 정해 놓으신 것들을 더 세련되고 낫게 고칠 수 있다고 생각하는 불경죄를 범하기 쉽다는 것. 하나님은 이스라엘에게 그들을 지도해 줄 재판장들(또는, 사사들)과 선지자들을 주셨다. 그러나 그들은 그들에게 싫증을 느껴서, "우리에게 왕과 지도자들을 주소서"라고 부르짖었다. 하나님은 그들에게 다윗 왕가를 주시고, 왕권 계약을 통해서 다윗 가문의 왕권을 견고히 하셨다. 그러나 그들은 곧 다윗 왕가에게도 싫증을 느껴서, 우리는 다윗과 나눌

분깃이 없다(삼하 20:1)고 부르짖었다. 하나님이 그들을 위하여 행하시는 일들로 만족하고 기뻐하는 것이 아니라, 그들이 그들 자신을 위하여 하나님보다 더 잘 할 수 있다고 생각하는 자들은 자신을 멸망시키고 있는 자들이다. 하나님은 그들의 이 두 가지 요구를 다 들어주셔서, 섭리를 통하여 그들에게 처음에는 사울을 주셨고, 나중에는 여로보암을 주셨다. 그러나 그들이 이 두 왕으로 인해서 유익을 얻거나 나아진 것이 과연 있었는가? 하나님은 사울을 진노 가운데서(우레 가운데서) 그들에게 주셨고(삼상 12:18-19), 얼마 되지 않아서 길보아 산에서 진노 가운데 사울을 그들에게서 데려 가셨다. 하나님은 솔로몬이 변절한 것에 대해서만이 아니라 다윗 가문에 불만을 품고서 독립적인 왕국을 원하였던 열 지파에 대해서도 진노하시는 가운데에 열 지파에게 다른 왕정을 주셨다. 하나님은 이제 앗수르 왕의 권세를 빌려서 진노 가운데에 열 지파가 지니고 있던 왕권을 거두어 가고자 하시는 것이었다. 그러므로 하나님은 그들에게 "네 왕이 어디 있느냐"고 반문하신다. 이제 왕은 없어질 것이고, 너는 많은 날 동안에 왕도 없고 지도자도 없이 살게 될 것이고(3:4), 너를 구원할 자나 다스릴 자가 아무도 없게 될 것이다.

첫째, 하나님은 흔히 우리가 죄악 가운데서 도가 지나친 요구를 하면 우리가 원하는 것을 주시되 진노 가운데서 주시고, 저주와 더불어 주시며, 그것을 주심과 동시에 우리를 우리 자신의 마음의 정욕에 내어 주신다. 하나님이 이스라엘에게 메추라기 떼를 주실 때에도 그랬다.

둘째, 우리가 도가 지나친 요구를 하면, 우리가 원한 그것은 우리의 기대와는 달리 우리를 구원할 수 없기 때문에, 우리는 실망하게 되는 것이 보통이다.

셋째, 하나님이 분노 가운데서 주신 것은 그가 진노 가운데서 거두어 가신다. 그들이 욕심으로 구하였기 때문에 하나님은 분노 가운데서 그것을 주시고, 그들이 그것을 잘못 사용하였기 때문에 하나님은 그것을 진노 가운데서 거두어 가신다. 성도들의 복은 하나님은 주시든지 거두어 가시든지 모든 것을 그들을 사랑하시는 마음에서 행하시고, 그들에게 찬송을 받으실 일들만을 행하신다는 것이다. 깨끗한 자들에게는 모든 것이 깨끗하다(딛 1:15). 악인들의 불행은 하나님이 주시든지 거두어 가시든지 모든 것을 진노 가운데서 행하시는 것이다. 악인들에게는 그 어떤 것도 깨끗한 것이 없고, 위로가 될 수 있는 것도 없다.

2. 하나님은 세상의 그 어떤 왕도 할 수 없는 일을 그들을 위하여 하시리라는 것(14절). 내가 그들을 스올의 권세에서 속량하리라. 하나님은 육신을 따라 된 이스라엘은 멸망에 내어주시겠지만, 영적 이스라엘을 위해서는 긍휼을 준비해 두고 계신다. 하나님의 모든 약속, 특히 무엇보다도 여기에 나오는 약속은 이 영적 이스라엘을 통하여 성취될 것이다. 왜냐하면, 사도 바울은 이 본문을 영적 이스라엘에 적용하면서(고전 15:55), 그들이 죄와 사망에 대하여 죽어서 거룩하고 천상적이며 영적이고 신령한 삶으로 영적으로 부활하는 것에 적용하는 것을 배제하지는 않지만, 특히 저 큰 날에 있을 믿는 자들의 복된 부활에 적용하기 때문이다. 하나님은 여기에서 다음과 같은 것들을 약속하신다.

(1) 포로 된 자들이 건짐을 받게 되고, 스올의 권세에서 속량되리라는 것. 그들은 대속물 또는 속전(贖錢)을 통해서 건짐을 받게 될 것이다. 우리는 그들을 위하여 대속물을 지불하신 분이 누구신지, 그리고 그 대속물이 무엇이었는지를 안다. 왜냐하면, 자기 목숨을 많은 사람의 대속물로 주신 분은 바로 인자(人子)이셨기 때문이다(마 20:28). 그들을 이렇게 속량하신 분은 인자이신 그리스도이시다. 회개하고 믿음으로써 그리스도의 의로 말미암아 죄책에서 벗어나 무죄로 선언되고 죄의 삯인 사망과 음부로부터 구원을 받는 자들은 여호와의 속량함을 받은 자들(사 35:10)인데, 그들은 저 큰 날에 승리의 찬송을 부르며 무덤에서 나올 것이고, 사망이 전에 그들의 주를 붙잡아 둘 수 없었던 것처럼 그 날에 그들도 붙잡아 둘 수 없을 것이다.

(2) 정복자가 멸망을 받게 되리라는 것. 사망아 내가 네 재앙이 되리라. 예수 그리스도는 그의 죽으심으로 말미암아 죽음의 세력을 잡은 자를 멸하시고(히 2:14) 그의 부활하심으로 말미암아 음부의 권세를 이기셨을 때에 사망과 음부에 대하여 재앙이자 멸망이 되신 것이었다. 그러나 사망과 음부의 완전한 멸망은 믿는 자들이 부활하게 될 저 큰 날에 있을 것이고, 그 때에 그리스도께서는 사망을 삼키고 영원히 이기실 것인데(고전 15:54), 사망은 멸망받을 마지막 원수가 될 것이다. 그러나 우리가 "사망아 내게 네 재앙이 되리라"로 번역한 이 본문은 "사망아 네 재앙이 어디 있느냐"로 번역될 수도 있고, 사도 바울은 실제로 이 본문을 그렇게 번역하였다(고전 15:55): "사망아, 네가 그토록 오랫동안 세상을 괴롭힐 때에 사용해 왔던 네가 쏘는 것(또는, 네 재앙)이 어디 있느냐. 사망아, 네가 인류를 멸망시킬 때에 사용해 왔던 너의 승리(또는, 네 멸망)가 어디 있

느냐." 그리스도께서는 사망을 폐하시고, 그 권세를 깨뜨리시며, 그 속성을 변화시키셨고, 그렇게 하심으로써 우리로 하여금 사망에 대하여 승리할 수 있게 하셨다. 그는 이 약속을 하셨고, 그 약속은 그의 소유인 모든 자들에게 그대로 이루어질 것이다. 왜냐하면, 뉘우침이 내 눈 앞에서 숨을 것이기 때문이다. 그리스도께서는 사람처럼 후회하고 뉘우치는 분이 아니시기 때문에, 사망과 음부에 대하여 내려진 이 선고를 결코 취소하지 않으실 것이다. 그러므로 우리에게 승리를 주시는 하나님께 감사하라.

제
— 14 —
장

개요

이 장의 어조는 앞에 나온 장들의 어조와 다르다. 앞 장들은 전체적으로 죄에 대한 책망들과 진노에 대한 경고들로 이루어져 있었지만, 이 장은 회개하라는 권면들과 긍휼에 대한 약속들로 이루어져 있다. 호세아 선지자는 이런 말씀들로 그의 예언을 마무리한다. 왜냐하면, 그가 앞에서 이스라엘 백성에게 죄악들을 깨우치고 두려움을 느끼게 한 것은 모두 다 이러한 권면과 약속의 말씀들을 받을 수 있도록 그들을 준비시키기 위한 것이었기 때문이다. 그는 그들을 고치기 위해서 상처를 준 것이다. 성령이 우리에게 죄를 깨우치시는 것은 우리를 위로하시기 위한 것이다. 이 장은 회개한 자들을 위한 교훈이다. 비록 시대는 악하였지만, 당시의 이스라엘 속에도 호세아 선지자가 전하는 말씀을 듣고 회개한 자들이 있었을 것이기 때문이다. 우리는 이 장에서 다음과 같은 내용들을 본다. I. 하나님은 그들이 회개함에 있어서 무엇을 행하고 무엇을 말해야 하는지를 알려 주심(1-3절). II. 하나님이 그에게 돌아오는 죄인들을 기꺼이 받아 주시겠다고 하시고(4, 8절), 그들을 위하여 위로들을 예비해 놓으셨다고 하시면서(5-7절), 그들에게 회개할 것을 격려하심. III. 하나님이 우리에게 이러한 일들을 진지하게 생각하도록 엄숙하게 권고하심(9절).

¹이스라엘아 네 하나님 여호와께로 돌아오라 네가 불의함으로 말미암아 엎드러졌느니라 ²너는 말씀을 가지고 여호와께로 돌아와서 아뢰기를 모든 불의를 제거하시고 선한 바를 받으소서 우리가 수송아지를 대신하여 입술의 열매를 주께 드리리이다 ³우리가 앗수르의 구원을 의지하지 아니하며 말을 타지 아니하며 다시는 우리의 손으로 만든 것을 향하여 너희는 우리의 신이라 하지 아니하오리니 이는 고아가 주로 말미암아 긍휼을 얻음이니이다 할지니라

이 단락에는 다음과 같은 내용들이 나온다.

I. 하나님이 죄인들에게 회개하라고 인자하게 초청하심(1절).　　이 초청은

하나님을 믿는 백성인 이스라엘을 향한 것이다. 그들은 돌아오라는 부르심을 받는다. 불신자들과 마찬가지로 교회의 울타리 안에 있는 자들에게도 회심이 선포되어야 한다는 것을 명심하라. "너는 이스라엘이기 때문에, 네 하나님께 꼭 붙어 있어서, 너의 본분을 다하고 감사하며 하나님 안에 있는 너의 분깃을 지켜야 마땅하다. 그러므로 네가 하나님을 반역하는 것은 더더욱 극악무도한 짓이고, 네가 하나님께 다시 돌아오는 것은 더더욱 필요한 일이다." 이스라엘은 다음과 같은 것들을 알아야 한다.

1. 이스라엘이 어떤 회개할 짓을 하였는가. "네가 불의함으로 말미암아 엎드러졌느니라." 네가 걸려 넘어졌느니라(어떤 이들은 이렇게 읽는다). 그들의 우상들은 그들의 걸림돌들이었다. "네가 하나님을 떠나 죄에 빠졌고, 온갖 선한 것으로부터 떨어져 나가서 죄책과 저주의 무거운 짐 아래에서 엎드러졌다." 죄는 넘어지는 것임을 명심하라. 죄로 말미암아 넘어진 자들은 회개를 통해서 다시 일어서려고 하여야 한다.

2. 이스라엘이 회개하고자 할 때에 무엇을 해야 하는가. "네 하나님 여호와께로 돌아오라. 네가 의지하는 주 여호와, 네가 계약을 맺고 그 속에 분깃을 갖고 있는 네 하나님이신 분께로 돌아오라." 하나님을 반역하고 떠난 자들의 최대의 관심은 하나님께로 돌아오는 것, 그래서 그들의 처음 행위들을 행하는 것임을 명심하라. "네가 떠나갔던 그분, 오직 홀로 너를 일으켜 세우실 수 있으신 그분께로 돌아오라. 주 여호와께로 돌아오고, 주께로 완전히 돌아오라. 그를 바라보기만 하거나 그를 향하여 몇 걸음을 떼는 것에서 그치지 말고, 완전히 돌아오라." 옛 유대인들에게는 이 말씀을 토대로 한 격언이 있었다: 회개는 큰 일이다. 왜냐하면, 그것은 사람들을 영광의 보좌 바로 앞으로 데려다 주기 때문이다.

II. 하나님이 그들에게 어떻게 회개해야 하는지와 관련해서 꼭 필요한 것들을 가르쳐 주심.

1. 그들은 하나님께 나아올 때에 무슨 말씀을 드려야 할지를 잘 생각해야 한다는 것. 너는 말씀을 가지고 여호와께로 돌아오라. 하나님은 그들에게 제물이나 예물이 아니라 네 입술의 열매(단지 입술만이 아니라 마음에서 나오는 열매)인 참회하는 기도와 간구를 가지고서 그에게 나아오라고 요구하신다. 그렇게 하지 않는다면, 그들의 말은 바람에 불과할 뿐이다. 한 랍비는 이렇게 말한다: 그 말씀은 속사람이 먼저 말한 것으로부터 나오는 그런 말씀이어야 한다. 즉,

마음이 혀에게 지시를 하여야 한다는 것이다. 우리의 입술에서 나오는 말들은 우리 안에 있는 선한 생각과 선한 감정으로부터 나오는 말들이어야 한다. 자기 자신을 잘 다스린 자들은 무슨 말을 해야 할지를 몰라 하는 일이 거의 없는 법이다. 우리는 하나님께 나아갈 때에 그에게 무슨 말을 해야 할지를 깊이 생각하여야 한다는 것을 명심하라. 왜냐하면, 우리가 용건도 없이 하나님 앞에 나아간다면, 우리는 하나님의 응답도 듣지 못한 채로 나올 가능성이 크기 때문이다. 우리가 이제 무슨 말씀을 하오리이까(스 9:10). 우리는 성경에 나오는 말씀들이나, 우리에게 하나님을 아바 아버지라 부르라고 가르치시며 우리 안에서 우리 대신으로 기도해 주시는 은혜와 간구의 성령으로부터 받은 말씀들을 가지고 하나님 앞에 나아가야 한다.

2. 그들은 하나님께 나아올 때에 무엇을 해야 하는지를 잘 생각해야 한다는 것. 그들은 말씀을 가지고 하나님 앞에 나아가야 할 뿐만 아니라, 내적으로는 그들의 마음속에서 그리고 외적으로는 그들의 삶 속에서 여호와께로 돌아와야 한다.

Ⅲ. 하나님이 그들을 돕고 격려하시기 위해서, 그들의 입에 말씀들을 넣어 주시고, 그들이 무엇이라고 말해야 하는지를 그들에게 가르쳐 주심. 하나님이 직접 우리에게 그의 앞에 나와서 말하라고 하실 뿐만 아니라, 우리가 그에게 드려야 할 말씀들을 기꺼이 가르쳐 주시고, 그의 성령으로 우리를 위하여 그 말씀들을 기록하게 하신 것을 보면, 확실히 우리는 하나님이 우리의 말에 속히 응답해 주실 것이라는 소망을 지닐 수 있다. 우리의 마음속의 소원들이 여기에서 하나님이 우리의 입에 넣어 주신 말씀들과 일치한다면, 우리는 틀림없이 응답을 받게 될 것이다.

1. 간구하는 말씀. 하나님은 여기에서 우리에게 다음의 두 가지를 간구하라고 명령하신다.

(1) 우리의 죄책(罪責)을 제거해 주시라는 간구. 우리는 하나님께로 돌아갈 때에 우리의 모든 불의를 제거해 주시라고 하나님께 말씀드려야 한다. 그들은 지금 죄로 말미암아 환난 아래에서 벌을 받고 있었지만, 애굽 왕 바로처럼 이 죽음을 제거해 달라는 것이 아니라 이 죄를 제거해 주시라고 기도하라는 가르침을 받는다. 우리는 환난 가운데에 있을 때에 우리의 괴로움을 제거하는 것보다도 우리의 죄를 용서받는 것에 더 관심을 가져야 한다는 것을 명심하라. "우

리를 짓눌러 가라앉게 만드는 무거운 짐 또는 우리가 자주 걸려 넘어진 걸림돌인 우리의 불의를 제거해 주시고 치워 주소서. 주여, 불의를 제거해 주셔서, 다시는 그 불의가 우리 앞에 나타나 우리를 쳐서 정죄함으로써 우리로 낭패를 당하는 일이 없게 하소서. 모든 불의를 값 없이 온전히 사하시고 제거해 주소서. 왜냐하면, 우리는 우리 자신의 보속(補贖)을 통해서는 그 불의를 조금이라도 없앨 수 없기 때문이나이다." 하나님은 죄를 사하실 때에 저 큰 빚 모두를 사하신다. 우리는 죄를 사하여 주시라고 기도드릴 때에 우리의 죄 모두를 하나도 남김 없이 다 아뢰고 그 모든 죄를 사하여 주시라고 기도하여야 한다.

(2) 우리를 하나님이 보시기에 의로운 자들로 받아 주시라는 간구. "은혜로 우리를 받으소서. 우리로 하여금 주의 은총과 사랑을 얻게 하셔서, 주께서 우리와 우리의 행위들을 받아 주소서. 자비를 베푸셔서 우리의 기도를 받으소서. 주의 은혜로 말미암아 우리가 행할 수 있게 된 저 선한 것을 기쁘게 받아 주소서." 선한 바를 받으소서(원문은 이렇게 되어 있다). 선한 것을 우리에게 주소서(난외주에서는 이렇게 읽는다). 이 간구는 불의를 제거해 주시라는 간구 바로 뒤에 나온다. 왜냐하면, 불의가 제거될 때까지, 우리는 하나님으로부터 그 어떤 선한 것도 기대할 수 없고, 불의가 제거되어야 비로소 통로를 가로막고 있던 것이 제거되어서 하나님이 우리에게 선한 것을 주실 수 있는 길이 다시 열리기 때문이다. 선한 것을 주소서. 그들은 무엇이 선한 것인지를 말하지 않고, 그 판단을 하나님께 맡긴다. 세상 사람들이 보기에 선한 것이 아니라(시 4:6), 하나님이 주시는 것이 바로 선한 것이다. "선한 것, 즉 우리가 잃어버렸고, 주께서 약속하셨으며, 우리의 형편상 우리에게 꼭 필요한 선한 것을 주소서." 우리는 하나님께 돌아갈 때에 하나님이 은혜로 우리를 받아 주시고, 그렇게 받아 주셨음을 보여주는 복된 열매들과 징표들을 보여 주시라고 간절히 원하고 기도하여야 한다는 것을 명심하라. "선한 것, 즉 우리를 선하게 만들어 주어서 우리로 하여금 다시는 불의로 돌아가지 않게 해줄 저 선한 것을 주소서."

2. 약속을 드리는 말씀. 하나님이 이런 말씀을 그들의 입에 넣어 주시는 것은 그를 움직이기 위한 것이거나 그로 하여금 그들에게 긍휼을 베풀 수밖에 없도록 강제하기 위한 것이 아니라, 그들 자신을 움직이고 그들 자신으로 하여금 다시 그들의 본분을 다하도록 강제하기 위한 것이다. 우리는 하나님께 우리의 죄를 사하시고 받아 주시라고 기도할 때에는 언제나 그것이 우리가 다시 하나

님 앞에서 우리의 본분을 다하고 순종하기 위한 것임을 말씀드려야 한다는 것을 명심하라. 그들은 두 가지를 약속하고 서원하여야 한다.

(1) 감사. "우리의 죄를 사하시고 우리를 받으소서. 그리하시면, 우리가 우리 입술의 수송아지들을 드리리이다." 칠십인역에는 우리 입술의 열매로 되어 있는데, 열매라는 단어는 번제물을 가리킬 때에도 사용되기 때문에, 칠십인역 본문은 히브리어 본문과 동일하다. 사도 바울은 이 구절을 인용하면서(히 13:15), 우리 입술의 열매를 하나님의 이름에 감사하며 하나님께 드리는 찬송의 제사로 이해한다. 찬송과 감사는 우리의 영적 제사로서, 그것들이 정직한 마음에서 나온 것이라면, 소 곧 뿔과 굽이 있는 황소를 드림보다 여호와를 더욱 기쁘시게 함이 될 것임을 명심하라(시 69:30-31). 하나님께 죄 사함을 받고 열납되었다는 우리의 의식(意識)은 우리의 마음을 더욱 넓혀서 우리로 하여금 더욱더 하나님께 찬송과 감사를 드리게 만들 것이다. 은혜로 말미암아 하나님께 열납된 자들은 그들의 입술의 수송아지들을 드릴 수 있고, 또한 드려야 한다. 이것은 풍성하게 받은 것에 비하면 보잘것없는 보답이긴 하지만, 그래도 진실하다면 수송아지들을 드리는 것보다 하나님을 더욱 기쁘시게 해드릴 수 있다.

(2) 삶을 고침. 하나님은 그들에게 단지 말로 감사를 드리겠다고 약속할 뿐만 아니라, 실제로 삶을 고치겠다는 약속을 하라고 가르치신다.

[1] 그들은 하나님께 돌아갈 때에 죄를 짓지 않겠다고 약속하여야 한다는 것. 그들은 그들이 죄를 버림으로써 죄를 제거하지 않는다면 하나님이 죄를 사하셔서 제거하시기를 기대할 수 없다.

[2] 그들은 신앙 고백을 할 때에도 구체적으로 해야 하지만, 죄를 짓지 않겠다고 약속하고 결심할 때에도 구체적이어야 한다는 것. 왜냐하면, 두루뭉술한 말로 얼버무리는 것은 속임수가 되기 쉽기 때문이다.

[3] 그들은 그들이 흔히 저질러 왔거나 아주 쉽게 빠져 들었거나 번번이 지배당하였던 그런 죄들을 구체적으로 분명하게 언급하며 죄를 짓지 않겠다고 약속하여야 한다는 것. 우리는 우리 자신의 죄악으로부터 우리 자신을 지켜야 하기 때문에, 이런 식으로 우리 자신을 무장시키지 않으면 안 된다(시 18:23). 그들이 여기에서 다시는 저지르지 않겠다고 약속하는 죄, 그러니까 그들이 전에는 저질렀다는 것을 인정한 죄는 오직 하나님께만 합당한 그런 영광을 다른 이에게 돌리는 죄이다. 그들은 그런 죄를 다시는 저지르지 않겠다고 약속한다.

첫째, 그들은 오직 하나님만 의지하여야 하는데 다른 피조물을 의지하는 죄를 다시는 저지르지 않겠다고 약속한다. 그들은 이웃의 동맹 국가들을 의지하지 않겠다고 말한다: 우리가 앗수르의 구원을 의지하지 아니할 것이다. "우리가 전에는 곤경에 처했을 때에 앗수르의 도움을 구걸하였지만(5:13; 7:11; 8:9), 이제는 그렇게 하지 않을 것이다. 우리는 그런 조약을 맺지도 않을 것이고, 그런 것을 의지하거나 신뢰하지도 않을 것이다. 우리가 언제든지 가서 도움을 청할 수 있는 하나님, 우리가 의지해도 좋을 만큼 모든 것에 충족하신 하나님이 계시기 때문에, 우리는 앗수르 사람들에게 도움을 구하고 신세를 지는 것을 경멸할 것이다." 그들은 국가적으로 준비해 놓은 전쟁 물자들과 설비들, 특히 하나님이 늘리는 것을 금하셨던 그러한 것들을 의지하지 않겠다고 말한다. "우리가 말을 타지 아니할 것이다. 즉, 우리는 애굽에게 원조를 요청하지 않을 것이다." 왜냐하면, 그들은 애굽에서 말들을 들여왔기 때문이다(신 17:16; 사 30:16; 31:1, 3). "원수들이 우리를 침략하면, 우리는 우리 하나님을 의지하여, 하나님이 우리의 보병대를 구해 주시기를 바랄 것이고, 결코 우리의 기병대로 하여금 다시 말을 타게 하지 않을 것이다." 또는, "우리는 황급히 파발을 띄워서 여기저기로 보내어 도움과 원조를 구하지 않을 것이고, 가장 가까이에 있는 길이자 유일하게 확실한 길, 즉 우리 하나님 앞에 무릎을 꿇고 도와 주시라고 기도하는 길을 택할 것이다." 우리가 진정으로 회개하였다면, 우리는 육신의 팔과 힘을 의지하던 것을 버리고, 우리에게 필요한 모든 선한 것들을 얻기 위하여 오직 하나님께만 매달리게 될 것임을 명심하라.

둘째, 그들은 오직 하나님께만 합당한 그런 충성 맹세를 다른 피조물에게 행하는 죄를 다시는 저지르지 않겠다고 약속한다: 우리가 다시는 우리의 손으로 만든 것을 향하여 너희는 우리의 신이라 하지 아니하오리라. 그들은 마땅히 우상들을 다시는 숭배하지 않겠다고 약속하여야 한다. 왜냐하면, 우리의 손으로 만든 것을 신이라 부르며 그 앞에서 기도하는 것은 세상에서 가장 어처구니없고 지각없는 짓이기 때문이다. 우리는 이 세상의 것들에 마음을 두지 않고, 우리의 외적인 종교 행위들을 자랑하지 않겠다고 약속하여야 한다. 왜냐하면, 그것은 사실상 우리의 손으로 만든 것들을 향하여 "너희는 우리의 신이라"고 말하는 것이기 때문이다.

3. **탄원하는 말씀.** 하나님은 그들의 입에 그를 움직일 탄원의 말씀도 넣어

주신다. 이는 고아가 주로 말미암아 긍휼을 얻음이니이다. 우리는 하나님이 우리 속에서 발견하시는 우리의 어떤 공로가 아니라, 순전히 우리가 하나님 안에서 발견하기를 소망하는 긍휼에 의지해서, 기도할 힘을 얻어야 한다. 하나님이 고아들을 특별히 보살피신다는 것은 그 자체 속에 큰 진리를 담고 있다(시 68:4-5). 하나님은 그의 율법 속에서도 그렇게 말씀하셨고(출 22:22), 그의 섭리를 통해서도 그렇게 행하신다(시 27:10). 스스로 도울 힘이 없는 자들을 도우시는 것은 하나님의 대권(大權)이다. 하나님 안에는 그런 자들을 위한 긍휼이 있다. 왜냐하면, 그런 자들은 긍휼하심을 받기에 합당한 대상들이기 때문이다. 그들은 하나님 안에서 그 긍휼을 발견한다. 하나님 안에 긍휼이 그들을 위하여 예비되어 있기 때문에, 그들은 하나님 안에서 긍휼을 구하여야 한다. 찾으라 그리하면 찾아낼 것이요(마 7:7). 하나님이 여기에서 이 말씀을 그들에게 해주시는 것은 이 말씀이 그들이 긍휼과 은혜를 구할 때에 좋은 항변이 되고, 그들의 믿음을 격려하는 것이 될 것이기 때문이다.

(1) 그들은 그들이 곤고한 처지에 있다는 것을 탄원하여야 한다는 것. "우리는 도울 자가 아무도 없는 고아들이나이다." 그들 자신이 전적으로 무력해서 어찌 할 수 없다는 것을 진정으로 깨닫고, 그 사실을 기꺼이 인정하는 자들은 하나님 안에서 도움을 발견하기를 기대할 수 있다. 그것은 하나님의 위로를 받기 위한 길로 크게 한 걸음 내디딘 것이다. "우리가 하나님을 아버지라 부를 담대함이 아직 없다고 할지라도, 우리에게 하나님이 없으면 우리가 고아일 수밖에 없으니, 우리를 불쌍히 여겨 달라고, 하나님의 발 앞에 우리가 엎드리나이다."

(2) 그들은 하나님이 그런 처지에 있는 자들에 대하여 늘 인자와 사랑을 베푸셨다는 사실을 탄원하여야 한다는 것. 고아가 주로 말미암아 긍휼을 얻을 수 있을 뿐만 아니라, 실제로 지금도 얻고, 앞으로도 얻을 것이나이다. 우리가 하나님께로 돌아갈 때에 하나님이 고아들의 아버지가 되어 주시고, 힘 없는 자들을 도와 주시는 것을 영광이자 자랑으로 여기신다는 사실을 아는 것은 우리의 믿음과 소망에 있어서 큰 힘이 된다.

⁴내가 그들의 반역을 고치고 기쁘게 그들을 사랑하리니 나의 진노가 그에게서 떠났음이니라 ⁵내가 이스라엘에게 이슬과 같으리니 그가 백합화 같이 피겠고 레바논 백

향목 같이 뿌리가 박힐 것이라 ⁶그의 가지는 퍼지며 그의 아름다움은 감람나무와 같고 그의 향기는 레바논 백향목 같으리니 ⁷그 그늘 아래에 거주하는 자가 돌아올지라 그들은 곡식 같이 풍성할 것이며 포도나무 같이 꽃이 필 것이며 그 향기는 레바논의 포도주 같이 되리라

우리는 여기에서 하나님께로 돌아온 이스라엘의 기도에 대한 하나님의 평안의 응답을 본다. 그들은 하나님의 얼굴을 구하고 있고, 그들이 구하는 것은 결코 헛되지 않을 것이다. 하나님은 본분(本分)의 길로 그에게 돌아오는 자들을 긍휼의 길에서 분명히 만나 주실 것이다. 하나님이 천사에게 선한 말씀, 위로하는 말씀으로 대답하셨듯이(슥 1:13), 우리가 선한 기도로 하나님께 아뢰면, 하나님은 선한 약속의 말씀들로 우리에게 대답하실 것이다. 우리가 하나님께 나아갈 때에 앞에 나온 말씀들을 가지고 나아간다면, 우리는 우리의 믿음에 풍성한 자양분을 공급해 줄 다음과 같은 말씀들을 가지고 돌아오게 될 것이다. 이 두 말씀들이 어떻게 서로 상응하는지를 보라.

I. 그들은 하나님의 진노가 두려워서 그 진노를 면제받기 위해서 하나님께로 돌아가는가. 하나님은 그들이 그에게 순복하면 그의 진노가 그들에게서 떠날 것이라고 그들에게 약속하신다. 이것은 하나님이 여기에서 약속하시는 다른 모든 은총들의 토대가 된다: 내가 이런저런 일들을 행할 것인데, 이는 나의 진노가 그들에게서 떠났고, 그래서 모든 선한 것이 그들에게 흘러갈 통로가 열렸기 때문이다(사 12:1). 하나님은 죄인들에게 크게 노하시고, 그렇게 노하시는 것이 마땅하지만, 하나님의 진노는 결코 누그러뜨릴 수 없는 것이 아님을 명심하라. 그 진노는 떠날 수 있다. 그들이 그들의 불의에서 떠나면, 하나님의 진노는 그들에게서 떠날 것이다. 그들이 하나님과 화해하고 그의 모든 뜻을 받아들이면, 하나님은 그들과 화해하시고 그들을 받아들이실 것이다.

II. 그들은 불의를 제거해 주시라고 기도하는가. 하나님은 그가 그들의 반역을 고치실 것이라고 그들에게 약속하신다. 하나님은 그렇게 약속하셨다(렘 3:22). 하나님을 반역하고 물러가는 것은 영혼의 위험한 병이자 상처이지만, 그것은 불치병은 아니라는 것을 명심하라. 왜냐하면, 자비로우시게도 하나님은 반역하고 떠난 죄인들이 그들의 의사인 그에게 돌아와서 그의 방법들을 받아들이면 그들의 반역을 고치시겠다고 약속하셨기 때문이다. 하나님은 죄 사

하시는 긍휼을 통해서 그들의 반역죄를 고치실 것이고, 새롭게 하시는 은혜를 통해서 그들의 반골 기질을 고치실 것이다. 따라서, 그들의 불의는 그들의 멸망이 되지 않을 것이다.

III. 그들은 하나님이 그들을 은혜로 받아 주시라고 기도하는가. 하나님은 그 기도에 응답하셔서, 내가 기쁘게 그들을 사랑하리라고 약속하신다. 그들이 계속해서 죄를 범하는 동안에는 하나님이 그들을 미워하셨었다(9:15). 그러나 이제 그들이 돌아와서 회개하자, 하나님은 그들을 사랑하신다. 하나님은 그들에게 노하시는 것을 그치셨을 뿐만 아니라, 그들을 보시며 흡족해하시고, 그들에게 복을 주실 계획을 세우신다. 하나님은 절대적이고 온전한 사랑으로 그들을 사랑하시기 때문에, 그들에 대한 그의 이전의 진노의 흔적은 전혀 찾아볼 수 없다. 또는, 하나님은 아낌없이 후하게 주시는 사랑으로 그들을 사랑하시기 때문에, 즉 그들에 대한 하나님의 사랑은 너무나 후하고 아낌이 없으시기 때문에, 그들을 위하여 아무리 많은 것을 주시거나 행하셔도 더 주고 싶어하신다. 또는, 하나님은 기쁘고 자원하는 사랑으로 그들을 사랑하시기 때문에, 그들에 대한 하나님의 사랑에는 거리낌이나 주저함이 전혀 없다. 하나님은 네가 배교하던 날에 내가 어찌 너를 놓겠느냐고 말씀하셨던 것처럼, 네가 회개하는 날에는 내가 어떻게 너를 다시 받겠느냐고 말씀하지 않으실 것이다. 또는, 하나님은 그들이 받을 자격도 없는데 분수에 넘치는 선행적인 사랑으로 그들을 사랑하신다. 하나님이 그들을 사랑하시는 것은 그들이 사랑받을 만해서가 아니라, 오직 하나님 자신의 선하시고 기뻐하시는 뜻에 의한 것이다. 즉, 하나님의 사랑은 거저 값 없이 주시는 사랑이다. 하나님은 사랑하고자 하시기 때문에 사랑하시는 것이다(신 7:7-8).

IV. 그들은 하나님이 선한 것을 주셔서 그들을 선하게 만들어 주시라고 기도하는가. 하나님은 그 기도에 응답하셔서, 내가 이스라엘에게 이슬과 같으리라(5절)고 약속하신다. 좀 더 자세하게 살펴보자.

1. 하나님은 그들에게 어떤 은총을 베푸시고자 하시는가. 그것은 하나님이 하늘의 이슬을 네게 주시기를 원하노라(창 27:28)고 그들의 조상 야곱이 축복하였던 바로 그 은총이다. 아니, 하나님은 그들이 필요로 하는 것을 그들에게 주실 뿐만 아니라, 그 자신이 그들이 필요로 하는 모든 것이 되어 주실 것이다. 내가 이스라엘에게 이슬과 같으리라. 이것은 하늘에 속한 모든 신령한 복을 주시겠

다고 보증하시는 말씀이다(엡 1:3). 이 말씀은 그들의 반역을 고치시겠다는 약속의 말씀 뒤에 나온다. 왜냐하면, 죄 사하시는 긍휼에는 언제나 새롭게 하시는 은혜가 뒤따르기 때문이다. 이스라엘 백성에게 하나님은 그 자신이 진정으로 이슬과 같을 것임을 명심하라. 하나님은 그들을 가르치실 것이고, 하나님의 가르침은 그들 위에 이슬처럼 떨어질 것이다(신 32:2). 그들은 하나님에 대해서 점점 더 많이 알게 될 것이다. 왜냐하면, 하나님은 그들에게 **비와 같이** 임하실 것이기 때문이다(6:3). 하나님은 그의 위로들을 통해서 그들에게 새 힘을 주실 것이기 때문에, 그들의 영혼은 물 댄 동산 같게 될 것이다(사 58:11). 하나님은 광야에서 이스라엘에게 이슬, 즉 그 속에 만나를 담고 있던 이슬과 같으셨듯이(출 16:14; 민 11:9), 이제는 참되게 회개하는 자들에게 이슬과 같으실 것이다. 성령의 은혜들은 이슬 속에 감추어진 만나이다. 하나님은 광야에서 이스라엘에게 이슬을 통해 풍성한 양식을 주셨듯이, 이제 그들에게 하늘로부터 오는 양식을 주실 것이다(요 6:32).

2. 그 은총이 그들 속에서 어떤 열매를 맺게 될 것인가. 이렇게 그들에게 거저 주어진 은혜는 헛되지 않을 것이다. 하나님이 이슬이 되셔서 그의 은혜를 부어주시는 저 영혼들, 저 이스라엘 백성은 다음과 같이 될 것이다.

(1) 그들이 자라게 되리라는 것. 그들은 악한 존재에서 하나님의 은혜로 말미암아 선한 존재가 되듯이, 이제는 그 동일한 은혜로 말미암아 더욱 선하게 될 것이다. 왜냐하면, 참된 은혜는 점점 자라가기 때문이다.

[1] 그들은 위로 자라고 더 번성하여서, **백합화 같이 자라거나 장미 같이 꽃피리라는 것**. 어떤 이들은 이 본문을 이렇게 후자로 읽기도 한다. 백합화의 성장은 모든 구근(球根) 식물이 그렇듯이 아주 빠르고 신속하다. 백합화의 뿌리는 겨울 내내 땅 속에서 죽은 것 같이 보이지만, 봄의 이슬을 맞으면 다시 새 힘을 얻어서 짧은 시간 안에 쑥쑥 위로 자라난다. 마찬가지로, 갓 회심한 자들의 신앙은 종종 하나님의 은혜로 말미암아 놀라울 정도로 빠르게 성장한다. 다 자란 백합화는 사랑스럽고 아름다운 꽃이다(마 6:29). 마찬가지로, 은혜는 영혼의 아름다움이다(겔 16:14). 거룩함의 아름다움은 새벽 이슬에 의해서 만들어진다(시 110:3).

[2] 그들은 아래로 자라서 더 견고해지리라는 것. 백합화는 정말 빠르게 자라고 아름답게 자라지만, 이내 시들고 쉽게 뽑힌다. 그러므로 하나님은 여기에

서 이스라엘에게 그들이 백합의 꽃과 아울러서 백향목의 뿌리를 갖게 될 것이라고 약속하신다. 그들은 그 뿌리가 깊이 박혀서 뽑히지 않는 레바논 백향목 같이 뿌리가 박힐 것이다(9:15). 영적인 성장은 대체로 눈에 보이지 않는 뿌리의 성장에 달려 있다는 것을 명심하라. 우리가 그리스도를 의지해서 그에게서 수액과 미덕을 더 많이 끌어올릴수록, 우리는 점점 더 신앙의 기본 위에서 확고하고 흔들림 없이 행하게 되고, 우리의 뿌리가 더 깊이 박히게 된다.

[3] 그들은 주변으로 자라나리라는 것(6절). 그의 가지는 사방으로 퍼지리라. 그는 그 가지가 어떤 나무보다도 더 멀리 뻗어나가는 포도나무 같이 자랄 것이다(7절). 요셉은 무성한 가지가 될 것이라는 축복을 받았다(창 49:22). 밖으로부터 많은 사람들이 교회에 더해지고, 소망이 있는 세대가 일어날 때, 우리는 이스라엘의 가지들이 사방으로 퍼졌다고 말할 수 있을 것이다. 또한, 개별 신자들이 선한 일들을 풍성하게 행하고, 하나님을 아는 지식과 온갖 선한 은사에서 풍성해질 때, 우리는 그들의 가지들이 사방으로 퍼졌다고 말할 수 있을 것이다. 우리의 속사람은 날로 새로워지도다(고후 4:16).

(2) 그들이 하나님과 사람 앞에서 은혜롭고 사랑스러운 자들이 되리라는 것. 은혜는 사랑스러운 것이기 때문에 그것을 지닌 자들을 하나님과 사람 앞에서 진정으로 사랑받는 자들로 만든다. 그들은 여기에서 아름다운 나무들에 비유된다.

[1] 그들은 보기에 아름다우리라는 것. 그의 아름다움은 늘 푸른 감람나무와 같을 것이다. 여호와께서는 그의 이름을 푸른 감람나무라 하였다(렘 11:16). 예배를 비롯한 교회의 규례들은 교회의 아름다움이고, 그 규례들 속에서 교회는 현재에도 늘 푸르고, 장래에도 푸를 것이다. 거룩함은 영혼의 아름다움이다. 마음으로 믿는 자들이 그 입으로 신앙을 고백하고, 아름다운 행실로 그들의 신앙고백을 장식하여 그 옳음을 증명할 때, 그들의 아름다움은 감람나무와 같다(시 52:8). 그 잎사귀가 마르지 아니하리라는 것은 의의 나무들에게 주어진 약속이다.

[2] 그들은 향기로우리라는 것. 그의 향기는 레바논 백향목 같을 것이고(6절), 레바논의 포도주 같을 것이다(7절). 이것은 그들의 조상 야곱이 그들에게 보낸 찬사였다: 내 아들의 향취는 여호와께서 복 주신 밭의 향취로다(창 27:27). 교회는 향품으로 가득한 동산에 비유되고, 교회가 입은 모든 옷에서는 향기가 난다고 말

한다(아 4:12, 14). 참된 신자들은 하나님을 기쁘시게 하며 사람에게도 칭찬을 받는다(롬 14:18). 하나님은 그들의 영적 제사들로부터 풍겨 나오는 향기를 받으시고(창 8:21), 그들은 허다한 형제에게 사랑을 받는다(에 10:3). 은혜는 그들의 영혼의 향기이자 그들의 이름의 향기이기 때문에 그들의 이름을 귀한 기름 같이 만든다(전 7:1). 그들에 대한 기억은 레바논의 포도주 같을 것이다(난외주에서는 이렇게 읽는다). 지금 그들이 주는 위로들뿐만 아니라, 그들이 죽고 나서 남게 될 그들의 존귀함도 기가 막힌 향기를 지닌 레바논의 포도주 같을 것이다. 잘 된 교회들은 그 믿음이 온 세상에 전파되고(롬 1:8), 그들의 이름이 남아서 만세에 기억된다(시 45:17). 잘 된 성도들에 대한 기억은 믿음으로 말미암아 선한 평판을 얻은 자들에 대한 기억만큼이나 지금도 복 되고, 장래에도 그럴 것이다.

(3) 그들이 열매를 많이 맺고 유익한 자들이 되리라는 것. 교회는 여기에서 유익한 열매들을 맺어서 하나님과 사람을 영화롭게 하는 포도나무와 감람나무에 비유된다. 아니, 교회는 그 그늘조차도 유쾌한 것이 될 것이다(7절). 그의 그늘 아래에, 또는 하나님의 그늘 아래에(어떤 이들은 이렇게 읽는다), 또는 메시야의 그늘 아래에(갈대아 역본의 읽기) 거주하는 자들이 돌아올지라. 믿는 자들은 하나님의 그늘 아래에 산다(시 91:1). 거기에서 그들은 안전하고 편안할 수 있다. 그러나 이 구절은 이스라엘의 그늘 아래에, 또는 교회의 그늘 아래에 거주하는 자들이 돌아올지라로 읽는 것이 좋을 것 같다. 하나님의 약속들은 오직 교회의 그늘 아래에 살면서 하나님의 규례들을 지키고 그의 백성에게 붙어 있는 자들에게만 해당되는 것임을 명심하라. 즉, 하나님의 약속들은 한낮의 뜨거운 열기를 피하기 위해서 그 그늘로 온 자들에게는 적용되지 않고, 오직 그 그늘 아래에 거주하는 자들에게만 적용된다(시 27:4). 우리는 이 말씀을 개별 신자들에게 적용할 수 있다. 어떤 사람이 그의 그늘 아래 거주하는 모든 자들, 즉 그의 자녀들과 종들과 신민들과 친구들을 하나님께 실제로 데려왔을 때, 오늘 구원이 그 집에 이르렀다고 할 수 있다(눅 19:9). 교회의 그늘 아래에 거주하는 자들은 돌아오게 될 것이다. 그들의 의기소침한 심령이 돌아와서 새 힘과 위로를 얻을 것이다. 하나님은 내 영혼을 소생시키신다(시 23:3). 밀알들이 뿌려져서 처음에는 죽었다가 나중에 다시 살아나듯이, 그들은 밀알처럼 다시 살아나서 많은 열매를 맺을 것이다(요 12:24). 하나님은 자기 백성이 곡식과 포도주처럼 이 세상에 대하여 축복이 될 것이라고 약속하신다. 우리 세대에게 유익이 될 수 있다는 것

은 너무나 크고 값진 은혜이고, 거기에는 위로와 존귀함이 수반된다.

8에브라임의 말이 내가 다시 우상과 무슨 상관이 있으리요 할지라 내가 그를 돌아보아 대답하기를 나는 푸른 잣나무 같으니 네가 나로 말미암아 열매를 얻으리라 하리라 9누가 지혜가 있어 이런 일을 깨달으며 누가 총명이 있어 이런 일을 알겠느냐 여호와의 도는 정직하니 의인은 그 길로 다니거니와 그러나 죄인은 그 길에 걸려 넘어지리라

우리는 이제 이 일 전체의 결론을 들어 보자.

I. 에브라임에 대하여. 여기에는 에브라임이 한 말이 나오고, 하나님이 에브라임에게 하시는 말씀이 나온다(8절).

1. 에브라임이 회개하고 삶을 고침. 에브라임의 말이 내가 다시 우상과 무슨 상관이 있으리요 할지라. 어떤 이들은 이 본문을 다음과 같이 하나님이 왜 그들이 우상 숭배를 버려야 하는지 그 이유를 말씀하시며 그들과 이치를 따져 변론을 하고 계시는 것으로 해석하기도 한다. "에브라임이여, 나와 우상들이 무슨 상관이 있는가. 나와 우상들 간에 무슨 화합이나 일치점이 있을 수 있단 말인가. 빛과 어둠이 어찌 사귀며 그리스도와 벨리알이 어찌 조화되리요(고후 6:14-15). 그러므로 너는 나와의 계약 속으로 들어오고자 한다면 우상들과의 관계를 끊지 않으면 안 된다." 그러나 우리는 이 본문을 하나님이 에브라임에게 이 말씀을 주시고 그렇게 말하라고 하시는 것으로 해석한다. 하나님은 여기에서 에브라임이 그가 그들의 입에 넣어 주신 말씀대로 행하면, 그가 그들에게 거기에 상응한 응답을 하실 것이라고 약속하신다: 에브라임은 내가 다시 우상들과 무슨 상관이 있으리요라고 말할 것이다. 에브라임은 앞에서 다시는 우리의 손으로 만든 것을 향하여 너희는 우리의 신이라 하지 아니하오리라(3절)고 약속했었다. 그러나 죄를 죽이기 위해서 하나님이 우리에게 하시는 약속들은 우리가 하나님께 하는 약속들보다 훨씬 더 우리에게 안전하고 힘이 된다. 하나님은 그의 종을 보증하사 복을 얻게 하시는 자이시기 때문에(시 119:122), 에브라임의 마음과 입에 그들이 다시는 우상과 상관이 없을 것이라고 보증을 해 주신다. 우리가 어느 때든지 어떤 선한 것을 말하거나 행한다면, 우리 안에서 그 선한 것을 행하시는 분은 바로 하나님이시다. 에브라임은 그들의 우상들을 이제는 그들의 신들이라 부르

지 않겠다고 엄숙하게 맹세하였었다. 그러나 하나님은 여기에서 한 걸음 더 나아가서, 그들이 다시는 우상들과 아무 상관이 없을 것이라고 결심하고, 또한 그렇게 말하게 될 것이라고 그들에게 보증하신다. 그들은 우상들에 대한 극도의 혐오감을 표출하면서 우상들을 폐하고 버리게 될 것이다. 왜냐하면, 우리는 우리의 삶 속에서 죄로부터 돌아서는 것만이 아니라, 우리의 마음이 죄를 미워하여 돌아서는 것도 꼭 필요하기 때문이다.

(1) 하나님의 은혜가 지닌 능력. 에브라임은 그들의 우상들과 연합되어 있었고(4:17), 우상들을 너무나 좋아하였기 때문에, 그들을 우상들로부터 떼어놓는 것은 불가능한 것처럼 보였다. 그렇지만, 하나님은 그들 안에서 그런 변화를 일으키실 것이고, 그들은 전에 우상들을 좋아했던 정도만큼 이번에는 그 우상들을 혐오하게 될 것이다.

(2) 거룩하게 만들기 위한 환난이 주는 유익. 에브라임은 우상 숭배의 죄 때문에 벌을 받았었다. 하나님의 심판들이 그들에게 연속적으로 임하였고, 그것은 마침내 열매, 즉 그들의 죄를 없이하는 열매를 맺었다(사 27:9).

(3) 회개의 본질. 회개란 다시는 죄와 상관하지 않겠다는 견고하고 확고한 결단이다. 회개한 자는 이렇게 말한다. "내가 전에 죄와 상관한 일이 지금은 무척 부끄럽다. 죄를 짓는 것은 내가 지금까지 한 것으로 이미 충분하다. 나는 죄가 밉다. 하나님의 은혜로 말미암아 나는 죄나 죄 지을 기회들과 다시는 아무 상관이 없을 것이다." 너는 네 우상에게 나가라(사 30:22)고 말하게 될 것이고, 유혹하고 시험하는 자에게 사탄아 내 뒤로 물러 가라(마 16:23)고 말하게 될 것이다.

2. 하나님이 자비로우시게도 그들의 회개를 알아 주심. 그가 하는 말을 내가 들었고, 그를 주목하여 보았다. 어떤 이들은 이 본문을 이렇게 읽기도 한다: 내가 들었으니 그를 주목하여 보리라. 하늘의 하나님은 죄인들이 그에게로 돌아와서 회개하며 이전 일들을 뉘우치며 새롭게 결심하는 것을 알아 주신다는 것을 명심하라. 하나님은 죄인들이 멸망하는 것을 기뻐하지 않으시기 때문에, 그들이 회개하기를 기대하시고 바라신다. 하나님은 사람들을 보시고(욥 33:27), 귀를 기울여 들으신다(렘 8:6). 회개하고자 하는 기미만 보여도, 하나님은 그것을 몹시 기뻐하신다. 에브라임이 뉘우치고 하나님 앞에서 스스로 탄식하기만 하여도(렘 31:18), 하나님은 에브라임은 나의 사랑하는 아들 기뻐하는 자식이 아니냐(렘

31:20)고 말씀하신다. 탕자가 집으로 돌아올 때에 아버지가 멀리까지 나와서 그를 맞아 주었듯이, 하나님은 회개하는 자들을 긍휼 가운데서 맞아 주신다. 하나님은 에브라임이 과연 회개에 합당한 열매를 맺는지, 계속해서 그 선한 마음을 유지하는지를 살피시기 위하여, 에브라임을 주목하여 보셨다. 하나님은 비참한 처지에 있는 그에게 복을 주시고 그를 위로하시기 위하여 그를 주목하여 보셨다.

3. 에브라임이 자신의 결심을 잘 지켜 나가도록 힘 주시고 위로하시기 위하여 하나님이 마련해 놓으신 긍휼. 하나님은 에브라임에게 모든 것이 되어 주실 것이다. 하나님이 전에는 이스라엘을 나무에 비유하셨지만, 지금은 하나님 자신을 나무에 비유하신다. 하나님은 자기 백성에게 다음과 같은 존재가 되어 주실 것이다.

(1) 나무의 가지들. "나는 푸른 잣나무 같으니, 네게 푸른 잣나무 같을 것이다." 그 지역에서는 잣나무가 아주 크고 우람해서, 해와 비를 피하기에 좋은 나무였다. 하나님은 진심으로 회개한 모든 자들에게 즐거움과 피난처 둘 모두가 되어 주실 것이다. 하나님의 보호하심과 감화 아래에서 그들은 안전하게 거주함과 동시에 편안하게 거주하게 될 것이다. 하나님은 경우에 따라서 해와 방패가 되어 주시기도 하시고, 그늘과 방패가 되어 주시기도 하실 것이다. 그들은 그 그늘에 앉아서 심히 기뻐하게 될 것이다(아 2:3). 하나님은 덥든지 춥든지 비바람이 불든지 어떤 날씨에도 그들의 피난처가 되어 주실 것이다(사 4:6).

(2) 나무의 뿌리. 네가 나로 말미암아 열매를 얻으리라. 여기에서 열매는 우리에게 맺히는 열매(즉, 하나님으로 말미암아 우리가 얻는 위로들)를 가리킬 수도 있고, 우리가 맺는 열매(즉, 하나님으로부터 은혜와 힘을 얻어서 우리의 본분을 다할 수 있게 되는 것)를 가리킬 수도 있다. 우리가 어떤 의의 열매들을 맺든지, 그 열매들로 인한 모든 찬송은 오직 하나님께 돌려져야 한다. 왜냐하면, 우리 안에서 역사하셔서 우리로 선한 일을 하고자 하는 뜻을 갖게 하시고 그 선한 일을 하게 하시는 분은 바로 하나님이시기 때문이다.

Ⅱ. 호세아서의 예언의 말씀들을 듣고 읽는 모든 사람에 대하여(9절). 누가 지혜가 있어 이런 일들을 깨닫겠느냐. 아마도 호세아 선지자는 자기가 전한 설교들을 그러한 말씀으로 마무리하곤 했던 것 같은데, 지금 여기에서 그가 전한 많은 설교들 중에서 일부를 기록한 이 책 전체도 그러한 말씀으로 끝맺고 있

다.

1. 호세아 선지자가 전한 진리들로 말미암아 유익을 얻는 자들의 성격. 누가 지혜가 있고 총명이 있는가 그는 이런 일들을 깨달으며 이런 일들을 알리라. 이런 일들을 깨닫고 알게 된 자들은 그들이 진정으로 지혜롭고 총명하다는 것을 증명한 것이고, 또한 그런 일들을 깨달아 알았기 때문에 더욱더 지혜롭고 총명한 자들이 될 것이다. 이런 일들을 깨닫거나 알지 못하는 것은 그들이 어리석고 지혜가 없기 때문이다. 자신의 본분을 행함에 있어서 지혜롭고, 경건의 실천에 있어서 총명한 자들은 다른 사람들에게는 감추어져서 비밀이자 신비가 되어 있는 하나님의 진리들과 섭리들을 깨달아 알게 될 가능성이 크다(요 7:17). 여호와의 비밀이 그를 경외하는 자들에게 있도다(시 25:14). 누가 지혜가 있는가. 이것은 호세아 선지자가 이 일들을 읽고 듣는 자들이 그것들을 깨닫게 되기를 바란다는 것(그들이 지혜가 있다면 얼마나 좋을까, 신 32:29)과 그런 자가 별로 없다고 탄식하는 것(우리가 전한 것을 누가 믿었느냐, 사 53:1)을 보여주는 것이다.

2. 우리가 여기에서 가르침받고 있는 이 일들은 굉장한 것들이라는 것. 여호와의 도(또는, 길들)는 정직하다. 그러므로 하나님의 길들을 깨달아 아는 것은 우리의 지혜이자 본분이다. 하나님이 우리에게 행하기를 요구하시는 교훈과 계명의 길은 정직하고 옳기 때문에, 영원한 이성과 공평의 법칙들과 합치하고, 우리를 영원한 지복(至福)으로 이끌어 준다. 하나님이 우리에게 행하시는 섭리의 길들은 모두 정직하고 옳다. 하나님이 행하시는 모든 일은 완벽하게 행해지기 때문에 흠을 잡을 데가 없다. 회개하지 않는 자들에 대한 그의 심판들이나 회개하는 자들에 대한 그의 은총들은 이것이나 저것이나 모두 다 정직하고 옳다. 그것들은 우리에 의해서 왜곡되고 잘못 해석될 수 있지만, 하나님은 결국 그 모든 일에서 의로우시다는 것을 증명하셔서 영광을 받으시게 되실 것이다. 하나님의 길들은 공평하다.

3. 하나님의 길들이 사람들에 따라 다르게 사용된다는 것.

(1) 선한 자들에게 하나님의 정직한 길들은 현재에나 장래에나 생명으로부터 생명에 이르는 냄새가 된다는 것. 의인들은 그 길들로 다니리라. 그들은 하나님의 교훈과 섭리에 나타난 하나님의 뜻을 따를 것이고, 그렇게 행함으로써 위로를 얻게 될 것이다. 그들은 하나님의 말씀과 행위들 속에서 하나님의 뜻을 잘 깨닫게 될 것이다. 그들은 하나님의 말씀과 행위를 둘 다 잘 받아들일 것이고,

그 두 가지 속에 드러난 하나님의 의도에 잘 순응할 것이다. 의인들은 그 길들로 다녀서 마침내 그 길들의 최종 목적지까지 이르게 될 것이고, 거기에 이르지 못하는 일이 없을 것이다.

(2) 하나님의 정직한 길들은 악한 자들에게는 사망으로부터 사망에 이르는 냄새가 되리라는 것. 죄인들은 그들 자신의 잘못된 길들에서만이 아니라 여호와의 정직한 길들에서도 걸려 넘어질 것이다. 그리스도는 어떤 사람들에게는 모퉁이의 머릿돌이 되시지만, 어떤 사람들에게는 부딪치는 돌과 걸려 넘어지게 하는 바위(벧전 2:8)가 되신다. 생명에 이르게 할 것이라도 그것을 악용하는 자들에게는 사망에 이르게 하는 것이 된다(롬 7:10). 하나님의 섭리들을 제대로 선용하지 못하는 자들은 죄 가운데서 완악하여져서 자멸의 길로 나아가게 된다. 하나님이 그의 입의 심판들과 그의 손의 심판들 속에서 어느 정도나 자신을 드러내시고 계시하시느냐는 전적으로 우리가 그 심판들 아래에서 어느 정도나 감화를 받느냐에 달려 있다. 얼마나 감화를 받느냐는 받는 자의 자질에 달렸다. 동일한 해 아래에서 밀랍은 녹고 진흙은 굳는다. 그러나 모든 죄인들 가운데서도 하나님의 길들에서 걸려 넘어지는 자들, 만세 반석 위에 떨어져서 부서지는 자들, 길르앗의 유향에서 치료를 받는 것이 아니라 도리어 독을 흡수하는 자들은 가장 위험하고 치명적으로 걸려 넘어지는 것이다. 시온의 죄인들아, 이것을 두려워하라(사 33:14).

요 엘

서론

우리는 요엘이 선지자로 활동하였던 시기가 언제인지에 대해서 확실히 아는 것이 없긴 하지만, 아마도 아모스 선지자가 활동하던 때와 거의 동시대일 가능성이 크다. 이것은 "요엘이 여호와께서 시온에서 부르짖으시리라(3:16)는 말씀으로 그의 예언을 끝마쳤을 때에 아모스가 자신의 예언을 시작하였다"고 랍비들이 말하였기 때문이 아니라, 라이트푸트(Lightfot)의 말대로 "요엘은 아모스가 탄식하였던 것과 동일한 메뚜기 떼와 기근과 불의 심판들에 대하여 예언하고 있다는 사실은 이 두 선지자가 거의 동시대에 출현해서, 아모스는 이스라엘에서, 요엘은 유다에서 활동하였다는 것을 보여주기 때문이다."

호세아와 오바댜도 거의 동시대에 예언하였다. 아모스는 북왕국 이스라엘의 두 번째 왕이었던 여로보암 시대에 선지자로 활동하였던 것으로 보인다(암 7:10). 하나님은 두세 사람의 증인의 말에 의해서 모든 말씀이 확증될 수 있도록 하기 위해서, 여러 선지자들을 동일한 시기에 보내셔서 서로에게 힘을 더해 주고 각자가 전하는 말씀을 서로 확증할 수 있게 하셨다. 요엘의 예언은 다음과 같은 내용들로 이루어져 있다.

I. 해로운 곤충들의 떼에 의한 황폐화(1:1-2:11). II. 하나님이 백성들에게 회개하라고 부르심(2:12-17). III. 그들이 회개하면, 하나님이 그들에게 다시 긍휼을 베푸실 것이라고 약속하시고(2:18-32), 말일에 성령을 부어 주시겠다고 약속하심. IV. 하나님이 때가 되면 원수들을 벌하셔서 자기 백성의 억울함을 풀어 주시겠다고 말씀하시며(3장), 복음과 관련된 영광스러운 일들 및 예루살렘이 형통하고 영원할 것에 대하여 말씀하심.

제 1 장

개요

이 장은 메뚜기와 황충 떼에 의해서 유다 땅이 통탄스러울 정도로 황폐화 된 것에 관한 묘사이다. 어떤 이들은 선지자들이 통상적으로 장래의 심판에 대하여 전할 때에 그런 것처럼, 요엘 선지자가 이 일을 장래의 일로서 말하고 있고, 이 일을 미리 경고하고 있는 것이라고 생각한다. 하지만, 또 어떤 이들은 이 일이 지금 현재 일어난 일이었고, 요엘 선지자에게 주어진 일은 그가 백성들에게 이 일을 통해서 그들의 죄를 일깨워서 회개하게 하는 것이었다고 생각한다. I. 선지자는 이 일을 이전 시대들에 전례가 없었던 심판이라고 말함(1-7절). II. 이 재난을 함께 당한 온갖 부류의 백성들에게 선지자가 슬피 애곡하라고 권고함(8-13절). III. 선지자가 그들에게 슬피 애곡하는 가운데에 하나님을 바라보고, 하나님 앞에서 스스로 낮아지라고 명령함(14-20절).

1브두엘의 아들 요엘에게 임한 여호와의 말씀이라 2늙은 자들아 너희는 이것을 들을지어다 땅의 모든 주민들아 너희는 귀를 기울일지어다 너희의 날에나 너희 조상들의 날에 이런 일이 있었느냐 3너희는 이 일을 너희 자녀에게 말하고 너희 자녀는 자기 자녀에게 말하고 그 자녀는 후세에 말할 것이니라 4팥중이가 남긴 것을 메뚜기가 먹고 메뚜기가 남긴 것을 느치가 먹고 느치가 남긴 것을 황충이 먹었도다 5취하는 자들아 너희는 깨어 울지어다 포도주를 마시는 자들아 너희는 울지어다 이는 단 포도주가 너희 입에서 끊어졌음이니 6다른 한 민족이 내 땅에 올라왔음이로다 그들은 강하고 수가 많으며 그 이빨은 사자의 이빨 같고 그 어금니는 암사자의 어금니 같도다 7그들이 내 포도나무를 멸하며 내 무화과나무를 긁어 말갛게 벗겨서 버리니 그 모든 가지가 하얗게 되었도다

유대인들 중에는 이 요엘 선지자가 사무엘의 아들인 요엘과 동일 인물이라고 말하는 자들이 일부 있지만, 그것은 어리석은 상상일 뿐이다(삼상 8:2). 그런데도 그런 랍비들 중의 한 사람은 왜 사무엘이 여기에서 브두엘이라

불리는지 그 이유를 보여주기 위하여 아주 진지하게 논증을 해나가기도 하였다. 하지만, 여기에 나오는 요엘 선지자는 사무엘보다 아주 오랜 후에 활동하였다. 왜냐하면, 요엘 선지자는 여기에서 유다의 죄들로 인하여 그들에게 임한, 또는 장차 임할 서글프고 혹독한 심판에 관하여 얘기하기 때문이다. 좀 더 자세하게 살펴보자.

I. 심판이 극심하였다는 것. 이것은 여기에서 두 가지로 표현된다.

1. 그 심판은 역사상으로 과거의 그 어느 시대에서, 또는 산 자들의 기억 속에서 유례를 찾을 수 없는 그런 심판이었다는 것(2절). 선지자는 아주 오래 전의 일들도 다 기억하고 있는 늙은 자들, 그리고 한 걸음 더 나아가서 땅의 모든 주민들을 불러서, 과연 그들이 이와 같이 혹독한 심판을 본 적이 있거나 기억하고 있느냐고 반문한다. 선지자는 지금 살아 있는 사람들이 지니고 있는 기억만이 아니라, 옛 시대 사람들과 그들의 조상들에게 물어도(욥 8:8), 그들은 그 어떤 기록에서도 이와 같이 혹독한 심판에 관한 내용을 찾을 수 없을 것이라고 말한다. 이전 사람들보다도 더 극심하게 죄를 지은 자들은 이전 사람들이 알았던 것보다도 더 크고 혹독한 심판을 받게 되는 것은 마땅한 일임을 명심하라.

2. 그 심판은 장래 시대들에서도 잊혀지지 않을 그런 심판이었다는 것(3절). "너희는 이 일을 너희 자녀에게 말하라. 너희 자녀들은 너희가 하나님의 진노의 어떠한 무시무시한 징표들을 겪었는지를 알아서, 너희가 겪은 일들로 말미암아 경고를 받고 순종함을 배울 수 있어야 한다. 왜냐하면, 너희가 겪은 일들은 그들에게 경고하기 위한 것이기도 하기 때문이다. 그리고 너희 자녀는 자기 자녀에게 말하고 그 자녀는 후세에 말할 것이니라. 그들은 이 일을 단순히 이야깃거리가 되는 신기한 일로만 말하지 말고(아주 오랫동안 이어진 재앙과 불, 아주 오랫동안 이어진 큰 서리와 바람 같은 이례적인 사건들은 우리의 연감에 기록될 신기한 일들이 될 것이기 때문에), 그들의 자녀들에게 가르쳐서, 하나님과 그의 심판들에 대하여 경외심을 갖게 하여 하나님 앞에서 두려워 떨도록 하기 위하여, 이 일을 그들의 자녀들에게 말하여야 한다." 우리는 하나님이 우리에게 베풀어 주신 긍휼들에 관한 기억만이 아니라 심판들에 관한 기억도 후세에 전하여야 한다는 것을 명심하라.

II. 심판 자체. 하나님의 심판은 큰 군대에 의한 유다 땅의 침략이다. 옛날과 오늘날의 많은 해석자들은 여기에서 말하는 큰 군대를 사람들의 군대, 즉 산헤립의 지휘 아래에서 유다의 모든 견고한 성을 쳐서 취하고(사 36:1) 유대 땅을 초토화시키며 그 땅의 모든 소산들을 파괴하였던 앗수르 군대를 가리키는 것으로 이해한다. 어떤 이들은 거기에서 한 걸음 더 나아가서, 여기에 나오는 네 종류의 곤충들(4절)을 차례차례로 유다 백성을 억압하고 유다 땅의 모든 것들을 파괴했던 네 왕조를 의미하는 것이라고 해석하기도 한다. 유대인 해석자들 중 다수도 여기에 묘사된 것이 외적들의 무리가 침략하여 유다 땅을 황폐화시킨 것에 관한 비유적인 표현이라고 생각한다. 따라서, 갈대아 역본에서는 4절에서는 이 네 종류의 곤충들을 그대로 언급하지만, 나중에 2:25에서는 그 곤충들 대신에 나라들, 백성들, 방언들, 언어들, 군주들, 복수를 하러 온 왕국들이라는 표현을 사용한다. 하지만, 이 구절은 문자 그대로 곤충들의 군대가 유다 땅에 와서 그 소산과 열매들을 다 먹어 치운 것을 표현한 것으로 이해하는 편이 훨씬 더 좋을 것 같다. 메뚜기 떼는 애굽에 내렸던 재앙들 중의 하나였다. 당시 애굽에 내렸던 이 재앙에 대하여 성경에서는 이런 메뚜기는 전에도 없었고 후에도 없을 것이라(출 10:14)고 말씀하였다. 즉, 메뚜기의 크기나 수나 그것들이 끼친 재해의 정도에 있어서 이것과 맞먹을 만한 그런 메뚜기 재앙은 애굽에서나 유다에서나 이전에도 없었고 이후에도 없을 것이다. 애굽에 임하였던 메뚜기 재앙은 겨우 며칠 동안 지속되었다. 하지만, 여기에 나오는 재앙은 연속적으로 4년 동안 지속되었던 것으로 보인다(어떤 이들은 이렇게 생각한다). 왜냐하면, 여기에서는 네 종류의 곤충들이 차례차례로 남겨진 것들을 다 먹어 치운 것으로 말하고 있기 때문이다(4절). 그러나 어떤 이들은 이 모든 재앙이 1년 동안에 다 임한 것이라고 생각한다. 구약의 역사서에서는 이런 일이 언제 일어났는지를 말해 주지 않지만, 하나님의 말씀은 단 하나라도 땅에 떨어지지 않았을 것임을 우리는 확신한다. 여기에 나오는 묘사는 일차적으로 이러한 곤충들에 의한 황폐화를 말하고자 하는 것이지만, 외적의 침략에 의해서 나라가 황폐화되는 것에도 적용될 수 있는 그러한 언어로 표현되어 있다. 왜냐하면, 백성이 그들의 땅을 삼킨 작은 심판에 의해서 스스로 낮아져서 삶을 고치지 않는다면, 하나님이 그 땅의 주민들을 삼킬 더 큰 심판을 그들에게 보내실 것이기 때문이다. 따라서, 선지자는 곤충 떼에 의한 땅의 황폐화에 관한 묘사를 통해서 그들에게 그것을 경고로 받아들이라고 말하고 있는 것이다. 만약 그들이 이 곤충 떼에 의한 경고를 받아 스스로 하나님께 굴복하지 않는다면, 하나님은 다른 나라를 보내셔서 그들을 멸망시키실 것이다.

1. 하나님은 그들을 치시기 위하여 어떤 곤충들을 보내셨는가. 그것들은 메뚜기, 황충, 팥중이, 느치였다(4절). 지금의 우리는 이 곤충들이 서로 어떻게 다른지를 설명할 수 없다. 그것들은 다 작은 곤충들이어서, 어느 것이나 멸시할 만한 것들이었고, 사람이 발이나 손가락으로 쉽게 죽일 수 있는 것들이었다. 그러나 그것들이 엄청난 떼로 왔을 때에는 정말 무시무시해서, 그것들 앞에 있는 모든 것을 다 먹어 치워 버렸다. 하나님은 만군의 여호와로서 모든 피조물들을 마음대로 부리시는 분이시기 때문에, 마음만 먹으시면 얼마든지 가장 약하고 멸시할 만한 피조물들을 사용하셔서 교만하고 패역한 백성을 낮추시고 굴욕을 당하게 하실 수 있으시다는 것을 명심하라. 성경에서는 사람을 벌레라고 말한다. 그러나 여기에 나오는 곤충들이 한 일들을 보면, 사람은 벌레만도 못한 존재라는 것이 드러난다. 왜냐하면, 하나님이 뜻하시기만 하면, 사람은 벌레도 당할 수가 없어서, 벌레들은 사람들의 땅을 약탈하고, 사람들이 수고해서 생산해 놓은 것들을 다 먹어 치워 버리며, 들판에 있는 모든 것들을 초토화시켜서, 강력한 나라의 존립 자체를 뒤흔들어 놓기 때문이다. 하나님이 쓰시는 도구가 약할수록, 하나님의 권능은 더욱 크게 드러난다.

2. 그 곤충들은 어떠한 맹렬함과 힘으로 들이닥쳤는가. 그것들은 여기에서 한 민족이라 불린다(6절). 왜냐하면, 그것들은 공통의 목적을 지니고서 일심동체가 되어서 일사불란하게 움직였기 때문이다. 잠언에서는 메뚜기는 임금이 없으되 다 떼를 지어 나아간다(잠 30:27)고 말하면서, 그것을 메뚜기들의 지혜의 한 예로서 언급한다. 힘이 약한 자들이 여럿이서 연합하여 함께 행동하는 것은 현명하고 지혜로운 일이다. 그것들은 수가 많았기 때문에 강하였다. 저울의 작은 티끌은 가볍고 바람에 쉽게 날아가지만, 그 티끌이 쌓여서 더미를 이루면 무거워진다. 마찬가지로, 벌레 한 마리는 할 수 있는 일이 별로 없지만(그런데도 한 마리의 벌레가 요나의 박넝쿨을 갉아먹어 못쓰게 만들었다), 그 수가 많아지면 놀라운 일들을 해낼 수 있다. 본문에서는 그것들이 사자, 곧 암사자의 이빨을 가지고 있다고 말한다. 이것은 그것들이 무시무시하고 엄청난 파괴력을 보여주기 때문이다. 메뚜기들은 하나님의 사명으로 무장된 채로 왔을 때에는 사자들과 같은 위력을 지니게 되었다는 것을 명심하라. 요한계시록에서는 그 이빨이 사자의 이빨 같은 메뚜기들이 무저갱에서 올라오는 것에 대하여 말한다(계

9:8).

3. 그 곤충들은 어떠한 재난을 가져오는가. 그것들은 그 앞에 있는 모든 것을 먹어 치웠다(4절). 한 곤충이 먹다가 남긴 것은 다음에 오는 곤충이 먹었고, 그렇게 해서도 여전히 남은 것은 또 다른 곤충이 와서 먹어 치웠다. 그것들은 푸른 풀과 곡식만이 아니라 나무들도 파괴하였다(7절): 그것들이 포도나무를 멸하였다. 포도나무 열매는 그 잎사귀를 차양막으로 삼아서 익어 가는데, 해충이 잎사귀들을 먹어 버리면, 열매도 못쓰게 되고 만다. 또한, 그것들은 무화과나무의 모든 껍질을 다 먹어 치워서, 무화과나무도 죽고 말았다. 이렇게 해서, 무화과나무가 무성하지 못하며, 포도나무에 열매가 없게 되었다(합 3:17).

Ⅲ. 하나님이 술 취한 자들에게 이 심판을 보고 애곡하라고 부르심(5절). 포도주를 마시는 자들아 너희는 깨어 울지어다. 이것은 다음과 같은 것들을 보여 준다.

1. 그들이 이 재난에 의해서 정말 피부에 와 닿는 고통을 겪게 되었다는 것. 이 재난은 그들의 아픈 부분을 건드렸다. 왜냐하면, 그들이 그토록 좋아했던 새 포도주가 그들의 입에서 끊어졌기 때문이다. 하나님이 주신 위로들을 사람들이 악용하여 지나친 사치와 방탕에 사용할 때에 하나님께서 그 위로들을 빼앗아 가시고, 하나님이 주신 곡식과 포도주를 사람들이 악용하여 바알에게 바치고 그들의 천한 정욕의 양식과 연료로 삼을 때에 하나님께서 그 곡식과 포도주를 도로 찾으시는 것은 마땅한 일임을 명심하라. 이런 종류의 심판들은 그들에게 대단히 쓰라리고 무거운 심판들이었다. 사람들이 감각적인 쾌락을 충족시키는 일에서 행복을 느낄수록, 현세에서의 환난들은 그들을 더욱 심하게 압박하게 될 것이다. 물을 마시는 자들은 포도나무가 다 죽었다고 해도 걱정할 필요가 없다. 그들은 포도주 없이도 이전처럼 잘 살 수 있기 때문이다. 포도나무가 죽은 것은 나실인들에게는 아무런 걱정거리도 되지 못하였다. 그러나 포도주를 마시는 자들은 흐느껴 울게 될 것이다. 우리가 만족을 느끼는 데에 더 많은 즐거움들이 필요하면 할수록, 우리는 더 많은 괴로움과 실망을 겪게 될 수밖에 없다.

2. 이것은 그들이 하나님의 진노를 보여주는 이전의 징표들 아래에서 너무나 무감각하고 우둔하였었다는 것을 말해 준다는 것. 그러므로 하나님은 여기에서 그들에게 깨어 울라고 부르신다. 하나님이 말씀하실 때에 자신의 안일함

을 떨치고 일어나고자 하지 않는 자들은 하나님이 회초리로 치실 때에 어쩔 수 없이 일어나게 될 것이다. 멀리서 일어나는 하나님의 심판들을 보고서 깜짝 놀라서 정신을 차리지 않는 자들은 그들 자신이 그 심판들을 당하게 될 것이다. 그들이 하나님의 금령을 어기고서 금지된 열매에 손대고자 할 때, 또 다른 성격의 금령(禁令)이 그 잔과 입술 사이에 끼어들어서 포도주를 그들의 입에서 끊어 놓을 것이다.

8너희는 처녀가 어렸을 때에 약혼한 남자로 말미암아 굵은 베로 동이고 애곡함 같이 할지어다 9소제와 전제가 여호와의 성전에서 끊어졌고 여호와께 수종드는 제사장은 슬퍼하도다 10밭이 황무하고 토지가 마르니 곡식이 떨어지며 새 포도주가 말랐고 기름이 다하였도다 11농부들아 너희는 부끄러워할지어다 포도원을 가꾸는 자들아 곡할지어다 이는 밀과 보리 때문이라 밭의 소산이 다 없어졌음이로다 12포도나무가 시들었고 무화과나무가 말랐으며 석류나무와 대추나무와 사과나무와 밭의 모든 나무가 다 시들었으니 이러므로 사람의 즐거움이 말랐도다 13제사장들아 너희는 굵은 베로 동이고 슬피 울지어다 제단에 수종드는 자들아 너희는 울지어다 내 하나님께 수종드는 자들아 너희는 와서 굵은 베 옷을 입고 밤이 새도록 누울지어다 이는 소제와 전제를 너희 하나님의 성전에 드리지 못함이로다

그 심판은 여기에서 매우 통탄스러울 뿐만 아니라, 온갖 부류의 사람들이 다 겪게 될 그런 심판으로 묘사된다. 그 심판은 술 취한 자들에게서 그들의 즐거움을 빼앗을 뿐만 아니라(이것이 이 심판의 최악의 예라면, 그 심판은 차라리 견디기 쉬울 것이다), 다른 사람들에게서도 그들의 생존에 꼭 필요한 것들을 빼앗아 버릴 것이기 때문에, 하나님은 그들에게 완전히 결혼하지는 않았지만 약혼을 한 처녀가 그녀의 연인, 그러니까 그녀의 사실상의 남편이 죽었을 때처럼, 또는 갓 결혼한 젊은 여인이 그녀가 어렸을 때에 약혼하여 결혼한 남자, 또는 그녀의 젊은 남편, 또는 그녀가 어렸을 때에 결혼한 그녀의 남편이 갑자기 죽었을 때처럼 애곡하라고 부르신다(8절). 서로 사랑해서 갓 결혼한 젊은 부부는 서로를 너무나 좋아하고 모든 면에서 상대방이 사랑스럽기 때문에, 그들 중 한 사람이 죽는다면, 그만큼 그 슬픔도 크기 마련이다. 그들이 곡식과 포도주를 잃었을 때에 그들에게는 그런 애곡함이 있을 것이다. 우리가 피조물들

이 주는 위로들에 빠져 있을수록, 우리는 그것들과 결별하기가 더 어려워진다는 것을 명심하라. 이 본문과 병행이 되는 이사야 32:1-12을 보라. 하나님은 여기에서 이 재난에 의해서 괴로움을 겪을 두 부류의 사람들, 즉 농부들과 제사장들에게 애곡하라고 말씀하신다.

I. 농부들과 포도원을 가꾸는 자들은 애곡하여야 한다는 것(11절).   그들은 그들이 포도원에 쏟은 정성과 수고를 부끄러워하여야 한다. 왜냐하면, 거기에 쏟은 그들의 모든 수고는 다 헛수고가 되어 버려서, 아무런 소득도 없게 될 것이기 때문이다. 그들은 앞에서 말한 곤충들이 그들의 수고의 열매를 그들의 눈앞에서 다 먹어 치우는 것을 보게 될 것이고, 그 열매를 조금이라도 건질 수 없을 것이다. 오직 썩을 양식을 위하여 수고하는 자들은 조만간에 그들의 수고를 부끄러워하게 될 것임을 명심하라. 그 때에 포도원을 가꾸는 자들은 포도나무들이 시들고 그 잎사귀와 열매가 다 없어져서 포도원에서 아무것도 얻을 것이 없게 되었음을 알고서, 세(貰)를 내고 가족을 부양할 수 없게 된 자신의 처지가 한심하고 서글퍼서, 통곡함으로 그들의 극심한 슬픔을 표현할 것이다. 본문에는 밭이나 포도원의 상태가 구체적으로 묘사되어 있다: 밭이 황무하였다(10절). 밭에서 생산되는 모든 것이 다 없어져 버렸다. 토지가 애곡한다. 땅은 암울하고 애처로운 얼굴을 하고 있다. 땅의 모든 주민들은 그들이 잃어버린 것에 대한 상심(喪心)과 먹을 것이 없어 굶어 죽게 될 것에 대한 걱정 때문에 눈물이 마르지 않았다(사 24:4; 렘 4:28). "목숨을 부지하는 데에 꼭 필요한 떡을 만드는 재료가 되는 곡식은 다 못쓰게 되었고, 다 마신 묵은 포도주를 보충하기 위하여 저장고에 넣어 두어야 할 새 포도주는 말랐기 때문에, 그것들은 농부들과 포도원을 가꾸는 자들에게 부푼 기대를 갖게 하였다가 이제 그 기대를 이루어줄 수 없어서 부끄러워할 수밖에 없다. 또한, 감람나무들이 다 죽었기 때문에 기름은 시름에 잠긴다(갈대아 역본에는 이렇게 되어 있다)." 이 백성은 사람의 마음을 힘있게 하는 양식과 사람의 마음을 기쁘게 하는 포도주와 사람의 얼굴을 윤택하게 하는 기름을 하나님이 그들에게 풍성하게 주셨을 때에 마땅히 하나님께 감사하였어야 하는데도 감사하지 않았다(시 104:14-15). 그러므로 하나님이 일용할 양식을 위하여, 또는 즐거움을 위하여 그들에게 주신 땅의 모든 소산들을 그들이 잃고서 애곡하게 되는 것은 마땅한 일이다. 이것은 11절과 12절에서 반복되고 있다. 밀과 보리는 당시에 떡을 만들 때에 사용되었던 두 가지 중요한 곡식들이

있는데, 부자들은 밀을, 가난한 자들을 보리를 사용하였다. 따라서, 이 재난은 부자들이나 가난한 자들이나 함께 겪게 될 것이었다. 나무들도 다 죽었다. 아주 유용하고 꼭 필요한 포도나무와 무화과나무(7절)만이 아니라, 즐거움을 위한 그 밖의 다른 나무들, 즉 석류나무와 대추나무와 사과나무도 다 죽었다. 즉, 과수원에 심긴 나무들만이 아니라 밭의 모든 나무도 다 죽었고, 과실수들만이 아니라 목재로 사용되는 나무들도 다 죽었다. 요컨대, 밭의 모든 소산이 다 없어졌다(11절). 이러므로 사람의 즐거움이 말랐다(12절). 모든 사람들이 크게 기뻐하는 것을 표현할 때에 사용되곤 하였던 수확의 기쁨은 완전히 사라져서 부끄러움으로 변하고 애곡으로 변하였다. 수확이 없어지면, 사람들의 기쁨도 시들어 버린다는 것을 명심하라. 감각의 즐거움들을 누리는 것을 행복으로 삼는 자들은 그런 즐거움을 박탈당하거나 어떤 식으로든 방해를 받게 되면 그들의 모든 기쁨을 상실하게 된다. 반면에, 하나님의 자녀들은 감각의 즐거움들을 거룩한 무관심과 멸시하는 마음으로 바라봄과 동시에, 하나님을 그들의 마음의 즐거움으로 삼는 것이 무엇인지를 알기 때문에, 무화과나무가 무성하지 못하다고 할지라도 그들의 구원의 하나님을 기뻐할 수 있다. 그럴 때에 영적인 기쁨은 시들기는커녕 여느 때보다 더 풍성해진다(합 3:17-18). 좀 더 자세하게 살펴보자.

1. 피조물에게서 오는 모든 위로들은 곧 사라질 덧없는 것들이라는 것. 그런 위로들은 결코 오래 지속될 수 없다. 여기에서 하늘은 때를 따라 비를 주었고, 땅은 힘을 내었기 때문에, 수확철이 다가왔을 때에 그들은 그들이 아주 풍성한 수확을 거두게 될 것을 의심할 이유가 없었다. 그러나 바로 그 때에 그들은 불과 칼로 그들을 공격하는 외적(外敵)이 아니라, 모든 것을 황폐화시키는 원수들, 그들이 전혀 생각지도 못하였던 원수들의 공격을 받았다. 그러므로 우리는 우리의 보화를 우리가 예상하지 못한 무수한 사건과 사고들을 만나서 없어져 버릴 것들로 쌓아두지 않는 것이 지혜로운 일이다.

2. 우리는 끊임없이 하나님과 그의 섭리를 의지하여 살아가야 한다는 것. 왜냐하면, 우리 자신의 손은 우리를 위해서 충분하지 않기 때문이다. 우리가 이삭에 충실한 곡식(막 4:28)을 보거나 그 곡식을 집으로 가져와서 곳간에 들이고 나면, 우리는 그 곡식이 이젠 우리의 것이라고 확신한다. 하지만, 하나님이 그 곡식을 불어 버리시거나, 아니 단지 축복만 하지 않으셔도(학 1:9), 우리는 그 곡식으로 인하여 그 어떤 유익도 얻지 못하게 된다.

3. 죄는 모든 것을 망쳐 놓는다는 것. 낙원이 변하여 광야가 되고, 땅에서 가장 비옥한 옥토가 변하여 염전이 되는 것(시 107:34)은 거기에 사는 자들의 죄악 때문이다.

II. 여호와께 수종드는 제사장들은 애곡하여야 한다는 것. 왜냐하면, 그들은 이 재난에 깊이 연루될 것이기 때문이다. 제사장들아 너희는 굵은 베로 동이고 슬피 울지어다(13절). 아니, 그들은 슬퍼하게 될 것이다(9절). 여기에서 제사장들은 제단에서 직무를 수행하기 때문에 제단에 수종드는 자들이라 불리고, 제단에서 직무를 수행할 때에 하나님을 섬기고 하나님의 일을 하며 하나님께 영광을 돌리기 때문에 하나님께 수종드는 자들이라 불린다. 거룩한 일들에 쓰임받는 자들은 그 일들을 통해서 하나님께 수종드는 자들이고, 하나님을 모시며 시중드는 자들이라는 것을 명심하라. 제단에 수종드는 자들은 흔히 여호와 앞에서 즐거워하고, 그들의 많은 시간을 찬송하는 데에 사용하였다. 그러나 이제 그들은 슬피 울며 애곡하여야 한다. 왜냐하면, 소제와 전제가 여호와의 성전에서 끊어졌고(9절), 그들이 소제와 전제를 그들의 하나님의 성전에 드리지 못하게 되었기 때문이다(13절). "그는 특별한 방식으로 너희 하나님이시고, 너희는 다른 이스라엘 백성들보다 하나님과 더 가까운 관계에 있다. 그러므로 너희는 하나님의 성소를 섬기는 일을 방해하는 것에 대하여 다른 백성들보다도 더 관심을 가져야 마땅하다." 이것은 다음과 같은 것들을 보여준다.

1. 백성들은 때를 따라 땅의 소산들을 거둔 경우에는 그 소산 중에서 정해진 몫을 여호와께 드렸고, 제단에는 예물들을, 제단에 수종드는 자들에게는 십일조를 바쳤다는 것. 자신의 죄악의 분량을 신속하게 채워가고 있는 중인 백성일지라도 여전히 겉으로는 신앙 활동들을 유지하는 모습을 보일 수 있다는 것을 명심하라.

2. 먹을 것과 마실 것이 떨어졌을 때에 당연히 소제와 전제도 끊어졌다는 것. 이것은 이 재난의 가장 혹독하고 가슴 아픈 부분이었다. 나라 전체의 환난이나 어려움은 신앙 활동을 가로막는 측면이 있어서, 그런 이유 때문에 여호와를 수종드는 제사장들은 다른 어떤 사람들보다도 그 환난이나 어려움을 더욱 더 슬퍼하여야 한다는 것을 명심하라. 가난으로 인해서 경건이 쇠퇴하고 하나님의 일들을 무시되며 백성들 가운데서 신앙에 대한 열심이 사라질 때, 그것은 진정으로 혹독한 심판이다. 나라 전체에 기근이 들면, 백성들은 하나님께 드릴

제물이 없어서 제사를 드릴 수 없게 되고, 제사장들은 생계를 유지해 나갈 수 없게 된다. 그러므로 여호와께 수종드는 제사장들은 슬퍼할 수밖에 없다.

[14]너희는 금식일을 정하고 성회를 소집하여 장로들과 이 땅의 모든 주민들을 너희 하나님 여호와의 성전으로 모으고 여호와께 부르짖을지어다 [15]슬프다 그 날이여 여호와의 날이 가까웠나니 곧 멸망 같이 전능자에게로부터 이르리로다 [16]먹을 것이 우리 눈 앞에 끊어지지 아니하였느냐 기쁨과 즐거움이 우리 하나님의 성전에서 끊어지지 아니하였느냐 [17]씨가 흙덩이 아래에서 썩어졌고 창고가 비었고 곳간이 무너졌으니 이는 곡식이 시들었음이로다 [18]가축이 울부짖고 소 떼가 소란하니 이는 꼴이 없음이라 양 떼도 피곤하도다 [19]여호와여 내가 주께 부르짖으오니 불이 목장의 풀을 살랐고 불꽃이 들의 모든 나무를 살랐음이니이다 [20]들짐승도 주를 향하여 헐떡거리오니 시내가 다 말랐고 들의 풀이 불에 탔음이니이다

우리는 지금까지 메뚜기 떼에 의해서 땅의 소산들이 먹히는 것을 보고 모든 부류의 백성들이 많은 눈물을 흘리는 것을 보았는데, 이제 여기에서는 그 눈물이 올바른 통로를 찾아서 하나님 앞에서의 회개와 낮아짐이라는 통로로 흘러들어가는 것을 보게 된다. 그들에게 닥친 심판은 매우 혹독하였다. 하나님은 여기에서 그들에게 그 심판 속에서 하나님의 손길, 그의 능하신 손을 인정하고, 그 아래에서 스스로 낮아지라고 명령하신다. 좀 더 살펴보자.

I. 하나님이 모든 백성에게 금식하라고 선포하심. 하나님은 제사장들에게 온 백성이 금식할 날을 정하도록 명령하신다. 그들은 스스로 슬퍼하고 애곡해야 할 뿐만 아니라, 다른 사람들도 불러서 슬퍼하고 애곡하라고 하여야 한다. "너희는 금식일을 정하라. 어떤 시기를 따로 구별해서, 모든 세상사를 다 떠나서 회개와 기도를 비롯해서 특별한 신앙 활동들에 전념하는 때로 삼으라." 나라 전체에 대한 심판들이 있을 때에는 나라 전체가 스스로를 낮추는 것이 마땅하다는 것을 명심하라. 왜냐하면, 그 심판들을 통해서 여호와 하나님은 슬퍼 울며 애곡하라고 부르시는 것이기 때문이다. 그 심판들 아래에서 온 백성은 슬퍼하고 부끄러워한다는 것을 모든 면에서 보여주고, 죄를 고백하며 애통해하고, 하나님이 의로우시다는 것을 인정하며, 그의 은총을 간구하여야 한다. 그러한 때에 나라 전체가 무엇을 해야 하는지를 살펴보자.

1. 이런 목적을 위한 한 날을 정해야 한다는 것. 그 날은 삼가는 날(난외주에서는 이렇게 읽는다), 즉 백성들이 그들의 다른 통상적인 일들을 삼가고(그래야만 하나님께 더욱 전념할 수 있기 때문에), 육신을 즐겁게 하는 모든 일들을 삼가는 날이다.

2. 그 날은 금식일이 되어야 한다는 것. 금식일이란 신앙상의 이유로 생명을 유지하는 데에 절대적으로 필요한 것 외에는 먹고 마시는 것이 금지된 날이다. 니느웨 왕은 요나 선지자가 전한 말씀을 듣고서 온 나라에 금식을 선포하고, 아무것도 입에 대지 말라고 명령하였다(욘 3:7). 우리는 이러한 금식을 통해서 우리 자신이 일용할 양식조차 먹을 가치가 없는 자들이라는 것과 일용할 양식을 온전히 박탈당해야 마땅한 자들임을 인정하고, 죄를 짓는 데에 주동적인 역할을 하였던 우리 자신과 육신을 벌하며 억눌러서, 우리 영혼이 하나님을 섬기기에 합당한 상태를 유지할 수 있게 하고, 목숨을 지탱시켜 주는 양식과 삶을 윤택하게 해주는 모든 것들을 뛰어넘어서 그런 것들보다 더 나은 것을 향한 우리 영혼의 소원이 깨어나게 하는 것이다. 이것은 하나님이 그들에게서 그들의 먹을 것과 마실 것을 박탈하신 지금에 있어서 아주 적절한 것이었다. 왜냐하면, 금식은 하나님이 그들에게 환난을 내리신 목적을 그들이 순순히 받아들인다는 것을 보여주는 것이었기 때문이다. 하나님이 너희는 금식할지니라고 말씀하시면, 그 때는 우리가 금식하겠나이다라고 말할 때이다.

3. 성회를 열어야 한다는 것. 장로들과 백성들, 방백들과 신민(臣民)들, 곧 이 땅의 모든 주민들이 함께 모여야 하는데, 이것은 그들이 민족적으로 스스로를 낮추는 모습을 보임으로써 하나님을 높이고, 그렇게 함으로써 스스로 수치를 담당하며, 금식일에 해야 할 신앙상의 도리들을 충실히 행하도록 서로를 격려하고 힘을 북돋기 위한 것이다. 모두가 국가적인 죄책에 기여하여서, 모두가 국가적인 재난을 겪은 것이기 때문에, 그들은 모두 회개를 고백하는 일에도 함께하지 않으면 안 된다.

4. 그들은 그들의 하나님 여호와의 성전에 함께 모여야 한다는 것. 왜냐하면, 성전은 기도하는 집이었기 때문이다. 성전은 하나님이 그의 이름을 거기에 두고자 하여 택하신 곳이었기 때문에, 그들은 거기에서 하나님을 만날 소망을 가질 수 있었다. 또한, 성전은 그리스도와 그의 중보의 모형이었기 때문에, 그들은 거기에서 응답을 받을 소망을 가질 수 있었다. 그들은 솔로몬이 성전을 봉헌하

면서 여러 가지 일들을 구체적으로 열거하면서 이 백성이 성전에서, 또는 성전을 향하여 자신의 구체적인 사정을 아뢰며 기도할 때에 그들의 모든 간구를 들어 주시라고 기도하였던 그 기도 속에 그들의 구체적인 사정도 언급되어 있는 것을 기억하고서(만일 이 땅에 메뚜기나 황충이 나거나, 왕상 8:37), 이렇게 솔로몬의 기도대로 성전에 모였다(왕상 8장).

5. 그들은 이 금식일을 거룩히 하여, 진실한 기도로 거룩하게 지켜야 한다는 것. 그들이 금식일을 거룩히 하지 않는다면, 금식이 무슨 가치가 있겠는가?

6. 그들은 여호와께 부르짖어야 한다는 것. 그들은 그들의 어려움과 고충을 하나님께 탄원하고, 그들이 간구할 바를 아뢰어야 한다. 우리는 환난 가운데서 소리치며 울 때에 혼자 울부짖지 말고 여호와를 향하여 부르짖어야 한다. 이것이 하나님을 향하여 금식하는 것이다(슥 7:5).

II. 하나님이 그들에게 이러한 금식을 선포하고 엄격하게 지키도록 이끌기 위해서 그들이 고려하여야 할 몇 가지 것들을 말씀해 주심.

1. 하나님이 그들과 논쟁을 시작하셨다는 것. 지금은 여호와께 부르짖을 때이다. 왜냐하면, 여호와의 날이 가까웠기 때문이다(15절). 여호와의 날은 그들이 지금 그들에게 닥친 것을 눈으로 본 이 현재의 심판과 그 결과들을 의미할 수도 있고, 현재의 심판을 서막으로 한 앞으로 닥칠 더 큰 심판들을 의미할 수도 있다. 그것이 어느 쪽이든, 하나님은 그들에게 여호와의 날이 가까웠다는 사실은 그들이 애곡할 일이라고 가르치신다. 슬프다 그 날이여 여호와의 날이 가까웠음이라. 그러므로 하나님께 부르짖으라.

(1) "하나님의 심판의 날이 아주 가까이 다가와 있다. 그 날은 졸지 않을 것이기 때문에, 너희도 졸아서는 안 된다. 지금은 너희가 금식하고 기도해야 할 때이다. 왜냐하면, 너희 자신을 고쳐서 상황을 반전시킬 수 있도록 주어진 시간이 아주 조금 남아 있기 때문이다."

(2) 그 날은 아주 무시무시할 것이다. 그 날을 피하거나 대항할 방법은 없다. 여호와의 날이 멸망 같이 전능자에게로부터 이르리로다. 이사야 13:6을 보라: 너희는 애곡할지어다 여호와의 날이 가까웠으니 전능자에게서 멸망이 임할 것임이로다. 그것은 징계가 아니라 멸망이다. 그것은 연약한 피조물의 손이 아니라 전능자의 손으로부터 이를 것이다. 누가 주의 노여움의 능력을 알며 누가 주의 진노의 두려움을 알까(시 90:11). 하나님으로부터 무시무시한 심판이 이를 때, 우

리가 하나님 외에 누구에게로 가서 부르짖겠는가? 하나님께로 피해야만 하나님으로부터 오는 심판을 피할 수 있고, 전능자에게 굴복하여 간구함으로써만 이 전능자로부터 오는 멸망을 피할 수 있다. 그것은 하나님의 힘을 의지하여, 우리가 하나님과 화친하는 것이다(사 27:5).

2. 그들은 그들 자신이 하나님의 진노의 징표들 아래에 있는 것을 이미 직접 보았다는 것. 지금은 금식하고 기도할 때이다. 왜냐하면, 그들의 곤고함이 아주 크기 때문이다(16절).

(1) 그들은 그들 자신의 집을 들여다보고서, 이전과는 달리 거기에 풍성함이 없다는 것을 알아야 한다는 것. 예전에는 풍성한 식탁을 대하였던 자들이 지금은 조촐한 식사를 할 수밖에 없게 되었다. 먹을 것이 우리 눈 앞에 끊어지지 아니하였느냐. 하나님의 손이 들어올려져서 심판을 내리고자 하실 때에 사람들이 그것을 보고자 하지 않는다면, 하나님의 손이 그들 위에서 내리눌러서 심판이 시작될 때에야 그들은 그것을 보게 될 것이다. 먹을 것이 우리 눈 앞에서 빈번히 끊어지지 않았느냐? 그러므로 우리는 우리 눈 앞에 보이지는 않지만 결코 끊어질 수 없는 영적인 양식을 위해 일하고 수고하여야 한다.

(2) 그들은 하나님의 집을 들여다보고서, 거기에 나타난 심판의 효과들을 보아야 한다는 것. 기쁨과 즐거움이 하나님의 성전에서 끊어졌다. 우리 하나님의 성전은 마땅히 기쁨과 즐거움이 있어야 하는 곳임을 명심하라. 다윗은 하나님의 제단으로 나아갈 때에 그의 큰 기쁨이신 하나님께 나아갔다(시 43:4). 그러나 거룩한 것들이 더럽혀지거나 거룩한 자들에 대한 박해 때문에 기쁨과 즐거움이 하나님의 성전에서 끊어졌을 때, 진정한 경건이 쇠퇴하고 사랑이 냉랭해졌을 때, 그 때는 여호와께 슬프다라고 부르짖을 때이다.

3. 요엘 선지자는 이 재난의 몇몇 구체적인 예들을 들어서 그 심각한 상황을 설명하는 것으로 다시 돌아감. 곡식과 가축은 농부들의 일상적인 식단의 재료들이었다. 그런데 지금 농부들은 이 두 가지를 다 박탈당하였다.

(1) 황충들이 곡식을 먹어 치웠다는 것(17절). 그들이 곡식으로 채워 놓곤 하였던 창고들은 황폐화 되어 있고 곳간들은 무너져 있다. 왜냐하면, 곡식이 씨가 말라서, 주인들은 창고나 곳간에 넣어둘 것이 아무것도 없고, 앞으로도 있을 것 같지 않은데, 괜히 돈 들여서 그것들을 고칠 필요가 없다고 생각하였기 때문이다. 씨는 비가 너무 많이 와서(이것이 가나안에서는 더 흔한 경우였다), 또

는 비가 오지 않아서 흙덩이 아래에서 썩어졌다. 또는, 땅 밑의 벌레들이 씨앗을 먹어 치워 버린 것일 수도 있다. 한 차례의 흉작이 있으면, 농부들은 다음 번의 풍작으로 그것을 보충할 수 있을 것이라는 소망을 갖는 법이다. 그러나 농부들이 여기에서 절망하는 이유는 수확이 좋고 나쁜 것의 문제가 아니라 종자 자체가 못쓰게 되어 버렸기 때문이다.

(2) 가축들도 먹을 꼴이 없어서 죽어간다는 것(18절). 가축이 울부짖는다. 요엘 선지자가 이것을 지적하는 것은 백성들이 이 사실을 주목하고서 하나님의 심판을 알아차리게 하기 위한 것이다. 가축들이 신음하며 울부짖으면, 백성들의 완악하고 회개치 않는 마음도 부드러워져서 녹아내리지 않을까. 소 떼의 많은 무리가 소란하다. 아니, 아무 풀이나 잘 먹고 아주 짧은 풀로도 만족하는 양 떼도 피곤하다. 열등한 피조물들이 우리의 범죄로 인해서 얼마나 고통을 당하는지를 보라. 그것들은 인간의 죄에 사용되는 고통과, 인간의 죄로 인해서 하나님의 저주를 받는 고통이라는 이중고(二重苦)를 겪으며 신음하고 울부짖는다. 땅은 너로 말미암아 저주를 받았다(창 3:17).

III. 요엘 선지자는 그들에게 다음의 모범들을 따라 하나님께 부르짖으라고 분발을 촉구함.

1. 요엘 선지자 자신의 모범(19절). 여호와여 내가 주께 부르짖나이다. 선지자는 자기 스스로는 하지도 않으면서 그들에게만 하라고 하는 것이 아니었다. 아니, 그들이 하든 말든, 선지자는 자기만은 하고자 하였다. 하나님의 사역자들은 다른 사람들에게 하나님의 진노를 보여주는 여러 징표들을 제시해서 감화를 주지 못하였다고 할지라도, 그들 자신은 그 징표들에 의해서 감화를 받아야 한다는 것을 명심하라. 하나님의 사역자들은 다른 사람들로 하여금 하나님께 부르짖도록 할 수 없었다고 할지라도, 그들 자신만이라도 많이 기도하며 하나님께 부르짖어야 한다. 환난의 때에 우리는 단지 기도할 뿐만 아니라, 부르짖어야 하고, 열렬하고 끈질긴 기도를 드려야 한다. 또한, 우리가 부르짖을 때에는 언제나 멸망을 보내기도 하시고 구원을 보내기도 하시는 하나님을 향하여 부르짖어야 한다. 요엘 선지자는 개인적인 환난이나 괴로움 때문이 아니라 민족적인 재난 때문에 하나님께 부르짖었다. 불이 목장의 풀을 살랐다. 여기에서 불은 모든 것을 바싹 말려 버리는 태양의 뜨거운 열기를 가리키는 것 같은데, 그 열기는 땅의 소산들에게는 불과 같은 것이어서 모든 것을 살라 버렸다. 하나님

이 불로 징벌하시며 다투실 때, 그것은 하늘에 분깃이 있는 자들로 하여금 하나님께 열렬히 부르짖어서 구원을 요청하게 하기 위한 것임을 명심하라(민 11:2; 암 7:4-5).

2. 열등한 피조물들의 모범. "들짐승들도 신음하고 울부짖을 뿐만 아니라, 하나님을 항하여 부르짖는다(20절). 그 짐승들은 마치 이성적이고 계시된 신앙을 가질 수는 없지만 자연적인 본능에 의해서 하나님을 의지하는 것처럼 그것들에게 주어진 역량을 따라 하나님의 긍휼을 호소한다." 적어도, 짐승들이 재난 때문에 신음할 때, 하나님은 그 신음을 마치 그것들이 그에게 부르짖는 것으로 해석하기를 기뻐하신다. 하물며, 하나님의 자녀들이 종종 너무나 연약하여서 기도할 바를 알지 못하고 탄식만 할 때(롬 8:26), 하나님은 그 탄식을 얼마나 더 호의적으로 해석해 주시겠는가. 사자들이 그들의 먹이를 하나님께 구하고(시 104:21), 까마귀 새끼들이 먹을 것이 없어서 하나님을 향하여 부르짖는 것처럼(욥 38:41), 여기에서는 들짐승들이 하나님께 부르짖는다고 말씀한다. 여기에서 들짐승들이 탄식하는 것은 너무 뜨거운 열기로 인해서 강들이 말라서 물이 없어졌고, 불이 광야의 풀을 살라서 풀이 없어졌기 때문이다. 사람들이 곡식과 포도주가 없을 때에만 하나님께 부르짖고, 감각을 즐겁게 해주는 것들이 없어졌을 때에만 하나님 앞에 나아가 탄식한다면, 그 사람들이 짐승들보다 더 나은 것이 무엇이겠는가? 그렇지만, 들짐승들이 물과 풀이 없을 때에 하나님께 부르짖는다는 사실은 그 어떤 경우에도 하나님께 부르짖지 않는 사람들의 우둔함을 부끄럽게 만든다.

제
— 2 —
장

개요

이 장에는 다음과 같은 내용들이 나온다. I. 메뚜기와 황충 떼에 의한 유다 땅의 무시무시한 황폐화에 대한 추가적인 묘사(1-11절). II. 하나님께서 이 백성에게 이 혹독한 심판 아래에서 그에게로 돌아와 회개하고, 금식하며 기도하고, 하나님의 긍휼을 구하라고 진지하게 부르시며, 그것을 어떻게 올바르게 할 것인지에 대하여 지시해 주심(12-17절). III. 하나님께서 그들이 회개하면 그가 이 심판을 제거하시고, 그 심판에 의해서 그들에게 만들어진 균열들을 복구해 주시며, 그들에게 다시 온갖 풍성한 좋은 것들을 베푸시겠다고 약속하심(18-27절). IV. 하나님이 말일에 성령을 부으셔서, 이 세상에 메시야의 나라를 세우실 것이라고 미리 말씀해 주심(28-32절). 이렇게, 이 장은 하나님의 진노의 징표들로 무시무시하게 시작되지만, 나중에는 하나님의 은총에 대한 약속들로 편안하게 마무리된다. 그리고 이러한 복된 변화는 그들의 회개를 통해서 이루어질 것이다. 따라서, 직접적으로 복음 시대를 보여주는 것은 오직 이 장의 마지막 단락뿐이기는 하지만, 우리는 이 장 전체를 사람들의 죄로 말미암아 율법의 저주가 들어왔고, 사람들이 회개하였을 때에 복음의 위로들이 그들에게 흘러들어가게 될 것을 보여주는 하나의 모형이자 비유로 볼 수 있다.

¹시온에서 나팔을 불며 나의 거룩한 산에서 경고의 소리를 질러 이 땅 주민들로 다 떨게 할지니 이는 여호와의 날이 이르게 됨이니라 이제 임박하였으니 ²곧 어둡고 캄캄한 날이요 짙은 구름이 덮인 날이라 새벽 빛이 산 꼭대기에 덮인 것과 같으니 이는 많고 강한 백성이 이르렀음이라 이와 같은 것이 옛날에도 없었고 이후에도 대대에 없으리로다 ³불이 그들의 앞을 사르며 불꽃이 그들의 뒤를 태우니 그들의 예전의 땅은 에덴 동산 같았으나 그들의 나중의 땅은 황폐한 들 같으니 그것을 피한 자가 없도다 ⁴그의 모양은 말 같고 그 달리는 것은 기병 같으며 ⁵그들이 산 꼭대기에서 뛰는 소리는 병거 소리와도 같고 불꽃이 검불을 사르는 소리와도 같으며 강한 군사가 줄을 벌이고 싸우는 것 같으니 ⁶그 앞에서 백성들이 질리고, 무리의

낯빛이 하얘졌도다 [7]그들이 용사 같이 달리며 무사 같이 성을 기어 오르며 각기 자기의 길로 나아가되 그 줄을 이탈하지 아니하며 [8]피차에 부딪치지 아니하고 각기 자기의 길로 나아가며 무기를 돌파하고 나아가나 상하지 아니하며 [9]성중에 뛰어 들어가며 성 위에 달리며 집에 기어 오르며 도둑 같이 창으로 들어가니 [10]그 앞에서 땅이 진동하며 하늘이 떨며 해와 달이 캄캄하며 별들이 빛을 거두도다 [11]여호와께서 그의 군대 앞에서 소리를 지르시고 그의 진영은 심히 크고 그의 명령을 행하는 자는 강하니 여호와의 날이 크고 심히 두렵도다 당할 자가 누구이랴

이 단락에서 우리는 하나님이 자기 백성의 죄로 말미암아 그들과 다투시며, 그들에게 율법에 기록된 심판을 집행하시는 모습을 본다(신 28:42): 네 토지 소산은 메뚜기가 먹을 것이다. 이것은 하나님이 애굽에 내린 질병들 중의 하나였다(신 28:60).

I. 전쟁이 선포됨(1절). 시온에서 나팔을 불라. 이것은 유다를 침략할 원수를 불러 모으기 위한 소집 명령의 나팔 소리일 수도 있지만, 유다와 예루살렘에게 심판이 가까웠음을 알림으로써, 그들로 하여금 그들을 심판하시는 그들의 하나님을 만날 준비를 하고, 교회의 최고의 무기인 기도와 눈물을 사용해서 그 심판을 멈추려고 애쓰게 하기 위한 경보(警報)로 보는 것이 더 낫다. 곤고한 날에 하나님께 호소하고, 백성들을 호출하여 그들로 하여금 함께 모여서 하나님의 얼굴을 구하게 하기 위하여, 나팔을 부는 것은 제사장들이 하는 일이었다(민 10:8). 하나님의 말씀을 근거로 해서 죄의 치명적인 결과들을 경고하고, 사람들의 경건치 않음과 불의에 대하여 하늘로부터 진노가 나타나리라는 것을 경고하는 것은 사역자들이 할 일임을 명심하라. 그들이 하나님을 진노하시게 하였을 때에 하나님의 심판들을 면제받는 것은 시온과 예루살렘의 특권이 아니었지만, 그들이 하나님과 화해할 수 있도록 미리 그 심판들에 대하여 경고를 받는 것은 그들의 특권이었다. 경고의 소리는 하나님의 거룩한 산에도 울려 퍼져야 한다. 그럴 때에 그 소리는 정말 무시무시하게 들릴 것이다. 거룩한 성읍에서 나팔이 울리는데 백성이 어찌 두려워하지 아니하겠느냐(암 3:6). 그들은 반드시 두려워하게 될 것이다. 이 땅 주민들로 다 떨게 할지라. 그들은 심판 자체로 말미암아 두려워 떨게 될 것이다. 그러므로 그들은 심판을 알리는 경보를 듣고서 두려워 떨어야 한다.

Ⅱ. 전투의 날에 대한 일반적인 묘사. 그 날은 올 것이고, 임박하였으며, 그 날을 피할 방도는 없다. 그 날은 여호와의 날, 그의 심판의 날, 그가 자신을 드러내시고 높이실 날이다. 그 날은 어둡고 캄캄한 날일 것인데(2절), 이것은 메뚜기와 황충 떼가 온 하늘과 땅을 뒤덮을 것이기 때문에 문자 그대로의 의미일 수도 있지만(출 10:15), 아마도 비유적인 표현일 것이다. 그 날은 암울한 때이자 혹독한 환난의 때가 될 것이다. 그 날은 새벽 빛이 산 꼭대기에 덮인 것과 같이 임할 것이다. 그 날의 어둠은 새벽 빛처럼 갑작스럽게 임하고, 거역할 수 없는 힘으로 아주 널리 퍼져 나가서, 그들을 점점 더 크게 압도할 것이다.

Ⅲ. 군대가 정렬함(2절). 그들은 많고 강한 백성이다. 어떤 사람이라도 무수한 메뚜기와 황충 떼가 땅을 파괴하는 모습을 보면, 그는 "분명히 이와 같은 일은 전에도 결코 없었고, 앞으로도 다시 없을 것이다"라고 말할 것이다(우리는 모두 현재 일어나고 있는 일에 압도되기가 쉽기 때문에). 이례적인 혹독한 심판들은 드문 일들이고 거의 일어나지 않는데, 이것은 하나님의 오래 참으심을 보여주는 한 예라는 것을 명심하라. 하나님은 옛적에 이 세상을 물로 심판하신 후에, 다시는 그런 심판을 하지 않으시겠다고 약속하셨다. 여기에서 군대는 다음과 같이 묘사된다.

1. 이 군대는 아주 대담하고 용맹스럽다는 것. 그들은 두려움을 모르고 겁내지 아니하며 칼을 대할지라도 물러나지 아니하는 군마들과 같다(욥 39:22). 그들이 달리는 것은 질풍처럼 내닫는 기병들 같을 것이다(4절). 옛 사람들 중 어떤 이들은 메뚜기의 머리 모양이 말의 머리와 아주 흡사하다는 점을 지적하였다.

2. 이 군대는 아주 큰 소리를 낸다는 것. 그들이 산 꼭대기에서 뛰는 소리는 수많은 병거들이 거친 땅을 질주할 때에 나는 소리와도 같다(5절). 사도 요한은 메뚜기들 또는 황충들이 무저갱에서 올라오는 모습을 보았을 때에 여기에 나오는 본문을 빌려서 그 광경을 묘사한다(계 9:7, 9): 황충들의 모양은 전쟁을 위하여 준비한 말들 같고, 그 날개들의 소리는 병거와 많은 말들이 전쟁터로 달려 들어가는 소리 같았다. 역사가들은 중동 지역의 나라들에서 메뚜기가 떼로 몰려오면서 내는 소리는 종종 10km 밖에서도 들렸다고 우리에게 말해 준다. 또한, 이 소리는 세차게 타오르는 불길이 내는 소리에도 비유된다. 그 소리는 불꽃이 검불을 사르는 소리와도 같았다. 이 소리는 불길이 그 앞에 있는 모든 것을 삼켜 버리는 것을 나타내는 소리이기 때문에 더욱 무시무시하다. 하나님의 심판들이 도

처에 광범위하게 임할 때에는 큰 소리를 낸다는 것을 명심하라. 이것은 안일하고 우둔한 세상을 깨어나게 하는 데에 꼭 필요하기 때문이다.

3. 이 군대는 아주 질서정연하게 대오를 지어서 행진한다는 것. 그들은 수가 많고 약탈하는 데에 탐욕스럽지만, 강한 군사가 줄을 벌이고 싸우는 것과 같다 (5절). 그들은 마치 전쟁 훈련을 통해서 자신의 옆사람이 누구인지를 살펴서 자신의 위치를 지키도록 숙달된 자들처럼 각기 자기의 길로 똑바르게 나아갈 것이다. 그들은 그 줄을 이탈하지 아니하며 피차에 부딪치지 아니할 것이다(7-8절). 그들은 수가 많고 신속하게 움직이지만, 그렇다고 해서 혼란이 일어나지는 않을 것이다. 하나님은 자기 뜻을 이루는 데에 피조물들을 사용하고자 하실 때에는 규범에 따라 움직일 수 있는 이성을 지니지 않은 피조물들이라도 규범에 따라 움직이게 만드실 수 있으시다. 하나님을 섬기는 일에 쓰임을 받는 자들은 질서를 지키고, 대오를 이탈하지 않으며, 그들 자신의 일을 부지런히 행하고, 남들의 일을 방해하지 않는 것이 얼마나 필요한지를 보라.

4. 이 군대는 아주 신속하게 움직인다는 것. 그들은 기병 같이 달리고(4절), 용사 같이 달린다(7절). 그들은 성중에 뛰어 들어가며 성 위에 달린다(9절). 하나님이 그의 명령을 땅에 보내시면, 그의 말씀은 속히 달린다(시 147:15). 천사들은 날개가 달려 있듯이, 하나님이 메뚜기들을 사용하시면 메뚜기들도 날개를 달게 된다.

IV. 이 가공할 만한 군대에 의해서 하나님의 심판이 무시무시하게 집행됨.

1. 들에서 이루어질 심판(3절). 이 군대를 정면에서 바라보라. 그러면, 너희는 불이 그들의 앞을 사르는 것과 같은 광경을 보게 될 것이다. 그들은 마치 불을 뿜는 것처럼 그들 앞에 있는 모든 것을 살라버린다. 이 군대를 뒤에서 바라보라. 그러면, 너희는 뒤에 오는 자들도 앞에 가는 자들만큼 맹렬한 것을 보게 될 것이다. 불꽃이 그들의 뒤를 태운다. 그들이 지나간 후에야, 그들에 의해서 어떠한 파괴가 이루어졌는지가 드러날 것이다. 그들이 아직 공격하지 않은 들판들을 보라. 그 들판들은 눈으로 보기에 기분 좋고 선한 열매들로 가득한 에덴 동산 같다. 그러한 들판들은 이 나라의 자랑이자 영광이다. 그러나 그들이 먹어 치운 들판들을 보라. 그 들판들은 황폐한 들 또는 광야 같다. 사람들은 이 들판들이 에덴 동산 같았던 적이 없었다고 생각했겠지만, 어제까지만 해도 사실 이 들판들은 에덴 동산 같았고, 사람들은 이 들판들이 황폐한 광야 같이 되는 일

이 결코 없을 것이라고 생각했겠지만, 내일 아침이 되면 이 들판들은 광야가 되어 있을 것이다. 그렇다. 그들의 양식이 될 만한 것들 중에서 그들을 피한 것이 없을 것이다. 아무도 자신의 몸의 아름다움이나 자신의 땅의 아름다움을 자랑하지 말라. 왜냐하면, 하나님은 그 몸이나 땅의 얼굴을 순식간에 바꿔 놓으실 수 있으시기 때문이다.

2. 성에서 이루어질 심판. 그들은 성을 기어 오르며(7절), 집들 위를 달리고, 도둑 같이 창으로 들어갈 것이다(9절). 메뚜기 재앙이 애굽을 덮쳤을 때, 메뚜기들은 바로의 집과 그의 모든 신하의 집에 가득하였다(출 10:5-6). 사탄의 사자(使者)들이자 불법의 사람의 사자들인 무저갱에서 올라온 메뚜기들은 여기에 나오는 메뚜기들과 같이 행한다. 하나님의 심판들도 사명을 띠고 임할 때에는 빗장이나 자물쇠로 막을 수 없다. 그 심판들은 무슨 수를 써서라도 자신의 길을 갈 것이다.

V. 백성들이 이 심판을 통해서 받게 될 영향들. 백성들은 저항해 보아야 아무 소용이 없다는 것을 발견하게 될 것이다. 이 원수들은 도저히 이겨낼 수 없는 존재들이기 때문에 저항해 보아야 아무 소용도 없다. 이 군대는 무기를 돌파하고 나아가나 상하지 아니할 것이다(8절). 그들은 해칠 수 없는 존재들이기 때문에 멈추게 할 수도 없다. 그러므로 그들 앞에서 백성들은 마치 상인들이 그들의 화물을 실은 배들이 해적들에게 약탈당할 위기에 처해 있다는 소식을 들었을 때처럼 새파랗게 질려서 그 얼굴빛이 창백해질 것이다(6절). "어떤 사람은 자신의 밭 때문에, 어떤 사람은 자신의 포도원 때문에 새파랗게 질려서, 무리의 낯빛이 흙빛이 될 것이다." 이것은 백성들이 이 일로 인해서 사람이 상상할 수 있는 것 중에서 최고로 대경실색하게 될 것임을 보여주는 것이다. 두려움에 질린 사람들은 그 얼굴빛이 창백해지지만, 절망에 빠진 사람들은 그 얼굴빛이 흙빛이 된다. 사람이 갑자기 대경실색하게 되면 그 얼굴빛이 하얘지는데, 그 상태가 지속되면 얼굴빛은 흙빛으로 변한다. 하나님은 우리의 자랑이자 즐거움이었던 것들을 순식간에 우리에게 고통을 가져다 주는 것으로 바꾸어 버리실 수 있다. 천지가 공포에 사로잡히게 되는 모습은 비유적인 표현들을 통해서 묘사된다(10절): 땅이 진동하며 하늘이 떨 것이다. 그 어떤 일에도 꿈쩍도 하지 않을 것 같이 보였던 강심장을 지닌 사람들, 그 마음이 아주 견고하여서 그 어떤 일에도 놀라거나 겁을 집어먹을 것 같지 않고 하늘이나 땅처럼 요지부동

일 것 같았던 사람들조차도 공포에 사로잡혀 경악하게 될 것이다. 또는, 그 땅의 주민들이 요동하게 될 때, 그들은 마치 그들 주위의 모든 것도 그들처럼 두려워 떠는 것 같이 느끼게 될 것이다. 두려움에 사로잡혀서, 또는 그들의 삶을 지탱해 주고 있던 것들이 없어져서, 그들의 눈은 침침해지고, 그들의 시력은 나빠져서, 그들에게 해와 달이 캄캄하게 느껴지고, 별들이 빛을 거둔 것처럼 느껴질 것이다. 하나님이 사람들에게 눈살을 찌푸리시면, 하늘의 광명들도 그들에게 기쁨이 되지 못할 것임을 명심하라. 왜냐하면, 사람은 그의 창조주를 반역하는 순간 모든 피조물들로부터 오는 유익도 상실하게 되기 때문이다. 이 구절을 비유적으로 이해하여야 한다고 하여도, 이 구절이 문자 그대로 성취되어서, 하늘이 두루마리처럼 말리고 땅과 그 중에 있는 모든 것이 불에 타게 될 날이 장차 올 것이다. 우리는 국지적인 작은 심판들을 볼 때마다 최후의 심판을 떠올리고서 정신을 바짝 차리지 않으면 안 된다.

Ⅵ. 하나님이 이 가공할 만한 군대의 대장이신 하나님 자신을 바라보라고 명령하심(11절). 이 군대는 그의 군대이고, 이 진영은 그의 진영이다. 하나님이 이 군대를 일으키셨고, 임무를 부여하셨다. 마치 장군이 그의 군대에게 무엇을 할 것인지 지시를 내리고 군사들의 사기를 북돋우기 위해서 연설을 하듯이, 하나님은 그의 군대 앞에서 소리를 발하신다. 그들이 눈 앞에서 보고 있는 이 모든 생물들에게 명령을 내리시는 분은 여호와이시다. 어떤 이들은 하나님이 이 구름 같은 메뚜기 떼와 더불어서 무시무시한 천둥도 보내셨다고 생각한다. 왜냐하면, 여호와의 소리라 불리는 천둥은 하나님이 애굽에 내린 재앙들 중의 하나였고, 그것은 천지를 두려워 떨게 만들었기 때문이다. 이런 일들이 일어나는 날은 여호와의 날이라 불린다(1, 11절). 왜냐하면, 이 전쟁에서 하나님은 반드시 승리를 하실 것이기 때문이다. 그 날은 여호와의 날일 수밖에 없다. 왜냐하면, 그의 진영은 심히 크고, 그의 군대는 무수하기 때문이다. 하나님은 그가 전쟁을 벌이시는 상대방을 여기에서처럼 군사의 수로 압도하실 수 있으시다. 하나님은 그의 공의의 사자(使者)로서 그의 명령을 행하는 자로 누구를 사용하시든, 그들을 강하게 하셔서, 그가 맡기신 일을 넉넉히 감당할 수 있게 하신다. 하나님은 그가 사명을 주신 자들에게는 그 사명을 행할 수 있는 힘도 주신다. 그러므로 여호와의 큰 날은 그 날에 그의 공의의 기념비들이 될 모든 자들에게 심히 두려운 날이 될 수밖에 없다. 왜냐하면, 그 날에 살아 남을 자가 없기 때문이다:

당할 자가 누구이랴. 그 누구도 하나님의 진노를 피할 수 없고, 그 진노의 능력에 대항할 수 없으며, 그 진노의 무게를 견딜 수 없다(삼상 6:20; 시 76:7).

[12]여호와의 말씀에 **너희**는 이제라도 금식하고 울며 애통하고 마음을 다하여 내게로 돌아오라 하셨나니 [13]**너희**는 옷을 찢지 말고 마음을 찢고 너희 하나님 여호와께로 돌아올지어다 그는 은혜로우시며 자비로우시며 노하기를 더디하시며 인애가 크시사 뜻을 돌이켜 재앙을 내리지 아니하시나니 [14]주께서 혹시 마음과 뜻을 돌이키시고 그 뒤에 복을 내리사 너희 하나님 여호와께 소제와 전제를 드리게 하지 아니하실는지 누가 알겠느냐 [15]너희는 시온에서 나팔을 불어 거룩한 금식일을 정하고 성회를 소집하라 [16]백성을 모아 그 모임을 거룩하게 하고 장로들을 모으며 어린이와 젖 먹는 자를 모으며 신랑을 그 방에서 나오게 하며 신부도 그 신방에서 나오게 하고 [17]여호와를 섬기는 제사장들은 낭실과 제단 사이에서 울며 이르기를 여호와여 주의 백성을 불쌍히 여기소서 주의 기업을 욕되게 하여 나라들로 그들을 관할하지 못하게 하옵소서 어찌하여 이방인으로 그들의 하나님이 어디 있느냐 말하게 하겠나이까 할지어다

우리는 여기에서 하나님께서 앞 단락에서 설명하시고 경고하신 모든 것을 황폐화시키는 심판을 근거로 백성들에게 회개하라고 진지하게 권면하시는 것을 보게 된다. 그러므로 너희는 이제라도 여호와께로 돌아오라(12절).

1. "너희는 이런 식으로 이 심판의 목적과 의도에 부응하여야 한다. 왜냐하면, 이 심판은 너희에게 죄를 깨우쳐서, 너희로 그 죄로 인하여 낮아지게 하고, 너희를 올바른 정신으로 돌아오게 하여, 너희 하나님께 돌아와 다시 충성하게 하기 위해서 보내진 것이기 때문이다." 하나님은 우리로 하여금 회개하고 정신을 차릴 수 있도록 하시기 위해서 우리를 궁지로 몰아넣으신다.

2. "너희는 이런 식으로 이 심판의 진행을 멈추게 할 수 있다. 지금 너희의 형편은 나쁘지만, 너희는 이렇게 함으로써 너희의 형편이 더 악화되는 것을 막을 수 있다. 아니, 너희가 그렇게만 한다면, 너희의 형편은 곧 나아지게 될 것이다." 여기에는 다음과 같은 은혜로운 초청이 나온다.

I. 각 개인을 회개로 초청하심. 각 영혼 속에서 회개가 이루어져야 하는데, 각 족속이 따로, 그들의 아내들이 따로 이 회개를 하여야 한다(슥 12:12). 하나님

의 심판들이 도처에 있을 때, 각 사람은 이전에 공동의 죄책에 기여했던 것과 마찬가지로, 이제는 공동의 탄원과 간구에 있어서 자신의 분량만큼 기여하려고 애를 써야 한다. 각 사람이 적어도 한 가지 행실을 고치고, 적어도 한 가지 죄로 인하여 애곡하여야 한다. 그러면, 우리 모두가 고침을 받고, 우리 모두가 하나님 앞에서 애곡하는 자들로 발견될 것이다. 좀 더 자세하게 살펴보자.

1. 하나님은 여기에서 우리에게 무엇을 하라고 부르시는가. 이것은 우리에게 우리가 무엇을 회개해야 하는지를 가르쳐 준다. 왜냐하면, 여호와 우리 하나님이 우리에게 지속적으로 요구하시는 것은 우리가 회개해야 할 것과 동일하기 때문이다.

(1) 우리는 우리의 죄들로 인하여 진정으로 낮아져야 하고, 우리의 죄로 말미암아 하나님을 노엽게 해드린 것을 죄송하게 생각하여야 하며, 우리의 죄로 말미암아 우리 자신을 해롭게 한 것, 즉 우리의 판단과 이익에 해를 끼친 것을 부끄러워하여야 한다는 것. 우리가 슬퍼하고 부끄러워하는 것은 금식하며 울며 애통하는 것, 이 모든 것을 초래한 우리의 죄로 인한 눈물을 통해서 밖으로 표현되어야 한다. 그러나 슬픔의 외적인 표현들이 내적인 통회함에서 나와서 이 둘이 서로 일치하지 않는다면, 외적인 표현들만으로는 무슨 소용이 있겠는가? 그러므로 너희는 옷을 찢지 말고 마음을 찢으라(13절)는 말씀이 뒤이어 나온다. 당시의 관습을 따라서, 그들이 그들의 죄악들에 대한 큰 슬픔과 근심의 표시이자 어리석은 짓을 한 그들 자신에 대한 거룩한 분노의 표시로 그들의 옷을 찢는 것이 합당하지 않은 것은 아니다. 그러나 "마치 그렇게 하는 것으로 충분하다는 듯이 거기에서 머물지 말고, 금식하고 슬퍼하며 자신을 낮추는 날에 걸맞게 너희의 옷을 입는 것보다도 너희의 마음가짐을 갖추는 데에 더 관심을 가지라. 아니, 만약 너희가 마음을 찢지 않을 것이라면, 아예 너희의 옷도 찢지 말라. 왜냐하면, 실체가 없는 징표는 하나님을 조롱하고 희롱하는 것으로서 하나님에 대한 모독이 되기 때문이다." 마음을 찢는 것이야말로 하나님이 찾으시는 것이요 요구하시는 것이다. 하나님이 멸시하지 아니하시는 것은 상하고 통회하는 마음이다(시 51:17). 죄로 인하여 우리의 영혼이 몹시 괴롭고 슬프며, 우리가 그 죄로 인하여 하나님을 얼마나 욕되게 하고 우리 자신의 존엄을 얼마나 크게 훼손하였는지를 생각하면, 마음이 쓰라리고 아플 때, 그리고 우리가 죄에 대한 혐오감을 품고, 죄를 초래한 우리의 심성에서 벗어나서 다시는 죄로 돌아

가지 않기를 간절하게 원하고 애쓸 때, 우리는 그 죄로 인하여 우리의 마음을 찢고 있는 것이다. 그러면, 하나님은 하늘을 찢으셔서, 우리에게 긍휼을 내려주실 것이다.

(2) 우리는 철저하게 회심을 하고서 죄와 결별하고 우리 하나님께로 돌아와야 한다는 것. 여호와의 말씀에 너희는 이제라도 내게로 돌아오라 하셨다(12절). 너희는 너희 하나님 여호와께로 돌아올지어다(13절). 우리가 우리 하나님이신 여호와께로 돌아오지 않는다면, 금식하고 우는 것은 아무 가치가 없다. 우리가 하나님과 함께하는 것이야말로 우리의 본분이자 유익이라는 것을 철저하게 깨닫고, 우리가 이전에 하나님께 등을 돌린 것을 진심으로 가슴 아파하며, 견고하고 굳은 결심으로 하나님의 영광을 우리의 목적으로 삼고, 하나님의 뜻을 우리의 규범으로 삼으며, 하나님의 은총을 우리의 지복(至福)으로 삼을 때, 우리는 우리 하나님 여호와께로 돌아온 것이다. 하나님은 우리 모두에게 속히 그렇게 행하라고 초청하시고 명령하신다.

2. 하나님은 여기에서 이 백성에게 이렇게 마음을 다하여 여호와께로 돌아오라고 설득하실 때에 어떤 논거들을 사용하시는가. 우리가 죄로 인하여 마음을 찢어서 그 마음이 죄로부터 찢겨져 나올 때, 우리는 하나님께로 온전히 돌아와서 오직 하나님께만 헌신할 준비가 된 것이다. 하나님은 우리의 마음을 전부 가지시든가 전혀 갖지 않으시든가 둘 중의 하나를 택하신다. 이제 우리는 하나님께로 온전히 돌아오기 위하여 다음과 같은 것들을 깊이 숙고하여야 한다.

(1) 우리는 하나님이 선한 하나님이시라는 것을 확신한다는 것. 하나님이 우리의 죄로 인하여 우리를 벌하시는 것이 의롭고 마땅하다는 사실에 대한 두려움이 우리를 하나님께로 몰아가기 때문만이 아니라, 하나님은 은혜로우시며 자비로우셔서 우리가 회개하면 우리를 받아주신다는 사실에 대한 소망이 우리로 하여금 하나님을 가까이 하게 만들기 때문에도, 우리는 우리 하나님 여호와께로 돌아와야 한다. 하나님은 은혜로우시고 자비로우셔서, 죄인들이 죽는 것을 기뻐하지 않으시고, 그들이 돌이켜서 살게 되기를 원하신다. 하나님은 그를 노하시게 한 자들에 대하여 노하기를 더디하실 뿐만 아니라, 그를 기쁘시게 하고자 하는 자들을 향하여 인애가 크시다. 여기에 나오는 이러한 표현들은 하나님이 그의 선하심과 그의 모든 영광을 모세 앞으로 지나가게 하시면서 그의 이름을 선포하실 때에 사용된 것들이다(출 34:6-7). 하나님은 뜻을 돌이켜 재앙을 내

리지 아니하신다(12절). 이것은 하나님이 자신의 계획을 바꾸신다는 것이 아니라, 죄인의 마음이 변화될 때에 그 죄인에 대한 하나님의 대우도 바뀌어서, 선고가 뒤집어지고, 율법의 저주는 제거된다. 하나님의 긍휼하심에 대한 견고한 믿음에서 생겨나는 회개야말로 참되고 솔직하고 복음적인 회개라는 것을 명심하라. 하나님의 긍휼하심을 믿기 때문에, 우리가 연약하여 하나님께 범죄하고서도, 우리는 결코 절망하지 않는다. 회개하라 천국이 가까이 왔느니라(마 3:2). 우리가 하나님의 선하심을 제대로 이해한다면, 그것은 우리를 담대하게 하여 계속해서 죄를 짓게 만드는 것이 아니라, 우리를 회개로 이끄는 가장 강력한 유인(誘因)이 될 것이다(시 130:4). 벌을 받고 모든 권리를 박탈당할 것이 두려워서 하나님을 떠나갔던 죄인들도 하나님이 그들의 죄를 사면해 주실 것이라는 말을 확신하게 된다면 하나님께로 돌아올 것이 분명하다.

(2) 우리는 우리가 회개하면 하나님이 우리가 죄로 말미암아 상실했고 박탈당했던 저 복을 우리에게 내리실 것이고(14절), 마음과 뜻을 돌이키셔서, 이전처럼 우리를 계속해서 대적하시는 것이 아니라 도리어 우리에게 은혜를 베푸실 것이라는 소망을 가질 이유가 있다는 것. 우리는 하나님을 거슬러 저지른 우리의 죄들을 회개하고, 하나님께로 돌아와서 우리의 본분을 다하여야 한다. 왜냐하면, 우리는 그렇게 할 때에만 하나님이 우리에 대하여 내리신 그의 심판들을 돌이키시고, 우리에게 다시 긍휼을 베푸실 것이라는 소망을 가질 수 있기 때문이다.

[1] 이 기대는 아주 겸손하고 절제되어 있음. 주께서 혹시 … 아니하실는지 누가 알겠느냐. 어떤 이들은 요엘 선지자가 이 기대를 이런 식으로 작은 가능성이 있다는 식으로 표현한 것은 이 백성이 뻔뻔스럽게 억측을 하여서 안일한 마음을 품는 것을 막고, 아주 조심스럽고 정성을 다해서 회개를 하도록 유도하기 위한 것이라고 본다(수 24:19의 경우처럼). 또는, 이것이 이런 식으로 작은 가능성으로 표현된 것은 그들이 여기에서 기대하는 것은 현세에서의 심판에서 벗어나는 것인데, 그런 것은 우리가 하나님이 은혜로우시고 자비로우시다는 것에 대하여 확신할 수 있는 정도만큼 확실히 말할 수 있는 것은 아니기 때문이다. 우리가 진심으로 우리의 죄를 회개하면, 하나님이 그 죄를 사하시고 우리와 화해하시리라는 것에 대해서는 그 어떤 의문도 있을 수 없다. 그러나 우리가 회개할 때에 하나님이 우리가 처해 있는 이런저런 환난을 제거해 주실 것

인지의 여부는 확실하지 않은 것이 당연하다. 그렇지만, 우리는 그럴 가능성이 높다는 것을 기대하고서 힘을 얻어 회개하는 것이 마땅하다. 성경에서는 현세적인 복들에 대한 약속을 말할 때에는 종종 그런 복이 주어지지 않을 수도 있다는 투로 말한다. 너희가 혹시 여호와의 분노의 날에 숨김을 얻으리라(습 2:3). 다윗의 죄는 사함을 받았지만, 그의 아이는 죽게 될 것이었다. 다윗은 그 아이의 목숨을 살려 주시라고 기도할 때에 여기에서처럼 그 일에 있어서 여호와께서 나를 불쌍히 여기사 아이를 살려 주실는지 누가 알까(삼하 12:22)라고 말하였다. 니느웨 사람들도 하나님이 뜻을 돌이키시고 그 진노를 그치사 우리가 멸망하지 않게 하시리라 그렇지 않을 줄을 누가 알겠느냐(욘 3:9)는 심정으로 하나님 앞에서 회개하고 삶을 고쳤다.

[2] 이 기대의 내용은 지극히 경건함. 그들은 하나님이 마음과 뜻을 돌이키시고 그 뒤에 복을 내리시기를 소망한다. 여기에서 "그 뒤에"라는 어구는 하나님이 곧 그들을 떠나가실 것이기 때문에 그들이 그의 임재 대신에 그가 남겨 주시는 복만으로 만족할 수 있다는 뜻이 아니라, "하나님이 우리와의 다툼을 그치시고서 우리에게 복을 내리실" 것이라는 뜻이다. 그렇다면, 그 복이란 것은 무엇이었는가? 그것은 우리 하나님 여호와께 소제와 전제를 드리는 것이었다. 땅의 소산들은 복이라 불린다(사 45:8). 왜냐하면, 그 소산들은 하나님의 축복에 의한 것이고, 우리에게 꼭 필요한 복들이기 때문이다. 그들은 이런 복들을 박탈당했었고, 그들이 그런 상태에 있는 동안에 그들을 가장 마음 아프게 했던 것은 하나님의 제단에 드림과 아울러 하나님의 제사장들의 생계가 될 제물과 예물이 그들에게 없었다는 것이었다. 그러므로 하나님이 풍성한 복을 그들에게 내리실 것이라는 기대로 말미암아 그들이 가장 큰 위로를 받았던 것은 그렇게만 되면 그들이 하나님의 제단에 소제와 전제를 풍성하게 드릴 수 있게 되리라는 것이었다. 그들은 이것을 그들의 식탁에 그들이 원하는 만큼의 풍성한 고기와 마실 것을 올려 놓는 것보다 더 바라고 원하였다. 마찬가지로, 히스기야는 자신의 병에서 회복될 기미가 보였을 때에, 자기가 빨리 왕좌나 어전회의에 복귀하기를 바란 것이 아니라, 내가 여호와의 전에 올라갈 징조가 무엇이냐(사 38:22)고 물었다. 하나님에 대한 예배와 규례들을 순전하고 힘 있고 풍성하게 누리는 것이야말로 한 나라가 형통하고 번영하고 있음을 보여주는 가장 소중한 예이기 때문에, 그것은 한 나라의 백성으로서 원할 수 있는 최고의 축복이

라는 것을 명심하라. 하나님이 소제와 전제를 드릴 수 있는 복을 주신다면, 그 복은 다른 모든 복들을 함께 가져와서 거룩하게 하여, 그들로 하여금 달고 안전하게 누릴 수 있게 해줄 것이다.

Ⅱ. 공적이고 민족적인 회개로 초청하심.   이것은 온 백성이 성회로 모여서 국가적인 행위로서 하나님께 영광을 돌리고 서로를 격려하기 위해서 행하는 회개이다. 또한, 이것은 이웃 나라들로 하여금 이 백성이 어떤 준비를 갖추었길래 하나님이 은혜 가운데서 이 백성에게 다시 긍휼을 베푸시게 되었는지를 살펴보고 알 수 있게 하고, 아울러 이 경이로운 일의 증인들이 되게 하기 위한 것이다.

1. 이 회중은 어떻게 소집되어야 하는가(15-16절). 앞에서는 하나님이 전쟁을 알리는 경보를 전하기 위해서 나팔을 불게 하셨다(1절). 그러나 여기에서 하나님이 나팔을 불라고 하시는 것은 평화 조약을 맺기 위한 것이다. 하나님은 자기 백성 가운데서 긍휼을 받기에 합당한 조짐만 보셔도 기꺼이 그들에게 긍휼을 베푸시고자 하신다. 그러므로 하나님은 그들을 소집하신다. 거룩한 금식일을 정하라. 율법에서는 많은 절기들을 정해 놓았지만, 일년에 단 하루는 속죄일, 즉 마음을 괴롭게 하는 날로 정하여 금식일로 지키게 하였다. 만일 그들이 하나님을 가까이 모시고 그들의 본분을 다하였다면, 그런 날을 지킬 이유가 없었을 것이다. 그러나 그들은 죄로 말미암아 하나님의 심판들을 자초하였기 때문에, 하나님으로부터 금식하라는 명령을 종종 받는다. 하나님이 이미 앞에서 하신 말씀(1:14)이 여기에서 반복된다. "성회를 소집하라. 백성을 모아(이 일로 그들에게 함께 모이라고 재촉하라) 그 모임을 거룩하게 하라. 미리 준비 기간을 정하여, 그들에게 스스로 준비할 시간을 주라. 신분이 높은 자들이라고 면제해 주지 말고, 장로들과 재판관들과 방백들을 모으라. 신분이 비천한 자들이라고 그냥 넘어가지 말고, 어린이와 젖 먹는 자를 모으라." 우리는 어린아이라고 하여도 사물을 이해할 수 있는 나이가 되자마자 성회들에 데리고 가서, 그들로 하여금 그들이 마땅히 가야 할 길이 어떤 것인지를 일찍부터 배우고 훈련받게 하는 것이 선한 일이다. 그러나 하나님은 여기에서 젖먹이들조차도 성회로 데리고 와서 금식하게 하라고 말씀하신다. 그러면, 하나님이 그들의 자녀들인 젖먹이들에게 벌을 내리심으로 젖먹이들이 목말라서 혀가 입천장에 붙게 되어서(애 4:4), 젖먹이들이 젖을 달라고 울부짖는 소리를 듣고, 부모들의 마음이 찢어져

서 죄를 회개하게 될 것이고, 그 때에 하나님은 니느웨의 아기들에 대하여 그러셨듯이(욘 4:11) 이 젖먹이들도 불쌍히 여기실 것이다. 또한, 갓 결혼한 자들도 그 사정을 보아주어서 성회에 모이는 것을 면제해 주어서는 안 된다. 신랑을 그 방에서 나오게 하며 신부도 그 신방에서 나오게 하라. 신혼 부부들은 평상시처럼 곱게 차려 입거나 장신구를 달아서도 안 되고, 신혼의 기쁨에 빠져 있어서도 안 되며, 다른 사람들과 마찬가지로 엄중하고 슬픈 심정으로 국가적인 금식의 의무에 동참하여야 한다. 환난이나 죄로 인한 국가적인 슬픔이나 근심이 있을 때에는 개인적인 기쁨은 언제나 양보되어야 한다는 것을 명심하라.

2. 금식일은 어떤 식으로 진행되어야 하는가(17절).

(1) 여호와를 섬기는 제사장들은 성회를 주재해서, 백성들에게는 하나님의 입이 되어야 하고, 하나님께는 백성들의 입이 되어야 한다는 것. 평상시에 중보 기도를 하는 것을 일로 삼고 있던 자들 외에 하나님의 진노를 돌이키기 위해서 하나님과 백성 중간에 설 자가 누구이겠는가?

(2) 제사장들은 낭실과 제단 사이에서 직무를 수행하여야 한다는 것. 거기에서 이전에 그들은 제사들을 드리는 일을 해왔다. 그러므로 하나님께 제사를 드리려고 해도 제물이 없는 형편에 있는 지금, 그들은 거기에서 영적 제사를 드려야 한다. 거기에서 백성들은 제사장들이 그들의 조상 야곱처럼 울며 씨름하는 모습을 보면서, 거기에 힘입어서 경건한 마음가짐을 갖도록 애써야 한다. 목회자들은 어떤 것들을 사용해서 신자들에게 감화를 주기를 원한다면 그것들로 인하여 먼저 스스로 감화를 받아야 한다. 여호야다의 아들 스가랴가 그의 신실한 신앙 때문에 죽임을 당한 것은 낭실과 제단 사이에서였다. 하나님은 그 귀한 피의 값을 그들의 손에서 취하시고자 하신다. 그러므로 그 죄로 인한 심판을 돌이키기 위해서는 거기에서 그들이 울지 않으면 안 된다.

(3) 제사장들은 기도하여야 한다는 것. 하나님은 여기에서 그들의 입에 말씀을 넣어 주신다. 따라서, 그들은 그 말씀을 토대로 해서 더 세밀하게 하나님께 기도를 드릴 수 있을 것이었다. 그들이 간구해야 할 것은 "여호와여 주의 백성을 불쌍히 여기셔서 용서하시고 살려 주소서"라는 것이었다. 하나님의 백성은 환난 가운데에 있을 때에 하나님의 공의에 비추어서는 구원의 길을 기대할 수 없고, 오직 하나님의 긍휼에 의지해서만 구원을 기대할 수 있다. 그들은 "여호와여 우리를 신원하소서"라고 기도할 수 없고, 단지 "여호와여 우리를 불쌍히 여

기소서"라고 기도할 수 있을 뿐이다. "우리는 벌을 받아 마땅하고, 벌을 받을 필요가 있나이다. 그러나, 여호와여, 그 벌을 완화시켜 주소서." 죄인들은 선하신 여호와여 우리를 불쌍히 여기소서라고 탄원할 수 있을 뿐이다. 그들은 그들과 하나님의 관계에 호소하여야 하고("우리는 주의 백성이자 주의 기업이오니 우리를 불쌍히 여기소서"), 특히 그들의 환난이 하나님의 영광에 누(累)가 될 것임을 들어서 호소하여야 한다: "여호와여, 주의 기업을 굶어 죽게 하여 욕되게 하지 마소서. 아주 오랫동안 온 땅의 영광으로 칭송을 받아 왔던 가나안 땅이 이제 온 땅의 조롱거리가 되는 일이 없게 하소서. 주의 기업이 이렇게 빈곤해져서 생존할 수 없게 되면, 이방 나라들이 주의 기업을 관할하게 되는 것은 쉬운 일이오니, 그런 일이 일어나지 않게 하소서. 이방인들이 주의 기업을 속담과 비방거리로 삼지 않게 하소서(어떤 이들은 본문을 이렇게 읽는다). 이방인들이 이스라엘 사람들처럼 가난하고 거지 같은 자들이라는 말이 결코 생겨나지 않게 하소서." 한 나라의 명성이 열방들 가운데서 유지되는 것은 그 나라가 잘 되기를 바라는 모든 자들이 원하고 기도하는 복이라는 것을 명심하라. 반대로, 하나님의 백성들은 교회가 욕을 당하여 하나님께 누(累)가 되는 일이 생기는 것을 두려워하고, 그런 일이 생기지 않게 해달라고 기도하여야 한다. "그들의 하나님, 곧 그들을 돕겠다고 약속하였던 그 하나님, 그들이 그토록 자랑하고 의지하던 그 하나님이 어디 있느냐는 말이 이방인들 가운데서 나오지 않게 하소서." 하나님의 기업(基業)이 멸망을 당하면, 이웃 나라 사람들은 "하나님이 힘이 약해서 그들을 구원할 수 없었거나, 그들에게 냉정하여서 그들을 구원하고자 하지 않은 것이다"라고 말할 것이다(신 32:37): 그들이 의지하던 그들의 신들이 어디 있느냐. 실제로 산헤립은 이런 식으로 조롱하며 의기양양해하였다: 하맛과 아르밧의 신들이 어디 있느냐(왕하 18:34). 그러나 이방인들이 이스라엘에 대하여 그들의 하나님이 어디 있느냐고 말하는 일은 결코 일어나지 않을 것이다. 왜냐하면, 우리는 우리 하나님이 하늘에 계시고(시 115:2-3), 그의 성전에 계시다는 것을 확신하기 때문이다(시 11:4).

¹⁸그 때에 여호와께서 자기의 땅을 극진히 사랑하시어 그의 백성을 불쌍히 여기실 것이라 ¹⁹여호와께서 그들에게 응답하여 이르시기를 내가 너희에게 곡식과 새 포도주와 기름을 주리니 너희가 이로 말미암아 흡족하리라 내가 다시는 너희가 나라들

가운데에서 욕을 당하지 않게 할 것이며 [20]내가 북쪽 군대를 너희에게서 멀리 떠나게 하여 메마르고 적막한 땅으로 쫓아내리니 그 앞의 부대는 동해로, 그 뒤의 부대는 서해로 들어갈 것이라 상한 냄새가 일어나고 악취가 오르리니 이는 큰 일을 행하였음이니라 하시리라 [21]땅이여 두려워하지 말고 기뻐하며 즐거워할지어다 여호와께서 큰 일을 행하셨음이로다 [22]들짐승들아 두려워하지 말지어다 들의 풀이 싹이 나며 나무가 열매를 맺으며 무화과나무와 포도나무가 다 힘을 내는도다 [23]시온의 자녀들아 너희는 너희 하나님 여호와로 말미암아 기뻐하며 즐거워할지어다 그가 너희를 위하여 비를 내리시되 이른 비를 너희에게 적당하게 주시리니 이른 비와 늦은 비가 예전과 같을 것이라 [24]마당에는 밀이 가득하고 독에는 새 포도주와 기름이 넘치리로다 [25]내가 전에 너희에게 보낸 큰 군대 곧 메뚜기와 느치와 황충과 팥중이가 먹은 햇수대로 너희에게 갚아 주리니 [26]너희는 먹되 풍족히 먹고 너희에게 놀라운 일을 행하신 너희 하나님 여호와의 이름을 찬송할 것이라 내 백성이 영원히 수치를 당하지 아니하리로다 [27]그런즉 내가 이스라엘 가운데에 있어 너희 하나님 여호와가 되고 다른 이가 없는 줄을 너희가 알 것이라 내 백성이 영원히 수치를 당하지 아니하리로다

하나님이 얼마나 자기 백성을 구하시고 건져내시고자 애타하시며, 은혜를 베푸시기 위하여 얼마나 애타게 기다리시는지를 보라. 그들이 하나님의 손 아래에서 스스로 낮아져서 기도하며 그의 얼굴을 구하자마자, 하나님은 즉시 그의 은총들을 수반하시고서 그들을 만나 주신다. 그들은 앞에서 하나님께 그들을 불쌍히 여겨 주시라고 기도하였는데, 여기에서 하나님이 어떠한 선한 말씀, 위로하는 말씀으로 그들에게 응답하시는지를 보라(슥 1:13). 왜냐하면, 하나님이 하시는 약속들은 믿음으로 기도하는 자들에게 진정한 응답들인데, 이것은 하나님에게는 말씀하시는 것과 행하시는 것이 별개의 것이 아니기 때문이다. 좀 더 자세하게 살펴보자.

I. 하나님이 약속하신 이 긍휼은 어디에서 생겨나는가(18절). 하나님은 자기의 땅을 극진히 사랑하시어 그의 백성을 불쌍히 여기실 것이다. 하나님은 다음과 같은 것들을 고려하실 것이다.

1. 하나님 자신의 존귀하심과 그가 이스라엘과 맺으신 언약에 대한 평판. 이 언약에 의거해서, 하나님은 그들에게 저 좋은 땅을 주셨고, 그 땅을 아주 소

중히 여기셨었다. 그러므로 하나님은 지금 와서 그 땅이 멸시를 받거나 위신이 손상되는 일을 당하도록 내버려 두지 않으실 것이고, 자기 땅과 거기에 살면서 복된 백성이라는 칭송을 들어왔던 자기 백성의 명성에 대하여 열심이 있으시기 때문에, 자기 백성이 비참한 백성이라는 말을 들으며 욕을 당하도록 내버려 두지 않으실 것이다.

2. 그들의 곤경. 하나님은 그의 백성을 불쌍히 여기실 것이다. 하나님은 그들을 불쌍히 여기셔서, 그들이 잃었던 위로들을 다시 그들에게 회복시켜 주실 것이다. 하나님이 우리를 불쌍히 여기신다는 사실은 회개하는 자와 간구하는 자로 하나님께 겸손히 나아가는 자들에게 큰 힘이 된다.

II. 하나님이 그들에게 베푸실 그의 긍휼이 어떤 것일지를 몇 가지 예를 들어 말씀해 주심.

1. 그들을 멸하고자 했던 군대가 패주하여 흩어지리라는 것(20절). "내가 북쪽 군대, 즉 북쪽에서 북풍의 날개를 타고 너희를 침략하였던 메뚜기와 황충의 군대, 너희가 그 진격을 도저히 멈출 수 없었던 바로 그 군대를 너희에게서 멀리 떠나게 할 것이다. 너희가 하나님과 화목하게 되었은즉, 하나님은 너희에 대하여 진을 친 이 군사들을 메마르고 적막한 땅, 즉 옛적에 이스라엘이 유랑하였던 저 광대하고 황량한 광야로 쫓아내리니, 그들은 가나안의 풍요로움을 잃은 후에, 거기에서 먹을 것이 없어 죽게 될 것이다. 그 앞의 부대는 동해(즉, 유대 땅의 동쪽에 있는 사해)로 가서 거기에서 죽게 될 것이고, 그 뒤의 부대는 대해로 들어가서 죽게 될 것이다." 그들은 이 땅을 메마르고 적막한 땅으로 만들어 버렸는데, 이제 하나님은 그들을 메마르고 적막한 땅으로 쫓아내실 것이다. 하나님이 자기 백성을 징계하시기 위하여 도구로 사용하신 자들은 그들 자신도 이렇게 나중에 벌을 받게 된다. 하나님은 다 사용하신 회초리를 불 속에 던져 버리시는 것이다. 하나님의 백성을 징계하기 위해 사용된 이 곤충들의 떼는 그것들이 죽으면서 풍기는 악취 외에는 그 어떤 흔적도 남아 있지 않게 될 것이다. 하나님은 애굽을 메뚜기 재앙에서 풀어 주실 때에 그 메뚜기들을 홍해로 몰아넣으셨다(출 10:19). 애굽의 메뚜기 떼가 제거되었어도 애굽 왕이 회개하지 않자 하나님이 진노하셔서 또 다른 재앙을 보내셨던 것과는 달리, 가나안의 메뚜기 떼가 회개한 백성으로부터 제거되었을 때에는 하나님은 다른 재앙을 보내시지 않으셨다. 환난이 자기 소임을 다한 경우에는 그 환난은 긍휼로 대체되는

법이기 때문이다. 많은 해석자들은 이 북쪽 군대가 산헤립의 군대를 가리키는 것으로 이해한다. 하나님은 산헤립의 군대를 사용하셔서, 그의 일을 시온 산과 예루살렘에 다 행하신 후에(사 10:12), 그 군대를 흩으셨다. 하나님은 이 원수를 쫓아내실 것이다. 왜냐하면, 이 원수는 큰 일을 행하였고, 많은 해악을 행하였으며, 그 일을 자랑하였고, 교만한 마음으로 그 일을 행하였기 때문이다. 그러므로 그 뒤에 여호와께서 자기 백성을 위하여 큰 일을 행하실 것이라는 말씀이 나오는데(21절), 이것은 이 원수가 하나님의 백성을 대적하여 큰 일을 행하였을지라도, 이 원수가 자랑하는 일에서 하나님은 이 원수를 훨씬 능가하신다는 것과 이 원수가 어떤 큰 일을 하였든지 간에 그것은 하나님이 이 원수에게 행하라고 위임한 일에 불과하다는 것을 자기 백성에게 깨우치시기 위한 것이다. 하나님이 그 군대에게 가라 하시면 갔고 오라 하시면 왔다는 사실은 그 군대가 하나님 수하의 군사들이었다는 것을 보여주는 것이다.

2. 하나님이 황폐화된 땅에 물을 주셔서 옥토로 만드시리라는 것. 그 군대가 흩어진다고 해도, 그들이 황폐화시켜 버린 땅이 그대로 폐허로 남아 있게 된다면, 우리는 어떻게 해야 한단 말인가? 그러므로 하나님은 메뚜기 떼가 초토화시켜 버려서 광야처럼 벌거벗게 된 들의 풀이 다시 싹이 나며, 나무들, 특히 무화과나무와 포도나무가 열매를 맺을 것이라고 약속하신다(22절). 그러나 우리는 철저하게 황폐화된 땅을 보면, 이 마른 뼈들이 과연 살아날 수 있을까 여호와께서 하늘에 창들을 내신들 어찌 이런 일이 있으리요(왕하 7:2)라고 말하고자 하는 유혹을 받게 된다. 그러나 그런 일이 있게 될 것이다. 왜냐하면, 여호와께서 이른 비와 늦은 비를 이전에도 그들에게 주셨고 앞으로도 주실 것이고, 하나님이 그들에게 긍휼을 베푸시기로 하셨다면 비를 적당하게 주셔서, 비가 심판으로 바뀌는 일은 없을 것이고, 늦은 비를 그 비가 가장 필요할 때인 첫째 달에 주실 것이기 때문이다(23절). 그들은 비가 하나님의 손에서 오고 그의 지혜에 의해서 안배된 것을 볼 때에 안심하게 될 것이다. 왜냐하면, 그런 경우에 우리는 그 비가 적절하게 안배되었을 줄을 확신할 수 있기 때문이다. 한편으로, 난외주에서는 이 본문을 그가 의의 교사를 너희에게 주셨다로 읽는다. 이것은 여기에서 비로 번역된 단어는 교사를 의미할 수 있고, 적당하게로 번역된 단어는 의에 따른으로 번역될 수도 있기 때문이다. 한 랍비는 이 난외주의 읽기에 나오는 의의 교사를 메시야 왕을 가리킨다고 말하는데, 이렇게 이해하는 사람들이 많이 있

다. 왜냐하면, 그는 하나님으로부터 온 교사로서 우리에게 의의 길을 보여주기 때문이다. 그러나 또 다른 이들은 의의 교사를 의를 가르치는 선지자로 보고, 특히 히스기야나 이사야를 구체적으로 거론한다. 하나님이 의의 교사들, 그의 마음에 합한 목회자들을 어떤 백성에게 보내시는 것은 그 백성을 위하여 긍휼을 준비해 두고 계시다는 것을 보여주는 좋은 징조라는 것을 명심하라.

3. 하나님이 그들의 모든 손실들을 회복시켜 주시리라는 것(25절). "내가 메뚜기가 먹은 햇수대로 너희에게 갚아주리라. 너희는 환난을 당한 기간만큼 위로를 받게 될 것이고, 기근의 햇수대로 풍요로운 해들을 맞게 될 것이다." 그들이 회개하면, 하나님은 이렇게 그의 종들에 대한 일들을 돌이키시고, 그가 그들과 얼마나 완벽하게 화해하셨는지를 보여주시기 위하여, 그들이 그의 심판들로 인해서 입은 손해를 다 회복시켜 주시고, 빌립보 감옥의 간수처럼 그들의 맞은 자리를 씻어 주신다. 하나님은 공의를 따라서 그들의 재산을 압류하신 것이기 때문에 그들에게 잘못하신 것이 전혀 없으신데도, 불쌍히 여기시는 마음에서 그들의 손실을 보상해 주신다. 이것은 마치 탕자가 돌아왔을 때에 아버지가 그 아들을 가족으로 다시 받아들여서, 그 아들이 그의 죄와 어리석음으로 잃어버린 모든 것을 다 회복시켜 주었던 것과 같다. 메뚜기와 황충들은 여기에서 하나님이 그들에게 보낸 큰 군대라 불린다. 그것들은 하나님의 군대였기 때문에, 하나님은 그것들이 삼켜 버린 것들을 회복시켜 주시고자 하시는 것이다.

4. 그들이 온갖 좋은 것들을 차고 넘치게 갖게 되리라는 것. 땅은 그 소산을 풍족하게 낼 것이고, 그들은 그것을 누리게 될 것이다. 그 소산이 쌓여 있는 곳간들을 들여다보라. 그러면, 너희는 마당에는 밀이 가득하고 독에는 새 포도주와 기름이 넘치는 것을 발견하게 될 것이다(24절). 반면에, 그들이 환난을 당하던 날에는 새 포도주가 말랐고 기름이 다하였으며 곳간이 무너져 있었다(1:10-17). 그들이 곳간에서 내어온 것들을 차려 놓은 그들의 식탁을 보라. 그러면, 너희는 그들이 풍족히 먹고 흡족해하는 것을 발견하게 될 것이다(19, 26절). 하지만, 그들은 지나치게 많이 먹거나 폭식하지는 않을 것이다. 우리는 술 취한 자들이 최근의 환난을 통해서 무절제하게 포도주와 독주를 좋아하던 병이 고쳐졌기를 희망한다. 왜냐하면, 그들은 환난 가운데서 그것들이 없어서 울었지만(1:5), 이제는 그것들이 풍성해서 다시 노래를 부르게 될 것이었기 때문이다. 하나님이 그들의 양식을 풍성하게 하실 것이고, 그들로 하여금 거기에 만족할 수 있게

해주실 것이기 때문에, 이제 모든 사람들이 풍족함을 누릴 것이고, 그들이 풍족하다는 것을 알게 될 것이다.

이런 것들은 하나님이 약속하시는 은혜들이다. 이런 것들을 통해서 하나님은 큰 일을 행하시고(21절), 자기 백성에게 놀라운 일을 행하실 것이다(26절). 하나님은 자기 백성의 곤고가 아무리 극심하다고 하여도 그들을 구원하실 수 있으시다는 것을 보여주심으로써 그의 권능을 영화롭게 하시고, 그들의 도발이 아무리 컸다고 할지라도 그들이 회개하기만 하면 그렇게 하심으로써 그의 선하심을 영화롭게 하실 것이다. 하나님이 그에게 돌아오는 가엾은 죄인들을 은혜로 대하실 때, 우리는 하나님이 기이하게 행하시고 큰 일들을 행하신다는 것을 인정하지 않으면 안 된다는 것을 명심하라. 어떤 해석자들은 이 약속들을 비유적으로 이해해서, 복음의 은혜를 가리키는 것을 보고, 이 약속들이 은혜의 계약 안에서 믿는 자들을 위해 준비된 풍성한 위로들과 거기에서 영혼이 누리게 된 만족을 통해서 성취된 것이라고 생각한다. 하나님이 우리에게 위로가 될 그의 약속들과 그 약속의 근거가 될 그의 은혜와 그 은혜의 원천이 되실 그의 성령을 보내실 때, 우리는 하나님이 우리에게 곡식과 포도주와 기름(여기에 나오는 하나님의 약속을 따라, 19절), 또는 이루 말할 수 없이 더 좋은 것을 보내셨다고 고백하고, 거기에 만족하는 것이 마땅하다.

III. 하나님이 그들에게 다시 긍휼을 베푸시게 될 때에 그것은 무슨 유익이 있고, 그들은 그 긍휼을 어떻게 활용하게 될 것인가.

1. 하나님은 이 긍휼로 인한 영광을 받으시게 되시리라는 것. 왜냐하면, 그들은 그들의 하나님 여호와로 말미암아 기뻐할 것이고(23절), 그들이 기뻐할 일은 그대로 감사할 제목이 될 것이기 때문이다. 그들은 그들의 우상들을 찬송하거나 그들의 곡식과 포도주를 그들을 사랑하는 자들, 즉 우상들이 그들에게 준 값(호 2:12)이라고 하지 않고, 그들의 하나님 여호와의 이름을 찬송할 것이다(26절). 피조물로부터 얻는 위로들의 풍성함은 그것들을 통해서 우리의 마음이 넓어져서, 우리는 인색하게 섬기지만 모든 것을 우리에게 풍성하게 주시는 하나님을 사랑하고 감사하는 마음이 커질 때에, 진정으로 우리에게 긍휼이 된다는 것을 명심하라. 우리가 궁핍을 겪은 후에 하나님이 우리에게 풍성함을 회복시켜 주시면, 그것은 우리에게 갑절로 기쁜 일이 될 뿐만 아니라, 우리로 하여금 하나님께 한층 더 감사하게 만든다. 이스라엘은 광야를 벗어나 가나안으로 들어가

서 거기에서 먹고 배부르면, 하나님이 그에게 주신 옥토로 말미암아 아주 생생한 즐거움을 누리게 될 것이기 때문에, 여호와를 찬송하게 될 것이다(신 8:10).

2. 그들은 이 긍휼로 인하여 명성과 위로와 영적 유익을 얻게 되리라는 것. 하나님이 그들에게 다시 풍성함을 주시고, 그들로 거기에 만족하게 하실 때, 다음과 같은 일들이 있게 될 것이다.

(1) 그들의 명성이 회복되리라는 것. 그들이 하나님께로 돌아와서 그들의 본분을 다하고, 하나님이 그들에게 다시 긍휼을 베푸실 때, 그들과 그들의 하나님은 서로에 대하여 신실하지 못하다는 말을 더 이상 듣지 않게 될 것이다. "내가 다시는 너희가 나라들 가운데에서 욕을 당하지 않게 할 것이며, 이방 나라들이 너희의 재난을 보고 의기양양해하고 너희를 모욕하지 못하게 할 것이다(19절). 내 백성이 환난 가운데에 그랬던 것과는 달리 그들이 자랑하곤 하였던 그들의 좋은 땅을 다시는 부끄러워하지 않을 것이고, 이제부터 영원히 그들의 땅을 다시 자랑하게 될 것이다(26-27절)." 하나님이 자기 백성의 존귀함을 회복하시는 것은 곧 하나님 자신의 존귀함을 회복하시는 것이나 마찬가지라는 것을 명심하라. 진정으로 하나님의 백성인 자들은 비록 잠시 동안은 이방 나라들 가운데에서 욕을 당할 수 있지만, 영원히 욕을 당하는 일은 없을 것이다. 우리가 하나님을 거슬러 저지른 우리의 죄들을 제대로 부끄러워한다면, 우리는 하나님을 자랑하는 것을 결코 부끄러워하지 않게 될 것이다.

(2) 그들의 기쁨이 되살아나게 되리라는 것(21절). 땅이여, 그리고 거기에 거하는 모든 주민들이여, 기뻐하며 즐거워할지어다. 모든 것이 풍성한 때는 일반적으로 기쁨의 때이다. 그렇지만, 곡식과 포도주와 기름이 풍성한 자들보다도 하나님의 은총을 받아서 그 마음이 기쁜 자들이 더 기쁘고 즐거워하는 자들이다. 특히, 시온의 자녀들아 너희는 너희 하나님 여호와로 말미암아 기뻐하며 즐거워할지어다(23절). 그들은 시온에서 애곡하였기 때문에(15절), 바로 그 시온에서 즐거워하게 될 것이다. 왜냐하면, 회개의 눈물로 씨를 뿌리는 자들은 반드시 감사의 기쁨을 거두게 될 것이기 때문이다. 금식할 때에 다른 사람들을 이끌었던 시온의 자녀들은 즐거워할 때에도 다른 사람들을 이끌어야 마땅하다. 그러나 그들은 그들의 하나님 여호와로 말미암아 즐거워할 것이다. 즉, 그들은 하나님이 그들에게 주신 좋은 것들 자체가 아니라, 그것들을 주시는 선한 손길, 그들에게 다시 회복된 하나님의 은총, 하나님과의 계약 속에서 회복된 그들의 신분

을 즐거워할 것이다. 왜냐하면, 하나님이 그들에게 주신 좋은 것들은 하나님과의 계약 관계를 보여주는 징표들이자 담보들일 뿐이기 때문이다. 수확의 기쁨과 잔치의 기쁨은 둘 다 하나님을 최종 목적지로 삼아야 마땅하고, 우리는 하나님의 풍성하신 모든 선물들 속에서 하나님의 사랑을 맛보아야 한다. 그럴 때에야, 우리는 우리의 최고의 선(善)이자 우리에게 주시는 모든 선한 것들의 원천이신 하나님을 우리의 최고의 기쁨으로 삼을 수 있다.

(3) 하나님에 대한 그들의 신앙이 더욱 견고해지고 커지리라는 것. 현세적인 긍휼들이 하나님의 은혜로 말미암아 우리에게 영적인 유익이 되고, 육신을 위한 풍성함이 영혼의 형통을 위한 원수가 되는 것(이런 일이 비일비재하다)이 아니라, 친구가 될 때, 그 긍휼들은 우리에게 진정한 긍휼들이 된다. 하나님은 여기에서 이렇게 약속하신다(27절). 네 가운데 있는 거룩한 이(호 11:9)인 내가 이스라엘 가운데에 있어 너희 하나님 여호와가 되고 다른 이가 없는 줄을 너희가 알 것이라. 여호와는 상하게도 하시고 고치기도 하시며, 빛도 짓고 어둠도 창조하며 평안도 짓고 환난도 창조하시기 때문에(사 45:7; 신 32:39), 여호와가 하나님이시고 다른 이가 없다는 것이 증명되듯이, 여호와는 그들의 아버지로서 그들이 범죄할 때에 징계하시고 그들이 회개할 때에 위로하시기 때문에, 여호와가 이스라엘의 하나님, 즉 자기 백성과 계약을 맺어서 그들의 아버지가 되신 하나님이시라는 것이 증명된다. 에스겔 선지자의 예언에 나오는 경고의 말씀은 다음과 같이 되어 있다: 내가 너희에게 이런저런 재앙들을 내릴 때에 내가 여호와인 줄을 너희가 알리라. 여기에서도 하나님의 약속들의 절정은 바로 그런 것이었다: 너희가 먹고 흡족하여 즐거워할 때에 내가 여호와인 줄을 너희는 알리라. 우리는 긍휼이든 환난이든 모든 섭리들을 통해서 하나님을 더 잘 알고자 애써야 한다는 것을 명심하라. 자기 백성이 하나님에게로 돌아올 때에 하나님은 그들에게 풍성함과 평안과 기쁨을 주심으로써, 그가 그들의 회개를 기뻐하신다는 것, 그들의 죄를 사하셨다는 것, 그가 이전처럼 그들의 하나님이라는 것을 알게 해주신다. 즉, 그들은 그와의 계약 속으로 다시 받아들여져서 그가 그들의 하나님 여호와라는 것을 알게 되고, 그와의 교제를 다시 회복하여서 그가 그들 가운데에 계셔서 자기에게 간구하는 모든 자에게 가까이 하신다(시 145:18)는 것을 알게 되며, 해가 세상의 중심에 있는 것과 마찬가지로 하나님이 그들 가운데에 계셔서, 자기 땅의 구석구석에 그의 은혜로운 감화력을 발산하고 계시다는 것을 알

게 된다.

3. 열등한 피조물들조차도 이 긍휼에 동참하여 평안을 누리게 되리라는 것. 땅이여 두려워하지 말라(21절). 들짐승들아 두려워하지 말지어다(22절). 그것들은 인간의 죄 때문에, 그리고 하나님이 인간과 다투실 때에 고통을 겪었었다. 이제 그것들은 인간이 회개하고 하나님이 인간과 화해하실 때에 그 형편이 더 나아지게 될 것이다. 아니, 본문에서는 들짐승들이 하나님께 부르짖는다고 말씀하였는데(1:20), 이제 여기에서 그 부르짖음은 두려워하지 말라는 응답을 받는다. 왜냐하면, 그것들은 본능적으로 그것들에게 필요한 모든 것들을 풍성하게 갖게 될 것이기 때문이다. 하나님은 니느웨를 아끼셔서 심판을 거두실 때에 가축들도 염두에 두셨다(욘 4:11). 왜냐하면, 가축들도 금식에 동참하였기 때문이다(욘 3:8). 이것은 우리로 하여금 지금 썩어짐의 종 노릇을 하며 탄식하고 있는 피조물이 하나님의 자녀들의 영광의 기쁨은 아니더라도 영광의 자유에 이르게 될 때인(롬 8:21) 만물의 회복에 대하여 생각하게 만든다.

²⁸그 후에 내가 내 영을 만민에게 부어 주리니 너희 자녀들이 장래 일을 말할 것이며 너희 늙은이는 꿈을 꾸며 너희 젊은이는 이상을 볼 것이며 ²⁹그 때에 내가 또 내 영을 남종과 여종에게 부어 줄 것이며 ³⁰내가 이적을 하늘과 땅에 베풀리니 곧 피와 불과 연기 기둥이라 ³¹여호와의 크고 두려운 날이 이르기 전에 해가 어두워지고 달이 핏빛 같이 변하려니와 ³²누구든지 여호와의 이름을 부르는 자는 구원을 얻으리니 이는 나 여호와의 말대로 시온 산과 예루살렘에서 피할 자가 있을 것임이요 남은 자 중에 나 여호와의 부름을 받을 자가 있을 것임이니라

앞 단락에 나온 곡식과 포도주와 기름에 대한 약속들은 황폐화된 나라에 아주 반가운 소식이 될 것이었다. 그러나 여기에서 우리는 그러한 것들에서 머물러서는 안 된다는 가르침을 받는다. 하나님은 우리를 위해 더 나은 것들을 준비해 두셨는데, 이 단락에서는 바로 그 더 나은 것들, 즉 은혜의 나라와 영광의 나라, 그리고 이 두 나라 속에서 참된 신자들의 행복에 대하여 말한다. 우리는 여기에서 다음과 같은 것들에 대하여 듣는다.

I. 하나님이 성령을 풍성히 부어주실 때에 은혜의 나라가 개시되리라는 것 (28절). 우리는 이 약속의 의미에 대하여 당혹해하거나, 이 약속이 어떤 일을

가리키고 어떻게 성취되었는지에 대하여 의심하지 않는다. 왜냐하면, 사도 베드로가 성령이 오순절 날에 사도들에게 부어졌을 때에(행 2:1 이하) 그것이 하나님이 선지자 요엘을 통하여 여기에서 말씀하신 바로 그 사건임을 우리에게 분명히 말해 주었기 때문이다(행 2:16-17). 하나님이 여기에서 약속하신 것은 성령을 주시겠다는 것이다. 이 예언의 말씀에 의하면, 그 일은 장래의 일이고, 우리는 오순절의 성령 강림 사건 외에 이 약속이 성취된 다른 어떤 일을 찾아서는 안 된다.

1. 하나님이 여기에서 약속하신 축복 자체는 하나님의 영과 저 복된 성령을 통해 주어지는 하나님의 은사들과 은혜들과 위로들을 부어 주시겠다는 것임. 우리는 구약에서 하나님이 극히 이례적인 일들을 위해서 사사들과 선지자들을 일으키실 때에 여호와의 영이 그들에게 몇 방울씩 임한 경우들을 종종 읽게 된다. 그러나 이제 성령이 강물처럼 차고 넘치게 부어질 것인데, 이것은 복음 시대와 관련해서 약속된 것이었다(사 44:3): 나는 나의 영을 네 자손에게 부어 주리라.

2. 이 일을 위해 정해진 때는 "그 후에"라는 것. 하나님이 앞에서 하신 약속들이 성취된 후에 이 일이 성취될 것이다. 사도 베드로는 이 어구를 말일(개역에서는 말세에), 즉 메시야 시대를 가리키는 것이라고 해설한다. 메시야는 유대 교회의 마지막 날들에 세상이 다 풀어져 없어지기 전에 하나님의 뜻과 은혜를 세상에 마지막으로 계시하실 것이다.

3. 이 축복이 주어질 자들의 범위. 성령은 만민에게 부어질 것이다. 즉, 하나님은 이제까지와는 달리 유대인만이 아니라 이방인들에게도 성령을 부어 주실 것이다. 왜냐하면, 그리스도 안에서는 유대인이나 헬라인이나 차별이 없기 때문이다(롬 10:11-12). 이제까지는 하나님의 계시가 아브라함의 자손에게 국한되어 있었고, 이스라엘 땅에 있는 자들 외에는 아무도 예언의 영을 갖지 못하였다. 그러나 말일에는 모든 육체가 하나님의 영광을 볼 것이고(사 40:5), 하나님 앞에 나아와 예배하게 될 것이다(사 66:23). 유대인들은 이 구절을 이스라엘 땅에 있는 모든 육체를 가리키는 것으로 이해하고, 베드로 자신도 성령이 이방인들이었던 고넬료와 그의 친구들에게 임하는 것을 직접 목격하고(행 10:44-45), 그 성령이 오순절 날에 임하였던 바로 그 성령임을 확인할 때까지는 모든 육체라는 말씀이 이방인들까지 포함하는 개념이라는 것을 온전히 깨닫지 못하였

다. 성령은 모든 육체, 즉 그 마음이 살처럼 부드러워서 성령의 감화를 받을 준비가 되어 있는 모든 자들에게 부어질 것이고, 온갖 부류의 사람들에게 부어질 것이다. 성령은 이전처럼 인색하게 주어지거나 한정해서 주어지는 것이 아니라, 회개하고 믿는 모든 자들에게 차별 없이, 그리고 아낌 없이 부어질 것이다.

(1) 성령이 성별의 구별 없이 남녀 모두에게 부어지리라는 것. 너희의 아들들만이 아니라 너희의 딸들도 예언하게 될 것이다. 우리는 사도행전에서 한 가족에 속한 딸 넷이 다 예언하는 여자들로 등장하는 것을 본다(행 21:9). 부모들만이 아니라 자녀들도 성령의 충만을 받게 될 것이다. 이것은 성령이 교회에서 여러 대에 걸쳐서 계속해서 부어지리라는 것을 보여주는 것이다.

(2) 성령이 세대의 구별 없이 모든 세대에게 부어지리라는 것. "이미 활기를 잃고 그 정신도 쇠하기 시작한 너희 늙은이들과 하나님의 일들에 대하여 지식이나 경험이 별로 없는 너희 젊은이들이 꿈을 꾸며 이상을 볼 것이다." 하나님은 꿈과 이상(異象)을 통해서 젊은이와 늙은이에게 자신을 계시하실 것이다.

(3) 성령이 가장 비천한 자들, 곧 남종과 여종들에게도 부어지리라는 것. 유대인 박사들은 예언은 지혜롭고 용감하며 부유한 자들에게만 임하고, 가난한 자나 근심 중에 있는 자의 심령에는 임하지 않는다고 말한다. 그러나 그리스도 예수 안에서는 종이나 자유인이라는 구별이 없다(갈 3:28). 종으로 있을 때에 부르심을 받은 자들이 많았지만(고전 7:21), 그들이 성령을 받는 데에는 아무런 장애가 없었다.

(4) 이 축복의 효과. 그들이 장래 일을 말할 것이다. 그들은 하나님의 일들에 관한 새로운 계시들을 받게 될 것인데, 그것은 단지 그들 자신의 유익을 위해서가 아니라 교회의 유익을 위한 것이다. 그들은 그들이 본래부터 지니고 있는 이성이나 자연적인 능력으로는 도저히 해낼 수 없는 통찰력이나 예지력으로 성경을 해석하고, 먼 장래의 은밀한 일들에 대하여 말하게 될 것이다. 이러한 극히 이례적인 은사들을 통해서 기독 교회가 처음에 세워졌고, 성경이 기록되었으며, 성직 제도가 정립되었다. 그리고 그 이후에는 성령의 통상적인 역사들과 감화들을 통해서 교회는 유지되어 왔다.

Ⅱ. 자연의 전체적인 변화를 통해서 영광의 나라가 개시되리라는 것(30-31절). 성령이 부어지리라는 것은 의인들에게 지극히 위로가 되는 일일 것이다. 그러나 불의한 자들은 다음과 같은 것을 듣고서 두려워 떨 수밖에 없다. 장차

여호와의 크고 두려운 날이 이를 것인데, 그 날은 하늘과 땅에 베풀어질 이적들, 피와 불과 연기 기둥, 해가 어두워지고 달이 핏빛 같이 변하는 현상을 통해서 개시 될 것이다. 이것은 종말의 심판의 날에 온전히 성취되어, 이 표적들이 문자 그 대로 일어날 것이다(포코크 박사의 생각). 그렇지만, 이것은 그리스도께서 죽 으실 때에 부분적으로 성취되었고(그의 죽으심은 이 세상에 대한 심판이라 불리 는데, 그 날은 땅이 진동하고 해가 어두워지는 크고 두려운 날이었다), 최후의 심판의 모형이자 비유인 예루살렘의 멸망을 통해서 좀 더 온전히 성취되었다. 예루살렘이 멸망하기 전에, 해가 어두워지고 달이 핏빛 같이 변하리라는 비유적 인 표현들을 통해서 예언된 대로 나라들의 격변, 난리와 난리 소문, 나라들 간의 극심한 분쟁 외에도 수많은 놀랍고 불가사의한 일들이 일어났는데, 우리 구주 께서는 이 모든 일을 재난의 시작이라고 말씀하셨다(마 24:6-8). 그러나 최후의 심판이 있기 전에 하늘과 땅에 이적들이 있을 것인데, 그것은 하늘과 땅이 둘 다 풀어 없어지리라는 것이다. 죄악된 세상에 대한 하나님의 심판들, 하나님이 불 과 칼에 의해서 악한 나라들을 빈번하게 멸망시키시는 것은 마지막 날에 있을 세상에 대한 심판의 서론들이자 전조(前兆)들이다. 성령의 부으심을 받은 자들 은 여호와의 크고 두려운 날을 미리 보고 예언하게 될 것이고, 하늘과 땅에 베풀 어질 이적들을 그 일들이 일어나기 전에 설명해 줄 수 있게 될 것이다. 왜냐하 면, 그리스도의 초림 때와 마찬가지로 그의 재림에 대하여도 모든 선지자들이 증언하였고, 지금도 증언하고 있기 때문이다(계 10:7).

III. 예수 그리스도의 초림 및 재림과 관련해서 모든 참된 신자들의 안전과 행복(32절).   이것은 개개인들에 대한 것이다. 왜냐하면, 신약은 구약보다 개 개인들에 더 주목하고, 나라들에 대해서는 덜 주목하기 때문이다. 좀 더 자세 하게 살펴보자.

1. 구원이 있으리라는 것. 여호와의 날은 크고 두려운 날이 될 것이지만, 시 온 산과 예루살렘에서 그 날의 두려움으로부터 피할 자가 있을 것이다. 왜냐하면, 그 날은 옥석을 가릴 줄을 아시는 여호와께서 심판을 행하시는 날이기 때문이 다. 시온에서 나온 영원한 복음, 시온 산을 그 모형으로 한 장자들의 교회, 위로 부터 온 예루살렘인 교회 속에 구원이 있고, 장차 임할 진노를 피할 길이 열려 있다. 그리스도는 구주이실 뿐만 아니라, 구원 그 자체이시기도 하다. 그리스도 는 땅 끝까지 그런 분이시다. 은혜의 계약 안에서 우리를 위해 준비된 이 구원

은 하나님이 조상들에게 주신 약속들을 이행하시는 것이다. 여호와의 말대로 구원이 있을 것이고 피할 자가 있을 것이다(눅 1:72). 죄인들이 위로와 소망을 지닐 수 있는 근거는 그들이 어떤 위험에 처해 있다고 할지라도 그들 자신의 잘못이 없다면 그들을 위한 구원도 준비되어 있다는 것이다. 우리가 이 구원에 참여하고자 한다면, 우리는 복음, 즉 시온 또는 하나님의 예루살렘으로 나아가야 한다.

2. 이 구원에 참여하게 될 남은 자가 있고, 그들에게 이 구원이 이루어지리라는 것. 이 구원은 그들 가운데서 남은 자 중에 이루어질 것이다. 그들의 심령이나 영혼 중에 구원의 증거들이 있을 것이다. 그것은 영광의 소망이신 너희 안에 계신 그리스도이시다(골 1:27). 그들은 멸망받게 될 많은 수의 무리에 비해서 소수에 불과하기 때문에 남은 자라 불린다. 그들은 소수의 남은 자이지만 택하심을 받은 자, 즉 은혜로 택하심을 따라 남은 자(롬 11:5)이다. 우리는 여기에서 저 큰 날에 구원을 받게 될 자들이 누구인지에 대하여 듣게 된다.

(1) 진심으로 여호와의 이름을 부르는 자들. 유대인이든 이방인이든 누구든지 여호와의 이름을 부르는 자는 구원을 얻으리라(사도 바울은 이것을 복음의 대원칙으로 제시한다, 롬 10:13). 하나님의 이름을 부른다는 것은 하나님을 아는 지식, 하나님에 대한 믿음, 하나님을 향한 소원, 하나님을 의지한다는 것, 이 모든 것이 진실하다는 것을 보여주는 증거로서 꼼꼼하게 하나님께 순종하는 것을 전제한다. 왜냐하면, 그런 것이 없다면, 주여 주여라고 부르짖어 보아야, 그것은 우리에게 아무런 도움도 되지 않을 것이기 때문이다. 기도하는 남은 자만이 구원받는 남은 자가 될 것임을 명심하라. 멸망받는 자들도 이렇게 쉬운 조건 위에서 얼마든지 구원받을 수 있었다는 사실은 그들의 악함을 더욱 부각시켜 줄 것이다.

(2) 유효하게 하나님의 부르심을 받은 자들. 여호와의 부름을 받을 남은 자, 즉 택함을 받지 않은 많은 자들도 부르시는 복음의 일반적인 부름이 아니라, 여호와께서 미리 정하신(또는, 예비하신, 갈대아 역본의 읽기) 예수 그리스도와의 교제 속으로의 특별한 부름을 받은 자들은 확실하게 구원을 받는다. 사도 베드로는 이 구절을 빌려서 사용한다(행 2:39). 지금 죄로부터 하나님께로, 자아로부터 그리스도께로, 아래의 것들로부터 위의 것들로 유효하게 부르심을 받은 자들만이 저 큰 날에 구원을 받게 될 것임을 명심하라.

제 3 장

개요

앞 장의 끝부분에서 우리는 시온 산과 예루살렘에 구원이 있을 것이라는 은혜로운 약속을 보았는데, 이제 이 장 전체는 그 약속에 대한 해설로서, 그 구원이 어떤 것이 될지, 그 구원이 교회의 원수들의 멸망을 통해서 어떻게 이루어질 것인지, 그 구원이 교회의 영원한 안식과 기쁨 속에서 어떻게 온전하게 될 것인지를 보여준다. 이 약속은 히스기야 시대에 산헤립의 침공에서 예루살렘이 구원을 받은 것을 통해서 부분적으로 성취되었고, 나중에 유대인들이 바벨론에서의 포로 생활에서 귀환한 사건 및 그 사건과 그리스도의 초림 사이에 유대 교회에서 일어난 여러 구원 사건들을 통해서 부분적으로 성취되었다. 그러나 이 약속은 예수 그리스도께서 우리를 위하여 이루신 저 큰 구속, 우리의 영적 원수들과 그 모든 대리자들의 멸망을 통해서 좀 더 온전히 이루어졌고, 저 큰 날의 심판을 통해서 온전히 이루어질 것이다. 여기에는 다음과 같은 것들에 대한 예언이 나온다. I. 하나님이 자기 백성의 원수들이 그들에게 행한 온갖 해악들과 모욕들을 벌하셔서, 그것들을 그 원수들의 머리로 돌아가게 하시리라는 것(1-8절). II. 하나님이 모든 민족의 죄악의 분량이 다 찰 때에 그들을 심판하시고, 공적으로 나타나셔서 모든 회개치 않는 죄인들로 영원히 낭패를 당하게 하시며, 그의 모든 신실한 종들로 영원한 위로를 받게 하시리라는 것(9-17절). III. 하나님이 자기 백성의 원수들을 초토화시키실 때에 자기 백성을 안전하고 순전하게 하며 그들에게 새 힘을 주시기 위하여 준비해 놓으신 것들에 관하여 말씀하심(18-21절). 이 약속들은 사사로이 풀어서는 안 되고(벧후 1:20), "우리로 하여금 이 성경 말씀이 주는 교훈을 받아서 그 위로와 인내로써 소망을 가지고 나아갈 수 있도록 하기 위하여" 기록된 것이다.

¹보라 그 날 곧 내가 유다와 예루살렘 가운데에서 사로잡힌 자를 돌아오게 할 그 때에 ²내가 만국을 모아 데리고 여호사밧 골짜기에 내려가서 내 백성 곧 내 기업인 이스라엘을 위하여 거기에서 그들을 심문하리니 이는 그들이 이스라엘을 나라들 가운데에 흩어 버리고 나의 땅을 나누었음이며 ³또 제비 뽑아 내 백성을 끌어 가서 소

년을 기생과 바꾸며 소녀를 술과 바꾸어 마셨음이니라 ⁴두로와 시돈과 블레셋 사방아 너희가 나와 무슨 상관이 있느냐 너희가 내게 보복하겠느냐 만일 내게 보복하면 너희가 보복하는 것을 내가 신속히 너희 머리에 돌리리니 ⁵곧 너희가 내 은과 금을 빼앗고 나의 진기한 보물을 너희 신전으로 가져갔으며 ⁶또 유다 자손과 예루살렘 자손들을 헬라 족속에게 팔아서 그들의 영토에서 멀리 떠나게 하였음이니라 ⁷보라 내가 그들을 너희가 팔아 이르게 한 곳에서 일으켜 나오게 하고 너희가 행한 것을 너희 머리에 돌려서 ⁸너희 자녀를 유다 자손의 손에 팔리니 그들은 다시 먼 나라 스바 사람에게 팔리라 여호와께서 말씀하셨느니라

우리는 구속 받은 자들의 해(사 63:4), 시온의 송사를 위하여 신원하시는 해(사 34:8)라는 말씀을 종종 들어 왔다. 이제 여기에서 우리는 그 해가 올 때마다 그 해에 일어날 일들에 관한 설명과 그 해가 올 때에 무슨 일이 일어날 것인지에 대한 예언을 본다. 왜냐하면, 그 해는 종종 올 것이고, 종말에는 최후의 그 해가 올 것이기 때문이다.

I. 그 해는 구속 받은 자들의 해가 되리라는 것. 왜냐하면, 하나님이 유다와 예루살렘 가운데에서 사로잡힌 자를 돌아오게 하실 것이기 때문이다(1절). 하나님의 백성의 종살이는 비록 혹독하고 아주 오랫동안 지속된다고 할지라도 영원하지는 않을 것이다. 애굽에서의 종살이는 결국 그들이 구원을 받아서 하나님의 자녀의 영광스러운 자유 속으로 들어가는 것으로 끝이 났다. 내 백성을 보내라 그러면 그들이 나를 섬길 것이니라(출 8:20). 바벨론에서의 종살이도 마찬가지로 잘 끝나게 될 것이다. 주 예수께서 종살이하는 가엾은 심령들을 죄와 사탄의 지배로부터 효과적으로 구속하실 것이고, 저 은혜의 해(눅 4:19), 채무를 탕감해 주고 종들을 해방시켜 주는 희년의 해, 갇힌 자들에게 놓임을 선포하실 것이다(사 61:1). 하나님이 그의 자녀들 중 사로잡힌 자를 돌아오게 하고, 그들을 음부의 권세로부터 구속하기 위해 정해진 날과 때가 있는데, 그것은 마지막 날이자 모든 때의 마지막이 될 것이다.

II. 그 해는 시온의 송사를 위하여 신원하시는 해가 되리라는 것. 하나님은 원수들로 하여금 자기 백성을 오랫동안 아주 심하게 억누를 수 있게 허락하실 수 있으시지만, 그 원수들에게 그 죄를 반드시 물으셔서, 자기 백성을 사로잡은 자들을 사로잡아서 끌고 가실 것이다(시 68:18; 계 13:10).

1. 벌을 받게 될 자들은 누구인가(2절). 그들은 만국이다. 이것은 다음과 같은 것들을 보여준다.

(1) 모든 열방들이 하나님의 백성에게 잘못을 해서 하나님의 심판을 자초하였다는 것. 박해는 이 세상에서 믿는 자들로 하여금 부르짖게 만드는 주된 죄이고, 악 속에 누워 있는 것 자체도 경건을 거스르는 죄이다. 이 세상의 신인 옛 뱀 속에 있는 여자의 후손에 대한 적개심은 이 세상의 자녀들 속에서도 나타난다. 세상이 너희를 미워하여도 이상히 여기지 말라(요일 3:13).

(2) 열방들이 하나님의 백성에게 어떤 해악을 행하든, 하나님은 그 죄를 벌하지 않고 그냥 넘어가시는 일은 결코 없으리라는 것. 왜냐하면, 하나님은 자기 백성 이스라엘을 건드린 자에게 그가 하나님의 눈동자를 건드렸다는 것을 반드시 알게 해주실 것이기 때문이다. 하나님은 예루살렘을 모든 민족에게 무거운 돌이 되게 하셔서, 그 돌을 드는 자를 크게 상하게 하실 것이다(슥 12:3). 그러나 특히 이웃 나라들, 즉 하나님의 이스라엘을 괴롭혔던 두로와 시돈과 블레셋 사방 또는 블레셋 사람들이 벌을 받게 될 것이다(4절). 하나님이 이스라엘을 초토화시켰던 더 멀리 있는 강력한 나라들을 벌하실 때에, 이스라엘 가까이에 있으면서 그들에게 고난을 더하였던(슥 1:15; 겔 26:2) 이웃 나라들도 그냥 두지 않으실 것이다. 크게 박해한 자들과 마찬가지로 작게 박해한 자들도 벌을 받게 되리라는 것을 명심하라. 그 이웃 나라들은 이스라엘에게 많은 해악을 끼칠 수는 없었을지라도, 그들의 행위가 악한 대로 벌을 받게 될 것이다(시 28:4).

2. 심판을 위한 법정이 열림. 서로 힘을 합쳐서 한마음으로 하나님의 백성을 대적하였던(시 83:5) 모든 열방들이 재판을 받기 위해서 한데 모이게 될 것이다(2절). 하나님은 그들을 모아서 데리고 예루살렘 근처에 있는 여호사밧 골짜기에 내려가서 그들을 심문하실 것인데, 이것은 다음과 같은 이유들 때문이다.

(1) 그것은 범죄자들은 그들이 범죄를 저지른 바로 그 나라에서 재판을 받는 것이 마땅하기 때문이다.

(2) 그것은 그들로 하여금 그들이 그토록 오랫동안 멸망시키려고 온갖 맹렬한 공격을 퍼부었는데도 불구하고 예루살렘이 여전히 건재하여서 세상의 찬송(사 62:7)이 되어 있는 모습을 보고서 더욱 당혹스러워하게 하기 위한 것이다.

(3) 그것은 하나님의 예루살렘이 하나님이 그들의 억울함을 풀어 주시는 것을 보고서, 더 큰 위로와 존귀함을 얻게 하기 위한 것이다.

(4) 그것은 하나님이 전에 여호사밧으로 하여금 브라가 골짜기에서 그를 공격한 자들에 대하여 승리를 거두게 하셔서 그와 그의 백성에게 기뻐하고 찬송할 일을 주신 그 일을 여기에서 다시 재현하실 것이기 때문이다(대하 20:26).

(5) 그것은 산헤립의 군대 또는 그 일부가 천사에 의해서 멸망을 당했을 때에 그들은 이 여호사밧 골짜기에 있었기 때문이다(라이트푸트 박사의 해석). 그들은 예루살렘을 멸망시키기 위해서 함께 모여 왔지만, 사실 그들은 한데 모으신 것은 하나님이셨고, 하나님은 그들을 한꺼번에 멸망시키시기 위해서 곡식단을 타작 마당에 모음 같이(미 4:12) 모으신 것이었다.

3. 원고가 호출됨. 이 재판은 바로 이 원고를 위해서 열린 것이다. 즉, 이 재판은 내 백성 곧 내 기업인 이스라엘을 위한 것이다. 하나님이 이제 열심으로 변호하고자 하시는 것은 다름아닌 그들의 송사(訟事)이다. 하나님의 백성은 모든 민족 중에서 그의 기업, 그의 소유, 그의 분깃, 그의 보배라는 것을 명심하라(출 19:5; 신 32:9). 그들은 그의 영지이기 때문에, 하나님은 그들을 짓밟는 자들에 대하여 소송을 제기하시는 것은 당연한 일이다.

4. 모든 열방에 대하여 하나님이 고소하시면서 구체적으로 열거하시는 죄목. 그들은 그들의 우상 숭배에 의해서 하나님에 대하여 많은 모독을 행하였지만, 하나님이 특히 그들을 고소하시는 죄목은 그들이 그의 백성과 그의 성소의 그릇들에 대하여 모독을 행하였다는 것이었다.

(1) 그들은 이스라엘 백성을 몹시 학대하였고, 이스라엘을 나라들 가운데에 흩어 버리고 그들로 하여금 피난처를 찾지 않을 수 없게 만들었으며, 그들을 포로로 삼아서 여러 나라들로 끌고가서는, 그들이 한데 결집해서 공동의 안전을 꾀할 것을 염려하여, 부지런히 그들을 흩어 버렸다. 또한, 열방들은 이스라엘의 땅을 나누어서, 나라들마다 각자의 몫을 챙겨서 가졌다. 아니, 열방들은 내 백성을 제비 뽑아서 팔아 넘겼다. 그들은 이스라엘 백성들을 포로로 끌고가서는 다음과 같은 짓을 자행하였다.

[1] 그들은 이스라엘 백성들을 아무 가치도 없는 하찮은 자들로 여겨서 비웃고 조롱하고 희롱하였다는 것. 그들은 이스라엘 백성들을 놓아주고자 하지 않으면서도, 그들을 지킬 가치조차 없는 자들로 생각하였다. 그들은 자기에게 할당된 이스라엘 포로들을 걸고서 주사위 놀이를 하는 것을 아무렇지도 않게 여겼다. 또는, 그들은 로마 군사들이 그리스도의 옷을 나누어 가질 때에 그랬듯

이 제비를 뽑아서 포로들을 나눠 가졌다.

[2] 그들은 이스라엘 백성들을 팔아서 이익을 챙겼다는 것. 그들은 자기에게 주어진 이스라엘 포로들을 팔아 버렸는데, 그 포로들을 너무나 경멸하고 하찮게 여겼기 때문에, 그들을 판 값으로 재산을 늘리고자 하지도 않았고, 이익을 위해서라기보다는 그저 재미 삼아서 포로들을 팔아 치웠다. 그들은 전쟁 포로로 끌고온 이스라엘 소년을 기생의 화대로 주었고, 한 자리에서 마신 술값 대신에 이스라엘 소녀를 주었는데, 이것은 포로들의 값을 그나마 잘 쳐준 것이었고, 그렇게 해서 이스라엘의 아들과 딸이 술집이나 매음굴에서 노예나 허드렛일을 하는 하녀로 살게 된 것은 그래도 형편이 잘 풀린 편에 속한 것이었다. 우리는 여기에서 죄로 말미암아 얻어진 것은 보통 또 다른 죄에 사용되는 것을 본다. 유대인들의 이 원수들은 그들이 불의와 폭력에 의해서 얻은 노략물들을 술 마시고 매춘하는 데에 다 써버렸다. 하나님의 백성을 박해하는 자들이나 원수들은 흔히 그런 자들이었고 그런 행실을 지닌 자들이었다. 두로 사람들과 블레셋 사람들은 전쟁 포로나 유괴를 통해서 유다와 예루살렘의 자손들을 붙잡은 경우에는 그들을 헬라 족속에게 팔아 버려서(헬라인들은 두로 사람들에게 상품을 주고 **사람들을 사갔다**, 겔 27:13), 유다 자손과 예루살렘 자손들을 그들의 영토에서 멀리 떠나게 하였다(6절). 하나님의 장자들인 이스라엘 백성이 이런 식으로 이방인들 사이에서 인신매매의 대상이 된 것은 그야말로 큰 수치요 망신거리였다.

(2) 그들은 부당하게도 하나님의 은과 금(5절)을 빼앗아 갔다는 것. 어떤 이들은 하나님의 은과 금이라는 표현을 이스라엘의 재물을 가리키는 것으로 이해한다. 하나님의 백성이 지닌 은과 금을 하나님은 자기 것이라고 하신다. 왜냐하면, 그들은 그 은과 금을 하나님으로부터 받아서 하나님께 바쳤기 때문이다. 따라서, 그것들을 훔친 자들을 하나님은 그의 것을 훔친 자들로 여기시고 보복을 하고자 하신다. 선한 자들이 선행에 쓰고자 모은 재산을 빼앗아 가는 자들은 신성모독의 죄를 범하는 것이다. 그들은 하나님의 은과 금을 가져간 것이다. 그러나 여기에 나오는 이 표현은 하나님이 여기에서 그의 진기한 보물, 즉 그에게 보배롭고 좋은 것들이라 부르시는 성전의 그릇들과 보화들, 그리고 하나님께 속한 모든 것들을 의미하는 것으로 보는 것이 더 나은 것 같다. 그들은 이런 것들을 하나님의 이스라엘에 대한 그들의 승리를 기념하는 물건들로서 그들의 신

전으로 가져갔고, 그렇게 함으로써 그들이 이스라엘의 하나님을 이겼다고, 아니 그들의 우상들이 이스라엘의 하나님을 이긴 것이라고 생각하였다. 마찬가지로, 이런 식으로 하나님의 법궤도 다곤의 신전에 놓여졌었다. 그들은 이런 식으로 불의를 저질렀다. "너희가 나 그리고 내 백성과 무슨 상관이 있느냐(4절). 그들이 너희에게 무슨 잘못을 했느냐? 그들이 너희를 화나게 한 일이 있느냐? 너희는 그들과 아무런 상관이 없는데도, 그들을 대적하여 이 모든 일을 행하였다. 너희는 평안히 이 땅에 사는 자들, 아무에게도 해를 끼치지 않고 화나게 하지도 않는 자들을 해치려고 음모들을 꾸몄다. 너희는 내게 보복하고자 하는 것이냐?" 그들은 하나님이나 그의 백성이 그들에게 해악을 가했기 때문에 보복의 법에 따라 이렇게 응징을 하게 된 것이기 때문에 그들의 행위는 정당하다고 말할 수 있느냐? 결코 그럴 수 없다. 그들은 그런 핑계를 댈 수 없다. 이웃들에게 아주 공손하고 도리를 다하는 자들이 이웃들로부터 아주 냉정하고 불의한 대우를 받고, 아무에게도 해를 끼치지 않는 자들이 많은 해를 당하는 일은 새삼스러운 일이 아니라는 것을 명심하라.

5. 열방들에게 내려진 선고. 전체적인 선고 내용은 이런 것이다(4절). "너희가 내게 보복하고, 내게 시비를 걸며, 나의 화를 이런 식으로 북돋고, 나의 눈동자를 건드린다면, 너희가 보복하는 것을 내가 신속히 너희 머리에 돌리리라." 하나님과 다투는 자들은 그들이 하나님을 이길 수 없다는 것을 알게 될 것이다. 하나님은 그들이 예상치도 못했고 미리 대비할 시간도 없이 그들에게 갑자기 보복하실 것이다. 하나님이 이 보복하는 일에 착수하시면, 순식간에 그들을 멸망시켜 버리실 것이다. 구체적으로, 하나님은 여기에서 다음과 같은 것들을 경고하신다.

(1) 그들이 하나님의 백성에게 해악을 가하고자 계획을 세울지라도 소기의 목적을 달성하지 못하리라는 것. 그들은 하나님의 백성이 다시는 결코 돌아오지 못하도록 하기 위해서 그들의 영토에서 멀리 떠나게 하여야 하겠다고 계획하였다(6절). 그러나 하나님은 이렇게 말씀하신다: "내가 그들을 너희가 팔아 이르게 한 곳에서 일으켜 나오게 할 것이기 때문에, 그들이 너희의 의도대로 거기에서 뼈를 묻는 일은 없을 것이다." 사람들이 하나님의 백성을 팔아 버린다고 해도, 하나님은 자기 백성에 대한 자신의 소유권을 잃지 않으실 것이다.

(2) 그들은 아도니 베섹처럼 그들이 한 그대로 당하게 되리라는 것(8절).

"내가 너희 자녀를 유다 자손의 손에 팔리니, 전에는 너희가 그들에 대한 생사여탈권을 쥐고 있었지만, 이번에는 반대로 그들이 너희에 대한 생사여탈권을 쥐게 되리라(사 60:14)." 이런 식으로, 유다인의 대적들이 유다인들을 제거하기를 바랐지만, 유다인들이 도리어 자기들을 미워하는 자들을 제거하게 되었다(에 9:1). 그 때에 그들은 먼 나라 스바 사람에게 팔리게 될 것이다. 어떤 이들은 이것이 마카베오 왕조가 유대인들의 원수들에 대하여 승리들을 거두었을 때에 성취되었다고 생각하고, 어떤 이들은 이것이 저 마지막 날에 정직한 자들이 다스리게 되어서(시 49:14), 성도들이 세상을 심판할 때에(고전 6:2) 온전히 성취될 것이라고 생각한다. 확실한 것은 하나님 또는 그의 교회를 대적하여 마음을 완악하게 먹은 자치고 오랫동안 형통한 자는 아무도 없었다는 것이다. 애굽 왕 바로도 그럴 수 없었다. 왜냐하면, 하나님이 그의 모든 고난받는 종들을 위로하시기 위해서, 원수 갚는 것이 내게 있으니 내가 갚으리라고 주께서 말씀하셨기 (롬 12:19) 때문이다.

⁹너희는 모든 민족에게 이렇게 널리 선포할지어다 너희는 전쟁을 준비하고 용사를 격려하고 병사로 다 가까이 나아와서 올라오게 할지어다 ¹⁰너희는 보습을 쳐서 칼을 만들지어다 낫을 쳐서 창을 만들지어다 약한 자도 이르기를 나는 강하다 할지어다 ¹¹사면의 민족들아 너희는 속히 와서 모일지어다 여호와여 주의 용사들로 그리로 내려오게 하옵소서 ¹²민족들은 일어나서 여호사밧 골짜기로 올라올지어다 내가 거기에 앉아서 사면의 민족들을 다 심판하리로다 ¹³너희는 낫을 쓰라 곡식이 익었도다 와서 밟을지어다 포도주 틀이 가득히 차고 포도주 독이 넘치니 그들의 악이 큼이로다 ¹⁴사람이 많음이여, 심판의 골짜기에 사람이 많음이여, 심판의 골짜기에 여호와의 날이 가까움이로다 ¹⁵해와 달이 캄캄하며 별들이 그 빛을 거두도다 ¹⁶여호와께서 시온에서 부르짖고 예루살렘에서 목소리를 내시리니 하늘과 땅이 진동하리로다 그러나 여호와께서 그의 백성의 피난처, 이스라엘 자손의 산성이 되시리로다 ¹⁷그런즉 너희가 나는 내 성산 시온에 사는 너희 하나님 여호와인 줄 알 것이라 예루살렘이 거룩하리니 다시는 이방 사람이 그 가운데로 통행하지 못하리로다

시편 기자가 오래 전에 모든 나라 가운데서 이르라(시 96:10)고 명하였

던 바로 그것, 즉 여호와께서 다스리신다는 것, 그가 오랫동안 이 땅에서 심판하여 오셨듯이, 그가 임하시되 땅을 심판하러 임하시리라는 것(시 96:13)을 요엘 선지자는 마찬가지로 여기에서 모든 민족에게 널리 선포하라는 명령을 받는다. 여기에서 하나님이 나라들을 심판하신다는 말씀은 산헤립, 느부갓네살, 안티오쿠스, 특히 적그리스도 같은 기독 교회의 모든 교만한 원수들을 멸망시키시는 것을 가리킬 수 있다. 그러나 옛날과 오늘날의 최고의 해석자들 중 몇몇(특히, 포코크[Pocock] 박사)은 이 절들의 취지는 하나님이 그의 나라의 원수들과 전쟁을 벌이신다는 비유와 그가 이 땅에서 수확할 것들을 모으신다는 비유를 통해서(이 두 비유는 요한계시록에서도 사용된다, 계 19:11; 14:18) 최후의 심판의 날을 제시하는 것이라고 생각한다.

I. 하나님이 그의 나라의 모든 원수들에게 그들의 최악을 행해 보라고 도전하심. 하나님은 그들에 대한 전쟁을 준비하고 계시다는 것들을 그들에게 알리시기 위해서, 그와 싸우기 위한 전쟁을 준비하라고 촉구하신다(9-11절). 하나님의 심판의 때가 왔을 때, 모든 나라를 하나님 곧 전능하신 이의 큰 날에 있을 전쟁을 위하여 모을 효과적인 방법들이 취해질 것이다(계 16:14; 20:8). 여기에서는 그것을 반어법적으로 말하고 있는 것으로 보인다. "너희는 모든 민족에게 이렇게 널리 선포할지어다. 너희는 하나님과 그의 백성을 대적하여 연합해서 싸우도록 모든 나라를 호출하라." 그것은 이런 것이다(사 8:9): "너희 민족들아 서로 연합하여 함성을 질러 보고, 너희 허리를 동이라. 그러나 너희는 끝내 패망하리라. 너희는 전쟁을 준비하고, 너희의 모든 힘을 결집시켜라. 용사들을 깨워서 소집하고, 그들을 격려하여 결연히 전쟁할 준비를 갖추게 하라. 병사로 다 가까이 나아와서 전능자와 맞붙기 위하여 올라오게 하라. 그들로 하여금 병기들이 없다고 불평하지 말고, 보습을 쳐서 칼을 만들게 하고, 그들의 낫을 쳐서 창을 만들게 하라. 그들로 하여금 다시 농사일로 되돌아갈 생각을 하지 말고, 죽을 각오로 전쟁에 임하게 하라. 그 누구도 자기는 전쟁에 나가기에 부적합하다고 변명하지 않게 하고, 약한 자도 이르기를 나는 강하니 전쟁터에 나가리라고 말하게 하라." 전능하신 하나님은 어둠의 권세들에 속한 모든 반대파들에게 이렇게 도전하신다. 이방 나라들로 하여금 분노하며, 세상의 군왕들로 하여금 서로 꾀하여 여호와와 그의 기름 부음 받은 자를 대적하게 하라(시 2:1-2). 그들로 하여금 속히 와서 모이게 하라. 그러나 하늘에 앉아 계신 이는 그들을 보고 비웃으실 것이

다. 하나님이 이런 식으로 그들을 부르시는 것은 그들을 조롱하시는 것이다(시 2:1, 4). 하나님은 나라들과 민족들로 하여금 여호사밧 골짜기로 올라와서 판결을 받도록 하기 위하여(12절) 그들을 깨우시고 죽은 자들 가운데서 일으키실 것이고, 공중에서 주를 만나러 올라오도록 하기 위하여 그들을 무덤에서 나오게 하실 것이다. 여호사밧은 여호와의 심판을 의미한다. 하나님은 그들을 하나님의 심판의 장소로 오게 하여야 하는데, 이것이 여기에서 여호사밧이라는 명칭을 사용하신 주된 이유일 것이지만, 우리가 앞에서 살펴보았듯이 구체적으로 여호사밧이라는 장소와 관련된 것들을 상기시키기 위한 목적도 여기에 있다고 보아야 한다. 그들은 하나님이 모든 민족을 심판하시기 위하여 앉아 계신 곳, 즉 그가 모든 민족을 그 앞에 모으실 영광의 보좌(마 25:32)로 나아오게 될 것이다. 왜냐하면, 우리는 모두 그리스도의 심판대 앞에 출두하여야 하기 때문이다. 이 도전(9절)은 호출(12절)로 바뀐다: "너희가 감히 오고자 한다면 와 보라"가 아니라 "너희는 원하든지 원하지 않든지 와야 한다"는 것이다. 왜냐하면, 하나님의 심판을 피할 길은 없기 때문이다.

Ⅱ. 하나님이 그의 공의의 일꾼들에게 사람들 가운데서의 그의 나라를 대적하는 이 뻔뻔스러운 원수들을 치라고 명하심. 그러므로 요엘 선지자는 여호와여 주의 용사들로 그리로 내려오게 하옵소서(11절)라고 말한다. 원수들이 그들의 군대를 이끌고서 전쟁터로 모이자, 하나님은 그의 군대를 모으시기 위하여, 천사장으로 하여금 나팔을 불어 그의 용사들, 즉 그의 천사들을 불러 모으게 하신다. 그리스도께서 마지막 날에 자기의 능력의 천사들과 함께 하늘로부터 오신다는 말씀(살후 1:7)은 아마도 이것과 관련이 있는 것 같다. 여기에 나오는 주의 용사들은 주께서 뭇 나라를 심판하시면서(시 110:6) 그에게 대적하는 모든 주권들과 통치자들과 권세들을 진압하실 때에 그의 싸움을 싸울 주의 군대이다. 어떤 이들은 전쟁을 준비하고 용사들을 깨우라(9-10절)는 말씀이나 그들로 하여금 가까이 나아와서 올라오게 할지어다라는 말씀은 원수들의 군대를 향하여 도전하시는 말씀이 아니라, 하나님의 군대를 향한 명령이라고 생각한다. 하나님은 법이나 칼로 그의 의(義)를 변호하고자 하실 때에는 그 의를 효과적으로 이루는 데에 필요한 자들을 준비해 두시는데, 법정에서는 그의 말씀에 대하여 증인이 되어 줄 자들을 준비해 두시고, 전쟁터에서는 그를 위해 싸울 군사들을 준비해 두신다. 그들은 필요한 경우에는 보습을 쳐서 칼을 만들 것이다. 그러나 너희는

낮을 쓰라 곡식이 익었도다(13절)라는 말씀이 주의 용사들을 향한 명령이라는 것은 분명하다. 그들의 악이 크고, 그들의 죄악의 분량이 다 찼으며, 그들이 멸망할 때가 무르익었다. 우리 구주께서는 이것에 대하여 설명을 해주셨다(마 13:39): 추수 때는 세상 끝이요 추수꾼은 천사들이다. 주의 용사들, 즉 천사들은 그들이 지닌 날카로운 낫을 휘둘러서 곡식과 포도주를 둘 다 수확하라는 명령을 받는다(계 14:15, 18). 사람들의 악이 크면, 그들이 하나님의 심판을 받을 때가 무르익은 것임을 명심하라.

Ⅲ. 저 크고 두려운 날에 무수한 사람들이 모이리라는 것(14절).   사람이 많음이여, 심판의 골짜기, 곧 앞에서 여호사밧의 골짜기 또는 여호와의 심판의 골짜기라 불린 곳에 사람이 많음이여, 심판의 골짜기에 여호와의 날이 가까움이로다.

1. 심판의 날, 저 여호와의 날은 내내 가까이 와 있는 것으로 여겨지고 말해져 옴. 에녹은 마치 심판주께서 당시에 문 앞에 서 계신 것처럼 보라 주께서 임하셨느니라(유 1:14)고 말하였다. 왜냐하면, 하나님의 약속을 따라 그 날은 반드시 올 것이고, 주께는 천 년이 하루 같기(벧후 3:8) 때문이다. 모든 상황은 그 날을 향하여 신속하게 무르익어 가고 있다. 최후의 심판이 가까이 와 있기 때문에, 우리는 늘 그 심판을 준비하고 있어야 한다.

2. 심판의 날은 결정의 날이 되리라는 것. 그 날에 각 사람의 영원한 신분이 결정될 것이고, 그리스도의 나라와 사탄의 나라 간에 오랫동안 계류되어 왔던 논쟁도 최종적으로 결정이 나서, 그 싸움도 끝이 나게 될 것이다. 갈대아 역본에서는 심판을 베푸는 골짜기에서 각 사람이 몸으로 행한 일들에 따라 보응을 받게 될 것이라고 읽고, 난외주에서는 수확의 비유의 연장선상에서(13절) 타작의 골짜기라고 읽는다. 하나님의 백성을 대적하였던 교만한 원수들은 그 때에 부서지고 산산조각이 나서, 여름 타작 마당의 겨 같이 될 것이다.

3. 헤아릴 수 없이 많은 무리들이 그 날에 최후의 선고를 받기 위해서 한데 모이게 되리라는 것. 우리는 곡의 멸망에 관한 이야기 속에서 원수들의 많은 무리가 패하였다는 것을 나타내는 표현들인 하몬곡의 골짜기 또는 하모나 성읍에 대하여 듣는데(겔 39:15-16), 여기에서 사용된 단어도 하모님, 하모님이다. 이 단어는 여기에서 놀라움을 표현하는 방식으로 사용된다: 그 날에 헤아릴 수 없이 많은 수의 죄인들이 멸망을 받음으로써 하나님의 공의가 영화롭게 될 것이다! 한 랍비는 이렇게 말한다: 무수한 산 자들과 무수한 죽은 자들이 거기에 있

을 것이다. 왜냐하면, 그리스도는 살아 있는 자와 죽은 자를 심판하시기 위하여 오실 것이기 때문이다(행 10:42).

Ⅳ. 그 때에 자연계에서 놀라운 변화가 일어나게 되리라는 것(15절). 해와 달이 캄캄하며 별들이 그 빛을 거두도다. 이 말씀은 앞에서도 나왔다(2:31). 이 광명들의 빛과 광채는 그 때에 재판장이 나타나실 때에 발하실 훨씬 더 큰 저 영광의 광채 때문에 빛을 잃게 될 것이다. 아니, 만물이 풀어져서 없어질 때에 이 광명들도 사라지게 될 것이다. 왜냐하면, 하나님 자신이 영원한 빛이 되실 것이고(사 60:19), 저주받은 죄인들은 지옥에서 빛을 보지 못하게 될 것이기 때문이다. 저 진노의 날에 하나님의 진노 아래 떨어지는 자들은 모든 위로와 기쁨에서 단절될 것인데, 이것은 해와 달만이 아니라 별들도 빛을 잃고 캄캄하게 될 것이라는 말을 통해서 표현되고 있다.

Ⅴ. 그 날이 왔을 때에 이 세상의 자녀들과 하나님의 자녀들이 보이게 될 서로 다른 반응.

1. 그 날은 악인들에게는 두려운 날이 되리라는 것. 여호와께서 종종 그의 성소의 영화로우신 보좌에서 영광을 드러내셨듯이(이것은 그 날의 영광에 비하면 희미한 것일 뿐이다), 그 날에는 시온과 예루살렘에서, 즉 그가 자신을 특별한 방식으로 드러내시는 그의 영광의 보좌나 하늘에서 말씀하실 것이다. 하나님은 하늘에서, 또는 시온과 예루살렘이라 불릴 수 있는 거룩한 회중인 그의 성도들과 천사들 가운데서 말씀하실 것이다(어떤 이들은 이렇게 이해한다). 왜냐하면, 우리가 하늘의 예루살렘에 이르는 것은 천만 천사에게 이르는 것이기 때문이다(히 12:22). 그 날에 하나님이 말씀하시는 것은 악인들에게는 사자가 부르짖는 소리처럼 무시무시하게 들릴 것이다(원어는 이런 의미이다). 하나님은 오랫동안 침묵하셨지만, 이제 우리 하나님이 오사 잠잠하지 아니하실 것이다(시 50:3, 21). 저 큰 날의 심판은 계속해서 하나님 나라의 불구대천의 원수들이었던 자들의 귀를 몹시 아프게 만들 것임을 명심하라. 그 때에 하나님의 음성은 천지를 크게 진동시킬 것이다(사 2:21; 학 2:6; 히 12:26). 이것은 저 큰 날에 하나님의 음성이 악인들에게 천지를 대경실색하게 만들기에 충분할 정도로 공포스럽게 들리게 될 것임을 나타낸다. 하나님이 오셔서 그의 원수들을 끌어내려 멸하시며 그들을 모두 그의 발판으로 삼으실 때, 천지가 일어나서 그들을 옹호하고 보호하고자 할지라도, 아무 소용이 없을 것이다. 하늘과 땅조차도 하나님

앞에서 후들후들 떨 것이기 때문에, 하나님이 다투고자 하시는 자들의 피난처가 되기에는 역부족일 것이다. 시온에서 나오는 복들은 가장 달콤한 복들이기 때문에 천지로 하여금 노래하게 만드는 것과 마찬가지로, 시온에서 나오는 두려움들은 너무도 극심한 두려움들이기 때문에 천지를 진동하게 만들기에 충분하다는 것을 명심하라.

2. 그 날은 의인들에게는 기쁜 날이 되리라는 것. 천지가 두려워 떨며 불에 타서 녹아져 내릴 때, 여호와는 그의 백성의 피난처(또는, 소망)이자 이스라엘 자손의 산성(또는, 힘)이 되어 주실 것이고(16절), 그 때에 예루살렘이 거룩할 것이다(17절). 성도들은 하나님의 이스라엘이다. 그들은 그의 백성이다. 교회는 그의 예루살렘이다. 그들은 하나님과 계약 관계에 있고 하나님과 교제한다.

(1) 저 큰 날에 그들의 소원이 만족함을 얻게 되리라는 것. 여호와께서 그의 백성의 소망이 되시리로다. 하나님은 늘 그들의 소망의 원천이자 토대이셨듯이, 그 날에는 그들의 소망의 면류관이 되실 것이다. 하나님은 그의 백성의 피난처가 되어 주실 것이다(원어는 이렇게 되어 있다). 저 큰 날에 성도들은 그들이 바라던 항구에 도달할 것이고, 폭풍우를 뚫고 나아온 항해 끝에 해변에 이르게 될 것이다. 그들은 그들의 아버지의 집, 손으로 짓지 아니한 집에 도착해서 하나님과 영원히 함께 살게 될 것이다.

(2) 그들의 행복은 견고하리라는 것. 하나님은 그 날에 이스라엘 자손의 힘이 되어 주셔서, 그들로 하여금 그 날을 반기며, 그 날의 영광들과 기쁨들의 무게를 넉넉히 감당할 수 있게 해주실 것이다. 이 세상에서 하나님의 심판들이 도처에 있고, 죄인들이 그 심판들 속으로 빠져 들어갈 때, 다른 사람들의 마음은 그 심판들에 대한 두려움 때문에 녹아내릴지라도, 하나님은 자기 백성의 소망과 힘이 되어 주시고, 그들의 마음의 힘이 되어 주시며, 그들의 분깃이 되어 주실 것이다.

(3) 그들의 거룩이 완성되리라는 것(17절). 그 날에 예루살렘이 거룩하리니, 진정으로 거룩한 성이 될 것이다. 하늘의 예루살렘, 영광스러운 교회가 티나 주름 잡힌 것이나 이런 것들이 없이 거룩하고 흠이 없게 될 것이다(엡 5:27). 예루살렘이 거룩이 될 것이다(원문은 이렇게 되어 있다). 예루살렘은 온전히 거룩할 것이다. 거기에는 죄의 잔재가 조금도 없을 것이다. 복음 교회는 전투하는 교회일 때에도 거룩한 모임이지만, 승리한 교회가 될 때에야 비로소 거룩 그 자체

가 될 것이다. 그 때에는 다시는 이방 사람이 그 가운데로 통행하지 못할 것이다. 부정한 것이나 불의한 것은 새 예루살렘 속으로 들어오지 못할 것이다. 거기에 있을 자격이 있는 자들, 그 성의 시민들 외에는 그 누구도 거기에 있지 못할 것이다. 왜냐하면, 그 성은 오직 성도들만이 사는 사회일 것이기 때문이다.

(4) 하나님은 이 모든 것을 통해서 스스로를 나타내시고 높임을 받으시리라는 것. 그런즉 너희가 나는 너희 하나님 여호와인 줄 알 것이라. 교회를 거룩하게 하시고 영화롭게 하심으로써, 하나님은 그의 성산에 사시는 하나님, 거기에 사심으로써 그 곳을 거룩하게 하시는 하나님으로서 그의 거룩하심과 영광 가운데서 알려지실 것이다. 거룩하게 되고 영화롭게 된 자들은 그들을 부르신 이를 아는 지식으로 말미암아 그렇게 된 것이다. 참된 신자들이 하나님에 대하여 가지고 있는 지식은 다음과 같은 지식이다.

[1] 그것은 자기 것으로 소화하여 자기 자신에게 구체적으로 적용한 지식이라는 것. 그들은 하나님이 그들의 하나님 여호와이신 것을 안다. 즉, 하나님은 그들 자신만의 하나님은 아니시지만, 온 교회의 하나님이신 동시에 그들 자신의 하나님이시라는 것, 하나님은 그들의 하나님이시지만 그의 성산 시온에 사시는 하나님이시라는 것을 안다. 왜냐하면, 신앙을 구체적으로 자기 자신의 것으로 만든다고 해서, 그것이 계약의 특권들을 독점하는 것은 아니기 때문이다.

[2] 그것은 체험적인 지식이라는 것. 그들은 가장 악한 때에 하나님이 그들의 소망이자 힘이시라는 것을 발견할 것이고, 그렇게 함으로써 그가 그들의 하나님 여호와인 줄 알게 될 것이다. 하나님의 선하심을 맛보고 직접 본 자들, 하나님이 그들에게 선하시다는 것을 발견한 자들이야말로 하나님의 선하심을 가장 잘 아는 자들이다.

[18]그 날에 산들이 단 포도주를 떨어뜨릴 것이며 작은 산들이 젖을 흘릴 것이며 유다 모든 시내가 물을 흘릴 것이며 여호와의 성전에서 샘이 흘러 나와서 싯딤 골짜기에 대리라 [19]그러나 애굽은 황무지가 되겠고 에돔은 황무한 들이 되리니 이는 그들이 유다 자손에게 포악을 행하여 무죄한 피를 그 땅에서 흘렸음이니라 [20]유다는 영원히 있겠고 예루살렘은 대대로 있으리라 [21]내가 전에는 그들의 피흘림 당한 것을 갚아 주지 아니하였거니와 이제는 갚아 주리니 이는 여호와께서 시온에 거하심이니라

요엘의 예언의 끝부분을 장식하고 있는 이 약속들은 은혜의 나라, 그리고 그 나라의 모든 신실한 신민들에게 주어지는 위로들과 은혜들을 통해서 부분적으로 성취되고 있기는 하지만, 장차 영광의 나라에 가서야 온전히 성취될 것이다. 왜냐하면, 유대 교회와 관련해서 우리는 이 약속들의 내용과 부합하는 그 어떤 사건이나 그들이 축복받은 평안과 형통의 그 어떤 예를 찾아볼 수 없으므로(그런데도 그들에게 적용한다면, 이 약속들은 과장된 표현이라고 할 수밖에 없게 된다), 이 약속들은 하나님이 우리를 위하여 예비해 놓으신 더 좋은 것들에 대한 약속들, 우리가 아니면 온전함을 이루지 못하게 될 그런 약속들이기 때문이다(히 11:40).

I. 교회의 원수들이 패망하여 엎드러지게 될 것이라고 약속하심(19절). 이스라엘의 해묵은 원수였던 애굽과, 이스라엘에 대하여 뿌리깊은 적대감을 지니고 있었던 에서의 자손들인 에돔은 황무지와 황무한 들이 되어서, 거기에는 더 이상 아무도 살지 않게 될 것이다. 그들은 하나님의 저주를 받은 백성이 되었다(사 34:5). 한 나라가 아무리 국력이 강하고 재력이 있다고 하여도, 그런 것으로 하나님의 심판을 막을 수는 없다. 그렇다면, 하나님이 이 강력한 나라들과 다투시는 이유는 무엇인가? 그것은 그들이 유다 자손에게 포악을 행하였고 해악들을 가하였기 때문이다(겔 25:3, 8, 12, 15; 26:2). 그들은 그 나라로 피신하거나 다른 곳으로 피하기 위해 그 나라를 통과하고 있던 유다 사람들의 무죄한 피를 흘렸다. 하나님의 백성의 무죄한 피는 하나님께 지극히 보배로운 것이기 때문에, 하나님은 그 피 한 방울에 대해서도 반드시 벌하실 것임을 명심하라. 하나님의 백성에 대한 포악과 폭력으로 가득 찬 이 세상은 마지막 날에 이 땅과 거기에 있는 모든 것들이 다 불타서 초토화될 것이다. 하나님의 이스라엘을 압제하고 박해한 자들은 조만간에 엎드러져서 티끌 속에 눕게 될 것이다. 아니, 그들은 결국 엎드러져서 화염 속에 눕게 될 것이다.

II. 교회는 지극히 행복하게 될 것이라고 약속하심. 전투하는 교회로 있는 동안에도 교회는 영적인 특권들을 누리기 때문에 진정으로 행복할 것이지만, 승리한 교회가 되었을 때에는 더욱더 행복하게 될 것이다. 하나님은 이것과 관련해서 다음 세 가지를 약속하신다.

1. 정결함. 이것은 여기에서 나머지 것들에 대한 이유가 되는 것이어서 맨마지막에 나온다(21절). 그러나 이것은 나머지 것들의 근거이자 토대이기 때문

에, 우리는 이것을 가장 먼저 살펴보는 것이 좋을 것이다. 내가 전에는 깨끗하게 하지 않았던 그들의 피를 이제는 깨끗하게 하리라. 즉, 하나님은 그들의 피비린내 나는 극악무도한 죄들, 특히 무죄한 피를 흘린 그들의 죄들을 깨끗하게 해주실 것이다. 하나님은 그들의 죄로 말미암은 그들의 더러움과 죄책, 즉 그들을 하나님과 교제하기에 부적합한 자들로 만들었고, 하나님의 거룩하심에 비추어서 그들을 역겨운 자들로 만들었으며, 그들을 하나님의 공의에 의하여 벌을 받게 만들었던 그들의 더러움과 죄책을 이제는 깨끗하게 씻어 주실 것이다. 그들의 더러움과 죄책은 죄와 더러움을 씻는 샘이 열릴 그 날에 그 샘에서 씻음을 받게 될 것이다(슥 13:1). 율법 중에서 의식법(儀式法)에 의한 제사들과 결례들로는 씻음받을 수 없었던 그들의 더러움과 죄책은 그리스도의 피로 말미암아 깨끗함을 받게 될 것이다. 또는, 우리가 이것을 장래에 천국에서 누리게 될 행복과 관련해서 풀이해 본다면, 그것은 성도들이 이 세상에서 하나님의 규례들이나 섭리들에 의해서 깨끗함을 받지 못하였던 온갖 더러운 것들로부터 깨끗함을 받게 될 것을 보여주는 것이다. 거기에서는 그들 속에 죄의 잔재가 조금도 남아 있지 않게 될 것이다. 여기 이 세상에서는 그들이 매일 씻는다고 하여도, 그들 속에는 여전히 씻음을 받지 못한 것이 남아 있기 마련이다. 그러나 천국에서는 그런 잔재조차도 말끔하게 씻음을 받게 될 것이다. 그 이유는 여호와께서 시온에 거하시고, 그의 교회와 더불어 거하시며, 더욱더 영광스럽게도 천국에서 그렇게 교회와 거하시기 때문이고, 거룩함이 영원히 주의 집에 합당하기 때문이다(시 93:5). 이런 까닭에, 하나님이 거하시는 곳에는 완전한 거룩이 있을 수밖에 없고, 또한 있게 될 것이다. 교회가 깨끗해지고 거룩하게 되는 것은 서서히 진행되는 일이고, 교회 속에는 여전히 깨끗함을 받지 못한 것들이 있다고 우리는 탄식할 수밖에 없지만, 교회 속에서 잘못된 모든 것이 바로잡혀져서, 교회가 점도 흠도 없이 온전히 아름다워질 날이 장차 올 것임을 명심하라. 우리는 그 날을 기다려야 한다.

2. 풍성함(18절). 이것은 앞의 장들에서 하나님이 경고하신 심판의 정반대이기 때문에 가장 먼저 나온다.

(1) 이 풍성함의 물줄기들은 이 땅에 차고 넘쳐서 풍요롭게 하리라는 것. 그날에 산들이 단 포도주를 떨어뜨릴 것이며 작은 산들이 젖을 흘릴 것이기 때문에, 그들은 아기들이나 용사들이나 할 것 없이 각자에게 적합한 것들을 아주 풍성

하게 공급받을 수 있게 될 것이다. 이것은 수많은 포도원들에 있는 모든 포도 나무에서 많은 열매들이 맺히게 되리라는 것과 목장에는 젖이 풍부하게 나오는 가축들이 가득하리라는 것을 보여주는 것이다. 곡식이 자라는 땅을 비옥하게 하기 위해서, 유다 모든 시내가 물을 흘릴 것이기 때문에, 온 땅이 에덴 동산 같이 물이 가득하고 심히 윤택할 것이다(시 65:9). 그러나 이러한 말씀은 영적인 것을 의미하는 것으로 보인다. 새 계약의 은혜들과 위로들은 포도주와 젖에 비유되고(사 55:1), 성령은 생수의 강에 비유된다(요 7:38). 이러한 은사들은 구약 아래에서보다 신약 아래에서 훨씬 더 풍성하다. 믿는 자들이 그리스도의 충만으로부터 은혜 위에 은혜를 받고, 영원한 위로들을 풍성히 받으며, 모든 기쁨과 평강을 믿음 안에서 충만하게 받을 때, 그것은 산들이 단 포도주를 떨어뜨리는 것이고, 작은 산들이 젖을 흘리는 것이다. 나의 사랑하는 사람들아 많이 마시라(아 5:1). 은혜의 성령이 풍성하게 부어질 때, 그것은 유다 모든 시내가 물을 흘려서 우리 하나님의 성(시 46:4)만이 아니라 온 땅을 기쁘게 하는 것이다.

(2) 이 풍성함의 샘은 여호와의 성전에 있다는 것. 성소의 물이 성전 문지방 밑에서 나오고(겔 47:1), 생명수가 하나님과 및 어린 양의 보좌로부터 나오듯이(계 22:1), 이 풍성함의 물줄기들은 하나님의 성전에서 나온다. 시편 기자는 시온에 대하여 말하면서, 나의 모든 근원이 네게 있다고 말한다(시 87:7). 이 절의 전반부를 현세의 축복들을 의미하는 것으로 해석하는 자들도 여호와의 성전에서 흘러나오는 이 샘은 하나님의 은혜를 가리키는 것으로 이해해서, 우리가 현세적인 축복들에서 풍성할수록 그것들을 악용하지 않기 위해서는 하나님의 은혜가 더욱더 절실히 필요하다는 것을 본문은 말하고 있다고 설명한다. 그리스도는 그 자체가 샘이시다. 그의 공로와 은혜는 우리를 깨끗하게 하고 우리에게 새 힘을 주며 우리로 열매를 많이 맺게 한다. 이것은 싯딤 골짜기에 물을 대어 주는 것이다. 이 골짜기는 예루살렘 성전에서 아주 멀리 떨어져서 요단 동편에 있던 메마른 불모지였다. 이것은 그리스도에게서 흘러나오는 복음의 은혜가 멀리까지, 이방 세계의 가장 먼 곳까지 이르러서, 오랫동안 황무지처럼 살았던 자들로 하여금 의의 열매를 풍성하게 맺게 할 것임을 보여주는 것이다. 이 은혜는 늘 흘러 넘치는 샘이기 때문에, 우리는 이 샘에서 끊임없이 물을 길어 쓰면서도, 그 샘이 마르게 되지나 않을까 걱정할 필요가 없다. 이 샘은 위에 있는 여호와의 성전에서, 즉 하늘에 있는 그의 성전에서 흘러나오고, 우리는 여기에

서 그 샘의 물줄기들에서 흘러나오는 온갖 선한 것들을 매일 맛보고 있지만, 바로 그 샘에서 영원히 마시게 되기를 간절히 소망한다.

3. 영속성. 이것은 다른 모든 것의 절정이다(20절). 유다는 영원히 있겠고(애굽과 에돔이 황무지가 될 때) 예루살렘은 대대로 있으리라. 이것은 다음과 같은 것들에 대한 보배로운 약속이다.

(1) 그리스도의 교회는 이 세상에서 끝날까지 지속되리라는 것. 신앙을 고백한 그리스도인들의 한 세대가 지나가면 또 다른 세대가 올 것이고, 그들을 통해서 그리스도의 보좌는 영원히 계속될 것이고, 음부의 권세가 교회를 이기지 못할 것이다(마 16:18).

(2) 그리스도의 교회의 모든 지체들(유다와 예루살렘은 그 성과 지역의 주민들을 나타낸다, 마 3:5)은 영원까지 확실하게 복을 누리게 되리라는 것. 이 새 예루살렘은 대대로 있을 것이다. 왜냐하면, 새 예루살렘은 손으로 짓지 아니한 성, 하늘에 영원한 토대를 갖고 있는 성이기 때문이다.

아모스

서론

아모스 선지자는 이사야보다 약간 앞서 활동하였지만, 어떤 이들이 오해한 것과는 달리 이사야의 아버지였던 아모스(사 1:1)와는 동일 인물이 아니었다. 왜냐하면, 히브리어로 보면, 두 사람의 이름은 판이하게 다르기 때문이다. 또한, 이 두 가문의 성격도 서로 달라서, 선지자 이사야는 궁중 조신(朝臣)이었던 반면에, 선지자 아모스는 시골 농부였다. 아모스라는 이름은 무거운 짐 또는 부담을 의미한다. 유대인들 가운데서는 이 이름을 근거로 해서 아모스 선지자가 어눌했고 말을 더듬었다는 전승이 내려온다. 하지만, 그의 이름을 근거로 해서, 그의 말이 무게가 있었고, 그가 전한 말씀은 여호와의 경고의 말씀이었다고 추정하는 것도 가능하다.

대부분의 해석자들이 생각하듯이, 아모스는 유다 사람이었지만, 주로 벧엘에서 이스라엘을 쳐서 예언하였다(7:13). 어떤 이들은 그의 문체가 그의 출신 배경을 보여주고 있다고 생각한다. 그의 문체는 다른 선지자들보다 더 소박하고 투박하다는 것이다. 나는 그의 문체를 그렇게 보지 않는다. 그러나 이 두 증인의 입으로 말마다 확증하게(마 18:16) 하기 위해서, 하나님이 동시대의 선지자들이었던 아모스와 호세아로 하여금 동일한 것을 예언하게 하신 것은 분명하다.

아모스가 벧엘의 제사장 아마샤와 갈등했던 것으로 보아서, 그의 활동은 반대를 받았던 것이 분명하지만, 그는 자신의 예언 활동을 함에 있어서 불굴의 결연한 의지를 지니고 있었던 사람이었고, 죄를 책망하고 그 죄로 인한 하나님의 심판을 선포하며 그들에게 회개하고 삶을 고칠 것을 권면하는 일에서 신실하고 담대하며 끈질긴 사람이었다.

그는 이스라엘의 원수들이었던 이웃 나라들에게 경고하는 말씀들로 시작한다(1장과 2장). 그런 후에, 그는 이스라엘을 향하여 그들의 우상 숭배, 하나님이 그들에게 주신 은총들 아래에서 그들이 무가치한 삶을 산 것, 하나님의 심판들 아래에서 그들의 행실을 고치고자 하지 않은 것 등에 대하여 해명을 요구하고 책임을 묻는다(3장과 4장). 그는 그들이 회개하지 않고 드리는 위선적인 제사들을 거부하고, 그들에게 회개할 것을 요구한다(5장). 그는 그들의 안일한 삶에도 불구하고 황폐화시키는 심판이 그들에게 임하리라는 것(6장)과 특히 아마샤에 대한 몇몇 구체적인 심판들(7장)을 예언하고, 그 밖의 다른 책망들과 경고의 말씀을 한 후에(8장과 9장), 요엘의 예언의 끝부분에서와 마찬가지로 메시야 나라가 세워지리라는 것과 거기에서 하나님의 영적 이스라엘이 행복하리라는 것에 대한 약속으로 예언을 끝맺는다.

아모스와 요엘 선지자는 처음에 책망과 경고의 말씀들을 통해서 그들의 모든 잘못들을 보여주어서 상처를 드러낸 후에, 모든 것을 바로잡을 복음의 은혜에 관한 약속들을 통해서 치료책을 제시한다.

제
― 1 ―
장

개요

우리는 이 장에서 다음과 같은 내용들을 본다. I. 이 예언의 전체적인 표제(1절)와 전체적인 취지(2절). II. 하나님이 아람(3-5절), 블레셋(6-8절), 두로(9-10절), 에돔(11-12절), 암몬(13-15절)이 하나님의 백성에게 잔인했던 것과 여러 가지 해악을 행한 것을 구체적으로 들어서 이 각 나라들과 다투심. 이것은 하나님이 열방들과 다투시리라는 말씀(욜 3:2)에 대한 해설이다.

[1]유다 왕 웃시야의 시대 곧 이스라엘 왕 요아스의 아들 여로보암의 시대 지진 전 이 년에 드고아 목자 중 아모스가 이스라엘에 대하여 이상으로 받은 말씀이라 [2]그가 이르되 여호와께서 시온에서부터 부르짖으시며 예루살렘에서부터 소리를 내시리니 목자의 초장이 마르고 갈멜 산 꼭대기가 마르리로다

이 단락에는 다음과 같은 내용들이 나온다.

I. 이 예언의 전체적인 성격. 이 예언은 아모스가 이상으로 받은 말씀들로 이루어져 있다. 말씀들을 보는 것이 가능한가? 그렇다. 하나님의 말씀은 볼 수가 있다. 사도들은 생명의 말씀에 관하여는 우리가 들은 바요 눈으로 본 바요 자세히 보고 우리의 손으로 만진 바라(요일 1:1)고 말하였다. 하나님의 말씀은 이렇게 진정한 실체를 지니고 있다. 선지자는 이 말씀들을 보았다.

1. 이 말씀들은 이상 가운데서 그에게 계시되었다는 것. 마찬가지로, 요한도 그에게 들려온 음성을 보았다고 말한다(계 1:12).

2. 이 말씀들에 의해서 예언된 것들은 그에게 마치 그가 육안으로 본 것처럼 확실한 것들이었다는 것. 이것은 보이지 않는 것들의 증거(히 11:1)인 저 믿음이 그에게 얼마나 강했는지를 보여주는 것이다.

II. 이 예언을 받은 인물. 그는 드고아 목자 중 한 사람이었던 아모스였다. 어떤 이들은 그가 부유한 가축 거래상이었다고 생각한다. 여기에 나오는 목자

라는 단어는 모압 왕에 대해서도 사용된다(왕하 3:4, 모압 왕 메사는 양을 치는 자라). 아모스는 그 일을 통해서 많은 돈을 벌 수 있었지만, 선지자가 되어 하나님을 따르기 위해서는 그 일을 그만두어야 했다. 어떤 이들은 아모스가 가축을 치는 가난한 자였다고 생각한다. 왜냐하면, 그는 자기가 야생 무화과를 모으는 자(개역에서는 뽕나무를 재배하는 자)였다고 말하는데, 이 일은 입에 겨우 풀칠을 해서 연명할 수 있을 정도로 별로 벌이가 되지 않는 일이었을 것이기 때문이다(7:14-15). 하나님은 양 떼를 따르던 다윗을 부르시고, 쟁기를 잡고 있던 엘리사를 부르셨던 것처럼, 이런 아모스를 선지자로 부르셨다. 하나님은 큰 일을 맡기시기 위하여 많은 인물들을 조용하고 순수하며 묵상에 알맞은 목자의 일을 통해서 훈련시키셨다. 하나님은 선지자를 보내셔서 자기 백성을 책망하고 경고하고자 하셨을 때에 목자를 그 일에 쓰셨다. 왜냐하면, 그 백성들은 무지한 말이나 노새 같이(시 32:9) 되었고, 임자를 알지 못하는 소(사 1:3)보다 더 못한 자들이 되어 버렸기 때문이다. 하나님은 종종 세상의 미련한 것들을 택하사 지혜 있는 자들을 부끄럽게 하신다(고전 1:27). 하나님이 그의 일을 하도록 능력을 주신 자들을 우리는 그들의 신분이 미천하고 그 시작이 미약하다고 해서 멸시하거나 무시해서는 안 된다는 것을 명심하라. 아모스 자신은 자기가 목자였다는 사실을 고백하는 것을 부끄러워하지 않지만, 다른 사람들도 그의 출신을 알았다고 해서 그를 무시하거나 나쁘게 생각해서는 안 된다.

Ⅲ. 아모스서에 나오는 예언에서 다루어질 사람들. 이 예언은 이제 죄악의 분량이 차서 멸망의 때가 무르익은 이스라엘의 열 지파에 대한 것이다. 하나님은 그들 가운데서 선지자들을 일으키셨지만(2:11), 그들은 그 선지자들을 무시하였다. 그러므로 하나님은 혹시 다른 나라에서 온 선지자라면 그들이 더 존중하지 않을까 생각하셔서, 유다 땅의 드고아 출신의 선지자를 그들에게 보내신다. 또한, 하나님은 아마도 아모스가 목자 출신이었기 때문에 자기 나라에서는 멸시를 받을 것이라고 생각하셔서, 그를 이스라엘로 보내신 것일 수도 있다(마 13:55-57을 보라).

Ⅳ. 아모스가 이 예언들을 전한 시기.

1. 아모스서는 법령들과 마찬가지로 이 선지자가 예언 활동을 하였던 시기에 다스렸던 왕들을 밝힘으로써 그 예언의 연대를 제시함. 이 예언들은 남왕국이 아주 번성하였던 유다 왕 웃시야와 북왕국이 꽤 번성하였던 이스라엘의 두

번째 왕 여로보암의 시대에 임하였다. 하지만, 이렇게 국력이 번성하던 때에 이 두 왕은 현재에 잠시 반짝 번성하는 것에 취해서 우쭐하거나, 그들이 아무 죄도 없다고 생각하거나, 그들이 영원히 형통할 것이라고 자신만만해하지 않도록 하기 위해서, 그들이 저지른 죄들과 그 죄들로 말미암아 그들에게 임할 심판들에 대하여 듣지 않으면 안 된다.

2. 아모스서는 이 예언과 관련이 있는 특정한 사건을 언급함으로써 그 예언의 연대를 제시함. 이 예언들은 웃시야 때에 있었던 지진 전 이년에 임하였는데, 성경에서 이 때에 사람들이 지진을 피하여 도망하였다고 말하고 있는 것으로 보아서, 이 지진은 나라 전체를 공포로 몰아넣었던 것으로 보인다(슥 14:5). 그러나 사람들은 어떻게 그 지진을 피하여 도망할 수 있었을까? 어떤 이들은 이사야가 이상을 보고 있는 동안에 문지방의 터가 요동했는데(사 6:4), 바로 이 때에 이 지진이 일어난 것이라고 추측한다. 유대인들의 전승에 의하면, 웃시야 왕이 오만방자하게도 제사장의 직무를 침범하여 성전에 들어가서 분향하려고 한 바로 그 때에 이 지진이 일어난 것이라고 한다(대하 26:16). 요세푸스는 이 지진을 언급하면서 이렇게 말한다: "이 지진으로 인해서 땅이 800미터 정도 가라앉아서 산의 절반이 평지가 되었고, 왕의 동산들도 훼손되었다." 하나님은 아모스 선지자를 통해서 이 지진이 일어나기 2년 전에 하나님이 그 지진으로 그들의 집들을 무너뜨리실 것임을 경고하셨다(3:15).

V. 이 예언들의 전체적인 취지를 담고 있는 서론(2절). 여호와께서 시온에서부터 부르짖으시리로다. 하나님이 그의 선지자들을 통해서 경고하시는 말씀들과 이 경고의 말씀들을 그의 섭리를 통해서 집행하시는 일들은 사자가 목자들과 그 가축 떼를 향하여 울부짖는 것만큼이나 무섭고 무시무시하다. 아모스는 여기에서 그와 동시대에 활동하였던 호세아(호 11:10)나 요엘(욜 3:16)이 사용하였던 것과 동일한 표현을 사용하여 말한다. 사자가 자신의 먹잇감을 찢기 전에 먼저 큰 소리로 포효하듯이, 하나님은 심판으로 치시기 전에 먼저 경고를 하신다.

1. 이 경고는 어디로부터 올 것인가. 그것은 시온과 예루살렘으로부터, 거기에서 선포된 하나님의 말씀들에서부터 올 것이다. 왜냐하면, 주의 종이 그 말씀들로 경고를 받기 때문이다(시 19:11). 우리 하나님은 그의 특별한 거처가 있는 거기에 설치된 법정에서 이 땅에 대한 심판을 집행하라는 영장을 발부하실 것

이다(렘 25:30). 시온에는 하나님의 시은좌(施恩座, mercy-seat)가 있었다. 하나님이 거기에서 포효하신다는 것은 하나님의 공의의 행위들이 지금까지는 긍휼에 의해서 억제되어 왔지만 이제는 긍휼과 합치하게 되어서, 심판을 하는 것이 곧 긍휼을 베푸는 것이 되었다는 것을 보여주는 것이다. 하나님이 우리를 징계하시는 것은 우리가 단죄를 당하여 죽임을 당하지 않도록 하기 위한 것이다.

2. 이 경고는 어떤 효과를 갖게 될 것인가. 목자들의 거처들이 애곡할 것이다. 이것은 목자들이 포효하는 사자를 두려워하였기 때문일 수도 있고, 이 비유가 무엇을 의미하는지를 직감으로 느끼고 있었기 때문일 수도 있다. 왜냐하면, 하나님의 심판 때문에 큰 가뭄이 들어서(4:7), 목자의 초장이 마르고, 가장 비옥한 곳 중의 하나였던 갈멜 산 꼭대기가 말라서 황무지가 될 것이었기 때문이다(욜 1:12-17).

[3]여호와께서 이와 같이 말씀하시되 다메섹의 서너 가지 죄로 말미암아 내가 그 벌을 돌이키지 아니하리니 이는 그들이 철 타작기로 타작하듯 길르앗을 압박하였음이라 [4]내가 하사엘의 집에 불을 보내리니 벤하닷의 궁궐들을 사르리라 [5]내가 다메섹의 빗장을 꺾으며 아웬 골짜기에서 그 주민들을 끊으며 벧에덴에서 규 잡은 자를 끊으리니 아람 백성이 사로잡혀 기르에 이르리라 여호와께서 말씀하셨느니라 [6]여호와께서 이와 같이 말씀하시되 가사의 서너 가지 죄로 말미암아 내가 그 벌을 돌이키지 아니하리니 이는 그들이 모든 사로잡은 자를 끌어 에돔에 넘겼음이라 [7]내가 가사 성에 불을 보내리니 그 궁궐들을 사르리라 [8]내가 또 아스돗에서 그 주민들과 아스글론에서 규를 잡은 자를 끊고 또 손을 돌이켜 에그론을 치리니 블레셋의 남아 있는 자가 멸망하리라 주 여호와께서 말씀하셨느니라 [9]여호와께서 이와 같이 말씀하시되 두로의 서너 가지 죄로 말미암아 내가 그 벌을 돌이키지 아니하리니 이는 그들이 그 형제의 계약을 기억하지 아니하고 모든 사로잡은 자를 에돔에 넘겼음이라 [10]내가 두로 성에 불을 보내리니 그 궁궐들을 사르리라 [11]여호와께서 이와 같이 말씀하시되 에돔의 서너 가지 죄로 말미암아 내가 그 벌을 돌이키지 아니하리니 이는 그가 칼로 그의 형제를 쫓아가며 긍휼을 버리며 항상 맹렬히 화를 내며 분을 끝없이 품었음이라 [12]내가 데만에 불을 보내리니 보스라의 궁궐들을 사르리라 [13]여호와께서 이와 같이 말씀하시되 암몬 자손의 서너 가지 죄로 말미암아 내가 그

벌을 돌이키지 아니하리니 이는 그들이 자기 지경을 넓히고자 하여 길르앗의 아이 밴 여인의 배를 갈랐음이니라 ¹⁴내가 랍바 성에 불을 놓아 그 궁궐들을 사르되 전쟁의 날에 외침과 회오리바람의 날에 폭풍으로 할 것이며 ¹⁵그들의 왕은 그 지도자들과 함께 사로잡혀 가리라 여호와께서 말씀하셨느니라

하나님이 여기에서 말씀하시는 것은 그가 다른 곳에서 하신 말씀을 통해서 설명될 수 있다: 내가 내 백성 이스라엘에게 기업으로 준 소유에 손을 대는 나의 모든 악한 이웃에 대하여 여호와께서 이와 같이 말씀하시니라 보라 내가 그들을 그 땅에서 뽑아 버리리라(렘 12:14). 다메섹은 북쪽으로, 두로와 가사는 서쪽으로, 에돔은 남쪽으로, 암몬과 (다음 장에 나오는) 모압은 동쪽으로 이스라엘과 인접한 이웃 나라였다. 이 모든 나라들은 적어도 한 번쯤은 이런저런 방식으로 이스라엘을 찌르는 가시와 아프게 하는 가시(겔 28:24)였었기 때문에 악한 이웃들이었다. 하나님은 자기 백성을 옹호하셔서서 거기에서 그 나라들을 이스라엘의 악한 이웃들이라고 부르시고, 여기에서는 그들을 벌하시기 위하여 나서신다. 하나님이 이 나라들을 각각 다루실 때에 취하시는 방법은 부분적으로 동일하기 때문에, 우리는 이 나라들을 한꺼번에 다루겠지만, 각각 나라와 관련해서 특별한 것도 존재한다.

I. 이 모든 나라들에 대하여 고소와 선고라는 두 가지 방식으로 공통적으로 어떤 내용이 반복되고 있는지를 보자. 하나님이 이 각각의 나라들과 다투시는 내용으로 들어가기에 앞서 언제나 그 앞에는 "이스라엘의 하나님 여호와께서 이와 같이 말씀하시되"라는 말씀이 서문처럼 나온다. 이 나라들은 비록 여호와를 그들의 하나님으로 섬기고 있지는 않지만, 그들이 그들의 재판장이신 여호와께 책임을 져야 하는 자들이라는 것을 알게 될 것이다. 이스라엘의 하나님은 온 땅의 하나님(사 54:5)이시기 때문에, 그들에게 하실 말씀이 있으시고, 그 말씀은 그들을 두려워 떨게 만들 것이다. 여호와께서는 그들을 향하여 시온에서부터 부르짖으신다. 하나님은 아모스 선지자를 통해서 이스라엘과 유다에 대하여 경고하시기 전에, 먼저 전에 자기 백성을 치는 채찍으로 사용하셨던 이 나라들에 대한 심판들을 선포하셔서, 자기 백성이 환난을 겪을 때에 이 나라들이 교만하고 방자하게 구는 것을 억제하시고, 이 나라들에 대한 심판을 통해서 자기 백성이 어느 정도 억울함을 풀 수 있게 하고자 하신다. 왜냐하면, 하나님

의 백성들은 이 모든 나라들에 대한 하나님의 심판의 말씀들을 봄으로써, 하나님이 그들에 대한 관심을 완전히 버리지 않으셨다는 것을 알고서, 그들이 하나님 안에서의 분깃을 잃지 않았다는 소망을 지닐 수 있기 때문이다. 이제 이 모든 나라들에 대한 하나님의 고소를 살펴보자.

1. 이 모든 나라들에 대한 고소는 다음과 같은 점들에서는 동일하다는 것.

(1) 하나님은 그들을 모두 서너 가지 죄 또는 세 가지와 네 가지의 죄 또는 세 가지와 네 번째 죄로 고소를 하심. 본문의 이 구절은 이렇게 세 가지로 해석될 수 있는데, 첫 번째 해석은 수많은 죄를 의미한다. 이것은 우리가 한두 가지라고 말하면, 그것은 적다는 의미이듯이, 서너 가지는 많은 것을 의미하기 때문이다. 라틴어에서는 아주 행복하다는 것을 서너 배로 행복하다라고 표현한다. 두 번째 해석은 완전수인 일곱 가지의 범죄를 의미하는데, 이것은 그들이 그들의 죄악의 분량을 다 채워서 멸망할 때가 무르익었다는 것을 보여주는 것이다. 세 번째 해석은 여러 가지 죄들이 있지만 그 중에서도 특별한 한 가지 죄가 있다는 것을 의미하는 것으로서, 하나님은 이 여러 가지 죄들에 대해서는 구체적으로 말씀하시지 않지만, 이 네 번째 죄에 대해서는 각 나라와 관련해서 구체적으로 거론하신다(잠 30:15, 18, 21, 29을 보라).

(2) 네 번째의 죄이자 유일하게 구체적으로 거론되고 있는 특별한 죄는 박해의 죄라는 것. 하나님은 각 나라들이 하나님의 백성에게 이런저런 식으로 해악을 가한 것을 구체적으로 들어서 고소하신다. 왜냐하면, 박해는 어떤 민족의 죄악의 분량을 채우는 죄이고, 특별히 벌을 받게 될 죄이기 때문이다. 내가 주릴 때에 너희가 먹을 것을 주지 아니하였다(마 25:42)는 것도 벌을 받을 죄인데, 하물며 내가 주릴 때에 너희가 나의 먹을 것을 내게서 배앗아 갔다면, 그 죄는 얼마나 더 크겠는가.

2. 이 모든 나라들에 대한 심판은 다음과 같은 점들에서는 동일하다는 것.

(1) 그들의 죄가 극에 달했기 때문에, 하나님이 그 벌을 돌이키지 아니하시리라는 것. 하나님은 그들에게 오랜 동안의 집행 유예를 허락하셨고, 종종 그들에 대한 벌을 돌이키셨지만, 이제는 그 벌을 더 이상 돌이키지 않으실 것이고, 공의대로 처리하실 것이다. "내가 그 벌을 취소하지 아니하리라(어떤 이들은 이렇게 읽는다). 나는 시온에서부터 예루살렘으로 발한 소리(2절), 죄악된 나라들에 대하여 사망과 두려움을 선포하는 음성을 취소하지 아니할 것이다." 그것은

돌이킬 수 없는 선고가 될 것이다. 하나님은 그것을 말씀하셨고, 거두지 않으실 것이다. 하나님은 그를 노엽게 하는 자들에 대하여 오래 참으시기는 하지만 늘 참으시지는 않으실 것임을 명심하라. 하나님은 영(슈)을 발하시고, 그 영은 반드시 이루실 것이다.

(2) 하나님이 그들 가운데에 불을 붙이시리라는 것. 하나님은 이 모든 악한 이웃들에 대하여 이 말씀을 하신다(4, 7, 10, 12, 14절). 하나님은 그들의 성읍들에 불을 보내실 것이다. 불이 나서, 성읍이나 촌락이나 집이 타서 잿더미가 되었다면, 그것이 고의적인 것이든 실수에 의한 것이든, 우리는 그 일 속에서 하나님의 손길을 인정하여야 한다. 그 불들은 하나님이 보내신 불들이기 때문이다. 죄는 하나님의 열심과 질투의 불을 붙이고, 이 불은 다른 불들을 붙인다.

Ⅱ. 각각의 나라에 대하여 고소와 선고라는 두 가지 방식으로 어떤 특별한 내용이 언급되고 있는지를 보자. 하나님은 이렇게 각각의 나라에 대하여 그 나라만의 죄와 관련해서도 구체적으로 책임을 물으신다.

1. 다메섹에 대하여. 다메섹은 자주 이스라엘을 괴롭혔던 아람 왕국의 수도였다.

(1) 다메섹의 특별한 죄. 그것은 그들이 길르앗 사람들을 야만적으로 대한 것이었다. 그들이 철 타작기로 타작하듯 길르앗을 압박하였다(3절). 이것은 다윗이 암몬 자손들을 톱질과 써레질로 죽였듯이(삼하 12:31), 아람 사람들이 문자 그대로 길르앗의 주민들을 잔혹하게 고문하거나 죽인 것을 가리키는 것일 수 있다. 성경은 아람 왕 하사엘이 이스라엘과의 전쟁들에서 얼마나 비인간적인 일들을 자행하였는지를 우리에게 말해 준다(왕하 8:12): 그는 어린 아이를 메치며 아이 밴 부녀를 갈랐다. 또한, 그는 그들의 땅을 초토화시켰다(왕하 10:32-33). 또는, 이 구절은 아람 사람들이 길르앗 땅을 황폐화시킨 것에 대한 비유로 해석될 수도 있다. 실제로 이 비유는 이 일을 보도하고 있는 역사서에서도 사용된다(왕하 13:7): 아람 왕이 여호아하스의 백성을 멸절하여 타작 마당의 티끌 같이 되게 하였다. 사람들은 종종 그런 불의하고 악한 일들을 행하고, 그 일들 때문에 혹독한 벌을 받게 될 것이지만, 그들이 그렇게 행하도록 하나님이 놓아두시는 것은 의로우신 일이라는 것을 명심하라. 교회는 하나님이 타작한 것, 그의 타작 마당의 알곡이라 불린다(사 21:10). 그러나 사람들이 교회를 타작하여 그들의 타작 마당의 티끌 같이 되게 한다면, 그들은 반드시 그 죄로 인한 벌을

받게 될 것이다.

(2) 다메섹이 받을 특별한 벌.

[1] 하나님이 보내실 불은 도성이나 시골 촌락이 아니라 궁궐, 즉 하사엘의 집을 공격하리라는 것. 그 불은 **벤하닷의 궁궐들**, 즉 아람 왕들이 사는 왕궁들을 **사르리라**(아람 왕들의 이름에는 벤하닷이라는 이름이 들어 있는 것이 많다). 왕궁들이 아무리 화려하고 웅장하게 치장되고, 아무리 견고하게 요새화되어 있다고 할지라도, 하나님의 심판을 막아낼 수 없다는 것을 명심하라.

[2] 원수가 다메섹 성으로 밀고 들어오게 되리라는 것(5절). 내가 다메섹의 빗장을 꺾을 것이기 때문에, 성문이 활짝 열릴 것이다. 또는, 이것은 비유적으로 해석될 수도 있다. 저 큰 성 다메섹의 힘이자 안전 장치로서 그 주민들이 의지하였던 모든 것들이 허망하게 무너져 버리고 말 것이다. 하나님의 심판들이 사명을 띠고 오면, 그 심판들을 막아내고자 해보아야 아무 소용이 없다.

[3] 그 백성들이 칼로 죽임을 당하게 되리라는 것. 내가 아웬 골짜기, 곧 우상 숭배의 골짜기에서 그 주민들을 끊으리라. 왜냐하면, 이스라엘의 우상들이 작은 산들 위에서 숭배되었듯이, 아람 사람들의 신들은 골짜기의 신들로서 골짜기들에서 숭배되었기 때문이다(왕상 20:23). 또한, 내가 벧에덴, 곧 쾌락의 집에서 권력을 상징하는 규 잡은 자, 자기가 쥔 규를 자랑스러워 하던 그 지역의 통치자를 끊으리라. 우상 숭배에 빠진 자들과 방탕에 빠진 자들은 둘 다 함께 끊어짐을 당하게 될 것이다.

[4] 아람 백성 중 상당수가 포로로 끌려가리라는 것. 아람 백성이 사로잡혀 메대 땅에 있는 기르에 이르리라. 이 예언은 이 때로부터 40여년 후에 앗수르 왕이 유다 왕 아하스의 부추김과 요청을 따라 올라와서 다메섹을 쳐서 점령하여 그 백성을 사로잡아 기르로 옮기고 또 르신을 죽였을(왕하 16:9) 때에 성취되었다.

2. 가사에 대하여. 가사는 블레셋의 성읍으로서, 당시에 그 땅의 큰 성이었다.

(1) 블레셋의 특별한 죄. 그것은 그들이 이스라엘 또는 유다에서 사로잡은 모든 자를 끌어간 것이었다. 어떤 이들은 이것을 블레셋 사람들이 여호람 때에 유다를 침략하여 왕궁의 모든 재물과 그의 아들들을 끌고간 사건을 가리키는 것이라고 생각한다(대하 21:17). 또는, 이것은 산헤립이 유다를 침공하였을 때에 블레셋 사람들이 그들에게로 피신한 자들을 사로잡아서 헬라 족속에게 팔거나

(욜 3:4-6), 언제나 하나님의 백성의 불구대천의 원수였던 에돔에 넘긴 것을 가리킬 수도 있다. 블레셋 사람들은 이스라엘의 이름을 끊어 버리기 위한 목적으로, 그들에게 걸려든 모든 자들을 닥치는 대로 끌고 가거나 죽였다(시 83:4-7).

(2) 블레셋이 받을 특별한 벌. 그것은 하나님이 보내실 불이 가사의 궁궐들을 사르고, 블레셋의 다른 성읍들, 즉 아스돗, 아스글론, 에그론의 주민들은 모두 끊어지며, 그들이 하나님의 백성을 닥치는 대로 포로로 끌고가서 이스라엘을 멸절시키려 하였듯이, 하나님이 이제 그들을 철저하게 멸절시키시리라는 것이다. 왜냐하면, 그들 중에서 남은 자조차 멸망하게 될 것이기 때문이다(8절). 하나님의 교회와 백성을 멸절시키고자 하는 자들은 하나님의 손에 의해서 멸절당하게 될 것임을 명심하라.

3. 두로에 대하여. 두로는 부와 힘을 겸비한 유명한 성으로서 그 자체가 하나의 왕국이었다(9절).

(1) 두로의 특별한 죄. 그것은 그들이 모든 사로잡은 자를 에돔에 넘긴 것, 즉 그들에게 피신해 오거나 어떤 이유로 그들의 수중에 들어온 이스라엘 사람들을 에돔에 팔아넘긴 것이었다. 그들은 이 이스라엘 사람들이 어떤 고초를 겪게 될지를 전혀 돌아보지 않았기 때문에, 그 사람들을 팔아서 자신의 이득을 취하는 일에 거리낌이 없었다. 이 점에서 그들은 형제의 계약, 즉 솔로몬과 두로 왕 히람 간에 맺어진 약조(왕상 5:12)를 잊었다(이 둘의 사이는 아주 친밀해서 히람은 솔로몬을 그의 형제라 불렀다, 왕상 9:13). 우정을 배신하거나 형제의 계약을 깨뜨리면서까지 적대감과 악의를 드러내는 것은 한층 더 악한 것임을 명심하라.

(2) 두로가 받을 특별한 벌. 그것은 하나님이 두로 성에 불을 보내어, 그 궁궐들을 사르리라는 것이다. 이 벌은 느부갓네살이 13년 간의 포위 공격 끝에 두로 성을 함락시켰을 때에 이루어졌다. 두로에 대해서는 이 벌 외에 다른 특별한 벌은 언급되어 있지 않다. 두로의 상인들은 모두 왕이나 다름없는 자들이었고, 그들의 저택은 궁궐들과 다름없었다. 그러나 하나님이 보내신 불은 그들의 궁궐들을 마치 초가집을 태우듯이 살라 버리고 말 것이다.

4. 에돔에 대하여. 에돔 사람들은 에서의 후손들이었다.

(1) 에돔의 특별한 죄. 그것은 그들이 하나님의 백성을 아주 끈질기고 무자비하게 추격하여서, 그들의 모든 이점들을 다 활용하여 이스라엘 백성을 괴롭

히고 해악을 가하였다는 것이다(11절). 에돔은 칼로 그의 형제를 쫓았다. 옛적에 에돔 왕이 군대를 무장시키고서 이스라엘이 그의 지경을 지나가지 못하게 한 이래로(민 20:18), 그들은 기회 있을 때마다 이스라엘을 쫓아다니며 못살게 괴롭혔다. 그들은 이스라엘과 전쟁터에서 정면으로 맞서 싸울 힘과 용기가 없었다. 하지만, 유다 또는 이스라엘 백성이 다른 외적의 침략을 받아서 피신할 때마다, 에돔 사람들은 추격대를 보내어 이스라엘 백성을 후방에서 덮쳐서, 이미 빈사 상태에 있던 이스라엘 백성을 죽였다. 비겁한 자들이 늘 그렇듯이, 그들은 적에 비하여 유리한 고지에 있을 때에는 긍휼을 버리며 인정사정을 두지 않았다. 일반적으로 용기가 가장 없는 자들이 가장 잔인한 법인데, 에돔이 그랬다: 그의 악의가 그의 불쌍히 여기는 마음을 멸하였다(원문은 이렇게 되어 있다). 에돔은 인간으로서의 자비심을 벗어 던지고, 맹수의 사나움을 입었다. 그는 그런 자가 되어서, 맹렬히 화를 내며 그 화를 그치지 않았다. 그의 잔인함은 만족할 줄 몰랐다. 그는 이스라엘의 피를 아무리 많이 빨아도 그 일을 그칠 생각을 하지 않았고, 도리어 거머리처럼 계속해서 다오 다오라고 소리쳤다. 아니, 그는 분을 끝없이 품었다. 그는 분풀이를 할 대상이 없고 그럴 기회가 없을 때에는 그 분을 가슴에 품은 채로 마치 달콤한 사탕이라도 되는 듯이 그의 혀 아래에서 굴리다가, 기회가 오면 이스라엘의 얼굴에다 그 분을 사정없이 내뱉었다. 이토록 잔인한 분노와 이토록 맹렬하고 포악한 화를 품는 자들은 저주받은 자들이 되어서 마귀와 같이 되어서 끊임없이 누군가를 삼키고자 한다. 반면에, 하나님은 노를 영원히 품는 분이 아니시다. 에돔의 악의는 천륜에 어긋나는 것이었다. 왜냐하면, 그는 그가 마땅히 보호해 주었어야 할 그의 형제를 이런 식으로 추격하여 죽였기 때문이다. 에돔의 그러한 악의는 유전적인 것으로서, 에서가 야곱을 미워한 이래로 그 가문의 내력처럼 되어 버려서, 시간이 아무리 흘러도, 이스라엘이 그들에 대하여 형제의 우애를 보여주어도(신 2:4), 하나님이 이스라엘에게 율법을 주실 때에 너는 에돔 사람을 미워하지 말라 그는 네 형제임이니라(신 23:7)고 분명하게 말씀하셨어도, 그 악의는 사라지지 않았다.

  (2) 에돔이 받을 특별한 벌. 그것은 하나님이 불을 보내어 그들의 궁궐들을 사르리라(12절)는 것이다. 이것 외에 특별한 벌은 언급되지 않는다. 우리의 형제들에 대한 우리의 분노의 불은 우리에 대한 하나님의 분노의 불을 점화시킨다는 것을 명심하라.

5. 암몬에 대하여(13-15절).

(1) 하나님의 백성에 대한 그들의 분노의 불이 얼마나 맹렬하였는지를 보라. 그들은 이스라엘 백성이 재난을 당하자 고소해하였을 뿐만 아니라(겔 25:2, 6), 그들 스스로도 이스라엘 백성에게 야만적인 짓들을 행하였다. 그들은 길르앗의 아이 밴 여인의 배를 갈랐는데, 이런 일은 듣기만 해도 소름이 끼치는 잔인하기 짝이 없는 짓이다. 인간의 탈을 쓰고 그런 비인간적인 일을 하는 것은 불가능하다고 생각하는 사람이 있을지도 모르겠지만, 하사엘은 그런 짓을 저질렀다(왕하 8:12). 그는 단지 몹시 격분하여 앞뒤 생각을 하지 않고 그런 일을 저지른 것이 아니라, 이미 태어난 모든 자들만이 아니라 앞으로 태어날 모든 자들까지도 다 죽여서 이스라엘 종족을 말살하겠다는 마귀적인 의도를 가지고서 그런 일을 저질렀는데, 그의 잔인성은 애굽 사람들보다도 더 심하였다. 또한, 그들은 자기 지경을 넓히고자 하여, 즉 길르앗 땅을 그들의 땅으로 만들고서, 그 땅에 대한 소유권을 주장할 자나 그 땅에 대한 그들의 점유를 방해할 자가 아무도 없게 하기 위하여 그런 짓을 저질렀다. 성경에서는 암몬 자손들이 갓(즉, 길르앗) 땅을 물려받을 상속자들이 이스라엘에 없다는 핑계를 내세워서 그 땅을 점령하였다고 말한다(렘 49:1). 이는 상속자니 자 죽이고 그의 유산을 차지하자(마 21:38)고 말하는 자들이 받을 벌이 얼마나 무거운 것이었고, 그들의 범죄가 얼마나 극악무도한 것이었는지를 우리는 안다. 탐욕이 얼마나 끔찍하고 잔인한 짓의 원인이 되는지, 자기 지경을 넓히고자 하는 탐욕을 지닌 자들이 흔히 어떠한 무서운 일들을 저지르는지를 보라.

(2) 하나님의 진노의 불이 그들에 대하여 얼마나 맹렬하게 타올랐는지를 보라. 하나님께서 사람에게 행하여진 이런 일들에 대하여 벌하지 않으시겠는가? 하물며, 그 피해자가 하나님의 백성인 경우에는 두말 할 필요도 없지 않겠는가? 하나님의 마음이 어찌 이런 나라에 보복하지 않겠느냐(렘 5:9). 의심할 여지 없이, 하나님은 그렇게 하실 것이다. 전쟁의 날에 외침과 함께 하나님의 진노의 불이 점화될 것이다. 즉, 전쟁이 그 불을 붙이게 될 것이다. 그것은 칼을 동반한 불이거나 무서운 소리를 내며 타오르는 불일 것이고, 군사들이 전쟁의 날에 함성을 지르는 것과 같은 소리를 낼 것이며, 회오리바람의 날에 빠르고 거세게 불어와서 그 앞에 있는 모든 것을 쓰러뜨리는 폭풍과 같을 것이다. 또는, 이 폭풍과 회오리바람은 불에게 고함치는 소리가 되어서, 불을 더욱 거세게 타오르게

하고, 더 멀리 퍼져 나가게 만들 것이다. 하나님은 특히 그들의 왕과 그 지도자들이 유다의 뒤를 이어서 바벨론 왕에 의해서 함께 사로잡혀 끌려가게 될 것이라고 경고하신다. 하나님의 섭리 또는 사람들 자신의 죄로 말미암아서 얼마나 놀라운 변화들이 종종 일어나는지를 보라: 왕들은 포로가 되고, 나라의 지도자들인 고관대작들은 죄수들이 된다. 밀곰이 사로잡혀 가리라. 어떤 이들은 이렇게 이 구절을 암몬 자손의 신, 즉 그들이 몰록(즉, 왕)이라 불렀던 신에 대한 것이라고 이해하기도 한다. 밀곰과 그의 고관들, 즉 밀곰을 섬겼던 제사장들이 사로잡혀 갈 것이다. 그들의 우상은 그들을 보호해주기는커녕, 도리어 그 자신이 그들과 함께 사로잡혀서 끌려가는 신세가 될 것이다. 폭력과 사기를 통해서 자기 지경을 넓히고자 하는 자들은 자기 지경에서 쫓겨나고 배제당하게 될 것임을 명심하라. 다른 사람들의 권리를 아무렇지도 않게 침해하는 자들이 그들의 권리를 침해하는 자들에 대하여 아무런 저항도 할 수 없게 된다고 해도, 그것은 전혀 이상한 일이 아니다.

제

— 2 —

장

개요

이 장에는 다음과 같은 내용들이 나온다. I. 하나님이 아모스 선지자를 통해서 다른 나라들에 대하여 하셨던 것과 비슷한 논쟁을 모압을 상대로 진행하심(1-3절). II. 하나님이 유다와 어떤 일로 논쟁하셨는지를 보여주심(4-5절). III. 하나님이 마침내 이스라엘에 대한 고소를 시작하심. 앞에 나온 모든 것은 바로 이 고소를 위한 서론에 불과한 것이었다. 1. 하나님이 고소하시는 그들의 죄들 — 불의, 압제, 음행(6-8절). 2. 이 죄들의 악성(惡性)을 더욱 가중시키는 요인들 — 이것은 하나님이 그들에게 현세적이고 영적인 긍휼들을 부어 주셨는데도, 그들이 이렇게 배은망덕한 짓을 한 것이기 때문이다(9-12절). 3. 하나님이 그들의 죄에 대하여 탄식하시고(13절), 그들이 멸망하리라는 것과 그들에게는 그 멸망을 막을 능력이 없으리라는 것을 경고하심(14-16절).

¹여호와께서 이와 같이 말씀하시되 모압의 서너 가지 죄로 말미암아 내가 그 벌을 돌이키지 아니하리니 이는 그가 에돔 왕의 뼈를 불살라 재를 만들었음이라 ²내가 모압에 불을 보내리니 그리욧 궁궐들을 사르리라 모압이 요란함과 외침과 나팔 소리 중에서 죽을 것이라 ³내가 그 중에서 재판장을 멸하며 지도자들을 그와 함께 죽이리라 여호와께서 말씀하시니라 ⁴여호와께서 이와 같이 말씀하시되 유다의 서너 가지 죄로 말미암아 내가 그 벌을 돌이키지 아니하리니 이는 그들이 여호와의 율법을 멸시하며 그 율례를 지키지 아니하고 그의 조상들이 따라가던 거짓 것에 미혹되었음이라 ⁵내가 유다에 불을 보내리니 예루살렘의 궁궐들을 사르리라 ⁶여호와께서 이와 같이 말씀하시되 이스라엘의 서너 가지 죄로 말미암아 내가 그 벌을 돌이키지 아니하리니 이는 그들이 은을 받고 의인을 팔며 신 한 켤레를 받고 가난한 자를 팔며 ⁷힘 없는 자의 머리를 티끌 먼지 속에 발로 밟고 연약한 자의 길을 굽게 하며 아버지와 아들이 한 젊은 여인에게 다녀서 내 거룩한 이름을 더럽히며 ⁸모든 제단 옆에서 전당 잡은 옷 위에 누우며 그들의 신전에서 벌금으로 얻은 포도주를 마심이니라

이 단락에는 다음과 같은 내용들이 나온다.

I. 모압에 대한 심판. 모압은 이스라엘과 국경을 접한 여러 나라들 중의 하나였다. 그들은 앞에 나온 여러 나라들과 마찬가지로 서너 가지 죄로 말미암아 벌을 받고 있고, 앞으로도 받게 될 것이다.

1. 모압의 네 번째의 죄는 앞에서 법정에 섰던 다른 나라들의 네 번째의 죄들과 마찬가지로 잔인하였다는 것. 본문에서 말씀하는 모압의 특별한 죄는 하나님의 백성에 대한 것이 아니라, 그들과 같은 이방인에게 행한 것이다. 모압 왕은 에돔 왕의 **뼈**를 불살라 재를 만들었다. 성경을 보면, 에돔과 모압 간에 전쟁이 있었고, 이 전쟁에서 모압 왕은 곤경에 처하자 그의 신을 달래기 위해서 결연한 각오로 자기 아들을 번제물로 바쳤다(왕하 3:26-27). 그 후에 이 모압 왕 또는 그의 후계자들 중의 한 왕은 그들을 이렇게 궁지에 몰아 넣은 에돔에 복수하기 위해서, 유리한 기회를 이용하여 에돔 왕을 산 채로 잡아다가, 분노의 표시로 그를 불살라서 재를 만들어 버렸거나, 그를 죽인 후에 그 시신을 태워서 재로 만들었거나, 그들을 그토록 압박하여 곤경에 빠뜨렸던 바로 그 에돔 왕의 무덤을 파헤쳐서 그 뼈들을 불살라서 재를 만들었던 것으로 보인다. 또는, 모압 왕은 이 에돔 왕의 뼈를 횟가루로 만들어서 그의 궁궐의 벽과 천정을 희게 칠하는 데에 사용하고서, 이 복수의 기념물을 쳐다보며 기뻐하였을지도 모른다. 복수는 삶 자체보다 더 달콤하다. 사람의 몸을 학대하고 훼손하는 것은 야만적인 짓이다. 왜냐하면, 우리 자신도 몸을 입고 있기 때문이다. 그리고 사람의 시신을 학대하고 훼손하는 것은 몰지각할 뿐만 아니라 불경스러운 짓이다. 왜냐하면, 우리는 사람들의 몸이 부활할 것을 믿고 기다리고 있기 때문이다. 왕들의 시신(그들의 인격과 이름은 특별한 존중을 받아 마땅하다)을 학대하고 훼손하는 것은 위엄에 대한 모독이다. 사자가 살아 있는 동안에는 그 앞에서 두려워서 벌벌 떨던 자들이 죽은 사자를 짓밟는 것은 그들 자신이 비열한 자들이라는 것을 광고하는 것이다.

2. 이 죄로 인하여 모압이 받게 될 벌.

(1) 그것은 죽음의 심판이 되리라는 것. 사람들에게 잔인하게 행하는 자들은 그들 자신도 잔인한 대우를 받게 될 것이다(2절). 모압이 죽을 것이라. 모압 사람들은 전쟁의 칼에 의해서 죽임을 당하게 될 것인데, 요란함과 외침과 나팔 소리 중에서 죽을 것이다. 마치 사자가 그의 먹잇감을 찢을 때의 공포가 그의 포

효로 인해 더욱 증폭되듯이, 이러한 것들은 그들의 죽음을 한층 더 두려운 것으로 만들 것이다. 용사의 모든 싸움에는 어지러운 소리가 있다.

(2) 그것은 그들로 하여금 에돔 왕의 뼈들을 불살라서 재로 만들어 버리라고 선고하였던 그들의 재판장에 대한 심판이 되리라는 것. 하나님은 내가 재판장을 멸하리라(3절)고 말씀하신다. 그는 자기보다 더 높으신 재판장이 계시다는 것을 알게 될 것이다. 최고의 재판장인 왕 및 그 밖의 다른 모든 하위 재판관들과 지도자들은 함께 죽임을 당하게 될 것이다. 그 백성들은 그들의 지도자들의 죄 때문에 고생을 하겠지만, 지도자들 자신은 죽음을 피하지 못할 것이다. 모압의 심판이 여기까지니라(렘 48:47).

Ⅱ. 유다도 이스라엘의 가까운 이웃 나라이기 때문에, 차례로 돌아가고 있는 공의의 순배(巡杯)가 그들을 지나치지 않으리라는 것. 유다는 그 자신을 이방 나라들과 같이 만들었고, 그들과 섞였기 때문에, 여기에서 유다에 대한 고소는 앞에 나왔던 다른 이방 나라들에 대한 고소와 동일한 형태로 표현된다. 유다의 서너 가지 죄로 말미암아 내가 그 벌을 돌이키지 아니하리라(4절). 유다가 저지른 죄들은 다른 나라들의 죄들만큼이나 많았고, 우리는 하나님이 유다를 다른 나라들과 차별을 두지 않으시고 한데 뭉뚱그려서 취급하시는 것을 본다 (렘 9:26): "애굽과 유다와 에돔 등을 함께 취급하라. 그 나라들은 다 똑같다." 여기에 나오는 유다에 대한 선고도 마찬가지이다(5절): "내가 유다에 불을 보내리니(유다는 하나님이 알려져 있는 땅이긴 하지만) 예루살렘의 궁궐들을 사르리라(예루살렘은 거룩한 성이고, 하나님은 그 여러 궁중에서 자기를 요새로 알리셨지만, 시 48:3)." 그러나 여기에서 하나님이 유다에 대하여 고소하시는 죄는 다른 나라들과는 다르다. 다른 나라들은 사람들에게 행한 해악들로 인해 추궁을 받았지만, 유다는 하나님에 대하여 행한 모욕들로 인하여 추궁을 받는다(4절).

1. 그들이 하나님의 율례들을 멸시하였고, 거기에 지속적으로 불순종하였다는 것. 마치 여호와의 율법은 주목할 가치도 없고, 거기에는 가치 있는 것도 전혀 없다는 듯이, 그들은 여호와의 율법을 멸시하였다. 이렇게 함으로써, 그들은 율법을 만드시고 주신 이의 권위와 주권은 물론이고 그의 지혜와 공의와 선하심을 멸시하였다. 그들은 그의 율례들을 지키지 않고, 그것들에 대하여 관심을 갖거나 신경을 쓰지 않음으로써, 사실상 여호와의 율법을 멸시하였다.

2. 그들이 하나님을 대신한 자들, 즉 그들의 우상들을 섬기고 높였다는 것.

우상들은 여기에서 그들을 미혹시킨 거짓 것들이라 불린다. 왜냐하면, 우상은 거짓의 스승이기 때문이다(합 2:18). 우상 숭배의 잘못 속으로 미혹되어 이끌려 들어간 자들은 그 잘못으로 말미암아 다른 무수한 잘못들 속으로 이끌려 들어가게 된다. 한 가지 어리석음을 범하면 무수한 어리석음이 뒤따라온다. 하나님은 무한하시고 영원하신 성령이시다. 그러나 하나님의 진리가 우상 숭배로 인해서 거짓 것으로 바뀌면(롬 1:25), 하나님의 다른 모든 진리들도 그런 식으로 바뀔 위험에 처하게 된다. 이렇게 해서, 그들의 우상들은 그들을 미혹시켰다. 그러므로 하나님이 그들을 미혹의 역사(役事)에 내어 주신 것은 합당하신 일이었다(살후 2:11). 그들의 조상들이 따라가던 거짓 것들을 그들도 똑같이 따라간 것뿐이라는 핑계는 그들이 저지른 죄에 대한 정당한 변명이 될 수 없었다. 왜냐하면, 그들은 이러한 거짓 것들을 따라가다가 멸망을 당한 그들의 조상들을 보고서, 그들을 따라가는 것이 아니라, 그들을 타산지석으로 삼았어야 마땅하기 때문이다.

Ⅲ. 우리는 이제 마침내 아모스가 이스라엘에 대하여 이상으로 받은 말씀에 이르게 됨. 책망과 경고의 말씀들은 주위를 빙 돌아서 마침내 여기 그 중심에 자리를 잡는다. 하나님은 다른 나라들의 경우와 마찬가지로 이스라엘에 대해서도 이 책망과 경고의 말씀으로 시작하신다: 이스라엘의 서너 가지 죄로 말미암아 내가 그 벌을 돌이키지 아니하리라. 모든 나라들이 그들이 저지른 죄악들 때문에 벌을 받는 것이 마땅하다면, 이스라엘이라고 해서 어찌 벌을 받지 않은 채로 넘어가겠는가? 여기에서 하나님이 그들에게 추궁하시는 죄들이 무엇이었는지를 주목하라.

1. 공의를 굽게 한 죄. 이것은 공의의 집행을 맡은 자들, 즉 재판관들과 방백들, 그리고 모든 관련 당사자들의 죄였다. 그들은 은 하나를 받고서 의인을 팔거나 의인이 그들에게 제기한 의로운 송사를 폐기처분하는 짓을 아무렇지도 않게 행하였다. 그들의 판결은 주장의 옳고 그름에 따라서 내려지지 않았고, 뇌물이 언제나 그들의 판결의 내용을 좌우하였으며, 공의는 경매 시장에서 파는 물건이 되어서, 가장 많은 값을 지불한 자의 주장이 곧 정의가 되었다. 그들은 사람들이 그들에게 제안할 수 있는 최소한의 값인 신 한 켤레만 받고도 가난한 자의 목숨과 생계를 아무렇지도 않게 팔아 버렸다. 악인들이 그들에게 단지 신 한 켤레만 준다면, 그런 최소한의 뇌물조차도 마련할 수 없는 가난한 자의

주장은 여지없이 기각되어, 그의 목숨은 무자비한 자들의 수중에 넘어가게 될 것이다. 그들은 작은 뇌물을 받아 먹으며 오랫동안 재판관 자리를 유지하면서 계속하여 그런 범법을 하고 싶어한다. 그런 자는 한 조각 떡으로 말미암아 범법한다(잠 28:21). 처음에는 그럴듯한 뇌물을 받고서 자신의 양심을 속인 자들은 결국에는 하찮은 뇌물을 받고도 그런 범법을 하게 된다는 것을 명심하라. 은을 받고 정의를 팔기 시작한 자들은 시간이 지나면 신 한 켤레 또는 헌 신 한 켤레를 받고서도 정의를 팔 만큼 야비하고 더러운 자들이 된다.

2. 가난한 자들을 압제하고, 그들에게 해악을 가함으로써 이득을 얻고자 한 죄. 그들은 가난하고 힘 없는 자의 머리를 티끌 먼지 속에 발로 밟는다. 그들은 지독한 탐욕으로 가난한 자들을 삼키고, 슬픈 일을 당하여 머리에 티끌을 뒤집어 쓴 자들이나 부모를 잃고서 애곡하는 가난한 고아들을 먹잇감으로 삼는다. 그들은 그런 가난한 자들의 재산을 수중에 넣기 위해서 그 가난한 자들을 따라다닌다. 그들은 가난한 자들의 머리를 티끌 속에 놓고 발로 밟을 때까지 결코 쉬지 않는다. 또는, 그들은 땅의 티끌, 즉 은과 금, 흰 티끌과 노란 티끌을 헐떡거리며 숨가쁘게 찾아다닌다. 그들은 금은을 몹시 탐하여, 가난한 자들의 머리에 금은을 부과하고 징수하여 불의한 토색을 일삼는다. 사람들이 다른 사람들을 빈곤하게 만들어서 스스로 부자가 되고자 하는 것은 하나님이 그들에 대한 벌을 오랫동안 돌이키지 아니하실 범죄라는 것을 명심하라. 그것은 연약한 자의 길을 굽게 하는 것이고, 온유하고 참을성이 많으며 해악을 감내하는 자들에게 해악을 가하고자 하는 것이다. 그들은 이 연약한 사람들의 권리를 침해하고, 그 사람들의 조치들을 무너뜨리며, 그 사람들에게 유리하게 진행되는 재판을 방해해서, 그 사람들이 의로운 송사를 계속해서 진행하지 못하게 만든다. 이것이 그들의 길을 굽게 하는 것이다. 남들로부터 당하는 해악들을 더 잘 참아내는 자들에게 해악을 가하는 자들의 죄는 더욱 가중되기 때문에, 그들은 하나님으로부터 더 큰 보복을 당하고 더 큰 벌을 받게 될 것을 각오하여야 한다는 것을 명심하라. 나는 못 듣는 자 같이 듣지 아니하였으나 그 때에 주께서는 들으시리이다 (시 38:13).

3. 가증스러운 음행, 곧 근친상간의 죄. 그것은 누가 그 아버지의 아내, 곧 그의 아버지의 첩을 취하였다(고전 5:1)는 것인데, 그런 음행은 이방인 중에도 없는 것이었다. 그들 중에는 아버지와 아들이 한 젊은 여인에게 다닌 일이 있었다.

그것은 난잡한 성적 행위의 극치들 중의 하나였지만, 앞에서 말한 압제와 토색의 죄악들이 있는 곳에는 이런 죄도 발견된다. 왜냐하면, 절제의 법들은 정의의 테두리를 끊고 그 결박을 벗어 버린 자들을 억제하기 힘들기 때문이다(시 2:3). 이러한 악행은 신앙에 있어서 치명적인 추문이기 때문에, 하나님은 그런 악행을 저지른 자들이 일부러 하나님의 거룩한 이름을 더럽혀서 이방인들 가운데서 욕되게 만들어, 자기와 어울려 다니는 자들이 저지르는 악행들을 그도 지지하고, 그들과 그가 하나라는 것을 보여주려는 의도가 있는 것으로 여기신다.

4. 압제와 토색으로 얻은 것들로 스스로 마음껏 즐기면서도 하나님을 공경하는 체한 죄(8절). 그들은 그들의 불의에 한 술 더 떠서 우상 숭배를 더하고서는, 그들의 우상 숭배를 통해서 그들의 불의를 속죄하였다고 생각한다.

(1) 그들은 가난한 자들로부터 불의하게 착취한 것들로 즐거운 삶을 산다는 것. 그들은 전당 잡은 옷을 펼쳐 놓고서 당당하고 편안하게 그 위에 누워 있었다 — 사실 율법에 따르면, 그들은 그 옷을 그 날 밤에 돌려주었어야 마땅한 일인데도(신 24:12-13). 또한, 그들은 가난한 자들에게 무거운 벌금을 물려서 얻은 포도주를 마시며, 그들이 불의로 얻은 것을 그들의 방탕한 생활에 사용하였다.

(2) 그들은 그들의 신전에서, 즉 그들의 송아지 우상들을 숭배하였던 신전들에서, 그리고 모든 제단 옆에서 가난한 자들을 압제하여 얻은 것들로 잔치를 벌이고 포도주를 마심으로써, 그들의 이런 죄들이 사함을 받았다고 생각한다는 것. 이것은 그들이 불의로 얻은 이득들을 그들의 거짓 신들에게 풍성한 제물로 바쳐서 함께 나누어 가짐으로써, 그들의 신들을 그들의 범죄의 공범으로 만들려는 심산이었다. 이것은 거짓 신들에게는 아주 좋은 일이었겠지만, 참 하나님은 그런 식으로 우롱당하시는 분이 아니시다. 하나님은 사람들이 강탈한 것을 번제물로 바치는 것을 미워하시고(사 61:8), 정직하게 얻은 것 외에는 기쁘게 받으실 수 없으시다고 분명하게 밝히셨다.

⁹내가 아모리 사람을 그들 앞에서 멸하였나니 그 키는 백향목 높이와 같고 강하기는 상수리나무 같으나 내가 그 위의 열매와 그 아래의 뿌리를 진멸하였느니라 ¹⁰내가 너희를 애굽 땅에서 이끌어 내어 사십 년 동안 광야에서 인도하고 아모리 사람의 땅을 너희가 차지하게 하였고 ¹¹또 너희 아들 중에서 선지자를, 너희 청년 중에서 나실인을 일으켰나니 이스라엘 자손들아 과연 그렇지 아니하냐 이는 여호와의

말씀이니라 [12]그러나 너희가 나실 사람으로 포도주를 마시게 하며 또 선지자에게 명령하여 예언하지 말라 하였느니라 [13]보라 곡식 단을 가득히 실은 수레가 흙을 누름 같이 내가 너희를 누르리니 [14]빨리 달음박질하는 자도 도망할 수 없으며 강한 자도 자기 힘을 낼 수 없으며 용사도 자기 목숨을 구할 수 없으며 [15]활을 가진 자도 설 수 없으며 발이 빠른 자도 피할 수 없으며 말 타는 자도 자기 목숨을 구할 수 없고 [16]용사 가운데 그 마음이 굳센 자도 그 날에는 벌거벗고 도망하리라 여호와의 말씀이니라

이 단락에는 다음과 같은 내용들이 나온다.

I. 하나님은 자기 백성 이스라엘에게 그가 그들을 위하여 행하신 큰 일들, 즉 그들로 하여금 가나안 땅을 차지하게 하실 때에 그가 하신 큰 일들을 상기시키심(9-10절).   이 열 지파는 지금 그 가나안 땅의 대부분을 차지하여 살고 있었다. 우리는 우리가 하나님으로부터 받은 긍휼들을 종종 상기함으로써, 그런 한없는 긍휼을 베푸신 하나님께 우리가 죄를 저지르는 것이 얼마나 말할 수 없이 패역한 짓인지를 깨달을 필요가 있다는 것을 명심하라. 하나님은 후하고 아낌없이 주시고, 우리의 비천함이나 무가치함을 힐책하지 않으신다. 우리는 도무지 받을 자격이 전혀 없는데도, 하나님은 이렇게 우리에게 아낌없이 긍휼을 베풀어 주시면서, 우리의 무능력을 힐책하지 않으시는 것이다. 그러나 하나님은 우리가 배은망덕하게 행하여 그의 은혜를 악으로 갚을 때에는 우리를 힐책하시고, 우리로 하여금 우리가 받은 은혜를 고맙게 생각하여 거기에 합당한 보답을 하고자 하지 않는 것을 부끄럽게 하시기 위하여, 그가 우리를 위하여 그동안 해오신 일들을 우리에게 말씀해 주신다. "얘, 기억하라. 이스라엘아, 다음과 같은 것들을 기억하라."

1. 하나님은 너희를 종살이 하던 집에서 이끌어 내셨고, 애굽 땅에서 구하셨다는 것. 만약 하나님이 그렇게 해주지 않으셨다면, 너희는 꼼짝없이 종살이 하다가 죽어 갔을 것이다.

2. 하나님은 너희를 사십 년 동안 광야에서 인도하셨고, 그 메마른 땅에 너희를 먹이셨다는 것. 만약 하나님이 그렇게 하지 않으셨다면, 너희는 굶어 죽었을 것이다. 하나님이 우리 조상들에게 긍휼들을 베푸신 것은 곧 우리에게 베푸신 것이나 마찬가지이다. 왜냐하면, 우리 조상들이 죽어서 대가 끊어졌다면,

우리는 이 세상에 존재하지도 않았을 것이기 때문이다.

3. 하나님은 그들을 애굽에서 구속하여 내셨을 때에 행하셨던 기사(奇事)들에 못지 않은 일련의 이적과 기사들을 통해서 가나안 원주민들을 멸절시키시고, 가나안 땅을 그들에게 주셨다는 것. 내가 아모리 사람을 그들 앞에서 멸하였다. 여기에서 아모리 사람은 가나안 원주민이었던 여러 저주받은 종족들을 나타내기 위한 표현이다. 그들의 앞길을 가로막았던 원수들이 얼마나 굉장한 존재였는지를 주목하라. 하나님이 이것을 언급하시는 것은 이 원수들을 복속시키신 그가 얼마나 크신 존재인지를 드러내시기 위한 것이다. 이 원수들은 장대(壯大)한 자들이었고(그 키는 백향목 높이와 같았다), 이스라엘 백성은 그들에 비하면 키 작은 관목들과 같았다. 또한, 이 원수들은 힘도 장사였다. 그들은 키만 큰 것이 아니라, 체격도 건장한 자들이었다는 말이다. 그들은 강하기는 상수리나무 같았다. 이 원수들의 나라는 열국 중에서 강대국이었고, 그 모든 이웃나라들을 압도하였다. 그 나라의 군대와 방비(防備)들은 난공불락으로 보였다. 그 나라는 백향목처럼 위풍당당하였고, 상수리나무처럼 억세고 견고하였다. 그렇지만, 하나님은 거기에 포도나무 한 그루를 심으시기 위해서(시 80:8-9), 이런 아모리 족속을 베어 버리셨을 뿐만 아니라, 뿌리째 뽑아 버리셨다. 내가 그 위의 열매와 그 아래의 뿌리를 진멸하였느니라. 이렇게 해서, 아모리 족속은 더 이상 하나의 나라를 이루지 못하였고, 그 이후로 아모리 족속의 나라가 다시 세워졌다는 말도 우리는 듣지 못한다. 하나님은 이렇게 하실 정도로 이스라엘을 소중히 여기셨다. 하나님은 그들을 대신하여 사람들을 내어주셨고, 그들의 생명을 대신하여 다른 민족을 내어주셨다(사 43:4). 이런 하나님을 그들이 그토록 멸시하다니, 그 얼마나 배은망덕한 짓인가!

4. 하나님은 그들로 하여금 아모리 사람의 땅을 차지하게 하셨다는 것. 하나님은 그 땅을 실제로 그들의 수중에 넘겨 주셔서 그들로 하여금 그 땅의 주인이 되게 하셨을 뿐만 아니라, 그들에게 그 땅을 정복하여 소유할 수 있는 권리를 주심으로써 그들을 그 땅의 합법적인 소유자로 인정하셨다.

II. 하나님은 그들이 거룩한 나라로서 영적인 특권들과 유익들을 누렸다는 점을 들어서 그들을 힐책하심(11절). 하나님은 그들의 영혼을 지도할 수단들 또는 방편들을 그들에게 주셔서, 그들이 지닌 현세적인 것들을 어떻게 하면 선용할 수 있는지를 배울 수 있게 하셨다. 열 지파에게는 하나님의 성전과 제단과 제사장들이 없었다는 것은 사실이지만, 그들이 그런 것들을 버리고서, 철저한 어둠 속에 내버려지게 된 것은 그들의 잘못이었다. 그러나 하나님은 자기를 증언하지 아니하신 것도 아니고(행 14:17), 하나님의 길을 보여줄 지침 하나 없이 그들을 내버려 두신 것도 아니었다.

1. 그들에게는 하나님의 감동을 받아서 능력으로 경건을 가르치는 선지자들이 있었다는 것. 선지자들의 사명은 그들에게 하나님의 뜻을 알게 해주고, 하나님이 기뻐하시거나 노여워하시는 것이 무엇인지를 보여주며, 그들의 잘못들을 책망하거나 그들에게 닥칠 위험들을 경고하고, 어려운 일들에서 그들을 인도하며 환난 가운데서 그들을 위로하는 것이었다. 하나님은 그들 가운데서 선지자들을 일으키셨고, 그들 속에 그 사역을 하고자 하는 마음을 불러일으키셨으며, 그 사역에 그들을 사용하셨다. 모세와 그리스도가 그들의 형제 중에서 일으키심을 받은 것과 마찬가지로(신 18:15), 하나님은 그들 가운데서, 곧 그들의 아들들 중에서 선지자들을 일으키셨다. 하나님이 그들의 자녀들을 그들에게 그들 자신의 언어로 하나님의 뜻을 전하는 사자들로 삼으셨다는 것은 그들의 민족과 가문에 영광이 되는 일이었다. 만약 하나님이 다른 나라의 이방인들을 그의 사자들로 삼아서 보내셨다면, 그들은 그 사자들이 그들과 그들의 땅에 대하여 편견을 갖고 있지는 않는지 의심하였을 것이지만, 그들 가운데서 선지자들이 나왔기 때문에 그런 우려는 없었다. 충성된 목회자들을 갖고 있다는 것은 어느 민족에게나 큰 축복이고, 하나님이 그들 가운데서 그런 목회자들을 일으키셨다는 것은 그 민족과 가문에 영광이라는 것을 명심하라.

2. 그들에게는 경건의 밝은 모범들인 나실인들이 있었다는 것. 내가 너희 청년 중에서 나실인을 일으켰다. 나실인들은 서원에 의해서 하나님 및 하나님을 섬기는 일에 바쳐진 자들이었고, 그 목적을 이루기 위해서 포도주를 마시는 것이나 포도를 먹는 것과 같은 많은 합법적인 감각의 즐거움들을 누리지 않고 살아가는 자들이었다. 그들의 청년들 중에는 한창 이 세상의 즐거움들을 만끽하며 살아갈 시기에 그런 것들을 누리지 않기로 자원한 자들이 있었다. 하나님은 그의 은혜의 능력으로 이런 나실인들을 일으키셔서, 그의 은혜의 기념물들이자 그의 영광이 되게 하시고, 이 타락한 세대의 불경건한 행실들을 쳐서 증언하는 그의 증인들이 되게 하셨다. 훌륭한 목회자들이 있는 것과 마찬가지로 훌륭한 그리스도인들이 있다는 것은 그 지역에 큰 축복이라는 것을 명심하라. 왜냐하

면, 그 지역의 주민들은 그들이 어떤 사람이 되고 어떤 행실을 가져야 하는지에 대한 모범들을 갖고 있는 것이기 때문이다. 하나님이 어느 민족 가운데서 상당수의 유망한 청년들을 일으키시고, 그들의 청년들을 신앙이 깊고 양심적이며 감각의 즐거움들을 절제하는 나실인들로 삼으신다면, 우리는 그 민족이 앞길이 밝다는 것을 인정하여야 한다. 그런 나실인들은 눈보다 깨끗하고 젖보다 희다. 그들은 진정으로 공손하고 예의바른 청년들이다. 왜냐하면, 이 청년들이 신앙을 수련하고 윤택하게 하여 광낸 모습은 갈아서 빛낸 청옥 같기 때문이다(애 4:7). 그들 가운데에 이런 청년들을 가지고 있는 자들은 신앙을 지도하고 격려해 줄 자들을 갖고 있는 것이기 때문에, 만약 그들이 이 이점을 선용하지 못한다면, 저 심판의 날에 더 큰 벌을 받게 될 것이다. 하나님은 여기에서 이스라엘을 향하여 그들 가운데서 그가 선지자들만이 아니라 나실인들도 일으키지 않았느냐고 반문하시며 추궁하신다. 이것이 사실인 것은 그들 자신이 더 잘 알지 않느냐고 하나님은 반문하신다. "이스라엘 자손들아 과연 그렇지 아니하냐. 너희가 이것을 부인할 수 있느냐? 내가 너희 가운데서 선지자들과 나실인들을 일으킴으로써 너희가 갖게 된 이점을 너희는 알지 못하였다고 발뺌할 수 있겠느냐?" 하나님이 그들에게 은혜의 수단들(또는, 방편들)을 부족함 없이 주셨기 때문에, 그들이 죽는다면, 그것은 그들이 그 은혜의 수단들을 선용하고자 하지 않은 그들의 잘못이라는 것을 죄인들 자신의 양심이 증인이 되어 하나님을 위하여 증언하리라는 것을 명심하라. 과연 하나님이 자기 백성을 위하여 뭔가 더 하셨어야 하는데 하지 않으신 것인지를 하나님과 그의 포도원 사이에서 판단할 자들은 바로 유다 사람들 자신이 될 것이다(사 5:3-4).

Ⅲ. 하나님은 그들이 그가 준 은혜의 수단들을 악용하였고, 그 수단들을 그들에게 주신 하나님의 의도를 거부하였다고 고소하심(12절). 그들은 하나님이 주신 빛 가운데로 행하기는커녕 도리어 그 빛에 대항하였고, 그 빛이 그들의 행실을 비추어서 그들의 죄를 드러내지 못하도록 하기 위하여 그 빛을 꺼버리고자 최선을 다하였다.

1. 그들은 선한 자들을 더럽혀서, 그들의 진실한 신앙과 엄격한 행실에서 그들을 이끌어 내고자 최선을 다하였다는 것. 너희가 나실인으로 포도주를 마시게 하였다. 그들은 나실인들에게 억지로 술을 먹여서 그들로 하여금 서원을 어기게 만들어 버림으로써, 다른 일들에 있어서도 나실인으로 살아갈 수 없게 만들

었다. 그들은 여러 가지 고운 말로 유혹하거나 어쩔 수 없는 상황으로 몰고 가서, 나실인들로 하여금 포도주를 마시지 않을 수 없게 만들기도 하였고, 강제로 또는 겁을 주어서 그렇게 만들기도 하였으며, 나실인의 서원을 특히 엄격하게 지키는 자들에 대해서는 욕하고 위협하기도 하였다. 이런 식으로, 그들은 나실인들로 하여금 포도주를 마시게 함으로써, 나실인으로서의 역할을 할 수 없게 만들었다. 사탄과 그의 졸개들은 천국을 바라보고 살아가는 청년들의 마음과 생각을 더럽히기 위해서 무척 분주하게 움직인다는 것을 명심하라. 이 세력들은 나실인이 될 만한 많은 청년들을 꾀어 술을 마시게 만들거나, 술 친구들과 어울려서 쾌락과 환락을 좋아하게 만들어서, 망쳐 놓았다. 훌륭한 신앙인으로 성장할 가능성이 충분하였던 수많은 청년들이 포도주로 말미암아 어그러진 길로 가서 영원히 신세를 망쳤다. 지옥의 세력들은 나실인 한 사람을 더럽히는 데에 성공하면 쾌재를 부르며 이루 말할 수 없이 기뻐한다!

2. 그들은 선한 목회자들의 입을 막고 아무 말도 하지 못하게 하고자 최선을 다하였다는 것. "너희는 마치 하나님의 사자들이 너희의 지시를 따라야 하고, 너희가 허가하지 않으면 하나님의 전언(傳言)을 전해서도 안 된다는 듯이, 선지자에게 명령하여 예언하지 말라 하였고, 그들이 예언하면 그들을 위협하였다(7:12). 이런 식으로, 너희는 이 선지자들을 일으키신 하나님의 은혜를 헛되이 받았을 뿐만 아니라(고후 6:1), 이 선지자들을 보내신 하나님에게 최고의 모욕을 안겨 주었다." 하나님의 말씀을 신실하게 전하는 자들을 용납하지 못하는 자들도 큰 벌을 받게 될 것인데, 하물며 하나님의 말씀을 전하는 자들을 억압하고 위협하는 자들이 받을 벌은 얼마나 크겠는가.

IV. 하나님은 그들이 그들의 죄들로 말미암아 그에게 해악을 끼친 것에 대하여 탄식하심(13절). "나는 너희 아래에 눌려 있고, 너희에 의해서 압박을 당하고 있어서, 더 이상 견딜 수가 없다. 그러므로 내가 장차 내 대적에게 보응하여 내 마음을 편하게 하리라(사 1:24). 너희는 수확의 기쁨에 들떠서 좋아라 하고 있는 동안에, 나는 곡식 단을 가득히 실은 수레가 흙을 누름 같이 너희의 죄짐 때문에 너희 아래에 눌려 있다." 크신 하나님은 죄, 특히 그에게 신앙을 고백한 백성이 저지른 죄들이 그에게 무거운 짐이라고 탄식하신다. 하나님은 이 세대로 말미암아 근심하고 있고(시 95:10), 그들의 음란한 마음 때문에 근심하고 있다(겔 6:9). 하나님이 이런 말씀을 하신 이상, 죄인들이 이 말씀을 듣고서 더욱 깊이 회개를 하면 다행이지만, 그렇지 않다면 그들의 멸망은 더욱 극심할 것이다. 크신 하나님은 이 세상을 붙들고 계시면서도 자기가 그 무게에 눌려 있다고 결코 탄식하시는 법이 없으시지만(그는 피곤하지 않으시며 곤비하지 않으시다, 사 40:28), 이스라엘의 죄들과 그들의 위선적인 예배에 대해서는 자기가 그것들을 지기에 곤비하였다고 탄식하신다(사 1:14). 창조주이신 하나님이 내가 그들 아래에 눌려 있다고 말씀하실 정도이니, 피조물들이 무거운 짐 아래에서 탄식하는 것은 전혀 이상한 일이 아니다(롬 8:22).

V. 하나님이 그들에게 멸망을 피할 수 없을 것이라고 경고하심. 어떤 이들은 13절을 다음과 같이 읽는다. "보라 내가 곡식 단을 가득히 실은 수레처럼 너희를 누르고 압박하리라. 하나님은 그들이 그의 심판들 아래에서 무너져 내릴 때까지 그들 위에 심판들을 계속해서 실으실 것이고, 그들은 마침내 짐을 많이 실은 수레처럼 큰 소리를 내며 부서질 것이다." 그들의 죄를 깨우쳐 주시는 하나님의 말씀을 듣고도 순복하지 않고, 주위 사람들이 지적해 주는 올바른 말을 순순히 따르고자 하지 않는 자들은 하나님의 심판들의 무게 아래에서 무너져 내리게 될 것이다. 하나님은 날마다 우리의 어깨에 그의 은혜들을 실어 주시는데, 우리는 하나님의 어깨에 우리의 죄들을 실어 드린다면, 하나님이 결국 우리의 어깨에 그의 심판들을 실어 주시는 것 외에 우리가 어떻게 다른 무엇을 기대할 수 있겠는가? 하나님은 마지막 세 절(14-16절)에서 그가 그를 진노하게 만든 이 백성과 다투시기 위하여 나오실 때에 그들이 그 앞에 서거나 그에게서 도망하거나 그를 대항할 수 없을 것이라고 경고하신다. 왜냐하면, 하나님은 심판하실 때에 반드시 이기시는 분이시기 때문이다. 하나님의 인내심은 바닥이 났지만, 그의 능력은 바닥이 나지 않았고, 죄인들은 값비싼 대가를 치르고 나서야 이 사실을 알게 될 것이다. 앗수르 군대가 와서 칼로 이 나라를 초토화시키고 많은 사람들을 포로로 잡아갈 때, 그것을 피할 자는 아무도 없을 것이고, 누구나 다 이 국가적인 재난 속에서 자기 몫의 재난을 겪게 될 것이다.

1. 하나님으로부터 모든 것을 황폐화시키는 사명을 부여받고서 무장하고 오는 이 원수에게서 도망하려고 생각해 보아야, 그것은 부질없는 짓이 되리라는 것. 빨리 달음박질하는 자도 도망할 수 없을 것이다. 언제나 운이 좋아서 많은 전투에서 무사히 피하고 빠져나왔던 자들도 이번에는 그들의 그런 특기가 통하지 않는다는 것을 발견하게 될 것이다. 그들은 도망칠 시간이 없거나, 도주

로를 발견할 수 없거나, 도주를 시도할 힘이나 정신이 없게 될 것이다. 그들은 너무나 경황이 없어서 도망할 엄두를 내지 못하게 될 것이다. 그들이 들노루 같이 빠른 발을 가진 아사헬과 같은 자들이라고 할지라도(삼하 2:18), 그들을 멸망시키러 오는 자들은 그들보다 더 빠르게 달려올 것이다. 발이 빠른 자도 피할 수 없을 것이다(15절). 또는, 그들이 우리가 말 타고 도망하리라거나 우리가 빠른 짐승을 타리라고 말할지라도(사 30:16), 그들은 따라잡히게 될 것이다. 말 타는 자도 그를 추격하는 자들로부터 자기 목숨을 구할 수 없을 것이다. 구원하는 데에 군마는 헛되다(시 33:17).

2. 이 원수와 맞붙어 싸우겠다고 생각해 보아야, 그것도 부질없는 짓이 되리라는 것. 그들과 싸우고자 하시는 이는 하나님이신데, 그들이 하나님보다 더 강하냐. 전능자의 상대가 될 수 있는 군대가 과연 존재하는가? 그런 군대는 없다. 강한 자도 자기 힘을 낼 수 없을 것이다. 평소에 힘깨나 쓴 자도 이 원수 앞에서는 힘 한 번 써보지 못할 것이다. 다른 사람들을 보호하고 구해야 할 용사들은 자기 목숨을 구할 수 없을 것이고, 자기 자신조차 구할 수 없을 것이다. 그러므로 힘 센 자는 자신의 힘을 자랑하거나 의지하지 말고, 그의 하나님 여호와 안에서 힘을 얻어야 한다. 왜냐하면, 하나님 안에 영원한 힘이 있기 때문이다. 육체적인 힘이 아무 소용이 없듯이, 전쟁의 병기도 아무 소용이 없을 것이다. 육신의 팔(arm)과 마찬가지로 무기(armour)도 별 힘을 발휘하지 못할 것이다. 활을 가진 자도 비록 이 원수에게서 멀리 떨어져 있어도 설 수 없을 것이기 때문에, 자신의 활을 의지해서 목숨을 건질 생각을 버리고서, 냅다 도망을 치게 될 것이다. 팔이 아무리 튼튼하고, 무기가 아무리 훌륭하다고 하여도, 사기가 떨어지면 둘 다 무용지물이 되고 마는 법이다(16절). 용사 가운데 그 마음이 굳센 자, 즉 위험에 처해서도 낙심하거나 두려워하지 않고 정면으로 돌파하곤 하였던 자도 그 날에는 창이든 방패든 자신의 모든 무기를 다 던져 버릴 뿐만 아니라, 자기의 목숨을 건지는 것이야말로 노략물을 얻는 것이라고 생각해서, 자기 나라로 가져가고자 했던 그의 노략물까지 다 던져 버리고서, 벌거벗고 도망할 것이다. 하나님은 마음만 먹으시면 언제든지 이렇게 만민의 우두머리들의 총명을 빼앗으시고, 평소에 자신의 담력을 자랑하며 들에서 무모한 모험들을 하곤 하였던 자들을 길 없는 거친 들에서 남의 눈에 들키지 않도록 살금살금 다니게 만드신다(욥 12:24).

제
— 3 —
장

개요

이 장에서 아모스 선지자는 우둔하여 지각이나 생각이 없는 백성에게 다음과 같이 촉구한다. I. 하나님이 그들에게 선포하신 심판들과 그 심판들에 대한 경고를 주의 깊게 듣고서, 그들의 안일함에서 깨어나라는 것(1-8절). II. 하나님을 이렇게 진노하시게 하여서 심판을 경고하시게 만든 그들 가운데서 발견된 죄들이 어떤 것들인지를 주의 깊게 듣고서, 그들과 논쟁하시는 하나님이 의로우시다는 것을 인정하고, 그들이 회개하고 삶을 고치지 않는다면, 하나님이 이 논쟁을 계속해서 진행시키실 수밖에 없으시다는 것 외에 그들은 다른 것을 기대할 수 없다는 것(9-15절).

[1]이스라엘 자손들아 여호와께서 너희에 대하여 이르시는 이 말씀을 들으라 애굽 땅에서 인도하여 올리신 모든 족속에 대하여 이르시기를 [2]내가 땅의 모든 족속 가운데 너희만을 알았나니 그러므로 내가 너희 모든 죄악을 너희에게 보응하리라 하셨나니 [3]두 사람이 뜻이 같지 않은데 어찌 동행하겠으며 [4]사자가 움킨 것이 없는데 어찌 수풀에서 부르짖겠으며 젊은 사자가 잡은 것이 없는데 어찌 굴에서 소리를 내겠느냐 [5]덫을 땅에 놓지 않았는데 새가 어찌 거기 치이겠으며 잡힌 것이 없는데 덫이 어찌 땅에서 튀겠느냐 [6]성읍에서 나팔이 울리는데 백성이 어찌 두려워하지 아니하겠으며 여호와의 행하심이 없는데 재앙이 어찌 성읍에 임하겠느냐 [7]주 여호와께서는 자기의 비밀을 그 종 선지자들에게 보이지 아니하시고는 결코 행하심이 없으시리라 [8]사자가 부르짖은즉 누가 두려워하지 아니하겠느냐 주 여호와께서 말씀하신즉 누가 예언하지 아니하겠느냐

이 단락의 취지는 이스라엘 백성에게 하나님이 그들과 논쟁을 하고 계시다는 사실을 깨우쳐 주는 것이다. 아모스 선지자가 그들에게 말하고자 하는 것은 여호와께서 그들을 쳐서 하실 말씀이 계시다는 것을 알라는 것이다(1절). 그들은 다른 민족들과 달리 그의 특별한 백성이었고, 그의 이름을 알았으

며, 그 이름으로 불리었다. 그럼에도 불구하고 하나님은 그들을 쳐서 하실 말씀이 계셨다. 하나님은 마치 법정에 선 죄수가 자신을 변호하기 위해서 먼저 그를 고소하는 말을 경청하여야 하듯이, 자기 백성에게 그들이 무슨 대답을 해야 하는지를 숙고하기 위해서 먼저 하나님이 그들을 쳐서 무슨 말씀을 하시는지를 들어야 한다고 부르신다. 이스라엘 자손들은 하나님이 그들에게 무수히 하신 권면과 위로의 말씀을 듣고자 하지 않았기 때문에, 이제는 하나님이 그들을 쳐서 말씀하시는 책망과 경고의 말씀을 듣게 될 것이다. 왜냐하면, 하나님은 자기가 말씀하신 대로 행하실 것이기 때문이다.

I. 그들은 하나님이 지금까지 그들을 은혜로 받아 주시고 은총들을 베풀어 주셨다고 해서 그들이 저지른 죄들에 합당한 벌을 면제받지는 못하리라는 것을 알아야 한다는 것. 이스라엘은 하나님이 애굽 땅에서 인도하여 올리신 족속으로서(1절), 애굽 땅으로 내려갈 때에 일개 가문(또는, 족속)에 지나지 않았었다. 애굽 땅으로부터 하나님은 이스라엘을 건지셨고, 애굽 땅에서 이끌어 내셔서 하나님을 섬기는 가문이 되게 하셨다. 열 지파인 북왕국 이스라엘만이 아니라 남왕국 유다도 이 사실을 알아야 한다. 왜냐하면, 하나님은 이 말씀을 그가 애굽 땅에서 인도하여 올리신 족속 전체를 향하여 말씀하고 계시기 때문이다. 이 스라엘은 하나님이 특별한 은총들을 베푸신 족속이고, 특별히 그의 소유로 삼으신 족속이다. 내가 땅의 모든 족속 가운데 너희만을 알았다. 이 세상에서 하나님의 교회는 땅의 모든 족속을 능가하는 존귀함을 지닌 족속이라는 것을 명심하라. 하나님을 아는 자들은 하나님에게 알려져 있는 자들이다. 하나님은 유다에 알려지셨다(시 76:1). 그러므로 하나님은 그 어떤 족속보다도 유다를 더 잘 아신다. 하나님은 그들을 아셨다. 즉, 하나님은 그들을 택하셨고, 그들과 계약을 맺으셨으며, 그를 아는 자들인 그들과 대화를 나누셨다. 이런 상황에서 우리는 다음과 같은 말씀이 이어질 것이라고 생각하게 된다: "그러므로 내가 너희를 아끼고, 너희의 잘못들을 눈감아 주며, 너희에 대한 벌을 면제해 주리라." 그러나 그렇지가 않았다. 그러므로 내가 너희 모든 죄악을 너희에게 보응하리라. 우리가 하나님의 특별한 은총들을 받았다고 하여도, 그 은총들에 의지해서 죄를 억제하고 죄에서 떠나지 않는다면, 그 은총들에 의지해서 벌 받는 것을 면제받기를 기대해 보아야 아무 소용이 없다는 것을 명심하라. 아니, 하나님에 대한 신앙 고백 속에서 더욱더 가까이 하나님께 나아가고, 하나님으로부터 인

자한 말씀들을 많이 들은 자들일수록, 만약 그들이 일련의 고의적인 죄를 통해서 그들의 성품을 더럽히고, 하나님과의 관계를 욕되게 하며, 하나님과 맺은 약속들을 깨뜨리고, 하나님이 그들에게 특별히 주신 은총들과 존귀함들을 멸시한다면, 그들은 더욱더 확실하고 신속하게 한층 더 혹독한 벌을 받게 될 것이다. 그들이 벌을 받게 되는 이유는 그들의 죄들이 다른 사람들의 죄들보다 하나님을 더 욕되게 하고 모욕하며 근심하게 하기 때문이고, 하나님이 죄를 미워하시되 자기와 가장 가까운 자들이 죄를 짓는 것을 가장 미워하신다는 것을 나타내심으로써 그의 존귀하심을 회복하시는 것이 꼭 필요하기 때문이다. 그들이 단지 다른 사람들만큼만 악하다고 하여도, 그들은 다른 사람들보다 더 심한 벌을 받게 될 것이다. 왜냐하면, 하나님은 그들에게 다른 사람들보다 더 많은 은총들을 베풀어 주셨으므로, 그들로부터 다른 사람들보다 훨씬 더 선한 행실을 기대하시기 때문이고, 또한 그런 기대는 정당하기 때문이다. 심판은 하나님의 집에서 시작되고(벧전 4:17), 성소에서 시작된다. 왜냐하면, 하나님은 그를 가까이 하는 자들 중에서 거룩함을 나타내고자 하시기 때문이다(레 10:3).

Ⅱ. 그들은 먼저 하나님과 화목하지 않는다면 하나님과의 그 어떤 위로가 되는 교제를 기대할 수 없다는 것을 알아야 한다는 것(3절).   두 사람이 뜻이 같지 않은데 어찌 동행하겠느냐. 결코 그럴 수 없다. 친구로서의 관계가 존재하지 않는 곳에는 교제나 사귐도 있을 수 없다. 두 사람이 서로 생각이 다르다면, 그들은 먼저 서로 간의 생각의 차이를 극복하여야 하고, 그런 후에야 서로 교제하고 협력할 수 있다. 이스라엘은 하나님을 모욕하였고, 하나님과 맺은 계약을 깨뜨렸으며, 하나님이 그들에게 주신 은혜들을 악으로 갚았다. 그들은 회개하고 삶을 고쳐서 그들을 고발하는 자이신 하나님과 생각을 맞추고 뜻을 함께 해서 그의 진노를 돌이킬 생각은 전혀 하지 않고, 단지 하나님이 그들과 계속해서 동행해 주시고, 그들의 편을 들어 주시며, 그들을 위하여 행하시고, 그들과 함께 하신다는 확실한 증거들을 보여주시기만을 기대하였다. 하나님은 이렇게 말씀하신다: "너희가 그렇게 한다면, 결국 일이 어떻게 될 것 같으냐? 너희가 계속해서 내게 대항하여 나의 뜻을 거슬러 행한다면, 나도 너희에게 대항할 수밖에 없다는 것을 너희는 알아야 한다(레 26:23-24)." 우리가 하나님과 화해하지 않는다면, 우리는 하나님이 우리와 함께 하시거나 우리를 위해 행하실 것이라고 기대할 수 없다는 것을 명심하라. 하나님과 사람은 뜻이 같지 않으면 동행할

수 없다. 우리는 우리의 목적이 하나님과 일치하지 않는다면, 즉 우리의 목적이 하나님을 영화롭게 하는 것이 아니라면, 하나님과 동행하여 길을 갈 수 없다.

Ⅲ. 그들은 하나님이 그들에게 주신 심판의 경고들이 이유나 근거가 없는 농담인 것이 아니라, 그들에 대한 하나님의 진노를 있는 그대로 확실하게 선포하신 말씀들이기 때문에, 그들이 속히 회개하지 않는다면 그 심판을 반드시 맛보게 되리라는 것을 알아야 한다는 것(4절). "사자가 움킨 것이 없는데 어찌 수풀에서 부르짖겠느냐. 그런 일은 결코 없다. 사자가 포효하고 부르짖는 것은 먹잇감을 보았고 움켜 잡았기 때문이다. 또한, 늙은 사자가 아무것도 잡은 것이 없어서 자기 굴로 가져온 것이 없다면, 젊은 사자가 어찌 굴에서 소리를 내겠느냐. 마찬가지로, 만약 너희가 너희의 죄들로 말미암아 너희 자신을 하나님의 진노의 먹잇감으로 만들지 않았거나, 하나님이 실제로 모든 것을 황폐화시키고 멸망시키는 심판들을 너희에게 내리고자 하지 않으신다면, 하나님은 그의 말씀과 작은 심판들을 통해서 너희를 경고하지 않으실 것이다." 하나님의 말씀과 섭리에 의한 경고들은 어린아이들이나 미련한 자들을 겁주기 위한 근거 없는 허풍이 아니라, 사람의 죄로 말미암은 확실한 결론들이고 하나님의 심판들에 대한 확실한 전조(前兆)들이라는 것을 명심하라.

Ⅳ. 그들은 그들 자신의 악행이 이러한 심판들을 초래한 원인이었기 때문에 그 심판들은 자신의 소임을 다할 때까지는 제거되지 않으리라는 것을 알아야 한다는 것(5절). 하나님이 죄악된 백성과 논쟁하시기 위해서 나아오실 때, 그들은 다음과 같은 것들을 꼭 알아야 한다.

1. 그들을 덫에 걸려서 위험에 빠지게 만든 것은 그들 자신의 죄라는 것. 덫을 땅에 놓지 않았는데 새가 어찌 거기 치이겠느냐. 그런 일은 있을 수 없다. 피조물들에게 덫을 놓는 것은 자연이 아니라 사람들의 계교이다. 새가 덫에 걸리는 것은 우연에 의한 것이 아니라, 새 사냥꾼의 의도에 의한 것이다. 마찬가지로, 하나님의 섭리 속에는 죄인들을 위한 환난이 준비되어 있고, 죄인들이 덫에 걸리는 것은 그들 자신의 손으로 한 행위 때문이다. 환난은 땅에서 튀어오르는 것이 아니다. 하나님의 공의와 우리 자신의 악행이 우리를 징계하고 벌하는 것이다.

2. 그들을 덫에서 풀려나오게 할 수 있는 것은 오직 그들 자신의 회개뿐이라는 것. 덫을 놓은 자가 자신이 의도한 어떤 것을 잡지 않았다면, 어찌 자기가

놓은 덫을 땅에서 치우겠느냐. 마찬가지로, 하나님은 자기가 보낸 환난이 그 소임을 다하여 그 환난을 보내신 하나님의 목적을 다 이룰 때까지는 그 환난을 제거하지 않으실 것이다. 우리의 마음이 제대로 낮아지고, 우리가 환난들로 말미암아 우리의 죄를 고백하고 버리면, 하나님이 놓으신 덫은 원하던 것을 잡아서 그 소기의 목적을 달성한 것이기 때문에, 그 때에야 비로소 하나님은 그 덫을 부수어서 땅에서 제거하시고, 사랑과 긍휼 가운데서 우리를 건지신다.

　Ⅴ. **그들은 그들이 겪는 모든 환난들이 하나님의 섭리의 손길 및 하나님의 뜻과 계획으로부터 왔다는 것을 알아야 한다는 것**(6절).　여호와의 정하심과 행하심이 없는데 재앙이 어찌 성읍이나 족속이나 나라에 임하겠느냐. 죄의 악은 우리 자신으로부터 나온다. 그것은 우리가 행하는 것이다. 그러나 개인적인 것이든 공적인 것이든 환난의 재앙은 하나님으로부터 나오는 것이고, 하나님이 행하시는 것이다. 그 재앙의 도구들이 누구이든지 간에, 그 재앙을 주도하시는 분은 하나님이시다. 화와 복이 지존자의 입으로부터 나오지 아니하느냐(애 3:38). 성읍에 임한 재앙은 그것이 무엇이든지 간에 다 하나님이 행하시는 일이기 때문에, 우리는 공적인 재난들 속에서 우리의 몫을 인내로써 잘 감당하고서, 그 재난들을 통해서 하나님이 뜻하시는 것이 무엇인지를 깨달아서 거기에 부응하도록 애써야 한다.

　Ⅵ. **그들은 다가올 심판에 관한 경고를 그들에게 전한 선지자들이 오직 여호와에게서 받은 것만을 그들에게 전하였고, 하나님이 전하라고 하신 것만을 전하였다는 것을 알아야 한다는 것**.

　1. 하나님은 어떤 일을 행하실 때에 그 일을 선지자들에게 미리 알게 하신다는 것(7절). 주 여호와께서는 자기의 비밀을 다른 사람들에게는 알리지 않으시더라도 그 종 선지자들에게 보이지 아니하시고는 앞에서 말한 성읍에 임할 재앙 같은 것들(6절)을 결코 행하심이 없으시리라. 그러므로 선지자들이 하나님의 이름으로 그들에게 주는 경고들을 무시하는 자들은 그들이 무엇을 행하는지도 모르면서 행하는 자들이다. 하나님의 선지자들은 사람들을 상대로 하나님의 심부름을 행하는 데에 쓰임받는 그의 종들이라는 것을 주목하라. 하나님의 비밀이 그들에게 있다. 하나님의 비밀은 어떤 의미에서 모든 의인들(잠 3:32)과 하나님을 경외하는 모든 자들(시 25:14)에게도 주어지지만, 선지자들에게는 특별한 방식으로 주어진다. 왜냐하면, 예언의 영은 계시의 영이기 때문이다. 하

나님이 그의 선지자들에게 그가 무슨 일을 행하고자 하시는지를 종종 계시하기를 기뻐하신다고만 말씀하여도, 그것은 선지자들에게 존귀함을 충분히 덧입혀 주시는 것이 되지만, 하나님은 놀랍게도 마치 선지자들이 그의 모사들이라도 된다는 듯이 자기의 비밀을 그들에게 보이지 아니하시고는 결코 행하심이 없다고 말씀하신다. 내가 하려는 것을 선지자인 아브라함에게 숨기겠느냐(창 18:17). 그러므로 하나님은 그가 이토록 큰 존귀함을 더하시는 선지자들을 멸시하는 자들을 가만두지 않으시고 반드시 벌하실 것이다.

2. 선지자들은 하나님이 그들에게 알게 하신 것들을 백성들에게 알게 하지 않을 수 없다는 것(8절). 주 여호와께서 말씀하신즉 누가 예언하지 아니하겠느냐. 하나님이 꿈과 이상을 통해서 그의 비밀을 은밀하게 말씀해 주시면, 그의 선지자들은 그들이 하나님에게서 들은 것을 백성들에게 공개적으로 전하지 않을 수 없다. 그들은 그것들로 가득 차 있고, 그것들에 대하여 확신하고 있으며, 그것들로 인해서 많은 감화를 받았기 때문에, 그것들을 전하지 않을 수 없다. 왜냐하면, 사람은 마음에 가득한 것을 입으로 말하는 것이기 때문이다(마 12:34). 우리가 믿고 보고 들은 것을 말하지 아니할 수 없다(행 4:20). 아니, 하나님의 감동과 더불어서 온 선지자적 충동이 하나님의 말씀을 그들의 골수에서 불 같게 만들었기 때문만이 아니라(렘 20:9), 하나님이 그들에게 그가 부탁하신 것들을 전하라고 명령하셨기 때문에, 그들은 전할 수밖에 없다. 만약 그들이 전하지 않는다면, 그것은 그들에 대한 하나님의 신뢰를 저버리는 것이다. 복음을 전하는 자들과 마찬가지로, 선지자들이 하나님의 말씀을 전하는 것은 부득불 할 일이었고, 하지 않고는 견딜 수 없는 일이었다(고전 9:16).

VII. 그들은 하나님이 그들에게 주신 경고를 듣고서 두려워 떨어야 마땅하다는 것을 알아야 한다는 것.

1. 이것은 적군이 다가오는 것을 알리는 나팔 소리를 들으면 모든 사람이 경계를 하고 무장을 해야 하는 것과 마찬가지라는 것. 성읍에서 나팔이 울리는데 백성이 어찌 두려워하지 아니하겠느냐. 그들은 깜짝 놀라서 즉시 달려와서 함께 모인 후에, 성읍을 지켜내려면 어떻게 해야 가장 좋을지를 의논할 것이다. 그렇지만, 하나님이 그의 선지자들을 보내서서 그들에게 위험을 알리고 그의 깃발 아래 모이라고 호출하여도, 그들은 꿈쩍도 하지 않는다. 그들은 하나님이 보내신 선지자가 아니라 성벽을 지키는 파수꾼을 더 신뢰하고, 이 세상을 다스

리시는 하나님이 그들에게 내리신 명령보다 그들의 성읍을 다스리는 성주의 명령에 더 잘 복종한다. 하나님은 내가 너희 위에 파수꾼들을 세웠으니 나팔 소리를 들으라고 말씀하시지만, 그들은 우리는 듣지 않겠노라고 분명하게 하나님께 대답한다(렘 6:17).

2. 이것은 사자가 부르짖는 것과 마찬가지라는 것. 하나님은 종종 사자 같고 유다 족속에게 젊은 사자 같으시다(호 5:14). 사자는 자신의 먹잇감을 찢기 전에 큰 소리로 포효를 한다. 마찬가지로, 하나님도 상하게 하시기 전에 경고를 하신다. 그러므로 사자가 가엾은 여행자를 덮치면서 포효하면(삼손의 경우처럼, 삿 14:5), 여행자는 대경실색할 수밖에 없다. 그런데, 여호와께서 시온에서부터 부르짖으시는데도(1:2), 두려워하는 이가 없고, 백성들은 마치 그들에게는 아무런 위험이 없다는 듯이 태평스럽다. 하나님이 태평한 세상 사람들을 향하여 경고를 하셨는데도, 그들이 그 경고를 받아들이지 않는다면, 저 큰 날에 그들이 받을 벌은 더 가중될 것임을 명심하라. 사자가 부르짖는 소리를 들었다면, 그들은 마땅히 두려움에 사로잡혀서 피할 길을 생각해야 마땅한데도 태평하게 들은 체 만 체하였다. 여호와의 두려우심을 알지 못하여 여호와의 부르짖는 소리에도 미동도 하지 않는 믿지 않는 세상 사람들의 놀라울 정도의 우둔함이여!

[9]아스돗의 궁궐들과 애굽 땅의 궁궐들에 선포하여 이르기를 너희는 사마리아 산들에 모여 그 성 중에서 얼마나 큰 요란함과 학대함이 있나 보라 하라 [10]자기 궁궐에서 포학과 겁탈을 쌓는 자들이 바른 일 행할 줄을 모르느니라 여호와의 말씀이니라 [11]그러므로 주 여호와께서 이와 같이 말씀하시되 이 땅 사면에 대적이 있어 네 힘을 쇠하게 하며 네 궁궐을 약탈하리라 [12]여호와께서 이와 같이 말씀하시되 목자가 사자 입에서 양의 두 다리나 귀 조각을 건져냄과 같이 사마리아에서 침상 모서리에나 걸상의 방석에 앉은 이스라엘 자손도 건져냄을 입으리라 [13]주 여호와 만군의 하나님의 말씀이니라 너희는 듣고 야곱의 족속에게 증언하라 [14]내가 이스라엘의 모든 죄를 보응하는 날에 벧엘의 제단들을 벌하여 그 제단의 뿔들을 꺾어 땅에 떨어뜨리고 [15]겨울 궁과 여름 궁을 치리니 상아 궁들이 파괴되며 큰 궁들이 무너지리라 여호와의 말씀이니라

하나님은 여기에서 다시 이스라엘 백성의 죄를 깨우치시고 단죄하시

는데, 그들이 저지른 범죄들이 무엇이었고, 그들이 받을 벌이 무엇인지를 구체적으로 알려 주신다.

I. 하나님은 선지자에게 그것을 이웃 나라들에게 알리라고 명령하심. 아모스 선지자는 블레셋 사람들의 주요 성읍들 중의 하나였던 아스돗의 궁궐들에 그것을 선포하라는 명령을 받는다. 아니, 하나님은 아모스 선지자에게 조금 더 멀리 가서 애굽 땅의 궁궐들에 그것을 선포하라고 명령하신다. "궁궐들에 사는 이 두 나라의 큰 자들, 이웃 나라들의 일에 관심이 많고 나라들에 관한 정보에 정통한 큰 자들을 사마리아 산들에 모이게 하라(9절)." 거기에 높이 들린 보좌가 놓여지고, 심판이 베풀어진다. 사마리아는 심문을 받게 될 범죄자이다. 이 큰 자들을 재판 자리에 모이게 하라. 왜냐하면, 이 재판은 모든 사람이 보는 앞에서 공개적으로 이루어질 것이기 때문이다(여느 재판과 마찬가지로). 이 큰 자들로 하여금 하나님과 그의 포도원 간에 판단을 하기 위해서 거기에서 만날 약속을 정하고 세상의 모든 곳들로부터 오게 하라. 하나님은 모든 공정하고 의로운 자들에게 호소하신다(겔 23:45). 그들은 사정이 어떻게 된 것인지를 알게 되면 하나님이 하시는 일들이 공평하다는 것에 다 동의하게 될 것이다. 하나님은 죄인들과 논쟁하실 때에 누가 그 일을 자세히 살펴서 조사하는 것을 두려워하지 않으신다는 것을 명심하라. 블레셋 사람들과 애굽 사람들조차 그 일을 보고서, 주의 길은 공평하고 너희 길은 공평하지 아니하다고 말할 것이다. 하나님은 블레셋 사람들과 애굽 사람들도 그 자리에 참석하라고 호출하시는데, 이것은 그들로 하여금 하나님이 의로우시고 공평하시다는 것을 증언하게 하기 위한 것일 뿐만 아니라, 이 일을 보고 경고를 얻게 하기 위한 것이다. 그들이 보는 대로, 심판이 하나님의 집에서 시작된다면(벧전 4:17), 하나님에 대하여 외인(外人)들인 자들의 마지막은 어떠하겠는가? 하나님께서 푸른 나무에도 이같이 하거든 마른 나무에는 어떻게 되리요(눅 23:31). 또는, 이것은 이스라엘의 죄가 이웃 나라들이 자발적으로 와서 그들을 쳐서 증언할 정도로 너무나 악명이 높기 때문에, 그들이 벌을 받는 것이 마땅하다는 것을 보여주는 것이다. "그것이 숨겨질 수 있는 것이었다면, 우리는 이 일을 가드에도 알리지 말며 아스글론 거리에도 전파하지 말지어다(삼하 1:20)라고 말했을 것이다." 그러나 그들 자신이 그들의 평판에 신경을 쓰지 않는데, 그들의 친구들이 그들의 평판에 신경을 쓸 이유가 어디 있겠는가? 그들은 죄를 짓는 일에 뻔뻔스러워졌기 때문에, 그 수치도 감당

하지 않으면 안 된다. "그것을 아스돗과 애굽 땅에 선포하라."

1. 이웃 나라들로 하여금 하나님이 고소하는 내용이 얼마나 끔찍한 것이고, 얼마나 잘 증명될 수 있는 것인지를 보게 하라는 것. 그들로 하여금 사마리아 주민들의 행위를 눈으로 직접 보게 하라. 그들로 하여금 사마리아 산들에 모여 보게 하라. 그러면, 그들은 사마리아 주민들이 얼마나 무례하고 사나운지를 볼 수 있을 것이고, 그 주민들이 소돔 사람들처럼 죄를 짓느라 떠들썩한 소리를 들을 수 있을 것이다.

(1) 그들의 거리들을 들여다보라. 그러면, 너희는 그 성중에서 큰 요란함, 즉 그들이 먹고 마시며 소란을 피우고 난장판을 벌이는 모습 외에는 아무것도 보지 못할 것이다. 이성과 정의는 광분한 군중들이 떠들며 고함치는 소리에 묻혀서 아예 자취를 감추었다. 소란함과 광분이 판을 치는 광경은 그 나라 백성의 죄이자 수치이고, 그들의 멸망을 자초하는 길이다.

(2) 그들의 감옥들을 들여다보라. 그러면, 너희는 감옥들이 죄 없이 갇힌 자들로 가득 차 있는 것을 보게 될 것이다. 그 성중에 학대함이 있다. 거기에는 학대받는 자들이 있어서, 압제자들에 의해서 눌리고 부서지고 압도당하여 쓰러지지만, 그들에게는 위로자가 없다(전 4:1).

(3) 그들의 법정들을 들여다보라. 그러면, 너희는 법정을 주재하는 자들이 늘 불의를 행하는 데에 익숙해져 있어서 바른 일 행할 줄을 모른다는 것을 보게 될 것이다. 그들은 마치 정의 또는 공의라 불리는 것에 대해서 전혀 알지 못하고, 스스로 공의를 행하거나 남들이 공의를 행하는지 그렇지 않은지를 살피는 것에 전혀 관심이 없는 자들처럼 행한다.

(4) 그들의 곳간과 창고들을 들여다보라. 그러면, 너희는 그 곳들이 포학과 겁탈, 즉 불의하게 얻어서 불의하게 쌓아 둔 것들로 가득 차 있는 것을 보게 될 것이다. 그들은 이렇게 노후에 쓸 재물을 쌓아 두지만, 그 재물은 진노의 날에 임할 진노를 쌓는 것이었음이 나중에 드러나게 될 것이다(롬 2:5). 불의를 행하여 부자가 되고자 하는 자들은 바른 일 행할 줄을 모르는 자들이라고 해야 마땅하다.

2. 이웃 나라들로 하여금 그 벌이 얼마나 무겁고, 얼마나 잘 집행될 것인지를 보게 하라는 것(11-12절).

(1) 그들의 땅이 침략을 받아 멸망을 당하게 되리라는 것. 이 벌이 그들이

저지른 죄와 어떤 식으로 상응하는지를 잘 살펴보라.

[1] 그들의 땅 가운데에 큰 요란함이 있기 때문에, 이 땅 사면에 대적이 있으리라는 것. 앗수르 군대가 이 땅을 둘러싸고서, 사방에서 이 땅으로 침입해 들어올 것이다. 한 나라의 백성이 온통 죄 가운데에 빠져 있다면, 그들은 대적들이 그들을 둘러싸서, 그들이 어느 쪽으로 가더라도 대적들의 수중에 들어가게 될 것 외에는 아무것도 기대할 수 없다는 것을 명심하라(눅 19:43).

[2] 그들이 그들의 악행 가운데서 스스로를 견고하게 하였기 때문에, 원수가 그들의 힘, 즉 가난한 자들을 압제하고 주위의 모든 사람들에게 폭력을 가할 때에 그들이 사용했던 바로 그 힘을 무너뜨려서 쇠하게 하리라는 것. 불의의 도구로 사용된 힘은 무너지고 깨뜨려지는 것이 마땅하다는 것을 명심하라.

[3] 그들이 그들의 궁궐에 겁탈을 쌓았기 때문에, 그들의 궁궐이 약탈을 당하게 되리라는 것. 왜냐하면, 불의하게 얻어서 쌓아 놓은 재물은 오래가지 않을 것이기 때문이다. 사기를 치고 압제를 일삼는다면, 비록 궁궐이라 할지라도 안전하지 못할 것이고, 남의 재물을 약탈한 자들은 그들이 아무리 큰 자들이라 할지라도 그들 스스로 약탈을 당하게 될 것이다. 왜냐하면, 하나님은 이 모든 일을 신원하여 주시는 분이시기 때문이다(살전 4:6).

(2) 이스라엘 백성이 피하지 못하리라는 것(12절). 그들은 사자에게 먹혀서 그 입 속에 있는 어린 양처럼 원수의 수중에 들어가서, 도무지 저항을 할 수 없게 될 것이다. 그들 중에서 겨우 피하여서 칼에 쓰러지거나 포로로 잡혀가지 않은 자들은 극소수여서 얼마 되지 않을 것이고, 사자가 먹다가 흘리거나 목자가 사자에게서 겨우 건져낸 양의 두 다리나 귀 조각처럼 미천하고 보잘것없는 자들뿐일 것이다. 이와 같이, 앗수르 왕이 그들을 덮칠 때, 사마리아와 다메섹의 여기저기에서 한두 사람이 피할 것이지만, 그 피한 자들 중에는 중요한 사람이 한 사람도 없을 것이다. 또한, 그 위험을 피하는 자들도 침상 모서리나 평상 아래에 숨어서 간신히 피하게 될 것이다. 이것은 그들이 위기에 처해서 수치스러울 정도로 비겁해질 것임을 보여주는 것이다. 그들은 동굴에 몸을 숨기는 것이 아니라, 침상 모서리나 가난한 자들이 좋은 침상 대신에 사용하는 평상 아래에 숨을 것이다. 주님께서 예루살렘이 멸망할 때에 둘이 한 자리에 누워 있으매 하나는 데려감을 얻고 하나는 버려둠을 당할 것(눅 17:34)이라고 예언하신 것처럼, 그들은 아주 가까스로 목숨을 건지게 될 것이다. 하나님의 심판이 사명

을 띠고 한 나라의 백성을 치러 올 때에는 그 심판을 피하려고 해보아야 아무 소용이 없을 것임을 명심하라. 어떤 이들은 이 본문에서 그들이 침상 모서리에나 걸상의 방석에 앉아 있다는 구절이 그들의 현재의 안일하고 방탕한 삶을 가리키는 것이라고 해석하기도 한다. 그들은 침상 모서리에나 걸상의 방석에 앉은 것처럼 편안한 삶을 살고 있지만, 하나님은 그들과 다투시기 위하여 오실 때에 그들을 그들이 눕거나 앉아서 빈둥거리거나 졸았던 침상이나 걸상에서 떼어놓으셔서 불편하게 만드실 것이다. 침상이나 걸상에서 빈둥거리던 자들은 하나님의 심판이 도처에 임하면 사로잡히는 자들 중에서 가장 먼저 사로잡혀 가게 될 것이다(6:7).

Ⅱ. 하나님은 이웃 나라들에게 그것을 이스라엘 백성에게 알리라고 하심(13절). 너희는 듣고 야곱의 족속, 즉 이스라엘의 온 자손에게 증언하라. 왜냐하면, 이것은 이러한 선고를 내리실 권세와 그 선고를 집행하실 능력이 있으신 주 여호와 만군의 하나님의 말씀이기 때문이다. 그들은 하나님이 이스라엘의 모든 죄를 낱낱이 살펴서 벌하시고 보응하실 날이 가까이 왔다는 것을 알아야 한다. 장차 보응하는 날, 하나님이 벌하시는 날이 올 것이다. 그 날에 그들이 자랑하고 의지하던 모든 것들은 그들을 실망시킬 것이고, 그들은 그들이 저지른 죄들로 인하여 벌을 받게 될 것이다.

1. 그들의 제단들에 화가 있으리라는 것. 왜냐하면, 하나님이 그것들을 벌하실 것이기 때문이다. 하나님은 그들이 그들의 제단들에서 저질러 왔던 죄들을 샅샅이 살피실 것이고, 그들의 모든 미신과 우상 숭배, 그들이 거짓 신들을 숭배하느라 사용한 비용들, 그들이 거짓 신들에게 기대했던 모든 것들에 대하여 추궁하실 것이다. 하나님은 그들의 제단들도 벌하셔서, 그 제단의 뿔들을 꺾어 땅에 떨어뜨리실 것이고, 제단도 무너뜨려 산산조각이 나게 하실 것이다. 우리는 실제로 하나님의 사람이 벧엘 제단을 쳐서 예언하자 그 제단이 즉시 갈라졌고(왕상 13:2-3), 요시야가 사람들의 뼈를 그 제단 위에서 불사름으로써(왕하 23:15-16) 그 하나님의 사람의 예언이 그대로 성취된 것을 본다. 여기에 나오는 것은 바로 그 예언을 보충하는 것으로서 동일한 사건을 가리키는 것으로 보인다. 사람들이 우상을 숭배하는 제단들을 파괴하지 않는다면, 하나님이 그 제단들을 파괴하시되, 거기에서 우상들을 숭배한 자들도 함께 멸하실 것임을 명심하라. 어떤 이들은 여기에서 제단의 뿔들을 그들이 피난처를 삼아서 피신하

고 의지한 모든 것들, 그들이 그들의 성소로 삼은 모든 것들을 가리키는 것으로 해석하기도 한다. 하나님이 그런 것들을 모두 끊어 버리실 것이기 때문에, 그들은 그들이 의지하고 기댈 것이 하나도 없게 될 것이다.

2. 그들의 집에 화가 있으리라는 것. 왜냐하면, 하나님이 그들의 집도 벌하실 것이기 때문이다. 하나님은 그들이 그들의 집에서 저질러 온 죄들, 그들이 남들에게서 약탈하여 집에 쌓아 둔 것들, 그들의 사치스러운 삶을 샅샅이 조사하고 살피실 것이다. 내가 겨울 궁과 여름 궁을 치리라(15절). 그들의 귀족들이나 상류층, 부상(富商)들은 성읍 내에는 겨울 별장을, 시골에는 여름 별장을 가지고 있었다. 가나안 땅의 날씨는 온화하여서 그렇게 심하게 춥거나 덥지 않았지만, 그들은 너무 추운 시골의 겨울과 너무 더운 성읍의 여름을 피하여 아주 편안하게 겨울과 여름을 나기 위해서 이렇게 겨울 별장과 여름 별장을 소유하고 있었다. 그들은 이렇게 계절에 따라 집을 바꾸어 가며 변화 있고 다양한 삶을 사는 어리석은 취향에 빠져 있었다. 그러나 하나님은 전쟁이나 지진을 통해서 그들의 겨울 별장과 여름 별장을 치실 것이고, 그럴 때에 겨울 별장이든 여름 별장이든 그 어느 쪽도 그들을 하나님의 심판에서 구할 피난처가 되어 주지 못할 것이다. 상아 궁들(천장이나 벽판, 또는 그 장식물이 상아로 입혀져 있거나 그 테두리가 상아로 장식되어 있었기 때문에 이렇게 불리었다)은 불에 타거나 무너져서 파괴될 것이고, 큰 궁들도 무너질 것이다. 그들의 큰 자들이 사는 아주 넓고 으리으리한 저택들도 더 이상 존재하지 않거나, 적어도 더 이상 그들의 소유가 아니게 될 것이다. 사람들의 아름답고 으리으리한 저택은 하나님의 심판을 막아주는 요새가 되기는커녕, 그러한 저택에서의 그들의 화려하고 사치스러운 삶은 그들의 죄와 어리석음의 깊이를 더해 줄 것이기 때문에, 그것은 그들을 한층 더 서글프고 화나게 만들 것임을 명심하라.

제
— **4** —
장

개요

이 장에는 다음과 같은 내용들이 나온다. I. 하나님이 이스라엘의 압제자들에게 그들이 가난한 자들을 압제하는 것에 대하여 경고하심(1-3절). II. 하나님이 이스라엘의 우상 숭배자들을 그들 자신의 마음의 정욕에 내어 주심(4-5절). III. 하나님이 섭리들을 통해서 여러 모로 책망하시는데도, 이스라엘 백성이 하나님께로 돌아와서 삶을 고치기를 거부하고, 구제불능인 상태에 있기 때문에, 그것으로 인하여 그들의 모든 죄가 더욱 가중되고 있다는 것(6-11절). IV. 하나님은 그들이 하나님을 대적하여 이기는 것은 불가능하다는 것을 말씀해 주시며, 그러니 하나님 앞에서 스스로를 낮추라고 그들에게 권면하심(12-13 절).

[1]사마리아의 산에 있는 바산의 암소들아 이 말을 들으라 너희는 힘 없는 자를 학대하며 가난한 자를 압제하며 가장에게 이르기를 술을 가져다가 우리로 마시게 하라 하는도다 [2]주 여호와께서 자기의 거룩함을 두고 맹세하시되 때가 너희에게 이를지라 사람이 갈고리로 너희를 끌어 가며 낚시로 너희의 남은 자들도 그리하리라 [3]너희가 성 무너진 데를 통하여 각기 앞으로 바로 나가서 하르몬에 던져지리라 여호와의 말씀이니라 [4]너희는 벧엘에 가서 범죄하며 길갈에 가서 죄를 더하며 아침마다 너희 희생을, 삼일마다 너희 십일조를 드리며 [5]누룩 넣은 것을 불살라 수은제로 드리며 낙헌제를 소리내어 선포하려무나 이스라엘 자손들아 이것이 너희가 기뻐하는 바니라 주 여호와의 말씀이니라

아모스 선지자는 여기에서 압제자들이 낮아지고, 우상 숭배자들이 완악해지리라는 것을 하나님의 이름으로 예언한다.

I. 교만한 압제자들이 그들의 압제로 인하여 낮아지게 되리라는 것. 왜냐하면, 불의를 행하는 자는 그가 행한 불의를 따라 보응을 받을 것이기 때문이다. 좀 더 살펴보자.

1. 그들의 죄는 어떻게 묘사되고 있는가(1절). 그들은 바산의 암소들에 비유된다. 바산의 암소들은 몸집이 아주 크고 힘이 센 소의 한 품종으로서, 특히 아주 좋은 초장이 있는 사마리아의 산에서 좋은 풀을 먹고 자랐을 경우에는 더욱 그런 특질을 보여주었다. 아모스는 농부였기 때문에 자신의 직업상의 용어를 사용해서, 사치스럽고 제멋대로 고집스럽게 사는 부자들과 큰 자들을 바산의 암소들에 비유해서 말하고 있다. 바산의 암소들은 말을 듣지 않고 제멋대로 행하는 소들이어서, 자신의 초장의 테두리 안에 머물지를 않고, 울타리를 부수고 무너뜨리고서, 이웃 사람들의 초장을 침범하는 일이 비일비재하였다. 또한, 이 암소들은 거기에서 그치지 않고, 자기보다 힘이 약한 작은 소들을 밀치거나 뿔로 받기도 하였다. 사마리아의 산들에 여름 별장을 가지고 있는 자들은 시원한 날씨를 즐기려고 거기로 갔을 때에 바산의 산들 위에 있던 암소들처럼 주변 사람들에게 해악을 끼쳤다.

(1) 그들은 가난하고 곤궁한 자들을 압제하였다는 것. 그들은 힘 없고 가난한 자들에게서 뭔가를 짜내기 위해서 압박하고 학대하며 압제하였다. 그들은 그런 자들의 가난함과 궁핍함, 자기 자신을 도울 힘이 없는 그런 자들의 처지를 이용해서, 그런 자들을 더욱 가난하고 궁핍하게 만들었다. 그들은 재판관이나 방백으로서의 그들의 권력을 이용해서, 사람들의 권리와 재산을 침해하였고, 거기에서 가난한 자들도 예외가 아니었다. 왜냐하면, 그들은 고아원이나 양로원에서 뭔가를 강탈하고서도 눈 하나 깜짝 하지 않을 자들이었기 때문이다.

(2) 그들은 그런 일을 하는 자들과 손을 잡았다는 것. 그들은 그런 자들의 감독자들, 즉 가난하고 힘 없는 자들을 돕고 구제해야 마땅한 자들인데도 도리어 그런 자들을 학대하여 폭력적으로 재물을 빼앗는 감독자들에게 이렇게 말한다. "술을 가져다가 우리로 마시게 하라. 너희가 압제로 얻은 재물로 우리에게 연회를 베풀어 주라. 그러면, 우리가 너희를 보호하고, 그 일에서 너희의 편이 되어서, 가난한 자들이 너희를 쳐서 송사를 걸어 오더라도 그 송사를 기각시켜 버릴 것이다." 착취로 얻어진 재물은 보통 정욕을 위하여 육신의 일을 도모하는 데에 사용된다는 것을 명심하라(롬 13:14). 가난한 자들은 스스로 도울 힘이 없기 때문에, 사람들은 가난한 자들에 대하여 폭군들로 군림하여서 그들의 입맛대로 가난한 자들을 좌지우지 한다. 술을 가져다가 우리로 마시게 하라는 말은 힘 없는 자를 학대하는 자들이 사용하는 말이다. 그들은 마치 그들이 마시는 술에

학대 받는 자들의 눈물이 섞여야 술맛이 더 좋아진다는 듯이 이렇게 말을 한다. 그들은 이런 식으로 서로 어울려서 술자리를 함께 하며 흥청망청하고 떠들며 놀면서, 가난하고 힘 없는 자들을 박해하고 압제하는 일에 있어서 서로의 마음을 견고하게 하고 서로의 힘을 결합시켜 강화시킨다.

2. 그들에 대한 벌은 어떻게 묘사되고 있는가(2-3절). 하나님은 갈고리로 그들을 끌어 가며 낚시로 그들의 후손도 그리하실 것이다. 하나님은 그들에게 앗수르 군대를 보내실 것이고, 그 군대를 그들을 먹잇감으로 삼아서, 그들의 나라 전체를 그물로 둘러싸고 건져올릴 뿐만 아니라, 낚시질을 해서 갈고리로 개개인들을 낚아 올려서 죄수와 포로로 끌고 가되, 마치 물고기들을 그것들이 사는 물에서 끌어 올리듯이, 그들과 그들의 자녀를 그들 자신의 땅에서 끌어 올려서 끌고 갈 것이다. 또는, 하나님은 일련의 멸망시키는 심판들을 그들에게 보내셔서, 그들을 그들의 날에 한 승승장구하는 원수를 통해서 끌어내고, 그들의 후손을 그들의 날에 또 다른 승승장구하는 원수를 통해서 끌어내심으로써, 그들을 완전히 멸절시켜 버리실 것이다. 이 바산의 암소들은 리워야단은 낚시와 노끈으로 끌어내질 수 있지만 그들을 끌어낼 수는 없을 것이라고 생각하였다(욥 41:1-2). 그러나 하나님은 그들로 하여금 그가 그들의 코를 꿸 갈고리와 그들의 입에 물릴 재갈을 가지고 계시다는 것을 알게 해주실 것이다(사 37:29). 이 원수는 마치 어부가 작은 물고기를 가져가듯이 그렇게 쉽게 그들을 끌고 가서 자기 놀잇감으로 삼을 것이다. 이 원수가 사마리아의 지배자가 되었을 때, 다음과 같은 일들이 있을 것이다.

(1) 그들 중 일부는 도망을 쳐서 피신하고자 시도하리라는 것. 너희가 성 무너진 데를 통하여 나갈 것이요 모든 암소가 안전하게 피신해서 목숨을 건지기 위해서 자기 앞에 있는 무너진 데를 통하여 나갈 것이다. 제멋대로 행동하였던 바산의 암소들은 이제 길들여질 것이고, 가난하고 힘 없는 자들을 압박하여 박살을 냈던 그들 자신이 이제 박살이 나게 될 것이다. 하나님이 좋은 초장을 주셨는데도 거기에서 제멋대로 행한 자들은 그 초장에서 쫓겨나게 될 것임을 명심하라. 하나님의 명령이라는 울타리 내에 머물고자 하지 않는 자들은 하나님의 보호하심이라는 울타리를 상실하게 될 것이고, 그들 자신이 그 울타리에 만들어 놓은 틈새들로 도망치고자 하여도 아무 소용이 없게 될 것이다.

(2) 그들 중 일부는 요새처럼 잘 지어지고 군대가 잘 지키고 있는 궁궐에 피

신하거나 자신의 보화들을 거기에 숨기려고 하리라는 것. 너희는 너희 자신을 또는 그들을(즉, 너희의 후손이나 자녀들, 또는 너희에게 소중한 것들) 궁궐에 던질 것이다. 하지만, 원수는 그 곳을 쉽게 발견해서 점령하게 될 것이다. 압제로 얻어진 것들은 오래가지 않는다는 것을 명심하라.

3. 그들이 받을 벌에 대한 이 선고는 어떤 식으로 재가(裁可)되고 있는가. 주 여호와께서 자기의 거룩함을 두고 맹세하셨다. 하나님은 자주 그것을 말씀하셨지만, 그들은 귀 기울여 듣지 않았다. 그들은 하나님과 그의 선지자들이 그들에게 농담하는 것일 뿐이라고 생각하였다. 그러므로 하나님은 그의 진노 가운데서 그것을 맹세로 말씀하신다. 하나님은 맹세하시고 말씀하신 것을 취소하지 않으실 것이다. 하나님은 그의 거룩하심을 걸고 맹세하시는데, 하나님의 거룩하심은 악인들에 대한 벌을 통해서 영화롭게 되는 하나님의 영광스러운 속성이다. 하나님은 거룩하신 하나님이시기 때문에, 죄를 밭 갈고 악을 뿌리는 자는 그대로 거두게 될 것이다(욥 4:8).

Ⅱ. 완고한 우상 숭배자들이 그들의 우상 숭배 가운데서 완악해지리라는 것
(4-5절). 너희는 벧엘에 가서 범죄하라. 이것은 반어법적인 말씀이다. "그렇게 하라. 너희의 갈 길을 가라. 너희의 제사들을 더 많이 드려서, 너희의 죄를 더하라. 왜냐하면, 이것이 너희가 기뻐하는 바이기 때문이다. 그러나 결국 그 끝에서 너희는 어떻게 하려느냐?"

1. 그들은 우상들을 섬기는 데에 완전히 빠져 있었고, 우상들을 위해서라면 그 어떤 비용이나 희생도 기꺼이 감수하였다는 것. 그들은 하나님이 기뻐 받으시라고 희생제사와 십일조와 낙헌제를 드렸지만, 그런 것들은 다 하나님께 가증스러운 것들이었다. 우상 숭배자들이 그들의 거짓 신들을 섬길 때에 무엇이든 아낌없이 바쳤다는 것은 우리가 참되고 살아 계신 하나님을 섬길 때에 인색하게 바친 것을 부끄럽게 만든다.

2. 그들은 하나님이 제정하신 제도들을 흉내냈다는 것. 그들은 하나님의 제단에서 행해진 것을 벧엘의 제단에 그대로 가져와서 매일 제사를 드렸다. 또한, 그들은 하나님께 드리듯이 그들의 우상들에게도 수은제를 드렸는데, 다만 거기에 하나님이 금하신 누룩을 넣었다. 왜냐하면, 우상들의 제사장들은 누룩을 넣지 않아서 발효가 되지 않은 떡은 맛이 없어서 좋아하지 않았기 때문이다. 이 제사장들은 아무리 거룩한 떡이어도 먹기에 좋고 맛이 좋아야지 그렇지 않으

면 좋아하지 않았다.

3. 그들은 우상을 섬기는 제사들을 그들 스스로가 몹시 좋아하였다는 것. 이스라엘 자손들아 이것이 너희가 기뻐하는 바니라. 그 제사들은 그들 스스로 만든 것이었기 때문에 그들은 그것을 기뻐하고 애착을 갖고 있었으며, 그것이 그들이 기뻐하는 것이기 때문에 하나님도 그것을 기뻐하실 것임에 틀림없다고 생각하였다.

4. 그들은 이것으로 인해서 어떤 힐책을 받았는가. "너희는 벧엘과 길갈에 가서 희생과 십일조를 드리고, 백성들에게 낙헌제를 많이 가져오라고 소리내어 선포하라. 너희는 이 길로 계속해서 가라." 이 말씀은 다음과 같은 의미들을 담고 있다.

(1) "하나님과 양심이 아무리 말리고 무슨 말을 하여도, 너희는 이미 그 일을 하기로 확고하게 결심했음이 분명하다."

(2) "너희의 선지자들은 너희가 그런 일을 하도록 내버려 둘 것이고, 이제까지와는 달리 너희에게 더 이상 권면하지 않을 것이다. 왜냐하면, 그래 보아야 아무 소용이 없을 것이기 때문이다. 어떤 사람이든지 이웃과 다투지도 말며 책망하지도 말라(호 4:4)."

(3) "너희의 어리석은 마음은 점점 더 어두워지고 얼이 빠지게 될 것이며, 결국에는 강력한 미혹의 영에 빠져서 거짓을 믿게 될 것이다."

(4) "너희는 그것으로 인해서 무엇을 얻게 될 것인가? 너희는 벧엘에 가서 희생제사를 더 많이 드리고서, 너희가 드린 희생제사들이 너희에게 어떤 도움과 유익을 주는지, 환난의 날에 너희를 어떻게 돕는지를 보라. 너희는 벧엘을 의뢰하므로 수치를 당하게 될 것이다(렘 48:13)."

(5) "너희는 가서 범죄하며, 가서 너희의 범죄를 더하여, 너희의 죄악의 분량을 채워서 너희의 멸망의 때가 무르익게 하라." 그래서, 그리스도께서는 유다에게 네가 하는 일을 속히 하라(요 13:27)고 말씀하셨고, 유대인들에게는 너희가 너희 조상의 분량을 채우라(마 23:32)고 말씀하셨다.

⁶또 내가 너희 모든 성읍에서 너희 이를 깨끗하게 하며 너희의 각 처소에서 양식이 떨어지게 하였으나 너희가 내게로 돌아오지 아니하였느니라 여호와의 말씀이니라 ⁷또 추수하기 석 달 전에 내가 너희에게 비를 멈추게 하여 어떤 성읍에는 내리고 어

떤 성읍에는 내리지 않게 하였더니 땅 한 부분은 비를 얻고 한 부분은 비를 얻지 못하여 말랐으매 [8]두 세 성읍 사람이 어떤 성읍으로 비틀거리며 물을 마시러 가서 만족하게 마시지 못하였으나 너희가 내게로 돌아오지 아니하였느니라 여호와의 말씀이니라 [9]내가 곡식을 마르게 하는 재앙과 깜부기 재앙으로 너희를 쳤으며 팥중이로 너희의 많은 동산과 포도원과 무화과나무와 감람나무를 다 먹게 하였으나 너희가 내게로 돌아오지 아니하였느니라 여호와의 말씀이니라 [10]내가 너희 중에 전염병 보내기를 애굽에서 한 것처럼 하였으며 칼로 너희 청년들을 죽였으며 너희 말들을 노략하게 하며 너희 진영의 악취로 코를 찌르게 하였으나 너희가 내게로 돌아오지 아니하였느니라 여호와의 말씀이니라 [11]내가 너희 중의 성읍 무너뜨리기를 하나님인 내가 소돔과 고모라를 무너뜨림 같이 하였으므로 너희가 불붙는 가운데서 빼낸 나무 조각 같이 되었으나 너희가 내게로 돌아오지 아니하였느니라 여호와의 말씀이니라 [12]그러므로 이스라엘아 내가 이와 같이 네게 행하리라 내가 이것을 네게 행하리니 이스라엘아 네 하나님 만나기를 준비하라 [13]보라 산들을 지으며 바람을 창조하며 자기 뜻을 사람에게 보이며 아침을 어둡게 하며 땅의 높은 데를 밟는 이는 그의 이름이 만군의 하나님 여호와시니라

이 단락에는 다음과 같은 내용들이 나온다.

I. 하나님은 자기 백성을 낮추시고 그 삶을 고치게 하시기 위해서 그들에게 심판들을 보내셨는데도 그들이 전혀 고칠 생각을 하지 않는다고 탄식하심. 하나님은 이미 몇 가지 징표들을 통해서 그가 그들에 대하여 진노하고 계시다는 것과 그들이 회개하면 그들과 화해하실 수 있으시다는 것을 보여주셨지만, 아무 소용이 없었다.

1. 다음과 같은 말씀이 고소의 후렴구로서 이 단락에서 다섯 번 반복됨. "너희가 내게로 돌아오지 아니하였느니라 여호와의 말씀이니라. 내가 너희를 여러 차례 징계하였지만, 아무 소용이 없었다. 내가 너희의 행실을 바로잡고자 하였으나, 아무 소용이 없었고, 고쳐질 기미조차 보이지 않는다. 내가 너희에게 나의 사자(使者)를 차례로 보내었으나, 너희는 돌아오지 않았고, 집으로 오지 않았다." 이것은 다음과 같은 것들을 보여준다.

(1) 하나님이 이 모든 섭리를 통해서 책망하실 때에 의도하신 것은 그들에게 감화를 주어서 하나님께로 돌아오게 만드는 것이었다는 것.

(2) 만약 그들이 그들의 하나님께로 돌아왔다면, 그들은 기쁘게 받아들여졌을 것이고, 하나님은 그들을 환대하셨을 것이며, 그들이 겪고 있던 환난들을 제거해 주셨으리라는 것.

(3) 하나님이 계속해서 환난들을 보내시는 이유는 앞서의 환난들이 그 소임을 제대로 해내지 못했기 때문이라는 것. 환난이 자신의 소임을 제대로 해내었다면, 전능자는 사람을 괴롭게 하는 것을 기뻐하지 않으시기 때문에, 또 다른 환난을 보내지 않으셨을 것이다.

(4) 하나님은 그들의 완고함을 근심하셨고, 그가 정말 하고 싶지 않은 일을 그들을 위해서 할 수밖에 없게 만든 그들을 야속하게 생각하셨다는 것. "너희는 너희가 반역하고 떠난 내게로, 너희와 계약 관계 속에 있는 내게로, 너희를 얼마든지 기꺼이 받아들일 준비를 하고 있는 내게로, 그토록 자주 너희를 부른 내게로 돌아오지 아니하였느니라."

2. 하나님은 삶을 고치지 않는 그들의 완고함을 더욱 부각시키고, 그들에게 더 큰 심판들을 보내는 것이 의로운 일임을 보여주시기 위해서, 그가 그들을 회개시키기 위하여 그동안 시도하셨던 작은 심판들을 자세하게 열거하심.

(1) 눈에 보이는 이유가 없었는데도, 양식이 떨어지는 일이 종종 있었다는 것(6절). "내가 너희 모든 성읍에서 너희 이를 깨끗하게 하였다." 이것은 하나님이 그들에게 씹을 양식, 특히 고기를 주지 않으셔서, 그들의 이빨이 더럽혀지지 않게 되었다는 것을 의미한다. 또는, 내가 너희 이를 비게 하였다. 즉, 하나님이 그들로 하여금 그들의 입에 채워 넣을 것이 하나도 없게 하셨다는 것이다. "생명의 양식인 떡이 너희에게 부족하였다. 왜냐하면, 너희가 많은 것을 심었으나 적게 거두었기 때문이다(학 1:9)." 어떤 이들은 이것을 엘리사 시대에 있었던 칠년 기근을 가리키는 것이라고 생각한다(왕하 8:1). 그들이 곡식을 바알에게 바쳤기 때문에 하나님이 그들의 곡식을 그것이 익을 계절에 도로 찾아서 가져가 버리셨을 때, 그들은 마땅히 그들이 하나님을 떠난 것 때문에 비싼 대가를 치르었으니, 이제는 우리의 본 남편에게로 돌아가리라고 말했어야 하는데(호 2:7, 9), 그렇게 하지 않아서, 이 작은 심판은 그 소임을 다할 수 없었다. 그들이 내게로 돌아오지 아니하였느니라 여호와의 말씀이니라.

(2) 비가 오지 않아서, 땅의 소산이 희소하였던 일이 종종 있었다는 것. 이 재앙은 하나님께로부터 온 것이었다. 내가 너희에게 비를 멈추게 하였다. 구름들

을 가두어 둔 방들의 열쇠는 하나님이 가지고 계신다. 그러므로 하나님이 그 방문을 닫으신다면, 누가 그것을 열 수 있겠는가(7절)? 추수하기 석 달 전에 하나님은 여느 때에는 비를 내려 주셨지만 이 때에는 비를 멈추게 하셨다. 그러므로 이 때에 비가 오지 않은 것은 이례적인 일이었다. 자연의 운행이 변경되었을 때, 우리는 거기에 자연의 하나님의 손길이 작용하고 있다는 것을 알아보아야 한다. 추수하기 석 달 전은 그들에게 비가 절실히 필요한 때였기 때문에, 그 때에 비가 오지 않은 것은 아주 혹독한 심판으로서 풍작에 대한 그들의 기대를 무너뜨리는 것이었다. 이런 일이 아주 두드러지게 나타난 한 사례가 있었는데, 그것은 어떤 곳들에는 비가 오지 않아서 메마른 반면에, 인접한 다른 곳들에는 비가 아주 많이 온 그런 경우였다. 하나님은 한 나라에 속한 어떤 성읍에는 비를 내리고 어떤 성읍에는 내리지 않게 하셨다. 아니, 하나님은 동일한 땅의 한 부분은 비를 얻어서 비옥하여 식물이 잘 자라게 하셨고, 바로 그 옆의 한 부분은 오랫동안 비를 얻지 못하여 그 소산들이 다 말라서 죽게 하셨다. 이것이 문자 그대로 사실이었다는 것은 의심의 여지가 없다. 우리는 그런 경우를 수없이 보아 왔다.

[1] 이것을 통해서 드러난 것은 비가 오지 않는 것은 우연에 의한 것이 아니라 하나님의 명령과 처분에 의한 것이고, 땅에 물을 대주는 구름은 하나님의 계획에 의해서 움직여서 혹은 징계를 위하여 혹은 땅을 위하여 혹은 긍휼을 위하여 하나님이 명령하시는 것을 행한다는 것이다(욥 37:12-18). 사람들이 흔히 말하듯이 비는 행성들로 말미암아 오는 것이 아니라, 하나님이 그의 바람을 움직이셔서 비를 보내실 때에 오는 것이다.

[2] 비가 오지 않은 성읍들은 벧엘이나 길갈처럼 악행으로 가장 악명 높은 곳들이었을 것이고(4절), 비가 온 성읍들은 그래도 어느 정도 신앙과 미덕을 유지하고 있던 성읍들이었을 것이다. 그리고 동일한 성읍 내에 있는 밭들에 비가 오거나 오지 않은 것은 그 밭의 주인이 어떤 사람이냐에 따라서 결정되었을 것이다. 왜냐하면, 우리는 악인의 집과 땅에는 여호와의 저주가 있지만, 의인의 집과 밭에는 복이 있다는 것을 확신하기 때문이다(잠 3:33).

[3] 비가 안 와서 자신의 밭이 메말라 버린 자들이 이웃의 밭들은 물이 풍부하여 곡식이 잘 자라는 것을 보는 것은 정말 속상하고 분통 터지는 노릇일 것이다. 나의 종들은 먹을 것이로되 너희는 주릴 것이니라(사 65:13). 악인은 이를 보

고 한탄할 것이다(시 112:10). 압제받은 자들은 그들의 밭에 비가 잘 와서 그들의 손실을 회복했을 것이고, 압제한 자들은 그 밭이 메말라서 그들이 불의로 얻은 것들을 잃었을 것이다.

[4] 그렇지만, 나라 전체적으로는 심판과 긍휼이 뒤섞여 있어서, 백성들은 하나님이 그들을 책망하시는 중에도 많은 긍휼을 베푸신 것을 보고서, 그들이 하나님께 돌아오기만 하면 모두 다 긍휼을 입을 것이라는 소망을 지니게 되어, 회개하고 삶을 고치라는 하나님의 부르심은 그들 가운데서 더욱 힘을 얻게 되었다. 그러나 그들은 그들에 대한 심판이 극심하게 되지 않도록 경감시켜 주신 이 하나님의 긍휼을 선용하지 않았기 때문에 그 유익을 그들의 것이 되게 할 수 없었다. 왜냐하면, 두 세 성읍 사람이 물을 구하기 위해서 정처 없이 헤매다가 어떤 성읍으로 비틀거리며 물을 마시러 가서 물을 집으로 떠오기는커녕 만족하게 마시지조차 못하였기 때문이다(8절). 많은 성읍들에 비가 오지 않았고, 비가 온 성읍은 아주 드물었기 때문에, 평상시처럼 모든 사람이 마음껏 물을 마시거나 사용할 수는 없었다. 비가 온 성읍의 사람들도 물이 있기는 하였지만 그들에게도 언제 비가 오지 않아서 물이 떨어지게 될지 몰랐기 때문에, 우리와 너희가 쓰기에 다 부족할까 하노라(마 25:9)고 말하며, 물이 없는 자들에게 조금씩만 나눠 줄 수밖에 없었다. 물을 마시러 온 자들이 만족하게 마시지 못한 것은 그들이 두려워 떨며 물을 되어 마셨기 때문이고(겔 4:16) 그 물을 마시는 자들은 다시 목마르게 될 것이기 때문이었다(요 4:13). 또한, 그들이 만족하지 못한 것은 그들의 욕구가 탐욕스러웠고, 그들이 가진 것이 하나님이 축복하신 것이 아니었기 때문이었다(학 1:6). 그들은 이렇게 온갖 실망을 겪으면서, 당연히 그들의 길들을 다시 한 번 깊이 숙고해 보고서 회개를 했어야 마땅하다. 그러나 그들은 그렇게 하지 않았다. "너희가 내게로 돌아오지 아니하였느니라. 아니, 너희는 마음가짐을 올바르게 하고서 이른 비와 늦은 비를 내려 달라고 기도하는 일조차 하지 않았다(슥 10:1)." 육적인 마음이 얼마나 어리석은지를 보라. 그들은 만족함을 얻기 위해서 이 성읍에서 저 성읍으로, 이 피조물에서 저 피조물로 헤매고 돌아다니지만, 여전히 만족함을 얻지 못한다. 그들은 배부르게 하지 못할 것을 위하여 수고하면서도(사 55:2), 끝끝내 하나님께로 돌아오지 않고, 그들에게 만족함을 주실 하나님의 말씀에 귀를 기울이지 않는다. 복음을 전하는 것은 비와 같다. 복음이 선포될 때, 하나님은 종종 다른 곳보다 어느 한 곳에 더 축복을 부

어 주신다. 어떤 촌락들이나 성읍들은 기드온의 양털 뭉치처럼 이 이슬에 젖지만, 그 주변의 땅은 말라 있다. 이 비가 내리지 않는 곳에서는 모든 것이 메말라 있다. 그러나 사람들이 그들의 육신을 위해서 지혜로운 것만큼만 그들의 영혼을 위해서 지혜로워서, 복음의 비가 그들 가까이에 없을 때에 그 비가 내리는 곳으로 가서 구하고 찾는다면, 그것은 좋은 일일 것이다. 그들은 올바르게 찾기만 한다면 반드시 찾게 될 것이다.

(3) 그들의 땅의 소산들이 황충에 의해서 먹히거나 깜부기 재앙으로 망쳐진 일이 종종 있었다는 것(9절). 하늘과 땅은 하나님을 자신의 원수로 삼은 자들을 대적한다. 하나님이 마음을 먹으셨을 때, 즉 하나님이 그들에게 진노하셨을 때, 다음과 같은 일들이 일어났다.

[1] 그들은 나쁜 날씨에 의해서 고통을 받았다는 것. 너무 덥거나 추운 날씨는 그들이 알지 못하거나 거역할 수 없는 힘으로 그들의 소산들을 쳐서 망쳐 놓았지만, 그 힘을 막아낼 방도는 그들에게 없었다.

[2] 그들은 나쁜 짐승들에 의해서 고통을 받았다는 것. 그들의 포도원과 동산들은 열매를 풍성하게 내었고, 그들의 무화과나무들과 감람나무들도 그랬다. 그러나 그 열매들이 다 익어서 거두어 들이기에 알맞은 때가 되기도 전에, 팥중이가 그것들을 다 먹어 버렸다. 이것은 우리가 요엘 1:4-6에서 읽은 것과 동일한 심판이었거나, 그 심판을 경고하기 위해서 하나님이 앞서 보내신 동일한 성격의 작은 심판이었다. 그러나 그들은 경고를 받아들이지 않았다. 너희가 내게로 돌아오지 아니하였느니라.

(4) 전염병이 그들 가운데서 횡행하고 전쟁의 칼이 많은 사람들을 죽인 일이 종종 있었다는 것(10절). 전염병은 하나님의 사자(使者)이다. 하나님은 누구를 쳐서 죽이라는 명령과 함께 그들 가운데에 전염병을 보내셨고, 그 명령은 그대로 이루어졌다. 하나님은 전염병 보내기를 애굽에서 한 것처럼 하셨다. 밤중에 죽음의 사자의 손길을 통해서 그들 가운데에 죽음들이 뿌려졌다. 이 전염병은 애굽에서 그랬던 것처럼 장자들에게 임하였던 것 같다. 난외주에서는 애굽의 길에서라고 읽는다. 즉, 그들이 피신하러, 또는 도움을 구하기 위해서 애굽으로 가고 있을 때, 전염병이 도중에 그들을 덮쳐서 그들의 길을 막았다는 것이다. 마찬가지로, 전쟁의 칼도 여호와의 칼이다. 이 칼은 사명을 띠고서 그들 가운데서 뽑아졌고, 그런 후에 현재 세대의 힘이자 다음 세대의 씨앗인 그들의

청년들을 죽였다. 하나님은 내가 그들을 죽였다고 말씀하신다. 하나님은 자기가 집행하셨다는 것을 인정하신다. 여호와께 죽임당한 자가 많다. 원수들은 그들의 말을 노략하여 자기들이 사용하였다. 칼이나 전염병에 의해서 죽임을 당한 자들의 시체들이 아주 많았고, 살아 남은 자들이 거의 없어서, 그 시체들은 아주 오랫동안 매장되지 못하고 방치되어 있었기 때문에, 그들의 진영의 악취가 그들의 코를 찔렀고, 그 무시무시한 악취는 그들에게 그들의 죄가 하나님께 얼마나 역겨운 것인지를 상기시켜 주었을 것이다. 그런데도, 그들은 낮아지거나 삶을 고치고자 하지 않았다. 너희가 너희를 친 자에게로 돌아오지 아니하였느니라. 이와 같은 애처럽고 비참한 광경도 그들로 하여금 신앙을 회복하게 만들지 못하였다.

(5) 이런 심판들 속에서 어떤 자들은 죽임을 당하여 공의의 기념비들이 되었고, 어떤 자들은 목숨을 건져서 긍휼의 기념비들이 되었기 때문에, 그들은 전자와 후자의 대비를 보고서 마땅히 깨닫는 바가 있었어야 마땅한데도, 전혀 그렇지 않았다는 것(11절).

[1] 어떤 자들은 완전히 망하여, 그들 자신과 그들의 가족이 멸망을 당하였다는 것. 내가 너희 중의 몇몇을 하나님인 내가 소돔과 고모라를 무너뜨림 같이 하였다. 아마도 그들은 소돔의 경우처럼 벼락에 맞아 죽었거나, 그들의 집들이 어떤 다른 방식으로 완전히 불탔을 때에 그들도 그들의 집 속에서 함께 죽었을 것이다. 성경에서는 하나님이 소돔과 고모라를 멸망하기로 정하여 후세에 본을 삼으셨다(벧후 2:6)고 말한다. 하나님은 옛적에 이미 그들이 범죄하면 그들의 온 땅을 소돔과 같이 멸망시키시겠다고 경고하셨었다(신 29:23). 그러나 하나님은 그들에게 경고하시기 위하여 먼저 몇몇 특정한 곳들 또는 사람들로부터 시작하셨다. 어떤 사람들의 죄는 밝히 드러나 먼저 심판에 나아가고 어떤 사람들의 죄는 그 뒤를 따르느니라(딤전 5:24).

[2] 어떤 자들은 가까스로 피하였다는 것. "불이 이미 너희 가운데 붙었을 때, 너희 중 다수는 소돔을 빠져나온 롯과 같이 불붙는 가운데서 빼낸 나무 조각 같이 되었다. 하지만, 너희는 죄로 인해 죽을 뻔했는데도 죄를 결코 미워하지 않고, 하나님이 너희를 구원해 주셨는데도 결코 하나님을 사랑하지 않는다. 너무나 극적이고 특별한 방식으로 구원을 받았는데도, 너희는 내게 돌아오지 아니하였느니라."

Ⅱ. 하나님은 마지막으로 자기 백성에게 그들의 평안에 속한 일들이 그들의 눈 앞에서 감추어지기 전에 그 일들을 깨달으라고 촉구하심(12-13절). 여기에서 다음과 같은 것들을 주목하라.

1. 하나님은 그들이 지금까지 겪었던 그 어떤 것보다도 더 심한 심판들을 그들에게 경고하심. "이스라엘아, 이제까지 내가 보낸 징계를 통해서 너희가 전혀 고침을 받지 못하였다는 것을 보았기 때문에, 이제 내가 이것을 네게 행하리라." 하나님은 그가 무엇을 행하실 것인지를 말씀하지 않으시지만, 그것은 지금까지 그들이 겪었던 그 어떤 것보다도 더 심한 것이 될 것이다(요 5:14). 또는, "내가 끝장을 볼 때까지 애굽에 내린 재앙들처럼 이와 같이 이런저런 심판을 네게 계속해서 행하리라." 삶을 고치는 것 외에는 죄악된 백성이 멸망하는 것을 막을 수 있는 것은 없다. 그들이 하나님께 돌아오지 않는다면, 하나님의 진노는 돌아서지 아니할 것이고, 그의 손은 여전히 펼쳐져 있을 것이다(사 5:25). 이런 일을 당하여도 너희가 내게로 돌아오지 아니하고 내게 대항할진대 나도 너희를 칠 배나 더 치리라(레 26:23-24). 율법에 그렇게 기록되어 있다.

2. 하나님은 그렇기 때문에 그들을 어떻게든 정신 차리게 하여 하나님과 화해하게 만들고자 하심. "이스라엘아, 내가 이것을 네게 행하는 것을 보고, 다른 치료책이 없다는 것을 알고서, 네 하나님 만나기를 준비하라."

(1) "너는 싸우기로 작정하고서 하나님을 만날 수 없다는 것을 깊이 생각하라." 어떤 이들은 이 구절을 반어법적인 말씀 또는 일종의 도전의 말씀으로 해석한다. "너와 다투고자 나오고 계시는 하나님을 만날 준비를 하라. 너는 하나님도 뚫을 수 없는 갑옷을 입고 있느냐? 너는 강철 같은 담력을 가지고 있느냐? 애석하게도, 그런 것들은 사르는 불 앞에 놓인 찔레와 가시일 뿐이다(사 27:4-5). 너는 일만 명으로써 저 이만 명도 넘는 병력을 거느리고 오는 자를 맞아 대적할 수 있을까(눅 14:31)?"

(2) "너는 회개하는 자이자 겸손히 탄원하는 자로서 하나님을 만날 결심을 하고, 너와 계약 관계에 있는 네 하나님께 더 이상 대적하지 않고 순복할 생각으로 하나님을 만날 결심을 하라." 우리는 하나님이 심판하시는 길에서 그와 화해하기 위하여 그를 만날 준비를 하여야 한다(사 26:8). 우리는 하나님으로부터 도망할 수 없기 때문에 그를 만날 준비를 하는 데에 관심을 쏟아야 한다는 것을 명심하라. 그러므로 하나님은 우리에게 준비하라고 경고하신다. 우리가 하

나님의 규례들 속에서 그를 만나고자 한다면, 우리는 그를 만날 준비를 하여야 하고, 그를 찾을 준비를 하여야 한다.

3. 하나님은 우리가 그를 만날 준비를 하여야 하는 이유로서 그의 크심과 능력을 보여주심(13절). 하나님이 여기에서 묘사되어 있는 그런 하나님이시라면, 그와 다투는 것은 어리석은 일이고, 그와 화해하는 것이 우리의 도리이자 유익이다. 하나님을 우리의 친구로 삼는 것은 좋은 일이고, 그를 우리의 원수로 만드는 것은 나쁜 일이다.

(1) 하나님은 땅을 만드시고, 그 중에서 가장 견고하고 장엄한 산들을 지으셨으며, 지금도 여전히 그의 능력의 말씀으로 땅과 산들을 붙들고 계시다는 것. 영원한 산들이 무엇을 생산해내든, 그 소산들을 만드신 분은 하나님이시다. 사람들이 작은 산과 큰 산으로부터 어떤 구원을 바라든, 그 구원을 이루시는 분은 하나님이시다(시 89:11-12). 큰 산들을 지으신 하나님은 그 산들이 자기 백성의 구원을 가로막을 때에는 그 산들을 평지로 만드실 수 있으시다.

(2) 하나님은 바람을 창조하신다는 것. 바람의 힘은 하나님으로부터 나오고 하나님의 지시를 받는다. 하나님은 그의 곳간에서 바람을 나오게 하셔서, 어느 방향에서부터 불어올 것인지를 명령하신다. 바람을 만드신 하나님은 바람을 다스리신다. 바람과 바다도 그에게 순종한다(마 8:27).

(3) 하나님은 자기 뜻을 사람에게 보이신다는 것. 하나님은 그의 종들인 선지자들을 통해서 사람들에게 자기 뜻을 알게 하시되, 회개하지 않는 죄인들에게는 그의 공의를, 회개한 자들에게는 그의 선하심을 알게 하신다. 또한, 하나님은 사람의 마음속에 있는 생각을 온전히 아시기 때문에 그것을 알게 하실 수 있으시다. 하나님은 멀리서도 사람의 생각을 밝히 아시기(시 139:2) 때문에, 심판의 날에 죄인들의 다른 죄들과 더불어서 그들의 악한 생각들도 그들 앞에 벌여 놓으실 것이다.

(4) 하나님은 종종 해가 밝고 찬란하게 떠오른 직후에 두터운 구름으로 하늘을 덮으심으로써 아침을 어둡게 하신다는 것. 이렇게, 하나님은 우리가 형통과 기쁨을 구할 때에 어떤 예기치 않은 재난으로 우리의 기대들을 무너뜨리실 수 있으시다.

(5) 하나님은 땅의 높은 데를 밟는 이시라는 것. 하나님은 땅의 가장 높은 곳보다 더 높으실 뿐만 아니라, 만유에 대한 통치권을 가지고 계시며, 교만한 자

들과 가장 높은 곳들에서 숭배되는 우상들을 발로 짓밟으신다.

(6) 만군의 하나님 여호와가 그의 이름이라는 것. 왜냐하면, 하나님은 스스로 계시는 분이시고, 모든 존재의 원천이시며, 하늘과 땅의 만군이나 만상들이 그의 휘하에 있기 때문이다. 그러므로 우리는 이런 하나님 앞에서 스스로 낮아져서, 그를 만날 준비를 하고, 그를 우리의 하나님으로 삼기 위하여 모든 정성을 다하여야 한다. 왜냐하면, 하나님을 자신의 하나님으로 삼은 백성, 하나님이 그의 모든 능력을 그들을 위해서 기꺼이 사용하시는 그런 백성은 복 있는 백성이기 때문이다.

제 5 장

개요

이 장의 취지는 앞 장의 끝부분에서 이스라엘에게 주어진 권면, 즉 그들의 하나님을 만날 준비를 하라는 권면을 실행하라는 것이다. 아모스 선지자는 여기에서 그들에게 다음과 같은 것들을 말한다. I. 그들은 어떤 준비를 하여야 하는가. 그들은 "여호와를 찾고," 더 이상 우상들을 찾지 말아야 한다(4-8절). 그들은 선을 구하고 사랑하여야 한다(14-15절). II. 그들은 왜 그들의 하나님을 만나기 위해서 이런 준비를 하여야 하는가. 1. 그들이 현재 통탄스러운 처지에 있기 때문에(1-3절). 2. 그들이 그런 처지로 전락한 것은 죄로 말미암은 것이기 때문에(7, 10-12절). 3. 하나님을 찾는 것이 그들의 행복이고, 하나님은 그들을 만날 준비를 이미 다 해놓으신 상태이기 때문에(8-9, 14절). 4. 만약 그들이 하나님을 찾지 않는다면, 하나님은 그의 진노 가운데서 그들을 철저하게 멸망시키실 것이기 때문에(5-6, 13, 16-17절). 5. 만약 그들이 하나님을 구하여 그들의 친구로 삼지 않는다면, 그들이 믿고 의지하는 모든 것들이 그들을 실망시킬 것이기 때문에. (1) 하나님의 심판들을 불경스럽게 멸시하고 거기에 도전한다면, 그들은 안전하지 못하리라는 것(18-20절). (2) 그들의 외적인 종교 행사들이나 외식적인 기도로는 하나님의 진노를 돌이키지 못하리라는 것(21-24절). (3) 그들이 오랫동안 교회로서의 특권들을 지니고 있었고, 거룩한 의무들을 행해 왔다고 해도, 그들이 우상 숭배의 관습들을 유지하고 있는 동안에는, 그런 것들이 그들의 보호막이 되지 못하리라는 것(25-27절). 그러므로 회개와 삶을 고치는 것 외에는 그들 자신을 구원할 다른 길이 그들에게 남아 있지 않다.

¹이스라엘 족속아 내가 너희에게 대하여 애가로 지은 이 말을 들으라 ²처녀 이스라엘이 엎드러졌음이여 다시 일어나지 못하리로다 자기 땅에 던지움이여 일으킬 자 없으리로다 ³주 여호와께서 이와 같이 말씀하시되 이스라엘 중에서 천 명이 행군해 나가던 성읍에는 백 명만 남고 백 명이 행군해 나가던 성읍에는 열 명만 남으리라 하셨느니라

이 장은 앞의 두 장과 마찬가지로 이 말을 들으라로 시작된다. 하나님이 말씀할 입을 갖고 계시는 곳에서 우리는 들을 귀를 가져야 한다. 그것이 우리의 본분이고 우리의 유익인데도, 대다수의 사람들은 너무나 우둔해서, 여호와의 말씀을 들으라, 즉 여호와의 말씀을 주목해서 듣고 경청하라는 말을 거듭거듭 해줄 필요가 있다. 이 말을 들으라. 그들은 위로와 평안의 말씀들만이 아니라, 그들의 죄를 깨우치고 정신 차리게 만드는 말씀도 주의해서 들어야 한다. 우리는 우리의 편을 들어 주시는 말씀만이 아니라 우리를 쳐서 하시는 말씀도 귀담아 들어야 한다. 왜냐하면, 우리가 듣든지 아니 듣든지, 하나님의 말씀은 반드시 이루어지고, 일점일획도 땅에 떨어지지 않을 것이기 때문이다. 그것은 내가 택한 말, 즉 단지 아모스 선지자만이 아니라 그를 보내신 하나님이 택하신 이 말씀이다. 그것은 여호와께서 이르신 말씀이다(3:1). 그들이 들어야 할 말씀은 애가, 곧 북왕국 이스라엘이 현재 처한 재난스러운 상황에 대한 슬픈 이야기, 이스라엘의 철저한 멸망에 대한 슬픈 예언의 말씀이다. 그들의 처지는 서글프다. 처녀 이스라엘이 엎드러졌고(2절), 이전의 상태로부터 떨어졌다. 이스라엘의 이전의 상태는 처녀로서의 순결한 모습은 아니었지만, 그녀는 아름답고 명랑하여 상당한 매력을 지니고 있었다. 그녀는 고고한 모습을 지니고 있어서, 많은 이들의 구애를 받는 처녀였다. 그러나 이제 그녀는 엎드러져서 빈곤하고 비천한 모습이 되어서, 누구에게서나 무시를 당하였다. 아니, 그들의 처지는 고립무원(孤立無援)의 처지였다. 그녀는 다시 일어나지 못할 것이고, 그녀의 이전의 존엄을 다시는 회복하지 못할 것이다. 하나님은 최근에 이스라엘에서 땅을 잘라 내기 시작하셨고(왕하 10:32), 그런데도 그들이 회개하지 않았기 때문에, 하나님이 이스라엘을 완전히 끊어 버리시는 것은 시간 문제였다.

1. 그녀를 도와서 일으켜 세워 주었어야 할 그녀의 지도자들은 무력하게 되었다는 것. 처녀 이스라엘이 자기 땅에 버리워 던져졌다. 밖으로 그녀와 동맹을 맺고 있는 나라들만이 그녀를 저버린 것이 아니라, 나라 안에 있던 그녀의 친구들도 그녀를 버렸다. 만약 그녀가 먼저 자기 땅에 버리워져서 던져지지 않았고, 그녀의 모든 진정한 유익들이 마땅히 그것들을 갈망했어야 했던 자들에 의해서 버려지지 않았다면, 그녀는 포로가 되어서 이방 땅으로 끌려가지 않아도 되었을 것이다. 처녀 이스라엘을 일으킬 자가 없고, 그 일을 할 수 있는 자가 없으며, 그녀에게 손을 내밀어 주고자 하는 자가 없다.

2. 그녀를 도와서 일으켜 세워 주었어야 할 그녀의 백성들은 그 수가 현저하게 줄어들었다는 것(3절). "천 명의 병력을 지니고 있어서 전쟁이 시작되었을 때에 천 명의 건장하고 잘 무장된 군사들이 행군해 나갔던 성읍은 전쟁이 끝난 후에 그 수를 세어보았을 때에 겨우 백 명이 남아 있는 것을 발견하게 될 것이다. 백 명의 병력을 내보냈던 성읍도 동일한 비율로 군사들이 줄어들어서 겨우 열 명만 다시 돌아오게 될 것이다. 이렇게 큰 살육이 있을 것이기 때문에, 이스라엘 족속 중에서 남은 자들이 아주 적어서, 나라를 지키거나 나랏일을 할 자들이 별로 남아 있지 않게 될 것이다." 이 쇠락하고 기가 죽은 나라를 구해야 할 손길들은 열 명 중의 한 명 꼴로도 채 살아 남을 수 없을 것이다. 하나님의 영적 이스라엘의 수(數)가 죽음이나 변절에 의해서 줄어드는 것은 마땅히 애곡할 일이라는 것을 명심하라. 영적 이스라엘이 이렇게 작아지면, 누가 야곱을 일으키고, 누가 쇠퇴한 경건을 다시 일으켜 세우겠는가?

[4]여호와께서 이스라엘 족속에게 이와 같이 말씀하시기를 너희는 나를 찾으라 그리하면 살리라 [5]벧엘을 찾지 말며 길갈로 들어가지 말며 브엘세바로도 나아가지 말라 길갈은 반드시 사로잡히겠고 벧엘은 비참하게 될 것임이라 하셨나니 [6]너희는 여호와를 찾으라 그리하면 살리라 그렇지 않으면 그가 불 같이 요셉의 집에 임하여 멸하시리니 벧엘에서 그 불들을 끌 자가 없으리라 [7]정의를 쓴 쑥으로 바꾸며 공의를 땅에 던지는 자들아 [8]묘성과 삼성을 만드시며 사망의 그늘을 아침으로 바꾸시고 낮을 어두운 밤으로 바꾸시며 바닷물을 불러 지면에 쏟으시는 이를 찾으라 그의 이름은 여호와시니라 [9]그가 강한 자에게 갑자기 패망이 이르게 하신즉 그 패망이 산성에 미치느니라 [10]무리가 성문에서 책망하는 자를 미워하며 정직히 말하는 자를 싫어하는도다 [11]너희가 힘없는 자를 밟고 그에게서 밀의 부당한 세를 거두었은즉 너희가 비록 다듬은 돌로 집을 건축하였으나 거기 거주하지 못할 것이요 아름다운 포도원을 가꾸었으나 그 포도주를 마시지 못하리라 [12]너희의 허물이 많고 죄악이 무거움을 내가 아노라 너희는 의인을 학대하며 뇌물을 받고 성문에서 가난한 자를 억울하게 하는 자로다 [13]그러므로 이런 때에 지혜자가 잠잠하나니 이는 악한 때임이니라 [14]너희는 살려면 선을 구하고 악을 구하지 말지어다 만군의 하나님 여호와께서 너희의 말과 같이 너희와 함께 하시리라 [15]너희는 악을 미워하고 선을 사랑하며 성문에서 정의를 세울지어다 만군의 하나님 여호와께서 혹시 요셉의 남은 자를

불쌍히 여기시리라

이것은 하나님이 이스라엘 족속에게 전하시는 말씀인데, 여기에는 다음과 같은 내용들이 나온다.

I. 하나님이 그들에게 그들의 잘못들을 말씀해 주심. 이것은 그들로 하여금 그들이 회개하고 삶을 고칠 기회가 있다는 것을 알게 하기 위한 것이었고, 그들이 돌아오라는 부르심을 받았을 때에 우리가 어떻게 하여야 돌아가리이까(말 3:7)라고 물을 필요가 없게 하기 위한 것이었다.

1. 하나님이 그들의 잘못들을 전체적으로 말씀하심(12절). "너희의 허물이 많고 죄악이 무거움을 내가 아노라. 그리고 너희도 그것들을 알게 될 것이다." 우리는 우리의 죄들을 참회하며 되돌아볼 때에, 하나님이 그 죄들에 대한 그의 사법적인 판단을 하실 때에 행하시는 것처럼, 다음과 같은 것들을 깊이 숙고하여야 하는데, 이러한 숙고들은 저 큰 날에 행해질 것이다.

(1) 우리의 죄들이 셀 수 없이 많다는 것. 우리의 허물은 많다. 우리는 여러 종류의 죄들을 자주 반복해서 저지른다. 우리 속에는 얼마나 많은 헛되고 악한 생각들이 자리잡고 있는가! 우리는 얼마나 많은 실없고 어리석으며 악한 말들을 해 왔던가! 우리는 우리의 부패한 욕구들을 만족시키고 우리의 타락한 혈기에 빠진 적이 얼마나 많았던가! 우리가 행해야 할 본분들을 빼먹은 적이 얼마나 많고, 우리의 본분들을 행하면서 빼먹은 것들이 얼마나 많았던가! 자기가 얼마나 많이 잘못했는지를 아는 자가 누가 있겠는가? 자기가 얼마나 자주 범죄하고 있는지를 아는 자가 누가 있겠는가? 오직 하나님만이 우리의 허물이 얼마나 많은지를 알고 계신다. 하나님은 우리의 허물들을 단 하나도 지나치시는 법이 없으시다. 우리는 우리의 허물이 셀 수 없이 많다는 것을 안다. 우리의 허물은 우리의 머리털보다 많다(시 40:12). 우리는 우리의 허물이 많고, 우리가 날마다 더하는 죄들이 셀 수 없이 많다는 것을 알아서, 우리가 우리 자신을 어떤 위험 속으로 몰아넣고 있는지, 우리가 얼마나 많은 회개할 일들을 해 왔는지를 깨달아야 한다.

(2) 우리의 죄들 중에서 일부는 극히 흉악한 죄들이라는 것. 그것들은 우리의 무거운 죄들이다. 그런 죄들은 본질상 죄성이 지극히 큰 죄들이고, 고의적으로 뻔뻔스럽게 저지른 죄들이며, 자연의 빛을 거역한 흉악무도한 죄들이고, 아

주 강력해서 우리의 죄의식을 압도하고 심판을 우리 앞으로 끌어오는 죄들이다.

2. 하나님이 이 무거운 죄들 중 몇몇을 구체적으로 말씀하심.

(1) 그들이 하나님의 예배를 타락시켰고, 우상들에게로 갔다는 것. 이것은 5절에 함축되어 있다. 그들은 금송아지 우상 중 하나가 있던 **벧엘**을 찾았고, 그들이 택해서 우상들을 세워 놓았던 곳인 길갈을 빈번히 드나들었다. 길갈은 여호수아 시대에 하나님이 자기 백성에게 나타나신 성지(聖地)로 유명한 곳이었다. 또한, 족장들의 시대에 유명하였던 브엘세바도 지금은 그들이 우상들을 만나는 또 다른 장소가 되어 있었다(8:14). 브엘세바는 저 멀리 유다 땅에 있었는데도, 그들은 거기로 나아갔다. 하나님을 떠나 이런 식으로 부끄러운 음행을 저질러 왔던 그들은 지금쯤은 하나님께로 돌아와야 한다는 것을 스스로 느꼈어야 마땅하였다.

(2) 그들이 그들 가운데서 공의를 굽게 하였다는 것(7절). "너희는 정의를 쓴 쑥으로 바꾸었다. 즉, 너희는 너희의 재판을 쓰디쓰고 욕지기나게 하는 것으로 변질시켜서, 하나님과 사람을 몹시 분노케 하는 것으로 바꾸어 놓았다." 그러므로 그 열매는 동산에 난 잡초 같이 되어 버렸다. 제대로 행하여진 재판은 그 어떤 것보다도 더 숭고하고 가치 있지만, 재판을 통해서 정의를 행한다는 미명하에 의도적으로 불의를 행하는 것은 그 어떤 것보다도 더 사람들을 해치고 가증스러운 것이 되고 만다. 가장 좋은 것이 부패하면 가장 나쁜 것이 된다. "너희는 마치 불의를 행하는 자들은 오직 하늘의 하나님께만 벌을 받고 땅의 재판관들과 왕들에게는 벌을 받지 않는다는 듯이 땅에서 의를 그쳤다." 이와 같은 모습은 온 땅이 하나님 앞에 부패하여 포악함이 땅에 가득했던(창 6:11) 홍수 직전의 세상의 모습과 같았다.

(3) 그들이 가난한 자들을 몹시 압제하여 더욱 가난하게 만들었다는 것. 그들은 가난하고 힘 없는 자들을 짓밟고(11절) 억압하며 괴롭혔고, 그들을 자신들의 발판으로 삼았으며, 그들에게 지극히 고분고분한 자들에게 아주 오만방자하고 야만적이었다. 그들은 그들의 행동으로 말미암아 가난하고 힘 없는 자들이 얼마만큼 수치와 굴욕을 느끼는지를 전혀 개의치 않았다. 재판관들은 재물을 긁어 모아 치부할 생각만 하였다. 그래서 그들은 가난한 자들로부터 밀의 부당한 세를 거두었고, 뇌물이나 고리대금과 같은 방법으로 가난하고 힘 없는

자들을 착취하였다. 가난한 자들은 가족들을 부양하고 먹여 살리는 데에 써야 할 곡식을 그들에게 갖다 바치는 것 외에는, 그들로부터 짓밟히는 것에서 벗어날 수 있는 다른 방법이 없었다. 그들은 가난한 자들을 그렇게 하지 않을 수 없도록 만들었다. 그들은 가난한 자들에게서 밀의 채무를 거두었다(어떤 이들은 본문을 이렇게 읽는다). 땅이나 곡식을 빌려 주고서 수확의 때에 그 채무를 곡식으로 받는 것은 합법적인 일이었다. 그러나 하나님의 섭리에 의해서 밀을 제대로 수확하지 못해서 가난한 자들이 그들의 가족을 부양하기에도 빠듯한 상황인데도, 그들은 악착같이 엄격하게 밀의 채무를 거두어들였다(느 5:2, 5). 우리는 정당한 채무를 받을 때에도 우리가 불의하거나 무자비하게 행하고 있지는 않은지 항상 조심하지 않으면 안 된다. 하나님은 그들이 저지르는 압제와 학대의 죄를 12절에서 다시 한 번 고소하신다: 너희는 법의 칼날과 공의의 칼을 그 땅에서 조용히 살아가는 무죄한 자들을 향하여 겨눔으로써 의인을 학대한다. 그들은 그들보다 더 의로운 자를 오로지 의롭다는 이유만으로 미워하고 괴롭혔고, 악에서 떠난 자는 악에서 떠났다는 이유만으로 그들의 먹잇감이 되어서 탈취를 당하였다(사 59:15). 그들은 부자들로부터 뇌물을 받고서, 부자들이 가난한 자들을 압제하는 것을 보호해 주고 뒷배를 보아 주었기 때문에, 수중에 돈이 있는 자는 아무리 나쁜 짓을 저질렀어도 재판을 자기에게 유리한 쪽으로 끌어올 수 있었다. 그들은 이런 식으로 성문에서, 즉 성문에서 열린 법정에서 가난한 자들을 억울하게 하였다. 가난한 자가 억울함을 풀어 달라고 고소를 해도, 그들에게 뇌물을 줄 수 없거나, 아주 정직하여서 뇌물을 주고자 하지 않으면, 가난한 자의 주장이 옳다는 것이 너무도 뻔한 경우에도, 그들은 불의한 선고를 내려서 가난한 자의 억울함을 풀어주기는커녕 도리어 억울함을 더해 주었다. 그러므로 이런 때에 지혜자가 잠잠한 것은 너무나 당연한 일이다(13절). 그런 때에 사람들은 불의나 해악을 당하여도 방백들에게 호소해 보아야 아무 소용이 없으니 그저 참고 묵묵히 지나가는 것이 지혜로운 일이라고 생각하게 된다.

(4) 그들은 하나님의 신실한 사람들과 사역자들을 악의적으로 박해하는 자들이었다는 것(10절). 그들은 악을 행하기로 단단히 마음을 먹은 자들이었기 때문에, 다음과 같은 것들을 통해서 책망을 듣는 것을 참을 수 없어 하였다.

[1] 그들은 말씀의 사역이나 율법의 봉독과 해설, 선지자들이 여호와의 이름

으로 그들에게 전한 메시지들을 통해서 그들이 책망을 받는 것을 참을 수 없어 하였다는 것. 그들은 성문에서, 즉 지혜가 그 소리를 높이는 여호와의 성전 문이나 성문 어귀의 법정이나 사람들이 많이 모이는 성중에서 책망하는 자를 미워한다(잠 1:21). 성문에서 책망하는 자들은 그들의 직무상 공적으로 책망하는 자들이다. 아합이 미가야 선지자를 미워하였듯이, 그들은 이 책망하는 자들을 그들에게 진리를 말한다는 이유로 그들의 원수들로 여기고서 미워하였다. 그들은 그런 자들을 단지 멸시하는 것에서 그친 것이 아니라, 적대감을 품고서 해악을 가하고자 하였다. 책망을 미워하는 자들은 멸망을 사랑하는 자들이다.

[2] 그들은 그들의 정직한 이웃들의 행실을 통해서 그들이 책망받는 것을 참을 수 없어 하였다는 것. 당시는 전체적으로 아주 악한 때이긴 하였지만, 그들 중에는 정직히 말하는 자들, 자기가 말한 것에 대하여 책임을 지고자 하는 자들이 일부 남아 있었다. 정직은 그런 자들의 자랑이었지만, 노아의 믿음이 옛 세상의 불신앙을 정죄하였듯이, 거짓을 말하는 자들은 그런 자들의 정직함으로 인해서 수치를 느끼고 정죄를 당하는 느낌을 받았기 때문에, 그런 자들을 싫어하였다. 그들은 정직이라 불리는 것에 대하여 불구대천의 원수들이었기 때문에, 정직한 자를 보는 것만으로도 참을 수 없어 하였다. 인류에게 보편적으로 유익되는 것이 무엇인지를 조금이라도 아는 자들은 모두 정직하게 말하는 자들을 사랑하고 소중히 여긴다. 왜냐하면, 정직은 인간 사회를 하나로 묶어 주는 끈이기 때문이다. 자신의 마음에서 정의에 대한 모든 개념을 다 추방해 버리고, 세상에서도 그런 개념을 추방해 버리고자 하여 인류를 전쟁 상태로 몰아가는 자들만큼 어리석음과 광기의 극치를 달리는 자들이 어디 있겠는가. 정직히 말하는 자를 싫어하는 자들은 바로 그런 자들이다. 이런 까닭에, 지혜자는 이런 때에 잠잠하게 된다(13절). 하지만, 선지자들은 잠잠할 수 없고, 감히 잠잠하고자 하지도 못한다. 그들 속에 있는 하나님의 말씀을 전하고자 하는 충동은 그들에게 지혜로운 고려들 가운데서 행하는 것을 허락하지 않는다. 그들은 크게 외치지 않을 수 없고 목소리를 아끼지 말아야 한다(사 58:1). 그러나 그 밖의 다른 지혜롭고 선한 자들은 침묵하게 될 것이고, 악한 때에는 그렇게 하는 것이 지혜로운 일이라고 여기게 될 것이다.

첫째, 지혜로운 자들은 불만을 말하는 것은 위험한 일이라고 생각해서 침묵을 지키게 될 것이다. 악인들이 의인을 괴롭히는 방식 중의 하나는 의인의 말꼬투리를 잡아서 거짓된 주장과 억측을 통해서 송사로 그 의인에게 죄를 씌우는 것이었다(사 29:21). 그러므로 뱀처럼 지혜로운 자들은 때가 악하여서 자기가 한 말이 어떤 식으로 곡해될지 모른다는 것을 알기 때문에, 누명을 쓰지 않기 위해서 신중을 기하여 아무 말도 하지 않는다. 때가 악하면, 선한 자들은 몸을 숨길 뿐만 아니라 침묵하고, 그렇게 하는 것이 그들의 지혜라는 것을 명심하라. 그런 때에는 약간만 말하여도 곧 곡해된다. 그러나 다른 사람들에게는 허심탄회하게 말할 수 없는 때에도 하나님께 허심탄회하게 말할 수 있는 자들은 그것이 그들에게 위로가 된다.

둘째, 지혜로운 자들은 악인들을 책망해 보아야 아무 소용이 없다고 생각하게 될 것이다. 바울이 아덴에서 그랬듯이, 지혜자들은 악이 저질러지는 것을 보면 분한 마음이 솟아오른다. 그러나 지혜자들은 공개적으로 악을 지적해 보아야 아무 소용이 없다는 것을 알기 때문에 침묵을 지키는 것이 지혜로운 일이라고 생각하게 될 것이다. 무리들은 그들의 우상들에 빠져 있지만, 그냥 두라. 누구든지 다투지도 말며 책망하지도 말라(호 4:4). 왜냐하면, 그것은 단지 진주를 돼지 앞에 던지는 것이기 때문이다(마 7:6). 에라스무스(Erasmus)가 루터에게 말했듯이, 조심스럽고 신중한 사람들은 담대하게 책망하는 자에게 이렇게 말해 줄 것이다: "네 골방으로 가서, 주여 나를 불쌍히 여기소서라고 부르짖으라." 중요한 교훈들과 권면들은 더 선한 자들과 더 선한 때를 위해 간직되어야 한다. 말할 때가 있는 것과 마찬가지로 잠잠할 때가 있다(전 3:7). 악한 때에는 아무리 명백한 것이라도 받아들여지지 않는다. 악인들이 그것을 받아들이려 하지 않기 때문이다. 아모스 선지자로부터 여기에서 말씀을 듣고 있는 자들은 지혜롭고 선한 자들이 그들에게 말해 보아야 아무 소용이 없다고 생각하고 그들과 어울리는 것 자체를 두려워하는 것을 보았을 때에 그들 자신이 정말 악한 자들이라는 것을 알아야 했다.

II. 하나님이 그들에게 그들의 죄들로 말미암아 그들이 처해 있는 위험과 그들에게 임할 심판들을 말씀해 주심.

1. 그들이 우상 숭배를 하던 장소들이 가장 먼저 파괴될 위험에 처해 있다는 것(5절). 우상 숭배의 본산인 길갈은 반드시 사로잡혀서 그 주민들과 거기에 있던 우상들이 끌려가게 될 것이고, 벧엘은 거기에 있던 금송아지 우상과 더불어서 비참하게 될 것이다. 승승장구하는 원수는 그 곳들을 아주 쉽게 약탈하고

파괴하여 흔적도 없이 사라지게 만들어 버릴 것이다. 우상들은 언제나 헛된 것이었고 허무한 것들이었다. 하나님이 우상들을 폐하기 위하여 나타나실 때에 우상들이 허무(虛無) 자체라는 것이 여실히 증명될 것이다.

2. 북왕국 이스라엘이라는 나라 자체도 우상 숭배를 하던 장소들과 더불어서 멸망당할 위험에 처해 있다는 것(6절). 너희가 늦지 않게 여호와를 찾지 않는다면, 그가 불 같이 요셉의 집에 임하여 멸하실 위험이 있다. 왜냐하면, 우리 하나님은 의로우신 재판장이시고, 모든 것을 살라서 소멸시키는 불이시며(신 4:24), 이스라엘 사람들은 범죄자들로서 그 앞에 그루터기이기 때문이다. 하나님의 진노의 불 앞에서 자기 자신을 땔감이 되게 만드는 자들에게 화가 있을 것이다. 이 말씀 뒤에 벧엘에서 그 불들을 끌 자가 없으리라는 말씀이 나온다. 거기에는 그들의 우상들도 있었고, 우상들을 섬기는 제사장들도 있었다. 그들은 거기로 그들의 희생제물들을 가져갔고, 거기에서 기도를 올렸다. 그러나 하나님은 그의 심판의 불이 그들에게 붙을 때에 그들이 벧엘에서 섬기던 온갖 신들은 그 불을 끌 수 없을 것이고, 그 심판을 돌이키지 못할 것이며, 그들에게 그 어떤 힘도 되어 주지 못할 것이라고 그들에게 말씀하신다. 세상을 우상으로 삼고 살아가는 자들은 이렇게 하나님이 그들의 영적 우상 숭배로 인하여 그들을 벌하러 오실 때에 세상이 그들을 보호해 줄 힘이 없다는 것을 발견하게 될 것이다.

3. 그들이 압제와 착취로 얻은 것들은 빼앗기게 되리라는 것(11절). "너희가 다듬은 돌로 집을 건축하고서, 그 집이 오래갈 것이라고 생각하였겠지만, 너희는 거기 거주하지 못할 것이다. 왜냐하면, 너희의 원수들이 그 집들을 불태워 버리거나 그들이 차지해 버리거나 너희를 포로로 끌고 갈 것이기 때문이다. 너희가 아름다운 포도원을 가꾸고, 그 포도원의 구석구석을 어떻게 장식해야 아름다울까를 생각하며 많은 궁리를 하고, 그 포도원에서 매일 즐거운 산책을 하게 될 것을 기대하였을 것이지만, 너희는 그 포도원에서 거닐지 못하게 될 것이고, 거기에서 난 포도주를 결코 마시지 못하게 될 것이다." 율법에서는 자상하게도 새 집을 짓거나 새 포도원을 만든 자는 전쟁에 참여하지 않고 집으로 돌아가는 것을 허락하는 규정을 만들어 놓았었다(신 20:5-6). 그러나 지금은 사정이 아무리 절박하다고 하여도, 그런 것이 허락되지 않을 것이다. 모든 백성은 전쟁터로 나아가야 하기 때문에, 최근에 집을 짓거나 포도원을 만든 자들 중에서도

자기가 수고한 것을 한 번도 누려보지 못하고서 전쟁터에서 죽게 될 자가 많을 것이다. 정직하게 얻지 않은 것은 오래 누릴 수 없다.

Ⅲ. 하나님이 그들에게 그들의 본분을 말씀해 주시며, 그들이 그 본분을 열심으로 행할 이유가 충분히 있다고 격려해 주심. 하나님이 여기에서 그들에게 말씀해 주시는 본분들은 하나님을 경건하고 정직하며 진실하게 대하라는 것과 사람들을 정의롭게 대하라는 것이다. 하나님은 여기에서 이 권면에 힘을 실어 주기 위해서, 적절한 논거들을 들어가시면서, 그 각각의 본분에 대하여 그들에게 역설하신다.

1. 하나님이 그들에게 그를 대할 때에 진실하고 경건하라고 권면하심(4절). 하나님은 이스라엘 족속에게 너희는 나를 찾으라고 말씀하시는데, 이것은 지당한 말씀이다. 백성이 자기 하나님께 구할 것이 아니냐(사 8:19). 그들이 그들의 보호자에게 가지 않으면 다른 누구에게 가겠는가? 이스라엘은 하나님과 함께 한 왕이었다. 이스라엘의 자손들은 여호와를 찾아야 하고, 실제로 그렇게 될 것이다. 이제 그들은 그렇게 하기 위해서 그들의 우상 숭배를 버려야 한다. 하나님은 그 어떤 경쟁자도 용납하지 않으시기 때문에, 오로지 하나님만을 찾는 것이 아니면, 그것은 하나님을 진심으로 찾는 것이 아니다. "너희는 여호와를 찾고 벧엘을 찾지 말라(5절). 너희 우상들의 신탁(神託)을 구하지 말고, 벧엘의 제사장들의 입을 바라보지 말라. 거기에 있는 금송아지 우상에게 너희를 보호해 줄 것을 구하지 말고, 너희의 기도와 희생제물들을 더 이상 벧엘이나 길갈로 가져가지 말라. 왜냐하면, 너희가 그러한 거짓되고 헛된 것들을 섬긴다면, 너희는 하나님이 너희에게 베푸신 은혜들을 버리는 것이기 때문이다(욘 2:8). 너희는 여호와를 찾으라(6, 8절). 여호와를 찾고, 여호와께 물으라. 여호와의 마음을 아는 것을 너희의 규범으로 삼고, 여호와의 은혜를 얻는 것을 너희의 지극한 복으로 여기라." 하나님은 이 권면에 힘을 실어 주기 위해서 우리에게 다음과 같은 것들을 깊이 생각해 보라고 말씀하신다.

(1) 우리가 하나님을 찾으면 무엇을 얻게 되는가. 우리는 우리의 생명을 얻게 될 것이다. 우리는 하나님을 발견할 것이고, 하나님 안에서 행복할 것이다. 하나님은 직접 그들에게 그렇게 말씀하신다(4절): 너희는 나를 찾으라 그리하면 살리라. 죽은 신들을 찾는 자들은 그 신들과 더불어서 죽게 될 것이지만(5절), 살아 계신 하나님을 찾는 자들은 그 하나님과 더불어서 살게 될 것이다. "너희

는 하나님이 너희에게 경고하신 죽음의 심판들에서 건짐을 받을 것이다. 너희의 나라가 살 것이고, 현재의 어렵고 힘든 상황에서 벗어나 다시 국력을 회복하게 될 것이다. 너희의 영혼이 살 것이다. 너희가 거룩하게 되고 위로를 받으며, 영원히 복된 자들이 될 것이다. 너희가 살리라."

(2) 우리가 찾아야 할 하나님은 어떤 분이신가(8-9절).

[1] 그는 전능하신 능력을 지니신 하나님이시라는 것. 우상들은 무력한 것들이어서 선한 일이나 악한 일을 할 수 없었다. 그러므로 우상들을 두려워하거나 의지하는 것은 어리석은 일이었다. 그러나 이스라엘의 하나님은 무슨 일이든 행하시고, 그 어떤 일도 행하실 수 있으시다. 그러므로 우리는 그를 찾아야 한다. 모든 능력을 자신의 수중에 갖고 계시는 하나님은 우리에게 그를 섬기라고 요구하신다. 하나님을 우리 편으로 만드는 것은 우리의 유익이다. 여기에는 자연계를 세우시고 다스리시는 창조주 하나님의 능력을 보여주는 여러 가지 증거들과 사례들이 제시되어 있다(4:13과 비교해 보라).

첫째, 별들은 하나님이 그 손으로 만드신 것들이다. 이방인들이 숭배한 저 별들(26절), 너희가 신으로 숭배하는 별들은 하나님이 만드신 피조물들이고 하나님이 부리시는 종들이다. 하나님은 묘성과 삼성을 만드셨다. 묘성과 삼성은 아주 뚜렷하게 눈에 띄는 두 개의 별자리로서, 아모스는 목자로서 밤중에 소 떼를 지키면서 이 별자리들의 움직임을 잘 관찰할 수 있었을 것이다. 하나님은 처음에 묘성과 삼성을 만드셨고, 지금도 여전히 이 별자리들을 다스리고 계셔서, 여기에서 언급된 두 개의 별자리인 묘성과 삼성이 이 땅에 미치는 감화력을 조절하시기 위하여 그것들을 매어 묶거나 그 띠를 푸신다(욥 38:31; 9:9). 아모스는 여기에서 욥기에 나오는 구절을 참조하여, 하나님이 이스라엘의 하나님으로 불리기 오래 전부터 그의 영광을 드러내어 온 것들을 그들에게 상기시키고 있는 것으로 보인다.

둘째, 낮과 밤이 변함없이 서로 교대하며 이어지는 것은 하나님의 명령에 따른 것이고, 그의 능력과 섭리에 의해서 유지되고 있다. 하나님은 해를 떠오르게 하심으로써 사망의 그늘만큼 어두운 밤을 아침으로 바꾸시고, 해를 지게 하심으로써 낮은 어두운 밤으로 바꾸신다. 하나님의 이 동일한 능력은 겸손하게 회개하는 자들을 위하여 환난과 슬픔을 형통과 기쁨으로 바꾸실 수 있으시고, 뻔뻔스러운 죄인들의 형통을 캄캄한 어둠으로 쉽게 바꾸실 수 있으시다.

셋째, 비는 하나님의 지시하심을 따라서 오르기도 하고 내리기도 한다. 하나님은 바닷물을 부르신다. 태양열에 의해서 바닷물로부터 끌어올려져서 한데 모여 구름이 된 수증기들은 지면에 쏟아져서 땅에 물을 대주고 땅을 비옥하게 만든다. 이것은 하나님이 최근에게 그들에게 베풀지 아니하셨던 긍휼이었다 (4:7). 그러므로 그들이 비를 내리시는 권능을 지니신 하나님께 나아가지 않으면 누구에게 나아간단 말인가? 왜냐하면, 이방인의 우상 가운데 능히 비를 내리게 할 자가 없고, 하늘이 스스로 능히 소나기를 내릴 수 없기 때문이다(렘 14:22). 이러한 것들을 만드신 분은 하나님이시다. 그의 이름은 여호와이시다. 자연의 하나님, 온 땅의 하나님은 자기 백성 이스라엘에게 자기 자신을 알게 하시고 그들과 계약을 맺으실 때에 바로 그 이름을 사용하셨다.

[2] 하나님은 그 자신이 전능하신 능력을 지니신 하나님이심과 동시에, 그를 찾는 그의 백성에게 힘과 능력을 주시고(시 68:35), 그것을 잃어버린 자들에게는 그들이 그를 바라기만 하면 새 힘을 주시는 하나님이시라는 것. 왜냐하면, 하나님은 강한 자들을 대적하사 패망한 자들에게 힘을 주셔서, 패망했던 자들이 그들을 패망시켰던 자들을 담대하고 용감하게 공격하기 위해서 그 자들이 있는 산성을 치려고 가게 하실 것이기 때문이다(9절). 여호와를 찾는 자들은 비록 그들이 가장 낮은 자리로 내려 갔다고 할지라도 그들의 처지를 회복시켜 주실 여호와를 반드시 만나게 되리라는 것이 하나님이 여호와를 찾는 자들에게 주시는 격려의 말씀이다. 비록 그들은 패망한 자들이고 그들의 원수들은 강하다고 할지라도, 그들이 하나님을 그들 편으로 만들기만 한다면, 그들은 이내 힘을 회복해서, 다음 번의 전쟁에서는 공격하는 자가 될 뿐만이 아니라 승리자가 될 것이다. 그들은 원수들이 있는 산성으로 올라가서 그 산성을 쳐서 보복하고 점령하게 될 것이다.

2. 하나님이 그들에게 사람들을 대할 때에 정직하고 의로우라고 권면하심 (14-15절).

(1) 하나님이 요구하시는 그들의 본분. 너희는 선을 구하고 악을 구하지 말지어다(14절). 너희는 악을 미워하고 선을 사랑하며 성문에서 정의를 세울지어다(15절). 정의가 무너져서 사라진 그 곳에서 정의를 다시 세우라(7절). 그들이 올바른 길을 택하기만 한다면 고침을 받을 수 있으니, 상황이 그리 나쁜 것은 아니다. 우리에게 잘못된 것들을 바로잡을 수 있는 기회가 주어져 있기만 하다면,

우리는 절망할 이유가 없다. 불의가 아무리 판을 치고 있는 곳에서도 정의는 승리할 수 있다. 그렇게 하기 위해서는 우리가 선을 사랑하고 구하여야 하며, 악을 미워하고 더 이상 구하지 말아야 한다. 우리는 선한 원리들을 사랑하고 고수하며, 선을 행하기를 사랑하고 풍성하게 선을 행하며, 선한 사람들과 선한 교제와 선한 도리들을 사랑하여야 한다. 우리는 무슨 선을 행하든 그것을 사랑의 원리에 의거해서 행하여야 하고, 자발적이고 기쁜 마음으로 행하여야 한다. 이렇게 선을 사랑하는 자들은 선을 구하고자 할 것이고, 최선을 다해서 온갖 선을 행하고자 할 것이며, 선을 행할 기회들을 찾고자 힘쓸 것이고, 모든 힘을 다해서 선을 행하고자 애쓸 것이다. 또한, 그들은 악을 미워할 것이고, 불의한 일을 행한다는 생각만 해도 혐오감이 들 것이며, 악의 온갖 모양조차도 꺼려하게 될 것이다. 우리가 우리의 온갖 행실 속에서 선을 구하지 않는다면, 기도 속에서 하나님을 구해 보아야 아무 소용이 없을 것이다.

(2) 하나님이 그들이 본분을 다해야 할 이유를 덧붙여 말씀하심.

[1] 그렇게 하는 것이야말로 우리 자신이 복되고, 하나님이 우리와 늘 함께 계시도록 할 수 있는 확실한 길이라는 것. "너희는 살려면, 즉 너희가 지금까지 구하고 사랑하였던 악에 대한 벌을 피하고(의는 죽음에서 건지느니라, 잠 10:2), 너희의 생명이자 생명 자체보다 더 나은 하나님의 은총을 받으며, 너희 속에 위로가 있게 하고, 너희가 제대로 된 삶을 살고자 한다면, 선을 구하고 악을 구하지 말지어다. 너희는 살게 될 것이다. 왜냐하면, 만군의 하나님 여호와께서 너희와 함께 하실 것이고, 너희의 생명이 되실 것이기 때문이다." 자신의 본분을 지키는 자들에게는 만군의 하나님, 전능하신 능력을 지니신 하나님이 함께 하실 것임을 명심하라. "하나님은 너희의 말과 같이, 즉 너희가 자랑하였던 것처럼 너희와 함께 하실 것이다. 너희가 불의한 길로 행하였을 때에는 사실 하나님이 너희와 함께 하지 않으시는데도 너희가 그것을 자랑하였지만, 이제 진정으로 하나님이 너희와 함께 하실 것이다." 진정으로 회개하고 삶을 고친 자들은 이전에는 그저 생각 속에서만 누렸던 저 위로를 실제로 누리게 될 것이다. 또는, "너희가 여호와를 찾을 때에 기도했던 것 같이, 하나님이 너희와 함께 하실 것이다. 너희가 기도한 대로 살아라. 그리하면, 너희는 너희가 기도한 것을 얻게 될 것이다."

[2] 그렇게 하는 것이야말로 그들의 나라를 복되게 만드는 가장 유력한 길이

라는 것. "너희가 선한 것을 찾고 사랑한다면, 너희는 너희의 땅을 멸망에서 구원하는 데에 기여하게 될 수도 있다." 만군의 하나님 여호와께서 혹시 요셉의 남은 자를 불쌍히 여기시리라. 단지 소수의 사람들만이 남아 있다고 할지라도, 하나님이 그 남은 자에게 은혜를 베푸시면, 그들의 나라는 다시 일어나서 큰 나라가 될 것이다. 그들 가운데서 몇몇이 죄에서 돌이키면, 특히 그들이 성문에서 정의를 세운다면, 우리가 확실하게 말할 수 없지만, 그들의 나라는 새롭고 복된 전기를 맞이하여 다시 일어날 가능성이 크다. 백성들이 자신의 삶을 고치면, 그들의 나라의 모든 것이 고쳐질 것이다. 하나님은 현세와 관련된 약속들에 대하여 말씀하실 때에는 혹시라는 표현을 사용하신다. 따라서, 우리도 현세적인 위로들에 대하여 기도할 때에는 그런 식으로 기도하여야 한다.

[16]그러므로 주 만군의 하나님 여호와께서 이와 같이 말씀하시기를 사람이 모든 광장에서 울겠고 모든 거리에서 슬프도다 슬프도다 하겠으며 농부를 불러다가 애곡하게 하며 울음꾼을 불러다가 울게 할 것이며 [17]모든 포도원에서도 울리니 이는 내가 너희 가운데로 지나갈 것임이라 여호와의 말씀이니라 [18]화 있을진저 여호와의 날을 사모하는 자여 너희가 어찌하여 여호와의 날을 사모하느냐 그 날은 어둠이요 빛이 아니라 [19]마치 사람이 사자를 피하다가 곰을 만나거나 혹은 집에 들어가서 손을 벽에 대었다가 뱀에게 물림 같도다 [20]여호와의 날은 빛 없는 어둠이 아니며 빛남 없는 캄캄함이 아니냐

이 단락에는 다음과 같은 내용들이 나온다.

I. 다가올 멸망에 관한 아주 무시무시한 경고의 말씀(16-17절). 그들이 하나님의 은총을 얻게 될 올바른 조치를 취하고자 하지 않기 때문에, 하나님은 그들로 하여금 그의 진노의 무게를 느낄 수 있게 만들어 줄 효과적인 조치를 취하실 것이다. 하나님은 그들에게 두려움을 더하시기 위해서, 통상적인 것보다 더 엄숙한 표현을 이 경고의 말씀에 대한 도입문으로 삼으신다. 이 경고의 말씀은 아모스 선지자의 말이 아니라(만약 선지자의 말이라면, 무시해 버릴 수도 있다), 무한하시고 영원하신 존재이신 주 여호와의 말씀이다. 이 말씀을 하시는 분은 아무도 거역할 수 없는 한량 없는 권능을 지니신 만군의 하나님이시고, 누구도 이의를 제기할 수 없는 절대 주권과 만유에 대한 통치권을 지니고

계시는 주이시다. 이 말씀을 하시는 분은 그의 말씀들을 이루실 수 있으시고 이루시고자 하시는 분이시다. 그가 이렇게 말씀하셨다.

1. 이스라엘 땅의 방방곡곡이 그들에게 임한 재난들로 인해서 통곡과 애곡으로 가득 차게 되리라는 것. 성읍들을 들여다보라. 모든 거리에서, 큰 거리들만이 아니라 골목길들에서도 애곡하는 소리가 있을 것이다. 교외로 나가보라. 모든 대로에서 사람들이 슬프도다 슬프도다 우리는 모두 망했도다 하고 말할 것이다. 애곡하는 소리가 너무나 커서 문 밖까지 들릴 것이고, 사람들은 체면을 차릴 여유도 없어서, 길거리들과 대로들에 나와서도 애곡하고 통곡할 것이다. 농부들은 나라에 임한 재난들을 보고서 손에서 쟁기를 놓고 애곡하며 슬퍼할 것이고, 애곡하는 데에 서투른 자들은 전문적인 울음꾼들을 불러다가 울게 하여 자신의 슬픔을 돋우게 할 것이다. 외적이 침입하여 온 땅을 황폐화시키는데도, 그 외적에 맞서 싸울 수 있는 힘도 없고, 기도와 눈물 외에는 무기도 없는 상황을 맞아서, 평소에는 즐겁게 웃으며 떠드는 소리만 있었던 모든 포도원도 온통 울음바다가 될 것이다.

2. 이스라엘 땅이 멸망하게 될 것이고, 이 멸망이 진척되고 있는 상황이 온 나라가 애곡과 통곡의 땅으로 변한 원인이라는 것. 옛적에 죽음의 사자가 애굽 땅을 지나가며 장자들을 다 죽였을 때처럼, 내가 너희 가운데로 지나갈 것이다. 그 때에 죽음의 사자는 이스라엘 백성의 집들을 뛰어넘어 지나쳤지만, 이제 나는 너희를 지나치지 않고, 너희를 지나가며 다 죽일 것이다. 하나님의 심판들은 흔히 그들을 통과하여 지나쳤지만, 이제는 그들을 관통하여 지나가면서 유린할 것이다.

II. 하나님의 이러한 경고의 말씀들을 무시하고서, 뻔뻔스럽게도 하나님의 공의와 심판들에 도전한 자들에 대한 의롭고 호된 책망(18절). 여호와의 날을 사모하는 너희, 항상 불안해서 변화를 갈망하는 자들이나 물을 휘저어서 물고기를 낚는 것처럼 그들의 나라가 망하는 기회를 틈타서 자신의 가문을 일으키고자 하는 자들 같이 전쟁과 혼란을 진정으로 원하는 너희에게 화 있을진저. 그러나 아모스 선지자는 그 날에 황폐함이 너무나 커서 아무도 거기에서 뭔가를 얻을 수 없을 것이라고 그들에게 말한다. 또는, 이 말씀은 그들이 처한 재난들로 인해서 애곡하고 통곡하면서, 욥이 그랬던 것처럼 빨리 죽어서 이 비참한 처지에서 건짐받기를 간절히 원하였던 자들을 향한 말씀일 수도 있다. 아모스 선지자는 그들이 죽음을 원하는 것이 얼마나 어리석은 짓인지를 그들에게 보여준다. 죽음을 제대로 준비하지 못한 자들에게 죽음이 어떤 것인지를 그들은 모르고, 이 세상에서 그들이 겪을 수 있는 그 어떤 재난이나 재앙보다도 죽음이 훨씬 더 무시무시하고 두려운 것임을 그들은 알지 못한다. 또는, 이 말씀은 아모스 선지자가 아주 진지하게 말한 여호와의 날을 조롱하며 말하는 자들을 향한 말씀일 수도 있다. 그들은 여호와의 날을 사모하였다. 즉, 그들은 여호와의 날에 도전하였다는 것이다. 그들은 "하나님이시여, 어디 한번 최악의 재앙을 우리에게 내려 보시지요"라고 도전하였다: 하나님으로 하여금 자기의 일을 속속히 이루어 우리에게 보게 할 것이며 자기의 계획을 속히 이루어 우리가 알게 하라(사 5:19). 주께서 강림하신다는 약속이 어디 있느냐(벧후 3:4). 이것은 다음과 같은 것들을 보여준다.

1. 그들은 그 날이 온다는 것을 믿지 않았다는 것. 그들은 그 날이 올 것이라고 믿지 않았기 때문에, 그 날이 빨리 왔으면 좋겠다고 말한 것이었다. 또한, 그들은 그들의 눈으로 그 날을 직접 보지 않는 한 믿지 않을 것이다.

2. 그들은 그 날을 두려워하지 않았다는 것. 그들은 그 날에 대한 믿음을 약간 지니고 있었을 수도 있지만, 그 날에 대하여 깊이 생각해 본 적이 없었고, 그들의 마음은 온통 다른 일들에 쏠려 있었기 때문에, 그 날이 임했을 때에 그들에게 닥칠 위험을 듣고도 전혀 두려워하지 않았다. 그들은 그 날을 두려워하는 양심을 가지고 있었어야 마땅한데도, 그 날이 어떤 날일지를 궁금해하며 사모하는 호기심만을 갖고 있었다. 그들의 이러한 태도에 대하여 하나님은 다음과 같이 대답해 주신다.

(1) 하나님은 뻔뻔스럽게도 하나님이 심판을 내려 주시기를 원하면서 여호와의 두려우심을 희롱한 자들이 얼마나 어리석은 자들인지를 보여주심. "너희가 어찌하여 여호와의 날이 오기를 사모하느냐. 너희는 그 날이 확실히 오리라는 것과 그 날은 슬픈 날이 되리라는 것을 알게 될 것이다. 그것은 올 것인가 안 올 것인가 의문을 제기할 그런 일이 아니기 때문에 농담거리나 조롱거리로 삼을 만한 일이 아니다. 또한, 그 날은 반드시 올 것이기 때문에 코웃음치며 그냥 웃어넘길 일도 결코 아니다. 여호와의 날은 어둠이요 빛이 아니다(18절). 여호와의 날은 빛 없는 어둠이 아니며 빛남 없는 캄캄함이 아니냐(20절). 너희 자신의 양심이 그 날이 그러리라는 것, 그 날이 아주 어둡고 거기에는 빛남이 없다는 것

을 너희에게 말해 주지 않느냐?” 여호와의 날은 모든 회개치 않은 죄인들에게 어둡고 절망적이고 암울한 날이 될 것임을 명심하라. 심판의 날은 그럴 것이고, 그들이 현세에서 환난을 당하는 날도 종종 그럴 것이다. 하나님이 낮을 어둡게 만드시면, 온 세상이 다 덤벼들어도 그 어둠을 밝게 만들 수 없다.

(2) 하나님은, 다음 번의 심판이 더 낫고 더 견딜 만할 것이라는 소망을 가지고서 하나님의 현재의 심판이 빨리 바뀌기를 조급하게 원하는 자들이 얼마나 어리석은 자들인지를 보여주심. 그들은 그들의 마음과 삶을 고치려 하지는 않은 채로, 그들의 처지가 더 나아질 것을 기대하고서, 또는 적어도 그들의 최악의 상황을 빨리 겪어 버리고자 하여, 여호와의 날을 사모한다. 그러나 아모스 선지자는 그들이 무엇을 요구하고 있는 것인지를 그들 자신도 모르고 있다고 그들에게 말해 준다(19절). 그것은 마치 사람이 사자를 피하다가 사자보다 더 잔혹하고 사나운 맹수인 곰을 만나거나, 혹은 사람이 밖에 있는 온갖 위험들을 피하기 위해서 집에 들어가서 손을 벽에 대고서 안도의 한숨을 쉬다가 거기에서 뱀에게 물림과 같다. 하나님의 심판들에 의해서 삶을 고치지 않은 자들은 그 심판들의 끊임없는 추격을 받게 될 것임을 명심하라. 그들이 하나의 심판을 피하면, 또 다른 심판이 그들을 덮치려고 기다리고 있을 것이다. 두려움과 함정과 올무가 그들을 에워싸고 있다(사 24:17-18). 그러므로 여호와의 날을 무시하는 것은 미친 짓이다.

[21]내가 너희 절기들을 미워하여 멸시하며 너희 성회들을 기뻐하지 아니하나니 [22]너희가 내게 번제나 소제를 드릴지라도 내가 받지 아니할 것이요 너희의 살진 희생의 화목제도 내가 돌아보지 아니하리라 [23]네 노랫소리를 내 앞에서 그칠지어다 네 비파 소리도 내가 듣지 아니하리라 [24]오직 정의를 물 같이, 공의를 마르지 않는 강 같이 흐르게 할지어다 [25]이스라엘 족속아 너희가 사십 년 동안 광야에서 희생과 소제물을 내게 드렸느냐 [26]너희가 너희 왕 식굿과 기윤과 너희 우상들과 너희가 너희를 위하여 만든 신들의 별 형상을 지고 가리라 [27]내가 너희를 다메섹 밖으로 사로잡혀 가게 하리라 그의 이름이 만군의 하나님이라 불리우는 여호와께서 말씀하셨느니라

이 단락의 취지는 그들이 계속해서 죄를 범하는 가운데에 드리는 가

식적인 기도들을 하나님이 얼마나 하찮게 여기셨는지, 아니 얼마나 싫어하셨는지를 보여주는 것이다.

I. 그들의 위선적인 예배와 제사들이 하나님을 몹시 불쾌하시게 하였고 진노하시게 만들었다는 것. 그들은 예루살렘에서 지켰던 절기들을 모방해서 벧엘에서 절기들을 지키며 하나님 앞에서 즐거워하는 체하였다. 그들은 예배와 제사를 드리기 위하여 성회들을 열어서, 하나님의 백성이 나아오듯이 하나님 앞에 나아오고 그의 백성이 앉듯이 하나님 앞에 앉아서 점잖을 빼며 엄숙히 예배나 제사를 드렸다. 그들은 율법에 의해서 번제와 함께 드리도록 되어 있던 소제와 더불어서 번제를 하나님께 드려서 하나님을 높여 드렸다. 그들은 하나님의 은총을 간구하기 위하여 화목제를 드리되, 그들이 가진 살진 희생의 화목제를 드렸다(21-22절). 또한, 그들은 성전 음악을 모방해서 노랫소리와 비파 소리도 하나님께 올려 드렸다(23절). 즉, 그들은 사람의 목소리와 악기의 소리로 하나님을 찬송하였다. 이러한 예배와 제사를 통해서 그들은 하나님이 그들이 저지른 죄들을 다 사해 주셔서, 그들로 하여금 계속해서 죄를 범해도 좋다는 허가증을 얻을 수 있게 해주시기를 바랐다. 그러므로 그들의 예배와 제사는 하나님께 열납되기는커녕 도리어 가증스러운 것이었다. 하나님은 그들의 절기들을 미워하여 멸시하시되, 그것들을 아무런 가치도 없는 예배와 제사로 여겨서 멸시하셨을 뿐만 아니라, 마치 사람들이 실제로는 우리에게 전혀 존경심을 갖고 있지 않으면서도 겉으로 존경하는 체하여 우리를 기만하는 모습을 보일 때에 우리가 그것을 미워하듯이, 그들의 그러한 예배와 제사를 그에 대한 모욕이자 도발로 여겨서 미워하셨다. 위선보다 더 가증스럽고 멸시받을 만한 것은 없다. 마음에는 그럴 생각이 없는데도 큰 소리로 자기 이웃을 축복하면 도리어 저주 같이 여기게 되리라(잠 27:14). 하나님은 그들의 성회들을 기뻐하지 아니하실 것이고 흠향하지 아니하실 것이다. 왜냐하면, 그 성회들 속에는 하나님을 기쁘시게 해 드리는 것은 전혀 없고 하나님의 분노를 불러일으키는 것은 아주 많기 때문이다. 그들의 제사들은 노아의 제사와는 달리 하나님께 향기로운 제사들이 아니었다(창 8:21). 하나님은 그 제사들을 받지 않으실 것이고, 눈길을 주시지도 않으실 것이며, 본 체 만 체 하실 것이다. 하나님은 그들이 타는 비파 소리를 듣지 않으실 것이다. 왜냐하면, 죄가 그 비파 소리에 끼어 잡음을 일으키면, 그것은 하나님의 귀에 거슬리는 소리가 되기 때문이다. 하나님은 이렇게 말씀하신

다: "네 노랫소리와 비파 소리를 그칠지어다. 내가 그 소리들을 견딜 수가 없구나." 이것은 다음과 같은 것들을 보여준다.

1. 제사 자체는 신령상(神靈上)의 본분들에 비하면 하나님께 별로 중요하지 않다는 것. 하나님과 이웃을 사랑하는 것이 모든 번제와 제사보다 더 낫다.

2. 악인들의 제사는 하나님께 가증스러운 것이라는 것(잠 15:8). 경건을 가장하는 것은 이중으로 죄를 짓는 것이기 때문에, 지옥 중에서 가장 뜨거운 곳이 있다면, 그 곳은 이 위선자의 차지가 될 것이다.

Ⅱ. 그들의 제사가 열납되게 하기 위해서 하나님이 요구하신 것은 무엇이었는가. 이것이 없이는 그 어떤 제사도 하나님께 열납될 수 없을 것이다(24절). 너희 가운데서 오직 정의를 물 같이, 의(義)를 마르지 않는 강 같이 흐르게 할지어다.

1. "너희의 행실을 전반적으로 고치고, 신앙(하나님의 공의)과 의가 너희에 대하여 적절한 감화력을 지니게 하라. 너희의 땅에 공의와 의라는 물줄기를 풍부하게 대고, 이 물줄기가 그 앞을 가로막는 온갖 악덕과 불경(不敬)을 무너뜨리게 하라. 공의와 의의 물줄기가 드넓게 흘러서 어디든 넘쳐나게 하고, 강력한 물줄기처럼 힘 있게 흐르게 하라."

2. "특히, 방백들과 관리들이 정의를 제대로 구현하게 하라. 정의의 물줄기가 불공평과 뇌물에 의해서 막히는 일이 없게 하고, 순리를 따라 물처럼 막힘 없이 흐르게 하라. 정의가 부패로 인하여 오염되거나 굽게 하지 말고, 정의를 흐르는 물처럼 순수하고 깨끗하게 보존하라. 정의를 마르지 않는 강 같이 흐르게 하고, 사람을 두려워함으로써 정의의 물줄기가 막히거나 그 흐름이 느려지지 않게 하라. 강에는 누구나 다 올 수 있듯이 누구든지 정의에 자유롭게 접근할 수 있게 하고, 시냇가에 심은 나무들처럼 정의로 말미암아 유익을 얻게 하라." 하나님이 이스라엘을 고소하실 때에 거론하신 큰 죄 중의 하나는 정의를 쓴 쑥으로 바꾸었다는 것이었다(7절). 그러므로 그들은 그 일을 바로잡아야 한다(슥 7:9). 그것은 하나님이 제사보다 더 원하신 것이었다(호 6:6; 삼상 15:22).

Ⅲ. 하나님은 제사에 관한 율법이 그 자신이 세우신 율법이었는데도 신령상 (神靈上)의 계명들에 비하여 별로 강조하지 않으셨다는 것(25절). "이스라엘 족속아 너희가 사십 년 동안 광야에서 희생과 소제물을 내게 드렸느냐. 아니다. 너희는 드리지 않았다." 이 시기의 대부분 동안에 그들은 정착 생활을 하지 못해

서 거처가 불안정했기 때문에, 제사는 거의 드려지지 않았다. 두 번째 해 이후부터 그들이 가나안 땅에 들어올 때까지 유월절은 지켜지지 않았고, 다른 제도들도 마찬가지로 중단되었다. 그렇지만, 하나님은 제사가 아니라 긍휼을 원하셨기 때문에, 그들이 제사를 드리지 않은 것을 그들의 잘못으로 돌리지 아니하셨고, 계속해서 그들을 사랑하시며 돌보아 주셨다. 하나님이 그들에게 진노하신 것은 그들이 제사를 드리지 않았기 때문이 아니라 그들이 하나님을 불신하고 불평하였기 때문이었다. 하나님은 이렇게 그들이 제사를 드리지 않았어도 다른 일들에서 그의 명령을 지켰을 때에는 그들을 자기 백성으로 인정하셨지만, 그들이 제사를 드리더라도 다른 일들에서 그의 명령을 지키지 않는다면 반드시 그들을 자기 백성으로 인정하지 않으실 것이다. 제의적인 제사들은 이렇게 드리지 않아도 큰 상관이 없지만, 영적인 제사는 그렇지 않다. 심지어 공의를 행하고 정직하게 행한다고 할지라도, 기도와 찬송이 없거나 상한 마음과 하나님을 사랑하는 마음이 없다면, 그것은 문제가 될 것이다. 스데반은 여기에 나오는 구절을 인용해서(행 7:42), 예식법은 처음부터 비교적 경시되었기 때문에 그 법이 이제 폐지되었다고 해서 그것을 이상하게 생각해서는 안 된다는 것을 유대인들에게 보여주었다(렘 7:22-23과 비교해 보라).

Ⅳ. 그들과 그들의 조상들이 내내 다른 신들을 섬기는 일에 빠져 있었기 때문에, 그들은 그들의 제사를 하나님이 기쁘게 받으실 것이라고 기대할 이유가 전혀 없었다는 것. 어떤 이들은 25절의 본문을 이렇게 해석한다: "너희가 희생과 소제물을 내게, 즉 오직 내게만 드렸느냐. 그렇지 않다. 그러므로 너희의 제사를 나는 기쁘게 받을 수가 없었다." 왜냐하면, 우리 하나님 여호와를 섬기는 것에 관한 율법은 우리는 오직 하나님만을 섬겨야 한다는 것이기 때문이다. "너희는 너희 왕 식굿의 장막(26절), 즉 너희가 들고 다니면서 남몰래 숭배하기 위해 만든 작은 우상들을 지니고 다녔다. 너희는 몰록(왕이라는 뜻)의 우상(이것은 천체들 가운데서 왕인 태양을 형상화한 우상이었던 것 같다)과 기윤 또는 레판(스데반은 칠십인역의 읽기를 따라 이렇게 부른다, 행 7:43)의 우상(이것은 일곱 행성들 중에서 최고였던 토성을 형상화한 우상이었던 것 같다)을 지니고 다녔다. 해와 달과 별들에 대한 숭배는 가장 오래되고 가장 일반적이며 가장 그럴 듯한 우상 숭배였다. 그들은 그들의 신의 별, 즉 그들이 그들의 신으로 섬겼던 특정한 별, 또는 그들이 그들의 신에게 이름으로 부여한 별을 그들을 위하여

만들었다. 이스라엘은 처음부터 이런 우상 숭배에 빠지기 쉬웠다(신 4:19). 거짓 신들에 대한 애정을 지니고 있는 자들은 참 하나님의 은총을 기대할 수 없다.

V. 그들이 우상 숭배를 고집하기 때문에, 하나님이 그들에게 내리실 벌(27절).   내가 너희를 다메섹 밖으로 사로잡혀 가게 하리라. 그들은 사탄에게 사로잡히고 이끌려서 우상 숭배를 하게 된 것이기 때문에, 하나님은 그들로 하여금 우상 숭배자들 가운데로 사로잡혀 가게 하셨고, 그들이 너무도 좋아하는 이방 신들이 있는 이방 땅으로 그들을 속히 보내셨다. 그들은 다메섹 밖으로 끌려갔다. 그들이 앗수르 사람들에 의해서 사로잡혀 간 곳은 아람 사람들에 의해서 사로잡혀 갔던 곳보다 훨씬 더 멀리 있었다. 왜냐하면, 하나님은 작은 심판들을 보내셔서 소기의 목적을 이루지 못하시면, 더 큰 심판들을 보내시기 때문이다. 또는, 살만에셀에 의해서 이스라엘이 사로잡혀 간 곳은 디글랏빌레셀에 의해서 다메섹 주민들이 사로잡혀 간 곳보다 훨씬 더 멀리 있었고, 이미 예언된 대로 이스라엘 백성의 사로잡힘은 아람 사람들의 사로잡힘보다 더 극심하고 파괴적인 것이었다(1:5). 왜냐하면, 하나님을 믿는 백성이 저지른 죄들은 다른 백성들의 죄들보다 더 큰 까닭에 그 벌도 더 클 것임을 우리는 예상할 수 있기 때문이다. 우리는 다메섹과 사마리아의 노략물이 앗수르 왕에 의해서 함께 옮겨지는 것을 발견한다(사 8:4). 스데반은 이 본문을 내가 너희를 바벨론 밖으로 옮기리라(행 7:43)로 읽는다. 즉, 하나님은 그들을 유다보다 더 멀리, 다시는 돌아올 수 없을 정도로 아주 멀리 옮기시리라는 것이다. 이 선고를 더 확실하고 두려운 것으로 보이게 하시기 위하여, 이 선고를 내리신 하나님은 자기 자신을 그의 이름이 만군의 하나님이라 불리우는 여호와, 만군을 부리시기 때문에 그 선고를 집행하실 수 있으신 여호와라 부르신다.

제
— 6 —
장

개요

이 장에는 다음과 같은 내용들이 나온다. I. 죄악된 백성은 다른 나라들보다 월등한 그들의 특권들과 탁월한 것들(2-3절) 및 그들의 능력(13절)을 자신하며, 그들의 즐거움들과 쾌락들에 완전히 빠져 있는 가운데, 하나님의 경고들을 무시하고, 그 경고들을 하찮은 것으로 치부해 버리려고 애쓴다(4-6절). II. 진지한 선지자는 하나님이 그들의 죄를 깨우치시고자 여러 가지 방법들을 사용하셨지만 그들이 도무지 삶을 고치고자 하지 않았기 때문에, 이제 이 방탕한 자들에게 혹독한 심판들이 임할 것이고(7절), 하나님이 그들을 몹시 미워하여 그들과 그들의 모든 것을 죽음에 내어주시며(8-11절) 철저하게 황폐화시키실 것임을 보여줌으로써(12-14절), 하나님의 경고들이 무거운 것이고 무시무시한 것임을 드러내고자 애쓴다.

[1]화 있을진저 시온에서 교만한 자와 사마리아 산에서 마음이 든든한 자 곧 백성들의 머리인 지도자들이여 이스라엘 집이 그들을 따르는도다 [2]너희는 갈레로 건너가 보고 거기에서 큰 하맛으로 가고 또 블레셋 사람의 가드로 내려가라 너희가 이 나라들보다 나으냐 그 영토가 너희 영토보다 넓으냐 [3]너희는 흉한 날이 멀다 하여 포악한 자리로 가까워지게 하고 [4]상아 상에 누우며 침상에서 기지개 켜며 양 떼에서 어린 양과 우리에서 송아지를 잡아서 먹고 [5]비파 소리에 맞추어 노래를 지절거리며 다윗처럼 자기를 위하여 악기를 제조하며 [6]대접으로 포도주를 마시며 귀한 기름을 몸에 바르면서 요셉의 환난에 대하여는 근심하지 아니하는 자로다 [7]그러므로 그들이 이제는 사로잡히는 자 중에 앞서 사로잡히리니 기지개 켜는 자의 떠드는 소리가 그치리라

이 장의 처음에 나오는 말씀들은 곧 이 단락의 내용이다. 그러나 그 말씀들은 매우 이상하게 들리고, 헛된 세상의 정서와 정반대되는 것으로 들린다: 편안하게 살아가는 자들에게 화 있을진저. 우리 같으면 편안하게 살아가는

자들, 즉 아무런 괴로움이나 두려움도 느끼지 않는 가운데에 따뜻하고 푹신한 곳에 누워서 안락하게 지내며 애써서 무엇인가를 기억하지 않아도 되는 그런 삶을 살아가는 자들은 행복하다고 기꺼이 말할 것이다. 우리는 그렇게 살아가는 자들, 감각의 즐거움들에 파묻혀서 세상이 어떻게 돌아가든 아무런 상관도 하지 않고 살아가는 자들은 지혜로운 자들이라고 생각할 것이다. 우리는 자신의 육신에게 잘 해주고 자신의 육신을 호강시켜 주는 자들을 그들 자신에게 잘하고 있는 자들로 여길 것이다. 그러나 하나님은 그런 자들을 향하여 화(禍)를 선포하신다. 우리는 여기에서 그들의 편안함이 무엇인지, 그들에게 닥칠 화가 무엇인지에 대하여 듣는다.

I. 그들의 교만함과 안일함과 방탕함에 관한 묘사. 하나님은 그런 것들로 인하여 그들을 벌하실 것이다.

1. 그들은 그들 자신의 존엄에 대하여 헛된 자부심을 지니고 있었고, 그들이 지닌 그러한 존엄이 하나님이 경고하신 심판들로부터 그들을 지켜줄 것이고, 하나님의 진노와 사람의 분노를 막아줄 것이라고 생각하였다는 것.

(1) 시온에 사는 자들은 시온에 산다는 것 자체가 그들의 존귀함이자 그들을 위한 충분한 보호막이라고 생각하였다는 것. 시온은 천혜의 조건과 인공적인 방비들을 통해서 잘 요새화 되어 있었던 견고한 성이었고(우리는 성경에서 시온의 성채들과 보루들에 대하여 말하는 것을 듣는다), 다윗 가문의 보좌들이 세워져 있던 왕도였으며(그 곳은 남왕국 유다의 수도여서 정말 큰 성이었다), 특히 성전과 이스라엘의 증언이 있는 거룩한 성이었기 때문에, 그들은 거기에 있기만 하면 모든 재앙에 대한 두려움으로부터 안전하고 평안할 수 있을 것이라고 생각하였다. 시온에 사는 자들은 하나님의 성소는 곧 그들을 위한 성소이기 때문에, 그들을 하나님의 심판들로부터 보호해 줄 것이라는 것을 믿어 의심치 않았다. 이것이 여호와의 성전이다(렘 7:4). 그들은 성산으로 인하여 교만하였다(습 3:11). 많은 사람들이 그들이 지닌 교회의 특권들과 그들이 시온에서 가지고 있는 위치로 인하여 교만하여 우쭐해 있고, 육적인 안일함 가운데에 깊이 잠들어 있다는 것을 명심하라.

(2) 사마리아 산에서 사는 자들은 비록 그 곳이 시온 산과 같이 거룩한 산은 아니었지만 그 산을 믿고 의지하였다는 것. 왜냐하면, 그 곳은 한 강력한 왕국의 수도였고, 예루살렘을 본따서 북왕국의 신앙의 본산이었기 때문이다. 세월

이 흐름에 따라서, 사마리아의 세멜 산은 그들에게 예루살렘의 시온 산과 마찬가지로 큰 명성을 얻게 되었다. 그들은 이 작은 산들과 큰 산들로부터 구원을 얻기를 소망하였다.

(3) 이 두 왕국은 하나님과 함께 한 왕인 이스라엘(즉, 야곱)과의 관계를 토대로 해서 그들 자신을 귀하게 여겼다는 것. 그들은 이스라엘과의 이러한 관계가 그들을 나라들의 지도자들로 만들어 주었고, 그 누구보다도 더 유서깊고 존귀한 자들로 만들어 주었다고 여겼다. 그들은 그들 자신을 하나님께 바쳐져서 수확물 전체를 거룩하게 하는 나라들의 맏물들(원어는 이런 의미이다)로 여겼다. 이스라엘 집이 그들을 따랐다. 즉, 이스라엘 집은 두 왕국으로 나뉘어졌고, 시온과 사마리아는 이 두 왕국의 어머니 성이었다. 편안하게 살아가고 있던 자들은 고관대작들, 즉 나라들의 지도자들이었던 큰 자들, 이 두 왕국의 지도자들이었고, 그들은 시온과 사마리아에 살았기 때문에, 이스라엘의 온 집은 그들에게 재판을 구하였다. 큰 자가 되어서 교만하지 않기는 무척 어렵다는 것을 명심하라. 큰 나라들과 큰 자들은 자기 자신을 과대평가하며 이웃들을 무시하기가 쉽다. 왜냐하면, 그들은 그들 자신이 이웃들보다 더 높이 있다고 생각하기 때문이다. 그러나 아모스 선지자는 그들의 교만함과 안일함을 억제하기 위해서, 그들이 알고 있던 성들 중에서 당시에 시온이나 예루살렘만큼 유명하였지만 결국에는 멸망을 당하였던 성들을 가서 살펴보라고 그들에게 권한다(2절). "너희는 갈레로 건너가서(갈레는 니므롯이 건설한 고대의 성이었다, 창 10:10) 그 성이 어떻게 되었는지를 살펴보라. 그 곳은 지금 폐허로 변해 있느니라. 또한, 아람 왕국의 주요 성들 중의 하나였던 큰 하맛도 마찬가지이다. 산헤립은 하맛의 신들을 멸하였다고 자랑하였다. 마찬가지로, 블레셋의 성이었던 가드는 얼마 전에 하사엘에 의해서 황폐화 되었다(왕하 12:17). 그런데, 그 성들이 이 나라들, 즉 유다와 이스라엘보다 나았느냐. 그렇다. 그 성들은 이 나라들보다 나았고, 그 영토가 너희의 영토보다 넓었다. 그러므로 그들은 너희보다 더 그들 자신의 안전에 대하여 자신만만해할 충분한 이유가 있었다. 그렇지만, 그 성들이 어떻게 되었는지를 너희는 보았다. 그런데도 너희가 안일하게 살 마음이 나느냐? 네가 어찌 노아몬보다 낫겠느냐(나 3:8). 다른 사람들이 멸망을 당하는 것을 보면, 우리는 한시도 안일하거나 방심할 수 없다는 것을 명심하라.

2. 그들은 그들이 벌 받을 일은 결코 없을 것이라는 잘못된 억측 위에서 악

한 길을 고집하였다는 것(3절). "너희는 흉한 날, 즉 벌 받을 날이 너희가 신경을 쓰지 않아도 될 정도로 아주 멀다고 여기거나 아예 오지 않을 것이라고 여겼다. 너희는 흉한 날이 멀다고 여겼을 뿐만 아니라, 하루하루 계속해서 얼마든지 연기할 수 있다고 생각하였기 때문에, 포악한 자리로 가까워지게 하였다. 너희는 온갖 불의와 압제를 서슴없이 저질렀고, 법을 빙자해서 해악을 꾸미는 악한 재판장과 어울렸다(시 94:20). 너희는 폭력의 자리가 실제로는 너희에 대한 심판의 때를 무르익게 하는 것임에도 마치 그 자리가 하나님의 심판들로부터 너희를 지켜줄 보호막이라도 된다는 듯이 그 자리를 가까이 하였다." 사람들은 심판이 그들에게서 멀다고 여기기 때문에 죄를 가까이 하는 것임을 명심하라. 그러나 하나님을 이런 식으로 우롱하는 자들은 스스로 속고 있는 것이다.

3. 그들은 온갖 방탕한 쾌락들과 즐거움들에 탐닉하였다는 것(4-6절). 이 이스라엘 백성들은 완벽한 쾌락주의자들이었고, 그들이 지닌 욕망의 노예들이었다. 그들은 그들의 존엄을 생각해서 마땅히 자기 부인과 절제의 모범들이 되었어야 하는데도, 도리어 그들은 존엄하기 때문에 그들이 방탕해도 괜찮을 것이라고 생각하였다. 또한, 그들은 그들이 압제와 폭력으로 얻은 재물이 있기 때문에 그들이 방탕한 생활을 해도 걱정할 것 없다고 생각하였다. 그들은 흉한 날, 즉 심판의 날이 아주 멀리 있기 때문에, 그 날을 신경 쓸 필요가 없다고 생각하였다. 하나님이 여기에서 그들을 고소하시면서 언급하시는 그들의 행위는 그 자체가 죄악된 것은 아니지만(그런 것들은 절제하는 가운데 적절하게 사용될 수 있다), 그들이 그들의 육적인 욕망들을 채우는 것을 그들의 행복으로 삼은 것이 문제였다. 그들은 공직에 있는 자들로서 마음을 써야 할 일이 있었음에도 불구하고, 쾌락을 즐기는 것에 탐닉하였고, 그들의 시간과 생각과 관심과 재산을 거기에 다 쏟아 부어 버렸다. 쾌락들을 즐기는 것은 그들의 체질이 되어 버렸다. 그들의 마음은 온통 그런 것들에 가 있었다. 그들이 그렇게 하는 것은 그 어떤 것으로도 막을 수 없었기 때문에, 하나님이 그의 섭리 가운데서 그들에게 통곡하며 애곡하라고 명령하신 기간 동안에도(사 22:12-13) 그들은 쾌락을 즐기는 방탕한 삶에서 헤어나오지를 못하였다. 그들이 죄책과 진노 아래 있었고, 하나님의 심판들이 그들을 덮치기 직전인데도, 그들은 내일도 오늘 같이 크게 넘치리라(사 56:12)고 생각하여, 포도주와 독주를 가져오라고 소리를 치며, 하나님을 대적하여 행하고 하나님의 공의에 도전하였다.

(1) 그들이 사용하는 가구들은 사치스러운 것들이었다는 것. 그들은 베옷을 입고 재를 뒤집어 써도 시원치 않은 때에 상아 침상이 아니면 누워서 잠자려 하지 않았고, 고기가 나오지 않으면 먹고자 하지도 않았다.

(2) 그들은 게을렀고, 편안함을 좋아하였으며, 편안함에 길들여져 있었다는 것. 그들은 힘을 내어 일어나서 일을 해야 마땅한 때에 침상에 누워 있었을 뿐만 아니라 기지개를 켰다. 그들은 의도적으로 게을렀고, 아무 일도 하지 않는 것을 자랑으로 여겼다. 그들의 가난한 형제들 중 다수가 일용할 양식조차 없었을 때, 그들은 상에 차린 것이 너무 많아서 먹은 것보다 남긴 것이 더 많았다(난외주에서는 이렇게 읽는다).

(3) 그들은 미식가들이어서 온갖 산해진미들을 차려놓고 먹었다는 것. 그들은 양 떼에서 어린 양과 우리에서 송아지를 가장 토실토실한 것으로 골라서 잡아 먹었다. 그들은 그것들을 그들의 양 떼나 우리에서 가져오지 않았고, 압제를 통해서 가난한 자들로부터 빼앗아 가져왔을 것이다.

(4) 그들은 잔치를 열어서 음악에 맞춰서 노래도 부르며 흥겹고 즐겁게 시간을 보내었다는 것. 그들은 비파 소리에 맞추어 노래를 지절거리며, 다 함께 악기를 연주하며 노래하였고, 다른 어떤 일에서보다도 새로운 악기들을 만들어 내는 일에서 조상들을 능가하려고 애를 썼다. 그들은 그들의 헛된 생각을 만족시키려고 애쓰며, 그들의 머리를 쥐어짜냈다. 오직 사치를 즐기는 일에만 천부적인 재능을 발휘하는 자들이 있다. 그들은 그 일에 그들의 지혜와 재능을 다 쏟아 붓는다. 그들은 다윗처럼 악기를 제조하며, 전에는 왕들만이 즐길 수 있었던 것들로 스스로를 즐겁게 한다. 또는, 이것은 그들이 악기와 노래로 즐기면서 저지른 불경(不敬)을 보여주는 것일 수도 있다. 그들은 성전 음악을 흉내내면서 그 음악을 조롱하였다. 왜냐하면, 성전 음악은 시대에 뒤떨어진 구식의 음악이었기 때문이다. 바벨론 사람들이 포로들에게 그들을 위하여 시온의 노래들을 부르라고 강요하며 포로들을 희롱하고 조롱하였던 것처럼, 그들은 이런 식으로 성전 음악을 조롱하며 즐거워하였다. 벨사살이 성전의 그릇들로 술을 마신 것이나 그들이 시편의 음률에 맞춰서 속된 노래들을 부른 것은 둘 다 의도적으로 하나님이 정하신 거룩한 제도들을 조롱하고 욕보이기 위한 것이었다.

(5) 그들은 술을 과도하게 마시고서도, 자기들이 충분히 마셨다고 생각하지

않았다는 것. 그들은 유리잔이나 술잔이 아니라 대접으로 포도주를 마셨다(렘 35:5). 그들은 조금씩 마시거나 쓰는 것을 싫어했기 때문에, 아낌없이 마시고 허비하기 위해서 한 번에 많이 마시려고 큰 대접을 이용해서 술을 마셨다.

(6) 그들은 아주 강력한 향수를 좋아하였다는 것. 그들은 향기로운 냄새를 즐기고, 그들 자신으로 하여금 그들의 몸을 더 사랑하게 만들며, 그들이 살아 있는 동안에도 그들의 몸에서 나는 썩는 냄새를 은폐하기 위해서, 귀한 기름을 몸에 발랐다. 평범한 향수는 그들의 성에 차지 않았다. 그들은 값싼 향수를 써도 얼마든지 그들의 목적을 이룰 수 있는데도, 아주 먼 외국에서 비싸게 수입해 온 최고의 향수를 사용해야 직성이 풀렸다.

4. 그들은 하나님의 교회와 나라가 무너져 내리고 있는데도 거기에는 전혀 관심이 없었다는 것. 그들은 요셉의 환난에 대하여는 근심하지 아니하는 자로다. 유다 왕국과 이스라엘 왕국(이들은 요셉이라 불렸다, 시 80:1)을 포함한 하나님의 교회는 침략을 받고 모욕을 당하고 온갖 간섭을 받으며 곤고한 처지에 있었다. 그들은 자기 나라의 통치를 위임받은 자들이었고, 자기 나라의 일들을 지휘하는 자들이었으며, 자기 나라의 평화를 지켜야 할 책무가 있는 자들이었는데도, 그들의 나라의 평화와 안녕에 큰 금들이 간 상황에서도, 자신의 안일한 삶을 즐기기에 여념이 없었다. 그들은 얼이 빠져 있는 상태였기 때문에 나라에 큰 금들이 간 것도 모르고 있었고, 쾌락에 탐닉하느라고 큰 금들에 관심을 두지 않았으며, 일이라는 것 자체를 싫어하였기 때문에 큰 금들을 메우려고 신경을 쓰지 않았다. 나라가 망하든 흥하든, 그런 것은 그들에게 매한가지였기 때문에, 그들은 편안하게 누워 자며 쾌락 속에서 지낼 수 있었다. 의인 욥은 형통하던 때에 고생의 날을 보내는 자를 위하여 울었고 빈궁한 자를 위하여 마음에 근심하였던(욥 30:25) 것과는 딴판으로, 요셉에 속한 특정한 사람들이 환난 가운데에 있어도, 그들은 그런 사람들이 겪는 고통과 역경과 괴로움들을 본 체 만 체 하였고, 그런 사람들의 고통을 덜어주고 고충을 해결해 주고자 하지 않았다. 어떤 이들은 환난당한 교회를 요셉이라고 부르는 것 속에는 애굽 왕 바로의 술 맡은 관원장에 관한 이야기가 간접적으로 인용되어 있다고 생각한다. 이 관원장은 옥에서 풀려나서 다시 바로의 잔을 맡게 되었을 때에 요셉을 기억하지 못하고 그를 잊었다(창 40:22-23). 그들은 이렇게 대접으로 포도주를 마셨지만, 요셉의 환난에 대하여는 근심하지 않았다. 자신의 쾌락에만 골몰해 있는 자들은

일반적으로 다른 사람들의 괴로움에 관심을 갖지 않는다는 것을 명심하라. 하나님의 교회가 환난 가운데에 있는데도, 우리가 그것을 근심하지 않거나 마음에 두지 않는다면, 그것은 하나님에 대하여 큰 죄를 범하는 것이다.

II. 그들에게 내려진 선고(7절).   그러므로 그들이 이제는 사로잡히는 자 중에 앞서 사로잡혀서 포로들이 겪는 온갖 비참한 상황들 속으로 떨어지게 될 것이고, 침상에서 기지개 켜는 자들이 주연(酒宴)을 베풀고 놀면서 떠드는 소리가 그칠 것이다. 그들은 그들의 풍요로움을 그들의 정욕의 연료와 양식으로 삼았기 때문에, 하나님은 그들에게서 풍요로움을 빼앗으실 것이다.

1. 사치스럽게 산 자들이 그들의 자유조차 잃어버리게 되리라는 것. 자신의 존엄한 신분과 통치권을 남용한 자들이 남의 종이 되는 벌을 받는 것은 마땅한 일이다.

2. 자신의 땅이 주는 즐거움들과 쾌락들을 의지하여 산 자들이 이방 땅으로 끌려가서, 그들이 교만하고 자신만만해했던 것을 부끄러워하게 되리라는 것. 그들은 사로잡혀 가게 될 것이다.

3. 감각의 즐거움들을 자신의 행복으로 삼아서 거기에 마음을 쏟았던 자들이 그 즐거움들을 박탈당하게 되리라는 것. 그들이 자주 열었던 주연(酒宴)은 사라질 것이고, 그들은 고생스럽게 산다는 것이 무엇인지를 알게 될 것이다.

4. 넓은 침상에서 기지개를 켜며 자던 자들이 좁은 공간에 몸을 쪼그리고 자게 되리라는 것.

5. 흉한 날이 멀다 하던 자들이 그 날이 다른 사람들에게보다 그들에게 더 가깝다는 것을 발견하게 되리라는 것. 그들은 환난이 오더라도 그들은 맨마지막으로 거기에 붙잡히게 될 것이라는 소망을 품고서 기분 좋아 하였지만, 실제로는 사로잡히는 자 중에 가장 먼저 사로잡혀 가게 될 것이다. 다른 사람들의 환난이나 하나님의 교회의 환난을 마음에 두지 않는 자들은 그들이 환난을 당할 날을 재촉하고 있는 것이다. 하나님이 애곡하라고 명령하셨는데도 쾌락을 즐기는 자들은 그것이 벌을 받지 않고 그대로 넘어갈 수 없는 죄라는 것을 알게 될 것이다(사 22:14).

⁸만군의 하나님 여호와의 말씀이니라 주 여호와가 당신을 두고 맹세하셨노라 내가 야곱의 영광을 싫어하며 그 궁궐들을 미워하므로 이 성읍과 거기에 가득한 것을

원수에게 넘기리라 하셨느니라 ⁹한 집에 열 사람이 남는다 하여도 다 죽을 것이라 ¹⁰죽은 사람의 친척 곧 그 시체를 불사를 자가 그 뼈를 집 밖으로 가져갈 때에 그 집 깊숙한 곳에 있는 자에게 묻기를 아직 더 있느냐 하면 대답하기를 없다 하리니 그가 또 말하기를 잠잠하라 우리가 여호와의 이름을 부르지 못할 것이라 하리라 ¹¹보라 여호와께서 명령하시므로 타격을 받아 큰 집은 갈라지고 작은 집은 터지리라 ¹²말들이 어찌 바위 위에서 달리겠으며 소가 어찌 거기서 밭 갈겠느냐 그런데 너희는 정의를 쓸개로 바꾸며 공의의 열매를 쓴 쑥으로 바꾸며 ¹³허무한 것을 기뻐하며 이르기를 우리는 우리의 힘으로 뿔들을 취하지 아니하였느냐 하는도다 ¹⁴만군의 하나님 여호와의 말씀이니라 이스라엘 족속아 내가 한 나라를 일으켜 너희를 치리니 그들이 하맛 어귀에서부터 아라바 시내까지 너희를 학대하리라 하셨느니라

이 장의 전반부에서 우리는 이 안일한 이스라엘 사람들이 마치 삶을 충분히 즐기지 못하였다는 듯이 쾌락에 빠져 사는 모습을 보았는데, 여기에서는 하나님이 마치 그들을 충분히 비참하게 만들지 못하였다는 듯이 벌들을 그들에게 쏟아 붓는 모습을 보게 될 것이다.

I. 이 경고의 말씀은 아주 강력한 끈으로 묶여 있다는 것. 따라서, 그들이 아무리 제멋대로 추측하고 안일하게 생각한다고 할지라도, 그들은 결코 이 경고의 말씀을 떨쳐 버릴 수 없다. 왜냐하면, 이 말씀은 만군의 하나님 여호와, 즉 아무도 거역할 수 없는 하나님의 강력한 손길에 의해서 묶여 있기 때문이다. 이 경고의 말씀은 맹세로 묶여 있기 때문에, 이 선고를 취소하는 것은 불가능하다. 여호와는 맹세하고 변하지 아니하시리라(시 110:4). 하나님은 자기보다 더 큰 자가 없기 때문에 자기 자신을 걸고서 맹세하신다. 하나님은 자기가 목적한 바를 집행할 수 있으시고 그 목적을 바꾸실 수 없으시기 때문에, 하나님 자신이 어떤 자들을 영원히 멸망시키겠다고 맹세하며 말씀하셨다면, 그 자들의 처지는 참으로 끔찍하고 비참할 수밖에 없다!

II. 이 경고의 말씀은 너무나 무겁다는 것. 세부적인 내용들을 살펴보자.

1. 하나님은 그들을 혐오하여 버리시리라는 것. 이것은 차고 넘치는 비참함, 온갖 비참함을 함축하고 있는 말씀이다. 내가 야곱의 영광, 즉 그들이 자랑하고 소중히 여기는 모든 것들, 그들로 하여금 그들 자신을 나라들의 지도자들로 여기게 만든 모든 것들을 싫어한다. 가시적인 교회의 구성원이라는 그들의 지위

와 거기에 따른 특권들, 그들의 성전과 제단과 제사장단 — 이런 것들은 다른 무엇보다도 야곱이 지닌 탁월한 것들이었다. 그러나 이런 것들이 그들의 죄로 말미암아 더럽혀지고 속된 것이 되어 버렸을 때, 하나님은 그런 것들을 몹시 싫어하셨다. 하나님은 그런 것들을 미워하시고 멸시하셨다(5:21). 위선자들은 경건의 능력을 몹시 싫어하지만, 하나님은 위선자들이 유지하고 있는 그 경건의 모양을 몹시 싫어하신다는 것을 명심하라. 그들이 성전에서 짓는 죄로 인하여 하나님이 그들의 성전을 몹시 싫어하신다는 것을 생각하면, 하나님이 그들의 궁궐들에서 저질러지는 불의와 압제들로 인해서 그 궁궐들을 미워하시는 것은 전혀 이상한 일이 아니다. 우리가 어떤 피조물을 의지하며 흡족해하여 그 피조물을 하나님의 경쟁자가 되게 하면, 그 피조물은 하나님께 가증스러운 것이 된다는 것을 명심하라. 하나님은 죄인들의 궁궐들을 미워하시는데, 이것은 거기에 사는 자들의 악행 때문이다. 악인의 집에는 여호와의 저주가 있다(잠 3:33). 하나님이 그들의 궁궐들을 몹시 싫어하게 되면, 즉시 하나님은 그 성읍과 거기에 가득한 것을 원수의 수중에 넘겨서, 그 원수로 하여금 그 성읍을 초토화시키며, 그 모든 재물을 노략하게 만드신다. 하나님이 몹시 싫어하셔서 버리신 자들은 어떤 계획을 세우고 무슨 일을 해도 되는 것이 없을 것임을 명심하라.

2. 그들 가운데 큰 살육이 있으리라는 것(9절). 한 집에 열 사람이 원수의 칼을 용케 피하여 살아 남는다 하여도, 그들은 기근이나 전염병 등과 같은 또 다른 재앙을 만나 다 죽을 것이다. 아무리 좋지 않은 때에라도, 두 사람이 한 자리에 누워 있는 경우에 하나는 데려감을 얻고 하나는 버려둠을 당할 것(눅 17:34)이라 하셨으니, 한 집에 열 사람이 있으면 적어도 그 절반은 목숨을 건지게 될 것이라고 우리는 생각할지 모른다. 그러나 여기에서는 열 사람이 다 죽어서 시체를 묻어줄 사람도 없게 될 것이라고 말한다. 큰 살육이 벌어질 것을 보여주는 또 하나의 예는 죽은 자들의 가장 가까운 친척들은 그 시신들을 매장해 줄 일손을 구하지 못해서 자신의 손으로 그 시신들을 거두어서 묻지 않을 수 없게 되리라는 것이다(10절). 그 죽은 자들을 속(贖)할 권리를 지닌 가장 가까운 친척들이 할 수 있는 일은 시신을 묻어 주는 것이 전부일 것이기 때문에, 그들은 정말 마지 못해서 그 일을 하게 될 것이다. 이것은 젊은 사람들이 가장 먼저 죽게 되리라는 것을 보여주는 것이다. 왜냐하면, 살아 남아서 시신을 묻어줄 친척은

본문에서 삼촌으로 지칭되고 있는 손윗사람이기 때문이다(여기에서 친척으로 번역된 단어는 삼촌을 의미한다). "죽은 사람의 친척은 그 시체를 불사를 자와 함께 와서 그 뼈를 집 밖으로 가져갈 때에 그 집 곁에 있는 자에게 너와 함께한 자가 아직 더 있느냐, 즉 너 말고 살아 있는 자가 또 있느냐고 말할 것이고, 그는 '나 말고는 없으니, 온 가족이 몰살을 당하여서 뿌리나 가지나 남아 있는 것이 없다'고 말할 것이다." 그러나 우리가 이 심판을 보면서 더욱 가슴 아픈 것은 그들의 마음이 이 심판을 겪으면서 더 완악해진 것으로 보인다는 것이다. "집 옆에서 발견된 자가 시신들을 밖으로 가져 나오고 있던 자들과 대화를 나누기 시작할 때, 그들은 이렇게 말할 것이다. '잠잠하라. 이 재앙과 관련해서 하나님의 섭리니 뭐니라고 하며 우리에게 설교할 생각일랑 하지 말라. 왜냐하면, 우리는 여호와의 이름을 불러서는 안 되기 때문이다. 하나님은 우리에게 대단히 화가 나 계시기 때문에, 우리가 하나님께 할 말이 없다. 하나님은 우리가 무엇을 잘못 했는지를 너무나 꼼꼼하게 기록하고 계시기 때문에, 우리는 하나님의 이름을 입에 담기조차 두렵다.'" 이런 식으로, 사람들이 미련하므로 자기 길을 굽게 하고 곤고하게 된 후에 마음으로 여호와를 원망한다(잠 19:3). 그들은 환난을 당하여 곤고한 가운데서도 하나님의 손길을 인정하려 하지 않고, 주위 사람들이 하나님의 섭리를 들먹이는 것조차 가로막는다. 모세의 율법이 이방 신들의 이름을 입에 담는 것을 금지하였듯이, 우상을 숭배하던 몇몇 왕들이 여호와의 이름을 입에 담는 것을 금지하였던 것 같다: "여호와의 이름을 입에 담으면 반드시 화를 당하리라." 하나님이 손을 뻗치셔서 그들을 치심으로 여기에서 보는 것처럼 질병과 죽음이 그들의 가족들 가운데 횡행하는데도, 하나님의 이름을 입에 담으려 하지도 않고 하나님을 섬기려 하지도 않는 자들은 그 마음이 정말 형편없이 완악해진 것임을 명심하라. 하나님이 속박할지라도 도움을 구하지 아니하고, 하나님이 그들을 묶으시는데도 부르짖지 않는 자들은 진노를 쌓고 있는 것이다(욥 36:13).

3. 그들의 집들이 파괴되리라는 것(11절). 하나님의 타격을 받아 큰 집은 갈라지고 작은 집은 터지리라. 그들의 집들은 갈라지고 터져서 그 아름다움과 튼튼함을 잃고서 급속하게 무너져가게 될 것이다. 고관대작들의 궁궐 같은 집이라고 해서 하나님의 공의에 의한 책망에서 벗어나 우뚝 솟아 있지 못할 것이고, 가난한 자들의 초가집이라고 해서 하나님의 심판에서 벗어나 안 보이는 곳에

숨어 있지 못할 것이다. 그 어느 쪽도 피하지 못할 것이다. 죄가 그들의 집들에 멸망의 표시를 해놓은 이상, 하나님은 반드시 그 집들을 무너뜨리실 것이다. 집들이 갈라지고 터지는 것은 하나님의 명령에 따른 것이다.

Ⅲ. 그들이 이러한 경고를 받는 것은 지극히 합당하다는 것. 우리가 이 일을 올바르게 이해한다면, 우리는 여호와께서 의로우시다고 말하게 될 것이다.

1. 하나님이 그들을 바꾸어 놓기 위해서 사용하셨던 온갖 방법들은 다 소용이 없었고 효과를 거두지 못하였다는 것(12절). 말들이 어찌 바위 위에서 거기에 있는 땅을 일구겠다고 달리겠으며, 소가 어찌 거기서 밭 갈겠느냐. 그런 일은 없다. 왜냐하면, 그것은 수고에 대한 보상이 없는 무익한 일이 될 것이기 때문이다. 하나님은 그들의 묵은 땅을 기경하기 위해서(호 10:12) 그들에게 그의 선지자들을 계속해서 보내셨다. 그러나 선지자들은 그들이 바위처럼 딱딱하고 완고하며 거칠고 험악한 자들이라는 것을 발견하였고, 그들에게는 전혀 말이 통하지 않고 그 어떤 말을 해도 소용이 없다는 것을 알았다. 그러므로 선지자들은 더 이상 그런 시도를 하지 않을 것이다. 하나님은 그들을 바로잡을 수 없으시기 때문에 더 이상 그들을 책망하지 않으시고, 완전히 버리실 것이다. 밭이나 포도원으로 개간되지 않는 자들은 바위투성이의 불모지로 여겨져서 버림을 받게 되리라는 것을 명심하라(히 6:7-8).

2. 그들은 그들에게 주어진 힘을 악용하여 많은 사람들에게 불의와 압제를 행하였기 때문에, 최고의 재판장이신 하나님은 그들에 의해서 침해된 자들의 권리를 구제해 주실 뿐만 아니라 그 원수를 갚아 주시리라는 것. 너희는 정의를 욕지기나게 하는 쓸개로 바꾸며, 의의 열매를 유해한 쓴 쑥으로 바꾸었다. 정의를 세우도록 위임을 받은 자들이 정의를 지키며 밑받침하기 위해서 사용해야 마땅한 그들의 권력으로 공평을 무너뜨리고, 정의를 지키라고 그들에게 주어진 무기들을 도리어 정의 자체를 무너뜨리기 위하여 사용하는 것을 보는 것은 정말 메스꺼운 일일 것이다. 하나님을 섬기는 우리의 섬김들이 죄로 인하여 시어지게 되었다면, 하나님의 섭리들이 우리에게 쓰디쓰게 되는 것은 마땅한 일임을 명심하라.

3. 그들은 그들 자신의 힘을 믿고서 하나님의 심판들을 무시하였고, 그들이 전능하신 하나님을 충분히 상대할 수 있다고 생각하였다는 것(13절). 그들은 허무한 것을 기뻐하였고, 그 어떤 재앙도 그들에게 임하지 않을 것이라는 망상

에 사로잡혀서 희희낙락하였지만, 사실 그들에게는 그런 자신감을 가질 이유가 전혀 없었고, 그들에게 어려움이 닥쳤을 때에 그들이 믿고 의지할 것이 아무것도 없었다. 그들은 이렇게 말하였다: "우리가 우리의 힘으로 뿔들을 취하지 아니하였느냐. 우리가 우리의 능력과 담력, 우리의 부와 군사력으로 이 큰 위엄과 통치권을 확보하고, 우리의 원수들을 무찔러 승리하지 않았느냐. 그러니, 우리가 누구를 두려워할 이유가 어디에 있으며, 누구에게 알랑거릴 이유가 어디에 있느냐. 하나님이라고 해서, 우리가 그를 두려워하고 그에게 알랑거릴 이유가 있느냐." 사람들은 흔히 형통하고 성공하면 자신만만해져서 오만방자하고 눈에 보이는 것이 없게 된다는 것을 명심하라. 많은 일을 성취한 자들은 하나님 없이도, 아니 하나님을 대적해서도 무슨 일이든 할 수 있다고 생각한다. 그러나 그들 자신의 힘을 믿고 의지하는 자들은 허무한 것을 기뻐하는 것이고, 그들 자신도 언젠가는 그 실상을 알게 된다. 그들은 아마도 그들의 입에서 나온 아주 많은 말로 이것을 말하지는 않았을 것이고, 그들의 마음과 행위로 이것을 말하였을 것이지만, 하나님은 그들의 마음과 행위를 다 아신다.

Ⅳ. 하나님은 아주 쉽고 효과적인 방법으로 이 경고의 말씀이 그들에게 이루어지게 하시리라는 것(14절).　이 말씀을 그들에게 이루실 분은 만군의 하나님 여호와, 자기 뜻대로 하시는 것이 허락되고 자기 뜻대로 하실 수 있으신 하나님, 모든 피조물들을 부리시는 하나님, 어떤 일을 하고자 하실 때에는 그 일을 잘 해낼 수 있는 도구들을 반드시 찾아내시는 하나님이시다. 비록 그들은 이스라엘 족속이지만, 하나님은 그들이 두려워하기는커녕 많이 의지하였던 한 나라, 곧 앗수르를 일으켜 그들을 치실 것인데, 이 나라는 북쪽에 있는 하맛 어귀에서부터 남쪽에 있는 아라바 시내, 즉 애굽의 강인 시홀 또는 나일까지 그들을 학대하고 괴롭히며 궁지에 몰아넣고 고통을 줄 것이다. 이스라엘 온 나라가 범죄에 가담하였기 때문에, 그 재앙도 함께 받게 될 것이다. 사람들이 어떤 식으로든 우리를 괴롭히는 도구들이 되었다면, 우리는 하나님이 우리를 치시기 위해서 그들을 일으키셨다는 것을 알아야 한다. 왜냐하면, 그들은 하나님의 손에 들린 회초리이자 칼이기 때문이다. 하나님은 시므이에게 명하여 다윗을 욕하며 저주하게 하셨다.

제
— 7 —
장

개요

이 장에서 우리는 다음과 같은 내용들을 본다. I. 하나님이 심판들을 경고하시며 이스라엘과 다투심. 1. 하나님이 많은 심판들을 내리시려다가 아모스의 기도로 말미암아 연기하시거나 돌이키심(1-6절). 2. 그들의 계속된 고집 때문에 하나님의 인내심이 마침내 바닥이 나서, 그들을 버리시고, 그들에게 철저한 멸망을 선고하심(7-9절). II. 이스라엘이 아모스 선지자를 배척하는 방식으로 하나님과 다툼. 1. 아마샤가 아모스를 고발하고(10-11절), 아모스를 공공의 적(敵)으로 규정하여 그 나라에서 몰아내고자 애를 씀(12-13절). 2. 아모스가 선지자로서 자기가 한 일이 옳다고 항변하고(14-15절), 그를 박해한 아마샤에 대하여 하나님의 심판을 선포함(16-17절). 하나님과 사람이 다툴 때, 누가 여지없이 패하게 될 것인지를 예측하는 것은 아주 쉬운 일이다.

[1]주 여호와께서 내게 보이신 것이 이러하니라 왕이 풀을 벤 후 풀이 다시 움돋기 시작할 때에 주께서 메뚜기를 지으시매 [2]메뚜기가 땅의 풀을 다 먹은지라 내가 이르되 주 여호와여 청하건대 사하소서 야곱이 미약하오니 어떻게 서리이까 하매 [3]여호와께서 이에 대하여 뜻을 돌이키셨으므로 이것이 이루어지지 아니하리라 여호와께서 말씀하셨느니라 [4]주 여호와께서 또 내게 보이신 것이 이러하니라 주 여호와께서 명령하여 불로 징벌하게 하시니 불이 큰 바다를 삼키고 육지까지 먹으려 하는지라 [5]이에 내가 이르되 주 여호와여 청하건대 그치소서 야곱이 미약하오니 어떻게 서리이까 하매 [6]주 여호와께서 이에 대하여 뜻을 돌이켜 주 여호와께서 이르시되 이것도 이루지 아니하리라 하시니라 [7]또 내게 보이신 것이 이러하니라 다림줄을 가지고 쌓은 담 곁에 주께서 손에 다림줄을 잡고 서셨더니 [8]여호와께서 내게 이르시되 아모스야 네가 무엇을 보느냐 내가 대답하되 다림줄이니이다 주께서 이르시되 내가 다림줄을 내 백성 이스라엘 가운데 두고 다시는 용서하지 아니하리니 [9]이삭의 산당들이 황폐되며 이스라엘의 성소들이 파괴될 것이라 내가 일어나 칼로 여로보암의 집을 치리라 하시니라

우리는 여기에서 화를 돋구는 백성에 대하여 하나님이 오래 참으시지만 언제까지나 참으시지는 않으신다는 것을 보게 되는데, 하나님은 여기에서 이 둘 모두를 아모스 선지자에게 보여주신다. 주 여호와께서 내게 보이신 것이 이러하니라(1, 4, 7절). 하나님은 그에게 현재의 상황을 보여주셨고, 장래의 일을 미리 보여주셨으며, 그가 행하신 일과 계획하신 일을 둘 다 그에게 알게 하셨다. 왜냐하면, 주 여호와께서는 자기의 비밀을 그 종 선지자들에게 보이지 아니하시고는 결코 행하심이 없으시기 때문이다(3:7).

I. 하나님이 심판 가운데서도 긍휼을 기억하셔서 그들을 살려 두시는 것을 보여주는 두 가지 예. 이 두 이야기는 아주 중요한 것으로서, 서로 아주 흡사한 내용을 다루고 있기 때문에 한데 묶어서 살펴보는 것이 가장 좋다.

1. 하나님은 여기에서 처음에는 이런 심판, 다음에는 저런 심판으로 이 죄악된 나라를 치시기 위하여 나아오심.

(1) 하나님이 기근의 심판으로 시작하심. 아모스 선지자는 이상(異象) 가운데서 이것을 보았다. 그는 하나님이 메뚜기들을 이 땅에 보내셔서 이 땅의 소산들을 다 먹어 치우게 하심으로써, 이 땅에서 그 아름다움을 벌거벗기고 그 주민들을 굶주려 죽게 만드시기 위해서, 메뚜기들을 지으시는 것을 보았다(1절). 하나님은 단지 피조물들로서가 아니라(코끼리 같은 큰 생물만이 아니라 개미 같은 작은 생물을 지으신 것 속에서도 하나님의 지혜와 능력은 그대로 드러난다), 그의 진노의 도구들로서 이 메뚜기들을 지으셨다. 성경에서는 하나님이 죄악된 백성을 치시기 위해서 재앙을 내릴 계책을 세우신다고 말한다(렘 18:11). 이 메뚜기들은 땅의 풀을 다 먹도록 하기 위해서 의도적으로 하나님이 계책을 세워서 지으신 것들이었다. 하나님은 그들에게 재앙을 내리기 위하여 세우신 계책에 따라서 엄청난 수의 메뚜기들을 준비하셨고, 왕이 풀을 벤 후 풀이 다시 움돋기 시작할 때에 그 메뚜기들을 보내셨다. 우리는 여기에서 하나님이 그들에게 긍휼을 베푸시는 한 행동을 통해서 그 심판을 어떻게 완화시켜 주셨는지를 볼 수 있다. 하나님은 사람들에게 풀이 가장 많이 필요하고 최상의 풀이 자라나는 봄철에 풀이 처음으로 움돋기 시작할 때에 그 풀을 먹어 치우도록 메뚜기들을 보내실 수도 있으셨다. 그러나 하나님은 처음에 나는 풀이 다 자라서 그들이 그 풀을 거두어들일 때까지 기다리셨다. 왕의 풀이 베어져서 안전하게 곳간에 저장되었다. 왕도 밭의 소산을 받아 살아가기 때문에(전 5:9), 만약 왕의 다

른 수입이 들어오지 않는 경우와 마찬가지로 이 풀을 베어서 저장하지 않는 경우에도 왕은 곤란을 겪을 것이었다. 당시 유다의 왕이었던 웃시야는 농사를 좋아하였다(대하 26:10). 하나님은 처음 난 풀에 비해서 별 가치가 없는 나중에 난 풀만을 먹어 치우라고 메뚜기들에게 명령하셨다. 하나님이 우리에게 계속해서 베푸시는 긍휼들은 그가 우리에게서 제거하시는 긍휼들보다 그 수가 더 많고 더 가치 있는 것들이기 때문에, 우리는 불평하지 말고 감사하여야 마땅하다. 우리는 두 번째로 난 풀에 대하여 실망하게 되었을 때, 하나님이 긍휼을 베푸셔서 처음 난 풀을 우리로 거두어들일 수 있게 해주신 것을 기억하고서, 하나님의 뜻에 기꺼이 순복하여야 한다. 아모스 선지자는 이상 가운데서 이 심판이 광범위하게 시행되는 것을 보았다. 이 메뚜기들은 가축들이 먹어야 할 땅의 풀을 다 먹어 치웠기 때문에, 가축들을 키우는 자들은 이것으로 인해서 큰 고통을 겪을 것이 뻔하였다. 어떤 이들은 이 구절을 비유적으로 해석해서, 다른 나라의 군대가 그들에게 쳐들어와서 모든 것을 초토화시킬 것임을 보여주는 것이라고 이해한다. 북왕국 이스라엘은 이전 왕들의 시대에 황폐화되었다가 여로보암 시대에 차차 회복되기 시작하였다(왕하 14:25). 아람 왕들이 그들을 벤 후에(왕하 13:3), 나중에 난 풀이 다시 움돋기 시작하자, 하나님은 앗수르 왕에게 황충 같은 군대를 이끌고 와서 그들을 쳐서 초토화시키라는 임무를 주셨고, 그 나라의 군대는 하맛 어귀에서부터 아라바 시내까지 그들을 학대하고 괴롭혔다(14절). 이스라엘의 이 영토는 여로보암이 하맛 어귀에서부터 아라바 바다까지의 영토를 회복하였다고 한 바로 그 지경(地境)이었던 것 같다(왕하 14:25). 하나님은 우리가 모든 것이 꽤 회복되었다고 생각할 그 때에 모든 것을 초토화시키실 수 있으시다.

(2) 하나님이 그의 전통에는 화살들이 많고, 죄악된 나라를 낮추기 위한 많은 방법들이 있다는 것을 보여주시기 위해서 불의 심판으로 나아가심(4절). 주 여호와께서 명령하여 불로 징벌하게 하셨다. 하나님은 그들과 다투셨다. 왜냐하면, 하나님이 어느 백성에게 심판을 내리신다면, 그것은 하나님이 그들과 다투시는 것이기 때문이다. 심판들을 행하시는 것은 하나님이 그들을 상대로 소송을 제기하시는 것이다. 하나님의 다투심들은 까닭이나 근거가 없는 것이 아니다. 하나님은 다투실 것을 명령하셨다. 하나님은 그의 선지자들을 통해서 그가 그들과 다투시겠다는 뜻을 통지하셨고, 그의 다툼의 취지를 적은 고소장을 작

성하셨다. 또는, 하나님은 이 다툼에 쓰임받게 될 그의 천사들 또는 그의 공의를 집행할 그 밖의 다른 일꾼들을 부르셨다. 하나님은 그들 가운데에 불을 붙이셨다. 이것은 큰 가뭄을 의미할 수도 있고(땅을 따뜻하게 해주어야 할 태양의 열기가 도리어 땅을 뜨겁게 달구어서, 메뚜기들이 풀의 줄기들을 먹어 치운 후에 남은 풀의 뿌리들을 말라 죽였다), 사람들의 뼈 속에서 불 같은 화끈거림을 불러일으키는 심한 열병이 퍼져서 많은 사람들을 집어삼킨 것을 의미할 수도 있으며, 소돔과 고모라처럼 하늘로부터 내려온 벼락이 그들의 집을 태워 버린 것을 의미할 수도 있고(4:11), 사고나 원수의 손에 의해서(불과 칼은 흔히 서로 함께 하기 때문에) 그들의 성읍들이 불타버린 것을 의미할 수도 있다. 들판이 메뚜기들에 의해서 초토화되었듯이, 성읍들은 이런 식으로 초토화되었다. 하나님이 호출하신 이 불에 의한 심판은 그야말로 끔찍한 것이었다. 하늘로부터 내려와서 엘리야의 제단 위에 떨어진 불이 도랑에 있던 물까지 다 핥아서 말려버렸듯이, 이 불은 큰 바다를 삼켰다. 그들이 이 불을 막고 끄기 위해서 큰 바다 같이 많은 물을 끌어모았지만, 그 불은 그 물을 다 삼켜 버렸다. 하나님의 진노에 의해서 붙여진 불 앞에서 누가 또는 무엇이 설 수 있겠는가! 그 불은 그 불이 떨어진 성읍들의 큰 부분을 먹어 치웠다. 또는, 그 불은 이스라엘 진영 끝을 사른 다베라의 불과 같았다(민 11:1). 이 불이 붙었을 때에 어떤 사람들은 완전히 엎드러졌고, 어떤 사람들은 불붙는 가운데 빼낸 나무 조각 같이 되었다(4:11). 이 불은 모든 것을 다 삼켜야 마땅했지만, 단지 일부만을 먹어 치웠다. 왜냐하면, 하나님은 그의 진노를 부으시되, 끝까지 남김없이 다 퍼붓지는 않으시기 때문이다.

2. 아모스 선지자가 심판들을 준비하시는 하나님 앞에 나아가서, 그의 진노를 돌이키실 것을 기도로 구함(2절). 선지자는 이상 가운데서 이 황충들이 무시무시한 일을 행하는 것을 보고, 즉 그것들이 땅의 풀을 다 먹어 치우는 모습을 보고서(이 황충들은 그대로 두었다가는 정말 땅의 모든 풀을 먹어 치울 것처럼 보였다), 주 여호와여 청하건대 사하소서(2절) 또는 주 여호와여 청하건대 그치소서(5절)라고 소리쳤다. 그는 백성들에게 말씀을 전할 때에는 심판을 예언하였지만, 그들을 위하여 중보기도할 때에는 그 심판을 면제해 주시기를 간청하였다. 그는 선지자라 그가 너를 위하여 기도하리라(창 20:7). 선지자들의 임무 중의 하나는 그들의 예언을 듣는 자들을 위하여 기도하는 것이고, 그들이 비록 심판

을 선포하였지만 재앙의 날을 원하지 않는다(렘 17:16)는 것을 나타내 보이는 것이었다. 하나님이 그의 선지자들에게 다가올 재앙들을 보여주신 것은 그들로 하여금 백성들의 편이 되어서 그들에게 경고할 뿐만 아니라 그들을 위하여 기도하고, 저 큰 선지자였던 모세가 자주 그랬듯이 무너진 데를 막아 서서 하나님의 진노를 돌이키게 하기 위한 것이었다. 좀 더 자세하게 살펴보자.

(1) 선지자의 기도.

[1] 주 여호와여 청하건대 사하소서(2절). 그는 이 백성의 죄를 거두어 가 주시라고 기도하였다. 그는 이 환난의 밑바닥에는 죄가 있다는 것을 알았기 때문에, 죄 사함을 받는 것이야말로 구원받기 위한 토대가 된다고 결론을 내리고서, 가장 먼저 죄 사함을 위하여 기도하였다. 우리가 개인적으로나 공적으로 어떤 재난 아래 있든지, 죄 사함은 우리가 하나님께 가장 간절하게 구해야 하는 것임을 명심하라.

[2] 주 여호와여 청하건대 그치소서(5절). 그는 하나님의 심판을 거두어 가 주시라고 기도하였다. 심판의 불을 그치시고, 다투시는 것을 그치소서. 우리를 향한 주의 분노를 그치소서. 이것은 죄 사함 후에 뒤따라온다. 원인을 제거하면, 결과도 그치게 될 것이다. 하나님이 다투시는 자들은 하나님이 그들과 다투시는 것을 그쳐 주시라고 부르짖을 필요가 있다는 것을 곧 알게 될 것임을 명심하라. 하나님이 우리와 다투시는 것을 시작하셨고 한참 동안 진행해 오셨을지라도, 우리에게는 하나님이 그 다투시는 것을 그치시게 할 소망이 여전히 남아 있다.

(2) 선지자가 그의 기도에 힘을 싣기 위해서 근거를 제시하며 호소함. 야곱이 미약하오니 어떻게 서리이까(2절). 이러한 호소는 5절에서도 반복되지만, 그것은 헛된 반복이 아니다. 그리스도께서도 고민하고 슬퍼하시면서 같은 말씀으로 여러 차례 반복해서 간절하게 기도하셨다(마 26:44).

[1] 그가 중보 기도를 하고 있는 대상은 야곱, 즉 하나님을 믿고 하나님의 이름으로 불리며 하나님의 이름을 부르는 백성, 야곱의 자손, 하나님의 택하신 자들, 하나님과 계약을 맺은 백성이라는 것. 그가 이 중보 기도를 통해서 야곱의 하나님 앞에 펼쳐 놓고 있는 것은 야곱이 처한 형편이었다.

[2] 야곱이 미약하다는 것. 선지자는 야곱이 하나님이 보내신 이전의 심판들로 인해서 약화되고 낮아져서 이미 아주 미약해져 있다고 호소한다. 그러므로

하나님이 계획하신 심판들을 그들에게 보내시면, 그들은 완전히 망하여 사라지게 될 것이다. 백성들의 남아 있는 수는 얼마 되지 않는다. 한때는 이루 헤아릴 수 없이 많았던 야곱의 티끌은 지금은 금방 셀 수 있을 만큼 얼마 남지 않았다. 이렇게 얼마 남지 않은 자들조차도 연약하다(그들은 버러지 같은 야곱이다, 사 41:14). 그들은 스스로를 도울 수도 없고, 서로를 도울 수도 없다. 죄는 순식간에 큰 백성을 작게 만들어 버리고, 무수한 백성의 수를 금방 셀 수 있을 정도의 백성으로 만들어 버리며, 풍요로운 백성을 빈곤하게 만들어 버리고, 용기 있는 백성을 겁쟁이로 만들어 버린다.

[3] 야곱이 누구를 의지해서 서리이까. 야곱은 넘어졌고, 자기 힘으로는 일어날 수 없게 되었다. 그를 돕거나 일으켜 세워줄 친구는 아무도 없기 때문에, 오직 하나님의 손길만이 그 일을 하실 수 있다. 하나님이 그를 일으켜 세워 주어야 할 그 손길을 도리어 그를 치시기 위하여 뻗치신다면, 그가 어떻게 되겠는가? 하나님의 교회가 아주 낮아져서 스스로는 어찌 할 수 없는 처지에 놓였을 때, 우리는 하나님이 교회를 불쌍히 여겨 주시라고 기도하는 것이 마땅하다.

3. 하나님이 아모스 선지자의 기도에 응답하셔서, 여러 차례에 걸쳐서 그의 다투심을 거두어들이심(3절). 여호와께서 이에 대하여 뜻을 돌이키셨다. 하나님이 그의 마음과 뜻을 바꾸신 것은 아니었다. 왜냐하면, 하나님은 한 마음과 한 뜻을 지니고 계시기 때문에, 아무도 그것을 바꿀 수 없기 때문이다. 그러나 하나님은 방법을 바꾸어서 다른 조치를 취하실 수는 있으시기 때문에, 진노가 아니라 긍휼로 그들을 대하기로 마음을 정하셨다. 하나님은 이것이 이루어지지 아니하리라(3절) 또는 이것도 이루지 아니하리라(6절)고 말씀하셨다. 황충들에게 내려진 명령은 취소되었고, 황충들은 다시 소환되었다. 심판의 불의 진행도 멈추었다. 이런 식으로, 심판은 연기되었다. 기도의 능력을 보라. 기도가 얼마나 역사하는 힘이 크고 어떤 큰 일들을 이루어내는지를 보라(약 5:16). 재판장에게 간구를 드림으로써 심판이 멈춰진 일은 많이 있었다. 이스라엘을 살려 주시라고 간구하여 이스라엘이 목숨을 건진 것은 이번이 처음이 아니었다. 기도하는 백성, 기도하는 선지자들은 한 나라에 있어서 아주 큰 축복이기 때문에, 우리는 그들을 아주 소중히 여겨야 마땅하다. 만약 그런 자들이 무너진 데를 막아서서 기도함으로써 위기를 지나가게 하지 않았다면, 하나님의 심판을 받아서 멸망하였을 나라는 무수히 많았을 것이다. 하나님이 얼마나 기꺼이 그리고 신

속하게 긍휼을 베풀어 주시는지, 하나님이 은혜를 베푸시려고 얼마나 간절하게 기다리시는지를 보라. 아모스가 심판을 연기해 주실 것을 탄원하여 허락을 받은 것은 하나님께 그것을 기꺼이 허락하시고자 하는 마음이 있으시기 때문이고, 하나님이 그것을 위하여 중보 기도를 하는 자가 있기를 바라시며 부지런히 살피고 계시기 때문이다(사 59:16). 하나님은 이전에도 여러 차례 심판을 연기해 주셨다는 것을 이유로 들어서 더 이상 긍휼을 베푸시기를 거절하시는 것이 아니라, 도리어 자기가 계속해서 그러한 긍휼을 베풀어 주기를 기도하고 바라라고 그들을 격려하신다. 하나님은 저번에도 그러셨듯이, 이번에도 심판을 연기해 주실 것이다. 하나님이 무수히 죄를 사하시고, 일곱 번씩 일흔 번이라도 살리시고 용서하시는 것은 하나님의 영광이다.

Ⅱ. 하나님이 여러 차례 심판을 연기해 주셨지만 결코 자기 행실을 고치고자 하지 않고, 여러 차례 궁지에 몰렸으면서도 하나님께로 돌아와서 자신의 본분을 다하고자 하지 않은 자들을 마침내 버리심. 이것은 하나님이 아모스 선지자에게 이상 가운데서 보여주신 것이었고(7-8절), 이스라엘의 철저한 멸망에 관한 분명한 예언이었다(9절).

1. 선지자가 다림줄에 관한 이상을 봄. 다림줄은 그 끝부분에 납으로 된 추(錘)가 달려 있는 줄로서, 벽돌공이 담이 직선으로 똑바로 쌓여졌는지를 확인할 때에 사용하는 도구였다.

(1) 이스라엘은 하나님이 직접 세우신 튼튼한 담이었다는 것. 하나님은 그의 성소를 보호하기 위한 요새나 성채로서 그 담을 높이 세우셨다. 유대 교회는 자신에 대하여 나는 성벽이요 내 유방은 망대 같다(아 8:10)고 말하였다. 하나님은 이 담을 다림줄을 가지고 아주 정확하고 견고하게 쌓으셨다. 이 담의 골격은 아주 멋졌고, 그 짜임새는 아주 좋았으며, 모든 것이 설계도대로 아주 잘 쌓아졌다. 이 담은 놋성벽처럼 오랫동안 견고하게 서 있었다.

(2) 하나님이 이제 이 담 위에 서 계신다는 것. 하나님은 그 담을 붙들고 계시는 것이 아니라, 그 담을 밟고 서셔서, 그 담을 어떻게 해야 할지를 깊이 생각하고 계신다. 하나님이 그 담을 측량하기 위해서 손에 다림줄을 잡고 서 계신 것을 보면, 그 담은 똑바로 서 있지 못하고, 어디가 휘어지거나 불거져 나온 것으로 보인다. 이 다림줄은 어디가 휘어지거나 불거져 나왔는지를 찾아내줄 것이다. 하나님은 이렇게 이스라엘 백성을 시험하셔서, 그들의 악을 찾아내시고, 어디

에서 그들이 잘못되었는지를 보여주고자 하신다. 또한, 하나님은 형평법을 따라서 그들에게 심판을 내리고자 작정하시고서, 다윗이 일정 기준을 정하여 사람들을 살리고 죽이기 위해서 모압 사람들을 줄로 재었듯이(삼하 8:2), 그들의 담을 어느 정도까지 허물어야 할지를 정하시기 위하여 그들 가운데에 다림줄을 드리우고자 하신다. 하나님은 어느 백성을 멸망시키러 오실 때에 정의를 측량 줄로 삼고 공의를 저울추로 삼으실 것이라고 말씀하신다(사 28:17). 왜냐하면, 하나님은 벌하실 때에 정확히 하시기 때문이다. 하나님은 이제 그들을 벌하시기로 작정하셨다. "내가 내 백성 이스라엘을 다시는 용서하지 아니하리라. 내가 전에 그래 왔던 것처럼 그들에 대한 심판을 연기해서 그들을 살려 두는 일은 이제 없을 것이고, 그들에 대한 벌을 돌이키는 일도 없을 것이다(1:3)." 하나님은 오랫동안 우리가 저지른 죄에 대하여 참아 오시지만, 우리가 계속해서 범죄하면 마침내 하나님의 오래 참으심도 끝나게 된다는 것을 명심하라. 하나님이 자주 살려 주신 자들을 더 이상 살려 주시지 않으실 때가 올 것이다. 나의 영이 항상 다투지는 아니하리라(창 6:3). 몇 번의 유예 기간이 있은 후에는 집행의 날이 반드시 올 것이다.

2. 철저한 멸망에 관한 예언(9절).

(1) 백성의 상당수가 그들의 장식이자 방비였던 모든 것들과 더불어서 멸망하게 되리라는 것. 그들은 여기에서 이스라엘, 이삭의 집이라는 호칭과 아울러서 이삭으로도 불리는데(16절), 어떤 이들은 이것이 이삭이라는 이름이 지닌 의미와 연관되어 있다고 생각한다. 이삭은 웃음이라는 뜻이다. 그들은 그들의 모든 이웃 나라들 가운데서 웃음거리가 될 것이다. 그들의 이웃 나라들은 그들을 비웃을 것이다. 황폐함이 그들의 산당들과 성소들, 즉 높은 곳들에 지어진 그들의 성채들이나 신전들에 임할 것이다. 그들이 안전하다고 생각한 그들의 성채들과 성소들만큼이나 신성한 그들의 신전들이 황폐하게 될 것이다. 하나님으로 하여금 그들과 다투시게 만든 두 가지의 것, 즉 그들의 우상 숭배와 그들이 육적으로 의지하는 것들로 인하여, 하나님이 그들을 벌하시고 그들로 수치를 당하게 하기 위해서, 그들의 성채들과 산당들을 초토화시키실 것이다. 그것들이 황폐화되었을 때, 그들은 그들이 받은 벌을 보는 가운데 그들이 저지른 죄와 어리석음이 무엇이었는지를 깨닫게 될 것이다.

(2) 북왕국 전체의 멸망의 전조(前兆)로서 왕가가 먼저 무너지게 되리라는

것. 내가 일어나 여로보암의 집, 즉 당시에 열 지파의 왕이었던 여로보암 2세를 치리라. 여로보암 2세의 왕통은 그의 아들 스가랴가 그를 반역한 살룸에 의해서 백성 앞에서 칼로 죽임을 당함으로써 완전히 끊어졌다(왕하 15:10). 하나님이 사용하신 도구들이 아무리 불의하다고 할지라도, 하나님은 의로우시다. 하나님은 그의 도구들을 통해서 일어나셔서 우상 숭배에 앞장 섰던 왕가를 치셨다. 왕가라고 해서 하나님의 진노의 칼을 피할 수 있는 것은 아니다.

[10]때에 벧엘의 제사장 아마샤가 이스라엘의 왕 여로보암에게 보내어 이르되 이스라엘 족속 중에 아모스가 왕을 모반하나니 그 모든 말을 이 땅이 견딜 수 없나이다 [11]아모스가 말하기를 여로보암은 칼에 죽겠고 이스라엘은 반드시 사로잡혀 그 땅에서 떠나겠다 하나이다 [12]아마샤가 또 아모스에게 이르되 선견자야 너는 유다 땅으로 도망하여 가서 거기에서나 떡을 먹으며 거기에서나 예언하고 [13]다시는 벧엘에서 예언하지 말라 이는 왕의 성소요 나라의 궁궐임이니라 [14]아모스가 아마샤에게 대답하여 이르되 나는 선지자가 아니며 선지자의 아들도 아니라 나는 목자요 뽕나무를 재배하는 자로서 [15]양 떼를 따를 때에 여호와께서 나를 데려다가 여호와께서 내게 이르시기를 가서 내 백성 이스라엘에게 예언하라 하셨나니 [16]이제 너는 여호와의 말씀을 들을지니라 네가 이르기를 이스라엘에 대하여 예언하지 말며 이삭의 집을 향하여 경고하지 말라 하므로 [17]여호와께서 이와 같이 말씀하시기를 네 아내는 성읍 가운데서 창녀가 될 것이요 네 자녀들은 칼에 엎드러지며 네 땅은 측량하여 나누어질 것이며 너는 더러운 땅에서 죽을 것이요 이스라엘은 반드시 사로잡혀 그의 땅에서 떠나리라 하셨느니라

사람들은 여기에서 다음과 같이 예상하는 것이 당연하였다.

1. 이 장의 전반부의 내용을 통해서, 그들은 하나님이 그들에게 회개할 기회를 주시기 위해서 심판을 연기해 주셨다는 것과 그들이 회개하지 않는다면 죄 사함을 얻을 수 없다는 것을 알고서, 정신을 차리고 회개하였을 것이다.

2. 선지자 아모스는 그들에게 임할 심판들을 거두어 주시라고 기도함으로써 그들을 향한 자신의 선의를 보여주었을 뿐만 아니라, 그 심판들을 돌이키는 데에 성공하였기 때문에, 그들에게 적어도 일말의 감사하는 마음이 남아 있었을 것이므로, 그들은 이 선지자를 사랑하게 되었을 것이다.

　그러나 현실은 그런 예상과는 정반대로 진행되었다. 그들은 계속해서 회개하지 않았고, 우리가 아모스에 대하여 듣는 다음 번 소식은 그가 박해를 받고 있다는 것이다. 위대한 성도들이 그들의 원수들을 위하여 기도하는 것은 칭찬받을 일이듯이, 많은 큰 죄인들이 그들을 위하여 기도하는 자들에 대하여 원수 노릇을 한다는 것은 부끄러운 일이다(시 35:13; 109:4).

　I. 왕에게 선지자 아모스에 대한 악의적인 고발이 들어옴(10-11절).　아모스를 고발한 자는 벧엘의 제사장 아마샤, 벧엘에 있던 금송아지 우상을 섬기는 제사장들 중의 우두머리였던 아마샤였다. 어떤 이들은 이 본문을 벧엘에서 공무를 총괄하였던 관리인 벧엘의 주재(主宰) 아마샤로 읽기도 한다. 아마샤가 아모스를 고발한 것은 아모스가 그의 허락을 받지도 않은 채로 예언 활동을 하였기 때문만이 아니라, 아모스가 그의 제단들을 쳐서 예언하기를 그 제단들이 곧 파괴되어 버려질 것이라고 하였기 때문이었다. 이것은 에베소에서 우상들을 만드는 것을 직업으로 삼고 있던 자들이 바울이 그들의 직업을 위태롭게 만드는 전도 활동을 하자 그를 미워하였던 것과 마찬가지였다. 거룩을 가장한 자들 중에서 큰 자들이 흔히 진정으로 거룩하게 된 자들을 대적하는 최악의 원수들이라는 것을 명심하라. 제사장들은 선지자들을 가장 극심하게 박해한 자들이었다. 아마샤는 여로보암에게 아모스를 고발하였다.

　1. 아모스가 뒤집어쓴 죄목은 다름아닌 대역죄(大逆罪)였음. "아모스가 왕을 모반하여 왕을 폐위시키고 살해하고자 하였다. 그는 왕의 자리를 노리고서, 왕을 무력화시키는 가장 효과적인 방법을 실행하고 있다. 그는 왕의 선한 신민들의 마음을 선동하기 위해서 불온한 사상을 주입시킴으로써, 그들로 하여금 왕과 왕의 통치를 좋아하지 않게 만들어서, 점진적으로 왕에 대한 그들의 충성심을 무너뜨리려고 하고 있다. 이런 까닭에, 그의 모든 말을 이 땅이 견딜 수 없어 한다." 아마샤는 온 나라가 아모스에 대하여 격분하고 있고, 그가 전하는 말들을 참을 수 없어 하기 때문에, 백성들은 결코 아모스의 말을 받아들이지 않을 뿐만 아니라 아모스라는 인물 자체를 가만 두지 않을 것이라고 말함으로써, 왕에게 아모스를 어떻게 처리해야 하는지를 교묘하게 심어 넣었다. 아모스가 이스라엘 족속 중에서 왕을 모반하였다는 고발 속에는 아모스가 뻔뻔스럽게 대역죄를 저지르고 있다는 것과 그것이 이 나라에 악영향을 끼치고 있다는 것이 암시되어 있다. 왕과 나라의 가장 좋은 친구들인 형제들을 고발하는 자들이 그

형제들을 왕과 나라의 원수들이자 반역자들이며 이 땅을 괴롭게 하는 자들이라고 모함하는 것은 새삼스러운 일이 아님을 명심하라. 또한, 그런 고발자들이 온 나라 백성의 뜻과는 거리가 먼 그런 내용을 마치 백성들의 뜻인 것처럼 단언해서 말하는 것도 흔한 일이다. 그렇지만, 내가 생각하기에는, 아모스 선지자가 제사장들과는 달리 직설적으로 말씀을 전하는 것을 백성들이 견딜 수 없어 하였다는 것은 엄연한 사실이었을 것이다.

2. 아마샤가 이 고발을 밑받침하기 위해서 아모스가 했다고 제시한 말(11절). 아모스가 말하기를 여로보암은 칼에 죽겠고 이스라엘은 반드시 사로잡혀 그 땅에서 떠나겠다 하나이다(아울러, 아마샤는 아모스가 이런 말을 했다는 것을 증언해 줄 증인들을 이미 확보해 두었을 것이다). 아마샤는 아모스의 이 말을 근거로 삼아서, 아모스가 왕과 이 나라의 원수이기 때문에 가만두어서는 안 된다고 결론을 내린다. 아마샤의 악의를 보라. 아모스가 이스라엘을 위하여 중보 기도를 하였고, 그의 중보 기도를 통해서 하나님의 이런저런 심판들을 돌이켰으며, 하나님의 확답을 들을 때까지는 그의 중보 기도를 쉬지 않았다는 사실은 아마샤가 왕에게 말하지 않았다. 또한, 아모스가 전한 이 경고의 말씀들은 조건적인 것이었고, 만약 그들이 회개하고 삶을 고치기만 한다면 그 멸망은 그들에게 임하지 않을 것임을 아모스가 누차 그들에게 약속하였었다는 사실은 아마샤가 왕에게 말하지 않았다. 아니, 아모스가 여로보암은 칼에 죽으리라고 말했다는 것은 사실이 아니었고, 실제로 여로보암은 그렇게 죽지도 않았다(왕하 14:28). 아모스는 하나님이 일어나 칼로 여로보암의 집을 치리라(9절)고 말하였다. 하나님의 선지자들과 사역자들은 다윗처럼 그들이 종일 내 말을 곡해한다(시 56:5)고 하소연할 일들을 자주 겪는다. 그러나 파수꾼이 장차 칼이 임할 것을 보고서도, 백성들에게 그 일을 경고하여 그들로 하여금 대비를 할 수 있게 하지 않는다면, 그것은 파수꾼이 범죄한 것이 되지 않겠는가? 또는, 의사가 자기 환자에게 그의 병의 위험성을 알려 주어서 그 환자로 하여금 자기 병을 고칠 수 있는 수단들을 강구할 수 있게 하지 않는다면, 그것은 의사가 범죄한 것이 되지 않겠는가? 어리석은 자들은 그들 자신에게나 그들 자신의 평화에나 그들의 가장 친한 친구들에게나 원수가 되는 법이다! 여로보암은 이 고발을 심각하게 받아들이지 않았던 것으로 보인다. 아마도 그는 선지자를 공경하였고, 하나님의 권위를 그의 제사장인 아마샤보다는 더 경외하였던 것 같다.

II. 이 나라를 떠나라고 아모스를 설득하기 위하여 아마샤가 사용한 방법
(12-13절). 아마샤는 왕을 부추겨서 아모스를 투옥시키거나 추방시키거나 죽게 만들거나, 적어도 겁을 주어서 침묵하거나 도망가게 만드는 데에 실패하자, 그를 제거하기 위하여 유력한 수단들을 동원해서 자기가 할 수 있는 한에서 최선을 다하였다. 아마샤는 아모스에게 접근하여 그의 환심을 사기 위해 애를 썼고, 온갖 감언이설로 벧엘이 아니라 유다 땅으로 가서 거기에서 예언을 하라고 그를 설득하였다. 아마샤는 아모스를 선견자로 인정하고서, 그에게 침묵할 것을 명령하는 대신에 다음과 같은 것들을 제안하였다.

1. 벧엘은 아모스가 사역하기에 적절한 곳이 되지 못한다는 것. 왜냐하면, 벧엘은 왕의 우상들 및 그 우상들의 제단과 제사장들이 있는 왕의 성소이고, 왕가가 살고 심판의 보좌들이 있는 나라의 궁궐이기 때문이다. 그러므로 여기에서 다시는 예언하지 말라. 아마샤는 도대체 왜 아모스가 벧엘에서 예언 활동을 하면 안 된다고 말하는 것인가?

(1) 아모스는 너무나 직설적이고 무뚝뚝하기 때문에 왕의 성소나 궁정을 위한 설교자로 합당하지 않다는 것. 부드러운 비단옷과 좋은 옷을 입고 비단 같이 부드러운 말씀을 전하는 자들만이 왕의 궁궐들에 적합한 자들이라는 것이다.

(2) 왕의 성소에서 드려지는 예배는 아모스를 끊임없이 괴롭히고 화나게 만들게 되리라는 것. 그러므로 아모스는 왕의 성소로부터 될 수 있으면 아주 멀리 떨어져 있어야 한다는 것이다. 눈으로 보지 않으면, 마음에 근심하는 일도 없을 것이기 때문이다.

(3) 왕과 왕족들이 아모스가 끊임없이 여호와의 이름으로 선포하여 그들을 괴롭히고 있는 책망과 경고의 말씀들로 인하여 다름아닌 바로 그들의 궁정과 성소에서 모욕을 당하는 것은 합당하지 않다는 것. 이것은 마치 왕과 고관대작들이 절벽을 향하여 치닫고 있는데도, 그들이 처한 위험에 대하여 듣지 않을 특권이 그들에게 있다는 듯이 말하는 것이다.

(4) 아모스는 거기에서 지지와 격려를 기대할 수 없을 뿐만 아니라, 도리어 어떤 사람들로부터는 조롱을 당하고 웃음거리가 될 것이고, 또 어떤 사람들로부터는 위협을 받게 되리라는 것. 아모스가 벧엘에서 말씀을 전한다고 해서, 거기에서 회심하는 자를 얻거나, 왕의 권위와 모범을 통해서 지원을 받고 있던 우상 숭배로부터 떠나서 하나님께로 돌아올 자를 얻을 것이라고 생각할 수 없

다는 것이다. 아모스가 거기에서 말씀을 전하는 것은 단지 자기 머리를 들이민 채 기둥을 향하여 돌진하는 것이나 다름없는 일이 될 것이라는 것이 아마샤의 생각이었다. 그러므로 거기에서 다시는 예언하지 말라.

2. 아마샤는 유다 땅이야말로 아모스가 정착해서 활동하기에 최적의 장소라고 설득함. 너는 거기로 얼른 도망하여 가서 거기에서나 떡을 먹으며 거기에서나 예언하라. 거기에서는 네가 안전할 것이고, 거기에서는 네가 환영을 받을 것이다. 거기에서는 왕의 궁정과 성소가 네 편이고, 거기에 있는 선지자들은 너를 도와줄 것이다. 거기에 있는 제사장들과 고관대작들은 너를 인정해서 존귀하게 대우해 줄 것이다.

(1) 악인들은 어떻게 해서든지 그들을 신실하게 책망하는 자들을 제거하고자 하고, 선견자들에게 예언하지 말라는 말을 서슴없이 한다는 것. 요한계시록을 보면, 두 명의 증인이 땅에 사는 자들에게 괴로운 존재였기 때문에, 그들은 이 증인들의 죽음을 즐거워하고 기뻐하였다(계 11:10). 사람들이 **때가 이르기 전에 괴롭힘을 받는** 것은 사실 애석한 일이긴 하지만(마 8:29), 그것은 다 그들이 영원히 괴롭힘을 받는 것을 막기 위한 것이다.

(2) 세상 사람들은 다른 사람들을 자기 자신을 기준으로 판단하고 평가하기가 너무나 쉽다는 것. 아마샤는 제사장으로서의 그의 지위가 가져다 주는 이익들에만 관심이 있는 그런 자였기 때문에, 선지자인 아모스도 자기와 동일한 생각을 지니고 있을 것이라고 판단해서, 그가 떡을 먹을 수 있고 그의 신분이나 생활이 확실하게 보장될 수 있는 곳에서 예언 활동을 하라고 그에게 충고하였다. 반면에, 아모스는 가장 많이 돈을 벌 수 있는 곳이 아니라, 하나님이 그에게 정해 주신 곳에서, 그리고 그를 가장 필요로 하는 곳에서 예언하고자 하였다. 재물을 모으고 출세하는 것을 삶의 목표로 삼고서, 자신의 경건을 이득을 얻는 수단쯤으로 생각하는 자들은 다른 사람들에게도 그런 것들이 가장 강력한 유인책들일 것이라고 생각하는 경향이 있다는 것을 명심하라.

Ⅲ. 아마샤의 이러한 제안들에 대하여 아모스가 한 대답. 아모스는 혈육과 의논하지 아니하였고(갈 1:16), 그의 관심사는 재물을 모아서 부자가 되는 것이 아니라, 그의 직무를 다하고(딤후 4:5) 자신의 직무를 수행할 때에 신실한 자로 발견되는 것이었으며, 아무 일 없이 무사하게 지내는 것이 아니라 선한 양심을 지키는 것이었다. 그러므로 그는 자기 자리를 지키기로 결심하고서, 아마샤에

게 다음과 같이 대답하였다.

1. 아모스는 자기가 자신의 사역과 자리를 변함없이 고수하는 것은 옳은 일이라고 항변함(14-15절). 아모스는 자기가 선지자로서 모든 것을 감내하며 자신의 사역을 묵묵히 해올 수 있었던 것은 하나님이 그를 선지자로 세우시고 사명을 주셨기 때문이라고 말한다. "나는 선지자가 아니며 선지자의 아들도 아니라. 나는 선지자로 태어나거나 선지자가 되도록 양육을 받지 않았고, 사무엘이나 예레미야처럼 원래부터 선지자가 될 자였던 것도 아니며, 다른 많은 선지자들처럼 선지자 학교에서 교육을 받은 것도 아니었다. 그저 나는 양 떼를 지키는 목자요 뽕나무를 재배하는 자였다." 우리의 뽕나무는 열매를 맺지 않지만, 당시에 거기에 있던 뽕나무들은 열매를 맺었던 것으로 보인다. 아모스는 그의 양떼나 자기 자신이나 그의 가족을 위해서, 또는 내다 팔기 위해서 그 열매들을 모았다. 그는 농촌에서 자라나서 일하고 농촌의 삶에 익숙한 평범한 농촌 사람이었다. 그는 여느 목자들처럼 양 떼를 따랐는데, 하나님은 그런 그를 데려다가, 하나님의 백성 이스라엘에게 가서 예언하는 일과 그가 종종 여호와에게서 받을 말씀들을 그들에게 전하는 일을 하라고 그에게 명령하셨다. 하나님은 그를 그들에게 보낼 선지자로 삼으셨고, 그에게 그의 일이 무엇이고 그가 있어야 할 자리가 어디인지를 정해 주셨다. 아모스는 다음과 같은 이유들 때문에 결코 침묵할 수 없었다.

(1) 그는 자기가 한 일이 하나님이 주신 사명을 따라 한 일이라는 것을 증명할 수 있다는 것. 그는 보내심을 받기 전에 달려온 것이 아니었기 때문에, 바울처럼 사도로 부르심을 받았다고 항변한다. 하나님의 이름으로 온 자를 대적하거나 배척하고, 하나님의 선견자들에게 예언하지 말라고 말하거나, 하나님으로부터 말씀을 전하라는 명령을 받은 자들에게 잠잠하라고 말한다면, 그것은 화(禍)를 자초하는 것이다. 그런 자들은 하나님을 대적하여 싸우는 자들이다. 사자(使者)를 모욕하는 것은 곧 그 사자를 보낸 왕을 모욕하는 것이다. 하나님으로부터 사명을 받고 파송된 자들은 사람을 두려워해서는 안 된다.

(2) 그가 그러한 사명을 받기 전에 보잘것없는 사람이었다는 사실은 자기가 하나님으로부터 사명을 받았다는 사실을 약화시키기는커녕 도리어 더욱 확실하게 보증해 주었다는 것.

[1] 그는 선지자가 될 생각이 전혀 없었기 때문에, 그가 예언 활동을 하게 된

것은 그의 간절한 염원이나 기대 때문일 수가 없고, 오로지 하나님이 주신 충동 때문일 수밖에 없다.

[2] 그는 예언의 기술이나 비법을 교육받거나 전수받은 적이 없기 때문에, 그가 지닌 예언의 능력은 하나님으로부터 직접 받은 것임에 틀림없고, 이것은 그가 하나님에게서 사명을 받았다는 부인할 수 없는 증거였다. 사도들이 본래 배우지 못한 무식한 사람들이었다는 사실은 예수와 함께 있던 때에 그들이 그 지식을 얻었다는 것을 증명해 주는 것이었다(행 4:13). 보배가 이러한 질그릇에 담겨져 있을 때, 그것은 심히 큰 능력이 하나님께 있고 사람에게 있지 아니하다는 것을 드러내 준다(고후 4:7).

[3] 그는 정직한 직업을 가지고 있었고, 그 직업에서 나온 수입으로 자기 자신과 자신의 가족이 편안하게 살 수 있었다. 그러므로 그는 아마샤의 제안처럼 떡을 얻기 위해서 예언할 필요가 없었다(12절). 그는 먹고 살기 위한 직업으로서 선지자 활동을 한 것이 아니라, 하나님을 존귀하게 해드리고 선한 일을 하고자 하는 사명감으로 예언 활동을 하였다.

[4] 그는 평생 가난한 농부들 가운데서 소박하고 가정적으로 사는 삶의 방식에 익숙해져 있었고, 결코 화려하고 사치스러운 삶이나 산해진미를 먹고 사는 삶을 동경하지 않았기 때문에, 하나님이 그에게 명령하신 일 때문에 어쩔 수 없이 갈 수밖에 없는 상황이 아니었다면, 왕의 궁정과 성소에 가까이 가는 일은 없었을 것이었다.

[5] 그는 아주 미천하게 컸기 때문에, 만약 자기 자신의 영보다 더 큰 영의 감동을 받지 않았다면, 감히 왕들과 큰 자들을 향하여 말씀을 전할 담력을 가질 수 없었을 것이고, 특히 그들의 화를 돋굴 수 있는 말씀들을 담대하게 전하는 것은 더더욱 불가능했을 것이었다. 그를 보내신 하나님이 그를 힘 있게 해 주시지 않으셨다면, 그는 이렇게 그의 얼굴을 부싯돌 같이 굳게 할 수 없었을 것이다(사 50:7). 하나님은 흔히 세상의 미련한 것들과 약한 것들을 택하셔서 지혜 있는 자들과 강한 자들을 부끄럽게 하시고 당혹스럽게 만드신다는 것을 명심하라(고전 1:27). 드고아의 한 목자가 하나님으로부터 하나님을 위하여 행할 권세와 능력을 받았을 때, 그 목자는 벧엘의 제사장을 부끄럽게 할 수 있었다.

2. 아모스가 그를 대적한 아마샤를 단죄하고, 그에 대한 하나님의 심판들을 선포함. 이것은 사사로운 적대감이나 복수심에서 나온 것이 아니라, 하나님으

로부터 온 권세를 힘 입어서 하나님의 이름으로 이루어진 것이었다(16-17절). 아마샤는 아모스가 하나님의 말씀을 아예 전하지 못하게 한 것은 아니었기 때문에, 아모스는 아마샤에게 하나님의 말씀을 전하라는 명령을 받는다. 이제 너는 여호와의 말씀을 들을지니라. 너는 그 말씀을 듣고 떨지니라. 많은 사람들에게 임할 화를 선포하는 말씀을 참을 수 없어 하는 자들은 그들에게 임할 화를 선포하는 말씀을 듣게 될 것이다. 하나님이 아마샤가 저지른 죄라고 고소하시는 것은 아모스에게 예언하는 것을 금지시킨 것이었다. 아마샤는 아모스를 때리거나 쇠사슬로 묶지는 않았고, 단지 침묵할 것을 명령하기만 하였다. 이스라엘에 대하여 예언하지 말며 이삭의 집을 향하여 경고하지 말라. 아마샤는 아모스에게 그들을 쳐서 벽력 같은 말씀을 전하지 말아야 할 것은 물론이고, 그들을 쳐서 단 한 마디도 입을 뻥긋해서는 안 된다고 명령하였다. 아마샤는 아주 고요하게 부슬부슬 내리는 비조차도 참을 수가 없었다. 그러므로 아마샤는 하나님이 그에게 어떤 벌을 내리실지를 아모스의 입을 통해서 들어야 했다.

(1) 아마샤가 아모스를 대적하고 배척하였기 때문에, 하나님은 아마샤 자신과 그의 가족을 파멸시키시리라는 것. 이번에 그가 보여준 행동은 그의 죄악의 분량을 다 채운 마지막 죄였다.

[1] 그가 그의 혈육들 중 그 누구에게서도 위로를 얻지 못하고, 그와 가장 가까운 자들로 인해서 괴로움을 겪게 되리라는 것. 그의 아내는 창녀가 될 것이다. 레위인의 첩이 기브아 사람들에 의해서 능욕을 당했듯이, 그녀는 이방 군사들에 의해서 강제로 능욕을 당하거나(대적들이 시온에서 부녀들을 욕보였나이다, 애 5:11), 스스로 음행을 저지를 것이다. 이것은 그녀의 큰 죄일 것이지만, 그에게 큰 괴로움과 수치가 될 것이고, 영적인 간음을 행한 그에 대한 마땅한 벌이 될 것이다. 우리의 혈육들이 저지르는 죄들이 우리에 대한 하나님의 심판일 때가 종종 있다. 그의 자녀들은 정직하게 살기는 하겠지만 오래 살아 있지는 못할 것이다. 그의 자녀들은 전쟁의 칼에 엎드러질 것인데, 정작 그 자신은 그의 자녀들보다 오래 살아서 자녀들이 그런 식으로 죽는 모습을 보게 될 것이다. 그는 그의 자녀들을 죄악 가운데서 양육하였기 때문에, 하나님은 그들을 죄악 가운데서 죽임을 당하게 하실 것이다.

[2] 그가 그의 모든 재산을 빼앗기게 되리라는 것. 그의 재산은 원수의 손에 들어갈 것이고, 군사들이 제비를 뽑아 측량하여 나누어 가질 것이다. 불의하게

얻어진 것은 오래 지켜지지 못할 것이다.

[3] 그가 이방 땅에서 죽게 되리라는 것. 그는 여호와께 거룩하였던 이스라엘 땅이 아니라, 하나님의 선지자들을 미워하고 침묵시키며 자신의 땅을 우상 숭배로 더럽히는 데에 많은 기여를 한 그런 이방인 같은 자가 자신의 생애를 마치기에 가장 적합한 곳인 더러운 땅에서 죽게 될 것이다.

(2) 아마샤가 아모스를 배척하였을지라도, 하나님은 그 땅과 나라에 멸망을 내리시리라는 것. 아모스는 이스라엘이 반드시 사로잡혀 그 땅에서 떠나겠다(11절)는 예언을 하였다는 이유로 고발을 당했지만, 그 예언을 고수하며 반복한다. 왜냐하면, 사람이 믿지 않는다고 해서 하나님의 말씀이 무효가 되는 것이 아니기 때문이다. 사람은 여호와의 말씀의 무거운 짐과 맞붙어 다투고 씨름할 수는 있지만, 떨쳐내어 버릴 수는 없다. 아마샤는 자기 예상과는 달리 아모스로부터 이스라엘은 반드시 사로잡혀 그의 땅에서 떠나리라는 예언을 다시 듣고서, 격분하며 초조해하였을 것이다. 하나님의 심판과 다투어 보아야 아무 소용이 없다는 것을 명심하라. 왜냐하면, 하나님은 심판하실 때에 반드시 이기시는 분이시기 때문이다. 하나님의 사역자들의 입을 막는다고 하여도, 하나님의 말씀이 이루어지는 것을 막을 수는 없다. 하나님의 말씀은 헛되이 빈손으로 돌아오는 법이 없기 때문이다.

제 8 장

개요

죄악의 때는 곧 슬픔과 근심의 때이기도 하다. 왜냐하면, 이 둘은 서로 붙어 다니기 때문이다. 여기에서 하나님은 그들의 웃음이 애곡으로 변할 것이라고 거듭거듭 경고하신다. I. 하나님이 "여름 과일 한 광주리"에 관한 이상을 통해서 그가 경고하신 멸망이 신속하게 다가오고 있다는 것(1-3절)과 그 멸망이 오면 그들의 사정도 완전히 바뀌게 될 것임을 보여주심. II. 하나님이 압제자들이 가난한 자들을 학대한 것을 추궁하시면서, 그들은 멸망을 당하여 애곡하게 될 것이라고 말씀하심(4-10절). III. 하나님의 말씀의 기근이 다른 신들을 좇아 음행하는 백성에 대한 벌이 되리라는 것(11-14절). 모든 심판 중에서 가장 슬퍼해야 할 이 심판에도 불구하고, 여기에서 그들은 애곡하지 않는다.

¹주 여호와께서 내게 이와 같이 보이셨느니라 보라 여름 과일 한 광주리이니라 ²그가 말씀하시되 아모스야 네가 무엇을 보느냐 내가 이르되 여름 과일 한 광주리니이다 하매 여호와께서 내게 이르시되 내 백성 이스라엘의 끝이 이르렀은즉 내가 다시는 그를 용서하지 아니하리니 ³그 날에 궁전의 노래가 애곡으로 변할 것이며 곳곳에 시체가 많아서 사람이 잠잠히 그 시체들을 내어버리리라 주 여호와의 말씀이니라

죄인들이 회개하기를 하루하루 연기하는 큰 이유는 하나님이 심판을 하루하루 연기해 주고 계시다고 생각하기 때문이다. 주인이 더디 오리라(마 24:48)는 노래만큼 그들로 하여금 잠이 솔솔 오게 만드는 노래도 없다. 그러므로 하나님은 그의 선지자들을 통해서 그의 진노의 날이 지금 당장 올 것은 아니지만 아주 가깝고 신속하게 오고 있다는 것을 이스라엘에게 자주 말씀하시는데, 여기에서도 그렇게 하신다.

I. 하나님이 그가 경고하신 멸망이 다가오고 있다는 것을 아모스가 이상 가운데서 본 여름 과일 한 광주리를 통해서 나타내 보이심. 하나님은 아모스에

게 이와 같이 보이셨고(1절), 그로 하여금 그것을 똑똑히 보게 하셨다(2절). 아모스야 네가 무엇을 보느냐. 과연 우리가 하나님이 우리에게 보여주시고자 하신 것을 제대로 보고 있는 것인지, 우리가 하나님이 우리에게 말씀하시고자 하시는 것을 제대로 듣고 있는 것인지를 우리는 스스로 자문해 볼 필요가 있다는 것을 명심하라. 왜냐하면, 하나님은 그가 말씀하시고자 하시는 많은 것들을 한 번 말씀하시고 다시 말씀하시되 사람은 관심이 없어서 깨닫지 못하기 때문이다(욥 33:14) 우리가 전능자가 보여주시는 이상들 가운데에 있는가? 우리가 무엇을 보고 있는지를 깊이 생각해 보라. 아모스는 여름 과일을 먹을 수 있게 모아 놓은 한 광주리를 보았는데, 이것은 다음과 같은 것들을 의미하는 것이었다.

1. 그들의 멸망의 때, 즉 그들이 완전히 다 썩어서 베어 버려야 할 때가 무르익었기 때문에, 지금은 하나님이 그의 심판의 낫을 대어서 그들을 베어 버릴 때라는 것. 아니, 그 일은 사실상 이미 이루어져 있었고, 그들은 먹힐 준비가 다 되어 있었다.

2. 하나님이 오래 참아 오신 때가 이제 끝나가고 있다는 것. 지금은 그들에게 가을이었고, 그들은 머지않아 혹독한 겨울을 맞게 될 것이다.

3. 겨울까지 보존이 되지 않아서 즉시 소비해야만 하는 여름 과일은 그 속에 견고한 것이나 변함없는 것이 전혀 들어 있지 않은 이 백성의 모습을 그대로 보여주는 표상(表象)이라는 것.

Ⅱ. 이 이상(異象)의 취지와 의미. 그것은 내 백성 이스라엘의 끝이 이르렀다는 것을 의미한다. 끝을 의미하는 히브리어 '케츠'는 여름 과일을 의미하는 단어인 '키츠'와 그 소리가 아주 유사하다. 하나님은 오랫동안 참아 오셨고 그들을 살려 두셨지만, 이제 하나님의 인내는 바닥이 났다. 그들은 하나님의 백성 이스라엘이다. 그러나 하나님이 그렇게 자주 일깨워 주셨어도 그들이 그토록 오랫동안 망각하고 있었던 그들의 끝, 즉 말일이 이제 이르렀다. 그들이 아무리 하나님의 백성 이스라엘이라고 할지라도, 죄인들이 자신의 죄를 끝장내지 않는다면, 하나님은 그들을 끝장내실 것임을 명심하라. 하나님은 앞에서 말씀하셨던 것(7:8)을 여기에서 다시 한 번 결연한 의지로 반복해서 말씀하신다: 내가 다시는 그들을 용서하지 아니하리라(2절). 하나님은 이전과는 달리 묵과하지 않으실 것이고, 심판을 돌이키지 않으실 것이다.

Ⅲ. 그 결과는 나라 전체의 황폐화가 되리라는 것(3절). 그들의 끝이 이르

를 때, 슬픔과 죽음이 횡행하게 될 것이다. 슬픔과 죽음은 늘 함께 다니는데, 하늘에서 다시는 사망이 없고 애통하는 것이 다시 있지 아니할 때에 비로소 둘 다 사라지게 될 것이다(계 21:4). 그러나 여기 죄악된 세상, 죄악된 나라에서는 다음과 같은 일들이 있게 될 것이다.

1. 슬픔이 지배하게 되리라는 것. 신전의 노래들이 애곡들로 변할 정도로, 슬픔이 온 나라를 지배하게 될 것이다. 여기에서 신전의 노래들은 예루살렘에 있는 하나님의 성전에서 불려지던 노래들이 아니라, 그들이 우상의 신전들에서 먹고 마시며 일어나서 뛰놀면서(출 32:6) 금송아지 우상들을 찬미하며 부르던 노래들을 가리킨다고 보는 것이 더 좋을 것 같다. 그 노래들은 아마도 불경스럽고 방탕한 노래들이었을 것이다. 그러한 노래들이 조만간에 애곡으로 변하리라는 것은 확실하다. 또는, 그들은 마음에서 우러나와서 하나님께 영광을 돌리기 위하여 찬송을 부른 것이 아니라, 경건과 신앙의 모양새만 갖춘 채 찬송을 불렀기 때문에, 하나님은 그들의 찬송을 귀히 여기지 않으셨다. 그러므로 하나님이 그들의 찬송을 애곡으로 변하게 하시는 것은 마땅한 일이다. 죄악된 즐거움에는 애곡이 뒤따를 것인데, 찬송을 부르는 것과 같은 신성한 즐거움도 그것이 진실하지 않는 경우에는 애곡이 뒤따를 것임을 명심하라. 하나님의 심판들이 도처에 있을 때, 그 심판들은 순식간에 지극히 큰 기쁨을 지극히 큰 근심으로 바꾸어 놓을 것이고, 그들이 그토록 즐겁게 부르곤 하였던 성전의 노래들을 한숨과 탄식, 처절한 애곡으로 바꾸어 놓게 될 것이다. 그들은 성전에 갔다가, 성전이 폐허로 변한 것을 보고서, 거기에 비통하게 울며 애곡하게 될 것이다.

2. 죽음이 지배하게 되리라는 것. 곳곳에 칼이나 전염병에 의해서 죽은 시체가 너무 많아서 살아남은 자들이 정상적인 장례 절차를 통해서 그 시체들을 매장하지 못할 정도로(시 110:6), 죽음이 지배하게 될 것이다. 그들은 조종(弔鐘)을 울리지도 않고 잠잠히 그 시체들을 내어버릴 것이고, 밤중에 그 시체들을 매장하면서, 그 일을 맡은 사람들에게 잠잠히 일만 하라고 당부하게 될 것이다. 그것은 그들이 장례식을 제대로 치르지 않았다는 비난을 듣지 않기 위해서이거나, 전염병으로 죽은 자들의 시체에 아무도 가까이 오지 못하게 하기 위해서거나, 그들이 죽은 자들을 위하여 애곡함으로써 원수들을 자극하게 될까봐 염려하였기 때문일 것이다. 또는, 그들은 모든 것을 황폐화시키는 이 심판들 속에서 하나님께 불평하고 시비를 거는 것이 아니라, 자기 자신과 서로에게 잠잠

히 하나님의 손길에 순복하라고 권하게 될 것이다. 또는, 이것은 참고 인내하는 것을 보여주는 침묵이 아니라 화가 나서 부루퉁하여 말을 하지 않는 것을 나타내는 것일 수도 있다. 그들의 마음은 완악해져서, 이 모든 심판들에도 불구하고, 그들은 하나님의 의나 그들 자신의 불의를 인정하는 말을 단 한 마디도 하지 않을 것이다.

⁴가난한 자를 삼키며 땅의 힘없는 자를 망하게 하려는 자들아 이 말을 들으라 ⁵너희가 이르기를 월삭이 언제 지나서 우리가 곡식을 팔며 안식일이 언제 지나서 우리가 밀을 내게 할고 에바를 작게 하고 세겔을 크게 하여 거짓 저울로 속이며 ⁶은으로 힘없는 자를 사며 신 한 켤레로 가난한 자를 사며 찌꺼기 밀을 팔자 하는도다 ⁷여호와께서 야곱의 영광을 두고 맹세하시되 내가 그들의 모든 행위를 절대로 잊지 아니하리라 하셨나니 ⁸이로 말미암아 땅이 떨지 않겠으며 그 가운데 모든 주민이 애통하지 않겠느냐 온 땅이 강의 넘침 같이 솟아오르며 애굽 강 같이 뛰놀다가 낮아지리라 ⁹주 여호와의 말씀이니라 그 날에 내가 해를 대낮에 지게 하여 백주에 땅을 캄캄하게 하며 ¹⁰너희 절기를 애통으로, 너희 모든 노래를 애곡으로 변하게 하며 모든 사람에게 굵은 베로 허리를 동이게 하며 모든 머리를 대머리가 되게 하며 독자의 죽음으로 말미암아 애통하듯 하게 하며 결국은 곤고한 날과 같게 하리라

하나님은 여기에서 교만한 압제자들과 다투시면서, 다음과 같은 것들을 그들에게 보여주신다.

I. 그들이 저지른 죄는 흉악무도한 죄라는 것. 요컨대, 그들은 하나님을 두려워하지 않고 사람을 무시하는 불의한 재판장 같은 자들이었다(눅 18:2).

1. 그들의 신앙을 눈여겨보라. 그러면, 너희는 "그들에게 하나님을 경외하는 것이 없다"고 말할 것이다. 그들은 악하였기 때문에, 경건의 모양과 겉모습만 유지하고 있었다. 그들은 안식일과 월삭을 지켰다. 그들은 성일들과 나머지 날들을 구별하였지만, 얼마 있지 않아서 성일들에 대하여 싫증이 났고 전혀 관심도 없게 되었다. 왜냐하면, 그들의 마음은 세상과 거기에 속한 것들로 꽉 차 있었기 때문이다. 그들은 안식일이 언제 지나서 우리가 곡식을 팔까(5절)라고 말하였는데, 이것은 그들이 어떤 자들인지를 적나라하게 보여준다. 그런데 지금도 여전히 그리스도인이라 불리는 자들 가운데는 그런 자들이 많이 있다.

(1) 그들은 안식일에 싫증을 내었다는 것. "안식일이 언제 지나가나?" 그들은 안식일과 월삭 같은 성일들이 주는 구속(拘束)들을 피곤해했고, 그런 날들에는 아무 노동도 하지 말아야 했기 때문에 그 날들이 빨리 지나가기를 바랐다. 그들은 여호와 앞에 머물러 있었던 사울의 신하 중 한 사람인 도엑(삼상 21:7)처럼 안식일과 월삭에 해야 하는 일을 번거로워하고 지겨워하였으며, 그 일들을 코웃음쳤다(말 1:13). 그들은 하나님의 제단이 아닌 다른 곳에 있고 싶어하였다. 하나님과 영원을 위하여 쓸데없이 많은 일을 한다고 늘 불평하는 육적인 마음을 지닌 자들에게는 안식일과 그 날에 하는 일들이 무거운 짐일 수밖에 없다는 것을 명심하라. 우리가 하나님과 교제하면서 시간을 보낼 때보다 더 잘 우리의 시간을 보낼 수 있는 일이 과연 있을까? 우리는 세상과 함께 정말 많은 시간을 즐겁게 보내고 있지 않은가? 우리가 안식일의 일을 다하여 그 소득을 거두어들이기 전에, 안식일이 가버려서야 되겠는가? 그런데도, 우리가 안식일과 헤어지려고 그렇게 서두를 이유가 과연 있는 것인가?

(2) 그들은 시장에서 보내는 날들을 좋아하였다는 것. 그들은 곡식을 팔거나 밀을 내어 놓고 장사하는 것을 좋아해서, 그런 일들을 할 수 있게 되기를 몹시 바랐다. 그들은 예배를 드리면서도 장사를 어떻게 할지를 궁리하였다. 그들의 마음은 그들의 탐심을 따라갔고 이익을 따라갔다(겔 33:31). 그들은 그렇게 해서 하나님 아버지의 집을 장사하는 집, 아니 강도의 소굴로 만들어 버렸다. 그들은 성전에 있을 때에도 그들의 머릿속에는 온통 세상적인 일에 대한 생각뿐이었기 때문에 그들이 마땅히 해야 하는 거룩한 본분들을 지겨워할 수밖에 없었다. 그들은 세상적인 일들을 할 때에는 물 만난 고기 같았지만, 하나님의 성소에 있을 때에는 메마른 땅에 내놓아진 물고기와 같았다. 안식일보다도 시장에서 보내는 날을 더 좋아하고, 하나님을 예배하기보다는 곡식을 파는 일을 더 하고 싶어하는 자들은 하나님에 대하여 외인(外人)들이고 그들 자신에 대하여 원수들이라는 것을 명심하라.

2. 그들의 행실을 눈여겨보라. 그러면, 너희는 그들이 사람을 무시한다는 것을 알게 될 것이다. 이것은 보통 전자(前者)의 뒤를 따른다. 경건의 맛을 잃어버린 자들은 정직함도 오래 간직하게 못하게 된다. 그들은 의롭게 행하지도 않고 긍휼을 사랑하지도 않는다.

(1) 그들은 그들과 거래하는 자들을 속였다는 것. 그들은 곡식을 팔면서 물건

을 내주거나 그 물건값을 받을 때에 양쪽으로 사는 자들을 속여 먹었다. 그들은 그들 자신이 갖고 있는 됫박으로 곡식을 달아 주면서, 고객과 약정한 분량을 달아 주는 체하였지만, 사실은 그들의 에바를 미리 작게 해두는 수법을 사용하였다. 그들은 됫박을 작게 해서 규정된 양보다 적게 들어가게 함으로써 사는 자를 속이고 해악을 끼쳤다. 또한, 그들은 사는 자가 내어주는 돈을 받을 때에도 그들 자신의 저울과 분동(分銅)으로 달아서 받았는데, 이 때에 그들의 세겔을 미리 규정보다 더 크게 하여 사는 자를 속였다. 그들은 세겔을 크게 하여, 사는 자가 더 많은 돈을 내지 않을 수 없게 만들었다. 그들은 이런 식으로 정확히 양을 재서 거래하여 공의를 행하는 체하면서 사람들을 속였다. 그들의 이러한 악한 행태는 속이는 저울과 저울 추는 여호와께서 미워하시는 것이라고 아주 분명하게 말씀하신 하나님을 두려워하거나 사랑하는 마음이 그들에게 없다는 것을 증명해 줄 정도로, 그들이 세상에 대하여 탐욕을 지니고 있고, 그들 자신을 사랑하며, 그들과 거래하는 자들을 비롯해서 인간 자체를 멸시하고, 공의의 신성한 법들을 무시하였다는 것을 보여주는 것이다. 그들의 사기 수법을 보여주는 또 하나의 예는 사람들의 무지와 어쩔 수 없는 처지를 악용해서 찌꺼기 밀을 최상등품의 기름진 밀과 동일한 값에 팔아 먹는 것이었다.

(2) 그들은 가난한 자들에게 야만적이고 무자비하였다는 것. 그들은 가난한 자를 삼키며 땅의 힘 없는 자를 망하게 하였다.

[1] 그들은 재물에 아주 큰 가치를 두었기 때문에, 모든 가난한 자들을 극도로 멸시하였다는 것. 그들은 가난한 자들을 미워하였고 참을 수 없어 하였기 때문에, 그들을 구제해서 더 잘 살게 만들어 주어서 가난한 자들을 없애는 것이 아니라, 그들을 죽이거나 적어도 이 나라에서 추방하여 가난한 자들을 없애기 위하여 최선을 다하였다. 그러나 이런 식으로 가난한 자들을 조롱하고 욕보이는 자들은 가난한 자와 부한 자가 함께 살도록 그 모두를 지으신 이인 여호와를 멸시하는 것이다(잠 17:5; 22:2).

[2] 그들은 재물을 불려서 더 많이 갖고자 하는 욕심이 아주 강했기 때문에, 가난한 자들에게서 빼앗아 치부하였다는 것. 그들은 가난한 자들을 먹잇감으로 삼기 위해서 호시탐탐 기회를 노렸다. 왜냐하면, 압제자들이 폭력을 사용해서 강탈을 일삼아도 가난한 자들은 자신의 권리를 되찾거나 저항하거나 보복할 힘이 없었기 때문이다. 그들이 가난한 자들을 파멸시키고 얻은 재물은 곧 그들

에게 파멸을 안겨 주게 될 것이다. 그들은 가난한 자들과 말도 안 되는 조건으로 거래를 하거나 속임수를 사용해서 거래를 하여 그들을 삼켰다. 그들이 거짓 저울로 속이는 것은 단지 그들이 치부하여 돈을 마음대로 쓰고 모든 일들을 돈으로 움직이기 위해서만이 아니라(그들은 돈으로 모든 것을 할 수 있다고 생각한다), 그런 식으로 다른 사람들에게서 그들이 가진 모든 것을 다 뽑아내서 그들을 빈곤하게 만들어 그들로 하여금 어쩔 수 없이 종살이를 할 수밖에 없게 만들거나 그들의 노동력을 거의 거저나 다름없는 헐값으로 사용하기 위해서이다. 그들은 이렇게 은으로 힘 없는 자를 샀다. 그들은 가난한 자들이 곡식을 살 돈이 없는 처지를 악용해서, 가난한 자들과 그 자녀들을 종으로 삼았다(느 5:2-5). 이런 식으로 궁지에 몰린 자들이 너무나 많았기 때문에, 그들은 돈을 별로 들이지 않고도 얼마든지 그런 가난한 자들을 종으로 삼을 수 있었다. 압제자들이 사람들을 흠씬 두들겨패서 극빈자들로 만들어 놓은 덕분에, 너희는 가난한 자를 신 한 켤레로 너희의 종으로 삼을 수 있었다. 그들은 먼저 재산을 강탈하였고, 그런 후에 자유를 빼앗았다. 사람들을 먼저 거지로 만들어 놓은 후에 그들을 자신의 종으로 삼는 것은 압제자들이 상습적으로 사용하는 수법이다. 이런 식으로, 압제자들에게 짓밟힌 자들의 참상 속에서 인간의 존엄성은 상실되고, 그들을 짓밟은 자들의 죄 속에서 인간애는 상실된다.

Ⅱ. 이 죄로 인하여 그들에게 가해질 벌이 무거우리라는 것. 가난한 자들은 해악을 당하면 하나님께 부르짖을 것이고, 그러면 하나님은 그들의 부르짖는 소리를 들으시고, 그들에게 해악을 가한 자들을 벌하실 것이다. 왜냐하면, 가난한 자들은 하나님이 받으신 자들이어서, 하나님은 누가 그들에게 해악을 가하면 그것을 그에게 해악을 가한 것으로 여기시기 때문이다(출 22:23-24).

1. 하나님은 그들의 죄를 기억하시고서 그들을 벌하시리라는 것. 여호와께서 야곱의 영광을 두고 맹세하셨다(7절). 하나님은 자기보다 큰 존재가 없기 때문에 이렇게 자기 자신을 걸고서 맹세하신다. 하나님 외에 누가 야곱의 영광이고 탁월함이겠는가? 그들은 하나님이 그들과 함께 계심을 보여주는 여러 증표들과 그들에 대한 그의 은총을 더럽히고 멸시하였고, 그들 자신을 하나님께 가증스러운 자들로 만들기 위해서 온갖 짓을 다하였는데, 하나님은 여기에서 그 증표들과 은총 같은 그의 것들을 두고서 맹세를 하신다. 왜냐하면, 하나님은 야곱의 영광을 싫어하셨기 때문이다(6:8). 하나님은 그의 진노 중에 맹세하시고,

이스라엘에서 아주 잘 알려져 있었고 그 가운데서 아주 위대하였던 그의 이름을 걸고서 맹세하신다. 하나님은 내가 그들의 모든 행위를 절대로 잊지 아니하리라고 맹세하신다. 이 말씀 속에는 그들의 행위 하나하나를 다 기억해 두셨다가 장차 벌하시겠다는 하나님의 의중이 나타나 있다. 내가 그들을 절대로 잊지 아니하리라고 말씀하시는 것은 내가 그들을 절대로 용서하지 아니하리라고 말씀하시는 것이다. 그것은 이 불의하고 무자비한 자들의 처지가 정말 비참하고 영원히 비참할 것이라고 선언하시는 것이다. 하나님이 용서하시는 긍휼로 인한 온갖 유익을 어떤 자에게 결코 베풀지 않으시겠다고 맹세로 말씀하셨다면, 그 사람은 천 배나 무거운 화가 있을 것이다. 사람들에게 긍휼을 보이지 않은 자들은 긍휼 없는 심판을 걱정하여야 한다.

2. 하나님은 그들을 철저히 파멸시키셔서 낭패를 당하게 하시리라는 것. 하나님은 그들로 하여금 겁을 집어먹고서 진실하게 회개하고 삶을 고치게 하시기 위해서, 여기에서 이것을 아주 다양한 강조된 표현들을 사용하셔서 자세하게 설명하신다.

(1) 공포와 경악이 온 나라를 뒤덮게 되리라는 것. 이로 말미암아 너희가 가난한 자들을 몰아내고자 하였던 이 땅이 떨지 않겠으며 그 가운데 모든 주민이 애통하지 않겠느냐(8절). 하나님은 반드시 그렇게 만드실 것이다. 국가적인 죄들로 인하여 두려워 떨며 애곡해야 마땅한데도 그렇게 하지 않은 자들은 곧 국가적인 심판들로 인해서 두려워 떨며 애곡하게 될 것임을 명심하라. 사람들이 압제자들이 저지르는 죄들을 보고서도 두려워 떨지 않고, 압제받는 다른 사람들의 참상을 보고서도 애곡하지 않으면, 하나님은 압제하는 자들로 그들을 압제하게 하셔서, 그들이 그들을 압제하는 자들의 광분을 보고 두려워 떨게 만드시고, 그 압제로 인한 그들 자신의 손실과 고통으로 인하여 애곡하게 만드실 것이다.

(2) 큰 홍수와 황폐함이 온 나라를 뒤덮게 되리라는 것. 하나님이 그들을 치러 나오실 때, 환난과 재난의 물이 강의 넘침 같이, 즉 강을 막아 놓으면 곧 불어나서 둑에 넘침 같이 솟아오를 것이다. 모든 것이 그들을 대적할 것이다. 하나님의 심판들의 진행을 막아줄 것이라고 그들이 생각하였던 것들은 도리어 그 심판들이 더욱 높이 솟아오르게 해 줄 것이다. 하나님의 심판들은 갇혔던 물이 터져 나오듯이 거침없이 그 길을 갈 것이다. 해마다 나일강이 범람하여 애굽 땅

이 잠기듯이, 온 땅이 환난과 재난의 물 아래 잠기게 될 것이다. 또는, 이 표현은 하나님이 보내신 이전의 심판들을 가리키는 것일 수도 있다. 그들의 멸망은 온 세상을 뒤덮었던 노아의 홍수 같아서, 노아의 홍수가 그랬듯이, 이 환난과 재난의 홍수도 그들의 온 땅을 뒤덮게 될 것이다. 애굽의 홍수가 애굽 왕 바로와 애굽 사람들을 홍해에 매장해 버렸듯이, 그들의 온 땅은 이 홍수에 의해서 잠기게 될 것이다. 이 두 가지 심판은 여기에서 하나님이 경고하신 심판과 마찬가지로 폭력과 압제에 대한 벌이었다. 여호와는 폭력과 압제에 대하여 반드시 보복을 하시는 분이시다.

3. 그들이 전혀 예상하지 못한 때에 멸망이 그들에게 갑자기 임하게 되리라는 것(9절). "내가 해를 대낮에 지게 할 것이다. 해가 한창 힘 있게 광채를 발하고 있는 정오에, 즉 그들이 온갖 좋은 것들을 누리며 적어도 해가 지기까지는 반 나절이 남아 있다고 생각할 때, 내가 해를 지게 할 것이다. 또한, 모든 것이 잘 되고 희망이 넘칠 때인 **백주에 땅이 캄캄하게 될 것이다.**" 피조물로부터 오는 모든 위로와 우리가 피조물에게서 누리는 모든 것들은 이렇게 불확실하고 허망하며, 심지어 삶 자체도 마찬가지이다. 한창 건강하고 형통하며 전성기를 누리던 사람이 갑자기 병이 들고 역경에 처하는 일은 흔히 일어난다. 욥의 해는 대낮에 졌다. 한창 때에 죽는 자들이 많은데, 그들의 해는 대낮에 진 것이다. 우리는 살아 있는 가운데서도 죽음 속에 있다. 안일함에 빠져서 잠자는 자들에게 하나님의 심판들은 이렇게 무시무시하다. 그 심판들은 그들에게 해가 대낮에 지는 것과 같다. 사람들은 하나님의 심판을 예상하지 못했을수록 더욱 당혹해한다. 그들이 평안하다, 안전하다 할 그 때에 멸망이 덫 같이 갑자기 그들에게 이를 것이다(살전 5:3; 눅 21:35).

4. 멸망이 임하였을 때에 그들의 분위기가 변하여, 그들이 즐거워하던 모든 것이 그치게 되리라는 것(10절). 그 날에 너희가 성전에서 부르던 노래가 애곡으로 변할 것임과 마찬가지로(3절), 내가 너희 절기를 애통으로 변하게 할 것이다. 죄인이 웃고 떠들며 즐기는 것의 끝은 큰 근심과 괴로움이 될 것임을 명심하라. 하나님은 정직한 자들에게는 흑암 중에 빛이 일어나서(사 61:3) 기쁨의 기름으로 그 슬픔을 대신하게(시 112:4) 하시는 것과 마찬가지로, 악인들에게는 빛 가운데서도 어둠이 임하여 그들의 웃음을 애통으로, 그들의 기쁨을 근심으로 바꾸어 놓으신다. 그들의 땅에 임한 황폐함은 너무나 극심하고 광범위해서, 모든 사

람에게 값비싼 장신구를 걸치는 것이 아니라 굵은 베로 허리를 동이게 하며, 모든 머리를 잘 빗어 넘긴 머리가 아니라 대머리가 되게 할 것이다. 그 날에 사람들의 애곡함은 독자의 죽음으로 말미암아 애통해하는 것과 같을 것이다. 이것은 사람들이 너무나 비통하게 지속적으로 애곡하게 될 것을 나타낸다. 그러나 저녁이 되었다고 하여도 다시 아침이 기다리고 있듯이, 상황이 아무리 나쁘다고 하여도 호전될 희망은 있지 않겠는가? 그렇지 않다. 그들의 결국은 곤고한 날, 통곡의 날이 될 것이다. 회개하지 않는 죄인들의 상태는 점점 더 나빠져서 결국 최악으로 치닫게 될 것이다. 너희가 내 손에서 얻을 것이 이것이라 너희가 고통이 있는 곳에 누우리라(사 50:11).

[11]주 여호와의 말씀이니라 보라 날이 이를지라 내가 기근을 땅에 보내리니 양식이 없어 주림이 아니며 물이 없어 갈함이 아니요 여호와의 말씀을 듣지 못한 기갈이라 [12]사람이 이 바다에서 저 바다까지, 북쪽에서 동쪽까지 비틀거리며 여호와의 말씀을 구하려고 돌아다녀도 얻지 못하리니 [13]그 날에 아름다운 처녀와 젊은 남자가 다 갈하여 쓰러지리라 [14]사마리아의 죄된 우상을 두고 맹세하여 이르기를 단아 네 신들이 살아 있음을 두고 맹세하노라 하거나 브엘세바가 위하는 것이 살아 있음을 두고 맹세하노라 하는 사람은 엎드러지고 다시 일어나지 못하리라

이 단락에서 하나님은 다음과 같이 경고하신다.

I. 영적인 기근이 온 땅에 임하는 전체적인 심판. 영적인 기근은 하나님의 말씀의 기근을 가리키는 것으로서, 하나님의 말씀이 사람들에게 임하지 않고 사람들이 좋은 말씀을 듣지 못하게 되는 것을 의미한다. 하나님은 이런 일이 한참 후에 일어나게 될 것으로 말씀하신다. 보라 날이 이를지라(11절). 또 다른 종류의 어둠이 이 빛의 땅에 임할 날이 장차 이를 것이다. 아모스가 예언할 당시나 그 후로도 한참 동안 그들은 많은 선지자들을 통해서 때를 얻든지 못얻든지 하나님의 말씀을 들을 기회를 많이 가졌다. 선지자들은 교훈에 교훈을 더하고 경계에 경계를 더하여 그들을 가르치고 깨우쳤기 때문에, 예언은 그들의 일용할 양식이었다. 이스라엘이 광야에서 만나에 질렸듯이, 아마도 그들은 하나님의 말씀에 질렸던 것 같다. 그러므로 하나님은 장차 그들에게 그런 특권을 빼앗을 것이라고 경고하신다. 멸망이 그들에게 임할 즈음에 이스라엘 땅에는

유다 땅에서와는 달리 그렇게 많은 수의 선지자들이 활동하지 않았던 것 같다. 열 지파가 포로로 끌려가게 되었을 때, 그들은 표적들을 보지 못하였고, 선지자도 더 이상 없으며, 이런 일이 얼마나 오랠는지를 그들에게 보여줄 자도 없다고 한탄하였다(시 74:9). 유대 교회에서는 말라기 이후에 아주 오랫동안 선지자가 등장하지 않았다. 어떤 이들은 한 걸음 더 나아가서 이 경고의 말씀이 메시야 시대에 이스라엘 사람 중 일부가 눈이 멀고, 믿지 않는 유대인들의 마음에 베일이 쳐지게 될 것을 보여주는 것이라고 생각하기도 한다. 그들은 복음을 배척하였고, 하나님이 그들에게 보내신 복음의 일꾼들을 거부하였으며, 그들의 조상들이 그랬듯이 그들 자신의 선지자들을 갖고 싶어하였지만, 하나님께서 천국을 그들에게서 배앗으셔서 다른 백성에게 주실 것이기 때문에 그들에게는 선지자가 한 명도 없게 될 것이다.

1. 하나님이 경고하시는 심판은 무엇인가. 그것은 떡과 물(이 둘은 생명을 유지하는 데에 필수적인 것들이어서, 이것들이 없으면 죽을 위험이 커진다)이 없거나 희소하게 되는 기근이 아니라, 그것보다 훨씬 더 혹독한 심판, 즉 여호와의 말씀을 듣지 못하는 기근이다. 목회자들이 말씀을 전하려고 해도 회중이 없거나, 말씀을 전할 목회자가 없거나, 설교자로 세움받은 자들이 그 사역을 하기에 합당한 가르침을 받지도 못하였고 그럴 능력도 없을 것이다. 여호와의 말씀이 희귀하고 드물어지게 될 것이고, 이상(異象)도 보이지 않을 것이다(삼상 3:1). 그들에게 기록된 말씀, 즉 성경이 있어서 읽을 수는 있을 것이지만, 그 성경을 그들에게 적용해서 설명해 줄 목회자가 없을 것이다. 그것은 샘에 물은 있는데 그 물을 길어 나를 두레박이 없는 것과 마찬가지이다. 그들에게, 떡은 희소할 것이지만 은혜를 얻을 수 있는 수단들은 풍성하리라는 말씀은 은혜로운 약속의 말씀이다. 하나님은 그들에게 환난의 떡과 고생의 물을 주실 것이지만, 그들의 눈은 그들의 스승을 볼 것이다(사 30:20). 청교도들 사이에는 "갈색 빵과 복음이 있다면, 그것으로 진수성찬"이라는 격언이 있었다. 그러나 여기에 나오는 것은 그 정반대이기 때문에 경고의 말씀이 된다. 즉, 그들에게 떡과 물은 풍부할 것이지만, 그들을 가르칠 스승들은 없으리라는 것이다.

(1) 이것은 그들의 영광의 대부분이 그들의 땅에서 떠나리라는 것을 의미하는 것이었음. 그들의 나라는 하나님의 말씀을 맡았기(롬 3:2) 때문에 크고 고귀한 나라가 될 수 있었다. 그러나 하나님의 말씀이 그들에게서 제거되었을 때,

그들의 아름다움은 훼손되었고, 그들의 존귀함은 티끌 속에 묻히게 되었다.

(2) 이것은 하나님이 그들에 대하여 최고로 진노하셨음을 보여주는 징표였음. 하나님이 이전과는 달리 더 이상 그들에게 말씀하고자 하지 않으신다면, 분명히 그것은 하나님이 정말 그들에게 화가 나신 것이다. 또한, 하나님이 그들에게 회개할 수단인 말씀을 더 이상 공급해 주시지 않기로 하셨다면, 분명히 그것은 그들을 멸망에 내어 주시기로 작정하신 것이다.

(3) 그들에게 하나님의 말씀을 가르치며 그 말씀으로 그들을 위로하며 그들에게 소망을 심어 주어야 할 선지자들이 더 이상 없다면, 그들에게 임한 다른 온갖 재난들은 그들에게 정말 암울하고 암담한 것이 되고 말 것이었다. 하나님의 말씀의 기근은 가장 혹독한 심판이고 가장 무거운 심판이라는 것을 우리는 평소에도 느끼겠지만, 특히 환난의 때에는 더욱 절실하게 느끼게 될 것이다.

2. 이 심판의 결과는 무엇이 될 것인가(12절). 그들은 하나님이 해로(海路)나 육로를 통해서 다른 나라들로부터 그들에게 선지자들을 보내시지는 않을까 살펴 보느라고, 이 바다에서 저 바다까지, 즉 디베랴 바다에서 대해까지, 이 땅의 한 쪽 경계에서 다른 쪽 경계까지 돌아다니게 될 것이다. 그들 가운데에는 선지자가 한 명도 없기 때문에, 그들은 북쪽에서 동쪽까지 다니게 될 것이다. 그들은 선지자나 예언이나 하나님으로부터의 어떤 메시지가 혹시 있지나 않을까 살펴 보기 위해서, 여호와의 말씀을 구하려고 안절부절하며 이 곳 저 곳을 기웃거리고 비틀거리며 돌아다녀도, 결국에는 얻지 못할 것이다.

(1) 말씀의 기근이 많은 사람들에게는 전혀 괴로움이나 환난이 아니겠지만, 어떤 이들은 그것을 큰 고통으로 아주 예민하게 느껴서, 좋은 설교를 듣기 위하여 아주 먼 길도 기꺼이 다녀오고자 하리라는 것. 그런 자들은 다른 사람들이 어리석게도 죄를 범하여 날려 버린 하나님의 긍휼들을 잃은 상실감을 깊게 느끼게 될 것이다.

(2) 그들 가운데에 선지자들이 있었을 때에 그 선지자들을 무시했던 자들조차도 막상 선지자들이 사라지면 아쉬워하게 되리라는 것. 실제로 사울은 사무엘을 무시하였지만 사무엘이 죽자 그가 없는 것을 몹시 아쉬워하였다. 많은 사람들은 그들이 누리던 하나님의 긍휼들을 박탈당하고 나서야 비로소 그 긍휼들이 얼마나 귀한 것이었는지를 알게 된다. 또는, 이것은 그들이 이렇게 바다에서 바다로 하나님의 말씀을 찾기 위해 헤맨다고 하여도 결국 찾지 못하게 될

것을 보여주는 것일 수 있다. 은혜의 수단들은 이동하는 것들이라는 것을 명심하라. 촛대는 그것이 아주 견고하게 서 있다고 우리가 생각할 바로 그 때에 옮겨질 수 있다(계 2:5). 지금 인자의 날들을 멸시하는 자들은 나중에 그 날들을 보고자 하여도 보지 못하게 될 것이다. 이 기근의 날에 아름다운 처녀와 젊은 남자가 다 갈하여 쓰러질 것이다(13절). 충분히 잘 견딜 수 있을 것으로 생각되었던 자들이 그 날에 쓰러질 것이다. 어떤 이들은 여기에서 처녀들과 젊은 남자들은 유대 교회들과 그들의 회당장들을 의미하는 것으로 본다. 그들은 여호와의 말씀과 하나님의 계시의 유익을 잃게 될 것이고, 그 생명의 양식이 없어서 기진하여 쓰러질 것이며, 그들의 모든 힘과 아름다움을 잃게 될 것이다. 어떤 이들은 여기에서 아름다운 처녀들과 젊은 남자들은 그들 자신의 능력과 의를 믿고서 그들에게는 그리스도가 필요없다고 생각하는 자들을 가리키는 것이라고 본다. 그리스도의 의에 주리고 목마른 자들이 차고 넘치게 배불리 먹고 마시게 될 때, 그런 자들은 갈하여 쓰러지게 될 것이다.

II. 우상 숭배에 앞장 섰던 자들에게 임할 구체적인 심판(14절).

1. 하나님이 고소하시는 그들의 죄. 그들은 사마리아의 죄된 우상, 즉 사마리에서 그리 멀지 않은 벧엘에서 숭배되었던 우상을 두고 맹세한다. 그들은 이 우상으로 인해서 그들이 반드시 멸망하게 될 것인데도 그 우상이 그들을 도울 수 있을 것이라고 생각해서, 그 우상을 마땅히 최고로 혐오하는 눈으로 바라보았어야 마땅한데도 도리어 그 우상에게 최고의 예(禮)를 올리면서, 그들의 수치스러운 것을 자랑하였고, 그들의 죄악이었던 그들의 신을 걸고서 맹세하였다. 그들은, 단아 네 신들이 살아 있음을 두고 맹세하노라고 말하였다. 그들의 우상은 말 못하고 죽은 금송아지 우상이었지만, 그들은 마치 그 우상이 살아 계시고 참되신 하나님이라도 된다는 듯이 최고의 찬사를 바치며 깊이 사랑하였다. 그들은 브엘세바가 살아가는 방식 또는 길을 두고 맹세하노라고 말하였다. 즉, 그들은 브엘세바의 종교, 거기에서 사용되었던 예배의 방식을 두고 맹세하였다. 왜냐하면, 그들은 그것을 신성한 것으로 여겼으므로, 그들 간에 다툼이 있을 때에 재판장으로 삼을 만하다고 생각하였기 때문이다. 가톨릭 신자들도 마찬가지로 브엘세바의 방식, 즉 그들이 드리는 미사를 두고 맹세한다.

2. 하나님이 그들에게 경고하시는 멸망. 이런 식으로 오직 하나님께 드려야 할 영광과 존귀함을 우상들에게 드리는 자들은 그들이 하나님을 모독하여 (하

나님을) 그들의 원수로 삼은 것이기 때문에 엎드러질 것이고, 그들이 섬기는 신들이 그들을 도울 수 없을 것이기 때문에 다시 일어나지 못할 것이다. 그들은, 질투의 하나님이 자기에게 가해진 모독에 대하여 분개하실 것이고, 그들에게 이기실 것이기 때문에, 하나님과 싸워 보아야 아무 소용이 없다는 것을 알게 될 것이다.

제
— 9 —
장

개요

이 장에는 다음과 같은 내용들이 나온다. I. 하나님이 경고하시는 심판. 이 심판은 죄인들이 피하지 못할 것이고(1-4절), 전능하신 능력을 지니신 이가 행하실 것이며(5-6절), 이스라엘 백성은 죄악된 백성으로 그러한 심판을 받아 마땅한 자들이다(7-8절). 그렇지만, 이 심판으로 인해서 그들의 나라 전체가 멸망을 당하지는 않을 것이다(8절). 왜냐하면, 선한 자들로 이루어진 남은 자가 피할 것이기 때문이다(9절). 그러나 악인들은 죽을 것이다(10절). II. 하나님이 약속하시는 긍휼. 사도행전에서 이 말씀을 메시야 시대에 적용하고 있는 것으로 보아서(행 15:16), 이 긍휼은 말일에 주어질 것이었다(11-15절). 앞서의 온갖 책망과 경고의 말씀들에 뒤이어서 이러한 위로가 되는 약속들로 아모스서는 끝이 난다.

[1]내가 보니 주께서 제단 곁에 서서 이르시되 기둥 머리를 쳐서 문지방이 움직이게 하며 그것으로 부서져서 무리의 머리에 떨어지게 하라 내가 그 남은 자를 칼로 죽이리니 그 중에서 한 사람도 도망하지 못하며 그 중에서 한 사람도 피하지 못하리라 [2]그들이 파고 스올로 들어갈지라도 내 손이 거기에서 붙잡아 낼 것이요 하늘로 올라갈지라도 내가 거기에서 붙잡아 내릴 것이며 [3]갈멜 산 꼭대기에 숨을지라도 내가 거기에서 찾아낼 것이요 내 눈을 피하여 바다 밑에 숨을지라도 내가 거기에서 뱀을 명령하여 물게 할 것이요 [4]그 원수 앞에 사로잡혀 갈지라도 내가 거기에서 칼을 명령하여 죽이게 할 것이라 내가 그들에게 주목하여 화를 내리고 복을 내리지 아니하리라 하시니라 [5]주 만군의 여호와는 땅을 만져 녹게 하사 거기 거주하는 자가 애통하게 하시며 그 온 땅이 강의 넘침 같이 솟아 오르며 애굽 강 같이 낮아지게 하시는 이요 [6]그의 궁전을 하늘에 세우시며 그 궁창의 기초를 땅에 두시며 바닷물을 불러 지면에 쏟으시는 이니 그 이름은 여호와시니라 [7]여호와의 말씀이니라 이스라엘 자손들아 너희는 내게 구스 족속 같지 아니하냐 내가 이스라엘을 애굽 땅에서, 블레셋 사람을 갑돌에서, 아람 사람을 기르에서 올라오게 하지 아니하였느

나 8보라 주 여호와의 눈이 범죄한 나라를 주목하노니 내가 그것을 지면에서 멸하리라 그러나 야곱의 집은 온전히 멸하지는 아니하리라 여호와의 말씀이니라 9보라 내가 명령하여 이스라엘 족속을 만국 중에서 체질하기를 체로 체질함 같이 하려니와 그 한 알갱이도 땅에 떨어지지 아니하리라 10내 백성 중에서 말하기를 화가 우리에게 미치지 아니하며 이르지 아니하리라 하는 모든 죄인은 칼에 죽으리라

우리는 여기에서 하나님이 그를 진노케 한 백성에게 그의 공의에 따라 선고를 내리시는 것을 본다.

1. 이 선고는 아주 엄숙하게 선고됨. 아모스 선지자는 이상 가운데서 주께서 제단, 즉 번제단 곁에 서 계시는 것을 보았다(1절). 왜냐하면, 여호와를 위한 희생제사가 있고, 많은 무리가 그의 공의의 희생양(犧牲羊)이 되어 죽임을 당하여야 하기 때문이다. 하나님은 그룹 천사들 사이에 있는 시은좌에서 옮겨 오셔서, 하나님의 불이 떨어져서 희생제물들을 삼키던 심판의 자리인 제단에 서신다. 하나님이 제단에 서신 것은 그가 이 백성과 다투시는 이유가 그들이 그의 거룩한 것들을 더럽혔기 때문임을 보여주는 것이다. 하나님은 그의 제단을 더럽힌 원수를 갚기 위해 제단에 서신 것이다. 또한, 이것은 이스라엘의 죄가 엘리의 집의 죄와 마찬가지로 제물로나 예물로나 영원히 속죄함을 받지 못하리라(삼상 3:14)는 것을 보여주는 것이기도 하다. 하나님이 제단에 서신 것은 희생제사를 금지시키기 위한 것이다. 이제 하나님이 내리신 명령은 성전 문의 기둥 머리를 치라는 것이었다: 문지방이 움직이게 하여 그것으로 부서져서 무리의 머리에 떨어져서 상처를 입힐 수 있는 그런 정도의 타격으로 문의 기둥 머리를 치라. 하나님이 성전을 버리시고 나가시고 계시다는 것을 보여주는 징표로 그 문들을 쳐서 무너뜨리라. 그런 후에, 온갖 심판들이 성전에서 시작될 것이다. 또는, 이것은 이 나라를 방비하는 데에 문지방 역할을 하는 자들이 가장 먼저 죽게 될 것임을 의미한다. 그런 자들이 무너지면, 이 나라는 문이나 빗장이 없는 성과 같이 될 것이다. "기둥 머리인 왕을 쳐서, 문지방들인 고관들이 요동하게 하라. 그들이 부서져서 무리의 머리에 떨어져, 땔감으로 쓸 장작처럼 쪼개지게 하라. 내가 그 남은 자, 즉 그들의 후손, 그들과 그들의 가족들, 또는 그들 중 가장 작은 자들, 그들 밑에서 일하던 자들을 칼로 죽이리라. 또는, 내가 그들 모두, 그들과 그들 중 남은 자들 전부를 마지막 한 사람이 남을 때까지 다 죽일 것이다. 그러므로

모든 사람이 죽으리라." 하나님께서 내가 죽이리라고 말씀하신 자들은 살아 남을 자가 없고, 하나님의 칼 앞에서 설 자도 없다.

2. 하나님은 이 선고를 집행하실 때에 아무도 피하지 못하도록 아주 세심하고 효과적인 조치를 취하시겠다는 것. 하나님이 이것을 여기에서 자세하게 말씀하시는 것은 주를 노여워하시게 하는 모든 자들에게 경고하시기 위한 것이다(고전 10:22). 죄인들은 이것을 읽고 두려워 떨지어다. 하나님과 싸워서 이길 자가 없듯이, 하나님에게서 도망칠 수 있는 자도 없다. 하나님으로부터 사명을 띠고 오는 심판들은 그 심판들에 맞서서 물리칠 것 같은 가장 강한 자들을 여지없이 무너뜨릴 것이고, 그 심판들을 피해서 얼마든지 달아날 수 있을 것 같은 가장 빠른 자들을 붙잡아 낼 것이다(2절). 걸음아 나 살려라 하고 도망치는 자들은 곧 숨이 찰 것이고, 위험이 닿지 못하는 곳으로 달아나지 못할 것이다. 왜냐하면, 종종 악인은 쫓는 자가 없어도 도망하는 것과 마찬가지로(레 26:17), 하나님이 쫓으실 때에 그의 손에서 도망치려고 힘써도 결코 도망칠 수 없기 때문이다. 아니, 하나님의 심판들을 피하여 이제 살았다고 생각하는 자도 건짐을 받지 못할 것이다. 왜냐하면, 재앙이 죄인들을 추격해서 반드시 그들을 덮칠 것이기 때문이다(잠 13:21). 하나님은 여기에서 죄인들이 그의 공의를 피하여 도망쳐서 피난처에 숨어 있을지라도, 공의가 거기에서 그들을 붙잡을 것이기 때문에, 그 피난처는 거짓의 피난처일 뿐임이 증명될 것임을 보여주심으로써, 그 진리를 자세하게 설명하신다. 다윗은 하나님은 어디에나 계신다고 고백하였는데(시 139:7-10), 여기에서 하나님은 그 고백을 가져와서, 하나님의 능력과 공의가 적용되지 않는 곳은 그 어디에도 없다는 것을 보여주신다.

(1) 그들이 스올에 들어가 숨을지라도 소용이 없으리라는 것(2절). 스올을 가리키는 영어인 hell은 높이 쌓아 올리다, 덮이다, 감추어지다를 뜻하는 어근에서 나온 단어이다. "그들이 땅을 파고서 스올, 곧 땅의 중심부 또는 땅의 가장 깊고 어두운 곳으로 들어갈지라도, 내 손이 거기에서 그들을 붙잡아 데리고 나와서 하나님의 공의의 기념비들로 만드실 것이다." 스올, 즉 음부(陰府)는 의인들이 세상의 악의를 피하여 숨는 곳은 될 수 있지만(욥 3:17), 악인들이 하나님의 공의를 피하여 숨는 곳은 되지 못할 것이다. 저 큰 날에 그들이 깨어나 수치를 당하여서 영원히 부끄러움을 당할 때(단 12:2), 하나님의 손은 그 곳에서 그들을 붙잡아서 데리고 나오실 것이다.

(2) 그들이 하늘에 숨는다고 하여도 하나님의 심판에서 벗어나지 못하리라는 것. 하늘을 가리키는 영어인 heaven은 높이 들어 올려져 있다를 뜻하는 어근에서 나온 단어이다. 음부가 그들을 숨겨줄 수 없듯이, 하늘도 그들을 숨겨주지 못할 것이다. 그들이 잔꾀를 써서 하늘로 올라갈지라도, 내가 거기에서 그들을 붙잡아 내릴 것이다. 하나님이 그의 은혜로 하늘로 데리고 가신 자들은 결코 끌려내려오는 일이 없을 것이다. 그러나 그들 자신의 뻔뻔스러움과 그들 자신에 대한 자신만만함으로 인해서 스스로 하늘로 올라간 자들은 반드시 끌어내려져서 큰 수치를 당하게 될 것이다.

(3) 갈멜 산 꼭대기도 그들을 보호해 주지 못하리라는 것. 갈멜 산은 그 땅에서 가장 높은 곳이었다. "그들이 갈멜 산 꼭대기에 숨으면 아무도 찾아내지 못할 것이라고 생각해서 거기에 숨을지라도, 내가 그 곳을 수색해서 그들을 거기에서 찾아낼 것이다. 갈멜 산 꼭대기의 가장 울창한 수풀이나 가장 어두운 동굴도 그들을 숨겨주지 못할 것이다."

(4) 바다 밑도 그들이 숨는 데에 아무런 도움이 되지 못하리라는 것. 그들은 바다 밑에 숨으면 절대로 찾아내지 못할 것이라고 생각하겠지만, 하나님의 심판은 거기에서도 그들을 찾아내서 붙잡아 낼 것이다. 내가 거기에서 뱀, 곧 꼬불꼬불한 뱀 리워야단, 바다에 있는 용을 명령하여 물게 할 것이다(사 27:1). 그들은 그들의 피난처이자 보호막이라고 생각했던 바로 그 곳에서 전염병과 죽음을 만나게 될 것이다. 가장 높은 산 꼭대기로 올라가서 숨는 것과 마찬가지로 바다 밑으로 깊이 잠수하여 숨어도 아무 소용이 없을 것이다.

(5) 그들은 먼 나라로 가서도 심판을 피하지 못할 것이고, 작은 심판들을 받았다고 해서 더 큰 심판들을 면제받을 수 있는 것도 아니라는 것(4절). 그들이 원수 앞에 사로잡혀 갈지라도 내가 거기에서 칼을 명령하여 죽이게 할 것이라. 즉, 원수들이 그들을 아주 먼 곳들로 끌고가서, 그들로 하여금 거기에 있던 본토민들과 섞여 살게 하여서, 그들을 동화시켜서, 더 이상 그 곳의 본토민과 그들이 구별되지 않게 할지라도, 그들은 심판을 피하지 못할 것이다. 하나님은 심판하실 때에 반드시 이기실 것이기 때문이다. 이 모든 것에 못을 박는 하나님의 말씀, 즉 그가 그들에게 주목하여 화를 내리고 복을 내리지 아니하리라고 하신 말씀은 그들의 피신을 불가능하게 만들고 그들의 멸망을 필연적인 것으로 만든다. 하나님의 눈은 도처에 있고, 모든 사람들과 사람들의 모든 길 위에 있는데, 하

나님은 어떤 자들에게는 복을 내리셔서 그들을 위하여 능력을 **베푸시기** 위하여 주목하시지만, 어떤 자들에게는 그들의 죄들을 살피셔서(욥 13:27) 화를 내리시고 그들의 죄로 인하여 그들을 벌하실 기회를 찾으시기 위하여 주목하신다. 하나님의 섭리에 의한 모든 일들이 어떤 자들에게 해악을 가하기 위하여 움직일 때, 그들의 처지는 참으로 비참하다.

3. 이 선고를 그들에게 내리시는 분은 지극히 크시고 권능이 있으신 하나님이시고, 그 하나님이 이 심판을 그의 손으로 직접 집행하시리라는 것. 경고의 말 또는 말씀이 얼마나 두려운 것인가 하는 것은 경고를 하는 이의 권능이 어느 정도인지에 따라 결정된다. 힘이 없는 자가 분노하면, 우리는 비웃는다. 그러나 하나님의 진노는 결코 힘 없는 자의 분노가 아니다. 그것은 모든 것을 하실 수 있으신 이의 분노이다. 누가 주의 진노의 능력을 알리이까(시 90:11). 앞서 하나님이 장차 하시겠다고 말씀하신 것(8:8)이 여기에서 다시 반복된다. 즉, 하나님은 땅을 만져 녹게 하사 두려워하게 하시고, 거기 거주하는 자가 애통하게 하실 것이며, 하나님의 심판은 애굽의 홍수처럼 솟아 오르며, 온 땅이 물 아래 잠기게 되리라는 것이다(5절). 하나님은 그가 하신 말씀들을 이루실 수 있으신 분인가? 그렇다. 하나님은 반드시 이루신다. 하나님이 땅을 만지기만 하셔도 땅은 녹아 버리고, 하나님이 산들을 만지기만 하셔도 산들은 연기를 낸다. 하나님은 그런 일을 아주 쉽게 하실 수 있으신데, 그 이유는 다음과 같다.

(1) 그 일을 하시고자 하시는 분은 주 만군의 여호와시라는 것. 그는 모든 권능을 그의 수중에 갖고 계시는 분이시고, 모든 피조물을 마음대로 부리시는 분이시다. 그는 모든 피조물을 만드셔서 그것들에게 각각 몇 가지 능력들을 주신 분으로서 그것들과 그것들이 지닌 능력들을 그의 뜻대로 사용하신다. 만군의 여호와를 자신의 원수로 삼은 자들의 처지는 정말 비참하다. 왜냐하면, 하나님이 그들을 대적하시면, 하늘과 땅의 만군(萬軍)이 그들을 대적하고, 모든 피조물이 그들을 상대로 전쟁을 벌이기 때문이다.

(2) 그는 윗 세상의 창조주이자 통치자시라는 것. 높고 웅장한 궁전에 많은 층들이 있는 것처럼, 그의 궁전인 하늘들을 층층이 지으신 이가 바로 그이시다. 이 하늘들은 그의 궁전이다. 왜냐하면, 그는 궁창이 있으라고 말씀하셔서 궁창을 만드실 때에 하늘들을 처음으로 지으신 분이시기 때문이다(창 1:6-7). 그는 하늘들을 여전히 끊임없이 세우고 계시는데, 이것은 하늘들이 수리할 필요가

있어서가 아니라, 그의 섭리를 통해서 하늘들을 여전히 붙잡고 계시기 때문이다. 그의 권능은 하늘들을 떠받치고 있는 기둥들이다. 이렇게 하늘들을 다스리고 계시는 그는 분명히 우리가 두려워해야 할 분이시다. 왜냐하면, 그는 그의 성채인 하늘들로부터 그의 원수들을 공격할 수도 있으시고, 가나안 사람들에게 그러셨듯이 큰 우박을 보내실 수도 있으시며, 시스라에 대하여 그러셨듯이 그의 원수들의 길목에 별들을 두셔서 그들과 싸우게 하실 수도 있으시기 때문이다.

(3) 그는 이 아랫 세상도 다스리시고 경영하신다는 것. 우리가 살고 있는 이 세상, 즉 땅과 바다는 모두 하나님의 통치 아래에 있기 때문에, 그의 원수들이 땅이나 바다 속 깊은 곳으로 피하여도, 그는 거기에서 그들을 상대해 주시기 위하여 기다리고 계신다. 그의 원수들이 지상전을 할 생각인가? 그는 땅에 그의 군대, 즉 그의 수비대를 창설해 놓으셨고, 그의 신민(臣民)들을 보호하시거나 그의 원수들을 벌하시기 위하여 그 군대를 마음대로 부리시고 사용하신다. 땅의 모든 피조물들은 한 꾸러미의 화살들이고(난외주에서는 이렇게 읽는다), 그는 거기에서 아무것이나 그의 뜻대로 꺼내셔서 그의 원수들을 향해 쏘신다(시 7:13). 모든 피조물들은 서로 밀접하게 연결되어 있는 하나의 군대로서, 그들의 창조주의 뜻을 이루기 위하여 서로 합력하여 행한다. 그의 원수들이 해전을 할 생각인가? 거기에서도 그들은 그의 상대가 되지 못한다. 왜냐하면, 그는 바닷물도 마음대로 부리시기 때문이다. 아무리 흉용하고 뛰놀며 격렬하게 치는 파도라도 그의 명령에 복종한다. 그는 그의 일반 섭리를 통해서 바닷물을 불러 거기로부터 수증기가 올라가게 하여, 작은 비와 큰 비를 통해서 지면에 쏟으신다. 이것은 앞에서 우리가 여호와를 찾고(5:8) 그를 우리의 친구로 삼아야 하는 이유로서 언급되었고, 여기에서는 우리가 그를 두려워해야 하는 이유와 그를 우리의 원수로 만들지 않도록 두려워해야 하는 이유로서 언급된다.

4. 하나님이 이스라엘 백성에게 이러한 선고를 내리시는 것은 지극히 의로우시다는 것. 그가 그들을 멸하시는 것은 절대 주권의 행위가 아니라 의의 행위이다. 왜냐하면, 이스라엘은 범죄한 나라였고, 여호와의 눈이 그들을 주목하여 그 사실을 아셨기 때문이다. 그는 이스라엘이 크게 범죄하였다는 것을 아셨기 때문에, 이스라엘을 지면에서 멸하실 것이다. 이스라엘과 같이 그 이름에 있어서나 신앙 고백에 있어서나 거룩한 나라이자 제사장들의 나라인 그런 나라

들이 범죄한 나라들이 되었을 때, 그 나라들은 멸망을 당하고 버림을 받게 될 것 외에는 다른 것을 기대할 수 없다는 것을 명심하라. 죄악된 나라들, 죄악된 가정들, 죄악된 개인들은 여호와의 눈이 그들을 주목하여 그들의 모든 악을 보시고, 그 모든 것을 회계하여 보응하시는 그 날에 사용하시기 위하여 낱낱이 기록하여 놓으신다는 것을 알아야 한다. 이스라엘이 죄악된 나라가 되었기 때문에, 하나님이 그들을 얼마나 무시하고 계시는지를 보라(7절).

(1) 하나님은 이스라엘과의 관계를 무시하신다는 것. 이스라엘 자손들아 너희는 내게 구스 족속 같지 아니하냐. 이것은 얼마나 서글픈 전락(轉落)인가! 이스라엘 자손들이 구스 족속 같이 되어 버리다니!

[1] 그들은 그들 스스로가 구스 족속 같이 되어 버렸다는 것. 이것은 그들의 죄였다. 이스라엘 자손들이 흔히 구스 족속 같이 된 것은 크게 슬퍼해야 할 일이다. 경건한 조상들에게서 난 이 자손들은 타락해서 조상들과는 정반대의 모습이 되어 버렸다. 그들은 하나님을 아는 지식과 하나님을 경외하는 마음 가운데서 잘 교육을 받고 양육을 받아서 앞 길이 유망하였던 자들이었는데, 그들의 신앙 고백을 내던져 버리고서, 최악의 모습으로 변해 버렸다. 어찌 그리 금이 빛을 잃고 순금이 변질하였는고(애 4:1).

[2] 하나님이 그들을 구스 족속 같이 여기시게 되었다는 것. 이것은 그들에 대한 벌이었다. 그들은 이스라엘 자손들이었지만, 그는 그들을 구스 족속 같이 별로 소중히 여기지 않으셨다. 시편 7편의 표제 속에는 베냐민인 구시, 즉 베냐민 지파 사람이면서 구스 사람(어떤 이들은 이렇게 이해한다)이었던 자에 대한 언급이 나온다. 날 때부터 및 신앙 고백에 의해서 이스라엘 자손들인 자들일지라도 타락하여 사악하게 되면, 하나님은 그들을 구스 족속 같이 취급하신다. 이것은 메시야 시대에 믿지 않는 유대인들이 버림을 받게 될 것에 대한 암시이다. 그들은 그리스도의 가르침을 받아들이지 않았기 때문에, 하나님은 그들에게서 그의 나라를 빼앗으셨고, 그들은 계약에서 내쳐져서 교회로서의 특권을 박탈당하고 구스 족속 같이 되었고, 이러한 상황은 오늘날까지 계속되고 있다. 이것은 그리스도인이라 불리면서도 그들의 이름과 신앙 고백에 걸맞는 삶을 살지 않고, 경건의 모양만을 지닌 채로 죄의 권능의 지배 아래에서 살아가는 자들에게도 그대로 적용된다. 하나님은 그런 자들을 구스 족속 같이 취급하신다. 그는 그들과 그들의 예배를 거부하신다.

(2) 하나님은 그들에게 내리셨던 은총들을 무시하신다는 것. 그들은 하나님이 다른 나라들에게는 베풀지 않으셨던 은총들을 그들에게는 내리실 정도로 그들에게 완전히 묶여 계시기 때문에 결코 그들을 떠나시거나 내치실 수 없고, 다른 나라들을 대하시듯이 그들을 대하실 수 없다고 생각하였다. 하나님은 이렇게 말씀하신다: "결코 그렇지 않다. 내가 너희에게 베푼 은총들은 너희가 생각하는 것만큼 그렇게 특별한 것이 아니다. 내가 이스라엘을 애굽 땅에서 올라오게 하지 아니하였느냐. 그것은 사실이다. 그러나 나는 블레셋 사람을 갑돌에서, 즉 그들이 원주민이나 포로로 있던 갑바도기아에서 올라오게도 하였다." 블레셋 사람들은 갑돌 섬에 남아 있는 자들이라 불렸고(렘 47:4), 성경에서는 그들을 갑돌 사람들과 연관시킨다(창 10:14). 마찬가지로, 하나님은 아람 사람들이 기르에 사로잡혀 가 있었을 때에 그들을 거기에서 올라오게도 하셨다(왕하 16:9). 하나님의 이스라엘이 그들에게 특유한 거룩함을 잃어버리면, 그들은 그들에게 특유한 특권들도 잃어버리게 된다는 것을 명심하라. 그렇게 되면, 하나님의 특별한 은혜로 의도되었던 사건은 그 성격이 변화되어 다른 시각에서 보아져서 일반 섭리의 행위가 되고 만다. 신앙을 고백한 자들이 스스로 세상 사람들과 같은 자들이 되어 버리면, 하나님은 그들을 세상 사람들과 동일하게 취급하실 것이다. 우리가 하나님의 은혜에 빚진 자들에게 합당한 삶을 살지 않는다면, 우리는 하나님의 은혜로 인한 존귀함과 위로도 잃게 된다.

5. 하나님은 보응하시는 날에 옥석을 가리실 때에 지극한 은혜를 베푸시리라는 것. 하나님은 악한 이스라엘 자손들을 악한 구스 족속 같이 취급하시고, 그들이 이스라엘 백성이라고 불린다는 사실 자체가 그들에게 아무런 도움도 되지 못할 것이지만, 경건한 이스라엘 자손들은 악한 자들 같이 취급되지는 않을 것이다. 세상을 심판하시는 이는 정의를 행하실 것이기 때문에 의인을 악인과 함께 죽이시는 일은 하지 않으실 것이다(창 18:25). 하나님의 눈은 범죄한 나라를 주목하고 계시다가, 그 가운데서 온전한 신앙을 지키면서 시대의 흐름을 거슬러 헤엄치는 자들, 그들의 땅에서 자행되는 가증스러운 일들을 보고 탄식하며 부르짖는 자들을 찾아내어 표시를 하셔서, 멸망이 모든 자들에게 임하지 않게 하실 것이다. 내가 야곱의 집을 온전히 멸하지는 아니하리라. 하나님은 이스라엘 자손들을 악인이든 의인이든 가리지 않고 모두 한꺼번에 멸하시지 않으시고, 의로우신 재판장에 합당하게 악인과 의인을 구별하여 다루실 것이다. 그는 이

스라엘 족속을 체로 체질함 같이 체질하실 것이다. 그는 그들을 크게 흔들어 까불며 뒤집어 놓으실 것이지만, 마치 체가 체질하는 자의 손에 있듯이 그들은 여전히 하나님의 손에 있을 것이다(9절): 내가 이스라엘 족속을 만국 중에서 체질할 것이다. 하나님은 이렇게 그들을 흔들어 흩으셔서 알곡과 겨를 조심스럽게 분리하신 후에 알곡을 하나도 빠짐없이 주목하여 모으실 것인데, 이것이 하나님이 그들을 체질하시는 목적이다.

(1) 그들 가운데에 있는 의인들, 즉 알곡 같은 자들은 한 사람도 죽지 않으리라는 것. 의인들은 나라 전체에 임한 재난들 가운데서 건짐을 받게 될 것이다. 그 한 알갱이도 땅에 떨어져서 잃어지거나 잊혀지지 아니하리라. 좋은 알곡은 우리가 가벼운 알곡이라고 부르는 것에 비하여 돌처럼 무겁기 때문에, 원문에는 가장 작은 돌도 땅에 떨어지지 아니하리라로 되어 있다. 세상이 아무리 흔들리고 요동한다고 할지라도, 하나님은 진정으로 그의 소유인 자들을 지켜 주셔서 그들이 진정으로 비참한 자들이 되지 않도록 해주신다는 것을 명심하라.

(2) 그들 가운데에 있는 악인들, 즉 자신의 죄들 가운데서 완악해진 자들은 모두 죽게 되리라는 것(10절). 그들이 어떠한 정도로 불경(不敬)의 극치에 도달했는지를 보라. 그들은 말하기를 화가 우리에게 미치지 아니하며 이르지 아니하리라 한다. 그들은 그들에게 죄가 없기 때문에 벌을 받을 이유가 없다고 생각하거나, 그들에게는 하나님이 계시기 때문에 벌에서 면제받고 안전할 것이라고 생각하거나, 하나님의 심판들에도 불구하고 그들의 목적을 달성할 수 있는 것은 물론이고, 그들이 그 심판들로부터 아주 재빠르게 달아날 것이기 때문에 심판들이 그들을 따라잡지 못할 것이라고 생각하거나, 그 심판들에 대하여 아주 철저하게 준비를 해 두었기 때문에 그 심판들이 그들을 어쩌지 못할 것이라고 생각한다. 회개치 않는 자들은 그들이 어떻게 해서든 하나님의 심판을 피할 수 있을 것이라고 생각하지만, 그들의 그러한 생각은 스스로를 속이는 헛된 것임을 명심하라. 그들이 결국 어떻게 될 것인지를 보라. 스스로 헛된 생각을 품고서 하나님을 모독한 모든 죄인은 전쟁의 칼에 죽을 것인데, 이 칼은 하나님이 그들에게 보복하시는 칼이 될 것이다. 그들은 내 백성 중에 있는 죄인들이지만, 그들의 신앙 고백이 그들의 보호막이 되어 주지는 않을 것이다. 재앙은 그들과는 거리가 멀다고 생각하는 자들에게 흔히 아주 가까이에 있다는 것을 명심하라.

¹¹그 날에 내가 다윗의 무너진 장막을 일으키고 그것들의 틈을 막으며 그 허물어진 것을 일으켜서 옛적과 같이 세우고 ¹²그들이 에돔의 남은 자와 내 이름으로 일컫는 만국을 기업으로 얻게 하리라 이 일을 행하시는 여호와의 말씀이니라 ¹³여호와의 말씀이니라 보라 날이 이를지라 그 때에 파종하는 자가 곡식 추수하는 자의 뒤를 이으며 포도를 밟는 자가 씨 뿌리는 자의 뒤를 이으며 산들은 단 포도주를 흘리며 작은 산들은 녹으리라 ¹⁴내가 내 백성 이스라엘이 사로잡힌 것을 돌이키리니 그들이 황폐한 성읍을 건축하여 거주하며 포도원들을 가꾸고 그 포도주를 마시며 과원들을 만들고 그 열매를 먹으리라 ¹⁵내가 그들을 그들의 땅에 심으리니 그들이 내가 준 땅에서 다시 뽑히지 아니하리라 네 하나님 여호와의 말씀이니라

모든 선지자들이 증언하는 분을 아모스 선지자는 여기 이 마지막 부분에서 증언을 하면서, 그 날, 즉 하나님이 메시야의 나라를 세우심으로써 그의 교회를 위하여 큰 일들을 행하실 그 날들에 대하여 말한다. 앞 단락에서는 유대인들이 이 메시야의 나라를 배척함으로써 스스로 버림을 받게 될 것에 대하여 말하였었다. 성경은 하나님이 여기에서 하신 약속의 말씀은 기독 교회가 세워짐으로써 성취되었다고 말한다(행 15:15-17). 하나님은 여기에서 다음과 같은 것들을 약속하신다.

I. 메시야를 통해서 다윗의 나라가 회복되리라는 것(11절). 다윗의 나라는 다윗의 장막이라 불린다. 즉, 다윗의 집과 가문은 크고 견고하지만, 천국에 비하면 장막처럼 초라하고 언제든지 옮겨질 수 있는 것이라는 것이다. 현재 이 세상 속에서 전투하는 교회는 양 떼를 먹이는 목자들의 장막이나 전쟁터에 있는 군사들의 장막과 같은 다윗의 장막이다. 하나님의 장막이 다윗의 장막이라 불리는 이유는 다윗이 하나님의 장막에 영원히 머물기를 원하였기 때문이다(시 61:4).

1. 이 장막들이 무너져서 쇠락하였다는 것. 다윗 왕가는 영락(零落)하여, 그 권력은 줄어들었고, 그 존귀함은 녹이 슨 채로 티끌 가운데에 놓여 있었다. 왜냐하면, 그 백성의 다수가 타락하여 포로로 사로잡혀 감으로써, 나라로서의 존엄을 상실하였기 때문이다. 이스라엘 나라는 큰 틈새들이 벌어졌고, 마침내 무너져서 폐허가 되어 버렸다. 유대인들의 교회도 마찬가지였다. 말일들에 영광이 교회에서 떠났다. 그것은 정결함과 형통함에 있어서 장막이 무너져서 폐허

가 되어 버린 것과 같았다.

2. 예수 그리스도에 의해서 이 장막들이 일으켜져서 다시 세워졌다는 것. 하나님이 다윗과 맺으신 계약은 예수 그리스도 안에서 성취되었다. 훼손되었을 뿐만 아니라 완전히 무너졌던 다윗 집의 영광은 예수 그리스도로 말미암아 다시 되살아났다. 그는 그 틈들을 막으셨고, 그 허물어진 것을 일으켜서 옛적과 같이 세우셨다. 아니, 그리스도의 집의 영적인 영광은 전성기 때의 다윗 집의 현세적인 영광을 훨씬 능가하였다. 또한, 하나님이 이스라엘과 맺으신 계약도 예수 그리스도 안에서 성취되었다. 복음 교회를 통해서 하나님의 장막은 사람들 가운데에 다시 세워졌고, 유대인들의 나라의 폐허로부터 다시 일으켜 세워졌다. 사도들은 예루살렘 제1차 공의회에서 하나님이 이방인 중에서 자기 이름을 위할 백성을 취하시고자 하셨다는 것을 말하고자 할 때에 이 본문을 인용한다(행 15:14). 하나님은 세상이 존재하는 동안에는 거기에 교회를 두실 것이기 때문에, 어느 곳 또는 어느 민족 가운데에 있던 교회가 무너지면, 다른 곳에 또 다른 교회를 세우실 것임을 명심하라.

Ⅱ. 많은 나라의 사람들이 거기에 합류함으로써, 다윗의 나라는 대단히 커지고 그 영토가 지극히 광대해지리라는 것(12절). 다윗의 집은 에돔과 모든 이방의 남은 자를 얻게 될 것이다. 즉, 하나님은 그리스도께 이방 나라를 그의 유업으로 주셔서, 그의 소유가 땅 끝까지 이르게 하실 것이다(시 2:8). 과거에 외인들이자 원수들이었던 자들이 자원해서 다윗의 아들의 충성된 신민들이 되어 교회에 더해질 것이다. 또는, 이방 나라들 중에서 하나님의 이름으로 일컫는 자들, 즉 은혜로 말미암아 택함을 받아서 하나님으로부터 영생을 받기로 작정된 자들(행 13:48)이 교회에 더해질 것이다. 오직 택하심을 입은 자가 얻었고 그 남은 자들은 우둔하여졌다(롬 11:7)는 말씀은 유대인들에게만이 아니라 이방인들에게도 적용되기 때문이다. 그리스도께서는 흩어진 하나님의 자녀들, 즉 여기에서 여호와의 이름으로 일컫는 자들이라 불리고 있는 자들을 모아 하나가 되게 하기 위하여 죽으셨다(요 11:52). 이 약속은 모든 먼 데 사람 곧 주 우리 하나님이 얼마든지 부르시는 자들에게 하신 것이다(행 2:39). 야고보 사도는 이것을 그 남은 사람들과 내 이름으로 일컬음을 받는 모든 이방인들로 주를 찾게 하기 위한 약속이라고 설명하였다(행 15:17). 그러나 이 약속은 과연 믿을 만한 약속인가? 그렇다. 왜냐하면, 여호와께서 그렇게 말씀하셨고, 여호와는 그 일을 행하시고 계시고, 행

하실 수 있으시며, 그 일을 행하시기로 작정하셨고, 그 일을 행하시기 위하여 그의 은혜의 권능을 동원하실 것이며, 우리와는 달리 그분의 말씀과 행위는 둘이 아니기 때문이다.

III. 메시야의 나라에는 모든 선한 것들이 지극히 풍성하리라는 것(13절). 밭 가는 자와 파종하는 자가 곡식 추수하는 자의 뒤를 거의 따라 잡을 정도로 바짝 이을 것이다. 즉, 해마다 추수할 것이 너무나 많아서 여름 내내 추수하고도 다 거두어들이지를 못하여, 다시 밭을 갈고 파종해야 하는 가을까지 추수가 이어지리라는 것이다. 마찬가지로, 포도를 수확하는 일도 파종을 다시 시작해야 하는 때까지 계속될 것이다. 포도들이 너무나 풍성하게 열려서, 산들이 포로를 모으는 자들의 그릇 속에 단 포도주를 흘릴 것이고, 메말라서 딱딱한 불모지였던 작은 산들은 물기가 촉촉하여 기름진 땅이 되어 녹을 것이다. 이 본문을 요엘 2:24; 3:18과 비교해 보라. 이 본문은 그리스도와 그의 교회에 더해질 모든 자들에게 하늘에 속한 신령한 복들이 풍성하게 주어질 것임을 의미하는 것으로 이해되어야 한다. 그들은 하나님의 집의 선한 것, 그의 성령의 은혜들과 위로들을 풍성하게 받고 만족하게 될 것이다. 그들은 그들의 마음을 강하게 해줄 생명의 떡과 그들의 마음을 기쁘게 해줄 위로의 포도주(이것은 참된 양식과 참된 음료이다, 요 6:55), 즉 하나님의 말씀과 성령이 사람들의 영혼에 주는 온갖 유익들을 갖게 될 것이다. 이런 유익들은 오랫동안 유대 교회라는 포도원에만 국한되어 있었고, 하나님의 계시와 거기에 수반된 권능은 오직 그 울타리 내에서만 발견될 수 있었다. 그러나 복음 시대에는 이방 세계의 큰 산들과 작은 산들이 그들에게 전파되어 받아들여진 그리스도의 복음으로 말미암아 그러한 특권들로 풍성해질 것이다. 하나님께서 복음을 전하는 자들로 하여금 항상 그리스도 안에서 이기게 하셔서(고후 2:14), 큰 무리가 회심하여 그리스도를 믿게 되고, 많은 나라들이 한꺼번에 그리스도께로 돌아왔을 때, 그것은 밭 가는 자들과 파종하는 자들이 곡식 추수하는 자들의 뒤를 따라잡은 것이었다. 이방 교회들이 모든 언변과 모든 지식, 온갖 신령한 은사들에 풍족하게 되었을 때(고전 1:5), 그것은 산들이 단 포도주를 흘리게 된 것이었다.

IV. 메시야의 나라에 많은 사람들이 살게 되리라는 것. 땅이 비옥하고 윤택해지게 될 뿐만 아니라, 성읍들에도 사람들이 넘쳐나서, 풍성한 열매들을 먹을 사람들도 많이 있게 될 것이다(14절). 포로로 끌려갔던 자들은 포로 생활에서 놓여나서 다시 돌아오게 될 것이다. 원수들은 그들을 포로 된 땅에 잡아둘 수 없을 것이고, 그들도 거기에 정착할 마음이 없을 것이기 때문에, 남은 자들이 돌아와서 황폐한 성읍들을 건축하여 거주하며, 거기에서 기독 교회들을 형성하여, 그리스도의 성읍들을 하나로 묶는 복음을 따라서 그들 가운데서 순전한 가르침과 예배와 치리를 바로 세우고서, 그 유익과 위로를 누리게 될 것이다. 그들은 포도원들을 가꾸고 과원들을 만들 것이다. 큰 산들과 작은 산들이 포도주를 흘리고, 복음 교회의 특권들이 차고 넘친다고 하여도, 그들은 그들만의 공동체를 이루어서 그러한 특권들을 독점하고 다른 사람들을 배제하는 것이 아니라, 다른 사람들과 함께 나누는 가운데에 그 특권들을 자신의 것으로 만들어서 선용할 것이다. 그들은 그들 자신의 포도원과 과원에서 나는 포도주를 마시며 그 열매를 먹을 것이다. 왜냐하면, 사람들이 자신의 포도원과 과원을 가꾸는 일에 수고하듯이 신앙의 일에 수고하며 애쓰는 자들은 그 일로 인한 즐거움과 유익을 얻게 될 것이기 때문이다. 여기에서 하나님의 이스라엘이 사로잡힌 것을 돌이키시겠다는 하나님의 약속은 하나님이 이스라엘에게 오랫동안 종의 멍에였던 의식법(儀式法)을 폐지하시고, 그리스도를 보내셔서 그의 교회를 자유롭게 하시고 그들에게 자유를 주실 것임을 가리키는 것일 수 있다(갈 5:1).

V. 메시야의 나라가 세상에 깊이 뿌리를 박을 것이기 때문에 땅에서 결코 뽑히지 아니하리라는 것(15절).   내가 그들을 그들의 땅에 심으리라. 하나님은 그의 오른손으로 자기 백성인 영적 이스라엘을 그들에게 할당된 땅에 심으실 것이고, 그들은 옛적의 유대 교회처럼 그 땅에서 다시 뽑히지 아니할 것이다. 하나님은 그들의 총체적인 배교나 원수들의 악의로 말미암아 그 땅에서 쫓겨나는 일이 없게 그들을 지켜 주실 것이다. 교회는 타락하기는 하겠지만 하나님을 완전히 버리지는 않을 것이고, 박해를 받기는 하겠지만 하나님으로부터 완전히 버림을 받지는 않을 것이기 때문에, 음부의 권세가 그 어떤 시험들이나 두려운 것들을 동원하더라도 교회를 이기지 못할 것이다. 다음의 두 가지가 교회의 영속성을 확보해 줄 것이다.

1. 하나님이 교회를 직접 세우셨다는 것. 교회가 서 있는 땅은 내가 준 땅이다. 하나님은 그가 주신 것들을 견고하게 하시고 지켜 주실 것이다. 그가 자기 백성에게 주신 것은 그 누구도 그들에게서 빼앗아 갈 수 없는 좋은 것이다. 그는 그가 주신 것을 취소하지 않으실 것이고, 땅과 음부의 모든 권세도 그것을

무효화하지 못할 것이다.

2. 교회가 하나님 안에서 지니고 있는 분깃. 이것을 말씀하신 분이자 장차 이루실 분은 네 하나님 여호와이시다. 그는 네 하나님으로서 대대로 영원히 다스리실 것이다. 하나님이 살아 계시기 때문에, 교회도 살아 있을 것이다.

오바댜

서론

　　오바댜서는 구약의 모든 책들 가운데서 가장 짧은 책이다. 비유하자면, 오바댜서는 구약에 나오는 많은 지파들 중에서 가장 작은 지파이다. 그렇다고 해서, 우리는 이 책을 그냥 건너뛰거나 하잘것없는 것으로 생각해서는 안 된다. 왜냐하면, 동전 한 잎에도 가이사의 형상이 새겨져 있고 가이사의 이름이 적혀 있는 것과 마찬가지로, 이 작은 책에도 하나님의 권위를 나타내는 인장이 찍혀 있기 때문이다. 짧은 설교나 짧은 책에도 하나님에 관한 많은 것들이 들어 있을 수 있고, 짧은 글 하나로도 많은 선한 일을 행할 수 있다. 노리스(Norris) 목사는 "만약 천사들이 책을 쓴다면, 그 분량은 몇 장 되지 않을 것이다"라고 말한다. 분량이 얼마 되지 않는 글이 매우 보배로울 수 있다. 이 책의 표제는 오바댜의 묵시이다. 오바댜가 누구였는지는 성경의 다른 책들에 나오지 않는다. 몇몇 옛 사람들은 아합의 때에 왕궁 살림을 맡은 자였던 오바댜와 동일 인물일 것이라고 생각하였다(왕상 18:3). 만약 그것이 사실이라면, 선지자들을 숨겨 주고 먹여 주었던 그가 마침내 선지자의 상을 받아서 스스로 선지자가 되었다는 말이 된다. 그러나 그것은 아무런 근거도 없는 추측에 불과하다. 선지자 오바댜는 앞에서 말한 오바댜보다 후대의 사람이었을 가능성이 크다. 어떤 이들은 그가 호세아, 요엘, 아모스와 동시대 사람이었을 것이라고 생각한다. 어떤 이들은 그가 예루살렘이 멸망할 즈음에 살았고, 에돔 족속이 예루살렘의 멸망을 그토록 야만적으로 뛸듯이 기뻐하는 모습을 보았을 것이라고 생각한다. 하지만, 그는 자기가 묵시(또는, 이상) 가운데서 본 것을 썼다. 그가 쓴 것은 그가 본 묵시이다. 그가 하나님의 감동을 받아서 백성들에게 전한 것들은 훨씬 더 많았을 것이지만, 글로 기록하도록 감동을 받은 것은 이 책에 나오는 것이 전부였다. 그가 쓴 것은 모두 에돔에 관한 것이다. 일부 유대인 중에는 그가 오직 에돔에 대해서만 예언하였다는 것을 들어서 그 자신도 유대교로 개종한 에돔 사람이었다고 주장하는 자들이 있는데, 그것은 어리석은 공상일 뿐이다. 다른 선지자들도 에돔을 쳐서 예언하였고, 그들 중 일부는 그런 예언을 할 때에 그 내용과 표현을 오바댜에게서 빌려온 것으로 보인다(렘 49:7 이하; 겔 25:12 이하). 이 두세 증인의 입에 의해서 오바댜서에 나오는 모든 말씀은 확증이 된다.

제 1 장

개요

오바댜서 전체는 에돔에 관한 것이다. 에돔은 이스라엘의 이웃나라로서 가까운 동맹국이었지만, 야곱에 대한 그들의 조상 에서의 적대감을 물려 받아서, 야곱의 자손에 대적하는 원수였다. 이 책에는 머릿말(1절) 뒤에 다음과 같은 내용들이 이어진다. I. 에돔에 대한 경고의 말씀들. 1. 그들의 교만이 낮아지게 되리라는 것(2-4절). 2. 그들의 재물이 약탈을 당하게 되리라는 것(5-7절). 3. 그들이 지혜가 없어져서 얼빠진 자들이 되리라는 것(8-9절). 4. 하나님의 이스라엘에 대하여 앙심을 품고 행한 그들의 못된 행위에 대하여 하나님이 보복하시리라는 것(10-16절). II. 이스라엘을 향한 은혜로운 약속의 말씀들. 그들은 회복되고 새로워질 것이며, 에돔 사람들에게 승리를 거두어서 그들 자신의 땅과 그 이웃에 있는 다른 나라들의 땅을 차지하게 될 것이고(17-20절), 큰 구원이 도래함으로써 메시야의 나라가 세워지게 될 것이다(21절).

[1]오바댜의 묵시라 주 여호와께서 에돔에 대하여 이와 같이 말씀하시니라 우리가 여호와께로 말미암아 소식을 들었나니 곧 사자가 나라들 가운데에 보내심을 받고 이르기를 너희는 일어날지어다 우리가 일어나서 그와 싸우자 하는 것이니라 [2]보라 내가 너를 나라들 가운데에 매우 작게 하였으므로 네가 크게 멸시를 받느니라 [3]너의 마음의 교만이 너를 속였도다 바위 틈에 거주하며 높은 곳에 사는 자여 네가 마음에 이르기를 누가 능히 나를 땅에 끌어내리겠느냐 하니 [4]네가 독수리처럼 높이 오르며 별 사이에 깃들일지라도 내가 거기에서 너를 끌어내리리라 여호와의 말씀이니라 [5]혹시 도둑이 네게 이르렀으며 강도가 밤중에 네게 이르렀을지라도 만족할 만큼 훔치면 그치지 아니하였겠느냐 혹시 포도를 따는 자가 네게 이르렀을지라도 그것을 얼마쯤 남기지 아니하였겠느냐 네가 어찌 그리 망하였는고 [6]에서가 어찌 그리 수탈되었으며 그 감춘 보물이 어찌 그리 빼앗겼는고 [7]너와 약조한 모든 자들이 다 너를 쫓아 변경에 이르게 하며 너와 화목하던 자들이 너를 속여 이기며 네 먹을 것을 먹는 자들이 네 아래에 함정을 파니 네 마음에 지각이 없음이로다 [8]여호와의 말

쓸이니라 그 날에 내가 에돔에서 지혜 있는 자를 멸하며 에서의 산에서 지각 있는 자를 멸하지 아니하겠느냐 [9]드만아 네 용사들이 놀랄 것이라 이로 말미암아 에서의 산에 있는 사람은 다 죽임을 당하여 멸절되리라

에돔은 오바댜의 예언 전체가 겨냥하고 있는 나라이다. 어떤 이들은 여기에서 에돔은 언젠가는 낮아지게 될 이스라엘의 모든 원수들을 상징적으로 대표하는 것이라고 생각한다. 랍비들은 에돔을 로마를 상징하는 것으로 이해한다. 그들은 에돔을 로마의 그리스도인들로 이해하고서, 그러한 이해를 바탕으로 그리스도인들에 대한 아주 깊은 적대감을 지니고 있다. 그러나 에돔을 로마의 적그리스도 집단을 가리키는 것으로 이해한다면, 우리는 이 예언이 아주 잘 들어맞는 것을 발견하게 될 것이다. 에돔은 전에 여호사밧에 의해서 그랬던 것처럼 마카베오 시대에도 굴욕을 당했지만, 에돔의 멸망은 그들의 조상 에서가 버림받은 것과 마찬가지로 한 걸음 더 나아가서 복음 교회의 원수들이 멸망받을 것을 가리키는 하나의 모형이었던 것으로 보인다. 왜냐하면, 하나님의 모든 원수들은 그렇게 망하게 될 것이기 때문이다. 성경에서는 하나님이 시온을 위하여 보응하실 그 날을 나타내는 데에 여호와의 칼이 에돔 위에(사 34:5) 내릴 것이라는 표현을 사용한다(8절). 어떤 이들은, 이스라엘 백성은 정작 하나님이 사랑하신 야곱의 자손들인 그들은 환난 가운데 있는데, 에돔 사람들은 번영할 뿐만 아니라 환난 중에 있는 그들을 보고 아주 기뻐하며 의기양양해하는 것을 보고서, 큰 시험에 들지 않을 수 없었을 것이라는 점을 잘 지적하였다. 그러므로 하나님은 이스라엘 백성에게 에돔이 결국 총체적이고 최종적으로 멸망하게 되리라는 것과 그들 자신이 지금 징계를 받음으로써 장차 복된 결과를 얻게 되리라는 것을 보여주신다. 이제 우리는 여기에서 다음과 같은 것들을 보게 된다.

I. 에돔에 대한 선전 포고(1절). "우리가 만군의 하나님 여호와께로 말미암아 소식, 아니 지시를 들었다. 하나님이 명령을 내리셨다. 하나님의 백성에게 해악을 가하는 모든 자는 반드시 스스로 해악을 당하게 되리라는 것은 되돌릴 수도 없고 거역할 수도 없는 하나님의 뜻이자 영(令)이다. 우리는 하나님이 그의 거룩하신 처소에서 일어나셔서 심판을 위한 보좌를 준비하고 계시고, 각 나라에 하나님의 경고를 전할 섭리의 어떤 전령관 또는 하나님의 선지자들 같은 사자가 나라들 가운데에 보내심을 받았다는 소식을 들었다." 하나님이 쓰시는 자들은

서로를 향하여 이렇게 외친다: "너희는 일어날지어다. 자, 힘을 내자. 우리가 일어나서 에돔과 싸우자." 느부갓네살 아래에서 연합한 동맹군들은 이런 식으로 그들 자신과 서로를 독려하며 에돔을 치기 위해 내려왔다: 너희는 모여와서 에돔을 치며 일어나서 싸우라(렘 49:14). 하나님은 그의 교회의 원수들에 대하여 행하시고자 하는 피비린내 나는 일이 있을 때에 그 일에 적합한 손길들과 마음들을 반드시 찾아내신다는 것을 명심하라.

II. 하나님이 그 전쟁에서 승리하실 것에 대하여 미리 말씀하심. 에돔은 반드시 복속되고 약탈되며 낮아지게 될 것이다. 왜냐하면, 에돔이 의지했던 모든 것들은 그들을 실망시키고 그들에게 아무런 도움도 되지 못할 것이기 때문이다. 마찬가지로, 하나님의 교회를 대적하는 모든 원수들은 그들이 믿고 의지했던 것들에 대하여 실망하게 될 것이다.

1. 그들이 그들의 위세, 나라들 가운데서 그들이 누리던 명성, 나라들에 대한 그들의 영향력을 의지하는가. 그런 것들은 작아지게 될 것이다(2절). "보라 내가 너를 나라들 가운데에 매우 작게 하였으므로, 네 이웃 나라들 중에서 네게 우호적으로 지내자거나 동맹을 맺자고 제안해 오는 나라가 아무도 없게 될 것이다. 네가 나라들 가운데서 얼빠지고 신실하지 못한 나라로 크게 멸시를 받을 것이다." 이렇게 너의 마음의 교만이 너를 속였도다(3절).

(1) 자기 자신이 잘났다고 생각하는 자들은 다른 사람들도 그들을 그렇게 생각할 것이라고 착각하기 쉽다는 것. 그러나 막상 다른 사람들의 마음이 드러나게 되는 때가 오면, 그들은 스스로 착각했다는 것을 알게 될 것이다. 이런 식으로, 그들의 교만은 그들을 속이고 죽인다.

(2) 하나님은 자기 자신을 높이고 자랑한 자들을 아주 쉽게 낮추실 수 있으시고, 그렇게 하는 방법을 찾아내시리라는 것. 왜냐하면, 그는 교만한 자를 대적하시기 때문이다(벧전 5:5; 약 4:6). 우리는 한때 아주 커보이고 크게 사랑과 존경을 받던 자들이 작아져서 크게 멸시받는 것을 자주 본다.

2. 그들이 자연과 인공에 의해서 요새화된 그들의 땅을 의지하고, 그런 것으로 말미암아 그들이 지닌 장점들을 자랑하는가. 그런 것들도 그들을 속이게 될 것이다. 그들은 둥지 속의 독수리처럼 바위 틈에 거주하였고, 그들의 거처는 높은 곳에 있었다. 그들이 이웃 나라 사람들보다 높은 곳에 살고 있다는 사실은 그들을 교만하게 만들었고, 그들이 사는 곳들이 요새화되어 있어서 난공불락

이라는 사실은 그들을 안일하고 방심하게 만들었다.

(1) 에돔이 교만한 마음으로 무엇이라고 말하는가. 누가 능히 나를 땅에 끌어 내리겠느냐. 그는 마치 전능하신 하나님의 권능으로도 그를 이길 수 없다는 듯이 자신의 힘을 믿고 하나님의 심판을 멸시하며 큰 소리를 친다. 그는 그의 모든 대적들, 심지어 하나님까지 멸시하며(시 10:5) 도전한다. 그들의 조상 에서가 그의 장자권을 팔아 치워 버렸는데도, 그들은 마치 그들이 여전히 탁월한 위엄과 권능을 지니고 있다는 듯이 스스로를 높였다. 자신의 특권들을 이미 상실했는데도 여전히 그 특권들을 자랑하는 자들이 많다. 에돔은 높고 고상하기 때문에 아무도 그를 끌어내릴 수 없을 것이라는 망상에 사로잡혀 있다. 육적인 안일과 방심은 사람들이 형통하는 가운데에 부귀영화와 권세를 누리는 날에 아주 쉽게 빠져드는 죄이고, 다른 어떤 죄 못지 않게 그들의 멸망의 때를 무르익게 만드는 죄이며, 그 멸망이 임할 때에 그 멸망을 더욱 심하게 만드는 죄라는 것을 명심하라.

(2) 하나님이 에돔의 말에 대하여 어떻게 말씀하시는가(4절). 사람들이 감히 전능자에게 도전하고자 한다면, 전능자는 그들의 도전을 받아주실 것이다. 에돔이 누가 능히 나를 끌어내리겠느냐고 말하자, 하나님은 이렇게 말씀하신다: "내가 하리라. 네가 높이 솟아오르며 높은 곳에 둥지를 짓는 독수리처럼 높이 오르며, 네가 너의 둥지를 독수리보다도 더 높게 별 사이에 짓고 그 곳은 안전하리라는 헛된 망상을 품은 채로 거기에 깃들일지라도, 내가 거기에서 너를 끌어내리리라." 우리는 이것을 이미 보았다(렘 49:15-16). 죄인들은 그들의 교만으로 인하여 넘어졌을 때에 그 교만을 부끄러워하게 될 것이고, 그들이 믿고 의지하던 것들이 그들의 기대를 저버렸을 때에 그들의 안일함과 방심을 부끄러워 하게 될 것임을 명심하라.

3. 그들이 그들의 부와 재물을 의지하는가. 군비(軍備)가 풍부한 것은 전쟁에서 승리의 관건으로 여겨진다. 그들은 그들이 가진 돈을 그들의 방비(防備)이자 요새라고 여기는가? 그것은 단지 그들의 착각일 뿐이다. 왜냐하면, 돈과 재물은 그들을 보호해 주기는커녕 도리어 위험에 노출시킬 것이기 때문이다. 재물은 원수를 불러들이고, 그 원수는 재물 때문에 그들을 죽일 것이다(5-6절). 우리는 이런 취지의 말씀을 이미 보았었다(렘 49:9-10). 여기에서는 네가 어찌 그리 망하였는고라는 말씀이 단지 삽입구에만 나온다: 너와 네가 모아 놓은 모

든 것이 망하였다! 오바댜 선지자는 그들의 형통의 맥(脈)이 끊어졌다고 예언하며 탄식한다. 네가 어찌 무너졌고, 너의 무너짐이 어찌 그리 큰가! 네가 어찌 그리 우둔하였던가! 갈대아 역본에서는 그렇게 읽는다. 네가 모든 것을 황폐화시키는 하나님의 심판들을 마치 평범한 일들인 것처럼 여길 정도로 그리도 지각이 없었단 말인가! 그러나 하나님은 그 심판이 통상적인 재난이 아니라 철저한 멸망이 될 것임을 보여주신다.

(1) 부자가 자신이 소유한 많은 것 중에서 약간을 도둑맞거나 잃는 것은 통상적인 재난일 뿐이라는 것. 도둑이 그들에게 이르고(시체가 있는 곳에는 맹조류들이 모여들기 마련이다) 강도가 밤중에 이를지라도, 그들은 그들에게 주어진 기회를 따라서 그들의 마음에 만족할 만큼 훔친다. 그들은 그들이 가져갈 수 있다고 생각하는 만큼만 훔쳐 가기 때문에, 실제로 큰 재산 가운데서 그들이 가져가는 것은 얼마 되지 않는다. 과원이나 포도원에 들어가서 훔쳐 가는 자들은 그들이 적당하다고 생각하는 정도만큼 가져가고, 주인이 그 손실을 곧 쉽게 만회할 수 있도록 열매들을 얼마쯤 남긴다.

(2) 에돔의 경우는 그렇지 않으리라는 것. 가장 귀하고 값진 것들은 말할 것도 없고, 그들은 그들이 가진 재물 전부를 빼앗길 것이고, 그들을 멸망시키러 온 군대의 손길이 비껴가는 것은 아무것도 없을 것이다(6절). 에서의 물건들, 즉 에돔 사람들이 마음을 두고 거기에서 행복을 찾았던 그들의 온갖 좋은 것들, 그들이 그토록 정성을 다해서 모아놓고 감추어 두었던 그들의 가장 좋은 것들이 어찌 그리 허망하게 원수에 의해서 찾아내져서 수탈되었는고! 그들이 감춘 보물이 어찌 그리 허망하게 약탈당하고 빼앗겼는고! 그들이 몰래 숨겨 두었던 귀한 재물들, 여러 해 동안 빛을 보지 못한 채 비밀 장소에 숨겨져 있던 그들의 보물들이 원수의 노략물이 되어 버렸다. 땅에 쌓아둔 보화는 아무리 견고하게 자물쇠로 채워두고 아무리 교묘하게 숨겨둔다고 하여도 도둑들이 뚫고 들어와서 훔치지 못할 정도로 안전하게 쌓여져 있을 수 없다는 것을 명심하라. 그러므로 우리를 위하여 보물을 하늘에 쌓아 두는 것이 우리의 지혜이다(마 6:20).

4. 그들이 이웃 나라들 및 그 왕들과 맺은 동맹을 의지하는가. 그 나라들과 그 왕들도 그들을 실망시키게 될 것이다(7절). "너와 약조한 모든 자들, 즉 암몬 족속과 모압 족속을 비롯해서 너와 화목하던 너의 대단한 동맹국들, 서로를 침략하지 않을 뿐만 아니라 다른 나라의 침략을 받을 때에 모든 힘을 다해서 서

로를 돕겠다고 굳게 약조하며 동맹을 맺었던 모든 나라들, 네 먹을 것을 먹었고 너에게서 융숭한 대접과 환대를 받으며 너로 인하여 먹고 살았던 나라들, 그 군사들이 네 땅에 자유롭게 주둔하면서 너의 용병으로 간주되어 돈을 받았던 너의 동맹국들, 너의 사자들에게 지극한 예를 다하여 그 사자들이 본국으로 돌아갈 때면 그들의 나라의 변경에 이르도록 따라와서 배웅을 했던 너의 동맹국들은 네가 다른 나라의 침략을 받아서 그들의 도움이 필요할 때에 적군과 대치 중인 변경까지 와서 그들의 군대로 너를 기꺼이 도와줄 것처럼 보였으나, 실제로는 그렇지 않았다."

(1) "그들은 너를 속였다. 네가 극도의 곤경에 처해 있을 때에 그들은 발을 빼며 뒤로 물러갔고, 지친 여행자에게 상한 갈대 같았으며, 목 마른 여행자에게 여름 시내 같았다. 그들은 그 어떤 힘도 되어 주지 못했고, 그 어떤 도움도 주지 못하였다."

(2) "그들은 너를 이겼다. 그들은 너를 파멸시키려고 속여서 너와 약조를 맺은 후에, 너를 위험에 빠뜨려서 네 원수의 손쉬운 먹잇감이 되게 하였다." 육신을 자신의 힘으로 삼는 자들은 그 육신에 의해서 도리어 해를 당하게 될 것임을 명심하라. 그렇지만, 이것이 전부가 아니었고, 그 최악의 결과는 아직 남아 있었다.

(3) "그들은 네 아래에 함정을 파고 거기에 네게 상처 입힐 것을 두었다. 즉, 그들은 결국에 네게 상처를 입히게 될 것을 네 아래에 두고서 너로 그것을 믿고 의지하게 만들고, 토대로 삼게 만들며, 편안히 쉴 때에 베는 베개로 삼게 만들었다. 그들은 단지 너를 괴롭히는 가시들이었던 것이 아니라, 너를 죽일 칼들이었다." 하나님이 우리 아래에 그의 능력과 사랑의 팔을 두시면, 그 팔은 우리 아래에서 견고하고 편안할 것이다. 우리와 언약을 맺으신 하나님은 결코 우리를 속이지 않으신다. 그러나 우리가 우리와 약조한 자들 및 그들이 우리 아래에 두고자 하는 것들을 믿고 의지한다면, 그들과 그것들은 결국 우리에게 함정이 되어 우리를 상처 입히고 욕되게 할 것이다. 이렇게 자기를 속여서 이용해 먹을 자들을 믿고 의지한 에돔에 대하여 내려진 올바른 질책을 주목하라. "네 마음에 지각이 없음이로다. 만약 지각이 있었다면, 너는 너를 배신할 자들을 그토록 철석같이 믿고 의지하지는 않았을 것이다." 창조주 하나님을 믿고 의지하라는 권면을 받고서도, 스스로 속아서 피조물을 의지하는 자들은 자기 속에

지각이 없다는 것을 보여주는 것임을 명심하라.

5. 그들이 그들의 모사들의 책략들을 의지하는가. 그 책략들도 그들을 실망시키게 될 것이다(8절). 에돔은 풍부한 학식과 경험으로 국사를 돕고 조언하며 온갖 책략에 능통해서 이웃 나라들과 맺는 조약들에서 큰 수완을 발휘하는 뛰어난 모사들이 많기로 유명하였다. 그러나 이제 에돔의 모사들은 어리석은 자들이 되어 버렸다. 하나님은 지혜로운 자들을 어리석은 자들로 만드실 수 있으신 분이다. 그 날에 내가 에돔에서 지혜 있는 자를 멸하지 아니하겠느냐. 사람으로서 그들은 다른 사람들과 마찬가지로 칼에 죽게 될 것이고(시 49:10), 그들의 지혜가 그들을 안전하게 지켜주지 못할 것이다. 또한, 지혜로운 자들이었던 그들은 얼이 빠질 것이기 때문에, 그들의 모든 책략들은 어리석은 것들이 되고 말 것이다. 그들이 심혈을 기울여서 짜낸 책략들은 실패하게 될 것이고, 그들이 취하는 조치들은 통하지 않을 것이며, 그들이 그들의 입지를 견고히 해주고 백성들에게 유익을 가져다 줄 것이라고 생각한 최고의 계책들은 그들 자신과 백성들에게 파멸을 안겨주게 될 것이다. 이 본문과 병행이 되는 구절에서는 이렇게 말한다: 데만에 다시는 지혜가 없게 되었다(렘 49:7).

(1) 이것은 그들이 어리석게도 육신의 힘을 의지한 것에 대한 마땅한 벌이라는 것. 그들의 마음에 지각이 없다(7절). 그들은 지각(知覺)이 없어서, 살아 계신 하나님, 진리의 하나님을 의지하지 않고, 깨지기 쉽고 변덕스러우며 거짓된 사람을 신뢰하고 의지하였다. 그러므로 하나님은 그들의 지각을 멸하실 것이다. 어떤 자들이 죄의 길에 들어서지 않기 위해서 그들에게 주어진 지각을 사용하여야 마땅한데도 그렇게 하고자 하지 않는다면, 하나님은 그들을 위험에서 지켜줄 그들의 지각조차 그들에게서 빼앗아 버리실 것임을 명심하라. 하나님은 스스로 어리석은 자가 되고자 하는 자들을 계속해서 어리석은 자로 살도록 내버려 두실 것이다.

(2) 이것은 그들의 멸망의 전주곡이라는 것. 하나님이 한 나라의 평화와 안녕을 위한 계책을 내는 소임을 맡은 자들의 눈에 그 나라의 평화에 속한 일들을 숨기신다면, 그것은 그 나라가 멸망당하도록 확실하게 정해졌음을 보여주는 것이다. 하나님은 멸하시기로 작정하신 자들을 얼 빠지게 만드신다(욥 12:17을 보라).

6. 그들이 그들의 용사들의 힘과 담력을 의지하는가. 그들은 강철 같은 체

력만이 아니라 용기와 담력도 지닌 자들이기 때문에 원수를 맞아 싸워서 물리칠 수 있는 자들이다. 그러나 드만아, 이제 네 용사들이 놀랄 것이고, 낙담하게 될 것이다(9절). 그들의 담력은 실망스러울 정도로 허망하게 무너져서, 에서의 산에 있는 사람은 다 죽임을 당하여 멸절되고, 한 사람도 피하지 못할 것이다. 용사들이 사기를 잃고서 놀라고 낙담하여 전투에서 패할 뿐만 아니라 목숨까지 잃는다면, 연약하고 힘 없고 무장을 하지 않은 일반 백성들이 원수의 수중에 떨어져서 죽게 되는 것은 너무나 당연한 일이다. 잣나무여 곡할지어다 백향목이 넘어졌도다(슥 11:2). 용사들이 죽거나 뿔뿔이 흩어지는 바람에 많은 사람들이 죽고 멸망을 당하는 것은 흔히 있는 일임을 명심하라. 전능하신 하나님이 우리 편이 아니라면, 용사들이 우리를 보호해 줄 것이라고 믿고 그들을 의지해 보아야 아무 소용이 없다. 하물며, 전능하신 하나님이 우리를 대적하신다면, 용사들이 우리에게 무슨 도움이 되겠는가.

[10]네가 네 형제 야곱에게 행한 포학으로 말미암아 부끄러움을 당하고 영원히 멸절되리라 [11]네가 멀리 섰던 날 곧 이방인이 그의 재물을 빼앗아 가며 외국인이 그의 성문에 들어가서 예루살렘을 얻기 위하여 제비 뽑던 날에 너도 그들 중 한 사람 같았느니라 [12]네가 형제의 날 곧 그 재앙의 날에 방관할 것이 아니며 유다 자손이 패망하는 날에 기뻐할 것이 아니며 그 고난의 날에 네가 입을 크게 벌릴 것이 아니며 [13]내 백성이 환난을 당하는 날에 네가 그 성문에 들어가지 않을 것이며 환난을 당하는 날에 네가 그 고난을 방관하지 않을 것이며 환난을 당하는 날에 네가 그 재물에 손을 대지 않을 것이며 [14]네거리에 서서 그 도망하는 자를 막지 않을 것이며 고난의 날에 그 남은 자를 원수에게 넘기지 않을 것이니라 [15]여호와께서 만국을 벌할 날이 가까웠나니 네가 행한 대로 너도 받을 것인즉 네가 행한 것이 네 머리로 돌아갈 것이라 [16]너희가 내 성산에서 마신 것 같이 만국인이 항상 마시리니 곧 마시고 삼켜서 본래 없던 것 같이 되리라

우리는 에돔이 철저히 멸망을 당하리라는 판결을 들었을 때에 당연히 이렇게 묻게 된다: 도대체 에돔이 무슨 악을 행하였길래, 하나님이 그런 판결을 내리신 것인가? 하나님이 에돔과 다투시는 이유는 무엇인가? 에돔이 많은 일에서 잘못한 것은 틀림없었다. 그들은 죄악된 백성이었고, 허물을 짊어진 백성

이었다(사 1:4). 그러나 하나님이 그들의 죄악의 분량을 다 채워서 이러한 멸망을 자초한 원인이 된 죄로 지목하시면서 그들을 고소하실 때에 언급하신 단 하나의 범죄는 그들이 하나님의 백성에게 행하였던 포학(暴虐)이다(10절). 그들은 바로 이 죄 때문에 고소를 당하여 법정에 섰고, 멸망의 선고를 받는다. "네가 네 형제 야곱에게 행한 포학, 네가 이스라엘 백성에 대하여 품고 있던 조상 대대로 내려온 원한과 악감으로 말미암아 부끄러움을 당하고 영원히 멸절되리라." 사람들을 해치는 것은 의(義)를 사랑하시고 악을 미워하시는 의로우신 하나님을 모욕하는 것임을 명심하라. 온 땅의 재판장이신 하나님은 해악을 당한 자들의 억울함을 풀어 주시고, 해악을 가한 자들에게 복수하실 것이다. 온갖 폭력과 온갖 불의는 죄이다. 그러나 다음과 같은 폭력은 그 죄성이 더욱 가중된다.

1. 자기 동포에 대한 폭력. 에돔이 저지른 폭력은 네가 마땅히 '고엘'(구속자)이 되어 주어야 할 너의 가장 가까운 친척, 다른 사람들에게 권리를 침해당했을 때에 가장 먼저 나서서 그 권리를 회복시켜 줄 의무가 네게 있는 네 형제에게 행한 포학이었다. 그런데도, 네 자신이 그의 권리를 침해하고 악을 행하였으니, 네 행위가 얼마나 악한 것인가! 네가 네 어머니의 아들을 비방하고 학대하였으니, 그 죄가 얼마나 얼마나 크겠는가(시 50:20).

2. 하나님의 백성에 대한 폭력. 이러한 폭력은 그 죄성이 훨씬 더 크다. "네가 폭력을 행한 대상은 하나님과 계약 관계에 있고 하나님께 소중한 네 형제 야곱이다. 너는 하나님이 야곱을 사랑하셔서, 열심으로 그를 옹호해 주시고, 누가 야곱에게 폭력을 행하면 마치 그 폭력이 자신에게 가해진 것처럼 여기실 정도로 야곱을 지켜 주시기를 기뻐하시는 것을 보고서, 그를 미워하였다. 야곱을 범하는 자는 야곱의 하나님의 눈동자를 범하는 것이라(슥 2:8)." 그것은 대역죄에 해당하는 범죄이기 때문에, 에돔은 대역죄에 합당한 수치스러운 벌을 받게 될 것이다. 멸망을 당하는 부끄러움이 너를 덮게 될 것이고, 네가 영원히 멸절될 것이다.

이 단락에서 우리는 특히 다음과 같은 것들에 대하여 좀 더 구체적으로 듣게 된다.

I. 에돔이 그의 형제 야곱에게 행한 폭력은 무엇이고, 하나님이 이런 고소를 하시면서 제시하시는 증거들은 무엇인가. 에돔 자손들이 직접 이스라엘을 침략한 것으로는 보이지 않지만, 그것은 그들이 그렇게 할 뜻이 없어서가 아니라

그렇게 하고 싶어도 힘이 없었기 때문이었다. 그들은 그렇게 하고자 하는 충분한 악의를 지니고 있었지만, 이스라엘의 상대가 되지 못하였다. 하나님이 그들을 고소하시는 것은 유다와 예루살렘이 갈대아 사람들의 침략을 받거나 그 밖의 다른 재난으로 인하여 곤경에 처하여 멸망할 위기에 놓여 있었을 때에 에돔 자손들이 이스라엘 백성에게 행한 야만적인 행위 때문이었다. 에돔 자손들은 이스라엘 백성에 대하여 언제나 그런 식으로 행해 왔던 것으로 보인다. 시편 기자는 에돔 족속에 대하여 예루살렘이 멸망하던 날에 그들의 말이 헐어 버리라 헐어 버리라 그 기초까지 헐어 버리라 하였나이다(시 137:7)라고 고소하고, 하나님은 다른 곳에서 에돔이 유다 족속을 쳐서 원수를 갚았고 원수를 갚음으로 심히 범죄 하였도다(겔 25:12)라고 고소하신다. 하나님은 여기에서 그들이 마땅히 하지 말았어야 할 일들이지만 실제로는 그들이 행한 일들을 열거하시는 방식으로 말씀하신다(12-14절). "네가 네 형제 야곱이 재앙을 당하는 날에 방관하지 않았어야 하고, 그 성문에 들어가지 않았어야 했지만, 그런데도 너는 그렇게 하였다." 우리 자신을 성찰하는 가운데에, 우리가 행한 일들을 우리가 하지 말았어야 했던 일들을 서로 비교해 보고 우리가 실제로 행한 일들과 우리의 규범을 서로 비교해 보아서, 어디에서 우리가 잘못을 행하였고 우리가 마땅히 하지 말았어야 하는 일들을 행하였는지를 찾아내는 것은 선한 일임을 명심하라: 우리는 그러한 때에 그 곳에 있지 말았어야 했고, 그런 무리와 어울리지 말았어야 했으며, 그런 말을 하지 말았어야 했고, 그런 방자한 행동을 하지 말았어야 했다. 우리가 이런 식으로 하나님의 계명이라는 거울에 비추어서 우리의 죄를 들여다보면, 그 죄가 극히 악하였다는 것이 드러나게 될 것이다. 그러면, 에돔이 저지른 죄악을 좀 더 자세하게 살펴보자.

1. 에돔 족속이 이렇게 비열하게 행하여 모욕을 주었을 때에 유다와 예루살렘의 처지는 어떠하였는가.

(1) 그 때는 그들이 재앙을 당하여 곤고한 날을 보내고 있던 때였다는 것(12절). 본문에서는 그 때는 그들이 환난을 당하던 날이었다고 세 번이나 말한다(12-13절). 이스라엘 백성이 재앙과 환난의 날을 보내고 있을 때, 에돔 족속은 번영과 평화의 날을 보내고 있었다. 왜냐하면, 심판은 보통 하나님의 집에서 시작되기 때문이다. 하나님은 외인(外人)들은 내버려 두시고 먼저 자녀들을 징계하신다.

(2) 그 때는 그들이 멸망 직전에 있던 날이었다는 것(12절). 그들의 성읍과 농촌은 초토화되어서 폐허로 변해 있었다.

(3) 그 때는 외국인들이 예루살렘 성문으로 들어온 날이었다는 것. 예루살렘은 오랜 포위 끝에 마침내 함락되었고, 바벨론 왕의 군대를 이끄는 사령관들이 들어와서, 이 땅의 재판장들로서 성문 앞에 앉았다. 이 정복자들은 마치 로마 군병들이 그리스도의 옷들을 나눠갖기 위해서 그랬듯이 예루살렘의 땅과 물건들을 어떻게 분배할 것인지를 놓고서 제비를 뽑았다. 또는, 그들은 누가 언제 어느 곳을 공격할지를 결정하기 위해서 제비를 뽑았다.

(4) 그 때는 이방인들이 그의 재물을 배앗아 가고 그의 사람들을 포로로 끌고 가던 날이었다는 것(11절). 그들은 전쟁 포로들을 헐벗고 수치스러운 모습으로 그들의 본국으로 끌고 갔는데, 그 포로의 수가 워낙 많아서 그 모습이 마치 군대와 같았다.

(5) "그 때는 오랫동안 자기 나라에서 편안하게 지냈던 네 형제가 이방 땅에서 나그네가 되고 유민(流民)이 된 날이었다." 유대인들이 이렇게 비참한 처지가 되었을 때, 그들의 이웃이자 형제였던 에돔 족속은 마땅히 그들을 불쌍히 여기고 도와주며 위로하고, 다음 번이 그들의 차례가 될지도 모른다고 생각해서 두려워 떨어야 했다. 푸른 나무에도 이같이 하거든 마른 나무에는 어떻게 되리요(눅 23:31).

2. 유다와 예루살렘이 이러한 곤고에 처해 있었을 때에 에돔 족속은 그들에게 무슨 짓을 행하였는가. 하나님은 여기에서 에돔 족속이 행한 일을 단죄하신다.

(1) 하나님의 백성이 환난당하는 것을 보고서 그들이 기뻐하였다는 것. 그들은 마땅히 예루살렘 성으로 들어와서 환난을 당한 그들의 형제를 도왔어야 하는데도 그렇게 하지 않고, 마치 불구경 하듯이 멀리 서 있었으며(11절), 마치 제사장과 레위인이 강도를 만난 자를 보고도 다른 길로 피하여 지나갔듯이(눅 10:31) 그들의 형제가 환난을 당하는 날에 멀뚱멀뚱 바라만 보며 방관하였다(12-13절). 이웃이 환난을 당하여 곤경에 처해 있을 때에 적극적으로 나서서 그를 도울 수 있는 힘이 있는데도 불구하고 수수방관만 하고 있는 자들은 그 죄가 커서 무거운 벌을 받게 될 것이다. 에돔 족속은 이렇게 수수방관한 데에서 그치지 않았다. 그들은 비웃고 조롱하며 고소하다는 듯한 눈빛으로 이스라엘 백성이 환난당하는 모습을 바라보았다. 그들은 이스라엘 백성이 곤경에 처

한 것을 보면서, 아하 소원을 성취하였다(시 35:25)고 말하며, 흡족하다는 듯이 웃었다. 그들은 예루살렘이 비참하고 애처롭게 멸망해 가는 모습을 그들의 눈으로 보며 즐겼고, 그렇게 되기를 너무나 오랫동안 간절히 바라고 원하였던 자들의 눈빛으로 그 모습을 바라보았다. 우리는 우리가 우리 형제들의 환난을 어떤 눈으로 바라보고 있는지를 주의하여야 한다는 것을 명심하라. 우리가 동정과 사랑의 은혜로운 눈으로 바라볼 수 없다면, 아예 바라보지 않는 편이 더 낫다: 너는 마땅히 네 형제의 날에 방관하지 말았어야 했다.

(2) 그들의 형제인 이스라엘 백성이 곤경에 처하자, 그들이 의기양양해하며 능욕하고 끼리끼리 모여서 즐거워하였다는 것. 그들은 유다 자손이 패망하는 날에 기뻐하였다. 그들은 유다가 멸망하는 것을 보고서 너무 기쁜 나머지 그 기쁨을 속으로 숨기는 예의조차 차리지 않고, 도리어 그들의 기쁨을 겉으로 드러내면서, 무례하고 오만방자하게 그 기뻐하는 속내를 입으로 떠들어대었다. 그들은 환호성을 지르며, 기회는 이 때다 하고서 곤경에 처한 이스라엘 백성을 짓밟고 괴롭혔다. 어떤 사람, 특히 영적 이스라엘 백성이 환난을 당하는 날에 기뻐할 수 있는 자들은 에돔 족속의 영을 지닌 자들이다.

(3) 그들이 입을 크게 벌려서 이스라엘을 비방하였다는 것. 에돔 자손들은 그들은 현재 안전하고 번영을 구가하고 있는데 이스라엘 백성은 고난을 당하고 있는 것을 보고서, 한껏 교만해져서 이스라엘 백성을 크게 경멸하며, 마치 현재의 서로 다른 처지를 보건대 상황은 역전되어서 이제 에서는 하늘의 총애를 받는 자가 되었고 야곱은 하늘의 미움을 받아 버림을 당한 것이 틀림없다는 듯이 기고만장하였다. 다른 사람들이 낮아지고 굴욕을 당하는 모습을 보고 한껏 교만해져서 기고만장한 자들은 장차 반드시 그들 자신이 이런저런 방식으로 낮아지고 굴욕을 당하게 되리라는 것을 명심하라.

(4) 그들은 거기에서 한 걸음 더 나아가서, 하나님의 백성이 환난을 당하는 날에 그 성문에 들어가서 그 재물에 손을 대었다는 것. 그들은 이스라엘 백성이 이방 나라에 의해서 정복당하는 것을 돕지는 않았지만, 그 기회를 틈타서 재물을 약탈하여 한 몫을 챙겼다는 것(13절). 예루살렘이 함락되어 그 성문이 활짝 열리자, 그들은 이 때다 하고서 그 성문으로 들어갔다. 그들은 이스라엘 백성들이 재물들을 버려두고 달아나자, 그 재물들은 그들의 것이 아님에도 불구하고, 어차피 그 재물들은 누가 가져가도 가져갈 물건이니까 그들이 가져간다고

해서 죄가 되지는 않을 것이라는 핑계를 대면서, 그 재물들에 손을 대었다. 바벨론은 예루살렘을 초토화시켰지만, 에돔은 탈취물을 함께 나눠 가짐으로써 공범이 되었기 때문에, 법률 용어로 사후 공범으로 간주될 수 있었다. 하나님의 백성이 멸망하는 틈을 타서 부자가 되겠다고 생각하는 자들은 스스로를 빈곤하게 만드는 것임을 명심하라. 환난과 재앙의 날에 자기 손에 들어오는 모든 재물은 그들 자신의 것이라고 생각하는 자들은 스스로를 속이는 자들이다.

(5) 그들이 위에서 말한 것보다 더 악한 짓들을 행하였다는 것. 그들은 그들의 형제들이 재앙을 당하는 날에 그 형제들의 재물을 약탈하였을 뿐만 아니라, 그 형제들을 죽이기까지 하였다. 그들은 형제들의 재물에만 손을 댄 것이 아니라 형제들의 목숨에까지 손을 대었다(14절). 갈대아 사람들의 승승장구하는 칼이 이스라엘 백성들 가운데서 피비린내 나는 살육을 감행하고 있었을 때, 많은 이들이 그 칼을 피하여 여러 길로 도망쳐서, 광분하여 추격하는 갈대아 사람들을 겨우 따돌리고서, 그 여러 길들이 만나는 길목인 네거리에 이르렀을 때, 에돔 자손들은 비열하게도 바로 그 네거리에 서서 도망쳐 온 이스라엘 백성의 앞을 가로막고서, 그 백성의 일부는 비겁하고 잔인하게 죽였고, 일부는 정복자들의 환심을 사기 위해서 사로잡아서 추격자들에게 넘겼다. 그들은 그들의 손에 생사가 달려 있었던 자들, 그들을 해치는 짓을 결코 한 적이 없었고 앞으로도 그럴 가능성이 없는 자들에게 그런 식으로 잔인하게 대하지 말았어야 하였다. 그들은 그들이 마땅히 보호해 주었어야 할 이스라엘 백성을 그런 식으로 배신하지 말았어야 하였다. 악인의 긍휼은 잔인(잠 12:10)이라는 말씀이 여기에 딱 들어맞는 말씀이다. 이 본문을 읽을 때, 우리는 이런 식으로 비열하게 당한 자들, 적군의 칼을 피하여 도망쳐서 이제는 위험에서 벗어났다고 생각해서 안도의 한숨을 쉬다가 위험할 것이라고는 전혀 생각하지도 못했던 기만적인 이웃 나라 백성의 칼에 의해서 졸지에 죽임을 당한 자들을 생각하면 가슴이 메어진다. 또한, 이 본문을 읽을 때, 우리는 마땅히 불쌍히 여겨야 할 사람들에게 이토록 잔인한 짓을 자행할 정도로 인간성을 완전히 상실해 버린 자들에 대하여 극도의 분노를 느끼지 않을 수 없다.

(6) 이 모든 일에서 그들이 이스라엘의 공개적인 원수들 및 박해자들과 합력하였다는 것. 너도 그들 중 한 사람 같았느니라. 즉, 에돔 자손은 주범(主犯)인 갈대아 사람들과 동일한 죄를 범한 종범(從犯)이었다는 것이다. 행악자들과 합

력하여 그들의 악행을 돕고 부추기는 자는 그들 중의 한 사람으로 간주되어 벌을 받게 될 것이다.

II. 에돔 족속이 저지른 이러한 폭력으로 인하여 그들 자신이 당할 수치는 무엇인가.

1. 그들은 두렵고 떨리게 하는 잔이 한 순배 돌아서 그들에게 올 것임을 곧 알게 되리라는 것. 그들은 장차 하나님의 이스라엘이 지금 처해 있는 것과 동일한 재앙과 환난을 당하는 처지에 놓이게 될 때에, 전에 그들이 이스라엘에 대하여 얼마나 의기양양해하였는지를 기억하고서 부끄러워하게 될 것이다(15절). 여호와께서 만국을 벌할 날, 즉 하나님이 그의 교회를 괴롭힌 자들에게 환난으로 보응하실 날이 가까웠다. 심판은 하나님의 집에서 시작되지만, 거기에서 끝나지는 않을 것이다. 우리는 다른 사람들이 환난을 당하여 비참한 처지에 있는 것을 보고서 결코 기뻐하거나 의기양양해해서는 안 된다. 왜냐하면, 언제 그 환난이 우리에게 닥쳐서 우리가 그런 처지가 될지는 아무도 모르는 일이기 때문이다.

2. 하나님의 백성에 대한 그들의 적대감과 그들이 하나님의 백성에게 자행한 해악들에 대한 보응이 그들 자신의 품으로 돌아오게 되리라는 것. 네가 행한 대로 너도 받을 것이다. 의로우신 하나님은 나라들과 개인들에게 그들의 행위대로 갚아주실 것이다. 벌은 흔히 죄와 정확히 상응하기 때문에, 다른 사람들을 학대한 자들은 그들 자신도 똑같이 학대를 당하게 된다. 하나님은 의로우심과 동시에 질투하시는 분이시기 때문에, 자기 백성에게 해악을 가한 자들에게 복수하실 때와 방법을 반드시 찾아내실 것이다. 너희가 내 성산에서 마신 것 같이(16절), 즉 하나님의 성산에서 사는 그의 백성이 환난의 잔을 깊이 들이마신 것 같이(그들이 성산에서 산다고 해서 벌을 면제받을 수 있는 것이 결코 아니다), 만국인도 그들의 차례가 되면 동일한 쓴 잔을 마시게 될 것이다. 하나님이 그의 이름으로 일컬음을 받는 성에서부터 재앙 내리기를 시작하였은즉, 그의 이름을 전혀 모르는 자들이 어찌 능히 형벌을 면할 수 있겠느냐(렘 25:29). 술잔을 마시는 습관이 없는 자들(쓴 잔을 면제받을 것이라는 기대를 가질 만한 이유가 있던 자들)도 반드시 마시겠거든, 하나님의 진노의 대상인 에돔이 형벌을 면하겠느냐(렘 49:12)라는 말씀은 하나님이 에돔을 향하여 경고하신 말씀의 일부였다: 아니다, 너는 그 쓴 잔을 반드시 마시리라. 하나님은 비틀걸음 치게 하는 잔 곧 나의 분

노의 큰 잔을 자기 백성의 손에서 거두어서 자기 백성을 괴롭게 하던 자들의 손에 두리라(사 51:22-23). 아니, 에돔 족속은 이스라엘이 환난을 당하던 날보다 더 극심한 환난의 날을 보내게 될 것을 각오하여야 한다.

(1) 하나님의 백성이 겪는 환난은 단지 잠시 동안이었고 곧 끝이 났지만, 그들의 원수들은 하나님의 진노의 포도주를 항상 마시게 되리라는 것(계 14:10).

(2) 이 쓴 잔의 찌꺼기들은 땅의 악인들의 몫으로 남겨져 있다는 것(시 75:8). 그들은 마시고 삼켜서, 또는 홀짝홀짝 마셔서(난외주의 읽기) 잔의 밑바닥까지 완전히 비우게 될 것이다.

(3) 하나님의 백성은 잠시 놀라서 비틀거리게 하는 포도주를 마시게 될지라도(시 60:3) 곧 회복되어 다시 제정신으로 돌아오게 될 것이지만, 이방인들은 마시고 또 마셔서, 마치 그들이 본래 없었던 자들 같이 되고 말 것이다. 그들의 흔적이나 기억이 전혀 남아 있지 않게 될 정도로, 그들은 완전히 멸절되고 뿌리가 뽑히게 될 것이다. 여호와여 주의 원수들은 다 이와 같이 망하게 하시옵소서(삿 5:31). 그들은 돌이키지 않는 한 그렇게 망하게 될 것이다.

[17]오직 시온 산에서 피할 자가 있으리니 그 산이 거룩할 것이요 야곱 족속은 자기 기업을 누릴 것이며 [18]야곱 족속은 불이 될 것이며 요셉 족속은 불꽃이 될 것이요 에서 족속은 지푸라기가 될 것이라 그들이 그들 위에 붙어서 그들을 불사를 것인즉 에서 족속에 남은 자가 없으리니 여호와께서 말씀하셨음이라 [19]그들이 네겝과 에서의 산과 평지와 블레셋을 얻을 것이요 또 그들이 에브라임의 들과 사마리아의 들을 얻을 것이며 베냐민은 길르앗을 얻을 것이며 [20]사로잡혔던 이스라엘의 많은 자손은 가나안 사람에게 속한 이 땅을 사르밧까지 얻을 것이며 예루살렘에서 사로잡혔던 자들 곧 스바랏에 있는 자들은 네겝의 성읍들을 얻을 것이니라 [21]구원 받은 자들이 시온 산에 올라와서 에서의 산을 심판하리니 나라가 여호와께 속하리라

앞에서 하나님은 교회의 원수들의 멸망을 경고하셨는데, 이 경고의 말씀은 저 보응의 큰 날에 온전히 성취될 것이다. 그리스도께서도 이러한 심판을 위하여 이 세상에 한 번 오셨고, 장차 이 심판을 완성하시기 위하여 다시 오실 것이다. 이러한 경고의 말씀이 있는 후에 여기에서는 교회의 구원에 관한 보배로운 약속들이 나오고, 오바댜의 예언은 그 약속들로 끝이 난다. 이 예언

은 요엘이나 아모스의 예언과 마찬가지로 에돔 족속이 유대인들의 포로 생활이 영구(永久)할 것처럼 기뻐하였음에도 불구하고 유대인들이 결국 본국으로 돌아옴으로써 부분적으로 성취되었다고 볼 수 있지만, 의심할 여지 없이 모든 선지자들이 한결같이 증언하였던 예수 그리스도께서 이루신 저 큰 구원을 통해서 온전히 성취될 것이었다. 하나님은 여기에서 다음과 같은 것들을 약속하신다.

I. 시온 산, 곧 하나님이 그의 기름 부음 받은 왕을 세우실 저 거룩한 산 위에 구원이 있으리라는 것(시 2:6). 오직 시온 산에 구원이 있으리라(17절). 거기에 피할 자들이 있으리라. 이스라엘의 남은 자가 성산에서 구원을 받을 것이다(16절). 그리스도께서는 구원이 유대인에게서 난다(요 4:22)고 말씀하셨다. 하나님이 유대인들을 구원하신 일들은 우리가 그리스도에 의해서 구속(救贖) 받을 것을 보여주는 모형들이었다. 시온 산은 복음 교회이고, 신약의 가르침은 거기로부터 나왔다(사 2:3). 거기에서 사람들은 구원을 전하며 구원을 위하여 기도하게 될 것이고, 구원 받을 자들이 복음 교회에 더해질 것이다. 믿음과 소망을 지니고서 이 시온 산으로 오는 자들은 구원을 받아서 진노와 저주, 죄와 사망, 지옥으로부터 건짐을 받게 될 것이지만, 계속해서 저 먼 곳에 머물러 있는 자들은 망하여 죽게 될 것이다.

II. 구원이 있는 곳에는 그 구원을 이루기 위한 거룩함이 있으리라는 것. 시온의 자녀들로 하여금 이 구원을 받을 수 있도록 준비시키고 자격을 갖추게 하기 위하여 거기에 거룩함이 있을 것이다. 왜냐하면, 하나님은 그의 영광을 나타내시기로 작정하신 곳마다 은혜를 주시기 때문이다. 현세적인 구원들이 베풀어졌을 때, 거기에 거룩함이 있고, 우리 속에 하나님을 사랑하고 감사하는 마음으로 그 구원들을 받고자 하는 소원이 일어난다면, 그 구원들은 진정으로 하나님이 우리를 긍휼히 여기셔서 우리를 위하여 베푸신 것들이 틀림없다. 우리가 거룩하게 되어 있을 때, 그 구원들은 우리에게 거룩하다. 거룩함은 그 자체가 큰 구원이고, 우리가 바라고 기다리는 저 영원한 구원의 전조(前兆)이다. 거기에, 즉 시온 산 위에, 복음 교회 안에 거룩함이 있을 것이다. 왜냐하면, 하나님의 집에 영원히 합당한 것은 거룩함이고, 하나님이 복음과 그 은혜를 우리에게 주시고자 하시는 큰 목적은 거룩함을 심고 촉진시키기 위한 것이기 때문이다. 성령과 거룩한 규례들과 거룩한 예수와 거룩한 영혼을 지닌 택함받은 남은 자가 있을 것이고, 거룩하신 하나님은 그들 가운데에 거하시는 것을 기뻐하실 것이다. 거룩함이 있는 곳에는 구원이 있을 것임을 명심하라.

Ⅲ. 이 구원과 거룩함이 이 세상에서 널리 퍼져 나가고 힘을 얻어서 터가 잡히게 되리라는 것. 야곱 족속, 즉 이 시온 산은 하나님이 이루신 구원 및 거룩함과 더불어서 자기 기업을 누릴 것이다. 즉, 복음 교회는 이방 나라들 가운데에 세워져서 땅을 차지하게 될 것이다. 그리스도의 사도들은 그리스도를 위하여 사람들의 마음을 얻게 될 것이고, 사람들의 마음을 얻게 되었을 때에 사람들의 소유도 얻게 될 것이다. 왜냐하면, 그리스도께 자신을 내어준 자들은 그들이 가진 모든 것도 그리스도께 내어주게 되기 때문이다. 루디아의 마음이 그리스도에 대하여 열렸을 때, 그녀의 집도 그리스도의 일꾼들에게 열렸다. 이방 나라들이 구원받고 훈육받아서 주의 빛 가운데로 다니고 자기 영광을 가지고 새 예루살렘으로 들어가는 자들의 나라들이 되었을 때(계 21:24), 그것은 야곱 족속이 자기 기업을 누리게 된 것이다. 이것은 기독 신앙이 이 세상에 심어짐으로써 부분적으로 성취되었고, 사탄의 자리가 있는 곳에 그리스도의 보좌가 세워져서 그의 승리의 트로피가 마귀의 나라의 폐허 위에 세워질 때마다 점점 더 성취되어 갈 것이다. 하나님은 여기에서 다음과 같은 것들을 미리 말씀해 주신다.

1. 이 기업이 어떻게 얻어질 것이고, 거기에 대한 반대가 어떻게 극복될 것인가(18절). 야곱 족속은 불이 될 것이며 요셉 족속은 불꽃이 될 것이다. 왜냐하면, 그들의 하나님은 모든 것을 소멸하시는 불이시기 때문이다. 에서 족속은 이 불에 의해서 쉽게 타서 없어질 지푸라기가 될 것이다. 이 말씀은 다음과 같은 것들을 통해서 성취될 것이었다.

(1) 그리스도의 은혜로 말미암아 많은 사람들이 회심하게 될 때에 이 말씀이 성취되리라는 것. 야곱과 요셉의 족속에서 전파되어 시인되고 고백된 복음은 불과 불꽃 같이 되어서, 딱딱한 마음들을 녹여서 부드럽게 만들고, 죄와 부패의 찌꺼기들을 태워 버리며, 심판하는 영과 소멸하는 영으로 그들의 더러움을 씻기고 정결하게 할 것이다(사 4:4). 그리스도께서 오실 때, 그는 금을 연단하는 자의 불과 같으실 것이다(말 3:1-2).

(2) 그리스도의 복음을 반대하고, 복음으로 말미암아 메시야의 나라가 이 땅에 세워지는 것을 온 힘을 다하여 방해하는 자들, 즉 그리스도의 복음을 대적하는 모든 회개치 않은 불구대천의 원수들이 낭패를 당하게 될 때에 이 말씀이 성취되리라는 것. 복음의 날은 용광로 불 같은 날일 것이고, 그 날에 교만한

자와 악을 행하는 자는 다 지푸라기 같을 것이다(말 4:1). 야곱과 요셉은 불과 불꽃 같을 것이다. 왜냐하면, 그들을 쓸데없이 간섭하거나 그들에게 해악을 끼치는 자들은 자신들이 큰 위험을 무릅쓰고 그런 일을 하고 있다는 것을 발견하게 될 것이기 때문이다. 야곱과 요셉은 그런 자들에게 곡식단 사이에 횃불 같을 것이다(슥 12:6). 성경에서는 하나님의 일꾼들의 입에 있는 하나님의 말씀은 불과 같고, 백성들은 그 불에 의해서 삼켜질 나무와 같다고 말한다(렘 5:14). 불법한 자 또는 죄의 사람은 그리스도의 입의 기운에 의해서 살라지게 될 것이다(살후 2:8). 복음의 불에 의해서 금처럼 연단되지 않은 자들은 찌꺼기처럼 그 불에 의해서 살라지게 될 것이다. 왜냐하면, 복음은 각 사람에게 생명의 냄새이거나 사망의 냄새가 될 것이기 때문이다(고후 2:16). 우상과 우상 숭배가 폐하여지고, 나라들의 부와 권세가 그리스도와 그의 복음을 섬기는 일에 사용되며, 무장을 한 강한 자인 사탄보다 더 강한 자가 오셔서 그 강한 자의 재물을 빼앗아 그 탈취물을 나누신다면(눅 11:21-22), 그것은 야곱과 요셉의 족속이 에서 족속을 삼켜서 에서 족속 중에 남은 자가 하나도 없게 된 것이다. 주께서는 이것을 그의 선지자들을 통하여 말씀하셨고, 그의 사도들을 통하여 행하셨다.

2. 이 기업은 어디까지 미칠 것인가(19-20절). 이것은 유대인의 언어로 표현되어서, 유대인들이 바벨론으로 포로로 잡혀 갔다가 돌아온 후에 이스라엘 땅이 어디까지 미칠 것인지를 말하는 형태로 되어 있다. 사로잡혔던 이스라엘의 많은 자손, 즉 아주 오랫동안 포로로 사로잡혀 있다가 이제 다시 돌아왔지만 여전히 사로잡힌 자손이라 불리는 이스라엘의 무리는 그들의 땅을 회복할 뿐만 아니라, 그들에게 인접한 이웃 나라들의 땅도 얻게 될 것이다. 즉, 그 이웃 나라의 주민들 중 일부가 개종자들이 되어서 유대인들과 합류하여 거룩한 교제를 나누게 될 때에 그 땅도 그들의 소유가 되리라는 것이다. 우리는 우리의 이웃들이 회심하여 하나님을 경외하고 그리스도를 믿게 되어 우리와 함께 하나님을 예배하게 되었을 때에 우리 자신이 진정으로 부요하게 된 것으로 여겨야 한다. 우리는 우리가 그리스도인들과 교제하게 된 것을 우리가 지닌 재물보다 더 큰 우리의 보화이자 힘이라 여겨야 한다. 또는, 그 땅들의 옛 주민들은 포로로 잡혀갔다가 거기에서 죽어서 본국의 땅으로 돌아오지 못할 것이기 때문에, 이스라엘의 자손들은 그들에게 인접해 있으면서 주인이 없게 된 땅들을 차지하게 될 것이다. 왜냐하면, 그들의 수는 아주 많이 늘어나서 기존에 있는 그들

의 땅으로는 너무 협소하게 되고, 그들의 이웃 나라들의 땅은 상속자가 없어서 그들에게 귀속될 것이기 때문이다. 그래서 그들은 그들에게 인접한 나라들의 땅을 차지하게 될 것이다. 그들 중에서 가나안의 남방에 사는 자들은 그들에게서 가까운 에서의 땅을 차지하게 될 것이고, 가나안의 서쪽에서 평지에 사는 자들은 그들에게 인접한 블레셋 땅을 얻게 될 것이다. 포로 생활에서 돌아온 두 지파 중에서 주된 지파였던 유다는 전에 열 지파에게 속하였던 에브라임의 들과 사마리아의 들을 얻게 될 것이고, 또 다른 지파였던 베냐민은 전에 두 지파와 반 지파의 소유였던 요단 저편 땅의 길르앗을 얻게 될 것이다. 이스라엘 왕국은 정치와 종교 양면에서 유다 왕국과 결합될 것이고, 친구이자 형제로서 서로를 소유하고 누리게 될 것이다. 이 둘은 가나안 사람에게 속한 땅을 차지하되 시돈에 속하였던 사르밧에 이르기까지 얻게 될 것이고, 예루살렘은 스바랏에 이르기까지 남방의 성읍들을 얻게 될 것이다. 이런 식으로 유대인들은 그들의 지경(地境)을 사방으로 넓혔다. 오늘날의 랍비들은 그들의 문도들에게 사르밧과 스바랏이 프랑스와 스페인을 가리킨다고 해석해 주면서, 그러한 어리석고 근거 없는 해석을 토대로 유대인들이 언젠가는 그 땅들을 지배하게 될 것이라고 가르친다. 또한, 그들은 에돔 족속은 그리스도인들을 가리키는 것이라고 해석해서, 장차 그들이 그리스도인들을 지배하게 될 것이라고 말한다.

그러나 여기에 나오는 약속은 의심할 여지 없이 영적인 의미를 지니고 있어서, 기독 교회, 즉 복음적 이스라엘이 이 세상에 세워짐으로써 이미 성취되었고, 신비의 몸인 기독 교회가 완성될 때까지 확장되어 나가면서 거기에 사람들이 더해질 때마다 점점 더 성취되어 가고 있는 것이다. 그리스도의 일꾼들과 그리스도인들이 그들의 이웃들을 얻어서 그리스도께로 와서 복종하게 할 때, 그들은 이웃 나라들의 사람과 땅을 얻은 것이다. 성경에서는 아브라함이 회심시킨 자들을 그가 얻은 사람들(창 12:5)이라고 표현한다. 야곱 족속의 기업은 무력에 의해서 얻어지는 것이 아니다. 왜냐하면, 우리의 싸우는 무기는 육신에 속한 것이 아니요 영적인 것이기 때문이다(고후 10:4). 우리는 복음을 전함으로써, 그리고 복음을 전할 때에 수반되는 하나님의 은혜의 능력을 통해서 우리의 기업을 얻고 지켜 나간다.

IV. 구속주의 나라가 세워지고 유지되어서, 그의 충성된 신민(臣民)들에게는 위로가 되고, 그의 모든 원수들에게는 두려움과 부끄러움이 되리라는 것(21

절).   그 나라가 여호와, 곧 주 그리스도께 속하리라. 하나님은 만물 및 하늘과 땅의 모든 권세를 그리스도께 주실 것이고, 사람들은 자원하여 그의 백성이 되고 그를 그들의 머리로 인정하여 그들 자신을 그에게 맡김으로써 그들에 대한 모든 권세를 그에게 드리게 될 것이다. 왕들이 하는 일은 그들의 신민들을 보호하고 원수들을 진압하는 것인데, 그리스도께서는 그런 일을 하실 것이다. 그는 상을 주시기도 하시고 벌을 주시기도 하실 것이다.

1. 시온 산이 구원을 받게 되리라는 것. 거기에 구원자들, 즉 복음을 전하는 자들이 올 것이다. 복음을 전하는 자들이 구원자들로 불리는 이유는 그들이 하는 일이 그들 자신과 그들이 전하는 복음을 듣는 자들을 구원하는 것이기 때문이다. 이 구원의 일에 있어서 그들은 그리스도와 함께 일하는 자들이고(고후 6:1), 은혜로 말미암아 그리스도께서 그들과 함께 일하지 않으시면, 그들이 하는 일은 아무 열매도 없게 될 것이다.

2. 에서의 산은 심판을 받으리라는 것. 시온 산에 구원자들로 오는 바로 그들이 에서의 산을 심판할 것이다. 왜냐하면, 그들의 입에 있는 복음의 말씀은 믿는 자들을 구원하고 믿지 않는 자들을 심판하는 말씀이고, 죄를 깨닫게 하는 말씀이자 정죄하는 말씀이기 때문이다. 그리스도의 일꾼들은 누구든지 믿는 자는 구원을 얻으리라고 전할 때에 시온 산에서 구원자들이 된다. 그러나 그들은 믿지 않는 사람은 정죄를 받으리라(막 16:16)고 전할 때에는 에서의 산을 심판하는 자들이 되는데, 하나님은 그들에게 이런 일을 맡기셨을 뿐만 아니라 그렇게 심판을 전하도록 명령하셨다. 하나님의 섭리의 과정 속에서 성경 말씀은 성취된다. 하나님이 옛적에 이스라엘을 구원하시기 위하여 사사들을 세우셨던 것처럼(삿 2:16) 교회가 곤경에 처해 있을 때에 교회의 친구들을 일으키시면, 그것이 교회를 무너지고 망하는 것에서 구원하기 위하여 구원자들이 시온 산에 온 것이다. 그리고 교회의 원수들이 무너지고 그들의 힘이 꺾일 때, 그것은 에서의 산이 심판을 받은 것이다. 이런 일은 하나님이 가장 선하게 여기시는 방식으로 모든 시대에서 행해질 것이다. 우리는 음부의 권세가 교회를 이기지 못할 것이고, 도리어 교회가 음부의 권세를 이길 것임을 믿고 의지해도 된다. 왜냐하면, 그 나라가 주께 속할 것이기 때문이다. 주께서는 그의 크신 권능과 통치권을 이미 얻으셨고, 앞으로도 계속해서 자신을 위하여 사용하실 것이기 때문에, 세상의 나라들은 주의 나라가 될 것이다.

요 나

서론

요나서는 성경의 예언서에 속해 있지만, 예언이라기보다는 이야기에 가깝다. 물론, 요나서에도 예언이 나오긴 나오는데, 그것은 사십 일이 지나면 니느웨가 무너지리라(3:4)는 한 줄로 된 예언에 불과하고, 나머지는 모두 그 예언을 전후로 벌어지는 사건들에 관한 이야기이다. 요나서의 앞뒤로는 이해하기가 어렵고 난해하며 박식한 자들도 갈피를 잡지 못하게 만드는 모호한 예언들이 나와서 믿음이 강한 자들을 위한 단단한 음식을 제공해 주고 있다면, 그 중간에 믿음이 아주 약한 자들도 얼마든지 즐길 수 있는 이 알기 쉽고 유쾌한 이야기가 나와서 어린아이를 위한 젖을 제공해 주고 있다(히 5:13-15). 이 책을 쓴 사람은 요나 자신일 가능성이 크다. 요나는 모세를 비롯해서 그 밖의 다른 영감 받은 기자(記者)들과 마찬가지로 자신의 잘못들도 기록하고 있는데, 이것은 그들이 그들 자신의 영광이 아니라 하나님의 영광을 위하여 그러한 글들을 썼다는 것을 보여주는 증거이다. 우리는 성경의 다른 곳에서 요나에 관한 기록을 만날 수 있는데(왕하 14:25), 그 기록에 의하면, 요나는 이스라엘 땅 중에서 오지(奧地)에 속하였던 스불론 지파의 한 성읍인 갈릴리 지역의 가드헤벨 출신이었다. 성령은 이렇게 바람과 같이 임의로 불어서, 예루살렘에 있던 이사야를 찾아내시는 것과 마찬가지로 갈릴리에 있던 요나도 아주 쉽게 찾아내신다.

또한, 우리는 요나가 여로보암 2세 시대에 이스라엘에 대하여 긍휼을 전한 사자(使者)였다는 사실도 발견한다. 왜냐하면, 성경에서는 여로보암의 군대가 승전하여 이스라엘의 해변 영토를 회복한 것이 여호와께서 그의 종 선지자 요나를 통하여 하신 말씀과 같이 된 것이라고 말하고 있기 때문이다(왕하 14:25). 그런데도 요나가 전한 그런 예언들은 기록되지 않았고, 오직 니느웨에 대한 예언만이 기록되었는데, 그 주된 이유는 이 예언과 관련된 이야기 속에서 요나는 그리스도의 모형으로 등장하기 때문이었다. 또한, 이 책은 요나의 경우를 통해서 인간적인 연약함을 보여주는 매우 주목할 만한 사례를 담고 있고, 니느웨의 경우를 통해서 회개하는 죄인들을 용서하시는 하나님의 긍휼 및 요나의 경우를 통해서 푸념하고 불평하는 성도들을 참으시는 하나님의 긍휼을 보여주는 매우 주목할 만한 사례를 담고 있다.

제 1 장

개요

이 장에서 우리는 다음과 같은 내용들을 본다. I. 하나님이 요나에게 니느웨에 가서 말씀을 전하라고 명령하심(1-2절). II. 요나가 그 명령에 불순종함(3절). III. 하나님이 그의 명령에 불순종하여 배를 타고 도망하다 잠든 요나를 폭풍으로 추격하심(4-6절). IV. 요나의 불순종이 폭풍의 원인이라는 것이 드러남(7-10절). V. 폭풍을 잠잠하게 하기 위하여 요나가 바다에 던져짐(11-16절). VI. 하나님이 요나로 하여금 남은 사역을 계속할 수 있도록 하시기 위하여 바다 속에서 요나를 물고기 뱃속에 있게 하여 기적적으로 그 목숨을 보존하심(17절).

¹여호와의 말씀이 아밋대의 아들 요나에게 임하니라 이르시되 ²너는 일어나 저 큰 성읍 니느웨로 가서 그것을 향하여 외치라 그 악독이 내 앞에 상달되었음이니라 하시니라 ³그러나 요나가 여호와의 얼굴을 피하려고 일어나 다시스로 도망하려 하여 욥바로 내려갔더니 마침 다시스로 가는 배를 만난지라 여호와의 얼굴을 피하여 그들과 함께 다시스로 가려고 배삯을 주고 배에 올랐더라

이 단락에서 우리는 다음과 같은 내용들을 살펴볼 수 있다.

1. 하나님이 니느웨로 가서 심판을 예언하라는 사명을 주심으로써 요나에게 존귀를 더하심. 요나라는 이름은 비둘기를 의미하는데, 이것은 비둘기 같이 순결하고 해롭지 않아야 하며 땅의 죄들과 재난들로 인하여 비둘기 같이 슬피 울어야 마땅한 하나님의 모든 선지자들과 그의 모든 백성에게 적합한 이름이다. 그의 아버지의 이름은 아밋대(나의 진리)였다. 왜냐하면, 하나님의 선지자들은 진리의 아들들이어야 하기 때문이다. 여호와의 말씀이 요나에게 임하였다. 원문은 여호와의 말씀이 요나에게 있었다로 되어 있는데, 이것은 하나님의 말씀은 실재(real thing)이기 때문이다. 사람들의 말은 단지 바람일 뿐이지만, 하나님의 말씀은 실상(substance)이다. 요나는 전부터 여호와의 말씀에 익숙해 있었기 때

문에, 여호와의 음성이 그에게는 낯설지 않았다. 이제 그에게 주어진 명령은 너는 일어나 저 큰 성읍 니느웨로 가라(2절)는 것이었다. 당시에 니느웨는 앗수르 왕조의 수도로서 유명한 성읍이었고(창 10:11), 둘레가 48마일(77km)이나 되는 큰 성읍이었다(어떤 이들은 이보다 훨씬 더 컸던 것으로 본다). 니느웨는 거기에 있던 유아들의 수가 십이만여 명이었다는 말에서 알 수 있듯이(4:11) 주민들의 수가 아주 많았고, 그 저축한 것이 무한하였다(나 2:9)는 말에서 알 수 있듯이 재물과 물자가 아주 풍부하였으며, 천하를 다스리는 권력이 집중되어 있는 큰 성읍이었다. 니느웨는 상당 기간 동안 땅의 왕들을 다스리는 큰 성이었다. 그러나 큰 자들과 마찬가지로 큰 성읍들도 하나님의 통치와 심판 아래에 있다. 니느웨는 큰 성읍이었지만, 참 하나님을 아는 지식이나 예배가 없는 이방의 성읍이었다. 흑암과 사망의 그늘에 앉아 있는 큰 성읍들과 큰 나라들이 얼마나 많은가! 이 큰 성읍은 악한 성읍이었다. 그들의 악독(또는, 그들의 악의)이 내 앞에 상달되었다. 그들의 악은 뻔뻔스러운 것이었다. 그들은 고의적으로 범죄하였다. 큰 성읍들에서 얼마나 많은 죄가 범해지는지를 생각하면, 그저 암울할 뿐이다. 거기에는 많은 죄인들이 있고, 그들은 스스로 죄인일 뿐만 아니라 서로를 부추겨서 죄를 짓게 만든다. 그들의 악독이 상달되었다. 즉, 그들의 악이 최고조에 이르렀다. 그들의 악의 분량이 가득 차서 넘쳐 흐를 지경이 되었다. 그들의 악독이 소돔의 죄악처럼 상달되었다(창 18:20-21). 그것은 내 앞에, 원문에 의하면 내 얼굴에 닿았다. 그것은 하나님에 대한 대담하고도 뻔뻔스러운 모욕이었다. 그것은 하나님이 보시는 앞에서 하나님에 대하여 범죄하는 것이었다. 그러므로 요나는 그것을 쳐서 외쳐야 한다. 요나는 그들의 큰 악을 증언하고, 그 악으로 인하여 그들에게 멸망이 임할 것임을 그들에게 경고하여야 한다. 하나님은 니느웨를 치시기 위하여 나오시면서, 먼저 요나를 보내셔서 선전포고를 하게 하시고 경보를 울리게 하고 계시는 것이다. 크게 외치라 목소리를 아끼지 말라(사 58:1). 요나는 후미진 곳에서 속삭여서는 안 되고, 니느웨의 큰 거리들에서 하나님의 말씀을 공개적으로 선포하여야 한다. 귀 있는 자는 하나님이 그의 선지자를 통하여 저 악한 성읍을 쳐서 말씀하시는 것을 들으라. 죄인들이 죄를 지으며 고함치는 소리가 하나님께 상달될 때, 복수하시겠다는 하나님의 외침이 그 죄인들을 향하여 선포된다. 요나는 니느웨로 가서, 바로 그 현장에서 그들의 악을 쳐서 외쳐야 한다. 다른 선지자들도 이웃 나라들에게 말씀을 전하라는 명령을 받았고, 그 중에서도 특히 나훔의 예언은 니느웨에 대한 경고(나 1:1)였다. 그러나 요나는 직접 하나님의 말씀을 듣고 현장으로 가야 한다. "너는 빨리 일어나라. 선지자에게 합당한 결단력과 담력을 가지고서 신속하게 이 일에 전념하라. 너는 일어나 니느웨로 가라." 하나님의 심부름을 하는 자들은 일어나서 가야 하고, 있는 힘을 다해서 그들에게 맡겨진 일을 하여야 한다. 선지자들은 우선적으로 이스라엘 집의 잃어버린 양(마 10:6)에게 보내심을 받았지만, 오직 그들에게만 보내심을 받은 것은 아니었다. 선지자들이 가진 것은 자녀들이 먹을 떡이었지만, 니느웨는 그 부스러기를 먹는다.

2. 요나가 하나님의 명령에 순종하여 자기에게 맡겨진 심부름을 하기를 거절함으로써 하나님을 욕되게 함(3절). 요나가 일어나서 니느웨로 가지를 않고 여호와의 얼굴을 피하려고 일어나 다시스로 도망하려 하였다. 하나님의 얼굴을 피할 수만 있다면, 어디로 가든 그런 것은 그에게 문제가 되지 않았다. 그는 자기가 하나님의 눈이 닿지 않는 곳으로 갈 수 있다고 생각한 것은 아니었다. 다만, 그는 하나님이 그에게 특별히 임재하셔서 예언의 영으로 구체적인 명령을 내리신 그 일을 하는 것이 너무나 싫고 괴로워서 하나님의 말씀을 듣지 않을 수 있는 곳으로 피하기를 바랐을 뿐이었다. 어떤 이들은 요나가 예언의 영은 이스라엘 땅에 국한되어 있다고 생각한 일부 유대인들의 견해(에스겔과 다니엘의 예를 보면, 이 생각이 틀렸다는 것은 분명하게 증명된다)를 받아들여서, 이스라엘 지경(地境)을 벗어나면 예언의 영에서도 벗어날 수 있을 것이라고 생각하여 다시스로 가고자 한 것이라고 해석한다.

(1) 요나가 니느웨로 가서 그 성읍을 쳐서 외치고자 하지 않은 것은 거기로 가려면 한 번도 가보지 않은 미지의 길로 오랜 시간에 걸쳐서 위험스러운 여정을 해야 했기 때문일 수도 있고, 저 크고 강력한 성읍에 그의 마음에 들지도 않는 말씀을 전하는 일에 과연 자신의 목숨을 걸 가치가 있는 것인지 의심이 들었기 때문일 수도 있었다. 그는 혈육과 의논해서 이 심부름을 거절하였는데(갈 1:16), 이것은 그가 거기까지 안전하게 갈 수 있으리라는 보장이 없다고 생각했기 때문일 수도 있고, 자기 나라의 특권에 대한 자부심과 열심이 대단하여서 어떤 다른 나라가 하나님의 계시를 받는 영광에 참여하는 것을 못마땅하게 여겼기 때문일 수도 있다. 그는 이것이 하나님의 나라가 이스라엘 나라에서 떠나서 자기 나라보다 열매를 더 많이 맺는 다른 나라에로 넘어가게 되는 신호탄이

될지도 모른다고 우려하였다. 나중에, 그는 자기가 하나님의 말씀을 전하면 니느웨가 회개하게 되고, 그러면 하나님이 그들을 용서하셔서 은총을 베푸시리라는 것을 내다보았기 때문에 거기로 가지 않은 것이라고 직접 고백한다(4:2). 그렇게 된다면, 그것은 아주 오랫동안 하나님의 유일한 선민이었던 이스라엘 백성의 명예가 손상될 것이었다.

(2) 요나는 다시스(어떤 이들은 길리기아의 다소를 가리키는 것이라고 말한다)로 갔는데, 이것은 거기에 그의 친구들과 친척들이 있어서, 그가 한동안 거기에 머물 수 있을 것이었기 때문이다. 그는 이스라엘 땅에서 유명한 항구였던 욥바로 내려가서, 다시스로 가는 배를 수소문하여 찾아내었다. 하나님의 섭리는 요나 편인 듯이 보였고, 그에게 도피할 기회를 주었다. 우리는 우리의 본분을 벗어나 있을 때에라도 훈훈한 순풍을 만날 수 있다. 일이 착착 잘 진행된다고 해서 그 일이 항상 옳은 일인 것은 아니다. 그는 막 닻을 올리고 출항하려고 하는 다시스 행 배를 찾아냈기 때문에, 항구에서 시간을 허비하지 않아도 되었던 것 같다. 또는, 그는 다시스로 가는 배가 가장 먼저 출항하는 배였기 때문에 그 배를 탄 것일 수도 있다. 왜냐하면, 그에게는 어디로 가든 상관이 없었기 때문이다. 그는 자기가 가야 할 길, 즉 니느웨로 가지만 않는다면 어떤 길로 가도 자기가 원하는 길을 벗어나는 것이 아니라고 생각하였다. 그래서 그는 배삯을 주었다. 그는 여호와의 얼굴을 피하여 멀리 도망할 수만 있다면, 비용이 얼마나 들어도 괜찮다고 생각하였다. 그는 그들과 함께, 즉 다시스로 가는 선원들과 승객들과 상인들과 함께 갔다. 요나는 자신의 본분과 존엄을 망각한 채 그들과 뒤섞였고, 배에 올라서 그들과 함께 다시스로 갔다. 아무리 선한 자들이라도 하나님이 그들을 제멋대로 하도록 내버려 두시면 어떤 모습이 되는지를 보고, 우리에게 여호와의 말씀이 임하고 여호와의 영이 말씀과 더불어서 임하여 우리 안의 모든 생각을 사로잡아 그 말씀에 복종하게 하실 때에 우리가 어떻게 해야 하는지를 보라. 선지자 이사야는 하나님이 그에게 말씀하실 뿐만 아니라 그의 귀를 여셨으므로 그가 거역하지도 아니하며 뒤로 물러가지도 아니하였다고 고백한다(사 50:5). 우리는 이것을 통해서 인생을 의지하지 말아야 한다는 것(사 2:22), 시험의 때에 우리 자신이나 다른 사람들을 지나치게 믿어서는 안 된다는 것을 배우게 된다. 그런즉 선 줄로 생각하는 자는 넘어질까 조심하라(고전 10:12).

⁴여호와께서 큰 바람을 바다 위에 내리시매 바다 가운데에 큰 폭풍이 일어나 배가 거의 깨지게 된지라 ⁵사공들이 두려워하여 각각 자기의 신을 부르고 또 배를 가볍게 하려고 그 가운데 물건들을 바다에 던지니라 그러나 요나는 배 밑층에 내려가서 누워 깊이 잠이 든지라 ⁶선장이 그에게 가서 이르되 자는 자여 어찌함이냐 일어나서 네 하나님께 구하라 혹시 하나님이 우리를 생각하사 망하지 아니하게 하시리라 하니라 ⁷그들이 서로 이르되, 자 우리가 제비를 뽑아 이 재앙이 누구로 말미암아 우리에게 임하였나 알아 보자 하고 곧 제비를 뽑으니 제비가 요나에게 뽑힌지라 ⁸무리가 그에게 이르되 청하건대 이 재앙이 누구 때문에 우리에게 임하였는가 말하라 네 생업이 무엇이며 네가 어디서 왔으며 네 나라가 어디며 어느 민족에 속하였느냐 하니 ⁹그가 대답하되 나는 히브리 사람이요 바다와 육지를 지으신 하늘의 하나님 여호와를 경외하는 자로라 하고 ¹⁰자기가 여호와의 얼굴을 피함인 줄을 그들에게 말하였으므로 무리가 알고 심히 두려워하여 이르되 네가 어찌하여 그렇게 행하였느냐 하니라

요나는 배에 올라서 배가 다시스를 향하여 출항하여 바다로 나왔을 때에 이제는 자기가 안전하다고 생각하여 안도하였다. 그러나 여기에서 우리는 하나님이 요나를 자신의 본심을 드러내어 변절한 자로 여기셔서 추격하시고 붙잡으셔서 그 정체를 드러내시는 것을 발견하게 된다.

I. 하나님이 바다 가운데에 큰 폭풍을 보내셔서 요나를 추격하게 하심(4절). 하나님은 그의 곳간에서 바람을 내시는데(시 135:7), 여기에서 큰 바람을 바다에 거세게 내던지셨다(원어는 이런 의미이다). 심지어 광풍조차도 하나님의 말씀을 이루고, 흔히 그의 진노의 사자로서의 역할을 한다(시 148:8). 하나님은 바람을 그의 장중에 모으셔서(잠 30:4) 붙잡아 두셨다가, 그의 뜻을 따라 그 바람을 내보내신다. 왜냐하면, 우리에게는 바람이 임의로 부는 것처럼 보이지만(요 3:8), 하나님에게 있어서 바람은 그가 명령하시는 곳으로 불기 때문이다. 하나님이 바람을 내보내시자, 그 결과 큰 폭풍이 일어났다. 바람이 일면, 파도가 이는 법이다. 죄는 영혼과 가족과 교회와 나라에 폭풍과 풍랑을 불러일으킨다는 것을 명심하라. 죄는 모든 것을 흐트러뜨려서 불안하게 만들어 놓는다. 이 폭풍은 배가 거의 깨지게 되었을 정도로 강하게 일었다. 선원들은 파선될 것이라고 생각하였다. 다른 배가 아니라 저 배(어떤 이들은 이렇게 읽는다)가 그랬다. 다른

배들도 동일한 시간에 동일한 바다에 있었지만, 요나가 탄 배는 다른 배들보다 더 심하게 요동쳤고 더 큰 위험에 빠진 것처럼 보였다. 이 바람은 요나를 추격해서 그로 하여금 다시 하나님과 그의 본분으로 돌아오게 하는 사명을 받았다. 우리가 어그러진 길로 갔다가 비록 폭풍 때문일지라도 다시 올바른 길로 돌아올 수 있게 되는 것은 큰 은혜이다.

Ⅱ. 그 배의 선원들은 이 큰 폭풍에 놀라 기겁을 하였지만, 오직 당사자인 요나만은 무사태평하였다는 것(5절). 하나님이 그 배의 선원들과 다투시는 것이 아니었지만, 선원들은 신변의 위험을 느꼈다.

1. 그들이 두려워하였다는 것. 그들은 뱃사람들로서 이런 유의 위험들에 아주 익숙해 있어서 평소에 그런 일들을 당해도 아무렇지도 않게 생각하던 자들이었지만, 그들 중에 아주 노련하고 다부진 자들조차도 풍랑이 순식간에 아주 높고 거세게 이는 것을 보고서 이번의 폭풍 속에는 여느 때와는 다른 그 무언가가 있다는 것을 직감하고서 두려워 떨기 시작하였다. 하나님은 담력이 아주 센 자들도 두려워 떨게 만드실 수 있으시고, 큰 자들과 장군들조차 산들의 바위 틈과 굴에 숨게 만드실 수 있으시다는 것을 명심하라.

2. 그들이 각각 자기의 신을 불렀다는 것. 이것은 그들이 두려워하였음을 보여주는 증거였다. 겁이 나고 두려워야만 기도하는 자들이 많다. 기도하기를 배우고자 하는 자는 바다로 가라. 여호와여 그들이 환난 중에 주를 앙모하였사오며 주의 징벌이 그들에게 임할 때에 그들이 간절히 주께 기도하였나이다(사 26:16). 그들은 각각 기도하였다. 그들 중 일부만 기도하고 일부는 하늘을 향하여 욕한 것이 아니라, 그들은 한 사람도 빠짐없이 다 기도에 동참하였다. 그들은 모두가 위험에 빠져 있었기 때문에, 그들 모두가 하늘을 향하여 호소하였다. 한 사람이 그들 모두를 위하여 기도한 것이 아니라, 모든 사람이 각각 자신을 위하여 기도하였다. 그들은 각각 자기의 신, 즉 자기 나라나 성읍의 신, 또는 자신의 수호신에게 부르짖었다. 각자에게 신이 있었고, 신을 믿는 신앙이 있었다는 것은 그들이 무신론자들이 아니었다는 것을 보여준다. 그러나 오직 한 분 하나님이 계시고, 그분 외에는 다른 신이 있을 필요가 없는데도, 그들에게 많은 신들이 있었고, 각자가 자신의 마음에 드는 신을 모셨다는 것은 이교(異敎)의 어리석음을 보여주는 한 예이다. 그러나 그들은 오직 한 분 하나님이 계시다는 자연의 빛의 명령을 저버렸음에도 불구하고, 사람이 하나님에게 기도하여야 하고

(백성이 자기 하나님께 구할 것이 아니냐, 사 8:19), 특히 곤경이나 위험에 처했을 때에는 더욱 그렇게 하여야 한다는 자연의 법의 명령은 여전히 따르고 있었다. 환난 날에 나를 부르라(시 50:15). 너희 중에 고난 당하는 자가 있느냐 두렵고 겁이 나는 일을 당한 자가 있느냐 그는 기도할지니라(약 5:13).

3. 그들이 각자의 신에게 구원해 달라고 기도하면서, 스스로 해야 할 일들은 최선을 다하여 하였다는 것. 왜냐하면, 하나님은 스스로 돕는 자를 도우신다는 것은 하나의 철칙이기 때문이다. 그들은 배를 가볍게 하려고 그 가운데 물건들을 바다에 던졌는데, 바울이 탄 배의 선원들도 똑같은 일을 당했을 때에 심지어 배의 기구들과 밀까지 바다에 던졌다(행 27:18-19, 38). 요나가 탄 배는 아마도 무역선이어서 교역을 통해서 이익을 남기려고 많은 물건들과 상품들을 싣고 있었던 것으로 보인다. 그러나 폭풍을 만나자, 그들은 자신의 목숨을 구하기 위해서 그 물건들을 바다에 던져 넣는 손해도 기꺼이 감수하였다. 자연적인 목숨에 대한 애착이 얼마나 강하고 질긴지를 보라. 가죽으로 가죽을 바꾸오니 사람이 그의 모든 소유물로 자기의 생명을 바꾸고자 한다(욥 2:4). 과연 우리는 온 세상을 다 얻어도 우리 영혼의 생명을 잃으면 아무 소용이 없다고 생각할 정도로 영적인 생명에 큰 가치를 부여하고 있는가? 세상 재물은 허망하고, 우리에게 영원히 있지 않는다는 것을 보라. 세상 재물은 스스로 날개를 내어서 날아가 버린다. 아니, 사람들은 세상 재물을 가지고 있어 보아야 그들에게 해만 된다는 것(전 5:13), 즉 그 재물을 버리지 않으면 그들 자신이 버림을 당하여 죽게 될 것임을 알아차리고서, 그 재물을 다시 회복할 가망성이 전혀 없다는 것을 알면서도, 그 재물에 날개를 달아서 내쫓아 버릴 수밖에 없는 그런 처지에 얼마든지 내몰릴 수 있다. 믿음에 관하여 파선하고 양심을 버려서 자신의 영혼이 영원히 멸망하게 됨이 없이는 세상의 재물과 즐거움과 명예를 유지할 수 없다는 것을 깨닫고서 그런 것들을 기꺼이 내버리는 자들은 그들의 영혼을 위하여 참으로 지혜롭게 처신하는 자들이다. 영적으로 잘 되기 위해서 이렇게 이 세상의 이익들을 버리는 자들은 결국에는 이루 말할 수 없는 이익을 얻는 자들이 될 것이다. 왜냐하면, 그들이 그렇게 잃은 것들은 결국 그들에게 영생으로 다시 돌아오게 될 것이기 때문이다. 그렇다면, 요나는 이런 큰 일이 벌어지고 있는 동안에 어디에 있었던 것일까? 사람들은 그가 자신의 선실로 내려가 있었을 것이라고 생각하겠지만, 그는 배 밑층에 내려가서 누워 있다가 깊이 잠이 들었다. 밖에서의

소란한 소리도, 그의 속에 있는 죄책감도 그를 깨우지 못하였다. 아마도 그는 꿈 속에서 하나님이 그에게 다시 말씀하실까봐 잠을 자기 않기 위해서 그동안 애를 써오다가, 이제 위험에서 벗어났다는 안도감 때문에, 더욱더 곤하게 잠을 잤을 것이다. 죄는 사람을 둔감하고 우둔하게 만드는 성질을 지니고 있기 때문에, 우리는 언제든지 죄의 유혹과 미혹으로 인하여 우리의 마음이 완고하게 되지 않도록 조심하여야 한다는 것을 명심하라(히 3:13). 여러 가지 유혹들을 통해서 사람들을 하나님으로부터 멀어지게 하며 그들의 본분을 행하지 못하게 하고 육적인 안일함 속에서 깊이 잠들게 하여서, 그들로 하여금 그들의 비참한 상태와 위험을 느낄 수 없게 만드는 것이 바로 사탄의 술책이다. 그러므로 우리는 모두 깨어 있어야 한다.

Ⅲ. 선장이 요나를 깨워서 기도하게 함(6절). 선장이 그에게 가서, "어서 일어나서 너의 신에게 살려 달라고 기도하든지 죽음을 준비하라"고 핀잔을 주었다.

1. 선장의 옳고 꼭 필요한 책망. 자는 자여 어찌함이냐. 이 상황에서 자고 있다니, 도대체 어떤 생각으로 이러는 것이냐. 선장이 요나를 이런 식으로 책망한 것은 칭찬할 만하다. 왜냐하면, 요나는 선장에게 외인(外人)이었지만, 지금 이 순간에는 그의 가족이나 마찬가지였기 때문이다. 우리는 귀한 영혼을 지닌 자라면 누구나 죽음에서 구원 받을 수 있도록 최선을 다해서 도와야 한다. 선장으로부터 이러한 책망을 받아야 한 요나의 처지는 정말 비참한 것이었다. 만약 그가 여호와의 선지자로서 제자리에 있었더라면, 그는 니느웨의 왕을 책망하는 위치에 있었을 것인데, 자신의 본분에서 벗어나 있었기 때문에 도리어 일개 선장의 책망을 듣게 되는 처지로 전락하였다. 사람들이 그들의 죄와 어리석음으로 인해서 얼마나 작아지고 초라해지는지를 보라. 그렇지만 우리는 요나에게 이런 식으로 때를 따라 적절한 책망을 주시는 하나님의 선하심을 찬송하지 않을 수 없다. 왜냐하면, 선장의 책망은 마치 새벽 닭의 울음소리가 베드로에게 그랬듯이 요나의 회복을 위한 첫걸음이었기 때문이다. 폭풍 속에서 잠을 자는 자들은 그들 자신이 도대체 어쩌자는 것이냐고 자문해 보는 것이 마땅하다는 것을 명심하라.

2. 선장의 아주 적절한 조언. "일어나서 네 하나님께 구하라. 지금 우리는 모두 각자가 자신의 신을 향하여 부르짖고 있는데, 왜 너는 일어나서 네 하나님께 부르짖지 않는 것이냐? 너는 다른 사람들처럼 이 위험이 무섭지 않고 거기

에서 구원을 받고자 하지 않는 것이냐?" 우리는 다른 사람들이 기도하는 것을 보고서 정신을 차려서 기도에 동참하여야 한다는 것을 명심하라. 모두가 받을 긍휼에 동참하고자 하는 자들은 이유를 불문하고서 구원을 간구하는 모두의 기도에서 자신의 몫을 다하지 않으면 안 된다. 우리가 은혜의 보좌 앞에 나아가 간구하여 하나님을 움직일 수 있는 믿음이 있다면, 나라가 어려울 때에 당연히 우리도 나라가 잘 될 수 있도록 믿음의 기도를 드려야 한다. 하나님의 종들도 종종 그들의 본분 중에서 이 부분에 힘을 쓰도록 권면을 받을 필요가 있다.

3. 이 조언의 타당한 이유. 혹시 하나님이 우리를 생각하사 망하지 아니하게 하시리라. 그들은 그들 각자가 불렀던 많은 신들을 단지 그들과 최고신이신 하나님을 중재해 주는 존재들로 여겼을 가능성도 있어 보인다. 왜냐하면, 선장은 한 분 하나님으로부터의 구원을 기대하고 있는 것처럼 말하고 있기 때문이다. 선장은 요나를 기도에 동참시키기 위해서 그들이 처한 위험이 얼마나 크고 급박한지를 역설한다. "우리는 모두 망하기 직전이다. 우리와 죽음의 거리는 단지 한 걸음일 뿐인데, 그 죽음이 이제 그 마지막 한 걸음을 내딛고자 하고 있다." 그렇지만 선장은 그들이 망하는 것을 막아서 망하지 아니하게 될 가망성도 남아 있다고 말한다. 살아 있기만 하다면 소망은 있고, 소망이 있는 한 기도할 여지도 있다. 또한, 선장은 오직 하나님만이 그들을 구원하실 수 있고, 그 구원은 하나님이 그들을 불쌍히 여기셔서 그 권능으로 그들을 구하실 때에만 이루어질 수 있다고 말한다. "하나님이 우리를 생각하사 우리를 위하여 행하시면, 우리는 구원받을 수 있다." 그러므로 위험이 아무리 급박할지라도, 우리는 하나님을 바라보아야 하고, 하나님을 의뢰하여야 한다.

IV. 요나가 이 폭풍의 원인이라는 것이 밝혀짐.

1. 선원들은 이 폭풍 자체 또는 폭풍으로 인한 그들의 곤경 속에서 너무나 많은 특이하고 이례적인 현상들을 보았기 때문에, 이 폭풍은 이 배에 탄 자들 중의 어떤 자를 붙잡기 위해서 보내심을 받은 하나님의 공의의 사자(使者)라는 결론을 내림. 그들은 그 사람이 뭔가 엄청난 범죄를 저질렀다고 판단하고서, 멜리데 섬의 원주민들이 말했던 것처럼(행 28:4), "진실로 우리 중의 한 사람은 살인한 자이거나 신성모독이나 위증의 죄 같은 중죄를 범한 자여서, 이렇게 바다의 보복을 당하고 있는 것이고, 바로 그 자 때문에 우리도 고통을 겪고 있는

것"이라고 결론을 내렸다. 사람들은 극심한 심판들을 겪으면 그 심판들이 하나님의 진노가 어떤 극악무도한 죄와 죄인에 대하여 하늘로부터 좇아 나타난 것임을 본성상으로 안다. 언제라도 우리에게 어떤 재앙이 임한다면, 우리는 그 원인이 있다는 결론을 내리지 않으면 안 된다. 그것은 우리가 악을 행하였기 때문이다. 그렇지 않다면, 재앙이 우리에게 임하는 일은 일어나지 않을 것이다. 하나님이 우리와 다투시는 데에는 반드시 그 이유가 있는 법이다.

2. 그들은 제비를 뽑아서 이 폭풍을 불러온 죄인이 누구인지를 가려내기로 결정하였다는 것. 우리가 제비를 뽑아 누구로 말미암아 이 재앙이 우리에게 임하였나 알아 보자. 그들 중에서 그 누구도 자기 자신을 의심하지 않았고, 주여 나는 아니지요(마 26:22)라고 말하였다. 그러나 그들은 서로를 의심하였기 때문에, 그 자가 누구인지를 찾아내고자 하였다. 어떤 재앙이 우리에게 임하였을 때, 우리 가운데서 잘못된 것을 고치고, 그 폐단을 바로잡아서 우환을 제거하기 위하여, 그 원인이 무엇인지를 알아내는 것은 바람직한 일임을 명심하라. 이것을 위해서 우리는 하늘을 우러러보고, 무슨 까닭으로 나와 더불어 변론하시는지 내게 알게 하옵시고(욥 10:2) 내가 깨닫지 못하는 것을 내게 가르치소서 내가 악을 행하였으나 다시는 아니하겠나이다(욥 34:32)라고 기도하여야 한다. 이 선원들은 그들의 배를 죽음으로 내몰고 있는 자, 즉 저주받은 자가 누구인지를 알아내서, 그 자가 많은 사람을 위하여 죽어서 배 전체가 구원을 받을 수 있게 하고자 하였다. 이것은 단지 그들만 살고자 하는 책략이 아니라, 지극히 옳은 결정이었다. 이것을 위해서 그들은 하나님이 드러내시고 결정하시는 것에 그대로 따르고, 제비 뽑기가 말해 주는 것을 사실로 받아들이기로 합의하고서, 제비를 뽑아 모든 사람의 마음을 아시고 그 앞에서는 은밀하게 감춰진 것이 있을 수 없는 하나님의 판단을 알아보기로 하였다. 왜냐하면, 그들은 성경이 우리에게 말해 주고 있는 것, 즉 제비는 사람이 뽑으나 모든 일을 작정하기는 여호와께 있다(잠 16:33)는 것을 본성적으로 알고 있었기 때문이다. 이교도들조차도 제비 뽑기는 신성한 것으로서 장난 삼아 해서는 안 되고 진지하고 엄숙하게 하여야 한다는 것을 알고 있었다. 그러므로 그리스도인들이 하나님의 섭리를 경외함으로 받아들이지 않는다면, 그것은 부끄러운 일이다.

3. 제비가 요나에게 뽑혔다는 것. 만약 요나가 진작 그의 양심이 시키는 대로 그들에게 진실을 말해서 그 사람이 나라고 밝혔더라면, 그들은 헛고생을 하지

않아도 되었을 것이다. 그러나 범죄자들이 보통 그러하듯이, 요나도 제비가 그에게 뽑혀서 어쩔 수 없이 진실을 시인할 수밖에 없는 상황이 될 때까지는 결코 진실을 밝히지 않았다. 그 배에는 요나보다 더 큰 죄인들이 있었을 것이 분명하지만, 폭풍이 추격하는 자이자 제비 뽑기가 가리킨 자는 요나였다. 왜냐하면, 부모나 주인은 자기 자녀들이나 종들이 잘못을 저지르면 마땅히 징계를 하지만, 타인이 범죄하면 그를 법에 맡기는 것이 도리이기 때문이다. 하나님이 폭풍으로 하여금 요나를 추격하게 하신 것은 요나가 해야 할 일이 있어서 그를 그 일로 다시 돌아가게 하여야 했기 때문이다. 하나님은 감춰진 죄들과 죄인들을 드러내시고, 모든 산 자들의 눈에 숨겨져 있다고 생각된 저 어리석음을 드러내시는 많은 방법들을 가지고 계신다는 것을 명심하라. 하나님의 오른손은 그를 대적할 계획들을 갖고 있는 그의 모든 원수들은 물론이고 그를 배신한 그의 모든 종들도 반드시 찾아낸다. 그들이 바다 끝까지 도망치거나, 배의 맨밑바닥으로 내려간다고 할지라도, 하나님은 그들을 반드시 찾아내신다.

4. 요나가 선장과 선원들 앞에서 심문을 받음. 요나는 그들에게 낯선 사람이었다. 그들 중의 어느 누구도 요나를 알지 못하였고 그의 잘못이 무엇인지도 알지 못하였기 때문에, 그들은 그에게서 자백을 받아내야 하였고, 그의 입에서 나오는 말을 토대로 그를 판단할 수밖에 없었다. 이것을 위해서 굳이 요나를 고문할 필요는 없었다. 그들이 파선할 위험에 처해 있었다는 사실 하나만으로도 요나는 두려웠고 진실을 말하지 않을 수 없었다. 제비 뽑기를 통해서 요나가 그들을 이렇게 위험에 빠뜨린 장본인이라는 것이 드러났는데도, 그들은 우리가 충분히 예상할 수 있는 것과는 달리 몹시 격분하여 요나에게 달려들지 않았고, 오히려 차분하고 온화하게 어떻게 된 영문인지를 그에게 물었다. 우리는 죄가 드러나서 단죄를 받은 자들에 대해서도 불쌍히 여기는 마음을 지녀야 한다. 그들은 요나에게 심한 말을 한 것이 아니라, 단지 "청하건대 어찌된 영문인지 우리에게 말하라"고만 물었다. 그들은 요나에 대하여 두 가지를 묻는다.

(1) 그들은 요나에게 제비 뽑기가 말해주듯이, 자기 때문에 이 폭풍이 일어났다는 것을 스스로 시인하는 것이냐고 물음. "이 재앙이 누구 때문에 우리에게 임하였는가 말하라. 그것이 정말 너 때문인가, 만약 그렇다면, 그것은 무슨 이유 때문인가? 네가 무슨 잘못을 저질렀길래, 폭풍이 이렇게 너를 추격하는 것이냐?" 아마도 요나의 풍모와 태도에 위엄과 품격이 있었기 때문에, 그들은 제비

뽑기가 잘못되어서 엉뚱한 사람이 뽑힌 것이 아닌가 의심을 했던 것 같고, 요나가 직접 자신의 죄과를 시인하지 않는다면 제비 뽑기의 결과를 믿으려 하지 않았던 것 같다. 그래서, 그들은 그에게 이 문제와 관련해서 그들이 납득할 만한 얘기를 해줄 것을 요청하였다. 자신의 환난의 원인을 찾아내고자 하는 자들은 탐색을 시작할 뿐만 아니라 끈질기게 추적해서, 세부적인 내용들까지 부지런히 살피고 또 살펴서 끝을 보아야 한다는 것을 명심하라.

(2) 그들은 요나에게 그의 직업 및 출신지와 관련해서 그가 어떤 사람인지를 물음.

[1] 그들이 그의 직업에 대하여 물음. 네 생업이 무엇이냐. 이것은 떠돌이에게 던져져야 하는 적절한 질문이었다. 아마도 그들은 그의 직업이 그들에게 이러한 환난을 가져온 원인이 아닌가 의심했던 것 같다. "너는 점쟁이나 박수 무당이나 요술가인가? 네가 요술을 부려서 이 바람을 일으킨 것은 아닌가? 또는, 너는 지금 무슨 일로 이 배를 탄 것인가? 네가 발람 같이 하나님의 백성을 저주하는 일을 해서, 너를 막기 위해 하나님이 이 바람을 보내신 것은 아닌가?"

[2] 그들이 그의 출신지에 대하여 물음. 그들 중 한 사람은 네가 어디서 왔느냐고 물었는데, 또 다른 사람이 거기에 대한 대답을 기다리지 못하고 연이어서 네 나라가 어디이냐고 물었다. 그러자 세 번째 사람도 거기에 끼어 들어서 동일한 취지의 질문을 하였다: "네가 어느 민족에 속하였느냐. 너는 점술로 유명한 갈대아 사람이냐, 아니면 훔치는 것으로 유명한 아라비아 사람이냐?" 그들은 그가 어느 지방 출신인지를 알아서, 즉 그의 지방의 신이 누구인지를 알아내어서, 과연 그가 이 폭풍에서 그들을 구원할 수 있을 자인지 아닌지를 가늠해 보고자 하였다.

5. 이 심문 사항들에 대하여 대답하는 가운데에 요나는 진실을 숨김없이 다 밝힘.

(1) 그들이 그의 출신지에 대하여 물었는가? 그는 그들에게 자기가 히브리 사람이라고 대답함으로써, 그가 이스라엘 민족에 속한 자라는 사실뿐만이 아니라, 그의 조상들로부터 받은 종교가 무엇인지도 밝힌다(9절). 그는 히브리 사람이기 때문에, 자기가 범죄자라는 사실을 고백하기가 한층 더 부끄러웠다. 왜냐하면, 여호와를 믿는다고 고백하고 그 특권들을 누리는 히브리인이 짓는 죄는 다른 사람들이 짓는 죄보다 훨씬 더 그 죄질이 나쁘기 때문이다.

(2) 그들이 그의 직업에 대하여 물었는가? 네 생업이 무엇이냐. 이 질문에 대답하면서, 그는 자신의 종교에 대하여 설명한다. 왜냐하면, 그것이 그의 직업이고 그가 하는 일이었기 때문이다. "나는 하나님 여호와를 경외하는 자로라. 바다와 육지를 지으시고 호령하시는 하늘의 하나님이자 만유의 주(主)이신 분이 바로 내가 섬기고 기도하는 신이시다." 내가 섬기는 신은 그들이 물은 것과 같은 어느 특정한 지역의 신이나 그들 각자가 그 이름을 부르며 기도하였던 여러 신들이 아니라, 바다와 육지를 만드시고 거기에서 그가 기뻐하시는 일을 하시며 이 둘을 그의 뜻을 따라 사용하시는 온 땅의 하나님이시다. 요나가 이런 것을 말하는 이유는 그러한 하나님의 임재로부터 도망치고자 하였던 자신의 어리석음을 탓하며 스스로를 단죄하기 위한 것만이 아니라, 이 선원들로 하여금 그들 각자의 신을 섬기는 것에서 떠나서 오직 한 분 살아 계신 참 하나님을 알고 순종하게 하기 위한 것이기도 하다. 우리는 낯선 사람들 가운데에 있을 때에 모든 기회를 활용해서 하나님에 대한 우리의 관계와 우리가 하나님을 경외한다는 것을 기꺼이 시인함으로써 그들로 하여금 하나님을 알도록 최선을 다하여야 한다.

(3) 그들이 그가 이렇게 쫓기는 원인이 된 그의 범죄에 대하여 물었는가? 그는 자기가 여호와의 얼굴을 피하여 도망하였고, 자신의 본분을 거부하고 여기로 달아났으며, 폭풍이 그를 붙잡기 위해서 보내심을 받았다는 것을 시인한다. 그는 아마도 슬퍼하고 부끄러워하는 가운데에 그들에게 이런 얘기를 하면서, 변절한 종을 붙잡기 위하여 이 폭풍 같은 사자(使者)를 보내실 수 있으신 크신 하나님 여호와가 어떤 분이신지를 선원들에게 들려주며, 하나님이 옳으시고 자기는 죄인이라고 고백하였을 것이다.

6. 요나의 말이 선원들에게 끼친 영향은 어떤 것이었는가. 무리가 심히 두려워하였다. 이것은 당연한 반응이었다. 왜냐하면, 그들은 다음과 같은 것들을 알았기 때문이다.

(1) 하나님, 곧 바다와 육지를 지으신 바로 그 하나님이 진노하셨다는 것. 이 폭풍은 공의가 훼손되어서 온 것이기 때문에, 그들이 공의에 의해서 괴롭힘을 당할 것이라고 생각할 만한 이유는 충분하였다. 어느 특정한 죄 때문에 가해진 심판들은 그 속에 특유의 무게와 두려움을 지니고 있다.

(2) 요나는 늘 하나님을 경외하고 예배해 오다가 딱 한 번 이 일에서 자신의

본분을 다하지 않고 도망한 것에 불과한데도, 하나님이 바로 그런 자에게도 진노하셨다는 것. 이것은 그들로 하여금 그들 자신을 돌아보고서 두려워할 수밖에 없게 만들었다. "여호와의 선지자가 단 한 번의 범죄 때문에 이렇게 혹독한 벌을 받는다면, 크고 흉악무도한 범죄들을 셀 수 없이 많이 저지른 우리는 도대체 장차 어떤 벌을 받게 되겠는가?" 의인이 겨우 구원을 받고, 단 한 번의 불순종 때문에 이렇게 끈질긴 추격을 받는다면, 경건하지 아니한 자와 죄인은 어디에 서리요(벧전 4:17-18). 그들은 요나에게 이렇게 말하였다: "네가 어찌하여 그렇게 행하였느냐. 네가 바다와 육지를 지으신 하나님을 경외한다고 하면서, 어찌 그리 어리석게도 하나님의 얼굴을 피하여 도망칠 수 있을 것이라고 생각하였단 말인가? 그것은 정말 너무나 어이없고 이해할 수 없는 일이 아닌가!" 아브라함이 아비멜렉에게 질책을 받았듯이(창 20:16), 요나는 이렇게 책망을 들었다. 왜냐하면, 신앙을 지닌 자들이 잘못된 일을 하면, 그들은 신앙이 없는 자들로부터 책망을 들을 각오를 하여야 하기 때문이다. "네가 어찌하여 우리에게 그렇게 행하였느냐(본문은 이렇게 해석될 수도 있다). 왜 너는 우리를 이 일에 휘말려들게 하였느냐?" 고의적인 죄를 범한 자들은 그 해로운 결과가 어디까지 미칠지, 그 죄로 인하여 어떤 해악이 닥칠지를 알지 못한다는 것을 명심하라.

[11]바다가 점점 흉용한지라 무리가 그에게 이르되 우리가 너를 어떻게 하여야 바다가 우리를 위하여 잔잔하겠느냐 하니 [12]그가 대답하되 나를 들어 바다에 던지라 그리하면 바다가 너희를 위하여 잔잔하리라 너희가 이 큰 폭풍을 만난 것이 나 때문인 줄을 내가 아노라 하니라 [13]그러나 그 사람들이 힘써 노를 저어 배를 육지로 돌리고자 하다가 바다가 그들을 향하여 점점 더 흉용하므로 능히 못한지라 [14]무리가 여호와께 부르짖어 이르되 여호와여 구하고 구하오니 이 사람의 생명 때문에 우리를 멸망시키지 마옵소서 무죄한 피를 우리에게 돌리지 마옵소서 주 여호와께서는 주의 뜻대로 행하심이니이다 하고 [15]요나를 들어 바다에 던지매 바다가 뛰노는 것이 곧 그친지라 [16]그 사람들이 여호와를 크게 두려워하여 여호와께 제물을 드리고 서원을 하였더라 [17]여호와께서 이미 큰 물고기를 예비하사 요나를 삼키게 하셨으므로 요나가 밤낮 삼 일을 물고기 뱃속에 있으니라

요나가 이 재앙을 그들에게 몰고 온 장본인이라는 사실은 명백해졌지

만, 그런 사실이 밝혀졌다는 것만으로는 이 폭풍의 요구에 부응하는 데에는 충분하지 않았다. 그들은 요나를 찾아냈지만, 뭔가 그 이상의 것을 하지 않으면 안 되었다. 왜냐하면, 바다가 점점 흉용해졌기 때문이다(11, 13절). 우리의 죄가 우리에게 닥친 환난의 원인이라는 것을 밝혀내고도 그 죄를 버리지 않는다면, 우리는 그렇지 않아도 나쁜 상황을 더 악화시키게 될 뿐이다. 그러므로 그들은 요나에 대한 심문을 계속하였다.

Ⅰ. **그들은 요나에게 그들이 그에게 어떻게 해야 좋겠는지를 물었다는 것**(11절). 우리가 너를 어떻게 하여야 바다가 우리를 위하여 잔잔하겠느냐. 그들은 요나가 여호와의 선지자라는 것을 알았기 때문에, 그 어떤 일도, 심지어 그를 처리하는 일까지도 그에게 묻지 않고는 행하고자 하지 않았다. 그는 직무를 태만히 한 자였지만, 또한 그것을 회개한 자이기도 하였기 때문에, 그들은 그에게 무례한 짓을 하고자 하지 않았다. 우리는 잘못을 저지르고서 그것 때문에 괴로워하는 자들을 아주 따뜻하게 대하여야 한다는 것을 명심하라. 그들은 그가 배를 구하기 위한 다른 방책을 생각해 낼 수 있다면 그를 바다에 던질 생각이 없었다. 또는, 이런 식으로 그들은 그를 바다에 던지는 것 외에는 다른 방도가 없다는 것이 너무나 명백하다는 것을 보여주고자 한 것일 수도 있다: 그가 스스로를 고발한 자였던 것처럼, 이번에는 그를 그 자신을 심판하는 자로 세우라. 그러면, 그는 스스로 자기를 바다에 던지라고 말할 것이다. 우리의 죄로 인하여 폭풍이 일어나서, 우리가 하나님의 진노의 징표 아래 놓여 있게 되었다면, 우리는 바다를 잔잔하게 하기 위해서 우리가 무엇을 해야 하는지를 하나님께 물어야 한다는 것을 명심하라. 우리는 어떻게 해야 하는가? 우리는 폭풍 속에 있을 때에 믿음으로 기도하고, 하나님이 폭풍을 보내신 목적에 부응하려고 애써야 한다. 그러면, 그 폭풍은 잔잔해질 것이다. 그러나 우리는 특히 무엇보다도 그 폭풍을 몰고 온 우리의 죄를 어떻게 해야 하는지를 곰곰이 생각하여야 한다. 우리는 그 죄를 밝혀내어서 회개하고 고백하여야 하며, 그 죄를 몹시 혐오하고 가차없이 완전히 버려야 한다. "내가 그 죄와 더 이상 무슨 상관이 있겠나이까? 그 죄가 이 재앙을 몰고 왔으니, 그 죄를 십자가에 못 박으소서."

Ⅱ. **요나가 자신이 받을 벌을 스스로 말함**(12절). 나를 들어 바다에 던지라. 그는 스스로 바다에 뛰어들고자 하지는 않았지만, 자신을 그들의 손에 맡기면서 그를 바다에 던지라고 말하며, 오직 그렇게 할 때에만 바다가 잔잔할 것이라

고 단호하게 말한다. 그는 선원들을 생각하는 마음에서 그들이 자기 때문에 더 이상 고통을 당하지 않도록 하기 위하여 그런 제안을 하였다. 그는 다윗이 그랬던 것처럼 이렇게 말한다: "범죄하고 악을 행한 나를 주의 손으로 치소서(대상 21:17). 내 죄로 인하여 나를 죽이시고, 죄 없는 자들이 내 죄로 인하여 고통을 겪지 않게 하옵소서." 그들 자신 외에는 아무도 그들의 죄나 어리석음으로 인하여 벌을 받거나 고통을 당하지 않게 해 달라고 간절하게 소원하는 것은 진정으로 회개한 자들이 할 수 있는 말이다. 또한, 요나는 그를 추격하기 위해서 이 폭풍을 보내신 하나님의 뜻에 순종하여 이런 제안을 한 것이었다. 그는 자기가 여호와의 심판을 받아서 영벌에 처해지지 않도록 하기 위해서, 하나님이 그에게 어떠한 벌을 주시기를 원하시는 것을 명백하게 알고 있었기 때문에, 하나님의 뜻을 따라 자신을 바다에 던지라고 그들에게 말한 것이었다. 죄를 회개하고 진정으로 낮아진 자들은 하나님의 뜻이 죽는 것이라고 할지라도 그 뜻에 기꺼이 순종하고자 한다는 것을 명심하라. 요나는 그것이 그의 죄악에 대한 벌이라는 것을 알았기 때문에 기꺼이 순종하여 그것을 받아들이고, 그런 벌을 내리시는 하나님이 의로우시다는 것을 인정한다. 왜냐하면, 그의 육신이 어떤 식으로 멸해지든, 그의 영은 주 예수의 날에 구원을 받을 수 있다는 것을 그는 알고 있었기 때문이다(고전 5:5). 그는 자기를 바다에 던지라고 선원들에게 제안한 이유를 "너희가 이 큰 폭풍을 만난 것이 나 때문인 줄을 내가 아노라"라는 말로 표현한다. 요나는 모든 죄책은 자기 자신에게 돌리고, 모든 괴로움은 그들이 당한 것으로 여기는 모습을 보여준다. "이 폭풍이 너희에게 닥친 것은 순전히 범죄한 나 때문이다. 그러므로 나를 바다에 던지라."

1. "나는 그런 벌을 받아 마땅한 자이다. 나는 나의 하나님을 떠나는 악한 짓을 저질렀고, 하나님이 너희에게 진노하신 것은 다 나의 그런 잘못 때문이다. 나는 나 때문에 폭풍에 의해서 이렇게 급하게 몰려온 공기 속에서 숨쉬거나, 나 때문에 이렇게 요동치게 된 배 안에서 살 가치가 없는 자이다. 나 때문에 너희가 바다 속으로 던져 버린 너희의 물건들의 뒤를 이어서 나를 바다에 던지라. 물에 빠져 죽는 것은 내게 너무나 가벼운 벌이다. 단 한 번의 죽음으로 내가 범한 여러 가지 죄를 속할 수 있다면, 그것은 너무나 경미한 벌이다."

2. "그러므로 바다를 잔잔하게 할 수 있는 다른 방법은 없다. 폭풍을 불러온 것은 바로 나이기 때문에, 물건들을 바다에 던지는 것으로는 바다를 다시 잔잔

하게 할 수 없다. 너희는 나를 바다에 던지지 않으면 안 된다." 양심이 일깨워지고 거기에서 폭풍이 일어날 때, 그 소란을 불러일으킨 죄와 결별하고 그 죄를 버리는 것 외에는 그 어떤 것도 양심을 잔잔하게 만들지 못한다. 그럴 때에 우리가 가진 돈과 결별한다고 해서, 양심이 평안을 찾는 것이 아니다. 바다에 던져 넣어야 할 것은 바로 요나이고, 다른 것은 소용이 없다. 여기에서 요나는 자기 목숨을 많은 사람의 대속물로 주신(마 20:28) 그리스도의 모형이다. 그러나 한 가지 중요한 차이가 있는데, 그것은 요나가 폭풍을 잔잔하게 하기 위해서 자기 자신을 주었지만 그 폭풍은 요나 자신이 일으킨 것인 반면에, 그리스도께서 폭풍을 잔잔하게 하기 위하여 자기 자신을 주셨을 때에 그 폭풍은 우리가 일으켰다는 것이다. 그렇지만, 요나가 흉용한 바다를 잔잔하게 하기 위하여 자기 자신을 바다에 던지도록 내어 주었던 것처럼, 우리 주 예수께서도 우리를 살리기 위하여 자기가 죽으실 때에도 그렇게 하셨다.

    III. 선원들은 요나를 바다에 던지지 않고 어떻게든 그들의 배를 구해 보려고 애를 썼지만, 아무 소용이 없었다는 것(13절).   그 사람들은 요나를 안전하게 뭍에 내려주는 방식으로 그와 헤어지면 그들에게 더 이상 아무 일도 일어나지 않을 것이라고 생각한 듯이 힘써 노를 저어 배를 육지로 돌리고자 하였지만, 능히 그렇게 하지를 못하였다. 그들이 아무리 애를 써도 아무 소용이 없었다. 바다는 이전보다 더 그들을 향하여 점점 더 흉용하였기 때문에, 그들은 결코 배를 육지에 델 수가 없었다. 그들이 배를 육지에 대는 일에 성공하였다고 생각한 순간, 배는 순식간에 다시 바다로 떠밀려 와버리는 일이 여러 차례 반복되었다. 그들의 배는 여전히 과적(過積) 상태였다. 그들이 아무리 물건들을 바다에 던져서 배의 무게를 가볍게 한다고 해도, 요나가 그 배에 있는 한, 배는 과적 상태일 수밖에 없었다. 게다가, 그들은 바람과 조류, 즉 하나님의 보복하시는 바람, 하나님의 계획의 조류를 거슬러서 노를 저었다. 하나님과 다투어 보아야 아무 소용이 없고, 우리의 죄들을 멸하는 것 외에 다른 방식으로 우리 자신을 구원하려고 해보아야 아무 소용이 없다. 이것을 통해서 우리는, 이 폭풍이 그들에게 닥친 것이 요나 때문이라는 것을 그들은 알았지만, 요나가 자기 자신에 대하여 내린 선고를 집행하는 것을 이 선원들은 몹시 꺼려하였다는 것을 알 수 있다. 그들이 이렇게 요나를 바다에 던지는 것을 꺼려하였던 이유는 부분적으로는 피 흘리는 죄를 그들이 저지르는 것을 두려워하였기 때문이고, 부분적으로는 요나가 선한 자이고 곤고한 자이며 진실한 자라는 것을 알고서 그를 불쌍히 여기는 마음이 생겼기 때문이다. 죄인들이 스스로 낮아져서 자신을 미천하게 여기고 단죄하면 할수록, 그들은 하나님과 사람으로부터 불쌍히 여김을 받을 가능성이 더 높아진다는 것을 명심하라. 요나가 나를 바다에 던지라고 적극적으로 말할수록, 그들은 그렇게 하기를 더욱 주저할 수밖에 없었다.

Ⅳ. 선원들이 요나를 바다에 던질 수밖에 없다는 것을 알았을 때에 그의 피를 흘린 죄를 그들에게 돌리거나 그 죗값을 그들에게서 찾지 말아 주시라고 먼저 하나님께 기도함(14절).   그들은 아무리 노를 저어 배를 육지에 대고자 하여도 아무 소용이 없다는 것을 알게 되자, 노 젓는 것을 그치고서 기도하기 시작하였다. 무리가 여호와께 부르짖었다. 그들은 앞서 많은 주들에게 부르짖었으나(5절), 이제는 오직 참되고 살아계신 하나님께만 기도하였다. 그들은 요나에 대한 하나님의 섭리들과 요나가 그들에게 말해준 내용을 통해서 이스라엘의 하나님만이 홀로 하나님이시라는 것을 확신하고서 오직 여호와께만 부르짖었다. 그들은 요나를 바다에 던지기로 작정하였을 때에 먼저 그들이 그렇게 하는 것은 어떤 악의나 의도가 있어서도 아니며, 이 폭풍이 그들에게 닥친 것이 요나 때문이라고 해서 그에게 복수하려고 그러는 것도 아니라는 항변을 하늘의 법정을 향하여 제기한다. 그들이 그를 용서하였듯이, 그의 하나님도 그를 용서하소서! 그들은 그들 자신의 목숨을 구할 다른 방도가 없었기 때문에 자기 방어를 위해서 어쩔 수 없이 요나를 바다에 던질 수밖에 없었다 그러나 사실 그들은 공의의 일꾼들로서 그 일을 하고 있는 것이다. 왜냐하면, 하나님은 물론이고 요나 자신도 요나에게 이같이 큰 사망(고후 1:10)을 이미 선고하였기 때문이다. 그러므로 그들은 요나가 경외하는 그 하나님께 이 사람의 생명 때문에 그들을 멸망시키지 마옵소서라고 겸손히 간구한다.

1. 그들은 피 흘리는 죄, 특히 하나님을 경외하는 자의 피를 흘리는 죄를 범하는 것을 몹시 두려워하였다는 것. 왜냐하면, 그들은 요나가 단 한 번 잘못을 저지르기는 하였지만 하나님을 공경하고 하나님과 교제하여 왔다는 것을 알았기 때문이다. 자연적인 양심은 피 흘리는 죄를 범하는 것을 두려워할 수밖에 없기 때문에, 사람들을 다윗이 그랬던 것처럼 그 죄에서 건짐을 받게 해 달라고 아주 간절하게 기도하게 만든다(시 51:14). 여기에서 그들이 그랬다: 여호와여 구하고 구하오니 무죄한 피를 우리에게 돌리지 마옵소서. 그들은 바다의 위험에

서 그들을 구해 달라는 기도를 드리기 전에 먼저 죄의 위험에서 그들을 구해 달라는 기도를 간절하게 드린다. 이것은 특히 그들이 요나가 평범한 사람이 아니라 매우 선한 사람이자 하나님의 사람으로서 천지를 지으신 위대하신 창조주를 섬기는 자임을 알았기 때문이었다. 이런 까닭에, 이 거친 선원들조차도 요나에 대하여 공경하는 마음을 품었고, 그들이 그를 바다에 던져서 목숨을 거두어야 한다는 생각에 두려워 떨 수밖에 없었다. 무죄한 피는 귀하지만, 성도들의 피, 선지자들의 피는 훨씬 더 귀하다. 따라서, 어떤 식으로든 그 피를 흘리는 죄를 범하는 자들은 반드시 대가를 치르게 된다는 것을 알게 될 것이다. 선원들은 요나가 복수하고자 하시는 하나님의 추격을 받고 있다는 것을 알았지만, 그들이 그 복수를 시행하는 도구들이 되어야 한다고 생각할 때에 크게 두려워하지 않을 수 없었다. 하나님이 요나와 다투실 일이 있다고 할지라도, 그들은 그에게 우리 손을 대지 않았으면 좋겠다고 생각한다. 당시에 이스라엘 백성들은 자신의 본분을 다한다는 이유로 선지자들을 죽이고 있었고(이세벨의 최근의 박해가 그 증거이다), 선지자들의 목숨을 빼앗는 것을 아무렇지도 않게 생각하였다. 그러나 이 이방인들은 요나가 선지자임을 알고서, 비록 그가 그의 본분을 다하지 않고 도망하는 가운데에 있는데도 불구하고, 그에 대하여 공경하고 아끼는 마음을 품고 있었다는 것을 생각하면, 이스라엘 백성들의 죄는 더욱 가중된다.

2. 그들은 하나님의 진노를 살까봐 몹시 두려워하였다는 것. 그들은 요나의 죽음에 그들이 관여하였다는 이유로 하나님이 진노하실까봐 노심초사하였다. 왜냐하면, 하나님이 나의 기름 부은 자에게 손을 대지 말며 나의 선지자를 해하지 말라(대상 16:22)고 말씀하셨기 때문이다. 만약 너희가 그런 짓을 저지른다면, 너희의 목숨이 위태로울 것이다. 그들은 이렇게 말한다: "여호와여 이 사람의 생명 때문에 우리를 멸망시키지 마옵소서. 만약 우리가 그의 생명을 살려 둔다면, 우리는 죽을 수밖에 없으니, 우리는 이러지도 저러지도 못하는 처지에 놓여 있나이다. 그러니, 우리가 그의 생명을 거둔다고 하여도 우리를 죽이지 마옵소서." 그들이 제시한 근거는 선하고 옳다: "주 여호와께서는 주의 뜻대로 행하심이니이다. 우리로 하여금 그렇게 할 수밖에 없게 우리를 내모신 것은 바로 주이십니다. 폭풍이 요나를 추격한 것이나 제비 뽑기에서 요나가 걸린 것이나 둘 다 주의 명령을 따라 이루어진 것이었고, 우리는 주의 그러한 명령에 의해 움

직일 수밖에 없나이다. 우리는 단지 주의 섭리의 도구들일 뿐이기 때문에, 우리가 그렇게 하는 것은 우리의 뜻이 전혀 아니나이다. 그러나 우리는 주의 뜻이 이루어지리이다라고 말할 수밖에 없나이다." 우리가 명백하게 섭리에 이끌려서 우리의 성향과 반대되고 우리의 의도와는 전혀 상관없는 일들을 하게 되었을 때, 우리는 주 여호와께서는 주의 뜻대로 행하심이니이다라고 말할 수 있다는 것을 명심하라. 우리는 우리의 마음에 들지 않는다고 하여도 하나님의 뜻을 행하는 것으로 만족하여야 마땅하다.

V. 선원들은 그들의 죄책을 면제해 주시기를 기도한 후에 공의를 집행함(15절). 그들이 요나를 들어 바다에 던졌다. 그들은 그를 그들의 배에서 끌어내고 그들의 무리에서 끌어내어 바다에 던졌고, "다오, 다오, 변절자를 넘겨다오, 그렇지 않으면 그 어떤 평화도 기대하지 말라"고 외치는 흉용한 바다 속으로 그를 던졌다. 요나는 그의 주인이신 하나님으로부터 도망치다가 이제 재판장이신 하나님께 곧 끌려가게 될 처지가 된 것을 알았을 때에 얼마나 곤혹스럽고 놀랐을까! 하나님으로부터 도망치는 자들은 그들이 멸망을 향하여 질주하고 있다는 것을 알지 못한다. 화 있을진저 그들이 나를 떠나 도망하였음이라(호 7:13). 폭풍을 불러일으킨 것이 요나가 저지른 죄일 때, 우리는 그렇게 죄를 바다 속으로 던져 버려야 한다. 우리는 그 죄를 버려야 하고, 그 죄에 대하여 죽어야 하며, 그 죄를 바다 속에 빠뜨려서 익사시켜야 한다. 그렇지 않으면, 그 죄가 우리를 파멸과 멸망에 빠지게 할 것이다(딤전 6:9). 우리가 이렇게 철저히 회개하고 삶을 고침으로써 우리의 죄들을 바다 속으로 던지고서, 다시는 그 죄들을 기억하거나 그 죄들로 돌아가지 않는다면, 하나님은 죄 사하시는 긍휼로 말미암아 우리의 죄악들을 제압하셔서 우리의 모든 죄를 깊은 바다에 던지실 것이다(미 7:19).

VI. 선원들이 요나를 바다에 던지자, 폭풍이 즉시 그쳤다는 것. 바다는 하나님으로부터 받은 일을 완수하였기 때문에 만족하고서 잔잔해졌다. 바다가 뛰노는 것이 곧 그친지라(15절). 하나님이 순식간에 폭풍을 잔잔하게 하실 수 있으신 것은 그의 주권적인 권능의 한 예이고, 환난의 목적이 이루어졌을 때에 환난을 곧 제거하시는 것은 하나님의 공평하신 통치의 한 예이다. 하나님은 영원히 다투지 아니하시고, 우리가 우리의 주장을 포기하고 항복하면 더 이상 우리와 다투지 아니하신다. 우리가 우리의 죄들로부터 돌아서면, 하나님은 그의 진노를 즉시 거두신다.

   VII. 선원들이 이것을 보고서, 요나의 하나님이 유일하게 참되신 하나님이시라는 것을 더욱 굳게 믿게 되었다는 것(16절).　　그러자 그 사람들이 여호와를 크게 두려워하였고, 이스라엘의 하나님에 대한 깊은 경외심에 사로잡혀서, 이후로는 오직 하나님만 섬기겠다고 서원하였다. 왜냐하면, 이같이 구원을 베풀거나 멸망시킬 수 있으신 다른 신이 없기(단 3:29) 때문이었다. 그들은 폭풍을 일으키시고 잔잔하게 하시는 하나님의 권능을 보고, 그의 종 요나에 대한 그의 공의를 보며, 그들을 멸망 직전에서 구하신 그의 선하심을 보았을 때에 여호와를 두려워하지 않을 수 없었다(렘 5:22). 그들은 하나님에 대한 그들의 경외심의 증거로서 이스라엘 땅에 다시 정박하게 되었을 때에 하나님께 실제로 제물을 드렸고, 지금은 그들을 구원해 주신 것에 대하여 감사하고, 그들의 영혼을 속죄하기 위하여 장차 하나님께 제사를 드리겠다고 서원하였다. 또는, 그들은 배에 아직 남아 있는 것으로 제물을 삼아서 즉시 하나님께 제사를 드렸을 수도 있다. 또는, 이것은 그들이 기도와 찬송의 영적 제사를 드렸다는 것을 의미하는 것일 수 있다. 왜냐하면, 하나님은 소 곧 뿔과 굽이 있는 황소를 드리는 제사보다 그런 영적 제사를 더 기뻐하시기 때문이다(시 69:31). 우리는 은혜를 구할 때만이 아니라, 은혜를 받은 후에도, 계속해서 무엇인가를 하나님께 드리고자 애쓰는 자들로서 훨씬 더 많은 것을 드리겠다고 서원하여야 한다.

   VIII. 요나가 결국 이적에 의해서 목숨을 구하게 됨.　　우리는 이 모든 일에도 불구하고 앞으로 다시 그에 관한 이야기를 듣게 된다. 하나님은 심판의 와중에서도 긍휼을 기억하신다. 요나는 해를 당하는 것이 아니라 혼쭐이 나게 되고, 그의 죄로 인하여 벌을 받는 것이 아니라 다시 그의 본분으로 되돌아가게 될 것이다. 요나는 여호와의 얼굴을 피하여 도망을 치다가 그의 복수하시는 손에 빠져 들어간 것처럼 보였지만, 하나님은 요나에게 시키실 일이 아직 있으셨기 때문에, 큰 물고기를 예비하사 요나를 삼키게 하셨다(17절). 우리 구주께서는 이 큰 물고기를 고래라고 부르시는데(마 12:40), 이 고래는 다른 고래들보다 더 큰 목구멍을 가지고 있는 가장 큰 종류에 속한 고래여서, 그 뱃속에서는 종종 무장한 사람의 시신이 발견되곤 하였다. 창조 이야기에는 하나님이 큰 고래들(창 1:21)과 리워야단을 지으셔서 물 속에서 놀게 하셨다는 말씀이 나온다(시 104:26). 하나님은 이 리워야단이 해야 할 일을 찾아내시고 예비하셔서, 요나를 받아서 구하라는 임무를 정해 주셨다. 하나님은 모든 피조물들을 부리시되, 사람의 눈에 띄지 않는 바다의 물고기들이나 사람이 다스릴 수 없는 큰 고래들조차도 부리셔서, 자기 백성에게 은혜를 베푸시는 일에 사용하실 수 있으시다는 것을 명심하라. 요나는 죽어 마땅한 짓을 하였지만, 하나님은 요나가 바다 밑바닥으로 가라앉기 전에 그를 산 채로 구하시기 위해서, 배 가까이 바다 밑에 이 물고기를 준비시켜 놓으셨다. 우리는 가만히 서서 여호와께서 행하시는 구원을 보고(출 14:13), 이렇게 물에 빠진 사람을 구하실 수 있으신 그의 권능과 이렇게 그를 피하여 도망쳐서 그에게 범죄한 자조차도 구원하시는 그의 긍휼을 찬양하여야 한다. 요나가 지금 죽지 않은 것은 여호와의 긍휼 때문이었다. 이 물고기는 요나를 삼켰지만, 그것은 잡아먹기 위해서가 아니라 보호하기 위해서였다. 먹는 자에게서 먹는 것이 나왔다(삿 14:14). 왜냐하면, 요나는 밤낮 삼 일을 물고기 뱃속에서 그 내부의 열기에 의해서 또는 공기가 부족해서 질식하여 죽은 것이 아니라 건강하게 살아 있었기 때문이다. 자연의 법칙으로는 이것이 불가능한 일이지만, 자연을 다스리시는 하나님께는 모든 것이 가능하다. 하나님이 요나를 이러한 이적을 통해서 보호하신 것은 다음과 같은 목적이 있으셨기 때문이다.

1. 요나를 하나님의 긍휼의 기념비가 되게 하기 위한 것. 이것은 범죄하고 하나님에게서 도망친 자들에게 다시 하나님께 돌아와서 회개할 용기를 얻도록 하기 위한 것이다.

2. 니느웨가 요나가 전하는 하나님의 말씀을 잘 받아들일 수 있게 하기 위한 것. 그의 구원을 위하여 베풀어진 이 이적에 관한 소식이 니느웨에 전해지면, 그것은 그의 일이 성공적으로 이루어지는 데에 기여하게 될 것이었다.

3. 요나가 그리스도의 뚜렷한 모형이 되게 하기 위한 것. 그리스도께서는 성경대로 장사 지낸 바 되셨다가 다시 살아나셨는데(고전 15:4), 거기에서 성경이란 바로 여기에 나오는 성경 말씀을 가리킨다. 왜냐하면, 그리스도께서는 친히 요나가 밤낮 사흘 동안 큰 물고기 뱃속에 있었던 것 같이 인자도 밤낮 사흘 동안 땅 속에 있으리라(마 12:40)고 말씀하셨기 때문이다. 요나가 물고기 뱃속에 있었던 것은 그리스도께서 장사 지낸 바 되실 것을 미리 상징적으로 보여주는 것이었다. 하나님은 그리스도의 무덤이 부자들과 함께 있게 하시기로 오래 전에 작정하셨을 때에(사 53:9) 이미 요나의 무덤을 준비하셨고, 그리스도의 무덤도

준비하셨다. 요나의 무덤이 전혀 예기치 못한 생소한 무덤이었고 새 무덤이었는가? 그리스도의 무덤도 사람이 전에 결코 누운 적이 없었던 새 무덤이자 생소한 무덤이었다. 요나가 거기에서 삼일 밤낮을 보냈는가? 그리스도께서도 삼일 밤낮을 보내셨다. 그리고 요나와 그리스도는 둘 다 이방 세계에 회개를 전하기 위하여 다시 살아났다. 와서 그가 누우셨던 곳을 보라(마 28:6).

제 2 장

개요

앞 장은 요나가 물고기 뱃속에 들어가 있는 장면에서 끝이 났기 때문에, 우리가 그는 바닷물에 의해서 죽지 않았더라도, "그것의 입에서는 횃불이 나오고 불꽃이 튀어나오며 그의 입김은 숯불을 지피는"(욥 41:19, 21) 리워야단의 뱃속에서 타죽었을 것이기 때문에 더 이상 그에 대한 이야기를 들을 수 없을 것이라고 생각한다고 해도, 그것은 전혀 이상한 것이 아니다. 그러나 하나님은 자기 백성을 불과 물에서도 끄집어내신다(시 66:12). 보라, 하나님의 권능으로 말미암아 선지자 요나는 여전히 살아 있고, 우리는 그에 관한 이야기를 다시 듣는다. 이 장에서는 하나님이 요나의 기도를 들으시고, 다음 장에서는 니느웨가 요나가 전하는 말씀을 듣는다. 요나는 이렇게 기도한다. I. 그가 큰 곤란함과 위험에 처해 있다는 것(2, 3, 5-6절). II. 그가 이로 말미암아 절망하기 직전이라는 것(4절). III. 그가 이 통탄스러운 처지 속에서도 힘을 내었다는 것(4, 7절). IV. 그가 그에 대한 하나님의 은총을 확신함(6-7절). V. 그가 다른 사람들에게 주는 경고와 교훈(8절). VI. 그가 모든 영광과 찬송을 하나님께 드림(9절). 우리는 마지막 절(10절)에서 요나가 물고기 뱃속에서 나와서 다시 안전하게 육지에 이르게 되는 것을 본다.

¹요나가 물고기 뱃속에서 그의 하나님 여호와께 기도하여 ²이르되 내가 받는 고난으로 말미암아 여호와께 불러 아뢰었더니 주께서 내게 대답하셨고 내가 스올의 뱃속에서 부르짖었더니 주께서 내 음성을 들으셨나이다 ³주께서 나를 깊음 속 바다 가운데에 던지셨으므로 큰 물이 나를 둘렀고 주의 파도와 큰 물결이 다 내 위에 넘쳤나이다 ⁴내가 말하기를 내가 주의 목전에서 쫓겨났을지라도 다시 주의 성전을 바라보겠다 하였나이다 ⁵물이 나를 영혼까지 둘렀사오며 깊음이 나를 에워싸고 바다 풀이 내 머리를 감쌌나이다 ⁶내가 산의 뿌리까지 내려갔사오며 땅이 그 빗장으로 나를 오래도록 막았사오나 나의 하나님 여호와여 주께서 내 생명을 구덩이에서 건지셨나이다 ⁷내 영혼이 내 속에서 피곤할 때에 내가 여호와를 생각하였더니 내 기도가 주께 이르렀사오며 주의 성전에 미쳤나이다 ⁸거짓되고 헛된 것을 숭상하는 모

든 자는 자기에게 베푸신 은혜를 버렸사오나 ⁹나는 감사하는 목소리로 주께 제사를 드리며 나의 서원을 주께 갚겠나이다 구원은 여호와께 속하였나이다 하니라

하나님과 그의 종 요나는 사이가 틀어져서 결별하였는데, 싸움은 요나 편에서 시작하였다. 그는 하나님으로부터 받은 소임을 거부하고 자기 나라에서 도망을 쳤다. 그러나 우리는 하나님과 요나가 다시 합치는 모습을 보고자 하는 마음이 있는데, 화해는 하나님 편에서 시작하신다. 앞 장의 끝부분에서 우리는 하나님이 요나에게 다시 돌아오셔서 긍휼을 베푸시기 위하여 대속물을 얻으신 후에, 그를 건져서 구덩이에 내려가지 않게 하시는 것을 보았는데(욥 33:24), 이 장에서는 요나가 하나님께로 돌아가서 자신의 본분을 다하는 모습을 보게 된다. 앞 장에서 요나는 그의 하나님께 기도하라는 요청을 받았지만, 그가 실제로 기도하였다는 말은 거기에 나오지 않는다. 그러나 이 장에 들어와서, 마침내 그는 그의 하나님께 기도한다. 좀 더 자세하게 살펴보자.

Ⅰ. 요나는 언제 기도하였는가(1절). 그제서야 요나가 기도하였다. 그가 죄책감과 하나님의 진노의 징표 아래에서 실제로 환난을 당하게 되었을 때, 그제서야 그는 기도하였다. 우리는 환난 가운데에 있을 때에 기도하여야 한다는 것을 명심하라. 그 때에 우리는 기도할 기회를 얻게 되고, 그 때에 우리는 은혜의 보좌 앞에 나아갈 일이 생기게 된다. 우리의 마음이 낮아지고 부드러워지며 진지해질 때, 우리에게는 기도할 마음이 생기게 된다. 그 때에 하나님은 우리가 기도할 것을 기대하신다(그들이 고난 받을 때에 나를 간절히 구하리라, 호 5:15). 요나가 그랬던 것처럼, 우리가 우리의 죄로 말미암아 환난을 자초하였다고 할지라도, 겸손하고 경건하며 진실하게 기도한다면, 하나님은 은혜의 보좌 앞으로 나아오는 우리를 반갑게 맞아주신다. 그는 이적에 의해서 물고기 뱃속으로 들어가서 죽지 않고 살아 있게 된 것을 보고서 장차 또 다른 긍휼이 그에게 예비되어 있을 것이라고 확신하여 물고기 뱃속으로부터도 구원받을 수 있을 것이라는 소망을 품게 된 바로 그 때에 기도하였다. 우리의 범죄들에도 불구하고 하나님이 우리에게 선의를 갖고 계시다는 것을 알았을 때, 우리는 하나님 앞에 나아갈 담대함을 얻게 되고, 죄책감과 진노에 대한 두려움으로 인해서 닫혔던 기도를 우리의 입으로 다시 할 수 있게 된다.

Ⅱ. 요나는 어디에서 기도하였는가. 그는 물고기 뱃속에서 기도하였다. 기도

하기에 적절하지 않은 곳은 없다. 나는 각처에서 사람들이 기도하기를 원하노라 (딤전 2:8). 하나님이 우리를 어디에 두시든, 우리의 잘못이 없다면, 우리는 거기에서 하늘을 향해 열려 있는 길을 발견할 수 있다. 땅의 어느 곳에서나 하늘로 나아가는 길은 다 똑같다. 믿음으로 말미암아 그리스도께서 자신의 마음에 계시게 한 자는 어디를 가든지 하나님께 드릴 예물을 거룩하게 하는 제단을 지니고 다니는 것이기 때문에 그 자체가 살아 있는 성전이다(마 23:19). 요나는 여기에서 갇혀 있는 처지였다. 물고기 뱃속은 그의 감옥이었고, 그에게 밀폐되고 어두운 지하 감옥이었다. 그렇지만, 거기에서도 그는 자유로이 하나님 앞에 나아갈 수 있었고, 하나님과의 교제 속에서 자유롭게 행할 수 있었다. 사람들은 우리를 서로 교제할 수 없게 차단할 수는 있지만, 우리가 하나님과 교제하는 것을 차단하거나 막을 수는 없다. 요나는 지금 바다 밑바닥에 있었지만, 마치 바울과 실라가 감옥에서 사슬에 매인 채로 기도하였듯이, 그 깊음 가운데서 하나님께 부르짖는다.

III. 요나는 누구에게 기도하였는가. 그는 그의 하나님 여호와께 기도하였다. 그는 하나님으로부터 도망을 쳤었지만, 이제 그것이 얼마나 어리석은 짓이었는지를 알고, 하나님께 돌아온다. 기도를 통해서 그는 자기가 피해서 떠나온 바로 그 하나님께 나아가고, 그의 마음을 드려서 하나님께 가까이 다가간다. 기도를 통해서 그는 여호와이실 뿐만 아니라 그의 하나님이시기도 한 분, 즉 그와 언약 관계 속에 있으신 분을 바라본다. 왜냐하면, 하나님께 감사하게도, 이 언약 관계 속에서 우리가 죄를 범할 때마다 그 관계로부터 내쳐지는 것이 아니기 때문이다. 이것 때문에 비록 잘못을 저지른 자녀들일지라도 하나님께로 돌아올 용기를 얻을 수 있다. 보소서 우리가 주께 왔사오니 주는 우리 하나님 여호와이심이니이다(렘 3:22).

IV. 요나가 기도한 내용은 무엇이었는가. 그는 나중에 당시에 그가 한 기도의 핵심적인 내용을 회상하여 기록으로 남겼다. 그는 곤고와 위험에 처해 있었을 때에 그의 마음이 하나님을 향하여 어떻게 움직였는지, 그 때에 믿음과 감각, 소망과 두려움 사이에서 그의 마음이 어떻게 갈등하였는지를 회상한다.

1. 요나는 자기가 간절히 기도하였고, 하나님이 기꺼이 그의 기도를 들으시고 응답해 주셨다고 회상함(2절). 내가 받는 고난으로 말미암아 여호와께 불러 아뢰었다. 형통할 때에는 전혀 기도하지 않거나 속삭이듯 기도하던 자들도 환난

을 당하면 그들이 받는 고난으로 말미암아 기도하게 되고 부르짖게 된다. 하나님이 환난을 보내시는 것은 바로 그런 목적을 위한 것이기 때문에, 그런 목적이 이루어지지 않는다면, 환난은 무익하게 된다. 하나님이 속박할지라도 부르짖어서 도움을 구하지 아니하는 자들은 진노를 쌓는 자들이다(욥 36:13). "내가 스올의 **뱃속에서 부르짖었다.**" 이 물고기는 스올 또는 무덤이라 불릴 만하였다. 물고기 뱃속은 요나가 그의 불순종으로 인해서 정죄를 받아 갇히게 된 감옥이자 하나님의 진노로 인해서 갇혀 있게 된 감옥이었기 때문에 스올의 **뱃속**이라 불릴 만하였다. 이 선한 자는 이렇게 음부(陰府)로 던져졌지만, 거기에서 하나님께 부르짖었고, 그의 부르짖음은 헛되지 않았다. 하나님은 그가 환난 가운데서 탄식하며 부르짖는 음성을 들으셨다. 저 세상에 있는 음부에서는 하나님께 아무리 부르짖어도 하나님이 듣지 않으신다. 그러나 이 세상에서는 우리가 그 어떤 음부의 **뱃속**에 있을지라도, 우리는 거기에서 하나님께 부르짖을 수 있다. 그리스도께서는 요나처럼 음부 또는 무덤 속에 삼일 밤낮을 계시면서, 요나와는 달리 기도하지 않으셨지만, 그가 거기에 계셨다는 것 자체가 하나님께는 가엾은 죄인들을 위한 그의 부르짖음이었고, 하나님은 그 부르짖음을 들으셨다.

2. 요나는 자기가 스올의 뱃속에 있을 때에 아주 통탄스러운 처지에 있었다고 회상함. 그는 거기에 있을 때에 그 통탄스러움을 아주 뼈저리게 느꼈기 때문에, 그것에 대하여 구체적으로 서술한다. 우리의 환난으로 인해서 유익을 얻고자 한다면, 우리는 우리의 환난을 주목하여야 하고, 거기에서 하나님의 손길을 알아차려야 한다는 것을 명심하라. 요나는 여기에서 다음과 같은 것들을 주목한다.

(1) 그가 아주 깊은 곳에 던져졌다는 것(3절). 주께서 나를 깊음 속 바다 가운데에 던지셨다. 그를 바다에 던진 것은 선원들이었지만, 그는 그들 너머에 그를 바다에 던지신 하나님의 손길을 보았다. 우리가 어떤 깊음 속에 던져지든, 우리를 그 깊음 속으로 던지신 이는 하나님, 즉 죽인 후에 지옥에 던져 넣는 권세를 지니신 하나님이시다(눅 12:5). 그는 바다 가운데에, 즉 바다의 심장 속으로(원어는 이렇게 되어 있다) 던져졌다. 그리스도께서는 이 본문에 나오는 히브리어 표현을 빌려오셔서, 그가 땅의 심장 속에 밤낮 사흘 동안 있게 될 것이라고 말씀하신다(마 12:40). 왜냐하면, 어떤 사람이 죽어서 아무리 얕은 무덤에 누워 있게 되었다고 할지라도, 그는 마치 땅의 심장 속에 누워 있는 것처럼 산 자들

의 땅에서 완전히 끊어져 있는 것이기 때문이다.

(2) 그가 아주 무섭게 포위당했다는 것. 큰 물이 나를 둘렀다. 바다의 물줄기들과 샘들이 사방에서 그를 둘러싸고 압박하였다. 그 물들은 그의 위에서 넘실거렸다. 하나님이 사랑하시는 성도들과 종들은 종종 그 앞에 있는 모든 것을 무너뜨리는 아주 강력하고 거센 환난의 큰 물, 욥에게 나쁜 소식을 전하였던 사자(使者)들처럼 끊임없이 연이어서 밀려오는 강물 같이 연달아 몰려오는 환난들의 큰 물에 둘러싸인다. 유대 교회가 탄식하였듯이, 그들은 그 환난들에 의해서 사방으로 둘러싸여 옴짝달싹을 하지 못한다(애 3:7): 하나님께서 나를 둘러싸서 나가지 못하게 하시고, 내가 어느 길로 피해야 안전할지를 알 수 없게 하셨다. 주의 파도와 큰 물결이 다 내 위에 넘쳤나이다. 요나가 그것들을 하나님의 파도와 큰 물결이라고 부르는 것은 단지 하나님이 그것들을 만드셨고(바다도 그의 것이라 그가 만드셨고, 시 95:5) 다스리고 계시기 때문만이 아니라(바람과 바다도 순종하는가, 마 8:27), 하나님이 지금 그것들에게 요나를 대적하는 일을 하게 하시면서, 단지 그를 괴롭히고 무섭게 하기만 하고 죽이지는 말라고 명령하셨기 때문이다. 요나는 여기에서 시편 42:7에 나오는 말씀을 인용하고 있음이 분명하다(주의 폭포 소리에 깊은 바다가 서로 부르며 주의 모든 파도와 물결이 나를 휩쓸었나이다). 이 두 본문의 번역문들은 서로 약간 다르지만, 원문에서 다윗의 탄식은 여기에 나오는 요나의 탄식과 단어들까지 그대로 동일하다. 주의 파도와 큰 물결이 다 내 위에 넘쳤나이다. 요나는 다윗이 비유적이고 상징적으로 말한 것이 문자 그대로 자기에게 성취된 것으로 인용한다. 우리가 우리에게 닥친 환난들을 순순히 받아들이기 위해서 전례들을 조사하여, 사람이 감당할 시험 밖에는 우리가 당한 것이 없다(고전 10:13)는 것을 아는 것은 좋은 일이다. 요나가 당한 일이 특이하여 그 전례가 없는 것이었다고 하여도, 그는 하나님의 마음에 합한 인물이었던 다윗조차 자기가 여기에서 탄식하는 것과 동일하게 하나님의 파도와 큰 물결이 내 위에 넘쳤다고 탄식하였음을 발견하고서 크게 마음의 위로를 받았을 것이다. 하나님이 우리에게 작정하신 일을 이루실 때, 우리는 이런 일들이 그에게 많이 있다는 것(욥 23:14), 우리가 겪는 환난의 길도 결코 아무도 걷지 않은 길이 아니라는 것, 하나님은 그의 이름을 사랑하는 자들을 대하실 때와는 다르게 우리를 대하시는 것이 아니라는 것을 발견하게 될 것이다. 그러므로 우리가 환난 가운데에 있을 때에 어떻게 하나님께 기도해야 할지와 관련해서 도

움을 받고자 한다면, 우리보다 앞서 성도들이 우리와 같은 환난을 당했을 때에 하나님 앞에서 행하였던 탄식들과 기도들을 활용하는 것은 좋은 일이다. 성경 속에서 그런 것들을 얻을 수 있다는 것은 얼마나 좋은 일인가. 요나는 성경을 펼쳐서 활용할 수 없는 상황이었기 때문에 그의 기억의 도움을 받아서 그가 처한 상황에 가장 적절한 성경 구절을 떠올렸다. 주의 파도와 큰 물결이 다 내 위에 넘쳤나이다. 물이 나를 영혼까지 둘렀나이다(5절)라는 표현도 동일한 취지이다. 그것들은 그의 목숨을 위협하여, 그를 절박한 상황으로 몰아갔다. 또는, 그것들은 그의 영혼에 깨우침을 주었다. 그는 그것들이 하나님의 진노의 징표들이라는 것을 알았고, 그것들을 통해서 전능자의 두려움이 그를 엄습하여 쳤다(욥 6:4). 그 두려움은 그의 영혼까지 이르렀고, 그의 영혼을 곤혹스럽게 만들었다. 이것도 다윗의 탄식으로부터 빌려온 것이다(시 69:1): 물들이 내 영혼에까지 흘러 들어왔나이다. 밖으로 다툼이 있다면, 안으로는 두려움이 있는 것은 이상한 일이 아니다(고후 7:5). 요나는 물고기 뱃속에서 깊음이 그를 에워싸고 있어서, 설령 그가 그의 감옥에서 빠져 나간다고 하여도 물 속에서 꼼짝없이 죽을 수밖에 없다는 것을 알았다. 그는 바다 풀(물고기가 물과 함께 빨아들인 해초들)이 그의 머리를 감싸고 있어서, 자기 스스로도 어떻게 해볼 도리가 없고, 그 누구도 그를 도울 수 없다는 것을 알았다. 하나님의 백성은 종종 이렇게 완전히 묶여서 옴짝달싹할 수 없는 상황에 처하게 되는데, 이것은 그들로 하여금 자기를 의지하지 말고 오직 죽은 자를 다시 살리시는 하나님만 의지하게 하기 위한 것이다(고후 1:8-9).

(3) 그가 아주 단단히 붙잡혔다는 것(6절). 그는 산의 뿌리까지 내려갔다. 즉, 그는 해변의 산들과 갑(岬)들의 밑뿌리가 되는 바다 속의 바위들까지 내려갔다. 그는 그것들 가운데에 있었다. 아니, 그는 그것들 아래에 있었다. "땅이 그 빗장으로 나를 막았는데, 너무나 밀착해서 나를 막았기 때문에, 나는 영원히 거기에 갇혀 있을 것 같았다." 땅이 그를 차단하고 봉쇄하며 압박하였기 때문에, 그가 땅으로 다시 돌아갈 소망은 완전히 끊어진 것처럼 보였다. 요나의 처지는 이렇듯 아무런 힘도 쓸 수 없고 소망도 끊어져 버린 것 같아 보였다. 하나님이 어떤 사람과 다투시면, 온 피조물이 그 사람과 전쟁을 벌인다.

3. 요나는 그 때에 자기가 아주 암울한 처지에 있다는 것을 알았지만, 그 가운데서도 일말의 소망을 놓지 않았다고 회상함(4, 7절).

(1) 그는 절망 속으로 빠져들어서 자포자기하기 시작하였다는 것. 물이 그를 영혼까지 둘렀을 때에 그의 영혼이 그의 속에서 피곤하여 기진맥진하였기 때문에, 그가 그 어떤 위로가 되는 생각이나 기대를 갖지 못한 것은 이상한 일이 아니었다. 그의 영혼은 완전히 힘을 잃어서, 그는 죽은 사람이나 다름없었다. 그 때에 내가 말하기를 내가 주의 목전에서 쫓겨났다고 하였나이다. 바로 그런 생각이 들었기 때문에, 그의 영혼이 그의 속에서 기진맥진하게 된 것이었다. 그는 하나님이 그를 완전히 버리셨기 때문에, 다시는 그에게 긍휼을 베풀지 않으실 것이고, 좋은 일을 보여주지 않으실 것이라고 생각하였다. 그는 사람이 물고기의 뱃속에서 살아서 나갔다는 얘기를 들은 적이 없었다. 그는 거름더미에 앉아 있던 욥, 구덩이 속에 던져졌던 요셉, 동굴 속에 숨어 살던 다윗을 떠올렸지만, 그러한 것들은 그의 처지에 비하면 아무것도 아니었다. 아무리 생각해도 이적이 아니면 그가 물고기 뱃속에서 빠져나갈 방법은 전혀 없었다. 그런데 지금 하나님이 요나를 공의의 기념비로 삼고자 하고 계시는데, 그런 하나님이 그를 위하여 긍휼의 이적을 베푸실 리가 없지 않는가? 그의 양심은 그가 여호와의 얼굴을 피하여 도망한 것은 악한 일이었기 때문에, 그가 여호와의 목전에서 쫓겨나고, 그 징표로서 하나님이 그의 성령을 그에게서 거두어 가시고 다시는 그에게 성령을 주시지 않는다고 하여도, 그것은 의로운 일이라고 그에게 말해 주었다. 그 자신의 길과 행위가 이 환난을 불렀는데(렘 4:18), 그가 그 환난에서 건짐을 받으리라는 소망을 어떻게 지닐 수 있겠는가? 내가 주의 목전에서 쫓겨났다는 요나의 말은 자신의 처지가 최악이라고 말하는 것임을 주목하라. 하나님이 그의 목전에서 쫓아내고 더 이상 시인하거나 은총을 베풀지 않으실 자들은 정말 비참한 자들이다. 저주를 받아 지옥에 떨어진 자들이 비참한 것은 그들이 하나님의 목전에서 쫓겨난 것이 아니면, 달리 무엇이란 말인가? 또한, 천국에 있는 자들의 행복은 하나님을 가까이서 뵙는 것이 아니면, 달리 무엇이란 말인가? 하나님의 백성은 이 세상에서 그들이 하나님의 목전에서 쫓겨나서 더 이상 하나님을 뵈올 수 없게 되고 하나님도 그들을 모르는 체하시는 것은 아닐까 생각하게 되는 경우가 종종 있다. 야곱과 이스라엘은 내 길은 여호와께 숨겨졌으며 내 송사는 내 하나님에게서 벗어난다(사 40:27)고 말하였고, 시온은 여호와께서 나를 버리시며 주께서 나를 잊으셨다고 말하였다(사 49:14). 그러나 그것은 단지 불신앙에서 나온 추측일 뿐이다. 왜냐하면, 하나님은 택하신 자기 백성을 버리시는

분이 아니시기 때문이다.

(2) 그는 뭔가 한 줄기 구원의 소망을 통해서 힘을 얻어 절망 속으로 빠져드는 것에서 회복되었다는 것. 두려움과 불신에 의해서 일어난 절망적인 추측들은 믿음에 의해서 교정되고 통제되었다. 느껴지는 것과 믿음 간에 격렬한 싸움이 일어났지만, 결국 믿음이 승자가 되었다. 우리의 믿음이 떨어지지만 않는다면, 시험과 환난의 때에 그 결과는 결국 선하게 끝나게 것이다. 그러므로 그리스도께서 장차 시험을 받게 될 베드로를 위하여 기도하신 것은 바로 그것이었다: 내가 너를 위하여 네 믿음이 떨어지지 않기를 기도하였다(눅 22:32). 다윗도 만약 그가 믿지 않았다면 그는 기진하여 쓰러져 버리고 말았을 것이다(시 27:13). 요나 속에 있는 믿음은 "그럴지라도 내가 다시 주의 성전을 바라보겠다"고 말하였다. 이렇게 그는 당혹스러워하였지만 절망 속에 빠지지는 않았다. 깊은 바닷속에서 그는 튼튼하고 견고한 영혼의 닻 같은 이 소망을 자기 속에 지녔다(히 6:19). 그는 다시 주의 성전을 바라보게 되리라는 소망으로 힘을 얻을 수 있었다.

[1] 그가 살게 되리라는 것. 그는 지금 완전한 어둠 속으로 던져진 것처럼 보일지라도, 다시 하늘을 바라보게 될 것이고, 다시 햇빛을 보게 될 것이다. 이렇게 그는 바랄 수 없는 중에 바라고 믿었다(롬 4:18).

[2] 그가 살아서 하나님을 찬송하게 되리라는 것. 선한 자는 이것 이외의 어떤 다른 목적을 위하여 사는 것을 원하지 않는다(시 119:175). 그는 거룩한 규례들 속에서 다시 하나님과의 교제를 누리고, 성전에 올라가서 여호와의 아름다움을 바라보며 사모하는 것만을 원한다(시 27:4). 히스기야는 자기가 병에서 회복될 것에 대한 확실한 약속의 말씀을 듣고자 하였을 때, 마치 자기가 건강하게 되기를 원하는 것은 오직 성전에 올라가고자 하는 일념 때문이라는 듯이, 내가 여호와의 전에 올라갈 징조가 무엇이냐(사 38:22)고 물었다. 마찬가지로, 요나도 여기에서 자기가 성전을 다시 바라보게 되기를 소망한다. 그는 전에 여호와의 전으로 올라 오라는 부르심을 받고서, 기쁜 마음으로 성전 쪽을 무수히 바라보곤 하였었다. 그가 성전에 대하여 외인(外人)이 아니라는 기억은 그에게 위로가 되는 것이었다. 그러나 지금의 그는 성전을 바라볼 수 있는 처지조차 되지 못하였다. 지금 물고기 뱃속에서 그는 성전이 어느 쪽에 있는지조차 알 수 없었지만, 장차 다시 성전을 바라보며 성전 속을 들여다볼 수 있게 되기를 소망한다. 요나가 자신의 소망을 얼마나 겸손하고 소박하게 표현하고 있는지를 주목

하라. 그는 자신의 죄책과 무가치함을 인식하고 있는 자로서 자기가 아들이라 일컬음을 감당하지 못한다는 것을 알고 있었기 때문에(눅 15:19), 다윗처럼 하나님의 집에 거하겠다고 감히 말하지 못하고, 단지 성전을 바라보게만 해주시면 소원이 없겠다고 말한다. 그는 하나님의 집을 성전이라 부른다. 왜냐하면, 그 곳의 거룩함은 그의 눈에 그 곳의 아름다움이었고, 바로 그 거룩함으로 인하여 그는 그 곳을 사랑하였고 그 곳을 바라보고자 하기 때문이다. 성전은 천국의 모형이었다. 그는 지금 결박된 포로로서 결코 놓여나지 못하고 구덩이에서 죽을지라도(사 51:14), 하늘의 성전을 바라보며, 안전하게 거기로 들어가게 되기를 기대한다. 그는 바다의 밑바닥에서 물고기 뱃속에서 죽을지라도, 거기에서 그의 영혼이 천사들의 이끌림을 받아서 아브라함의 품으로 데려가지기를 소망한다. 또는, 이것은 요나가 곤경에 처해 있을 때에 한 서원으로 해석할 수도 있다. 그는 나중에 자기가 서원한 것을 지키겠다고 말한다(9절). 하나님이 그를 건져주시면 그가 딸 시온의 문에서 하나님을 찬송하리라는 것이 그의 서원이었다(시 9:13-14). 하나님으로 하여금 그를 쫓으시게 만든 그의 죄는 여호와의 얼굴을 피하여 도망한 것이었는데, 그는 지금 자기가 그런 짓을 한 것이 얼마나 어리석은 것이었는지를 깨닫고서, 자기가 다시는 다시스를 바라보지 않을 뿐만 아니라, 다시 성전을 바라볼 것이고, 힘을 얻고 더 얻어 성전에서 하나님 앞에 나타나리라(시 84:7)고 약속한다. 우리는 여기에서 믿음과 소망이 그의 절망적인 처지 속에서 어떻게 그의 힘이 되고 있는지를 본다. 또한, 그가 하나님을 기억하고 기도한 것도 그에게 힘을 더하여 주었다(7절). "내 영혼이 내 속에서 피곤할 때에 내가 여호와를 생각하였더니, 그것이 내게 힘을 주었다." 그는 하나님이 어떤 분이신지를 기억하였다. 그는 하나님이 환난에 의해서 아주 멀리 던져져 버린 것 같아 보이는 자들에게 얼마나 가까이 계신 분이신지, 하나님이 죄로 말미암아 그에게서 멀리 떠난 듯이 보이는 자들에게 얼마나 긍휼이 풍성하신 분이신지를 기억하였다. 그는 하나님이 그동안 그를 위하여 어떤 일들을 해오셨고, 다른 사람들을 위하여 어떤 일들을 해오셨으며, 어떤 일을 하실 수 있으시고, 어떤 일을 하실 것이라고 약속하셨는지를 기억하였다. 이것을 기억하자, 그는 기진해서 쓰러지지 않을 수 있었다. 요나는 하나님을 기억하고서 기도하였다. "내 기도가 주께 이르렀다. 나는 하나님께 기도를 올렸고, 그 기도에 대한 응답을 받기를 기대하였다." 우리는 환난을 당하였을 때에 하나님을 기억하고 기도하여야 한다는 것을 명심하라. 우리의 영혼이 피곤하여 기진맥진하게 되었을 때, 우리는 하나님을 기억하여야 한다. 우리는 하나님을 기억하였을 때에 하나님께 기도를 올려드려야 하고, 적어도 하나님 앞에서 경건하게 탄식하여야 한다. 하나님의 이름이 생각나거든, 우리는 그의 이름을 불러야 한다.

4. 요나는 이렇게 곤고함 속에 있을 때에 하나님을 구하고 의지하자 하나님이 그에게 은총을 베풀어 주신 것을 회상함.

(1) 하나님이 은혜로우시게도 그의 기도를 받으시고 들어주셨다는 것(7절). 내가 하나님께 드린 내 기도가 주께 이르렀사오며 주의 성전에 미쳤나이다. 그는 가장 낮은 깊은 바닷속에서 기도하였지만, 하나님은 가장 높은 하늘에서 그 기도를 들으셨다.

(2) 하나님이 놀랍게도 그를 위하여 구원을 베푸셨다는 것(6절). 그가 극도의 비참함 속에 있었을 때, 하나님은 그에게 구원의 징조와 확신을 주셨다. 나의 하나님 여호와여 주께서 내 생명을 구덩이에서 건지셨나이다. 어떤 이들은 요나가 뭍에 토해졌을 때에 이 말을 한 것이라고 생각한다. 그렇게 보면, 이것은 그가 감사하는 말이 된다. 그리고 그는 그의 구원을 통하여 드러난 하나님의 권능이 얼마나 위대한 것이었는지를 부각시키기 위해서, 이 감사의 말을 그의 극도로 곤고했던 처지와 대비시키고 있는 것이라고 할 수 있다. 땅이 그 빗장으로 나를 오래도록 막았사오나 주께서 내 생명을 구덩이에서, 즉 구덩이의 빗장에서 건지셨나이다. 또는, 이 말은 그가 아직 물고기 뱃속에 있을 때에 했던 말이라고 볼 수도 있다. 그렇게 보면, 이 말은 그가 믿음으로 한 말이 된다. "주께서는 나를 여기 이 구덩이 속에서 살아 있게 하셨기 때문에, 내 생명을 이 구덩이에서 건지실 수도 있으시나이다." 그는 마치 그 일이 이미 이루어진 것이나 다름없다는 듯이 큰 확신으로 이 말을 한다. 주께서 내 생명을 건지셨나이다. 그는 그를 구원하실 것이라는 하나님의 명시적인 약속을 갖고 있지는 않지만, 그 징조를 갖고 있기 때문에, 그 징조에 의지해서 믿음으로 기도한다. 그는 지금 당연히 죽어 있어야 하는데도 여전히 살아 있기 때문에, 그의 생명이 구덩이에서 건져지게 될 것을 믿는다. 그는 이러한 확신을 하나님께 아뢴다. 나의 하나님 여호와여 주께서 그 일을 하셨나이다. 주께서는 여호와이시기 때문에 그 일을 하실 수 있으시고, 나의 하나님이시기 때문에 나를 위하여 그 일을 하시고자 하실 것이다. 여호와가 우리의 하나님이라면, 그는 우리에게 부활이요 생명이 되어 주실

것이고, 우리의 생명을 멸망에서 구속하시며 음부의 권세에서 건져 주실 것이다.

5. 요나는 다른 사람들에게 훈계를 하면서, 하나님을 가까이 하라고 가르침(8절). 거짓되고 헛된 것들을 숭상하는 모든 자는 자기에게 베푸신 은혜를 버린 것이다.

(1) 이방의 선원들처럼 다른 신들을 섬기고 그 신들을 부르며 그 신들로부터 도움과 위로를 기대하는 자들은 자기에게 베푸신 은혜를 버린 자들이라는 것. 그들은 독자적으로 살아가는 자들이다. 그들은 그들 자신의 행복에 등을 돌리고, 온갖 복이 있는 길을 완전히 벗어나서 살아가고 있다. 우상들은 거짓되고 헛된 것들이고, 그런 우상들에게 오직 하나님께만 합당한 예를 드리는 자들은 그들의 본분이나 유익과 상반되게 행하는 자들이라는 것을 명심하라.

(2) 자신의 생각이나 계획을 따르는 자들은 자기에게 베푸신 은혜를 버린 자들이라는 것. 요나 자신도 여호와의 얼굴을 피하여 도망하였을 때에 하나님이 그에게 베푸신 은혜를 버렸었다. 사람들은 하나님을 가까이 하고 자신의 본분을 다한다면, 하나님 안에서 긍휼을 얻을 수 있고, 하나님과의 언약에 의한 권리들을 그들 자신의 것이라고 할 수 있게 된다. 요나처럼 하나님의 눈을 피할 수 있는 곳으로 갈 수 있다고 생각하는 자들, 요나처럼 하나님을 섬기는 일을 버리면 자신의 형편이 더 나아질 것이라고 생각하는 자들, 요나처럼 하나님이 가엾은 죄인들에게 긍휼을 베푸시고자 하시는 것에 대하여 불만을 품거나 어떤 사람들에게 선지자를 보내는 것이 합당한지 그렇지 않은지를 판단함에 있어서 자기가 하나님보다 더 지혜로운 체하는 자들은 거짓되고 헛된 것들을 숭상하는 자들이고, 어리석고 근거 없는 망상들에 이끌려 휘둘리는 자들이며, 자기에게 베푸신 은혜를 버린 자들이기 때문에, 잘 될 수가 없는 자들이다. 자신의 본분을 버린 자들은 그들 자신이 얻을 은혜를 걷어차 버린 자들임을 명심하라. 자신의 자리와 그 날의 일에서 도망치는 것은 거기에서 오는 위로에서 도망치는 것이다.

6. 요나는 하나님이 그에게 구원을 베푸시면 그에게 긍휼을 베푸신 하나님이 그의 찬송을 받으실 하나님이 되실 것이라는 약속으로 자신의 영혼을 엄숙하게 구속함(9절). 그는 하나님 앞에서 다음과 같이 언약을 한다.

(1) 그가 감사의 제사로 하나님을 존귀하게 해드리겠다는 것. 하나님은 사람

들에게 그렇게 하라고 격려하시기 위하여 감사로 제사를 드리는 자가 나를 영화롭게 하는(시 50:23) 자라고 말씀하셨다. 그는 모세의 율법에 따라 감사의 제사를 드리며, 자연의 법에 따라 감사하는 목소리로 제사를 드리겠다고 약속한다. 마음으로 하나님을 사랑하고 감사하는 것은 이 본분의 생명이자 영혼이다. 사랑하는 마음과 감사하는 마음이 없다면, 감사의 제사나 감사하는 목소리는 아무 짝에도 소용이 없게 될 것이다. 전에 그러한 사랑하고 감사하는 마음은 하나님의 정하심을 따라서 제사를 통하여 표현되어야 했는데, 제사를 드리는 자는 짐승을 죽여서 하나님께 드려야 했고, 이 짐승은 자신을 대신하는 것이 아니라 상징하는 것이었다. 그러나 이제 그러한 사랑하고 감사하는 마음은 우리 입술의 수송아지(호 14:2)이자 우리 입술의 열매(히 13:15)인 감사하는 목소리, 우리 하나님을 소리 높여 찬송하는 것을 통하여 표현되어야 한다. 요나는 여기에서 자기가 감사의 제사를 드릴 때에 여호와의 인자하심을 말하여 하나님께 영광을 돌리고 다른 사람들에게 힘을 더하여 줄 것이라고 약속한다.

(2) 그가 물고기 뱃속에서 한 자신의 서원들을 어김없이 지킴으로써 그의 행실로 하나님을 존귀하게 해드리겠다는 것. 어떤 이들은 그가 서원한 것이 어떤 구제의 일 또는 야곱이 서원했던 것과 같이 하나님께서 내게 주신 모든 것에서 십분의 일을 내가 반드시 하나님께 드리겠다(창 28:22)는 것이었으리라고 생각한다. 하지만, 그가 서원한 것은 아마도 하나님이 그를 건져주시면 그가 하나님이 그를 보내시는 곳으로(그 곳이 니느웨일지라도) 기꺼이 가겠다는 것이었을 가능성이 높다. 우리가 우리의 본분을 저버려서 벌을 받고 있다면, 그 때는 우리가 그 본분을 충실히 이행하겠노라고 약속할 때이다. 또는, 그가 서원한 것은 감사의 제사였고, 그는 다윗처럼 그 서원을 지키겠다고 말하고 있는 것일 수도 있다(시 116:17-19).

7. 요나는 하나님이 자기 백성의 구원자이심을 고백하는 것으로 끝을 맺음. 구원은 여호와께 속하였고, 구원은 여호와께 있나이다(시 3:8). 그는 구원의 하나님이시다(시 68:19-20). 오직 하나님만이 구원을 이루실 수 있으시고, 하나님은 그 위험과 곤고가 아무리 극심할지라도 거기에서 구원하실 수 있으시다. 하나님은 그를 믿는 자기 백성에게 구원을 약속하셨다. 그의 교회와 개별 성도들의 모든 구원은 하나님에 의해서 이루어진 것들이다. 하나님은 믿는 자들의 구주이시다(딤전 4:10). 구원은 이제까지 그랬듯이 지금도 여전히 하나님께 속하였

다. 우리는 오직 하나님으로부터만 구원을 기대할 수 있고, 우리의 구원은 오직 하나님께 달려 있다. 요나의 경험은 모든 세대의 사람들에게 그들의 구원의 하나님이신 여호와를 의지할 힘을 줄 것이다. 이 이야기를 읽는 모든 사람은 확신과 경배 속에서 구원은 여호와께 속하였고 여호와께 속한 모든 자들에게 확실하다고 말하게 될 것이다.

[10]여호와께서 그 물고기에게 말씀하시매 요나를 육지에 토하니라

이 단락에는 요나가 물고기 뱃속에서 풀려나고, 거의 죽을 뻔하다가 살아나게 된 것에 관한 내용이 나온다. 요나는 물고기 뱃속에서 살아 있었기 때문에 다시 살아난 것은 아니지만 어쨌든 산 자들의 땅에서 완전히 끊어진 듯이 보였다가 다시 그 땅으로 돌아오게 된 것이었고, 물고기 뱃속에 산 채로 매장되었다가 다시 햇빛을 본 것이기 때문에 죽음으로부터는 아니지만 무덤 또는 스올로부터 부활한 것이었다. 그가 물고기 뱃속에서 풀려난 것은 다음과 같은 것들이라고 할 수 있다.

1. 그것은 모든 피조물을 다스리시는 하나님의 권능을 보여주는 한 예라는 것. 하나님은 앞서 물고기에서 요나를 받으라고 명령하셨던 것처럼, 여기에서는 그 물고기에게 말씀하셔서 요나를 토해내라고 명령하셨다. 하나님이 다른 피조물들에게 말씀하시면, 그 말씀은 그대로 이루어진다. 피조물들은 다 하나님의 말씀에 잘 순종하는 종들이다. 그러나 사람에게는 하나님이 한 번 말씀하시고 다시 말씀하시되, 사람은 관심이 없고 깨닫지도 못하며, 하나님이 하시는 말씀에 귀를 막아 버린다(욥 33:14). 하나님은 모든 피조물을 부리시고, 그의 뜻대로 그것들을 사용하시며, 그것들을 통해서 자신의 목적을 이루신다는 것을 명심하라.

2. 그것은 곤고함 가운데서 회개하며 기도하는 가엾은 자에게 베푸시는 하나님의 긍휼을 보여주는 한 예라는 것. 요나는 범죄하였었고, 아주 어리석게 행하였었다. 그는 잘못을 범하고 징계를 받았지만 제대로 고침을 받지 못하였다. 나중에 그가 보인 행동을 보면, 이 징계의 회초리에 의해서도 그의 어리석음은 그에게서 완전히 내몰아지지 않았다는 것이 드러난다. 그런데도, 그가 하나님 앞에서 자신을 낮추고 기도하자, 하나님은 그를 구원하시기 위하여 자연

계에 이적을 일으키신다. 이것은 하나님이 다시 돌아오는 죄인들을 받으시고 영접하시는 것이 전적으로 거저 주시는 은혜의 이적이라는 것을 보여주는 것이다. 하나님은 요나를 그의 마음대로 하실 수 있으실 때에 그에게 긍휼을 베푸시고, 영원히 다투시지 않으셨다.

3. 그것은 그리스도의 부활의 모형이자 상징이라는 것. 그리스도께서는 우리의 빚을 대신 갚으시기 위해서 죽으시고 장사 지낸 바 되어, 여기에 나오는 요나처럼 삼일 밤낮을 무덤에 누워서 갇혀 계셨다. 그러나 그는 그의 사자(使者)들을 통해서 이방인들에게까지 회개와 죄 사함의 복음을 전하시기 위하여, 요나처럼 제삼일에 그 무덤에서 다시 나오셨다. 이렇게 해서, 또 하나의 성경 말씀이 성취되었다: 여호와께서 이틀 후에 우리를 살리시며 셋째 날에 우리를 일으키시리라(호 6:2). 물고기가 요나를 자기 뱃속에 담고 있는 것이 부담스러웠듯이, 땅은 그리스도를 담고 있는 것이 부담스러워서 두려워 떨었다.

제
— 3 —
장

개요

이 장에는 다음과 같은 내용들이 나온다. I. 요나가 다시 사명을 받게 되고, 니느웨로 가서 말씀을 전하라는 하나님의 명령이 두 번째로 그에게 임함(1-2절). II. 요나가 니느웨에 하나님의 말씀을 충실하게 전하여서, 니느웨가 곧 멸망하게 될 것이라고 경고함(3-4절). III. 니느웨 사람들이 하나님의 말씀을 전해 듣고서 회개하고 스스로 낮아져서 삶을 고침(5-9절). IV. 하나님이 은혜로우시게도 그들에게 내리신 선고를 취소하시고, 그들을 멸망시키겠다고 하신 경고를 철회하심(10절).

¹여호와의 말씀이 두 번째로 요나에게 임하니라 이르시되 ²일어나 저 큰 성읍 니느웨로 가서 내가 네게 명한 바를 그들에게 선포하라 하신지라 ³요나가 여호와의 말씀대로 일어나서 니느웨로 가니라 니느웨는 사흘 동안 걸을 만큼 하나님 앞에 큰 성읍이더라 ⁴요나가 그 성읍에 들어가서 하루 동안 다니며 외쳐 이르되 사십 일이 지나면 니느웨가 무너지리라 하였더니

우리는 여기에서 하나님과 요나가 화해하였음을 보여주는 추가적인 증거를 볼 수 있는데, 둘 간의 다툼은 아주 치열했었지만, 결국 둘 간에 이루어진 화해는 철저한 화해였다.

I. 하나님이 요나에게 다시 사명을 주시고, 요나가 그 명령에 기꺼이 순종함.

1. 이것을 통해서 하나님이 요나와 완전하게 화해하시고 그를 다시 자신의 일에 쓰시기로 작정하셨다는 것이 증명됨. 하나님이 그에게 다시 사명을 주신 것은 그가 이전에 저질렀던 불순종의 죄를 사하셨음을 보여주는 증거이다. 사람들 가운데서도 유죄판결을 받은 범죄자에게 다시 어떤 일을 맡긴다는 것은 그 죄를 용서하였다는 것과 마찬가지인데, 요나의 경우도 그랬다. 여호와의 말씀이 두 번째로 요나에게 임하니라(1절). 하나님이 이렇게 하신 것은 두 가지 이유에서였다.

(1) 그것은 하나님은 과연 요나가 이전의 불순종을 진심으로 회개한 것인지와 그에 대한 기이한 벌과 그의 기이한 구원을 통해서 하나님이 의도하신 목적이 과연 이루어진 것인지를 시험해 보셔야 했기 때문이라는 것. 요나는 자기에게 맡겨진 일과 본분을 저버렸고, 그것 때문에 억류되어 있었으며, 자기 자신 속에서 사형 선고를 받았었다. 그러나 요나가 항복하자, 하나님은 그를 놓아 주셨고, 그에게 생명과 자유를 주셨다. 그러나 요나가 놓여나게 된 것은 하나님의 거저 주시는 은혜 덕분이었기 때문에, 하나님은 과연 그가 하나님의 뜻을 따를지 아니면 자기 자신의 뜻을 따를지를 다시 시험해 보셔야 하였다. 요나가 바다에 던져졌다가 다시 바다에서 나오게 된 후에, 하나님은 그에게 가셔서 "요나야, 네가 이제 니느웨에 가려느냐"고 물으신다. 왜냐하면, 하나님은 심판하실 때에 반드시 이기시고, 자신의 목적을 꼭 달성하시는 분이시기 때문이다. 하나님은 불순종하고 고집 센 자녀를 결국에는 반드시 자기 발 앞에 무릎 꿇게 하신다. 하나님이 우리에게 환난을 주셨다가 우리를 그 환난에서 건지셨을 때, 우리는 "너희가 전에 게을리했고, 섭리들을 통해서 너희에게 주어진 본분들로 이제는 돌아가라"고 우리에게 말씀하시는 하나님의 음성을 듣고 순종하여야 한다는 것을 명심하라. 하나님은 마치 그리스도께서 38년 동안 병자였던 사람을 고치신 후에 그에게 말씀하셨던 것처럼(요 5:14) 여기에서 사실상 요나에게 "이제 더 심한 것, 즉 고래 뱃속에 삼일 밤낮을 누워 있었던 것보다 더 심한 것이 생기지 않게(요 5:14) 가서 다시는 죄를 범하지 말라"고 말씀하신 것이었다. 하나님은 사람들에게 환난을 주셨다가 그들을 거기에서 건지시고 난 후에는, 과연 그들이 그들로 하여금 징계를 받게 만들었던 그 잘못을 고치고자 하는지를 눈여겨 보신다. 그러므로 우리는 바로 그 잘못과 관련해서 징계를 받았을 때와 구원을 받았을 때에 하나님이 주신 은혜를 헛되이 받지 않았다는 것을 하나님께 보여주어야 한다. 왜냐하면, 징계나 구원은 둘 다 하나님이 우리에게 은혜를 주시기 위하여 사용하시는 수단들이기 때문이다.

(2) 그것은 하나님이 요나에게 은총을 베푸셨다는 증표로서 그를 신뢰한다는 것을 보여주셔야 했기 때문이라는 것. 우리는 우리를 속이고 기만한 자에 대하여 그를 법정에 세우거나 파멸시켜서 그에게 혹독한 대가를 치르게 하지는 않는다고 할지라도 적어도 다시는 그를 신뢰하지 않을 것이라고 말해줄 것이다. 마찬가지로, 하나님이 여기에서 요나에게 그렇게 말씀하셨어도, 그것은

당연한 처사였을 것이고 옳은 일이었을 것이다. 또한, 요나는 예언의 영을 거부하고 반기를 들었기 때문에, 그 영이 그를 떠나가서 다시는 그에게로 돌아오지 않는다고 하여도, 그것은 마땅하고 옳은 일이었을 것이다. 그러므로 요나는 하나님의 은혜로 간신히 목숨을 건지기는 했지만, 이제 선지자로서의 그의 생명은 끝이 났고, 다시는 선지자로서 하나님 나라를 섬길 수 없는 처지가 되었다고 생각했을 것이다. 그러나 보라! 여호와의 말씀이 그에게 다시 임하였다. 이것은 하나님은 죄를 용서하시면(forgive) 그 죄를 잊어버리시는(forget) 분이시라는 것과 하나님은 그에게 용서를 받은 자에게는 새 마음과 새 영을 주신다는 것을 보여주는 것이다. 하나님은 방탕한 자녀들과 불순종하였던 종들을 다시 그의 가족으로 받아들이시고, 그들에게 그들의 이전의 신분을 회복시켜 주신다. 하나님이 우리를 사용하신다는 것은 그가 우리와 화목한 관계에 있다는 것을 보여주는 증거라는 것을 명심하라. 하나님의 선하신 말씀이 우리에게 임하고, 우리가 우리 속에서 하나님의 선하신 일을 경험한다면, 그것은 우리의 죄가 사함받았다는 것과 하나님이 우리를 향하여 선하신 뜻을 갖고 계시다는 것을 증명해 주는 것이다. 그런 일이 우리에게 있다면, 우리는 하나님의 거저 주시는 은혜의 풍성함을 찬송하고, 우리가 주 예수께 빛을 지고 있다는 것을 시인할 이유가 충분하다. 왜냐하면, 주 예수께서는 여호와 하나님이 사람들 가운데에 함께 계시고, 그의 말씀 안에서 사람들을 사용하시도록 하기 위하여, 심지어 반역자들을 포함해서 사람들을 위하여 하나님에게서 선물들을 받으셨기 때문이다(시 68:18).

2. 요나가 이전과는 달리 이제는 하늘에서 보이신 이상에 불순종하지 않고, 여호와의 얼굴을 피하여 도망하지 않았다는 것을 통해서, 그가 하나님과 화해하였다는 것이 증명되었다는 것. 그는 하나님의 명령을 듣는 것을 피하고자 애쓰지 않았고, 그 명령에 순종하기를 거부하지도 않았다. 그는 이전과는 달리, 여행 길이 오래 걸린다는 둥, 맡기신 일이 탐탁지 않다는 둥, 그런 말씀을 전하는 것은 너무 위험하다는 둥, 경고한 심판이 임하지 않았을 경우에는 그가 거짓 선지자로 책망을 받게 될 것이라는 둥, 그들이 회개한 경우에는 그의 민족이 회개하지 않은 것이 힐난을 받게 되리라는 둥 이런저런 반론들을 제기하지 않았다(실제로 그는 전에 이런 반론들을 제기했었다, 4:2). 그는 이제 불평이나 이의를 제기하지 않고, 일어나서 여호와의 말씀대로 니느웨로 갔다(3절).

(1) 회개의 본질. 회개는 우리의 마음과 행실을 바꾸는 것이고, 우리가 전에 돌아섰던 우리의 일과 본분으로 돌아가는 것이다. 회개는 우리가 행하지 않고 내버려 두었던 저 선한 일을 행하는 것이다.

(2) 환난이 주는 유익. 환난은 자신의 자리를 이탈했던 자들을 제자리로 돌아가게 만든다. 요나는 다윗과 마찬가지로 진심으로 다음과 같이 말할 수 있었을 것이다: "고난 당하기 전에는 내가 그릇 행하였더니 이제는 주의 말씀을 지키나이다(시 119:67). 그러므로 비록 고난이 내게 두렵고 고통스러운 것이었고, 당시에는 즐거워 보이지 않고 슬퍼 보였으나, 고난 당한 것이 내게 지극한 유익이었다(시 119:71)."

(3) 환난이 올 때에는 하나님의 은혜의 능력이 환난과 더불어 역사한다는 것. 만약 환난 가운데서 하나님의 은혜가 함께 역사하지 않는다면, 그 환난은 사람들을 하나님께로 몰아가는 것이 아니라, 도리어 하나님으로부터 멀어지게 만들 것이다. 그러나 하나님은 그의 은혜로 말미암아 거스르는 자를 의인의 슬기에 돌아오게 하실 수 있으시고(눅 1:17), 주의 권능의 날에 그 목이 쇠의 힘줄 같은 자들로 하여금 기꺼이 자원하여 그에게 와서 멍에를 메게 하실 수 있으시다(시 110:3).

(4) 여호와의 말씀을 받은 모든 자들의 본분. 그들은 모두 점에서 그 말씀에 합하여야 하고, 하나님이 그들에게 주신 명령들을 기쁜 마음으로 충성스럽게 순종하여야 한다. 여호와의 말씀이 임하자, 요나는 게으름을 피우거나 부루퉁해서 가만히 앉아 있었던 것이 아니라, 그 말씀대로 일어났다. 니느웨까지는 먼 거리였지만, 그는 즉시 한달음에 니느웨로 갔다. 니느웨는 그가 한 번도 가본 적이 없는 곳이었지만, 그는 여호와의 말씀대로 즉시 그 곳을 향하여 여행길에 올랐다. 하나님의 종들은 하나님이 보내시면 가고, 부르시면 오며, 명령하시면 행하여야 한다. 어떤 것이 여호와의 말씀이라는 것이 밝혀지면, 우리는 그 말씀을 따라 꼼꼼하게 행하여야 한다.

II. 요나에게 주어진 명령 또는 사명은 무엇이었고, 그는 그 명령을 수행하기 위해서 무엇을 행하였는가.

1. 그는 하늘의 하나님의 이름으로 니느웨에 대하여 선전포고하는 전령관(傳令官)으로 보내심을 받음(2절). "일어나 저 큰 성읍 니느웨로 가서 그들에게 선포하라(갈대아 역본에는 그들을 쳐서 전하라로 되어 있다)." 하나님이 우리를

치는 말씀을 우리에게 알려 주시는 것은 우리로 하여금 그 말씀을 듣고서 경고를 받도록 하기 위한 것이다. 하나님이 우리에게 알려 주시는 말씀에 우리가 귀를 기울여서 그 말씀을 믿음으로 받지 않는다면, 그 말씀은 결국 우리를 치는 말씀이 되고 말 것이다. 하나님이 당시에 이방 세계의 중심적인 성읍인 니느웨에 요나를 파송하신 것은 때가 되면 저 어두운 지역들에 하나님의 계시의 빛을 밝게 비추고자 하시는 그의 은혜로우신 뜻을 보여주시기 위한 것이었다. 하나님은 소돔과 고모라, 두로와 시돈이 은혜의 수단들을 가졌더라면, 그들이 회개하였을 것임을 알고 계셨지만, 그들에게 그런 은혜의 수단들을 주지 않으셨다(마 11:21, 23). 하나님은 니느웨가 이제 은혜의 수단들을 갖게 된다면 그들이 회개할 것임을 알고 계셨고, 그들에게 그러한 은혜의 수단들을 주셨으며, 요나를 보내셨다. 물론, 요나는 그들에게 회개의 메시지를 전한 것은 아니었고 (우리는 요나가 그런 사명을 받은 것을 발견하지 못한다), 단지 멸망을 전한 것뿐이었지만, 그들은 멸망을 전하는 하나님의 말씀을 듣는 것만으로도 회개하였다. 하나님이 이런 식으로 그의 은혜들을 나누어 주실 때에 어떤 곳들에는 은혜의 수단들을 주시고 다른 곳들에는 주시지 않으며, 은혜의 영을 어떤 사람들에게 주시고 다른 사람들에게는 주시지 않는 등 그가 지니신 대권(大權)과 절대 주권에 따라 행하신다고 하여도, 누가 하나님께 어째서 그렇게 하시는 것이냐고 말할 수 있겠는가? 내 것을 가지고 내 뜻대로 할 것이 아니냐 내가 선하므로 네가 악하게 보느냐(마 20:15). 하나님은 그 누구에게도 빚지신 분이 아니다. 하나님은 요나에게 이렇게 말씀하신다: 가서 내가 네게 명한 바를 선포하라. 여기에서 내가 네게 명한 바는 다음 둘 중의 하나를 뜻한다.

(1) "너는 가서 내가 처음에 네게 거기로 가라고 지시하였을 때에 네게 명한 것을 전하라(1:2). 너는 가서 그것을 향하여 외치라. 그것을 쳐서 하나님의 심판을 선포하라. 니느웨 사람들에게 그들의 악이 하나님께 상달되었으니, 하나님의 복수하심이 그들에게 곧 임할 것이라고 말하라." 요나는 전에 바로 이 메시지를 전하기가 너무나 싫어서 다시스로 도망치고자 하였었다. 그러나 요나가 하나님의 말씀을 두 번째로 받았을 때, 하나님은 원래의 메시지를 요나의 마음에 맞게 조금 고쳐서 주신 것이 아니라, 처음 그대로의 메시지를 주셨다. 지금 요나는 처음에 하나님으로부터 전하라는 명령을 받았지만 전하고자 하지 않았던 바로 그 동일한 메시지를 전하지 않으면 안 된다. 하나님의 말씀은 바뀔 수

없고 고쳐질 수 없는 것이기 때문에, 전하는 자나 듣는 자의 취향에 맞춰서 바꾸거나 고쳐지는 일은 있을 수 없다는 것을 명심하라. 하나님의 말씀이 그들의 취향이나 기분에 맞춰지는 일은 결코 없을 것이고, 도리어 그들이 하나님의 말씀의 진리와 법에 자신을 맞추어야 한다. 그들은 네게로 돌아오려니와 너는 그들에게로 돌아가지 말지니라(렘 15:19).

(2) "너는 가서, 장차 네가 거기에 도착했을 때에 내가 네게 명할 말씀을 전하라." 요나가 니느웨로 갈 때에 하나님이 그와 함께 가시고, 예언의 영이 그와 항상 함께 하여, 니느웨에서 그에게 필요한 모든 추가적인 지시들을 그 때마다 주실 것이라는 약속의 말씀은 이 일을 맡은 그에게 큰 힘이 되었을 것이다. 이것은 요나가 하나님으로부터 다시 말씀을 받게 될 것임을 의미하는 것인데, 이것은 이 위험한 여정 속에서 그에게 큰 힘이 될 것이었다. 하나님은 아브라함에게 이삭을 바치라고 하셨을 때에도, 내가 나중에 네게 일러 줄 한 산 거기서 그를 번제로 드리라(창 22:2)고 말씀하심으로써, 여기에서와 비슷한 암시를 그에게 주셨다. 선한 자의 걸음들은 여호와께서 정하신다(시 37:23). 하나님은 자기 백성을 한 걸음 한 걸음 인도하시기 때문에, 그들이 그를 따라오기를 기대하신다. 요나는 믿음을 가지고 묵묵히 걸어가야 한다. 그는 자기가 어디로 가는지는 알고 있지만, 거기에 도착할 때까지는 어떤 메시지를 전해야 하는지를 알지 못할 것이고, 거기에서 하나님으로부터 받은 메시지가 마음에 들든 아니 들든 그것을 전하지 않으면 안 된다. 하나님은 이렇게 우리로 하여금 끊임없이 하나님 자신 및 그의 말씀과 섭리의 지시들을 따라 행하도록 만드신다. 하나님이 무엇을 행하시는지와 우리로 하여금 무엇을 행하기를 원하시는지는 우리가 지금은 알지 못하나 이후에는 알게 될 것이다(요 13:7). 나라에서 제독들을 해외로 파견할 때에는 함정이 바다로 출항하여 꽤 많은 거리를 떠나온 후에야 작전명령서를 열어 보게 하는 경우가 종종 있다. 마찬가지로, 요나도 니느웨에 도착했을 때에야 비로소 자기가 무엇을 전해야 하는지를 하나님으로부터 듣게 될 것이다.

Ⅲ. 요나가 하나님이 그에게 주신 말씀을 충실하고 담대하게 전함. 그는 니느웨에 도착하였을 때에 그가 관할해야 할 구역이 아주 넓다는 것을 발견하였다. 니느웨는 사흘 동안 걸을 만큼 하나님 앞에 큰 성읍이었다(3절). 히브리어로 하나님 앞에 큰 성읍은 지극히 큰 성읍이라는 의미이다. 히브리어에서는 하나님

을 기준으로 삼아서 크다는 것을 표현함으로써 크신 하나님께 존귀함을 돌린다. 니느웨가 큰 성읍이었다고 할 때, 그것은 주로 그 성읍이 아주 넓었다는 것을 말하는 것이었다. 니느웨는 디오도루스 시쿨루스(Diodorus Siculus)가 그 어떤 사람도 이후로 다시는 건설할 수 없는 그런 성읍이라고 말하였던 바벨론보다 훨씬 더 컸다. 니느웨는 그 길이가 약 50킬로미터, 너비가 약 18킬로미터, 둘레가 약 96킬로미터였다. 성벽은 높이가 약 30미터였고, 그 폭은 세 대의 병거가 나란히 갈 수 있을 정도로 넓었다. 성벽 위에는 약 60미터 높이의 망루가 1,500개가 있었다. 여기에서는 니느웨가 사흘 동안 걸을 만큼 넓었다고 말한다. 왜냐하면, 어떤 이들의 말에 따라 성벽의 둘레가 약 96킬로미터였다면, 보병이나 마부가 하루에 대략 32킬로미터를 걷는다고 했을 때에 그것은 사흘 동안 걸을 만큼의 거리가 될 수 있었기 때문이다. 또는, 이것은 요나가 그의 메시지를 모든 사람들이 알도록 전하기 위해서 니느웨 성읍의 모든 주요 도로들과 골목들을 샅샅이 누비며 천천히 그리고 장중하게 걸을 때에 적어도 사흘이라는 시간이 걸릴 것임을 가리키는 것일 수도 있다. 그는 니느웨에 도착해서 시간을 조금도 허비하지 않았다. 그는 관광을 하러 온 것이 아니었기 때문에, 오직 자신의 일에 몰두하였다. 그는 니느웨 성에 들어갔을 때에 여독을 풀고 힘을 차리기 위해서 여관으로 간 것이 아니라, 하나님의 지시를 따라 자신의 사명을 즉시 실행에 옮겨서, 사십 일이 지나면 니느웨가 무너지리라고 외쳤다. 이 메시지는 의심할 여지 없이 그가 하나님께로부터 구체적으로 지시를 받고 보증을 받은 말씀이었다. 요나가 하나님이 그들과 다투고 계시다는 것, 그리고 어떻게 그들의 악이 하나님을 진노하시게 하였는지, 그들이 왜 멸망을 예상하여야 하고, 그가 전하는 경고의 말씀을 신뢰하여야 하는지를 그들에게 보여주기 위하여 이 본문의 말씀을 상세하게 풀어서 설명해 주었을 가능성이 많기는 하지만, 그는 단지 이 본문에 나오는 말씀을 단지 계속해서 반복하여 전하였을 가능성도 배제할 수는 없다. 어쨌든, 이 본문의 말씀은 그가 전한 메시지의 요지였다.

1. 요나는 그들에게 이 큰 성읍이 무너질 것임을 전하여야 했다는 것. 그는 니느웨가 전쟁에 의해서가 아니라, 소돔처럼 지진이나 유황불 같은 하늘로부터 오는 어떤 직접적인 재앙에 의해서 무너질 것이라고 전하였고, 그들도 그렇게 알아들었다. 성읍들의 악으로 인하여 그 주민들이 멸망할 때가 무르익고, 그들의 죄악의 분량이 다 차서, 그들에게 복수하시는 하나님의 심판이 임할 때

에는 그들이 지닌 부와 명성은 그들을 멸망으로부터 보호해 줄 수 없다. 크신 하나님이 벌하러 오시면, 큰 성읍들도 쉽게 무너진다.

2. 요나는 사십 일이 지나면 니느웨가 무너질 것이라고 전하여야 했다는 것. 그것은 하나님이 허락하신 유예 기간이었다. 하나님은 그 기간 동안에 이 경고의 말씀을 들은 그들이 스스로 낮아져서 그들의 행위를 고쳐서 그가 경고한 멸망을 미연에 방지하는지를 살펴보실 것이다. 하나님은 노하기를 얼마나 더디 하시는지를 보라. 니느웨에서 저질러진 악은 복수를 부르짖고 있었지만, 하나님은 그들이 회개하여 그의 심판을 막을 수 있도록 사십 일 동안의 말미를 주신다. 그러나 하나님은 그 이상은 기다리지 않으실 것이다. 그 때까지도 그들이 돌이키지 않는다면, 그들은 하나님이 그의 칼을 갈아 놓으셨고 그의 활을 이미 예비하여 놓으셨다는 것을 알게 될 것이다(시 7:12). 사십 일이라는 기간은 의로우신 하나님이 그의 심판을 연기하심에 있어서는 긴 시간이지만, 불의한 백성이 회개하고 삶을 고쳐서 심판을 돌이키는 데에는 짧은 시간이다. 이렇게 심판의 날을 확정하여 선포한 것은 그것이 하나님으로부터 온 메시지라는 것을 그들에게 확신시키는 데에 도움이 되었을 것이다. 왜냐하면, 아무리 선견지명이 있는 자라고 할지라도 사람이 그토록 자신 있게 심판의 날을 확정적으로 말하는 것은 불가능하기 때문이다. 또한, 그렇게 한 것은 그들로 하여금 두려움을 갖게 하여 그 심판의 날을 대비하게 하는 데에 기여하였을 것이다. 이렇게 심판의 날을 못박아서 선포한 것은 안일한 죄인들로 하여금 진정한 회심을 통해서 그들의 멸망을 막는 데에 그들에게 주어진 시간이 짧다는 것을 깨닫고서 정신이 번쩍 나게 하는 데에 효과적이었을 것이다. 우리는 우리가 죽을 날이 언제인지를 잘 모르기 때문에 항상 깨어서 준비하고 있어야 하지만, 우리가 죽는다는 것이 확실하고, 그 날이 하나님의 계획 안에서 확정되어 있다는 것을 생각하면, 정신이 번쩍 들어서 죽음을 준비해야 하겠다고 생각하지 않겠는가? 니느웨가 적어도 사십 일 동안은 건재하리라는 것은 확실하지만, 우리가 앞으로 사십 일 동안 과연 살아 있을지는 확실하지 않다. 아니, 나는 우리가 삼십 년 또는 사십 년 동안 살아 있을 가능성보다는 삼십 일이나 사십 일 내에 죽을 가능성이 더 많다고 생각한다. 우리가 앞으로 많은 세월을 더 살게 될 것이라고 기대한다면, 그것은 정말 안일한 생각이다.

⁵니느웨 사람들이 하나님을 믿고 금식을 선포하고 높고 낮은 자를 막론하고 굵은 베 옷을 입은지라 ⁶그 일이 니느웨 왕에게 들리매 왕이 보좌에서 일어나 왕복을 벗고 굵은 베 옷을 입고 재 위에 앉으니라 ⁷왕과 그의 대신들이 조서를 내려 니느웨에 선포하여 이르되 사람이나 짐승이나 소 떼나 양 떼나 아무것도 입에 대지 말지니 곧 먹지도 말 것이요 물도 마시지 말 것이며 ⁸사람이든지 짐승이든지 다 굵은 베 옷을 입을 것이요 힘써 하나님께 부르짖을 것이며 각기 악한 길과 손으로 행한 강포에서 떠날 것이라 ⁹하나님이 뜻을 돌이키시고 그 진노를 그치사 우리가 멸망하지 않게 하시리라 그렇지 않을 줄을 누가 알겠느냐 한지라 ¹⁰하나님이 그들이 행한 것 곧 그 악한 길에서 돌이켜 떠난 것을 보시고 하나님이 뜻을 돌이키사 그들에게 내리리라고 말씀하신 재앙을 내리지 아니하시니라

이 단락에는 다음과 같은 내용들이 나온다.

I. 니느웨 사람들이 곧 멸망할 것이라는 경고를 받고서 회개하고 삶을 고쳤을 때에 하나님이 그들에게 놀라운 은혜를 베푸심. 내가 진실로 너희에게 이르노니 이스라엘 가운데서도 이렇게 온 나라가 회개하고 삶을 고친 예를 보지 못하였노라(마 8:10). 심판 때에 니느웨 사람들이 일어나 이 세대 사람들, 즉 복음 시대의 사람들을 정죄하리니, 이는 그들이 요나의 전도를 듣고 회개하였음이거니와 요나보다 더 큰 이가 여기 있다(마 12:41). 아니, 니느웨 사람들은 이미 당시에도 이스라엘의 회개치 않음과 완악함을 정죄하였다. 하나님은 이스라엘에는 많은 선지자들, 곧 말과 일에 능하기로 유명한 선지자들을 보내셨지만, 니느웨에는 오직 한 사람의 선지자, 그것도 풍채가 보잘것없고 몸으로 대할 때에 약하며(고후 10:10) 오랜 여행 때문에 지치고 피곤해서 그 몰골이 말이 아닌 선지자를 보내셨다. 그런데도, 그들은 회개하였고, 이스라엘은 회개하지 않았다. 요나는 단 한 번의 설교를 하였을 뿐이고, 자기가 전하는 말씀을 확증하기 위하여 그들 앞에서 그 어떤 표적이나 기이한 일을 행하지도 않았다. 그런데도, 그들은 하나님의 말씀 앞에서 회개하였다. 반면에, 많은 선지자들이 가장 적절한 말씀들을 골라서 이치를 따져 얘기하고, 여러 표적들을 행하여 그 말씀들을 확증하였는데도, 이스라엘은 꿈쩍도 하지 않고 여전히 완악하였다. 요나는 니느웨 사람들에게 단지 진노와 멸망을 경고하였을 뿐이었다. 그는 그들에게 회개하라고 외치지도 않았고, 어떻게 회개하여야 하는지를 가르쳐 주지도 않았다.

또한, 그는 그들이 회개하면 긍휼을 입게 될 것이라고 말하며 격려하는 일은 더더욱 하지 않았지만, 그들은 회개하였다. 그러나 이스라엘은 어떠하였는가. 하나님이 그들에게 보내신 선지자들이 사람의 줄 곧 사랑의 줄로 그들을 이끌었고(호 11:4), 그들이 회개하고 삶을 고친다면 하나님이 그들을 위하여 큰 일들을 행하실 것이라고 약속하였는데도, 이스라엘은 계속해서 고집을 부리며 회개하지 않았다. 자, 이제 니느웨 사람들이 어떻게 회개하였는지, 그들이 어떤 절차들을 밟아서 구체적으로 어떠한 회개의 모습들을 보여주었는지를 살펴보자.

1. 그들이 하나님을 믿었다는 것. 그들은 요나가 하나님의 이름으로 그들에게 전해 준 말씀을 신뢰하였다. 그들은 그들이 신이라 부르는 많은 신들이 그들에게 있었지만 오직 한 분 살아 계시고 참되신 하나님, 만유의 왕이신 여호와가 계신다는 것, 그들은 모두 그 하나님께 책임이 있다는 것, 그들이 하나님께 범죄하였고 그의 공의의 심판을 받아 마땅한 자들이 되었다는 것, 그들이 장차 멸망하게 될 것이라는 이 경고의 말씀이 하나님께로부터 왔다는 것, 따라서 그들이 적시에 회개하지 않으면 정해진 때에 멸망이 하나님으로부터 오리라는 것, 하나님은 긍휼에 풍성하신 분이시기 때문에 그들이 그가 경고하신 죄들로부터 돌이킨다면 그의 진노를 돌이킬 수 있다는 일말의 소망이 존재한다는 것을 믿었다. 하나님께 나아오는 자들, 그를 반역하였다가 다시 그에게로 돌아오는 자들은 하나님이 기꺼이 화해하고자 하신다는 것, 그들이 올바른 조치를 취하기만 한다면 그는 그들의 하나님이 되어 주시리라는 것을 믿어야 한다. 하나님은 아주 작고 약하며 힘 없어 보이는 수단을 통해서 큰 믿음을 불러일으킬 수 있으시다는 것을 주목하라. 그는 몇 마디 안 되는 짧은 경고의 말씀을 통해서 니느웨 사람들을 이 도(道)에 복종하게 만드실 수 있으셨다. 어떤 이들은 니느웨 사람들이 요나가 탔던 배의 선원들이나 승객들, 또는 요나 자신으로부터 그가 바다에 던져졌다가 이적에 의해서 바다에서 건짐을 받았다는 얘기를 들었고, 이것이 요나의 사명을 확증하는 데에 기여하여서, 그들이 한층 더 기꺼이 그가 전한 하나님을 믿게 되었을 것이라고 생각한다. 이것은 확실한 얘기가 아니다. 그러나 요나가 물고기 뱃속에서 살아 돌아온 것을 통해서 예표(豫表)된 그리스도의 부활은 그의 복음을 확증하는 데에 기여하였고, 그의 이름으로 죄 사함을 받게 하는 회개가 예루살렘에서 시작하여 모든 족속에게 전파되었을(눅

24:47) 때에 그 전도가 큰 성공을 거두는 데에 크게 기여하였다.

2. 그들이 니느웨 왕에게 이 소식을 알렸다는 것. 당시에 니느웨의 왕은 사르다나팔루스(Sardanapalus)였다는 사람들도 있고, 앗수르 왕 불(Pul)이었다는 사람들도 있다. 하나님은 니느웨 왕의 위신을 생각해서 요나에게 가장 먼저 왕에게 가서 말씀을 전하라는 명령 같은 것은 내리지 않으셨다. 왕관을 쓴 자들이라고 할지라도 죄악을 저지른 자들일 때에는 하나님 앞에서 보통 사람들과 다를 바가 없는 자들이었기 때문에, 하나님은 요나를 궁정으로 보내지 않으시고, 니느웨의 거리들로 가서 그의 말씀을 전하라고 명하셨다. 그러나 어쨌든 그들은 요나가 전한 말씀을 니느웨의 왕에게 알렸는데, 이것은 요나를 공공의 질서를 어지럽힌 자로 규정하여 말씀을 전하지 못하게 하고 벌을 주기 위해서 고발한 것이 결코 아니었다. 만약 요나가 하나님의 선지자들을 죽이고 그들에게 파송된 자들을 돌로 친(마 23:37) 예루살렘 거리에서 이 말씀을 외쳤다면, 그는 그런 꼴을 당했을지도 모른다. 요나의 메시지를 들은 자들 중에서 그 메시지를 듣고 나라와 백성의 안녕(安寧)을 생각하여 두려워 떤 어떤 자들이 요나가 전한 것을 범죄 행위가 아니라 하늘로부터 온 메시지로 여겨서 왕에게 보고하였다. 나라의 평안에 속한 일들, 하나님의 말씀과 섭리에 의한 경고들, 나라가 하나님의 진노하심 아래에 있음을 보여주는 징표들을 신속하게 전해 주는 신하들을 주위에 거느린 왕들은 복이 있고, 그러한 것들을 잘 경청하여 제대로 조치를 취하는 왕들을 모시는 백성은 복이 있다.

3. 왕이 백성들에게 겸비(謙卑)의 훌륭한 모범을 보였다는 것(6절). 니느웨 왕은 하나님의 말씀을 전해 듣고서는 보좌에서 일어났다. 이것은 모압 왕 에글론이 전에 에훗이 그에게 전할 하나님의 말씀이 있다고 말하자 그의 좌석에서 일어난 것과 같은 태도였다(삿 3:20). 니느웨 왕이 보좌에서 일어난 것은 단지 하나님의 말씀에 대한 일반적인 경외심 때문만이 아니라, 그와 그의 백성이 하나님의 진노를 샀다는 경고의 말씀에 대한 두려움과 그 진노를 불러일으키게 된 그들의 죄에 대한 부끄러움과 근심 때문이기도 하였다. 그는 그의 보좌에서 일어나서, 제왕으로서의 그의 위엄을 상징하는 왕복을 벗었는데, 이것은 그가 마땅히 폭력과 불의를 억제하고 정의를 세우는 데에 그의 권력을 사용하였어야 하는데도 그렇게 하지 못하여서, 하나님의 공의에 의해서 그의 보좌와 왕복을 상실하였기 때문에, 왕으로서 그에게 주어진 존귀함과 신뢰를 받을 자격이 더

이상 그에게 없고, 하나님이 그에게서 그의 나라를 거두어 가셔도 그것은 의로 우신 일이라는 것을 인정하는 행위였다. 그는 왕이었는데도 회개하는 자가 마땅히 입어야 할 옷을 입기를 경멸하거나 주저하지 않았다. 그는 그의 나라의 죄로 인하여 스스로 낮아져서 참회한다는 것과 하나님의 원수 갚으심을 두려워한다는 표시로 굵은 베 옷을 입고 재 위에 앉았다. 크신 하나님 앞에서 자기 자신을 미천한 자로 여겨 낮추는 것은 사람들 가운데서 가장 큰 자에게도 지극히 합당한 일이다.

4. 니느웨 백성들이 왕의 모범을 따랐다는 것. 아니, 사실은 그들이 이 일을 주도했던 것으로 보인다. 왜냐하면, 그들이 높고 낮은 자를 막론하고 굵은 베 옷을 입는 것을 먼저 시작하였기 때문이다(5절). 그들 중에서 니느웨가 무너져도 잃을 것이 별로 없는 낮은 자들도 이 멸망의 경고를 나 몰라라 하지 않았고, 평소에는 안일하고 호사스럽게 살아가는 것이 몸에 배어 있었던 높은 자들도 자기 자신을 낮추는 표시로 베 옷을 입는 것을 그들의 위신이 깎이는 일이라고 생각하지 않았다. 특히 평소에 세마포 옷을 입었던 자들에게 베 옷을 입는다는 것은 아주 불편한 일이었을 것이기 때문에, 만약 그들이 그들의 죄 및 그 죄로 인하여 그들이 처한 위험에 대한 깊은 자각이 없었더라면, 그들은 베 옷을 입으려 하지 않았을 것이다. 멸망을 당하고 싶지 않은 자들은 스스로 낮아져야 하고, 그들의 영혼이 멸망하는 것을 원하지 않는 자들은 자신의 영혼을 괴롭게 하여야 한다는 것을 명심하라. 하나님의 심판의 경고를 받으면, 우리는 하나님의 능하신 손 아래에서 겸손하고자 애써야 한다(벧전 5:6). 오직 몸으로 행하는 것만으로는 아무런 유익이 없고, 사람이 굵은 베와 재를 펴는 것이 전부라면 그것은 단지 하나님을 희롱하는 것이 되겠지만(하나님이 보시는 것은 마음이다, 사 58:5), 하나님이 그의 섭리를 통해서 통곡하며 애곡하며 굵은 베를 띠라(사 22:12)고 명하심을 따라서 우리 자신을 낮추고 괴롭게 해야 하는 엄숙한 날들에, 우리는 우리의 내적인 슬픔을 외적으로 표현하여, 적어도 몸의 장신구들을 제거함으로써 우리의 몸으로 하나님께 영광을 돌려야 마땅하다.

5. 나라 전체에 금식이 선포되고, 저 큰 성읍에 있던 사람과 짐승들이 다 이 금식을 지켰다는 것(7-9절). 왕과 그의 대신들이 조서를 내려 나라 전체에 금식을 선포하였다. 법을 만드는 권력 전체가 금식을 선포하는 데에 동의하였고, 백성들 전체가 금식을 지키는 데에 동의하였다. 이 두 가지가 합쳐져서, 금식을 선

포하는 조서는 나라의 법이 되었는데, 나라의 멸망을 막기 위해서는 그렇게 하는 것이 꼭 필요하였다. 여기에 이 조서의 내용이 나오는데, 그것은 아주 주목할 만하다.

(1) 조서가 명하고 있는 것은 무엇인가.

[1] 금식이 아주 엄격하게 지켜져야 한다는 것. 금식일로 선포된 날에는 사람이나 짐승이나 아무것도 입에 대지 말라. 사람이든 짐승이든 음식은 그 어떤 것이라도 먹어서는 안 되고, 심지어 물도 마시지 말아야 한다. 그들은 그렇게 오랫동안 금식하면 건강을 해칠 수 있다거나 장기간의 금식을 견뎌낼 수 없다고 항변하지 말아야 한다. 그들은 즉시 금식을 시작하여야 한다. 금식으로 인해서 한참 동안 괴로움을 느낀다고 한들, 그것이 무슨 대수로운 일인가? 이 금식은 망해 가는 성읍을 구원하기 위하여 꼭 필요한 회개의 행위를 보여주는 것이기 때문에 거기에 순종하는 것이 옳다. 그들은 그들의 죄로 인한 슬픔과 하나님의 진노하심에 대한 두려움으로 인하여 그들의 마음이 얼마나 괴로운지를 보여주기 위하여, 베 옷을 입음으로써 그들 자신의 몸을 스스로 괴롭게 하여야 한다. 짐승들도 사람들과 마찬가지로 이 회개의 금식에 동참시켜야 한다. 왜냐하면, 짐승들은 한편으로 사람들의 죄의 도구들로서 허무한 데 굴복하게 되었기 때문이고(롬 8:20), 다른 한편으로 짐승들이 먹이를 먹지 못해서 울부짖거나 조용히 수척해져 가면, 그 주인들이 마음이 아파서 더욱 힘을 내서 그들의 슬픔을 표현하며 스스로 낮아질 것이기 때문이다. 음식을 눈에 보이게 하여서 금식일을 흐트러뜨려 놓으면 안 되기 때문에, 그들은 집에서 키우는 가축들에게 평상시처럼 먹이나 물을 주어서는 안 된다. 먹는 것과 마시는 것은 아예 잊어버려야 하고, 마음에 두어서는 안 된다. 시편 기자가 하나님을 찬송하는 데에 몰두하였을 때에 열등한 피조물들에게도 하나님을 찬송하는 일에 자기와 함께 하자고 요청하였듯이, 니느웨 사람들은 그들의 죄로 인한 슬픔과 하나님의 심판에 대한 두려움으로 가득 찼을 때에 열등한 피조물들을 그들과 더불어서 회개의 행위에 동참하게 하였다. 주인들의 자랑이자 짐승들 자신의 자랑이기도 하였던 화려하고 호화스러운 장식물들을 입고 있던 짐승들은 이제 굵은 베 옷을 입어야 한다. 왜냐하면, 큰 자들은 화려한 마차들을 타지 않을 것이기 때문이다.

[2] 그들은 금식하고 애곡함과 아울러서 하나님께 기도하고 간구하는 일에

동참하여야 한다는 것. 왜냐하면, 금식은 영혼이 기도의 본분을 잘 할 수 있도록 몸을 준비시키는 데에 그 목적이 있기 때문이다. 기도는 주된 일이고, 금식은 보조적인 일이다. 그들은 힘써 하나님께 부르짖어야 한다. 짐승들조차도 자신의 역량에 따라서 하나님께 부르짖어야 한다. 하나님은 까마귀 새끼들의 부르짖음(욥 38:41)이나 젊은 사자들의 부르짖음(시 104:21) 같이 짐승들이 먹이가 없어서 부르짖는 소리를 은혜로우시게도 하나님을 향한 부르짖음으로 해석해 주신다. 그러나 특히 남자들과 여자들과 어린아이들이 하나님께 부르짖어야 한다. 그들은 그들을 쳐서 울부짖는 죄들을 용서해 주시라고 힘써 부르짖어야 한다. 이 때는 그들이 멸망하기 직전에 있는 때이기 때문에 하나님께 부르짖을 때이고 여호와를 찾기에 가장 적절한 때이다. 기도를 할 때, 우리는 생각을 고정시키고, 믿음을 확고히 하며, 경건하고 독실한 마음으로 열렬하게 힘써 부르짖어야 한다. 우리가 힘써 부르짖는 것은 곧 하나님을 부여잡고 씨름하는 것이다. 하나님이 친구인 우리 곁을 떠나가실 때만이 아니라 원수가 되셔서 우리를 대적하시러 오실 때에도, 우리는 그렇게 하여야 한다. 그러므로 우리는 기도할 때에 우리 속에 있는 모든 힘을 다하여 부르짖어야 한다. 그렇지만 이것이 전부가 아니다.

[3] 그들은 금식하고 기도함과 아울러서 삶을 고쳐야 한다는 것. 그들은 각기 악한 길, 즉 각자가 택한 악한 길, 각자가 중독되어 그 가운데에 행하였던 악한 길, 각자의 마음의 악한 길, 각자의 행실의 악한 길에서 돌이키고, 특히 그들의 손으로 행한 강포에서 떠나야 한다. 그들은 그들이 전에 불의하게 취한 것들을 되돌려 주고, 그들이 끼쳤던 손해를 배상하여야 하고, 그들의 권세 아래에 있는 자들을 억압하거나 그들이 거래하는 자들을 속이지 말아야 한다. 니느웨 성읍의 궁정에 있는 권세 있는 자들은 그들의 손에 있는 폭력에서 돌이키고, 불의한 법령을 만들지 말며(사 10:1), 그들에게 제기된 송사들에 대하여 그릇된 판결을 내리지 말아야 한다. 니느웨 성읍의 저자거리에서 장사를 하는 자들도 그들의 손에 있는 폭력에서 돌이키고, 불의한 추(錘)나 되나 자를 사용하지 말며, 그들과 거래하는 자들의 무지나 절박한 사정을 이용하여 속여 먹는 일이 없어야 한다. 우리는 우리의 죄 때문에 금식하는 것만으로는 충분하지 않고, 우리의 죄로부터 떠나는 금식을 하여야 한다. 또한, 우리의 기도가 응답을 받기 위해서는 우리는 더 이상 우리의 마음에 죄악을 품지 말아야 한다(시 66:18). 이것이

야말로 하나님이 기뻐하는 유일한 금식이다(사 58:6; 슥 7:5, 9). 우리가 금식일에 행한 일은 그 날로 그쳐서는 안 된다. 죄로부터 돌이키는 일, 즉 새로운 삶을 살고, 토한 곳으로 다시 돌아가는 개와 같이 되지 않는 것의 가장 힘들고 가장 필요한 부분이 금식일에 시작되는 것일 뿐이다.

(2) 조서는 어떤 명분을 내걸면서 금식을 선포하고 경건하게 지키라고 명하고 있는 것인가(9절). 하나님이 뜻을 돌이키시고 그 진노를 그치사 우리가 멸망하지 않게 하시리라 그렇지 않을 줄을 누가 알겠느냐.

[1] 그들이 바라는 것은 무엇인가. 그것은 그들이 회개하고 돌이킬 테니, 하나님이 그들에게 작정하신 일을 바꾸시고, 그들에게 선고하신 심판을 취소하심으로써, 그들에게 작정된 멸망이 철회되어서, 그들이 멸망하지 않게 되는 것이다. 그들은 그들이 하나님의 진노를 받아 마땅하다는 것을 인정하면서도, 겸손하고 간절하게 그 진노를 면해 주시기를 간구한다: 하나님이 그 진노를 그치실지 누가 알겠느냐. 그들은 하나님의 심판이 공평하다는 것에 대하여 반론을 제기할 수 없었기 때문에, 상급 법정에 상소하여 그 심판을 무효로 만들 수 있을 것처럼 생각하지 않았고, 단지 하나님의 긍휼이 심판을 이기고 자랑하게 되어서(약 2:13), 하나님이 그 뜻을 돌이키실지 모른다는 것에 소망을 건다. 그들은 하나님이 그들에게 진노하시는 것은 의로우신 일이라는 것, 그들의 죄가 너무나 흉악하기 때문에 하나님의 진노가 아주 거세다는 것, 하나님이 그들을 계속해서 대적하시면 그들에게는 다른 방도가 없기 때문에 그들은 모두 죽을 수밖에 없고 망할 수밖에 없다는 것을 믿는다. 하나님의 노여움의 능력을 누가 아는가? 그러므로 그들이 기도하는 것은 하나님이 경고하신 니느웨의 멸망을 막아 주시라는 것이 아니라, 하나님의 진노를 거두어 주시라는 것이다. 우리가 하나님께 은총을 베풀어 주시라고 기도하는 것은 온갖 선한 것들을 다 주시라고 기도하는 것이듯이, 우리가 하나님의 진노를 거두어 주시라고 기도하는 것은 온갖 재앙과 화(禍)를 막아 주시라고 기도하는 것이다.

[2] 그들은 어느 정도의 소망을 지니고 있었는가. 하나님이 우리에게 돌아오실 줄을 누가 알겠느냐. 요나는 그들에게 그런 말을 해준 적이 없었다. 회개하면 죄 사함을 받으리라는 것과 관련해서 우리에게는 우리가 믿고 의지할 수 있는 하나님의 약속과 맹세가 있고, 특히 그리스도의 공로와 중보가 있기 때문에, 우리는 그것을 확신할 수 있지만, 그들 가운데에는 그들에게 그런 말을 해 줄 다

른 선지자가 없었기 때문에, 그들은 그들이 회개하면 긍휼을 얻을 수 있을지에 대하여 우리처럼 확신할 수 없었다. 그렇지만, 그들에게도 하나님의 본성이 선하시다는 것, 사람에 대하여 긍휼이 풍성하시다는 것, 죄인들이 회개하고 돌아오는 것을 기뻐하신다는 것에 대한 일반적인 인식은 있었다. 이러한 인식을 근거로, 그들은 하나님이 그들을 살려 주실지도 모른다는 일말의 소망을 지닐 수 있었다. 그들은 감히 주제넘은 추정을 하지도 않지만, 절망하지도 않는다. 긍휼을 받을 가능성이 있다는 소망은 회개하고 삶을 고치는 데에 큰 힘이 된다는 것을 명심하라. 우리 자신의 죄악됨과 무가치함, 하나님의 오래 참으심을 오랫동안 악용해 왔다는 자책감으로부터 생겨나는 큰 두려움 속에서도 한 줄기 소망의 빛이 존재한다면, 그 소망은 우리에게 회개하고 삶을 고치고자 하는 용기와 힘을 줄 수 있다. 우리는 죽더라도 은혜의 보좌 앞에서 죽으리라는 각오로 주님의 거저 주시는 은혜의 보좌 앞에 담대하게 우리 자신을 던져야 한다. 그랬을 때, 하나님이 우리를 불쌍히 보실지 누가 알겠는가?

II. 하나님이 회개한 니느웨 사람들을 살리시는 놀라운 긍휼을 베푸심(10절). 하나님이 그들이 행한 것을 보셨다. 하나님은 그들이 회개한다고 고백하면서 기도하는 선한 말들을 들으셨을 뿐만 아니라, 그들의 선한 행위들, 즉 그들이 회개에 합당한 열매들을 맺는 것을 보셨다. 하나님은 그들이 그 악한 길에서 돌이켜 떠난 것을 보셨는데, 그것은 그가 바라시고 요구하신 것이었다. 만약 하나님이 그들의 선한 행위들을 보지 못하셨다면, 그들이 금식하고 굵은 베 옷을 입은 것은 하나님 보시기에 아무것도 아니게 되었을 것이다. 하나님은 온 백성 가운데에 그들의 죄에 대한 자각과 다시는 죄로 돌아가지 않겠다는 각오가 있는 것을 보셨고, 그들이 금식 기간 동안 이전보다 더 선한 삶을 사는 모습과 니느웨 성읍 전체의 풍조가 완전히 새롭게 바뀐 것을 보셨다. 하나님은 이것을 무척 기뻐하셨다. 하나님은 죄인들이 자신의 삶을 고치는 모습들을 다 보시되, 세상 사람들의 눈에는 보이지 않는 것까지도 다 보신다는 것을 명심하라. 하나님은 누가 자신의 악한 길에서 돌이켰고 누가 돌이키지 않았는지를 보시고, 진실하게 회심한 자들을 은혜 가운데서 만나 주신다. 그들이 그들의 죄로 인한 악을 회개할 때, 하나님은 그들에 대하여 선포하신 심판의 재앙을 거두신다. 그러므로 하나님은 니느웨를 살려 두셨고, 그들에게 내리리라고 말씀하신 재앙을 내리지 아니하셨다. 여기에는 그들이 그들의 죄를 속하기 위해서 하나님께 제사를 드렸다는 말이 나오지 않는다. 하나님께서 구하시는 제사는 상한 심령이기 때문에, 하나님은 니느웨 사람들이 여기에서 보여준 상하고 통회하는 마음을 멸시하지 아니하셨다(시 51:17). 하나님은 그런 마음을 반기시고 거기에 존귀함을 더하신다.

제 4 장

개요

우리는 앞 장의 끝부분에서 니느웨가 회개하였다는 내용을 아주 즐거운 마음으로 읽었다. 그러나 이 장에서 요나의 죄에 대하여 읽으면서, 우리의 마음은 몹시 괴로워진다. 죄인들이 회개하고 돌아오면 하늘과 땅에서 기쁨이 있는 것과 마찬가지로, 성도들의 어리석음과 연약함들이 드러나면 하늘과 땅에서 슬픔이 있다. 우리는 하나님의 책 속에서 "여호와의 종"(성경이 요나를 그렇게 부르고 있기 때문에, 우리는 요나가 여호와의 종이었음을 확신한다)이 여기에서 요나가 보여주는 것처럼 이토록 심하게 토라져서 울화통을 터트리며 하나님을 자극하는 모습을 거의 보지 못한다. 1장에서 우리는 그가 하나님의 얼굴을 피하여 도망하는 모습을 보았었는데, 여기에서는 사실상 그는 하나님의 얼굴을 향하여 돌진하는 모습을 우리에게 보여준다. 우리는 그가 이미 회개하여 하나님께로 돌아왔다는 이야기를 들은 후이기 때문에, 그의 그런 모습은 우리를 더욱 슬프게 만든다. 그는 의심할 여지 없이 회개하긴 하였지만, 솔로몬의 경우에서처럼 그가 온전히 정신을 차렸다는 말은 본문에 없다. 우리는 요나의 꼬인 심사(心思)와 행동을 보면서도 놀라게 되지만, 그럼에도 불구하고 하나님이 요나를 따뜻하게 대하시는 것을 보면서도 마찬가지로 놀라게 되는데, 그것은 하나님이 요나를 버리시지 않으셨다는 것을 보여주는 증거였다. 이 장에는 다음과 같은 내용들이 나온다. I. 하나님이 니느웨에 긍휼을 베푸시는 것을 보고서, 요나가 불평을 하고 화를 냄(1-3절). II. 하나님이 그런 요나를 보시고서 온유하게 책망하심(4절). III. 박넝쿨이 시든 것을 보고서 요나가 불평하였고, 자기가 불평하는 것이 정당하다고 우김(5-9절). IV. 하나님이 박넝쿨 사건을 통해서, 그가 니느웨 사람들을 살려준 것에 대하여 요나가 화를 내는 것은 마땅하지 않다는 것을 깨우쳐 주심(10-11절). 사람의 악함과 하나님의 선하심은 여기에서 서로를 부각시켜 주는 역할을 해서, 전자의 죄악됨과 후자의 은혜로우심이 극명하게 드러난다.

¹요나가 매우 싫어하고 성내며 ²여호와께 기도하여 이르되 여호와여 내가 고국에 있을 때에 이러하겠다고 말씀하지 아니하였나이까 그러므로 내가 빨리 다시스로

도망하였사오니 주께서는 은혜로우시며 자비로우시며 노하기를 더디하시며 인애가 크시사 뜻을 돌이켜 재앙을 내리지 아니하시는 하나님이신 줄을 내가 알았음이니이다 ³여호와여 원하건대 이제 내 생명을 거두어 가소서 사는 것보다 죽는 것이 내게 나음이니이다 하니 ⁴여호와께서 이르시되 네가 성내는 것이 옳으냐 하시니라

이 단락에는 다음과 같은 내용들이 나온다.

I. 요나는 하나님이 회개한 니느웨 백성들에게 긍휼을 베푸신 것에 대하여 시비를 걸었는데, 이것은 지극히 불의한 일이었다는 것. 요나의 이런 행동을 볼 때, 우리는 원래 요나가 니느웨 백성들에게 진노의 메시지만을 전하는 것이 아니라 그들이 회개하도록 돕거나 격려하도록 명령을 받았는데도, 후자의 일은 아예 의도적으로 생략해 버린 것은 아닌가 하는 의심을 갖게 된다. 왜냐하면, 그들이 회개하여 긍휼을 얻었을 때에 요나는 다음과 같은 모습을 보였기 때문이다.

1. 그들이 긍휼을 얻자, 요나가 몹시 못마땅해하였다는 것(1절). 요나가 매우 싫어하였고, 게다가 몹시 성내며 크게 열을 받았다. 이것은 다음과 같은 점들에서 매우 잘못한 것이었다.

(1) 그가 자제심을 잃고서 몹시 못마땅해하고 화를 낸 것. 그는 자기의 마음을 제어하지 못하였기 때문에, 성읍이 무너지고 성벽이 없는 것과 같이 되어서 시험들과 덫에 걸려들게 되었다(잠 25:28).

(2) 그가 하나님이 행하신 일에 대하여 못마땅해하고 화를 낼 정도로, 그에게 하나님에 대한 경외심이 별로 없었다는 것. 마찬가지로, 다윗도 하나님이 법궤 사건과 관련해서 웃사를 쳐서 죽이신 것을 못마땅하게 생각하여 법궤를 예루살렘으로 모셔 오지 않았었다. 하나님이 기뻐하시는 일이면, 우리도 그 일을 기뻐하는 것이 마땅하다. 또한, 하나님이 행하신 일을 우리가 잘 이해할 수 없다고 하여도, 우리는 하나님이 하신 일이 의로운 일임을 믿고서 묵묵히 따라야 한다.

(3) 그가 니느웨 백성들이 회개하여 하나님의 은총을 받게 된 것을 못마땅해하고 몹시 화를 낼 정도로 사람들에 대한 애정이 별로 없었다는 것. 이것은 우리 구주께서 세리들 및 죄인들을 환대하였다는 이유로 주님에 대하여 불만을 품고 불평하였던 서기관들과 바리새인들이 범한 죄였다. 이것에 대하여 주

님은 이렇게 말씀하신다: 내가 선하므로 네가 악하게 보느냐(마 20:15). 그런데, 왜 요나는 니느웨 백성들이 회개하여 목숨을 건진 것을 그토록 못마땅해한 것인가? 분명히 우리는 요나가 보여준 너무나 터무니없고 비이성적인 행동과 관련해서 어떤 선한 동기가 있었을 것이라고 기대할 수는 없다. 요나에게는 이성이라고 부를 수 있는 것이 전혀 없었다. 그러나 우리는 요나의 화를 돋군 것이 무엇이었는지는 추측해 볼 수 있다. 화를 내는 것은 통상적으로 교만한 마음에서 나온다. 하나님이나 사람과의 다툼은 오직 교만에서 일어난다(잠 13:10). 요나가 화를 낸 것은 그가 지닌 명예심 때문이었다.

[1] 그는 자기 나라의 명예를 지키고자 하는 데에 열심이 있었다는 것. 니느웨 사람들이 회개하고 삶을 고친 것은 회개하지도 않고 삶을 고치기도 싫어한 이스라엘 백성의 완악함을 부끄럽게 하였다. 하나님이 회개한 이 이방인들에게 은총을 베푸신 것은 회개하지 않은 유대 민족이 버림을 받아서 교회로부터 쫓겨나고 그 자리를 이방인들이 대신하게 될 수도 있음을 보여주는(결국에는 실제로 그렇게 되었다) 불길한 징조였다. 사도 베드로 자신도 유대인과 이방인을 차별하지 말라는 암시를 주님으로부터 받았을 때에 깜짝 놀라서 주님 그럴 수 없나이다(행 11:8)라고 말하였다. 그러므로 니느웨 백성들이 하늘의 총애를 받은 것을 보고서, 요나가 못마땅해한 것은 결코 이상한 일이 아니었다. 요나는 이 일에 있어서 특별히 이스라엘의 하나님으로서의 하나님께 열심이 있었으나 올바른 지식을 따른 것이 아니었다(롬 10:2). 하나님이 하신 일을 하나님의 영광을 위해서라는 미명 아래에서 못마땅해하는 자들이 많다는 것을 명심하라.

[2] 그는 자신의 명예를 지키고자 하는 데에 열심이 있었다는 것. 그는 만약 니느웨가 사십 일이 지나서도 멸망을 당하지 않는다면, 그가 거짓 선지자로 낙인이 찍히게 될 것을 우려하였다. 그러나, 사실 그는 니느웨 백성들이 회개하여 심판을 받지 않은 것에 대하여 불만을 품을 이유가 전혀 없었다. 왜냐하면, 멸망을 경고하는 말씀 속에는 그들이 회개한다면 멸망을 피할 수 있다는 의미가 이미 함축되어 있었기 때문이다. 그들의 일은 그가 경고한 것보다 더 잘 풀렸기 때문에, 그들 중에서 그에게 속았다고 불평할 자는 아무도 없을 것이었다. 아니, 도리어 그는 그들을 구해 준 은인으로 추앙을 받았으면 받았지, 그들에 의해서 모욕을 당하거나 짓밟힘을 당하지는 않을 것이었다. 그러나 걱정이 많은 사람들(요나는 그런 부류의 인물이었던 것으로 보인다)은 결코 일어나지

도 않을 나쁜 일들을 머릿속에서 상상함으로써 괜히 불안해하기 쉽다. 우리가 겁을 집어먹고 두려워하거나 안절부절하며 초조해하는 것은 대체로 우리의 상상력 때문이다. 상상력이라는 폭군의 지배 아래 있는 자들은 상상력의 완전한 노예들이기 때문에 정말 불쌍한 자들이다.

2. 이 일 때문에 요나가 하나님께 시비를 걸었다는 것. 그는 열을 받아서 화가 나자, 그의 입술로 망령되이 말하였다(시 106:33). 그는 그 때에 자기가 무슨 말을 했는지를 우리에게 말해 준다(2-3절): 그는 여호와께 기도하였다. 하지만, 그 기도는 그가 물고기 뱃속에서 했던 기도와는 달리 정말 듣기 거북한 기도였다. 환난을 당하고 나면 순종적인 기도를 드리는 법인데도, 요나는 지금 그렇게 기도 드리는 것을 잊어버렸다. 화가 난 그는 환난 가운데서 기도하곤 했던 습관을 따라 하나님께 기도하기는 하였지만, 그의 부패한 성품들이 그가 받은 은혜들을 압도하고 있었기 때문에, 그는 마땅히 하나님의 긍휼로 말미암아 자기가 은혜를 입게 해 달라고 기도하였어야 하는데도, 하나님의 긍휼로 말미암아 다른 사람들이 은혜를 입게 된 것에 대하여 불평하는 기도를 하였다. 이렇게 해서, 그는 정말 꼴사납고 도저히 들어주기 힘든 기도를 하게 된다.

(1) 그는 전에 니느웨로 가라는 명령을 처음으로 받았을 때에 자기가 여호와의 얼굴을 피하여 도망한 것은 잘못된 일이었다고 기껏 고백해 놓고, 이제 와서는 그렇게 한 것이 옳은 일이었다고 주장하기 시작함. 그는 이렇게 말한다: "여호와여 내가 고국에 있을 때에 이러하겠다고 말씀하지 아니하였나이까. 내가 니느웨로 가서 말씀을 전하여 그들이 회개하면, 하나님이 그들을 용서하시게 될 것인데, 그러면 사람들이 하나님이 이랬다 저랬다 하신다고 생각하여 하나님을 욕하게 될 것임을 내가 내다보지 않았나이까?" 자신의 사역이 성공하는 것을 걱정하고 두려워하다니, 요나는 정말 이상한 부류의 사람이 아닌가! 자신의 사역을 통해서 유익을 끼치지 못하는 것에 절망해서 그 사역을 그만두고 싶은 유혹을 받은 사람은 많았지만, 요나는 그의 사역을 통해서 유익을 끼치는 것이 두려워서 하나님의 말씀을 전하기를 거절하였다. 그가 아직도 여전히 이전과 동일한 부패한 생각을 고집하고 있는 것으로 보아서, 그는 물고기 뱃속에 들어갔다가 나와서도 아직 정신을 차리지 못한 것으로 보인다. 여기에 나오는 말은 그가 고국에 있을 때에 했던 말이었지만, 그것은 악한 말이었다. 그런데도 그는 여기에서 자기가 전에 했던 말을 고집하면서, 다른 선지자들과는 너무나 다르

게 자기가 예언한 재앙의 날이 반드시 임하기를 원하고, 그 날이 오지 않자 울상을 짓는다. 그리스도의 제자들조차도 자신들이 어떤 영에 속하여 있는지 알지 못하고 있다. 하늘로부터 불이 내려와서 그들을 받아들이지 않은 성읍을 멸망시켜 버리기를 원하였던 주님의 제자들과 마찬가지로(눅 9:55), 그를 받아들인 성읍이 하늘로부터 내려온 불에 의해서 멸망당하기를 바랐던 요나도 자기가 어떤 영에 속하여 있는지 알지 못하였다. 요나는 자기가 걱정하고 두려워하던 일이 실제로 일어나자, 그것에 대하여 불평할 이유가 그에게 충분히 있다고 생각한다. 쓴 뿌리가 일단 마음속에 단단히 박히게 되면, 그 쓴 뿌리를 마음에서 뽑아 내는 것은 아주 어렵다. 그런데, 요나는 어떤 이유로 하나님이 니느웨를 살려 주실 것이라고 예상하였던 것일까? 주께서는 은혜로우시며 자비로우시며 노하기를 더디하시며 인애가 크시사 뜻을 돌이켜 재앙을 내리지 아니하시는 하나님이신 줄을 내가 알았음이니이다(2절). 이것은 다 사실이다. 요나는 하나님이 그의 이름을 선포하시면서 말씀하신 것과 모든 세대가 체험한 하나님의 성품에 의거해서 그렇게 될 줄을 알 수 있었다. 그러나 하나님이 은혜로우시며 자비로우시다는 것은 하나님의 지극히 큰 영광이자 모든 성도들이 기뻐하고 찬양하는 것인데도, 유독 요나만이 마치 하나님의 그런 성품이 하나님의 약점이기라도 한 것처럼 못마땅해하는 것은 정말 이상하고 이해할 수 없는 일이다. 당신은 굳은 사람이라고 나는 알고 있었다고 말한 악한 종은 하나님에 대하여 오해를 하고 있었던 것이고, 만약 그가 하나님이 은혜로우시며 자비로우시다는 사실을 올바르게 알았더라면, 그는 결코 하나님의 그런 성품을 불평의 대상으로 삼지는 않았을 것이다(마 25:24). 그러나 요나는 하나님이 그런 분이시라는 것을 정확히 알고 있으면서도, 너무나 어처구니없게도 그것을 못마땅해하고 화를 낸다. 우리 모두가 하나님의 선하심과 그의 죄 사하시고 살려 주시는 긍휼 덕분에 지옥에 떨어지지 않는 것인데도 불구하고, 우리가 하나님의 그런 성품들에 대하여 시비를 거는 마음을 지니고 있다면, 우리 속에는 다툼과 거역(拒逆)의 영이 있는 것이다. 그것은 우리에게 생명으로부터 생명에 이르는 냄새가 되어야 할 것을 사망으로부터 사망에 이르는 냄새가 되게 만드는 것이다(고후 2:16).

(2) 그는 혈기를 부리며 차라리 죽여 달라고 함(3절). 이것은 그가 화를 낼 이유가 없는데도 화를 내면서 말도 안 되는 억지를 부리는 것이었다. "여호와여 원하건대 이제 내 생명을 거두어 가소서. 니느웨가 멸망을 하지 않아서, 주의

말씀과 내가 전한 말씀이 그대로 이루어지지 않는 것과 이스라엘의 영광이 이 방인들에게로 넘어가는 것을 내 눈으로 보느니, 차라리 나를 죽여 주소서." 이런 말을 하는 것을 보면, 요나는 마치 하나님에게는 유대인과 이방인 둘 모두에게 나누어 줄 만큼 충분한 은혜가 없고, 니느웨 사람들이 은총을 입게 되면 그의 동포들은 하나님의 긍휼로부터 더욱 멀어지게 될 것처럼 생각하고 있었던 것 같아 보인다. 선지자 엘리야도 자기가 헛수고를 한 것을 알았을 때에 차라리 죽기를 바랐는데, 그가 그렇게 한 것은 그의 연약함을 보여준 것이었다(왕상 19:4). 그러나 요나는 선한 일을 위하여 수고해서, 큰 성읍을 멸망으로부터 구원했는데도, 마치 이미 많은 선한 일을 해놓고서 더 살아서 더 많은 선한 일을 하는 것이 두렵다는 듯이, 죽기를 바란다. 그는 자기 영혼의 수고한 것을 보고 불만족스럽게 여긴다(사 53:11). 그의 말 한 마디 한 마디에서 그의 왜곡되고 꼬인 심사(心思)가 얼마나 진하게 묻어나고 있는지를 보라! 요나는 자기가 물고기 뱃속에서 살아 나오게 되었을 때에, 하나님이 그를 살려 주신 것을 지극히 귀한 긍휼이라고 생각하여서, 그의 생명을 구덩이에서 건지신 하나님께 감사하였고, 그가 살아서 니느웨로 가게 된 것을 큰 축복으로 여겼다(6절). 그런데 요나는 이제 와서는 자기가 살아 있는 것이 무거운 짐이라고 여겨서, 사는 것보다 죽는 것이 내게 나음이니이다라고 항변하며, 삶에서 놓여나서 편안해지게 해 달라고 간청한다. 바울이 내가 차라리 세상을 떠나서 그리스도와 함께 있는 것이 훨씬 더 좋은 일이라 그렇게 하고 싶다(빌 1:23)고 말했을 때, 그것은 은혜스러운 말일 수 있었다. 그러나 여기에서 요나가 한 말은 어리석음과 혈기와 지독한 타락의 냄새를 풍기는 말이었다. 게다가, 다음과 같은 것들을 고려하면, 그의 말은 한층 더 악한 말일 수밖에 없었다.

[1] 요나는 지금 하나님의 쓰임을 받고 있는 가운데에 있었기 때문에 마땅히 살아 있어야 하는 상황이었다는 것. 하나님은 그의 사역을 지지하시고 놀랍도록 형통하게 하셨다. 니느웨를 회심시키는 일에 요나가 하나님의 성공적인 도구로 쓰임받았기 때문에, 그는 앗수르 제국 전체를 하나님께로 돌아오게 하는 일에 있어서 하나님의 도구로 쓰임받을 수도 있는 그런 상황이었다. 그러므로 그는 앞으로 살아서 지극히 선한 일을 담당해야 할지도 모르는 처지에 있었기 때문에 죽고 싶어도 죽어서는 안 되는 입장에 있었는데도, 그런 그가 그러한 상황에서 죽기를 바란 것은 그야말로 너무나 어처구니없는 일이었다.

[2] 요나는 지금 몹시 화가 나 있는 상태였기 때문에, 그런 상태에서 죽기를 바란 것은 적절하지 못한 일이었다는 것. 그는 지금 혈기를 부리며 하나님께 시비를 걸고 있는 상태인데, 어떻게 그런 때에 자기가 죽어서 하나님의 심판대 앞에 서겠다는 생각을 감히 할 수 있단 말인가? 사람이 그런 정신 상태로 이 세상을 하직해서 도대체 어쩌자는 것인가? 그러나 혈기가 나서 죽기를 바라는 자들은 통상적으로 죽을 준비가 거의 되어 있지 않을 뿐더러, 죽을 이유도 없는 경우가 대부분이다. 우리가 생명에 속한 일을 열심히 행함으로써 죽음을 준비하고 있다가, 하나님이 기뻐하시는 때와 방법을 따라서 우리의 생명을 하나님께 의탁하는 것이 우리의 도리이다.

Ⅱ. 하나님은 이렇게 격하게 성을 내는 요나를 책망하셨는데, 이것은 지극히 의로우신 일이었다는 것(4절).　여호와께서는 네가 성내는 것이 옳으냐고 말씀하셨다. 어떤 이들은 이 본문을 네가 성내는 것이 잘 하는 짓이냐로 읽기도 한다. 네가 선한 일을 해놓고서 그것을 후회하다니, 도대체 너는 무슨 짓을 하고 있는 것이냐? 이렇게 불경스럽게 성을 내는 요나를 하나님이 버리시고, 그가 죽기를 원하였으니 그의 말대로 그를 쳐서 죽게 하셨다고 해도, 그것은 의로운 일이었을 것이다. 그러나 탕자의 아버지가 동생의 잘못을 용서하시고 받아들이는 것을 보고 여기에서의 요나처럼 불평하는 맏아들을 이치를 따져서 설득하였던 것과 마찬가지로, 하나님은 요나를 상대로 이치를 따져서 그의 잘못을 깨우쳐 주시며, 그로 하여금 제정신을 차리게 해주시고자 하신다. 네가 성내는 것이 옳으냐. 크신 하나님이 이 어리석은 요나를 상대로 얼마나 온유하게 말씀하시는지를 보라. 이것은 죄를 지은 자들을 온유한 심령으로 바로잡고(갈 6:1), 유순한 대답으로 분노를 쉬게 하여야 한다는 것을 우리에게 가르치시고자 하신 것이다(잠 15:1). 하나님은 요나의 양심에 호소하시며, 요나 스스로 판단해 보기를 바라신다. "네가 잘 하고 있는 것이냐. 네가 잘못하고 있다는 것은 네가 더 잘 알지 않느냐." 우리는 종종 다음과 같은 질문을 우리 자신에게 던져야 한다: 내가 이렇게 말하거나 행하는 것이 과연 잘하는 것인가? 내가 이렇게 말하고 저렇게 행한 것이 과연 옳다고 할 수 있는가? 혹시 내가 나중에 그것을 회개하고 취소하는 일이 벌어지거나, 내가 그것 때문에 영원히 망하는 일이 생기지는 않겠는가?

1. 내가 성내는 것이 과연 잘하는 일인가. 혈기가 올라온다면, 다음과 같은

말로 그 혈기를 다스리라. "내가 이렇게 성급하게 화를 내고 이렇게 자주 화를 내며 이렇게 오랫동안 화를 내는 것, 내가 이렇게 열 받아서 화를 내며 다른 사람들에게 악한 말을 하는 것이 과연 잘하는 일인가? 내가 이 고집세고 완고한 혈기에 휘둘리는 것이 과연 잘하는 일인가?"

2. "하나님이 회개한 죄인들에게 긍휼을 베푸셨다고 해서, 내가 성내는 것이 과연 잘하는 일인가." 그것은 요나가 저지른 죄였다. 우리가 사람들 가운데서 하나님으로 하여금 크게 영광을 받으시게 하고 그의 나라를 크게 진보하게 만드는 그런 일을 보고 성내는 것, 천사들을 기뻐하게 하여 하나님께 넘치는 감사를 드리게 만들 그런 일을 보고 성내는 것이 과연 잘하는 일인가? 우리 자신에게 꼭 필요하였던 은혜, 우리를 멸망에서 구원해 준 은혜를 하나님이 다른 사람들에게 베푸신다고 해서 우리가 성을 낸다면, 그것은 잘못하는 것이다. 만약 우리에게 회개할 기회가 주어지지 않았고, 우리가 회개할 때에 죄 사함을 받을 것이라는 소망이 주어지지 않았다면, 우리는 과연 어떻게 되었을까? 죄인들이 회개하고 돌아오는 것은 하늘이 기뻐하는 일이기 때문에, 우리도 마땅히 그것을 기뻐하여야 하고, 결코 못마땅해해서는 안 된다.

[5]요나가 성읍에서 나가서 그 성읍 동쪽에 앉아 거기서 자기를 위하여 초막을 짓고 그 성읍에 무슨 일이 일어나는가를 보려고 그 그늘 아래에 앉았더라 [6]하나님 여호와께서 박넝쿨을 예비하사 요나를 가리게 하셨으니 이는 그의 머리를 위하여 그늘이 지게 하며 그의 괴로움을 면하게 하려 하심이었더라 요나가 박넝쿨로 말미암아 크게 기뻐하였더니 [7]하나님이 벌레를 예비하사 이튿날 새벽에 그 박넝쿨을 갉아먹게 하시매 시드니라 [8]해가 뜰 때에 하나님이 뜨거운 동풍을 예비하셨고 해는 요나의 머리에 쪼이매 요나가 혼미하여 스스로 죽기를 구하여 이르되 사는 것보다 죽는 것이 내게 나으니이다 하니라 [9]하나님이 요나에게 이르시되 네가 이 박넝쿨로 말미암아 성내는 것이 어찌 옳으냐 하시니 그가 대답하되 내가 성내어 죽기까지 할지라도 옳으니이다 하니라 [10]여호와께서 이르시되 네가 수고도 아니하였고 재배도 아니하였고 하룻밤에 났다가 하룻밤에 말라 버린 이 박넝쿨을 아꼈거든 [11]하물며 이 큰 성읍 니느웨에는 좌우를 분변하지 못하는 자가 십이만여 명이요 가축도 많이 있나니 내가 어찌 아끼지 아니하겠느냐 하시니라

요나는 여기에서도 계속해서 불만에 차 있는 모습으로 나온다. 왜냐하면, 하나님과 및 사람과 다투는 시작은 둑에서 물이 새는 것과 같아서(잠 17:14), 그 틈새가 점점 더 많이 벌어지게 되고, 혈기가 오르면 오를수록 상황은 점점 더 악화되기 때문이다. 그러므로 다툼은 초기에 진압하고 잠재워야 한다.

I. 요나가 부루퉁한 채로 니느웨가 멸망하기만을 기대함. 아마도 니느웨 사람들은 요나가 전한 말씀을 신뢰해서 그 말씀을 전한 사자(使者)를 환대하고 그를 공경하는 마음을 보이며, 자신의 집과 식탁의 상석에 그를 초대하고자 하였을 것이다. 그러나 기분이 상한 요나는 니느웨 사람들을 그와 그가 전한 말씀에 대하여 편견을 갖게 만들지는 않을까 우려가 될 정도로 그들의 호의를 받아들이려 하지 않았을 뿐만 아니라, 그들을 대할 때에도 통상적인 예의조차 갖추지 않았을 것이다. 그러나 하나님이 그의 보화를 질그릇 속에 두셨을 뿐만 아니라, 그의 진리를 우리와 성정이 같은 사람들에게 맡기셨는데도, 하나님의 목적이 이루어졌다면, 우리는 심히 큰 능력이 하나님께 있고 사람에게 있지 아니함을 시인하여야 한다(고후 4:7). 요나는 성읍에서 나가서 혼자 묵묵히 앉아서, 니느웨 사람들이 회개하고 삶을 고치는 모습을 바라보고 있었다(5절). 아마도 그는 주위 사람들에게 자기가 이 성읍과 함께 멸망할까봐 두려워서 성읍을 나간다고 말하였을 것이다. 그러나 아브라함이 소돔이 어떻게 되는지를 보기 위하여 높은 곳에 올랐듯이(창 19:27), 그는 그 성읍에 무슨 일이 일어나는가를 보려고 성읍을 나간 것이었다. 이제 사십 일이라는 기간은 끝나가고 있었거나 이미 끝났을 것이고, 요나는 니느웨가 무너지지 않는다고 하여도 적어도 그의 체면을 살려줄 정도의 이런저런 심판이 그 성읍에 임하기를 기대하고 있었을 것이다. 그러나 그는 큰 불안감 속에서 초조하게 그 결과를 기다렸다. 그는 하나님의 심판이 그의 머리에도 떨어질지 모른다고 생각해서 집에 머물고자 하지 않았고, 초막으로는 비바람을 피할 수 없는 것을 알면서도, 나뭇가지들로 초막을 짓고 그 속에 들어가 앉아 있었다. 불안해하며 성을 잘 내는 사람들은 불평거리가 될 만한 것들을 끊임없이 만들어 내어서 계속해서 불평을 해대는 것이 보통이다.

**II. 요나가 이런 식으로 스스로 괴로움을 자초하고, 계속해서 괴로움을 더하고 있는 상황에서도, 하나님은 그에게 은혜를 베푸셔서 그가 쉬면서 기운을 차

릴 수 있도록 도와 주심(6절). 요나는 밤의 추위와 낮의 열기 때문에 짜증을 내면서 그의 초막에 앉아 있었다. 그러한 것들은 그가 자초한 괴로움이었기 때문에, 하나님은 그의 초막은 그가 선택한 것이고 자기 스스로 지은 것이니 어디 한번 스스로 잘해 보라고 말씀하시고 내버려 두실 수도 있으셨다. 그러나 하나님은 자애로운 어머니가 고집센 말썽꾸러기 자녀를 바라볼 때처럼 불쌍히 여기는 마음으로 요나를 바라보셨고, 요나가 스스로 자신의 고집 때문에 자초한 괴로움들을 그에게서 벗겨 주셨다. 하나님은 넓은 잎사귀가 무성하게 나 있는 식물인 박넝쿨을 예비하사 쑥쑥 크게 하여 그의 초막을 덮게 하셔서, 추위와 열기로 인한 괴로움과 해악으로부터 그를 지켜 주셨다. 그것은 그의 머리를 위하여 그늘이 지게 하여 그의 괴로움을 면하게 하고 기운을 되찾게 해서, 그로 하여금 그의 마음의 불안을 더 잘 이길 수 있게 해주시기 위한 것이었다. 밖으로 고난과 환난이 있을 때에 흔히 마음은 더 불안해지는 법이기 때문이다. 하나님이 환난 가운데에 있는 자기 백성에게 얼마나 자애로우신지를 보라. 그들은 어리석고 고집이 세서 제멋대로 행하지만, 하나님은 그들이 잘못한 일을 극단적으로 추궁하지는 않으신다. 하나님은 앞에서도 요나를 물의 해악에서 지키시기 위해서 큰 물고기를 예비하셨고(1:17), 여기에서는 그를 기후의 해악에서 지키시기 위하여 큰 박넝쿨을 예비하셨다. 왜냐하면, 하나님은 온갖 종류의 해악들로부터 자기 백성을 지키시는 자이시고, 동물들과 마찬가지로 식물들도 부리시는 분이셔서, 동물이나 식물을 즉시 예비하셔서 그의 목적을 이루게 하실 수 있으시고, 자연의 순리에 따르면 천천히 점진적으로 자라는 식물도 갑자기 순식간에 다 자라게 하실 수 있으시기 때문이다. 우리가 생각하기에 박넝쿨은 요나의 괴로움을 덜어주기에 빈약한 것이었을 터인데도, 요나는 박넝쿨로 말미암아 크게 기뻐하였다.

1. 그것은 바로 그 때에 실제로 그에게 큰 위로가 되었기 때문이라는 것. 그 자체는 작고 보잘것없는 것일지라도 적절한 때를 맞춰 준비되었을 때, 그것은 우리에게 아주 귀한 축복이 될 수 있다. 박넝쿨이 있어야 할 자리에 있을 때, 그 박넝쿨은 우리에게 백향목보다 더 쓸모가 있을 수 있다. 아주 보잘것없는 피조물도 하나님이 어떻게 사용하시느냐에 따라서 큰 재앙이 될 수도 있고(애굽 왕 바로에게 보내진 파리와 이가 그 예이다) 큰 위로가 될 수도 있다(요나에게 보내진 박넝쿨이 그 예이다).

2. 그것은 그가 지금 자기 생각에 사로잡혀 있어서 이 일로 인해서 평상시보다 더 큰 흡족함을 느꼈기 때문이라는 것. 그는 박넝쿨이 그늘을 만들어 준 것을 몹시 기뻐하고 뿌듯해하며 의기양양해하였다. 혈기에 사로잡혀 있는 자들은 사소한 장애물로 인해서도 낙심하고, 사소한 기쁜 일로도 마음이 크게 고양되어 뛸 듯이 기뻐한다는 것을 명심하라. 종종 작은 장난감 하나가 보채는 아이를 달래는 데에 큰 도움이 되듯이, 박넝쿨이 요나에게 그랬다. 그러나 환난 때문에 우는 자들은 울지 않는 자 같이 하며, 자기에게 주어진 위로들 때문에 기쁜 자들은 기쁘지 않은 자 같이 하는 것이 지혜요 은혜라고 성경은 우리에게 가르친다(고전 7:30). 피조물로부터 오는 위로들에 대해서는 우리가 감사함으로 누려야 하지만, 지나치게 기뻐할 필요는 없다. 오직 하나님만이 우리의 큰 기쁨이 되어야 한다(시 43:4).

Ⅲ. 하나님이 기운을 차리라고 요나에게 만들어 주신 박넝쿨이 갑자기 없어져 버려서, 그에게 다시 괴로움이 찾아옴(7-8절).   요나에게 위로를 공급해 주셨던 하나님은 이제 그에게 위로가 되었던 바로 그것을 사용하셔서 그에게 환난을 주신다. 이 환난은 우연히 찾아온 것이 아니라, 하나님의 지시하심과 정하심에 따라 일어난 것이었다.

1. 하나님이 박넝쿨을 없애기 위해서 벌레를 예비하심. 이것은 주신 자가 거두어 가신 것이기 때문에, 요나는 받았을 때나 잃었을 때나 하나님의 이름을 송축했어야 마땅하다. 그러나 요나는 하나님이 준비해 주신 박넝쿨로 인하여 위로를 받았을 때에 하나님을 찬송하지 않았기 때문에, 하나님은 그에게서 박넝쿨로 인한 유익을 거두어 가셨고, 이것은 의로우신 일이었다. 우리가 피조물로 인하여 얻는 모든 위로들이 어떤 성격의 위로들인지, 우리는 그 위로들로부터 무엇을 기대할 수 있는지를 보라. 땅에 뿌리를 두고 있는 박넝쿨은 만세반석에 비하면 빈약하고 보잘것없는 보호막일 뿐이다. 박넝쿨은 시간이 가면 시들어 죽는 것이기 때문에, 우리는 박넝쿨로 인한 위로를 금방 빼앗기게 된다. 요나에게 기쁨을 주었던 이 박넝쿨은 그 다음 날 시들어 버렸다. 우리의 위로들은 꽃과 같이 자라나서 이내 시들어 버린다(욥 14:2). 우리가 피조물로부터 오는 위로들을 몹시 기뻐하고 그것들로부터 많은 것을 기대한다면, 우리는 실망하게 될 것이다. 그것들은 작은 것 때문에 시든다. 작은 벌레가 뿌리를 갉아 먹으면, 큰 박넝쿨은 죽고 만다. 눈에 보이지도 않고 감지되지도 않는 어떤 것이 박넝

쿨을 죽인다. 우리의 박녕쿨들이 시들어 죽어도, 우리는 그 박녕쿨들이 왜 죽었는지를 알지 못한다. 그리고 아마도 우리가 가장 기뻐하였던 것들이 가장 먼저 시들어 버릴 것이다. 이것은 우리가 가장 소중히 여기는 것이 가장 덜 안전하다는 것을 의미한다. 하나님은 요나의 박녕쿨을 뽑아 버리기 위해서 천사를 보내신 것이 아니라, 벌레를 보내셔서 그 박녕쿨을 치셨다. 박녕쿨은 거기에서 계속해서 자라났겠지만, 더 이상 요나에게 도움이 되지 못하였다. 피조물로부터 오는 위로들이 우리에게 계속된다고 하여도, 그것들은 이미 우리에게 달지 않고 쓰게 된다. 우리에게 위로를 주었던 피조물은 그대로 존재한다고 할지라도, 그 피조물이 주었던 위로는 사라져 버리고 만다. 그 피조물이 죽고 난 잔재는 단지 그것을 몹시도 기뻐하였던 우리의 어리석음을 힐책할 뿐이다.

2. 하나님이 요나로 하여금 박녕쿨이 없어진 아쉬움을 느끼도록 만들기 위해서 바람을 예비하심(8절). 해가 뜰 때의 열기를 요나의 머리 위에 격렬하게 쏟아부으시기 위하여 하나님이 사용하신 것은 뜨거운 동풍이었다. 이 바람은 열기를 식히기 위한 선풍기가 아니라, 열기를 더 뜨겁게 만드는 바람통 역할을 하였다. 이렇게 해서, 가엾은 요나는 햇빛과 바람에 그대로 노출되었다.

IV. 이것이 요나를 더욱 화나고 짜증나게 함(8절). 그는 혼미하여 스스로 죽기를 구하였다. "박녕쿨을 죽이시려거든, 나도 죽이소서. 나로 박녕쿨과 더불어 죽게 해주소서." 잡초가 죽는다고 해서 자기도 죽겠다고 하니, 이 얼마나 어리석은 사람인가! 하나님이 불평하기를 좋아하는 자들의 어리석음을 드러내시고 고치시기 위해서 그들에게 끊임없이 불평거리를 제공하시는 것은 의로우신 일임을 명심하라. 여기에서 한 쪽 극단으로 치닫던 혈기가 얼마나 쉽게 다른 쪽 극단으로 치닫는지를 보라. 박녕쿨이 무성하게 자라자 뛸 듯이 기뻐하였던 요나는 그 박녕쿨이 시들어 버리자 극심한 슬픔에 빠진다. 과도한 애착은 과도한 괴로움의 원인이 된다. 어떤 것을 얻었을 때에 우리가 지나치게 좋아한다면, 그것을 잃었을 때에 우리는 지나치게 슬퍼할 수밖에 없기 때문에, 우리는 지나치게 좋아하는 것이나 지나치게 슬퍼하는 것이 둘 다 어리석은 일임을 알 수 있다.

V. 하나님이 이 일로 인해서 요나를 책망하심. 하나님은 또다시 이치를 따져서 그와 말씀하신다. 네가 이 박녕쿨로 말미암아 성내는 것이 어찌 옳으냐(9절). 박녕쿨이 시드는 것은 우리가 성낼 만한 일이 아니라는 것을 명심하라. 환난의

섭리들로 인해서 우리가 우리의 혈육이나 소유나 누리는 것들을 잃어버렸다고 해도, 우리는 그것을 인내로써 참아야 하고, 하나님께 성을 내서는 안 된다. 우리가 박넝쿨로 말미암아 성내는 것은 합당하지 않다. 그것은 비교적 적은 손실이고 그늘을 잃어버린 것에 불과하다. 이것이 박넝쿨이 우리에게 해줄 수 있는 최대한의 것이다. 그것은 박넝쿨이고, 시들 수밖에 없다. 우리는 박넝쿨이 시들지 않기를 기대할 수 없다. 우리가 성낸다고 해서, 시든 박넝쿨이 다시 살아나는 것도 아니다. 우리도 머지않아 박넝쿨처럼 시들 것이다. 하나의 박넝쿨이 시들면, 또 다른 박넝쿨이 그 대신에 자라날 것이다. 우리의 불만을 잠재워야 하는 이유는 우리의 박넝쿨이 시들어 없어졌다고 해도 우리 하나님은 우리 곁을 떠나지 않으시고, 하나님 안에는 우리의 모든 손실을 다 보충해 주시고도 남음이 있을 정도로 모든 것이 차고 넘치게 있기 때문이다. 그러므로 박넝쿨로 말미암아 성내는 것은 지극히 잘못하는 것임을 우리는 시인하여야 한다. 우리는 그러한 일들이 있을 때에 젖 뗀 아이가 그의 어머니 품 속에 있음 같이 고요하고 평온하게 있어야 한다(시 131:2).

VI. 요나는 자기가 성내고 불만을 품는 것이 정당하다고 항변함(9절).   그의 말은 참으로 이상하다. 그는 내가 성내어 죽기까지 할지라도 옳으니이다라고 말하였다. 경솔하게 한 것이라고 해도, 잘못된 말을 하는 것은 악한 것이다. 그러나 잘못 말한 것을 다시 속히 철회하고 취소한다면, 그래도 그것은 변명의 여지가 있다. 그러나 잘못 말해 놓고서 끝까지 고집한다면, 그것은 정말 악한 것이다. 여기에서 하나님은 직접 요나를 책망하시면서, 그의 양심에 호소하여 그가 자신의 잘못을 깨닫기를 기대하셨는데도, 요나는 끝까지 자기가 옳다고 고집하였다. 고삐 풀린 혈기가 얼마나 짐승 같이 야비하고 우둔한지를 보고, 포효하는 사자와 화난 곰 같은 그런 혈기를 쇠사슬로 묶어 제압하는 것이 우리에게 얼마나 큰 유익인지를 보라. 우리는 그런 식으로 우리의 혈기를 잡아 매두고자 애써야 한다. 죄와 죽음은 두 가지 매우 두려운 것들인데도, 요나는 화가 나 있었기 때문에 이 두 가지를 가볍게 여긴다.

1. 그는 하나님의 권위에 정면으로 도전해서, 하나님이 잘못되었다고 말씀하시는데도 자기는 잘못한 것이 없고 도리어 잘한 것이라고 말할 정도로, 하나님을 철저하게 무시하였다는 것. 요나가 여기에서 보여주듯이, 하나님이 양심에 호소하실 때에 우리 안에서 혈기가 양심을 이겨서, 우리가 잘못된 판단을

하는 경우가 흔하다.

2. 그는 자신의 혈기에 휘둘려서 죽거나 극도로 성을 내다가 죽는다고 해도 그것은 그에게 별 해로운 일이 아니라고 생각할 정도로 자기 자신에 대하여 존중하는 마음이 거의 없었다는 것. 성경에서는 분노가 미련한 자를 죽이고 시기가 어리석은 자를 멸하느니라(욥 5:2)고 말한다. 자신의 혈기 때문에 목숨을 잃거나, 화를 냄으로써 생명을 소모하고 건강을 해치거나, 지나치게 분노해서 홧병에 걸리는 자들은 정말 어리석고 미련한 자들이다.

VII. 하나님이 박넝쿨 사건을 들어서, 그가 니느웨 사람들을 살려준 것에 대하여 요나가 불평한 것은 잘못된 것임을 깨우쳐 주심. 하나님은 요나 자신이 자기 입으로 한 말을 근거로 요나를 추궁하셨고, 요나는 거기에 승복하였다. 왜냐하면, 그는 아무런 대답도 하지 않았기 때문이다. 우리는 그가 제정신으로 돌아왔고, 비록 그런 상태를 끝까지 지킬 수는 없었을지라도, 어쨌든 일단은 정신을 차린 것으로 보인다. 이렇게 해서, 모든 일이 잘 되었다.

1. 하나님은 요나를 어떤 식으로 설득하셨는가(10-11절). "너는 이 박넝쿨을 아꼈고, 박넝쿨이 시들자 그것을 살리기 위해서 네가 할 수 있는 최선을 다했고, 이 박넝쿨이 시들어 버리다니 이 얼마나 불쌍한 일이냐고 말하였다. 그런데, 내가 어찌 니느웨를 아끼지 아니하겠느냐. 내가 어찌 네가 박넝쿨을 불쌍히 여긴 정도만큼도 니느웨를 불쌍히 여기지 않겠으며, 네가 박넝쿨을 갉아 먹는 벌레를 그만두게 하고자 했던 것처럼 니느웨를 멸망시킬 지진에게 그만두라고 말하지 않겠느냐?" 다음과 같은 것들을 생각해 보라.

(1) "네가 불쌍히 여긴 박넝쿨은 단지 하나였다. 그러나 내가 불쌍히 여기는 니느웨 백성들은 그 수가 헤아릴 수 없이 많다." 좌우를 분변하지 못하는 자로 표현된 아이들이 두 살 이하의 유아들이었다고 볼 때, 그런 유아들의 수가 십이만 명이었다는 것은 니느웨가 인구가 아주 많은 큰 성읍이었다는 것을 보여준다. 하나님이 여기에서 특별히 그런 유아들의 수를 언급하신 것은 사람들이 보통 유년 시절을 죄 없는 순수한 시절로 여기기 때문이었다. 니느웨에는 아직 실제적인 죄를 짓지 않아서 니느웨 성읍 전체의 죄에 일조했다고 볼 수 없는데도, 니느웨가 멸망을 당하여 무너지면, 다른 사람들과 똑같이 재앙을 당하게 될 유아들이 그렇게 많이 있었다. "내가 그 유아들을 볼 때에 니느웨를 어찌 아끼지 아니하겠느냐." 하나님은 어린아이들에 대하여 자애로운 마음을 가지고

계셔서, 그들을 불쌍히 여기시고 기꺼이 구해 주시고자 하신다. 아니, 여기에서는 심지어 니느웨 성읍 전체가 어린아이들 때문에 멸망을 당하지 않게 된다. 이것은 부모들에게 믿음으로 기도하는 가운데에 그들의 자녀들을 하나님께 바칠 용기를 준다. 어린아이들은 스스로의 힘으로 하나님을 섬길 수는 없을지라도(그들은 좌우를 분변하지 못하고, 선과 악, 죄와 본분을 분별할 수 없기 때문에), 하나님의 은총을 받고 구원을 얻는 일에 참여할 수는 있기 때문이다. 구주께서는 어린 아이들을 안고 그들 위에 안수하시고 축복하심으로써(막 10:16) 그에게 온 어린 아이들에게 특별한 애정을 드러내 보이셨다. 아니, 하나님은 니느웨에 있는 수많은 가축들도 주목하셨다. 요나가 박넝쿨을 불쌍히 여기고 아꼈던 것보다 하나님이 그 가축들을 불쌍히 여기고 아끼신 것이 더 일리가 있는 일이었다. 왜냐하면, 동물의 생명은 식물의 생명보다 더 귀하기 때문이다.

(2) 요나가 관심을 가졌던 박넝쿨은 그의 소유가 아니었다는 것. 그 박넝쿨은 그가 직접 재배한 것도 아니었고 수고를 한 것도 아니었다. 그러나 하나님이 불쌍히 여기신 니느웨 백성들은 모두 하나님 자신의 손으로 지으신 자들이었다. 하나님은 그들을 존재하게 하신 자이시고, 그들의 생명을 보존해 오신 자이시며, 그들을 심으시고 자라나게 하신 자이시다. 하나님은 그들을 지으신 분이기 때문에, 그들은 그의 소유였다. 그러므로 하나님은 그들을 불쌍히 여길 충분한 이유를 갖고 계셨다. 왜냐하면, 하나님은 그의 손으로 지으신 것을 멸시하실 수 없으신 분이시기 때문이다(욥 10:3). 그래서 욥은 하나님과 논쟁할 때에 그 점을 들어서, 주의 손으로 나를 빚으셨으며 만드셨는데 이제 나를 멸하시나이다 기억하옵소서 주께서 내 몸 지으시기를 흙을 뭉치듯 하셨거늘 다시 나를 티끌로 돌려보내려 하시나이까(욥 10:8-9)라고 항변한다. 여기에서는 하나님이 그 점을 드셔서, 자신의 행위를 정당화하신다.

(3) 요나가 불쌍히 여긴 박넝쿨은 갑자기 난 것이기 때문에 그렇게 소중하지 않다는 것. 이 박넝쿨은 하룻밤에 났다. 그것은 밤의 아들이었다(원어는 이런 의미이다). 그러나 니느웨는 오랜 세월 동안 대대로 존재하였고 유서 깊은 성읍이기 때문에, 쉽게 포기할 수 있는 그런 대상일 수 없다. "내가 아껴서 살려 둔 사람들은 그 박넝쿨처럼 어느 날 갑자기 순식간에 자란 것이 아니라, 오랜 세월 동안 자라온 자들이다. 그토록 오랫동안 나의 섭리의 돌봄을 받아 왔고 그토록 오랫동안 나의 소작인들이었던 자들을 내가 어찌 불쌍히 여기지 않을

수 있겠느냐?"

(4) 요나가 불쌍히 여긴 박넝쿨은 하룻밤에 말라 버렸다는 것. 그 박넝쿨은 금방 시들었고, 그것으로 끝이었다. 그러나 하나님이 불쌍히 여기신 니느웨의 소중한 영혼들은 그렇게 단명한 존재들이 아니다. 그 영혼들은 영원히 살 자들이기 때문에, 세심하고 자상하게 보살핌을 받아야 마땅하다. 한 영혼이 온 세상보다 더 귀하고, 세상을 얻는다고 해도 그것은 한 영혼을 잃은 것을 보상해 주지 못한다. 한 영혼이 많은 박넝쿨보다 더 귀하고, 많은 참새들보다 더 귀하다는 것은 분명하다. 하나님이 그렇게 여기시기 때문에 우리도 마땅히 그렇게 여겨야 한다. 그러므로 우리는 열등한 피조물들보다도 사람들에게 더 큰 관심을 가져야 하고, 이 세상의 재물이나 누릴 것들보다도 우리 자신을 비롯한 사람들의 귀한 영혼에 더 큰 관심을 가져야 한다.

2. 이 모든 것을 통해서 우리는 다음과 같은 것들을 배울 수 있음.

(1) 하나님은 자기 백성이 죄 속에 빠지는 것을 허용하시지만, 그들이 죄 가운데서 계속해서 누워 있는 것은 허용하지 않으시기 때문에, 그들에게 그들의 잘못을 보여주셔서 정신을 차리게 하여 다시 제정신이 들게 하시는 효과적인 조치를 취하신다는 것. 요나는 이 일을 겪은 후에 하나님이 니느웨 백성들을 살리신 것을 기꺼이 받아들였을 것이고, 전에 그 일에 대하여 못마땅해한 정도만큼 이제는 그 일을 기뻐하였을 것이다.

(2) 하나님은 반역을 고집하는 자들에 대하여 그의 공의를 집행하신 일에서도 의로우시며, 회개하고 돌아오는 죄인들에게 은혜를 베푸신 일에서도 의로우시다는 것. 어떤 일들에 있어서 하나님이 긍휼을 베푸시는 것에 대하여 그 참 뜻을 오해하여 불평하는 자들이 있지만(하늘이 땅 위에 있듯이, 하나님의 생각과 길들은 우리의 생각과 길들보다 훨씬 위에 있기 때문에), 하나님은 그 일들에서 그가 하나님답게 행하셨다는 것을 분명하게 보여주시고, 그가 말씀하실 때에 자기가 의로우시다는 것을 반드시 나타내 보이신다. 하나님이 요나에게 니느웨를 살리는 것이 지극히 적절한 일이라는 것을 깨우치시기 위하여 얼마나 애를 쓰시는지를 보라. 요나는 내가 성내는 것이 옳으니이다라고 말했었지만, 그것을 증명할 수는 없었다. 하나님은 내가 긍휼을 베푸는 것이 옳다고 말씀하시고, 그것을 증명하신다. 가엾은 죄인들이 하나님에게서 긍휼을 발견하게 되리라는 것, 하나님은 자기가 긍휼을 베푸는 것이 옳다는 것을 기꺼이 보여주고자

하시고, 그가 선하시기 때문에 그를 악하게 보는 자들에 맞서서 죄인들을 그의 긍휼의 기념비들로 만드시는 것을 기뻐하신다는 것은 죄인들에게 큰 힘이 된다. 그런 불평하는 자들도 결국에는 다음과 같은 가르침, 즉 그들의 심령과 행동 원리들이 아주 좁아서, 하나님의 은혜를 오직 그들만이 독점하고자 할지라도, 그를 부르는 모든 사람에게 긍휼에 있어서 부요하신 모든 사람의 주(롬 10:12)가 계시고, 그는 이스라엘에서만이 아니라 니느웨에서도 각 나라 중 하나님을 경외하며 의를 행하는 사람은 다 받으시는 줄을 깨닫게 될 것이다(행 10:35). 회개하고 자신의 악한 길에서 돌이킨 자는 하나님께 긍휼을 얻게 될 것이다.

미가

서론

이 선지자에 대한 설명은 미가서의 첫 절에 나온다. 그러므로 우리는 여기에서는 단지 미가가 선지자 이사야와 동시대인이었기 때문에(그는 이사야보다 약간 늦게 예언 활동을 시작하였다) 그의 예언은 이사야의 예언과 아주 유사하다는 점만을 지적해 두고자 한다. 예를 들면, 복음 교회가 세워져서 견고해질 것이라는 예언이 이 두 예언서에서 거의 동일한 단어들로 표현되고 있는데, 이것은 그 예언이 아주 위대한 말씀이기 때문에 두 증인의 입으로 확증하기 위한 것이다. 이사야 2:2-3과 미가 4:1-2을 비교해 보라. 이사야의 예언은 유다와 예루살렘에 관한 것이고, 미가의 예언은 사마리아와 예루살렘에 관한 것이라고 말해진다. 왜냐하면, 미가의 예언의 연대는 오직 유다의 왕들의 재위 연대를 기준으로 표현되고 있기는 하지만, 그 예언은 이스라엘 왕국과 관련된 것으로서, 미가는 열 지파가 포로로 사로잡혀갈 것을 예언하면서, 이스라엘 왕국의 다가올 멸망을 분명하게 내다보고, 몹시 비통해하기 때문이다. 미가서에 나오는 것은 그가 유다의 세 왕이 다스리는 동안에 행하였던 설교들의 초록(抄錄)에 불과하다. 미가서 전체의 취지는 다음과 같다.

I. **죄인들에게 그들의 죄들을 깨우치는 것.** 미가는 한편으로는 그들 앞에 그들이 저지른 죄악들을 열거하는 방법을 사용한다. 즉, 그는 이스라엘과 유다를 우상 숭배, 탐욕, 압제, 하나님의 말씀을 멸시한 것, 그들의 지도자들이 교회와 나라에서 자신의 권력을 남용한 것 등으로 고소한다. 또한, 미가는 다른 한편으로 그들에게 그들의 죄악들로 말미암아 하나님의 심판이 그들에게 닥치게 될 것을 보여주는 방법을 사용하여 그들의 죄를 깨우치고자 한다.

II. **긍휼과 구원에 관한 약속들, 특히 메시야가 오셔서 복음을 통하여 은혜를 주실 것이라는 약속으로 하나님의 백성을 위로하는 것.** 이 예언과 관련해서 주목할 만한 것은 그 가운데에 나오는 두 개의 구절이 아주 큰 사건들을 가리키는 것으로 여겨져서 공식적인 석상에서 공개적으로 인용되곤 하였다는 것인데, 그것은 이 예언의 권위를 확증해 주는 것이기도 하다.

1. 그 중 한 구절은 예루살렘의 멸망에 관한 예언인데(3:12), 우리는 이 구절이 구약 가운데서 하나님의 심판이 예루살렘에 임할 것이라고 예언한 예레미

야가 옳다는 것을 증명해서, 그에 대한 소송 절차를 중지시키기 위하여, 그 지방의 장로 중 몇 사람에 의하여 인용되고 있는 것을 발견한다(렘 26:17-18). 그들은 이렇게 말한다: "미가가 시온은 밭 같이 경작지가 될 것이라고 예언하였지만, 히스기야가 그를 죽이지 않았다. 그런데, 동일한 것을 말하였다고 해서, 우리가 예레미야를 죽일 이유가 어디에 있는가?"

2. 다른 한 구절은 그리스도의 탄생에 관한 예언인데(5:2), 우리는 이 구절이 신약에서 헤롯이 그리스도가 어디서 나겠느냐고 묻자 대제사장들과 백성의 서기관들이 대답하는 가운데서 인용되고 있는 것을 발견한다(마 2:4-6). 왜냐하면, 우리는 여전히 모든 선지자들이 그리스도를 증언하고 있다는 것을 발견하기 때문이다.

제 1 장

개요

이 장에는 다음과 같은 내용들이 나온다. I. 이 책의 표제(1절)와 주목할 것을 요구하는 내용의 서문(2절). II. 모든 것을 황폐화시킬 심판이 이스라엘과 유다 왕국에 신속하게 다가오고 있고(3-4절), 그것은 모두 죄 때문이라는 경고(5절). III. 구체적으로 적시(摘示)된 멸망의 세부적인 내용들(6-7절). IV. 멸망이 크리라는 것을 예시적으로 보여줌(8-9절). 1. 그 멸망에 대하여 선지자 미가가 슬퍼하는 모습을 통해서(8-9절). 2. 그 멸망에 연루될 몇몇 지방들에서 사람들이 다 울며 슬퍼하는 모습을 통해서(10-16절). 미가의 이 예언들은 그의 애가(哀歌)라고 불러도 손색이 없을 것이다.

¹유다의 왕들 요담과 아하스와 히스기야 시대에 모레셋 사람 미가에게 임한 여호와의 말씀 곧 사마리아와 예루살렘에 관한 묵시라 ²백성들아 너희는 다 들을지어다 땅과 거기에 있는 모든 것들아 자세히 들을지어다 주 여호와께서 너희에게 대하여 증언하시되 곧 주께서 성전에서 그리하실 것이니라 ³여호와께서 그의 처소에서 나오시고 강림하사 땅의 높은 곳을 밟으실 것이라 ⁴그 아래에서 산들이 녹고 골짜기들이 갈라지기를 불 앞의 밀초 같고 비탈로 쏟아지는 물 같을 것이니 ⁵이는 다 야곱의 허물로 말미암음이요 이스라엘 족속의 죄로 말미암음이라 야곱의 허물이 무엇이냐 사마리아가 아니냐 유다의 산당이 무엇이냐 예루살렘이 아니냐 ⁶이러므로 내가 사마리아를 들의 무더기 같게 하고 포도 심을 동산 같게 하며 또 그 돌들을 골짜기에 쏟아내리고 그 기초를 드러내며 ⁷그 새긴 우상들은 다 부서지고 그 음행의 값은 다 불살라지며 내가 그 목상들을 다 깨뜨리리니 그가 기생의 값으로 모았은 즉 그것이 기생의 값으로 돌아가리라

이 단락에는 다음과 같은 내용들이 나온다.

I. 이 선지자와 그의 예언에 관한 일반적인 설명(1절). 이것은 미가서의 예언을 읽거나 듣는 모든 자들의 만족을 위해 붙여진 것이다. 그들은 이 책의 저

자와 그의 권위에 대하여 알게 되면 이 책을 더욱 신뢰하게 될 것이기 때문이다.

1. 이 예언은 여호와의 말씀이라는 것. 그것은 하나님의 계시이다. 성경에 기록된 것이나 거기에 기록된 대로 그리스도의 사역자들이 전하는 것은 죽을 수밖에 없는 사람들의 말이 아니라 살아계신 하나님의 말씀으로 듣고 받아야 하기 때문에, 우리는 그것을 판단하는 자들이 되어서는 안 되고, 도리어 우리가 그것에 의해서 판단을 받아야 한다는 것을 명심하라. 이 여호와의 말씀이 미가 선지자에게 임하였고, 분명하고 강력하게 임하였으며, 선행적인 방식으로 임하였다. 그는 그 말씀을 보았다. 즉, 그는 묵시 가운데서 그 말씀을 전해 받았고, 그가 예언한 일들을 마치 이미 이루어진 일들처럼 분명하고 확실하게 보았다.

2. 선지자는 모레셋 사람 미가라는 것. 이 선지자의 이름인 **미가**는 미가야의 줄임말인데, 몇 세대 전인 아합 시대에 있었던 한 선지자의 이름이 미가야였다(왕상 22:8). 그의 이름에 붙어 있는 **모레셋 사람**이라는 별칭은 그가 모레셋(14절) 또는 마레사(15절; 수 15:44)에서 태어났거나 살았다는 것을 보여준다. 이 책의 서문에서 그가 태어났거나 살았던 곳을 언급하고 있는 것은 이 선지자에 대해서 궁금해하는 사람은 누구라도 그 때 그 곳에 선지자로 명성을 날렸던 미가가 과연 있었는지를 확인할 수 있도록 하기 위한 것이다.

3. 미가의 예언의 연대는 유다의 세 왕 요담과 아하스와 히스기야가 다스리던 시대였다는 것. 아하스는 유다의 왕들 중에서 가장 악한 왕 중 한 명이었고, 히스기야는 가장 선한 왕들 중의 한 명이었다. 하나님의 사역자들은 이렇게 악한 때도 겪고 선한 때도 겪어 가며 여러 시대를 거쳐 활동하면서, 그 각각의 시대에 맞춰서 예언 활동을 하고, 그 각각의 시대가 주는 유혹과 시험들을 이기기 위하여 무장하여야 했다. 미가서에는 약속의 말씀들과 경고의 말씀들이 서로 섞여 짜여 있는데, 이것은 미가가 악한 시대에도 의인들을 향하여 그들이 잘될 것이라고 위로의 말씀을 전하였고, 경건한 시대에도 악인들에게 그들이 못될 것이라고 경고하며 죄를 깨우치는 말씀을 전하였다는 것을 보여준다. 왜냐하면, 아무리 시대가 변하여도, 여호와의 말씀은 여전히 동일하기 때문이다.

4. 이 예언에서 다루고 있는 대상. 이 예언은 **사마리아와 예루살렘**에 관한 것이다. 이 두 성읍은 이스라엘과 유다라는 두 왕국의 수도로서, 두 왕국은 이 두

성읍의 영향력 아래에 있었다. 열 지파가 다윗과 아론의 집을 버리고 떠났지만, 하나님은 그들에게도 선지자들을 보내시기를 기뻐하셨다.

II. 앞으로 나올 예언에 대한 엄숙한 서문(2절).

1. 선지자가 마치 재판정에서처럼 백성들에게 가까이 와서 잘 경청하라고 호출함. 백성들아 너희는 다 들을지어다. 하나님이 그 입으로 말씀하시고자 하시면, 우리는 기꺼이 우리의 귀로 경청하는 것이 마땅하다는 것을 명심하라. 우리 모두가 그 말씀을 경청하여야 한다. 왜냐하면, 하나님이 하시는 말씀은 우리 모두와 관련되어 있기 때문이다. "너희 백성들아(난외주에서는 그들은 모두로 읽는다) 들을지어다. 지금 직접 들을 수 있는 너희 모두와 이차적으로 전해 듣는 다른 모든 자들아, 들을지어다." 이 구절의 구문은 비정상적이다. 그러나 미가가 그의 예언을 시작하면서 가장 먼저 말한 이 구절은 원문으로 보면 미가야 선지자가 그의 예언을 끝마치면서 한 말(왕상 22:28)과 동일하다.

2. 선지자가 땅과 거기에 있는 모든 것들에게 지금부터 자기가 하는 말을 경청하라고 호출함. 땅과 거기에 있는 모든 것들아 자세히 들을지어다. 땅은 다가올 심판의 타격과 무게 아래에서 요동하게 될 것이기 때문에, 이 우둔하고 지각 없는 백성보다는 더 하나님의 말씀을 듣고자 할 것이다. 하나님은 변론하실 때에 그의 말씀을 듣는 자들이 반드시 있게 하신다. 교회와 거기에 속한 자들이 듣고자 하지 않으면, 땅과 거기에 있는 모든 것들이 듣고, 그들을 부끄럽게 만들 것이다.

3. 선지자는 하나님을 증인으로 내세우며, 자기가 이 백성을 쳐서 전하는 말씀에 대하여 전지전능하시고 공의로우신 하나님이 보증이 되실 것이라고 말함. "주 여호와께서 증인이 되셔서 너희에게 대하여 증언하시되, 너희가 적절한 경고를 받았고, 너희의 선지자들이 파수꾼으로서의 본분을 충실하게 감당하였지만, 너희가 그 경고를 받아들이려 하지 않았다는 것을 증언하실 것이다. 이 예언의 성취는 너희가 이 예언을 경멸하고 불신하였다는 것에 대한 증인이 될 것이고, 이 예언이 하나님의 말씀이었고 그의 말씀은 하나라도 땅에 떨어지지 않는다는 것을 증명해 줄 것이다." 하나님은 그의 입에서 나오는 심판의 말씀을 받고자 하지 않는 자들을 그의 손으로 심판하시는 방법으로 증인이 되실 것임을 명심하라. 하나님은 그가 예루살렘에 있는 그의 성전에서 그들에게 증언하셨던 그의 말씀들에 귀를 막아 버린 자들에 대하여 심판을 집행하시기 위하

여 강림하실 때에 하늘에 있는 그의 성전에서 증인이 되실 것이다(3절).

Ⅲ. 유다와 이스라엘에 임할 멸망의 심판에 관한 무시무시한 예언. 이 예언은 이스라엘에서는 그 직후에, 유다에서는 한참 후에 성취되었다. 이 예언의 내용은 다음과 같다.

1. 하나님이 직접 그들을 치러 나오시리라는 것(3절). 그들은 그들 자신과 하나님에 대한 그들의 관계를 자랑하였고, 마치 그것이 그들을 안전하게 지켜 줄 것처럼 으스대었다. 그러나 하나님은 정직한 자의 믿음을 속이시는 일이 없으시지만, 위선자들의 뻔뻔스러운 억측은 반드시 좌절시키실 것이다. 왜냐하면, 여호와께서 그들이 하나님을 꼭 묶어 두었다고 생각하였던 시은좌(mercy-seat)를 떠나셔서 그의 처소에서 나오시고, 심판을 위한 그의 보좌를 마련하실 것이기 때문이다. 그들이 하나님을 그들로부터 몰아내고 있기 때문에, 하나님의 영광이 그들을 떠날 것이다. 이 백성을 향한 하나님의 길은 오랫동안 긍휼의 길이었지만, 이제는 그의 길을 바꾸셔서, 그의 처소에서 나와 강림하실 것이다. 하나님은 지금까지 세상에서 무슨 일이 일어나고 있는지를 전혀 상관하지 않는 자처럼 뒤에 물러나 계신 것처럼 보였지만, 이제는 그들에게 뜻밖의 긍휼을 베푸시기 위해서가 아니라 뜻밖의 심판을 내리시기 위해서, 그리고 그들을 위한 일들이 아니라 그들을 치시는 일들이자 그들이 구하지 않았던 일들을 행하시기 위하여 그 모습을 드러내실 것이고, 하늘을 가르고 강림하실 것이다(사 64:1; 26:21).

2. 창조주가 그들을 치러 나오시면, 그 어떤 피조물이 그들의 편이 되어 준다고 해도 아무 소용이 없으리라는 것. 하나님은 땅의 높은 곳들, 그와 겨루거나 그에게 대적하여 높아진 온갖 세력들을 멸시하시고 경멸하시는 가운데에 그들을 밟으실 것이다. 하나님은 그들을 밟으시되, 완전히 짓밟아서 평평하게 만들어 버리실 것이다. 우상 숭배를 하기 위해서나 군사적인 요새를 만들기 위하여 세워진 높은 곳들은 모두 하나님이 짓밟으셔서 티끌로 만들어 버리실 것이다. 사람들이 높은 산들과 단단한 바위들을 의지하면서, 마치 그것들이 그들의 소망을 지지해 주고 그들의 두려움을 없애주기에 충분한 것처럼 생각하는가? 하나님 앞에서 그것들은 불 앞에서 밀랍이 녹음 같이 녹아 버리게 될 것이다(시 68:2). 그들이 비옥한 골짜기들과 거기에서 나는 소산들을 의지하는가? 그것들은 산들이 녹아서 비탈로 쏟아지는 물 때문에 갈라질 것이다. 땅이 비탈로 쏟아지

는 물에 의해 갈라지고 씻겨 내려가듯이, 그 골짜기들과 거기에서 나는 소산들도 그렇게 될 것이다. 성경에서는 하나님이 강들로 땅을 쪼개신다고 말한다(합 3:9). 하나님의 심판이 곡식을 남기지 아니하는 폭우 같이(잠 28:3) 모든 것을 초토화시키라는 사명을 띠고 보내심을 받았을 때에는, 산들과 같이 지체 높은 자들이나 골짜기들 같이 지체 낮은 사람들 어느 쪽도 그들 자신이나 그들의 땅을 하나님의 심판으로부터 안전하게 지킬 수 없게 될 것이다. 선지자는 이 예언을 특히 이스라엘의 수도에 구체적으로 적용한다. 그들은 그들의 수도가 그들의 나라를 안전하게 보호해 주는 보호막이 되어 주기를 소망하였지만, 그들의 소망은 여지없이 무너질 것이다(6절): 내가 지금 부요하고 인구가 많은 성읍인 사마리아를 들의 무더기, 즉 밭에 뿌리기 위해서 거기에 둔 거름더미나 다른 곳에 갖다 버리기 위해서 모아둔 돌무더기 같게 하고, 포도를 심기 위해서 흙을 두툼하게 쌓아 올려서 만든 포도 심을 동산 같게 할 것이다. 하나님은 그 성읍을 돌무더기로 만드시고, 견고한 성읍을 황폐하게 하실 것이다(사 25:2). 그들의 제단들은 밭이랑에 쌓인 돌무더기들 같았었는데(호 12:11), 이제 그들의 집이 그렇게 폐허 더미가 될 것이다. 정복자들은 광분하여 성읍의 돌들을 골짜기에 쏟아내릴 것이고, 그들의 진입을 너무나도 오랫동안 막아 왔던 성벽들에 대하여 그런 식으로 앙갚음을 할 것이다. 원수들이 성벽들을 완전히 다 허물어 버릴 것이기 때문에, 상부 구조물에 의해서 덮여 있던 그 기초가 드러나게 될 것이다. 이렇게 해서, 돌 하나도 돌 위에 남지 않게 될 것이다.

Ⅳ. 그들의 죄가 모든 것을 황폐화시키는 이 심판을 불러오게 된 것이라고 그들을 고소함. 이는 다 야곱의 허물로 말미암음이요(5절). 누가 "하나님이 왜 이토록 진노하셨고, 야곱과 이스라엘이 왜 하나님의 진노로 말미암아 이렇게 폐허가 되어 버린 것이냐"고 묻는다면, 그 대답은 이미 준비되어 있다. 이 모든 재앙은 다 죄 때문이다. 죄가 모든 것을 황폐화시켜 버렸다. 야곱과 이스라엘의 모든 재앙과 재난들은 그들이 저지른 죄들 때문이다. 만약 그들이 하나님을 떠나지 않았더라면, 하나님은 결코 그들을 치러 이렇게 나오지 않으셨을 것이다. 외적인 특권들과 신앙 고백들은 죄악된 백성을 하나님의 심판으로부터 안전하게 지켜주지 못할 것임을 명심하라. 이스라엘 족속에게서 죄가 발견되고, 야곱이 범죄와 반역을 저질렀다면, 하나님은 그들을 아끼지 않으실 것이다. 아니, 하나님은 그들을 가장 먼저 벌하실 것이다. 왜냐하면, 그들의 죄는 다른 모

든 죄보다 그를 가장 진노케 하는 죄이고 가장 호된 책망을 받아 마땅한 죄이기 때문이다. 선지자는 야곱의 허물이 무엇이냐고 반문한다. 우리는 죄로 인한 고통을 느낄 때에 우리를 고통스럽게 만드는 죄가 과연 무엇인지를 캐물어서, 특히 그 죄와 싸우고 씨름하여야 한다는 것을 명심하라. 그렇다면, 야곱의 죄는 무엇이었는가?

1. 그것은 우상 숭배라는 것. 야곱의 죄는 산당들이었다. 그것은 이스라엘에 만연되어 있던 큰 죄였다. 그것은 혼인 계약을 깨뜨리는 영적 간음으로서 이혼당해야 마땅한 죄였다. 유다의 산당들도 야곱의 범죄만큼은 악하지 않았을지라도 역시 하나님을 진노하시게 만든 죄였고, 몇몇 선한 치세 속에서도 여전히 오점(汚點)으로 남아 있던 것이었다: 그럼에도 불구하고 산당들이 제거되지 아니하였으므로 백성이 여전히 산당에서 제사를 드리며 분향하였고 마음을 정하여 그들의 조상들의 하나님께로 돌아오지 아니하였더라(왕하 14:4; 15:35; 대하 20:33).

2. 그것은 두 왕국의 왕도(王都)인 사마리아와 예루살렘의 우상 숭배라는 것. 이 두 왕도는 가장 인구가 많은 곳들이었고, 사람들이 가장 많이 살고 있었기 때문에 악도 가장 많이 저질러졌다. 이렇게 이 두 가지는 서로 상승 작용을 하였다. 이 두 성읍은 가장 화려한 곳들이었다. 거기에 사는 사람들은 온갖 즐거움을 누리며 아주 부유하게 살면서 하나님을 잊었다. 이 두 곳은 그것들이 지닌 권위와 모범으로 말미암아 나라 전체에 가장 큰 영향력을 미치고 있던 곳들이었다. 따라서, 이 두 성읍으로부터 우상 숭배와 사악이 온 땅에 퍼져 나갔다(렘 23:15). 가장 유명한 사람들이나 장소들에서 발생한 영적인 질병들은 가장 전염성이 강하다는 것을 명심하라. 한 나라의 수도, 또는 한 교구를 이끄는 가문이 사악하고 불경스러우며 속되다면, 많은 사람들이 그들의 해로운 길들을 따르고, 그들이 잘못 적어 놓은 규범들을 그대로 따라서 베끼게 될 것이다. 지도자들과 관원들이 저지른 악덕들은 많은 사람들을 지배하고 인도하는 악덕들이기 때문에, 확실하고 혹독하게 벌을 받게 될 것이다. 스스로 범죄할 뿐만 아니라, 이스라엘로 범죄하게 하는 자들은 정말 큰 벌을 받게 될 것이다. 악에 있어서 다른 사람들의 모범이 된 자들은 벌에 있어서도 모범이 되리라는 것을 각오하여야 한다. 그러므로 야곱의 허물이 사마리아라면, 사마리아는 돌무더기가 될 것이다. 죄를 주도하는 자들은 이 말씀을 잘 듣고 두려워하여야 한다.

V. 죄에 상응하는 벌로서 특히 우상들이 파괴되리라는 것(7절).

1. 그들이 숭배하였던 신들이 멸망을 받게 되리라는 것. 앗수르 군대에 의해서 그 새긴 우상들은 다 부서지고 그 목상들은 다 깨뜨려지리라. 사마리아와 그의 우상들은 산헤립에 의해서 다 파괴되었고(사 10:11), 그들의 신들은 불에 던져졌다. 왜냐하면, 그 신들은 신이 아니라 사람의 손으로 만든 것일 뿐이었기 때문이다(사 37:19). 이것은 여호와께서 하신 일이었다. 내가 그 목상들을 다 깨뜨리리라. 권세를 받은 자들이 하나님의 법을 따라서 우상들을 파괴하지 않는다면, 하나님이 직접 나서서 그의 손으로 그 일을 하실 것임을 명심하라.

2. 그들과 그들의 신들 사이에서 오고간 선물들도 멸망을 받게 되리라는 것. 왜냐하면, 그 음행의 값은 다 불살라질 것이기 때문이다. 이것은 그들이 그들의 제단들을 풍성하게 하고 그들의 신상들과 신전들을 화려하게 치장하기 위해서 우상들에게 바친 예물들을 의미하는 것일 수도 있고(정복자들은 개인들의 집만이 아니라 신전들도 약탈할 것이기 때문에, 이 예물들도 그들의 노략물이 될 것이다), 그들이 그들의 우상들 또는 그들을 사랑하는 자들이 그들에게 준 값이라고 불렀던 곡식과 포도주와 기름을 의미하는 것일 수도 있다(호 2:12). 그들은 하나님께 합당한 영광과 존귀를 속여 빼앗아서 그들이 사랑하는 우상들에게 주었기 때문에, 하나님이 그들에게서 이 예물들이나 소산들을 빼앗아 버리실 것이다. 사람들을 범죄하게 만드는 데에 사용되는 것들은 잘 될 수 없다는 것을 명심하라. 왜냐하면, 죄의 삯은 사망이 될 것이기 때문이다. 그가 기생의 값으로 모았은즉 그것이 기생의 값으로 돌아가리라. 우상을 숭배하는 이방 나라들은 그들로 하여금 자기 나라의 우상들을 섬기게 하기 위하여 그들에게 여러 가지 이득과 선물들을 주었고, 그들은 그런 이방 나라들과 동맹을 맺음으로써 부유하게 되었으며, 그들의 우상들의 신전은 이방 나라들을 좇아 음행한 자들이 바치는 예물들로 부유해졌다. 이 모든 재물은 우상 숭배를 하는 이방 나라들의 먹이가 되어서 다시 기생의 값, 즉 우상을 숭배하는 자들의 군대의 품삯이 될 것이다. 그 군사들은 그들의 품삯을 그들이 섬기는 우상들이 그들에게 준 값이라고 여길 것이기 때문에, 그것은 곧 기생의 값이 된다. 그것은 예물로 야렙 왕에게 드려질 것이다(호 10:6). 그들이 그들의 우상들에게 바친 것들과 그들이 그들의 우상들에게서 받았다고 생각한 것들은 다 기생의 값처럼 될 것이다. 하나님의 저주가 그것 위에 있어서, 그것은 결코 잘 되지 못할 것이고 그들에게 그 어떤 유익이나 복도 가져다 주지 못할 것이다. 사람들은 어떤 것을 그들의 하

나의 욕망에 의해서 강제로 빼앗았다면, 그것을 그들의 또 다른 욕망을 충족시키는 데에 탕진하는 것이 보통이다.

⁸이러므로 내가 애통하며 애곡하고 벌거벗은 몸으로 행하며 들개 같이 애곡하고 타조 같이 애통하리니 ⁹이는 그 상처는 고칠 수 없고 그것이 유다까지도 이르고 내 백성의 성문 곧 예루살렘에도 미쳤음이니라 ¹⁰가드에 알리지 말며 도무지 울지 말지어다 내가 베들레아브라에서 티끌에 굴렀도다 ¹¹사빌 주민아 너는 벗은 몸에 수치를 무릅쓰고 나갈지어다 사아난 주민은 나오지 못하고 벧에셀이 애곡하여 너희에게 의지할 곳이 없게 하리라 ¹²마롯 주민이 근심 중에 복을 바라니 이는 재앙이 여호와께로 말미암아 예루살렘 성문에 임함이니라 ¹³라기스 주민아 너는 준마에 병거를 메울지어다 라기스는 딸 시온의 죄의 근본이니 이는 이스라엘의 허물이 네게서 보였음이니라 ¹⁴이러므로 너는 가드모레셋에 작별하는 예물을 줄지어다 악십의 집들이 이스라엘 왕들을 속이리라 ¹⁵마레사 주민아 내가 장차 너를 소유할 자로 네게 이르게 하리니 이스라엘의 영광이 아둘람까지 이를 것이라 ¹⁶너는 네 기뻐하는 자식으로 인하여 네 머리털을 깎아 대머리 같게 할지어다 네 머리가 크게 벗어지게 하기를 독수리 같게 할지어다 이는 그들이 사로잡혀 너를 떠났음이라

우리는 여기에서 멸망한 나라의 장례식에 참석한 조문객들의 긴 행렬을 본다.

I. 선지자 미가가 상주가 됨(8-9절).   내가 애통하고 애곡하고 슬픔으로 인하여 넋이 나간 사람처럼 벌거벗은 몸으로 행하리라. 통상적으로 선지자들은 한편으로는 나라의 우환에 대하여 예언한 미안한 심정을 나타내고, 자기가 하나님의 심판을 선포한 것은 결코 악의에서 나온 것이 아님을 나타내기 위해서(그들은 재앙의 날이 오기를 바라기는커녕, 도리어 그 어떤 것보다도 그런 날이 오는 것을 두려워하였다), 다른 한편으로는 다가올 국가적 재난이 얼마나 두렵고 애곡할 만한 것인지를 보여줌으로써 백성들 속에 그 재난에 대한 거룩한 두려움을 갖게 하여, 회개를 통해서 하나님의 진노를 돌이킬 수 있도록 하기 위해서, 그 재난에 대한 그들의 슬픔을 직접 표현하였다. 우리는 이 세상에서 성도들이 고난받는 때만이 아니라 죄인들이 벌을 받을 때에도 슬퍼하여야 마땅하다는 것을 명심하라. 눈물의 선지자라 불린 예레미야는 그렇게 하였고(렘 9:1),

미가 선지자도 마찬가지였다. 그는 들개 같이 애곡하였다. 들개는 그 땅에서 밤에 나타나서 소름끼치는 괴성을 지르며 구슬프게 울곤 하는 게걸스러운 짐승이었다. 그는 타조 같이 또는 부엉이나 올빼미 같이 애통하였다(이 어구는 이렇게 다양하게 읽는다). 선지자는 여기에서 다음의 두 가지로 인하여 구슬프게 애곡한다.

1. 이스라엘의 처지가 절망적이라는 것. 그 상처는 고칠 수 없다(9절). 그것은 고칠 방도가 없는 파멸이고, 사람으로서는 어떻게 할 수 없는 파멸이다. 이스라엘이 회개하고 삶을 고침으로써 스스로 어떻게 해보려고 해야 하는데도 그렇게 하지 않기 때문에, 하나님도 이스라엘을 돕지 않으실 것이다. 길르앗에는 연고도 있고 의사도 있다. 그러나 그들은 의사를 찾아갈 생각도 하지 않고 연고를 바를 생각도 하지 않기 때문에, 그 상처는 고칠 수 없다.

2. 유다도 마찬가지로 위험에 빠져 있다는 것. 잔이 한 순배 돌아서, 이제 유다의 손에 쥐어졌다. 원수가 내 백성의 성문 곧 예루살렘에도 미쳤다. 사마리아와 열 지파를 멸망시킨 직후에, 앗수르 군대는 산헤립의 지휘 아래 예루살렘을 포위하여 그 성문에까지 미쳤지만, 더 이상 앞으로 나아갈 수가 없었다. 하지만, 예루살렘의 평화를 너무나 지극하게 사랑하였던 선지자 미가에게는 그러한 끔찍한 광경을 미리 보는 것만으로도 신경이 몹시 쓰이고 크게 괴로운 일이었다.

II. 선지자는 여기에서 애곡하러 오라고 몇몇 지방들을 호출함. 그러나 그는 블레셋 사람들의 귀에는 이 일이 들어가지 않게 하라는 단서를 단다(10절). 가드에 알리지 말라. 이것은 다윗이 사울과 요나단을 위하여 애곡할 때에 이 일을 가드에 알리지 말라(삼하 1:20)고 말한 것을 그대로 빌려온 것이다. 선지자가 이러한 단서를 단 것은 할례 받지 않은 자들이 이스라엘의 눈물을 보고서 의기양양해하지 않도록 하기 위해서였다. 우리는 하나님의 이스라엘의 죄나 슬픔을 보면 스스로 즐거워하고 무리를 지어 즐거워하는 자들을 기뻐하게 만드는 일을 하지 않아야 한다는 것을 명심하라. 다윗은 악인들이 자기 앞에 있을 때에는 침묵을 지키고 슬픔을 억눌렀다(시 39:1). 소리를 내어 슬퍼하는 것이 옳다고 하여도, 하나님의 교회가 곤고함 속에 있을 때에 침묵을 지키는 자를 용납하는 것도 우리가 지켜야 할 도리이다. "너희는 티끌에 굴러서(크게 애곡하는 자들이 흔히 그러듯이), 유다 족속과 예루살렘에 있는 모든 집이 티끌을 뒤집어 쓰거나 부스러져서 티끌이 된 아브라의 집 또는 티끌의 집이 되게 하라." 하나님이 우리의 집을 티끌로 만드시면, 우리는 그의 능하신 손 아래에서 스스로 낮아져서, 우리의 입을 티끌 속에 두고, 우리와 관련된 하나님의 섭리를 묵묵히 받아들이는 것이 합당한 일이다. 우리는 티끌일 뿐이다. 하나님은 우리로 하여금 그것을 알게 하시고 시인하게 하시기 위해서 우리를 티끌 같이 낮추신다. 여기에는 미가 선지자가 이 조문에 참여하여 애곡하라고 호출하는 여러 다양한 곳들의 이름이 나오는데, 그 중의 일부는 성경의 다른 곳에 나오지 않는 곳들이기 때문에, 우리는 선지자가 이 백성에게 임할 참상들을 보여주거나 강조해서, 이 안일하고 우둔한 백성으로 하여금 정신을 차리게 하여, 하나님의 진노에 대하여 거룩한 두려움을 갖게 만들기 위하여, 그 지명들을 지어 붙인 것이 아닌가 추측하게 된다. 우리는 산헤립의 침공에 대한 예언 속에서 그 일이 그 군대가 지나가면서 함락시킨 몇몇 성읍들이 느끼게 될 공포를 중심으로 서술되고 있는 것을 발견한다(사 10:28-29). 그러면, 여기에 나오는 구체적인 내용들을 살펴 보기로 하자.

1. 사빌 주민들은 그들의 모든 장신구들이 벗겨진 채로 벗은 몸에 수치를 무릅쓰고 포로로 잡혀서 나아가거나 도망치지 않을 수 없게 될 것이다(사빌은 단정하고 아름다운 자를 의미하기 때문에, 난외주에서는 아름답게 거하는 너라고 읽는다). 아무리 세련되고 우아한 자태를 지닌 자들도 언제 그들이 멸시받는 모습이 될지 모른다는 것을 명심하라. 그 때에 그 수치는 사빌의 주민인 자들에게는 더욱 견디기 힘든 것이 될 것이다.

2. 사아난 주민들은 그들 자신의 재난 때문에 정신이 없어서, 벧에셀(가까운 곳이라는 뜻)을 애곡하러 나오지 못하고, 곤고함 속에 있는 이웃 나라들을 위로하거나 구원하기 위해서 움직이지 못하게 될 것이다(사아난은 양떼의 땅, 즉 사람들이 양떼처럼 무수히 많은 땅을 의미한다). 왜냐하면, 원수가 너희에게서 그의 주둔지를 받게 될 것이기 때문이다. 사아난 주민들아, 원수가 너희 가운데 진을 치고 주둔하게 될 것이고, 너희 땅을 발판으로 삼게 될 것이다. 처지가 너무 어려워서 자신도 살아남기 위해서 애를 써야 하는 자들은 그들이 나서서 이웃들을 돕지 못한다고 해도 용서받을 수 있다고 생각하는 것이 당연하다.

3. 마롯 주민들은 근심 중에 복을 바랐고 그 복이 없어서 근심하였지만, 결국 실망하게 되었다(마롯에 대해서는 라못을 가리킨다는 주장도 있고, 거친 곳들을 의미한다는 주장도 있다). 왜냐하면, 앗수르 군대가 예루살렘을 포위하였을

때에 재앙이 여호와께로 말미암아 예루살렘 성문에 임하였기 때문이다(12절). 마룻 주민들은 거룩한 도성 자체가 위험에 빠진 것을 보았을 때에 그들 자신의 근심은 간과할 수 있었고, 재앙이 여호와께로 말미암아 임한 것을 보았을 때에 그 도구로 사용된 앗수르 군대를 간과할 수 있었다.

4. 라기스는 산헤립이 포위한 유다의 성읍이었다(사 36:1-2). 선지자는 이 성읍의 주민들에게 신속하게 도망하는 것 외에는 그들 자신과 그들의 가족을 안전하게 지킬 수 있는 다른 방도가 남아 있지 않기 때문에 준마에 병거를 메라고 말한다. 또는, 이것은 반어법적인 말일 수도 있다. "너희는 병거들과 준마들을 가지고 있었지만, 그것들이 다 지금 무슨 소용이란 말이냐?" 하나님이 라기스와 다투시는 이유는 그 성읍이 딸 시온의 죄, 즉 우상 숭배의 죄의 근본이었기 때문이다(13절). 그들은 그들의 가까운 이웃인 열 지파로부터 우상 숭배를 배워 와서 두 지파를 물들였다. 한 나라에 죄를 들여오는 데에 한 몫을 하는 자들은 그 일로 말미암아 그 나라에서 내쳐질 준비를 하고 있는 것임을 명심하라. 죄 짓는 데에 앞장 선 자들은 벌도 가장 먼저 받게 될 것을 각오하여야 한다. 이스라엘의 허물이 네게서 보였다. 이스라엘의 허물들이 어디에서 시작되었는지를 추적해 보자, 그것들의 대부분은 라기스라는 성읍에서 시작되었다는 것이 드러났다. 하나님은 이스라엘이 범죄하게 된 책임이 누구에게 있는지를 아신다. 라기스는 이스라엘이 범죄하는 데에 너무도 많은 기여를 하였기 때문에 반드시 그 벌을 받게 될 것이다. 너는 가드모레셋에 예물을 주게 될 것이다. 가드모레셋은 저 유명한 블레셋의 성읍인 가드에 부속되어 있었던 블레셋 사람들의 한 성읍이었다. 너는 그 성읍 사람들에게 예물을 주며 너를 도와 달라고 애걸하겠지만, 아무 소용이 없을 것이다. 왜냐하면, 악십의 집들이 이스라엘 왕들을 속일(14절) 것이기 때문이다(악십은 마레사 또는 모레셋과 인접한 성읍이었다, 수 15:44). 라기스 사람들은 악십 사람들의 힘을 의지하겠지만, 곧 실망하게 될 것이다. 악십이라는 이름 속에는 그러한 암시가 담겨 있다. 악십은 속임을 의미하기 때문에, 악십 사람들은 그들을 믿고 의지하는 자들에게 결국 속임이 되고 말 것이다.

5. 이스라엘을 도울 수도 없고 돕고자 하지도 않을 마레사는 그 자신이 먹잇감이 되고 말 것이다(15절). "내가 장차 너를 소유할 자(즉, 마치 합법적인 상속자인 듯이 당당하게 네 땅을 차지할 원수)로 네게 이르게 하리니, 그가 이스라

엘의 영광인 아둘람, 즉 도성인 예루살렘까지 이를 것이다." 또는, "이스라엘의 영광이 저 가난하고 보잘것없는 아둘람처럼 되고 말 것이다." 또는, "이스라엘이 자랑하였던 앗수르 왕이 아둘람에 이르러서, 이 나라를 초토화시켜 버릴 것이다."

6. 선지자는 유다 온 땅을 향하여 울며 애곡하라고 촉구함(16절). "너는 네가 그토록 애지중지하며 정성껏 키운 네 기뻐하는 자식으로 인하여 네 머리털을 깎고 네 머리를 밀어서 대머리 같게 할지어다. 네 머리가 크게 벗어지게 하기를 털갈이를 할 때에 완전히 대머리가 되어 버리는 독수리 같게 할지어다. 이는 그들이 사로잡혀 너를 떠났고, 다시는 돌아올 것 같지 않음이라. 그들이 사로잡혀 간 것은 그들에게 너무나 힘든 일이 될 것이다. 왜냐하면, 그들은 곱게 자라서 고생에 익숙하지 않기 때문이다." 또는, 이것은 특히 마레사 주민들에게 해당되는 말씀일 수도 있다(15절). 마레사는 선지자 미가 자신의 고향 성읍이었지만, 그는 자기 고향을 쳐서 하나님의 심판을 선포한다. 왜냐하면, 미가 같은 선지자를 배출한 성읍이었는데도, 하나님이 심판하실 날을 몰랐다면, 그들의 죄는 더욱 가중될 수밖에 없기 때문이다. 그들은 그런 특권을 받았는데도 그 특권을 제대로 선용하지 않았기 때문에, 하나님이나 그의 선지자로부터 은총을 얻지 못할 것이다.

제
— 2 —
장

개요

이 장에는 다음과 같은 내용들이 나온다. I. 이스라엘 백성이 저지른 죄들을 고소함 — 탐욕과 압제, 기만적이고 폭력적인 행위들(1-2절), 여자들이나 아이들, 그들에게 전혀 해가 되지 않는 다른 나라 사람들에게까지 야만적으로 대한 것(8-9절), 하나님의 선지자들을 배척하고 강제로 예언하지 못하게 하며(6-7절), 거짓 선지자들을 기뻐한 것(11절). II. 그들이 그들의 죄로 인하여 심판을 받아서, 낮아지고 빈곤하게 되며(3-5절), 추방당하게 될 것이라고 경고함(10절). III. 그들 가운데서 선한 자들에게는 메시야로 말미암아 위로를 얻게 될 것이라는 은혜로운 약속이 주어짐(12-13절). 이것은 미가서 전체에 나오는 대부분의 예언들의 전반적인 요지이자 취지이다.

[1]그들이 침상에서 죄를 꾀하며 악을 꾸미고 날이 밝으면 그 손에 힘이 있으므로 그것을 행하는 자는 화 있을진저 [2]밭들을 탐하여 빼앗고 집들을 탐하여 차지하니 그들이 남자와 그의 집과 사람과 그의 산업을 강탈하도다 [3]그러므로 여호와의 말씀에 내가 이 족속에게 재앙을 계획하나니 너희의 목이 이에서 벗어나지 못할 것이요 또한 교만하게 다니지 못할 것이라 이는 재앙의 때임이라 하셨느니라 [4]그 때에 너희를 조롱하는 시를 지으며 슬픈 노래를 불러 이르기를 우리가 온전히 망하게 되었도다 그가 내 백성의 산업을 옮겨 내게서 떠나게 하시며 우리 밭을 나누어 패역자에게 주시는도다 하리니 [5]그러므로 여호와의 회중에서 분깃에 줄을 댈 자가 너희 중에 하나도 없으리라

이 단락에는 다음과 같은 내용들이 나온다.

I. 죄의 악을 꾀하는 자들의 불의(1-2절). 하나님은 이 백성을 쳐서 멸망시키기 위하여 나아오고 계시는데, 여기에서는 그가 그들과 다투시는 이유가 무엇인지를 보여주신다. 다른 죄들과 마찬가지로 나라들과 가문들의 파멸을 재촉하는 죄로 흔히 언급되는 것은 압제의 죄이다. 이 압제의 죄가 어떤 단계

들을 거쳐서 저질러지는지를 살펴보자.

1. 그들은 그들 자신의 소유가 아닌 것을 무척 갖고자 한다는 것. 이것은 온 갖 악의 뿌리가 되는 쓴 뿌리이다(2절). 그들은 아합이 나봇의 포도원에 대하여 그랬듯이 밭들과 집들을 탐한다. "저 자의 밭과 집이 내 것이 된다면 얼마나 좋 을까! 그 밭과 집은 내가 그 자보다 더 잘 관리할 수 있으니, 딱 내 소유가 되어 야 하는 건데. 그 자보다는 내가 거기에 있는 게 훨씬 나아."

2. 그들은 자기가 원하는 것을 이룰 방법들을 궁리해 내기 위해서 온갖 술 책을 짜낸다는 것(1절). 그들은 천벌을 받아 마땅한 무수한 궤계와 술책을 동 원해서 죄를 꾀한다. 그들은 어떻게 하면 자기는 그 일로 인하여 정체가 노출 되거나 위험에 빠지거나 비난을 받지 않으면서도 그 일을 성공적으로 이룰 수 있을지를 궁리한다. 그것은 악을 꾸미는 것이라 불린다! 그들은 가족과 함께 있 는 가운데서도 그들의 머릿속에서는 끊임없이 악을 꾸미는 데에 몰두하고, 마 치 그들 자신이 직접 그 악을 행하고 있는 듯이 기뻐하며, 아주 치밀하게 계책 을 세웠기 때문에 마치 그 일이 확실하게 이루어진 것처럼 성공을 자신한다. 즉흥적으로 악을 행하는 것도 나쁘지만, 계략을 세워서 의도적으로 악을 꾀하 는 것은 훨씬 더 나쁘다는 것을 명심하라. 옛 뱀의 교활함과 영악함이 그의 치 명적인 독과 함께 나타날 때, 그것은 악의 화신(化身) 그 자체가 된다. 그들은 모든 사람들이 잠들어 있는 때에도 침상에서 두 눈을 뜨고 깨어 있는 채로 나쁜 짓을 할 궁리를 하였다. 하나님을 기억하고 묵상하였어야 할 침상에서, 그들 자 신의 마음과 대화를 나누며 그 마음을 살폈어야 할 그들의 침상에서 그들은 죄를 꾀하였다. 우리가 홀로 조용히 물러나 있는 시간들을 적절하게 선용하고 사용 하는 것은 대단히 중요하다.

3. 그들은 그들이 궁리하여 꾸며낸 계책을 실행에 옮기는 데에 그들의 힘을 사용한다는 것. 그들은 그 손에 힘이 있으므로 그들이 꾸민 죄악을 실천한다. 그 들은 그들이 지닌 부와 권력과 영향력을 이용하여 그들의 악한 계책을 이룰 수 있고, 그 누구도 감히 그들을 저지하거나 그들에게 죄를 묻지 못할 것임을 안 다. 그러므로 그들에게 힘이 있다는 것이 그들이 하는 일을 정당화해 주고 지 지해 줄 것이라고 생각한다. 자기가 어떤 일을 할 수 있는 힘이 있다면, 그에게 그 일이 허용되어 있는 것이라고 생각하기 쉬운데, 이것은 많은 사람들이 저지 르는 오해이자 착각이다. 우리에게 주어진 모든 힘은 무엇을 멸망시키라고 주

어진 것이 아니라 덕을 세우라고 주어진 것임을 명심하라.

4. 그들은 그들이 꾸며낸 죄악을 실행하는 데에 아주 신속하고 부지런하며 끈질기다는 것. 그들은 침상에서 어떤 죄악을 행할 계책이 그들의 생각 속에서 매듭지어졌을 때에는, 시간을 허비하지 않고, 날이 밝으면 즉시 그것을 실행에 옮긴다. 그들은 그들이 꾸며낸 계책을 실행하기 위해서 일찍 일어난다. 그들의 손이 해야 할 일이 생기면, 그들은 그들의 모든 힘을 다해서 그 일을 행한다. 이 것은 선을 행하는 데에 나태하고 꾸물거리는 우리를 부끄럽게 만든다. 우리는 악인들의 부지런한 모습을 보고서 타산지석으로 삼아서 우리 자신을 부끄러워 하고, 속히 나태함과 꾸물거리는 것에서 벗어나야 한다. 하나님과 우리 세대를 섬김에 있어서 우리는 오늘 우리가 할 수 있는 일을 내일로 미루는 일이 있어 서는 안 된다.

5. 그들은 그들의 계책을 이루기 위해서는 수단과 방법을 가리지 않는다는 것. 그들은 그들이 탐하는 것은 무슨 수를 써서라도 차지한다.

(1) 그들은 그들이 아무리 흉악하고 뻔뻔스러운 악을 대놓고 저지르고 있는 것이라고 해도 전혀 개의치 않는다는 것. 그들은 사기(詐欺)나 음모나 법을 이 용해서만이 아니라 강제력을 동원해서라도 폭력으로 남의 밭들을 차지한다.

(2) 그들은 누구를 상대로 그들이 악을 행하고 있는지, 그들이 꾸민 죄악이 어디까지 미치는지를 개의치 않는다는 것. 그들은 남자와 그의 집을 강탈한다. 그들은 많은 가족을 부양해야 하는 가장들을 강탈하면 그 가장들과 그 처자식 들이 구걸하며 먹고 살아야 한다는 것을 알면서도, 그 가장들의 것을 빼앗고 파멸시키는 일을 서슴지 않는다. 그들은 사람과 그의 산업을 강탈한다. 그들은 사람들이 조상들로부터 유업으로 물려받아서 맡아 가지고 있다가 후손들에게 다시 물려주어야 하는 것들, 즉 그 사람들의 산업까지도 다 빼앗아 버린다. 그 러나 이 압제자들은 그들이 부유해지기 위해서는 얼마나 많은 사람들을 빈곤 으로 내몰아야 하는지를 알면서도 전혀 개의치 않는다. 탐욕이 마음을 지배하 게 되면, 남을 불쌍히 여기는 마음은 마음속에서 완전히 사라지는 것이 보통이 라는 것을 명심하라. 어떤 사람이 이 세상을 사랑하면, 그 사람 안에는 아버지를 사랑하는 것이나 이웃을 사랑하는 것이 있지 않다(요일 2:15).

II. 그들의 이러한 죄로 인하여 벌을 주시는 재앙을 계획하시는 하나님의 공의(3절). 그러므로 사람 사이를 판단하셔서 악을 행한 자들에게 복수하시는 의로우신 하나님 여호와의 말씀에 내가 이 족속에게, 즉 북왕국 전체와 이스라엘 족속, 특히 그 중에서 잔인하고 압제적인 가문들에게 재앙을 계획하고 있다. 그들이 그들의 형제들에 대한 악을 꾀하는 불의를 저질렀으니, 하나님은 그들을 벌주시기 위한 재앙을 계획하시는 의로우신 일을 행하실 것이다. 무한한 지혜를 지니신 하나님이 그들의 죄에 대한 벌을 계획하고 계시는 것이기 때문에, 그 벌은 아주 확실하여 그들이 피할 수 없을 것이고, 아주 혹독하여 그들이 견딜 수 없을 것이며, 아주 현저하고 주목할 만한 것이어서 모든 사람들이 죄를 지으면 어떻게 되는지를 똑똑히 알게 될 것이다. 죄를 저지르는 데에 악한 술책이 더 많이 등장하면 할수록, 그 죄를 벌하시는 데 있어서도 거룩하고 놀라운 지혜가 더욱 뚜렷하게 드러나게 될 것이다. 왜냐하면, 여호와 하나님은 자기가 집행하시는 심판들을 통해서 자기가 누구인지를 사람들로 알게 하시고 그를 시인하게 만드실 것이기 때문이다(시 9:16).

1. 하나님은 그들이 아주 안일하게도 하나님의 심판을 이런저런 방식으로 피하게 되거나, 비록 심판 아래에 떨어진다고 해도 곧 그 심판을 벗어버리고 거기에서 벗어나게 될 것임을 자신하고 있음을 보시고, 그들의 목이 그 재앙에서 벗어나지 못할 것이라고 그들에게 말씀하신다. 그들은 하나님의 의로우신 계명들의 쉬운 멍에도 감내하려 하지 않고, 그 맨 것들을 끊고 그 결박을 벗어 버리고자 한 벨리알의 자식들이었다(시 2:3). 그러므로 하나님은 그의 의로우신 심판들의 무거운 멍에를 그들 위에 얹으실 것이고, 그들은 그 멍에에서 그들의 목을 빼지 못하게 될 것이다. 다스림을 받고자 하지 않는 자들은 결국 결박을 당하게 될 것이다.

2. 하나님은 그들이 아주 교만하고 당당하게 나다니는 것을 보시고, 그들이 늘인 목, 정을 통하는 눈으로 다니며 아기작거려 걷는 등 교만하게 다니지 못하게 될 것이라고 그들에게 말씀하신다(사 3:16). 왜냐하면, 이제는 재앙의 때가 되어서, 여러 가지 사건들로 인하여 그들이 아주 비천해지고 고생할 수밖에 없게 되어, 아무리 강한 심령을 가진 자도 기가 죽게 될 것이기 때문이다.

3. 하나님은 그들이 아주 즐거워하고 희희낙락하는 모습을 보시고, 그들의 기분이 바뀌어서, 그들의 웃음이 애곡으로 변하며, 그들의 기쁨이 근심으로 변하게 될 것이라고 그들에게 말씀하신다(4절). 하나님이 너희의 압제로 인하여 너희를 벌하러 오실 그 때에 너희 중 한 사람이 너희를 조롱하는 시를 지으며 슬

픈 노래를 부르게 될 것이다. 여기에서 슬픈 노래는 원문에는 애가 중의 애가로 되어 있는데, 노래 중의 노래가 가장 즐거운 노래를 뜻하듯이 애가 중의 애가는 가장 슬픈 노래를 뜻한다. 그들이 그들을 조롱하는 시를 지어 부르는 것을 보고서, 원수들도 그들을 조롱하며 모욕하게 될 것이고, 그들의 친구들은 그들이 당한 재난들을 보고 몹시 슬퍼하게 될 것이기 때문에, "우리가 모든 것을 약탈당하고 온전히 망하게 되었도다"라는 울부짖음이 도처에서 들리게 될 것이다. 형통할 때에 아주 오만하고 안일했던 자들은 역경에 처하면 완전히 풀이 죽어서 절망에 빠지기가 쉽다는 것을 명심하라.

4. 하나님은 그들이 압제로 빼앗은 집과 땅에서 아주 부유하게 사는 것을 보시고, 그들이 그 모든 것을 빼앗기게 될 것이라고 그들에게 말씀하신다.

(1) 그들은 절망 가운데서 그 모든 것을 포기하게 되리라는 것. 그들은 우리가 철저하게 약탈을 당하였도다라고 말하게 될 것이다. 하나님이 자기 백성의 산업을 옮기셨기 때문에, 그것은 이제 더 이상 그들의 것이 되지 못하고, 그들의 원수들이 차지하게 될 것이다. 그가 그것을 내게서 옮기셨도다! 그 일은 순식간에, 그리고 아주 강력하게 일어났다. 우리가 불의하게 얻은 것들은 우리에게 오래 머물러 있지 않을 것이다. 왜냐하면, 의로우신 하나님이 그것을 옮기실 것이기 때문이다. 하나님은 진노 가운데서 우리에게서 떠나셔서, 우리 밭을 나누어 외인(外人)들에게 주셨다. 하나님이 떠나가 버리신 자들에게 화가 있을 것이다. 난외주에서는 이 구절을 이렇게 읽는다: "그가 우리 밭을 회복시키시는 대신에 나누셨다. 그는 우리로 하여금 우리의 재산을 다시 차지하게 하신 것이 아니라, 우리에게서 그것들을 빼앗아 가버린 자들이 그것들을 차지하는 것을 공식적으로 인정하셨다." 하나님이 다른 사람들을 기만적이고 폭력적으로 대한 자들을 또 다른 사람들에 의해서 기만적이고 폭력적인 대우를 받게 하시는 것은 의로우신 일임을 명심하라.

(2) 하나님은 그들이 절망 가운데서 말하는 것을 그대로 재가(裁可)해 주시리라는 것(5절). 여호와의 회중에서 분깃에 줄을 댈 자가 너희 중에 하나도 없으리라. 즉, 너희 가운데는 유업을 나누어 가질 자가 아무도 없을 것이다. 왜냐하면, 모든 땅이 원수들의 수중에 들어가서, 너희들에게 나눌 기업(基業)이 없을 것이고, 땅에 대한 권리를 확정해 주고 땅을 둘러싼 분쟁들을 해결해 줄 법정도 없을 것이며, 여호수아 시대에서처럼 땅들을 놓고 제비를 뽑을 일도 없을 것이

기 때문이다. 원수들에게 빼앗긴 이 땅에 대한 권리는 의심할 여지 없이 그들에게 있었을 뿐만 아니라, 그들은 그 땅을 아주 편안하게 누릴 수 있었다. 왜냐하면, 여호와의 회중이 그 땅 가운데에 있었고, 그 땅은 여호와의 회중 안에 있었기 때문이다. 그것은 하나님의 땅이었다. 그것은 거룩한 땅이었기 때문에, 거기에서 쫓겨나는 것은 그들에게 한층 더 슬픈 일이었다. 여호와의 회중으로부터 우리를 끊어내거나 우리로 하여금 그 특권들을 누리지 못하게 만드는 재난들은 가장 혹독한 재난들이 된다는 것을 명심하라.

⁶그들이 말하기를 너희는 예언하지 말라 이것은 예언할 것이 아니거늘 욕하는 말을 그치지 아니한다 하는도다 ⁷너희 야곱의 족속아 어찌 이르기를 여호와의 영이 성급하시다 하겠느냐 그의 행위가 이러하시다 하겠느냐 나의 말이 정직하게 행하는 자에게 유익하지 아니하냐 ⁸근래에 내 백성이 원수 같이 일어나서 전쟁을 피하여 평안히 지나가는 자들의 의복에서 겉옷을 벗기며 ⁹내 백성의 부녀들을 그들의 즐거운 집에서 쫓아내고 그들의 어린 자녀에게서 나의 영광을 영원히 빼앗는도다 ¹⁰이것은 너희가 쉴 곳이 아니니 일어나 떠날지어다 이는 그것이 이미 더러워졌음이니라 그런즉 반드시 멸하리니 그 멸망이 크리라 ¹¹사람이 만일 허망하게 행하며 거짓말로 이르기를 내가 포도주와 독주에 대하여 네게 예언하리라 할 것 같으면 그 사람이 이 백성의 선지자가 되리로다

이 단락에서는 선지자가 이스라엘 백성을 두 가지 죄로 고소하면서, 각각의 죄와 정확히 대응되는 심판들을 선포하는데, 그 두 가지 죄는 하나님의 선지자들을 박해한 것과 하나님의 가난한 자들을 압제한 것이었다.

I. 하나님의 선지자들을 박해하고 억누르며 침묵시키는 것은 다른 어떤 죄 못지 않게 하나님을 진노하시게 하는 죄라는 것. 왜냐하면, 그것은 우리에 대한 하나님의 권위에 대고 침을 뱉는 행위일 뿐만 아니라, 우리에 대한 하나님의 긍휼의 그릇들을 차버리는 행위이기 때문이다. 하나님이 우리에게 선지자들을 보내시는 것은 우리에 대한 그의 선의를 보여주는 확실하고 귀한 증표이다. 좀 더 자세하게 살펴보자.

1. 이 백성이 하나님의 선지자들을 어떻게 배척하고 방해하였는가. 그들은 예언하는 자들에게 예언하지 말라고 말하였다. 그들은 선견자들에게 "선견하지 말

라. 너희가 본 것들을 설명해 줌으로써 우리를 괴롭히지 말고, 우리에게 그런 겁나는 메시지들을 전하지 말라"고 말하였다(사 30:10). 그들은 아예 예언을 하지 말거나 그들이 듣기 좋은 것들만을 예언하라고 선지자들을 윽박질렀다. 여기에서 예언하다로 번역된 단어는 떨어뜨리다를 의미한다. 왜냐하면, 선지자들이 전하는 말씀들은 하늘로부터 이슬처럼 떨어졌기 때문이다. 삶을 고치기를 싫어하는 자들은 책망을 듣는 것도 싫어하기 때문에, 신실한 사역자들을 침묵시키기 위하여 온갖 짓을 다한다는 것을 명심하라. 아모스도 예언하는 것을 금지당하였다(암 7:10). 박해하는 자들은 선지자들의 입을 막을 다른 방도가 없기 때문에 선지자들의 숨통을 끊어 놓는다. 왜냐하면, 요한계시록에 나오는 두 증인 또는 두 선지자가 그랬듯이(계 11:10), 선지자들은 살아 있는 한 하나님의 말씀을 전하여, 땅에 사는 자들을 괴롭힐 것이기 때문이다. 어떤 이들은 이 구절을 너희는 예언하지 말고, 이 사람들로 하여금 예언하게 하라고 읽는다. 우리에게 우리의 잘못들을 말해주는 자들은 예언하지 말고, 죄악 가운데에 있는 우리에게 듣기 좋은 말만을 해주고 평안을 빌어주는 자들로 예언하게 하라는 것이다. 그들은 그들 가운데에 하나님의 사역자들이 아예 없어야 한다고 말하는 것이 아니라, 그들이 듣고 싶은 말만을 해주고 지금의 그들의 행실을 그대로 인정해 주는 그런 사역자들만이 그들 가운데에 있어야 한다고 말하는 것이다. 그들은 실제로 참 선지자들을 못마땅해하고 침묵시킨 반면에, 거짓 선지자들에 대해서는 지지를 보내고 힘을 실어 주어서 하나님의 신실한 선지자들을 대항하게 하였고, 하나님은 이 죄를 들어서 그들을 고소하신다(11절). 사람이 만일 거짓의 영과 미혹의 영으로 허망하게 행하면서, 하나님으로부터 그 어떤 사명이나 명령도 받지 않았다는 것을 스스로 잘 알면서도, 마치 하나님의 성령으로 행하는 것처럼 가장하여, 내가 포도주와 독주에 대하여 네게 예언하리라고 말하며, 그들에게 포도주와 독주가 충분히 있으리라는 것, 다른 선지자들이 그들에게 경고한 전쟁과 기근의 심판들을 두려워할 필요가 없다는 것, 그들에게 감각의 즐거움을 누리게 해줄 것들이 늘 풍성하여 떨어지지 않으리라는 것을 단호하게 예언하고, 그들이 포도주와 독주를 마음껏 마셔도 그것은 합당한 것이기 때문에 술 취하는 것을 꺼려할 필요가 없다는 것, 그들이 계속해서 죄악을 물같이 마실지라도 평안이 있으리라는 것을 예언하며, 그들이 악한 삶을 그대로 영위하여도 그것은 죄도 아니고 거기에는 위험도 없다고 그들에게 말한다면, 그런

선지자는 하나님의 말씀을 예언한다고 해놓고 사실은 그들 자신의 마음과 생각을 좇아 말하는 자에 불과한데도, 그 사람이 이 백성의 선지자가 될 것이다. 그들은 그들과 어울려서 함께 흥청망청 술을 마시고 떠들어댈 뿐만 아니라, 예언들을 통해서 그들의 방탕함을 축복해 주어서, 그들로 하여금 마음껏 안일함과 방탕함에 빠져서 살게 해주는 그런 선지자를 그들의 선지자로 삼고 싶어하였다. 사악하고 타락한 백성들이 그들과 생각이 완전히 똑같은 자들을 그들의 사역자들로 삼고 싶어하는 것은 이상한 일이 아니다. 왜냐하면, 그들은 하나님도 그들과 같을 것이라고 믿기 때문이다(시 50:21). 그러나 신성한 것들을 그러한 비열한 목적에 악용하고, 예언을 음탕하고 속된 패거리들을 섬기는 데에 이용한다면, 그것은 얼마나 불경스러운 일이겠는가! 그러나 이렇게 주인이 더디 오리라고 거짓 영을 빌려 말하였던 악한 종은 동료들을 때리며 술친구들과 더불어 먹고 마셨다(마 24:48-49).

2. 하나님이 이 문제를 놓고 그들을 타이르심(7절). "너희 야곱의 족속아, 이런 식으로 말하고 행하는 것이 네게 합당한 일이냐? 어찌하여 네가 예언하는 자들을 잠잠하게 하고, 그들이 하나님의 이름으로 말씀을 전하는 것을 금지시키는 것이냐?" 야곱의 족속이라 불리는 것은 영광이고 특권이었다: 유대인이라 불리는 네가 율법을 의지하며 하나님을 자랑한다(롬 2:17). 그러나 그런 귀한 이름으로 불리는 자들이 타락하면, 그들은 통상적으로 사람들 가운데서 가장 악한 자들이 되고, 하나님의 선지자들을 가장 악랄하게 박해하는 원수들이 된다. 야곱의 족속이라 불린 유대인들은 최초로 복음을 전한 자들을 가장 극심하게 박해하는 자들이 되었다. 선지자는 여기에서 이 문제를 놓고서 하나님의 말씀을 억압하는 자들과 이치를 따져 말하는 가운데에 다음과 같은 것들을 보여준다.

(1) 그들이 그렇게 함으로써 거룩한 선지자들의 하나님을 심하게 모독하였다는 것. "여호와의 영이 제한되겠느냐. 너희는 여호와의 선지자들을 침묵시킴으로써 여호와의 영도 침묵시킬 수 있다고 생각하는 모양인데, 너희가 과연 그렇게 할 수 있다고 생각하는 것이냐? 너희가 하나님의 영을 너희의 죄수이자 종으로 삼을 수 있겠느냐? 너희가 하나님의 영에게 무엇을 말할지를 정해 주고, 너희를 불쾌하게 만들 말은 하지 않도록 금지시키고자 하는 것이냐? 너희가 선지자들을 침묵시킨다고 해서, 여호와의 영이 너희의 양심을 뒤흔들어 놓을 다른 방법들을 찾아낼 수 없을 것 같으냐? 너희의 불신앙이 하나님의 계획

들을 좌절시킬 수 있다고 너희는 생각하는 것이냐?"

(2) 그들이 그렇게 한 것은 유대인으로서의 그들의 신분에 먹칠을 한 것이었다는 것. "너희는 야곱의 족속이라 불리고, 그것은 너희의 존귀함이자 영광이다. 그런데, 그러한 일들이 야곱의 족속이라 불리는 너희가 할 짓이냐? 너희 조상 야곱이 그런 식으로 행하더냐? 너희가 그런 일들을 행한 것이 야곱의 발자취를 따른 것이더냐? 결코 그렇지 않다. 너희가 야곱의 자손이라면, 너희는 정녕 그가 행한 일들을 행하여야 할 것이 아니더냐? 그러나 너희는 지금 하나님의 이름으로 너희에게 진리를 말하는 사람을 죽이고 침묵시키고자 하는도다. 아브라함은 이렇게 하지 아니하였고(요 8:39-40), 야곱도 그렇게 하지 않았다." 또는, "그러한 일들이 하나님의 일들이냐. 그러한 일들이 하나님을 기쁘시게 하는 일들이냐? 그러한 일들이 하나님의 백성이 할 짓이냐? 결코 그렇지 않다. 하나님의 백성들 중에서 일부는 하나님의 사역자들을 죽이고, 그것을 하나님을 섬기는 일이라고 생각할 정도로 너무도 이상하게 눈 멀고 고집불통이 될 수 있다고 하더라도(요 16:2), 너희는 그러한 일들이 하나님의 백성이 할 짓이 아니라는 것을 안다."

(3) 그들은 그들이 한 일이 얼마나 어처구니없고 말도 안 되는 짓이었는지를 곰곰이 생각하여야 한다는 것. 나의 말들이 정직하게 행하는 자들에게 유익하지 아니하냐. 그렇다. 분명히, 하나님의 말씀들은 그런 자들에게 유익하다. 이것은 정직한 자들의 세대가 경험한 것들을 근거로 제시한 것이다(시 112:2). "네게 응답해 줄 자가 있으면 지금 불러 보라. 네가 성도들 가운데 누구에게로 향하겠느냐. 네가 성도들 가운데서 아무나 붙잡고 한 번 물어보라. 그러면, 너는 하나님의 말씀이 정직하게 행하는 자들에게 유익하다는 것에 그들이 모두 동의하는 것을 발견하게 될 것이다. 그런데도, 네가 선한 말씀을 전하여 복을 주고자 하는 것을 반대하고자 하느냐? 그렇게 하는 것은 네가 선지자들이 전하는 말들을 자신의 말이라 시인하시고(그것들은 나의 말들이다) 그 말들을 통해서 인간에게 복을 주시고자 하시는 하나님께 악을 행하는 것이다(시 119:68). 너는 큰 은혜를 베푸시는 자께서 선을 행하시는 것을 방해하고자 하고, 세상의 빛을 말(bushel) 아래에 두고자 하는 것이냐? 네가 선견자들에게 선견하지 말라고 말하는 것은 태양에게 빛을 비추지 말라고 말하는 것이나 다름없다. 그렇게 하는 것은 네가 사람들의 영혼에 잘못을 저지르는 것이고, 하나님의 말씀이 주는 유

익을 그들에게서 빼앗는 것이다." 선한 사역자들을 침묵시키고 하나님을 아는 지식과 은혜를 얻을 수단들을 차단하는 자들은 하나님만이 아니라 세상의 원수들이고 그들의 나라의 원수들이라는 것을 명심하라. 왜냐하면, 신앙을 장려하는 것은 각 나라로 하여금 복을 얻게 하기 위한 것이기 때문이다. 하나님의 말씀들은 정직하게 행하는 자들에게 유익하고 복을 가져다 준다. 정직하게 행하는 것은 선한 자들의 성품이고(시 15:2), 하나님의 말씀들이 그들에게 선하고 유익한 것은 그들에게 주어지는 위로이다. 그들은 하나님의 말씀들 속에서 위로를 발견한다. 하나님의 말씀들은 선한 자들에게 선한 말씀들이기 때문에 그들에게 위로가 된다. 그러나 하나님의 말씀들을 배척하고, 선지자들을 침묵시킨 자들은 그들 자신을 정당화하기 위해서 하나님의 말씀들은 그들에게 무익하고 불쾌하였으며, 그들에게 아무런 유익도 주지 못하였고, 그들에 대하여 복이 될 만한 것은 하나도 예언하지 않고 오직 화(禍)가 될 것들만을 예언하였다고 항변한다. 이것은 아합이 미가야 선지자에 대하여 불평하였던 것과 같은 것이었다. 그들의 이러한 불평에 대하여 선지자 미가는 여기에서 그것은 전적으로 그들 자신의 잘못이라고 그들에게 말해 준다. 그들은 그 책임을 선지자들이 아니라 그들 자신에게 돌려야 마땅하였다. 그들은 하나님의 말씀들을 선용하고자 하는 마음을 먹기만 하였다면 얼마든지 그 말씀들을 통해서 유익과 복을 얻었을 것이다. 그들이 정직하게 행하여 위로를 받을 준비가 되어 있었다면, 하나님의 말씀은 그들에게 위로의 말씀이 되었을 것이었다. 선을 행하라 그리하면 네가 칭찬을 받으리라(롬 13:3).

3. 그들은 이 죄로 말미암아 어떤 경고를 받았는가. 하나님은 그들에 대한 벌로 그들을 미혹 가운데에 두시기로 작정하실 것이기 때문에, 그들은 다음과 같이 될 것이다.

(1) 그들이 신실한 사역자들로 말미암은 유익을 박탈당하게 되리라는 것. 그들이 예언하지 말라고 말하였기 때문에, 하나님은 그들이 한 말을 그대로 받아들이셔서, 선지자들이 그들에게 예언하지 못하게 하실 것이다. 이렇게 해서, 그들의 죄는 그대로 그들에 대한 벌이 될 것이다. 사람들이 하나님의 사역자들을 침묵시키고자 한다면, 하나님이 에스겔에게 그러셨듯이 선지자들로 하여금 말씀을 전하지 못하게 하셔서 그들에게 더 이상 꾸짖거나 감시하는 자가 없게 하시는 것은 의로우신 일이다. 환자가 고침받고자 하지 않는다면, 의사는 더

이상 그 환자를 돌볼 수 없다. 왜냐하면, 그 환자는 의사의 지시를 따르지 않을 것이기 때문이다. 선지자들은 그들에게 예언하지 않을 것이고, 더 이상 그들을 부끄럽게하지도 않을 것이다. 사람들이 잘못한 경우에, 그들로 하여금 그들의 어리석은 짓에 대하여 부끄러움을 느끼고서 다시는 그런 잘못을 저지르지 않도록 하기 위하여, 그들을 부끄럽게하는 것은 방백들의 일(삿 18:7)인 동시에 사역자들의 일이기도 하다. 그러나 죄 가운데서 뻔뻔스럽고 부끄러움을 모르게 되어 버린 자들에 대해서는 하나님은 그의 선지자들에게 그들이 우상과 연합하였으니 버려 두라고 말씀하신다.

(2) 그들은 신실하지 못한 눈먼 사역자들이 이끄는 대로 따라가게 되리라는 것. 우리는 11절의 말씀을 경고의 말씀으로 이해할 수 있다: 사람이 만일 아합의 선지자들의 입에 있었던 것과 같은 거짓말하는 영을 가지고 있어서 허망하게 행하며 그들의 악한 길을 지지하며 굳게 해 줄 것 같으면, 그 사람이 이 백성의 선지자가 되리로다. 즉, 하나님은 그들이 그들 마음대로 행하여 그런 자의 말을 듣고 따르도록 내버려 두실 것이라는 말이다. 그들이 스스로 속고자 하기 때문에, 하나님은 그들이 속게 내버려 두실 것이다. 그들이 진리를 사랑하는 가운데에 받고자 하지 않기 때문에, 하나님은 그들에게 미혹의 역사들을 보내셔서 거짓 것을 믿게 하실 것이다(살후 2:10-11). 그들은 포도주와 독주를 위하여 그들에게 예언하는 자들(어떤 이들은 본문을 이렇게 읽기도 한다), 포도주나 맥주 한 병만 주면 그들의 마음에 쏙 드는 예언들을 그들에게 해주는 자들, 복채만 두둑이 쥐어 주면 죄 가운데에 있는 죄인들을 기꺼이 위로해 주는 자들을 그들의 선지자로 갖게 될 것이다. 어느 민족이 그런 선지자들의 인도를 받고 있다면, 그것은 마치 한 개인이 부패한 양심 아래에 있는 것과 마찬가지로 그 민족에 대한 서글픈 심판임과 동시에 그 민족의 멸망이 가까웠다는 것을 보여주는 나쁜 징조이다.

Ⅱ. 하나님이 그들을 고소하시는 이유가 된 또 하나의 죄는 그들이 하나님의 가난한 자들을 압제하였다는 것임. 이것은 앞에서도 한 번 나왔는데(1-2절), 여기에서 다시 한 번 언급되고 있는 것은 이 죄가 하나님이 갑절로 미워하시고 진노하시는 죄이기 때문이다.

1. 이 죄는 어떻게 묘사되고 있는가(8-9절). 그들이 하나님의 선지자들을 경멸하고 배척하였을 때, 그들은 다른 모든 악을 저지를 준비가 다 되어 있었다.

하나님의 말씀을 두려워하고 공경하는 마음을 지니지 않은 자들을 누가 어떤 식으로 막을 수 있겠는가? 전에는 나라를 지키기 위해서 나라의 원수들을 치러 일어나서 용감하게 행동하였던 자들이 근래에는 나라의 원수들 같이 일어나서, 나라를 지키는 것이 아니라 파괴하였고, 외적(外敵)보다 더 심한 해악을 나라에 끼쳤다(한 나라의 내부에 있는 독사들이 흔히 그렇듯이). 그들은 남자들과 여자들과 아이들을 먹잇감으로 삼았다.

(1) 그들이 전쟁을 피하여 가는 자들처럼 평안히 길을 지나가는 자들, 그 어떤 악한 의도도 없이 그저 자기 볼 일을 보러 평안하게 길을 가는 자들에게 한 짓. 그들은 마치 그런 사람들이 위험하고 불온한 자들이라도 된다는 듯이 그런 사람들을 불러 세워서 겉옷과 속옷을 다 벗겼다. 즉, 그들은 길 가는 행인들의 겉옷만이 아니라 속옷도 빼앗아 가졌다. 그들은 그 땅에서 평안하게 사는 자들, 남에게 해를 끼치지 않고 살아서 다른 사람들에 대하여 경계심이나 두려움을 갖고 있지 않았기 때문에 더욱더 손쉬운 먹잇감이 될 수 있었던 자들에게 이런 야만적인 짓을 서슴없이 저질렀다.

(2) 그들이 마땅히 보호해 주었어야 할 부녀자들에게 한 짓(9절). 너희가 내 백성의 부녀들을 그들의 즐거운 집에서 쫓아내었다. 그들은 과부들의 집을 삼키고(마 23:14), 그 과부들을 그 집에서 쫓아내었다. 왜냐하면, 그 집들은 즐거운 집들이어서 그들의 마음에 들었기 때문이었다. 부녀자들을 이렇게 야만적으로 대하는 것만 해도 비인간적인 짓인데, 그 죄성을 특히 가중시킨 것은 그 부녀들이 그들이 마땅히 보호해야 할 하나님의 백성인 부녀들이었다는 것이다.

(3) 그들이 아직 사랑으로 보살핌을 받아야 할 어린아이들에게 한 짓. 너희가 그들의 어린 자녀들에게서 나의 영광을 영원히 빼앗았도다. 이스라엘 백성의 자녀들이 지닌 영광은 그들이 자유인이었다는 것, 하나님의 권속 안에서 태어나서 그 특권들을 지니고 있었다는 것이었는데, 그들은 그 어린 자녀들을 종으로 삼았고, 어린아이들을 이방인들에게 팔아넘겨서 우상 숭배하는 나라들로 보냈기 때문에, 그 어린 자녀들은 영원히 그들의 영광을 박탈당하는 신세가 되고 말았다. 적어도 압제자들은 그 어린 자녀들을 이방인들에게 종으로 팔 때에 그 어린 아이들로 하여금 이방 땅에서 영원히 종살이 하게 하고자 하는 의도를 지니고 있었다. 하나님은 과부들과 고아들을 해치는 자들을 반드시 벌하신다는 것을 명심하라. 왜냐하면, 과부들과 고아들은 그들을 도와 줄 자나 친구가 없

기 때문에 다른 식으로는 침해받은 권리를 회복할 도리가 없는 자들이기 때문이다.

2. 이러한 죄로 말미암아 그들에게 내려진 선고는 무엇이었는가(10절). "일어나 떠날지어다. 이 땅을 떠날 준비를 하라. 왜냐하면, 너희가 내 백성의 부녀들과 어린 자녀들에게서 그들의 소유를 강제로 빼앗았듯이, 내가 너희를 이 땅에서 강제로 내보낼 것이기 때문이다. 가나안 땅은 원래 의도하였던 것과는 달리 이제 너희의 안식처가 아니고, 앞으로도 너희의 안식처가 되지 못할 것이다(시 95:11). 이 땅은 너희의 악행으로 말미암아 더러워졌기 때문에, 너희는 이 땅에서 만족을 누리지도 못할 것이고, 계속해서 살지도 못하게 될 것이다." 죄는 그 죄가 저질러진 곳을 더럽힌다. 그러므로 죄인들은 그들의 죄로 더럽힌 땅에서 편히 쉴 것을 기대해서는 안 된다. 옛적에 가나안 사람들이 그들의 가증한 일들로 이 땅을 더럽혔을 때에 이 땅이 그들을 토해내었듯이(레 18:27-28), 이제 이 땅이 그 죄인들을 토해낼 것이다. "아니, 너희가 이 땅을 떠날 수밖에 없게 될 뿐만 아니라, 혹독한 심판으로 멸망을 당하게 될 것이다. 너희는 이 땅에서 쫓겨나게 되거나, 이 땅에서 멸망을 당하게 될 것이다." 우리는 이 말씀을 현재의 세상 속에서 우리의 모습에 적용해 볼 수 있다. 이 세상은 더러워져 있다. 이 세상은 정욕으로 인하여 아주 많이 썩어 있기 때문에(벧후 1:4), 우리는 일어나 거기에서 떠나서, 세상 속에 있는 썩은 것과 거리를 두고, 자기를 지켜 세속에 물들지 않아야 한다(약 1:27). 이 세상은 우리의 쉴 곳이 아니다. 하나님은 이 세상을 우리의 안식처가 되도록 하기 위하여 만드신 것이 아니다. 이 세상은 우리의 기업(基業)이 아니라 우리가 잠시 통과해 가는 곳으로 만들어졌고, 우리의 본향이 아니라 우리가 잠시 머물러 가는 곳으로 만들어졌다. 여기에는 우리를 위한 영구한 도성이 없다(히 13:14). 그러므로 우리는 일어나 떠나야 한다. 우리는 이 세상을 곧 떠나게 될 것이라고 생각하여, 세상에 대하여 초연하게 살면서, 위에 있는 영구한 도성을 구하여야 한다.

[12]야곱아 내가 반드시 너희 무리를 다 모으며 내가 반드시 이스라엘의 남은 자를 모으고 그들을 한 처소에 두기를 보스라의 양 떼 같이 하며 초장의 양 떼 같이 하리니 사람들이 크게 떠들 것이며 [13]길을 여는 자가 그들 앞에 올라가고 그들은 길을 열어 성문에 이르러서는 그리로 나갈 것이며 그들의 왕이 앞서 가며 여호와께서는

선두로 가시리라 하시니라

　　　진노에 대한 경고의 말씀들이 있은 후에, 예언서들이 통상적으로 그렇듯이, 이 장은 여기에서 긍휼의 약속들로 끝이 나는데, 이 약속들은 유대인들이 바벨론에서 돌아왔을 때에 부분적으로 성취되었고, 메시야의 나라에서 온전히 성취되었다. 그들의 고충들은 모두 해결되고 바로잡아질 것이다.

　1. 그들은 흩어졌지만, 장차 다시 모여서, 함께 그들에 대한 하나님의 은혜의 증표들을 받으며, 서로 친교를 나누고, 서로에게서 위로를 얻게 되리라는 것(12절). "야곱아 내가 반드시 너희 무리를 다 모으리라. 네게 속한 모든 자들, 야곱의 족속이라 불리는 모든 자들(7절), 지금 너희의 땅에서 추방당한 모든 자들(10절)을 내가 다 모으리라. 내가 너희를 다시 모으리니, 너희 중 한 사람도 잃지 않을 것이고, 너희 중 한 사람도 없어지지 않을 것이다. 내가 반드시 이스라엘의 남은 자, 구원을 위하여 예비된 저 남은 자를 모으리라. 그들은 한데 결합하여 한 몸이 될 것이다. 내가 그들을 보스라의 양 떼 같이 한데 모으리라." 양들은 남에게 해를 끼치지 않고 붙임성이 있는 피조물들이다. 그들은 우리 가운데에 있는 양 떼 같을 것이어서, 거기에서 목자의 눈과 보살핌 아래에서 안전할 것이다. 그들은 모인 사람들의 수가 많으므로(에스겔 선지자가 이 비유를 설명할 때에 말한 것처럼 양들은 곧 사람들이다, 겔 34:31) 큰 소리를 낼 것이지만(양 떼나 소 떼가 많이 모이면, 그 우는 소리가 크게 나게 된다), 그것은 그들이 서로 다투거나 싸워서가 아니라, 단지 그들의 수가 많아서 나는 소리일 것이다. 이것은 그리스도께서 그의 복음으로 도처에 흩어진 하나님의 모든 자녀를 한데 모아 하나가 되게 하시고(요 11:52), 유대인들과 이방인들을 한 목자 아래에서 한 우리에 함께 두셨을 때, 그 우리가 그들에게 너무 좁다는 것이 그들이 수가 많으므로 내는 유일한 큰 소리일 때(사 49:19-20), 세상의 모든 지역들로부터 사람들이 교회에 더해지고, 모든 사람들이 그리스도의 십자가의 권능으로 말미암아 그에게 이끌려 왔을 때에 성취되었는데, 이런 일은 점점 흥왕하게 이루어지다가, 그리스도께서 그의 천사들을 보내셔서 그의 택하신 자들을 사방에서 모으실(마 24:31) 때에 완전하게 이루어질 것이다.

　2. 하나님은 그들을 버리고 내치신 것처럼 보였지만, 이제 그들을 시인하시고, 그들 앞에 서셔서, 그들이 돌아와 구원을 받는 길로 행하면서 겪게 될 온갖

난관들을 헤쳐 나갈 때에 그들을 도우시리라는 것(13절). 길을 여는 자가 그들 앞에 올라가면서 그들을 위하여 모든 장애물들을 제거하고 그 길을 여실 것이다. 하나님의 인도하심 아래에서 그들은 길을 열어 성문에 이르러서는, 그들의 선봉이신 전능자를 믿고 담대하고 결연하게 그리로 나갈 것이며, 그 성문을 빠져 나옴으로써 포로 생활에서 완전히 벗어나게 될 것이다. 여호와께서는 광야에서 이스라엘 군대를 구름 기둥과 불 기둥으로 이끄셨을 때와 여호와의 군대 대장으로서 여호수아에게 그 모습을 나타내셨을 때(수 5:14)에 이스라엘 군대를 앞장 서서 인도하셨듯이, 이제도 그들의 왕이 그들보다 앞서 가며, 여호와께서 선두로 가실 것이다(여호와는 그들의 왕이다). 그리스도는 교회의 왕이시고, 여호와이시다. 그는 그들의 선두에 서서 그들보다 앞서 가시면서, 그들을 그들이 포로 되었던 땅에서 이끌어 내시고, 그들이 쉴 땅으로 이끌어 들이신다. 그는 길을 여는 자, 즉 휘장을 찢으셔서, 모든 믿는 자들에게 천국을 열어 주신 분이다. 박식한 피어슨(Pearson) 주교는 이 말씀을 그리스도의 부활에 적용하여, 그리스도께서는 부활을 통해서 권능을 얻으셨고, 우리의 부활의 본이 되셨다고 말한다. 길을 여는 자가 우리보다 앞서 무덤에서 나오셔서 위로 올라가셨고, 삼손이 가사의 문들과 빗장을 무너뜨렸듯이 음부(陰府)의 문들과 그 빗장을 무너뜨리셔서, 우리로 하여금 그 틈새로 나오게 하셨다. 박식한 포코크(Pocock) 박사는 여기에서 길을 여는 자는 엘리야를 가리키고 그들의 왕은 다윗의 자손 메시야를 가리킨다는 것이 옛 유대인들 중 어떤 이들의 해석이었다고 언급하면서, 우리는 이 말씀을 그리스도와 그의 길을 예비한 자인 세례 요한에게 적용할 수 있다고 보았다. 세례 요한은 길을 여는 자였다. 그는 회개의 세례를 통해서 얼음을 깨뜨려서 주의 길을 예비하였다. 세례 요한에게서 복음은 시작되었다. 세례 요한의 때부터 천국은 침노를 당하였다(마 11:12). 따라서 지금도 왕이신 메시야는 선두에 서서 기독 교회를 이끌고 나아가시면서, 이기고 또 이기고 계신다.

제
— 3 —
장

개요

사도 바울이 선지자들 중 한 사람에 관하여 말한 것은 그 선지자와 동시대인이었던 미가 선지자에게도 그대로 적용된다: "이사야는 매우 담대하였다"(롬 10:20). 이 장에서 미가는 매우 담대하여서, 죄 짓는 데에 앞장 섰던 큰 자들을 책망하고 경고한다. 그는 자기가 왜 이토록 담대한지 그 이유를 밝히면서(8절), 그것은 그가 하나님으로부터 사명과 지시를 받아서 자신의 것보다 더 높은 영과 권능으로 말씀을 전하기 때문이라고 말한다. 방백의 직책과 성직자의 직책은 하나님이 그의 교회에 유익이 되게 하시려고 세우신 두 개의 큰 규례인데, 이 두 가지가 모두 부패하고 왜곡되어서, 하나님이 그 직책들을 세우신 목적을 제대로 이루어내지 못하였다. 그래서 선지자는 이 두 규례를 왜곡시켜서 교회에 해를 끼친 자들을 아주 호되게 책망하는데, 이렇게 책망하는 것은 옳은 일이다. I. 선지자는 통치자들(1-4절)과 사람들에게 듣기 좋은 말만을 해주는 거짓 선지자들(5-7절)을 책망하고 경고하면서, 그들을 각각 훈계한다. II. 선지자는 그들을 한꺼번에 훈계하면서, 그들이 서로 힘을 합쳐서 이 나라를 파멸로 내몰고 있으니 이 나라가 망하는 것을 보게 될 것이라고 경고한다(8-12절).

[1]내가 또 이르노니 야곱의 우두머리들과 이스라엘 족속의 통치자들아 들으라 정의를 아는 것이 너희의 본분이 아니냐 [2]너희가 선을 미워하고 악을 기뻐하여 내 백성의 가죽을 벗기고 그 뼈에서 살을 뜯어 [3]그들의 살을 먹으며 그 가죽을 벗기며 그 뼈를 꺾어 다지기를 냄비와 솥 가운데에 담을 고기처럼 하는도다 [4]그 때에 그들이 여호와께 부르짖을지라도 응답하지 아니하시고 그들의 행위가 악했던 만큼 그들 앞에 얼굴을 가리시리라 [5]내 백성을 유혹하는 선지자들은 이에 물 것이 있으면 평강을 외치나 그 입에 무엇을 채워 주지 아니하는 자에게는 전쟁을 준비하는도다 이런 선지자에 대하여 여호와께서 이르시되 [6]그러므로 너희가 밤을 만나리니 이상을 보지 못할 것이요 어둠을 만나리니 점 치지 못하리라 하셨나니 이 선지자 위에는 해가 져서 낮이 캄캄할 것이라 [7]선견자가 부끄러워하며 술객이 수치를 당하여

다 입술을 가릴 것은 하나님이 응답하지 아니하심이거니와

통치자들과 선지자들은 그들의 직무를 신실하게 수행한다면 다른 사람들보다 존경을 받아 마땅한 자들이다. 그러나 그들이 그들에 대한 신뢰를 배신하여 그들의 직무를 제대로 수행하지 않는다면, 그들도 다른 사람들과 마찬가지로 그들의 잘못들에 대하여 들어야 하고, 결국에는 그들 위에 계시는 하나님께 그들이 책임을 져야 한다는 것을 알게 될 것이다. 선지자는 여기에서 하나님의 법정에서 하나님의 이름으로 그들을 심문한다.

I. 통치자들에 대한 고소와 판결. 그는 야곱의 우두머리들과 이스라엘 족속의 통치자들에게 자기가 지금부터 그들에게 말하는 것을 잘 들으라고 촉구한다(1절). 하나님의 말씀 속에는 사람들 가운데서 가장 큰 자들에 대한 책망의 말씀도 들어 있기 때문에, 말씀의 사역자들은 기회가 있을 때마다 통치자들에게 그 책망의 말씀을 전하지 않으면 안 된다. 선지자는 여기에서 자기가 전하는 말씀이 열매를 맺든 안 맺든 자기에게 맡겨진 소임을 신실하게 수행하였다는 것에서 위로를 얻는다. 내가 또 이르노니 통치자들아 들으라. 그는 자기가 사람들의 얼굴을 두려워하여 움츠러들어서 자신의 본분을 제대로 다하지 못하는 일이 없었다는 양심의 증언을 지니고 있었다. 그는 통치자들에게 이렇게 말한다.

1. 하나님이 그들로부터 기대하셨던 것이 무엇이었는가. 정의를 아는 것이 너희의 본분이 아니냐. 여기에서 정의를 안다는 것은 정의를 행하는 것을 의미한다. 왜냐하면, 단지 정의를 아는 것만으로는 아무 소용이 없기 때문이다. "정의를 공평하게 베푸는 것, 즉 사람들의 얼굴을 아는(이것은 사람들의 얼굴을 보아서 불공평하게 일을 처리하는 것을 뜻하는 히브리식 표현이다) 것이 아니라 정의를 알고 각각의 송사(訟事)의 잘잘못을 아는 것이 너희의 임무가 아니더냐?" 또는, 이 구절은 우두머리들과 통치자들은 다른 사람들과는 달리 정의 또는 공의의 규범들을 잘 알고 있는 것이 당연하다는 뜻일 수도 있다. 왜냐하면, 가난하고 어리석은 자들은 정의를 알지 못해도 변명의 여지가 있지만(렘 5:4), 그들은 정의를 알 수 있는 수단들을 지니고 있어서 정의를 모른다고 변명할 수 없기 때문이다. 그러므로 그들이 정의 또는 공의의 법들을 어긴다면, 그것은 하나님을 더 진노케 하는 것이다. 왜냐하면, 그들은 알면서도 범죄하는 것이기 때문이다. "정의를 아는 것이 너희의 본분이 아니냐? 당연히, 그렇다. 그러므

로 너희는 가만히 서서, 내가 전하는 너희 자신의 정의를 듣고서, 내 말이 옳은지, 거기에 무슨 반박할 수 있는 것이 있는지를 판단해 보라."

2. 그들은 정의의 규범들을 잘 알면서도 너무나 형편없이 그 규범들을 범하였다는 것. 그들의 사고방식과 성품은 악하다. 그들은 선을 미워하고 악을 기뻐한다. 그들은 다른 사람들 속에 있는 선을 미워하고, 그 선이 그들 자신에게 어떤 영향을 미치는 것을 싫어한다. 그들은 선을 행하는 것을 싫어하고, 선한 일이 행해지는 것을 싫어하며, 선한 자들과 선을 행하는 자들을 미워한다. 그들은 악을 좋아하고, 다른 사람들을 해치는 것을 기뻐한다. 이것이 그들의 사고방식이기 때문에, 그들은 이 사고방식을 따라서 행동한다. 그들은 그들의 힘 아래에 있는 자들에 대하여 아주 잔인하고 엄하기 때문에, 그들의 마음대로 할 수 있는 자들에 대하여 인정사정을 보아주지 않는다. 그들은 그들이 마땅히 보호해 주어야 할 자들을 야만적으로 삼켜 버리고, 신실하지 못한 목자들이기 때문에 그들이 마땅히 먹여야 할 양 떼를 속여서 도리어 뭔가를 뜯어낸다. 아니, 그들은 양 떼를 먹이는 것이 아니라; 도리어 양 떼를 먹어 치운다(겔 34:2). 양 떼를 먹이는 자가 그 양 떼의 젖을 먹는 것은 마땅한 일이지만(고전 9:7), 그들은 그것으로 만족하지 않는다. 그들은 내 백성의 살을 먹는다. 그들이 양털로 짠 옷을 입는 것은 마땅한 일이지만, 그들은 그것으로 만족하지 않는다. 그들은 하나님의 백성의 가죽을 벗긴다(3절). 그들은 백성들이 감당할 수 없는 무거운 세금을 매겨서, 백성들을 거의 범죄자처럼 취급하여 벌금이나 과태료, 태형 같은 벌들을 동원하여 가혹하게 징수해 냄으로써, 백성들의 가산과 가정을 파괴하였고, 백성들의 목숨이나 생계를 거두어 갔다. 그들은 백성들에게 목자들이 아니라 맹수들이었다. "그들은 백성들의 고혈을 빨기 위해서 그 뼈를 꺾어 다지기를 냄비 가운데에 담을 고기처럼 한다." 이것은 그들이 어떤 자들임을 보여주는 것이다.

(1) 그들은 아주 게걸스럽고 탐욕스러우며, 사치와 방탕에 탐닉하는 자들이었다는 것.

(2) 그들은 그들의 밑에 있는 자들에 대하여 아주 야만적이고 잔인한 자들이었다는 것. 그들은 그들 자신이 부자가 될 수만 있다면, 누구를 알거지로 만들든 개의치 않았다. 돈을 사랑하는 것이 그러한 악의 뿌리이다.

3. 백성들에게 이토록 잔인하였던 그들을 하나님은 어떻게 다루시고자 하

시는가. 그들에게 적용할 법규는 이미 정해져 있다: 긍휼을 베풀지 않은 자들은 긍휼 없는 심판을 받게 될 것이다(4절). "그들이 형통하던 시절에 가난한 자들이 그들에게 부르짖었어도 그들이 듣지 않았던 것처럼, 그들이 곤경에 처한 그 때에 그들이 여호와께 부르짖을지라도 하나님은 그들을 듣지 않으시고 응답하지 아니하실 것이다." 가장 교만하고 오만한 죄인들이 여호와께 부르짖으며, 그들이 전에는 소중하게 여기지도 않았고 본받지도 않았던 하나님의 긍휼을 간청할 때가 올 것이다. 그러나 그 때에 그들이 부르짖을지라도 아무 소용이 없을 것이다. 하나님은 그들에게 그의 은총이 필요한 바로 그 때에 그들 앞에서 얼굴을 숨기실 것이고, 그들이 그의 은총을 받지 못하고 망하는 모습을 지켜보실 것이다. 전에는 그들이 하나님께 등을 돌렸지만, 그들의 행위가 악했던 만큼 그 때에는 하나님이 그들에게 등을 돌리실 것이다. 사람들은 악을 행하고도 잘 되기를 바랄 수 없기 때문에, 아도니베섹이 그랬던 것처럼 다른 사람들에게 행한 그대로 되돌려 받게 될 것임을 명심하라. 왜냐하면, 보복하시는 하나님은 의로우시기 때문이다. 사악한 자에게는 하나님이 그의 거스르심을 보이실 것이다(시 18:26). 하나님은 흔히 잔인하고 무자비한 자들을 그들이 전에 다른 사람들에게 그랬던 것처럼 이제는 그들에게 잔인하고 무자비하게 행할 자들의 손에 붙이신다. 여기에 나오는 말씀은 귀를 막고 가난한 자가 부르짖는 소리를 듣지 아니하면 자기가 부르짖을 때에도 들을 자가 없으리라(잠 21:13)는 말씀과 일치한다. 그러나 긍휼을 베푸는 자들은 하나님으로부터 긍휼을 얻게 될 것이라는 소망을 지닐 수 있다.

II. 선지자들에 대한 고소와 판결. 그들은 거짓으로 예언한 자들이었고, 통치자들은 그 거짓 예언들을 토대로 나라를 다스렸다.

1. 그들의 죄는 무엇이었는가.

(1) 그들은 백성들에게 듣기 좋은 말을 해주며 백성들을 속이고 미혹하는 것을 그들의 업(業)으로 삼았다는 것. 그들은 백성들이 무엇을 해야 하는지와 하나님이 백성들에게 무엇을 행하실지와 관련해서 내 백성을 유혹하여 그릇된 길들로 이끈다. 지도자들이 백성들을 잘못된 길로 가게 하고, 마땅히 백성들 앞에서 백성들을 올바르게 인도하여야 할 자들이 도리어 백성들을 올바른 길에서 벗어나게 이끈다면, 그것은 그 백성들에게 불행한 일이다. "그들은 백성들에게 평안을 외치고, 모든 일이 잘 될 것이라고 말해줌으로써 백성들을 잘못

된 길로 가게 만든다. 백성들이 죄의 길 한가운데에 있어서 파멸 직전에 있는데도, 그들은 평강을 외치며, 그들의 이로 깨문다." 여기에서 그들의 이로 깨문다는 말은 우리가 하고 싶은 말을 억누르고자 할 때에 이로 입술을 지긋이 깨물듯이 그들도 그렇게 하였다는 것을 의미하는 것 같다. 그들은 입으로는 평강을 외쳤지만, 그들의 마음으로는 그것이 거짓말임을 알고 있었기 때문에, 입 밖으로 진실이 튀어나오려고 하니까, 그들의 이로 입술을 깨물며 그 진실을 도로 삼켜 버렸다는 것이다. 그들은 눈먼 자들을 인도하는 눈먼 지도자들이 아니었다. 왜냐하면, 그들은 그들 앞에 있는 시궁창을 뻔히 보면서도, 그들을 따르는 자들을 그 시궁창 속으로 인도하였기 때문이다.

(2) 그들의 목적은 오로지 자신의 배를 불리는 것과 자신의 배를 섬기는 것이었다는 것. 그들은 사도 바울 시대에 활동하던 미혹하는 자들과 같았다(롬 16:18). 왜냐하면, 그들의 신은 그들의 배였기 때문이다(빌 3:19). 그들은 그들의 이에 물 것이 있으면 평강을 외친다. 즉, 그들은 그들에게 뭔가 좋은 것들이나 먹을 것을 주는 자들에게는 듣기 좋은 말을 해주고 비위를 맞추어 주었다. 그러나 그들의 입에 무엇을 채워 주지 아니하는 자들, 그들에게 끊임없이 뭔가를 갖다 바치지 않는 자들에 대해서는 그들은 그런 자들을 원수 대하듯이 대하였다. 그런 자들을 향해서 그들은 그들에게 끊임없이 뭔가를 갖다 바치는 자들에게 외쳤던 평강을 외치지 않은 것은 물론이고, 심지어 그런 자들을 칠 전쟁을 준비하고, 하나님의 심판을 선포하였다. 가톨릭의 일부 교활한 사제들이 신자들이 예물을 얼마나 갖다 바치느냐에 따라서 웃어 주기도 하고 찌푸리기도 하는 것처럼, 그들도 백성들을 그런 식으로 대하였다. 더러운 이득을 탐하지 아니하는 것을 목회자에게 꼭 필요한 자질로 역설한 것은 마땅한 일이다(딤전 3:3; 딛 1:7).

2. 이러한 죄로 인하여 그들에게 내려진 선고는 무엇이었는가(6-7절). 하나님은 그들에 대하여 다음과 같이 경고하신다.

(1) 그들은 그들의 입으로 평안할 것이라고 축복해 주었던 자들과 더불어서 환난에 빠져서 비참하게 되리라는 것. 그들은 백성들에게 듣기 좋은 말을 해주면서 결코 오지 않을 것이라고 자신 있게 말하였던 바로 그 밤, 어둡고 추운 재난의 밤을 만나게 될 것이다. 그 밤은 다른 사람들에게보다도 그들에게 더 어두울 것이다. 이 선지자들 위에는 해가 정오에 질 것이다. 모든 위로가 그들에게서 떠날 것이고, 그들은 온갖 소망을 박탈당하게 될 것이다. 그들에게는 언제나

빛이 있을 것이라고 자신하였던 그들 위에 낮이 캄캄할 것이다. 그들은 단지 외적인 환난들로만 둘러싸이게 되는 것이 아니라, 그들의 마음도 온통 혼란스러워져서, 그들의 기지(機智)는 끝장이 나게 될 것이다. 그들의 머리는 구름이 끼듯 몽롱해질 것이고, 온갖 잡념들이 그들의 머리를 괴롭게 할 것이다. 그들은 그러한 괴로움을 당해도 마땅하다. 그들은 다른 사람들을 어둠 속에 가두었기 때문에, 이제 하나님은 그들을 어둠 속으로 내모실 것이다.

(2) 그들은 이런 일들로 말미암아 결국 침묵하게 될 것이고, 그들이 예언하는 체하였던 모든 것들로 인하여 영원히 부끄러워하게 되리라는 것. 그들은 사실 한 번도 참된 이상(vision)을 본 적이 없었다. 이제 이런 사건이 벌어짐으로써 그들이 예언한 평강은 거짓이었다는 것이 증명됨으로써, 그들은 한 번도 이상을 본 적이 없었고, 하나님의 응답도 전혀 받지 못했으며, 그들이 한 모든 예언은 다 가짜였고, 그들은 사기꾼들이었다는 것이 드러나게 될 것이다. 그들의 명성이 이렇게 완전히 땅에 떨어지면서, 그들의 자신감도 당연히 상실될 것이다. 그들의 심령이 교란되고 혼란스러워지면서, 그들은 그들이 생각해 낸 것들로 인하여 낭패를 당하게 될 것이다. 이 안과 밖의 어둠 때문에 그들은 점 치지 못할 것이고, 거짓 이상조차도 만들어내지 못할 것이며, 뭐가 뭔지 몰라서 당황하여 아무 말도 할 수 없게 된 자들처럼 부끄러워하고 수치를 당하며 입술을 가리게 될 것이다. 다른 사람들을 속이고 미혹하는 자들은 스스로 낭패를 당할 때를 준비하고 있는 것임을 명심하라.

[8]오직 나는 여호와의 영으로 말미암아 능력과 정의와 용기로 충만해져서 야곱의 허물과 이스라엘의 죄를 그들에게 보이리라 [9]야곱 족속의 우두머리들과 이스라엘 족속의 통치자들 곧 정의를 미워하고 정직한 것을 굽게 하는 자들아 원하노니 이 말을 들을지어다 [10]시온을 피로, 예루살렘을 죄악으로 건축하는도다 [11]그들의 우두머리들은 뇌물을 위하여 재판하며 그들의 제사장은 삯을 위하여 교훈하며 그들의 선지자는 돈을 위하여 점을 치면서도 여호와를 의뢰하여 이르기를 여호와께서 우리 중에 계시지 아니하냐 재앙이 우리에게 임하지 아니하리라 하는도다 [12]이러므로 너희로 말미암아 시온은 갈아엎은 밭이 되고 예루살렘은 무더기가 되고 성전의 산은 수풀의 높은 곳이 되리라 하시더라

이 단락에는 다음과 같은 내용들이 나온다.

I. 선지자는 자기가 일하는 데에 하나님의 권능이 함께 하심을 경험하면서, 그가 통치자들과 관원들을 제대로 고소할 수 있는 것은 그 권능이 그의 의로움을 증언해 주고 그를 붙들어 주기 때문이라고 엄숙하게 선언함. 그는 자신의 힘으로는 감히 이런 식으로 큰 자들을 고소할 엄두를 낼 수 없는 자였지만, 선지자적인 충동과 감화로 말미암아 그 일을 할 수 있게 되었다는 것이다. 큰 자들을 고소하여 말씀하시는 이는 그가 아니라 하나님이셨고, 그는 단지 하나님이 그의 입에 넣어 주신 말씀만을 전할 수 있을 뿐이었다. 또한, 그가 이렇게 하는 것은 거짓 선지자들과 대비되는 것이었다. 거짓 선지자들은 백성들을 신실하게 대할 용기가 없었기 때문에 죄 가운데 있는 백성들에게 듣기 좋은 말만을 해주었지만, 역사상에서 일어나는 사건들을 통해서 그들이 거짓말쟁이라는 것이 증명될 때에 부끄러움을 당하게 될 것이었다. 미가는 이렇게 말한다: 거짓 선지자들은 육에 속한 자들이고 성령이 없는 자들이었지만(유 1:19), 진실로 나는 여호와의 영으로 말미암아 능력으로 충만하다(8절). 그는 자기가 전하는 것이 진리라는 것을 스스로 확신하고 있었기 때문에 확신 있게 전하였다. 미가를 저 거짓 선지자들과 비교해 보라. 그러면, 너희는 이 둘 사이에는 비슷한 점이 없다고 말하게 될 것이다. 겨가 어찌 알곡과 같겠느냐(렘 23:28). 그림 속의 불이 어찌 현실의 불과 같겠느냐? 좀 더 자세하게 살펴보자.

1. 선지자 미가가 하나님의 영으로 말미암아 갖추게 된 자질들은 어떤 것들이었는가. 그는 능력과 정의와 용기로 충만해졌다. 그는 하나님과 사람들의 영혼에 대한 열렬한 사랑, 하나님의 영광과 사람들의 구원에 대한 깊은 관심, 죄를 미워하는 불꽃 같은 열심을 지니고 있었다. 또한, 그는 큰 자들이나 큰 무리들의 분노를 두려워하지 않고, 죄를 쳐서 증언하고 책망할 수 있는 용기를 지니게 되었다. 그가 어떤 어려움들이나 낙심 되는 일들을 만났어도, 그들은 그가 선지자로 활동하는 것을 그만두게 하지 못하였다. 그는 이런 일들을 전혀 개의치 아니하였다. 이 모든 것에 있어서 그는 공의와 사려분별의 인도함을 받았다. 그는 용기 있는 자임과 동시에 지혜 있는 자였다. 그의 모든 강론 속에는 열기와 더불어서 빛이 있었고, 열심과 더불어서 지혜의 영이 있었다. 이렇게 이 하나님의 사람은 그가 전해야 했던 온갖 선한 말씀과 그가 행하여야 했던 온갖 선한 일에 적합한 모든 능력을 갖추게 되었다(딤후 3:17). 그가 전하는 말씀을 들

은 자들은 그가 능력과 정의로 충만하다는 것을 알아차릴 수밖에 없었다. 왜냐하면, 그들은 그들의 지각이 열리고 그들의 속에서 마음이 뜨겁게 되는 것을 알았기 때문이다. 하나님의 말씀은 이렇게 성령의 증거와 나타나심을 통하여 능력 있게 그에게서 나왔다.

2. 그의 이러한 자질들은 어디에서 왔는가. 그것들은 미가 자기에게서 나오거나 자기로 말미암은 것이 아니었고, 그는 여호와의 영으로 말미암아 능력으로 충만해진 것이었다. 여호와의 영이 자기 속에 계셔서 자기를 통하여 말씀하신다는 것과 자기가 전하는 것은 하나님의 계시라는 것을 알았기 때문에 미가는 그것을 담대하게 전할 수 있었고, 자기가 전하는 말씀이 의롭고 하나님이 그를 붙들어 주고 계시다는 것을 알았기 때문에 미가는 권세를 지닌 자 같이 그의 얼굴을 부싯돌 같이 굳게 할 수 있었다(사 50:7-8). 정직하게 행하는 자들은 담대하게 행할 수 있다는 것을 명심하라. 하나님으로부터 사명을 받았다는 것을 확신하는 자들은 사람들의 반대나 배척을 두려워할 필요가 없다. 아니, 미가는 그의 담대함의 근거였던 예언의 영을 지니고 있었을 뿐만 아니라, 그에게 꼭 필요한 담대함과 지혜를 준 성결(聖潔)의 영도 지니고 있었다. 그는 자기가 지니고 있던 그 어떤 힘으로 말미암아 강한 것이 아니었다. 사람으로서 누가 이 일을 감당하리요(고후 2:16). 선지자 미가는 여호와 안에서와 여호와의 힘의 강력으로 강한 것이었다. 왜냐하면, 우리의 모든 능력은 오직 하나님으로부터 나기 때문이다(고후 3:5). 우리가 어느 때든지 선한 일을 위하여 능력으로 충만하다면, 그것은 전적으로 여호와의 영에 의한 것이다. 왜냐하면, 우리는 본질적으로 물처럼 약한 자들이기 때문이다. 자기 백성과 자신의 사역자들에게 힘과 능력을 주시는 이는 이스라엘의 하나님이시다.

3. 그는 이러한 자질들을 어디에 사용하였는가. 그는 이 정의와 능력을 사용하여, 야곱의 허물과 이스라엘의 죄를 그들에게 보였다. 범죄한 것이 야곱과 이스라엘 속에서 발견된다면, 그들은 그것에 대하여 들어야 하고, 그들에게 그것을 말해 주고 크게 외치며 목소리를 아끼지 않는 것은 하나님의 선지자들의 일이다(사 58:1). 하나님의 말씀을 들으러 오는 자들은 그들의 잘못들에 대하여 기꺼이 듣고자 하여야 하고, 사역자들이 그들의 잘못들을 분명하고 신실하게 다룰 수 있도록 여건을 만들어 주어야 할 뿐만 아니라, 사역자들이 지적하는 그들의 잘못들을 감사함으로 받아야 한다. 그러나 책망을 기꺼이 받을 정도로 온

유함을 지닌 자는 드물기 때문에, 책망을 하는 자들은 담대함을 지닐 필요가 있으므로, 하나님께 지혜와 권능의 영을 달라고 기도하여야 한다.

Ⅱ. 선지자는 야곱 족속의 우두머리들을 다루는 데에 이 능력을 사용함. 그는 이 장의 전반부에서 이미 이 우두머리들, 즉 통치자들과 선지자들을 강도 높게 고소한 바 있다. 거기에서와 마찬가지로(1절) 여기에서도 그는 그들에게 주의를 기울여서 경청하라고 촉구하는데(9절), 본문에서 이스라엘 족속의 통치자들이라는 표현을 통해서 그가 의미하는 것은 사실 유다 족속의 통치자들이다. 왜냐하면, 미가 3:12을 인용하고 있는 예레미야 26:18-19에 의하면, 미가는 이 말씀을 히스기야 시대에 유다에서 전한 것으로 되어 있기 때문이다. 열 지파는 이미 포로로 잡혀갔고, 이제 야곱과 이스라엘 가운데서 남아 있는 것은 유다뿐이었다. 선지자 미가는 그들의 호칭을 우두머리들과 통치자들이라 부르며, 그들에 대하여 공손한 태도로 말한다(원하노니 들을지어다). 사역자들은 큰 자들의 죄를 책망할 때에 대충이 아니라 신실하고 충실하게 그 죄를 지적하여야 하지만, 그들을 무례하거나 불손하게 대하여서는 안 된다. 좀 더 자세하게 살펴보자.

1. 야곱 족속의 이 우두머리들, 즉 통치자들과 제사장들과 선지자들이 저지른 큰 악. 간단히 말해서, 그들은 탐욕스러워서, 그들의 직책을 악용해서 돈을 긁어 모았다.

(1) 통치자들. 통치자들은 모든 정의를 몹시 미워하였다. 그들은 그들 자신의 행위에서나 그들에게 들어온 송사들을 판결할 때에나 공의에 관한 그 어떤 법에 의해서도 지배를 받고자 하지 않았다. 그들은 모든 정직한 것을 굽게 하였고, 그들의 속된 이익을 챙기는 데에 도움이 되지 않는 정의는 완전히 무시해 버렸다. 그들은 정의를 행한다는 미명 아래에서도 가장 명백한 불의들을 행함으로써, 방백의 직책을 제정하시고 권세의 원천이 되신 분의 의도와 반대되는 쪽으로 재판을 굽게 하였다. 선지자는 그들이 시온을 피로 건축하고 있다고 고소한다(10절). "그들은 그들의 착취와 압제를 정당화하기 위해서 그들이 시온과 예루살렘을 건축하고 있다는 명분을 내세운다. 그들은 거룩한 성읍들에 새로운 길과 광장들을 조성하고 장식한다. 그들은 교회와 나라에서 백성들에게 유익한 것들을 견고히 하고 진척시키면서, 그들이 하나님과 이스라엘을 선하게 섬기고 있다고 생각한다. 그러나 그들은 피와 죄악으로 그렇게 하고 있는 것이기 때

문에, 그 일은 형통할 수가 없다. 그들의 의도가 하나님의 도성에 선한 일을 하기 위한 것이라고 할지라도, 그들이 하나님의 법을 어긴 것이 정당화될 수는 없다." 거룩한 교회를 위한 불타는 열심과 신앙을 전파하고자 하는 의도로 행해지기만 하다면, 강도와 살인, 학살과 약탈도 얼마든지 거룩한 행위들이 될 수 있다고 생각하는 자들은 착각하고 있고 오해하고 있는 것이다. 시온의 성벽들은 피와 죄악으로 그 성벽들을 짓는 자들에게 결코 감사하지 않을 것임을 명심하라. 사람의 죄는 하나님의 의를 이루지 못한다. "통치자들의 직무는 그들에게 들어온 송사들을 판단하는 것이다. 그러나 그들은 뇌물을 위하여 재판한다(11절). 그들은 그들에게 뇌물을 주는 자들에게 유리한 판결을 내린다. 가장 의로운 송사도 뇌물 없이는 패소하고, 가장 불의한 송사도 뇌물만 주면 승소한다." 재판장이 "이 송사에서 무엇이 진실이냐"가 아니라 "이 송사를 통해서 내가 어떤 이득을 얻을 수 있을 것인가"를 기준으로 해서 송사를 다룰 때, 백성들의 처지는 참으로 비참해질 수밖에 없다.

(2) 제사장들. 그들의 일은 백성들을 가르치는 것이었고, 이 목적을 위해서 율법은 제사장들에게 매우 존귀하고 편안한 삶을 살 수 있도록 보장해 주었다. 그러나 그들은 그것으로 만족하지 않고, 삯을 위하여, 즉 웃돈을 받고 교훈한다. 그들은 그들에게 돈을 쥐어 주는 사람에게는 그가 듣고 싶어하는 것을 하나님의 말씀으로 포장하여 그의 구미에 맞게 가르친다.

(3) 선지자들. 선지자는 무급(無給)의 직책이었지만, 그들은 사례금이라는 형식으로 돈을 받았던 것으로 보인다(삼상 9:7-8). 그러나 여기에서 언급된 선지자들은 세속적인 이득을 얻을 목적으로 예언을 하였고, 그것이 그들이 선지자로 일하는 주된 목적이었다. 그들은 돈을 위하여 점을 친다. 그들의 혀는 돈을 따라서만 움직였다. 그들은 그들에게 어느 쪽이 가장 이득이 되겠느냐를 따져서, 어떤 것을 예언하기도 하고 예언하지 않고 숨기기도 하였다. 사람들은 선지자들에게 돈만 쥐어 주면 얼마든지 자기가 원하는 하나님의 말씀을 선지자들로부터 들을 수 있었다. 영낙없이 그들은 불의의 삯을 사랑한 발람의 후계자들이었다(벧후 2:15). 악한 것이 교회를 위한 열심에 의해서 거룩해지는 법은 결코 있을 수 없지만, 거룩한 것은 세상을 사랑하는 것에 의해서 더럽혀져서 속되게 될 수 있고, 또한 흔히 그런 일이 벌어진다는 것을 명심하라. 사람들이 그 자체로는 선한 일을 행하되, 더러운 이득을 위하여 행한다면, 그 일은 선한

속성을 잃어버리고, 하나님과 사람에게 가증스러운 것이 되어 버린다.

2. 그럼에도 불구하고, 그들은 헛되게도 신앙이 있는 체 가장하고 육적인 확신이 넘친다는 것. 그들은 여호와를 의뢰한다. 그들은 신앙고백상으로 여호와의 백성이기 때문에, 그들의 이러한 악한 행위들 속에 해로움이나 위험이 없다고 생각한다. 신앙은 영혼의 초석(礎石)이신 여호와 위에 지어지고, 여호와 안에서 안식하며, 여호와를 의지한다. 그러나 가장된 신앙을 지닌 자들은 여호와를 단지 버팀목으로서 의뢰하고 기대며, 자신의 목적을 위하여 여호와를 이용할 뿐이고, 그들의 초석은 여전히 세상이다. 그들은 다음과 같은 것들에 대하여 아주 확신 있게 말한다.

(1) 그들은 그들이 존귀하다는 것을 확신함. "여호와께서 우리 중에 계시지 아니하냐. 우리에게는 여호와께서 우리와 함께 하신다는 것을 보여주는 증표들인 그의 성전과 법궤, 그의 생생한 말씀들이 있지 아니하냐?" 그들은 마치 그들의 교회가 지닌 특권들이 그들의 지극히 악한 행위들조차 상쇄시켜 준다는 듯이, 또는 마치 하나님이 그들과 함께 계시는 것은 제사장들과 백성들이 하는 일들을 잘 되게 해주셔서 그들이 부자가 되게 하기 위한 것인 듯이 여겨서, 성산(聖山)과 그 위엄을 믿고서 교만하다(습 3:11). 여호와께서 그의 규례들을 통해서 그들 가운데에 계신다는 것은 사실이었고, 이것은 그들을 한껏 교만하게 하였다. 그러나 그들이 여호와께서 그의 은총과 사랑으로 그들 가운데에 계신다고 생각하였다면, 그것은 착각이었다. 사람들은 그들의 죄로 말미암아 하나님으로 하여금 그들을 떠나시게 해놓고도, 하나님이 여전히 그들과 함께 계시다고 스스로 착각하는 일이 흔히 있다.

(2) 그들은 그들이 안전하다고 확신함. 재앙이 우리에게 임하지 아니하리라. 그들에게는 교회로서의 특권들이 있기 때문에 아무 일도 생기지 않을 것이라고 아주 안일하게 생각하여 기분좋게 잠에 빠져 있는 자들이 많이 있다. 그들은 마치 그들이 죄 가운데에 있어도 그 특권들이 그들을 보호해 줄 것이고 그 어떤 벌도 그들에게 임하지 않도록 막아 줄 것이라고 생각하는 것 같다. 그러나 그들이 지닌 교회로서의 특권들은 그들의 죄와 그들이 받을 벌을 더욱 가중시킬 뿐이다. 여호와께서 그들 가운데에 계시더라도, 그것은 그들이 악을 행하는 것을 막아주지도 않을 뿐더러, 그들이 악을 행하여 받게 된 재난으로부터 그들을 안전하게 보호해 줄 수도 없다. 죄인들은 그들의 뻔뻔스러움이 그들로

하여금 벌을 받지 않게 해줄 것이라고 생각하기 쉬운데, 그것은 정말 어처구니 없는 생각이다.

3. 안전할 것이라는 그들의 망상에도 불구하고, 그들이 실제로 저지른 악에 대하여 그들에게 내려진 판결(12절). 이러므로 너희로 말미암아 시온은 갈아엎은 밭이 되리라. 이것은 예레미야 선지자가 미가가 전한 담대한 말씀이라고 인용하고 있는 구절이다(렘 26:18). 만약 미가가 이 말씀을 다른 시대에서 전하였다면, 그의 목은 아마도 달아나고 없었을 것이지만, 히스기야와 그의 신하들은 미가가 전한 이 말씀을 잘 받아들였다. 아니, 그들은 즉시 회개하고 삶을 고쳤기 때문에, 이 경고의 말씀은 히스기야 시대에는 집행되지 않았다.

(1) 거룩한 곳들, 즉 하나님의 임재의 징표들이 있고 하나님에 대한 예배가 행해짐으로써 지극히 존귀하였던 곳들이 파괴되리라는 것. 시온은 밭처럼 갈아엎어질 것이고, 건물들은 완전히 불타서 평지 같이 될 것이다. 어떤 이들은 로마인들이 예루살렘을 파괴하면서 철저히 황폐화시키기 위하여 그 성읍이 서 있던 땅을 갈아엎었고, 황제의 허락 없이는 그 땅에 성읍을 다시 재건하지 못하도록 했을 때에 이 예언이 문자 그대로 성취되었다고 지적한다. 거룩한 성 예루살렘조차도 무더기, 즉 폐허 더미가 될 것이고, 성전이 세워져 있는 산은 수풀의 높은 곳들처럼 찔레들과 가시들로 뒤덮이게 될 것이다. 거룩한 곳들이 죄로 더럽혀지면, 그 곳들은 하나님의 심판에 의해서 초토화되어 폐허가 될 것을 각오하여야 한다.

(2) 그들을 다스리는 자들의 악이 이 파멸을 몰고 오리라는 것. "장차 시온이 갈아엎은 밭이 될 것인데, 그것은 너희로 말미암아 그렇게 되는 것이다. 너희는 시온을 건축한다는 명분을 내세우지만, 피와 죄악으로 시온을 건축하는 것은 세우는 것이 아니라 무너뜨리는 것이다." 나라와 교회가 망하는 것은 제사장들과 통치자들의 죄 때문인 경우가 많다는 것을 명심하라. 왕들이 어리석게 행하면, 백성들이 고생한다.

제
— 4 —
장

개요

이 장을 앞 장의 끝부분과 비교하고, 여기에 나오는 위로가 되는 약속의 말씀들을 거기에 나왔던 두려운 경고의 말씀들을 비교해 보면, 우리는 사도 바울처럼 "하나님의 인자하심과 준엄하심을 보라"(롬 11:22)고 말하지 않을 수 없게 된다. 하나님은 시온을 갈아엎은 밭 같이 되게 하심으로써 유대 교회에 대하여 그의 준엄하심을 보이셨고, 기독 교회를 그 폐허 위에 세우심으로써 그의 크신 인자하심을 보이셨다. 하나님은 여기에서 다음과 같은 것들을 약속하신다. I. 열방들이 몰려들어서 시온이 진보하고 흥왕하게 되리라는 것(1-2절). II. 시온이 하나님의 보호 아래에서 평화로우리라는 것(3-4절). III. 시온이 하나님을 변함없이 가까이 하고 하나님에 대하여 신실하리라는 것(5절). IV. 그리스도의 통치 아래에서 시온의 모든 고충들이 해결되고 바로잡히게 되리라는 것(6-7절). V. 시온이 통치권을 지니고서 풍성하고 번성하게 되리라는 것(8절). VI. 시온의 환난들이 마침내 복된 결과를 가져오게 되리라는 것(9-10절). VII. 시온의 원수들이 불안해하게 되리라는 것. 아니, 그들은 시온을 치고자 하다가 도리어 멸망을 당하게 될 것이다(11-13절).

[1]끝날에 이르러는 여호와의 전의 산이 산들의 꼭대기에 굳게 서며 작은 산들 위에 뛰어나고 민족들이 그리로 몰려갈 것이라 [2]곧 많은 이방 사람들이 가며 이르기를 오라 우리가 여호와의 산에 올라가서 야곱의 하나님의 전에 이르자 그가 그의 도를 가지고 우리에게 가르치실 것이니라 우리가 그의 길로 행하리라 하리니 이는 율법이 시온에서부터 나올 것이요 여호와의 말씀이 예루살렘에서부터 나올 것임이라 [3]그가 많은 민족들 사이의 일을 심판하시며 먼 곳 강한 이방 사람을 판결하시리니 무리가 그 칼을 쳐서 보습을 만들고 창을 쳐서 낫을 만들 것이며 이 나라와 저 나라가 다시는 칼을 들고 서로 치지 아니하며 다시는 전쟁을 연습하지 아니하고 [4]각 사람이 자기 포도나무 아래와 자기 무화과나무 아래에 앉을 것이라 그들을 두렵게 할 자가 없으리니 이는 만군의 여호와의 입이 이같이 말씀하셨음이라 [5]만민이 각각 자기의 신의 이름을 의지하여 행하되 오직 우리는 우리 하나님 여호와의

이름을 의지하여 영원히 행하리로다 하시더라 ⁶여호와께서 말씀하시되 그 날에는 내가 저는 자를 모으며 쫓겨난 자와 내가 환난 받게 한 자를 모아 ⁷발을 저는 자는 남은 백성이 되게 하며 멀리 쫓겨났던 자들이 강한 나라가 되게 하고 나 여호와가 시온 산에서 이제부터 영원까지 그들을 다스리리라 하셨나니

이 장의 맨처음에 나오는 "그러나"라는 말은 하나님의 교회의 안위(安危)에 마음을 쓰고 교회가 잘 되기를 진심으로 바라는 자들에게 무척 위로가 되는 말이고 생기를 되찾게 해주는 말이다. 우리가 앞에서 교회의 타락한 모습들을 보고, 특히 교회의 지도자들, 제사장들, 선지자들이 하나님의 것을 구하지 않고 그들 자신의 것들을 구하는 모습을 보았을 때, 그리고 우리가 뒤이어 얼마 있지 않아서 교회, 즉 시온이 그들로 말미암아 갈아엎은 밭 같이 될 것이라는 예언을 들었을 때, 우리는 교회가 언젠가는 망하게 되어서, 이스라엘이라는 이름이 사람들의 기억 속에서 영원히 사라지게 되는 것은 아닌가 하는 불안감을 감출 수 없었다. 또한, 우리는 교회의 상황이 절망적이라고 생각해서, 교회가 이 땅에서 뿌리를 내리지도 못하고 가지를 뻗지도 못할 것이라고 결론을 내리게 된다. 그러나 이 문제에 있어서 우리의 믿음은 우리를 실망시키지 않는다. 교회의 잿더미에서 또 다른 불사조가 생겨날 것이기 때문이다. 우리가 앞 장에서 마지막으로 들은 말씀은 성전의 산이 수풀의 높은 곳들 같이 황폐화되어 버려지리라는 것이었다. 그런 황무지가 다시 옥토가 되는 것이 과연 가능한 일인가? 가능하다. 이 장의 맨처음에 나오는 말씀은 열방들이 몰려와서 여호와의 전의 산이 존귀하게 되리라는 것이다. 성전의 산이 이전에는 버려져서 수치를 당했지만, 이제는 많은 사람들이 몰려와서 영화롭게 될 것이다. 시온은 갈아엎은 밭 같이 되었지만, 하나님은 자기 백성을 완전히 내치신 것이 결코 아니었다. 도리어, 유대인들의 넘어짐은 구원이 이방인들에게 이르게 해줌으로써 세상의 풍성함이 되었다는 것이 밝혀졌다(롬 11:11-12). 이것이 하나님께서 여기에서 미가 선지자를 통해서 우리에게 보여주시는 신비이다. 미가 선지자는 이 장의 처음 세 절에서 이사야 선지자가 동일한 시기에 여호와의 말씀을 받아서 전한 예언(사 2:2-4)을 그대로 똑같이 전하는데, 이것은 하나님이 이 두 증인의 입을 빌려서 여기에 나오는 약속의 말씀들을 견고히 서게 하기 위한 것이었다. 이 말씀들은 복음 교회와 관련된 아주 귀한 약속들로서 이미 부분적으

로 성취되었고, 앞으로 계속해서 점점 더 많이 성취될 것이다. 왜냐하면, 약속하신 이는 신실하시기 때문이다.

Ⅰ. 유대 교회가 변절하여 멸망한 후에 끝날에 이르러 하나님을 위한 교회가 세상에 세워지게 되리라는 것.   즉, 일부 랍비들이 스스로 인정하듯이, 메시야의 날들에 이 교회가 세워질 것이다. 하나님의 백성은 새로운 헌장(憲章)에 의해서 하나로 묶여질 것이고, 새로운 영적 예배가 행해질 것이며, 새로운 직분 제도가 세워질 것이다. 이 새로운 헌장에 의해서 구약의 제도에 의한 것보다 더 나은 특권들이 주어질 것이고, 사람들 가운데서 하나님 나라를 확장시키고 견고히 세우기 위한 더 나은 것들이 공급될 것이다. 여호와의 전의 산은 다시 신실한 예배자들이 하나님을 섬기기에 적합한 견고한 땅이라는 것이 드러나게 될 것이다(1절). 그 산은 그들을 하나로 묶어주는 중심이 될 것이다. 교회가 세상에서 세워질 것이고, 여호와께서는 구원받을 자들을 날마다 교회에 더하실 것이다.

Ⅱ. 이 교회가 견고히 세워지고 잘 건축되리라는 것.   이 교회는 산들의 꼭대기에 굳게 서게 될 것이다. 그리스도께서 친히 교회를 반석 위에 세우실 것이다. 교회는 요동치 않는 터 위에 세워진 난공불락의 요새가 될 것이기 때문에, 음부의 권세가 교회를 무너뜨리거나 훼손시키지 못할 것이다(마 16:18). 교회의 터는 여전히 성산에 있고(시 87:1), 옮겨질 수 없고 옮겨지지 않을 영원한 산들에 있다. 교회는 유일한 성전으로서 한 산 위에 세워지는 것이 아니라 많은 산들 위에 세워질 것이다. 왜냐하면, 교회의 터는 견고할 뿐만 아니라 크기도 하기 때문이다.

Ⅲ. 이 교회는 세상에서 크게 진보하여 모든 것 위에 뛰어나 두드러지게 되리라는 것.   교회는 작은 산들 위에 뛰어나게 될 것이고, 사람들은 교회가 미미한 데서 시작하여 이렇게 커진 것을 보고서 놀라게 될 것이다. 그리스도의 나라는 세상의 그 어떤 나라보다도 더 밝은 광채로 빛을 발하게 될 것이다. 그것은 산 위에 있는 동네 같아서 숨겨지지 못할 것이다(마 5:14). 이 나중의 성전의 영광은 이전의 성전의 영광보다 더 클 것이다(학 2:9; 고후 3:7-8).

Ⅳ. 회심한 많은 무리들이 교회로 몰려올 것이고, 교회 안에서 계속해서 회심하는 자들이 생기게 되리라는 것.   강물이 끊임없이 흘러가듯이, 민족들이 교회 속으로 몰려갈 것이다. 예루살렘 성전이 아직 건재하여 거기에서 예배가

드려졌을 때에 유대인들이 거기로 몰려갔듯이, 세상의 모든 곳들로부터 믿는 자들이 교회 속으로 끊임없이 몰려들 것이다. 전에는 이스라엘의 많은 지파들이 하나님의 성전을 찾기 위해서 성전의 산으로 왔지만, 복음 시대에는 많은 민족들이 교회로 몰려오되, 구름 같이, 비둘기들이 그 보금자리로 날아가는 것 같이 날아올 것이다(사 60:8). 하나님은 그의 일꾼들을 모든 곳으로 보내셔서 모든 민족을 제자로 삼게 하실 것이고, 그들의 수고는 헛되지 않을 것이다. 많은 무리들이 전도를 받아서 복음을 믿고 기독교 신앙을 받아들이게 되면, 그들은 서로를 격려하면서 이렇게 말하게 될 것이다: "오라 우리가 지금 우리 가운데에 우뚝 서 있는 여호와의 산에 올라가서 야곱의 하나님의 전에 이르자. 그 성전은 영적인 성전으로 우리 가운데에 세워져 있어서, 우리는 멀리까지 갈 필요도 없다." 사람들은 이렇게 주의 권능의 날에 즐거이 헌신하여(시 110:3), 안드레가 베드로에게, 빌립이 나다나엘에게 그리스도를 소개하였듯이, 다른 사람들도 기꺼이 주께 헌신하도록 그들이 할 수 있는 일을 하게 될 것이다. 그들은 백성들을 불러 산에 이르게 할 것이다(신 33:19). 왜냐하면, 그리스도 안에는 모든 것이 차고 넘쳐서, 모든 사람에게 충분히 줄 수 있고 각 사람에게 충분히 줄 수 있기 때문이다.

1. 이 회심한 자들이 야곱의 하나님의 전에서 기대하는 것은 무엇인가. 그들은 가르침을 받기 위해서 거기로 온다. "그가 그의 도, 즉 우리로 하여금 그와 함께 걷게 하고자 하시는 그 길, 우리가 그를 은혜 가운데서 만날 수 있는 그 길을 우리에게 가르치실 것이다." 우리가 하나님을 예배하러 가는 것은 하나님에게서 가르침을 받으러 가는 것임을 명심하라.

2. 그들은 이렇게 하나님에게서 가르침을 받을 때에 어떤 것을 행하기로 다짐하는가. 우리가 그의 길로 행하리라. 하나님의 은혜로 말미암아 가르침 받은 대로 행하기로 굳게 작정한 자들은 하나님에게서 가르침을 받게 될 것을 기대해도 좋다는 것을 명심하라.

V. 이것을 위해서 새로운 계시가 세상에 널리 선포되고, 교회가 그 계시 위에 세워지며, 무리들이 그 계시로 말미암아 교회로 몰려오게 되리라는 것. 이는 율법이 시온에서부터 나올 것이요 여호와의 말씀이 예루살렘에서부터 나올 것임이라. 복음은 여기에서 여호와의 말씀이라 불린다. 왜냐하면, 여호와께서 그 말씀을 주셨고, 그 말씀을 선포하는 자들은 큰 무리일 것이기 때문이다(시 68:11).

복음은 하나님에게서 나왔고, 하나님이 부여하신 권위를 지니고 있다. 복음은 우리 주 그리스도께서 직접 전하기 시작하셨다(히 2:3). 그것은 율법, 곧 믿음의 율법이다. 우리는 그리스도의 율법 아래에 있다(고전 9:21). 복음은, 성전과 제단과 규례들이 있던 곳이자 유대인들이 전국 방방곡곡에서 하나님께 예배드리기 위하여 올라갔던 구약 시대의 중심지였던 시온과 예루살렘에서부터 나오게 되어 있었다. 복음이 거기에서 시작되어야 하는 것은 구약과 신약이 서로 연결되어 있다는 것, 복음은 율법을 반대하여 세워진 것이 아니라 율법을 해설하고 예시하기 위한 것으로서 율법이라는 뿌리에서 자라난 가지라는 것을 보여주어야 하기 때문이다. 그리스도께서 복음을 전파하시고 이적들을 행하신 것은 예루살렘에서였다. 거기에서 그는 죽으셨어도 다시 살아나셨으며 하늘로 오르셨다. 거기에서 성령이 믿는 자들에게 부어졌다. 그리스도께서는 모든 민족에게 회개와 죄 사함을 전할 사명을 받은 자들에게 예루살렘에서 시작하라고 명하심으로써, 광야 같은 세상에 물을 대어줄 강물이 거기로부터 발원하게 하셨다.

Ⅵ. 그리스도의 복음이 전파되는 모든 곳에서 사람들을 감화시키는 능력이 복음을 따라 역사하리라는 것(3절). 그가 많은 민족들 사이의 일을 심판하시리라. 율법을 세우신 분이신 메시야(2절)는 여기에서는 심판자이시다. 왜냐하면, 아버지 하나님은 심판을 다 아들이신 그에게 맡기셨고(요 5:22), 그는 심판하러 이 세상에 오셨기(요 9:39) 때문이다. 그의 말씀, 즉 예루살렘에서부터 나오게 되어 있던 그의 복음의 말씀은 그가 거룩한 산 시온에 왕으로 좌정하실 때에(시 2:6) 사람들을 다스리고 심판하시기 위하여 사용하실 금 규(golden sceptre)이다. 그는 그 말씀으로 먼 곳 강한 이방 사람을 책망하시고 판결하실 것이다. 왜냐하면, 말씀과 더불어서 역사하시는 성령이 세상을 책망하실 것이기 때문이다(요 16:8). 하나님은 다윗의 자손이 뭇 나라를 심판할 것이라고 약속하셨는데(시 110:6), 그가 그의 영원한 복음의 병거를 타고 나아가셔서 계속하여 전진해서 이기고 또 이기실 때에 그는 그렇게 하시고 계시는 것이다.

Ⅶ. 메시야의 나라가 세워진 복된 결과로서 사람들이 서로 사랑하며 화목하게 살고자 하는 마음을 품게 되리라는 것. 무리가 그 칼을 쳐서 보습을 만들 것이다. 즉, 성이 나서 혈기를 부리며 사납고 난폭하였던 사람들이 놀라울 정도로 부드러워져서 순하고 온유하게 될 것이다(딛 3:2-3). 회심 이전에는 남에

게 해악을 끼치고 남들로부터 해악을 당하면 용납하고자 하지 않던 자들이 회심 후에는 남들에게 해악을 입어도 참아내며 그 누구에게도 해악을 끼치지 않는 자들이 될 것이다. 복음에 붙들리면 사람들은 화평한 자들이 된다. 왜냐하면, 위로부터 난 지혜는 화평하고 관용하고 양순하기 때문이다(약 3:17). 열방에 복음이라는 누룩이 부풀어 오르기만 한다면, 세상에는 화평이 있게 될 것이다. 그리스도께서 태어나셨을 때에 로마 제국에는 평화가 있었다. 처음으로 복음 교회로 들어오게 된 자들은 모두 다 한 마음과 한 뜻이 되었다(행 4:32). 초대 교회의 그리스도인들은 서로를 극진히 사랑하였는데, 이것은 장차 하늘에서 온전히 성취될 것이다. 하나님은 다음과 같이 약속하신다.

1. 아무도 싸우기를 좋아하지 않게 되리라는 것. 전쟁의 기술은 발전되기는커녕(어떤 이들은 전쟁 기술의 발전을 한 나라의 영광이라 여긴다) 쓸모없는 것으로 치부되어 옆으로 치워지고 잊혀지게 될 것이다. 그들은 스스로를 방어할 필요를 느끼지도 못하고, 이웃들을 공격할 의향도 없게 될 것이기 때문에, 이전과는 달리 다시는 전쟁을 연습하지 아니하게 될 것이다. 이 나라와 저 나라가 다시는 칼을 들고 서로 치지 아니하리라. 복음은 사람들을 겁쟁이로 만드는 것이 아니라, 화평한 자들로 만든다.

2. 모두가 재앙이나 재앙에 대한 두려움이 없이 평안하리라는 것(4절). 그들은 각 사람이 안전하게 앉을 것이고, 아무도 그들을 방해하지 않을 것이다. 그들은 각자 자기 포도나무 아래와 자기 무화과나무 아래에 편안히 앉아서 방해를 받지 않고 그 열매를 먹을 것이고, 그 나무의 잎사귀들 외에 다른 피난처를 필요로 하지 않을 것이다. 그들을 두렵게 할 자가 없으리라. 그들을 두렵게 할 것이 아무것도 없게 될 뿐만 아니라, 그들에게는 두려워하는 성향이 없게 될 것이다. 솔로몬의 통치 아래에서와 마찬가지로 그리스도의 통치 아래에서 풍성한 화평이 있을 것이다. 그를 따르는 자들은 세상에서 환난을 당하지만, 그의 안에서 큰 화평을 누린다. 이런 일이 일어날 것 같지 않다고 해도, 우리는 그 약속을 믿고 의지할 수 있다. 왜냐하면, 만군의 여호와의 입이 이같이 말씀하셨고, 그의 말씀은 하나라도 땅에 떨어지지 않을 것이기 때문이다. 하나님은 그의 말씀을 통해서 그가 말씀하신 것을 그의 섭리와 은혜를 통해서 반드시 행하신다. 만군의 여호와이신 하나님은 장차 화평의 하나님이 되실 것이다. 만군의 여호와의 보호 아래 있는 자들은 당연히 평안할 수밖에 없다.

Ⅷ. **교회들은 그들에게 주어진 화평을 선용하여 변함없이 자신의 본분을 다하게 될 것이고, 하나님을 진노하시게 하여 그 화평을 빼앗기는 일이 없으리라는 것**(5절).   교회들은 평안할 때에 덕 세움을 받고 견고해지며 위로를 얻어서, 다른 나라들이 각자의 신을 의지할지라도(사실은 그런 신들은 존재하지 않지만) 적어도 그들만은 하나님 여호와를 굳게 붙잡으리라고 작정하게 될 것이다. 우리는 이사야서에서 앞의 약속들(사 2:2)이 나온 후에, 야곱 족속아 오라 우리가 여호와의 빛에 행하자(사 2:5)는 말씀이 뒤따르는 것을 보는데, 여기에서도 오직 우리는 우리 하나님 여호와의 이름을 의지하여 영원히 행하리로다(5절)라는 말씀이 뒤따라 나온다. 우리에게 주어진 화평은 그것이 여호와께 꼭 붙어 있겠다는 우리의 결심을 더욱 견고히 해줄 때에만 진정한 축복이 된다는 것을 명심하라.

1. 이방 나라들은 그들의 신들에게 변함없는 충성을 바쳤다는 것. 만민이 각각 자기의 신의 이름을 의지하여 행하고, 자기 신을 고백하며 자기 신에게 꼭 붙어 있고, 자기 신을 예배하고 섬기며, 자기 신을 믿고 의지한다. 사람들은 무엇을 자신의 신으로 삼고 있든 그들의 모든 행위와 일 속에서 그 신을 의지하고 그 신의 이름을 늘 지니고 다닌다. 선원들은 폭풍 속에서 각각 자기의 신을 불렀다(욘 1:5). 어떤 나라가 자기 신을 바꾼 예는 찾아볼 수 없었다(렘 2:11). 하늘의 만상(萬象)이 그들의 신이었다면, 그들은 그 신들을 사랑하고 섬기며 뒤따랐다(렘 8:2).

2. 하나님의 백성은 이제 하나님을 변함없이 따르기로 작정하리라는 것. "우리는 우리 하나님 여호와의 이름을 의지하여 영원히 행하리로다. 우리는 우리의 모든 길에서 그를 인정하고, 그를 경외하는 마음이 항상 우리를 다스리게 하여, 그가 옳다고 하시는 일들만을 행할 것이고, 그에 대한 우리의 관계를 공개적으로 고백할 것이다." 그들의 결단이 얼마나 단호한지를 주목하라. 그것은 논쟁이 필요한 일이 아니다. "우리는 우리 하나님 여호와의 이름을 의지하여 행하리로다." 그것은 의롭고 이치에 맞는 일이다. 그는 우리의 하나님이시다. 그것은 영속성을 지닌 결단이다. "우리는 영원히 그렇게 할 것이고, 결코 그를 떠나지 않을 것이다. 그는 영원히 우리의 하나님이 되실 것이다. 그러므로 우리는 영원히 그의 백성이 될 것이다. 우리는 우리의 선택을 결코 후회하지 않을 것이다."

IX. 교회가 흩어지고 곤고함을 겪으며 연약하다고 할지라도, 반드시 형태를 갖추어 견고히 세워져서 큰 세력이 되리라는 것(6-7절).

1. 구약 시대의 말기에 유대 민족의 부패와 외세(外勢)의 압제 때문에 교회는 비천하고 약하며 무력하기 짝이 없었다는 것. 그들은 다리를 절고 괴로움을 겪으며 이리저리 흩어진 양 떼 같았다(겔 34:16; 렘 50:6, 17). 그들 가운데에 있거나 다른 곳들에 있던 선한 자들은 흩어져서 아주 쇠약해졌으며 멀리 떠나 있어서 거의 잃어버린 자들이나 다름없었다.

2. 하나님은 이 모든 고충들을 해결하여 바로잡고, 그 병을 고치시겠다고 약속하심. 그리스도께서 친히 오셔서(마 15:24), 그의 사도들을 이스라엘 집의 잃어버린 양들에게 보내실 것이다(마 10:6). 발을 절거나 힘이 없어서 똑바로 걸을 수 없는 유대인들 가운데서 하나님은 그리스도의 복음을 받아들인 남은 자(7절), 즉 은혜로 택하심을 입은 남은 자(롬 11:7)를 모으셨고, 멀리 있던 이방인들(이방인들은 이런 식으로 묘사된다, 엡 2:13; 행 2:39) 가운데서 강한 나라를 일으키셨다. 유대인들의 수보다 더 많은 수의 이방인들이 교회로 모여들었다(갈 4:27). 복음 교회는 이렇게 강한 나라이기 때문에, 음부의 권세가 결코 교회를 이길 수 없을 것이다. 그리스도의 교회는 그 어떤 나라보다도 더 그 수가 많고, 주 안에서와 그의 힘의 능력 안에서 강하다(엡 6:10).

X. 메시야가 이 나라의 왕이 되셔서, 종말의 때까지 그 나라를 지키시고 다스리실 것이며, 그 나라의 모든 일들을 가장 복되게 처리하시리라는 것. 주 예수께서는 그의 규례들 안에서 그의 말씀과 성령을 통하여 시온 산에서 이제부터 영원까지 그들을 다스리실 것이다. 왜냐하면, 그의 정사(政事)와 평강의 더함이 무궁할 것이기 때문이다(사 9:7).

[8]너 양 떼의 망대요 딸 시온의 산이여 이전 권능 곧 딸 예루살렘의 나라가 네게로 돌아오리라 [9]이제 네가 어찌하여 부르짖느냐 너희 중에 왕이 없어졌고 네 모사가 죽었으므로 네가 해산하는 여인처럼 고통함이냐 [10]딸 시온이여 해산하는 여인처럼 힘들여 낳을지어다 이제 네가 성읍에서 나가서 들에 거주하며 또 바벨론까지 이르러 거기서 구원을 얻으리니 여호와께서 거기서 너를 네 원수들의 손에서 속량하여 내시리라 [11]이제 많은 이방 사람들이 모여서 너를 치며 이르기를 시온이 더럽게 되며 그것을 우리 눈으로 바라보기를 원하노라 하거니와 [12]그들이 여호와의 뜻을 알

지 못하며 그의 계획을 깨닫지 못한 것이라 여호와께서 곡식 단을 타작 마당에 모음 같이 그들을 모으셨나니 [13]딸 시온이여 일어나서 칠지어다 내가 네 뿔을 무쇠 같게 하며 네 굽을 놋 같게 하리니 네가 여러 백성을 쳐서 깨뜨릴 것이라 네가 그들의 탈취물을 구별하여 여호와께 드리며 그들의 재물을 온 땅의 주께 돌리리라 하시더라

이 단락은 여기에서 양 떼의 망대 또는 에델 망대라 표현된 시온과 예루살렘에 관한 것이다. 성경에서는 이 망대가 베들레헴 근방에 있었다는 것을 말해 준다(창 35:21). 어떤 이들은 여기에서 말하는 곳이 천사들이 그리스도의 탄생 소식을 목자들에게 전해 주었을 때에 목자들이 양 떼를 지키고 있던 바로 그 곳이었다고 추측하고, 어떤 이들은 여기에서 말하는 곳은 바로 베들레헴이라고 생각한다(미 5:2). 어떤 이들은 이 망대가 양문이라 불린 예루살렘 성문에 있던 망대라고 생각하고(느 3:32), 그리스도께서 바로 그 성문을 통해서 예루살렘에 입성하셨을 것이라고 추측한다. 그러나 여기에서 말하는 망대는 다윗의 망대라 불린 예루살렘 또는 시온을 나타내는 것으로 보인다. 이스라엘의 온 양 떼는 해마다 세 차례씩 거기로 모여 들었다. 그 곳은 딸 시온의 요새(이 오벨 성벽도 예루살렘에 있던 한 지명이었다, 느 3:27)였다.

I. 영적 예루살렘, 즉 복음 교회가 받게 될 영광들에 관한 약속. 여기에서 복음 교회는 양 떼의 망대, 그리스도의 모든 양들이 한 목자 아래에서 보호를 받는 저 한 우리(fold)로 묘사된다. "네게 오랫동안 없었고 네가 오랫동안 원하였던 것, 즉 이전 권능, 그러니까 처음에 예루살렘을 일으킨 다윗과 솔로몬이 지니고 있던 것과 동등한 위엄과 능력이 네게로 오리라. 네가 포로로 사로잡혀 가면서 박탈당하였던 그 나라가 다시 딸 예루살렘에게 오리라. 그 나라는 이전과 같이 열방 가운데서 우뚝 서서 빛을 발하며 열방에 대하여 영향력을 미치게 될 것이다. 그것은 첫째 가는 또는 최고의 통치권이다." 이 약속의 말씀은 스룹바벨을 통해서 결코 성취되지 않았다. 그가 지니고 있던 통치권은 내부적으로 그 위엄과 광채에 있어서나 외부적으로 그 권세가 미쳤던 범위에서나 첫째가는 통치권 같은 것이 전혀 아니었다. 그러므로 이 예언은 메시야의 나라를 가리키고 있는 것임에 틀림없고(실제로 갈대아 역본은 그런 식으로 의역한다), 하나님이 우리 주 예수께 그 조상 다윗의 왕위를 주셔서(눅 1:32), 그를 거룩한 산 시

온에 왕으로 세우시고, 그에게 이방 나라를 유업으로 주시며(시 2:6, 8), 그를 장자로 삼고 세상 왕들에게 지존자가 되게(시 89:27; 단 7:14) 하셨을 때에 성취되었다. 다윗은 성령에 감동되어 그리스도를 주라 칭하였고(마 22:43), 그리스도께서는 자기가 솔로몬보다 더 크고, 다윗과 솔로몬의 통치권은 그 범위와 기간에 있어서 그의 통치권과 비교조차 되지 못한다고 증언하셨는데, 그의 증언은 참된 것이었다(포코크 박사의 설명). 유대 백성들은 그리스도의 권세가 딸 시온에게 온 첫째가는 통치권이라는 것을 보여주기 위하여 호산나 다윗의 자손이여(마 21:9)라고 외치며 예루살렘으로 입성하시는 그리스도를 환영하였다. 복음서 기자는 이 사건을 시온의 왕이 시온에 임하리라는 하나님의 약속이 성취된 것이라고 말한다(마 21:5; 슥 9:9). 어떤 이들은 이 구절을 다음과 같이 해석한다: 양 떼의 망대인 시온과 예루살렘, 유대인들의 나라에 최초의 통치권이 임하였다. 즉, 그리스도의 나라가 거기에 최초로 세워졌고, 그 나라의 복음이 거기에서 최초로 전파되었으며(눅 24:47), 그리스도께서 거기에서 최초로 유대인의 왕으로 불리셨다.

II. 이 약속은 하나님이 마지막 날들에 환난을 겪는 복음적 예루살렘을 위하여 행하실 일들의 모형이자 비유로서 역사상의 예루살렘이 재난들을 당하게 될 것이지만 그들에게 어느 정도 은총과 구원이 주어지리라는 예언을 통해서 예시됨.

1. 예루살렘은 하나님의 섭리들에 의해서 고통을 당하게 되리라는 것. "그들은 그들 중에 왕이 없어졌고, 그들이 갖고 있던 저 존귀함과 권능이 없어졌기 때문에, 그들의 모든 이웃이 그들의 비탄을 알아차릴 수 있을 정도로 큰 소리로 부르짖게 될 것이다. 그들은 전에는 여왕으로 앉아서 열방들을 다스렸지만, 이제는 열방의 다스림을 받고 있고, 포로로 끌려가는 신세가 될 것이다. 그들의 모사들은 죽을 것이다. 그들은 이제 그들의 일을 그들의 마음대로 처리할 수 없게 되어서, 원수들의 뜻에 따르고, 원수들의 모사들에 의해 다스림을 받게 될 것이다. 해산하는 여인의 고통이 그들에게 임할 것이다."

(1) 그들은 포로가 되어 바벨론으로 사로잡혀 가겠고, 거기에서 해산하는 여인의 고통 같은 비탄 속에 잠기게 되리라는 것. "그들은 성읍에서 나가서 온갖 불편을 감수하며 들에 거주할 수밖에 없게 될 것이다. 그들은 바벨론까지 이르러, 거기에서 비참한 포로 생활을 하며 칠십 년의 진저리 나는 세월을 보내리

니, 그 세월 동안에 그 기간이 너무나 길다고 생각하며 해산하는 여인처럼 고통 가운데서 구원을 기다릴 것이다."

(2) 그들이 바벨론에서 건짐을 받고 원수들의 손에서 속량함을 받아도, 그들은 여전히 두려움으로 인한 극심한 고통 속에 있으리라는 것. 한 가지 환난의 끝은 단지 또 다른 환난의 시작이 될 것이다. 왜냐하면, 이제 예루살렘이 재건 중에 있을 때에도 많은 이방 사람들이 모여서 그들을 치며 대적할 것이기 때문이다(11절). 이방인들은 에스라와 느헤미야 시대에 실제로 있는 힘을 다해서 성전과 성벽의 재건을 방해하였고, 마카베오 시대에도 그랬다. 그 이방인들은 시온이 더럽게 되기를 원하노라고 말하였다. 그들은 시온이 죄로 더럽혀진 곳이 되고, 하나님과 사람에게서 버림 받은 곳이 되며, 그 거룩한 곳들이 더럽혀지며, 그 모든 존귀함들이 티끌 속에 묻혀지고, 폐허가 된 시온을 우리 눈으로 바라보며 즐거워하고(에돔이 형제의 재앙의 날에 바라보며 기뻐하였듯이, 옵 1:12), 우리가 시온에 대하여 바랐고 오랫동안 고대하였던 날을 우리의 눈이 보기를 원한다고 말하였다. 원수들이 이런 식으로 합세하여 그들을 대적하고 모욕할 때, 그들이 고통스러워서 큰 소리로 부르짖게 되리라는 것은 전혀 이상한 일이 아니다. 밖으로는 다툼이 있고 안으로는 두려움이 있다(고후 7:5).

2. 예루살렘이 하나님의 약속들에 의해서 평안해지리라는 것. "네가 어찌하여 부르짖느냐. 너의 비탄과 두려움을 그치라. 너는 그런 것들에 빠져 있지 말라. 왜냐하면, 너의 형편이 지금은 좋지 않지만, 너는 결국 잘 될 것이기 때문이다. 지금 너의 고통은 크지만, 그 고통은 힘들여 아기를 낳는 해산하는 여인의 고통과 같은 것이니(9-10절), 그 결과는 좋을 것이다." 예루살렘이 겪을 고통은 죽음의 고통이 아니라, 얼마 후에 아기가 세상에 태어나면 그 기쁨으로 인하여 잊혀질 일시적인 산고(産苦)일 뿐이다. 역사상의 예루살렘은 그들이 어떤 궁지에 몰리더라도 메시야가 오실 때까지는 살아남게 될 것이라는 사실로 위안을 삼아야 한다. 왜냐하면, 메시야의 나라는 예루살렘에 가장 먼저 세워질 것이고, 그 축복이 그들에게 실현되기 전까지는 멸망하지 않을 것이기 때문이다. 예루살렘이 마침내 밭처럼 갈아엎어져서 폐허더미가 되더라도(하나님이 이미 경고하신 대로, 3:12), 예루살렘이 지니고 있던 특권들은 영적 예루살렘에게로 고스란히 양도될 것이고, 그 때에 하나님이 예루살렘에 대하여 하신 약속들이 성취될 것이다. 예루살렘은 다음과 같은 이유들 때문에 마음을 편히 가져도 된

다.

(1) 바벨론에서의 그들의 포로 생활은 결국 복되게 끝나게 되리라는 것(10절). 네가 거기서 구원을 얻으리니 여호와께서 거기서 너를 네 원수들의 손에서 속량하여 내시리라. 이 일은 고레스에 의해서 이루어졌는데, 그는 이 일에서 하나님의 종으로서 행하였다. 이 구원은 영원한 복음을 통해서 선포될 것, 즉 우리가 예수 그리스도에 의해서 속량되어 영적인 종살이에서 놓여나게 될 것, 주의 은혜의 해에 그리스도께서 친히 포로 된 자에게 자유를, 눈 먼 자에게 다시 보게 함을 전파하실(눅 4:18-19) 것에 대한 모형이었다.

(2) 그들을 해치고자 한 원수들의 의도는 결국 좌절되고, 그 재난이 원수들 자신에게로 돌아가게 되리라는 것(12-13절). 원수들은 그들의 목적이 이루어질 날을 기대하지만, 결국 그 날은 하나님의 뜻이 이루어지는 하나님의 날이 될 것이다. 원수들은 시온을 쳐서 멸하기 위하여 모이겠지만, 도리어 그들 자신이 멸망하게 될 것이고, 이것은 이스라엘과 이스라엘의 하나님의 영광이 될 것이다.

[1] 원수들이 시온을 치려고 함께 모이는 때는 그들이 멸망하는 때가 되리라는 것. 그들은 예루살렘을 박살내기 위해서 서로 연합하고 허리에 띠를 띠겠지만, 결국 그들 자신이 산산이 부서지고 말 것이다(사 8:9). 그들이 여호와의 뜻을 알지 못한다. 그들의 연합이 순조로워서, 하나님의 섭리가 그들 편인 것처럼 보이기 때문에, 그들은 바로 그 일을 통해서 하나님이 무엇을 의도하고 계시는지를 알지 못하고, 하나님의 계획을 깨닫지 못한다. 그들은 그들이 어떤 목적으로 함께 모이는지를 알지만, 하나님이 무슨 목적으로 그들을 한데 모으시는지에 대해서는 알지 못한다. 그들의 목적은 시온을 멸망시키는 것이지만, 하나님의 목적은 그들을 멸망시키는 것이다. 사람들이 하나님의 섭리의 목적을 이루기 위하여 그 도구들로 사용될 때, 그들의 목적과 하나님의 목적이 완전히 반대되는 일은 아주 비일비재하다는 것을 명심하라. 앗수르 왕은 하나님이 자기 백성의 삶을 고치시기 위하여 징계하시려고 그의 손에 쥐신 회초리가 될 것이었다. 그러나 앗수르 왕의 뜻은 이같지 아니하며 그의 마음의 생각도 이같지 아니하다(사 10:7). 여기에서도 마찬가지였다. 열방들은 시온을 쳐서 멸망시키기 위해서 군사들을 전쟁터로 불러 모으지만, 하나님은 그들을 타작하기 위해서 곡식 단을 타작 마당에 모음 같이 그들을 모으신다. 만약 그들이 시온을 치기 위해 모이지 않

았다면, 그들은 그렇게 쉽고 효과적으로 멸망당할 수는 없었을 것이다. 원수들은 흔히 교회를 멸망시키려고 하다가 스스로 멸망하고 만다는 것을 명심하라. 그러므로 그들이 교회를 멸망시키고자 하는 것은 그들 자신의 멸망을 준비하고 있는 것이고 스스로 자멸하는 길로 들어서는 것이다. 그들은 자기가 손으로 행한 일에 스스로 얽힌다(시 9:16).

[2] 시온은 원수들을 이기는 영광을 얻게 되리라는 것(13절). 하나님이 마치 소가 곡식을 밟아 떨듯이 그들을 밟아 떠시기 위해서 곡식 단을 타작 마당에 모음 같이 그들을 모으실 때, "딸 시온이여 일어나서 도리깨질하며 칠지어다. 그들을 두려워하거나 그들에게서 도망치지 말고, 그들과 담대하게 맞서서, 섭리가 네게 그들을 짓밟을 기회를 주실 때를 노려라. 네 자신은 연약하다는 둥, 네가 여러 나라들이 연합한 원수들의 대군의 상대가 되지 않는다는 둥 그런 약한 소릴랑은 하지 말라. 하나님이 네 뿔을 무쇠 같게 하셔서 너로 그들을 들이받아 밀어내게 하시고, 네 굽을 놋 같게 하셔서 너로 그들을 짓밟게 하실 것이다. 그리하여, 네가 오랫동안 너를 괴롭혀 왔던 여러 백성을 쳐서 깨뜨릴 것이다." 이렇게 하나님이 기뻐하시기만 하면, 딸 바벨론은 타작 마당과 같이 되고(멀지 않아 추수 때가 이르리라, 렘 51:33), 버러지 같은 야곱은 날카로운 새 타작기가 되어서, 하나님은 그 타작기로 산들을 쳐서 부스러기를 만들 것이며, 작은 산들을 겨 같이 만드실 것이다(사 41:14-15). 지금까지 야곱은 타작마당이었고, 바벨론은 타작기였는데, 이렇게 상황이 역전되는 것은 얼마나 기이한 일이고 얼마나 복된 일인가(사 21:10)! 하나님은 자기 백성으로 하여금 싸움을 하게 할 일이 있을 때에는, 그들에게 그 일을 할 수 있는 힘과 능력을 공급해 주실 것이고, 그들의 뿔을 무쇠 같게, 그들의 굽을 놋 같게 하실 것임을 명심하라. 하나님이 그렇게 하실 때, 그들은 하나님이 주시는 능력을 사용하여 그 사명을 감당하여야 한다. 딸 시온은 일어나서 타작하여야 한다.

[3] 이 승리의 영광은 하나님께 돌려지게 되리라는 것. 시온은 이 곡식 단들을 타작 마당에서 타작할 것이지만, 그렇게 해서 타작된 곡식은 하나님의 제단에 바쳐지는 소제(素祭)가 될 것이다. 네가 그들의 탈취물을 구별하여 여호와께 드리며, 그들의 재물을 온 땅의 주께 돌리리라. 시온의 승리에 의해서 얻어진 탈취물들은 미디안과의 전쟁 때처럼 부분적으로(민 31:28), 또는 여리고와의 전쟁 때처럼 모두 다(수 6:17) 성소로 가져와져서 하나님께 바쳐지게 될 것이다.

하나님은 여호와, 즉 존재의 근원이시다. 하나님은 온 땅의 주, 즉 능력의 원천이시다. 그러므로 하나님께는 우리가 얻은 탈취물이나 재물이 하나도 필요하지 않지만, 그는 언제든지 그 모든 것을 요구하실 수 있으시고, 우리는 우리가 가진 모든 것을 하나님의 영광을 위하여 드려서, 그가 지시하시는 대로 사용하여야 한다. 우리가 가진 모든 것 위에는 여호와께 성결이라는 글귀가 씌어져 있어야 하기 때문에, 우리가 얻은 탈취물과 재물은 온 땅의 주께 돌려져야 한다(사 23:18). 전쟁에서 얻은 탈취물이든 장사를 해서 얻은 이익이든, 우리의 성공이 특별할수록 우리의 감사도 특별하여야 한다. 우리에게 재물 얻을 능력을 주시는 분은 하나님이시다(신 8:18) ― 그것이 정직하게 얻어진 것인 한에서. 그러므로 우리는 우리가 얻은 것으로 하나님을 높여 드려야 마땅하다. 어떤 이들은 이 구절이 산헤립이 예루살렘을 포위했다고 패배하여 퇴각한 것을 가리키는 것이라고 말하고, 또 어떤 이들은 바벨론의 멸망을, 또 어떤 이들은 마카베오 가문의 성공을 가리키는 것이라고 말한다. 그러나 박학다식한 포코크(Pocock) 박사를 비롯한 여러 사람은 그리스도의 복음이 그것과 맞서 싸웠던 어둠의 권세를 이기고 영적 승리를 거두었을 때에 이 말씀이 온전히 성취된 것이라고 생각한다. 열방들은 기독교를 초기에 분쇄해야 하겠다고 생각했지만, 기독교는 열방들에 대하여 승리를 거두었다. 기독교에 대한 적대감을 끝까지 고집하였던 자들, 특히 유대 민족은 결국 산산이 **깨졌다**(마 21:44). 그러나 많은 무리들은 하나님의 은혜로 말미암아 교회의 탈취물이 되었고, 그들과 그들의 재물은 온 땅의 주이신 예수께 돌려졌다.

제
— 5 —
장

개요

이 장에는 다음과 같은 내용들이 나온다. I. 유대 민족의 환난과 곤고(困苦)에 관한 예언(1절). II. 메시야와 그의 나라에 관한 약속. 이것은 이 환난의 때에 하나님의 백성에게 힘을 주기 위한 것이다. 1. 메시야의 탄생에 관한 약속(2-3절). 2. 메시야가 높아지리라는 약속(4절). 3. 메시야가 자기 백성을 보호하시고, 그와 그들의 원수들에 대하여 승리하시리라는 약속(5-6절). 4. 이 승리로 말미암아 메시야의 백성이 세상에서 크게 되리라는 약속(7절). 5. 교회의 원수들이 멸망하리라는 약속. 교회를 공격하는 외부의 원수들과 교회를 위험에 빠뜨리는 내부의 원수들이 둘 다 멸망을 당하게 될 것이다(8-15절).

[1]딸 군대여 너는 떼를 모을지어다 그들이 우리를 에워쌌으니 막대기로 이스라엘 재판자의 뺨을 치리로다 [2]베들레헴 에브라다야 너는 유다 족속 중에 작을지라도 이스라엘을 다스릴 자가 네게서 내게로 나올 것이라 그의 근본은 상고에, 영원에 있느니라 [3]그러므로 여인이 해산하기까지 그들을 붙여 두시겠고 그 후에는 그의 형제 가운데에 남은 자가 이스라엘 자손에게로 돌아오리니 [4]그가 여호와의 능력과 그의 하나님 여호와의 이름의 위엄을 의지하고 서서 목축하니 그들이 거주할 것이라 이제 그가 창대하여 땅 끝까지 미치리라 [5]이 사람은 평강이 될 것이라 앗수르 사람이 우리 땅에 들어와서 우리 궁들을 밟을 때에는 우리가 일곱 목자와 여덟 군왕을 일으켜 그를 치리니 [6]그들이 칼로 앗수르 땅을 황폐하게 하며 니므롯 땅 어귀를 황폐하게 하리라 앗수르 사람이 우리 땅에 들어와서 우리 지경을 밟을 때에는 그가 우리를 그에게서 건져내리라

이 단락에는 앞에서와 마찬가지로 다음과 같은 내용들이 나온다.

I. 시온의 굴욕과 곤고함(1절). 유대 나라는 포로로 잡혀가기 전에 오랜 세월 동안 국력이 쇠하여져서 굴욕을 당하였다. 딸 군대여 너는 떼를 모을지어다. 이것은 시온의 원수들에게 그들의 군대를 이끌고 와서 시온을 맹렬하게 공격

하라는 호출이거나(하나님은 그들이 그렇게 하는 것을 허용하실 것이다), 시온의 친구들에게 그들의 군대를 이끌고 와서 최선을 다하여 시온을 도우라는 호출이다. 시온의 친구들로 하여금 군대를 모으게 하라. 하지만, 그들이 아무리 그렇게 하여도, 아무 소용이 없을 것이다. 왜냐하면, 선지자는 예루살렘 주민들의 이름으로 그가 우리를 에워쌌다고 말하기 때문이다. 앗수르 왕이 우리를 에워쌌고, 바벨론 왕이 우리를 에워쌌지만, 우리는 어떤 식으로 우리 자신을 방어해야 하는지를 알지 못한다. 그러므로 원수들이 소기의 목적을 달성하고 이겨서, 막대기로 이스라엘 재판자(즉, 최고 재판자인 왕과 하급 재판자들)의 뺨을 쳐서, 그들과 그들의 위엄을 모욕할 것이다. 그들을 포로로 잡은 원수들은 그들을 다른 평범한 포로들과 마찬가지로 모욕적으로 학대할 것이다. 선지자는 이스라엘의 재판장들에 대하여 그들이 부패하여 뇌물을 받았다고 고소한 바 있기 때문에(3:11), 그들이 그들의 권세를 악용한 죄로 이런 모욕과 굴욕을 받는 것은 마땅한 일이었다. 그렇지만, 그들의 재판장들이 이런 식으로 모욕을 당하는 것은 이스라엘에게는 큰 재난이었다. 어떤 이들은 하나님이 군대(즉, 로마 군대)로 하여금 예루살렘을 포위하게 하고자 하시는 것은 유대인들이 이스라엘 재판자의 뺨을 치고, 이스라엘의 재판장이신 메시야를 경멸하고 모욕하였기 때문이라고 본다. 유대인들은 메시야의 뺨을 치고서는, 선지자 노릇 하라 너를 친 자가 누구냐(눅 22:64)고 말하며 메시야를 모욕하였다. 그러나 앞서의 해석이 더 유력해 보이기 때문에, 이 예언은 로마 군대가 아니라 갈대아 군대에 의해서 예루살렘이 포위될 것을 말하고 있고, 그 군대가 시드기야 왕과 다윗 가문의 왕족들을 모욕하였을 때에 성취되었다고 보아야 한다.

II. 시온의 왕이 높아지시리라는 것. 다윗 가문이 말할 수 없이 비천하게 되고, 저 막강한 가문의 방패가 마치 기름 칠을 하지 않아 녹이 슨 것처럼 아주 형편없이 버려지게 될 것임을 보여주시고 나서, 하나님은 그가 다윗 및 그의 가문과 맺은 언약이 폐기되었다고 생각할지도 모르는(시편 기자의 하소연처럼, 시 89:38-39) 자기 백성의 믿음을 격려하기 위하여, 메시야와 그의 나라에서 그 언약이 견고하게 되고, 다윗 가문의 영광이 되살아나서 크게 빛나며 언제까지나 지속될 것이라는 찬란한 예언을 더하신다. 좀 더 자세하게 살펴보자.

1. 메시야는 여기에서 어떻게 묘사되는가. 그는 이스라엘을 다스릴 자이고, 그의 근본(원어에 의하면, 그의 나오심)이 상고에, 영원(원어에 의하면, 영원의 날

들)에 있는 자이다.

(1) 메시야는 하나님으로서 영원 전부터 존재하셨다는 것. 그가 햇살이 해로부터 나오는 것 같이 나오심은 옛적부터요 영원부터 였다. 이것은 그리스도의 영원한 출생, 또는 그가 하나님의 아들로서 창세 전에 아버지 하나님으로부터 나오셨음을 보여주는 아주 중요한 묘사로서, 이 예언은 오직 그리스도에게만 적용될 수 있고, 그 어떤 다른 존재에게도 적용될 수 없다고 포코크(Pocock) 박사는 말한다. 이 구절은 선지자가 이 말씀을 전한 때에 이미 과거에 일어난 일로 얘기되고 있는 것이 분명하기 때문에, 그의 나오심은 옛적부터요 영원부터 였다고 현재완료형으로 번역되어야 한다. 또한, 영원을 나타내기 위해서 여러 번 사용되고 있는 옛적부터와 영원부터라는 두 단어가 함께 사용된 것은 그 단어들이 여기에서 가장 엄밀한 의미로 해석되어야 한다는 것을 분명하게 보여 준다(영원부터 영원까지 주는 하나님이시니이다라는 구절과 마찬가지로, 시 90:2). 따라서, 이 구절은 아브라함이 나기 전부터 내가 있느니라(요 8:58)고 말씀 하실 수 있으셨던 분 외의 다른 존재에게는 적용될 수 없다. 포코크 박사는 나오심이라는 표현은 여호와의 입에서 나오는 말씀에 대해서도 사용되기 때문에 (신 8:3), 태초에 하나님과 함께 계셨던 하나님의 말씀(요 1:1-2)이라 불리시는 분의 영원한 출생을 나타내는 데에 아주 적절하다는 점을 지적한다.

(2) 메시야의 직임은 중보자라는 것. 그는 이스라엘을 다스릴 자, 즉 그의 교회의 왕이 되실 자이셨다. 그는 영원히 야곱의 집을 왕으로 다스리실 것이었다 (눅 1:32-33). 유대인들은 우리 주 예수께서 이스라엘의 통치자이셨던 것이 아니라 도리어 이스라엘의 통치를 받는 자이셨기 때문에 메시야일 수 없다고 생각하여, 그가 그들을 다스리지 못하게 하기 위하여 그를 죽였다. 그러나 예수께서는 내 나라는 이 세상에 속한 것이 아니니라(요 18:36)고 말씀하심으로써, 그들의 그런 의문에 대하여 직접 대답해 주셨다. 우리 주 예수께서 다스리시는 대상은 영적 이스라엘, 약속의 자녀들, 믿는 아브라함과 기도하는 야곱을 따르는 모든 자들이다. 이런 자들의 마음속에서 그는 그의 성령과 은혜를 통해서 다스리시고, 이런 자들의 모임 속에서 그의 말씀과 규례들을 통해서 다스리신다. 바람과 바다도 그에게 복종하였고, 군대 마귀도 그에게 굴복할 수밖에 없었으며, 그가 명하면 질병들도 병자에게서 떠났고, 그는 죽은 자들도 무덤에서 불러내셨지만, 이스라엘을 다스리는 자는 아니셨다. 오직 그의 나오심이 옛적부터

요 영원부터이신 분만이 이스라엘을 다스리는 자, 교회의 머리, 만물 위에 교회의 머리(엡 1:22)가 되시기에 적합한 분이셨다.

2. 메시야에 관하여 여기에서 무엇이 예언되고 있는가.

(1) 베들레헴이 메시야가 나실 곳이 되리라는 것(2절). 이 본문은 헤롯 왕이 그리스도가 어디서 나겠느냐고 묻자 서기관들이 그 곳이 어디인지를 아주 확신 있게 대답을 하였을 때에 인용한 성경 본문이었다(마 2:4, 6). 이것으로 보아서, 그리스도는 다윗이 살던 마을 베들레헴에서 나오리라(요 7:42)는 것은 유대인들 가운데서 널리 알려져 있었던 것으로 보인다. 베들레헴은 떡의 집이라는 의미이기 때문에 생명의 떡이신 분이 태어나시기에 아주 적합한 곳이었다. 또한, 베들레헴은 다윗이 살던 마을이었기 때문에, 다윗의 자손이 되시고 영원히 다윗의 상속자이자 후계자가 되실 분이 거기에서 태어나도록 하신 것은 하나님의 특별한 섭리였다. 그 곳은 여기에서 베들레헴 에브라다라 불리고 있는데, 그 지역은 이렇게 두 가지 이름으로 불리었다(창 35:19). 베들레헴은 유다 족속 중에 작은 마을이었다. 즉, 그 마을은 주민들의 수도 많지 않았고, 유다 족속 중에서 유명한 마을도 아니었기 때문에, 이런 영광을 받을 만한 자격 같은 것이 그 마을에는 없었다. 그러나 하나님은 다른 경우들에서와 마찬가지로 이 경우에도 비천한 자를 높이시는 쪽을 택하셨다(눅 1:52). 그리스도의 출생으로 인해서 그 마을은 영광과 존귀를 얻게 되겠지만, 그 마을이 그리스도께 영광이나 존귀를 더해 준 것은 아무것도 없을 것이었다. 너는 작을지라도, 네가 그리스도의 출생지라는 사실이 너를 크게 만들어 줄 것이다. 이것을 마태는 이렇게 표현한다: 너는 유대 고을 중에서 가장 작지 아니하도다 네게서 한 다스리는 자가 나와서 내 백성 이스라엘의 목자가 될 것이기 때문에 너는 모든 고을보다 존귀하다(마 2:6). 세상에서 아무리 작은 자들일지라도 그리스도와 관계를 맺게 되면 지극히 높아지고 존귀해진다.

(2) 때가 차면 메시야가 여자에게서 태어나게 되리라는 것(3절). 그러므로 하나님이 그들을 버려 두실 것이다. 여인이 해산하기까지, 즉 메시야의 어머니가 되실 복되신 동정녀가 하나님이 정하신 곳인 베들레헴에서 메시야를 해산할 그 정해진 때까지는 하나님이 자기 백성 이스라엘을 환난과 곤고에 내어주실 것이고, 하나님이 아주 오래 전에 약속하셨고 그들이 그토록 오랫동안 기다려 왔던 그들의 구원을 연기하실 것이다. 포코크 박사는 이것이 이 구절의 가장

참된 의미라고 생각한다. 메시야의 나오심 또는 근본은 영원에 있지만, 예루살렘의 구속 또는 이스라엘의 위로는 해산할 여인(그리스도가 오실 자로 불리듯이, 동정녀 마리아는 이렇게 불린다)이 해산할 때까지 기다리지 않으면 안 되었다(눅 2:25). 그동안에 하나님은 그들을 버려 두실 것이다. 하나님의 구원은 그 구원을 해산하기 위해 정해진 때까지 기다려야 한다.

(3) 그 후에는 메시야의 형제 가운데에 남은 자가 이스라엘 자손에게로 돌아오리라는 것. 유대 민족의 남은 자는 하나님과 언약 관계에 있는 백성인 이스라엘의 참된 자손의 마음으로 돌아오게 될 것이다. 즉, 자녀들의 마음은 그들의 아버지에게로 돌이키게 될 것이다(말 4:6). 어떤 이들은 이 구절이 유대인들과 이방인들을 모두 포함한 믿는 자들을 가리키는 것으로 이해한다. 그들은 모두 하나가 되어서 이스라엘 나라를 이루게 될 것이다. 그들이 모두 서로 형제들인 것과 마찬가지로, 메시야는 그들을 형제라 부르시기를 부끄러워하지 아니하실 것이다(히 2:11).

(4) 메시야는 영화로운 왕이 되실 것이고, 그의 신민들은 그의 통치 아래에서 복되리라는 것(4절). 그가 서서 목축하시리라. 즉, 그는 선한 목자가 되어서, 지혜와 정성과 사랑으로 가르치시고 다스리실 것이고, 계속해서 그렇게 하실 것이다. 이것은 이미 예언된 것이었다(사 40:11): 그는 목자 같이 양 떼를 먹이시며, 그들을 위해 푸른 초장을 마련하시고, 그의 아래에 있는 목자들로 하여금 그들을 이 초장으로 인도하게 하실 것이다. 그는 선한 목자로서 양들보다 앞서 가며 양들을 통솔하실 것이다. 그는 평범한 사람으로서가 아니라, 여호와의 능력으로, 즉 하나님의 능력을 덧입은 자로서 그의 일을 해나가시고, 그의 길에 있는 난관들을 돌파하실 것이기 때문에, 실패하거나 낙심하지 않으실 것이다. 그는 그의 하나님 여호와의 이름의 위엄을 의지하여 그 일을 하실 것이기 때문에, 하나님의 이름이 그에게 있다는 것(출 23:21)과 하나님의 이름의 위엄을 분명하게 증거하실 것이다. 실제로, 그가 가르치시는 것이 권위 있는 자와 같고 서기관들과 같지 아니하였다(마 7:29). 선지자들은 그들의 전할 말씀들 앞에 "여호와께서 이렇게 말씀하시되"라는 서두를 덧붙였지만, 그리스도께서는 종이 아니라 아들로서 말씀하셨기 때문에, "진실로 진실로 내가 너희에게 말하노니"라는 서두를 덧붙이셨다. 그의 일은 그의 하나님 여호와의 이름의 위엄을 의지하여 먹이시는 것이었다. 하늘과 땅의 모든 권세(마 28:18), 만민을 다스리는 권세가 그에

게 주어졌기 때문에(요 17:2), 그는 여전히 모든 이름 위에 뛰어난 이름인 그의 하나님 여호와의 이름의 위엄으로 다스리고 계신다. 그리스도의 통치는 다음과 같을 것이다.

[1] 그의 통치는 그의 신민들에게 아주 복되리라는 것. 왜냐하면, 그들이 영속할 것이기 때문이다. 그들은 안전하고 평안하되, 영원히 그럴 것이다. 그가 살아 있으시기 때문에 그들도 살아 있을 것이다(요 14:19). 그들은 그가 그들을 인도하실 푸른 초장에 누우며, 하나님의 장막에 영원히 머물 것이다(시 61:4). 그의 교회는 영속할 것이고, 그는 교회 안에 그리고 교회와 더불어 세상 끝날까지 항상 함께 하실 것이다.

[2] 그의 통치는 그 자신에게 매우 영광스러우리라는 것. 이제 그가 창대하여 땅 끝까지 미치리라. 그가 서서 그의 양 떼를 먹이실 때, 이제 그가 창대하리라. 왜냐하면, 그리스도께서는 선한 일을 하시는 것을 그의 창대함으로 여기시기 때문이다. 이제 그는 창대하여 땅 끝까지 미칠 것이다. 왜냐하면, 땅의 가장 후미진 곳들까지 그의 소유로 주어질 것이고, 땅의 끝들이 그의 구원을 볼 것이기 때문이다.

(5) 메시야가 원수들의 모든 시도들로부터 그의 교회와 백성의 평강과 안녕을 지키시리라는 것(5-6절). 앗수르 사람이 우리 땅에 들어올 때에 이 사람은 왕과 통치자로서 평강이 될 것이라. 이것은 산헤립이 그들을 침공할 때에 하나님이 히스기야와 그의 나라를 건지실 것임을 보여주는 것이지만, 그것은 모형일 뿐이고, 사실은 장자들의 교회와 거기에 속한 모든 자들을 삼키고자 하는 어둠의 권세들, 즉 사탄과 그의 도구들, 용과 그의 사자들의 악한 궤계와 시도들로부터 복음 교회와 모든 믿는 자들을 안전하게 지키실 것이라는 약속이다.

[1] 그리스도의 신민들이 처하게 될 위험. 강력한 군대인 앗수르 사람들이 그들의 땅에 들어와서(5-6절) 그들의 지경을 밟을 때에 파죽지세로 밀고들어와서 심지어 그들의 궁들을 밟을 것이다. 산헤립이 유다를 침공하여 모든 견고한 성들을 취하고 예루살렘을 포위한 때는 밟힘과 혼란의 날이었다(사 2:5; 36:1; 37:3). 이것은 음부의 권세가 그리스도의 나라에 대적하여 싸울 때에 성도들의 진과 거룩한 성을 둘러싸고(계 20:9) 그들 앞에 있는 모든 것을 무너뜨리고자 위협하는 모습을 나타내는 것이었다. 율법의 두려운 것들이 죄를 깨달은 영혼을 치기 위해서 정렬하고, 사탄의 시험들이 하나님의 백성을 공격하며, 세상의 환

난들이 그들에게서 그들의 온갖 위로들을 빼앗아가고자 위협할 때, 그것은 앗수르 사람이 그들의 땅에 들어와서 그들의 궁들을 밟는 것이다. 밖으로는 다툼이요 안으로는 두려움이다(고후 7:5).

[2] 그 때에 그의 신민들은 확실한 보호와 지킴을 받게 되리라는 것.

첫째, 그리스도께서 친히 그들의 평강이 되어 주실 것이다. 앗수르 사람들이 막강한 군대로 이 땅에 들어올 때, 순순히 항복하여 아무런 저항도 없이 이 땅이 황폐화 되는 것을 그저 지켜 보는 것 외에 다른 어떤 평강이 있을 수 있겠는가? 그렇지만, 그런 때에도 교회의 왕은 교회의 평강을 지키실 것이고, 교회의 피할 곳이 되어 주실 것이다(사 32:1-2). 그리스도는 우리의 죄를 속량하셔서 우리를 하나님과 화목하게 하시는 제사장으로서 우리의 평강이시다. 그는 우리의 원수들을 정복하시고 우리를 불안하게 만드는 두려움들과 혈기들을 잠재우시는 왕으로서 우리의 평강이시다. 그는 입술의 열매, 곧 평강을 창조하시는 자시이시다(사 57:19). 앗수르 군대가 이 땅에 들어와서, 우리가 이루 말할 수 없는 위험과 환난에 처해 있어서 속으로는 이미 사망 선고를 받은 상태일 때에도, 이 사람은 평강이 되어 주실 수 있다. 그리스도께서는 세상에서 너희가 환난을 당할 때에 너희는 내 안에서 평안을 누리게 될 것이라고 말씀하신다(요 16:33). 그런 때에 우리의 영혼은 그리스도 안에서 평안히 거할 수 있다.

둘째, 그리스도께서는 그들의 원수들을 무찌르시고, 그들을 보호하시고 건지시기 위하여 사용하실 적절한 도구들을 찾아내실 것이다. 그 때에 우리가 일곱 목자와 여덟 군왕을 일으켜 그를 치리라. 우리는 원수에게 대항할 수 있는 유능한 자들, 즉 목자들처럼 자애롭게 보살피고 군왕처럼 용기와 권세를 지닌 자들을 일으켜서, 하나님의 교회를 평안하게 지킬 것이다. 일곱과 여덟은 불확실한 수를 나타내는 숫자이다. 하나님은 어떤 하실 일이 있으실 때에 그 일을 할 적절한 도구들을 반드시 찾아내실 것임을 명심하라. 하나님은 마음만 먹으시면 소수의 사람들을 통해서도 그 일을 하실 수 있으시다. 하나님은 많은 사람들을 일으키실 필요가 없다. 일곱이나 여덟 명의 주된 인물들을 일으키셔서, 하나님이 그들과 함께 하시면, 그 일은 이루어진다. 방백들과 사역자들은 하나님이 이 세상에서 죄와 사탄의 세력에 대항하여 신앙의 의로운 대의(大義)를 지키시기 위하여 일으키신 목자들이자 군왕들이다.

셋째, 교회에 대한 반대와 배척은 극복될 것이고, 반대자들은 굴복될 것이다. 이것은 앗수르와 갈대아가 황폐화 되는 것을 통하여 상징적으로 표현된다. 이 두 나라는 하나님의 이스라엘에게 가장 가공할 만한 원수들이었다. 이 두 나라의 멸망은 그리스도께서 그의 원수들을 그의 발등상이 되게 하시는 것을 의미하는 것이었다. 그들이 칼로 앗수르 땅을 황폐하게 하며 느므롯 땅 어귀를 황폐하게 하리라. 그들은 그 땅으로 쳐들어가서, 그들이 발견한 모든 무장한 자들을 칼로 칠 것이다. 하나님의 교회를 멸망시키고자 위협하는 자들은 자신의 멸망을 재촉하는 것임을 명심하라. 그들의 멸망은 곧 교회의 구원이다. 이렇게 해서 그가 우리를 앗수르 사람에게서 건져내리라. 복음이 전파되어 사탄이 하늘로부터 번개 같이 떨어지고(눅 10:18), 그리스도로 하여금 그들을 다스리지 못하게 하고자 하였던 원수들이 그의 앞에서 죽임을 당했을 때, 이 말씀은 성취되었다.

⁷야곱의 남은 자는 많은 백성 가운데 있으리니 그들은 여호와께로부터 내리는 이슬 같고 풀 위에 내리는 단비 같아서 사람을 기다리지 아니하며 인생을 기다리지 아니할 것이며 ⁸야곱의 남은 자는 여러 나라 가운데와 많은 백성 가운데에 있으리니 그들은 수풀의 짐승들 중의 사자 같고 양 떼 중의 젊은 사자 같아서 만일 그가 지나간즉 밟고 찢으리니 능히 구원할 자가 없을 것이라 ⁹네 손이 네 대적들 위에 들려서 네 모든 원수를 진멸하기를 바라노라 하시더라 ¹⁰여호와께서 이르시되 그 날에 이르러는 내가 네 군마를 네 가운데에서 멸절하며 네 병거를 부수며 ¹¹네 땅의 성읍들을 멸하며 네 모든 견고한 성을 무너뜨릴 것이며 ¹²내가 또 복술을 네 손에서 끊으리니 네게 다시는 점쟁이가 없게 될 것이며 ¹³내가 네가 새긴 우상과 주상을 너희 가운데에서 멸절하리니 네가 네 손으로 만든 것을 다시는 섬기지 아니하리라 ¹⁴내가 또 네 아세라 목상을 너희 가운데에서 빼버리고 네 성읍들을 멸할 것이며 ¹⁵내가 또 진노와 분노로 순종하지 아니한 나라에 갚으리라 하셨느니라

이 단락에서는 야곱의 남은 자, 발을 저는 자들 중에서 일으키심을 받은 저 남은 자(4:7), 우리 하나님 여호와께서 부르실 저 남은 자(욜 2:32), 성령의 부음을 받을 남은 자, 구원을 받게 될 남은 자(롬 9:27)에 대하여 영화로운 일들을 말한다. 하나님의 백성은 남은 자이고, 멸망받게 될 많은 자들에 비하여 적은 무리라는 것을 명심하라(눅 12:32). 그러나 그들은 하나님과 언약 관계에 있고 하나님의 은총 가운데에 있는 백성인 야곱의 남은 자이다. 이제 이 남은

자에 대하여 하나님은 여기에서 다음과 같이 약속하신다.

I. 그들이 열방 가운데서 이슬 같으리라는 것(7절).   하나님의 교회는 온 세상에 걸쳐서 두루 흩어져 있다. 많은 백성 가운데 있는 하나님의 교회는 철광석 중에서 금이고, 곡식 더미 중에서 알곡이다. 육신을 따른 이스라엘은 홀로 거하였고, 열방 중의 하나에 들지 않았다. 그러나 영적 이스라엘은 많은 백성 가운데 흩어져서, 세상의 소금 또는 땅에 심기워서 여기저기에서 알곡을 맺는 씨앗으로 존재한다(호 2:23). 이제 이 남은 자는 여호와께로부터 내리는 이슬 같을 것이다.

1. 그들은 하늘로부터 온 자들이라는 것. 이슬이 비의 아비이자 이슬방울을 낳은 여호와께로부터 오는 것과 마찬가지로(욥 38:28), 그들은 위로부터 난 자들이기 때문에 땅에 속하지 않고 땅의 것들의 냄새도 나지 않는다.

2. 그들은 여름 새벽에 내린 이슬방울들처럼 그 수가 많으리라는 것. 새벽 이슬 같은 주의 청년들이 주께 나오는도다(시 110:3).

3. 그들은 탁하거나 부패하지 않고, 순결하며 깨끗하여, 수정 같이 맑은 생명수 같으리라는 것.

4. 그들은 조용히 소리 없이 만들어지리라는 것. 이것은 이슬이 우리가 알지 못하는 사이에 소리 없이 내리므로, 우리는 그것이 어떻게 된 영문인지를 알지 못하는 것과 같다. 성령의 움직임도 그러하다.

5. 그들은 늘 하나님을 의지하여 살아가고, 그들의 모든 것이 이슬처럼 하나님으로부터 나오기 때문에, 사람을 기다리지 아니하며 인생을 기다리지 아니하리라는 것. 그들은 사람의 도움과 힘이 아니라 하나님의 은혜를 의지할 것이다. 왜냐하면, 그들은 매일매일 하나님이 거저 주시는 은혜로 살아가고, 또한 그러한 사실을 시인하기 때문이다.

6. 그들은 그들과 함께 살아가는 자들에게 큰 축복이 되리라는 것. 이것은 풀이 이슬과 단비로 인해서 사람이나 인생의 도움 없이도 잘 자랄 수 있기 때문에, 이슬과 단비가 풀에 대하여 큰 축복인 것과 마찬가지이다. 그들의 가르침과 모범과 기도는 이슬이 되어서, 다른 사람들을 촉촉히 적셔서 부드러운 옥토로 만들어 많은 열매를 맺게 해줄 것이다. 그들의 말은 이슬처럼 맺힐 것이고(신 32:3), 그들과 함께 살아가는 자들은 **비를 기다리듯이 그들을 기다릴 것이다**(욥 29:23). 그들과 함께 살아가는 자들은 사람의 기술과 보살핌에 의해서가

아니라 오직 하나님의 축복에 의해서만 자라는 풀과 같을 것이다. 야곱이 라반의 집에 축복을 가져다 주었듯이, 그들은 하나님의 축복을 주위 사람들에게 가져다 줌으로써 사람들에게 은혜를 끼칠 것이다. 또한, 이슬이 풀을 촉촉히 적셔 주어서 풀이 뜨거운 햇빛에 말라죽지 않는 것과 마찬가지로, 그들은 하나님의 진노를 식혀주고 약화시켜서 사람들이 그 진노에 의해서 살라지는 것을 막아준다(포코크 박사의 설명). 그들은 벤 풀 위에 내리는 비 같이 내리시는 그들의 주님처럼 온유할 것이다(시 72:6).

II. 그들이 수풀의 짐승들 중의 밟고 찢는 사자 같으리라는 것(8절). 그들은 진리를 사랑하여 받아들이는 자들에게는 조용하고 온유하며 모든 선한 것을 전해 주는 자들이 될 것이지만, 그들이 사는 시대와 지역의 부패한 것들을 쳐서 증언할 때에는 사자 같이 담대하고, 하나님의 힘으로 그들의 영적 원수들을 대적하여 이길 때에는 사자 같이 강한 자들이 될 것이다. 그들의 싸우는 무기는 어떤 견고한 진도 무너뜨리는 하나님의 능력이다(고후 10:4-5). 사자가 밟고 찢을 때에는 그 누구도 건져낼 수 없는 것과 마찬가지로, 그들은 그들의 대적이 능히 대항할 수 없는 담력을 갖게 될 것이다(눅 21:15). 불신앙이 침묵하고, 모든 죄악이 입을 다물며, 죄인들이 사역자들의 가르침이나 신자들의 행실을 통해서 복음의 능력을 깨닫고 회심할 때, 그것은 야곱의 남은 자가 사자와 같은 것이다. 이것은 9절에서 설명된다: 네 손이 네 대적들 위에 들릴 것이다. 교회는 마침내 모든 대적자들을 제압하게 될 것이고, 교회의 원수들은 진멸될 것이며, 그들은 더 이상 원수들이 되지 못할 것이고, 그들의 적대감은 사라질 것이다. 죄를 깨닫게 하시는 그리스도의 화살들은 그들의 가슴에 깊이 박힐 것이기 때문에, 그들은 그리스도 앞에 엎드러져 굴복하게 되어서(시 45:5) 다행스럽게도 정복되고 복속될 것이다(시 110:2).

III. 그들이 지금까지 의지해 왔던 모든 육적인 의지(依支)들이 그들로부터 없어지고, 하나님의 섭리로 말미암아 그런 것들을 필요로 하지 않는 평안을 누리게 됨으로써, 그들은 하나님의 은혜로 말미암아 그런 것들의 어리석음을 깨닫고 멀리하게 되리라는 것. 군마들과 병거들, 점쟁이들과 우상 숭배자들이 그들의 땅에 가득하게 한 것은 이스라엘의 죄였다(사 2:6-8). 그러나 하나님은 여기에서 그들이 더 이상 그런 것들을 쳐다보지도 않게 하실 것이라고 약속하신다. 이 약속은 그리스도의 나라가 평안할 것이라는 의미가 담겨져 있는데, 그것은 다음과 같이 설명된다(슥 9:10): 내가 에브라임의 병거와 예루살렘의 말을 끊으리라. 우리가 하나님을 대신하여 우리의 힘으로 삼아서 의지해 온 것들, 우리가 하나님을 떠나 음행하던 대상들을 하나님이 우리에게서 빼앗으시는 것은 크신 긍휼이라는 것을 명심하라. 좀 더 자세하게 살펴보자.

1. 그들이 병거와 군마들을 의지하여, 그것들을 늘렸다는 것(시 20:7). 그러나 다윗이 병거를 끄는 말들의 힘줄을 끊었듯이(삼하 8:4), 이제 하나님은 그들의 군마를 멸절하며 그들의 병거를 부수실 것이다(10절). 하나님은 그들이 군마들과 병거들에 유혹되어 그런 것들을 의지하는 일이 없도록 하시기 위하여 그들에게서 그런 것들을 없애 버리실 것이다.

2. 그들은 그들의 요새들과 견고한 성들을 의지하여, 그들이 안전할 것이라고 생각하였다는 것. 그러나 하나님은 그런 것들을 무너뜨리실 것이다(11절). 내가 네 땅의 성읍들을 멸할 것이고, 네 모든 견고한 성을 무너뜨릴 것이다. 그 성읍들은 군사들이 주둔하는 곳이 아니라 백성들이 거주하는 곳이 될 것이다. 왜냐하면, 하나님만이 그들의 유일한 산성이시요 높은 망대시요 구원자이시기 때문이다(삼하 22:3).

3. 그들 중 다수가 술사들과 점쟁이들의 말과 행위를 많이 의지하였다는 것. 그런 자들은 그들을 구원할 수 없는 약한 존재들일 뿐만 아니라, 그들을 파멸시키기에 충분한 악한 존재들이기 때문에, 하나님은 그런 자들을 끊어 버리실 것이다(12절). "내게 복술을 네 손에서 끊으리니, 네가 다시는 그런 것을 붙들거나 의지하지 않게 될 것이다. 또한, 네게 다시는 점쟁이들이 없게 될 것이다. 왜냐하면, 너는 그런 자들이 하는 짓이 모두 사기라는 것을 깨닫게 될 것이기 때문이다." 그런 자들은 이스라엘의 율법을 따라 끊어지게 될 것이다(레 20:27). 복음이 전파되면, 사람들은 마술이나 요술을 멀리하게 된다(행 19:19).

4. 그들 중 다수가 그들의 손으로 만든 것을 향하여 너희가 우리의 신들이라고 말했었다는 것. 그러나 이제 우상 숭배는 폐하여지고 버려지게 될 것이다(13절). "내가 네가 새긴 우상과 주상, 즉 가지고 다닐 수 있는 우상과 한 곳에 고정적으로 세워져 있는 우상을 너희 가운데에서 멸절하리라. 그것들은 모세 율법의 능력에 의해서 멸하여지고, 그리스도의 복음의 능력에 의해서 버려질 것이기 때문에, 네가 네 손으로 만든 것을 다시는 섬기지 아니하고, 도리어 네가 그런 우상들에 미혹되었었다는 사실을 부끄러워하게 될 것이다. 우상 숭배의 여러

유물들 가운데서 내가 아세라 목상을 너희 가운데에서 빼버릴 것이다(14절)." 그런 것들은 그들의 우상들을 기리기 위하여 세워지고 보존되어서, 그 우상들을 숭배하기 위한 목적으로 사용되었다. 그들은 이제 그런 것들을 불사르라고 명할 것이다(신 12:2-3). 그들이 그렇게 하지 않는다면, 하나님이 그렇게 하실 것이기 때문에, 그들은 다시는 그런 것들을 의지하지 않게 될 것이다. 하나님은 그들의 성읍들, 즉 그들이 그들을 보호해 줄 것이라고 믿고 섬겼던 이런저런 쓰레기 같은 우상들에게 바쳤던 성읍들을 멸하실 것이다.

Ⅳ. 그리스도의 복음을 완강하게 대적하고, 계속해서 우상 숭배와 마술을 고집하는 자들은 하나님의 진노를 받아서 멸망하게 되리라는 것(15절).   내가 진노와 분노로 순종하지 아니한 나라에 갚으리라. 우상 숭배는 제거될 것이고, 우상 숭배자들은 수치를 당하게 될 것이다. 하나님은 그리스도의 가르침을 청종하지 않은 이방 사람들에게 복수하실 것이다. 하나님은 그의 아들에게 그의 원수들의 마음을 주시거나 목을 주실 것이다. 즉, 하나님은 그의 원수들을 그의 친구들로 만드시거나 그의 발등상으로 만드실 것이라는 말이다.

제 — 6 — 장

개요

선지자는 앞의 두 장에서 메시야의 나라와 관련된 귀한 약속들을 전한 후에, 여기에서는 방향을 바꾸어서, 이스라엘의 죄들을 그들 앞에 열거한다. 이것은 그들이 복음의 은혜로 말미암아 위로를 받기 위해서는 죄를 깨닫고 스스로 낮아지는 것이 필수적이기 때문이다. 그렇기 때문에, 그리스도가 곧 오실 것임을 알리고 그의 길을 예비하는 사명을 지녔던 세례 요한도 책망하는 자로 등장하여 회개를 전파하였다. I. 하나님이 자기 백성의 비열한 배은망덕함과 그의 은혜를 악으로 갚은 것에 대하여 고소하심(1-5절). II. 하나님은 그들이 잘못된 방식을 택하였음을 보여주심(6-8절). III. 하나님이 그들에게 그의 심판의 음성을 들으라고 부르시고, 그로 하여금 그들과 다투시게 만든 그들의 죄들을 열거하심(9절). 즉, 그들의 불의(10-15절)와 우상 숭배(16절)로 말미암아 멸망이 그들에게 임하게 될 것이다.

¹너희는 여호와의 말씀을 들을지어다 너는 일어나서 산을 향하여 변론하여 작은 산들이 네 목소리를 듣게 하라 하셨나니 ²너희 산들과 땅의 견고한 지대들아 너희는 여호와의 변론을 들으라 여호와께서 자기 백성과 변론하시며 이스라엘과 변론하실 것이라 ³이르시기를 내 백성아 내가 무엇을 네게 행하였으며 무슨 일로 너를 괴롭게 하였느냐 너는 내게 증언하라 ⁴내가 너를 애굽 땅에서 인도해 내어 종 노릇 하는 집에서 속량하였고 모세와 아론과 미리암을 네 앞에 보냈느니라 ⁵내 백성아 너는 모압 왕 발락이 꾀한 것과 브올의 아들 발람이 그에게 대답한 것을 기억하며 싯딤에서부터 길갈까지의 일을 기억하라 그리하면 나 여호와가 공의롭게 행한 일을 알리라 하실 것이니라

이 단락에는 다음과 같은 내용들이 나온다.

I. 우리로 하여금 진지하게 경청하게 할 만한 매우 엄숙한 서문.

1. 선지자가 백성들에게 경청하라고 명령하심. 너희는 여호와의 말씀을 들을

지어다. 선지자가 전하는 것은 하나님으로부터 받아서 하나님의 이름으로 전하는 것이다. 그러므로 그들은 그 말씀을 죄악되고 죽을 수밖에 없는 사람의 말이 아니라 거룩하시고 살아 계신 하나님의 말씀으로 들어야 한다. 너희는 이제 여호와께서 말씀하시는 것을 들을지어다. 왜냐하면, 하나님은 결국 그들로 그의 말씀을 듣게 하실 것이기 때문이다.

2. 하나님이 선지자에게 진지하게 말씀을 전하고, 그가 말씀하신 것을 강조해서 전하라고 명령하심. 너는 일어나서 산을 향하여(즉, 산과 더불어) 변론하고 작은 산들이 네 목소리를 듣게 하라. 유다 땅의 산들 및 작은 산들, 즉 그 산들과 작은 산들에 사는 주민들과 변론하라. 어떤 이들은 여기에서 말하는 것은 그들이 우상들을 섬기며 더럽혀 놓은 그러한 산들과 작은 산들이라고 생각한다. 그러나 선지자가 그에게 주어진 지시를 따라서 산들만이 아니라 땅의 견고한 지대들에게도 들으라고 말하고 있는 것으로 보아서, 여기에 나오는 산과 작은 산들은 좀 더 일반적인 의미로 해석하는 것이 더 좋을 것 같다. 하나님이 이렇게 하시는 의도는 다음과 같다.

(1) 하나님이 지금부터 하고자 하시는 말씀이 얼마나 진지한 말씀인지를 선지자에게 환기시키기 위한 것. 그는 마치 산들과 작은 산들까지도 그가 전하는 말씀을 들을 정도로 열정적이고 힘차게 전하여야 하고, 크게 외치며 목소리를 아끼지 말아야 한다(사 58:1). 그는 이제 그가 하나님의 이름으로 전하고자 하는 말씀을 산들 앞에 공개적으로 선포하되, 하나님의 말씀을 부끄러워하거나 두려워하지 않는 자처럼 담대하게 선포하여야 한다. 그는 이 말씀과 관련된 당사자로서 백성들의 마음에 와닿게 전하고자 하여 마음으로부터 말씀을 전하려고 등장한 자처럼 선포하여야 한다.

(2) 백성들의 우둔함을 드러내시기 위한 것. "작은 산들이 네 목소리를 듣게 하라. 왜냐하면, 이 지각 없고 무관심한 백성들은 그 목소리를 주의해서 들어보려고 하지도 않을 것이기 때문이다. 귀가 있는 이스라엘은 들으려 하지 않으니, 귀가 없는 바위들과 땅의 견고한 지대들로 하여금 듣게 하라." 이것은 하나님이 이스라엘에게 적절한 경고와 선한 조언을 받아들일 충분한 기회를 주셨다는 사실을 산들과 작은 산들이 증언해 달라고 하는 부탁이다. 그래서 이사야는 그의 예언을 하늘이여 들으라 땅이여 귀를 기울이라(사 1:2)는 말씀으로 시작한다. 산들과 작은 산들이여, 나와 내 포도원 사이에서 사리를 판단하라.

Ⅱ. 매우 감동적인 하나님의 메시지. 선지자는 하나님이 자기 백성과 다투고 계시고, 하나님께는 그들을 고소하실 타당한 이유가 있으시다는 것을 온 세상으로 하여금 알게 하여야 한다. 그들은 공개적으로 범죄하였기 때문에, 하나님은 그들을 고소하시는 이유가 된 그들의 죄목들도 공개하신다. 여호와께서 그의 고소를 실행하시기 위하여 그의 선지자들이나 섭리들을 통해서 자기 백성과 변론하시며 이스라엘과 변론하실 것임을 알라.

1. 죄는 하나님과 사람 간의 다툼을 낳는다는 것. 의로우신 하나님은 각각의 죄인들에 대하여 소송을 제기하시되, 어떤 죄인이냐에 따라서 채무에 관한 소송, 범죄에 관한 소송, 명예 훼손에 관한 소송 등을 제기하신다.

2. 하나님을 믿는다고 고백하는 백성인 이스라엘이 범죄하여 그를 진노하시게 하면, 그는 그가 그들과 다투신다는 것을 그들에게 알게 하신다는 것. 하나님은 그들에게서 죄를 보시고 그 죄에 대하여 진노하신다. 아니, 그들의 죄는 이방인들의 죄보다 더 그를 진노하시게 하고 그의 성령을 더 근심하게 하며 그의 이름을 더 욕되게 한다.

3. 하나님은 자기 백성과 다투실 때에 그들과 변론하셔서, 그들에게 그들의 죄를 깨우쳐 주시고, 그가 의로우시다는 것을 나타내시리라는 것. 앞 장의 끝 부분에서 하나님은 이방인들을 멸망시키시기 위하여 분노와 진노 가운데서 그들과 변론하셨지만, 여기에서는 이스라엘 백성을 회개시키시기 위하여 불쌍히 여기시는 마음과 자애로우신 마음으로 그들과 변론하신다: 오라 우리가 서로 변론하자(사 1:18). 하나님은 우리로 하여금 스스로 이치를 잘 따져서 생각해 보도록 우리를 가르치시기 위하여 우리와 변론을 하신다. 하나님의 변론은 공평하기 때문에, 죄인들의 그 어떤 항변에도 무너지지 않고, 결국 죄인들은 그들의 잘못을 인정하고서, 하나님의 길은 공평하고 그들의 길은 공평하지 않다는 것을 시인할 수밖에 없게 될 것이다(겔 18:25).

(1) 하나님은 그들로 하여금 그를 버릴 수밖에 없게 만든 나쁜 짓을 과연 그가 그들에게 한 적이 있는지를 보여 보라고 그들에게 요구하심. 그들은 하나님을 배반하고 그에게 반기를 들었었다. 그러나 그들이 그렇게 할 수밖에 없었던 어떤 정당한 이유가 과연 그들에게 있었는가(3절)? "내 백성아 내가 무엇을 네게 행하였으며 무슨 일로 너를 괴롭게 하였느냐 너는 내게 증언하라." 신민들이 그들의 왕에 대한 충성 맹세를 끝내고자 한다면, 그들은 그의 멍에가 그들에게 너

무 무겁다는 핑계를 댈 것이다(열 지파가 르호보암 왕에게 반역할 때에 그랬듯이). "그러나 너는 그런 것과 같은 어떤 핑계를 댈 수 있느냐? 내가 네게 불의하거나 몰인정한 짓을 행하였느냐? 내가 강제 노역을 부과하거나 세금을 착취해서 너를 괴롭게 하였느냐? 언제 내가 네 제물로 나를 공경하라고 하더냐(사 43:23)? 너희 조상들이 내게서 무슨 불의함을 보았더냐(렘 2:5)?" 하나님은 결코 우리를 속이지도 않으셨고, 그에 대한 우리의 기대들을 실망시키지도 않으셨으며, 우리에게 불의를 행하시거나 모욕을 주지도 않으셨다. 그런데, 왜 우리는 하나님께 불의를 행하고 하나님을 욕되게 하며 우리에 대한 하나님의 기대들을 좌절시키는 것인가? 여기에서 하나님은 그를 섬긴 적이 있는 모든 자들에게, 만약 그들이 어떤 일에서 그가 엄한 주인이라는 것을 발견하였거나, 그의 요구가 이치에 맞지 않는 것을 발견하였다면, 그를 쳐서 증언하라고 도전하신다.

(2) 그들은 하나님이 그들에게 나쁘게 행하신 일을 단 한 가지라도 보일 수 없었기 때문에, 이제 하나님은 그가 그들을 위하여 행하신 엄청난 일들, 그들이 죽을 때까지 그를 섬겨도 그의 은혜를 다 갚지 못할 그런 일들을 그들에게 보이시리라는 것(4-5절). 하나님은 여기에서 그들에게(그리고 그들을 통해서 우리에게) 먼 옛적부터 하나님이 그들에게 베푸신 은총들을 돌아보라고 말씀하신다. 그들은 그들이 하나의 민족으로 형성되던 그들의 초창기와 하나님이 그들을 위하여 행하신 큰 일들을 기억하여야 한다.

[1] 하나님이 그들을 그들이 종살이 하던 땅인 애굽에서 이끌어 내신 것(4절). 그들은 애굽 땅에 마늘과 양파가 풍성하였기 때문에 그들의 종살이에 만족하였고, 그들을 결박하고 있던 쇠사슬을 도리어 사랑하였다. 그러나 하나님은 그들에게 자유를 갈망하는 마음과 용기를 불어넣으셔서, 그들로 하여금 그들의 족쇄를 과감하게 끊어버리고자 하는 결심을 하게 하신 후에, 그들을 인도해 내셨다. 애굽 사람들은 이스라엘 백성을 꼭 붙잡고서 놓아 주고자 하지 않았다. 그러나 하나님은 속전(贖錢)이 아니라 힘으로 그들을 종 노릇 하는 집(또는, 십계명의 서문에서 사용된 표현인 종 되었던 집)에서 속량하셨다. 이것은 그들이 어떻게 행하여야 마땅한지를 보여주기 위한 근거가 되는 일들로서, 만약 그들이 이것들을 잘 숙고해서 그들의 본분을 다하지 않는다면, 그들의 죄가 더욱 가중될 것임을 보여주는 것이기도 하다. 하나님은 그들을 애굽에서 인도하여 내어서 광대하고 황량한 광야로 이끄셨을 때에 증인이나 인도자들 없이 그들

만을 홀로 남겨두신 것이 아니었다. 하나님은 구약의 위대한 선지자였던 모세, 모세의 대언자였던 아론(출 7:1), 여선지자였던 미리암(출 15:20)이라는 세 명의 선지자를 그들 앞에 보내셨다(갈대아 역본은 이런 식으로 의역한다). 우리는 하나님이 이전에 우리에게 베푸신 긍휼들을 기억할 때에는 우리가 어렸을 때에 우리에게 좋은 선생들과 인도자들을 붙여 주신 긍휼을 잊어서는 안 된다는 것을 명심하라. 우리는 우리보다 앞서 가면서, 이것이 바른 길이니 너희는 이리로 가라(사 30:21)고 우리에게 말해 주었던 그 선생들과 인도자들을 언급하여, 하나님께 영광을 돌려야 한다. 왜냐하면, 주의 길을 예비하고 주를 위하여 백성들을 준비시키기 위하여 우리 앞에 그들을 보내신 분은 바로 하나님이시기 때문이다.

[2] 하나님이 그들을 가나안으로 이끌어 들이신 것. 하나님은 그들을 그들이 쉴 땅으로 이끌어 들이기 위하여 행하신 일을 통해서도, 그가 그들을 종 되었던 땅에서 이끌어 내기 위하여 행하신 일을 통해서와 마찬가지로, 스스로 영광을 얻으심과 동시에 그들을 존귀하게 하셨다. 모세와 아론과 미리암은 죽었지만, 이스라엘 백성은 하나님이 그 때나 지금이나 동일하시다는 것을 발견하였다. 그들은 이제 하나님이 그들을 위하여 행하신 일들을 기억하여야 한다.

첫째, 하나님은 사람들의 마음과 혀를 다스리시는 권능을 통해서 이스라엘 백성을 해치고자 한 발락과 발람의 흉계를 좌절시키셨다(5절). 내 백성아 너는 모압 왕 발락이 꾀한 것, 즉 네가 모압 평지에 진을 치고 있을 때에 그가 너를 해치려고 어떤 짓을 계획하였는지를 기억하라. 모압 왕 발락이 꾀한 것은 이스라엘을 저주하여 그들과 그들의 하나님 사이를 이간질해서 그들이 하나님의 보호하심을 받지 못하게 하는 것이었다. 이방인들은 어떤 민족과 전쟁을 할 때에 주술이나 마법 같은 방법들을 사용해서 그 민족의 수호신을 그 민족으로부터 떼어놓고자 시도하곤 하였다(트로이로부터 팔라스 여신을 떼어놓고자 한 것이 그 한 예이다). 마크로비우스(Macrobius)의 책 속에는 신들을 불러내는 의식(儀式)에 관한 장(章)이 따로 있다. 발락은 이스라엘에 대하여 이러한 방법을 시도하고자 하였다. 그러나 브올의 아들 발람이 자신의 의도나 의향과는 반대되는 방향으로 모압 왕 발락에게 대답한 것을 기억하라. 그는 이스라엘을 저주하는 대신 축복을 함으로써 발락을 극도의 혼란에 빠뜨리고 몹시 격분케 하였다. 또한, 이스라엘 백성은 그들을 해치고자 한 이방인들의 악의를 기억하고, 그런 까닭에 결코 이방 나라의 길을 배우거나 이방인들과 어울리지 말아야 한다. 그들은 그들을 향하신 그들의 하나님의 인자하심, 즉 네 하나님 여호와께서 너를 사랑하시므로 발람의 말을 듣지 아니하시고 그 저주를 변하여 복이 되게 하셨다(신 23:5)는 것을 기억하고, 그런 까닭에 하나님을 결코 버리지 않아야 한다. 우리는 하나님이 교회의 원수들의 흉계를 좌절시키신 일들을 항상 기억하여서 교회를 보호하신 하나님께 영광을 돌려야 한다는 것을 명심하라. 하나님은 혀의 대답을 마음에서 생각한 것과 정반대로 나오게 하실 수 있으신 분이다(잠 16:1).

둘째, 하나님은 가나안 밖에서의 그들의 마지막 숙영지였던 싯딤에서부터 가나안에서의 최초의 숙영지인 길갈까지 그들을 인도하셨다. 모세가 죽고, 하나님이 이스라엘로 하여금 약속의 땅을 차지하기 위한 싸움들을 싸우게 하기 위하여 그들의 지도자로 그리스도의 모형인 여호수아를 세우시는 일이 싯딤과 길갈 사이에서 일어났다. 또한, 그동안에 이스라엘 백성이 갈라진 물 사이로 요단 강을 건너고, 할례의 언약을 갱신하는 일이 일어났다. 그들은 이제 하나님이 그들의 조상들에게 베푸신 이러한 긍휼들을 기억하고서, 여호와의 의, 즉 가나안 사람들을 멸하신 그의 공의와, 자기 백성 이스라엘에게 안식을 주신 그의 선하심과, 그들의 조상들에게 주신 약속을 지키신 그의 신실하심을 알아야 한다. 하나님이 그들에게 행하신 이런 일들을 기억한다면, 그들은 하나님의 의로우심을 깨닫고서, 영원히 하나님을 섬기고자 하는 마음이 들게 될 것이다. 또는, 이것은 지금 하나님과 이스라엘 간의 변론과 연관지어서 해석할 수도 있을 것이다. 그들은 하나님이 그들과 그들의 조상들에게 베푸신 수많은 은총들을 기억하고, 그 은총들을 하나님에 대한 그들의 배은망덕하고 못된 행실과 비교해 보아야 한다. 그러면, 그들은 그들과 다투시는 여호와께서 의로우시다는 것을 알게 될 것이고, 이 다툼에서 공의는 하나님의 편이라는 것이 드러나게 될 것이다. 하나님의 길은 공평하다. 왜냐하면, 하나님은 말씀하실 때에 의로우시고 심판하실 때에 순전하시다는 것이 결국 드러나게 될 것이기 때문이다(시 51:4).

⁶내가 무엇을 가지고 여호와 앞에 나아가며 높으신 하나님께 경배할까 내가 번제물로 일 년 된 송아지를 가지고 그 앞에 나아갈까 ⁷여호와께서 천천의 숫양이나 만만의 강물 같은 기름을 기뻐하실까 내 허물을 위하여 내 맏아들을, 내 영혼의 죄로

말미암아 내 몸의 열매를 드릴까 ⁸사람아 주께서 선한 것이 무엇임을 네게 보이셨나니 여호와께서 네게 구하시는 것은 오직 정의를 행하며 인자를 사랑하며 겸손하게 네 하나님과 함께 행하는 것이 아니냐

여기에는 이 장의 처음 부분에서 사이가 나빴던 두 당사자인 하나님과 이스라엘 간의 화해를 위한 제안이 나온다. 심리(審理)를 해본 결과, 이 송사는 이스라엘에게 불리한 쪽으로 판결이 난다. 그들은 하나님이 그들을 고소하실 때에 제시한 범죄들, 즉 하나님에 대한 불의와 배은망덕의 죄를 지었다는 것이 드러나서 유죄 판결을 받는다. 그들의 죄책은 부인할 수 없을 정도로 너무나 분명하고, 변명할 수 없을 정도로 너무나 크다. 그래서 다음과 같은 일들이 일어난다.

I. 그들이 어떤 조건으로라도 좋으니 하나님과 화해하기를 원한다는 뜻을 밝힘(6-7절).   내가 무엇을 가지고 여호와 앞에 나아갈까. 그들은 하나님이 그들과 다투시는 것이 의로우신 일임을 알게 되자 그 결과가 두려워서, 그들이 하나님과 화해하고 하나님을 그들의 친구로 삼기 위해서는 어떻게 해야 하는지를 무척 알고자 하였다. 그들은 선지자 미가를 통해서 그들의 죄를 깨달았기 때문에, 여호와의 사자(使者)인 선지자야말로 그들이 그런 질문을 할 수 있는 가장 적합한 인물이라고 생각하여, 그에게 질문을 하였다. 그들이 무엇을 잘못했는지를 그들로 깨닫게 해준 선지자만큼 그들에게 하나님과 화해할 수 있는 길을 보여주기에 적합한 인물이 또 있겠는가? 여기에서 주목할 만한 것은 각 사람이 자기 자신을 위하여 내가 무엇을 가지고 나아갈까라고 묻는다는 것이다. 자기 마음의 병을 아는 자는 자기 자신이기 때문에, 그들은 이 사람이 무엇을 가지고 나아갈까라고 묻는 것이 아니라, 내가 무엇을 가지고 나아갈까라고 묻는다. 죄책과 진노에 대한 깊은 자각이 생길 때에야 사람들은 평안과 죄 사함을 얻는 길을 진지하게 찾기 시작하는 법이기 때문에, 오직 그 때가 되어야 비로소 그들에게는 일말의 소망이 생겨나기 시작한다는 것을 명심하라. 그들은 그들이 무엇을 가지고 여호와 앞에 나아가며 높으신 하나님께 경배할까라고 묻는다. 그들은 한 분 하나님이 계시다는 것, 그는 여호와이시고 높으신 하나님이자 지존자이시라는 것을 믿는다. 전에는 하나님을 무시하는 말을 했던 자들도 그들의 양심 속에서 죄를 깨닫게 되면 하나님을 지극히 높이는 말을 하게 된다.

1. 우리가 하나님 앞에 나아가야 한다는 것을 우리는 안다는 것. 그는 우리의 결산을 받으실 하나님이시다(히 4:13). 우리는 신민(臣民)으로서 나아가서 그에게 예를 올려야 하고, 거지처럼 그에게 동냥을 받아야 한다. 아니, 우리는 범죄자로서 우리의 재판장이신 하나님 앞에 나아가서 그에게서 우리에 대한 판결을 받아야 한다.

2. 우리가 하나님 앞에 나아갈 때, 우리는 하나님께 경배하여야 한다는 것. 하나님께 나아갈 때에 우리 자신을 지극히 낮추고 공경하는 자세를 지녀야 하는 것은 우리의 마땅한 도리이다. 우리가 하나님 앞에 나아갈 때에는 그에게 순복하는 것 외에는 다른 도리가 없다. 하나님과 다투어 보아야 아무 소용이 없다.

3. 우리가 하나님 앞에 나아가서 경배할 때, 하나님의 은총을 얻고 그에게 받아들여지는 것이 우리의 최대의 관심사여야 한다는 것. 그들은 여호와께서 무엇을 기뻐하실까라고 묻는다. 어떻게 하는 것이 그들 자신에게 유익인지를 정확히 알고 있는 모든 자들은, 하나님을 기쁘시게 하고 그의 진노를 피하며 그의 호의를 얻기 위해서는 그들이 어떻게 해야 하는지를 알려고 무진 애를 쓸 수밖에 없다는 것을 명심하라.

4. 하나님이 우리를 기뻐하시도록 하기 위해서는 우리가 그를 노여우시게 만든 원인인 죄를 제거하고 속량하는 데에 관심을 가져야 한다는 것. 따라서, 그들은 여기에서 내가 내 허물을 위하여, 내 영혼의 죄로 말미암아 무엇을 드릴까라고 묻는다. 우리가 짓는 범죄는 우리 영혼의 죄라는 것을 명심하라. 왜냐하면, 영혼이 죄를 행하고(영혼의 행위가 없는 것은 죄가 아니다), 죄로 말미암아 영향을 받아서 고통스러워하기 때문이다. 죄는 영혼의 무질서, 질병, 오염이기 때문에 영혼을 죽이려고 위협한다. 내가 내 허물을 위하여 무엇을 드릴까. 하나님의 공의를 만족시켜 드리고 하나님의 존귀하심을 회복시켜 드리기 위해서 내가 무엇을 드려야, 하나님이 기쁘게 받으실까? 어떻게 하면 내가 하나님의 진노를 피할 수 있을까?

5. 우리는 내가 무엇을 가지고 여호와 앞에 나아갈까라고 물어야 한다는 것. 우리는 빈 손으로 여호와 앞에 나아가서는 안 된다. 우리가 무엇을 지니고서 나아갈까? 우리는 어떤 방식으로 나아가야 하는가? 우리는 누구의 이름으로 나아가야 하는가? 우리는 우리 자신 속에 하나님께 칭찬받을 만한 것을 지니고

있지 않지만, 다른 존재로부터 그것을 얻어 가지고 하나님 앞에 나아가야 한다. 그렇다면, 우리는 어떤 의를 가지고서 하나님 앞에 나아가야 하는가?

II. 그들이 하나님과 화해하기 위해서 여러 가지 제안들을 함. 그들의 질문은 아주 선하고 옳아서, 우리 모두는 그런 질문을 해야 한다. 그러나 그들의 질문은 열심을 보여주고 있기는 하지만, 그들의 제안들은 그들의 무지를 드러내 준다. 그러면, 그들의 제안들을 살펴보자.

1. 그들은 높은 가격을 제시함. 그들은 다음과 같이 제안한다.

(1) 아주 값비싼 것들을 풍성하게 바치겠다는 것. 그들은 천천의 숫양을 드리면 하나님이 기뻐하실까라고 말한다. 하나님은 속죄 제물로 한 마리의 숫양을 요구하셨다. 그들은 하나님과 화해할 수만 있다면 그들이 가진 양 떼 전체를 하나님께 드리고 그들 자신은 거지가 되어도 좋다고 말한다. 그들은 그들이 가진 양 떼 중에서 가장 좋은 것인 숫양들을 수천 마리가 될 때까지 하나님 앞에 끌고 오겠다고 말한다.

(2) 그들에게 아주 소중해서 바치기가 정말 아까운 것들을 바치겠다는 것. 그들은 하나님이 속죄 제물로 기쁘게 받으시기만 하신다면 그들의 허물을 위하여 그들의 맏아들, 즉 그들의 영혼의 죄로 말미암아 그들의 몸의 열매를 바치겠다고 말한다. 그 생각이 허망하여진(롬 1:21) 자들에게 이것은 죄를 배상하는 데에 있어서 가장 유력한 방법으로 보였다. 왜냐하면, 우리의 자녀들은 우리 자신의 분신이기 때문이다. 그래서 이교도들은 그들의 노한 신들을 달래기 위해서 그들의 자녀들을 희생제물로 바쳤다. 죄 및 죄가 지닌 악성, 죄로 인한 그들 자신의 참상과 위험을 철저하게 깨달은 자들은 하나님과 화해하고 죄 사함을 받을 수만 있다면 온 세상을 내어 주고자 한다는 것을 명심하라.

2. 그들은 올바른 제안을 한 것이 아니었다는 것. 실제로 그들이 제안한 것들 중의 일부, 즉 하나님의 제단에 번제를 드리는 것, 속죄제를 위하여 일년생의 송아지와 숫양들을 드리는 것, 소제로 기름을 드리는 것 등은 율법에서 규정하고 있는 것들이다. 그러나 그것들만으로는 그들이 하나님께 열납되지 못할 것이다. 하나님은 순종이 제사보다 낫고 듣는 것이 숫양의 기름보다 나으며 번제와 다른 제사를 그의 목소리를 청종하는 것을 좋아하심 같이 좋아하지 아니하신다(삼상 15:22)는 것을 자주 분명하게 말씀하셨다. 율법의 제사들은 그 원형(原型)인 위대한 화목제물이신 그리스도와 연결될 때에만 제도로서의 효력과

가치를 지니는 것이어서, 그 자체로는 효력이 없었기 때문에, 황소와 염소의 피가 능히 죄를 없이 하지 못하였다(히 10:4). 그들이 여기에서 제안한 다른 것들에 대해서는 다음과 같이 말할 수 있다.

(1) 그것들 중의 일부는 실천할 수 없는 것들이라는 것. 자연은 사람들에게 꼭 필요한 강물은 공급해 주지만, 사람들의 사치를 만족시키기 위하여 강물 같은 기름을 공급해 주지는 않는다. 복음을 따른 것들이 아닌 화해의 모든 제안들은 어리석고 부조리한 것들이다. 강물 같은 그리스도의 피는 만만의 강물 같은 기름보다 더 가치가 있다.

(2) 그것들 중의 일부는 악한 것들이라는 것. 우리의 맏아들과 우리 몸의 열매를 바치는 것은 우리의 범죄를 더하는 것이고 우리 영혼의 죄를 더하는 것이다. 하나님은 도둑질한 것으로 번제를 드리는 것을 미워하시지만, 이런 식으로 살인을 하여 번제를 드리는 것은 훨씬 더 미워하신다. 우리는 우리의 맏아들과 우리 몸의 열매에 대하여 무슨 권리를 갖고 있는가? 그들은 하나님께 속하여 있지 않은가? 그들은 이미 하나님의 소유이고 하나님을 섬기도록 태어나지 않았던가? 그들은 본성적으로 죄인들이고, 그들 자신의 죄 때문에 그들의 생명을 상실하지 않았는가? 그런데, 어떻게 그들이 우리의 죄를 위한 대속물이 될 수 있겠는가?

(3) 그것들은 모두 외적인 것들, 유익이 거의 없는 저 육체의 연습에 속한 것들일 뿐이어서, 나아오는 자들을 온전하게 할 수 없다는 것(히 10:1).

(4) 그것들은 모두 그들이 원하는 목적을 이루기에 불충분하고 무력한 것들이라는 것. 그것들은 하나님의 공의의 요구들을 충족시킬 수 없고, 죄로 말미암아 침해된 하나님의 존귀하심을 회복시켜 드릴 수도 없으며, 마음을 거룩하게 하고 삶을 고치는 것을 대신하는 것이 될 수도 없는 것들이었다. 사람들은 그들의 죄만 제외하고 다른 모든 것을 버리겠다고 하지만, 그들이 다른 모든 것을 버려도 죄를 버리지 않는다면, 하나님은 그들을 기쁘게 받으시지 않으신다.

III. 하나님이 그들에게 그가 무엇을 요구하는지를 분명하게 말씀하시고, 그가 기쁘게 받으실 것들을 힘써 행하라고 역설하심(8절). 그들이 가진 돈으로 죄 사함과 하나님의 은총을 살 수 있을 것이라고 생각하는 자들은 그 돈과 함께 멸망하게 될 것이다. 그러므로 결코 그렇게 해서는 안 된다. 사람아 주께서 선한 것이 무엇임을 네게 보이셨다.

1. 하나님은 우리의 잘못들을 바로잡으시고 우리의 행실을 지도하시기 위하여 그의 마음과 뜻을 우리에게 드러내셨다는 것.

(1) 하나님은 친히 우리에게 우리가 무엇을 행해야 하는지를 보여주셨다는 것. 우리가 하나님과 화해하기 위한 조건들은 이미 확정되어 있고 규정되어 있기 때문에, 우리는 하나님께 여러 가지 방법들을 제안하기 위해서 고민할 필요가 없다. 우리가 죄를 지어서 진노하시게 한 하나님, 우리가 장차 결산하여야 할 하나님은 직접 우리에게 어떤 조건으로 그가 우리와 화해하실지를 말씀해 놓으셨다.

(2) 하나님은 그것을 사람에게 보여주셨다는 것. 하나님은 이스라엘만이 아니라 사람에게 보이셨고, 유대인들만이 아니라 이방인들에게도 보이셨으며, 짐승들이 아니라 이치를 아는 피조물이어서 하나님의 계시를 받을 수 있는 사람, 그 어떤 수를 써도 돌이킬 수 없는 귀신들이 아니라 얼마든지 돌이킬 수 있는 사람에게 보이셨다. 우리는 하나님이 모든 곳에 있는 모든 사람에게 말씀하신 것을 마치 하나님이 내 이름을 부르시며 직접 나에게 말씀하신 것처럼 믿음으로 우리 자신에게 구체적으로 적용하여야 한다.

(3) 하나님은 선한 것이자 여호와께서 우리에게 구하시는 것을 보여주셨다는 것. 하나님은 선한 것을 우리에게 보여주심으로써, 우리가 어디에서 우리의 참된 행복을 찾고, 무엇을 우리의 삶의 목표로 삼아야 하는지를 보여주셨다. 하나님은 그가 우리에게 요구하시는 것이 무엇인지를 보여주심으로써 우리가 나아가야 할 길을 보여주셨다. 우리가 하나님을 위하여 무엇을 해야 하고 어떻게 헌신해야 하는지와 관련해서 하나님이 요구하시는 그것이 있는데, 하나님이 요구하시는 그것은 그 자체로 선한 것이다. 하나님의 명령 이전에도 도덕적인 도리(道理)들은 내재적인 선을 지니고 있다. 그것들은 율법의 의식(儀式)들과는 달리 하나님이 명하셨기 때문에 선한 것이 아니라, 그것들 자체가 변경될 수 없는 선악의 영원한 규범과 이치에 합한 선한 것들이기 때문에 하나님이 그것들을 명하시는 것이다. 또한, 하나님이 요구하시는 그것은 직접적으로 우리에게 유익을 가져다 주는 성향을 지니고 있다. 우리가 그것과 합하는 것은 단지 우리의 장래의 행복의 조건이 되는 것이 아니라, 우리의 현재의 행복의 훌륭한 수단이 된다. 하나님의 계명들을 지키면, 장래만이 아니라 현재에도 큰 상

이 있다(시 19:11).

(4) 하나님은 그것을 우리에게 보여주셨다는 것. 하나님은 그것을 우리에게 알게 해 주셨을 뿐만 아니라, 우리로 하여금 분명하게 보게 해주셨다. 하나님은 마치 실제로 보여주시는 것과 같은 설득력 있는 증거를 통해서 그것을 우리에게 계시해 주셨다. 볼지어다 우리가 연구한 바가 이와 같다(욥 5:27).

2. 하나님이 보여주신 것은 무엇이었는가. 하나님이 우리에게 요구하시는 선한 것은 죄 사함을 받고 하나님과 화해하기 위하여 값을 치르는 것이 아니라, 하나님의 죄 사하심이 우리에게 효력을 나타내도록 하기 위하여 우리에게 주어진 본분을 다하는 것이다.

(1) 우리는 정의를 행하여, 사람들에 대한 우리의 관계와 의무에 따라서 모든 자를 각 사람에게 합당한 대로 대하여야 한다는 것(롬 13:7). 우리는 아무에게도 불의를 행하여서는 안 되고, 모든 사람의 몸과 물건과 선한 이름에 대하여 정의를 행하여야 한다.

(2) 우리는 인자를 사랑하여야 한다는 것. 우리는 우리 하나님과 마찬가지로 인자(또는, 긍휼)를 기뻐하여야 하고, 선을 행할 기회가 있을 때에 즐거운 마음으로 행하여야 한다. 정의가 긍휼 앞에 오는 것은 우리는 불의하게 얻은 것이거나 우리의 채무를 갚는 데에 사용하여야 할 것으로 남에게 베풀어서는 안 되기 때문이다. 하나님은 강도질 한 것을 번제로 바치는 것을 미워하신다(사 61:8).

(3) 우리는 겸손하게 우리 하나님과 함께 행하여야 한다는 것. 앞에 나온 두 가지가 십계명의 두 번째 돌판의 모든 본분을 포함하는 것과 마찬가지로, 이것은 첫 번째 돌판의 모든 본분을 포함하고 있다. 우리는 여호와를 우리와 언약 관계 속에 계시는 우리의 하나님으로 여겨서 그에게 꼭 붙어 있고 그와 꼭 함께 다니며, 그를 기쁘시게 하는 것을 우리의 끊임없는 관심사이자 일로 삼아야 한다. 성경에서는 에녹이 하나님과 동행한 것을 그가 하나님을 기쁘시게 한 것으로 해석한다(히 11:5). 우리는 우리의 모든 행실 속에서 하나님의 뜻에 합하여야 하고, 하나님과의 교제를 유지하여야 하며, 우리의 흠 없는 신앙을 인정받으려고 애써야 한다. 이것을 우리는 겸손하게 행하여야 한다(우리의 지각을 하나님의 진리에, 우리의 의지를 그의 계명과 섭리들에 복종시켜야 한다). 우리는 스스로 낮아져서 하나님과 동행하여야 한다(난외주는 이렇게 읽는다). 우리가 하나님과 편안하게 동행하고자 한다면, 우리는 우리 안에 있는 우리의 모든 생

각을 내려놓고, 하나님께 복종하지 않으면 안 된다. 이것이 하나님이 요구하시는 것이고, 이것이 없다면 아무리 값진 제물을 풍성하게 드려 제사를 지낸다고 해도, 그것들은 다 헛된 제물이 되고 만다(사 1:13). 이것은 모든 번제물과 기타 제물보다 낫다(막 12:33).

9여호와께서 성읍을 향하여 외쳐 부르시나니 지혜는 주의 이름을 경외함이니라 너희는 매가 예비되었나니 그것을 정하신 이가 누구인지 들을지니라 10악인의 집에 아직도 불의한 재물이 있느냐 축소시킨 가증한 에바가 있느냐 11내가 만일 부정한 저울을 썼거나 주머니에 거짓 저울추를 두었으면 깨끗하겠느냐 12그 부자들은 강포가 가득하였고 그 주민들은 거짓을 말하니 그 혀가 입에서 거짓되도다 13그러므로 나도 너를 쳐서 병들게 하였으며 네 죄로 말미암아 너를 황폐하게 하였나니 14네가 먹어도 배부르지 못하고 항상 속이 빌 것이며 네가 감추어도 보존되지 못하겠고 보존된 것은 내가 칼에 붙일 것이며 15네가 씨를 뿌려도 추수하지 못할 것이며 감람 열매를 밟아도 기름을 네 몸에 바르지 못할 것이며 포도를 밟아도 술을 마시지 못하리라 16너희가 오므리의 율례와 아합 집의 모든 예법을 지키고 그들의 전통을 따르니 내가 너희를 황폐하게 하며 그의 주민을 사람의 조소 거리로 만들리라 너희가 내 백성의 수욕을 담당하리라 하시더라

하나님은 앞에서 그들이 정의를 행하는 것이 얼마나 꼭 필요한 일인지를 보여주신 후에, 여기에서는 그들이 불의하게 행한 것이 얼마나 명백한지를 그들에게 보여주신다. 그들이 하나님의 다투심에 굴복하지도 않았고, 올바른 길로 행하여 그 다투심을 제거하지도 않았기 때문에, 여기에서 하나님은 계속해서 그들과 다투신다. 좀 더 자세하게 살펴보자.

I. 하나님은 어떤 식으로 그들에 대하여 소송을 제기하시는가(9절). 하나님은 성읍, 즉 예루살렘과 사마리아를 향하여 말씀하신다. 하나님은 크게 외치고 목소리를 아끼지 말아야 하는 그의 종들인 선지자들을 통해서 이 성읍을 향하여 외쳐 부르신다(사 58:1). 선지자들의 음성은 성읍을 향하여 외쳐 부르시고 촌락을 향하여 외쳐 부르시는 여호와의 음성이라는 것을 명심하라. 지혜가 부르지 아니하느냐(잠 8:1). 한 성읍의 죄가 하나님을 향하여 부르짖으면, 하나님은 그 성읍을 쳐서 외쳐 부르신다. 하나님은 어떤 성읍을 머지않아 심판하고자 하실

때에는 먼저 그 성읍을 향하여 외쳐 부르신다. 하나님은 아무도 멸망하지 아니하고 다 회개하기에 이르기를 원하시기 때문에(벤후 3:9) 치시기 전에 먼저 경고하신다.

1. 하나님의 음성을 알아차리는 자들이 일부 있다는 것. 지혜는 주의 이름을 경외하기 때문에, 지혜 있는 자는 주의 이름을 볼 것이다. 하나님이 우리를 향하여 외치실 때, 우리는 그 음성을 통해서 그의 이름을 볼 수 있고, 그가 우리에게 무엇을 알게 하고자 하시는지를 알아차릴 수 있다. 그렇지만, 하나님의 음성을 보지 못하고 알아차리지 못하는 자들이 많을 것이다. 왜냐하면, 그들은 하나님의 음성에 귀를 기울이고자 하지 않기 때문이다. 하나님은 한 번 말씀하시고 다시 말씀하시되 사람은 관심이 없어서 알아차리지 못한다(욥 33:14). 그러나 지혜 있는 자들은 그것을 보고 알아차려서 선용할 것이다. 하나님의 음성을 통해서 하나님의 이름을 드러내고, 하나님이 말씀하시는 것을 통해서 하나님이 어떤 분이신지를 아는 것은 참된 지혜의 핵심이라는 것을 명심하라. 지혜는 주의 이름을 볼 것이다. 왜냐하면, 거룩하신 자를 아는 것이 명철이기 때문이다(잠 9:10).

2. 하나님의 이 음성은 모든 자들에게 무엇을 말씀하시는가. "너희는 매와 그것을 정하신 이에게서 들으라. 머지않아 오게 될 매에게서 들으라. 너희가 그 매를 보고 느끼기 전에, 그 매가 아직 멀리 있을 때에 들으라. 너희는 정신을 차려서, 심판하러 오고 계시는 하나님을 저만치 나아가서 마중하라. 이미 너희에게 이른 매에게서 들으라. 너희는 그 매의 아픔을 이미 느끼고 있지 않느냐. 그 매가 너희에게 무슨 말을 하는지, 어떤 죄에 대한 깨우침이나 어떤 권면이나 어떤 주의를 너희에게 주는지를 들으라." 모든 매는 각각 음성을 지니고 있고, 하나님의 매에게서 들을 수 있는 것은 하나님의 음성이기 때문에, 그 음성의 언어를 알아듣는 자들은 복된 자들이다. 그 언어를 알아듣고자 한다면, 우리는 그것을 정하신 이를 바라보아야 한다. 모든 매는 그것이 어떤 종류의 것이 될지, 어디에 떨어질지, 얼마나 오랫동안 머물지가 정해져 있다는 것을 명심하라. 하나님은 모든 환난을 통해서 우리에게 작정하신 것을 이루시기 때문에(욥 23:14), 우리의 눈과 귀는 하나님을 향하여야 한다. 우리는 하나님이 환난을 통해서 우리에게 무엇을 말씀하시는지를 들어야 한다. 너는 들어 보라 그러면 네가 알리라(욥 5:27). 사역자들의 일은 하나님의 섭리들을 설명해 주고, 그 섭리들을 통해

서 하나님이 가르치고자 하시는 교훈들을 사람들에게 일깨워 주는 것이다.

Ⅱ. 하나님이 그들에 대하여 소송을 제기하시는 근거는 무엇이고, 그들을 고소하시는 이유가 된 것들은 무엇인가.

1. 하나님이 그들의 불의를 고소하심. 불의는 십계명의 두 번째 돌판을 어기는 죄를 말한다. 그들 가운데에 여전히 그들이 사람들에게 사기를 치고 있음을 보여주는 흔적들과 도구들이 존재한단 말인가? 도대체 그것이 어찌 된 일인가? 하나님이 모든 수단을 다 동원하셔서 그들에게 정의를 행하라고 신신당부를 하시며 가르치셨는데도, 그들이 여전히 불의를 행하고 있다는 말인가? 그들은 실제로 불의를 행하고 있었던 것으로 보인다(10절). 내가 그들을 깨끗하다고 여기겠느냐(11절). 결코 그럴 수 없다. 그것은 순결한 신앙 고백과 결코 양립할 수 없는 죄이다. 사람들과 거래하거나 사람들을 상대할 때에 거짓된 자들은 하나님의 자녀로서의 표지(標識)를 지니지 않은 것이고, 그들이 아무리 경건의 모양을 겉으로 드러낸다고 하여도 결코 깨끗한 것으로 여겨질 수 없다. 스스로 속이지 말라 하나님은 업신여김을 받지 아니하신다(갈 6:7). 하나님은 사람에게 우롱당하시는 분이 아니심을 명심하고서, 스스로 속아넘어가지 않도록 조심하라. 어떤 사람이 도둑질이나 사기를 저질렀다는 의심이 있다면, 치안판사는 그 사람의 집을 수색하도록 영장을 발부할 것이다. 하나님도 여기에서 그런 자들의 집을 수색하셔서, 다음과 같은 것들을 찾아내신다.

(1) 불의한 재물, 불의하게 얻어진 많은 재물. 사람은 그런 재물로는 형통할 수 없다. 왜냐하면, 불의의 재물은 무익하기 때문이다(잠 10:2).

(2) 축소시킨 에바. 그들은 그런 에바(또는, 되)로 가난한 자들을 속여서 곡식을 팔았다.

(3) 부정한 저울과 거짓 저울추들을 담아 놓은 주머니. 그들은 이런 것들을 사용해서, 그들이 판 것을 정량으로 달아주는 척하며 엄청난 폭리를 챙기는 불의를 저질렀다(11절).

(4) 부와 권세를 자신의 손에 거머쥔 자들은 그것들을 악용해서 사람들을 압제하고 착취하였다는 것. 그 부자들은 강포(强暴)가 가득하다. 왜냐하면, 많이 가진 자들은 더 많이 갖고자 하고, 그들의 엄청난 부가 그들에게 주는 힘을 이용해서 재물을 더 많이 모을 수 있는 능력을 갖고 있기 때문이다. 그들은 강포가 가득하다. 즉, 그들의 집에는 그들이 폭력으로 얻은 것들로 가득 차 있다는

말이다.

(5) 자신의 부를 이용하여 불의를 행할 형편이 되지 못한 자들은 다른 사람들에게 사기를 칠 수 있는 수단들을 찾아내었다는 것. 그 주민들은 거짓을 말한다. 힘이나 폭력을 사용할 수 없는 자들은 사기와 속임수를 사용하여 불의를 행하였다. 주민들은 거짓말을 밥 먹듯이 하였기 때문에, 그들의 혀가 그들의 입에서 거짓으로 가득 차 있다. 그들은 돈만 잘 벌 수 있다면 의도적인 거짓말을 서슴지 않았다. 어떤 이들은 이 본문을 그들이 여호와께서 우리를 보지 아니하시며 여호와께서 이 땅을 버리셨다(겔 8:12)고 말하며, 하나님에 대하여 거짓으로 말한 것을 가리키는 것으로 이해한다.

2. 하나님이 그들의 우상 숭배를 고소하심(16절). 너희가 오므리의 율례와 아합 집의 모든 예법을 지킨다. 이 두 왕은 악하여서, 모든 일에서 여호와 보시기에 악을 행하였지만, 오므리가 법과 율례를 만들어 견고하게 해놓은 악, 아합 집의 독특한 예법이 되었던 악은 우상 숭배였다. 오므리는 여로보암의 길로 행하여, 그들의 헛된 것들로 하나님을 노하시게 한 죄를 저질렀고(왕상 16:26, 31), 아합은 바알 숭배를 도입하였다. 이 두 왕이 재위하였던 때는 미가 선지자가 활동한 때보다 몇 세대 전이었지만, 그들이 율례와 예법을 통해서 견고히 다져 놓은 악은 그 때까지도 계속해서 남아 있었다. 오므리의 율례는 여전히 지켜지고 있었고, 아합의 예법은 여전히 행해지고 있었다. 고관대작들과 백성들은 여전히 이 두 왕이 세워 놓은 전통을 따라 행하였고, 나라의 지도자들은 그 동일한 가치관과 정책을 따라 그들 자신과 백성들을 다스렸다.

(1) 동일한 악이 한 세대에서 다음 세대로 계승되었다는 것. 죄는 심을 때는 쉽게 심어지지만 다시 뽑아내고자 할 때에는 그렇게 쉽게 뽑히지 않는 쓴 **뿌리**이다. 이전 세대들의 죄악은 흔히 다음 세대들로 전수되고 상속된다. 부패한 법들을 만들고 부패한 관행들을 세우는 자들은 아직 태어나지도 않은 자손들을 장차 멸망시킬 일을 하고 있는 것이다.

(2) 그 악은 왕들의 법과 큰 자들의 모범을 통해서 오랫동안 견고히 세워지고 다져져온 것이긴 하지만, 그 자체로 하나님을 진노하시게 하고 죄인들을 위험에 빠뜨리는 큰 악이라는 것. 우상 숭배는 오므리에 의해서 율례로 제정되었고 아합 집의 예법으로 권장된 것이기 때문에, 사람들은 여러 세대 동안 지켜져 온 전통이라고 항변하겠지만, 그 악은 여전히 하나님을 진노하시게 하고 이

스라엘을 파멸에 빠뜨리는 악이다. 왜냐하면, 법이 관습이라고 할지라도 하나님의 명령을 거스르는 것이라면 효력이 없기 때문이다.

Ⅲ. 하나님이 그들의 이러한 죄악에 대하여 어떤 심판을 내리시는가. 그들이 이러한 죄악들을 범한 것이 유죄로 확인이 되었기 때문에, 하나님은 앞서 그들에게 경고하신 것(9절)이 그대로 그들에게 임할 것이라고 선고하신다(13절). 그러므로 나도 너를 쳐서 병들게 하리라. 그들이 가난한 자들을 그들의 압제의 매로 친 것처럼, 하나님도 마찬가지로 그들을 쳐서 병들게 하시고, 그들이 불의하게 얻은 재물들을 잃고서 병이 나게 만드실 것이다. 따라서, 그들은 재물을 삼켰을지라도 그것을 다시 토하게 될 것이다(욥 20:15). 그들에 대한 판결은 다음과 같다.

1. 그들은 그들이 가진 것을 편안히 누리지 못하게 되리라는 것. 그들의 소유는 그들에게 아무런 유익도 되지 못할 것이다. 그들은 재물을 그들에게 충분한 것 이상으로 긁어 모았지만, 그 풍족한 재물은 그들을 편안하고 행복하게 만들어 주는 데에 충분하지 못할 것이다. 사기와 압제로 얻어진 재물은 편안한 마음으로 간직하거나 누릴 수 없다.

(1) 그들은 먹어도 그 음식들이 그들에게 영양분이 되지 못하리라는 것. 네가 먹어도 배부르지 못할 것이다. 이것은 하나님의 축복이 없어서 그들이 음식을 소화시키지 못할 것이기 때문일 수도 있고, 재물에 대한 탐욕이 대단하여 자신의 욕망을 지옥처럼 넓힌 자들에게 마땅한 벌, 즉 그들이 아무리 먹어도 여전히 배가 고픈 걸식증에 걸릴 것이기 때문일 수도 있다. 이 세상의 좋은 것들은 아무리 많이 가져도 사람들을 질리게 만들 뿐이고 사람들에게 만족을 주지는 못한다(전 5:10; 사 55:2).

(2) 그들의 땅이 그들을 보호해 주지 않으리라는 것. "너의 무너짐이 네 가운데 있게 될 것이라. 즉, 네가 외적의 침공을 받지 않는다고 하여도, 내란이나 내분이 일어나서 스스로 망하게 될 것이다." 하나님은 한 나라를 그 내부에 있는 것에 의해서 무너지게 만드실 수 있으시고, 내부에서 일어난 불을 통해서 살라 버리실 수 있으시다.

(3) 그들은 그들의 소유를 외적으로부터 지켜내거나 그들이 잃은 것을 되찾지 못하리라는 것. "네가 네 손으로 붙잡은 것은 곧 빼앗기게 될 것이고, 비록 붙잡았다고 해도 그것을 집으로 가져가지 못할 것이며, 빼앗긴 것을 다시 되찾

아오지도 못할 것이다." 이것은 그들이 그들에게 아주 소중한 처자식을 꼭 붙잡고서 보내지 않겠다고 안감힘을 써도, 그들의 처자식들은 포로로 끌려가는 수밖에 다른 방도가 없을 것임을 의미한다. 우리가 꼭 붙잡고 있는 것일수록 더 빨리 잃는 법이기 때문에, 우리에게 가장 소중한 것들은 가장 덜 안전하다는 것을 명심하라.

(4) 그들에게 남아 있는 것들은 하나님이 장래의 더 혹독한 재난을 위해 남겨 두신 것들이라는 것. 네가 한 원수의 손에서 건진 것은 내가 다른 원수의 칼에 붙일 것이다. 왜냐하면, 하나님의 화살통에는 많은 화살들이 있기 때문이다. 죄인이 한 화살을 피하면, 그 다음 번의 화살이 그 죄인을 기다리고 있을 것이다.

(5) 그들은 수고해서 얻은 것들을 누리지 못하게 되리라는 것(15절). "네가 씨를 뿌려도 추수하지 못할 것이다. 네가 뿌린 씨에서 난 것들은 비바람에 다 떨어지고 시들어서 거둘 것이 하나도 없게 되거나, 원수가 와서 네 대신에 그것들을 거두어 가거나, 네가 포로로 끌려가서 네가 모르는 사람이 그것들을 거두어 가지게 될 것이다. 네가 감람 열매를 밟아도 기름을 네 몸에 바르지 못할 것이며, 모든 것이 다 파괴된 상황에서 네 몸을 치장하거나 새 힘을 얻게 해줄 것들을 사용할 마음이 나지 않을 것이다. 네가 포도를 밟아도 술을 마시지 못하리라. 왜냐하면, 포도주가 잔에서 입술로 가는 사이에도 수많은 일들이 일어날 것이기 때문이다." 우리가 기대했던 것들이 좌절되고, 우리가 애써 수고한 것에서 즐거움을 얻지 못하는 것은 정말 슬픈 일이지만, 이것은 그들에 대한 하나님의 기대들을 좌절시키고, 하나님이 그들을 위해 헌신적으로 애쓰신 것에 부응하지 않은 자들에 대한 의로운 벌이 될 것이다. 이것은 율법에서 이미 경고한 것이다(레 26:16; 신 28:30, 38). 이사야 62:8-9과 비교해 보라: 내가 다시는 네 곡식을 네 원수들에게 양식으로 주지 아니하겠고 네가 수고하여 얻은 포도주를 이방인이 마시지 못하게 할 것인즉 오직 추수한 자가 그것을 먹고 나 여호와를 찬송할 것이요 거둔 자가 그것을 나의 성소 뜰에서 마시리라.

2. 그들은 그들이 가진 모든 것을 결국 빼앗기게 되리라는 것. 너는 네 죄로 말미암아 황폐하게 될 것이고(13절), 내가 너희를 황폐하게 하며 사람의 조소 거리로 만들리라(16절). 죄는 한 나라를 황폐하게 만든다. 크게 번성하고 유명하였던 백성이 황폐해지면, 깜짝 놀라는 자들도 있고 고소해하는 자들도 있으며,

몹시 슬퍼하는 자들도 있고 조소하는 자들도 있는 법이다. 너희가 이렇게 내 백성의 수욕(羞辱)을 담당하리라. 그들이 그들의 본분을 충실히 지키고 하나님의 사랑 안에 머물러 있는 동안에는 그들이 그 이름과 신앙 고백에 있어서 하나님의 백성이라는 사실은 그들에게 영광이었고, 그들의 모든 이웃 나라들도 그렇게 생각하였다. 그러나 그들이 타락하여 자멸한 지금, 그들의 죄와 하나님의 심판이 그들의 땅을 황폐하게 만든 지금에 있어서는, 그들이 한때 하나님의 백성이었다는 사실은 그들에게 부끄러움과 수치만 한층 더할 뿐이다. 그들의 원수들은 이들은 여호와의 백성이라도 여호와의 땅에서 떠난 자라(겔 36:20)고 말하게 될 것이다. 신앙을 고백한 자들이 멸망을 자초한다면, 그들의 멸망은 가장 수치스럽고 부끄러운 멸망이 될 것임을 명심하라. 그들은 저 마지막 날에 부활하여 특별한 방식으로 영원한 수치와 멸시를 당하게 될 것이다.

제
— 7 —
장

개요

이 장에는 다음과 같은 내용들이 나온다. I. 선지자가 그가 살고 있는 시대에 신앙이 형편없이 쇠하여지고, 불경건과 악덕이 홍수처럼 온 나라를 뒤덮어서, 의롭고 거룩한 모든 것이 다 무너졌다고 교회의 이름으로 슬프게 탄식함(1-6절). II. 선지자가 교회를 위하여 그러한 때에 쓸모가 있을 수 있는 위로가 되는 것들을 말하고, 어떻게 해야 하는지를 권면함. 1. 그들은 하나님을 바라보아야 한다는 것(7절). 2. 그들은 원수의 오만방자한 짓들을 꿋꿋하게 견뎌내어야 한다는 것(8-10절). 3. 그들은 그들의 하나님의 책망 아래에서 가만히 인내하고 있어야 한다는 것(9절). 4. 그들은 환난이 오랫동안 지속될 것을 예상하고서, 최선을 다해서 이 환난을 선용하려고 애써야 한다는 것(11-13절). 5. 그들은 선지자의 기도에 응답하여 하나님이 주신 약속들을 붙잡고서 힘을 얻어야 한다는 것(14-15절). 6. 그들은 지금 그들을 보고 의기양양해하는 원수들이 곧 몰락하게 될 것을 내다보아야 한다는 것(16-17절). 7. 그들은 하나님의 긍휼과 은혜, 자신의 언약에 대한 그의 신실하심(18-20절), 이 예언의 끝에 나오는 저 위로의 말씀을 믿고서 크게 기뻐해야 한다는 것.

[1]재앙이로다 나여 나는 여름 과일을 딴 후와 포도를 거둔 후 같아서 먹을 포도송이가 없으며 내 마음에 사모하는 처음 익은 무화과가 없도다 [2]경건한 자가 세상에서 끊어졌고 정직한 자가 사람들 가운데 없도다 무리가 다 피를 흘리려고 매복하며 각기 그물로 형제를 잡으려 하고 [3]두 손으로 악을 부지런히 행하는도다 그 지도자와 재판관은 뇌물을 구하며 권세자는 자기 마음의 욕심을 말하며 그들이 서로 결합하니 [4]그들의 가장 선한 자라도 가시 같고 가장 정직한 자라도 찔레 울타리보다 더하도다 그들의 파수꾼들의 날 곧 그들 가운데에 형벌의 날이 임하였으니 이제는 그들이 요란하리로다 [5]너희는 이웃을 믿지 말며 친구를 의지하지 말며 네 품에 누운 여인에게라도 네 입의 문을 지킬지어다 [6]아들이 아버지를 멸시하며 딸이 어머니를 대적하며 며느리가 시어머니를 대적하리니 사람의 원수가 곧 자기의 집안 사람

이리로다

　　어떤 이들은 이것이 미가 선지자가 예언 활동을 하였던 히스기야 시대와는 거의 맞지 않는 악한 시절에 관한 묘사라고 보고서, 이것을 므낫세 시대에 일어날 일에 관한 예언으로 본다. 그러나 우리는 이것을 아하스 시대(이 시대에 미가 선지자는 예언 활동을 하였다, 1:1)나 아직 종교개혁이 시작되기 전인 히스기야 시대 초기에 있었던 일이라고 보는 것이 더 나을 것 같다. 아니, 히스기야가 이 나라의 부패들을 척결하는 데에 최선을 다한 후인 그의 전성기 때에도 이 나라에는 여전히 많은 죄악들이 존재하였다. 미가 선지자는 재앙이로다 나여라고 울부짖는다. 그는 자기가 이런 타락한 시대에 태어난 것을 탄식하면서, 멸망의 때가 급속히 무르익어 가고 있는 백성 가운데에 살고 있어서 많은 선한 자들도 어쩔 수 없이 그 멸망에 휘말리게 될 것을 예상하고, 그것을 그의 큰 불행이라고 생각한다. 다윗도 메섹에 머물며 게달의 장막 중에 머무는 것이 내게 화로다(시 120:5)라고 울부짖었다. 미가 선지자가 한탄하며 슬퍼하는 것들은 다음과 같은 것들이다.

　1. 하나님의 백성인 자들 가운데서도 선한 자들을 별로 찾아볼 수 없다는 것. 이것은 그들의 수치였다. 경건한 자가 세상에서, 또는 가나안 땅에서 끊어졌다. 그 땅은 선한 땅이자 정직한 자의 땅이었지만(사 26:10), 그 가운데 선한 자는 거의 없었고, 정직한 자는 한 사람도 없었다(2절). 선한 자는 경건한 자이고 긍휼이 많은 자이다. 이 단어는 이 두 가지를 다 의미한다. 하나님에 대하여 독실한 믿음을 지니고 있고 사람들을 불쌍히 여기고 후하게 베푸는 자들, 인자와 긍휼을 사랑하고 하나님과 동행하는 자들은 완벽하게 선한 자들이다. "그런 자들이 사라졌다. 얼마 전에 우리 땅을 풍성하게 하고 아름답게 장식하였던 몇 안 되는 정직한 자들은 이제 죽고 없으며, 그들을 대신하여 그들의 발자취를 밟는 자는 한 사람도 나타나지 않았다. 정직은 끊어졌고, 선한 자는 눈을 씻고 보아도 찾아볼 수 없다. 신앙 교육을 받은 자들은 타락하였고, 가장 흉악한 자들처럼 악하게 되어 버렸다. 경건한 자가 끊어졌다(시 12:1)." 선지자는 이것을 비유를 통해서 예시한다(1절): 그들은 여름 과일을 딴 후와 같았다. 선한 자를 찾아내는 일은 추수가 끝난 후에 여름 과일(이것은 최상품의 과일이어서, 사람들은 세심한 주의를 기울여서 남김없이 거두어들였다)을 찾는 것만큼이나 힘든 일

이 되었다. 미가 선지자는 엘리야가 그랬던 것처럼 오직 나만 남았다(왕상 19:10)고 말하고 싶은 심정이었다. 송이송이 매달려 있곤 하였던 선한 자들은 이제 포도 수확기에 떨어진 포도들을 거둔 후 같이 거의 보이지를 않는다(사 17:6). 선한 자들이 전에는 포도송이들처럼 모여 있었지만, 지금은 드문드문 가끔 한 사람씩 보일 뿐이다. 먹을 포도송이가 없다. 최상품의 충실한 포도들은 큰 포도송이 속에서 자라난 것들이다. 어떤 이들은 이것이 선한 자들이 거의 없다는 것만이 아니라, 선한 자들이라 불리는 소수의 사람들조차도 추수하는 자가 거둔 포도들이 아니라 떨어진 포도들을 줍는 자들에 의해서 모아진 작고 시들은 찌꺼기 포도들처럼 별로 선하지 않은 자들이었다는 것을 나타내는 것이라고 생각한다. 미가 선지자는 온 나라 사람들이 다 타락한 것을 보았을 때에 불현듯 처음 익은 열매가 몹시 그리워졌다. 그는 이전 시대들에 있었고 이 나라의 초창기를 아름답게 장식하였던 훌륭한 선한 자들, 다 자라지 못한 끝물과는 비교할 수 없을 정도로 맛있고 좋은 처음 익은 열매들처럼 현재에 가장 선한 자들보다 훨씬 더 뛰어났던 이전의 선한 자들이 많이 보고 싶어졌다. 이전 시대들의 신앙인들이 보여준 지혜와 열심, 엄격하고 양심적인 신앙, 헌신과 구제에 대하여 읽거나 듣고, 아울러 현재 세대의 정반대의 모습을 보면, 우리는 땅바닥에 주저앉아서 탄식하며, 초대 교회가 또다시 왔으면 얼마나 좋겠는가라는 말이 우리의 입에서 저절로 흘러나게 된다. 우리보다 앞서 살았던 분들이 보여준 저 솔직하고 흠 없는 신앙이 도대체 어디로 가고 없는 것일까? 간사함이 없는 참 이스라엘 사람들은 도대체 어디로 갔는가? 우리의 영혼은 그런 것들을 간절히 사모하지만, 아무 소용이 없다. 황금 시대는 갔고, 다시 돌아올 수 없다. 우리는 최선을 다하여 현재를 선용하며 살아갈 수밖에 없다. 왜냐하면, 그 황금 시대를 다시 볼 가능성은 우리에게 없어 보이기 때문이다.

2. 그들 가운데에 남에게 해를 끼치는 악한 자들이 너무나 많이 있다는 것. 이 나라에는 선을 행하는 자가 한 사람도 없었을 뿐만 아니라, 온 힘을 다해서 남을 해치고자 하는 자들은 무수히 많았다. "무리가 다 피를 흘리려고 매복하며 각기 그물로 형제를 잡으려 한다. 그들은 재물을 얻기 위해서라면 그들의 이웃들이나 가장 가까운 혈육과 친척들에게 그들이 어떤 불의나 해악을 저지르고 있는 것인지를 전혀 개의치 않는다. 그들은 마치 사람들은 전쟁 상태에 있고 힘만이 유일한 정의인 듯이 행한다. 그들은 그들의 이웃들에 대하여 맹수들과 같

다. 왜냐하면, 그들은 다 사자들처럼 이웃들의 피를 흘리려고 매복하기 때문이다. 그들은 피에 굶주려 있고, 그들의 이익을 위하는 것이라면 사람의 목숨이나 생계 따위는 아무렇지도 않게 여기며, 그런 짓을 행할 기회를 노리기 위해서 매복한다. 그들의 이웃들은 그들에게 맹수들과 같다. 왜냐하면, 그들은 각기 그물로 자기 형제를 잡으려 하기 때문이다. 그들의 이웃들은 아무런 죄가 없는 훌륭한 사람들인데도, 그들은 그 이웃들을 붙잡아서 죽여야 마땅한 해로운 짐승들로 취급하여 박해한다." 우리는 법률상의 보호를 박탈당한 자에 대해서 그는 이리처럼 사냥되어야 할 자라고 말한다. "또는, 그들은 마치 게임을 하듯이 즐기기 위해서 그들의 이웃들을 사냥한다. 그들은 사람들을 덫에 걸리게 하여 죽게 만드는 수많은 저주받은 기술들을 가지고 있기 때문에, 그 기술을 사용하여 쉽게 이웃들을 사냥할 수 있다. 그들은 이렇게 두 손으로 악을 부지런히 행한다. 그들은 마음으로 그 악을 원하고, 머리로 그 악을 궁리해 낸 후에, 두 손으로 그 악을 실행한다." 사람들은 죄악을 추구하는 데에 몰두하고 열심을 낼수록 죄악을 행하는 데에 더 큰 수고를 하고, 그것은 하나님의 더 큰 진노를 불러일으킨다는 것을 명심하라.

3. 정의의 수호자이자 보호자가 되어야 마땅한 방백들은 도리어 불의를 행하고 후원하는 자들이 되었다는 것. 지도자와 재판관은 뇌물을 요구하고, 악인들이 두 손으로 행하는 악한 일들을 후원하고 뒤를 봐주는 데에 자신의 권력을 사용함으로써, 그들이 두 손으로 악을 부지런히 행하도록 부추긴다. 그들은 두 손으로 악을 능숙하게 행한다(어떤 이들은 이렇게 읽는다). 그들은 아주 능숙하고 교묘하게 악을 행한다. 그들은 악을 행하는 데에 능숙한 그들 자신을 자랑스러워한다. 어떤 이들은 이 본문을 이렇게 읽는다: 그들은 악을 행하기 위해 두 손을 가지고 있지만(그들은 불의를 행할 기회를 포착한다), 지도자와 재판관은 선을 행하는 데에 보상을 요구한다. 그들이 그들의 직책과 관련하여 어떤 선한 일을 한다면, 그들은 그 일에 대한 대가를 요구한다. 선을 행할 부와 권력을 지니고 있는 권세자는 지도자 및 재판관과 결탁하여 자기가 꾸미고자 하는 일을 서슴없이 말하고, 지도자와 재판관은 기꺼이 권세자가 꾸민 일을 돕는다. 이런 식으로 해서, 그들은 그 악한 일을 덮어 버린다. 그들은 권세자가 꾸민 일을 덮어서 오리무중으로 만들거나 복잡하게 만들어서, 사람들이 보았을 때에 어떤 것이 진실인지 헷갈리게 하여, 그들이 원하는 방향으로 그 일을 몰고 간다. 지도자

들과 재판관들과 권세자들이 서로 결탁하여 공의를 굽게 하는 나라의 백성은 불행한 백성이다. 여기에 나오는 나라의 이러한 지도자들에 대한 묘사는 참으로 서글프기 그지없다(4절): 그들의 가장 선한 자라도 가시 같고 가장 정직한 자라도 찔레 울타리보다 더하도다. 그들과 어떤 식으로든 연루되는 것은 위험천만한 일이다. 그들을 만지는 자는 반드시 긁히고 옷이 찢어지며 눈이 뽑힐 지경이 될 것이기 때문에 그 몸에 철을 둘러야 한다(삼하 23:6-7). 이것이 그들 중에서 가장 선하고 정직한 자들의 모습이라면, 그들 중에서 가장 악한 자들의 모습은 어떠하겠는가? 상황이 이런 지경까지 되었다면, 그들의 파수꾼들의 날, 즉 그들의 형벌의 날, 하나님이 이 모든 악으로 말미암아 그들을 벌하실 날이 온 것이다. 이 날은 하나님이 그들 위에 파수꾼들로 세우신 그들의 선지자들이 자주 그 날에 대하여 그들에게 경고하였기 때문에 파수꾼들의 날이라 불린다. 모든 육체, 심지어 그들 중에서 가장 선하고 정직한 자들조차도 그 행실이 타락했다면, 포악함이 땅에 가득하였을 때에 홍수가 옛 세상을 물에 잠기게 하였듯이(창 6:11), 하나님이 심판들로 그들을 벌하시는 날이 임하는 것 외에 그들이 무엇을 기대할 수 있겠는가?

4. 사람들 속에 신의가 없어졌다는 것. 사람들은 다 남을 속이는 자가 되어 버려서, 믿을 수 있는 사람이 아무도 없게 되었다(5절). "명예심이나 한 줄기 미덕이 남아 있는 자들은 우정의 법을 굳게 지키는 법이다. 그런 사람들은 사적인 대화에서 오고간 말들이나 비밀을 누설하여 친구에게 해를 입히는 일을 하지 않는다. 그러나 이제 그런 우정의 법 따위는 휴지조각이 되었다. 너희는 믿고 얘기할 수 있는 친구, 그 말을 신용할 수 있는 친구, 너희에 대하여 애정이나 관심을 지니는 친구를 만날 수 없게 될 것이다. 그러므로 지혜로운 자들은 친구를 믿지 말라는 것을 규범으로 삼게 될 것이다. 왜냐하면, 너희는 친구가 거짓되다는 것을 발견하게 될 것이고, 너희의 눈으로 직접 본 친구의 모습 외에는 친구를 신뢰할 수 없을 것이기 때문이다. 너희는 정직한 자로 통하는 자라고 할지라도 오직 겉으로만 그렇게 보일 뿐이라는 것을 알게 될 것이다. 어떤 친구가 어떤 일을 너희보다 더 잘 안다고 얘기하며 너희의 인도자가 되어 그 일 속으로 너희를 끌어들이고자 해도, 너희는 그를 의지하지 말아야 한다. 왜냐하면, 그 친구는 그 일을 통해서 그 자신이 이익을 얻을 수 있다면 분명히 너희를 잘못 인도할 것이기 때문이다." 어떤 이들은 여기에 나오는 인도자(개역에

서는 친구)를 젊은 시절의 인도자라 불리는 남편을 가리키는 것으로 이해한다 (잠 2:17). 이것은 그 다음에 나오는 구절과 잘 들어맞는다: "네 품에 누운 여인, 즉 네 자신의 아내에게라도 네 입의 문을 지킬지어다. 들릴라가 삼손에게 했듯이, 네 아내가 네가 네 침실에서 얘기한 것을 전하는 공중의 새가 되어(전 10:20) 너를 배신하고 너의 비밀을 누설할 수 있으니, 너는 네 아내 앞에서도 말조심을 하라." 명철한 자들이 이렇게까지 말조심을 해야 하는 때는 정말 악한 때이다.

5. 자녀들은 부모를 능욕하고, 사람들은 가족과 가장 가까운 혈육이나 친척에게서 그 어떤 위로나 만족도 얻지 못한다는 것(6절). 아들이 아버지를 멸시하며 욕설을 퍼붓고 위협하며 해악을 끼치고자 하고, 딸이 천륜이나 도리조차 다 내팽개친 채 자기 어머니를 대적한다면, 그것은 정말 악한 때이다. 그런 때에 며느리가 시어머니를 대적하여 싸우고 괴롭힌다고 해도, 그것은 전혀 이상한 일이 아니다. 그들은 재산이나 이권을 놓고 의견이 맞지 않거나, 그들의 기분과 감정이 서로 충돌해서, 그런 일들이 벌어지게 될 것이다. 또는, 편협한 신앙을 가지고서 박해하기 위하여, 장차 형제가 형제를, 아버지가 자식을 죽는 데에 내주며 자식들이 부모를 대적하여 죽게 할 것이다(마 10:21; 눅 21:16). 어떤 사람을 배신한 자들 또는 최악의 원수들이 그 사람을 지켜주고 가장 좋은 친구가 되어주어야 할 자들인 자기 집안 사람들이거나 자신의 자녀들이나 종들이라면, 그것은 참으로 서글픈 일이 아닐 수 없다. 사람들이 가족으로서의 도리에 관한 법들을 멸시하고 깨뜨린다면, 그것은 인간으로서의 최소한의 예의가 전체적으로 다 타락하였음을 보여주는 서글픈 징표라는 것을 명심하라. 부모에 대하여 자식으로서의 도리를 다하지 않고, 도리어 부모를 노엽게 하며 거스르는 자들은 선(善)에 이를 가망성이 없다.

[7]오직 나는 여호와를 우러러보며 나를 구원하시는 하나님을 바라보나니 나의 하나님이 나에게 귀를 기울이시리로다 [8]나의 대적이여 나로 말미암아 기뻐하지 말지어다 나는 엎드러질지라도 일어날 것이요 어두운 데에 앉을지라도 여호와께서 나의 빛이 되실 것임이로다 [9]내가 여호와께 범죄하였으니 그의 진노를 당하려니와 마침내 주께서 나를 위하여 논쟁하시고 심판하시며 주께서 나를 인도하사 광명에 이르게 하시리니 내가 그의 공의를 보리로다 [10]나의 대적이 이것을 보고 부끄러워하리니 그는 전에 내게 말하기를 네 하나님 여호와가 어디 있느냐 하던 자라 그가 거리

의 진흙 같이 밟히리니 그것을 내가 보리로다 [11]네 성벽을 건축하는 날 곧 그 날에는 지경이 넓혀질 것이라 [12]그 날에는 앗수르에서 애굽 성읍들에까지, 애굽에서 강까지, 이 바다에서 저 바다까지, 이 산에서 저 산까지의 사람들이 네게로 돌아올 것이나 [13]그 땅은 그 주민의 행위의 열매로 말미암아 황폐하리로다

선지자는 그가 살고 있는 시대의 악에 대하여 서글픈 탄식을 한 후에, 여기에서는 그것과 관련해서 그 자신과 그의 친구들에게 위로가 될 만한 것들에 집중한다. 상황은 나쁘지만 절망적이지는 않다. 이 일과 관련해서 이스라엘에게 아직도 소망이 있다(스 10:2).

I. 지금은 하나님이 노여워하시지만, 장차 그들과 화해하실 것이고, 그러면 모든 일이 잘 되리라는 것(7, 9절). "지금 우리는 여호와의 진노 아래에 있다. 그리고 하나님은 우리에게 노하여 계신데, 그것은 마땅한 일이다. 왜냐하면, 우리가 하나님께 범죄하였기 때문이다." 하나님으로 하여금 우리에 대하여 진노하시게 만든 것은 우리가 하나님을 대적하여 죄를 지었기 때문이라는 것을 명심하라. 우리는 하나님의 책망 아래에 있을 때마다 바로 이 사실을 제대로 보고 시인하여야, 비로소 하나님이 의로우시다는 것을 인정하고, 우리의 죄를 회개하며 우리 자신에게서 그 죄를 끊어냄으로써, 우리에게 환난을 보내신 하나님의 목적에 부응할 수 있게 된다. 그러한 때에 우리는 다음과 같이 하여야 한다.

1. 우리는 환난 아래에서 하나님을 의지하여야 한다는 것(7절). 오직 나는 여호와를 우러러보리라. 하나님의 자녀가 재앙이로다 나여라고 부르짖을 때가 아주 많이 있을지라도(여기에서 미가 선지자처럼, 1절), 그가 바라볼 하나님, 그가 그 앞에 나아가서 기뻐하고 만족할 수 있는 하나님이 계시다는 사실은 그에게 위로가 된다. 그의 주변이 온통 암울하게 보일 때에도 그의 위에서는 모든 것이 밝게 보일 수 있다. 선지자는 이 땅에서 혈육에게서든 친구들에게서든 얻을 위로가 없고 신뢰를 둘 곳이 없다고 한탄하였는데, 이런 상황이 그를 그의 하나님께로 내몰았다. 그러므로 내가 여호와를 우러러보리라. 우리가 피조물을 기뻐할 이유가 줄어들수록, 하나님을 기뻐할 이유는 더 많아진다. 나라의 지도자들이 믿고 의지할 수 없는 자들이라면, 우리는 야곱의 하나님을 자기의 도움으로 삼는 자는 복이 있고(시 146:5), 내가 현재의 재앙 가운데서 있더라도 하나님이 나의 도움이시면 나는 복이 있다고 말할 수 있다. 사람들이 거짓되다고 할지

라도, 하나님은 신실하시다는 사실은 우리에게 위로가 된다. 혈육과 친척들이 무정하다고 할지라도, 하나님은 현재에나 장래에나 우리에게 자비로우시고 은혜로우시다. 그러므로 우리는 우리 주변의 사람들 속에 있는 실망스러운 것들을 간과하고, 그들 너머를 바라보며, 여호와를 우러러보아야 한다.

2. 우리는 환난 가운데서 하나님의 뜻에 순복하여야 한다는 것. "내가 여호와께 범죄하였으니 그의 진노를 당하려니와, 아무런 불평이나 푸념 없이 인내로써 그 진노를 감당하리라." 죄를 진정으로 회개한 자들은 환난 아래에서 참고 인내하여야 할 이유를 알게 되리라는 것을 명심하라. 사람은 자기 죄들 때문에 벌을 받나니 어찌 원망하랴(애 3:39). 우리는 때가 악하다고 하나님께 원망할 때에 우리 자신의 마음이 악한 것을 알고서 우리 자신에 대하여도 원망하여야 한다.

3. 우리는 하나님을 의지하는 가운데에 하나님께 우리에게 구원을 베풀어 주시고 적절한 때에 우리의 환난이 좋은 결과로 끝나게 해주실 것을 바라야 한다는 것. 우리는 하나님을 바라볼 뿐만 아니라, 하나님을 찾아야 한다. "내가 나를 구원하시는 하나님, 내게 다시 은혜를 베푸실 하나님을 기다리리라." 우리가 믿음으로 우리를 구원하시는 하나님을 바라본다면, 우리는 아무리 극심한 곤경 속에서도 구원에 대하여 절망할 이유가 없음을 알게 될 것이다. 하나님은 아무리 약한 자라도 겸손히 간구하기만 하면 구원하실 수 있으시고, 아무리 악한 자라도 진정으로 회개하기만 하면 기꺼이 구원하여 주신다. 우리가 우리의 구원이신 하나님을 의지한다면, 우리는 하나님이 그가 정하신 때에 그의 방식으로 우리에게 구원을 베푸실 것을 기다려야 한다. 그러면, 상황이 아주 극단적으로 어려울 때에라도, 하나님은 여기에서 교회에게 그에게서 무엇을 기대하라고 가르치시는지를 살펴보자.

(1) 나의 하나님이 나에게 귀를 기울이시리라는 것. 여호와가 우리의 하나님이시라면, 그는 우리의 기도에 귀를 기울이실 것이고, 그 기도에 대하여 평안의 응답을 허락하실 것이다.

(2) "내가 엎드러져서 산산이 부서질 위험에 처해 있을 때에도, 나는 일어날 것이요, 다시 회복하게 될 것이다. 나는 넘어지나 아주 엎드러지지 아니할 것이다(시 37:24)."

(3) "내가 어두운 데에 쓸쓸하게 위로도 받지 못한 채 어떻게 해야 할 줄을 몰

라서, 또는 어디에 도움을 구해야 할지를 몰라서 암울한 가운데에 당혹스러워하며 앉을지라도, 여호와께서 나의 빛이 되셔서, 즉 어두운 곳에서 내 발과 내 눈의 빛이 되셔서, 나를 위로하시고 힘을 주시며 교훈하시고 가르치시며 인도하실 것이다."

(4) 여호와께서 나를 위하여 논쟁하시고 심판하시리라는 것(9절). 우리가 진심으로 하나님의 대의(大義), 신앙과 미덕에 관한 의롭지만 상처 입은 대의를 신봉하고, 그것을 우리의 대의로 삼는다면, 우리는 하나님이 우리의 대의를 인정하시고 변론해 주실 것이라는 소망을 품을 수 있다. 교회의 대의는 한동안은 교회에 불리하게 작용하는 것처럼 보일지라도, 하나님은 결국 교회의 대의에 대적하는 원수들을 심판하심으로써 그 대의를 열심으로 변론해 주실 것이다.

(5) "하나님은 나를 인도하사 광명에 이르게 하실 것이고, 나를 후미진 곳에서 나와서 밝게 빛을 발하게 하셔서 사람들 가운데서 두드러지게 하실 것이며, 나의 의가 중상모략의 어두운 구름 아래에서 나와서 뚜렷한 빛을 발하게 하실 것이다(시 37:6; 사 58:10). 길고 어두운 환난의 밤이 지나고, 위로의 새벽이 빛을 발하게 될 것이다."

(6) 내가 그의 의를 보리라는 것. "나는 하나님이 나와 관련하여 행하신 일들이 공평하다는 것과 내게 약속하신 것들을 이루신 것을 알게 될 것이다."

II. 원수들이 몹시 기뻐하고 모욕한다고 할지라도, 장차 입을 다물고 수치를 당하게 되리라는 것(8, 10절).

1. 하나님의 백성이 곤경에 처해 있을 때에 원수들이 그들을 짓밟으며 기고만장해하리라는 것. 원수들은 그들의 하나님 여호와가 어디 있느냐고 말하였다. 원수들은 하나님의 백성이 환난을 당하는 것을 보고서, 하나님이 그들을 버렸다고 생각하였고, 그들은 기도를 하기는 하지만 하나님을 어디에서 찾아야 할지를 모르고, 하나님은 그의 은총으로 그들을 어떻게 도와야 할지를 모른다고 생각하였다. 다윗의 원수들도 다윗에게 이렇게 말하였고, 원수들의 그런 말은 다윗의 뼈를 찌르는 칼이었다(시 42:10; 115:2). 원수들은 이렇게 이스라엘을 버림받은 백성이라고 비난하는 가운데, 이스라엘의 하나님을 무정하고 신실하지 못한 하나님이라고 생각하였다.

2. 하나님의 백성은 믿음으로 원수들의 이러한 모욕을 잘 참아내리라는 것(8절). "나의 대적이여 나로 말미암아 기뻐하지 말지어다. 나는 지금 쇠락해 있지

만, 언제까지나 그러지는 않을 것이다. 나의 하나님이 나를 위해 나타나시면, 나의 대적이 그것을 보고 부끄러워하리니(원수들은 교회가 완전히 멸망할 것을 기대했다가 실망하게 될 뿐만 아니라, 두렵고 떨리게 하는 잔이 그들의 손에 쥐어지게 될 것이기 때문에), 그 때에 나의 대적이 내가 지금 처해 있는 것과 동일한 통탄스러운 처지에 놓여 있는 모습을 내 눈이 보게 될 것이다. 이제 나의 대적이 밟히게 될 것이다." 교회가 구원을 받으면, 원수들은 당혹하게 될 것임을 명심하라. 전에 하나님의 백성을 짓밟았던 원수들이 이제는 입장이 바뀌어서 도리어 짓밟힘을 당하게 될 때, 그들의 수치는 두 배가 될 것이다.

Ⅲ. 이 땅은 계속해서 상당 기간 동안 황폐한 채로 있게 되겠지만, 하나님이 정하신 구원의 때가 오면, 마침내 다시 활기를 되찾게 되리라는 것.

1. 이 땅의 구원은 이 땅이 황폐해진 뒤에야 오게 되리라는 것(13절). 하나님은 거기에 거주하는 자들로 인하여 이 땅과 다투고 계시기 때문에, 이 땅은 오랫동안 하나님의 책망 아래에 놓여 있지 않으면 안 된다. 그들의 땅이 황폐하게 된 것은 그들의 죄악 때문이었다(시 107:34). 즉, 그것은 그 주민의 행위의 열매 때문이었고, 그들이 스스로 저지른 악한 일들과 그들의 악한 영향력과 모범을 통해서 방조하였던 다른 사람들의 죄가 맺은 악한 열매 때문이었다. 이 일로 말미암아 그들은 상당 기간 동안 괴로움을 겪게 될 것을 각오하여야 한다. 왜냐하면, 하나님이 자기 백성 가운데서조차도 죄를 미워하신다는 것을 온 세상이 알게 될 것이기 때문이다.

2. 그 구원이 임할 때에는 온전한 구원이 되리라는 것. 이 구원은 그들이 고레스에 의해서 바벨론으로부터 구원을 받게 될 것을 가리키는 것으로 보이는데, 비슷한 시기에 이사야 선지자도 이것을 예언하였다. 이 구원은 그리스도에 의해서 우리가 속량될 것을 보여주는 모형이었다.

(1) 그 날에는 칙령이 멀리 거두어지리라는 것. 그들이 포로로 사로잡혀 가리라는 것에 관한 하나님의 칙령, 유대인들이 포로 생활을 영속화시키고자 한 느부갓네살의 칙령과 그들을 결코 놓아 보내지 않겠다는 그의 결의(決意) — "이런 것들은 폐하여져서 무효가 될 것이고, 너는 더 이상 그런 칙령들에 대해서 듣지 않게 될 것이다. 그 칙령들은 더 이상 네 목을 누르는 멍에로 있지 않게 될 것이다."

(2) 예루살렘과 유다의 성읍들이 다시 재건되리라는 것. 그 때에 네 성벽들,

즉 거주를 위한 성벽들, 방어를 위한 성벽들, 가옥의 벽들, 성읍의 담들, 성전의 벽들이 건축될 것이다. 칙령들이 폐기되는 것은 바로 그러한 목적을 위해서이다(사 44:28). 시온의 성벽들은 오랫동안 폐허로 남아 있을 것이지만, 그 성벽들이 재건되고 수리될 날이 올 것이다.

(3) 이스라엘 땅에 속한 모든 자들은 온 땅의 지면에 멀리 그리고 폭넓게 흩어져서 어떤 곤경에 처해 있든 다시 그 땅으로 모여들게 되리라는 것(12절). 열 지파가 끌려간 아주 먼 앗시리아에서, 그리고 그들을 꼭 붙들어 두어서 못 빠져 나오리라고 생각되었던 견고한 성읍들과 요새로부터 사람들이 네게로 돌아오리라. 왜냐하면, 하나님의 때가 되면, 애굽 왕 바로가 이스라엘 백성을 보내지 않고자 할지라도, 하나님은 강제로 그들을 빼내오실 것이기 때문이다. 그들은 모든 먼 곳들, 즉 이 바다에서 저 바다까지, 이 산에서 저 산까지에서 올 것이고, 뭔가 걱정되어서 자꾸 뒤를 돌아보는 것이 아니라, 시온에 다다를 때까지 힘 있게 올 것이다. 이렇게 구속(救贖)의 큰 날에 하나님은 그의 택하신 자들을 하늘 이 끝에서 저 끝까지 사방에서 모으리라(마 24:31).

[14]원하건대 주는 주의 지팡이로 주의 백성 곧 갈멜 속 삼림에 홀로 거주하는 주의 기업의 양 떼를 먹이시되 그들을 옛날 같이 바산과 길르앗에서 먹이시옵소서 [15]이르시되 네가 애굽 땅에서 나오던 날과 같이 내가 그들에게 이적을 보이리라 하셨느니라 [16]이르되 여러 나라가 보고 자기의 세력을 부끄러워하여 손으로 그 입을 막을 것이요 귀는 막힐 것이며 [17]그들이 뱀처럼 티끌을 핥으며 땅에 기는 벌레처럼 떨며 그 좁은 구멍에서 나와서 두려워하며 우리 하나님 여호와께로 돌아와서 주로 말미암아 두려워하리이다 [18]주와 같은 신이 어디 있으리이까 주께서는 죄악과 그 기업에 남은 자의 허물을 사유하시며 인애를 기뻐하시므로 진노를 오래 품지 아니하시나이다 [19]다시 우리를 불쌍히 여기셔서 우리의 죄악을 발로 밟으시고 우리의 모든 죄를 깊은 바다에 던지시리이다 [20]주께서 옛적에 우리 조상들에게 맹세하신 대로 야곱에게 성실을 베푸시며 아브라함에게 인애를 더하시리이다

이 단락에는 다음과 같은 내용들이 나온다.

I. 선지자가 하나님께 그의 백성 및 그들의 대의와 유익을 돌보아 주시라고 기도함(14절). 하나님은 자기 백성을 구원하고자 하실 때에는 그들의 친구들

을 부추기셔서 그들을 위하여 기도하게 하시려고, 은총과 간구하는 심령(슥 12:10)을 부어 주신다. 우리는 하나님이 긍휼을 베푸시러 우리를 향하여 오시는 것을 볼 때에 기도를 통해서 하나님을 마중나가서 맞이하여야 한다. 여기에 나오는 것은 예언적 기도이기 때문에, 선지자가 기도하는 내용은 곧 하나님의 약속이기도 하다. 하나님은 장차 그가 주시기로 계획한 것들을 그의 선지자로 하여금 구하도록 명하신다.

1. 이스라엘 백성은 여기에서 하나님의 기업의 양 떼라 불림. 왜냐하면, 그들은 하나님의 손으로 기르시는 양 떼, 그의 초장에서 풀을 먹는 양 떼, 이 세상에 있는 그의 적은 무리이기 때문이다. 그들은 하나님의 기업(基業)이고, 이 세상에서 하나님의 분깃이다. 야곱은 하나님의 기업의 몫이다.

2. 이 양 떼는 높은 산인 갈멜 속 삼림에 홀로 거주한다는 것. 이스라엘은 삼림 속의 양 떼처럼 홀로 살고 여러 민족 중의 하나로 여겨지지 않는 특별한 백성이었다(민 23:9). 그들은 지금 황폐화된 백성으로서(13절) 삼림 속에서 길을 잃고 짐승들에게 잡아먹힐 위험에 빠져 있는 양 떼처럼 포로 된 땅에 있었다. 그들은 목자 없는 양 떼처럼 산 위에 흩어져 있다.

3. 선지자는 하나님께 주의 지팡이로 그들을 먹이시라고 기도함. 즉, 하나님이 포로 생활 중에 있는 그들을 돌보시고 보호하시며 필요한 것들을 공급하시는 등 그들에게 선한 목자로서의 역할을 해주시라는 것이다. "하나님, 저 어두운 골짜기에서도 주의 지팡이와 막대기로 그들을 안위하소서(시 23:4). 비록 거기에서일지라도 그들에게 좋은 것은 하나도 부족함이 없게 하소서. 그들은 주의 백성이오니, 그들이 원수들의 막대기가 아니라 주의 막대기로 다스림을 받게 하소서."

4. 선지자는 하나님이 때가 되면 그들을 다시 돌아오게 하셔서, 바산과 길르앗의 평지에서 먹게 하시고, 다시는 삼림과 산 속에서 먹는 일이 없게 해주시라고 기도함. 그들을 옛날 같이 다시 그들의 땅에서 먹이시옵소서. 어떤 이들은 이 본문을 영적으로 해석해서, 선지자는 그리스도께 양 떼의 목자장으로서 그의 교회를 돌보시고, 그들이 여기 삼림 같은 이 세상 속에 있는 동안에 그들 앞에서 출입하셔서, 그들로 하여금 갈멜이나 바산, 길르앗에 있는 것과 같은 초장을 발견하게 해 주시라고 기도하고 있는 것으로 본다.

II. 선지자의 이러한 기도에 대한 응답으로 주어진 하나님의 약속. 우리는 하나님의 약속들을 믿음의 기도들에 대한 실제적인 응답들로 받아들이는 것이 마땅하다. 왜냐하면, 하나님께는 말씀하시는 것과 행하시는 것이 별개의 것이 아니기 때문이다. 미가 선지자는 하나님께 그들을 먹이시고 그들을 위하여 선하신 일들을 행해 주시라고 기도하였다. 그러나 하나님은 그들에게 기이한 이적들을 보이실 것이고(15절), 그들이 구하거나 생각하는 것보다 더 큰 일들, 그들이 소망하고 기대하는 것을 훨씬 뛰어넘는 일들을 그들을 위하여 행하실 것이라고 응답하신다. 하나님은 그들에게 주의 기이한 사랑을 나타내실 것이다(시 17:7).

1. 하나님은 이전 시대들의 기이한 일들과 이적들의 반복이 될 그런 일을 그들을 위하여 행하시리라는 것. 내게 애굽 땅에서 나오던 날과 같이 내가 그들에게 이적을 보이리라. 하나님이 그들을 바벨론에서 건져내시는 일은 애굽에서 그들을 건져내신 것에 못지않은 기이하고 은혜로운 역사(役事)가 될 것이다. 아니, 그 일은 이전의 일의 광채를 가릴 것이다(렘 16:14-15). 그러나 그리스도에 의한 구속 사역은 이 두 번의 구원 역사보다 훨씬 더 빛을 발할 것이다. 하나님이 그의 교회에 보여주신 이전의 은총들은 장래에 보여주실 은총들의 본보기들이기 때문에, 기회가 있을 때마다 다시 반복적으로 재현될 것임을 명심하라.

2. 하나님은 현 세대가 기이하게 여겨서 깜짝 놀라게 될 그런 일을 그들을 위하여 행하시리라는 것(16-17절). 주변의 여러 나라가 그 일을 볼 것이고, 그때에 뭇 나라 가운데에서 말하기를 여호와께서 그들을 위하여 큰 일을 행하셨다고 할 것이다(시 126:2). 주변의 나라들은 유대인들이 바벨론에서 구원 받은 일을 보고서 큰 감명을 받게 될 것이고, 이것은 하나님과 그의 교회의 영광과 존귀함을 드높여 주게 될 것이다.

(1) 곤경에 처해 있던 하나님의 백성을 모욕하고 짓밟으면서 언제까지나 그럴 것이라고 의기양양해하였던 자들은 하나님의 백성이 이렇게 갑자기 눈부시게 다시 일어나는 것을 보고서 부끄러워하며 당황하게 되리라는 것. 그들은 이스라엘 백성이 영원히 힘을 쓰지 못할 것이라고 생각했다가, 포로가 되었던 그 백성이 다시 재기하여 세력을 떨치는 모습을 보고서 당황하며 곤혹스러워하게 될 것이다. 그들은 그들이 전에 이스라엘에 대하여 의기양양해하며 말하였던 모든 말들이 부끄럽고, 더 이상 그런 말들을 할 수 없게 된 것을 알고서, 이제 손으로 그 입을 막게 될 것이다. 아니, 그들은 이스라엘 백성의 놀랍고 기이한

구원을 보고서 너무나 부끄러워서, 그들의 귀도 막히게 될 것이다. 그들은 그들이 그동안 그토록 멸시하고 모욕하였던 저 백성을 위하여 하나님이 행하신 기이한 일들에 대하여 더 이상 듣고 싶지 않아서 그들의 귀를 막을 것이다.

(2) 무례하고 건방지게 하나님과 맞서기까지 하였던 자들은 이제 하나님에 대한 두려움에 사로잡혀서, 적어도 입으로는 하나님께 굴복하게 되리라는 것(17절). 그들이 뱀처럼 티끌을 핥으리라. 그들은 마치 옛 뱀과 같이 너는 배로 다니고 흙을 먹을지니라(창 3:14)는 저주를 선고받은 자들인 것처럼 이렇게 스스로 알아서 낮아질 것이다. 그들은 완전히 기가 죽어서, 사람이 상상할 수 있는 가장 낮고 비천한 모습으로 낮아져서 온순해질 것이다. 그의 원수들은 티끌을 핥을 것이다(시 72:9). 아니, 그들은 교회의 발의 티끌을 핥을 것이다(사 49:23). 교만한 압제자였던 그들은 이제 크신 하나님 앞에서 그들이 얼마나 미천하고 작은 자들인지를 깨닫고서, 그들이 그들의 머리를 보이기가 부끄럽고 두려워서 땅에 기는 벌레처럼 기어들어가 있던 그 좁은 구멍에서 아주 납작 엎드린 채 두려워 떨며 나올 것이다(사 2:21). 그들은 이렇게 낮아질 것이고, 그들이 비천하게 되었을 때에 이렇게 비열한 자들이 될 것이다. 하나님이 그의 교회를 위하여 기이한 일들을 행하셨을 때, 본토 백성이 유다인과 그들의 하나님을 두려워하여 유다인이 되는 자가 많았다(에 8:17). 여기에도 그런 약속이 나온다. 그들이 두려워하며 우리 하나님 여호와께로 돌아와서 이스라엘 너로 말미암아 두려워하리라. 어쩔 수 없어서 억지로 굴복하는 것은 흔히 위장된 굴복에 지나지 않는 경우가 많다. 그렇지만, 그것은 굴복을 위장한 자들에게는 유익이 없겠지만, 하나님과 교회에는 영광이 된다.

III. 선지자가 하나님의 약속을 믿고서, 교회의 이름으로 하나님의 은혜에 감사함(18-20절).   우리는 여기에서 다음과 같은 가르침을 받는다.

1. 하나님이 우리의 죄를 용서하시고 긍휼을 베푸시는 것에 대하여 하나님께 영광을 돌리라는 것(18절). 하나님이 자기 백성을 포로 생활에서 돌아오게 하시겠다고 약속하자, 선지자는 즉시 그 약속의 밑바탕에 있는 하나님의 죄 사하시는 긍휼하심을 칭송한다. 그들을 포로로 끌려가게 만든 것이 그들의 죄였듯이, 그들을 포로 생활에서 나오게 한 것은 하나님의 죄 사하심이었다(시 85:1-2; 사 33:24; 38:17; 60:1-2). 죄 사하심은 언약에 근거한 다른 모든 긍휼의 토대이다(히 8:12): 내가 그들의 불의를 긍휼히 여기고 그들의 죄를 다시 기억하지

아니하리라. 선지자는 이스라엘 백성의 구원 사건을 바라보면서 그 근저에 있는 하나님의 죄 사하시는 긍휼을 보고 너무나 놀라 넋을 잃고 서 있는데, 주변의 나라들은 단지 이 죄 사하시는 긍휼의 열매에 불과한 저 구원 사건만을 보고 너무나 놀라 서 있었다.

(1) 하나님의 기업의 남은 자인 하나님의 백성은 많은 범죄들로 인하여 고소 상태에 있다는 것. 그들은 남은 자, 즉 소수이기 때문에, 우리는 그들이 모두 지극히 선한 자들일 것이라고 생각하겠지만, 사실 그들은 그리 선한 자들이 아니다. 하나님의 자녀들은 흠들이 있어서, 자주 그들의 아버지를 노여우시게 한다.

(2) 은혜로우신 하나님은 자기 백성이 회개하고 그에게로 돌아오기만 하면 기꺼이 그들의 죄악과 범죄를 간과하시고 용서하실 준비가 되어 계시다는 것. 하나님의 백성은 죄 사함 받은 백성이고, 이것은 그들의 모든 것의 토대이다. 하나님은 죄를 사하실 때에 그 죄를 간과하시고 벌하지 않으시며, 그 죄를 따라서 죄인을 대하지도 않으신다.

(3) 하나님은 한동안 자기 백성을 그의 진노의 징표들 아래에 두실 수 있지만, 그의 진노를 오래 품지 아니하실 것이고, 비록 근심하게 하시나 그의 풍부한 인자하심에 따라 긍휼히 여기실 것이다(애 3:32). 하나님은 준엄하거나 무자비하지 않으시기 때문에 달래질 수 없는 그런 분이 아니다. 그러나 그의 기업의 남은 자가 아닌 자들, 죄 사함을 받지 않은 자들에 대해서는 하나님이 그의 진노를 영원히 품으실 것이다.

(4) 하나님이 죄를 사하시고 그의 진노를 영원히 품지 않으시는 이유들은 모두 하나님 자신 속에 있다는 것. 그것은 하나님이 인애(또는, 긍휼)를 기뻐하시기 때문이다. 하나님은 죄인들이 구원받는 것을 기뻐하시고, 그들이 죽거나 저주를 받는 것을 기뻐하지 않으신다.

(5) 죄를 사하심에 있어서 하나님의 영광은 다른 일들에서와 마찬가지로 비길 데가 없다는 것. 이것과 관련해서 여호와 하나님 같은 신이 어디 있으리이까. 그 어떤 방백이나 평범한 사람도 하나님처럼 죄를 사하지는 못한다. 이 일에 있어서 하나님의 생각과 길은 우리의 생각과 길보다 무한히 위에 있다. 이 일에 있어서 그는 하나님이시고 사람이 아니시다.

(6) 죄 사하시는 긍휼을 경험한 모든 자들은 그 긍휼을 칭송하고 찬양할 수

밖에 없다는 것. 죄 사하심이 어떤 것인지를 제대로 안다면, 우리는 너무나 놀라서 넋을 잃고 서 있을 수밖에 없다. 하나님이 우리의 죄악들을 사하셨는가? 우리는 주와 같은 신이 어디 있으리이까라고 말하는 것이 당연하다. 우리가 하나님의 죄 사하시는 긍휼을 보고 거룩한 경이감을 느낀다면, 그것은 우리가 죄 사함으로 인한 유익을 얻고 있음을 보여주는 좋은 증거가 될 것이다.

2. 하나님의 죄 사하시는 긍휼로 인한 위로 및 거기에 수반되는 온갖 은혜와 진리를 우리 자신의 것으로 만들라는 것. 하나님의 백성은 여기에서 하나님이 그들의 죄들을 사하신 것을 감사함으로 되돌아봄과 동시에, 그가 장래에도 그들을 위하여 그렇게 행하실 것을 확신을 가지고 기대한다. 하나님의 긍휼하심은 영원하기 때문에, 그는 이전에 긍휼을 베풀어 주셨듯이 장래에도 긍휼을 베풀어 주실 것이다(19-20절).

(1) 하나님이 다시 우리에게 은혜를 베푸시리라는 것. 하나님은 다시 우리를 불쌍히 여기실 것이다. 즉, 하나님은 이전처럼 다시 우리를 불쌍히 여기시리라는 것이다. 하나님의 긍휼하심은 아침마다 새로울 것이다. 하나님은 진노하셔서 우리를 떠나신 듯이 보였지만, 다시 돌아오셔서 우리를 불쌍히 여기실 것이다. 하나님은 먼저 우리로 하여금 그에게로 돌이키게 하신 후에, 우리에게 돌아오셔서 긍휼을 베푸실 것이다.

(2) 하나님이 우리를 새롭게 하셔서, 그의 은혜를 받을 수 있도록 우리를 준비시키시리라는 것. 하나님은 우리의 죄악을 발로 밟으시고 진압하실 것이다. 하나님은 죄가 우리를 파멸시키지 못하도록 그 죄책을 제거하실 때에, 죄가 우리를 지배하고 우리가 죄를 두려워하거나 죄의 포로가 되지 않도록 하기 위하여, 죄의 권능을 깨뜨리실 것이다. 죄는 우리를 대적하여 싸우는 원수이고, 우리를 압제하는 폭군이다. 타락한 인간 속에서 죄의 권능은 지극히 크고, 죄는 아주 오랫동안 인간을 사로잡아 왔기 때문에, 전능자의 은혜 외에는 그 어떤 것도 죄를 진압할 수 없다. 그러나 하나님은 우리가 저질러 왔던 죄를 용서하실 때에 우리 안에 있는 죄를 진압하실 것이다. 이 점에서도 죄 사하심과 관련하여 여호와 하나님 같은 이는 없다. 죄 사함을 받은 모든 자들은 그들의 부패한 본성들이 죽어지고 그들의 죄악들이 진압되기를 간절히 소원하고 소망하며, 그것에 대한 소망 가운데서 기뻐한다. 하나님이 우리를 내버려 두신다면, 우리의 죄악들은 우리가 상대하기에는 너무 벅찬 상대가 될 것이다. 그러나 하나님의

은혜를 의지한다면, 우리는 우리의 죄악들을 넉넉히 진압하게 될 것이기 때문에, 그 죄악들이 우리를 다스리지 못할 것이고, 따라서 우리를 파멸시키지도 못할 것이다.

(3) 하나님은 이 선한 일을 굳게 하시기 위하여, 그의 은혜의 역사가 결코 무효화되지 않도록 효과적인 조치를 취하시리라는 것. 하나님은 그들을 애굽에서 이끌고 나오실 때에(하나님은 그 사건을 염두에 두신 가운데에 여기에 나오는 약속들을 하고 계신다, 15절) 애굽 왕 바로와 애굽 군대를 진압하셔서 깊은 바다에 던지셨듯이, 이제 우리의 모든 죄를 깊은 바다에 던지실 것이다. 이것은 하나님이 죄를 사하실 때에는 그 죄를 다시 기억하지 아니하시고, 그 죄가 다시 기억이 되어서 그 죄인에게 불리하게 작용하는 일이 없도록 세심하게 조치하실 것임을 보여준다: 그 범죄한 것이 하나도 기억함이 되지 아니하리라(겔 18:22). 하나님은 결코 다시는 나타나지 않게 구름을 흩으시듯이 그들의 죄들을 완전히 지워 버리신다(사 44:22). 하나님은 그들의 죄들을 바다에 던지시되 가까운 해변에 던지셔서 다음 썰물이 되면 다시 나타날 가능성을 남겨 두시는 것이 아니라, 다시는 떠오르지 않도록 깊은 바다에 던지신다. 그들의 모든 죄는 남김없이 깊은 바다에 던져질 것이다. 왜냐하면, 하나님은 죄를 사하실 때에 모든 죄를 사하시기 때문이다.

(4) 하나님은 우리와 이해관계가 있는 일을 온전하게 하실 것이고, 이 선한 일을 통해서 우리를 위하여 우리에게 필요한 모든 것과 그가 약속하신 모든 것을 행하시리라는 것(20절). 주께서 야곱에게 성실을 베푸시며 아브라함에게 인애를 더하시리이다. 하나님이 우리의 죄를 사하시고 우리의 정욕을 죽이시는 것은 언약을 따른 것이다. 하나님의 이 모든 긍휼들은 바로 그 언약에서 흘러나오는 물줄기들이다. 하나님은 이 모든 긍휼들과 더불어서 우리에게 모든 것을 거저 주실 것이다. 본문에서는 이 약속을 아브라함에 대한 긍휼이라고 말한다. 왜냐하면, 가장 먼저 아브라함에게 주어진 이 약속은 아브라함의 처지와는 상관없이 주어진 전적인 긍휼, 선행적인 긍휼이었기 때문이다. 그러나 이 약속은 야곱에게는 성실이었다. 왜냐하면, 아브라함의 상속자들인 야곱과 그의 자손에게 하나님이 아브라함에게 은혜로 약속하신 모든 것을 이루신 것은 하나님의 성실하심으로 말미암은 것이었기 때문이다.

[1] 하나님이 지극히 엄숙하게 은혜의 언약을 재가하셨다는 것. 하나님은 이

언약을 말씀하시고 기록하시며 봉인하셨을 뿐만 아니라(이것만으로도 최고의 비준이다), 우리 조상들에게 맹세하셨다. 그것은 최근에 이루어진 계획이 아니라, 까마득한 옛날에 이미 확정된 것이다. 하나님은 옛적에 이 언약을 두고 맹세하셨다. 이 언약은 고래(古來)로부터 내려오는 헌장이다.

[2] 우리는 이 언약을 아주 만족스럽게 적용하고 의지할 수 있다는 것. 우리는 최고의 확신을 가지고서, 주께서 성실을 베푸시며 인애를 더하시리이다라고 말할 수 있다. 이 언약의 일점일획도 땅에 떨어지지 않을 것이다. 약속하신 이는 성실하시고 신실하시기 때문에, 그 언약도 행하실 것이다.

나훔

서론

이 선지자의 이름은 위로자를 의미한다. 왜냐하면, 하나님이 모든 선지자들에게 부탁하신 것은 너희는 위로하라 내 백성을 위로하라(사 40:1)는 것이었기 때문이다. 니느웨의 멸망을 예언하는 일에 완전히 몰두하고 있는 나훔 선지자조차도 앗수르 사람들에게는 두려움을 전하는 자였겠지만, 최근에 포로가 되어 앗수르로 끌려간 이스라엘의 열 지파에게는 위로자였다. 나훔이 어느 시대에 살았고 예언하였는지는 대단히 불확실하지만, 그가 히스기야 시대에 살면서, 앗수르 왕에 의해서 이스라엘의 열 지파가 포로로 사로잡혀 간 후에 니느웨를 쳐서 예언하였을 가능성이 대단히 높다. 왜냐하면, 이스라엘이 포로로 잡혀간 것은 히스기야 제9년의 일이었고, 산헤립이 유다를 침공한 것은 히스기야 제14년의 일이었는데, 나훔서 1장은 산헤립이 유다를 정복하러 왔다가 패퇴한 사건과 관련이 있는 것으로 추정되기 때문이다. 이 선지자는 산헤립의 침공이 있기 얼마 전에 하나님의 백성이 짓밟히고 당혹해할 날에 그들을 격려하기 위하여 이 말씀을 전하였을 것이다. 박식한 휘에티우스(Huetius)는 나훔서의 다른 두 장을 나훔이 몇 년 후에, 아마도 므낫세 시대에 전하였을 것이라고 추측한다.

유대인들의 연대기에서는 대체적으로 나훔이 바로 그 므낫세 시대에 활동한 것으로 보는데, 이 시기는 니느웨가 함락당하여 앗수르 제국이 유다의 제1차 포수(捕囚) 얼마 전에 키악사레스(Cyaxares)와 느부갓네살에 의해서 멸망당한 때와 좀 더 가깝다. 나훔은 요나와 마찬가지로(왕하 14:25) 이스라엘과 유다에 관하여 많은 것들을 입으로 예언하였을 가능성이 높다. 하지만 우리는 니느웨와 관련된 것 외에는 이 두 선지자가 전한 예언들을 기록한 글을 갖고 있지 않다. 만약 하나님의 이스라엘이 니느웨에 대하여 관심을 갖고 있지 않았더라면, 니느웨는 아주 오래된 큰 성이었음에도 불구하고, 우리가 성경에서 니느웨에 관한 애기를 듣지 못할 뻔하였다.

제 — 1 — 장

개요

이 장에서 우리는 다음과 같은 내용들을 본다. I. 이 책의 표제(1절). II. 선지자는 악인들에 대한 진노와 공의, 자기 백성에 대한 긍휼과 은혜를 뒤섞어서, 이 두 가지를 통하여 하나님의 위엄과 권능을 보여줌으로써, 하나님의 영광을 장엄하게 드러냄(2-8절). III. 선지자는 이것을 예루살렘을 포위한 산헤립과 앗수르 군대의 멸망에 적용함(대부분의 해석자들의 견해). 이 사건은 하나님의 공의와 긍휼의 능력을 보여주는 아주 기억될 만한 빛나는 사례였는데, 그것은 하나님의 원수들에게는 지극히 두려운 일이었고 하나님의 신실한 종들에게는 힘이 되는 일이었다(9-16절).

¹니느웨에 대한 경고 곧 엘고스 사람 나훔의 묵시의 글이라

이 책의 표제는 우리에게 다음과 같은 것들을 생각하게 만든다.

1. 저 큰 성을 치는 여호와의 말씀이 선포됨. 그것은 니느웨에 대한 경고로서, 무게 있는 예언일 뿐만 아니라, 니느웨에게 무척이나 부담스럽고 죽을 만치 괴롭고 무거운 짐, 이를테면 그들의 목에 연자맷돌이 매달린 것과 같은 그런 말씀이었다. 이 예언이 다루고 있는 곳은 앗수르 왕조의 왕도(王都)인 니느웨였다. 이 예언이 있기 백 년 전쯤에는 요나가 하나님의 이름으로 이 큰 성이 곧 무너질 것이라고 예언하였었다. 그러나 그 때에 니느웨 백성들이 회개하였기 때문에, 그 예언은 이루어지지 않았다. 당시에 니느웨 백성들은 그들의 악한 길에서 돌이키는 것이 그들에게 얼마나 큰 유익이 되는지를 똑똑히 보았다. 그들의 그런 행동이 그들의 성을 구원하였다. 그렇지만, 얼마 후에 그들은 다시 이전으로 되돌아갔다. 니느웨는 이전보다 더 악해져서, 피의 성이자 거짓이 가득하고 포악이 가득한 성이 되어 버렸다(3:1). 그들은 개가 토한 곳으로 다시 돌아오듯이 그들이 회개한 것을 후회하였고, 결국 이전보다 더 악해졌다. 그러자 하나님은 요나의 경우처럼 그의 선지자를 직접 니느웨로 보내지 않으시고, 그

들에 대한 하나님의 돌이킬 수 없는 확정 판결인 이 예언을 그들에게 보내셨다. 회개가 지속되지 않는다면, 심판의 연기(延期)도 지속되지 않을 것임을 명심하라. 사람들이 그들이 시작한 선에서 돌아선다면, 그들은 하나님도 그들에게 베풀기 시작하신 은총에서 돌아서시는 것 외에 다른 것을 기대할 수 없다(렘 18:10).

　2. 여호와의 말씀을 선포하는 선지자. 이것은 엘고스 사람 나훔의 묵시의 글이다. 니느웨에 대한 경고의 말씀은 선지자가 분명하게 미리 본 것이었다. 왜냐하면, 그것은 그가 묵시로 본 것을 기록으로 남긴 것이기 때문이다(이것은 묵시의 글이다). 그가 묵시를 기록한 것은 후세 사람들로 하여금 역사상에서 실제로 일어난 사건을 그가 예언한 것과 비교해서 확증하도록 하기 위한 것이다. 이 선지자에 대한 설명은 그가 엘고스 사람, 즉 엘게스 또는 엘고스라 불리는 마을 출신이었다는 것이 전부인데, 히에로니무스(Jerome)는 엘고스가 갈릴리에 있었다고 말한다. 어떤 이들은 성경은 통상적으로 선지자들 본인에 대해서는 거의 말하지 않는데, 이것은 우리의 믿음이 그 선지자들의 권위에 근거한 것이 되는 것이 아니라, 그 선지자들이 전한 예언들의 진정한 저자인 찬송 받으실 성령의 권위에 근거한 것이 되게 하기 위한 것이라는 점을 지적한다.

²여호와는 질투하시며 보복하시는 하나님이시니라 여호와는 보복하시며 진노하시되 자기를 거스르는 자에게 여호와는 보복하시며 자기를 대적하는 자에게 진노를 품으시며 ³여호와는 노하기를 더디하시며 권능이 크시며 벌 받을 자를 결코 내버려 두지 아니하시느니라 여호와의 길은 회오리바람과 광풍에 있고 구름은 그의 발의 티끌이로다 ⁴그는 바다를 꾸짖어 그것을 말리시며 모든 강을 말리시나니 바산과 갈멜이 쇠하며 레바논의 꽃이 시드는도다 ⁵그로 말미암아 산들이 진동하며 작은 산들이 녹고 그 앞에서는 땅 곧 세계와 그 가운데에 있는 모든 것들이 솟아오르는도다 ⁶누가 능히 그의 분노 앞에 서며 누가 능히 그의 진노를 감당하랴 그의 진노가 불처럼 쏟아지니 그로 말미암아 바위들이 깨지는도다 ⁷여호와는 선하시며 환난 날에 산성이시라 그는 자기에게 피하는 자들을 아시느니라 ⁸그가 범람하는 물로 그 곳을 진멸하시고 자기 대적들을 흑암으로 쫓아내시리라

　　니느웨는 그들과 다투시는 하나님을 알지 못하기 때문에, 여기에서

그 하나님이 어떤 신이신지에 대하여 듣게 된다. 여기에서 하나님에 관하여 말씀되고 있는 것들을 믿음으로 받는 것은 우리 모두에게 유익이 되는데, 이 말씀들은 악인들에게는 큰 두려움이 되지만 선한 자들에게는 큰 위로가 되는 말씀들이다. 왜냐하면, 세상의 절대 주권자에 관한 이 영광스러운 묘사는 구름 기둥과 불 기둥처럼 이스라엘을 향해서는 밝은 면을 보여주고 애굽 사람들을 향해서는 어두운 면을 보여주기 때문이다. 각 사람은 이 묘사 속에서 자신의 분깃을 취하게 되는데, 죄인들은 이 글을 읽고 두려워 떨 것이고, 성도들은 이 글을 읽고 크게 기뻐할 것이다. 여기에서 원수들에 대하여는 하나님의 진노가 하늘로부터 좇아 나타나고, 그의 신실하고 충성스러운 신민들에게는 하나님의 은총과 긍휼이 약속되는데, 이 둘 속에서 보여지는 하나님의 전능하신 권능은 그의 진노를 지극히 두려운 것으로 만들고 그의 은총은 지극히 받고 싶은 것으로 만든다.

I. 하나님은 대쪽 같은 공의의 하나님, 질투하시는 하나님이시기 때문에, 그의 원수들에게 반드시 복수하신다는 것. 니느웨는 이것을 알고, 하나님 앞에서 두려워 떨어야 한다. 그들의 우상들은 하찮은 것들이다. 그 우상들 속에는 두려워할 만한 것이 전혀 없다. 그러나 이스라엘의 하나님은 크게 두려워하여야 할 분이신데, 그 이유는 다음과 같다.

1. 하나님은 그의 존재나 그의 온전한 성품들을 부정하는 자들, 그를 대신하여 다른 신들을 섬기는 자들, 그의 법들을 파괴하고 그가 행하시는 일들을 비난하며 그의 말씀을 비웃거나 자기 백성을 학대하는 자들에 의해서 저질러지는 그에 대한 모욕들과 무례들에 대하여 분개하신다는 것. 그런 자들은 유일하게 살아 계시고 참되신 한 분 하나님이신 여호와가 질투하시며 보복하시는 하나님이시라는 것을 알아야 한다. 하나님은 그를 예배하는 자들을 위로하시는 일에 질투의 화신이시고, 자기의 땅을 극진히 사랑하시어 그 땅이 훼손되지 않게 지키시는 일에 질투의 화신이시다(욜 2:18). 하나님은 보복하시는 자이시고, 맹렬히 노하시는 자이시다. 하나님은 맹렬한 노를 가지고 계신다. 하지만, 그 노(怒)는 사람이 지닌 고삐 풀린 방자한 혈기가 아니라(하나님이 직접 내 속에는 노함이 없다고 말씀하셨다, 사 27:4), 의로우신 하나님께 합당한 노, 즉 그의 공의의 날을 세워서, 악인들에게 그의 공의가 더 두려운 것으로 보이게 만드는 그런 종류의 노이다(이 노가 없으면 악인들은 공의를 두려워하지 않을 것이

다). 하나님은 분노의 주이시다(개역에서 여호와는 진노하신다로 번역된 히브리어 원어는 이런 의미이다). 하나님은 분노를 가지고 계시지만, 그 분노를 그의 뜻대로 부리시고 다스리신다. 자기의 마음을 제어하지 아니하는 자들이 보여주듯이, 우리가 분노할 때에는 그 분노가 우리를 지배하는 일이 흔하지만, 하나님은 언제나 그의 분노의 주이시고, 그 분노의 길을 달아보시며 심사숙고하신다(시 78:50).

2. 하나님은 그를 모욕하고 모독한 자들을 벌하시기로 작정하신다는 것. 우리는 여기에서 하나님은 보복하시는 자시라는 말만이 아니라, 그가 보복하시리라는 말도 듣는다. 하나님은 보복하실 것이라고 말씀하셨고 맹세하셨다(신 32:40-41). 사람들 가운데에서 그의 대적과 원수들이 누구이든지 간에, 하나님은 그들로 하여금 그의 적개심을 느끼게 만드실 것이다. 하나님은 그의 원수들에 대한 선고를 신속하게 집행하지는 않으시지만, 그들을 위해 진노를 유보해 놓으시고, 진노의 날에 진노를 부으시기 위하여 그들을 유보해 놓으신다. 하나님은 그의 앞에서 회개하고 스스로 낮아진 자기 백성에 대해서는 그의 진노를 영원히 품지 않으시지만, 그의 원수들에 대해서는 그의 진노를 영원토록 쏟으실 것이다. 하나님은 죄를 짓고도 회개하지 않으며 죄를 고집하는 악인들, 즉 벌 받을 자를 결코 무죄로 방면하거나 내버려 두지 아니하실 것이다(3절). 하나님을 떠나서 결코 돌아오지 않는 자들은 악하게 그들의 하나님을 떠난 자들이고(시 18:21), 하나님은 그런 자들을 결코 가만두지 않으실 것이다. 겸손히 간구하는 자들은 하나님의 은혜를 얻을 것이지만, 오만한 거지들은 하나님의 평안을 얻지 못할 것이고, 때늦게 큰 소리로 주여 주여라고 부르는 자들에게는 긍휼의 문이 열리지 않을 것이다. 하나님의 진노가 그의 원수들에게 나타나리라는 것은 구체적으로 니느웨에 적용되고(8절), 계속해서 범죄하는 모든 자들은 이것을 그들 자신에게 적용하여야 한다. 그가 범람하는 물로 그 곳을 진멸하실 것이다. 갈대아 군대가 앗수르의 온 땅을 유린하여 초토화시킬 것이다. 하나님의 심판들은 사명을 띠고 어떤 백성에게 임할 때에는 홍수와 같아서 그 백성은 도저히 그 심판들을 막거나 대항할 수 없다. 흑암이 하나님의 원수들을 추적할 것이다. 그들이 어디로 가든지, 두려움과 환난이 그들을 따를 것이고, 그들을 완전한 흑암으로 몰아부칠 것이다. 그들은 그들을 추적하는 흑암으로부터 도망치려고 하다가, 그들 앞에 있는 흑암 속으로 떨어지게 될 것이다.

Ⅱ. **하나님은 거역할 수 없는 권능을 지니신 하나님이시기 때문에, 그의 원수들이 그 수가 아무리 많고 그 힘이 아무리 강하며 그 몸이 아무리 다부지다고 하여도, 그들을 다루실 수 있으시다는 것.** 하나님은 권능이 크시기 때문에(3절), 그를 우리의 친구로 삼는 것은 좋은 일이지만, 그를 우리의 원수로 만드는 것은 위험한 일이다.

1. 하나님의 권능이 자연계에서의 다양한 사례들을 통해서 단언되고 증명됨. 우리는 자연계에서 통상적인 자연의 운행 속에서 하나님의 권능의 가시적인 효과들을 항상 볼 수 있고, 그 운행이 갑자기 변경되는 일들 속에서 종종 그의 권능을 본다.

(1) 공중을 쳐다보면, 우리는 거기에서 하나님의 권능을 보여주는 증거들을 찾게 된다는 것. 왜냐하면, 여호와의 길은 회오리바람과 광풍에 있기 때문이다. 하나님은 어디로 가시든지 그의 원수들을 두렵게 하시기 위하여 회오리바람과 광풍을 동반하신다(시 18:9). 회오리바람과 광풍이 있는 곳에서 하나님은 그 바람을 부리시고 통제하시며, 그 바람과 함께 그의 길을 가시고, 그 바람을 통해서 그의 뜻을 이루신다. 하나님은 회오리바람 가운데서 욥에게 말씀하셨고, 광풍조차도 그의 말씀을 이룬다(시 148:8). 여호와의 길은 회오리바람에 있다. 즉, 하나님은 우리가 알아차릴 수 없는 방식으로 행하시고, 그가 섭리를 운행하시는 방법들은 우리가 도저히 이해할 수 없는 것들이다. 성경에서는 여호와의 길은 바다에 있다(시 77:19)고 말하기도 한다. 구름은 그의 발의 티끌이다. 하나님은 구름을 밟으시고, 그 위를 걸으시며, 사람이 그의 발로 먼지 구름을 일으키듯이, 구름을 일으키신다. 마귀가 공중의 권세를 잡은 임금인 것은 하나님의 허가, 아니 찬탈에 의한 것이다. 왜냐하면, 공중을 다스리는 권세 또는 권능은 하나님의 손에 있기 때문이다.

(2) 깊은 바다에 눈길을 주면, 우리는 거기에서 바다가 하나님의 것임을 발견한다는 것. 왜냐하면, 바다를 만드신 분은 하나님이시기 때문이다. 하나님은 마음만 먹으시면 바다를 꾸짖어 말리시며, 바다에 끊임없이 물을 공급하는 모든 강을 말리실 수 있으시다. 하나님은 홍해와 요단 강을 가르셨을 때에 그의 권능의 증거들을 보여주셨고, 언제라도 마음만 먹으시면 그 동일한 일을 다시 하실 수 있으시다.

(3) 이 땅을 둘러보면, 우리는 거기에서 하나님의 권능을 보여주는 증거들

을 찾을 수 있다는 것. 여름의 극도의 열기와 가뭄, 겨울의 추위와 서리 때문에 바산과 갈멜이 쇠하며, 가장 아름답고 튼튼한 꽃인 레바논의 꽃이 시든다. 하나님의 권능은 산들을 뒤흔들고(5절), 작은 산들을 녹여서 무너뜨림으로써 평지로 만들어 버리는 지진 속에서 자주 보여진다. 태양의 타는 듯한 열기 때문에 땅이 그의 앞에서 불타고, 하나님은 소돔의 경우처럼 하늘로부터 불을 내려서 땅을 불사를 수 있으시며, 마지막 날에 세계와 그 가운데에 있는 모든 것들을 사르실 것이다. 장차 땅과 거기에 있는 모든 것들은 다 불타 없어질 것이다. 이렇게 여호와는 크시고, 그 권능도 크시다.

2. 하나님의 권능에 관한 말씀들이 구체적으로 그의 진노에 적용됨. 하나님이 전능하신 하나님이시라면, 우리는 그것으로부터 다음과 같은 것을 추론해 낼 수 있다(6절): 누가 능히 그의 분노 앞에 서랴. 니느웨 사람들은 전에 하나님이 노하기를 더디하신다(3절)는 것을 알게 되었기 때문에, 아마도 그 때에 그들이 하나님의 긍휼을 경험하였던 것을 토대로 해서, 하나님의 말씀을 너무 엄중하게 받아들일 필요가 없다고 느긋하게 생각했을 것이다. 그러나 그들은 하나님이 긍휼이 많으시고 은혜로우실 뿐만 아니라 의로우시고 질투하시는 분이시라는 것, 그의 진노의 공의를 보여주신 후에 그의 진노의 권능도 보여주시고, 그의 원수들이 그와 다투기에는 전적으로 무력하다는 것도 보여주신다는 것을 알게 될 것이다. 죄인들 중에서 아무리 다부지고 튼튼한 자들이라도 하나님의 진노의 권능에 대항하여 자신의 목적을 관철시킬 수 있을 것이라고 생각하는 것은 헛된 일이다.

(1) 하나님은 여기에서 무시무시하고 강력한 소멸하시는 불로 등장하시는 것을 보라. 여기에는 죄에 대한 하나님의 분노, 그의 맹렬한 분노가 나온다. 하나님의 분노는 물이 아니라 불처럼, 즉 소돔에 비 같이 내렸던 불과 유황처럼 쏟아진다(시 11:6). 하나님의 맹렬한 진노가 곧 지옥이다(계 16:19). 하나님의 분노는 아주 맹렬해서, 그 앞에 있는 모든 것을 쳐서 무너뜨린다. 꿈쩍도 안 할 것 같이 보였던 바위들이 그의 진노로 말미암아 깨진다. 바위들은 종종 지하의 불의 분출에 의해서 깨지는 경우가 있어 왔는데, 이것은 바위 같은 마음을 지닌 죄인들에 대한 하나님의 맹렬한 분노가 어떤 것인지를 희미하게나마 보여준다. 하나님을 대적하여 그 마음을 완악하게 한 자들 중에서 형통한 자는 아무도 없었다.

(2) 죄인들은 여기에서 아무런 힘도 없고 약한 불 앞의 지푸라기 같기 때문에 하나님의 진노를 도저히 감당할 수 없는 자들이라는 것.

[1] 그들은 결단코 하나님의 진노를 견뎌내거나 저항하거나 피할 수 없다는 것. 누가 능히 그의 분노 앞에 설 수 있겠는가. 아무리 교만하고 무모한 죄인이라도 그렇게 할 수 없고, 경건치 않은 자들의 세상도 설 수 없으며, 범죄한 천사들도 설 수 없다.

[2] 그들은 결단코 하나님의 진노 아래에서 견디면서 온전한 정신을 유지할 수 없다는 것. 누가 능히 그의 맹렬한 진노를 감당하랴. 하나님의 진노는 거역할 수 없을 뿐만 아니라 참아낼 수도 없다. 사람은 이 세상에 나타난 하나님의 진노의 몇몇 효과들은 그럭저럭 감당할 수 있지만, 영혼에 직접 쏟아지는 하나님의 맹렬한 진노는 아무도 감당할 수 없다. 그러므로 우리는 하나님 앞에서 두려워하여야 하고, 떨며 범죄하지 말아야 한다(시 4:4).

Ⅲ. 하나님은 무한한 긍휼을 지니신 하나님이시라는 것. 하나님은 이 모든 진노의 한복판에서도 긍휼을 기억하신다. 여전히 죄 가운데에 있는 시온의 죄인들은 두려워하여야 하지만(사 33:14), 하나님을 의뢰하는 자들은 그의 앞에서 두려워 떨지 않아도 된다.

1. 하나님은 노하기를 더디하신다는 것(3절). 하나님은 쉽게 화를 내시는 분이 아니고, 그를 노엽게 한 자들이라도 회개하기만 하면 기꺼이 그들을 받아들여서 긍휼과 은총을 베푸시는 분이시다.

2. 하나님은 악인들에 대한 그의 격노의 징표들이 도처에 있을 때에 자기 백성의 안위(安慰)에 신경을 쓰시는 분이라는 것(7절). 여호와는 선한 자들에게 선하시며, 그들에게 환난 날에 산성이 되어 주실 것이다. 하나님은 악인들을 두렵게 하고 멸망시킬 때에 사용하시는 그 동일한 전능하신 권능을 자기 백성을 보호하시고 만족케 하시는 데에 사용하신다는 것을 명심하라. 하나님은 구원하실 수도 있으시고 멸하실 수도 있으시다. 하나님의 심판이 이 땅에 있어서 모든 것을 황폐화시키는 대환난의 날에, 하나님은 믿음으로 그의 보호하심 아래로 들어오는 자들, 자신의 본분을 다하는 가운데에 그를 의뢰하는 자들, 그를 의지하고 그에게 헌신하는 삶을 사는 자들에게 피난처가 되어 주실 것이다. 하나님은 그들을 아시고 그의 백성으로 인정하시며, 그들의 처지를 아시고, 무엇이 그들을 위하여 가장 좋은지와 그들을 구원하기 위해서 어떤 조치를 취해

야 가장 효과적인지를 아신다. 하나님의 백성은 이 세상에서는 별로 인정을 받지 못하고 이름 없이 살아갈지 모르지만, 여호와 하나님은 그들을 아신다(시 1:6).

⁹너희는 여호와께 대하여 무엇을 꾀하느냐 그가 온전히 멸하시리니 재난이 다시 일어나지 아니하리라 ¹⁰가시덤불 같이 엉크러졌고 술을 마신 것 같이 취한 그들은 마른 지푸라기 같이 모두 탈 것이거늘 ¹¹여호와께 악을 꾀하는 한 사람이 너희 중에서 나와서 사악한 것을 권하는도다 ¹²여호와께서 이같이 말씀하시기를 그들이 비록 강하고 많을지라도 반드시 멸절을 당하리니 그가 없어지리라 내가 전에는 너를 괴롭혔으나 다시는 너를 괴롭히지 아니할 것이라 ¹³이제 네게 지운 그의 멍에를 내가 깨뜨리고 네 결박을 끊으리라 ¹⁴나 여호와가 네게 대하여 명령하였나니 네 이름이 다시는 전파되지 않을 것이라 내가 네 신들의 집에서 새긴 우상과 부은 우상을 멸절하며 네 무덤을 준비하리니 이는 네가 쓸모 없게 되었음이라 ¹⁵볼지어다 아름다운 소식을 알리고 화평을 전하는 자의 발이 산 위에 있도다 유다야 네 절기를 지키고 네 서원을 갚을지어다 악인이 진멸되었으니 그가 다시는 네 가운데로 통행하지 아니하리로다 하시니라

　이 단락은 산헤립이 이끄는 앗수르 군대가 멸망할 것을 보여주는 것 같다. 이 사건은 이 때로부터 대략 100년 후에 일어난 니느웨의 멸망을 보여주는 전조(前兆)로서, 앗수르 제국의 수도였던 니느웨에 대한 경고의 말씀의 일부로 여겨지는 것은 당연한 일이다. 또한, 이 사건은 나훔 선지자와 동시대에 활동하였을 가능성이 높은 이사야 선지자가 많이 애기한 사건이었다. 좀 더 자세하게 살펴보자.

　I. 앗수르 사람들이 의로우시고 질투하시는 하나님을 크게 진노하시게 하였고, 하나님은 비록 노하기를 더디하시지만 이 앗수르 사람들에게 보복하고자 하심(11절).　여호와께 악을 꾀하는 한 사람이 너희 중에서 나와서 사악한 것을 권하는도다. 그는 산헤립과 그의 대변인인 랍사게였다. 그들은 악한 서신과 악한 말을 날조하여, 히스기야와 그의 백성만이 아니라 하나님도 능욕하였다. 그들은 하나님을 이방의 신들과 동급으로 대하여서, 그 하나님이 그를 예배하는 자들을 지킬 수 없었다고 말하며, 하나님의 백성에게 그를 신뢰하지 말고 차라리 대왕 앗수르 왕의 보호 아래로 들어오라고 권유하였다(왕하 18:19). 그들은 예

루살렘이 더 이상 여호와의 성, 거룩한 도성이 아니라고 말하며, 예루살렘의 본질을 변질시키고자 획책하였다. 니느웨에서 나와서 여호와를 대적하여 악을 꾀하는 이 사람, 이 강력한 사람이 니느웨에 이 경고의 말씀을 초래한 자이다. 당시에 산헤립보다 하늘과 땅의 영광스러운 주재(主宰)이신 여호와 하나님을 더 오만방자하게 모독하고 모욕한 자는 결코 없었다. 산헤립은 하나님의 백성에게 하나님이 보호해 주실 것이라는 기대를 완전히 버리고 앗수르 왕에게 투항하여 히스기야의 종교개혁에 대한 자부심에서 벗어나려고 애써야 한다고 권한 악한 모사, 즉 사악한 것을 권하는 자였다(사 36:7). 하나님은 여기에서 이 악한 모사에게 훈계하신다(9절). "너희는 여호와를 대적하여 무엇을 꾀하느냐. 너희가 마치 하나님의 지혜를 능가하고 전능자를 압도할 수 있다는 듯이 하나님을 대적하여 음모를 꾸미는 것은 얼마나 어리석고 악한 짓인가!" 음부의 권세는 여호와를 대적할 음모, 이 세상에서 하나님 나라의 세력을 없앨 음모를 많이 꾀한다는 것을 명심하라. 그러나 그들의 그러한 음모는 헛된 일임이 증명될 것이다(시 2:1-2). 하늘에 계신 이가 그를 대적하여 음모를 꾸미는 자들을 보시고 웃으시는데, 그들의 음모로 인하여 그들 자신이 망하게 하실 것이다(시 2:4).

II. 하나님이 이 일로 인하여 그들에게 큰 패망을 겪게 하시리라는 것. 하나님은 앗수르 제국 전체를 당장에 멸망시키지는 않으시고(그것은 그들의 죄악의 분량이 다 찰 때까지 연기된다), 다음과 같은 것들을 패망시키실 것이다.

1. 하나님이 그들의 군대를 멸하시리라는 것. 하나님은 앗수르 군대를 온전히 멸하실 것이다. 그 군대는 하나님의 일격에 다 죽어 넘어져서 멸절될 것이다. 앗수르 군대는 죽음의 사자의 결정적인 일격을 맞고서 현장에서 다 죽게 될 것이다. 내가 다시는 너를 괴롭히지 아니할 것이다. 왜냐하면, 그럴 필요가 없을 것이기 때문이다. 하나님이 어떤 죄인들에 대해서는 그들을 일격에 날려 버리고 단번에 처리하시는 경우가 있다. 하나님의 보복은 하나의 특정한 법칙이나 어떤 불변의 방식을 따라 이루어지는 것이 아니라, 급성 질병이나 만성 질병, 갑자기 죽거나 서서히 죽어가는 것 등과 같이 이런저런 다양한 방식으로 이루어진다. 하나님은 그를 대적하여 끈질기게 음모를 꾸미는 그의 모든 원수들을 온전히 멸하실 것이다. 앗수르 군대는 대부분 그들의 사령관과 똑같은 생각을 갖고 있었고 똑같은 말을 했을 것이다. 그러므로 비록 앗수르의 군사들이 위에서 가르쳐 준 대로 말한 것이긴 하지만, 하나님은 그들에게도 그 책임을

물으실 것이다. 그들은 그들 자신의 행위로 말미암아 하나님의 진노를 사게 되었다는 것이 드러나게 될 것이다(10절).

(1) 그들은 가시덤불 같이 서로 뒤엉켜서 엉크러져 있다는 것. 그들은 서로를 더 악하게 만들고, 서로를 하나님과 그의 이스라엘을 대적하는 불구대천의 원수로 만들며, 서로의 마음을 더욱 완악하게 하고, 서로의 손을 더욱 힘 있게 하여, 하나님에 대하여 불경죄를 저지른다. 그러므로 하나님은 농부가 가시덤불을 치울 수 없을 때에 하는 방식대로 그들에게 행하실 것이다. 즉, 하나님은 그들 모두를 한데 모아 불 속에 던져 넣으실 것이다.

(2) 그들은 술 취한 자들처럼 교만과 광분(狂奔)에 취해 있다는 것. 그들은 술 취한 자들처럼 한 번 걸려 넘어져 엎드러져서 결코 다시는 일어나지를 못하고 죽게 될 것이다. 그들은 그런 식으로 얼이 빠진 채 죽어서, 망신 거리와 조소 거리가 될 것이다.

(3) 그들은 마른 지푸라기 같이 모두 타게 되리라는 것. 마른 지푸라기는 불이 붙으면 다 타서 재가 될 때까지 끌 수 없기 때문에, 어쩔 도리가 없이 다 태워지고 만다. 하나님의 심판들은 스스로 지푸라기가 되어 버린 자들을 태우는 불과 같다. 하나님이 이 대군에 대하여 다시 한 번 다음과 같이 경고하신다(12절): 그들이 비록 강하고 많아서 포위당한 쪽에서 출격해 나오는 것을 겁내지 않고 아주 태평할지라도, 반드시 멸절을 당하리니, 죽음의 사자가 하나님의 명을 받고 그들을 베기 위해서 그들 사이로 지나갈 때에, 그들은 마치 풀이나 곡식을 벨 때처럼 소리 없이 죽어 없어지리라. 죄인들의 태평함과 그들 자신의 힘에 대한 과신(過信)은 흔히 그들의 멸망이 가까웠음을 보여주는 전조들임을 명심하라.

2. 하나님이 앗수르 왕을 멸하시리라는 것. 앗수르 왕은 여호와를 대적하여 악을 꾀하였다. 그런데도 그가 과연 무사할 수 있을까? 결코 그럴 수 없다(14절). "여호와가 네게 대하여 명령하였다. 네 이름이 다시는 전파되지 않을 것이고, 너에 대한 기억이 사라질 것이며, 너는 더 이상 사람들의 입에 오르내리지 않을 것이고, 너의 무용담도 승전의 나팔소리와 더불어서 허공으로 흩어져서 사라지게 될 것이라는 하나님의 영(令)이 내려졌다." 산헤립이 죽은 후에 그 아들이 왕위에 올랐기 때문에, 어떤 이들은 이 구절이 앗수르 제국이 오래지 않아 무너지게 될 것을 말한 것이라고 본다. 여호와를 대적하여 악을 꾀하는 자들은 그들 자신과 그들의 가문과 세력에 대한 재앙을 재촉하는 것이고, 여호와의

이름을 욕보임으로써 그들 자신의 이름을 망하게 하는 것임을 명심하라. 하나님은 추가적으로 다음과 같이 경고하신다.

(1) 앗수르 왕이 섬기던 우상들이 그 신전에서 멸절되리라는 것. 내가 네 신들의 집에서 새긴 우상과 부은 우상을 멸절하리라. 어떤 이들은 산헤립이 자기 신 니스록의 신전에서 경배할 때에 그의 두 아들에 의해서 살해당함으로써(왕하 19:37; 사 37:38) 이 말씀이 성취되었다고 생각한다. 이 야만적인 존속 살해 사건으로 인해서, 그 신전은 더럽혀진 것으로 여겨져서 폐쇄되었고, 거기에 있던 우상들은 파괴되고, 그 우상들을 섬겼던 자들은 더 이상 그 신전을 참배하지 않게 되었을 것이다. 또는, 이 구절은 앗수르의 완전한 멸망을 가리키는 것으로 좀 더 일반적으로 해석될 수도 있다. 적군은 앗수르의 온 땅을 초토화시키면서 앗수르 사람들이 섬겼던 신들의 우상도 다 멸절시켰을 것이다. 하나님은 이것을 통해서 앗수르 사람들에게 그가 그들과 다투게 된 원인들 중의 하나는 그들의 우상 숭배였다는 것을 간접적으로 보여주시고자 한 것일 수도 있다.

(2) 산헤립의 무덤이 그의 신의 신전에 만들어지게 되리라는 것. 그는 거기에서 살해당하여, 거기에 묻히게 될 것이다. 왜냐하면, 그는 사악하기 때문이다. 그는 그의 자녀들로부터도 천륜의 사랑을 얻지 못하고 두 아들에 의해서 살해당하였다는 영원한 치욕을 안고 무덤에 들어가게 되었다. 또는, 이것은 앗수르 제국의 수치스러운 몰락을 가리키는 것일 수도 있다. 앗수르 제국의 폐허 위에 바벨론 제국이 세워졌다. 한때 강성하였지만 이제는 쇠락한 제국의 죽음을 두고서 어떤 소동이 벌어졌는지는 성경에 자세하게 묘사되어 있다(겔 31:3, 11, 15-16). 추악한 죄들로 스스로 사악하게 된 자들은 하나님이 수치스러운 벌을 주어서 비천하게 만드실 것임을 명심하라.

Ⅲ. 하나님은 이 일을 통해서 자기 백성과 그의 이름으로 불린 성읍을 위하여 큰 구원을 행하시리라는 것. 교회의 원수들의 패망은 곧 교회의 구원이다. 하나님이 산헤립의 군대를 멸절시키심으로써 예루살렘을 위하여 베푸신 구원은 지극히 큰 구원이었다.

1. 이 일을 통해서 예루살렘에 대한 포위가 풀리리라는 것. "이제 네게 지운 그 멍에, 즉 너로 하여금 어쩔 수 없이 종 노릇 하게 만들었던 그 멍에를 내가 깨뜨리고, 너로 하여금 앗수르 사람들의 분노를 속수무책으로 당하게 만들었던 네 결박을 끊으리라." 이 승승장구한 앗수르의 대군이 유다 온 땅에 아무데나

진영을 구축하고 거기에서 제멋대로 살았을 때, 그것은 그들에게 멍에였고 결박이었다. 앗수르 군대에 의해서 포위된 예루살렘은 결박을 당하고 족쇄가 채워진 것이었다. 그러나 죽음의 사자가 자신의 소임을 다하였을 때에 그 결박이 끊어져서, 예루살렘은 다시 자유를 맞았다. 이것은 위에 있는 예루살렘을 진정으로 자유하게 만든 저 큰 구원에 대한 비유였다.

2. 원수들은 힘이 약해지고 기가 죽어서 다시는 그런 시도를 하지 못할 것이고, 하나님의 은혜로 말미암아 이 환난이 잘 끝난 것이기 때문에 이러한 혹독한 징계는 다시 없으리라는 것.

(1) 하나님이 다시는 예루살렘을 괴롭게 하지 않으시리라는 것. 하나님의 진노는 돌이켜졌고, 하나님은 족하다고 말씀하신다. 왜냐하면, 하나님은 이 두려운 일을 통해서 그의 일을 시온 산에 다 행하셨기 때문이다(사 10:12). 그러므로 하나님은 "내가 전에는 너를 괴롭혔으나 다시는 너를 괴롭히지 아니할 것이라"고 말씀하신다. 환자에게 꼭 필요한 경우가 아니라면, 괴로운 처치(處置)는 되풀이되지 않을 것이다. 왜냐하면, 하나님은 의도적으로 괴롭히시는 것이 아니기 때문이다(애 3:33): 주께서 인생으로 고생하게 하시며 근심하게 하심은 본심이 아니시로다.

(2) 원수들은 다시는 감히 예루살렘을 공격하지 못하리라는 것(15절). 악인이 이전과는 달리 다시는 네 가운데로 통행하며 모든 것을 황폐화시키는 일이 없을 것이다. 왜냐하면, 악인이 진멸되어 그렇게 할 수 없을 것이기 때문이다. 악인의 군대는 진멸되었고, 악인의 기도 꺾였으며, 마침내 악인 자신도 죽었다.

3. 이 큰 구원의 소식이 널리 전파되어, 온 나라 백성들이 크게 기뻐하여 환영하리라는 것(15절). 산헤립이 연전연승을 거두며 승승장구하는 동안에는 매일같이 나쁜 소식만이 전해졌었다. 그러나 이제 볼지어다 아름다운 소식을 알리는 자의 발, 복음을 전하는 자의 발이 산 위에 있도다. 그가 빠른 발로 날듯이 걸어와서 저 멀리 산 위에 모습을 나타내었다. 우리가 지금까지 무수히 많은 욥의 사자들만을 보다가, 이제 또다시 화평을 전하는 자를 보게 되었으니, 이 얼마나 유쾌한 광경인가! 우리는 또 다른 선지자가 하나님의 긍휼로 그의 백성이 바벨론에서 구원을 받게 될 것을 예시하기 위하여 이 구절을 사용하고 있는 것을 본다(사 52:7). 선지자들은 말씀을 서로에게서 훔친 것이 아니라(거짓 선지자들과는 달리, 렘 23:30), 동일한 성령으로부터 말씀을 받았기 때문에 흔히 동

일한 표현들을 사용하게 된 것이다. 사역자들이 동일한 형태의 바른 말씀들을 함께 사용함으로써(딤후 1:13) 건전하고 유익한 진리들에 동의한다는 것을 증거하는 것은 좋은 일이다(딤전 6:3). 사도 바울도 이 구절에 나오는 말씀을 이사야서와 나훔서에서 인용하여, 우리 주 예수께서 우리를 위하여 이루신 큰 구속(救贖)과 영원한 복음을 통해서 그 구속 사건이 온 세상에 널리 전파될 것에 대하여 적용한다(롬 10:15). 그리스도의 사역자들은 예수 그리스도로 말미암아 화평의 복음을 전하는 자들이다(행 10:36). 아름답도다 좋은 소식을 전하는 자들의 발이여! 그들 자신이 죄로 인하여 비참함과 위험에 처해 있는 것을 보는 자들에게 그들이 전하는 소식은 얼마나 반갑겠는가! 이 좋은 소식을 전하는 자가 그 소식과 더불어서 유다를 향하여 네 절기를 지키고 네 서원을 갚으라고 외치고 있는 것을 주목하라.

(1) 환난 가운데서 통상적인 절기들은 중단되었었다는 것. 전쟁터의 함성 가운데서는 율법의 소리는 들리지 않는다. 예루살렘이 군대들로 에워싸여 있는 동안에, 그들은 예배를 드리러 거기로 갈 수가 없었다. 그러나 이제 봉쇄가 풀렸으니, 그들은 다시 그들의 절기를 지켜야 한다. 그들은 한동안 절기들로 인한 유익을 박탈당하였다가, 하나님이 은혜로 그들에게 다시 절기들을 지킬 수 있는 기회를 회복시켜 주신 것이기 때문에, 여호와의 절기들은 하나님의 백성에게 갑절로 달콤할 것이다. 왜냐하면, 그 절기들이 없어 보아야 그 절기들을 주신 하나님의 긍휼하심이 얼마나 소중한지를 깨닫는 법이기 때문이다.

(2) 환난 가운데서 그들은 하나님이 그들을 이 곤경에서 구해 주시면 그들이 뭔가 특별한 것으로 그에게 영광을 돌리겠다고 서원하였었다는 것. 이제 그 구원이 이루어졌으니, 하나님은 그들에게 그들의 서원을 지키라고 요구하신다. 그들은 그 때에 했던 약속을 이제 지켜야 한다. 왜냐하면, 서원하고 갚지 아니하는 것보다 서원하지 아니하는 것이 더 낫기(전 5:5) 때문이다. 악인이 다시는 네 가운데로 통행하지 아니하리로다라는 말씀은 히스기야가 시작하였던 종교 개혁의 선한 일을 완성하시겠다는 약속으로 해석될 수도 있다. 악인들은 이전과는 달리 거리를 활보하고 다니지 못하고 끊어질 것이다. 외부의 악한 원수들의 시도가 좌절되는 것이, 그들보다 더 위험한 원수들인 내부의 악인들이 저지되고 변화받게 되는 일이 일어나는 것과 더불어 이루어진다면, 그것은 한 나라에 있어서 진정한 은혜가 된다.

제 — 2 — 장

개요

우리는 이제 저 큰 성 니느웨에 더 가까이 와 있다. 니느웨는 그들의 군대가 멸절을 당하고 그들의 왕이 죽었는데도 그 일들이 주는 경고를 받아들이지 않고, 하나님에 대한 적대감을 고집하였기 때문에, 하나님이 그들과 다툼을 계속하시리라는 것을 각오하여야 한다. 여기에는 다음과 같은 예언들이 나온다. I. 니느웨를 멸할 적군이 접근해 오고, 그 적군의 군비(軍備)는 두려움을 불러일으킴(1-5절). II. 니느웨 성이 함락됨(6절). III. 왕후가 사로잡히고, 주민들이 도망하며, 성의 모든 재물이 약탈당하는 가운데에, 성안이 아수라장이 됨(7-10절). IV. 이 모든 일을 초래한 진정한 원인들을 추적하는데, 그것은 그들이 하나님을 대적하여 범죄하였고, 하나님이 그들을 대적하여 나타나셨기 때문이라는 것(11-13절). 이 모든 일은 느부갓네살이 그의 재위 원년에 메대의 왕 키악사레스(Cyaxares) 또는 아하수에로와 연합하여 앗수르 제국의 지배자가 되었을 때에 성취되었다.

[1]파괴하는 자가 너를 치러 올라왔나니 너는 산성을 지키며 길을 파수하며 네 허리를 견고히 묶고 네 힘을 크게 굳게 할지어다 [2]여호와께서 야곱의 영광을 회복하시되 이스라엘의 영광 같게 하시나니 이는 약탈자들이 약탈하였고 또 그들의 포도나무 가지를 없이 하였음이라 [3]그의 용사들의 방패는 붉고 그의 무사들의 옷도 붉으며 그 항오를 벌이는 날에 병거의 쇠가 번쩍이고 노송나무 창이 요동하는도다 [4]그 병거는 미친 듯이 거리를 달리며 대로에서 이리저리 빨리 달리니 그 모양이 횃불 같고 빠르기가 번개 같도다 [5]그가 그의 존귀한 자들을 생각해 내니 그들이 엎드러질 듯이 달려서 급히 성에 이르러 막을 것을 준비하도다 [6]강들의 수문이 열리고 왕궁이 소멸되며 [7]정한 대로 왕후가 벌거벗은 몸으로 끌려가니 그 모든 시녀들이 가슴을 치며 비둘기 같이 슬피 우는도다 [8]너느웨는 예로부터 물이 모인 못 같더니 이제 모두 도망하니 서라 서라 하나 돌아보는 자가 없도다 [9]은을 노략하라 금을 노략하라 그 저축한 것이 무한하고 아름다운 기구가 풍부함이니라 [10]니느웨가 공허하였

고 황폐하였도다 주민이 낙담하여 그 무릎이 서로 부딪히며 모든 허리가 아프게 되며 모든 낯이 빛을 잃도다

이 단락에는 다음과 같은 내용들이 나온다.

I. 니느웨에 전해진 전쟁 경보(1절).   나훔 선지자는 전쟁이 바로 코 앞에 닥친 것으로 말한다. 왜냐하면, 전쟁은 일어날지 안 일어날지가 의심스러운 것도 아니었고 저 먼 장래의 일도 아니었기 때문이다. "네 주변을 둘러보라. 파괴하는 자가 올라와 네 면전에 있도다. 나라들을 산산이 부서뜨려 놓기로 유명하고, 앞으로는 더욱 유명해질 느부갓네살이 너로부터 시작해서, 너를 흩어서 없애 버릴 것이다." 바벨론은 온 세계의 망치라 불린다(렘 50:23). 느부갓네살이 니느웨를 공략하고자 한 시도는 무모할 정도로 아주 대담한 것이어서 세상이 다 아는 유명한 사건이다. "그는 너를 멸망시키겠다고 공언하고서, 올라와 네 면전에 있다. 그러므로 니느웨여, 너는 전투태세를 갖추어라. 너의 산성과 망루들과 병기고들을 지키고, 길을 파수하라. 니느웨 성의 모든 길에 수비들을 세워라. 네 허리를 견고히 묶고, 네 자신과 네 병사들의 사기를 돋우라. 적군이 진군해 올 때에 성읍들이 그러하듯이, 네 힘을 굳게 할지어다(이것은 반어법적인 말이다). 너의 최선을 다하라. 그렇지만, 너는 이 심판의 일격을 피할 수 없을 것이다. 왜냐하면, 모략으로나 힘으로나 여호와를 당하지 못하기 때문이다(잠 21:30)."

II. 전쟁의 원인들을 보여주는 성명서가 낭독됨(2절).   여호와께서 이스라엘의 영광과 마찬가지로 야곱의 영광도 제거하셨다. 이것은 다음 둘 중의 하나를 의미한다.

1. 앗수르 사람들이 이스라엘의 열 지파를 능욕하여 그들을 약탈하고 그들의 포도나무 가지를 없이 하였던 것과 마찬가지로, 야곱의 두 지파도 능욕하여 그들을 비천하고 굴욕적으로 만들었다는 것. 이 일로 인해서 하나님은 그들을 벌하실 것이다. 이 일은 오래 전에 행해진 일이지만, 하나님은 이제 앗수르 제국과 그 수도인 니느웨에 대하여 그 죄를 물으실 것이다. 하나님이 그들과 싸우시는 것은 그들이 야곱에게 행한 포학 때문이다.

2. 하나님은 이스라엘을 포로로 사로잡혀 가게 하심으로써 이스라엘의 교만을 제거하셨듯이, 이제는 두 지파가 느부갓네살에 의해서 사로잡혀 가게 하심으로써 야곱의 교만을 제거하시리라는 것. 하나님은 약탈자들을 유다에 불러

들이시기로 작정하셨는데, 그 일을 할 원수는 먼저 니느웨를 무너뜨려서 앗수르 사람들의 교만을 낮추는 일부터 시작하게 될 것이다. 하나님은 그에게 아주 가까운 성읍들일지라도 교만한 성읍들은 눈여겨 보셨다가 그 성읍들을 여지없이 낮추신다. 사마리아는 이미 낮아졌고, 예루살렘도 곧 낮아지게 될 것이다. 이 두 성읍의 교만은 낮추어졌다. 그런 하나님이 저 교만한 성읍 니느웨를 어찌 낮추시지 않으시겠는가? 약탈자들이 야곱과 이스라엘 땅에 있는 성읍들을 약탈하고, 그 포도나무 가지들을 없이 하였다. 그러니, 하나님이 어찌 니느웨의 영광을 제거하지 않으시겠는가?

III. 침략하는 적군이 니느웨를 치러 나타날 때에 그 적군의 두려운 모습들에 대한 구체적인 묘사들. 이 각각의 묘사들은 이 적군이 얼마나 무시무시한 군대인지를 보여주는 역할을 한다.

1. 그의 용사들의 방패는 붉다는 것. 아마도 그들의 다른 병기들과 복장도 붉었을 것이다. 이것은 그들이 이미 전투에서 많은 사람들을 죽여서 그들의 병기들이 다 피로 물들어 있다는 것을 나타내는 것일 수도 있고, 그들이 붉은 색 방패를 사용함으로써 모든 사람을 닥치는 대로 다 칼로 죽이겠다는 그들의 의지를 드러낸 것일 수도 있다. 그들은 적군이 항복을 하든 말든 그 누구도 살려 두지 않겠다는 표시로 붉은 기를 내걸었다.

2. 그의 무사들의 옷도 붉다는 것. 그들은 그들이 어떤 피비린내 나는 일을 하고자 하는지를 나타내기 위해서 붉은 옷을 입었을 뿐만 아니라, 이 군대가 얼마나 부유한 군대인지를 나타내기 위해서 진홍색 옷을 입었다 — 전비(戰費)는 전쟁의 힘줄이기 때문에.

3. 그 항오를 벌이는 날에 병거의 쇠가 번쩍이리라는 것. 그들이 진군할 때, 병거들은 번개처럼 신속하게 날아갈 것이다. 병거의 바퀴들은 돌과 마찰되면서 불꽃을 튀길 것이고, 병거들을 모는 자들은 예후처럼 타오르는 분노를 품고서 질풍노도처럼 몰 것이다. 또는, 기드온의 용사들이 항아리에 횃불을 감추어서 갔듯이, 그들은 야습을 감행할 때에 그들 자신에게는 길을 밝히는 횃불이 되고 적들에게는 두려움이 되게 하고, 그들이 가는 곳마다 불을 놓기 위하여, 병거들에 횃불들을 싣고 갔다.

4. 노송나무들이 몹시 흔들리리라는 것. 다른 나라의 큰 자들이 키 작은 관목들이라면, 니느웨의 큰 자들은 장엄한 노송나무들이었다. 또는, 이 무시무시한

대군이 진군할 때에 땅이 격렬하게 진동함으로써 아주 견고히 서 있던 나무들조차도 흔들리게 될 것이다.

5. 전쟁의 병거들은 아주 무시무시하리라는 것(4절). 그 병거들은 미친 듯이 거리를 달리리라. 즉, 병거들을 모는 자들이 광분하리라는 것이다. 그 때에 그 모습을 보는 자들은 병거들이 스스로 미쳐서 날뛰는 것으로 생각이 들 것이다. 병거들은 그 수가 아주 많고, 그 병거들을 모는 자들이 몹시 광분해서 몰 것이기 때문에, 충분한 공간이 있는 대로에서 달릴지라도, 병거들은 서로 부딪치며 이리저리 빨리 달릴 것이다. 이 철병거들은 아주 밝게 만들어져서, 햇살이 비치면 그 모양이 밤중의 횃불 같을 것이다. 병거들은 그 바르기가 번개 같아서 질풍처럼 달릴 것이다.

느부갓네살 휘하의 장수들은 여기에서 그의 존귀한 자들, 그의 용맹한 자들(난외주의 읽기), 그의 영웅들로 불린다. 그가 그들을 점호하고 그들에게 즉시 그리고 실수 없이 각자의 자리를 지키라고 명할 것이다. 왜냐하면, 그는 니느웨를 포위하는 것으로 그의 원정을 개시하기로 작정하고서, 즉시 전투로 들어갈 계획이기 때문이다. 그의 존귀한 자들은 기억할 것이다(어떤 이들은 이렇게 읽는다). 즉, 그들은 자신의 임무와 자기에게 주어진 명령을 기억하고서, 자신이 할 일에 너무 몰두하다 보니, 걸을 때에 돌에 걸려 넘어지기도 하고, 너무 황급히 달리다가 넘어지기도 할 것이다. 그들은 무엇에 걸려 넘어지기는 하겠지만, 완전히 엎드러지지는 않을 것이다. 왜냐하면, 그들은 급히 성에 이르러 참호를 팔 것이기 때문이다. 그들은 막을 것, 즉 포위된 성에서 날아오는 화살들을 피하기 위한 참호들을 준비할 것이다. 그들은 이렇게 치밀하고 치열하게 공성(攻城)을 실행할 것이기 때문에, 마침내 강들의 수문들이 열리게 될 것이다(6절). 니느웨는 티그리스 강변에 건설되었는데, 그 강으로 통하는 니느웨의 수문들이 가장 먼저 적군에게 열리고, 그들은 그 수문들을 통해서 성 안으로 들어오게 될 것이다. 그런 후에, 왕궁 또는 왕이 섬기던 신인 니스록의 신전이 소멸될 것이다(여기에서 왕궁으로 번역된 단어는 신전을 의미하기도 하기 때문에). 하늘의 하나님이 어떤 나라와 다투고자 나아오실 때에는, 왕궁이든 그 왕궁의 왕이든, 신전이든 그 신전의 신이든 그 나라의 백성들을 보호하거나 지켜줄 수 없고, 그 백성들과 함께 모두 멸망할 수밖에 없다.

IV. 이 전쟁의 결과들과 관련한 예언. 앗수르 사람들의 운명이 어떻게 될지를 추측하는 일은 그리 어렵지 않다.

1. 왕후가 적군의 수중에 떨어지게 되리라는 것(7절). 왕후가 끌려가리라. 은밀한 궁에 감추어져 있어서 스스로 안전하다고 생각하였던 왕후는 발각되어서(난외주의 읽기) 끌려가게 됨으로써 평범한 포로들보다 더 큰 수치를 당하게 될 것이다. 왕후는 짐짓 예우를 갖추어서 데려가질 것이고, 그녀의 시녀들이 그녀를 인도할 것이다. 왜냐하면, 고생을 안 해본 자들에게는 이런 일이 갑절로 힘들고 겁나는 일이어서, 그녀는 이런 끔찍한 일과 고생을 견딜 수 없어서 혼절할 지경이 될 것이기 때문이다. 시녀들은 왕후에게 즐겁게 애기하거나 힘을 북돋워 주는 것이 아니라, 슬피 울기로 유명한(사 38:14; 59:11) 골짜기의 비둘기처럼 슬피 울며(겔 7:16), 왕후를 모셔가게 될 것이다. 시녀들은 슬픔이 북받쳐 오르고 속상하고 원통해서, 그들의 가슴을 북 치듯이 칠 것이다(이것이 원어의 의미이다).

2. 니느웨 성의 주민들은 비록 그 수가 많지만 그 누구도 침략군에 대항하거나 자신의 자리를 지킬 수 없으리라는 것(8절). 니느웨는 예로부터 물이 모인 못 같이 사람들로 넘쳐났다(물은 무리를 나타낸다, 계 17:15). 니느웨는 오래 전부터 인구가 많은 성읍이었다. 요나 시대에 니느웨 성에는 120,000명의 어린 아이들이 있었는데(욘 4:11), 통상적으로 성읍들과 촌락들은 그 인구수가 해마다 늘어나는 법이다. 니느웨 성 안에는 나랏일에 사용할 수 있는 많은 일손들이 있었지만, 그들은 서로를 격려하여 나라를 지킬 생각은 하지 않고, 도리어 겁쟁이들처럼 도망하기에 바쁠 것이다. 군대의 장수들은 그들을 독려하기 위해서 최선을 다할 것이다. 장수들은 "서라 서라. 용기를 가져라. 그러면, 우리는 충분히 잘 할 수 있다"고 외쳐 보지만, 돌아보는 자조차 아무도 없을 것이다. 백성들이나 군사들에게는 일말의 담력도 남아 있지 않아서, 그들은 모두 도망치는 것이 상책이라고 생각하게 될 것이기 때문에, 누가 그들을 부르는지를 알아보기 위해서 뒤를 돌아보는 것조차 하지 않고 줄행랑을 칠 것이다. 하나님은 환난의 날에 가장 강하고 담대한 자들조차도 기가 죽게 하실 수 있기 때문에, 그들은 그들에 대한 사람들의 기대에 전혀 부응하지 못할 것임을 명심하라. 그곳이 물이 모인 못 같다고 할지라도, 하나님은 그 물을 말려서 없애 버리실 것이다.

3. 니느웨 성의 재물이 노략당할 것이고, 온갖 값비싼 가구들은 승리한 적군

의 수중에 들어가게 되리라는 것(9절). 적군들은 서로에게 약탈하라고 이렇게 독려할 것이다: 은을 노략하라 금을 노략하라. 군관들은 병사들에게 기회를 최대로 활용하라고 부추길 것이다. 거기에는 그들을 위해 충분한 금과 은이 있을 것이다. 왜냐하면, 그 저축한 것이 무한할 것이기 때문이다. 니느웨는 예로부터 물이 모인 못 같았기 때문에, 막대한 부를 축적하였다. 또한, 니느웨에는 아름다운 기구가 풍부하였고, 온갖 탐나는 그릇들이 있었는데, 그들은 그것들을 자랑하였지만, 이제 그것들은 정복자들의 노략물이 되고 자랑이 될 것이다. 의복을 진흙 같이 준비하고 은을 티끌 같이 쌓는 자들은 누가 그 의복을 입고 그 은을 차지할지를 알지 못한다는 것을 명심하라(욥 27:16-17). 이렇게 해서, 이 부유한 성읍은 텅 비게 되고 공허해지며 황폐해질 것이다(10절). 세상 재물이 얼마나 허망한 것인지를 보라. 세상 재물은 그 주인을 보호해 주기는커녕, 도리어 원수들을 불러들여서 그 주인을 더 큰 위험과 재난에 빠뜨린다.

　4. 병사들과 백성들은 니느웨 성을 방어하는 일에 나설 마음이 없게 되리라는 것. 그들은 그 심령이 불 앞에서의 밀랍처럼 녹아서 낙담하고, 그들의 무릎은 서로 부딪혀서(벨사실이 번민할 때에 그랬듯이, 단 5:6), 그들은 땅을 딛고 제대로 설 수조차 없게 되어서, 도망하지도 못하게 될 것이다. 극도로 놀랐을 때에 그런 것처럼, 모든 허리가 아프게 되어서, 그들은 등을 곧게 펼 수조차 없게 될 것이다. 그들의 모든 낯은 매일 불 위에 올려 놓은 주전자처럼 **빛을 잃고 검게 될 것이다**(이것이 원어의 의미이다). 양심에 죄책감을 지닌 사람들은 악한 날에 그 마음이 온통 두려움으로 가득 차게 될 것이고, 이 세상의 재물에서 행복을 구하고 재물에 마음을 두는 자들은 그들이 가진 금과 은, 아름다운 가구들을 빼앗기면 스스로 망했다고 생각하게 될 것임을 명심하라.

[11]이제 사자의 굴이 어디냐 젊은 사자가 먹을 곳이 어디냐 전에는 수사자 암사자가 그 새끼 사자와 함께 거기서 다니되 그것들을 두렵게 할 자가 없었으며 [12]수사자가 그 새끼를 위하여 먹이를 충분히 찢고 그의 암사자들을 위하여 움켜 사냥한 것으로 그 굴을 채웠고 찢은 것으로 그 구멍을 채웠었도다 [13]만군의 여호와의 말씀에 내가 네 대적이 되어 네 병거들을 불살라 연기가 되게 하고 네 젊은 사자들을 칼로 멸할 것이며 내가 또 네 노략한 것을 땅에서 끊으리니 네 파견자의 목소리가 다시는 들리지 아니하리라 하셨느니라

이 단락에서 우리는 니느웨의 멸망과 관련하여 다음과 같은 것들을 보게 된다.

1. 니느웨가 멸망할 때에 이웃 나라들이 이제 앗수르가 부강하던 때에 그 힘을 악용하여 많은 나라들을 압제하였던 것을 기억하고서 몹시 기뻐하게 되리라는 것(11-12절). 이제 사자의 굴이 어디에 있느냐. 그 곳은 이제 없어졌다. 거기에는 남은 자들도 없고 그 흔적도 없다. 젊은 사자가 먹잇감을 게걸스럽게 먹던 곳이 어디 있느냐. 니느웨의 왕들과 고관들은 맹수인 사자 같았었다. 잔인한 폭군들은 사자들보다 나은 것이 없고, 아니 오히려 사자들보다 더 악하다. 그들은 인간인데도, 그들에게서 인간성을 기대할 수는 없다. 아니, 만약 그들이 진짜 사자들이라면, 적어도 자신의 동족을 잡아먹지는 않을 것이다. 사나운 곰들도 그들끼리는 사이가 좋다. 그러나 그들은 인간의 모습을 하고 있으면서도 사자의 잔인함을 지니고 있었다. 그들은 니느웨에서 삼림 속의 사자처럼 행하였고, 그들을 두렵게 할 자가 아무도 없었다. 모든 사람이 그들을 두려워하였지만, 그들은 아무도 두려워하지 않았다. 아무도 그들을 사랑하지 않았지만, 모두가 그들을 두려워하였는데, 이것이 그들이 원하는 것의 전부였다. 사람들은 그들을 두려워하기 때문에 미워하는 것이다. 고관들과 마찬가지로 왕 자신도 온갖 교묘한 폭력과 착취를 통해서 막대한 부를 축적하고 자신의 가문을 일으키는 것을 자신의 일로 삼았다. 그는 그의 새끼들을 위하여 먹이를 충분히 찢었고(새끼들을 위해서는 먹이가 조금 있어서는 충분하지 않을 것이기 때문에), 그의 암사자들을 위하여 움켜 죽였다. 그는 사자들처럼 그의 자녀들과 처첩들을 위해서 닥치는 대로 죽이고 빼앗아서, 사냥한 것으로 그의 굴을 채웠고 약탈한 것으로 그의 구멍을 채웠다. 많은 사람들이 자신의 처자식을 먹여 살리기 위해서 약탈과 불의를 행할 수밖에 없다고 변명하지만, 그렇게 해서 얻어진 것은 그들의 처자식들에게 결코 아무런 유익도 주지 못할 것임을 명심하라. 여호와를 경외하여 정직하게 돈을 벌어도 얼마든지 그들 자신과 그들의 처자식을 먹여살릴 수 있다. 젊은 사자는 사냥한 것과 약탈한 것으로 그들의 굴과 구멍을 가득 채운다고 할지라도 궁핍하여 주리지만, 여호와를 찾는 자들은 모든 좋은 것에 부족함이 없을 것이다(시 34:10).

2. 천지를 다스리시는 의로우신 주재(主宰)께서 니느웨가 멸망할 것임을 공언하심. 하나님이 니느웨를 멸망시키실 것이고, 온 세상이 그 사실을 알게 될

것이다(13절). 만군의 여호와의 말씀에 내가 네 대적이 되리라 하셨느니라. 만군의 여호와께서 너를 대적하여 멸망시키고자 하시는데, 군대들이 너를 지켜 주려고 한다고 한들 무슨 소용이 있겠느냐? 니느웨의 압제자들은 단지, 그들의 상대가 되지 못하고 그들이 쉽게 제압할 수 있는 이웃 나라들만이 그들의 적이라고 생각하였다. 그러나 사실 그들은 공의를 옹호하시고 불의에 보복하시는 분인 하나님을 그들의 적으로 돌려 놓았다는 것이 드러났다. 하나님은 니느웨의 왕과 고관들을 대적하시기 때문에, 다음과 같은 일들이 벌어질 것이다.

(1) 그들이 심혈을 기울여 준비한 군비(軍備)가 그들에게 아무런 도움이 되지 못하리라는 것. 내가 네 병거들을 연기 속에 불사르리라. 하나님은 불로 그들의 병거를 사르실 것이라고 말씀하지 않으신다. 하나님은 그 병거들을 하찮게 여기셔서, 그의 진노의 연기만으로 그들의 병거들을 불사르실 것이라고 말씀하신다. 하나님의 진노의 불이 막 붙여져서 아직 불길이 치솟지 않고 연기만 나고 있을 뿐인데도, 그들의 병거는 순식간에 불타서 없어져 버릴 것이다. 또는, 이것은 병거를 모는 자들이 그 연기에 질식되어 죽게 될 것이라는 의미일 수도 있다. 그 때에 그들의 영광의 병거들은 그들의 가문의 수치가 될 것이다(사 22:18).

(2) 그들의 가문의 소망들인 그들의 자녀들이 끊어지게 되리라는 것. 네가 압제와 착취를 자행하여 얻은 것들로 먹여 살리려고 애썼던 네 젊은 사자들을 내가 칼로 멸할 것이다. 하나님이 자식들을 호강시키려고 죄악된 길로 행하고, 아들들을 신사로 만들기 위해서 자신의 영혼을 지옥에 내던지는 자들에게서 그들의 자녀들이나 자녀들로 인한 위로를 빼앗으시는 것은 의로우신 일임을 명심하라.

(3) 그들은 그들이 속임수와 폭력으로 축적한 재물을 누리지 못할 것이고, 그들 자신을 위해 사용할 수 없으리라는 것. 내가 네 노략한 것을 땅에서 끊으리라. 네가 노략한 것으로 인해서 너 자신만이 아니라 다른 그 누구도 유익을 얻지 못할 것이다. 어떤 이들은 이 구절을 그들이 장차 그들의 이웃들을 노략할 수 없게 될 것임을 의미하는 것으로 이해한다.

(4) 그들이 해외에 보낸 대리인들은 마땅히 그 이웃들로부터 존경을 받고 그 이웃들에게 영향을 미쳐야 하는데도, 그렇지 못하리라는 것. 네 파견자들의 목소리가 다시는 들리지 아니하리라. 즉, 네가 보낸 사자들의 목소리에 아무도

귀 기울이지 않게 되리라는 것이다. 어떤 이들은 이것이 살아 계신 하나님을 모독하였던 니느웨의 사자들 중의 한 사람인 랍사게를 가리키는 것이라고 생각한다(하나님은 오랜 후에 니느웨를 멸망시키고자 하셨을 때에 이 죄악을 기억하셨다). 하나님을 모욕하거나 모독한 자들의 말을 사람들은 다시 들을 가치가 없다고 여길 것이다.

제
— 3 —
장

개요

이 장에서는 니느웨에 대한 경고의 말씀이 계속되다가 마무리된다. I. 하나님이 저 큰 성 니느웨를 고소하시는 이유가 된 그들의 죄들. 살인(1절), 음행과 마술(4절), 만연된 악 (19절). II. 하나님이 그들의 죄들로 인하여 심판들을 경고하심. 하나님은 그들에게 피 흘린 죄에 대해서는 피로(2-3절), 부끄러운 죄들에 대해서는 수치로(5-7절)로 갚아 주시리라는 것. III. 하나님이 니느웨와 비슷한 죄들을 지었다가 비슷한 심판들을 겪은 다른 곳들의 사례들을 제시하심(8-11절). IV. 그들이 믿고 의지하던 모든 것들이 무너지리라는 예언(12-19절).

¹화 있을진저 피의 성이여 그 안에는 거짓이 가득하고 포악이 가득하며 탈취가 떠나지 아니하는도다 ²휙휙 하는 채쩍 소리, 윙윙 하는 병거 바퀴 소리, 뛰는 말, 달리는 병거, ³충돌하는 기병, 번쩍이는 칼, 번개 같은 창, 죽임 당한 자의 떼, 주검의 큰 무더기, 무수한 시체여 사람이 그 시체에 걸려 넘어지니 ⁴이는 마술에 능숙한 미모의 음녀가 많은 음행을 함이라 그가 그의 음행으로 여러 나라를 미혹하고 그의 마술로 여러 족속을 미혹하느니라 ⁵보라 내가 네게 말하노니 만군의 여호와의 말씀에 네 치마를 걷어 올려 네 얼굴에 이르게 하고 네 벌거벗은 것을 나라들에게 보이며 네 부끄러운 곳을 뭇 민족에게 보일 것이요 ⁶내가 또 가증하고 더러운 것들을 네 위에 던져 능욕하여 너를 구경 거리가 되게 하리니 ⁷그 때에 너를 보는 자가 다 네게서 도망하며 이르기를 니느웨가 황폐하였도다 누가 그것을 위하여 애곡하며 내가 어디서 너를 위로할 자를 구하리요 하리라

이 단락에는 다음과 같은 내용들이 나온다.

I. 하나님이 니느웨를 심문하시고 기소하심. 하나님은 여기에서 저 큰 성을 쳐서 강도 높게 고소하시는데, 니느웨는 그 주민의 수가 아무리 많고 그 규모가 아무리 웅장하고 거대하다고 할지라도 하나님의 고소와 기소(起訴)를 피

할 수 없다.

1. 니느웨는 피의 성이라는 것. 이 성 안에서는 불의한 전쟁을 통해서나 합법적인 재판이라는 미명 아래에서, 야만적인 살인들을 처벌하지 않고 비호하는 것 등을 통해서 무수한 무죄한 피가 흘려졌다. 의로우신 하나님은 이 모든 피 흘린 죄에 대하여 심문하실 것이다.

2. 그 안에는 거짓이 가득하다는 것. 그들 가운데서는 진실이 사라졌고, 정직 같은 것은 찾아볼래야 찾아볼 수가 없게 되었다. 믿을 사람도 없고 의지할 사람도 없다.

3. 니느웨에는 포악과 탈취가 가득하다는 것. 남들을 해치면서도 자기 무슨 짓을 하고 있는지, 또는 자기가 누구에게 해를 끼치고 있는지에 신경을 쓰는 자는 아무도 없다. 탈취가 떠나지 않는다. 즉, 그들은 약탈과 압제를 통해서 아무리 많은 재물을 긁어 모아도 만족을 모른다는 것이다. 그들은 부를 쌓기 위해서 남의 것을 빼앗으려고 무죄한 자들의 피를 흘렸고 거짓말들을 하였다.

4. 니느웨에는 많은 음행이 있다는 것. 즉, 니느웨는 영적 음행인 우상 숭배로 스스로를 더럽혔을 뿐만 아니라, 미모의 음녀로서 이웃 나라들을 우상 숭배로 유혹하여, 그녀의 음행으로 여러 나라들을 미혹하고 파멸시켰다.

5. 니느웨는 마술에 능숙한 여주인으로서 그 마술로 여러 족속을 미혹한다는 것(4절). 니느웨가 목표로 하였던 것은 전세계적인 제국을 세워서 세계의 수도가 되고, 모든 나라들을 그녀의 발 아래에 꿇게 만드는 것이었다. 이 목적을 이루기 위해서, 그녀는 무력만이 아니라 마술이나 술수들도 능란하게 구사하여, 다른 나라들을 강제로, 또는 미혹하여 그녀에게 복속시켰고, 창기처럼 그 미모로 나라들을 유혹하여 뭔가 유익을 줄 것처럼 꼬드겨서 그들의 목에 멍에를 걸었다. 그녀는 자기와 함께 우상 숭배의 의식(儀式)에 참여하자고 그들을 유혹하여서 더욱더 끈끈한 관계를 맺어 자기 편으로 끌어들였고, 그녀의 부와 힘과 막강한 국력을 이용해서 다른 나라들과 동맹을 맺고서, 그 동맹 관계를 미끼로 그들을 지배하고 이권을 챙겼다. 이러한 일들은 두로의 경우와 마찬가지로(사 23:15, 17) 니느웨가 행한 음행들이었다. 이러한 일들은 니느웨가 행한 마술들이었는데, 기이하게도 그녀는 이 마술들을 이용해서 많은 나라들을 지배하였다. 그런 이유로 하나님은 그녀와 싸우시고 계시다. 왜냐하면, 하나님이 어떤 나라는 폭군들의 나라로, 어떤 나라는 종들의 나라로 만들지 않으시고 인류의

모든 족속을 한 혈통으로 만드신 것은 오직 하나님만이 세계 만민의 왕이시라는 것을 보여주시기 위한 것이기 때문이다.

Ⅱ. 하나님이 이 기소장을 근거로 니느웨에 대하여 멸망을 선고하심. 화 있을진저 이 피의 성이여(1절). 이 화(禍)가 무엇인지를 살펴보자.

1. 니느웨는 온갖 잔인한 짓을 저질러서 다른 나라들에게 공포와 멸망의 화신(化身)이었기 때문에, 멸망과 공포가 니느웨에 임하리라는 것. 자신의 앞길을 막는 모든 것을 무너뜨리고자 하는 자들은 언젠가는 호적수를 만나게 될 것이다.

(1) 니느웨를 공포에 떨게 할 전쟁 경보를 들으라(2절). 가공할 만한 군대가 니느웨를 향하여 진군해 올 것이다. 너는 병거의 말들을 질풍처럼 몰면서 내리칠 때에 나는 휙휙 하는 채찍 소리를 멀리서도 들을 수 있을 것이고, 윙윙 하는 병거 바퀴 소리, 뛰는 말, 달리는 병거 소리도 들을 수 있을 것이다. 니느웨의 백성들은 이 군대가 진군해 오는 소리만 들어도 겁에 질리게 될 것이고, 이 모든 군대가 그들을 치기 위해서 전속력으로 오고 있다는 것과 그들이 그 군대를 상대할 수 없다는 것을 알게 되었을 때에는 몰려오는 공포감에 질려서 얼어붙게 될 것이다.

(2) 니느웨가 도륙을 당하여 황폐화 되는 모습을 보라(3절). 적군은 칼로 그들을 도륙할 것인데, 번쩍이는 칼, 번개 같은 창에서 나오는 눈부신 광채는 그들을 공포로 몰아넣을 것이다. 칼과 창이 하나님으로부터 도륙하는 사명을 받았을 때에 얼마나 큰 살육을 불러일으키는지를 보라. 니느웨에서 도륙될 자들이 많을 것이기 때문에, 주검의 큰 무더기가 생겨날 것이고, 시체는 끝이 없을 것이다. 죽임 당한 자의 떼가 너무나 엄청나서, 돌아다니며 그 수를 헤아리려고 해보아도 아무 소용이 없을 것이다. 시체들이 널려 있어서, 행인들은 걸을 때마다 그 시체들에 걸려 넘어질 것이다. 아침에 보니 산헤립의 군대가 모두 다 죽어 시체가 되어 있었던 사건(왕하 19:35; 사 37:36)은 나중에 니느웨에서 비슷한 도륙이 벌어질 것을 보여주는 예표였다고 할 수 있다. 왜냐하면, 심판이 아직 멀리 있을 때에 경고를 받아들이려고 하지 않는 자들은 그 심판을 아주 가까이에서 직접 겪게 될 것이기 때문이다.

2. 니느웨는 음행과 마술로 다른 나라들을 부끄러운 악행으로 끌어들였기 때문에, 하나님은 그녀에게 수치와 멸시가 가득하게 하시리라는 것(5-7절). 만

군의 여호와가 그녀를 대적하고 계시기 때문에, 그녀는 극도의 수치와 모욕을 당하게 될 것이고, 그녀의 모든 매력들을 다 잃어버릴 뿐만 아니라, 지독하게 역겨운 몰골로 변하게 될 것이다. 그녀가 여러 나라들을 유혹한 것이 그 나라들의 자유와 재물을 빼앗기 위한 것이었음이 드러나고, 그녀의 온갖 악한 술수들이 백일하에 드러나게 된다면, 그것은 그녀의 부끄러운 곳이 뭇 민족에게 드러나는 것이다. 그녀의 오만한 허장성세가 일거에 무너지고, 세계를 지배하는 절대 군주가 되겠다는 그녀의 하늘 높은 줄 몰랐던 헛된 야망이 물거품이 되어서, 그녀가 여러 나라들이 생각했던 것만큼 강하거나 대단하지도 않았다는 것이 드러난다면, 그것은 네 벌거벗은 것을 나라들에게 보이는 것이다. 그 때에 그녀는 우스꽝스러운 모습을 보이게 될 것이고, 그 나라들은 마치 마차에 탄 매춘부에게 그러듯이 그녀를 인간 쓰레기로 여겨서, 그녀에게 가증하고 더러운 것들을 던져 능욕할 것이다. 열방이 구애하고 동맹을 맺기 위하여 안달하였던 저 큰 성은 구경 거리와 비웃음 거리가 되었다. 전에는 그녀를 보면 보호받을 심산으로 그녀에게로 피하였던 자들이 이제는 그녀를 보면 그녀와 더불어서 망할까봐 그녀에게서 도망할 것이다. 자신의 존귀함과 세력을 남용하거나 악용한 자들은 수치를 당하고 버림을 받아 마땅하다는 것을 명심하라. 그런 자들은 비참한 처지가 되면 멸시를 받게 될 것이고, 그렇게 멸시를 받음으로써 더욱 비참한 처지가 될 것이다. 니느웨가 황폐화 될 때, 누가 그녀를 위하여 애곡하리요. 그녀의 환난이 너무 극심하고, 그녀의 괴로움이 너무 심해서, 그녀는 동정하거나 위로하는 말들로부터 그 어떤 위안도 받지 못할 것이다. 또는, 그녀가 그런 동정이나 위로를 구한다고 하여도, 그런 선한 일을 하겠다고 나서는 자가 아무도 없을 것이다. 내가 어디서 너를 위로할 자를 구하리요. 힘 있을 때에 그 누구에게도 자비를 베풀지 않은 자들은 그들이 몰락한 날에 그 누구로부터도 자비를 기대할 수 없다는 것을 명심하라. 그녀의 간계들에 속아서 미혹당하였던 자들은 그녀가 멸망하자 비로소 미혹에서 벗어나서, 너나 할 것 없이 다 그녀를 욕할 것이고, 아무도 그녀를 위해 애곡하지 않을 것이다. 구경 거리가 되는 것은 니느웨가 자초한 운명이었다. 형통할 때에 자신의 부와 권력을 과시하며 거드름을 피울수록, 그들은 몰락했을 때에 더 큰 수치를 당하게 될 것임을 명심하라. 드루수스(Drusus)는 이 구절을 내가 너를 본보기가 되게 하리라로 읽는다. 하나님이 교만한 죄인들을 낮추시고 비천하게 만드시는 것은 사람들이 그런 자들을 본보기로 삼아서, 이 세상에서 형통할 때에 안일함과 오만함 속에서 자고(自高)하지 않도록 하기 위한 것임을 명심하라.

[8]네가 어찌 노아몬보다 낫겠느냐 그는 강들 사이에 있으므로 물이 둘렸으니 바다가 성루가 되었고 바다가 방어벽이 되었으며 [9]구스와 애굽은 그의 힘이 강하여 끝이 없었고 붓과 루빔이 그를 돕는 자가 되었으나 [10]그가 포로가 되어 사로잡혀 갔고 그의 어린 아이들은 길 모퉁이 모퉁이에 메어침을 당하여 부서졌으며 그의 존귀한 자들은 제비 뽑혀 나뉘었고 그의 모든 권세자들은 사슬에 결박되었나니 [11]너도 술에 취하여 숨으리라 너도 원수들 때문에 피난처를 찾으리라 [12]네 모든 산성은 무화과나무의 처음 익은 열매가 흔들기만 하면 먹는 자의 입에 떨어짐과 같으리라 [13]네 가운데 장정들은 여인 같고 네 땅의 성문들은 네 원수 앞에 넓게 열리고 빗장들은 불에 타도다 [14]너는 물을 길어 에워싸일 것을 대비하며 너의 산성들을 견고하게 하며 진흙에 들어가서 흙을 밟아 벽돌 가마를 수리하라 [15]거기서 불이 너를 삼키며 칼이 너를 베기를 느치가 먹는 것 같이 하리라 네가 느치 같이 스스로 많게 할지어다 네가 메뚜기 같이 스스로 많게 할지어다 [16]네가 네 상인을 하늘의 별보다 많게 하였으나 느치가 날개를 펴서 날아감과 같고 [17]네 방백은 메뚜기 같고 너의 장수들은 큰 메뚜기 떼가 추운 날에는 울타리에 깃들였다가 해가 뜨면 날아감과 같으니 그 있는 곳을 알 수 없도다 [18]앗수르 왕이여 네 목자가 자고 네 귀족은 누워 쉬며 네 백성은 산들에 흩어지나 그들을 모을 사람이 없도다 [19]네 상처는 고칠 수 없고 네 부상은 중하도다 네 소식을 듣는 자가 다 너를 보고 손뼉을 치나니 이는 그들이 항상 네게 행패를 당하였음이 아니더냐 하시니라

니느웨는 하나님이 그들을 대적하고 계시기 때문에, 아무도 그들 편이 될 수 없고 그들을 도울 수 없다는 말씀을 들어 왔다. 그런데도, 그들은 하나님께 도전하고, 하나님의 권능과 공의를 무시하며, "욕을 먹고 사는 자들이 오래 산다고 했으니, 내게는 평안이 있으리라"(신 29:19)고 말한다. 그러므로 여기에서 나훔 선지자는 그들이 믿고 의지하는 것들이 하나님의 심판으로부터 그들을 지켜 주기에 얼마나 무력하고 헛된 것들인지를 자세하게 보여준다. 그는 그들에게 이것을 깨우쳐 주기 위해서 다음과 같이 한다.

I. 선지자가 그들에게 그들처럼 강해서 안심하고 있던 다른 성읍들이 하나

님의 심판을 막아낼 수 없었다는 것을 보여줌. 니느웨는 아무런 위로나 긍휼을 받지 못한 채로 멸망하게 될 것이고(하나님이 환난을 내리시기로 작정하신 자들에게 평안을 말하는 자들은 형편없는 위로자들임이 드러나게 될 것이기 때문에), 스스로 어쩔 도리가 없이 속수무책으로 망하게 될 것이다. 네가 어찌 노아몬보다 낫겠느냐(8절). 선지자는 과거의 선례들을 인용함으로써 그들로 하여금 그들의 헛된 기대들을 버리게 만들고자 한다. 여기에서 거론되는 성읍은 애굽 땅에 있던 큰 성인 노아몬인데(렘 46:25), 노아몬은 노라고도 읽는다(겔 30:14-16). 어떤 이들은 이 성읍이 디오스폴리스를 지칭하는 것이라고 생각하기도 하고, 어떤 이들은 알렉산드리아를 가리킨다고 생각하기도 한다. 하나님은 예루살렘을 향하여 너희는 실로에 가서 내가 어떻게 행하였는지를 보라(렘 7:12)고 말씀하였듯이, 저 큰 성 니느웨를 향하여서는 너희는 노아몬에 가서 내가 어떻게 행하였는지를 보라고 말씀하신다. 우리가 우리보다 앞서 하나님의 심판을 받고 멸망한 자들보다 결코 더 낫지 못하다는 사실을 깊이 생각하는 것은 하나님의 심판에 대한 거룩한 두려움을 마음속에 간직하는 데에 도움이 될 것임을 명심하라. 우리는 그런 자들과 마찬가지로 심판을 받아 마땅한 자들이고, 그런 자들과 마찬가지로 심판에 맞설 수 없는 자들이다. 또한, 이것은 우리가 하나님이 주신 환난들을 순순히 받아들이는 데에도 도움이 될 것이다. 우리가 우리보다 앞서서 우리와 똑같은 환난들을 겪었던 이런저런 사람들보다 더 낫겠느냐? 그들이 우리보다 못해서 환난을 겪은 것이 아니지 않느냐? 이제 노아몬에 대하여 살펴보자.

1. 노아몬의 입지는 대단히 탄탄하고 견고해 보였다는 것(8절). 그 성은 강들 사이에 있어서 천혜의 요새였고, 아울러 인공적인 방비를 통해서도 견고한 성으로 만들어졌다. 나일 강의 여러 지류들은 그 성의 들판에 물을 대주었을 뿐만 아니라, 그 성벽을 보호해 주었다. 바다, 즉 디베라 바다 같은 애굽의 마레오티스(Mareotis) 호수가 그 성의 성루가 되었고, 바다가 방어벽이 되었다. 노아몬 성은 그 성을 난공불락으로 만들어 주었다고 생각되었던 성벽으로 둘러싸여 있었다. 또한, 그 성은 외부의 동맹들과 지지 세력의 도움을 받았다(9절). 구스 또는 아라비아는 무역에 의해서 그 성으로 유입된 재화(財貨) 또는 그 성에 고용된 용병들을 통해서 그 성의 힘이 되어 주었고, 애굽 온 땅도 이 인구 많은 성의 힘이 되어 주었다. 그래서, 이 성은 그 힘이 강하여 끝이 없었다. 그 성은 아

심에 한계가 없었고, 재물과 힘에 끝이 없었다. 사람들은 끝없이 그 성으로 몰려들었고, 그 성은 사람들의 행렬이 언제까지나 끝이 없을 것이라고 생각하였다. 그러나 한계가 없는 것은 하나님만이 지니신 특권이다. 붓과 루빔, 즉 그 성과 인접해 있던 아프리카의 두 나라인 마우리타니아(Mauritania)와 리비아 키레니카(Libya Cyrenica — 애굽은 이 나라에 많이 의지하였다)가 그 성을 돕는 자가 되었다. 노아몬은 이렇게 막강한 힘과 지지 세력을 확보하고 있었기 때문에 언제까지나 여왕으로 군림할 것으로 보였고, 그 어떤 근심 되는 일도 보지 않을 것으로 여겨졌다.

2. 그런 노아몬도 결국 무참하게 무너지고 말았다는 것(10절). 그 성은 포로가 되어 사로잡혀 갔고, 그 성이 지니고 있던 힘은 무용지물이었다. 그토록 강하고 안전하다고 생각되었던 그 성은 결국 포로가 되어 사로잡혀 갔다. 이것은 역사에 기록되어 있지는 않지만 당시에 잘 알려져 있던 노아몬 성이 멸망한 사건을 보여주고 있는데, 이 사건은 나훔 선지자가 활동하던 시기에 사람들의 기억 속에 아직 생생하게 남아 있던 지난 사건이었을 것이다. 왜냐하면, 만약 우리가 이 구절을 예언적인 것으로 이해해서, 이 성이 느부갓네살에 의해서 멸망당한 것으로 본다면, 이 사건은 니느웨에 대한 본보기가 될 수 없었을 것이기 때문이고, 또한 니느웨의 멸망은 느부갓네살이 초기에 거둔 승전들 중의 하나였고, 애굽의 멸망은 그가 후기에 거둔 승전들 중의 하나였기 때문이다. 노아몬 성은 대단히 부강한 성이었지만, 결국 무력에 의한 정복으로부터 자신을 지켜낼 수 없었다.

(1) 그들의 부강함이 가장 야만적인 정복으로부터 그들을 지켜줄 수 없었다는 것. 그 성의 어린 아이들은 불쌍히 여김을 받지 못하고 무자비한 정복자들에 의해서 모든 길 모퉁이 모퉁이에 메어침을 당하여 부서졌다.

(2) 그들의 부강함이 가장 불명예스럽고 수치스러운 정복으로부터 그들을 지켜줄 수 없었다는 것. 그 성의 존귀한 자들은 전쟁 포로가 되어서 정복자들의 노예로 배분되기 위해서 제비 뽑혀 나뉘었다. 정복자들은 포로들이 너무 많아서 어떻게 처리해야 할지를 몰라서, 단지 재미 삼아서 그 포로들을 걸고 주사위 놀이를 하였다. 전에 높은 지위에 있던 때에는 금사슬로 장식하고 다녔던 그 성의 모든 권세자들은 이제 사슬에 결박되었다. 그들은 포박되거나 수갑이 채워졌다(이것이 원어의 의미이다). 즉, 그들은 단순한 노예가 아니라 단죄받은 행악

자로 취급되었다. 그들의 자랑이자 의지(依支)였던 존귀한 자들과 권세자들이 이런 식으로 능욕을 받은 것은 수많은 사람들이 살고 있던 노아몬에 얼마나 큰 굴욕이었겠는가! 선지자는 이 사례를 근거로 해서, 니느웨에 대하여 말한다(11절). "너도 술에 취하여 얼이 빠지게 될 것이다. 너도 네 손에 쥐어지게 될 여호와의 분노의 잔에 취해서 비틀거리게 될 것이다(렘 25:17, 27). 너는 엎드러져 다시는 일어나지 못할 것이다. 니느웨여, 그 잔이 한 순배 돌아서 네게 올 것이다. 네가 그 잔을 남김없이 마시리니, 그 잔의 술이 네게 의심의 물(waters of jealousy)처럼 되어 너를 해치리라(민 5:18)."

II. 선지자는 그들에게 그들이 의지하던 모든 것들이 그들을 실망시키게 될 것임을 보여줌.

1. 니느웨 사람들이 그들 자신의 담대함과 용맹스러움을 의지하는가. 그들의 마음은 무너져서 그들을 실망시키게 될 것이다. 그들은 그들의 수치스러운 모습 때문에 부끄러워서 숨고, 곤경과 위험에 처해서 두려워서 숨을 것이며, 적군의 기세와 두려운 모습 때문에 적군과 맞서지 못할 것이다. 그들은 그들에게 힘이 부족하다는 것을 알고서 힘을 구할 것이고, 곤경에 처했을 때에 이웃 나라들로 몰래 가서 도움을 구걸하게 될 것이다. 하나님은 이렇게 고관들의 기를 꺾으시고(시 76:12), 그들의 담력을 앗아가실 수 있으시다.

2. 그들이 주기적으로 쌓고 보완한 그들의 장벽들과 수비대들과 산성들을 의지하는가. 그것들은 휴지 조각에 지나지 않는다는 것을 드러날 것이고, 조금만 흔들어도 그 열매들을 탐내는 먹는 자의 입에 떨어지는 무화과나무의 처음 익은 열매들 같을 것이다. 그들의 모든 산성들은 이렇게 진격해 오는 적군의 함성 소리에 허무하게 무너져 내리고 말 것이다(12절). 아무리 튼튼한 산성들일지라도 하나님으로부터 사명을 받고 임하는 심판들을 막아낼 수 없다는 것을 명심하라. 부자의 재물은 단지 그의 망상 속에서만 그의 견고한 성이고 높은 성벽일 뿐이다(잠 18:11). 그들은 그들의 산성들을 아주 견고하고 튼튼하게 만드는 데에 심혈을 기울였기 때문에, 하나님은 그들에게 그들의 최선을 다해서 침략자들이 무슨 수를 쓰더라도 결코 뚫을 수 없도록 산성들을 만들어 보라고 도전하신다(14절). 너는 물을 길어 에워싸일 것을 대비하라. 아주 많은 양의 물을 준비해서, 사람이 목숨을 부지하는 데에 꼭 필요한 물이 부족하지 않게 하라. 이것은 하나님이 니느웨를 향하여 포위될 것을 대비해서 모든 생필품들을 많이 비

축해 두라고 말씀하시는 것인데, 반어법적인 의미를 담고 있다. "너는 식량이 떨어져서 항복할 수밖에 없는 상황이 오지 않도록 심혈을 기울여 만반의 준비를 다하라. 그렇지만, 그렇게 해도 아무 소용이 없을 것이다. 바깥보루들을 보강하거나 인력과 무기들을 투입하여 산성들을 견고하게 하며, 진흙에 들어가서 흙을 밟아 벽돌 가마를 수리하여 튼튼하게 만들라. 새로운 요새들을 건설하는 데에 네가 할 수 있는 모든 노력을 다하라. 그러나 그 모든 것이 헛될 것이다. 왜냐하면, 거기에서 불이 너를 삼키며 칼이 너를 벨 것이기 때문이다(15절)." 전쟁 때에 사람들을 죽이고 땅을 황폐화시키는 주된 도구는 불과 칼이다.

3. 그들이 많은 인구를 의지하는가. 그들은 그들이 수가 많고 용맹스럽다는 것을 그들의 가장 튼튼한 성벽들이자 요새들이라고 여기는 것인가? 애석하게도, 사람들의 수가 많고 용감하다는 것은 그들에게 전혀 도움이 되지 못할 것이다. 그들은 그들 자신의 수(數)의 무게 아래에 곧 눌려서 무너져 버릴 것이다(13절). 네 가운데 장정들은 여인 같다. 그들에게는 지혜도 없고 담력도 없다. 그들은 여인들이 그런 위험하고 곤고한 때에 보통 그러하듯이 변덕스럽고 연약하며 심약할 것이다. 그들은 어찌 할 줄을 모르고 당황하며, 지레 겁을 집어먹고 걱정하므로, 그들 자신을 위하여 그 어떤 일도 전혀 할 수 없을 것이다. 용감한 자들은 겁쟁이들이 될 것이다. 그들이 엄청난 떼로 몰려다니는 느치나 메뚜기 같이 스스로 많게 하고(15절), 그들의 상인을 하늘의 별보다 많게 하며(16절), 그들의 거래소에는 돈 많은 부상(富商)들이 무수히 많아도, 그들은 절망하여 적군과 싸울 용기를 잃게 될 것이다. 그들이 메뚜기 같이 무수히 많을지라도, 불과 칼이 마치 느치처럼 그들을 아주 쉽게 먹어 치울 것이다(15절). 그들은 이 곤충들처럼 그 수가 많을 뿐이지만, 그들의 적군은 이 곤충들처럼 모든 것을 먹어 치워서 그들을 황폐화시킬 것이다. 선지자는 느치가 모든 것을 황폐화시키고 날개를 펴서 날아간다(16절)는 말을 덧붙인다. 그는 상인들과 적들을 느치에 비유하였다. 적들은 니느웨를 황폐화시키고서, 아무런 저항도 받지 않은 채로 노략물들을 가져갈 것이다. 또는, 그들은 외부로부터 들어와서 니느웨에 정착하여 막대한 재산을 모은 부상들이 그 성을 방어하는 데에 크게 기여할 것이라고 기대하겠지만, 그 부상들은 그 성이 침략을 받아 포위될 가능성이 있는 것을 알고서는, 서둘러서 그들의 재산을 들고 다른 곳으로 거점을 옮겨서, 그들이 안전할 수 있다고 판단되는 곳으로 날개를 펴서 날아갈 것이기

때문에, 니느웨는 그 부상들의 덕을 조금도 보지 못하게 될 것이다. 우리와 기쁨을 함께 나눈 자들이라고 해서 우리와 슬픔도 함께 나누고자 하는 경우는 극히 드물다는 것을 명심하라. 느치들은 들판에 뭔가 먹을 것이 있는 동안에만 거기에 머물고, 먹을 것이 다 사라지면 떠나버리고 마는 법이다. 사람들도 이익이 있을 때에만 붙어 있고 손해를 볼 것 같으면 떠나버리고 만다. 니느웨의 상인들은 그 성이 곤경에 처하자 작별을 고하였다. 세상 재물은 그 자체가 느치와 같아서, 어느날 홀연히 스스로 날개를 내어 하늘을 나는 독수리처럼 날아가 버린다(잠 23:5).

4. 그들이 그들의 성문들과 빗장들을 의지하는가. 그런 것들이 어찌 하나님의 심판을 집행하는 군대에 맞설 수 있는 방어막이 되겠는가(13절). 네 땅의 성문들, 즉 네 강들의 수문들(2:6), 홍수를 조절하는 문들, 적군이 성으로 들어오게 될 통로나 길들, 또는 성문들은 네 원수 앞에 넓게 열릴 것이다. 그런 것들은 아무리 튼튼하게 지어지고 수비를 잘 한다고 해도 그것들의 목적에 부응하지 못하게 될 것이다. 빗장들, 즉 네 성문들의 빗장들이 불에 타서, 성문들이 활짝 열리게 될 것이다.

5. 그들이 그들의 왕과 고관들을 의지하는가. 그들의 왕과 고관들은 그들에게 아무런 도움도 되지 못할 것이다(17절). 네 방백들은 메뚜기 같을 것이다. 관직에 있어서 권세와 영화(榮華)를 누리고 있던 자들은 연약해져서, 적군이 물밀듯이 쳐들어 올 때에 저항할 힘이 없었다. "너의 군대를 이끌고 전쟁터로 나아가야 할 너의 장수들은 정말 크게 보이지만, 메뚜기 중에서도 가장 큰 메뚜기들과 같다. 그들은 네게 아무런 도움도 될 수 없는 쓸모없는 메뚜기들일 뿐이다. 메뚜기들은 추운 날에는 울타리에 깃들였다가 해가 뜨면 날아가 버려서, 그 있는 곳을 아무도 알 수가 없는데, 이 용병들도 평소에는 니느웨에서 하는 일 없이 시간을 보내다가, 전쟁이 일어나면 자신의 목숨을 부지하기 위해서 어느새 도망쳐서 그 모습을 찾아볼 수 없다. 그들이 달아나는 것은 그들이 삯꾼인 까닭이다." 앗수르 왕은 그의 목자들이 잔다는 말을 듣는데, 그가 이런 말을 듣게 되었다는 것 자체가 그에게는 수치스러운 일이다(그는 마땅히 그것을 이미 알고 있었어야 하기 때문에). 그 목자들은 양들을 위해서 위험을 감수할 마음이 없고, 그들에게 맡겨진 직무를 수행하는 데에 아주 태만하다. 네 귀족들은 누워 쉬며 침묵하고 있게 될 것이다.

6. 그들이 다시 결집하여 이전의 모습으로 돌아가게 되기를 소망하는가. 이 일과 관련해서도 그들은 실망하게 될 것이다. 왜냐하면, 하나님이 그들의 목자들을 치시면, 양들은 흩어질 것이기 때문이다. 니느웨의 백성들은 산들에 흩어지고, 그들을 모을 사람이 없다. 그들은 한 번 흩어진 양들이 그렇듯이 스스로 한데 모이는 일이 없을 것이기 때문에, 끝없이 떠돌게 될 것이다. 그들이 겪은 심판은 상처와 같고, 그 상처는 고칠 수 없다. "네 상처는 고칠 수 없고, 아주 중하고 네게 고통스러운 그 상처가 아물 가능성은 없다. 너의 처지는 절망적이다(19절). 네 이웃들은 네게 도움의 손길을 뻗치는 대신에, 네가 멸망한 것을 보고 손뼉을 치며 뛸 듯이 기뻐할 것이다. 그 이유는 네가 이런저런 식으로 그들 모두에게 해를 끼쳤기 때문이다. 이는 그들이 네게 행패를 당하였음이 아니더냐. 너는 언제나 네 주변 사람들을 괴롭히고 해악을 입혀 왔다. 그들 가운데에 네게 능욕과 모욕을 당하지 않은 자가 한 사람도 없다. 그러므로 네가 벌을 받은 것을 보았을 때, 그들은 너를 불쌍히 여기기는커녕 도리어 기뻐하게 될 것이다." 이웃들을 능욕해 온 자들은 언젠가는 그 능욕이 고스란히 그들에게 되돌아오는 것을 보게 될 것임을 명심하라. 그런 자들은 단지 그들이 몰락하는 날에 그들을 짓밟을 원수들을 만들어내고 있는 것일 뿐이다. 그 사람들은 직접 그들에게 손을 대지는 못하더라도, 그들이 못된 짓을 많이 하더니 결국 벌을 받았다고 여기며, 그들을 보고 손뼉을 치고, 그들이 전에 저지른 악행을 들먹이며 그들을 힐책할 것이다. 남을 괴롭히는 자들은 장차 괴롭힘을 당하게 될 것이라는 말씀은 여기에 나오는 니느웨에 대한 경고처럼 많은 사람들에 대한 경고의 말씀이 될 것이다.

하박국

서론

하박국 선지자가 수남 여인이 처음에 기적적으로 얻었다가 나중에 엘리사 덕분에 다시 살아나게 된 아들이었다는 주장(왕하 4장)은 일부 유대인 랍비들이 꾸며낸 터무니없는 애기이다. 이 랍비들은 엘리야 선지자가 다시 살린 사렙다 과부의 아들이 바로 선지자 요나라는 애기도 한다. 오늘날의 연대기 학자들에 의한 가장 유력한 추정은 하박국 선지자가 악이 횡행하고 갈대아 사람들에 의한 멸망이 신속하게 다가오고 있던 므낫세 왕 시대에 살며 예언을 하였다는 것이다. 이 선지자는 갈대아 사람들을 하나님의 심판의 도구라고 말한다. 므낫세는 바벨론으로 끌려갔는데, 이것은 장차 일어날 일의 전조(前兆)였다.

외경인 벨과 용의 이야기에는 유다 땅에 있던 하박국 선지자가 천사에 의해서 바벨론으로 옮겨져서 거기에서 사자굴에 던져진 다니엘에게 먹을 것을 가져다 주었다는 애기가 나온다. 그 이야기를 신뢰하는 자들은 하박국 선지자가 포로기 이전에 살면서 포로로 잡혀갈 것에 대하여 예언하였다는 사실과 그 이야기에 나오는 내용을 조화시키기 위하여 애쓴다. 휘에티우스(Huetius)는 그 이야기에 나오는 선지자는 여기에 나오는 선지자와 동명이인(同名異人)이었을 것이라고 생각하면서, 전자는 레위 지파 사람이었고 후자는 시므온 지파 사람이었다고 말한다.

어떤 이들은 하박국 선지자가 포로기 이전에 살면서 포수(捕囚)에 대하여 예언을 하였지만 포로기가 끝날 때까지 장수하였다고 생각한다. 또 어떤 이들은 하박국이 사자굴에 던져진 다니엘에게 먹을 것을 가져다 준 이야기를 신비적으로 이해해서, 다니엘은 그 때에 의인은 그의 믿음으로 말미암아 살리라(합 2:4)는 말씀을 하박국으로부터 받아 먹고 살게 된 것이라고 생각한다.

하박국서에 나오는 예언 속에는 선지자가 백성들의 이름으로 하나님께 드린 말씀들과 하나님의 이름으로 백성들에게 전한 말씀들이 섞여 있다. 왜냐하면, 메시지들을 쌍방향으로 소통시키는 것이 선지자의 직무이기 때문이다. 우리는 이 예언서 속에서 은혜를 베푸시는 하나님과 은혜를 받은 영혼 간의 소통에 관한 생생한 묘사를 본다. 이 예언 전체는 구체적으로 갈대아 사람들이 유다 땅을 침략한 것과 관련되어 있는데, 갈대아 사람들이 하나님의 백성을 약탈한 것은 이 백성들이 그들 가운데서 저지른 약탈에 대한 하나님의 의로우신 벌이었다. 그러나 이 예언은 모든 사람들에게 유익을 주는데, 특히 모든 시대에 선한 자들이 빠져들기 쉬운 큰 시험, 즉 악인들은 권세를 잡고 형통하는데 의인들은 그런 악인들에 의해서 고난을 받는 현실로부터 생겨나는 큰 시험을 우리가 통과하는 데에 도움을 준다.

제
— 1 —
장

개요

이 장에는 다음과 같은 내용들이 나온다. I. 선지자가 하나님의 백성 가운데에서 공의의 칼의 악용에 의해서 행해진 폭력과 그렇게 해서 많은 선한 자들이 겪은 고초에 대하여 하나님께 하소연함(1-4절). II. 하나님이 권세를 악용한 자들을 전쟁의 칼로 벌하실 것이고, 갈대아 사람들의 군대로 그들을 황폐하게 하실 것을 선지자를 통해서 미리 말씀해 주심(5-11절). III. 그러자 선지자가 갈대아 사람들이 그토록 승승장구하며 압도하는 것에 대해서도 불만을 나타내며 근심함(12-17절). 그래서 그는 죄와 그 죄에 대한 벌 가운데서 어느 쪽을 더 슬퍼해야 할지를 모르게 된다. 왜냐하면, 죄로 인해서나 벌로 인해서나 가장 큰 고통을 당하는 쪽은 수많은 선량한 백성들이기 때문이다. 우리 앞에는 심판의 날과 내세가 있어서 그 때에는 모든 의인들이 영원히 잘 되리라는 것은 좋은 일이다. 하지만 그것은 오직 의인들에게만 좋은 일이고, 모든 악인들에게는 나쁜 일이다. 그 때에 의인들은 현재에 엉망진창으로 보이는 섭리들의 진상(眞相)을 알게 될 것이고, 불평할 것이 하나도 없다는 것도 알게 될 것이다.

[1]선지자 하박국이 묵시로 받은 경고라 [2]여호와여 내가 부르짖어도 주께서 듣지 아니하시니 어느 때까지리이까 내가 강포로 말미암아 외쳐도 주께서 구원하지 아니하시나이다 [3]어찌하여 내게 죄악을 보게 하시며 패역을 눈으로 보게 하시나이까 겁탈과 강포가 내 앞에 있고 변론과 분쟁이 일어났나이다 [4]이러므로 율법이 해이하고 정의가 전혀 시행되지 못하오니 이는 악인이 의인을 에워쌌으므로 정의가 굽게 행하여짐이니이다

우리는 이 책의 표제(1절)에서는 저자가 선지자, 즉 하나님의 감동을 받고 하나님으로부터 사명을 받은 사람이었다는 것(이것이 사실이라면, 우리는 그의 지파나 가문, 그의 출생지에 대하여 물을 필요가 없기 때문에, 그것으로 충분하다)과 이 책이 그가 묵시로 받은 경고의 말씀이라는 것 이외에는 다른

말을 들을 수 없다. 그는 마치 그가 받은 말씀이 이미 이루어진 것을 그의 육신의 눈으로 보았다는 듯이 그 말씀이 진리라는 것에 대하여 확신하고 있다. 이 단락에서 선지자는 그의 시대에 신앙과 의(義)가 통탄스러울 정도로 쇠락한 것에 대하여 말할 수 없는 슬픔을 느끼고, 당시의 죄악에 대하여 몹시 슬퍼하고 탄식한다. 그는 여기에서 하나님을 향하여 아주 암울한 탄식과 하소연을 올려 드린다.

1. 아무도 자기가 가진 것을 자기 것이라고 할 수 없었다는 것. 그러나 권세를 등에 업은 자는 재산과 공평에 관한 가장 신성한 법들을 무시하고서, 그에게 아무런 권리가 없는 것이라고 해도 그가 가지고 싶으면 그것을 얼마든지 가질 수 있었다. 그 땅은 옛 세상과 마찬가지로 포악함(violence)이 가득하였다(창 6:11). 하박국 선지자는 강포(violence)로 말미암아 부르짖고(2절), 죄악과 패역, 겁탈과 강포로 말미암아 부르짖는다(3절). 가족들과 친척들, 이웃들과 친구들 사이에서, 그리고 장사와 법정에서 모든 일은 폭력에 의해서 이루어졌고, 그 누구도 자기 이웃에게 불의를 행하기를 꺼려하지 않았기 때문에, 각 사람은 스스로 자신과 자기 것을 지키는 것 외에는 다른 방법이 없었다. 하박국 선지자 자신이 어떤 큰 불의나 해악을 입은 것 같이 보이지는 않지만(악한 때에는 잃을 것이 없는 것도 축복이다), 그는 다른 사람들이 불의를 당하는 것을 보고 근심하였고, 압제받는 자들과 더불어서 눈물을 흘리지 않을 수 없었다. 선량한 사람들에게 불의를 행하는 것은 그 자체로 죄악임과 아울러서, 하나님의 예루살렘을 염려하여 이런 유의 모든 가증한 일로 말미암아 탄식하며 우는 모든 자들에게 몹시 고통스러운 일임을 명심하라. 그는 악인이 의인을 에워싼다(4절)고 탄식한다. 한 명의 정직한 사람, 하나의 정직한 주장은 원수들에 의해서 사방으로 둘러싸이게 되고, 수많은 악인들은 힘을 합쳐서 그 사람 또는 그 주장을 대적하여 짓밟아 버린다. 아니, 한 명의 악인(본문에서 단수형으로 되어 있기 때문에)은 아주 다양하고 수많은 흉계들로 한 명의 의인을 에워싸서 완벽하게 그 의인을 거꾸러뜨린다.

2. 온 나라가 여러 파당들과 파벌들로 쪼개져서 끊임없이 서로 물어뜯고 잡아먹었다는 것. 이것은 화평을 사랑하는 모든 자들에게 통곡할 일이다. 변론과 분쟁을 일으키는 것이 있다(3절). 즉, 형제들을 고소하는 일을 행함으로써 분열을 조장하고, 사이를 갈라놓으며, 서로에 대하여 분노하게 만들고, 형제들

속에 불화의 씨를 뿌리는 일이 벌어지고 있다. 사람들은 잠들어 있거나 잊혀지기 시작한 분쟁과 다툼들을 일깨우고, 끈질기게 다시 불러일으키며, 이미 불이 꺼진 재 밑에 바람을 불어넣어서 거기에 희미하게 살아 있는 불씨를 다시 되살린다. 화평하게 하는 자가 복이 있다면(마 5:9), 화평을 깨는 자들, 즉 파벌들을 만들어서 파급 효과가 크고 더 오래 지속되는 불의를 행하는 자들에게는 저주가 있다. 악한 자들이 한 나라에 있는 모든 선한 것을 삼키고 있는 불을 쬐며 손을 따뜻하게 하고 그 불을 더욱 활활 타오르게 하는 모습을 지켜 보는 것은 정말 슬픈 일이다.

3. 율법과 정의가 다 무너질 정도로 폭력과 다툼의 격류가 아주 거세었다는 것(4절). 하나님이 그들에 대하여 진노하셔서 그들의 욕심대로 행하게 내버려 두셨기 때문에, 그 어느 누구도 나서고자 하지 않았다. 이러므로 율법이 해이하고 침묵을 지켰다. 율법은 숨을 쉬지 못하였다. 율법의 맥박이 뛰지 않았다(이것이 원어의 의미이다). 율법은 정지되었고, 정의가 전혀 시행되지 못하였다. 범죄라는 인식이 없었고, 범죄자들을 단죄하는 공의도 이루어지 않았다. 아니, 정의가 굽게 행하여졌다. 법정에 고소하면, 의인은 단죄를 받고 악인은 무죄로 방면되었기 때문에, 본래 잘못된 것을 바로잡기 위해 존재하였던 정의의 수단은 도리어 정의를 굽게 하는 최악의 수단이 되었다. 법을 제정하는 권세를 지닌 자들은 그러한 점점 늘어나는 위협적인 해악들을 제거하기 위해서 법의 미비점들을 보완해야 하는데도, 그렇게 할 생각을 하지 않았고, 법을 집행하는 권세를 지닌 자들은 이미 제정되어 있는 법들의 선한 취지를 구현할 생각을 하지 않았다. 공의의 강물은 폭력으로 말미암아 말라 버려서, 제대로 흘러가지를 못하였다.

4. 그들은 이 모든 일을 공개적이고 공공연하고 뻔뻔스럽게 대놓고 행하였다는 것. 하박국 선지자는 이러한 죄악이 그의 눈 앞에서 일어났다고 탄식한다. 그는 어느 쪽으로 눈을 돌리더라도 그런 죄악을 보았기 때문에, 그런 죄악을 보지 않기 위해서는 눈을 감는 수밖에 없었다. 겁탈과 강포가 내 앞에 있다. 한 나라에 악이 만연되어 있으면, 선한 자들은 어디에 눈을 둘지 모르게 된다. 만약 그런 모습을 직접 보지 않았다면, 그들은 나라가 그 정도까지 썩었고 악하다는 것을 믿을 수 없었을 것이다. 솔로몬은 그런 종류의 죄악들이 해 아래에서 일어나고 있는 것을 보고서 괴로워하였다고 자주 탄식하였고, 예레미야 선

지자는 그런 꼴을 보지 않기 위해서 은둔했으면 좋겠다고 자신의 심정을 토로하였다(렘 9:2). 그러나 그런 꼴을 보지 않으려면, 우리는 세상 밖으로 나가야 할 것이다(고전 5:10). 그러므로 우리는 이 세상을 떠나서, 거룩과 사랑이 영원히 다스리고 겁탈과 강포가 우리 앞에 없을 저 세상으로 옮겨가기를 간절히 원하게 되는 것이 당연하다.

5. 선지자가 죄악의 만연을 하나님께 하소연하였지만, 하나님은 그것을 바로잡아 주지 않으셨다는 것. 그는 이렇게 말한다. "여호와여, 어찌하여 주께서 내게 죄악을 보게 하시나이까. 어찌하여 주께서 내 눈으로 죄악을 볼 수밖에 없는 시대와 장소에 나로 태어나게 하셨으며, 메섹과 게달에 계속해서 머물게 하시나이까((시 120:5). 내가 이 폭력으로 인하여 주께 부르짖나이다. 내가 큰 소리로 부르짖고 있고, 오랫동안 부르짖어 왔나이다. 그러나 주께서는 듣지 아니하시고 구원하지 아니하시나이다. 주께서는 마치 주의 팔이 짧아지거나 주의 귀가 둔해진 듯이, 압제자들에게 보복하지 않으시고, 압제 받는 자들에게 공의를 행하지 아니하시나이다." 하나님이 악을 저지르는 악인들로 하여금 형통하게 하심으로써 악인들의 악행을 묵인하시거나 지지하시는 것으로 보일 때, 그것은 선한 자들의 신앙에 충격을 주어서 그들로 하여금 우리가 우리 마음을 깨끗하게 한 것이 실로 헛되도다(시 73:13)고 말하고 싶은 강한 시험에 들게 만들고, 하나님이 이 땅을 버리셨다(겔 8:12)고 말하는 불경건한 자들을 완악하게 만든다. 우리는 악이 성행하고 오랫동안 형통한다고 해도 그것을 이상하게 생각해서는 안 된다. 하나님이 그렇게 하시는 데에는 분명히 선한 이유들이 있는데, 그것은 악한 자들을 벌할 때를 유예하여서 그들에게 회개할 시간을 더 오래 주심과 동시에 선한 자들을 책망하시기 위한 것이다. 그러므로 우리는 하나님의 심판들을 놓고서 하나님과 변론하고 겸손히 간(諫)하여야 하지만, 그럴 때에도 반드시 "하나님은 모든 일에서 지혜로우시고 의로우시며 선하시다"고 말하여야 하고, 비록 오래도록 지연될지라도 불의를 행하는 자들을 벌해 달라는 죄의 부르짖음과 불의를 당해 고통하는 자들을 위한 기도의 부르짖음을 하나님이 들어 주실 날이 올 것임을 믿어야 한다.

[5]여호와께서 이르시되 너희는 여러 나라를 보고 또 보고 놀라고 또 놀랄지어다 너희의 생전에 내가 한 가지 일을 행할 것이라 누가 너희에게 말할지라도 너희가 믿

지 아니하리라 °보라 내가 사납고 성급한 백성 곧 땅이 넓은 곳으로 다니며 자기의 소유가 아닌 거처들을 점령하는 갈대아 사람을 일으켰나니 ⁷그들은 두렵고 무서우며 당당함과 위엄이 자기들에게서 나오며 ⁸그들의 군마는 표범보다 빠르고 저녁 이리보다 사나우며 그들의 마병은 먼 곳에서부터 빨리 달려오는 마병이라 마치 먹이를 움키려 하는 독수리의 날음과 같으니라 ⁹그들은 다 강포를 행하러 오는데 앞을 향하여 나아가며 사람을 사로잡아 모으기를 모래 같이 많이 할 것이요 ¹⁰왕들을 멸시하며 방백을 조소하며 모든 견고한 성들을 비웃고 흙벽을 쌓아 그것을 점령할 것이라 ¹¹그들은 자기들의 힘을 자기들의 신으로 삼는 자들이라 이에 바람 같이 급히 몰아 지나치게 행하여 범죄하리라

우리는 여기에서 선지자의 하소연에 대한 하나님의 응답을 본다. 하나님은 오래 참으시지만 그의 화를 돋구는 이 백성을 언제까지나 참지는 않으실 것이라고 선지자에게 약속하신다. 왜냐하면, 보복하시는 날이 하나님의 마음속에 작정되어 있기 때문이다. 그러므로 선지자는 그들이 회개하고 삶을 고침으로써 하나님이 그들에게 경고하신 심판을 피할 수 있도록 그들에게 그 날이 올 것임을 전해야 한다.

I. 그들에 대한 하나님의 선고의 아주 무시무시한 전문(前文). 너희는 여러 나라를 보고 또 보라(5절). 하나님이 오래 참고 기다리셔도 그들이 회개하지 않을 것이기 때문에, 하나님은 그들에게 다른 조치를 취하실 것이다. 오래 참고 기다렸는데도 그 인내심을 무시당한 자들의 분노만큼 맹렬하고 깊은 분노는 없다. 여호와께서는 그들에게 다음과 같은 벌을 가하실 것이다.

1. 그것은 공개적인 벌이 되리라는 것. 하나님이 그들에게 공적인 벌을 가하실 때, 이방 나라들은 주목할 것이고, 이웃 나라들은 보고 깜짝 놀랄 것이다(신 29:24-25). 이스라엘은 황폐해 진데다가 세상의 구경 거리가 됨으로써 더욱 비참해지게 될 것이다.

2. 그것은 놀라운 벌이 되리라는 것. 하나님이 그들에게 내리시는 벌은 통상적인 섭리에서 아주 많이 벗어나서 너무나 뜻밖의 기이한 벌일 것이기 때문에, 이방 나라들 가운데서도 그 유례를 찾아볼 수 없을 것이고, 하나님이 그를 알지 못하는 나라들에 통상적으로 가하였던 벌보다 더 혹독하고 무거운 벌이 될 것이다. 아니, 그 벌은 너무나 의외여서, 그 벌이 시행되기 이전에 하나님으

로부터 예언을 받아서 전한 자들이나 그 벌이 시행되어서 그것을 직접 눈으로 목격한 자들로부터 소식을 전해 들은 자들조차도 그 사실을 믿지 못할 것이다. 누가 너희에게 말할지라도 너희가 믿지 아니하리라. 아주 많은 심판들이 한꺼번에 쏟아지고, 모든 상황과 여건이 너무나 기이하게도 한결같이 그 심판을 강화시키고 가중시키는 방향으로 작용하여서, 그토록 크고 강력하던 나라가 졸지에 쇠락하여 무너지게 되었다는 것과 하나님이 그와 언약을 맺었고 그동안 그토록 큰 사랑을 베푸셨던 백성을 이토록 혹독하게 심판하셨다는 것을 그 누구도 믿지 못할 것이다. 하나님을 믿는 백성에 대한 벌은 주변의 모든 사람들에게 소스라치게 놀랄 일이 될 수밖에 없다.

3. 그것은 신속한 벌이 되리라는 것. "너희의 생전에, 즉 이제 신속하게 내가 한 가지 일을 행할 것이라. 이 세대가 지나가기 전에 내가 경고한 심판이 이루어지리니, 내가 이전 시대에 저질러진 죄들에 대한 죗값을 너희의 시대에서 찾으리라. 왜냐하면, 죄악의 분량이 지금 찼기 때문이다(마 23:36)."

4. 그것은 하나님의 손이 뚜렷하게 나타나게 될 벌이 되리라는 것. 그 벌은 하나님이 직접 행하시는 일이 될 것이기 때문에, 그것을 보는 모든 사람들은 이는 여호와께서 행하신 것이요 우리 눈에 기이한 바로다(시 118:23)라고 말하게 될 것이다. 하나님의 손에 빠져드는 것은 두려운 일임을 사람들이 알게 될 것이다. 하나님이 직접 나서셔서 손을 보고자 하시는 자들은 화(禍)로다!

5. 그것은 그리스도와 그의 복음을 멸시하는 자들에게 임할 멸망의 모형이 될 벌이 되리라는 것. 왜냐하면, 여기에 나오는 말씀이 그리스도와 그의 복음을 멸시하는 자들에게 임할 멸망에 적용되고 있기 때문이다(행 13:41): 보라 멸시하는 사람들아 너희는 놀라고 멸망하라. 예루살렘이 우상 숭배 때문에 갈대아 군대에 의해서 멸망당한 일은 그들이 그리스도와 그의 복음을 배척하였기 때문에 로마 군대에 의해서 멸망당하게 될 일의 모형이었는데, 이 일은 너무나 기이한 일이었고 거의 믿을 수 없는 일이었다. 그것은 행악자들에게 내린 기이한 벌이 아니겠느냐(욥 31:3).

II. 그들에 대한 하나님의 매우 무시무시하고 구체적인 선고(6절). 보라 내가 갈대아 사람을 일으키리라. 그들 가운데서 많은 다툼과 분쟁을 일으키는 자들이 있었고, 그것은 그들의 죄였다. 이제 하나님은 갈대아 사람들을 일으켜서 그들을 치실 것인데, 그 갈대아 사람들이 그들과 다투고 분쟁하는 것이 그들에 대한 벌이 될 것이다. 하나님을 믿는다고 하는 자들이 그들 가운데서 싸우고 욕하며 서로를 잡아먹으려고 으르렁댈 때, 하나님이 원수를 그들에게 보내셔서 그 원수로 하여금 그들을 다 초토화시켜서 평화롭게 만드시는 것은 의로우신 일임을 명심하라. 로마 군대가 와서 그들의 땅과 민족을 빼앗아 갔을 때, 예루살렘에서는 나라의 지도자들이 서로 파당을 만들어서 마치 불구대천의 원수인 양 서로 다투고 싸웠다(요 11:48). 갈대아 사람들은 하나님이 그들에게 경고하신 멸망을 실행하는 도구들이 될 것이고, 비록 그들이 불의하게 행한다고 할지라도, 그들의 행위는 여호와의 의를 집행하여 이스라엘의 불의를 벌하는 것이 될 것이다. 좀 더 자세하게 살펴보자.

1. 하나님이 이스라엘을 치실 회초리로 사용하시기 위하여 일으키실 백성에 관한 묘사.

(1) 그들은 사납고 성급한 백성, 잔인하고 지독한 족속이어서, 어떤 일을 행할 때에 포악함과 광분함으로 행하는 자들이라는 것. 그들은 계획을 세우는 데에 신속하고, 성질이 급해서 일단 계획이 세워지면 결단력 있게 몰아부친다. 그들에게는 자비심이라는 것이 없고, 그들은 그 어떤 힘든 일도 마다하지 않는다. 이러한 잔인한 자들의 손에 넘기우는 자들의 처지는 비참할 수밖에 없다.

(2) 그들은 강하고 가공할 만한 자들이어서, 그 앞에 맞설 자가 없고 도망칠 자도 없다는 것(7절). 그들은 두렵고 무서운 자들이다. 그들은 전쟁터에서 용맹스럽기로 유명하였다(8절). 그들의 군마는 돌격하고 추격하는 데에 표범보다 빠르고 저녁 이리보다 사납다. 이리들은 저녁 무렵이 되면 가장 사나워진다고 한다. 왜냐하면, 온 종일 굶은 이리들은 삼림의 모든 짐승이 기어나오는 밤을 기다리기 때문이다(시 104:20). 그들의 기병들은 그 수가 아주 많을 것이다. "그들의 마병은 아주 멀리까지 포진할 것이다. 왜냐하면, 그들은 먼 곳, 그들의 나라의 모든 곳에서 달려와서, 그들이 침략하는 나라의 모든 곳으로 흩어져서 약탈하며 그 노략물로 치부할 것이기 때문이다. 그들은 마치 먹잇감을 포착하고서 급히 먹이를 움키려고 땅을 향하여 쏜살같이 내려오는 독수리의 날음 같이 노략물을 속히 얻기 위해서 먹잇감을 향하여 길을 재촉할 것이다."

(3) 그들은 그들 자신의 뜻이 그들에게 법이 되고, 그들의 목적을 이루기 위해서는 물불을 가리지 않는 자들이기 때문에, 인도주의나 공평이나 명예에 관한 그 어떤 법에도 구애를 받지 않으리라는 것. 그들의 판단과 그들의 위엄이 그

들 자신에게서 나올 것이다(7절). 이성이나 양심이 아니라 탐욕과 격정이 그들을 지배할 것이다. 그들의 행동원리는 내 뜻이 나의 법이라는 것이다: 이것이 내가 원하는 것이고, 이것이 내가 명령하는 것이다. 내가 그것을 하고 싶기 때문에, 나는 그것을 할 것이다. 그러한 원수로부터 그 무슨 자비를 기대할 수 있겠는가? 불의하고 무자비하여서 율법이 해이하고 정의가 시행되지 못하게 만들었던 자들(4절)은 그들을 불의하고 무자비하게 다룰 자들에게 걸려서 그들이 행하였던 그대로 똑같이 당하는 것은 마땅한 일이라는 것을 명심하라.

2. 이 두려운 백성에 의해서 이루어질 심판의 무시무시한 집행에 관한 예언. 그들은 땅의 넓은 곳으로 다닐 것이다. 왜냐하면, 갈대아 군대는 짧은 시간 안에 그 지역의 모든 나라들을 복속시켜서, 온 세계를 정복한 것처럼 보였기 때문이다. 그들은 아시아 전체와 아프리카의 일부를 유린하였다. 또는, 그들은 이스라엘 땅의 넓은 곳으로 다닐 것이다. 실제로 이스라엘 온 땅은 그들에 의해서 초토화되었다. 여기에서는 다음과 같은 것들이 예언되고 있다.

(1) 그들이 그들의 손이 닿는 모든 곳을 정복하여 그들의 것으로 만들리라는 것. 그들은 자기의 소유가 아닌 거처들, 그들에게 권리는 없지만 그들의 칼이 그들에게 선사할 거처들을 점령하게 될 것이다.

(2) 그들이 맹렬하게 전쟁을 몰아부치리라는 것. 그들은 다 강포를 행하러 오리라(9절). 즉, 그들은 어떤 다툼이 되고 있는 권리를 칼로 확정짓기 위해서가 아니라, 닥치는 대로 약탈을 행하여 재물을 긁어 모으기 위해서 올 것이다. 그들의 얼굴이 동풍처럼 삼킬 것이다. 그들의 얼굴은 아주 사납고 험상궂어서, 그들은 얼굴 표정만으로도 그들이 마음에 둔 모든 것을 갖게 될 것이다. 그래서 그들은 마치 동풍이 꽃봉오리들과 꽃들을 꺾어 버리고 말라 죽이듯이 모든 것을 삼킬 것이다. 그들의 얼굴이 동쪽을 바라보리라(어떤 이들은 이렇게 읽는다). 그들은 유다 땅에서 동쪽에 있는 그들의 땅을 바라보며, 그들이 유다 땅에서 약탈한 모든 것을 거기로 보낼 것이다.

(3) 그들이 무수한 포로들을 바벨론으로 보내리라는 것. 그들은 사로잡힌 자들을 모래처럼 모으리라. 포로가 그렇게 많은데도, 그들은 만족할 줄을 모르고, 눈에 띄는 대로 사람들을 사로잡아서 그들의 포로로 만들 것이다.

(4) 그들이 그들에게 저항하거나 대항하는 자들을 비웃으리라는 것(10절). 곤경에 처한 유대인들은 그들의 큰 자들이 나서서 그 지혜와 용기로 갈대아 사

람들의 승승장구하는 군대를 막아주기를 기대하는가? 그러나 애석하게도, 그 큰 자들은 갈대아 군대의 상대가 전혀 되지 못할 것이다. 그들은(이 대명사는 원문에는 단수형으로 되어 있기 때문에, 자신의 계속되는 승전에 기고만장해진 느부갓네살을 가리킨다고 보아야 한다) 그들에게 저항하는 왕들과 사령관들을 멸시할 것이고, 그들의 상대가 되지 않는 방백들을 조소할 것이다. 유대인들이 그들의 수비대들과 견고한 성읍들을 의지하는가? 느부갓네살은 그들의 모든 견고한 성들을 비웃고 흉벽을 쌓아 그것을 점령할 것이다. 그는 작은 흙더미를 쌓아 올리는 것만으로도 그들을 압도하게 될 것이다. 그는 그들을 조롱하며 그들을 가지고 놀 것이다.

(5) 이 모든 일로 인해서 그가 도저히 보아줄 수 없을 정도로 교만해져서 기고만장할 것이고, 그 교만 때문에 멸망하리라는 것(11절). 그 때에 그의 생각이 더 나쁘게 변할 것이다. 갈대아 백성들과 왕의 마음이 점점 더 오만방자해질 것이다. 자신의 권리들에 만족하지 않는 자들은 다른 사람들의 권리를 다 차지해도 여전히 만족하지 못하는 법이다. 그러면서도, 형편이 나아지면, 마음도 높아진다. 이 왕은 승승장구할수록 이성과 공평과 절제의 모든 한계를 넘어서고 그런 모든 한계들을 다 깨뜨림으로써 범죄하여 하나님을 그의 원수로 만들 것이고, 그가 그렇게 된 것은 다 이스라엘의 하나님에 의한 것인데도, 자기 능력은 자기 신 덕분이라고 함으로써 멸망을 자초하게 될 것이다. 벨과 느보는 갈대아 사람들의 신들이었고, 그들은 그들의 연전연승의 영광을 그 신들에게 돌렸다. 그들은 우상 숭배 속에서 마음이 완악해져서, 그들이 이스라엘을 정복하였기 때문에 그들의 신들이 이스라엘의 하나님보다 더 강한 것이 증명되었다는 망언을 서슴지 않았다. 우리가 오직 살아 계시고 참되신 하나님으로 인하여 얻은 영광을 우리 자신이 취하거나 우리가 만들어낸 신들에게 돌리는 것은 큰 범죄라는 것을 명심하라(이것은 교만한 백성이 흔히 짓는 범죄이다). 갈대아 사람들에 대한 선고의 마지막에 나오는 이 말씀은 환난을 당한 하나님의 백성에게 한 줄기 위로가 된다. 왜냐하면, 그들도 더 좋은 쪽으로 마음을 바꾸어서 구원의 때를 무르익게 할 수 있는 가능성이 있다는 것이 확인되었기 때문이다. 그리고 실제로 그들은 그렇게 하였다. 하지만, 그들의 원수들은 나쁜 쪽으로 마음을 바꾸어서 멸망의 때를 무르익게 할 것이고, 그 멸망은 하나님이 정하신 때에 반드시 임하게 될 것이다. 왜냐하면, 하나님을 대적하여 높아진 교만한

심령은 멸망의 선봉이기 때문이다.

[12]선지자가 이르되 여호와 나의 하나님, 나의 거룩한 이시여 주께서는 만세 전부터 계시지 아니하시니이까 우리가 사망에 이르지 아니하리이다 여호와여 주께서 심판하기 위하여 그들을 두셨나이다 반석이시여 주께서 경계하기 위하여 그들을 세우셨나이다 [13]주께서는 눈이 정결하시므로 악을 차마 보지 못하시며 패역을 차마 보지 못하시거늘 어찌하여 거짓된 자들을 방관하시며 악인이 자기보다 의로운 사람을 삼키는데도 잠잠하시나이까 [14]주께서 어찌하여 사람을 바다의 고기 같게 하시며 다스리는 자 없는 벌레 같게 하시나이까 [15]그가 낚시로 모두 낚으며 그물로 잡으며 투망으로 모으고 그리고는 기뻐하고 즐거워하여 [16]그물에 제사하며 투망 앞에 분향하오니 이는 그것을 힘입어 소득이 풍부하고 먹을 것이 풍성하게 됨이니이다 [17]그가 그물을 떨고는 계속하여 여러 나라를 무자비하게 멸망시키는 것이 옳으니이까

하박국 선지자는 자기가 백성들에게 전해야 할 말씀을 여호와께로부터 받은 후에, 이제 그가 본 경고의 말씀과 관련해서 그의 마음을 편안하게 하기 위하여 하나님을 향하여 다시 말씀을 아뢴다. 그는 아직도 여전히 불만과 탄식으로 가득 차 있다. 그가 주위를 둘러보면, 그의 눈에 보이는 것은 이스라엘에 의하여 행해지고 있는 폭력뿐이다. 그가 앞을 내다보면, 그의 눈에 보이는 것은 이스라엘에 대하여 행해질 폭력뿐이다. 여기에서 어느 쪽이 더 암울한 광경인지를 말하는 것은 쉽지 않은 일이다. 선지자는 이 두 가지 일에 대한 그의 생각을 여호와 앞에 쏟아 놓는다. 하나님의 교회 및 우리가 살고 있는 시대에서 저질러지고 있는 죄악들과 그 죄악들로 인한 재난들, 이 두 가지 모두에 대하여 염려하는 것은 우리의 본분이다. 그러나 우리는 이 두 가지를 염려하다가 편협한 분노에 사로잡혀서, 하나님에 대하여 좋지 않은 생각을 품게 되거나, 하나님과 교통하는 데서 오는 위로를 잃는 지경까지 가지 않도록 조심하여야 한다. 세상은 악하고, 언제나 악했으며, 앞으로도 악할 것이다. 악한 세상을 바로잡는 일은 우리의 능력을 벗어나 있는 일이다. 그러나 우리는 하나님이 세상을 다스리고 계시고, 세상의 모든 일을 통해서 스스로 영광을 받으시리라는 것을 확신하기 때문에, 세상의 현재의 상황을 최대로 선용해서 우리 자신이 더

나아지고자 함과 동시에 더 나은 세상에 대한 더욱 간절한 소망을 가져야 한다. 갈대아 군대가 유다 땅을 유린할 것이라는 하나님의 말씀을 듣고서 선지자는 무릎을 꿇고서, 그 일과 관련해서 하나님께 허심탄회하게 항변한다. 그의 항변 속에서 우리는 다음과 같은 것들을 주목해 볼 수 있다.

I. 갈대아 사람들의 힘이 점점 위협적으로 되어 가고 있는 상황 속에서 선지자는 몇 가지 진리들을 제시하면서, 그 진리들을 꼭 붙들겠다는 결의를 밝히고, 그 진리들로 그 자신과 그의 친구들을 위로하려고 애씀(12-13절). 이 진리들은 우리가 똑같은 처지가 되었을 때에 우리에게 힘이 되어 줄 좋은 것들을 우리에게 제공해 준다.

1. 상황이 어찌 되든지, 하나님은 여전히 여호와 우리 하나님이시고 우리의 거룩한 이시라는 것. 승승장구하는 갈대아 사람들은 그들의 힘을 그들의 우상들 덕분으로 돌리지만, 우리는 이스라엘의 하나님은 참 하나님이시요 살아 계신 하나님이시라는 것을 그들에게 말하라는 가르침을 받는다(렘 10:10-11).

(1) 하나님은 여호와, 즉 모든 존재와 능력과 온전함의 원천이시다. 우리의 반석은 그들의 반석과 같지 않다.

(2) "하나님은 나의 하나님이시다." 하박국 선지자는 백성들을 대표해서 말을 하고 있다. 모든 이스라엘 사람은 이렇게 말할 수 있다: "하나님은 나의 하나님이시다. 우리가 이렇게 형편없이 부서졌고, 이 모든 일이 우리에게 임하였으나, 우리가 우리 하나님의 이름을 잊지 아니하였고(시 44:17), 하나님과 우리의 관계를 떠나지 아니하였으며, 하나님이 우리를 부인하시거나 우리가 하나님을 부인하지 아니하였다. 우리는 범죄한 백성이고, 그는 우리의 범죄로 인하여 마음이 상하신 하나님이시다. 그렇지만, 그는 우리의 하나님이시다. 우리는 이 모든 일로 인해서 하나님이나 하나님을 섬기는 일과 관련해서 그 어떤 나쁜 생각도 품지 않을 것이다."

(3) "하나님은 나의 거룩한 이시다." 이것은 하박국 선지자가 하나님을 거룩하신 하나님으로 사랑하였고, 그의 거룩하심을 인하여 그를 사랑하였다는 것을 보여준다. "그는 거룩한 이시기 때문에 나의 하나님이시다. 그는 나의 거룩한 이시기 때문에, 나를 거룩하게 하시는 이가 되실 것이고, 나의 구원자가 되실 것이다. 사람들은 거룩하지 않지만, 나의 하나님은 거룩하시다."

2. 우리 하나님은 영원 전부터 계시는 분이시라는 것. 선지자는 하나님께

이 점을 들어 항변한다. 여호와 나의 하나님, 주께서는 만세 전부터 계시지 아니하시니이까. 하나님이 영원 전부터 계셨다는 사실은 이 괴로운 세상을 살아가는 하나님의 백성에게 늘 큰 위로가 된다. 이것은 다음과 같은 것들을 보여준다.

(1) 하나님의 본성이 영원하시다는 것. 하나님은 영원 전부터 계셨기 때문에 영원까지 계실 것이다. 우리는 눈에 보이는 이 세상의 일들이 우리를 낙심시킬 때에, 눈에 보이지 않는 영원하신 하나님으로 말미암아 우리에게는 흡족한 소망과 도우심이 있다는 것을 말해 주는 이 첫 번째 강령을 굳게 의지하여야 한다. "주께서는 영원 전부터 계시오니, 주의 이름을 영원하신 이름으로 만드시기 위하여, 주의 영원하신 모략을 따라서 주의 영원하신 팔을 어찌 나타내지 아니하시리이까?"

(2) 하나님의 언약이 아주 오래 되었다는 것. "주는 옛적부터 계셔서, 주의 백성과 언약을 맺지 않으셨나이까? 주는 옛적에 그들을 위해서 큰 일을 행하지 아니하셨나이까? 우리는 그 일들에 대하여 우리의 귀로 들었고, 우리 조상들이 그 일들을 우리에게 말해 주었나이다. 주는 옛적의 그 하나님과 동일한 분이 아니시나이까? 주는 하나님이시니 변하지 아니하신다(말 3:6)."

3. 세상이 존속하는 한, 하나님은 이 세상에 교회가 끊어지게 하지 아니하시리라는 것. 하나님은 영원 전부터 계시기 때문에, 우리가 사망에 이르지 아니할 것이다. 하나님의 이스라엘이 멸절되고, 이스라엘이라는 이름이 말살된 것처럼 보이는 때가 종종 있을지라도, 실제로 그렇게 되는 일은 결코 없을 것이다. 교회는 사도들과 마찬가지로 징계를 받는 자 같으나 죽임을 당하지 아니하고(고후 6:9), 심히 경책을 받아도 죽음에는 넘기우지 아니할 것이다(시 118:18). 선지자가 하나님의 영원성으로부터 교회의 영속성을 어떤 식으로 추론하는지를 보라. 왜냐하면, 그리스도께서 내가 살아 있기 때문에, 그리고 내가 살아 있는 동안에는 너희도 살아 있을 것이라고 말씀하셨기 때문이다(요 14:19). 교회는 그리스도라는 반석 위에 아주 견고하게 지어져 있기 때문에, 음부의 권세가 이기지 못할 것이고 이길 수 없다(마 16:18). 우리가 사망에 이르지 아니하리이다.

4. 원수들이 교회를 대적하여 무슨 짓을 하든, 그것은 지혜롭고 거룩한 목적을 이루시기 위한 하나님의 계획에 따라 이루어지는 일이라는 것. 주께서 그들을 정하셨고, 주께서 그들을 세우셨나이다. 갈대아 사람들에게 힘을 주셔서 그들을 무시무시한 백성으로 만드신 분도 하나님이셨고, 그의 계획 속에서 그들이

해야 할 일을 정해 주신 것도 하나님이셨다. 만약 위에서 주지 아니하셨더라면, 그들은 하나님의 이스라엘을 해할 권한이나 힘을 가질 수 없었을 것이다(요 19:11). 하나님은 그들에게 그를 노하게 한 백성을 쳐서 탈취하며 노략하라는 사명을 주셨다(사 10:6). 용사들의 힘이 하나님에게서 나오고, 하나님께 의존되어 있으며, 하나님의 통제 아래에 있다는 사실은 하나님이 권능의 하나님이심을 증명해 준다. 하나님은 그들에게 네가 여기까지 오고 더 넘어가지 못하리니 여기서 그칠지니라(욥 38:11)고 말씀하신다. 하나님이 정하신 자들은 하나님이 정하신 일 이상의 일은 하지 못하는데, 이것은 고난받는 하나님의 백성에게 큰 위로가 된다. 사람들은 하나님의 손이고, 그의 손에 들린 매이다(시 17:14). 하나님은 자기 백성을 심판하고 징계하기 위하여 그들을 정하시고 세우셨다. 하나님의 백성은 징계를 받을 필요가 있었고, 또한 징계를 받아 마땅하였다. 그들은 그것을 각오하여야 했고, 반드시 그렇게 될 것이었다. 하나님이 악인들을 세우셔서 자기 백성을 치실 때, 그것은 그들을 멸망시키기 위한 것이 아니라, 그들을 징계하셔서 그들로 삶을 고치게 하시기 위한 것이다. 하나님이 세우신 악인들은 자기 백성을 끊어 버리기 위한 칼이 아니라, 그들의 마음속에서 발견된 어리석음을 몰아내기 위한 매 또는 회초리일 뿐이다 - 그 악인들의 뜻은 이같지 아니하며 그들의 마음의 생각도 이같지 아니할지라도(사 10:7). 교회가 겪는 환난들이나 어려움들과 관련해서, 사람들이 교회에 어떤 해악을 끼친다고 할지라도, 하나님이 그런 일을 허용하시는 것은 그 일을 통해서 교회에 유익을 더하시기 위한 것임을 아는 것은 우리에게 큰 위로가 된다. 우리는 사람의 마음에는 많은 계획이 있어도 오직 여호와의 뜻만이 완전히 서리라(잠 19:21)는 것을 확신한다.

5. 악인들의 악이 한동안 형통할지라도, 하나님은 거룩하신 하나님이시기 때문에, 그런 악을 인정하지 않으신다는 것(13절). 주께서는 눈이 정결하시므로 악을 차마 보지 못하신다. 하박국 선지자는, 갈대아 사람들이 지독하게 사악하고 불경스러운 자들인데도 하나님의 이스라엘을 여지없이 무참하게 짓밟은 것을 보고서, 하나님을 섬겨 보아야 헛되고, 하나님은 사람들이 어떤 부류의 사람들인지를 전혀 보지 않으신다고 말하고 싶은 유혹을 느꼈다. 그러나 그는 하나님은 죄의 근원이나 수호자가 아니시고, 그렇게 되실 수도 없다는 그의 첫 번째 강령에 의지해서, 그러한 생각을 이내 억누른다. 하나님은 스스로 죄악을

행하실 수도 없고, 눈이 정결하시므로 악을 차마 보지 못하시며, 악을 용납하거나 인정하시는 일은 더더욱 불가능하다. 악은 여호와께서 미워하시는 가증한 일이다. 하나님은 이 세상에서 저질러지는 모든 죄를 보시는데, 죄는 하나님의 진노를 불러일으키는 것이고, 하나님의 눈에 가증스러운 것이다. 그러므로 죄를 범하는 자들은 하나님의 공의를 따라 벌을 받게 된다. 하나님의 본성 속에는 그의 거룩한 법과 상반되는 성향을 지니거나 행위를 하는 자들에 대한 반감이 존재한다. 다행히 하나님의 죄인들과 화해할 수 있는 수단이 찾아지긴 하였지만, 그럼에도 불구하고 하나님은 결코 죄와 화해하지 않으실 것이고, 화해하실 수도 없으시다. 하나님의 섭리들이 한동안 및 일부 경우들에 있어서 이 진리와 합치하지 않는 것처럼 보일지라도, 우리는 이 진리를 굳게 붙잡기로 결심하여야 한다. 하나님이 죄를 간과하시는 것은 결코 죄를 시인하시는 것으로 해석되어서는 안 된다는 것을 명심하라. 왜냐하면, 하나님은 죄악을 기뻐하는 신이 아니시기 때문이다(시 5:4-5). 특히, 박해자들이 하나님의 백성에게 해악을 끼치는 것은 특히 하나님이 주시하시는 죄악이다. 하나님은 명분이 있을 때에는 그것을 허락하시지만, 그렇다고 해서 그것을 시인하시는 것은 아니다. 이것은 발람의 말과 일치한다(민 23:21): 여호와께서는 야곱에 대한 죄악을 그냥 두고 보지 못하셨고 이스라엘에 대한 괴롭힘을 그냥 두고 보지 못하셨다. 하나님의 백성이 사람들의 광분에 의해서 환난을 당할지라도, 그것이 곧 하나님이 자기 백성에게 노하셨음을 보여주는 증거는 아니라는 것은 그들에게 아주 큰 위로가 된다. 하나님의 백성의 환난의 도구가 된 자들이 그들을 미워한다고 해서, 그것이 곧 하나님이 그들을 미워하시는 증거가 되지는 않는다. 아니, 하나님은 그들을 사랑하신다. 하나님이 그들을 징계하시는 것은 그들을 사랑하시기 때문이다.

Ⅱ. 선지자는 그가 고민하는 문제들을 이 진리들에 비추어서 풀어내기가 무척 어렵다는 것을 발견함(14-16절).   "우리는 주께서 거룩하신 하나님이시라는 것을 확신하는데, 주께서는 왜 무신론자들에게 주가 거룩하신 하나님이신지에 대하여 의구심을 갖게 만드는 일을 하시는 것이나이까? 주께서는 어찌하여 주의 백성을 기만적으로 대하는 거짓된 자들을 방관하시며, 그들이 우리를 이기게 내버려 두시는 것이나이까? 주께서는 어찌하여 주의 이름을 모독하는 철천지 원수들이 주의 이름을 경외하기를 원하는 주의 충성스런 신민들을 이렇

게 잔인하고 기만적으로 대하는 것을 그냥 두고 보시는 것이나이까? 우리는 도대체 이것을 보고 무슨 말을 해야 하나이까?" 이것은 욥(욥 21:7; 24:1), 다윗(시 73:2-3), 예레미야(렘 12:1-2)에게도 시험 거리가 된 문제였다.

1. 하나님이 죄를 허용하셨고, 죄인들을 참으셨다는 것. 하나님은 그들을 방관하셨다. 하나님은 그들의 온갖 악한 일들과 계획들을 보시면서도 그들을 제지하시거나 벌하지 아니하시고, 그들이 그들의 목적을 이루고 계속해서 형통하며 그들 앞의 모든 것을 무너뜨려도 내버려 두셨다. 아니, 하나님은 그냥 보고만 계심으로써 죄인들을 통제하시거나 책망하지 않으셨을 뿐만 아니라, 도리어 마치 죄인들에게 미소를 보내며 호감을 보이시는 것처럼 격려하시고 도우신다는 느낌을 선지자는 받았다. 악인들이 계속해서 악행을 저지르는데도, 하나님은 입을 닫으시고 잠잠하셨고, 그들을 나무라는 말씀을 한 마디도 하지 않으셨으며, 그들을 제지하라는 명령도 내리지 않으셨다. 네가 이런 일들을 행하여도 내가 잠잠하였다(시 50:21).

2. 죄인들은 하나님의 이러한 인내를 악용하였다는 것. 죄인들과 그들의 이러한 악한 일들에 대한 징벌이 속히 실행되지 아니하므로, 그들이 악을 행하는 데에 마음이 더욱 담대해졌다(전 8:11).

(1) 그들은 거짓되고 기만적이어서, 신용할 수도 없었고 신뢰할 수도 없었다는 것. 그들은 거짓되게 행한다. 그들은 화평과 우의(友誼)라는 미명 아래에서 가장 음흉한 계획들을 꾸며서 자행하였고, 그들 자신이 한 말이나 약속들을 아무렇지도 않게 전혀 지키지 않았다.

(2) 그들은 그들보다 더 낮거나 선하다는 이유만으로 사람들을 미워하고 박해하였다는 것. 이것은 가인이 자기의 행위는 악하고 그의 아우의 행위는 의롭다는 이유로 아벨을 미워한 것과 같은 것이었다(요일 3:12). 악인이 자기보다 의로운 사람을 삼키는 것은 그 의인이 그를 부끄럽게 만들기 때문이다. 그들은 하나님의 형상에 대하여 악의를 지니고 있기 때문에, 하나님의 형상을 지니고 있다는 이유만으로 선한 자들을 삼켰다. 유대인들 중 다수가 갈대아 사람들만큼 악하였을 뿐만 아니라 오히려 더 악하였지만, 그들 가운데에는 훨씬 더 의로운 자들이 여전히 있었는데, 악인들은 바로 그 의인들을 삼켰다.

(3) 그들은 물고기를 잡듯이 사람들을 죽였다는 것. 하박국 선지자는 하나님의 섭리로 인해서 약한 자들이 강한 자들의 먹잇감이 되어서, 사실상 바다의

물고기들 같게 되었다고 탄식한다(14절). 그들은 마치 큰 물고기가 작은 물고기를 잡아먹듯이 서로를 물어뜯고 잡아먹었기 때문에(3절), 그들의 공통의 원수에게 잡아먹히게 된 것이었다. 그들은 다스리는 자 없는 벌레나 물고기(창 1:20) 같이 되어서, 서로 잡아먹어도 아무도 제지하지 않고, 잡아먹히지 않도록 보호해 주는 자가 없었다. 그들은 마치 물고기가 어부에게 넘겨지듯이 갈대아 사람들에게 넘겨졌다. 이 교만한 압제자들은 사람들이 물에서 물고기를 건져 내듯이 그들을 아무렇지도 않게 죽였고, 사람의 목숨을 파리 목숨처럼 여겼다. 그들이 사람들을 죽이는 것은 마치 사람들이 아무런 방비도 없고 저항할 수도 없는 물고기를 잡는 것만큼이나 손쉬운 일이었고, 힘들고 수고로운 일이 아니라 심심풀이로 하는 취미 활동이었다. 그들은 사람들을 그물에 걸린 물고기로 취급해서, 사람들의 신분이나 성별을 가리지 않고 닥치는 대로 다 죽였다. 그들은 그들의 손이 닿는 것은 무엇이든 그들의 것으로 여겼다. 사람들이 물고기를 잡는 방법이 다양하듯이, 그들도 사람들을 약탈하고 멸하는 다양한 방법들을 갖고 있었다. 그들은 사람들을 낚시로 하나하나 낚기도 하였고(15절), 그물로 대량으로 잡기도 하였으며, 투망으로 그들을 긁어 모으기도 하였다. 그들은 재물을 긁어 모으기 위해서 이러한 다양한 방법들을 다 동원해서 사람들을 죽였다.

(4) 그들은 그들이 불의하게 얻은 재물을 자랑스러워하고 기뻐하였다는 것. 그들의 소득은 풍부하고 그들의 먹을 것은 풍성하다. 그들은 압제와 속임수를 행하여 가장 좋은 것들을 아주 많이 긁어 모았고, 하는 일들마다 형통하였으며, 그들의 땅은 비옥하여, 그들에게는 땅의 소산들이 풍성하게 주어졌다. 그러므로 그들은 다음과 같은 태도를 보였다.

[1] 그들이 그들 자신에 대하여 대단히 흡족해하였고 무척 즐거워하였다는 것. 그들은 즐겁게 살았다(15절). 그들은 재물이 풍부하고 그들의 재물을 늘리려고 하는 일들마다 다 잘 되었기 때문에 기뻐하고 즐거워하였다(욥 31:25): 영혼아, 평안히 쉬고 먹고 마시고 즐거워하자(눅 12:19).

[2] 그들은 그들 자신에 대하여 대단한 자부심을 지니고 있었고, 그들 자신의 재능과 경영 능력을 스스로 칭송하였다는 것. 그들은 그들의 그물에 제사하며 그들의 투망 앞에 분향한다. 그들은 너무나 불의하게 재물을 얻었음에도 불구하고, 막대한 부를 모은 자기 자신을 스스로 대단하게 여겼다. 우리 속에는

우리의 외적인 형통이 가져다 주는 영광을 우리 자신에게 돌리면서, 내 능력과 내 손의 힘으로 내가 이 재물을 얻었다(신 8:17)고 말하고 싶어하는 속성이 존재한다는 것을 명심하라. 우리의 그물에 제사하는 것은 우리 자신을 우상화하는 것이다. 왜냐하면, 그것은 우리 자신의 것에 제사하는 것이기 때문이다. 또한, 그것은 해신(海神)이나 용에게 제사를 지내는 것만큼이나 어처구니없는 우상 숭배이다. 그들로 하여금 그들의 그물을 숭배하여 제사를 지내게 만든 것은 그 그물 때문에 풍부해진 그들의 소득이었다. 돈을 신으로 섬기는 자들은 그들에게 돈만 벌게 해준다면 그물일지라도 기꺼이 신으로 모시고자 한다.

Ⅲ. 선지자는 끝으로 하나님께 간언을 함(17절).   하나님이 이 사람들을 학살하는 이 파괴자들이 언제까지나 이렇게 계속해서 형통하도록 내버려 두지는 않으실 것이라는 그의 소망을 겸손히 표현한다. "그런데도 주께서는 그가 그물을 떨게 내버려 두시겠나이까? 그들이 폭력과 압제를 통해서 이웃 나라들로부터 빼앗은 것들로 치부하고 그들의 그릇들을 채우는 것을 하나님은 보고만 계시겠나이까? 그들은 잡은 물고기들을 비우고서 다시 바다로 나가 더 많은 물고기를 잡기 위해서 그물을 떨게 내버려 두시는 것이 과연 옳은 일이나이까? 주께서는 그들이 이런 악행을 계속해서 자행하도록 내버려 두시고자 하시나이까? 주께서는 그들이 계속하여 여러 나라를 무자비하게 멸망시키는 것을 보고만 계시고자 하시나이까? 도대체 얼마나 많은 나라들이 그들의 그물 앞에서 희생 제물이 되어야 하겠나이까? 마치 사람들에게서 그들의 재물을 빼앗는 것이 작은 일인 양, 그들이 하나님께로부터 그 영광을 도둑질하는 것을 하나님은 그냥 두고만 보시겠나이까? 하나님은 열국의 왕이신데도, 열국이 침탈을 당하는 것을 보시면서도 보고만 계시는 것이나이까? 하나님은 자신의 명예를 지키시는 데에 열심을 내시는 분이신데도, 왜 지금은 그 명예를 지키려 하지 아니하시나이까?" 하박국 선지자는 시편 기자처럼 이 문제를 하나님께서 직접 처리하시도록 하나님께 맡긴다(시 74:22): 하나님이여 일어나 주의 원통함을 푸소서.

제
― **2** ―
장

개요

이 장에서 우리는 선지자가 앞 장의 마지막 부분에서 갈대아 사람들의 폭력 및 승리와 관련해서 하소연하고 탄식한 것에 대하여 하나님의 영이 선지자에게 그가 기다린 응답을 주시는 것을 보는데(1절), 그 응답은 이런 것이다. I. 하나님은 갈대아 사람들의 막강한 힘을 사용하셔서 자신의 목적들을 이루시고, 자기 백성의 믿음과 인내를 시험하시며, 자기 백성 가운데서 위선자들과 참된 자들을 구별해 내신 후에, 갈대아 사람들을 벌하시고, 저 교만한 느부갓네살 왕만이 아니라 그의 왕조 자체를 낮추시고 무너뜨리시리라는 것(2-8절). 그들은 전세계를 지배하고자 한 그들의 끝없는 권력욕과 그들의 만족할 줄 모르는 물욕 때문에 결국 망하게 될 것이다. II. 그들만이 아니라 그들 같은 다른 모든 죄인들도 하나님이 보내신 재앙 아래에서 망하게 되리라는 것. 1. 재물과 명예를 탐하는 자들(9, 11절). 2. 남에게 해를 끼치고 압제하며, 불의와 약탈로 재물을 모으는 자들(12-14절). 3. 이웃들을 수치로 몰아넣기 위해서 술 마시기를 권하는 자들(15-17절). 4. 우상들을 숭배하는 자들(18-20절).

[1]내가 내 파수하는 곳에 서며 성루에 서리라 그가 내게 무엇이라 말씀하실는지 기다리고 바라보며 나의 질문에 대하여 어떻게 대답하실는지 보리라 하였더니 [2]여호와께서 내게 대답하여 이르시되 너는 이 묵시를 기록하여 판에 명백히 새기되 달려가면서도 읽을 수 있게 하라 [3]이 묵시는 정한 때가 있나니 그 종말이 속히 이르겠고 결코 거짓되지 아니하리라 비록 더딜지라도 기다리라 지체되지 않고 반드시 응하리라 [4]보라 그의 마음은 교만하며 그 속에서 정직하지 못하나 의인은 그의 믿음으로 말미암아 살리라

이 단락에는 다음과 같은 내용들이 나온다.

I. 선지자가 하나님이 말씀하시기를 겸손히 기다림(1절). "나는 포위된 성의 성벽이나 외적의 침입을 당한 변방에서 보초를 서는 자처럼 뭔가 알아내기

를 간절히 바라는 마음으로 내 파수하는 곳에 서며 성루에 서리라. 나는 그가 내게 무엇이라 말씀하실는지 위를 쳐다보고 주위를 둘러보며 나의 내면을 들여다보면서, 그의 가르침이나 지시를 조금도 놓치지 않기 위하여 그의 입에서 어떤 말씀이 나올는지를 기다리며, 그의 섭리의 발자국들을 주의 깊게 살펴보리라. 그가 내 안에서 무엇이라 말씀하실는지(본문은 이렇게 읽을 수도 있다), 내 안에 있는 예언의 영이 나의 하소연에 대한 응답으로 내게 무엇을 지시하실는지를 내가 기다리리라." 하나님은 통상적인 방법으로 그의 말씀을 통해서 우리에게 말씀하실 뿐만 아니라, 우리 자신의 양심을 통해서 우리 안에서 말씀하셔서서 우리에게 이것이 바른 길이니 너희는 이리로 가라(사 30:21)고 속삭이시기도 하신다. 우리는 말씀이나 양심을 통해서 들려오는 하나님의 음성에 귀를 기울여야 한다. 선지자가 성루 또는 높은 곳에 섰다는 것은 그가 하나님의 뜻을 알기 위해서 그에게 가능한 도움들과 수단들을 활용하여 가르침을 받으려고 하는 그의 현명함을 보여주는 것이다. 하나님의 음성을 듣기를 원하는 자들은 세상에서 물러나서, 모든 주의(注意)와 생각을 하나님께 집중하고, 믿는 자들의 신앙 체험들을 참조하며 신앙의 일에 있어서 경험이 많은 자들의 조언을 구하고, 끊임없이 기도하여야 하는데, 이것이 바로 성루에 서는 것이다. 선지자가 파수하는 곳에 섰다는 것은 그의 인내심, 즉 응답을 받을 때까지 포기하지 않고 끝까지 기다리겠다는 결연한 의지를 보여주는 것이다. 그는 파수꾼처럼 비가 오나 바람이 부나 응답을 받을 때를 기다리면서 꿋꿋이 견뎌나가고자 한다. 그는 자신의 만족만을 위해서가 아니라, 선지자로서 다른 사람들을 만족시켜 주려고 하나님의 말씀을 전할 때에 그들로부터 책망이나 반대를 받는 경우에 그들에게 충분히 설명해 줄 수 있기 위해서, 하나님이 그의 질문에 대하여 어떻게 대답하실는지를 알고자 한다. 하박국 선지자는 그 점에 있어서 우리의 모범이다.

1. 우리는 하나님의 구체적인 섭리들과 관련된 의구심들로 인해서 요동하고 혼란스러워져서 시험에 들어, 세상을 다스리는 것은 지혜로우신 하나님이 아니라 운명 또는 숙명이고, 교회는 버림을 받았으며, 하나님이 자기 백성과 맺으신 언약은 무효화되고 폐기되었다고 생각하고자 하는 유혹을 받을 때에, 하나님으로부터 그 문제를 해결하기 위한 깨우침을 받기 위하여 애를 써야 한다. 우리는 그러한 시험과 유혹이 우리 속에 발을 붙이지 못하도록 파수를 서야 하고, 그 시험과 유혹을 잠재우고 이 난제를 풀어줄 대답을 발견할 수 있는

지를 살펴보기 위해서 망루에 서야 하며, 시편 기자처럼 옛날 곧 지나간 세월을 곰곰이 생각하며 부지런히 찾아야 하고(시 77:5), 하나님의 성소로 가서 이 일들의 결국을 깨닫고자 애써야 한다(시 73:17). 우리는 우리에게 찾아든 의심들에 지지 말고, 그 의심들에서 빠져나오기 위해서 최선을 다해 싸워 나가야 한다.

2. 우리는 하나님 앞에 나아가서 우리의 탄식과 간구들을 쏟아 놓으면 기도할 때에, 하나님이 그의 말씀이나 성령이나 섭리들을 통해서 우리의 겸손한 간구들에 대하여 어떤 응답을 주시는지를 주의 깊게 살펴보아야 한다. 다윗은 과녁을 향해 활을 조준하듯이 내가 나의 기도를 주께 향하리이다라고 말할 때에 내가 바라보리이다라는 말을 덧붙인다(시 5:3). 즉, 사람이 활을 쏜 후에 자기가 쏜 화살이 과연 과녁에 명중하는지를 알기 위해서 그 화살을 바라보듯이, 다윗은 자신의 기도를 바라보며 그 기도가 과연 상달되는지를 바라보겠다는 것이다. 우리는 하나님 여호와께서 하시고자 하시는 말씀을 들어야 한다(시 85:8).

3. 우리는 하나님의 말씀을 읽거나 들으면서 생생한 말씀을 들려 주시기를 바랄 때에, 하나님이 우리의 처지에 맞게 내게 무엇이라 말씀하실지, 즉 우리의 심령에 어떠한 말씀, 즉 우리의 죄를 깨우치시고 경고하시며 권면하시고 위로하시기 위하여 어떤 말씀을 주실는지를 기다리고 바라보아야 한다. 그럴 때에만, 우리는 하나님의 음성을 알아차리고서 그 권능에 순복할 수 있고, 우리를 책망하시는 하나님의 말씀에 대하여 우리가 어떻게 응답해야 할지를 곰곰이 생각해 볼 수 있게 될 것이다.

4. 우리는 여기에 나오는 선지자처럼 하나님과 그의 섭리에 대하여 시비를 거는 많은 자들에 의해서 마치 성루에 있는 것처럼 포위당해 있을 때에, 그들에게 어떻게 대답해야 할지를 곰곰이 생각하면서, 하나님으로부터 먼저 우리 자신이 납득할 수 있는 대답을 받아서, 우리 속에 있는 소망에 관한 이유를 물으며(벧전 3:15) 우리를 책망하는 자들에게 그들이 납득할 수 있는 대답을 해줄 수 있는 준비를 갖추고 있어야 하고, 하나님께 우리에게 구변과 지혜(눅 21:15)를 주시고, 우리가 대적들 앞에서 답변을 해야 할 그 때에 하나님이 우리에게 할 말을 주시라고 기도하며 구하여야 한다(마 10:19).

II. 하나님이 은혜로우시게도 선지자를 만나 주심. 하나님은 그가 그들에게 무슨 말씀을 하실지를 믿음으로 기대하며 기다리는 자기 백성을 실망시키지 않으시고, 반드시 화평을 말씀하시고(시 85:8) 선한 말씀, 위로하는 말씀으로 대답하실 것이다(슥 1:13). 하나님이 선지자에게 갈대아 사람들이 쳐들어와서 유다 땅을 유린하며 승승장구할 것을 보여주셨는데, 선지자는 바로 그것을 이해할 수 없어서 탄식하며 하소연하였었다. 이제 그 문제와 관련해서 선지자의 마음을 달래주시기 위해서, 앞서 이사야가 유다 백성이 바벨론으로 사로잡혀 갈 것을 예언하면서 바벨론의 멸망도 아울러 예언하였던 것처럼, 하나님은 여기에서 갈대아 사람들도 결국 멸망하게 되리라는 것을 추가적으로 선지자에게 보여주신다. 하나님은 이제 묵시를 통해서 선지자에게 이 크고 중요한 사건을 보여주시면서, 이 묵시가 성취되는 것을 보게 될 장래의 세대들에게 이 묵시를 널리 알리라고 특별히 당부하신다.

1. 선지자는 이 묵시를 기록해야 한다는 것(2절). 사도 요한도 새 예루살렘에 관한 묵시를 보았을 때에 기록하라(계 21:5)는 명령을 받았다. 그가 이 묵시를 기록해야 하는 이유는 이 묵시를 그의 마음판에 새겨서 각인시키기 위한 것이기도 하지만, 특히 먼 곳에 있는 자들도 알아보게 하고, 장래의 세대들에게도 전해질 수 있게 하기 위한 것이다. 구전에 의해서 전해지는 것은 잘못 전해지기가 쉽다. 그러나 기록을 해서 전하면, 그것은 그 내용이 잘못 전해지지 않고, 원래대로 안전하고 순전하게 보존될 수 있다. 그렇기 때문에, 우리는 묵시들을 기록하여 전하게 하신 하나님께 감사해야 한다. 하나님은 그의 율법만이 아니라 그의 선지자들에게 주신 귀한 말씀들도 기록하여 우리에게 전하게 하셨다. 하박국 선지자는 이 묵시를 기록하여 판에 큰 글자로 읽기 쉽게 명백히 새겨서 달려가면서도 읽을 수 있게 하여, 일부러 시간을 내어 읽을 수 없는 자들이라도 달려가면서 이 묵시를 볼 수 있게 해주어야 한다. 선지자들은 그들이 전한 예언들 가운데서 중요한 골자들을 서판에 기록하여 성전에 걸어 놓곤 하였던 것 같다(사 8:1). 이제 하박국 선지자는 이 묵시를 명백히 기록하라는 지시를 받는다. 하나님의 말씀을 전하는 일에 쓰임을 받는 자들은 전혀 배우지 못한 자들도 알아들을 수 있을 정도로 아주 쉽게 말씀을 전하려고 애써야 한다는 것을 명심하라. 하나님이 우리를 위하여 기록하신 우리의 영원한 평안에 관한 일들은 모호하지 않고 분명하며, 총명 있는 자에게 아주 명백하고(잠 8:9), 권세 있게 선포된다. 하나님은 그 말씀들을 명백히 새기라고 말씀하심으로써, 그 말씀들 앞에 친히 그의 발행 허가서를 붙여 놓으셨다.

2. 백성들은 이 묵시가 성취될 때를 기다려야 한다는 것(3절). "이 묵시는 정

한 때가 있다. 너희는 이제 갈대아 사람들의 나라가 무너짐으로써 너희가 구원받게 될 것이라는 말을 듣게 될 것이지만, 그 일이 이루어질 때는 하나님의 모략과 작정하심 안에서 정해져 있다. 정한 때가 있지만, 그 때는 가깝지 않고, 상당 기간 동안 미루어질 것이다." 하나님이 이 묵시를 기록하라고 명하시는 이유가 바로 이 때문인데, 그것은 후세 사람들로 하여금 이 묵시와 그 정한 때에 일어난 사건을 비교해 보게 하기 위한 것이다. 하나님은 정하신 때에 정하신 일을 하시는데, 그 때가 이르면 그 일을 반드시 행하신다는 것을 명심하라. 우리는 하나님이 정하신 일들을 우리 마음대로 앞당겨 행하여서는 안 되고, 하나님이 정하신 때를 기다려야 한다. 하나님이 약속하신 은혜가 오랫동안 지연된다고 할지라도, 그 은혜는 결국에는 온다는 것과 우리의 기다림을 차고 넘치게 보상해 줄 정도로 풍성하리라는 것은 우리가 그 은혜를 인내로써 기다리는 데에 큰 힘이 된다. 이 묵시는 마침내 말하겠고 결코 거짓되지 아니하리라. 그 묵시는 정해진 때에 반드시 올 것이기 때문에, 우리는 그 묵시로 인하여 실망하지 않게 될 것이다. 또한, 그 묵시는 우리가 믿고 기다린 것을 충분히 보상해 주고도 남음이 있을 것이기 때문에, 우리는 그 묵시의 결과와 관련해서도 실망하지 않게 될 것이다. 하나님의 약속의 말씀은 오랫동안 침묵하는 것처럼 보일지라도, 결국에는 말하게 될 것이다. 그러므로 묵시의 성취가 우리가 생각했던 것보다 더 오래 지체되어서 비록 더딜지라도, 우리는 그 묵시가 반드시 응하리라는 것을 확신하고서, 끝까지 기다려야 한다. 하나님이 자기 백성을 구원하시고 원수들을 멸하시기로 정하신 날은 다음과 같은 성격을 지닌 날이다.

(1) 그 날은 결국에는 반드시 온다는 것. 그 날은 어떤 날을 정함이 없이 무작정 연기되는 것이 아니라, 정한 때와 가장 적절한 때에 틀림없이 오게 되어 있다.

(2) 그 날은 지체되지 않으리라는 것. 왜냐하면, 하나님은 어떤 이들이 더디다고 생각하는 것 같이 더딘 것이 아니기 때문이다(벤후 3:9). 그 날이 우리가 생각한 때를 넘겨서 지체된다고 할지라도, 그것은 하나님이 가장 적절한 때라고 생각하여 정하신 때를 넘겨서 지체되고 있는 것은 결코 아니다.

3. 아주 오랫동안 기다려야 성취될 이 묵시는 사람들의 믿음과 인내를 시험하여 그 실체를 드러내는 작용을 하게 되리라는 것(4절).

(1) 마음이 높아져서 교만하게도 이 묵시를 경멸하며 인정하고자 하지 않는

자들이 있으리라는 것. 하나님이 그들을 위하여 즉 이 묵시를 행하시면, 그들은 하나님께 감사하지도 않고, 하나님의 공로를 인정하지도 않을 것이다. 그들의 마음은 헛된 것을 향하여 높아져 있어서, 하나님이 이 묵시를 미루시면, 그들은 스스로 살 길을 찾아서 분주히 움직이고, 하나님을 바라보고자 하지 않는다. 그들은 그들의 손으로 충분히 잘 해 나갈 수 있다고 생각하여, 그들에게 주신 하나님의 약속을 하찮은 것으로 생각한다. 이렇게 높아져서 교만한 심령은 그 속에서 정직하지 못하고, 하나님 앞에서 의롭지 못하다. 하나님 안에는 모든 것이 충족하다는 것을 믿지 않거나 멸시하는 자들은 하나님 앞에서 정직하게 행하고자 하지 않는다(창 17:1).

(2) 진정으로 선하고 그 마음이 하나님 앞에서 정직한 자들은 하나님의 약속을 소중히 여겨서, 그들의 모든 것을 거기에 걸게 되리라는 것. 그들은 그 약속이 참되다는 것을 신뢰하기 때문에, 아무리 어려운 시험의 때에도 하나님을 꼭 붙잡고서 그들의 본분을 다하며, 하나님과 교통하고 하나님을 의지하고 기대하며 평안하게 살아간다. 의인은 믿음으로 살아갈 것이다. 포로기 동안에 선한 자들은 비록 그 성취의 때는 오랜 후가 된다고 할지라도 이 귀한 약속들을 믿는 믿음으로 힘을 얻고 평안히 살아가게 될 것이다. 의인은 그의 믿음으로, 즉 그가 하나님의 말씀에 의지하여 행하는 저 믿음으로 말미암아 살게 될 것이다. 이 구절은 신약에서 오직 믿음으로만 의롭다 하심을 얻는다는 위대한 교리와 믿음의 은혜가 그리스도인들의 삶에 미치는 영향력에 대한 증거로 인용된다(롬 1:17; 갈 3:11; 히 10:38). 믿음으로 말미암아 의롭게 된 자들은 여기에서와 영원히 복될 것이다. 그들은 이 세상에 있는 동안에도 믿음으로 살아간다. 그들이 천국에 이르렀을 때, 그들의 믿음은 그들의 눈 앞에 현실로 펼쳐지게 될 것이다.

[5]그는 술을 즐기며 거짓되고 교만하여 가만히 있지 아니하고 스올처럼 자기의 욕심을 넓히며 또 그는 사망 같아서 족한 줄을 모르고 자기에게로 여러 나라를 모으며 여러 백성을 모으나니 [6]그 무리가 다 속담으로 그를 평론하며 조롱하는 시로 그를 풍자하지 않겠느냐 곧 이르기를 화 있을진저 자기 소유 아닌 것을 모으는 자여 언제까지 이르겠느냐 볼모 잡은 것으로 무겁게 짐진 자여 [7]너를 억누를 자들이 갑자기 일어나지 않겠느냐 너를 괴롭힐 자들이 깨어나지 않겠느냐 네가 그들에게 노략

을 당하지 않겠느냐 ⁸네가 여러 나라를 노략하였으므로 그 모든 민족의 남은 자가 너를 노략하리니 이는 네가 사람의 피를 흘렸음이요 또 땅과 성읍과 그 안의 모든 주민에게 강포를 행하였음이니라 ⁹재앙을 피하기 위하여 높은 데 깃들이려 하며 자기 집을 위하여 부당한 이익을 취하는 자에게 화 있을진저 ¹⁰네가 많은 민족을 멸한 것이 네 집에 욕을 부르며 네 영혼에게 죄를 범하게 하는 것이 되었도다 ¹¹담에서 돌이 부르짖고 집에서 들보가 응답하리라 ¹²피로 성읍을 건설하며 불의로 성을 건축하는 자에게 화 있을진저 ¹³민족들이 불탈 것으로 수고하는 것과 나라들이 헛된 일로 피곤하게 되는 것이 만군의 여호와께로 말미암음이 아니냐 ¹⁴이는 물이 바다를 덮음 같이 여호와의 영광을 인정하는 것이 세상에 가득함이니라

하나님이 선지자에게는 이 묵시를 기록하라고 명하시고, 백성들에게는 이 묵시가 성취될 때를 기다리라고 명하신 후에, 묵시 자체에 대한 설명이 이어진다. 이 묵시는 우리가 앞에서 보았던 다른 여러 예언들과 마찬가지로 하나님이 정하신 한계를 넘어가서 범죄한(1:11) 바벨론과 바벨론의 왕에 대한 경고의 말씀이다. 이 묵시는 예루살렘의 멸망에 주도적인 역할을 한 느부갓네살, 또는 그의 왕조, 또는 갈대아 사람들의 나라 전체, 또는 어떤 민족, 특히 하나님의 백성을 압박한 모든 교만하고 억압적인 세력들에 대한 판결문이다. 좀 더 자세하게 살펴보자.

I. 하나님이 이 원수를 쳐서 고소하심. 이것은 앞으로 나올 판결의 토대가 되고 있다(5절). 육신의 정욕과 안목의 정욕과 이생의 자랑(요일 2:16)은 사람들, 특히 큰 자들을 옭아매는 덫들이다. 우리는 이스라엘을 사로잡은 그가 이 각각의 것들에 의해서 사로잡혀 있는 것을 발견한다.

1. 그는 호색하고 방탕하며 쾌락에 빠져 있다는 것. 그는 술을 즐기며 술로 인하여 범죄한다. 술 취하는 것은 그 자체가 범죄이고, 다른 많은 범죄들의 원인이기도 하다. 성경에서는 포도주로 말미암아 옆 걸음 치며 그릇된 길로 가는 자들에 대하여 말한다(사 28:7). 벨사살(이 예언은 특히 그에게서 성취되었다)의 경우에, 손이 나와서 벽에 글씨를 써서 여기에 나오는 판결을 그에게 즉시 집행하라는 영장에 서명을 하였을 때에, 포도주로 말미암은 그의 범죄는 절정에 달해 있었다(단 5:1).

2. 그는 교만하고 오만하다는 것. 그는 교만한 자였다. 그의 교만은 그가 곧

멸망할 것임을 보여주는 확실한 전조(前兆)였다. 큰 자들이 교만한 경우에, 크신 하나님은 그들 위에 그가 계시다는 것을 그들에게 알게 해 주실 것이다. 그가 술로 말미암아 범죄한 것은 그의 교만함과 방자함의 원인이 되었다. 술에 취하면, 아무리 짐승처럼 비천한 자라도 자기가 왕이라도 된 것처럼 자기 자신을 대단하게 여기고, 부끄러워해야 할 일을 도리어 자랑한다. 성경에서는 에브라임의 술 취한 자들의 머리에 있는 교만의 면류관이 그들에게 화라고 말한다(사 28:1).

3. 그는 탐욕스럽고 재물 욕심이 많다는 것. 이것은 그의 교만의 결과이다. 그는 자기가 모든 것을 누릴 만한 인물이라고 생각하기 때문에, 모든 것을 자기 것으로 만드는 것을 자신의 일로 삼는다. 갈대아 왕조는 세계 제국이 되고자 하였다. 그는 자기가 가진 것으로 만족하지 못하기 때문에, 자신의 왕궁에서 그의 권세로 누릴 수 있는 것들을 누리지 않고, 자기가 가진 것이 너무 적다고 생각하여, 자기 나라에 가만히 있지 아니한다. 그의 죄는 곧 그에 대한 벌이기도 하다. 그는 자신의 야망 때문에 한시도 마음 편할 날이 없다. 그는 자신의 궁전에서 편안히 지내는데도, 마음에 불만이 있기 때문에, 그 궁전은 그에게 감옥이다. 그는 날마다 죽은 자들의 시신을 받으면서도 여전히 만족할 줄을 모르고 다오 다오라고 외치는 스올처럼 자기의 욕심을 넓힌다. 또한, 그는 아무리 삼켜도 족한 줄을 모르는 사망과 같다. 이 세상의 재물을 아주 많이 가지고 있는 많은 자들의 저지르는 죄이자 어리석음은 자기가 가진 것에 만족할 줄을 모르고, 더 많이 갖고자 하고, 더 많은 재물을 얻기 위해 계속해서 욕심을 부린다는 것이다. 하나님이 만족할 줄 모르는 욕망을 지닌 자들에게 결코 만족을 누릴 수 없게 하시는 것은 의로우신 일이다. 하나님은 은을 사랑하는 자들에게는 그들이 결코 은으로 만족하지 못할 것이라는 판결을 내리신다(전 5:10). 자기에게 주어진 몫에 만족하지 못하는 자들은 그들이 얻거나 이룬 것들에서 위로를 받지 못할 것이다. 이 교만한 왕은 계속해서 자기에게로 여러 나라를 모으며 여러 백성을 모은다. 즉, 그는 모든 나라와 백성이 그의 것이 되고 그의 지배 아래 있을 때까지, 계속해서 그들의 권리를 침해하고 그들의 재산을 빼앗는데, 한 나라나 백성이라도 그의 지배를 벗어나 있으면 참지를 못한다. 그는 한 나라를 지배해도 만족함이 없기 때문에 또 다른 나라를 지배하고자 하고, 그 나라를 지배하고서도 만족함을 느끼지 못하기 때문에 또 다른 나라를 지배하고자 하

지만, 모든 나라를 다 지배하여도 만족함을 얻지 못한다. 이것은 좀 더 낮은 지위에 있는 자들이 이 왕과 동일한 무절제한 욕망을 충족시키기 위해서 가옥에 가옥을 이으며 전토에 전토를 더하여 빈 틈이 없도록 하고 이 땅 가운데에서 홀로 거주하려 하는 것과 마찬가지이다(사 5:8). 잘 다스리지도 못하면서 영토를 끝없이 넓히는 것을 자신의 영예(榮譽)로 여기는 야심 많은 왕들의 어리석음과 그런 왕들에 의해서 괴롭힘을 당하여 피폐해지는 나라들의 참상 중에서 어느 쪽이 더 불쌍한 것인지를 말하기는 쉽지 않다.

II. 하나님이 이 원수에게 내리시는 판결(6절). 그 무리가 다 속담으로 그를 평론하며, 이 모든 사람들이 그를 빗대어 비유를 짓지 않겠느냐. 그에게 내려진 판결은 이런 것이다.

1. 교만이 그의 죄였기 때문에, 수치와 불명예가 그에 대한 벌이 되리라는 것. 그는 경멸을 뒤집어쓸 것이고, 주위의 모든 자들에 의해서 비웃음과 멸시를 당하게 될 것이다. 허풍을 떨며 호기(豪氣)를 부리는 자들은 그들이 목표한 일이 좌절되어 몰락하게 되면 보통 그런 일들을 당하는 법이고, 또한 그렇게 당하는 것이 마땅하다.

2. 그는 이웃들을 능욕하였기 때문에, 그에게서 능욕을 받은 자들이 그에게 수치를 안겨 주는 도구들이 되리라는 것. 그 무리가 조롱하는 시로 그를 풍자할 것이다. 그들은 그를 욕하며 즐거워할 것이고, 그는 그들에게 짓밟히는 수치를 당하게 될 것이다. 하나님은 장차 이 큰 폭군의 몰락을 기뻐하게 될 자들에게 여기에서 그를 모욕하는 데에 사용할 속담과 조롱하시는 시를 제공해 주신다. 그들은 이 폭군을 조롱하는 시를 이렇게 지을 것이다: 어이, 자기 소유 아닌 것을 모으는 자여! 아하! 지금 그런 자에게 합당한 모습은 무엇일까? 이 구절은 이렇게 조롱하는 식으로 읽혀질 수 있다. 또는, 믿음으로 말미암아 사는 의인은 분명하게 기록된 묵시의 도움을 받아서 원수가 번성할 때에 그 원수의 몰락을 예언할 것이고, 그 원수가 뿌리 내리는 것을 볼 때에 그의 집을 당장에 저주할 것이다(욥 5:3). 그는 이 원수에 대하여 화(禍)를 선포할 것이다.

(1) 이웃들의 권리를 침해하여 자신의 소유를 늘리는 그에게 화가 있으리라는 것(6-8절). 그는 자기 소유 아닌 것, 즉 다른 사람들의 것을 모아서 치부한다. 우리는 오직 우리가 정직하게 얻은 것만을 우리의 것으로 여겨야 한다는 것을 명심하라. 그렇지 않은 것은 오래도록 우리의 것이 되지 못할 것이다. 왜냐하

면, 망령되이 얻은 재물은 줄어갈 것이기 때문이다(잠 13:11). 이 세상에서 번영하는 자들은 그들이 축복을 받은 것이라고 함부로 말하지 말라. 왜냐하면, 그들이 정당한 방법으로 번영하는 것이 아니라면, 그들은 축복이 아니라 화(禍) 아래에 있는 것이기 때문이다.

[1] 이 형통하고 번영하는 왕은 무엇을 하고 있는 것인가. 그는 두터운 흙을 지고 있다. 재물은 단지 흙, 곧 두터운 흙일 뿐이다. 금과 은은 희고 노란 흙이 아니고 무엇이란 말인가? 두터운 흙을 지고 가는 자들은 그 옷이 더러워지고 여정이 늦어진다. 많은 재물을 지고 이 세상을 가는 자들도 마찬가지이다. 세상 재물이라는 쓰레기가 마치 그들의 보화라도 된다는 듯이, 그것을 최대로 많이 지고 가고자 하는 자들은 얼마나 어리석은 자들인가! 그들은 그들의 재물을 관리하느라 그들에게서 떠나지 않는 걱정과 염려, 그 재물을 얻고 비축하며 소비하면서 지은 많은 죄들, 심판의 그 날에 그 재물 때문에 그들이 받아야 할 큰 벌 등과 같은 무거운 짐들을 지고서 살아간다. 그들은 그들의 배에 이 두터운 흙을 너무 많이 실었기 때문에, 그들의 배는 가라앉게 될 것이고, 그들 자신은 파멸과 멸망에 빠지게 될 것이다(딤전 6:9).

[2] 그가 이렇게 자신의 재물을 늘리고 있는 동안에, 사람들은 그에 대하여 무엇이라 말하는가. 그들은 이렇게 소리칠 것이다: "언제까지 그렇게 하려느냐? 그가 그런 짓을 언제까지 계속해야 만족하려나?" 그들은 하나님께 이렇게 부르짖을 것이다: "주께서는 이 교만한 압제자가 언제까지 여러 나라들을 괴롭히게 내버려 두시려 하시나이까?" 또는, 그들은 서로 이렇게 말할 것이다: "그가 불의하게 얻은 재물이 얼마나 오래 가는지 어디 보자." 그들은 구체적인 애기를 하지 않지만, 우리는 그들이 언제까지라고 말할 때에 그들의 속내를 알 수 있다.

[3] 그의 결국은 어떻게 될 것인가. 그는 다른 사람들로부터 폭력으로 빼앗은 것들을 다른 사람들에 의해서 폭력으로 다시 빼앗기게 될 것이다. 메대와 바사가 다른 나라들을 삼켰듯이 갈대아 사람들의 나라도 삼키게 될 것이다(7-8절). "너를 물고 너를 괴롭힐 자들이 일어날 것이다. 네가 전혀 위협으로 여기지 않았던 자들, 잠자고 있는 듯이 보였던 자들이 일어나고 깨어나서 네게 재앙이 될 것이다. 그들은 네가 무사태평하여 충격이나 타격을 방어할 준비가 전혀 되어 있지 않을 때에 갑자기 일어날 것이다. 그들이 갑자기 일어나지 않겠느냐. 그

들은 틀림없이 갑자기 일어나서, 네가 다른 나라들에게 했던 그대로 네게 돌려 줄 것이다. 응보의 법칙에 따라, 다른 나라들이 네게 노략을 당했듯이, 너도 그들에게 노략을 당할 것이고, 네가 여러 나라를 노략하였듯이, 너도 노략을 당하게 될 것이다. 그 모든 민족의 남은 자가 너를 노략하리라(8절)." 바벨론 왕은 모든 나라들을 다 복속시켰기 때문에, 그 어떤 나라도 그에게 보복할 힘이 없을 것이라고 생각하였다. 그러나 하나님이 바벨론 왕과 다투시기로 작정하시면, 그들이 비록 한 민족의 남은 자이고 아주 소수일지라도, 바벨론 왕을 넉넉히 노략하게 될 것이다. 그런데 하나님은 다음과 같은 이유들로 인하여 바벨론 왕과 다투시기로 작정하셨다. **첫째**, 그것은 바벨론 왕의 야심과 복수심 앞에 희생된 무수한 사람들의 피, 특히 하나님께 특별한 방식으로 소중한 이스라엘 백성의 피 때문이었다. **둘째**, 그것은 바벨론 왕이 많은 나라들, 특히 이스라엘 땅을 초토화시키고, 땅의 소산들을 파괴하면서 강포를 행하였기 때문이었다. **셋째**, 그것은 바벨론 왕이 많은 성읍들, 특히 거룩한 도성인 예루살렘을 폐허로 만들면서 성읍과 그 안의 모든 주민에게 행한 폭력 때문이었다. 교만한 자들이 권세와 부귀영화를 누리기 위해서 자행한 폭력에 대해서는 복수하시는 하나님이 저 심판의 날에 다시 한 번 그들에게 상기시키시며 합당한 벌을 내리실 것이다.

(2) 한없이 탐욕을 부리며 끝없이 높아지고자 하는 그에게 화가 있으리라는 것(9-11절). 여기에서 그들이 화를 자초한 범죄로 언급되는 것은 앞의 항목에서 나온 것과 거의 동일한 것으로서 부귀영화에 대한 그들의 만족할 줄 모르는 욕망이다. 그것은 자기 집을 위하여 악한 탐심을 내는 것, 즉 자기 집안을 위해서 악착같이 더욱더 많은 부를 쌓으려고 하는 것이다. 탐욕은 한 집안을 망치는 아주 악한 것임을 명심하라. 탐욕은 그 집안에 불안과 걱정을 가져다 주고(이익을 탐하는 자는 자기 집을 해롭게 하느니라, 잠 15:27), 그것보다 더 나쁜 것은 그 집안과 그 모든 일에 하나님의 저주를 불러온다는 것이다. 부당한 이득을 취하는 자에게 화 있을진저(이 본문은 이렇게 읽기도 한다). 하나님의 축복으로 말미암아 의롭게 얻은 소득은 한 집안에 위로가 되지만(선인은 그 산업을 자자 손손에게 끼치느니라, 잠 13:22), 속임수와 불의로 얻어진 부당한 이익은 한 집안에 복이 되지 않을 뿐만 아니라, 도리어 그 집안에 빈곤과 파멸을 가져다 줄 것이다.

[1] 이 탐욕스러운 자는 무엇을 목표로 하였는가. 그의 목표는 자기 둥지를 높

은 곳에 틀어서, 즉 자기 집안을 그 어떤 위험도 닿을 수 없는 권문세가로 일으
켜 세워서, 악한 세력으로부터 건짐을 받고, 그 어떤 원수의 힘도 그의 집안을
뒤흔들어 놓거나 해악을 가할 수 없게 만들어 놓는 것이었다. 사람들은 그들의
탐욕과 야망에 대하여 자기는 단지 자신의 안전을 도모하고자 했을 뿐이라는
변명을 내어놓는 것이 보통이라는 것을 명심하라. 그렇지만 그들이 그들의 재
물이 그들에게 견고한 성이자 높은 성벽이 되어 줄 것이라고 생각한다면, 그것
은 오직 그들 자신의 망상 속에서만 그런 것이기 때문에, 그들 자신을 속이는 것
에 불과하다(잠 18:11).

[2] 그는 이 목표를 위해서 무엇을 얻고자 하였는가. 네가 많은 민족을 멸한 것
이 네 집에 안전을 가져다 준 것이 아니라 욕을 부르는 것이 되었도다(10절). 죄
악을 수단으로 해서 일으켜진 재산은 한 집안에게 치욕을 가져다 준다는 것을
명심하라. 더 넓은 땅을 차지하기 위해서 다른 사람들을 죽이거나 남의 땅을
침범하고, 자기가 부자가 되기 위해서 다른 사람들을 거리로 내모는 자들은 자
기 집안에 욕을 부르고 오명(汚名)만을 남겨줄 뿐이다. 그러나 그것으로 끝나
는 것이 아니다. "네가 네 영혼에게 죄를 범하게 하는 것이 되었고, 네 영혼을 죄책
과 진노 아래 놓이게 함으로써 위태롭게 하였다." 이웃에게 불의를 행하는 자
들은 그들 자신의 영혼에게는 훨씬 더 큰 잘못을 행하는 것임을 명심하라. 그
러나 죄인이 아주 교묘하고 지능적으로 사기와 폭력을 행하였기 때문에 그 누
구도 그것을 증명할 수 없다고 생각하여, 자기는 죄가 없다고 항변하고, 실제
로 그의 죄악을 증언해 줄 다른 증인이 없다면, 담에서 돌이 그를 쳐서 부르짖
고, 집에서 들보가 응답하여, 그가 그의 집을 지을 때에 사용한 돈과 물자들이
불의하게 얻어진 것임을 증언하리라는 것을 그는 알아야 한다(11절). 피조물이
다 인간의 죄 때문에 함께 탄식하면서 썩어짐의 종 노릇 한 데서 해방되기를 기다리
듯이(롬 8:21-22), 여기에 나오는 돌과 들보도 원수를 갚아 달라고 하늘을 향하
여 소리친다.

(3) 피와 착취를 통해서 성읍과 성을 건설하는 그에게 화가 있으리라는 것
(12절). 그는 성읍을 건설하여, 그 성읍의 주인이 되었다. 그는 성을 건축하여, 그
성을 그의 왕도로 삼았다. 실제로 느부갓네살이 그랬다(단 4:30): 이 큰 바벨론
은 내가 능력과 권세로 건설하여 나의 도성으로 삼고 이것으로 내 위엄의 영광을 나
타낸 것이 아니냐. 그러나 바벨론은 그가 압제한 그의 신민들의 피와 그가 불의

하게 침략한 그의 이웃 나라들의 피로 건설된 것이다. 그 성은 죄악으로 건설되었고, 그 성의 안전을 위해 만들어진 불의한 법들로 건설되었다. 그렇게 하는 자에게 화 있을진저. 왜냐하면, 그런 식으로 건설된 성읍들과 성들은 결코 견고할 수 없기 때문이다. 그것들은 무너질 것이고, 그것들을 건설한 자들은 그 폐허 더미 속에 매장될 것이다. 피와 죄악으로 건설된 바벨론은 실제로 오래 가지 못하고, 얼마 안 있어 무너졌다. 하나의 역사로 표현된 이사야의 예언(사 21:9)이 실제의 역사가 되었을 때, 거기에서 선포된 화(禍)는 그대로 역사 속에서 현실이 되었다: 함락되었도다 함락되었도다 바벨론이여.

[1] 바벨론의 멸망은 막대한 비용과 엄청난 인력을 들여서 그 성을 견고히 지은 갈대아 사람들의 수치였다는 것(13절). 아주 힘들여서 그 성을 지은 **백성**들이 불탈 것으로 수고하고, 그들이 견고하다고 자랑하였던 성의 건물들이 불에 타는 것을 보며, 그 건물들을 구해 내려고 헛된 수고를 하게 될 것은 만군의 여호와께로 말미암음이 아니냐. 또는, 그들이 세상 재물과 명예를 추구하느라 큰 위험을 무릅쓰고 그들 자신을 크게 피곤하게 만드는 것은 불 속에서 수고하는 것과 같다. 하나님의 포도원에서 일한 일꾼들이 한 가장 큰 수고는 그들이 종일 수고하며 더위를 견디었다(마 20:12)는 것이다. 그러나 세상의 것들을 추구하느라 열심인 자들은 불 속에서 수고한다. 즉, 그들은 그들 자신을 그들의 욕망의 완전한 노예로 만든다. 세상에서 가장 쓸데없는 허드렛일은 탐욕에 사로잡혀서 일하는 것이다. 그 결과는 무엇인가? 그들은 엄청난 수고를 하지만, 그 대가는 너무나 형편없다. 왜냐하면, 그들은 결국 헛된 일로 피곤하게 된 것이기 때문이다. 그들은 그것이 헛된 일이라는 말을 들었다. 그러나 그들이 나중에 그 일에 대하여 실망할 때, 그들은 그것은 헛된 일보다 더 나쁜 것, 즉 속상하고 분한 일이라고 고백하게 될 것이다.

[2] 바벨론의 멸망은 공평한 공의와 거역할 수 없는 권능을 지니신 하나님의 영광이었다는 것. 왜냐하면, 갈대아 왕조의 멸망으로 인해서 여호와의 영광을 인정하는 것이 세상에 가득하였기 때문이다(14절). 여호와께서 이러한 심판들을 집행하실 때, 그가 특히 교만한 자들을 발견하여 모두 낮추실 때(욥 40:11), 세상 사람들은 여호와를 알게 된다. 하나님이 땅의 영광을 녹슬게 하고 무너지게 하심으로써 사람들에게 어떠한 유익과 복을 가져다 주시는지를 보라. 하나님은 그런 일을 통해서 그의 영광을 나타내시고 더 크게 하시며, 시간이 더 이상 존

재하지 않을 때까지 결코 마르지 않을 정도로 깊고 넓은 바다를 물이 덮음 같이 하나님을 아는 지식이 세상에 가득하게 하신다. 복음으로 말미암아 주어진 예수 그리스도의 얼굴에 있는 하나님의 영광을 아는 지식이 그런 것이고(고후 4:6), 바벨론의 기적적인 멸망에 의해서 주어진 하나님의 영광을 아는 지식이 그런 것이었다. 하나님의 입의 심판들에 의해서 그의 영광을 아는 지식을 가르침 받고자 하지 않는 자들은 그의 손의 심판들에 의해서 강제적으로 그 지식을 알고 인정하게 될 것임을 명심하라.

[15]이웃에게 술을 마시게 하되 자기의 분노를 더하여 그에게 취하게 하고 그 하체를 드러내려 하는 자에게 화 있을진저 [16]네게 영광이 아니요 수치가 가득한즉 너도 마시고 너의 할례 받지 아니한 것을 드러내라 여호와의 오른손의 잔이 네게로 돌아올 것이라 더러운 욕이 네 영광을 가리리라 [17]이는 네가 레바논에 강포를 행한 것과 짐승을 죽인 것 곧 사람의 피를 흘리며 땅과 성읍과 그 안의 모든 주민에게 강포를 행한 것이 네게로 돌아오리라 [18]새긴 우상은 그 새겨 만든 자에게 무엇이 유익하겠느냐 부어 만든 우상은 거짓 스승이라 만든 자가 이 말하지 못하는 우상을 의지하니 무엇이 유익하겠느냐 [19]나무에게 깨라 하며 말하지 못하는 돌에게 일어나라 하는 자에게 화 있을진저 그것이 교훈을 베풀겠느냐 보라 이는 금과 은으로 입힌 것인즉 그 속에는 생기가 도무지 없느니라 [20]오직 여호와는 그 성전에 계시니 온 땅은 그 앞에서 잠잠할지니라 하시니라

하나님이 그들에게 화를 선포하신 근거가 된 앞의 세 가지 항목은 서로 아주 비슷비슷하다. 하나님이 거기에서 화를 선포하신 대상이 된 자들은 약탈과 불의를 통해서 재물을 모은 압제자들과 착취자들이다. 8절에서 말하고 있는 것과 동일한 것이 여기에서도 다시 언급된다(17절). 왜냐하면, 그것은 하나님이 가장 강조하시는 그들의 범죄이기 때문이다. 그들에게 화가 선포된 것은 그들이 불의하고 야만적으로 흘린 사람들의 피, 무죄한 피 때문이고, 그들이 땅과 성읍과 그 안의 모든 주민에게 강포를 행한 것 때문이다. 하나님은 의를 신원하시고 불의에 보복하시는 자로서 조만간에 반드시 그러한 죄악으로 인하여 그들을 벌하실 것이다.

그러나 여기에서 하나님이 그들에게 화를 선포하시는 근거가 되는 두 가지

항목은 앞에 나온 것과는 다른 성격을 지닌다. 하나님은 그의 백성을 포로로 사로잡아 간 바벨론 왕들과 그들이 속한 나라의 모든 백성들에게 화를 선포하신다.

I. 하나님이 술을 권하는 자들을 고발하시고 단죄하심(15:17절). 벨사살은 그런 자들 중의 한 사람이었다. 그가 그의 귀족 천 명 앞에서 술을 마시며, 그들로 하여금 억지로 그를 위하여 축배를 들게 만들 때(단 5:1), 이 장의 예언이 그와 그의 나라에서 성취되었다. 이후의 바사의 왕들은 바벨론의 왕들을 통해서 사람들로 하여금 억지로 축배를 들게 하는 것이 얼마나 큰 재난을 불러오는지를 직접 보았기 때문에, 마시는 것도 법도가 있어 사람으로 억지로 하지 않게 하고 각 사람이 마음대로 하게 하여야 한다는 것을 그들의 나라의 법으로 삼았던 것 같다(에 1:8). 그러나 하나님이 여기에서 선포하신 화(禍)는 화려한 궁정에서든 하잘것없는 선술집에서든 언제 어디서나 이 죄를 범하는 모든 자들에 대하여 그 신분의 고하를 막론하고 추상(秋霜) 같이 적용된다.

1. 하나님이 여기에서 고발하시는 죄인은 어떤 자인가. 그는 이웃에게 술을 마시게 하는 자이다(15절). 목말라 하는 가난한 이웃에게 제자의 이름으로 냉수 한 그릇이라도 마실 것을 주고(마 10:42), 여행에 지친 나그네에게 마실 것을 주며, 죽어 가는 자에게 독주를 주고, 마음이 무거운 자들에게 포도주를 주는 것은 우리가 꼭 해야 하는 구제의 일로서 장차 상을 받을 일이다. 내가 목마를 때에 너희가 내게 마실 것을 주었다(마 25:35). 그러나 이미 충분히 마신 이웃을 완전히 취하게 할 목적으로 그에게 술을 더 주어서, 어리석은 말을 하게 하고 우스꽝스러운 꼴을 보이게 하거나, 그의 은밀한 관심사들을 드러내게 만들거나, 그에게 불리한 거래에 동의하게 만들도록 유인하는 것은 가증스러운 악한 일이다. 이런 죄를 짓고 실행에 옮기며 그것을 자랑스러워하고 즐거워하는 자들은 하늘에 계신 하나님과 그의 거룩한 법들을 거스르는 패역한 자들이고, 지옥에 있는 마귀와 그 마귀의 저주받은 세력을 대신하는 대리자들이며, 이 땅에 있는 사람들 및 그들의 존귀함과 복리(福利)의 원수들이다. 그들은 이스라엘에게 범죄하게 한 느밧의 아들 여로보암 같은 자들이다(왕하 23:15). 다른 사람들을 유혹하여 술 취하게 하고, 포도주가 붉고 그 붉은 빛이 잔에서 번쩍이는 것을 보고서(잠 23:31) 유혹되어 술을 마시게 하려고 그들 앞에 술병을 두며, 술집으로 데리고 가서 술집의 규칙에 따라 많은 잔을 마실 수밖에 없게 만드는

것은 다른 사람들의 영혼과 육신을 죽이기 위해서 우리가 할 수 있는 것을 행하는 것이다. 그렇게 행하는 자들은 거기에 상응하는 큰 벌을 받게 될 것이다.

2. 하나님이 그 죄인에게 내리신 선고는 무엇인가. 하나님은 그에게 화를 선포하시고(15절), 그의 죄에 상응한 벌을 내리신다(16절).

(1) 그가 그의 이웃을 술 취하게 만들려고 그 이웃의 손에 술잔을 쥐어 주었는가. 분노의 잔, 두렵고 떨리게 하는 잔, 여호와의 오른손의 잔이 네게로 돌아올 것이다. 하나님의 권능이 그를 치게 될 것이다. 여러 나라를 돌면서 그 나라들을 걸려 넘어지게 하여 다시는 일어날 수 없게 함으로써 폐허와 놀램과 비웃음 거리가 되게 만든 그 잔은 예언대로 마침내 바벨론 왕의 손에 쥐어지게 될 것이다(렘 25:15-16, 18, 26-27). 마찬가지로, 하나님은, 열국을 음행의 잔에 취하게 만든 신약의 바벨론에게도 피를 주어 마시게 하실 것이다. 왜냐하면, 그렇게 하는 것이 합당하기 때문이다(계 16:3, 6).

(2) 그가 그의 이웃으로 수치를 당하게 하는 것을 즐거워하였는가. 그는 그 자신이 멸시를 뒤집어쓰게 될 것이다. "네게 영광이 아니요 수치가 가득하리라. 또는, 네가 전에 받았던 영광보다도 더 큰 수치가 네게 가득하리라. 전에는 네게 영광이 가득하였다는 사실은 이제 네가 받는 수치를 네게 더 치욕스럽게 만들고, 다른 사람들의 눈에 더 비참하게 보이게 만드는 역할만을 하게 될 것이다. 너도 두렵고 떨리게 하는 잔을 마시고, 두려움으로 인해 겁에 질려서 네 벌거벗음이 드러나리니, 네가 수치를 당하리라. 네가 전에 자랑하였던 네 영광, 네 위엄과 부와 권세 위에 부끄러운 토악질이 있을 것이기 때문에, 네 주변의 모든 자들에게 네가 망신을 당할 것인데, 네가 술에 취하게 만든 자들이 네 영광 위에 토악질을 해댈 것이다. 왜냐하면, 네가 레바논에 강포를 행한 것과 짐승을 죽인 것이 네게로 돌아올 것이기 때문이다(17절). 사람들은 레바논에서 맹수 사냥을 했던 때처럼 맹렬하게 너를 사냥하고 짓밟으며 약탈하고 너의 멸망을 조롱할 것이다. 너는 그들을 두렵게 만들었던 맹수들 중의 하나였기 때문에, 그들은 너를 제압했을 때에 크게 기뻐할 것이다." 또는, "하나님이 지금 너를 벌하시는 것은 네가 레바논, 즉 이스라엘 땅과 성전에 자행한 폭력 때문이다(신 3:25; 슥 11:1). 그것이 지금 너를 덮고 있는 죄이다."

II. 하나님이 우상 숭배를 조장하는 자들을 고발하시고 단죄하심(18-20절). 우상 숭배는 바벨론이 저지른 악명 높은 죄 중의 하나였다. 바벨론은 음녀들의 어미였다(계 17:5). 벨사살은 주연(酒筵)을 베풀고 거기에서 그의 우상들을 찬양하였다. 이런 이유 때문에, 하나님은 그들 및 그들과 같은 모든 자들, 특히 신약의 바벨론에 대하여 화를 선포하신다. 좀 더 자세하게 살펴보자.

1. 그들은 우상 숭배를 조장하기 위해서 무슨 일을 하였는가. 그들은 그들의 우상들에게 미쳐 있었다. 성경에서는 갈대아 사람들이 그랬다고 말한다(렘 50:38). 다음과 같은 것들은 그들이 우상 숭배에 어떻게 미쳐 있었는지를 잘 보여준다.

(1) 그들은 새긴 우상, 부어 만든 우상 등 아주 다양한 우상들을 마련해 놓고서, 백성들에게 각자가 가장 좋은 우상을 골라서 숭배할 수 있게 하였다는 것.

(2) 그들은 우상들을 기가 막히게 잘 만들어 내었다는 것. 이 일을 맡아서 우상을 만든 자는 세태를 가장 반영할 수 있는 우상들을 아주 잘 고안해 내서 솜씨좋게 만들어 내었다.

(3) 그들은 우상들을 치장하고 장식하는 데에 돈을 많이 들였다는 것. 그들은 우상들을 금과 은으로 입혔다. 이 우상들은 백성들이 사랑하고 완전히 빠져 있는 것들이었기 때문에, 그들은 이 세상의 자녀들의 경배를 좀 더 효과적으로 끌어내기 위해서 그들의 우상들을 멋지게 장식하였다.

(4) 그들은 우상들에게 큰 기대들을 가지고 있었다는 것. 우상을 만든 자는 자기가 만든 우상을 자신의 신으로 여겨서 의지하고, 지극정성으로 예를 다하여 모셨다. 하나님을 예배하는 자들은 그에게 기도를 올려드리고 그로부터 가르치심과 지시하심을 받고자 기다리는 것으로 그에게 영광을 돌린다. 마찬가지로, 그들도 이런 식으로 그들의 우상들에게 영광을 돌렸다.

[1] 그들은 우상들에게 기도하였다는 것. 교회가 하나님께 주여 깨소서 일어나소서(시 44:23)라고 기도하듯이, 그들은 나무에게 우리를 구원하기 위하여 깨며 "우리의 기도를 듣기 위하여 깨라"고 말하며, 말하지 못하는 돌에게 "일어나서 우리를 구원하라"고 말한다. 그들은 그들의 우상에게 기도함으로써 그 우상이 신이라고 고백한다: 너는 나의 신이니 나를 구원하라(사 44:17). 어떤 사람이 어떤 것에게 도와 달라고 기도한다면, 그것은 그에게 신이다.

[2] 그들은 우상들에게서 신탁(神託)을 구하고, 우상들이 그들에게 지시하고 명령해 주기를 기대하였다는 것. 그들은 말하지 못하는 돌에게 가르침을 달라고 말한다. 악한 귀신이나 사악한 제사장이 우상의 신탁이라고 하며 그들에게 어

떤 말을 해주면, 그들은 그 신탁을 신적인 권위를 지닌 것으로 여겨서 지극히 공경하는 마음으로 받아서, 그 신탁의 다스림을 기꺼이 받고자 한다. 이런 식으로, 우상 숭배는 종교와 기도라는 허울 좋은 외양 아래에서 심어져서 번식하였다.

2. 하나님이 그들의 이러한 우상 숭배가 얼마나 어리석은 짓인지를 어떤 식으로 드러내시는가. 하나님은 이사야 선지자를 통해서 자기 백성을 바벨론에서 구원하실 것에 대하여 미리 말씀하실 때에 우상 숭배자들이 수치스러울 정도로 우둔하고 얼이 빠진 자들이라는 것을 상세하게 보여주셨듯이, 여기에서도 비슷한 상황 속에서 하박국 선지자를 통하여 그렇게 하신다.

(1) 그들이 만든 우상들은 단지 가장 하잘것없고 천한 물질에 불과하다는 것. 그들이 우상들을 만들거나 숭배할 때에 아무리 막대한 돈을 쏟는다고 해도, 우상들이 물질에 불과하다는 사실은 한치도 변할 수 없다. 우상들은 감각과 이성이 전혀 없어서 생명도 없고 말도 하지 못하기 때문에(우상은 말 못하는 우상, 말하지 못하는 돌이고, 그 속에는 생기가 도무지 없다), 생물 중에서 호흡이 있고 움직일 줄 아는 미물이라도 그 우상들보다는 더 나은 존재들이다. 우상들에게는 짐승이 가지고 있는 혼조차도 없다.

(2) 우상들에게는 그 숭배자들에게 어떤 유익이나 복을 줄 수 있는 능력이 없다는 것(18절). 새긴 우상이 무엇이 유익하겠느냐. 새긴 우상은 단순한 물질이지만, 그것을 가지고 다른 것을 만든다면, 그것은 인간의 삶 속에서 이런저런 유익을 끼칠 수도 있다. 그러나 우상 자체로 존재하는 한, 그것은 그 우상을 숭배하는 자들에게 그 어떤 유익이나 복도 줄 수 없다.

(3) 우상은 그들에게 전혀 유익을 주지 못하기 때문에, 그들을 속이는 것이고, 그들을 강력한 망상의 힘 아래 붙잡아 두는 것이라는 것. 그들은 그들의 우상이 교훈을 베풀리라고 말하지만, 우상은 거짓 스승, 즉 거짓말들을 하는 스승이다. 왜냐하면, 하나님은 무한하시고 눈에 보이지 않으시며 그 어떤 것에도 의존되어 있지 않고 독립적인 영이신 데도, 우상은 몸을 지닌 신, 유한하고 눈에 보이며 의존적인 신을 나타내기 때문이다. 이것은 우상 숭배자들이 그 생각이 허망하여져서 하나님에 대한 거짓된 개념들을 마음에 품고서, 하나님을 거짓 것 또는 사람들이 좋아하는 것으로 바꾸어 놓은 자들이라는 것을 확인시켜 준다. 우리가 우리 손으로 만든 것을 향하여 너희가 우리의 신들이라고 말할 수

있다면, 우리는 우리 자신의 망상 속에서 만들어 낸 것들 중 아무것에게나 그렇게 말할 수 있다 ― 망상은 너무 터무니없는 것들을 만들어 내긴 하지만. 우상은 헛 것이고 거짓 것이며 망령되이 만든 것이다(렘 10:8, 14-15). 그러므로 알아듣는 자가 없는 언어로 된 성경 책을 백성들로부터 차단하여 못보게 만든 후에, 그러한 거짓 스승들의 신탁들을 백성들이 힘써 연구하고 수행하여야 할 가르침으로 권장하는 자들의 종교의 정체가 무엇이고, 그들의 목적이 무엇인지를 아는 것은 쉬운 일이다.

3. 우상 숭배자들이 이런 식으로 수치를 당할 때, 하나님의 백성은 하나님 안에서 크게 기뻐하며 힘을 얻는다는 것(20절). 오직 여호와는 그 성전에 계신다.

(1) 그들의 반석이 우리의 반석과 같지 아니하다는 것(신 32:31). 그들의 반석은 말하지 못하는 우상들이지만, 우리의 반석은 여호와 살아 계신 하나님으로서, 그들의 반석처럼 사람들이 좋아해서 만든 존재들이 아니라 스스로 존재하시는 분이시다. 하나님은 그의 영광의 처소인 하늘에 있는 그의 성전에 계시고, 우리는 우리가 고안해낸 방식이 아니라 하나님이 친히 제정하신 방식을 통해서 그에게 나아갈 수 있다. 오직 우리 하나님은 하늘에 계신다(시 11:4; 115:3).

(2) 그들이 엄청난 노력을 다해서 그들의 신들을 무수히 세우고 지원한다고 해도, 그 우상들은 우리 하나님을 밀쳐낼 수 없다는 것. 하나님은 어제나 오늘이나 영원토록 그의 성전에 계시고, 거룩하심 속에서 영화로우시다. 그들은 예루살렘에 있는 하나님의 성전을 황폐화시켰다. 그러나 하나님은 위에 있는 성전에 계시고, 그 성전은 그들의 광분함과 악의는 닿을 수 없고, 하나님의 백성의 믿음과 기도는 닿을 수 있는 곳이다.

(3) 우리 하나님은 온 세상이 그의 앞에서 잠잠하게 하시고, 우상 숭배자들을 치셔서 그들의 우상들과 마찬가지로 말하지 못하게 하시며, 그들에게 그들의 어리석음을 깨우치셔서 부끄러움이 그들을 덮게 만드시리라는 것. 하나님은 압제자들의 광분함을 잠재우실 것이고, 자기 백성에 대한 그들의 광분함을 저지하실 것이다.

(4) 하나님을 잠잠히 경배하는 것, 특히 하나님이 그의 방식과 시간을 따라 그들을 구원하시기 위하여 나타나시기를 기다리는 것은 그의 백성의 본분이라는 것(시 65:1; 슥 2:13). 너희는 가만히 있어 내가 하나님 됨을 알지어다(시 46:10).

제
— 3 —
장

개요

하나님과 하박국 선지자 간의 대화는 끊기지 않고 계속해서 이루어진다. 1장에서는 선지자가 하나님께 아뢴 후에, 하나님이 선지자에게 말씀하시며, 그런 다음에 다시 선지자가 하나님께 아뢴다. 2장 전체는 하나님이 예언의 영을 통해서 선지자에게 하시는 말씀이고, 이제 3장에서는 선지자가 기도의 영을 통해서 하나님께 전적으로 아뢴다. 왜냐하면, 그는 "여호와께서 아브라함과 말씀을 마치시고 가실 때까지는 자기 곳으로 돌아가지 않은"(창 18:33) 아브라함의 참된 자손답게 자기 쪽에서 먼저 대화를 중단하고 싶지 않았기 때문이다. 이 장에 나오는 하박국 선지자의 기도는 "시기오놋에 맞추라"고 곡조와 악기를 지정하고 있다는 점에서 다윗의 시편들을 본뜬 것이라고 할 수 있다. 이 기도는 교회, 특히 포로로 사로잡혀 간 유대인들이 앞 장에 나오는 묵시를 통해서 약속된 그들의 구원을 기다리면서 사용하도록 하기 위해서 기록으로 남겨졌다.

I. 선지자는 환난 가운데에 있는 하나님의 백성의 고통을 덜어 주시고 구원하시며, 그들의 구원의 때를 앞당겨 주시고, 그동안에 그들을 위로하여 주시라고 간절히 간구함(2절). II. 선지자는 하나님이 전에 이스라엘을 애굽에서 이끌어 내셔서 광야를 통과하여 가나안으로 인도하실 때에 그들을 위하여 많은 기이한 구원들을 행하셔서 하나님의 영광스럽고 은혜로운 임재를 나타내신 것을 교회가 체험했음을 상기시킴(3-15절). III. 선지자는 교회가 현재 겪고 있는 환난들을 보면서 거룩한 근심으로 마음이 무척 아팠지만, 모든 상황이 암울하다고 할지라도 그 최종적인 결과는 선하고 영화로울 것이라는 소망을 품고서 힘을 내야 한다고 자기 자신과 다른 사람들을 격려함(16-19절).

¹시기오놋에 맞춘 선지자 하박국의 기도라 ²여호와여 내가 주께 대한 소문을 듣고 놀랐나이다 여호와여 주는 주의 일을 이 수년 내에 부흥하게 하옵소서 이 수년 내에 나타내시옵소서 진노 중에라도 긍휼을 잊지 마옵소서

이 장에는 하박국의 기도라는 표제가 붙여 있다. 이 장은 묵상 기도이

고, 교회를 위한 중보 기도이다. 선지자들은 기도하는 사람들이었고, 이 선지자도 그랬다(그는 선지자라 그가 너를 위하여 기도하리라, 창 20:7). 그들은 종종 그들이 쳐서 예언한 자들을 위해서도 기도하곤 하였다. 그들은 장래의 사건들과 관련해서 하나님의 뜻을 아주 잘 알고 있었기 때문에, 어떤 식으로 기도를 해야 하는지와 무엇을 위해서 기도해야 하는지를 누구보다도 더 잘 알고 있었고, 환난의 때를 미리 내다보면서 그 때에 하나님으로부터 은혜의 응답을 받을 수 있도록 기도를 많이 쌓아둘 수 있었다. 그러므로 그들은 예언을 다 한 후에는 기도를 통해서 교회를 돕고 섬겼다. 하박국 선지자는 자기가 앞서 드린 간구들과 탄식들에 하나님이 기꺼이 응답하실 것임을 알았기 때문에, 여기에서도 하나님에 대한 간구들을 반복한다. 하나님이 그의 귀를 우리에게 기울이셨으므로, 우리는 우리의 평생에 기도하리라고 결심하여야 한다(시 116:2).

1. 선지자는 그가 앞서 드린 간구에 대한 하나님의 응답을 받았고, 그 응답이 그의 마음을 크게 흔들어 놓았다고 고백함(2절). "여호와여 내가 주께서 말씀하시는 것을 들었나이다. 내가 주께서 우리에게 들려 주시고자 하신 것, 주의 백성의 환난과 관련하여 내리신 영(슈)을 들었나이다. 내가 주의 말씀하신 것을 받았고, 그것이 내 앞에 있나이다." 하나님께 제대로 된 말씀을 아뢰고자 하는 자들은 먼저 그들을 향해 하나님이 무엇이라 말씀하실지를 주의 깊게 살펴야 한다는 것을 명심하라. 선지자는 하나님이 내게 무엇이라 말씀하실는지 내가 기다리고 바라보리라(2:1)고 말했었는데, 이제는 여호와여 내가 주께서 말씀하시는 것을 들었나이다라고 고백한다. 우리가 귀를 막고 하나님의 말씀을 듣지 않는다면, 하나님도 귀를 막으시고 우리의 기도를 듣지 않으실 것이다(잠 28:9). 내가 하나님이 말씀하시는 것을 듣고서 놀랐나이다. 아무리 선하고 담대한 자들이라도 하늘로부터 직접 들려오는 말씀을 듣게 되면 대경실색을 하게 되는 것이 보통이다. 모세, 이사야, 다니엘도 심히 두려워하고 떨었다(히 12:21). 게다가, 그 말씀의 내용이 하박국 선지자를 놀라게 만들었다. 왜냐하면, 그는 하나님의 백성이 갈대아 사람들의 압제 아래에서 지극히 낮아지게 될 것이고, 그런 상태가 오랫동안 지속될 것이라는 말씀을 들었기 때문이다. 그는 하나님의 백성들이 완전히 기가 죽고, 교회가 완전히 뿌리가 뽑힌 채로 유린당하며, 오랫동안 비천한 상태로 있다가 결국에는 소멸되어 버리는 것은 아닌가 하여 놀라고 두려워하였다.

2. 선지자가 하나님께 택하신 자들을 위하여 그 환난의 날들을 감해 주시거나 (마 24:22), 그 날들에 있을 환난을 완화시키시고 경감시켜 주시거나, 환난 가운데서 하나님의 백성을 붙들어 주시고 위로해 주시기를 간절히 기도함. 그는 그 기간이 끝날 때까지 기다리는 것은 너무 오래 기다리는 것이라고 생각한다. 아마도 그는 하나님의 백성이 포로로 잡혀 있도록 작정된 칠십 년을 염두에 두고서, 이렇게 말하고 있는 것으로 보인다: "여호와여, 그 기간 중에, 즉 우리가 환난 아래 있을 그 기간 동안에도 우리를 위해 뭔가를 행하시옵소서. 그 기간 동안에 우리가 온전한 구원을 받지는 못하고, 우리의 압제자들이 멸망을 당하지는 않는다고 하여도, 우리를 버리거나 내치지는 말아 주소서."

(1) "주의 대의를 위하여 뭔가를 행하옵소서. 주의 지으신 것, 즉 주의 **교회**(교회는 하나님을 위하여 그에 의해서 그의 손으로 지은 바 된 것이다)를 소생케 하소서. 교회가 환난 중에 다닐지라도, 교회를 살아나게 하소서(시 138:7-8). 주의 백성이 종 노릇 하는 중에서 조금 소생하게 하여 주소서(스 9:8; 시 85:6). 주의 지으신 것을 보존하여 살아 있게 하소서(어떤 이들은 이렇게 읽는다). 비록 주의 교회가 징계를 받는다고 할지라도, 교회로 죽게 하지는 말아 주소서. 교회가 자유를 잃어버렸다고 해도, 남은 자는 구원하여 살려 주셔서, 다음 세대의 씨앗이 될 수 있게 하소서. 우리의 구원을 위해 정하신 때가 아직 오지 않았다고 할지라도, 환난 가운데 있는 우리를 붙들어 주심으로써, 주께서 우리 안에서 시작하신 은혜의 역사를 소생케 하소서. 여호와여, 마른 뼈들과 같은 우리가 어떻게 되든 상관없이, 주의 일을 부흥하게 하옵시고, 그 일이 무너져서 무(無)로 돌아가지 않게 하옵소서."

(2) "주의 존귀하심을 위하여 뭔가를 행하옵소서. 그 기간 중에 주를 나타내시옵소서. 왜냐하면, 지금 진실로 주는 스스로 숨어 계시는 하나님이시기 때문이나이다(사 45:15). 주의 교회의 안전과 복리를 위하여 이 세상을 통치하시는 주의 권능과 자비와 약속과 섭리를 나타내시옵소서. 주여, 우리는 무명(無名)으로 묻혀 있을지라도, 주 자신은 나타내시고 알게 하옵소서. 이스라엘은 어떻게 되든, 이스라엘의 하나님은 이 세상에서 잊혀져서는 안 되오니, 주께서 본격적으로 나타나시기 전인 암울한 시기 중에도 주를 나타내옵소서." 포로 기간 중에 하나님이 풀무불 속에 던져진 그의 세 자녀를 이적을 통해 구원하시고 느부갓네살을 낮추셨을 때, 그 기간 중에 나타내시옵소서라는 하박국 선지자의 기

도는 응답되었다.

(3) "주의 백성이 위로를 받을 만한 뭔가를 행하옵소서. 진노 중에라도 긍휼을 잊지 마옵시고, 그 긍휼을 나타내시옵소서. 여호와여, 주의 긍휼을 우리에게 보이소서(시 85:7)." 그들은 그들의 환난 속에서 그들을 향한 하나님의 진노를 보고, 크게 근심한다. 쓴 잔 속에는 진노가 들어 있다. 그러므로 그들은 하나님은 긍휼이 풍성하신 하나님이시고, 그들은 그의 긍휼의 그릇들이라는 것을 내세워서, 그 잔을 피하게 해 달라고 간절히 기도한다. 하나님의 진노 아래 있는 자들도 하나님이 그들에게 긍휼을 베푸실 것이라는 소망을 포기하지 말아야 한다는 것을 명심하라. 우리가 유일하게 피난처로 삼을 수 있는 것이자 기댈 수 있는 것은 바로 하나님의 긍휼뿐이다. 선지자는 "우리의 공로를 기억하소서"라고 기도하는 것이 아니라, "주여, 주의 긍휼을 잊지 마옵소서"라고 기도한다.

[3]하나님이 데만에서부터 오시며 거룩한 자가 바란 산에서부터 오시는도다 (셀라) 그의 영광이 하늘을 덮었고 그의 찬송이 세계에 가득하도다 [4]그의 광명이 햇빛 같고 광선이 그의 손에서 나오니 그의 권능이 그 속에 감추어졌도다 [5]역병이 그 앞에서 행하며 불덩이가 그의 발 밑에서 나오는도다 [6]그가 서신즉 땅이 진동하며 그가 보신즉 여러 나라가 전율하며 영원한 산이 무너지며 무궁한 작은 산이 엎드러지나니 그의 행하심이 예로부터 그러하시도다 [7]내가 본즉 구산의 장막이 환난을 당하고 미디안 땅의 휘장이 흔들리는도다 [8]여호와여 주께서 말을 타시며 구원의 병거를 모시오니 강들을 분히 여기심이니이까 강들을 노여워하심이니이까 바다를 향하여 성내심이니이까 [9]주께서 활을 꺼내시고 화살을 바로 쏘셨나이다 (셀라) 주께서 강들로 땅을 쪼개셨나이다 [10]산들이 주를 보고 흔들리며 창수가 넘치고 바다가 소리를 지르며 손을 높이 들었나이다 [11]날아가는 주의 화살의 빛과 번쩍이는 주의 창의 광채로 말미암아 해와 달이 그 처소에 멈추었나이다 [12]주께서 노를 발하사 땅을 두르셨으며 분을 내사 여러 나라를 밟으셨나이다 [13]주께서 주의 백성을 구원하시려고, 기름 부음 받은 자를 구원하시려고 나오사 악인의 집의 머리를 치시며 그 기초를 바닥까지 드러내셨나이다 (셀라) [14]그들이 회오리바람처럼 이르러 나를 흩으려 하며 가만히 가난한 자 삼키기를 즐거워하나 오직 주께서 그들의 전사의 머리를 그들의 창으로 찌르셨나이다 [15]주께서 말을 타시고 바다 곧 큰 물의 파도를 밟으셨나이다

하나님의 백성이 곤경에 처하여 절망의 나락으로 떨어지려 할 때에, 그들의 이전의 경험들을 떠올리고 옛날 곧 지나간 세월을 생각하며(시 77:5), 그 옛적 일들을 가지고 하나님께 호소하는 것(하나님은 종종 자기 백성이 그런 식으로 호소하는 것을 기뻐하신다)은 통상적인 관행이었다(사 63:11): 백성이 옛적 모세의 때를 기억하였다. 하박국 선지자도 여기에서 그렇게 한다. 그는 하나님이 그들을 처음으로 하나의 민족으로 형성하셔서, 이적들을 통해서 그들을 종 되었던 집 애굽에서 이끌어 내시고, 건조한 땅 광야를 거쳐 당시에 힘 있는 나라들이 차지하고 있던 가나안으로 인도하여 내셨던 저 옛적 일을 돌아본다. 이렇게 수많은 난관들을 뚫으시고 그들을 처음에 가나안으로 인도하신 하나님은 이제 그 길에 어떤 큰 난관들이 놓여 있다고 할지라도 그들을 다시 바벨론으로부터 이끌어 내실 수 있으시다. 선지자는 지금 곤경에 처해 있는 하나님의 백성의 믿음을 북돋워 주기 위하여, 하나님이 그 옛적에 베푸신 기이한 일들을 여기에서 아주 웅장하게 묘사한다.

I. 하나님이 영광 중에 나타나셨는데, 그런 일은 이전이나 이후에 없었다는 것(3-4절). 하나님이 데만에서부터 오시며 거룩한 자가 바란 산에서부터 오셨도다. 이것은 하나님이 시내 산에 강림하셔서 율법을 주실 때에 그의 영광을 가시적으로 나타내신 것을 가리키는데, 이 본문에 나오는 표현들은 신명기 33:2에서 가져온 것들이다. 그 때에 여호와께서 구름 가운데서 시내 산 꼭대기에 강림하셨고(출 19:20), 그의 영광은 맹렬한 불 같았는데, 하나님이 이런 모습으로 강림하여 영광을 나타내신 것은 그가 그들에게 주신 율법의 엄중함을 보여주시고, 그들을 구원하신 이가 바로 그라는 사실과 그가 그들을 위하여 베푸신 구원이 얼마나 대단한 것이었는지를 그들에게 각인시켜 주시기 위한 것이었다. 왜냐하면, 하나님이 거기에서 처음으로 하신 말씀은 이런 것이었기 때문이다: "나는 너를 애굽 땅, 종 되었던 집에서 인도하여 낸 네 하나님 여호와니라(출 20:2). 이 영광 중에 모습을 나타낸 내가 바로 그 일을 한 장본인이다." 그 때에 하나님의 영광이 하늘을 덮었다. 즉, 하나님이 나타나실 때에 그 영광이 하늘에 반사되어 빛을 발하였다는 것이다. 또한, 땅은 하나님에 대한 찬송 또는 하나님의 광채로 가득하였다. 백성들은 멀리 서서 시내 산 꼭대기에 있는 구름과 불을 보고, 이스라엘의 하나님을 찬송하였다. 또는, 땅은 찬송받아 마땅한 하나님의 역사(役事)들로 가득하였다. 하나님이 권능 중에 나오실 때에 그의 광명은 햇빛 같았고,

그의 손에서는 광선이 나왔다. 영광의 광선들이 하나님의 주위로 발산되었다. 모세가 영광의 산에서 내려올 때, 그 광선들 중 일부를 받아서 그의 얼굴에서는 광채가 났다. 어떤 이들은 이 본문을 그의 손에서는 두 뿔이 나왔다로 읽고서, 두 뿔을 하나님이 모세에게 넘겨 주신 율법의 두 돌판으로 이해하는데, 그것들은 돌로 만들어진 판들이었지만, 그것들에서는 광채가 났을 것이라고 말한다. 이 율법책들은 광선으로 입혀져 있었는데, 그런 이해는 신명기 33:2의 말씀과 일치한다: 여호와의 오른손에는 그들을 위해 번쩍이는 불이 있도다. 여기에 나오는 본문에서는 그의 권능이 그 속에 감추어졌도다라는 말씀을 덧붙인다. 하나님의 손에서 나온 광선들 속에는 그의 권능이 감추어져 있었다. 하나님이 지니신 권능이 어떠한지를 고려하면, 그가 그 때에 권능을 드러내셨다고 하지만, 사실은 그의 권능을 감추신 부분이 훨씬 더 많았다는 것을 우리는 알 수 있다. 하나님의 감추어진 지혜와 권능은 그가 나타내신 것의 갑절이다(욥 11:6).

II. 하나님은 교만한 애굽 왕 바로를 낮추시고, 그로 하여금 하나님의 백성을 보내게 하기 위하여 애굽에 재앙들을 보내셨다는 것(5절). 하룻밤 사이에 애굽의 모든 장자들을 죽인 역병이 그 앞에서 행하였고, 우박 재앙 때에 불덩이가 그의 발 밑에서 나와서 불덩이가 우박에 섞여 내림이 심히 맹렬하였다(출 9:24). 어떤 이들은 이것이 애굽을 초토화시킨 재앙이라고 보고, 어떤 이들은 이스라엘이 가나안에 들어오기 전에 이 재앙으로 많은 가나안 사람들이 죽었다고 본다. 이 불덩이들은 하나님의 발 밑에 있었다. 왜냐하면, 그것들은 하나님의 명령에 따라 움직였기 때문이다. 그것들은 하나님이 가라 하시면 가고, 오라 하시면 오며, 이것을 행하라 하시면 그것을 행한다.

III. 하나님은 가나안 땅을 자기 백성 이스라엘에게 나눠 주셨고, 이방인들을 그들 앞에서 쫓아내셨다는 것(6절). 그가 서서 그 땅을 측정하셨다. 즉, 하나님은 그 땅을 자기 백성 이스라엘에게 기업(基業)으로 주시기 위하여 측량하셨다(신 32:8-9). 또한, 그가 눈을 들어 보시고, 그 땅을 차지하고 있던 민족들을 흩으셨다. 그들은 힘을 합쳐서 이스라엘에 대항하였지만, 하나님은 이스라엘 앞에서 그 민족들을 궤멸시키시고 뿔뿔이 흩어지게 하셨다. 또는, 하나님은 땅의 모든 민족들을 전율시킬 정도로 큰 권능을 행하셨다. 그 때에 영원한 산들이 무너졌으며 무궁한 작은 산들이 엎드러졌다. 큰 산들과 작은 산들처럼 높고 강하고 견고한 것처럼 보였던 가나안의 힘 있는 왕들과 군주들이 여지없이 분쇄되어 산산조각이 나 버렸다. 그 왕들과 그들의 나라들은 완전히 복속되었다. 또는, 하나님의 권능이 발해질 때에 큰 산들과 작은 산들이 요동하였다. 아니, 시내 산도 두려워 떨었고, 인접한 작은 산들도 두려워 떨었다(시 68:7-8). 하박국 선지자는 여기에서 하나님의 행하심은 예로부터 그러하시도다라는 말씀을 덧붙인다. 즉, 하나님의 섭리에 의한 모든 일들은 그의 영원한 계획을 따라 이루어진다는 것이다. 하나님은 어제나 오늘이나 영원토록 동일하시다. 하나님의 언약은 변경될 수 없고, 그의 긍휼하심은 영원하다. 하나님이 가나안의 민족들을 몰아내실 때, 세상 사람들은 구산의 장막이 환난을 당하고, 미디안 땅의 휘장이 두려움에 흔들리며, 이웃 나라들의 모든 주민들이 깜짝 놀라는 것을 보았을 것이다. 이 민족들은 하나님이 이스라엘에게 멸망시키고 차지하라고 하신 민족들 속에 포함되어 있지 않았지만, 그들의 이웃 집이 불이 나자 그들의 집도 위험하다고 생각하여 기겁을 하였다(7절). 모압 왕 발락도 마찬가지였다(민 22:3-4). 어떤 이들은 사사 옷니엘의 시대에 하나님이 메소보다미아 왕 구산 리사다임을 옷니엘의 손에 넘기셨을 때에(삿 3:8) 구산의 장막이 환난을 당한 것이라고 보고, 사사 기드온의 시대에 꿈 속에서 보리떡 한 덩어리가 미디안의 장막을 무너뜨렸을 때에(삿 7:13) 미디안 땅의 휘장이 두려움에 흔들린 것이라고 본다.

IV. 하나님은 이스라엘의 앞길을 막은 홍해와 요단 강을 가르셨고, 이스라엘이 목말랐을 때에 바위에서 물을 내셨다는 것(8절). 여호와께서 그의 군대의 맨앞에 선 대장으로서 말을 타시며 구원의 병거를 모시면서, 그의 앞에 있는 강들과 바다들로 하여금 혼비백산하여 달아나게 하셨기 때문에, 사람들은 하나님이 강들을 노여워하시고 바다를 향하여 성내신다고 생각하였을 것이다. 하나님의 병거들은 자신의 위엄을 나타내기 위한 병거들이 아니라 자기 백성을 구원하시기 위한 병거들이라는 것을 명심하라. 이스라엘의 구원자가 되시는 것이 하나님의 영광이다. 이것은 15절에서 다시 한 번 언급되고 있는 것으로 보인다: "주께서 말을 타시고 바다를 밟으셨나이다. 즉, 하나님은 천사들이 끄는 그의 병거인 구름 기둥과 불 기둥 속에서 홍해를 통과하셨다. 야곱이 그의 자녀와 가축을 생각해서 천천히 행하였듯이, 주께서는 이렇게 이스라엘의 보조에 맞춰 느리지만 안전하게 행하셨다. 주께서 큰 물의 더미를 헤치고 나아가시면서, 이스라엘을 광야를 통과하는 말 같이 깊은 물 속을 인도하셨다(사 63:13-14)." 그들이 가나안으로 진입할 때에, 물의 넘침이 그들을 비껴갔다. 즉, 그 때에 모든 강둑에 흘러넘쳐 범람하였던 요단 강이 갈라졌다(수 3:15). 이스라엘의 구원을 이루는 길에 놓여 있는 난관들이 높이 치솟아 흘러넘쳐서 도저히 넘을 수 없는 것으로 보일지라도, 하나님은 그것들을 제압하시고 돌파하시며 극복하실 수 있으시다는 것을 명심하라. 그 때에 바다가 소리를 질렀다. 즉, 홍해와 요단 강이 갈라질 때, 물들은 마치 자연의 순리를 따른 운행이 제약을 받고 있다는 것을 알고서 불만을 터뜨리는 것처럼 큰 소리를 내며 울부짖었다는 것이다. 물은 마치 그들에게 내려진 명령에 반기를 드는 것처럼 손을 높이 들었다(물들은 일어나 한 곳에 쌓였다, 수 3:16). 물들은 소리를 높이고 물결을 높였지만, 아무 소용이 없었다. 높이 계신 여호와의 능력은 많은 물 소리와 바다의 큰 파도보다 크셨다(시 93:3-4). 하나님이 홍해와 요단 강을 가르실 때, 마치 하나님이 이렇게 물길을 막으신 것이 인접한 작은 산들에게 충격이 되었다는 듯이, 산들이 두려워 떨었다는 말이 다시 나온다. 강들의 반응과 산들의 반응은 서로 결합되어 있다(시 114:3-4): 바다가 보고 도망하며 요단은 물러갔을 때, 산들은 숫양들 같이 뛰놀며 작은 산들은 어린 양들 같이 뛰었도다. 온 피조물이 숨을 죽였다. 땅과 물은 여호와 앞에서, 곧 야곱의 전능자 앞에서 두려워 떨었다. 코울리(Cowley) 목사는 이 본문을 다음과 같이 의역한다: 너 바다여, 네가 원하는 곳으로 날아가라. 요단의 물줄기여, 멈추라. 요단아, 하나님이 말씀만 하시면, 바위들이 네 대신에 새 물을 뿜어내리니, 너는 필요없다.

주께서 강들로 땅을 쪼개셨나이다. 하나님이 광야에서 물줄기를 만드시니, 그것은 마치 땅을 쪼개신 것처럼 보였다. 왜냐하면, 바위에서 뿜어져 나온 물줄기는 이스라엘 진영에 물을 대주기 위해서 그들이 가는 곳마다 따라다녔기 때문이다. 자연의 하나님은 자연의 힘들을 바꾸시거나 통제하실 수 있으시기 때문에, 때에 따라 그의 뜻대로 물을 단단한 바위로, 바위를 수정 같이 맑은 물줄기로 변하게 하실 수 있으시다는 것을 명심하라.

V. 하나님은 이스라엘의 승전을 도우시기 위하여 해와 달의 운행도 정지시키셨다는 것(11절). 여호수아가 기도하자, 가나안 사람들이 밤을 이용해서 도망하지 못하도록 하기 위해서 해와 달이 멈추었다. 해와 달은 아주 멀리 떨어져 있는 하늘에 있는 그 처소에서 하나님의 일이 진행되고 있는 기브온과 아얄론 골짜기에서 벌어지고 있는 상황을 주시하고서, 여호수아의 기도를 따라 운행을 멈추었다(시 19:4; 수 10:12). 해와 달은 날아가는 주의 화살의 빛과 번쩍이는

주의 창의 광채를 따르며, 이스라엘 편을 들었다. 별들이 하늘에서부터 싸우되 그 들이 다니는 길에서 시스라와 싸웠던(삿 5:20) 것처럼, 해와 달은 하나님이 쏘신 화살들과 하나님의 창이 지시하는 방향으로(요나단의 화살들처럼, 삼상 20:20) 빛을 비추어서, 이스라엘을 유리하게 하고 그들의 원수들을 불리하게 하였다. 땅이나 바다와 마찬가지로 천체들도 하나님의 명령에 따라 움직이기 때문에, 하나님의 지시하심에 따라서 이스라엘을 돕는다는 것을 명심하라.

VI. 하나님은 이스라엘로 하여금 가나안의 여러 민족들과 그 왕들을 이기게 하셨다는 것. 하나님은 큰 왕들과 유명한 왕들을 죽이셨다(시 136:17-18). 하박 국 선지자는 이것을 그의 현재의 간구에 힘을 실어 주는 아주 적절한 근거라고 여겨서, 여기에서 이것을 상세하게 역설한다. 즉, 하나님이 처음에 무수한 목 숨을 희생시키시고 무수한 이적들을 베푸셔서 이스라엘 백성으로 하여금 가나 안 땅을 차지하게 하셨으니, 이제 다시 이스라엘 백성에게 그 땅을 회복시켜 주셔야 하지 않겠느냐는 것이다.

1. 가나안 정복을 묘사하기 위해서 많은 표현들이 사용됨.

(1) 하나님이 이스라엘을 위하여 사용하시려고, 활을 활집에서 완전히 꺼내 **셨다는 것.** 칼을 예로 들어보자. 누가 칼을 칼집에서 약간만 빼었다면, 그것은 적에게 겁을 주기 위한 것이다. 하지만, 칼을 칼집에서 완전히 빼었다면, 그것 은 적을 다 죽이기까지는 결코 칼집에 다시 칼을 넣지 않겠다는 결의의 표현이 된다.

(2) 하나님이 가나안 사람들의 저 악한 세대가 더 이상 이 좋은 땅을 차지하 지 못하게 하시려고, 노를 발하사 조소하시며 그 땅을 한 쪽 끝에서 다른 쪽 끝 까지 진군하셨다는 것. 하나님은 가나안 족속들의 동맹을 멸시하시고 비웃으시 며 그 땅을 진군하셨다.

(3) 하나님이 분을 내사 이방의 여러 나라를 **밟으셨다는 것.** 하나님은 가나안 족속들과 그들이 가진 것을 자기 백성 이스라엘에게 주시려고, 타작 마당에 있 는 곡식처럼 그 족속들을 밟아 깨뜨리셨다(미 4:13).

(4) 하나님이 악인의 집의 머리들을 **치셨다는 것.** 하나님은 가나안 족속들의 가문들을 멸하셨고, 그 가문들의 머리들인 왕들에게 상처를 입히셨다. 아니, 하나님은 그 머리들을 베어 버리셔서, 그 기초를 바닥까지 드러내셨다. 그들이 건물인가? 하나님은 그들을 밀어 버리셔서 그 토대가 드러나게 하셨다. 그들이

몸인가? 하나님은 그들을 깊은 진창에 던져넣으셔서 목까지 잠기게 하셨다. 그러므로 그들은 거기에서 빠져나올 수 없다. 하나님은 리워야단의 머리를 부수셨다(시 74:14). 어떤 이들은 이것을 그리스도께서 사탄과 흑암의 권세에 대하여 이기신 것에 적용한다. 그 때에 그리스도께서는 여러 나라의 머리를 쳐서 깨뜨리셨다(시 110:6).

(5) 하나님이 그의 막대기들로 마을들의 우두머리를 찌르셨다는 것. 하나님은 이스라엘이라는 그의 막대기들을 가지고서, 원수들(애굽 또는 가나안)의 마을들의 우두머리를 찌르셨다. 하나님이 사용하시면, 막대기는 칼과 같은 역할을 한다. 이스라엘은 이렇게 말한다: 원수들이 회오리바람처럼 맹렬하게 나와서 나를 흩으려 하였다. 왜냐하면, 그들은 내가 어릴 때부터 여러 번 나를 공격하고 괴롭혔기 때문이다(시 129:1). 애굽 왕 바로는 이스라엘을 홍해까지 추격하였을 때에 회오리바람처럼 나왔고, 가나안의 왕들도 연합군을 만들어서 이스라엘을 치러 그렇게 나왔다. 그들의 즐거워하는 것이 가난한 자를 몰래 삼킬 때와 같았다. 그들은 권세자가 그의 상대가 되지 않는 가난한 자를 삼킬 때처럼 이 전쟁에서 그들이 승리하리라는 것을 절대적으로 확신하고서는 출정하면서 희희낙락하였다. 이스라엘을 치고자 하는 그들의 계획은 은밀하게 진행되었다. 그러나 하나님은 그들의 계획을 좌절시키셨고, 그들의 기고만장함은 그들의 멸망을 더욱 수치스러운 것이 되게 하고, 가난한 자기 백성을 돌보신 하나님의 권능을 더욱 빛나게 만들어 주는 역할만을 했을 뿐이었다.

(6) 하나님이 그의 말들을 이끌고 바다에 이르도록 행하셨다는 것. 어떤 이들은 15절을 이렇게 읽는다. 즉, 하나님은 이스라엘로 승승장구하게 하셔서, 그들이 가나안 땅에 들어올 때에 맨처음 밟았던 땅의 정반대 쪽에 있는 대해(大海)까지 이르도록 이끄셨다. 이것은 이스라엘이 가나안 땅 전체를 점령하였다는 것, 아니 하나님이 그들로 그렇게 하도록 만들어 주셨다는 것을 의미하는 것이었다. 그들은 자기 칼로 이 땅을 얻어 차지한 것이 아니기 때문이다(시 44:3).

2. 하나님이 이와 같은 피비린내 나는 많은 전쟁을 통해서 가나안 족속을 이기게 하신 것은 다음과 같은 세 가지를 염두에 두셨기 때문이라는 것.

(1) 하나님은 이 일을 통해서 그들의 조상들에게 하신 그의 약속을 이루고자 하셨다는 것. 이스라엘의 가나안 정복은 하나님이 지파들에게 하신 맹세, 즉 하나님 자신의 말씀에 따른 것이었다(9절). 하나님은 이스라엘의 지파들에게 이

땅을 주시겠다고 맹세하셨었다. 내가 가나안 땅을 네게 주리라는 말씀(창 17:8; 대상 16:18; 시 105:11)은 하나님이 이삭에게 하신 맹세였고, 야곱에게 세우신 율례였으며, 이스라엘의 지파들에게 무수히 되풀이하셨던 맹세였다. 그렇기 때문에, 이스라엘이 아무리 형편없이 되고, 그들의 원수들이 아무리 그 수가 많고 강하다고 하여도, 하나님은 이 맹세의 말씀을 이루실 것이다(신 9:5). 하나님이 그의 지파들을 위하여 행하시는 일은 그가 지파들에게 말씀하시고 맹세하신 것을 따른 것임을 명심하라. 왜냐하면, 약속하신 이는 미쁘시기 때문이다(히 10:23).

(2) 하나님은 이 일을 통해서 자기 백성과의 언약 관계 및 그들에 대한 그의 이해관계로 인하여 그들에게 그의 인자하심을 보여주고자 하셨다는 것. 주께서 주의 백성을 구원하시려고 나오셨다(13절). 하나님이 자연의 모든 힘들을 요동하게 하시고, 자연의 운행을 변경하시며, 모든 것을 뒤죽박죽으로 만드시는 것처럼 보이는 일들을 행하시는 것은 모두 다 하나님의 백성을 구원하시기 위한 것이다. 이 세상에는 하나님의 백성이 있고, 그들의 구원은 하나님이 그의 모든 섭리를 운행하실 때에 염두에 두고 계시는 것이다. 하늘과 땅이 합쳐지는 일은 있을지언정, 하나님의 백성의 구원을 위한 황금 사슬 속의 연결고리가 끊어지는 일은 없을 것이다. 그들의 구원을 위해서라면, 도저히 가능할 것 같아 보이지 않는 일조차도 전능자의 손길에 의해서 이루어질 것이다(빌 1:19).

(3) 하나님은 이 일을 통해서 예수 그리스도에 의한 이 세상의 구속(救贖)을 보여주는 모형과 비유를 사람들에게 주시고자 하셨다는 것. 하나님이 그렇게 행하신 것은 주의 기름 부음 받은 자에 의해 이루어질 구원을 염두에 두신 것이었다. 이스라엘 군대를 이끌었던 여호수아는 그와 똑같은 이름을 지닌 분, 곧 우리의 여호수아이신 예수의 모형이었다. 하나님이 옛적에 그의 이스라엘을 위하여 행하신 일은 그의 기름 부음 받은 자, 즉 하나님의 백성과 맺은 언약의 창시자이자 토대이신 중보자를 염두에 두시고 행하신 것이었다. 또한, 그것은 주의 기름 부음 받은 자와 함께 하신 구원이었다. 왜냐하면, 하나님이 이스라엘 백성을 위하여 베푸신 모든 구원은 기름 부음 받은 자의 얼굴을 보아서 하신 것이었고, 그를 통하여 하신 것이었기 때문이다.

¹⁶내가 들었으므로 내 창자가 흔들렸고 그 목소리로 말미암아 내 입술이 떨렸도다

무리가 우리를 치러 올라오는 환난 날을 내가 기다리므로 썩이는 것이 내 뼈에 들어왔으며 내 몸은 내 처소에서 떨리는도다 [17]비록 무화과나무가 무성하지 못하며 포도나무에 열매가 없으며 감람나무에 소출이 없으며 밭에 먹을 것이 없으며 우리에 양이 없으며 외양간에 소가 없을지라도 [18]나는 여호와로 말미암아 즐거워하며 나의 구원의 하나님으로 말미암아 기뻐하리로다 [19]주 여호와는 나의 힘이시라 나의 발을 사슴과 같게 하사 나를 나의 높은 곳으로 다니게 하시리로다 이 노래는 지휘하는 사람을 위하여 내 수금에 맞춘 것이니라

우리는 이 몇 행 안 되는 단락 안에서 선지자가 극도로 두려워하여 떠는 모습과 뛸 듯이 기뻐하는 모습을 둘 다 보게 되는데, 이 세상에서 하나님의 백성이 겪는 심령의 상태도 그와 같이 극과 극을 달린다. 그러나 천국에서는 더 이상 두려워 떠는 것은 없을 것이고, 오직 영원한 기쁨만이 있을 것이다.

I. 선지자는 원수들이 교회를 이기고 압도하여 교회의 환난이 오래도록 지속될 것을 미리 내다보았다는 것. 그는 그 모습을 미리 보고서 두려워 떨었다 (16절). 그는 여기에서 그가 이미 앞에서 했던 말(2절)을 계속해서 이어간다: "내가 주의 하신 말씀을 듣고서 놀랐나이다. 내가 교회에 어떤 슬픈 때가 찾아올 것인지에 대하여 들었으므로 내 창자가 흔들렸고 그 목소리로 말미암아 내 입술이 떨렸나이다. 그 소식은 나를 완전한 오한(惡寒)과 발작으로 몰아넣었나이다." 마음이 기진하게 되면, 그런 마음을 되살리기 위해서 피가 심장으로 몰리고, 오장육부에서 먼 부분들은 기(氣)가 부족해져서 입술이 떨리는 현상이 발생한다. 아니, 그는 너무나 약해져서 스스로 어떻게 할 힘이 없었기 때문에, 마치 썩이는 것이 그의 뼈에 들어온 것 같은 느낌을 받았다. 그에게는 힘이 하나도 남아 있지 않아서, 그는 일어설 수도 걸을 수도 없었다. 그의 속도 떨렸고, 그의 몸도 후들후들 떨렸다. 그 떨림이 그의 온 몸과 마음에 엄습해 왔을 때, 그는 우리 구주께서 그러셨듯이 고민하여 죽게 되었다. 그의 육체가 하나님을 두려워함으로 떨며, 또 하나님의 심판을 두려워하였다(시 119:120). 그는 교회가 겪을 재난들을 생각하니 가슴이 미어져서 죽을 것만 같았고, 결국 교회가 끝장이 나서 폐허로 변하고, 이스라엘의 이름이 지워져 버리게 될 것이 염려되어서 두려워 떨었다. 그는 그가 하나님의 말씀 앞에서 두려워 떤 자들 중의 한 사람이었다는 것을 자신의 체면이 손상되는 일이라거나 겁쟁이라고 놀림 받을 일이라고 생각

하지 않았고, 도리어 허심탄회하게 시인하였다. 왜냐하면, 그들은 그를 호의적으로 보아줄 것이기 때문이다. 내가 내 안에서 두려워 떨었으니, 환난 날에 안식하리라. 환난 날이 다가오는 것을 보았을 때, 우리가 대비를 잘 하면, 우리는 그 준비 덕분에 환난 날에 요동하지 않고 안식할 수 있다는 것을 명심하라. 환난 날에 안식할 수 있는 최선의 길은 하나님의 말씀과 그 말씀이 주는 경고 앞에서 마음으로 두려워 떠는 것이다. 눈물로 씨를 뿌리는 자들에게 기쁨을 준비해 두시는 하나님은 그의 앞에서 두려워 떠는 자들에게는 안식을 준비해 두신다. 하나님이 은혜로 주신 좋은 소망은 거룩한 두려움에 세워진다(살후 2:16). 노아는 홍수가 올 것이라는 경고하심을 받았을 때에 속으로 두려워 떨며 경외함으로 방주를 준비하여 환난 날에 안식을 얻을 수 있었다(히 11:7). 하박국 선지자는 자기가 두렵고 떨리는 가운데에서 어떤 말을 했는지를 우리에게 말해 준다. 그가 두려워한 것은 갈대아 사람들이 이스라엘 백성을 치러 올라오는 환난 날에 그 자들은 그 군대로 그들을 에워싸고 공격하여 산산조각을 내버릴 것이라는 것이었다. 선지자는 우리가 다 망했고, 유대인들의 나라 전체가 없어져 버렸다고 소리쳤다. 상황이 나빠 보일 때, 우리는 그 상황을 더 비관적이고 극단적으로 보기가 아주 쉽다는 것을 명심하라.

Ⅱ. 선지자는 앞에서 이전 시대들에서 교회가 경험한 것들을 돌아보고, 하나님이 그들을 위하여 어떤 큰 일들을 행하셨는지를 살펴보았기 때문에, 두려움에서 벗어나서 정신을 차릴 수 있었을 뿐만 아니라, 벅차오르는 거룩한 기쁨 속으로 빠져들었다는 것. 그는 장차 다가올 재난들을 미리 보았지만, 그럼에도 불구하고 뛸 듯이 기뻐할 수 있었는데, 이것은 그가 개인적으로 기뻐한 것에서 그치는 것이 아니라, 모든 신실한 이스라엘 백성의 이름으로 기뻐한 것이었다.

1. 선지자는 피조물과 관련된 온갖 위로들과 누리는 것들이 다 없어지고, 현세의 즐거움들만이 아니라 현세에서 살아가는 데에 꼭 필요한 것들이 다 없어진 경우를 상정함(17절). 기근은 전쟁의 통상적인 결과들 중의 하나이고, 가만히 앉아서 조용히 있는 자들은 통상적으로 그것을 가장 먼저 느끼고 가장 생생하게 느낀다. 하박국 선지자와 그의 경건한 친구들은 갈대아 군대가 쳐들어 왔을 때에 그들이 가진 모든 것을 빼앗기고 약탈당하게 될 것이다. 또는, 그는 비바람과 좋지 못한 기후, 또는 하나님의 뭔가 다른 직접적인 손길에 의해서 모

든 것을 잃을 경우를 상정한다. 또는, 그는 바벨론에 포로로 잡혀간 자들이 그들의 본국에서와는 달리 온갖 좋은 것들을 풍성하게 가질 수 없을 것이라고 상정한다.

(1) 그는 과실수가 시들어서 열매를 맺지 못하는 경우를 상정함. 무화과나무(이것은 음식으로 많이 사용되었기 때문에, 성경에는 무화과 과자라는 표현이 종종 나온다)는 무성하지 못할 것이고, 그들이 음료로 만들어서 마실 때에 그들의 마음을 즐겁게 해주었던 포도나무에 열매가 없을 것이다. 그는 감람나무에 소출이 없을 것이라고 가정한다. 감람나무에서 나는 기름, 즉 올리브유는 그들에게 우리의 버터와 같은 역할을 하였다. 감람나무에 쏟은 수고가 속일 것이다(난외주의 읽기). 감람나무에 걸었던 그들의 기대가 실망으로 변하게 될 것이다.

(2) 그는 떡을 만드는 재료가 되는 곡식이 없는 경우를 상정함. 밭에 먹을 것이 없을 것이다. 왕도 밭의 소산을 받기(전 5:9) 때문에, 밭의 소산이 없어지면, 모든 사람이 고통을 당하게 될 것이다.

(3) 그는 밭의 소출이 없어서, 또는 질병으로, 또는 원수가 죽이거나 끌고가 버려서 가축이 다 죽어 버리는 경우를 상정함. 우리에 양이 없으며 외양간에 소가 없다. 우리는 피조물로부터 오는 위로들을 충분히 누리고 있을 때에 그런 위로들이 다 끊기게 될 때가 올 것임을 생각해서 그것들을 흥청망청 쓰거나 거기에 맛을 들여서는 안 된다는 것을 명심하라(고전 7:29-30).

2. 선지자는 그럼에도 불구하고 하나님으로 말미암아 기뻐하고 크게 즐거워하기로 결심함. 모든 것이 다 없어져도, 그의 하나님은 없어지지 않는다(18절). "나는 여호와로 말미암아 즐거워하리로다. 내게는 내가 즐거워해야 할 분이 계시니, 나는 그분으로 말미암아 즐거워할 것이다." 포도나무와 무화과나무를 멸하는 것은 육적인 마음이 기뻐하는 모든 것을 없애 버리는 것이다(호 2:11-12). 그러나 모든 것이 충족하였을 때에 그 모든 것 속에서 하나님을 누린 자들은 모든 것을 잃고 빈곤해졌을 때에는 하나님 안에서 모든 것을 누릴 수 있고, 그들이 누렸던 온갖 피조물로 인한 위로의 암울한 폐허 더미 위에 앉아서도 그들의 구원의 하나님을 찬송하고 그 하나님께 영광을 돌릴 수 있다. 하나님이 우리의 구원, 우리의 영원한 구원, 우리 영혼의 구원을 이루시는 하나님이시라는 것이 우리가 하나님으로 말미암아 기뻐하는 주된 이유이다. 하나님이 그런 분이시라면, 우리는 지독한 곤경에 처해 있을 때에도 그런 하나님을 즐거워할

수 있다. 왜냐하면, 그런 곤경에 의해서는 우리의 구원이 방해를 받을 수 없고, 도리어 촉진될 수도 있기 때문이다. 우리가 이 세상에서 손실을 입고 어려움에 처했을 때가 사실은 우리가 하나님을 즐거워할 수 있는 최적기라는 것을 명심하라. 왜냐하면, 그런 때에 우리가 입은 손실 때문에 즐거움을 잃는 것이 아니라, 하나님으로 말미암아 즐거워한다면, 그것은 우리의 마음이 이 세상의 것들에 있거나 이 세상의 것들 속에서 우리의 복을 찾지 않는다는 것을 드러내 주는 것이기 때문이다. 하박국 선지자가 하나님으로 말미암아 얼마나 크게 기뻐하는지를 보라. 주 여호와는 나의 힘이시다(19절). 저 세상에서 우리의 구원의 하나님이신 분은 이 세상에서는 우리의 힘이 되어 주셔서, 우리를 천국으로 안전하게 데려다 주실 것이고, 그 길에서 우리가 만나는 온갖 어려움들과 반대들을 우리로 하여금 극복할 수 있게 도와주실 것이다. 사람이 떡으로만 살 것이 아니라는(마 4:4) 것을 보여주시기 위하여 하나님이 양식을 끊으실지라도, 우리는 하나님의 성령의 은혜와 위로들을 통해서 공급되는 떡으로 살아갈 수 있고, 그렇게 공급된 떡으로 말미암아 다음과 같이 될 것이다.

(1) 우리가 우리의 영적 싸움과 일을 위하여 강하게 되리라는 것. 주 여호와는 나의 힘, 내 마음의 힘이시다.

(2) 우리가 우리의 영적 경주를 위하여 날쌔게 되리라는 것. "하나님이 나의 발을 사슴과 같게 하실 것이다. 하나님이 나의 마음을 넓혀 놓으실 것이기 때문에, 그가 명령하시는 길로 내가 달려가다 보면, 나는 어느새 나의 환난들을 추월하게 될 것이다."

(3) 우리가 우리의 영적 사업들에서 성공을 거두게 되리라는 것. "하나님이 나를 나의 높은 곳으로 다니게 하시리로다. 즉, 나는 나의 소원을 이룰 것이고, 나의 땅을 회복할 것이며, 원수의 높은 곳들을 밟을 것이다(신 32:13; 33:29)." 두렵고 떨리는 마음으로 기도를 시작했던 하박국 선지자는 이렇게 기쁨과 승리감으로 기도를 끝마친다. 왜냐하면, 기도는 은혜를 받은 영혼의 마음을 평안하게 해주기 때문이다. 한나는 기도를 마친 후에는 가서 먹고 얼굴에 다시는 근심 빛이 없었다(삼상 1:18). 하박국 선지자도 그것이 그렇다는 것을 체험하고 나서, 교회로 하여금 특히 포로로 사로잡혀 가는 날에 사용하게 하기 위하여, 자신의 기도 또는 노래를 지휘하는 사람의 손에 맡긴다. 그 때에 수금은 사용되지 않은 채로 버드나무에 걸려 있었지만, 그들이 다시 그 수금을 타고, 그동안 무

디어진 그들의 오른손이 다시 민첩해질 때를 소망하면서, 하박국 선지자는 시기오놋이라는 곡조(1절)와 느기놋(현악기들, 개역에서는 수금)이라는 악기(19절)에 맞춰 노래를 지어 놓았다. 환난을 당할 때에 제대로 기도한 자는 환난 가운데서도 마음이 평안하고 즐거워져서 시편들을 노래할 수 있다.

스바냐

서론

스바냐는 시기적으로 가장 늦게 활동했기 때문에 포로기 이전의 모든 소선 지서들 중에서 가장 마지막에 놓여 있다. 그는 포로기 때에 살면서 활동하였던 예레미야보다 약간 이전에 예언자로서의 삶을 살았다. 그는 유다와 예루살렘 이 갈대아 사람들에 의해서 멸망하게 될 것을 예언하면서, 하나님의 진노를 불 러일으켜서 그들의 멸망을 초래하게 한 그들의 죄들을 그들 앞에 열거하고, 그 들에게 회개하라고 부르짖으며, 이웃 나라들에게도 그들도 유다와 마찬가지로 멸망을 당하게 될 것이라고 경고한다. 그리고 때가 되면 유다 백성들이 포로 생활에서 돌아오게 될 것이라는 힘이 되고 기쁜 약속들을 제시하는데, 이 약속 들은 복음의 은혜와 연관되어 있다. 스바냐서의 첫 절에는 선지자 스바냐라는 인물과 그가 예언한 시기에 관한 설명이 나와 있기 때문에, 우리는 여기 서론 에서 그러한 것들에 대하여 살펴볼 필요가 없게 되었다.

제
— 1 —
장

개요

스바냐서의 표제(1절)가 나온 후에, 이 장에는 다음과 같은 내용들이 나온다. I. 유다와 예루살렘이 갈대아 사람들에 의해서 철저하게 멸망을 당하리라는 경고(2-4절). II. 하나님을 진노하시게 하여 그러한 멸망이 그들에게 임하게 만든 그들의 중대한 죄를 거론하며 그들을 고소함(5-6절). 선지자는 이 장의 나머지 부분에서 한편으로는 그들로 심판을 막든지 준비하게 하기 위하여 심판이 그들에게 임할 것임을 말해 주고, 다른 한편으로는 그들로 스스로 판단해 보고 하나님이 그들에게 행하신 일이 의롭다는 것을 시인하도록 하기 위하여 그들에게 멸망을 가져다준 그들의 죄가 어떤 것들인지를 말해 준다. 1. 그들은 큰 죄를 지은 자들이기 때문에 잠잠해야 한다는 것(7-9절). 2. 그들은 환난으로 인한 괴로움이 너무 커서 슬피 울게 되리라는 것. 여호와의 날은 가깝고, 그 날은 두려운 날이 될 것이다(10-18절). 하나님은 적절한 때에 이와 같은 경고를 머지않아 사로잡혀 가게 될 유대인들에게 주셨다. 그러나 그들은 목을 곧게 하였고, 그것은 그들의 멸망을 돌이킬 수 없는 것으로 만들었다.

[1]아몬의 아들 유다 왕 요시야의 시대에 스바냐에게 임한 여호와의 말씀이라 스바냐는 히스기야의 현손이요 아마랴의 증손이요 그다랴의 손자요 구시의 아들이었더라 [2]여호와께서 이르시되 내가 땅 위에서 모든 것을 진멸하리라 [3]내가 사람과 짐승을 진멸하고 공중의 새와 바다의 고기와 거치게 하는 것과 악인들을 아울러 진멸할 것이라 내가 사람을 땅 위에서 멸절하리라 나 여호와의 말이니라 [4]내가 유다와 예루살렘의 모든 주민들 위에 손을 펴서 남아 있는 바알을 그 곳에서 멸절하며 그마림이란 이름과 및 그 제사장들을 아울러 멸절하며 [5]또 지붕에서 하늘의 뭇 별에게 경배하는 자들과 경배하며 여호와께 맹세하면서 말감을 가리켜 맹세하는 자들과 [6]여호와를 배반하고 따르지 아니한 자들과 여호와를 찾지도 아니하며 구하지도 아니한 자들을 멸절하리라

이 단락에는 다음과 같은 내용들이 나온다.

I 스바냐서의 표제(1절).   이 표제 속에서 우리는 다음과 같은 것들을 살펴볼 수 있다.

1. 스바냐서는 어떤 권위를 가지고 있고, 누가 스바냐서에 그러한 권위를 주었는가. 그 권위는 하늘로부터 온 것이고, 사람들에게 속한 것이 아니다. 스바냐서는 여호와의 말씀이기 때문에 권위를 갖는다.

2. 스바냐서를 교회에 전하는 도구가 된 인물은 누구였는가. 그의 이름은 스바냐였고, 스바냐는 여호와의 종을 의미한다. 왜냐하면, 하나님은 자기의 비밀을 그 종 선지자들에게 보이셨기 때문이다(암 3:7). 다른 선지자들의 족보는 아버지 대(代) 이상으로 올라가지 않고, 단지 스가랴의 족보에서만 조부가 언급되고 있을 뿐이다. 그러나 스바냐의 족보는 사대까지 거슬러 올라가는데, 스바냐로부터 거꾸로 거슬러 올라가서 사대 조상이 되는 인물은 히스기야이다. 히브리어 원어로 보면, 이 인물의 이름은 유다 왕 히스기야와 철자가 동일하고(왕하 18:1), 아마도 이 둘은 동일 인물일 가능성이 높다. 만약 그렇다면, 스바냐 선지자는 저 경건한 왕의 직계 자손인 왕손(王孫)으로서 자기와 같은 왕손들의 어리석음을 꾸짖을 수 있는 좋은 위치에 있었던 것이 된다(8절).

3. 스바냐 선지자는 언제 예언 활동을 하였는가. 그는 선정(善政)을 베풀었던 유다 왕 요시야의 시대에 활동하였는데, 요시야는 재위 제12년에 나라의 개혁을 시작하여, 우상들을 부수고 우상 숭배를 폐하는 등 개혁 작업을 힘 있게 추진하였다. 하지만, 스바냐가 요시야의 재위 초기에 예언 활동을 하였는지는 확실하지 않다. 만약 그랬다면, 그의 예언 활동은 요시야의 개혁 작업에 크고 선한 영향을 미쳤을 것이다. 스바냐는 하나님의 사자로서 예루살렘의 우상 숭배를 책망하는 일을 담당하였고, 요시야는 하나님의 대리자로서 우상 숭배를 제거하는 일을 담당하였다. 개혁은 방백과 목회자가 둘 다 나서서 자신의 역할을 충실히 담당할 때에 지속적으로 잘 이루어질 수 있다. 만약 스바냐가 요시야의 재위 후반에 예언 활동을 한 것이라면, 우리는 요시야의 개혁에도 불구하고 백성들이 다시 이전의 타락한 모습으로 되돌아간 서글픈 현실을 스바냐서에서 보고 있는 것이다. 요시야가 우상 숭배를 폐하는 조치를 취였음에도 불구하고, 개혁의 열기가 식기 시작하자, 우상 숭배는 요시야 당대에 다시 살아난 것으로 보인다. 아무리 선한 개혁자라도 마치 멸망받기를 소원하는 자들인 양

개혁되기를 싫어하는 백성을 어떻게 할 수 있겠는가?

Ⅱ. 스바냐서의 요약 또는 내용. 스바냐서에 담겨 있는 전체적인 내용은 죄로 말미암아 철저한 멸망이 유다와 예루살렘에 신속하게 다가오고 있다는 것이다. 스바냐는 서론적인 어떤 말도 없이 느닷없이 이렇게 그의 예언을 시작한다(2절): 여호와께서 이르시되 내가 땅 위에서 모든 것을 진멸하리라. 파멸, 철저한 파멸, 전능자로부터 나오는 멸망이 다가오고 있고, 자기가 말한 것을 시행하실 수 있으시고 시행하시고자 하시는 이가 그 말씀을 하셨다. "내가 모든 것을 진멸하리라. 내가 모든 것을 거두어 가리라(어떤 이들은 이렇게 읽는다). 내가 그들에게 부어 준 모든 축복들을 그들이 악용하여 상실하였으니, 내가 그것들을 다시 거두어 가리라." 하나님이 작정하신 멸망은 다음과 같은 것들을 그들에게서 앗아가 버릴 것이다.

1. 열등한 피조물들. 내가 대홍수 때에 지면의 모든 생물을 쓸어버렸던 것과 마찬가지로(창 7:23), 이제 짐승을 진멸하고 공중의 새와 바다의 고기를 진멸할 것이라(3절). 피조물들은 사람이 사용하도록 창조된 것이기 때문에, 사람이 피조물들을 악용하여 허무한 데 굴복하게 만들면(롬 8:20), 하나님은 사람의 죄에 대한 그의 진노가 크다는 것을 보여주시기 위하여 사람은 물론이고 피조물들까지 벌하신다. 여기에서 사용된 표현들은 비유적인 것으로서 모든 것이 황폐화될 것임을 보여준다. 공중의 새처럼 아주 높이 날아 올라 있어서 원수들의 손길이 그들에게 미치지 못할 것이라고 생각하고 있는 자들이나, 바다의 물고기처럼 아주 꽁꽁 숨어 있어서 원수들의 눈이 그들을 찾아내지 못할 것이라고 생각하고 있는 자들도 원수들의 수중에 떨어져서 진멸되고 말 것이다.

2. 사람들. "내가 사람을 진멸하고, 사람을 땅 위에서 멸절하리라. 사람들이 다 죽어서, 이 땅은 아무도 살지 않는 땅으로 변할 것이다. 내가 이스라엘만이 아니라 사람도 멸할 것이고, 이 땅은 안식을 누리게 될 것이다. 내가 악인들만이 아니라 모든 사람을 죽이리라. 그들 가운데에 있는 소수의 선한 자들조차도 그 온 땅을 덮친 이 재난에 휘말려들게 될 것이다. 이 소수의 선한 자들은 여호와로부터는 끊어지지 않겠지만, 땅에서는 끊어지리라." 하나님은 유다와 예루살렘, 즉 그들의 성읍과 촌락 모두와 싸우고 계시고, 그것들 위에 그의 능력의 손, 그의 진노의 손을 펴실 것이다(4절). 누가 주의 노여움의 능력을 알까(시 90:11). 하나님의 권능의 손 아래에서 스스로 낮아지고자 하지 않는 자들은 그 손에 의

해서 강제로 낮추어지고 무너지게 될 것이다. 하나님은 그를 아는 유다와 하나님의 처소가 있는 예루살렘조차도 그에게 반기를 들고 배역하면 그것들 위에 그의 손을 펴시리라는 것을 명심하라.

3. 모든 악인들과 그들의 악행에 사용되는 모든 것들(3절). "내가 거치게 하는 것들과 악인들, 우상들과 우상 숭배자들, 범죄로 유혹하는 걸림돌들과 범죄자들을 아울러 진멸할 것이다." 요시야는 걸림돌들을 제거하였고, 그가 할 수 있는 한에서 이 땅에서 더 이상 우상 숭배가 없기를 소망하며, 이 땅에서 우상 숭배와 관련된 것들을 없앴었다. 그러나 악한 사람은 악을 행하게 되어 있고(단 12:10), 개는 자기가 토한 곳으로 다시 돌아가는 법이기 때문에, 다른 식으로 죄가 치유되지 않는다면, 죄인들은 진멸될 수밖에 없고, 악인들은 죄악의 걸림돌들과 더불어서 진멸될 수밖에 없다(겔 14:3). 공의의 칼이 이 일을 하지 않는다면, 전쟁의 칼이 그 일을 할 것이다. 진멸될 죄인들이 어떤 자들인지를 보라.

(1) 우상 숭배에 빠져 있는 우상 숭배자들. 하나님은 바알의 잔재, 즉 바알의 신상들과 그 신상을 숭배하는 자들을 멸절하실 것이다. 요시야는 거의 대부분의 바알을 제거하였지만, 바알 숭배가 여전히 남아 있었는데, 요시야가 뺀든 공의의 칼을 용케도 피한 바알의 나머지 잔재들은 하나님이 멸절하실 것이다. 갈대아 사람들은 바알의 신상들과 그 숭배자들을 한 사람도 남김없이 척결해 버릴 것이다. 하나님은 그마림을 멸절하실 것이다. 그마림은 요시야의 개혁에 관한 이야기 속에 등장한다(왕하 23:5): 그가 우상을 섬기게 한 제사장들(그마림)을 폐하였다. 그마림이라는 단어는 검은 자들을 의미한다. 그들이 그렇게 불린 이유를 어떤 이들은 그들이 장엄하게 보이기 위해서 검은 옷을 입었기 때문이라고 생각하고, 어떤 이들은 그들이 제단에서 섬기거나 어린 아이들을 불살라서 몰록에게 바치는 일을 하다보니 햇빛이나 불에 그을러서 얼굴이 검어졌기 때문이라고 생각한다. 그들은 바알을 숭배하는 의식(儀式)을 가까이에서 돕는 자들이었던 것으로 보인다. 하나님은 평신도들인 그마림과 성직자들인 제사장들을 아울러 멸절하실 것이다. 하나님은 그마림이라는 이름 자체를 없애 버리실 것이다. 그마림이라는 직책 자체가 완전히 폐하여져서 잊혀지거나 혐오스러운 이름으로 기억될 것이다. 우상 숭배자들 중에서도 특히 지붕에서 하늘의 뭇 별에게 경배하는 자들(5절)을 하나님이 멸절하실 것이다. 그들은 자기들은 사람의 손으로 만든 우상들을 섬기는 것이 아니라, 각자의 집 지붕에서 해와 달과 별

에게 제사를 지내며 분향하는 것이라는 명분을 내세우며, 그들의 우상 숭배를 정당화하였다. 그러나 하나님은 그가 질투하시는 하나님이시기 때문에 그 어떤 경쟁자도 용납하지 않으신다는 것을 그들에게 알게 해주실 것이다. 별을 숭배하는 것을 아주 특별하고 괜찮은 우상 숭배라고 생각하는 자들이 언제나 있어 왔지만, 별을 숭배하는 것은 돌이나 나무를 숭배하는 것과 마찬가지로 하나님을 크게 진노하시게 하는 죄이다. 하늘의 해와 달과 별들을 숭배하는 자들도 땅의 짐승들이나 귀신들을 숭배하는 자들과 마찬가지로 멸절될 것이다. 간음한 여인이나 간음한 남자나 둘 다 그 죄가 크기는 마찬가지이다(레 20:10).

(2) 하나님과 우상들을 뒤섞어서 섬기고, 이 둘을 똑같이 섬기며, 하나님과 바알에게 양다리를 걸치고, 여호와와 몰록을 함께 섬기는 자들, 여호와께 맹세하면서 말감을 가리켜 맹세하는 자들도 멸절되리라는 것. 그들은 하나님과 우상들을 둘 다 섬기겠다고 단단히 맹세하고 언약한다. 그들은 이스라엘의 하나님을 예배하는 것을 좋게 여긴다. 하나님 예배는 그들의 나라의 종교이고, 그 역사가 아주 깊었기 때문에, 그들은 그것을 결코 그만두고자 하지 않는다. 그러나 그들은 하나님 예배에 몰록 숭배를 결합시킨다면 그들의 종교가 금상첨화가 될 것이라고 생각한다. 왜냐하면, 몰록 숭배도 그들의 나라에서 많이 행해지고 있고, 여행자들이 칭송하는 종교 의식이며, 몰록 숭배 속에는 기발하고 마음에 드는 요소들과 강력한 열정이 많이 존재하기 때문이다. 그들은 신상(神像) 같은 가시적인 표상(表象)이 없는 하나님 예배만을 고수하기가 힘들었기 때문에, 우상이 그들에게 필요하였는데, 그러한 때에 몰록(왕이라는 의미를 지닌 우상) 우상은 그들의 필요를 채워 주는 데에 안성마춤이었다. 그들은 그들이 몰록을 가리켜 맹세하고, 그 맹세를 따라 그들의 자녀들을 불살라서 그 우상에게 바치면 그들의 죄가 속해질 것이라고 생각하였다. 그렇지만, 혹시라도 그들의 그런 생각에 뭔가 잘못된 것이 있다고 하더라도, 그들은 이스라엘의 하나님을 섬기는 것을 통해서 그들의 죄를 속함받으면 된다고 생각하였다. 하나님과 우상들을 동시에 섬기며 경배하는 자들은 하나님의 열납하심을 받지 못할 뿐만 아니라, 가장 악한 우상 숭배자들과 운명을 함께하게 될 것임을 명심하라. 빛과 어둠, 그리스도와 벨리알, 하나님과 맘몬이 어떻게 사귈 수 있겠는가? 아기의 가짜 어머니는 아기를 반으로 나누어 갖자고 제안한다. 왜냐하면, 사탄은 아기의 반을 가져도 전부를 갖는 것이나 다름없기 때문이다. 그러나 아기의

진짜 어머니는 아기를 반으로 나누지 말라고 애걸한다. 왜냐하면, 하나님은 자신의 아기를 반만 갖는다면 전혀 갖지 않는 것과 같기 때문이다. 쓴 물도 동시에 내는 샘으로부터 나오는 물의 달콤함은 오래 가지 않는다. 말감을 가리켜 맹세하는 자들이 어떻게 여호와를 가리켜 맹세할 수 있겠는가?

(3) 배교하고 하나님을 떠난 자들도 아예 하나님을 찾지도 않은 자들과 더불어서 멸절되리라는 것(6절).

[1] 여호와를 배반하고 따르지 아니한 자들이 멸절되리라는 것. 그들은 잘 가르침을 받았고, 시작이 좋았으며, 그들의 이름을 하나님께 걸었고, 처음에 하나님을 예배하는 것으로 시작하였지만, 그것을 다 벗어던지고 옆에 제쳐두고서는, 우상 숭배자들에게 빠져서, 그들이 양육받은 하나님의 선한 길들을 버리고, 그것들을 멸시하였다. 배교하고 하나님을 떠난 자들, 성령으로 시작했다가 육체로 마친 자들을 하나님은 반드시 벌하실 것이다. 하나님은 그들을 변절자로 취급하여 그 어떤 자비도 보이지 않으실 것이다.

[2] 여호와를 찾지도 아니하며 구하지도 아니한 자들이 멸절되리라는 것. 그들은 신앙에 대하여 진지하게 생각해 본 적이 없는 자들로서, 장차 그런 사정을 그들이 여호와를 섬기지 않은 것에 대한 변명으로 내놓겠지만, 그런 변명은 통하지 않는다는 것을 알게 될 것이다. 아니, 바로 그것이 하나님이 그들을 고소하시는 이유가 된다. 그들은 신앙에 관심이 없는 무신론자들로서 세상에서 하나님 없이 살아가는(엡 2:12) 자들이기 때문이다. 그런 자들은 분명히 이 세상에서 하나님을 의지하여 살아가기에 합당치 않은 자들이다.

7주 여호와 앞에서 잠잠할지어다 이는 여호와의 날이 가까웠으므로 여호와께서 희생을 준비하고 그가 청할 자들을 구별하셨음이니라 8여호와의 희생의 날에 내가 방백들과 왕자들과 이방인의 옷을 입은 자들을 벌할 것이며 9그 날에 문턱을 뛰어넘어서 포악과 거짓을 자기 주인의 집에 채운 자들을 내가 벌하리라 10나 여호와가 말하노라 그 날에 어문에서는 부르짖는 소리가, 제 이 구역에서는 울음 소리가, 작은 산들에서는 무너지는 소리가 일어나리라 11막데스 주민들아 너희는 슬피 울라 가나안 백성이 다 패망하고 은을 거래하는 자들이 끊어졌음이라 12그 때에 내가 예루살렘에서 찌꺼기 같이 가라앉아서 마음속에 스스로 이르기를 여호와께서는 복도 내리지 아니하시며 화도 내리지 아니하시리라 하는 자를 등불로 두루 찾아 벌하리니

¹³그들의 재물이 노략되며 그들의 집이 황폐할 것이라 그들이 집을 건축하나 거기에 살지 못하며 포도원을 가꾸나 그 포도주를 마시지 못하리라

여기에서는 하나님이 그들을 치러 오고 계시고, 곧 그들에게 당도하실 것이라는 통보가 유다와 예루살렘에게 주어진다. 여호와의 날, 의로우신 복수자(avenger)이신 하나님이 임재하실 날, 여호와의 심판과 진노의 날이 멀지 않다(7절). 하나님이 아버지로서 임재해 계실 때에 그 임재를 선용하지 않고 죄를 지어 떠나보낸 자들은 하나님이 심판자로 다시 그들에게 임재하셔서 그의 은혜를 멸시한 죄를 그들에게 물으실 것임을 알아야 한다. 여호와의 날이 반드시 올 것이다. 지금은 사람들이 자기가 하고 싶은 대로 행할 자유를 갖고 있는 사람들의 날이다. 그러나 하나님의 날이 가까웠다. 그 날은 여기에서 하나님이 준비하시는 희생이라 불린다. 왜냐하면, 주제넘고 뻔뻔스러운 죄인들을 벌하는 것은 하나님의 공의에게 바쳐지는 희생(犧牲)이고, 하나님의 상처입은 명예를 일정 정도 회복하는 것이기 때문이다. 희생의 날에는 큰 살육이 벌어졌다. 마찬가지로, 여호와의 날에도 예루살렘에 큰 살육이 있을 것이다. 사람들이 제단에 바칠 어린 양들을 죽일 때에 안타까워하는 마음이 아니라 큰 기쁨으로 하듯이, 하나님이 그 날에 사람들을 죽일 때에도 그러하실 것이다. 여호와께 죽임 당할 자가 많으리라(사 66:16). 희생의 날에는 희생제물들을 가지고 큰 잔치가 벌어졌다. 마찬가지로, 여호와의 날에도 유다와 예루살렘의 주민들이 그들의 원수인 갈대아 사람들에 의해 도륙당할 것이고, 갈대아 사람들은 그들을 가지고 큰 잔치를 벌일 것이다. 갈대아 사람들은 하나님이 준비하신 큰 잔치에 와서 마음껏 먹으라고 초대하신 손님들이다. 그들은 와서 그들의 복수심으로 닥치는 대로 살육을 벌일 것이고, 그들의 탐욕으로 닥치는 대로 약탈할 것이다. 좀 더 자세하게 살펴보자.

Ⅰ 여호와께서 벌하시는 날에 벌을 받아서 희생제물이 될 자들은 누구이고, 그들은 어떤 죄로 벌을 받게 되는 것인가.

1. 왕족들. 그들은 그들의 존엄한 신분에도 불구하고, 교만하고 허탄하며 위선적으로 행한 죄 때문에 가장 먼저 벌을 받게 될 것이다(8절). 내가 방백들과 왕자들을 벌할 것이다. 그들은 하나님께 책임을 져야 하는 자들이고, 그들이 비록 신분이 높기는 하지만, 하나님은 그들보다 더 높으시다. 그들은 벌을 받을

것이고, 이방인의 옷을 입은 자들도 그들과 함께 벌을 받을 것이다. 하나님은 그들에게 그들의 옷에 있어서도 이방 나라들과 구별되게 입으라고 명하셨는데도 불구하고, 유다 사람들은 자기 나라의 것을 멸시하고(소박한 사람이었던 야곱의 자손답게 아주 소박하게 옷을 입는 것이 이스라엘의 관습이었을 것이다), 이방 나라들에서 유행하는 옷들을 좋아하여 입었고, 이방인들을 따라하고자 애썼다. 하나님은 그들에게 세마포와 모시를 공급해 주셨는데도(겔 16:10), 방백들과 왕자들은 국내에서 만들어진 옷을 입는 것을 비웃으며, 먼 이방 나라로 사람을 보내어 비싼 값을 주고 이방인의 옷을 구입해 와서 입었고, 아랫 사람들도 방백들과 왕자들의 패션을 따라하고자 하였다. 옷을 입는 것과 관련한 교만은 하나님을 진노하시게 하는 것이고, 그 백성이 타락하였음을 보여주는 징후이다.

2. 귀족들과 그들의 종들(9절). 그 날에 내가 문턱을 뛰어넘는 자들을 벌하리라. 문턱을 뛰어넘는 자들이 누구를 가리키는지는 당시에는 잘 이해되었을 것이지만 지금은 그 의미가 좀 불확실한데, 아마도 이 어구는 이웃의 권리를 침해하는 자들을 가리키는 것 같다. 문턱을 뛰어넘어서 힘을 앞세워 폭력적으로 이웃의 집에 들어가서 재물들을 약탈하는 자들은 남의 집을 그들 자신의 집이라고 말하며 그 집을 차지하는 것이나 마찬가지이다. 그들은 그들의 수중에 들어오기만 하면 남의 집에 있는 모든 것을 그들의 것으로 만들어서, 자기 주인의 집을 포악과 거짓으로 얻은 재물들과 그렇게 해서 그들이 얻은 온갖 죄책으로 채운다. 그들은 그들이 불의하게 얻은 재물들은 그들 자신을 위한 것이 아니라 그들의 주인을 위한 것이고, 그들이 한 짓은 그들의 주인의 지시에 따른 것이라고 변명할지라도, 그것은 타당한 변명이 되지 못할 것이다. 왜냐하면, 하나님의 명령과 계명을 지켜야 하는 우리의 의무는 이 땅의 어떤 주인의 이익을 위해 일해야 하는 우리의 의무보다 먼저이고 우월하기 때문이다.

3. 장사하는 사람들과 부상(富商)들. 막데스 주민들, 즉 예루살렘의 하층민들이 사는 구역 가운데서 회반죽처럼 질펀한(이것이 막데스의 의미이다) 죄악이 발견된다. 거기에는 금장색(느 3:32)과 상인들이 살았다. 그들은 이제 다 패망하였다(그들은 망해서 가게문을 닫았고 파산하였다). 아니, 은을 거래하는 모든 자들은 그들이 지닌 은 때문에 침략자들에 의해서 가장 먼저 죽임을 당하였다. 은(銀)은 주인을 보호해 주는 것이 아니라 도리어 위험에 빠뜨리고 배신한다.

정복자들은 부자들을 목표로 삼아서 집중적으로 약탈하고 가장 먼저 끌고 간 반면에, 이 땅의 가난한 자들은 화(禍)를 피하였다. 또는, 이 어구는 이 땅 전체가 멸망하기에 앞서 교역이나 장사가 전반적으로 쇠퇴한 것을 가리킬 수도 있다. 큰 거래상들이 망하고, 큰 자본가들이 파산하면, 그것은 전반적인 쇠퇴의 신호탄이다. 왜냐하면, 그런 자들이 망하면 혼자 망하는 것이 아니라 많은 사람들이 더불어 망하기 때문이다.

4. 온갖 안일하고 생각 없이 살아가는 자들, 쾌락의 아들들로서 방탕하고 나태한 삶을 사는 자들(12절). 그런 자들은 방방곡곡에서 올라와서, 나라의 심장부인 예루살렘에 묵을 곳을 마련해 놓고서, 방탕하고 사치스러운 삶을 살았다. 그러나 하나님은 그런 자들을 찾아내어 벌하실 것이다. 그 때에 내가 그런 자들을 심판대 위에 올려세워서 적절한 벌을 받도록 하기 위하여 찾아내고자 예루살렘을 등불로 두루 찾을 것이다. 이것은 그들이 그들이 저지른 죄를 부끄러워하거나 그 죄에 대한 벌을 두려워하여 숨어 있다는 것을 보여준다. 하나님의 심판이 도처에서 횡행할 때, 그들은 종적을 감추고 숨음으로써 그 심판을 피하고자 할 것이고, 같은 패거리의 비호 아래에서 꼭꼭 숨어 있을지라도, 하나님은 예루살렘을 수색하셔서 반드시 그들을 찾아내실 것이다. 하나님의 손은 그의 모든 원수들이 어디에 숨어 있든 그들을 다 찾아내셔서, 은밀하게 우상을 숭배한 자들만이 아니라 은밀하게 쾌락을 즐기고 불경(不敬)을 행한 자들도 벌하실 것이다. 여기에서 묘사되고 있는 자들은 바로 그런 자들이고, 하나님이 그들을 찾아내기 위하여 철저히 수색하실 때에, 그들은 바로 다음과 같은 특징들로 인해서 발각이 되고 말 것이다.

(1) 그들은 육욕적(肉慾的)인 성향을 지닌 자들이라는 것. 그들은 찌꺼기 같이 가라앉아서 은밀한 곳에 자리를 잡고, 쾌락에 탐닉하며, 재물과 악행을 든든히 쌓아간다. 그들은 모압처럼 걱정이 없이 평안하고 무사태평하게 지내기 때문에 아무도 두려워하지 않는다(렘 48:11): 그들은 이 그릇에서 저 그릇으로 옮겨진 일이 없는 자들이다. 그들은 포도주와 독주를 잔뜩 마시고, 내일도 오늘 같으리라고 말하며, 아무 생각 없이 살아간다(사 56:12). 그들이 찌꺼기 같이 가라앉아서 은밀한 곳에 자리를 잡았다는 것은 그들이 주지육림(酒池肉林)에 빠져 있다는 것을 의미한다(시 17:10).

(2) 그들은 무신론자들이라는 것. 그들은 속으로 여호와께서는 복도 내리지

아니하시며 화도 내리지 아니하시리라, 즉 하나님은 아무 일도 하지 아니하시리라고 생각하기 때문에 그런 방탕한 삶을 살 수밖에 없다. 그들은 하나님이 섭리를 통해서 이 세상을 다스리신다는 것을 부인한다: "이 세상에서 일어나는 좋은 일이나 나쁜 일은 다 운명의 수레바퀴에 의해서 일어나는 것이지, 지혜로운 최고의 관리자의 처분에 의해서 일어나는 것이 아니다." 그들은 하나님이 사람들의 정신을 다스리시며 상벌을 내리신다는 것을 부인한다: '여호와께서는 그를 섬기는 자들에게 복도 내리지 아니하시며, 그에게 반기를 드는 자들에게 화도 내리지 아니하시리라. 그러므로 신앙을 가졌다고 해서 얻는 것도 없고, 죄를 짓는다고 해서 잃을 것도 없다.' 그들의 이러한 생각은 그들이 육욕에 빠져 있는 결과였다. 만약 그들이 육욕에 빠져 있지 않다면, 그들은 이렇게까지 지각이 없을 수 없을 것이다. 만약 그들이 쾌락에 탐닉하여 우둔하게 되지 않았다면, 그들은 이렇게까지 우둔해질 수 없었을 것이다. 또한, 그들의 그러한 생각은 그들이 육욕에 빠지게 된 원인이기도 하였다. 만약 그들이 처음에 그 생각이 허망하여지고 사악해져서, 그들을 지으신 하나님을 그들과 같은 줄로 생각하지 않았다면(시 50:21), 그들은 그들의 배를 신으로 섬기고자 하지 않았을 것이다. 그러나 하나님은 그들을 벌하실 것이고, 그들의 마침은 멸망일 것이다(빌 3:19).

Ⅱ. 하나님이 이 죄인들을 벌하실 때에 그들에게 어떤 조치를 취하실 것이고, 그들은 어떤 식으로 멸망할 것인가.

1. 하나님이 그들을 침묵시키시리라는 것(7절). 주 여호와 앞에서 잠잠할지어다. 하나님은 그들을 공포와 경악으로 인해 입이 얼어붙어서 말이 나오지 않게 만드실 것이다. 그들은 말을 잃게 될 것이다. 그들의 죄에 대하여 그들이 늘어놓는 모든 변명들, 하나님의 선고를 반박하기 위해 그들이 제시하는 온갖 반증들은 여지없이 무너질 것이고, 그들은 할 말을 잃게 될 것이다.

2. 하나님이 그들을 희생제물로 삼으시리라는 것. 왜냐하면, 하나님이 그들을 벌하실 날은 여호와의 희생의 날일 것이기 때문이다(8절). 하나님은 그들을 그들의 원수들의 손에 붙이실 것이고, 그렇게 하심으로써 스스로 영광을 받으실 것이다.

3. 하나님이 성읍과 촌락 모두를 애곡으로 채우시리라는 것(10절). 그 날에 어문에서는 부르짖는 소리가 일어나리라. 이 성문은 근처에 양어장이나 수산 시

장이 있었기 때문에 그렇게 불리었다. 어문(漁門)은 다윗 성에 속하였다(대하 33:14; 느 3:3). 어문은 아마도 첫 문(first gate)으로도 불린 것 같은데(슥 14:10), 이것이 맞다면, 그것은 제이 구역, 즉 어문 옆에 있던 둘째 문에서 울음 소리가 일어나리라는 구절이 바로 다음에 나오는 이유를 설명해 준다. 전쟁 경보가 예루살렘의 성벽을 타고 성문에서 성문으로 한 바퀴 돌게 될 것이다. 승승장구하는 침략자들의 환호성과 겁을 집어먹은 백성들의 애곡하는 소리로 인해서 예루살렘 주변의 큰 산들과 작은 산들에서 무너지는 소리가 크게 일어날 것이다. 예루살렘 성의 주민들, 심지어 성의 가장 은밀하고 안전한 곳에 있던 주민들까지도 슬피 울 것이고(11절), 그 울음 소리가 아주 요란할 것이다.

4. 그들은 그들이 가진 모든 것을 벌거벗겨지게 되리라는 것. 그들의 소유는 모두 원수의 노략물이 될 것이다(13절). 그들의 집이나 가게에 있던 물건들은 다 원수의 두둑한 전리품이 될 것이다. 그들의 집은 황폐해져서 평지와 똑같이 될 것이다. 그들 중에서 새 집을 건축한 자들은 침략자들이 그 집을 빼앗아 차지할 것이기 때문에 거기에 살지 못할 것이다. 그들은 포도원을 가꾸었어도 그 포도주를 마시지 못할 것이다. 그들이 생산해 낸 포도주는 그들 가운데에 기진한 아군의 원기를 돋우는 데에 사용되는 것이 아니라, 도리어 그들을 약탈하고 죽이는 적군의 원기를 돋우는 데에 사용될 것이다(신 28:30).

[14]여호와의 큰 날이 가깝도다 가깝고도 빠르도다 여호와의 날의 소리로다 용사가 거기서 심히 슬피 우는도다 [15]그날은 분노의 날이요 환난과 고통의 날이요 황폐와 패망의 날이요 캄캄하고 어두운 날이요 구름과 흑암의 날이요 [16]나팔을 불어 경고하며 견고한 성읍들을 치며 높은 망대를 치는 날이로다 [17]내가 사람들에게 고난을 내려 맹인 같이 행하게 하리니 이는 그들이 나 여호와께 범죄하였음이라 또 그들의 피는 쏟아져서 티끌 같이 되며 그들의 살은 분토 같이 될지라 [18]그들의 은과 금이 여호와의 분노의 날에 능히 그들을 건지지 못할 것이며 이 온 땅이 여호와의 질투의 불에 삼켜지리니 이는 여호와가 이 땅 모든 주민을 멸절하되 놀랍게 멸절할 것임이라

안일하고 부주의하며 아무 생각 없이 살아가는 백성으로 하여금 정신이 번쩍 들게 만드는 것으로는 여기에서 하나님이 유다와 예루살렘을 향하여

그들이 갈대아 사람들에 의해서 멸망할 날이 얼마 남지 않았다고 경고해 주시는 것보다 더 적합한 말씀은 없고, 그 어떤 것도 여기에 나오는 이 경고의 말씀보다 더 생생하게 표현될 수도 없다. 하나님이 그들에게 복수하시기 위해서 직접 나타나실 여호와의 날이 곧 이를 것이라는 경고의 말씀은 시온에 사는 죄인들을 두려워 떨게 만들기에 충분하였다. 그 날은 저 큰 심판의 날의 표본, 일종의 최후의 심판의 날이라고 할 수 있는 여호와의 큰 날이 될 것인데, 우리 구주께서도 로마군에 의한 예루살렘의 최후의 멸망을 예언하시면서 그 날을 이런 식으로 묘사하신다(마 24:27).

Ⅰ. 여호와의 날이 매우 가깝다는 것(14절). 이 묵시는 흉한 날이 그들에게서 멀다고 착각하는 자들이 생각하는 것과는 달리 먼 장래의 일에 관한 것이 아니다. 그 날을 먼 장래의 일로 여기는 자들은 스스로 속는 것이다. 왜냐하면, 그 날은 가깝고 가깝고도 빠르게 오고 있기 때문이다. 선지자는 옆집에 불이 났을 때에 불이야 불이야라고 소리치며 다급하게 가족을 깨우는 자처럼 속이 타서 사람들에게 경보를 알린다. "그 날이 가깝도다 그 날이 가깝고도 빠르도다. 그러므로 지금은 때가 너무 늦기 전에 너희의 안전을 위하여 너희가 할 수 있는 일을 온 힘을 다해서 해야 할 때이다." 심판은 지체하지 않는데 졸고 있거나, 심판이 빠르게 다가오고 있는데 어슬렁거리는 자들은 정신 나간 자들이다.

Ⅱ. 여호와의 날은 아주 무시무시한 날이 되리라는 것(15절). 여호와의 날의 소리, 여호와의 날이 다가오면서 내는 소리는 너무나 무시무시해서, 그 소리를 들은 용사들이 거기서 어린아이들처럼 심히 슬퍼 울 것이다. 여호와의 날에 관한 소문을 듣는 것만으로도 두려움이 될 것이다. 말일에 임할 여호와의 큰 날에는 용사들이 바위와 산들에게 그들을 제발 숨겨 달라고 울부짖게 될 것이지만, 아무 소용이 없을 것이다. 하박국 선지자가 장차 임할 이 날을 얼마나 강조해서 말하고 있는지를 주목하라(15절). 그 날은 분노의 날, 즉 하나님이 그의 진노를 아낌없이 쏟아부으실 날이다. 그 날은 죄인들에게 환난과 고통의 날이 될 것이다. 죄인들은 고통 가운데에 있을 것이고, 그 고통에서 벗어날 길이 없을 것이다. 저주받은 자들의 참상은 하나님의 진노와 분노가 그 참상의 원인이고, 죄인들의 영혼에 임할 환난과 곤고가 그 참상의 결과라는 말로 요약될 수 있다(롬 2:8-9). 그 날은 이 땅의 주민들에게 환난과 고통의 날이 될 것이고, 온 땅에는 황폐와 패망의 날이 될 것이다. 그 날에 옥토는 황무지로 변하게 될 것이다. 그

날은 캄캄하고 어두운 날이 될 것이다. 모든 것이 암울해 보이고, 단 한 줄기의 위로나 소망도 없을 것이다. 주위를 둘러보라. 온통 검은 어둠뿐이다. 그 날은 구름과 흑암의 날이 될 것이다. 그에게 힘을 줄 만한 것이 아무것도 없을 뿐만 아니라, 모든 것이 그들을 위협할 것이다. 구름과 흑암은 폭풍우를 몰고 온다.

Ⅲ.여호와의 날은 멸망의 날이 되리라는 것(16-17절).

1. 그 날에는 아주 견고하고 최고로 요새화되어 있는 성읍들도 파괴되리라는 것. 그 날은 나팔을 불어 경고하며 견고한 성읍들을 쳐서 함락시키고 높은 망대를 쳐서 무너뜨리는 날이로다. 그 어떤 요새나 망대가 하나님의 진노 앞에서 버틸 수 있겠는가?

2. 그 날에는 무수한 사람들이 죽게 되리라는 것(17절). "내가 사람들에게 고난을 내려, 아무리 튼튼하고 다부진 자들도 다 괴로워하게 만들 것이다. 그들의 마음과 손이 그들을 실망시킬 것이다. 그들은 맹인 같이 행하여 끝없이 헤매리니, 이는 그들이 여호와께 범죄하였음이라." 악인으로 행하는 자들을 하나님이 맹인 같이 행하게 내버려 두셔서, 그들로 하여금 인도자나 위로도 없이 늘 어둠 속에서 의심과 위험 가운데 행하다가 결국에는 구덩이에 빠지게 하시는 것은 의로우신 일임을 명심하라. 그들이 여호와께 범죄하였기 때문에, 하나님은 그들을 잔인한 원수들의 손에 넘기실 것이고, 그들의 무자비한 원수들에 의해서 그들의 피는 흥건히 쏟아져서 티끌 같이 되며 그들의 살은 거름더미에 분토 같이 던져지게 될 것이다.

Ⅳ. 그 날에 있을 멸망은 온 땅을 삼킬 것이고, 누구도 그 멸망을 피하지 못하리라는 것(18절).

1. 속전(贖錢)을 주고도 그 멸망을 피할 수 없으리라는 것. 그들이 흉한 날에 대비하여 악착같이 모아 두었고, 그러한 때를 대비해서 친구들을 만들어 놓기 위하여 아낌없이 사용하였던 그들의 은과 금이 여호와의 분노의 날에 능히 그들을 건지지 못할 것이다. 또 다른 선지자는 동일한 사건을 언급하면서, 바로 이 본문을 가져가서 사용하였다(겔 7:19). 재물은 진노의 날에 아무런 도움도 되지 못한다는 것을 명심하라(잠 11:4). 아니, 재물은 그 주인을 사람들에게 해악을 당하게 하고(전 5:13), 악용된 재물은 하나님의 진노를 불러일으킨다.

2. 도망치거나 숨는다고 해도 그 멸망을 피할 수 없으리라는 것. 이 온 땅이 여호와의 질투의 불에 삼켜질 것인데, 사람들이 어디에서 숨을 곳을 찾을 수 있

겠는가? 하나님의 질투의 불이 어떤 것인지, 그 힘이 어떠한지를 보라. 그 불은 온 땅을 삼킬 것이다. 그런데 어떻게 개인들이 그 불 앞에 설 수 있겠는가? 농부가 밭을 고를 때에 모든 엉겅퀴와 가시덤불들을 다 잘라내서 불에 던지듯이, 하나님은 이 땅 모든 주민을 멸절하되 신속하고 놀랍게 멸절하실 것이다. 하나님의 심판들은 종종 죄악된 나라들을 아주 신속하고 철저하게 멸절하신다는 것을 명심하라. 그들의 멸망은 짧은 시간 안에 완벽하게 마무리될 것이다. 죄인들은 하나님의 오래 참으심을 멸시하고서 태평하게 잠을 자서는 안 된다. 왜냐하면, 그들의 죄악의 분량이 차면, 하나님의 공의가 그들을 덮쳐서 신속하고 철저하게 일을 끝내버릴 것이기 때문이다.

제
— 2 —
장

개요

이 장에는 다음과 같은 내용들이 나온다. I. 선지자는 앞 장에 나온 유대 민족에 대한 하나님의 진노에 관한 계시를 근거로 해서, 그들에게 때가 너무 늦기 전에 회개하고 하나님과 화해하여 하나님이 경고하신 심판이 임하지 않게 하라고 간절하게 권면함(1-3절). II. 이스라엘의 재난에 일조하였거나 그 재난을 기뻐하였던 몇몇 이웃 나라들에 대하여 하나님의 심판이 있을 것을 선포함. 1. 블레셋 사람들(4-7절). 2. 모압 자손과 암몬 자손(8-11절). 3. 구스 사람들과 앗수르 사람들(12-15절). 스바냐 선지자 이전과 이후의 여러 선지자들이 예언하듯이, 이들은 모두 하나님의 백성의 손에 두어진 것과 같은 두렵고 떨리게 하는 잔을 마시게 될 것이다.

[1]수치를 모르는 백성아 모일지어다 모일지어다 [2]명령이 시행되어 날이 겨 같이 지나가기 전, 여호와의 진노가 너희에게 내리기 전, 여호와의 분노의 날이 너희에게 이르기 전에 그리할지어다 [3]여호와의 규례를 지키는 세상의 모든 겸손한 자들아 너희는 여호와를 찾으며 공의와 겸손을 구하라 너희가 혹시 여호와의 분노의 날에 숨김을 얻으리라

우리는 이 단락에서 선지자가 앞 장에서 다가올 하나님의 심판들에 대한 저 무시무시한 묘사를 통해서 의도한 것이 무엇이었는지를 보게 된다. 그의 의도는 처음부터 끝까지 백성을 절망으로 내모는 것이 아니라, 하나님과 그들의 본분으로 돌아가게 하는 것이었고, 그들을 겁주어서 정신차리지 못하게 하는 것이 아니라, 그들을 두렵게 하여 그들의 죄에서 나오게 하는 것이었다. 그런 목적을 위해서, 그는 여기에서 민족적인 파멸을 막을 유일한 길인 민족적인 회개를 그들에게 권면한다. 좀 더 자세하게 살펴보자.

I 선지자가 그들에게 민족적인 집회를 가지라고 권고함(1절). 너희는 모일지어다. 선지자는 앞 장의 끝부분에서 하나님이 이 땅 모든 주민을 놀랍게 멸절할

것이라고 그들에게 말했었기 때문에, 우리는 당연히 다음과 같은 말이 뒤따를 것이라고 예상하게 된다. "너희는 흩어져서, 너희가 숨을 만한 곳으로 도망하라." 로마군에 의한 예루살렘의 최후의 멸망을 명하는 하나님의 엄한 영(令)이 내려졌을 때, 그들에게 주어진 권면은 유대에 있는 자들은 산으로 도망할지어다(마 24:16)라는 것이었다. 그러나 여기에서는 다르다. 하나님은 그들을 다치게 하고 싶지 않으시기 때문에 경고하시는 것이고, 그들을 치기를 원하지 않으시기 때문에 위협하시는 것이다. 그러므로 하나님은 백성들에게 그의 진노를 돌이킬 수 있는 수단을 사용하도록 권면하신다. 이 권고는 원하지 않는 백성에게 주어진다. 이 어구는 다음 둘 중의 하나를 의미한다.

1. 하나님을 원하는 마음이나 그의 이름을 기억하고 싶은 마음이 없고, 그의 은총이나 은혜를 원하지도 않으며, 그런 것들에 아주 무관심하고, 회개하여 삶을 고칠 마음이 없는 백성이라는 뜻. "그렇지만, 너희는 모일지어다. 너희는 함께 모여서, 너희가 과연 서로의 마음 가운데에 하나님을 원하는 마음을 불러일으킬 수 있는지를 한번 알아보라." 하나님은 이렇게 종종 그를 구하지 아니하고 찾지 아니하던 자들에게 찾아냄이 되신다(사 65:1).

2. 그 행실이 사랑스럽지도 않고, 그들 속에 그 어떤 사랑받을 만한 것이나 하나님께 칭찬을 들을 만한 것이 없는 백성이라는 뜻. 이스라엘 땅은 영화로운 땅, 보기만 해도 즐겁고 기쁨을 주는 땅이었다(단 11:41). 그러나 이제 이스라엘 땅은 사랑스럽지 않은 땅이 되었고, 이스라엘 민족은 쳐다보기도 싫은 민족이 되어 버렸기 때문에, 하나님이 그들에게 내게서 떠나라고 말씀하신다고 해도, 그것은 마땅하고 의로우신 일이 될 것이었다. 그러나 하나님은 이렇게 말씀하신다: "너희는 내게 모여서, 이 파멸을 막을 수 있는 방법이 있는지 함께 찾아보자. 너희가 하나님 앞에서 민족적으로 스스로를 낮추고 금식하고 기도하면서 하나님의 얼굴을 구할 수 있도록 모일지어다. 너희가 이 나라의 존망의 갈림길에서 무엇을 해야 하는지를 논의해서, 각자가 그것을 깊이 생각하여 각자의 마음을 말하며 서로 의견을 주고 받음으로써, 그들이 해야 할 일을 정해서 민족적으로 그 일을 행할 수 있도록 모일지어다." 어떤 이들은 이 본문을 이렇게 읽는다. "너희 자신을 살필지어다 너희 자신을 살필지어다. 너희의 양심을 살피고, 너희의 마음을 들여다보라. 너희의 행실을 잘 살펴서 시험해 보라. 너희 자신을 살펴서, 하나님이 너희에게 진노하시는 이유가 된 죄를 찾아내어, 하나

님께 다시 돌아갈 길을 발견해 내어라." 하나님이 우리와 다투시면, 우리는 우리 자신을 살펴야 한다는 것을 명심하라.

II. 선지자가 그들에게 아주 진지하고 신속하게 그렇게 해야 하는 이유들을 역설함(2절). "그것을 간절한 마음으로 행하라. 때가 너무 늦기 전에, 명령이 시행되어 날이 지나가기 전에 아주 신속하게 그것을 행하라." 여기에서 선지자가 말하는 방식은 아주 생생하고 정신이 번쩍 들게 하는 것인데, 이것은 그들로 다음과 같은 것들을 깨닫게 하기 위한 것이다. 모든 죄인들은 이것을 깨달아야 한다.

1. 그들의 위험이 지극히 커서 그들 모두가 위태로운 처지에 있고, 이것은 생사의 문제이기 때문에, 그들이 최대로 마음을 모아서 집중해야 마땅하다는 것. 이것은 사소한 문제가 아니기 때문에, 그들은 이 문제를 사소한 것으로 치부해 버려서는 안 된다. 그들을 기다리고 있는 것은 여호와의 맹렬한 진노이고, 아무도 함께 거할 수 없고 대항할 수 없으며 그 아래에서 머리를 들 수 없는 삼키는 불이다. "하나님이 너희에게 경고하시는 것은 여호와의 분노의 날, 여호와의 분노가 남김없이 쏟아 부어질 날, 여호와의 큰 날(1:14)이다. 그런데도, 너희가 그 날을 대비하고자 하지 않겠느냐?"

2. 그 날이 아주 임박해 있다는 것. "너희는 지금 떨쳐 일어나서, 영이 시행되기 전에 신속하게 그렇게 행하여야 한다. 그렇지 않으면, 때가 늦어서, 기회는 없어지고 다시 오지 않을 것이다. 하나님의 영(令)은 만삭이 되어 있어서 곧 저 두려운 날, 겨 같이 지나갈 날을 낳을 것이고, 그 날은 너희를 바람 앞의 겨처럼 신속하게 포로로 사로잡혀 가게 할 것이다." 우리는 한 날이 무엇을 낳을지, 즉 하루 동안에 무슨 일이 일어날는지를 알 수 없지만(잠 27:1), 회개치 않는 죄인들을 치시기 위해 내려지는 하나님의 영(令)이 무엇을 낳을지, 즉 그 영이 떨어지면 무슨 일이 벌어질지를 안다. 그러므로 죄인들은 은혜 받을 만한 때(고후 6:2)에 늦지 않게 회개하고자 애를 써야 한다. 하나님이 논쟁을 해 오실 때에는 그의 맹렬한 진노가 그들에게 임하기 전에 그와 빨리 화해하는 것이 지혜로운 일임을 명심하라. 그런 경우에 화해를 차일피일 미루는 것은 대단히 위험하고 치명적일 수 있고, 그들이 마음을 완악하게 먹는다면, 그들은 멸망을 피할 수 없게 될 것이다. 우리는 성령이 우리에게서 떠나가시거나 우리와 다투기를 그치시기 전에, 은혜의 날이 끝나거나 우리의 수명이 다하기 전에, 큰 구렁텅이가

놓여 있어 건너올 수 없는 저 세상에서 우리의 영원한 운명이 결정되기 전에 (눅 16:26) 어떻게 해서든지 하나님과 화해하고자 애를 써야 한다.

Ⅲ. 선지자가 그들에게 이 일을 효과적으로 행하는 방법을 조언해 줌. 그들이 모두 크게 놀라서 함께 모이는 것만으로는 충분하지 않다. 그들은 하루하루 그들의 본분을 진지하고 조용하게 다하여야 한다(3절). 너희는 여호와를 찾으라. 하나님의 긍휼을 얻기 위해서는 그들이 찾고 구하여야 한다. 왜냐하면, 찾으라 그리하면 찾아내리라(마 7:7)는 말씀은 하나의 법칙이기 때문이다. 선지자는 이스라엘 민족 전체에게 함께 모이라고 권면했지만, 그들이 함께 모여도 그들 가운데에 대다수는 그 집회에 별 유익을 끼치지 못할 것이다. 어떤 땅이 구원을 얻는다면, 그것은 경건한 소수의 영향력과 중보기도에 의해서 이루어지는 것이기 때문에, 여기에서 선지자는 특히 그런 자들을 향하여 권면한다. 좀 더 자세하게 살펴보자.

1. 선지자는 그들을 어떻게 묘사하는가. 그들은 세상 또는 이 땅의 겸손한 자들 또는 온유한 자들이다. 하나님의 백성이 지닌 특징은 그들이 세상의 온유한 자들이라는 것이다. 그것은 그들의 견장(肩章)이고 제복이다. 그들은 겸손하고, 눈이 높지 않고 낮다. 그들은 온유하고, 다른 사람들에게 고분고분하며, 쉽게 화내거나 크게 화내거나 오래도록 화내지 않는다. 그들은 이 땅에서 평안히 조용하게 사는 자들이다(시 35:20). 그들은 그들의 하나님 및 그의 모든 명령들과 섭리들에 순복한다. 이러한 행동 강령과 성품을 따라, 그들은 여호와의 규례, 즉 그의 법들과 제도들을 지켰고, 하나님에 대한 그들의 본분을 꼼꼼하게 행하였으며, 이 세상에서 그의 영광과 존귀를 높이는 일에 헌신하여 왔다.

2. 선지자는 그들에게 무슨 일을 할 것을 요구하는가. 그들은 그들의 본분을 알고 행할 수 있기를 구하여야 한다. 이것은 그들이 자신의 본분이 무엇인지를 심혈을 기울여 살펴서 그 본분을 제대로 행하기 위하여 끊임없이 애써야 한다는 것을 의미한다.

(1) 그들은 여호와를 찾고, 그의 은총과 은혜를 구하며, 모든 일을 그에게 고하고, 그들이 필요한 것들을 그에게 요청하며, 새벽부터 부지런히 찾고, 끊임없이 그를 찾아야 한다.

(2) 그들은 의를 구하여야 한다는 것. "하나님께 그가 너희에게 하신 약속들을 이루어 주시라고 구하고, 하나님에 대한 너희의 본분을 제대로 행하는 것에

주의를 기울여라. 그리스도의 의가 너희에게 덧입혀지기를 구하고, 하나님의 성령의 은혜들이 너희 안에 심어지기를 구하라. 너희는 그런 것들에 대하여 주리고 목마른 자들이 되라."

(3) 그들은 온유함을 구하여야 한다는 것. 그들이 세상의 온유한 자들로 불리며 명성이 자자하게 된 것은 하나님의 은혜이다. 그렇지만, 그들은 여전히 하나님께 온유함을 구하여야 한다. 아무리 선한 자들도 계속해서 더 선하고자 애써야 하고, 아무리 많은 은혜를 받은 자들도 계속해서 더 많은 은혜를 받기 위해서 기도하고 애써야 한다는 것을 명심하라. 어느 특정한 은혜에서 뛰어난 자들은 그 은혜에서 더 뛰어나게 해 달라고 계속해서 구하여야 한다. 왜냐하면, 바로 그 은혜와 관련해서, 그들은 그들의 원수들에게 집중적인 공격을 당할 것이고, 그들의 친구로부터 아주 큰 기대를 받게 될 것이며, 그들 자신도 방심하기가 아주 쉽기 때문이다: 만약 네가 그 은혜와 관련해서 나는 마땅히 갖추어야 할 모든 것을 갖추고 있으니 충분하다고 말한다면, 너는 끝장이다. 온유한 자들은 장차 어려운 시험의 때가 올 때에 그들이 지닌 온유함을 다 사용한다고 해도 충분하지 않을 것임을 알기 때문에, 온유함을 더 주시라고 간절히 구하여야 하고, 하나님이 그의 섭리 가운데에서 그들에게 그들의 온유함을 사용할 기회를 주실 때에 하나님이 그의 은혜로 그들로 하여금 모든 일에서 모든 사람에게 온유함을 나타내고(딛 3:2), 그 때나 지금이나 그 힘이 같을 수 있게 해 달라고 기도하여야 한다(수 14:11).

IV. 선지자가 그들에게 이 조언들을 받아들이도록 하기 위해 그들을 격려함. 너희가 혹시 여호와의 분노의 날에 숨김을 얻으리라.

1. "특히, 세상의 온유한 자들인 너희는 비록 여호와의 분노의 날이 이 땅에 임할지라도 특별한 보호하심 아래에서 안전할 것이다. 여호와께서 진실로 너희를 강하게 할 것이요 너희에게 복을 받게 할 것이며(렘 15:11), 너희에게 네 생명을 노략물 주듯 하실 것이고(렘 45:5), 그 날에 너희를 구원하시리라(렘 39:17). 너희가 혹시 숨김을 얻으리라. 만약 하나님이 어떤 자들을 숨겨 주신다면, 바로 너희가 숨김을 얻으리라." 선한 자들이라고 해서 현세에서의 안전을 보장받을 수 있는 것은 아니다. 왜냐하면, 모든 사람에게 임하는 그 모든 것이 일반이기 때문이다(전 9:2). 그러나 선한 자들은 하나님의 은혜로 숨김을 받고, 하나님의 섭리의 특별한 보살피심을 받을 가능성이 대단히 높다. 선지자가 이 약속의 말씀을

이런 식으로 애매하게 표현한 것은 그들에게 혹시라는 전제가 붙은 약속이 주어진다고 해도 과연 그들이 하나님의 선하심을 의지할지를 시험하고, 그들로 하여금 그들이 부족해서 하나님의 보호하심을 받지 못하게 되는 일이 벌어지지는 않을지 염려하는 가운데에 거룩한 두려움과 깨어 있음을 계속해서 유지하도록 하기 위한 것이다. 죄악이 만연된 때에 온전한 신앙을 굳게 붙잡고 있는 자들은 재난이 횡행할 때에 하나님이 그들을 위하여 안전하고 평안한 피난처를 찾아주실 것이라는 소망을 품을 이유가 충분히 있다는 것을 명심하라. 그들은 천국 안에서나 천국 아래에서나, 즉 천국에 들어가거나 천국의 보호 아래 있음으로써 숨김을 얻게 될 것이다(루터의 말).

2. "너희가 바람직하지 않은 백성일지라도, 여호와께서 이웃 나라들에 대하여 분노를 쏟으시는 날에 그의 심판들이 도처에 횡행할 때에, 너희는 숨김을 얻으리라. 너희의 땅은 하나님의 진노를 돌이키기 위하여 그 틈새를 막고 서 있는 너희 중의 소수의 온유한 자들 덕분에 보존될 것이다." 우리는 모두 하나님의 진노의 큰 날에 과연 우리가 숨김을 얻게 될지를 스스로 확인하는 데에 관심을 가져야 한다. 우리가 우리의 본분의 밀실에 숨는다면, 하나님은 우리를 안전의 밀실에 숨기실 것이다(사 26:20). 우리가 방주를 준비한다면, 그것은 우리의 은신처가 되어 줄 것이다(창 7:1).

⁴가사는 버림을 당하며 아스글론은 폐허가 되며 아스돗은 대낮에 쫓겨나며 에그론은 뽑히리라 ⁵해변 주민 그렛 족속에게 화 있을진저 블레셋 사람의 땅 가나안아 여호와의 말씀이 너희를 치나니 내가 너를 멸하여 주민이 없게 하리라 ⁶해변은 풀밭이 되어 목자의 움막과 양 떼의 우리가 거기에 있을 것이며 ⁷그 지경은 유다 족속의 남은 자에게로 돌아갈지라 그들이 거기에서 양 떼를 먹이고 저녁에는 아스글론 집들에 누우리니 이는 그들의 하나님 여호와가 그들을 보살피사 그들이 사로잡힘을 돌이킬 것임이라

선지자는 여기에서 당시의 다른 선지자들과 마찬가지로 느부갓네살이 이끄는 승승장구하는 갈대아인들의 군대에 의한 원정으로 말미암아 어떤 나라들이 어느 정도나 멸망하게 될지를 예언하는데, 여기에서 선지자가 그런 예언을 하는 것은 다음과 같은 의도에서이다.

1. 선지자는 이 예언을 통해서 유대 백성에게 장차 임할 재난이 얼마나 강력하고 깊으며 클지를 알게 하고, 곧 다가올 여호와의 날이 얼마나 무시무시할지를 보여주어서, 그들로 하여금 정신을 차리고 그 날을 대비해야 한다는 것을 깨우쳐 주고자 한다.

2. 선지자는 이 예언을 통해서 유대 백성의 처지가 서글프긴 하겠지만, 그것이 그들만의 특별한 슬픔이 아니라는 사실을 보여줌으로써 그들을 위로하고(불행한 일을 당한 자들은 그들과 똑같이 불행을 당한 자들을 보면 위안을 얻는 법이다), 하나님이 그들의 원수로서 그들을 대적하여 싸우신 것처럼 보였을지라도, 사실 하나님은 여전히 그들의 친구이자 그들의 원수들의 적으로서, 그들이 당한 모욕들을 복수해 주실 것이라는 사실을 보여줌으로써 그들을 위로하고자 한다. 이 단락에는 이스라엘 백성의 가까운 이웃이자 숙적(宿敵)인 블레셋 족속에 대한 심판이 나온다. 블레셋 땅에는 다섯 소국(小國)이 있었는데, 여기에서는 네 소국만이 언급된다 — 가사, 아스글론, 아스돗, 에그론. 어떤 이들은 다섯 번째 소국인 가드는 이미 유다에 복속되어 있었기 때문에 언급되지 않은 것이라고 생각한다. 블레셋 족속의 땅은 대해(大海)와 인접해 있었기 때문에, 그들은 해변 주민들로 불렸다(5절). 인접해 있던(삼상 30:14) 그렛 족속이 여기에서 블레셋 족속과 함께 언급되고 있는데, 그들도 예언대로 블레셋 족속과 함께 멸망당하였다(겔 25:16). 블레셋 족속의 땅은 하나님이 자기 백성 이스라엘에게 주신 땅에 포함되어 있었기 때문에(수 13:3) 여기에서 가나안이라 불린다. 그 땅은 이스라엘의 땅으로 주어진 것이기 때문에, 블레셋 족속(블레셋의 다섯 군주들)이 이스라엘에게 그 땅을 넘겨주지 않고 계속해서 차지하고 있는 것은 불법이었다(삿 3:3). 하나님은 이제 그들을 벌하고자 하실 때에 그 사실을 떠올리신다. 왜냐하면, 어떤 사람들이 다른 사람들의 권리를 오랫동안 불의하게 불법적으로 차지하고 있을 수 있지만, 의로우신 하나님은 마침내 그들의 불의에 대하여 복수하시기 때문이다.

I 하나님이 찬탈자들인 블레셋 사람들에게서 그들의 땅을 빼앗고 그들을 진멸하시리라는 것. 전체적으로 보아서, 여기에 나오는 것은 그들에 대한 화(禍)의 선포이다(5절). 하나님이 그들에게 화를 선포하셨다는 것은 그들에게 임할 참상(慘狀)이 어떠할지를 우리로 하여금 가늠할 수 있게 해준다. 여호와의 말씀이 그들을 친다. 아직 성취되지는 않았지만 때가 되면 이루어질 이전 선지

자들이 전한 여호와의 말씀이 그들을 치는 말씀이고(사 14:31), 지금 스바냐 선지자가 전하는 이 말씀도 그들을 치는 말씀이다. 여호와의 말씀이 그들을 친다면, 그들은 정말 재앙의 상태에 있다는 것을 명심하라. 왜냐하면, 하나님의 말씀은 하나라도 땅에 떨어지는 법이 없기 때문이다. 하나님의 말씀의 교훈들을 거슬러 반역하는 자들은 그들을 치는 하나님의 말씀의 경고들 아래에 놓여 있게 될 것이고, 그 결과는 다름아닌 그들의 멸망이 될 것이다.

1. 하나님이 친히 그들을 멸망시키는 장본인이 되시리라는 것. "내가 말한 것을 시행할 수 있는 힘과 의지를 가지고 있는 내가 너를 멸하리라."

2. 그 멸망은 모든 곳에 임하게 되리라는 것. 그 멸망은 그 땅의 모든 곳들, 성읍과 촌락 모두에 다 미칠 것이다. 가사가 지금은 사람들이 붐비는 성읍일지라도 그 때에는 버림을 당하게 될 것이다. 예레미야 선지자는 가사가 대머리가 되리라고 예언하였는데(렘 47:5), 실제로 알렉산더 대왕이 그 성읍을 흔적도 없이 파괴하여서, 신약 시대에 가사는 광야가 되어 있었다(행 8:26). 아스글론은 폐허, 즉 폐허가 무엇인지를 보여주는 본보기가 될 것이다. 아스돗은 대낮에 쫓겨날 것이다. 그들은 한낮의 뜨거운 열기 속에서 그들을 보호할 그늘이나 피신처를 얻지 못할 것이다. 그들은 그런 날씨 때문에 큰 괴로움을 당하면서 포로로 끌려갈 것이고, 그것은 그들의 형편을 더욱 비참하게 만들 것이다. 오랫동안 뿌리를 내리고 존속하였던 에그론은 뽑히게 될 것이다. 이렇게 해서, 블레셋 땅에는 사람이 살지 않게 될 것이고, 주민이 없게 될 것이다(5절). 하나님은 사람이 거주하게 하기 위하여 땅을 지으셨다(사 45:18). 그러므로 만약 땅에 사람이 살지 않는다면, 하나님이 땅을 지으신 것이 헛될 것이다. 그러나 사람들이 하나님을 섬겨야 하는 그들의 창조의 목적에 부응하지 않는다면, 하나님이 땅으로 하여금 사람들이 거주하도록 섬겨야 하는 땅의 창조의 목적에 부응하지 않도록 하시는 것은 의로우신 일이다. 땅은 종종 사람의 죄 때문에 본래 창조된 목적을 버리고 허무한 것에 굴복하곤 한다.

3. 그것은 철저한 멸망이 되리라는 것. 원래 배들의 정박지와 상인들의 거주지로 사용되던 해변은 이제 버려져서, 목자의 움막과 양 떼의 우리가 될 것이다(6절). 하지만, 이것은 블레셋 족속의 왕들이 소유했을 때보다도 더 유용하게 사용되는 것이다.

II. 합법적인 소유자인 유다 족속이 블레셋 땅에 대한 소유를 회복하게 되리

라는 것(7절).   하나님이 그들을 돌아보실 때에 포로 생활에서 돌아올 유다 족속의 남은 자들이 아스글론의 집들에 안전하게 누우며, 피곤하고 졸리는 저녁에 거기에 누워 자게 될 것이고, 거기에서 그들과 그들의 양 떼가 먹게 될 것이다. 하나님의 백성이 오랫동안 그들의 권리들을 빼앗긴 상태에 있다고 할지라도, 하나님은 결국 자기 백성의 권리들을 회복시켜 주실 것임을 명심하라.

[8]내가 모압의 비방과 암몬 자손이 조롱하는 말을 들었나니 그들이 내 백성을 비방하고 자기들의 경계에 대하여 교만하였느니라 [9]그러므로 만군의 여호와 이스라엘의 하나님이 말하노라 내가 나의 삶을 두고 맹세하노니 장차 모압은 소돔 같으며 암몬 자손은 고모라 같을 것이라 찔레가 나며 소금 구덩이가 되어 영원히 황폐하리니 내 백성의 남은 자들이 그들을 노략하며 나의 남은 백성이 그것을 기업으로 얻을 것이라 [10]그들이 이런 일을 당할 것은 그들이 만군의 여호와의 백성에 대하여 교만하여졌음이라 [11]여호와가 그들에게 두렵게 되어서 세상의 모든 신을 쇠약하게 하리니 이방의 모든 해변 사람들이 각각 자기 처소에서 여호와께 경배하리라

모압 자손과 암몬 자손은 둘 다 롯의 후손들이었다. 이 두 자손의 땅은 서로 붙어 있었고, 둘 다 이스라엘과 인접해 있었다. 선지자는 여기에서 이 둘을 한데 묶어서 그들을 쳐서 예언한다.

Ⅰ 하나님이 모압과 암몬을 둘 다 동일한 죄로 고소하심.   그것은 그들이 하나님의 백성을 욕하고 비방하며 하나님의 백성이 재난당하는 것을 몹시 기뻐하였다는 것이다(8절). 그들이 내 백성을 비방하였다. 하나님의 백성이 자신의 본분을 충실히 지키고 있는 동안에는, 그들은 이스라엘 백성의 종교가 희한하고 괴상하다고 말하며 비방하였을 가능성이 높다. 그런데 이스라엘 백성이 하나님을 떠나 배역하여 그의 진노 아래에서 재난을 당하자, 이번에는 그들은 이스라엘이 그런 가당치 않은 짓을 해서 재난을 자초한 것이라고 비방하였다. 이런저런 이유로 비방과 욕을 당하는 것은 모든 시대에 있어서 하나님의 백성이 공통적으로 겪는 일이었다. 옛 뱀은 이런 식으로 그의 독을 내뿜는데, 그 밑바닥에는 교만이 자리잡고 있다. 그들은 그들 자신이 하나님의 백성 못지않게 선하고 위대하며 모든 면에서 복된 자들이라고 생각하여, 만군의 여호와의 백성을 깔보고 스스로를 높이는 교만을 보였다. 교만한 자들의 멸시가 하나님의 백성에

게 넘쳤다(시 123:4). 그들은 그들의 땅과 접해 있던 이스라엘 백성을 기회만 생기면 욕하고, 이스라엘 백성이 주장하는 소유권에 이의를 제기하며, 이스라엘 백성이 자랑하는 하나님의 보호하심을 조롱하고 비웃는 등, 하나님의 백성에 대하여 심한 말을 많이 하면서, 그들 자신을 대단한 족속으로 여겼다(8절). 그들은 만군의 여호와의 백성에 대하여 버림받은 백성이라고 막말을 하는 교만을 보였다. 허탄한 자랑의 말들, 즉 아무 실속도 없이 허풍을 떨고 큰소리를 치며 허세를 부리는 말들은 교회의 원수들의 입에서 나오는 전형적인 말들이다(벧후 2:18). 하나님은 이렇게 말씀하신다: "내가 그들이 하는 말들을 들었나니, 내가 들었다는 사실을 너희로 알게 하노라. 내가 들었으니, 그들을 벌하리라(유 1:15)." 우리를 비방하고 욕하는 말들을 하나님이 들으시기 때문에, 그것이 우리가 듣지 못하는 자처럼 있어야 하는 이유가 된다(시 38:14-15). 아니, 하나님은 자기 백성을 비방하는 말들을 들으실 뿐만 아니라, 그것을 하나님 자신을 비방하는 말들로 여기신다. 왜냐하면, 그들은 그의 백성이기 때문이다. 만군의 여호와의 백성을 멸시하는 자들은 만군의 여호와를 멸시하는 것이다. 하나님이 모압과 암몬을 고소하시는 이유는 바로 이 일 때문이다(겔 25:3, 8).

Ⅱ. 하나님이 모압과 암몬에 대하여 둘 다 동일한 판결을 하심. 죄를 함께 지은 자들은 멸망도 함께 받을 각오를 하여야 한다. 하나님이 그들에 대하여 얼마나 엄숙하게 판결을 내리시는지를 보라(9절). 이 판결을 내리시는 분은 그럴 권세가 있으시고 그 판결을 집행하실 능력도 있으신 만군의 여호와, 만유의 주권자이신 여호와이시다. 그는 이스라엘의 영예를 위하여 질투하시는 이스라엘의 하나님이시다. 그런 여호와께서 "내가 나의 삶을 두고 맹세하며 말한" 것이 이것이다. 하나님의 판결은 이런 것이었다.

1. 모압 자손과 암몬 자손이 진멸되리라는 것. 그들은 소돔과 고모라 같이 될 것이다. 사해에 남아 있던 소돔과 고모라의 멸망의 흔적들은 모압과 암몬의 땅 가까이에 있었다. 그들의 땅은 동일한 방법(하늘에서 내려온 불)으로는 아니지만 거의 동일한 방식으로 초토화될 것이고, 다시는 사람이 거주하지 않게 될 것이다. 그 땅에서는 곡식 대신에 찔레만 무성할 것이다. 그 땅에 풍부하였던 맑은 샘물들은 다 끊어지고, 소금 구덩이들만 있을 것이다.

2. 그들이 이스라엘을 당해내지 못하여, 이스라엘이 합법적인 전쟁을 통해서 그들의 재물을 노략하며 그들의 땅을 기업으로 얻게 되리라는 것. 교만한 자

들은 종종 하나님의 의로우신 심판에 의해서 전에 그들이 오만하게 짓밟았던 자들에 의해서 짓밟히는 수모를 당하게 된다는 것을 명심하라. 그들이 이런 일을 당할 것은 교만하여졌기 때문이다(10절).

III. 다른 나라들도 비슷한 방식으로 낮아질 것이고, 오직 여호와만이 높아지시리라는 것(11절). 여호와께서는 특히 이스라엘을 두렵게 하였던 모압과 암몬 자손에게 두렵게 되실 것인데, 그 이유는 다음과 같다.

1. 이방신들이 폐하여져야 하기 때문에. 이방신들은 오랫동안 그들을 사로잡고 있었고, 이방신들을 숭배하는 자들은 이방신들에게 영광을 돌리고 이방신들을 자랑하였다. 그러나 여호와께서 세상의 모든 신을 쇠약하게 하시고 굶주리게 하셔서, 그들의 요새들로부터 나오게 하실 것이다. 이교도들은 그들의 우상들이 그들이 바치는 제물들을 맛있게 먹고, 그들의 제물의 기름을 먹는다(신 32:38)는 어리석은 망상을 지니고 있었다: 벨은 모든 것을 먹었다. 그러나 하나님은 여기에서 기독교 신앙이 세상에 세워지면, 사람들은 그러한 말 못하는 우상들을 섬기는 것에서 돌이켜서, 그 우상들의 제단을 버리고, 우상들에게 더 이상 제물을 바치지 않게 될 것이기 때문에, 우상들과 그 제사장들이 굶주려서 쇠약하게 될 것이라고 약속하신다. 이것은 그 우상들이 헛된 것임을 보여주는 것이다. 왜냐하면, 그것은 우상들을 배부르게 하거나 굶주리게 하는 것이 그 우상들을 숭배하는 자들의 손에 전적으로 달려 있다는 것을 보여주는 것이기 때문이다. 반면에, 참 하나님은 내가 가령 주려도 네게 이르지 아니할 것은 세계와 거기에 충만한 것이 내 것임이로다(시 50:12)라고 말씀하신다. 또한, 이것은 이스라엘의 하나님이 그 우상들에 대하여 승리하셨다는 것을 보여주는 것이기도 하다. 여호와는 모든 신보다 크시다는 것을 이제 우리가 알았도다(출 18:11).

2. 이방 나라들이 회심해야 하기 때문에. 복음이 전파되면, 사람들은 영원히 사시는 하나님을 경배하게 될 것이다(이것이 영원한 복음의 명령이다, 계 14:7). 사람들이 각각 자기 처소에서 여호와께 경배하리라. 사람들은 이스라엘의 하나님을 예배하기 위하여 예루살렘으로 올라갈 필요가 없게 될 것이고, 각자가 있는 처소에서 하나님 앞에 나아갈 수 있게 될 것이다. 나는 각처에서 남자들이 기도하기를 원하노라(딤전 2:8). 이스라엘의 모든 지파들과 그들에게 합류한 나그네들만이 아니라 이방의 모든 해변 사람들도 하나님을 예배하게 될 것이다. 이것은 우리 조국인 영국에 유리한 약속이다. 왜냐하면, 영국은 하나님께 영광

을 돌리게 될 이방인들의 섬들 중에서 가장 큰 섬 중의 하나이기 때문이다.

[12]구스 사람들아 너희도 내 칼에 죽임을 당하리라 [13]여호와가 북쪽을 향하여 손을 펴서 앗수르를 멸하며 니느웨를 황폐하게 하여 사막 같이 메마르게 하리니 [14]각종 짐승이 그 가운데에 떼로 누울 것이며 당아와 고슴도치가 그 기둥 꼭대기에 깃들이고 그것들이 창에서 울 것이며 문턱이 적막하리니 백향목으로 지은 것이 벗겨졌음이라 [15]이는 기쁜 성이라 염려 없이 거주하며 마음속에 이르기를 오직 나만 있고 나 외에는 다른 이가 없다 하더니 어찌 이와 같이 황폐하여 들짐승이 엎드릴 곳이 되었는고 지나가는 자마다 비웃으며 손을 흔들리로다

느부갓네살이 이기고 또 이기고 있을 때, 하나님의 잔은 계속해서 한 순배 돌고 있었다. 이스라엘의 가까운 이웃 나라들만이 아니라, 더 멀리 떨어져 있던 나라들도 그들이 하나님의 백성에게 저지른 불의들로 인하여 벌을 받아야 한다. 하나님은 여기에서 구스 사람들과 앗수르 사람들을 책망하신다.

1. 이스라엘에게 종종 두려움이 되었던(예를 들면, 아사 시대에, 대하 14:9) 구스 사람들 또는 아라비아 사람들이 이제 벌을 받아야 한다는 것. 그들은 내 칼에 죽임을 당하리라(12절). 느부갓네살은 하나님의 칼이었다. 하나님은 그의 손에 들린 이 칼을 가지고, 여기에 나오는 원수들을 비롯해서 많은 원수들을 복속시키고 벌 주셨다(시 17:14).

2. 다음으로, 앗수르 사람들과 그들의 왕조의 수도인 니느웨 성이 판결을 받기 위해서 법정에 호출됨. 하나님의 칼로 쓰임받고 있는 그가 북쪽을 향하여 손을 펴서 앗수르를 멸하고 그 제국의 지배가 되리라. 앗수르는 이스라엘에 대한 하나님의 진노의 매였었고, 이제 바벨론은 앗수르에 대한 하나님의 진노의 매가 될 것이다(사 10:5). 나훔 선지자가 최근에 상세하게 예언하였듯이, 그가 니느웨를 황폐하게 할 것이다.

(1) 니느웨가 이전에 대단히 번성하였었다는 것(15절). 이는 사람들이 염려 없이 거주하던 기쁜 성이라. 니느웨는 대단히 강하였기 때문에, 그 어떤 해악도 두려워하지 않았다. 그래서 니느웨 사람들은 걱정 없이 지냈고, 위험이 닥쳐올 수도 있다는 생각은 꿈에도 하지 않았다. 니느웨는 대단히 부유하여서, 좋은 일만 있을 것임을 자신하였기 때문에, 흥청대며 웃고 즐기며 희희낙락하는

소리만이 가득한 기쁜 성이었다. 니느웨는 강력한 통치권을 지니고 있었기 때문에, 그 어떤 경쟁자도 용납하지 않았고, 마음속으로 "오직 나만 있고 나 외에는 나와 견줄 수 있는 다른 이가 없고, 나와 맞먹을 수 있는 체하는 성읍도 이 세상에 없다"고 말하였다. 하나님은 그의 심판으로 가장 안일한 자들을 기겁하게 하실 수 있으시고, 가장 오만한 자들을 낮추실 수 있으시며, 지금 박장대소하는 자들의 즐거움을 망쳐 놓으실 수 있으시다.

(2) 니느웨가 이제 완벽하게 멸망하게 되리라는 것. 그 성읍은 황폐하게 될 것이다(13절). 전에 화려하고 으리으리하였던 이 성읍은 폐허 더미로 변하여 다음과 같이 될 것이다.

[1] 니느웨가 들짐승들이 머무는 곳이 되리라는 것. 니느웨는 각종 짐승이 떼로 눕는 광야가 될 것이다. 니느웨는 철저하게 황폐화 되고 버려져서 음산한 곳으로 변할 것이고, 들짐승들이 그 곳을 거처로 삼게 될 것이다. 사람들이 살지 않고 인적이 드문 폐가에 종종 둥지를 트는 가마우지와 해오라기 같은 음산한 새들이 니느웨 성의 폐가들로 날아들어 거기에 둥지를 틀게 될 것이다. 거기에서는 문이나 창의 위로 가로지른 나무들인 상인방(上引枋), 창문들, 문지방들, 백향목으로 만든 온갖 세공품들이 여기저기 나뒹굴 것이고, 그것들 위에는 이 음산하고 불길한 새들이 앉아서 울 것이다. 환희의 노래들이 이렇게 소름끼치는 무시무시한 소음들로 바뀌다니! 사람들은 그들이 누리던 온갖 부귀영화가 한순간에 어떤 식으로 바뀔지를 모르기 때문에, 그들이 가진 으리으리한 저택들과 값비싼 가구들을 자랑할 이유가 전혀 없다!

[2] 니느웨가 행인들의 조롱 거리가 되리라는 것. 전에 니느웨의 장관(壯觀)을 보려는 호기심에 이끌려서 멀리서 와서 보고 감탄을 금치 못하였던 자들은 이제 폐허가 된 니느웨를 경멸하는 눈길로 바라볼 것이다(15절). 지나가는 자마다 쇠락한 니느웨의 모습을 비웃으며, "이것이 교만했던 니느웨의 종말이로구나"라고 조롱하며 그들의 손을 흔들리로다. 그들은 두 손을 꽉 쥐며 우는 것이 아니라(형통할 때에 오만방자했던 자들이 역경을 만나면, 사람들은 그들을 불쌍히 여기지도 않고 슬퍼해 주지도 않는다), 자신들의 멸망도 멀지 않았다는 사실을 잊어버리고서, 비웃으며 손을 흔들 것이다.

제
— 3 —
장

개요

우리는 이제 다시 예루살렘으로 돌아와서, 하나님이 다음과 같은 방식으로 예루살렘을 향하여 말씀하시는 것을 들어야 한다. I. 책망과 경고. 하나님은 그들에게서 발견된 많은 악으로 인하여 그들을 책망하시고 경고하시면서, 그들의 죄를 가중시키는 여러 가지 사례들을 열거하신다(1-7절). II. 긍휼과 은혜에 관한 약속. 그럼에도 불구하고, 하나님은 그들을 위하여 긍휼과 은혜를 예비해 놓으셨다. 여기에서 주어지는 약속들은 두 가지로 분류된다. 1. 하나님이 그들 가운데에서 그들의 삶을 고치는 영광스러운 일을 하시고, 그들의 죄들을 깨끗이 씻어주시며, 그들을 원래의 모습으로 돌아오게 하시리라는 것. 이런 종류의 많은 약속들이 여기에 나온다(8-13절). 2. 하나님이 이렇게 그들을 준비시키신 후에 그들을 위한 영광스러운 구원의 일을 이루시리라는 것(14-20절). "구속주가 시온으로 와서" 그들의 행실을 깨끗하게 하시고 "야곱에게서 경건치 않음을 제거하실" 것이다. 이 약속들은 복음 시대와 복음의 은혜들 속에서 온전히 성취될 것이었다.

¹패역하고 더러운 곳, 포학한 그 성읍이 화 있을진저 ²그가 명령을 듣지 아니하며 교훈을 받지 아니하며 여호와를 의뢰하지 아니하며 자기 하나님에게 가까이 나아가지 아니하였도다 ³그 가운데 방백들은 부르짖는 사자요 그의 재판장들은 이튿날까지 남겨 두는 것이 없는 저녁 이리요 ⁴그의 선지자들은 경솔하고 간사한 사람들이요 그의 제사장들은 성소를 더럽히고 율법을 범하였도다 ⁵그 가운데에 계시는 여호와는 의로우사 불의를 행하지 아니하시고 아침마다 빠짐없이 자기의 공의를 비추시거늘 불의한 자는 수치를 알지 못하는도다 ⁶내가 여러 나라를 끊어 버렸으므로 그들의 망대가 파괴되었고 내가 그들의 거리를 비게 하여 지나는 자가 없게 하였으므로 그들의 모든 성읍이 황폐하며 사람이 없으며 거주할 자가 없게 되었느니라 ⁷내가 이르기를 너는 오직 나를 경외하고 교훈을 받으라 그리하면 내가 형벌을 내리기로 정하기는 하였지만 너의 거처가 끊어지지 아니하리라 하였으나 그들이 부지런히 그들의 모든 행위를 더럽게 하였느니라

우리는 과연 하나님이 알려져 있고 그의 이름이 큰 거룩한 성 예루살 렘이 여기에 묘사되어 있는 것 같은 암울한 성읍이 되고, 아주 풍성한 은혜의 수단들 또는 방편들을 누리고 있던 곳이 이렇게 극심하게 타락하여 사악하게 되며, 하나님이 이 성읍이 그렇게 되도록 허락하실 수 있는 것인지에 대하여 의아해하게 된다. 그렇지만 그것은 엄연한 현실로서, 율법이 아무 것도 온전하게 못하였다(히 7:19)는 것을 보여주는 것이다. 이것이 예루살렘의 엄연한 현실이라고 한다면(하나님의 판단은 있는 그대로를 보여주기 때문에, 이것은 의심의 여지가 없다), 스바냐 선지자가 그 성읍이 화 있을진저라는 말로 시작하는 것은 결코 이상한 일이 아니다. 왜냐하면, 거룩하신 하나님은 그에게 가장 가까운 자들 속에 있는 죄를 가장 미워하시기 때문이다. 죄악이 있는 상태는 화(禍) 아래에 있는 상태이다.

Ⅰ 선지자는 예루살렘 성 전체가 아주 악한 것으로 묘사함. 신실하던 성읍이 어떻게 해서 창기가 되어 버렸단 말인가!

1. 예루살렘이 스스로 부끄러운 모습이 되었다는 것. 이 성읍은 패역하고 더러운 곳으로서(1절), 스스로 악명높은 곳이 되었고, 언제나 육체의 정욕만을 좇아 육체의 쓸 것을 잔뜩 쌓아놓고 포식하는 게걸스러운 성읍(난외주의 읽기)이 되었다. 이 성읍은 사람들과 장소들이 다 타락하고 더러워져서, 거룩하신 하나님 보시기에 역겨운 곳이 되어 버렸다.

2. 예루살렘이 그 이웃들과 주민들에게 불의를 저질렀다는 것. 이 성읍은 포학한 성읍이다. 이 성읍만큼 그 규례와 법도가 공의로운 곳이 없었지만(신 4:8), 현실 사회에서 벌어지는 일들은 이 성읍만큼 불의한 곳이 없었다.

3. 예루살렘이 하나님을 크게 진노하시게 하였고, 모든 일에서 하나님과 반대로 행하였다는 것(2절). 하나님은 그들에게 율법을 주시고, 그의 종 선지자들을 보내셔서, 그들이 행해야 할 선이 무엇이고 그들이 피해야 할 악이 무엇인지를 그들에게 말씀해 주셨다. 그러나 그들은 그의 목소리를 순종하지 않았고, 그 어떤 일에서도 그가 그들에게 명령하신 대로 행하지 않았다. 하나님은 그들을 말씀과 매로 아주 훌륭하게 훈육을 하였지만, 그들은 말씀에 의한 교훈이나 매에 의한 징계를 받아들이지 않았고, 말씀과 매를 사용하시는 하나님의 뜻에 순복하거나 그의 목적에 부응하지 않았다. 하나님은 그들에게 그와 그의 권능과 약속에 의지해서 악에서 건짐을 얻고 복을 받으라고 권면하셨다. 그러나 그

들은 여호와를 의뢰하지 아니하였다. 그들은 하나님과의 언약이 아니라 그들이 열방들과 맺은 동맹들을 더 의지하였다. 하나님은 그들에게 그의 임재를 나타내셨고, 그들과 교통할 수 있는 규례들을 제정해 놓으셨다. 그러나 그들은 자기 하나님에게 가까이 나아가지 아니하였고, 그가 정해 놓으신 곳, 그가 그들을 만나겠다고 약속하신 곳으로 그를 만나러 오기는커녕, 도리어 멀찌감치 서서, 전능자에게 떠나소서라고 말하였다.

Ⅱ. 선지자는 예루살렘에 있는 지도자들이 아주 악한 것으로 묘사함. 자신의 영향력으로 악덕과 불경(不敬)을 억눌러야 마땅한 자들은 악행의 큰 모범이자 후견인들이었고, 예루살렘을 고치는 의사 역할을 해야 마땅한 자들은 실제로는 이 성읍의 가장 고질적인 질병들이었다.

1. 예루살렘의 **방백들**은 부르짖는 **사자** 같이 게걸스럽고 야만적이어서 주변의 모든 것들을 삼켜 버리는 자들이어서, 누구나 다 그들을 두려워하고 미워하였다. 그들은 그들에게 주어진 권력을 덕을 세우는 데에 사용하지 않고, 파괴하고 멸망시키는 데에 사용하였다.

2. 예루살렘의 **재판장들**은 마땅히 해악을 입은 무죄한 자들을 보호하는 자들이 되어 주어야 하는데도, 저녁 이리와 같아서 만족할 줄 모르는 잔인함과 탐욕스러움을 가지고서 닥치는 대로 잡아먹었다. 그들은 **뼈를 갉아먹지** 않고 다음날까지 남겨두는 자들이었다. 즉, 그들은 잔인한 짓과 압제를 행하는 것을 무척 좋아하고 거기에서 큰 기쁨을 느끼기 때문에, 선한 자를 삼킨 후에도 다음날 아침에 갉아먹을 뼈들을 마치 사탕처럼 남겨두었다(욥 31:31).

3. 예루살렘의 **선지자들**은 하늘로부터 백성들에게 보내진 특별한 사자(使者)들인 체하였지만, 사실은 경솔하고 간사한 사람들, 변덕스럽고 헛된 생각에 빠져 있으며 천박하고 경박하며 그 행실이 방탕한 사람들, 일관성이 없어서 신뢰할 수 없는 사람들이었다. 그들은 농담과 희롱을 일삼았기 때문에, 그들이 언제 진심을 말하는 것인지를 알기가 어려운 자들이었다. 그들이 예언한 것들은 다 가짜였고, 그들은 그 예언들에 미혹된 자들을 속으로 비웃었다.

4. 예루살렘의 **제사장들**은 선생의 직분을 지닌 자들이자 성물을 담당한 자들이었지만, 그들에게 맡겨진 직분에 충실하지 못하고 도리어 직분을 저버렸다. 그들은 성소를 정결하게 지키는 직무를 맡고 있었지만, 스스로 성소를 더럽혔고, 그들에게 맡겨진 신성한 직분도 더럽혔다. 그들은 자신의 악한 삶으로 여

호와의 제사를 멸시한(삼상 2:17) 홉니와 비느하스 같은 제사장들이었다. 그들은 율법을 해설하고 적용하며, 율법에 따라 재판하는 직무를 맡고 있었지만, 율법을 해설하거나 적용할 때에 율법을 범하였다. 그들은 율법의 의미를 훼손하고 왜곡해서, 율법에 정면으로 어긋나는 행위를 도리어 옹호하였다. 그들은 율법 조항들의 의미를 왜곡하여, 그들의 마음이나 이익에 맞는 방향으로 율법을 해석해서, 사실상 율법을 파기하였다(롬 3:31).

Ⅲ. 예루살렘에 있는 온갖 부류의 사람들의 전반적인 타락이 지닌 죄성(罪性)을 더욱 가중시킨 요인들.

1. 그들 가운데에는 하나님이 임재해 계셨고, 그들은 그의 뜻을 아는 데에 활용할 수 있는 온갖 이점들을 지니고 있었기 때문에, 그의 뜻을 행할 수 있는 여건이 다 갖추어져 있었음에도 불구하고, 불순종을 고집하였다는 것(5절).

(1) 그들은 하나님의 임재를 모시는 영광과 특권을 지니고 있었다는 것. 하나님은 다른 민족 가운데는 계시지 않으셨지만, 이스라엘 땅에는 계셨다. "의로우신 여호와께서 네 가운데에 계셔서, 네가 잘못하는 모든 것을 아시고, 네가 잘하는 모든 것을 지지하신다. 그는 거룩한 하나님으로 네 가운데에 계시기 때문에, 너의 타락은 하나님의 더 큰 진노를 불러일으킨다(신 23:14). 그는 의로우신 하나님으로서 네 가운데에 계시기 때문에, 네가 하나님을 모독한 것들과 네가 서로에게 행한 불의와 해악들을 벌하실 것이다."

(2) 하나님은 그들 앞에서 직접 모범을 보여주시고 그들에게 하나님이 어떤 분이신지를 나타내셨기 때문에, 그들은 얼마든지 하나님의 뜻을 알고 행할 수 있었다는 것. "여호와는 불의를 행하지 아니하시기 때문에, 너도 불의를 행하지 않아야 한다." 왜냐하면, 그것이 하나님이 그들을 부르셔서 그의 백성으로 삼으신 목적이기 때문이다. "내가 거룩하니 너도 거룩하라. 하나님이 네게 진실하실 것이니, 너는 하나님께 거짓되어서는 안 된다."

(3) 하나님은 새벽부터 일어나셔서 그들에게 그의 선지자들을 보내셨다는 것. 여호와는 아침마다 빠짐없이 자기의 공의를 비추신다. 그는 아침이 오면 어김없이 그렇게 하셨고, 그것을 빠뜨리는 일이 없으셨다. 하나님은 그가 그들에게 요구하는 선한 것이 무엇인지를 분명하게 그들에게 보여주시고 반복해서 상기시켜 주셨다. 하나님은 아침마다 해가 떠오르자마자 그의 선지자들을 깨우셔서 그들의 평화에 속한 일들을 비추게 하셨다(사 50:4). 그러므로 모든 일에 있어

서 하나님이 그의 포도원으로 열매를 맺게 하기 위하여 어떻게 이보다 더 잘할 수 있으셨겠는가(사 5:4)? 그런데도 결국 불의한 자는 수치를 알지 못한다. 불의한 자들은 여전히 불의하여 그들의 불의를 부끄러워하지 않고, 얼굴을 붉히지도 않는다. 만약 그들에게 일말의 명예심이나 수치심이 남아 있었다면, 그들은 이렇게 스스럼없이 대놓고 그들의 신앙 고백이나 그들에게 주어진 가르침들과 반대로 행하지는 않았을 것이다. 그러나 수치를 모르는 자들은 고침을 받을 수도 없다.

2. 하나님은 그들에게 경고하시기 위해서 그의 공의를 뚜렷하게 드러내주는 몇몇 기념비들을 그들의 눈 앞에 세워 놓으셨다는 것(6절). 내가 여러 나라를 끊어 버렸다. 하나님은 가나안의 일곱 족속을 그들의 악으로 말미암아 그 땅으로 하여금 토해내게 하셔서 멸망시키셨는데, 그것은 그 땅이 이스라엘 백성도 토하지 않도록 주의하라고 자기 백성에게 경고하시기 위한 것이었다(레 18:28). 또는, 이 본문은 이웃의 여러 나라들, 특히 이스라엘의 열 지파가 그들의 악행 때문에 황폐화된 것을 가리키는 것일 수도 있다. 그들의 망대들, 그들의 높고 견고한 망대들, 즉 그들의 교만과 힘이 파괴되었고, 그들의 거리는 초토화되어서 지나는 자가 없게 되었으며, 그들의 모든 성읍은 파괴되어 폐허로 변하였고, 그 주민들은 죽거나 포로로 끌려가서 성읍들에는 사람이 없으며 거주할 자가 없게 되었다. 이 일은 원수들이 한 것이었지만, 하나님은 그 일을 자기가 한 일이라고 말씀하신다: 내가 여러 나라를 끊어 버렸다. 하나님은 예루살렘에 경고하시기 위하여 이 일을 행하셨다(겔 23:9, 11). "내가 이르기를 반드시 네가 나를 두려워할 것이라고 하였다. 네가 다른 나라들에 임한 심판들을 보고서, 분명히 너의 악한 행실을 그만둘 것이다. 네가 이 섭리들을 보고서, 분명히 교훈을 받으리라. 여러 나라들이 죄 때문에 멸망하는 것을 눈으로 보았을 때, 네가 죄 짓는 일을 그만둘 것이라고 내가 기대한 것은 당연한 일이었다." 이웃 집에 불이 나면, 자기 집에도 불이 옮겨 붙을까 걱정하고 대비하는 것은 인지상정(人之常情)이다. 하나님이 방심하고 있는 우리에게 겁을 주시면, 우리는 정신을 차려서 하나님을 두려워하여야 한다.

3. 하나님은 그의 말씀과 섭리를 통해서 생명과 죽음, 선과 악을 그들 앞에 제시하셨다는 것.

(1) 하나님은 그들이 그를 경외하고 교훈을 받는다면 그들의 형통함은 지속

될 것이라고 그들에게 약속하셨다는 것. 그들이 그렇게만 한다면, 이웃 나라들과는 달리 그들의 거처는 끊어지지 아니할 것이다. 그들이 하나님의 경고를 받아들여서 삶을 고친다면, 하나님은 그들의 지난 날을 다 용서하시고, 그들의 평안한 삶은 오래도록 이어질 것이다.

(2) 하나님은 그들을 칼로 멸하시는 것은 유예해 주셨지만, 매를 치셔서 그 아픔을 느끼게 해주셨다는 것. 하나님은 그들이 단죄를 받아 멸망당하는 것을 막으시기 위해서 여러 가지로 징계하시고 벌하셨다. 하나님은 그들을 바로잡으시기 위해서 여러 가지 다양한 방법들을 동원하셨지만, 모두 다 소용이 없었다. 부드러운 방법을 써도 먹히지 않았고, 심한 방법을 써도 효과가 없었다. 그들은 새벽부터 부지런히 일어나서, 그들의 모든 행위를 더럽게 하였다. 그들은 악한 길을 가는 데에 이전보다 더 완고하고 끈질겼으며, 그들의 욕망을 채우는 일에 더욱 매달리고, 그들의 욕심을 채울 기회가 있으면 절대로 놓치는 법이 없었다. 하나님은 그의 선지자들을 보내셔서 그들을 바로잡기 위해서 새벽부터 부지런히 일어나셨지만, 그들은 선지자들이 들어오지 못하게 문을 닫고 빗장을 걸기 위해서 하나님보다 먼저 일어났다. 그들의 악은 모든 일에서 드러났고, 그들의 모든 행위는 부패되어 있었는데, 그것은 모두 전적으로 그들 자신의 탓이었다. 그들은 그들을 시험하는 자를 탓할 수 없기 때문에, 모든 책임을 스스로 지지 않으면 안 된다. 그들은 스스로 의도적이고 계획적으로 그들의 모든 행위를 더럽게 하였다. 왜냐하면, 오직 각 사람이 시험을 받는 것은 자기 욕심에 끌려 미혹되는 까닭이기 때문이다(약 1:14).

8나 여호와가 말하노라 그러므로 내가 일어나 벌할 날까지 너희는 나를 기다리라 내가 뜻을 정하고 나의 분노와 모든 진노를 쏟으려고 여러 나라를 소집하며 왕국들을 모으리라 온 땅이 나의 질투의 불에 소멸되리라 9그 때에 내가 여러 백성의 입술을 깨끗하게 하여 그들이 다 여호와의 이름을 부르며 한 가지로 나를 섬기게 하리니 10내게 구하는 백성들 곧 내가 흩은 자의 딸이 구스 강 건너편에서부터 예물을 가지고 와서 내게 바칠지라 11그 날에 네가 내게 범죄한 모든 행위로 말미암아 수치를 당하지 아니할 것은 그 때에 내가 네 가운데서 교만하여 자랑하는 자들을 제거하여 네가 나의 성산에서 다시는 교만하지 않게 할 것임이라 12내가 곤고하고 가난한 백성을 네 가운데에 남겨 두리니 그들이 여호와의 이름을 의탁하여 보호를 받을지라 ¹³이스라엘의 남은 자는 악을 행하지 아니하며 거짓을 말하지 아니하며 입에 거짓된 혀가 없으며 먹고 누울지라도 그들을 두렵게 할 자가 없으리라

앞의 단락에서 예루살렘의 모습은 지독하게 악한 것으로 묘사되었다. 예루살렘은 너무나 악명높은 성읍이 되어서, 더 이상 바로잡힐 수도 없고 고쳐질 수도 없으며, 긍휼이나 심판으로도 어쩔 수 없는 성읍처럼 보였다. 그러므로 우리는 이제 하나님이 예루살렘을 내버린 은(렘 6:30)으로 여겨서 완전히 포기하고 내치실 것이라는 말씀이 나오게 될 것이라고 생각하게 된다. 그들이 선지자들이나 섭리들에 의해서 전혀 변화되지 않는 상황이기 때문에, 하나님은 그들의 이웃 나라들처럼 그들도 황폐하게 만드실 것이다. 그러나 우리는 하나님의 은혜가 얼마나 풍성한지를 보고 경이로운 마음을 품게 된다. 하나님의 그 풍성하신 은혜는 인간의 악한 모습을 배경으로 하고 있기 때문에 더욱더 눈부신 빛을 발한다. "나 여호와가 말하노라. 너희가 점점 더 악해져 가고 있기 때문에, 너희는 나를 기다리라(8절). 율법은 아무 것도 온전하게 못할 것이기 때문에, 더 좋은 소망이 와서 모든 것을 온전하게 할 것이다(히 7:19). 교회의 타락을 슬퍼하는 자들은 하나님이 그의 아들을 세상에 보내셔서 자기 백성을 그들의 죄에서 구원하실 때까지와 그의 복음을 보내셔서 그의 교회의 삶을 고치고 깨끗하게 하셔서 유대인과 이방인으로 이루어진 자기 백성을 그의 앞에서 정결하게 하실 때까지 하나님을 기다려야 한다." 실제로 하나님의 이 명령과 격려를 따라서 예루살렘의 속량을 바라고 기다렸던 자들이 있었고, 그들이 바라고 기다렸던 것이 마침내 왔다(눅 2:38). 그리스도께서는 심판하러 이 세상에 오실 것이다(요 9:39).

I 그가 그의 교회를 대적하여 악을 행한 원수들, 교회의 영적 원수들에게 복수하여, 그들을 무너뜨리고 멸하시리라는 것. 구약 시대에 바벨론을 비롯해서 하나님의 백성을 압제했던 자들이 멸망을 받은 것은 이것의 모형이자 복된 전조(前兆)였다. 그는 일어나서 사로잡혔던 자들을 사로잡으시고(엡 4:8), 어둠의 권세들, 여호와와 그의 기름 부음 받은 자를 대적하는 세상 권세들을 이기시고 노략하실 것이며, 철장(鐵杖)으로 그들을 깨뜨리실 것이다(시 2:2, 5, 9; 11:5-6). 그가 뜻을 정하고 여러 나라를 소집하며 왕국들을 모으실 것이다. 그리스도의 복음이 모든 사람에게 전파되는 것은 이 세상에 그의 나라를 세우실 주 예수 앞에

나와서 한 몸을 이루도록 모든 나라를 소집하는 것이다. 그러나 인류의 대부분은 그의 소집에 응하지 않을 것이어서, 그는 그의 분노를 그들에게 쏟으실 것이다. 왜냐하면, 믿지 아니하는 자는 벌써 심판을 받은 것이기 때문이다(요 3:18). 메시야의 나라가 세워질 때에 이 땅에는 민족들이 혼란한 중에 곤고할 것이고(눅 21:25), 지금까지 없었고 후에도 없을 큰 환난이 있을 것이다(마 24:21). 그 때에 하나님은 메시야와 그의 나라를 대적하여 이방 나라들이 보인 분노로 인하여 여러 나라들에 그의 모든 진노를 쏟으실 것이다(시 2:1-2). 그 때에 온 땅이 하나님의 질투의 불에 소멸될 것이다. 유대인과 이방인이 둘 다 복음에 대적한 죄로 벌을 받게 될 것이다. 승승장구하실 구속주께서는 통치자들과 권세들을 무력화하여 드러내어 구경거리로 삼으시고 십자가로 그들을 이기실 것이다(골 2:15). 하나님이 사람들 가운데에 천국을 세우신 후에도 계속해서 땅에 속하여 땅의 일을 생각하는 자들의 마침은 멸망이 될 것이다(빌 3:19). 그들은 하나님의 질투의 불에 소멸될 것이다.

Ⅱ. 그가 그의 교회에서 잘못된 것들을 바로잡으시리라는 것. 하나님은 이스라엘을 회복시키시고 그들에게 화평과 형통을 다시 주시고자 하실 때에는, 그들의 삶을 고치시고 그들의 미덕과 경건을 되살리심으로써, 그의 목적을 이루실 준비를 하신다. 왜냐하면, 개인이든 공동체이든 먼저 그들을 거룩하게 만드시고 난 후에 그들을 복되고 행복하게 만드시는 것이 하나님의 방법이기 때문이다. 이 약속들은 그들이 포로 생활을 거치면서 그들의 우상 숭배를 철저하게 고침 받고 나서 바벨론에서 돌아왔을 때에 부분적으로 성취되었다. 그들의 죄가 제거된 것은 이 약속의 열매였다. 그러나 이 약속들은 복음과 그 은혜의 복된 효과들, 우리가 지금 살고 있는 개혁의 때(히 9:10)를 보여주고 있다.

1. 하나님은 전반적으로 타락한 사람들의 입술을 고치셔서 은혜로 소금치듯 하시겠다고 약속하심(9절). "그 때에 내가 이 백성의 입술을 깨끗하게 하리라. 내가 이 백성을 그들 가운데에 있던 온갖 선한 행실을 거의 다 망쳐 놓았던 악한 말로부터 떠나게 할 것이다" 사람이 회심하고 은혜를 받으면 말이 달라지는데, 그들의 말은 재치 있는 말이 아니라 지혜로운 말로 바뀐다는 것을 명심하라. 유대인들은 포로 생활에서 돌아온 후에 방언을 개혁할 필요가 있었다. 이것은 그들이 유다 방언을 블레셋 족속의 아스돗 방언을 섞어서 사용하였기 때문인데(느 13:24), 이 폐단이 바로잡히게 될 것이다. 그러나 이것이 전부가 아

니다. 온갖 속된 것, 더러운 것, 거짓된 것이 다 빠져나가서, 그들의 언어는 정결해질 것이다. 어떤 이들은 이 본문을 "내가 그들을 극상품의 언어로 바꾸어 놓을 것이다"로 읽는다. 그들은 성급하고 경솔하게 말하지 않고, 조심스럽고 사려 깊게 말하게 될 것이다. 그들은 말을 골라서 하게 될 것이다(욥 9:14). 일상의 대화 속에서 정결함과 경건함이 묻어나는 말들이 오고간다면, 그것은 어느 백성에게나 아주 복된 징조라는 것을 명심하라. 하나님이 입술이 부정한 백성이었던 자들에게 깨끗한 언어를 주시는 곳에서는 다른 은혜들과 축복들도 주어질 것이다.

2. 백성들은 모두 다 한마음으로 하나님의 뜻을 따라 더 전심으로 하나님을 예배하게 되리라는 것. 그들은 제사를 지내고 분향하는 대신에, 여호와의 이름을 부르게 될 것이다. 기도는 하나님을 높여 드리는 영적 제사이다. 우리에게 주어진 기도의 본분을 제대로 하기 위해서는, 우리의 언어가 깨끗해지지 않으면 안 된다. 우리의 입술을 깨끗하게 하지 않는다면, 우리의 입술로 하나님의 이름을 부르는 것은 전적으로 부적절하다. 우리가 기도할 때에 우리의 입술의 말과 마음의 묵상이 하나님께 열납되기 위해서는 일상 대화 속에서 우리의 언어가 정결하여야 한다. 샘이 한 구멍으로 어찌 단 물과 쓴 물을 내겠느냐(약 3:9-12). 또한, 하나님은 그들의 언어가 이렇게 깨끗하여져서, 그들이 하나님을 한 가지로, 즉 여러 마리의 황소들이 멍에를 함께 멜 때에 그러하듯이 한 어깨로(이것이 원어의 의미이다) 섬기게 될 것이라고 약속하신다. 그리스도인들이 한마음으로 하나님을 섬긴다면, 모든 일이 다 잘 되어갈 것이다. 이것은 혈기와 시기와 비판 같은 것들로부터 정결하게 된 깨끗한 말과 언어의 효과이다. 정결하게 되는 것은 모두가 하나 되는 길이고, 행실을 바르게 고치는 것은 서로를 이해하고 포용하는 길임을 명심하라. 위로부터 난 지혜는 첫째 성결하고 다음에 화평하다(약 3:17).

3. 하나님을 떠나 흩어진 자들이 그에게 돌아올 것이고, 하나님이 그들을 받으시리라는 것(10절). 내게 구하는 백성들 곧 내가 흩은 자의 딸이 구스 강 건너편에서부터, 즉 애굽에서부터(사 18:1), 또는 어떤 아주 멀리 떨어져 있는 나라로부터 예물을 가지고 와서 내게 바칠 것이다. 거리상으로 아주 멀리 떨어져 있어서 하나님 및 하나님에 대한 그들의 의무를 거의 잊어버리고 살았던 자들이 마치 탕자가 먼 나라에서 그의 아버지의 집을 기억하였듯이 하나님을 다시 기억

하게 될 것이다. 하나님의 진노 아래에서 이방의 여러 나라로 흩어져 살면서 감히 두려워서 하나님께 나아오지 못했던 자들이 그의 날개 아래 다시 모여들 게 될 것이다. 하나님이 흩은 자들의 딸, 즉 멀리 있던 자들이 여호와 우리 하나님 이 부르실 자들 가운데에서 발견될 것이다. 그들은 흩어질지라도, 하나님은 그 들을 그의 백성으로 시인하실 것이다. 하나님이 그들을 내가 흩은 자라 부르시 는 것은 그들이 흩어져서 살며 겪어 왔던 온갖 수모를 다 상쇄해 주고도 남을 만큼 충분히 그들에게 존귀함을 더해 주시는 말씀이다.

(1) 그들은 겸손한 간구로 하나님 앞에 나아오리라는 것. 그들은 하나님께 간구하는 백성들이다. 진심으로 회심한 자들은 하나님께 간구하는 자들이 된다 는 것을 명심하라. 그들은 변명이나 항변을 하는 것이 아니라, 그들을 심판하실 그에게 간구할 뿐이다(욥 9:15). 그들이 어느 곳에서 기도하든, 즉 그들이 만민 이 기도하는 집인 하나님의 성전에서 아주 멀리 떨어진 구스 강 건너편에서 기 도한다고 하여도, 하나님은 그의 눈을 그들에게 두시고 그의 귀를 열어 그들의 기도를 들으신다. 그들은 그에게 간구하고 탄원하는 자들이다.

(2) 그들은 영적 제물을 들고 하나님께 나아오리라는 것. 그들은 예물을 가 지고 와서 내게 바칠 것이다. 즉, 그들은 그들 자신을 하나님께 신령한 제물로 바칠 것이다(롬 12:1). 바울은 이방인들을 회심시키는 것을 이방인을 제물로 드 리는 것이라고 표현한다(롬 15:16). 그들은 하나님이 기뻐하시는 복음적인 제 물들, 즉 기도와 찬송과 구제라는 제물들을 가지고 나아올 것이다.

4. 하나님이 그들 가운데에서 죄와 죄인들을 제거하시리라는 것(11절).

(1) 하나님은 그들이 마땅히 겪어야 할 수치를 제거해 주시리라는 것. 그 날 에 네가 내게 범죄한 모든 행위로 말미암아 수치를 당하지 아니할 것이다. 그들은 회개한 자들로서 스스로 부끄러워하기는 하겠지만(겔 16:63), 다시 어리석음으 로 돌아간 죄인들로서 부끄러움을 당하지는 않을 것이다. "네가 수치를 당하지 않을 것이다. 즉, 네가 이제는 더 이상 이전처럼 부끄러운 짓을 하지 않게 될 것 이다." 하나님의 죄 사하시는 긍휼로 인해서 그들의 죄책(罪責)이 제거되고, 그 죄책으로 인한 수치도 그들의 양심에서 제거되어, 그들의 양심은 죽은 행실 에서 깨끗하게 되어 평안을 얻게 될 것이다(히 9:14). 어떤 나라에 악과 악한 자 들이 횡행하면, 그 가운데에 있는 소수의 선한 자들은 그들과 그들의 땅을 부 끄러워하게 된다. 그러나 죄인들이 회심하고 그 땅이 고침을 받으면, 그 수치

와 그 수치를 불러일으켰던 원인은 제거된다.

(2) 하나님이 그들의 불의한 자랑을 제거하시리라는 것. "내가 네 가운데서 네 땅의 수치인 불경스러운 자들만이 아니라, 겉으로는 아름다워 보이지만 교만하여 거룩한 성과 성전을 헛되이 자랑하는 위선자들을 제거하리라." 거룩한 도성과 거룩한 성전은 정말 이스라엘의 영광이었지만, 그들은 그것들을 그들의 교만 거리로 삼아서 자랑하며, 마치 그들이 아무리 악한 길로 행하더라도 그것들이 그들을 지켜주는 무적의 요새가 되어줄 것처럼 우쭐대었다. 그들은 그것들을 그들의 의이자 힘으로 여겨서 의지하고, 이것이 여호와의 성전이라 여호와의 성전이라(렘 7:4)고 말하며 뽐내었다. 그들은 성산을 믿고서 교만하였고, 그들 자신에 대하여 자부심을 가지고서 다른 나라 사람들을 멸시하였으며, 하나님의 심판조차도 무시하였다. 교회에 주어진 특권들은 제대로 선용되지 않는 경우에는 흔히 사람들의 교만함의 재료가 되고 안일함의 토대가 된다는 것을 명심하라. 그러나 거룩을 빙자한 오만함은 하나님이 가장 진노하시는 것이다. 하나님은 그러한 교만함을 잠재우시고 제거하실 것이다.

5. 하나님은 그들 가운데에 거룩하고 겸손하며 진실한 자들을 남겨 두실 것이고, 그 남은 자들은 하나님과의 관계 및 하나님 안에서의 그들의 분깃으로 인하여 위로를 얻게 되리라는 것(12절). 내가 곤고하고 가난한 백성을 네 가운데에 남겨 두리라. 갈대아 사람들은 유대인들을 포로로 사로잡아 갈 때에 가난한 백성은 남겨 두어 포도원을 관리하는 자와 농부가 되게 하였는데(렘 52:16), 그들은 하나님이 자기 자신을 위하여 특별히 구별하여 남겨 두실 자들의 모형이자 예표(豫表)였다. 그들은 곤고하고 가난하여 이 세상에서 비천한 자들이다. 하나님은 세상에서 그런 자들을 택하셨다(약 2:5). 스스로 보기에 비천하고 죄로 인하여 곤고하며 심령이 가난한 자들이 복음을 받아들인다. 그들은 하나님이 남겨 두신 자들이다. 왜냐하면, 그들은 은혜로 택하심을 따라 남은 자이기 때문이다(롬 11:5). 하나님은 이렇게 말씀하신다: 내가 나를 위하여 그들을 남겨 두었고(롬 11:4-5), 그들이 여호와의 이름을 의탁하리라. 하나님은 그의 이름의 영광을 위하여 남겨 두신 자들에 대해서는 그들로 하여금 그의 이름을 의탁하게 하신다는 것을 명심하라. 그들의 곤고함과 가난함이 이 세상에서 크면 클수록, 그들은 다른 아무것도 의지할 것이 없기 때문에 더욱더 하나님을 의뢰하게 된다(딤전 5:5).

6. 이 택함받은 남은 자가 정결함과 평안의 복을 받게 되리라는 것(13절).

(1) 그들은 말과 행위에 있어서 정결함의 복을 받게 되리라는 것. 그들은 악을 행하지 아니하며 거짓을 말하지 아니할 것이다. 그들은 세속적인 이익을 많이 잃는다고 하여도 공의와 진실을 견고하게 지킬 것이다. 그들은 직접적이고 의도적인 거짓말을 하지 않을 뿐만 아니라, 그들의 입에 거짓된 혀가 없을 것이기 때문에, 애매한 말로 얼버무리는 일이 결코 없을 것이다.

(2) 그들은 평안의 복을 받게 되리라는 것. 그들은 하나님의 초장(草場)에서 먹는 양들로서 먹고 누울지라도 그들을 두렵게 할 자가 없을 것이다. 그들은 스스로 두려워하지도 않을 것이고, 주변의 그 누구도 그들에게 겁을 주지 못할 것이다. 죄악을 행할 마음이 아예 없는 자들은 그 어떤 재난도 두려워할 필요가 없다. 왜냐하면, 그 어떤 재난도 그들을 해칠 수 없고, 따라서 그들을 두렵게 하지 못할 것이기 때문이다.

[14]시온의 딸아 노래할지어다 이스라엘아 기쁘게 부를지어다 예루살렘 딸아 전심으로 기뻐하며 즐거워할지어다 [15]여호와가 네 형벌을 제거하였고 네 원수를 쫓아냈으며 이스라엘 왕 여호와가 네 가운데 계시니 네가 다시는 화를 당할까 두려워하지 아니할 것이라 [16]그 날에 사람이 예루살렘에 이르기를 두려워하지 말라 시온아 네 손을 늘어뜨리지 말라 [17]너의 하나님 여호와가 너의 가운데에 계시니 그는 구원을 베푸실 전능자이시라 그가 너로 말미암아 기쁨을 이기지 못하시며 너를 잠잠히 사랑하시며 너로 말미암아 즐거이 부르며 기뻐하시리라 하리라 [18]내가 절기로 말미암아 근심하는 자들을 모으리니 그들은 네게 속한 자라 그들에게 지워진 짐이 치욕이 되었느니라 [19]그 때에 내가 너를 괴롭게 하는 자를 다 벌하고 저는 자를 구원하며 쫓겨난 자를 모으며 온 세상에서 수욕 받는 자에게 칭찬과 명성을 얻게 하리라 [20]내가 그 때에 너희를 이끌고 그 때에 너희를 모을지라 내가 너희 목전에서 너희의 사로잡힘을 돌이킬 때에 너희에게 천하 만민 가운데서 명성과 칭찬을 얻게 하리라 여호와의 말이니라

죄를 제거하시겠다는 약속들이 주어진 후에, 여기에서는 환난을 제거하시겠다는 약속들이 뒤이어 나온다. 왜냐하면, 원인이 제거되면, 결과도 그치는 법이기 때문이다. 어떤 백성이 거룩해지면, 그들은 당연히 복되고 행복해진

다. 여기에서 깨끗하게 된 백성에게 주어진 보배로운 약속들은 복음이 주는 위로들 가운데서 온전히 성취될 것이었다. 그들은 이 약속들과 관련해서 다음과 같이 하라는 권면을 받는다.

1. 즐거워하고 노래하라는 것(14절). 시온의 딸아 기쁨으로 노래할지어다 이스라엘아 벅차오르는 거룩한 환희 속에서 기쁘게 소리쳐 부를지어다 예루살렘 딸아 전심으로 기뻐하며 즐거워할지어다. 마음 깊숙한 곳에서 기뻐하며, 마음껏 크게 기뻐하라. 하나님을 전심으로 사랑하는 자들은 전심으로 하나님 안에서 즐거워할 기회를 얻는다. 하나님은 그들에게 그들의 죄를 제거하고 그들의 두려움을 잠재우시겠다고 약속하셨고(13절), 그런 후에 노래하고 즐거워하라는 말씀이 뒤따라 나온다. 삶을 고친 자들은 즐거워할 이유가 있지만, 하나님을 떠나 음행하는 동안에는 이스라엘이 다른 백성들처럼 기뻐하며 즐거워할 수 없다는 것을 명심하라. 하나님의 약속들은 그 약속들을 믿음으로 받는 성도들에게 변함없고 풍성한 기쁨을 준다. 그들은 그 약속들을 믿음으로써 기쁨과 평안으로 충만해진다.

2. 그들을 낙심되게 하는 모든 것들을 내던지라는 것(16절). 그 날에 예루살렘은 다음과 같은 말을 듣게 될 것이다(하나님이 그의 선지자들과 섭리들을 통해서 그렇게 말씀하실 것이고, 그들의 이웃 나라들이 그렇게 말할 것이며, 그들이 서로에게 그렇게 말할 것이다): "두려워하지 말고, 두려움을 갖는 쪽으로 생각하지도 말며, 두려워하는 감정이 생길지라도 그 감정을 용납하지도 말라. 상황이 나쁘더라도, 악화될 것을 두려워하지 말고, 더 나아질 것을 소망하라. 모든 일에서 겁을 집어먹지 말라. 네 손을 늘어뜨리지 말라. 절망 가운데서 네 손을 꽉 쥐지도 말고, 의기소침해서 네 손을 늘어뜨리지도 말라. 의심과 두려움에 사로잡힘으로써 네 자신을 일을 제대로 할 수 없는 상태로 만들지 말라. 분발하라. 분발의 표시로 너의 늘어뜨려진 손을 높이 들라(히 12:12; 사 35:3). 네 손을 높이 들고서 하나님께 기도하고, 네 손을 높이 들고서 스스로를 도우라." 두려움은 손을 축 처지게 만들지만, 믿음과 소망은 손을 힘 있게 만든다. 여호와를 기뻐하는 것은 우리가 어떤 일을 행하거나 고난을 참아낼 때에 우리의 힘이 되어 줄 것이다.

이제 여기에서 하나님의 백성에게 그들의 슬픔과 두려움을 몰아내어 주고 그들의 소망과 기쁨을 북돋워 주기 위해서 주어지고 있는 이 보배로운 약속들이 어떤 것들인지를 살펴보자. 이 약속들은 그들에게만이 아니라 우리에게도 주어져 있다.

I 하나님이 그들의 모든 환난과 곤고를 끝내시겠다는 것(15절). "여호와께서 네 형벌을 제거하셨고, 너의 죄에 대한 벌로서 너를 신음하게 만든 모든 재난들을 제거하셨다. 전쟁의 요란한 소리도 사라질 것이고, 기근의 수치도 제거될 것이며, 포로 된 자들도 되돌아오게 될 것이다. 몇몇 근심 되는 일들이 여전히 남아 있겠지만, 그것들은 그저 고생스런 일들일 뿐이고, 심판의 성격을 지니지 않을 것이다. 왜냐하면, 네 죄가 사함을 받을 것이기 때문이다. 여호와께서 네 땅으로 몰려와서 너를 이기고 짓밟았던 네 원수를 쫓아내셨다. 집에서 먼지를 쓸어내어 쓰레기 더미에 버리듯이, 하나님은 네 원수를 쓸어 **버리셨다**(어떤 이들은 이렇게 읽는다)." 원수들이 개혁의 비로 이스라엘 백성의 죄들을 쓸어 버렸으니, 이제 하나님은 그들의 원수들을 멸망의 비로 쓸어 버리실 것이다. 그들에게 다시 징계가 필요하다면, 그들은 다시는 잔인하기 그지없는 사람의 수중으로 들어가는 것이 아니라, 긍휼이 풍성하신 여호와의 수중으로 들어가게 될 것이다. "네가 다시는 화를 당하지 않을 것이고, 지금과 같은 악한 날들을 겪지 않게 될 것이다." 환난의 재앙에서 벗어나는 길은 늘 죄의 악에서 벗어나 있는 것임을 명심하라. 그렇게 하고 있는 자들에게는 환난이 있다고 하여도 그 속에 그들을 해칠 수 있는 독이 없다.

II 하나님이 그들에게 그가 그들과 함께 하고 있다는 것을 보여주는 징표들을 주시겠다는 것. 하나님은 오랫동안 멀리 서 계시는 것처럼 보였지만(그들이 그의 진노를 불러일으켜서 그로 하여금 물러가시게 하였기 때문에), 이제 진실로 그들과 함께 하신다는 것을 나타내 보이실 것이다. "해가 우주의 중심에 있어서 그의 빛과 힘을 모든 곳에 나누어 주듯이, 시온아, 예루살렘아, 너의 하나님 여호와가 너의 가운데에 계신다. 하나님은 너의 모든 일을 주관하시고 네게 관련된 모든 일들을 돌보시기 위하여 너의 가운데에 계신다."

1. "하나님은 이스라엘의 왕이시고(15절), 자기 백성 가운데 있는 왕으로서 너의 가운데에 계신다." 그런 까닭에, 우리 주 예수께서 이스라엘의 왕으로 불린다(요 1:49). 그는 세상 끝날까지 늘 그의 교회의 가운데에 계셔서, 단지 두세 사람이 그의 이름으로 모인 곳에서도(마 18:20) 그의 신민들의 예(禮)를 받으시고 그의 은총을 그들에게 베푸실 것이다.

2. "하나님은 너의 하나님 여호와, 너와 언약 관계에 있는 너의 하나님이시기 때문에, 너는 하나님의 소유이고 하나님 안에 너의 분깃이 있으며, 하나님은 너의 하나님으로서 너의 가운데에 계신다. 하나님은 자신을 너와 사랑하는 관계 속에 두셨고, 약속을 따라 너에 대한 의무들을 친히 짊어지셨기 때문에, 너는 이 두 가지로 인하여 차고 넘치는 위로를 얻을 수 있고, 하나님은 이 두 가지에 부응하시기 위하여 너의 가운데에 네게 아주 가까이 계신다."

3. "너의 하나님과 왕으로서 너의 가운데에 계시는 하나님은 네가 필요로 하는 모든 것을 너를 위하여 행하실 수 있으신 전능자이시다."

4. "하나님은 그의 능력을 사용하셔서 너를 구원하실 것이다. 그가 구원을 베푸실 것이다. 하나님이 예수가 되셔서 그 이름에 걸맞는 일을 하실 것이다. 왜냐하면, 예수라는 이름은 자기 백성을 그들의 죄에서 구원하실 자를 의미하기 때문이다."

Ⅲ. 하나님이 그들을 기뻐하시고, 그들에게 복을 주시기를 기뻐하시리라는 것. 이것을 표현하는 말들은 아주 생생하고 감동적이다(17절). 그가 너로 말미암아 기쁨을 이기지 못하실 것이다. 하나님은 네가 회개하고 삶을 고칠 때에 너를 무척 기뻐하셔서 네게 은총을 베푸실 뿐만 아니라, 마치 신랑이 그의 신부를 바라보거나 신부가 그녀의 장신구들을 바라볼 때처럼(사 62:3-5) 너를 바라보시고서 흡족해하시며 그 기쁨을 이기지 못하실 것이다. 죄인들이 회개하고 성도들이 위로를 받는 것은 천사들의 기쁨이다. 왜냐하면, 그런 일들은 하나님 자신의 기쁨이기 때문이다. 교회는 온 땅의 기쁨이 되어야 한다(시 48:2). 왜냐하면, 교회는 온 하늘의 기쁨이기 때문이다. 하나님은 교회를 잠잠히 사랑하실 것이다. "내가 이전처럼 너의 죄들 때문에 너를 꾸짖는 일이 없을 것이다. 나는 너에 대한 나의 관계를 받아들여서 너를 인정할 것이다." 나는 교회에 대한 그리스도의 관계를 아가서에 나오는 이 구절만큼 더 잘 표현하고 있는 것을 본 적이 없다(아 4:9): 내 누이, 내 신부야 네가 네 눈으로 한 번 보는 것으로 내 마음을 배앗았구나(즉, 너의 한 번의 눈길로 나의 마음은 비할 데 없이 황홀해졌다). 이것은 자신을 지극히 낮추셔서 우리와 눈높이를 맞추신 지극한 하나님의 은혜를 보여준다! 크신 하나님은 그의 성도들을 사랑하실 뿐만 아니라, 그들을 사랑하시는 것을 너무나 좋아하시고, 이런 사랑의 대상을 만나게 된 것을 무척 기뻐하신다. 하나님은 그들로 말미암아 즐거이 부르며 기뻐하실 것이다. 죄인들

의 죄 때문에 근심하시고 슬퍼하시는 하나님은 성도들이 은혜를 받고 그를 섬기는 것을 보시면 기뻐하시고, 그들로 말미암아 노래하심으로써 기꺼이 그 기쁨을 표현하고자 하신다. 여호와는 자기를 경외하는 자들을 기뻐하시고(시 147:11), 머지않아 그들을 통해서 예수 그리스도께서 영광과 찬송을 받으시게 될 것이다.

Ⅳ. 하나님이 시온에서 애곡하는 자들을 위로하시리라는 것. 하나님은 그들의 근심에 동정하시고, 그들의 눈물을 닦아 주실 것이다(18절). 내가 절기로 말미암아 근심하는 자들을 모으리니 그들에게 지워진 짐이 치욕이 되었느니라.

1. 하나님이 기뻐하셔서 기쁨을 주시고자 하시는 자들은 누구인가. 그들은 근심하고 슬퍼하는 자들이다. 눈물로 씨를 뿌리는 자들만이 기쁨으로 거둘 것을 기대할 수 있다. 지금 슬퍼하는 자들은 영원히 기뻐하게 될 것이다.

2. 시온이 큰 슬픔 중에 있을 때에 시온에서 애곡하는 자들이 가장 근심하고 슬퍼하는 것은 무엇인가. 그것은 시온에 임한 재난들이 많다는 것이다. 예루살렘은 폐허로 변하였고, 왕궁은 파괴되었다. 장사하는 것이나 재판을 하는 것도 중단되었다. 그러나 그런 것들은 절기마다 온 이스라엘이 일년에 세 차례씩 함께 모이곤 하였던 성소와 제단이 파괴된 것에 비하면 아무것도 아니었다. 그들이 근심하고 슬퍼하는 것은 바로 이 절기들과 성회 때문이었다.

(1) 성회들이 열리지 않게 되었다는 것. 그들에게는 이제 절기에 올라가서 예배드릴 성전이 없었고, 가령 성전이 있다고 해도 거기로 올라가 예배를 드릴 사람이 없었다. 그래서 시온에서 절기와 안식일이 잊혀졌다(애 2:6). 예배를 드리기 위한 성회가 금지되어, 원수들이 성회를 흩어 버리거나 성도들이 성회를 포기해서, 성회나 절기가 없어지게 되면, 그것은 모든 선한 자들에게 너무나 슬픈 일이라는 것을 명심하라. 시온의 도로들이 절기를 지키려 나아가는 사람이 없어 슬퍼하면, 시온의 아들들도 슬퍼한다(애 1:4). 그들은 이렇게 슬퍼함으로써 그들이 진정으로 시온에 속하였다는 것, 시온의 살아 있는 지체들로서 시온의 아픔을 아주 깊이 느끼고 있다는 것을 보여주는 셈이다.

(2) 성회들이 멸시를 받았다는 것. 성회가 비방을 받는 것은 그들에게 큰 근심 거리이자 무거운 짐이었다. 사탄과 그의 도구들은 사람들 가운데에서 하나님의 나라에 큰 힘을 실어주는 성회들에 대하여 특별한 앙심을 품고 있기 때문에, 많은 비방 아래 놓이는 것은 성회(聖會)의 타고난 운명이다. 사람들은 성회

들을 비방하고 욕하고 음해하는 말들을 하는데, 이것은 하나님이 영광을 받으시고 사람들의 영혼이 잘 되기를 진심으로 바라는 모든 자들에게 무거운 짐이다. 사람들이 성회들을 비방하고 욕하면, 그들이 비방을 받고 욕을 먹는 것처럼 아파한다.

V. 하나님이 포로 된 자들을 그들의 압제자들의 손에서 빼내 오실 것이고, 완전히 쫓겨난 것처럼 보였던 추방당한 자들을 돌아오게 하시리라는 것(19-20절).

1. 원수들이 그들을 더 이상 종으로 잡아둘 수 없게 되리라는 것. "그 때에 내가 너를 괴롭게 하는 자를 다 벌하고, 그들의 힘을 깨뜨리며, 그들의 모략을 좌절시키리니, 그들은 그들이 붙잡아 두었던 포로들을 내어줄 수밖에 없게 될 것이다." 내가 그들을 꾸짖으리라. "내가 곧 그들을 벌하여 끝장낼 것이다." 하나님의 백성을 학대하고 압제하는 자들은 스스로 멸망하는 길을 제발로 들어서는 것임을 명심하라.

2. 그들이 그들의 자유를 천명하고 회복할 것이고, 그 길에서 만나는 온갖 어려움들을 극복하게 되리라는 것. 교회가 연약하고 상처를 입었는가? 이미 약속한 대로, 내가 발을 저는 자를 구원하리라(미 4:7). 교회가 스스로 어찌할 수 없을 때, 하나님이 교회를 도우실 것이다. 때가 되면 많은 재물을 탈취하여 나누리니 저는 자도 그 재물을 취할 것이다(사 33:23). 교회가 흩어져서, 이제 함께 은혜를 나누기 위하여 모일 가능성이 없어졌는가? 내가 쫓겨난 자를 모으며, 그 때에 너희를 이끌고 모을 것이다. 하나님은 긍휼과 은혜의 한 역사(役事)로서 그들을 흩어진 곳들에서 모아서 그들 자신의 땅으로 이끄실 것이다. 백성들의 마음이 준비되었을 때, 그 일이 갑자기 이루어질 것이다. 하나님이 그 일을 행하고자 하시는데, 누가 그 일을 방해하겠는가? "내가 너희 목전에서 너희의 사로잡힘을 돌이키리라 여호와의 말이니라. 너희는 그 사건 속에서 하나님의 손길을 분명하게 감지하고서, 이는 여호와께서 행하신 것이라고 말하게 될 것이다(시 118:23)."

VI. 하나님은 이 모든 일을 통해서 그들에게 존귀를 더하시고, 그들로 모든 사람들로부터 존경을 얻게 하시리라는 것. 하나님은 처음에 이스라엘을 칭찬과 명성에서 모든 민족 위에 뛰어나게 하셨다(신 26:19). 그렇기 때문에, 그들에게 쏟아진 비방과 수치는 그들이 가장 견디기 힘든 것들 중의 하나였다(명예를 귀히 여기는 자들에게 수치를 당하는 것보다 더 깊은 상처는 없다). 그러므로 여기에서 하나님은 그의 교회에 다시 긍휼을 베푸실 때에 교회의 명성을 다시 회복시켜 주시겠다고 약속하신다. 이스라엘의 수치가 길갈에서 떠나갔듯이(수 5:9), 교회의 모든 수치가 영원히 떠나가게 될 것이다. 교회는 전에 멸시받았던 정도만큼 이번에는 존귀한 대접을 받게 될 것이다.

1. 그들을 비방하던 자들조차도 그들을 존경하게 되리라는 것. "내가 온 세상에서 수욕 받던 자에게 칭찬과 명성을 얻게 할 것이고, 그들의 수치스러운 모습을 목격하였던 바로 그 자들이 그들의 영광스러운 모습을 보고 마음을 바꾸게 만들 것이다." "이것이 아무도 돌보지 않는 시온이다"라고 말했던 자들이 "이것이 크신 하나님이 돌보시는 시온이다"라고 말하게 될 것이다. 만물의 찌꺼기(고전 4:13) 같이 보였던 그들이 이제는 천국의 총아(寵兒)였음이 드러날 것이다.

2. 그들을 알지 못했던 자들조차도 그들을 존귀하게 여기게 되리라는 것(20절). 내가 너희에게 천하 만민 가운데서 명성과 칭찬을 얻게 하리라. 유다인을 두려워하는 마음이 이웃 사람들에게 임하고(에 8:17), 모든 나라에서 몇몇 사람들이 하나님이 너희와 함께 하심을 들었나니 우리가 너희와 함께 가려 하노라(슥 8:23)고 말하였을 때, 유대 교회는 실제로 그렇게 되었다. 기독 교회 속에 세상의 모든 사람들이 흠모하고 소중히 여길 만한 것이 있어서 세상에서 흥왕하게 되었을 때, 기독 교회가 그렇게 되었다. 저 큰 날에 성도들이 다 함께 그리스도 앞에 나아가서, 그리스도께서 그들 가운데에서 경배와 영광을 받으시고, 그들이 천사들과 사람들 앞에서 그리스도를 찬양하며 영광을 돌리게 될 때, 장자들의 보편 교회도 그렇게 될 것이다. 그 때에 하나님의 이스라엘은 영원토록 명성과 칭찬을 얻게 될 것이다.

학 개

서론

바벨론 포수(捕囚)는 역사와 예언 양쪽으로 유대 교회에 아주 주목할 만한 전기(轉機)가 되었다. 우리 구주의 족보에서도 바벨론 포수는 시대 구분의 기준이 되는 큰 사건이었다(마 1:17). 열두 명의 소선지자들 중에서 우리가 지금까지 살펴본 아홉 명의 선지자는 포로기 이전에 살며 활동하였고, 그들 중 대다수가 그들의 예언 속에서 이 사건을 내다보고 예언하면서, 그것이 예루살렘의 악에 대한 하나님의 의로우신 벌이라고 선포하였다. 그러나 열두 명의 소선지자들 중에서 마지막 세 사람은 이스라엘 백성이 포로 생활에서 돌아온 후에 살며 활동하였는데, 그들이 활동한 것은 포로기 직후가 아니라 포로 생활에서 돌아온 지 꽤 세월이 흐른 뒤였다(예언의 영은 이 세 명의 선지자들을 끝으로 활동을 중단하였다가, 그리스도의 길을 예비하기 위해 등장한 세례 요한을 통해 다시 활동을 재개하였다).

학개와 스가랴는 거의 동일한 시기에, 즉 포로 생활에서 돌아온 지 18년이 되는 해에 등장하였는데, 그 때는 성전 재건이 원수들에 의해서 지체되고 친구들에 의해서 게을리되고 있던 때였다. 선지자들 곧 선지자 학개와 잇도의 손자 스가랴가 이스라엘의 하나님의 이름으로 유다와 예루살렘에 거주하는 유다 사람들에게 예언하였는데(스 5:1), 이 두 선지자는 성전 재건이 한동안 중단되고 있던 때에 그들의 나태함을 책망하고, 그 선한 일을 다시 재개하되, 반대를 만나더라도 힘 있게 그 일을 계속해 나가라고 그들을 격려하였다. 학개는 스가랴보다 두 달 먼저 활동을 시작하였고, 하나님은 두 증인의 입을 통해서 그의 말씀을 확증하기 위해서, 스가랴를 세워서 학개를 돕게 하셨다. 그러나 스가랴는 활동은 늦게 시작하였지만, 학개보다 더 오래 활동하였다. 왜냐하면, 성경에 기록된 학개의 모든 예언들은 바사 왕 다리오 제2년 여섯째 초와 아홉째 달 말 사이, 즉 4개월 동안 집중적으로 선포되었지만, 스가랴의 예언들은 대략 2년여에 걸쳐서 선포되었기 때문이다(슥 7:1).

하나님의 일을 함에 있어서 어떤 이들은 먼저 하는 영광을, 어떤 이들은 오래 하는 영광을 누린다. 유대인들은 이 두 선지자에게 포로 귀환 후에 만들어진 공회의 의원들이라는 영예를 돌린다. 하지만, 더 확실한 것은 그들이 그리스도에 대하여 예언하였다는 것이 그들의 훨씬 더 큰 영예였다는 것이다. 학개는 나중 성전의 영광(2:9)이신 그리스도에 대하여, 스가랴는 싹(또는, 가지)이라 이름하는 사람(슥 6:12)이신 그리스도에 대하여 말한다. 그들은 의(義)의 해가 떠오르기로 되어 있던 때에 좀 더 가까이 살면서 그의 날이 다가오는 것을 보기 시작하였기 때문에, 그들의 예언 속에서는 이전의 예언들에서보다도 저 새벽 별의 빛이 더 밝게 빛을 발한다. 칠십인역에서는 학개가 시편 138편의 기자이고, 스가랴가 시편 146-148편의 기자라고 말한다.

제 — 1 — 장

개요

이 장에는 예언의 전문(前文) 이후에 다음과 같은 내용들이 나온다. I. 선지자가 하나님이 진노하셔서 기근의 심판을 보내셔서 그들과 다투시는데도, 그들이 여전히 성전 재건에 있어서 늑장을 부리고 태만히 하고 있다고 유대 백성을 책망하면서, 그들에게 저 선한 일을 재개하고 열심으로 그 일을 추진하라고 권면함(1-11절). II. 이 설교가 성공을 거두어서, 백성들이 성전 재건을 재개하고 열심을 내었기 때문에, 선지자는 하나님이 그들과 함께 하실 것임을 그들에게 약속하며, 하나님의 이름으로 그들을 격려함(12-15절).

¹다리오 왕 제이년 여섯째 달 곧 그 달 초하루에 여호와의 말씀이 선지자 학개로 말미암아 스알디엘의 아들 유다 총독 스룹바벨과 여호사닥의 아들 대제사장 여호수아에게 임하니라 이르시되 ²만군의 여호와가 이같이 말하여 이르노라 이 백성이 말하기를 여호와의 전을 건축할 시기가 이르지 아니하였다 하느니라 ³여호와의 말씀이 선지자 학개에게 임하여 이르시되 ⁴이 성전이 황폐하였거늘 너희가 이 때에 판벽한 집에 거주하는 것이 옳으냐 ⁵그러므로 이제 만군의 여호와가 이같이 말하노니 너희는 너희의 행위를 살필지니라 ⁶너희가 많이 뿌릴지라도 수확이 적으며 먹을지라도 배부르지 못하며 마실지라도 흡족하지 못하며 입어도 따뜻하지 못하며 일꾼이 삯을 받아도 그것을 구멍 뚫어진 전대에 넣음이 되느니라 ⁷만군의 여호와가 말하노니 너희는 자기의 행위를 살필지니라 ⁸너희는 산에 올라가서 나무를 가져다가 성전을 건축하라 그리하면 내가 그것으로 말미암아 기뻐하고 또 영광을 얻으리라 여호와가 말하였느니라 ⁹너희가 많은 것을 바랐으나 도리어 적었고 너희가 그것을 집으로 가져갔으나 내가 불어 버렸느니라 나 만군의 여호와가 말하노라 이것이 무슨 까닭이냐 내 집은 황폐하였으되 너희는 각각 자기의 집을 짓기 위하여 빨랐음이라 ¹⁰그러므로 너희로 말미암아 하늘은 이슬을 그쳤고 땅은 산물을 그쳤으며 ¹¹내가 이 땅과 산과 곡물과 새 포도주와 기름과 땅의 모든 소산과 사람과 가축과 손으로 수고하는 모든 일에 한재를 들게 하였느니라

바벨론에서 유대인들의 불만은 표적이 보이지 아니하며 선지자도 더 이상 없다(시 74:9)는 것이었다. 하지만, 이것은 그들이 선지자들을 조롱하고 학대한 데 대한 하나님의 의로우신 심판이었다. 그들이 애굽에서 나올 때에는 그들 가운데에 선지자가 있었지만(호 12:13), 바벨론에서 돌아온 후에는 그들 가운데에 선지자가 없었다. 그 대신에, 하나님은 그의 성령을 통해서 직접 그들로 하여금 분발하게 만드셨다(스 1:5). 왜냐하면, 하나님은 선지자들을 사용하시기는 하지만, 그들을 꼭 필요로 하시는 것은 아니고, 그들 없이도 얼마든지 그의 일을 하실 수 있으시기 때문이다. 그러나 구약 예언의 등불은 꺼지기 전에 밝고 찬란한 빛을 곧 발할 것이었다. 이렇게 여호와의 말씀이 오랫동안 희귀하여(예언이 시작되던 때처럼, 삼상 3:1) 이상이 흔히 보이지 않았던 때에, 학개는 하늘로서 보내심을 받은 특별한 사자(使者)로 등장한 최초의 인물이었다. 바사 제국의 제3대 왕이었던 다리오 히스타스페스(Darius Hystaspes) 재위 제2년에 이 선지자는 보내심을 받았다. 여호와의 말씀이 그에게 임하였고, 그로 말미암아 여기에 열거되어 있는 두 명의 유대인 지도자에게 임하였다(1절).

1. 나라의 최고 지도자. 그는 다윗 가문 출신으로서 유대인들이 포로 생활에서 돌아올 때에 그들을 이끌었던 총사령관이었고 당시에는 유다 총독으로 있던 스알디엘의 아들 스룹바벨이었다.

2. 교회의 최고 지도자. 그는 대제사장인 여호사닥의 아들 여호수아였다. 그들은 큰 자들이자 선한 자들이었지만, 시간이 흐르면서 점차 하나님의 일을 게을리하게 되자, 선지자로부터 본분을 다하라는 책망을 들어야 했다. 또한, 그들에게는 그들의 권세와 영향력을 사용해서 백성들의 잘못을 고쳐야 할 책무가 있었기 때문에, 그들은 백성들이 어떤 점에서 잘못이 있는지에 대해서도 들어야 했다. 특사(特使)들이었던 선지자들은 방백의 직책과 성직(聖職)이라는 통상적인 제도들을 무력화시킨 것이 아니라, 그 두 직책에 있는 자들이 그들에게 본래 맡겨진 책무를 더 잘 수행할 수 있도록 그들을 돕고자 애를 썼다. 좀 더 자세하게 살펴보자.

Ⅰ 당시에 유대인들의 죄는 무엇이었는가(2절). 그들은 포로 생활에서 돌아오자마자, 하나님께 제사를 지내기 위한 제단을 세웠고, 일년 안에 성전의 기초를 놓았다(스 3:10). 그 때에 그들은 이 일에 아주 적극적인 것처럼 보였고, 이 일은 순식간에 끝날 가능성이 아주 높아 보였다. 그러나 얼마 후에 바사 궁

정으로부터 성전 재건을 금지하며 그 일을 계속하지 말라는 조서(詔書)가 내려오자, 그들은 바사 제국의 힘에 굴복하여 그 일을 중단하였는데, 이것은 그들이 바사 제국의 지배 아래 놓여 있었기 때문에 어쩔 수 없었다는 변명이 그래도 가능한 일이었다. 그러나 나중에 반대 세력의 폭력이 약해지고 나서도, 그들은 계속해서 성전 재건에 아주 무관심한 태도를 보였고, 그 일을 다시 재개할 생각이나 용기가 전혀 없었으며, 도리어 성전 재건을 중단시켜 놓은 핑계가 그들에게 있다는 것을 기뻐하는 것처럼 보였다. 하나님의 쓰임을 받는 자들은 폭풍이 몰아칠 때에는 잠시 그들의 일에서 손을 놓을 수는 있지만, 폭풍이 지나간 후에는 즉시 그 일을 재개하여야 마땅하다. 그런데도 이 유대인들은 그렇게 하지 않았고, 선지자를 통해서 그들의 본분을 새롭게 일깨움을 받을 때까지 계속해서 꾸물거리며 늑장을 부렸다. 그들이 서로에게 한 말은 여호와의 전을 건축할 시기가 이르지 아니하였다는 것이 전부였다.

1. "우리는 포로기의 상처로부터 아직 회복되지 않았기 때문에, 그 일을 할 시기가 오지 않았다. 우리의 손실들은 아직 만회되지 않았고, 우리는 아직 이 땅에 뿌리를 내리지 못하였다. 이 땅에 온 지 얼마 안 되는 우리는 아직 그렇게 큰 일을 벌일 준비가 되어 있지 않다. 우리가 교회 건축을 말하기 전에 먼저 우리의 집들을 세우고, 그동안에는 우리 조상 아브라함처럼 일단 제단만 세워 놓고 거기에서 하나님께 제사를 지내자." 그들은 성전을 아예 짓지 않겠다고 말한 것은 아니고, "아직은 때가 아니니, 좋은 때를 기다려 보자"고 말하였다. 벨릭스가 바울의 전도를 듣고서 회개하는 것을 좀 더 좋은 때로 연기함으로써 구원받을 수 있는 좋은 기회를 놓쳤듯이, 우리는 일을 미룸으로써 선한 일들을 하지 못하게 되는 경우가 많다는 것을 명심하라. 사람들은 믿고 회개하며 삶을 고치는 일을 하지 않겠다고 말하는 것이 아니라 "아직은 그렇게 하고 싶지 않다"고 말한다. 우리는 하나님이 우리를 세상에 보내시면서 하라고 명하신 큰 일을 좋은 때를 기다리고 있다는 핑계를 대고서 행하지 않는다.

2. "성전을 재건하는 일을 하기 위한 하나님의 때가 오지 않았다. 왜냐하면, 권세에 의해서 합법적으로 우리에게 내려진 금령이 아직 풀리지 않았기 때문이다. 그러므로 지금 우리가 그 일을 하는 것을 권세가 묵인해 준다고 해도, 우리는 그 일을 진행해서는 안 된다." 우리의 본분을 행하고자 하는 우리에게 하나님의 섭리에 의해서 낙심이 되는 일들이 일어날 때, 그것들은 단지 우리의

담대함과 믿음을 시험하고 연단하기 위한 것인데도, 우리는 마치 그것들이 우리를 우리의 본분으로부터 면제해주는 증표들인 양 잘못 해석하는 경우가 비일비재하다는 것을 명심하라. 우리의 본분을 게을리하는 것은 나쁘지만, 섭리를 빙자해서 우리의 나태함을 정당화하는 것은 더 나쁘다.

Ⅱ. 그들이 본분을 게을리하였을 때에 하나님은 그들을 어떤 심판으로 벌하셨는가(6, 9-11절). 그들은 그들의 세속적인 일들에 시간과 돈을 사용하기 위해서, 하나님의 성전을 짓는 것을 게을리하고 연기하였다. 그들은 그들의 가족을 부양해야 한다는 핑계를 대면서, 이 엄청난 역사(役事)에서 면제받기를 원하였다. 그들은 먼저 그들이 이 땅에서 기반을 잡아야 하며, 그들의 자녀들을 잘 양육하고, 그 자녀들에게 물려줄 재산도 어느 정도 모아야 하기 때문에, 지금으로서는 성전을 재건하는 일을 생각할 수 없다고 말하였다. 이제 하나님은 그들의 죄에 상응하는 벌을 내리시기 위하여, 그의 섭리를 통해서 그들이 계속해서 기반을 잡지 못하게 만드셨고, 성전을 재건하는 일을 하게 되면 가난을 면치 못할 것이라고 생각한 그들에게 도리어 그들이 성전을 짓지 않은 것에 대한 벌로 가난이 임하게 하셨다. 그들은 하나님의 심판의 따끔한 맛을 보아야 했다. 기후가 나빠져서 그들은 곡물과 가축에서 큰 손실을 입었고, 교역이나 장사에서도 손해를 보았다. 그러나 그들은 이 심판의 원인을 알지 못하였고, 하나님이 그들과 다투시는 이유를 알지 못하였다. 그들은 그들이 성전 재건을 미루고 있었기 때문에 하나님의 진노를 사서 이런 심판을 받고 있다는 것을 알거나 시인하지 않았고, 그런 것을 시인하고 싶은 마음도 없었다. 그래서 하나님은 여기에서 그가 그들과 다투는 이유가 무엇인지를 그들에게 통지해 주신다. 우리는 하나님의 말씀 속에서만이 아니라 그의 매 속에서 그의 뜻과 의도가 무엇인지를 깨닫기 위해서는, 그의 입의 심판들만이 아니라 그의 손의 심판들의 의미를 우리에게 설명해 줄 하나님의 선지자들과 사역자들의 도움이 필요한데, 그들은 우리가 어떤 일에서 하나님을 진노하시게 하였고, 하나님이 어떤 일을 통해서 우리에게 그 진노를 나타내고 계시는지를 우리에게 알게 해줄 수 있다. 좀 더 자세하게 살펴보자.

1. 하나님은 그들과 어떻게 다투셨는가. 하나님은 그들을 다시 포로로 사로잡혀 가게 하거나, 외적으로 하여금 그들을 침략하게 만드셔야 마땅하셨지만, 그의 긍휼하심이 크시기 때문에 그렇게 하지 않으시고, 그들을 하나님의 손으

로 직접 징계하셨다.

(1) 파종하는 자에게 종자를 주시는 하나님이 뿌려진 씨앗을 축복하기를 거부하셔서, 씨앗이 제대로 자랄 수 없었다는 것. 그들은 파종을 했지만 수확을 거의 거둘 수가 없었다. 그들은 그들의 땅이 오랫동안 묵은 땅으로 있으면서 안식년을 충분히 누렸기 때문에 평년보다 더 많은 수확을 거둘 수 있을 것이라 생각해서, 아주 넓은 땅을 기경해서 씨앗을 많이 뿌렸다(6절). 씨앗을 많이 뿌려 놓고서, 그들은 충분히 쓰고도 많은 것을 저축할 만큼 풍성한 수확을 거둘 수 있을 것이라는 기대를 가졌다. 그러나 그들의 기대는 무참한 실망으로 변하였다. 그들이 거둔 수확은 적었고 너무나 적었다(6절). 그들은 온 힘을 다했지만, 그들에게 돌아온 것은 너무나 적었다(9절). 그들은 기대만큼의 수확을 하지 못하였다. 한 호멜의 종자를 뿌려도 간신히 한 에바가 나리라(사 5:10). 한 말의 씨앗을 뿌려서 겨우 한 되의 알곡을 거두게 되리라는 것이다. 우리가 어떤 피조물에 대하여 가장 많은 기대를 했을 때, 우리는 그 피조물로부터 가장 큰 좌절을 겪게 되기가 쉽다. 그러므로 우리가 많은 것을 기대했는데, 우리에게 돌아오는 것은 거의 없게 된다. 우리가 기대한 것은 오직 하나님으로부터만 올 수 있고, 하나님은 우리가 기대한 것보다 더 넘치게 이루어 주시는 분이시라는 것을 명심하라. 우리는 여기에서 그들이 어떻게 해서 실망하게 되었는지에 대하여 듣는다(10절): 너희로 말미암아 하늘은 이슬을 그쳤다. 구름 곳간의 열쇠를 손에 쥐고 계시는 하나님이 그 곳간을 닫아 놓으시고는, 땅이 비를 간절히 원하는데도 이른 비와 늦은 비를 내려주지 않으셨기 때문에, 당연히 땅은 산물(産物)을 그쳤다. 왜냐하면, 하늘이 놋 같이 되면, 땅은 쇠 같이 되기 때문이다. 아마도 파종했던 씨앗들은 잘 자라서 아주 풍성한 수확을 예고했지만, 결실기에 이슬이 오지 않아서 이삭이 충실해지지 못하고, 도리어 뜨거운 해의 열기로 인해서 말라 죽어 버렸을 것이다. 바벨론에서 오랫동안 헐벗은 삶을 살았던 유대인 포로들은 고국으로 돌아오면서, 그들이 다시 그들의 땅을 차지하고서 그들의 뜻대로 경작하면 결코 궁핍하지 않을 것이라고 생각하였다. 그러나 그들이 구름을 마음대로 부릴 수 있다면 몰라도, 그렇지 않은 다음에야 어떻게 그들의 뜻대로 풍작을 만들어 낼 수 있겠는가? 하나님은 이차적인 인과사슬의 모든 고리들에 걸쳐서 처음부터 끝까지 우리가 하나님을 늘 의지하지 않으면 살아갈 수 없다는 것을 깨닫게 해주신다. 그러므로 우리는 어느 때라도 "이제 우리에게는 하

나님과 그의 섭리가 더 이상 필요하지 않다"고 말할 수 없다(호 2:21). 하나님은 땅을 식혀주는 비를 내려주지 않으셨을 뿐만 아니라, 비 대신에 타는 듯한 열기를 보내셨다(11절): 내가 이 땅에 한재(旱災)를 들게 하였느니라. 하나님은 날씨를 몹시 뜨겁게 하셔서, 땅의 소산(所産)들이 다 타죽게 만드셨다. 모든 피조물은 하나님이 명령하시는 바에 따라서 우리에게 위로가 되기도 하고 괴로움이 되기도 하며, 우리를 섬기기도 하고 괴롭히기도 한다는 것을 명심하라. 열등한 피조물들 가운데서 해의 열기만큼 이 세상에 꼭 필요하고 유익을 끼치는 것은 없다. 해의 열기는 식물들을 살게 해주고, 봄마다 지면을 새롭게 한다. 그렇지만, 해의 열기가 지나치면, 그것은 모든 것을 망쳐 놓는다. 우리의 창조주는 우리의 가장 좋은 친구이다. 그러나 우리가 하나님을 우리의 적으로 만들면, 우리의 가장 좋은 친구들이었던 피조물들도 갑자기 우리의 적들이 되어 버린다. 하나님이 가뭄을 부르시자, 가뭄이 그 부르심을 받고 왔다. 바람이나 파도와 마찬가지로 해의 광선도 하나님께 순종한다. 해의 광선은 안 미치는 곳이 없기 때문에, 그 나쁜 영향도 모든 곳에 미친다. 가장 높이 있는 산들이 그 햇빛의 영향을 가장 먼저 받아서 가뭄이 들었다. 산들은 그들의 초장(草場)으로서 양 떼가 뒤덮고 있던 곳이었지만, 지금은 거기에 양 떼가 먹을 풀이 없었다. 곡물과 새 포도주와 기름에도 가뭄이 들었다. 극도로 뜨거운 날씨 때문에 땅의 모든 소산이 말라 죽었다. 아니, 뜨거운 햇빛은 사람들에게도 악영향을 미쳤다. 뜨거운 날씨 때문에 사람들은 기력을 소진하여 지치고 약해졌고, 어떤 사람들은 열병에 걸리기도 하였다. 또한, 뜨거운 기후는 가축에게도 질병을 가져다 주었다. 요컨대, 가뭄은 그들이 나중에 수확해서 그들의 가족을 부양할 것을 기대하고 그들의 손으로 수고한 모든 일을 망쳐 놓았다. 배를 위한 양식은 썩을 양식이고, 우리가 오직 그것만을 위해서 수고한다면, 우리는 우리가 수고한 것을 잃을 위험이 있다는 것을 명심하라. 그러나 우리가 영생하도록 있는 양식을 위하여 수고한다면(요 6:27), 우리는 우리의 수고가 주 안에서 헛되지 않을 줄 확신한다(고전 15:58). 신앙의 일에 있어서 손이 부지런한 자는 틀림없이 부하게 될 것이지만(잠 10:4), 이 세상의 일을 아주 끈질기고 성실하게 행하는 자는 그들의 손으로 수고한 것들을 잃는 일이 많다. 빠른 경주자들이라고 선착하는 것이 아니며 용사들이라고 전쟁에 승리하는 것이 아니다(전 9:11).

(2) 먹는 자에게 양식을 주시는 하나님이 그들이 먹은 양식을 축복하지 않으

셔서, 그들은 음식을 먹어도 영양분을 섭취하지 못하였다는 것. 밭의 곡식이 시들어 죽는 원인은 하나님이 비를 내려 주시지 않으시기 때문이라는 것은 누구나 다 알 수 있는 일이다. 그러나 그런 것 외에도 그들에게는 은밀한 파멸과 저주가 임하였다.

[1] 그들이 곡식을 곳간에 넣어 두었다고 해서, 그 곡식이 확실하게 그들의 것이 되지는 않았다는 것. 내가 불어 버렸느니라 나 만군의 여호와가 말하노라(9절). 종종 봄철에 살을 에는 듯한 서리에 의해서 싹들이 시들어 버리는 경우가 있지만, 우리는 그 결과만을 볼 뿐이고, 그 일이 어떻게 이루어졌는지는 알지 못하는데, 그것은 하나님이 그것을 불어 버린 것이라고 이 구절은 말한다. 난외주에서는 이 구절을 내가 불어서 날려 버렸느니라로 읽는다. 사람들이 재물을 산더미처럼 쌓아 놓는다고 해도, 하나님은 마치 우리가 깃털을 불어서 날려 버릴 때처럼 아주 쉽게 그의 입의 숨으로 그것을 흩어 버리실 수 있으시다. 이 세상에 있는 그 어떤 것도 결코 확실한 것은 없다는 것을 명심하라. 곡식은 밭에 있을 때만이 아니라 곳간에 들어가 있을 때에도 위험에 노출되어 있다. 왜냐하면, 거기에서도 좀과 동록이 곡식을 해하기 때문이다(마 6:19). 우리가 세상에서 향유하고 있는 것들로 인한 위로나 즐거움을 계속해서 누리고자 한다면, 우리는 하나님을 우리의 친구로 만들어야 한다. 왜냐하면, 하나님이 그것들을 우리에게 복으로 주신다면 그것들은 우리의 진정한 복이 되지만, 하나님이 그것들을 불어 버리신다면 우리는 그것들로부터 그 어떤 좋은 것도 기대할 수 없기 때문이다. 그것들은 스스로 날개를 내어 날아가리라(잠 23:5).

[2] 그들이 음식을 먹었을 때에도 그 음식은 그들의 기대에 미치지 못하였다는 것. "음식이 금방 내려가서 금세 또 배가 고프거나, 위에 걸신이 들려서 아무리 먹어도 배가 부르지 않아서, 너희가 먹을지라도 배부르지 못하리라. 너희는 음식을 먹어도 소화를 잘 시키지 못해서 영양분을 섭취하지 못함으로써 음식이 제 역할을 하지 못하거나, 아무리 먹어도 포만감을 느끼지 못할 것이다. 너희가 마실지라도, 시원하다고 느끼거나 힘을 차릴 수 없기 때문에, 흡족하지 못할 것이다. 너희에게 마실 것이 별로 없어서, 너희는 갈증을 해소할 수 없게 될 것이다. 단 포도주가 너희 입에서 끊어질 것이다(욜 1:5). 아니, 너희는 물조차도 두려워 떨며 되어 마실 것이다. 너희에게는 충분한 물이 없어서, 너희는 항상 물이 떨어질까봐 걱정을 하느라 물로 인한 위로를 받지 못할 것이다."

[3] 그들이 옷을 입어도, 옷이 그들에게 아무런 도움도 되지 못하였다는 것. "너희가 입어도 따뜻하지 못하리라. 하나님이 광야에서 이스라엘 백성을 축복하셨을 때와는 반대로, 너희의 옷은 금방 닳고 해어질 것이다." 땅이 고요할 때에 우리의 의복이 우리를 따뜻하게 하시는 분은 하나님이시다(욥 37:17).

[4] 그들이 가방에 넣어둔 것도, 확실하게 그들의 것이 되지 못하였다는 것. "고된 일을 하고서 현금으로 삯을 받는 자는 그것을 구멍 뚫어진 전대에 넣는 것이다. 그 돈은 그 사람이 알지 못하시는 사이에 구멍으로 새어나가서 다 없어져 버린다. 즉, 모든 것들이 다 드물고 귀한 물건들이기 때문에, 그들은 돈을 버는 즉시 다 써버리고 만다." 이 땅에 보화를 쌓아두는 자들은 구멍 뚫어진 전대에 보화를 넣는 것과 같다. 그들은 길을 가면서 그 보화를 흘리고 가고, 그들 뒤에 오는 자들이 그 보화를 줍는다. 그러나 우리가 하늘에 보화를 쌓아 둔다면, 우리는 우리 자신을 위하여 낡아지지 아니하는 배낭을 준비하는 것이다(눅 12:33).

2. 하나님은 무슨 이유로 이렇게 그들과 다투셨고, 그들에게 약속하셨던 은총들(욜 2:24)을 중단시키셨는가. 그것은 하나님의 집이 황폐하였으되, 그들이 거기에 관심을 두지 않아서, 하나님의 진노를 불러일으켰기 때문이었다. 이것이 하나님께서 그들과 다투신 이유였다. 성전의 기초는 놓여졌지만, 건물을 건축하는 일은 중단되었다. "모든 사람이 각각 자기의 집을 짓고서 편리하고 아름답게 꾸미기 위하여 빨랐지만, 여호와의 집에는 관심을 갖지 않는다. 하나님이 너희의 모든 일에서 너희와 이렇게 엇나가시는 것은 성전 재건을 게을리한 너희에 대하여 그가 진노하셨음을 보여주시고, 너희로 너희의 죄와 어리석음을 깨닫게 하기 위한 것이다." 먼저 하나님의 나라와 그 의를 구하는 자들이 그것들을 얻을 뿐만 아니라 다른 것들도 그들에게 더해질 가능성이 많은 것과 마찬가지로, 하나님의 나라와 그 의를 게을리하고 지연시키는 자들은 그것들을 잃을 뿐만 아니라 다른 것들도 빼앗기게 될 것임을 명심하라. 하나님이 우리의 세상 일들에서 우리와 엇나가셔서, 우리가 곤란과 좌절을 겪는다면, 우리는 우리가 하나님과 우리의 영혼을 위하여 해야 할 일을 제쳐두고 자기 일을 구하고 그리스도 예수의 일을 구하지 아니하는(빌 2:21) 것이 그 원인이라는 것을 나중에 깨닫게 될 것이다.

Ⅲ. 그들이 성전 건축을 게을리하는 것에 대하여 선지자가 그들을 책망함(4

절). "너희가 이 때에 판벽한 집에 거주하고 그 집을 아름답게 꾸며서 너희의 가족과 함께 그 집에 들어가 사는 것이 과연 옳으냐." 그들은 집에 사람이 살기 위해서 꼭 필요한 담을 두르고 지붕을 얹는 것으로 만족하지 않고, 그들의 집을 그들의 구미에 맞게 잘 꾸리고자 하였다. "지금이 우리 집을 판벽할 좋은 기회이다"라고 말하는 사람도 있었고, "지금이 우리 집에 칠을 할 좋은 기회이다"라고 말하는 사람도 있었다. 그러는 동안에 하나님의 집은 황폐한 채로 방치되어 있었다. 학개 선지자는 이렇게 말한다: "도대체 이것이 무슨 일이냐! 지금이 너희가 너희 기분을 즐겁게 할 그런 때이냐? 지금은 너희가 너희 하나님을 기쁘시게 해드려야 하는 때가 아니냐?" 그들의 마음은 다윗이나 솔로몬의 마음과 정반대였다. 다윗은 하나님의 궤가 휘장 가운데에 있는데 자기만 백향목 궁에 사는 것이 마음이 불편하였고(삼하 7:2), 솔로몬은 자신을 위하여 왕궁을 짓기 전에 하나님의 전을 먼저 지었다. 영적인 삶에 절대적으로 필요한 것들보다 현세의 삶을 편리하게 해주고 장식해 주는 것들을 먼저 챙기고, 그들의 마음속에 있는 하나님의 성전은 황폐화된 채로 방치되어 있는데도 그들의 집을 부유하게 하는 일에 온통 신경을 쓰는 자들은 어떤 것이 그들에게 참된 유익인지를 전혀 모르는 자들이다.

Ⅳ. 하나님을 이렇게 멸시함으로써 그의 진노를 받아 마땅한 자들에게 선지자가 해주는 선한 권면.

1. 그들 자신을 돌아보라는 것. 그러므로 이제 너희는 너희의 행위를 살필지니라(5, 7절). "하나님이 너희를 치기 위하여 그 손을 펴신 것을 알아차리고서, 그 이유를 잘 살펴보아라. 너희가 무슨 짓을 했길래 하나님이 이렇게 너희의 위로들을 차단하시는지를 생각해 보아라. 하나님이 너희에게 다시 긍휼을 베푸시도록 하기 위하여, 너희가 회개하였음을 보여 드리려면 어떻게 해야 할 것인지를 생각해 보아라." 우리의 행위들을 살피고, 우리의 마음을 우리의 행위들에 두며(원어는 이런 의미이다), 우리의 행위를 생각하고(시 119:59) 조사하고 시험하며(애 3:40), 우리의 발이 행할 길을 숙고하고(잠 4:26), 자신을 살피는 우리의 중대하고 필수적인 본분에 정말 진지하게 우리의 마음을 쏟아서, 우리의 영적 상태와 우리가 지은 죄들과 장래에 우리가 해야 할 본분을 놓고 우리 자신의 마음과 진지하게 대화하는 것은 우리 각자가 꼭 관심을 갖고 행하여야 하는 중대사라는 것을 명심하라. 왜냐하면, 죄는 우리가 거기에 상응하는 벌을 받아야

하는 것이고, 본분은 우리가 반드시 행하여야 하는 것이기 때문이다. 그러므로 우리는 우리를 둘러싸고 일어나는 사건들은 하나님께 맡겨 드리는 가운데에, 방금 위에서 말한 것들을 꼼꼼히 따지고 살펴야 한다. 많은 사람들이 남들의 행위에 대해서는 아주 신속하게 꿰뚫어 보면서, 정작 그들 자신의 행위에 대해서는 살펴볼 생각을 하지 않는다. 하지만, 우리가 관심을 가져야 할 것은 각각 자기의 일을 살피는 것이다(갈 6:4).

2. 그들의 행위를 고치라는 것(8절). "너희는 레바논 산에 올라가서 나무를 비롯해서 필요한 재료들을 가져다가 최대한 신속하게 성전을 건축하라. 그 일을 더 이상 미루지 말고, 너희의 정성을 다해서 그 일에 몰두하라." 우리가 우리의 행위를 살피는 것은 우리의 행위 가운데에서 잘못된 것을 고치기 위한 것임을 명심하라. 우리가 행해야 할 어떤 본분이 어떤 이유로 오랫동안 행해지지 못하였지만, 지금은 그 이유가 없어졌다면, 우리는 지금 당장에 그 본분을 다시 행하여야 한다. 아예 안 하는 것보다는 늦게라도 하는 것이 더 낫기 때문이다. 선지자는 그들이 정성을 다해서 이 일을 행하도록 격려하기 위해서, 그들에게 다음과 같은 것들을 약속한다.

(1) 그들이 그렇게 하면, 하나님이 그들을 기쁘게 받아 주시리라는 것. 성전을 건축하라 그리하면 내가 그것으로 말미암아 기뻐하리라. 이것은 그들로 하여금 어떤 대가를 치르더라도 신속하고 과감하게 그 일에 착수하여 밀어부쳐서 완성시키게 할 만큼 그들에게 힘이 되는 말씀이었다. 우리는 하나님이 기뻐하실 일을 우리가 행하는 것을 기쁨으로 여기고, 하나님이 기뻐하신다는 사실 자체를 우리가 그 일을 착수해서 정성껏 해내는 원동력으로 삼아야 한다는 것을 명심하라. 하나님이 기뻐하시는 일에 우리가 조금이라도 보탬이 된다는 사실보다 우리의 마음을 더 크게 만족시켜 줄 수 있는 것이 어디에 있겠는가. 주를 기쁘시게 하는 자가 되는 것이 우리의 최고의 야망이 되어야 한다(고후 5:9). 그들이 어리석게도 하나님의 집을 건축하는 일을 게을리하였었다고 하더라도, 다시 정신을 차려서 그 일을 재개한다면, 하나님은 그들의 이전의 나태함을 기억하지 아니하시고, 그들의 손으로 하는 일을 기뻐하실 것이다. 하나님께 돌아가는 것을 오랫동안 미루어 왔던 자들은 이제 마침내 온 마음을 다하여 하나님께 돌아간다면 하나님의 은혜를 꼭 받게 될 것이다.

(2) 하나님이 그들이 하는 그 일로 말미암아 영광을 받으시리라는 것. 내가

영광을 얻으리라 여호와가 말하였느니라(8절). 성전이 다 지어지면, 하나님은 그 성전에서 섬김과 예배를 받으실 것이고, 그에게 가까이 나아오는 자들로 인해서 영광을 받으실 것이다. 하나님으로 하여금 영광을 얻으시게 하는 일은 우리가 정성과 수고와 비용을 아낌없이 쏟아 부을 가치가 있는 일이다.

[12]스알디엘의 아들 스룹바벨과 여호사닥의 아들 대제사장 여호수아와 남은 모든 백성이 그들의 하나님 여호와의 목소리와 선지자 학개의 말을 들었으니 이는 그들의 하나님 여호와께서 그를 보내셨음이라 백성이 다 여호와를 경외하매 [13]그 때에 여호와의 사자 학개가 여호와의 위임을 받아 백성에게 말하여 이르되 여호와가 말하노니 내가 너희와 함께 하노라 하니라 [14]여호와께서 스알디엘의 아들 유다 총독 스룹바벨의 마음과 여호사닥의 아들 대제사장 여호수아의 마음과 남은 모든 백성의 마음을 감동시키시매 그들이 와서 만군의 여호와 그들의 하나님의 전 공사를 하였으니 [15]그 때는 다리오 왕 제이년 여섯째 달 이십사일이었더라

솔로몬은 슬기로운 자의 책망은 청종하는 귀에 하나님과 사람 앞에 아주 사랑스럽고 예쁜 금 고리와 정금 장식이라고 말한다(잠 25:12). 학개 선지자는 여기에서 하나님의 이름으로 사람들을 지혜롭고 신실하게 책망한 자였고, 또한 그는 청종하는 귀도 만났다. 앞의 설교는 백성들 가운데서 소기(所期)의 목적을 달성하였고, 백성들이 순종하자 하나님은 그들을 격려하여 주셨다.

I 백성들이 어떻게 하나님께 돌아와서 그들의 본분을 다하게 되었는가. 선지자의 설교를 들은 모든 자들은 하나님의 말씀에 의해서 감화를 받고 기꺼이 그 말씀을 받아들였다. 유다 총독이었던 스룹바벨은 자기 자신을 하나님의 말씀의 통제와 명령을 받지 않아도 되는 위치에 있는 자라고 생각하지 않았다. 그는 앞서 하나님이 부여하신 일을 훌륭히 해내어 교회에 큰 유익을 끼친 자였지만, 자신의 현재의 직무 태만을 꾸짖는 선지자에게 자신의 이전의 공로를 들먹이면서 항변한 것이 아니라, 도리어 순순히 순복하였다. 대제사장이었던 여호수아의 직무는 가르치는 일이었지만, 선지자로부터 기꺼이 훈계와 교훈을 가르침받고자 하였다. 남은 백성(그들은 이스라엘의 무수한 사람들 중에서 살아남은 몇 안 되는 남은 자였다)도 순순히 선지자가 전한 하나님의 말씀을 받아들였다. 그들은 모두 그들의 하나님 여호와의 목소리를 들었고, 하나님의 명령

의 멍에를 메기 위해서 그들의 목을 순순히 내밀었다. 그들이 그렇게 한 것이 여기에 기록된 것은 그들을 존귀하게 하기 위한 것이다(12절). 그들의 아버지가 그의 아들들에게 "얘 오늘 나의 포도원, 곧 나의 성전에 가서 일하라"고 말씀하시자, 그들은 "아버지 가겠나이다"라고 말하였을 뿐만 아니라 즉시 갔다(마 21:28-29).

1. 그들이 선지자를 여호와의 사자로 여겼고, 그가 전한 말씀을 여호와가 그들에게 전하는 메시지로 여겼다는 것. 그러므로 그들은 그것을 사람의 말이 아니라 전능하신 하나님의 말씀으로 받았다. 그들은 그들의 하나님 여호와께서 학개 선지자를 보내셨다고 믿었기 때문에, 그가 전하는 말씀에 순종하였다(12절). 우리는 하나님의 사역자들이 그들의 사명을 따라 행하는 한에 있어서는 그들이 전하는 말씀을 들을 때에 그들을 보내신 하나님을 바라보고서 하나님을 인하여 그 말씀을 받아들여야 한다는 것을 명심하라.

2. 그들이 여호와를 경외하였다는 것. 예언은 그들에게 새로운 것이었다. 그들에게는 아주 오랫동안 하늘로부터 특별한 사자가 오지 않았다. 그러다가 이제 오직 한 명의 사자가 지금 그들에게 왔다는 것이 밝혀지자, 그들은 그에게 지극한 공경(恭敬)을 드렸다. 반면에, 그들의 조상들에게는 하나님이 많은 선지자들을 보내셨지만, 그들은 선지자들을 조롱하고 학대하였었다. 사람의 마음이라는 것이 그런 법이다. 좋은 설교가 아주 드물 때에 사람들은 그 설교를 크게 존중하지만, 하늘에서 내려오는 만나라도 비처럼 내려서 지천으로 널려 있으면 사람들은 그것을 하찮은 음식(민 21:5)으로 여겨서 싫어한다. 그들이 이렇게 순순히 학개 선지자를 받아들였기 때문에, 하나님은 한두 달 후에 그들 가운데에서 또 한 명의 선지자를 세우셨다(슥 1:1). 그들은 여호와를 경외하였다. 그들은 하나님의 권세를 지극히 공경하고 하나님의 진노를 지극히 두려워한 자들로서 여호와의 말씀으로 말미암아 떠는 자들이었다. 그들이 아주 혹독하게 겪었던 하나님의 심판 자체는 그들로 하여금 여호와 앞에서 두려워 떨게 하지 못하였지만, 선지자가 하나님의 섭리들을 설명해 주는 말씀들을 받아서 전하자, 그 때에 그들은 여호와를 경외하였다. 우리 속에 있는 하나님을 경외하는 마음은 우리로 하여금 하나님께 순종하게 하는 데에 아주 큰 영향을 미친다는 것을 명심하라. 여호와를 경외함으로 섬기라(시 2:11). 우리가 하나님을 경외하지 않는다면, 우리는 그를 섬기지 않게 될 것이다.

3. 여호와께서 그들의 마음을 감동시키셨다는 것(14절).

(1) 하나님이 그들의 마음을 감동시키셔서, 그들 속에 그들의 본분을 다하고자 하는 마음이 생겨나게 하셨다는 것. 하나님이 그의 은혜로 우리의 심령을 움직이실 때, 우리 속에서 하나님의 말씀을 받고자 하는 마음이 생겨난다는 것을 명심하라. 그 은혜가 없다면, 우리는 여전히 우둔한 채로 있게 되고, 모든 선한 것을 싫어하여 철저하게 반대로 행할 수밖에 없게 된다. 우리는 하나님의 권능의 날에 기꺼이 하나님의 말씀을 받아들이게 된다.

(2) 하나님이 그들에게 그들의 본분을 다하라고 격려하셨고, 이 격려의 말씀들을 통해서 그들의 마음을 넓히셨다는 것(시 119:32). 그들은 말씀을 들었을 때에 두려워하였다. 그러나 하나님은 그들이 그 두려움의 무게에 눌려서 가라앉게 되지 않도록 하기 위해서, 그들을 감동시키셔서 그들이 만나게 될 난관들을 기쁜 마음으로 담대하게 헤쳐나갈 수 있게 해주셨다. 하나님은 어떤 일을 하고자 하실 때에는 그 일을 하기에 적합한 자들을 찾으시거나 만드신 후에, 그들을 감동시키셔서 그 일을 할 수 있도록 그들의 힘을 북돋워 주신다는 것을 명심하라.

4. 그들이 온갖 열심을 다하여 그들의 본분, 즉 성전 재건에 전념하였다는 것. 그들이 와서 만군의 여호와 그들의 하나님의 전 공사를 하였다. 모든 사람이 각자의 능력이 닿는 대로 이런저런 방식으로 일손을 빌려 주어서 저 선한 일을 진척시켜 나갔다. 그들은 하나님을 만군의 여호와, 그들의 하나님, 이스라엘의 하나님으로 바라보고서, 그 일을 해나갔다. 그들은 하나님이 그의 섭리를 통해서 이 세상을 주권적으로 통치하시고, 그의 은혜로 말미암아 자기 백성과 언약 관계에 계시다는 것을 생각하면, 그들의 심령에 큰 감동이 밀려오고 힘이 나서, 하나님을 위해서 및 사람들 가운데에서 하나님의 나라를 확장하기 위해서 전심전력으로 일하고자 하는 마음이 절로 났다.

5. 그들이 이 일을 신속하게 행하였다는 것. 학개가 그들 가운데에서 이 설교를 한 것이 여섯째 달 초일이었는데, 그들은 같은 달 이십사일에는, 즉 설교를 들은 지 삼주 조금 지난 때에는 이미 그들의 하나님 여호와의 전을 건축하느라 모두 바쁘게 움직이고 있었다(15절). 그들은 지금까지 그 일을 미룬 것을 부끄러워한다는 것을 보여주기라도 하려는 듯이, 일단 그들의 죄를 깨닫고 그 일로 다시 부르심을 받자마자, 더 이상 지체할 수 없다고 생각하여, 쇠뿔도 단

김에 뽑으랬다고 그들이 깨우침을 받았을 때에 즉시 그 일에 착수하였다. 시간을 허비한 자들은 시간을 아껴서 만회할 필요가 있다는 것을 명심하라. 우리가 선한 일을 하는 데에 꾸물거리는 시간이 길었다면, 우리는 우리의 어리석음을 깨닫자마자 더욱 서둘러서 그 일을 하지 않으면 안 된다.

Ⅱ. 하나님이 어떻게 다시 그들에게 긍휼을 베푸셨는가. 앞에서 그들을 책망하는 말씀을 전하였던 학개 선지자는 이제 그들을 위로하고 격려하는 말씀을 전한다(13절). 그 때에 여호와의 사자 학개가 여호와의 위임을 받아 여호와의 이름으로 백성에게 말하여 이르되 여호와가 말하노니 내가 너희와 함께 하노라 하니라. 이것이 그가 전해야 할 모든 것이었고, 그것으로 충분하였다. 그리스도께서 그의 제자들에게 마지막으로 주신 말씀도 그런 것이었다(마 28:20): "볼지어다 내가 세상 끝날까지 너희와 항상 함께 있으리라. 내가 너희와 함께 있으리라. 즉, 내가 이제까지 너희가 태만하였던 것을 용서할 것이고, 다시는 그것을 기억하지 않을 것이다. 내가 너희의 태만함에 대한 벌로 너희에게 보낸 심판들을 이제 거둘 것이고, 전에는 심판으로 너희를 치러 나타났다면, 이제는 너희 편이 되어 주기 위하여 나타나리라. 내가 너희와 함께 있어서, 너희의 일에 대하여 악감정을 갖고 있는 너희의 원수들로부터 너희를 보호하고, 너희로 이 일에 형통하며 성공하게 하고, 너희의 손을 힘 있게 하며, 너희의 손으로 하는 일에 복을 주리니, 이 축복이 없이는 성전을 짓는 자들의 수고가 헛될 것이기 때문이다." 하나님은 그의 일을 하는 자들과 함께 하신다는 것을 명심하라. 하나님이 우리를 위하시면, 누가 우리를 대적할 수 있겠는가? 하나님이 우리와 함께 하시면, 그 어떤 난관이 우리 앞에 설 수 있겠는가?

제 2 장

개요

이 장에는 학개 선지자가 성전을 재건하는 데에 적극적인 자들을 격려하기 위해서 행한 세 편의 설교가 나온다. 첫 번째 설교에서 그는 그리스도께서 오실 것을 바라보면서, 성전을 건축하는 자들에게 그들이 지금 짓고 있는 성전의 영광이 외적인 측면에서는 아니지만 영적인 측면에서는 솔로몬 성전의 영광을 능가할 것이라고 약속한다(1-9절). 두 번째 설교에서 그는 그들에게 성전을 재건하는 일에 늑장을 부린 그들의 죄 때문에 그들의 다른 모든 일들이 형통하지 못했었지만, 이제 그들이 열심을 다해서 그 일을 시작하였기 때문에, 하나님이 그들에게 복을 주셔서 그들의 다른 일들이 형통하게 해주실 것이라고 약속한다(10-19절). 세 번째 설교에서 그는 스룹바벨에게 이 일에서 그가 보여준 경건한 열심과 행위에 대한 상으로 그가 하늘의 총아(寵兒)가 되고, 모든 반대 세력의 폐허 위에 세워질 나라에서 왕이 되실 메시야의 조상들 중의 한 사람이 될 것이라고 약속한다(20-23절).

¹일곱째 달 곧 그 달 이십일일에 여호와의 말씀이 선지자 학개에게 임하니라 이르시되 ²너는 스알디엘의 아들 유다 총독 스룹바벨과 여호사닥의 아들 대제사장 여호수아와 남은 백성에게 말하여 이르라 ³너희 가운데에 남아 있는 자 중에서 이 성전의 이전 영광을 본 자가 누구냐 이제 이것이 너희에게 어떻게 보이느냐 이것이 너희 눈에 보잘것없지 아니하냐 ⁴그러나 여호와가 이르노라 스룹바벨아 스스로 굳세게 할지어다 여호사닥의 아들 대제사장 여호수아야 스스로 굳세게 할지어다 여호와의 말이니라 이 땅 모든 백성아 스스로 굳세게 하여 일할지어다 내가 너희와 함께 하노라 만군의 여호와의 말이니라 ⁵너희가 애굽에서 나올 때에 내가 너희와 언약한 말과 나의 영이 계속하여 너희 가운데에 머물러 있나니 너희는 두려워하지 말지어다 ⁶만군의 여호와가 이같이 말하노라 조금 있으면 내가 하늘과 땅과 바다와 육지를 진동시킬 것이요 ⁷또한 모든 나라를 진동시킬 것이며 모든 나라의 보배가 이르리니 내가 이 성전에 영광이 충만하게 하리라 만군의 여호와의 말이니라 ⁸은도

내 것이요 금도 내 것이니라 만군의 여호와의 말이니라 ⁹이 성전의 나중 영광이 이전 영광보다 크리라 만군의 여호와의 말이니라 내가 이 곳에 평강을 주리라 만군의 여호와의 말이니라

이 단락에는 다음과 같은 내용들이 나온다.

I. 여호와의 말씀이 선지자에게 임한 때(1절).   성전을 재건하는 자들이 일에 착수하여 한 달 가량 지났고(여섯째 달 이십사일에 일이 시작되었기 때문에), 그 일이 어느 정도의 진척을 보이고 있을 때인 일곱째 달 이십일일에 여호와의 말씀이 선지자에게 임하였다. 하나님의 일을 진심으로 행하는 자들은 그 일을 진행하면서 필요한 경우에 하나님으로부터 그때그때 새로운 힘을 받게 될 것임을 명심하라. 바퀴가 계속해서 굴러가게 하라. 그러면, 하나님이 거기에 기름을 쳐 주실 것이다.

II. 이 말씀이 선지자에게 지시한 것(2절).   여기에 나오는 격려의 말씀들은 앞 장에서 책망의 말씀들을 받았던 바로 그 동일한 인물들에게 주어진다. 왜냐하면, 하나님은 그의 책망하시는 말씀을 듣고서 죄를 깨닫고 통회한 자들을 하나님의 위로의 말씀으로 치유하시고 싸매어 주시기 때문이다. 너는 스룹바벨과 여호수아와 남은 백성, 즉 여호와의 목소리를 듣고 순종한 바로 그 사람들(1:12), 하나님이 그 마음을 감동시키셔서 그 일을 하게 하신 바로 그 사람들(1:14)에게 말하여 이르라. 이 위로의 말씀들은 바로 그들에게 주어진다.

III. 말씀의 내용.   그들에게 주어진 여호와의 말씀에는 다음과 같은 것들이 나온다.

1. 이 일에 쓰임받은 자들을 낙심되게 한 것들. 성전의 기초가 놓여졌을 때에 그들을 의기소침하게 만들고 그들의 기쁨을 반감시킨 것, 즉 그들이 솔로몬이 지었던 것과 같이 크고 웅장하고 화려한 성전을 지을 수 없다는 것은 그들을 계속해서 괴롭히고 그들의 마음을 무겁게 만드는 요인이었다. 성전의 기초가 처음으로 놓여졌을 때, 이 성전의 영광이 이전 성전의 영광에 비해서 보잘것 없었다는 사실로 인해서(3절), 많은 사람들이 눈물을 흘렸고(스 3:12), 그것은 계속해서 이 일을 하는 자들의 마음을 무겁게 하였다. 성전 재건은 솔로몬 성전이 파괴된 지 대략 칠십 년이 흐른 뒤였기 때문에(솔로몬 성전의 파괴는 포로기가 시작된 지 제19년에 있었고, 성전 재건은 포로기가 끝난 지 제19년에

있었다), 솔로몬 성전을 본 적이 있는 사람들이 아직 살아 있었고, 그들은 그 성전과 이 성전의 규모가 너무나 현격하게 차이가 나는 것을 보고서 그들 자신과 그들의 형제들을 힐책하였다. 솔로몬 성전이 금으로 입혀져 있던 것을 기억하는 사람도 있었고, 거기에 있던 보석 장식들을 기억하는 사람도 있었다. 어떤 사람은 웅장한 현관을, 어떤 사람은 기둥들을 똑똑히 기억하고 있었다. 그런 것들이 지금 이 재건된 성전에서는 어디로 가고 없는 것인가? 이런 사정은 성전을 재건하는 자들의 손을 약하게 만들었다. 왜냐하면, 은혜가 풍성하신 우리 하나님은 우리가 있는 힘을 다해서 성심껏 그를 섬기기만 한다면 우리를 기뻐해 주시지만, 우리의 교만한 마음은 우리가 우리보다 능력이 훨씬 뛰어난 자들만큼 해내지 못할 때에는 우리 자신을 기뻐하기가 몹시 어렵기 때문이다. 게다가, 나이 든 사람들은 이전 세대가 이룬 업적들을 들먹이며 현 세대를 폄훼하지 말고 그들로 분발하게 만들어야 함에도 불구하고, 도리어 그 업적들을 지나치게 높임으로써 현 세대를 주눅들게 하는 잘못을 종종 범한다. 옛날이 오늘보다 나은 것이 어찜이냐 하지 말고(전 7:10), 도리어 오늘날에도 선한 것이 있다는 것을 하나님께 감사하라.

2. 선지자는 그럼에도 불구하고 이 일을 계속해 나가라고 그들을 격려함(4절). 그러나 이 성전이 이전 성전보다 훨씬 못한 것처럼 보일지라도, 스룹바벨아 스스로 굳세게 할지어다 여호수아야 스스로 굳세게 할지어다. 백성들의 지도자들은 그런 말에 굴하거나 낙심하지 말고, 비록 그들이 원하는 만큼 할 수는 없다고 할지라도, 그들이 할 수 있는 만큼 하여야 한다. 또한, 이 땅 모든 백성도 스스로 굳세게 하여 일하여야 한다. 지도자들이 이 일에 좋은 마음을 갖는다면, 그들을 따르는 자들도 더 좋은 마음을 갖게 될 가능성이 많다. 하나님을 위하여 일하는 자들은 온 힘을 다하여 분발해서 일하는 가운데에, 그 일이 결국 잘 될 것이라는 소망으로 스스로를 격려하여야 한다는 것을 명심하라.

3. 이러한 격려의 근거들. 하나님이 친히 그들에게 너희는 두려워하지 말지어다(5절)라고 말씀하시면서, 그 타당한 이유들을 제시하신다.

(1) 하나님과 그의 영과 그의 특별한 임재가 그들과 함께 하리라는 것. 스스로 굳세게 할지어다 내가 너희와 함께 하노라 만군의 여호와의 말이니라(4절). 하나님은 앞에서도 내가 너희와 함께 하노라(1:13)는 말씀을 하셨었다. 그러나 우리가 강력한 위로를 얻기 위해서는 우리는 이러한 약속의 말씀을 반복해서 들을

필요가 있다. 만군의 여호와이신 하나님이 우리와 함께 하시면, 그것은 우리로 하여금 우리의 본분을 다하는 과정에서 만날 수 있는 온갖 낙심 되는 일들을 극복하게 하고, 우리의 모든 두려움을 잠재우기에 충분하다. 유대인들에게는 수많은 대적들이 있었지만, 만군의 여호와께서 그들과 함께 하셔서 그들의 편이 되어 주시고 그들의 말을 옹호해 주셨다. 하나님은 다음과 같이 그들과 함께 하실 것이다.

[1] 하나님은 약속하신 것을 꼭 지키신다는 것. 하나님의 언약을 깨뜨려질 수 없다. 따라서, 하나님은 그들이 애굽에서 나올 때에 그가 그들과 언약한 말대로 언제나 그들의 하나님이 되실 것이고, 그들을 위해 나타나시며 행하실 것이다. 하나님은 회초리로 그들의 죄를 다스리실 것이지만, 그들에 대한 그의 신실하심을 버리지는 않으실 것이다.

[2] 하나님은 그의 영, 예언의 영으로 그들 가운데에 거하신다는 것. 하나님은 처음에 그들을 하나의 민족으로 만드실 때에 그의 선한 영을 주사 그들을 가르치셨다(느 9:20). 성령은 종종 그들 때문에 근심하고 화가 나서 물러가셨지만, 그래도 여전히 그들 가운데에 머무셨다. 그들의 마음을 감동시켜서 바벨론에서 나오게 하시고(스 1:5), 성전을 재건하게 하신 것도 하나님의 영이었다(1:14). 우리는 하나님의 영이 우리 가운데에 머무셔서 우리에게 감화를 주시는 한 하나님이 우리와 함께 하셔서 우리를 위해 일하시는 것이기 때문에 힘을 얻게 될 것임을 명심하라.

(2) 머지않아 메시야(오실 그이)가 그들 가운데에 계시게 되리라는 것. 모든 선지자가 그에 대하여 증언하였고, 이 선지자도 특히 여기에서 그를 증언한다(6-7절). 여기에는 그가 오실 시기가 암시되어 있는데, 그는 오래지 않아 오시리라는 것이다. "조금 있으면 그가 오실 것이다. 구약 교회가 가야 할 여정은 이제 단지 한 단계만 남아 있다. 아담부터 노아까지, 노아부터 아브라함까지, 아브라함부터 모세까지, 모세부터 솔로몬의 성전 때까지, 솔로몬 성전 때부터 포로기까지, 이렇게 다섯 단계가 지났고, 오직 한 단계만 남아 있는데, 이 제육일의 여정이 끝나고 나면, 메시야의 나라가 가져다 줄 안식이 찾아올 것이다. 인자가 오실 때에 이 땅에서 믿음을 보실 수 있게 하라. 그러므로 약속의 자녀들은 계속해서 그를 찾아야 한다. 왜냐하면, 조금 있으면 그가 오실 것이기 때문이다. 잠시 잠깐 후면 오실 이가 오시리니 지체하지 아니하시리라(히 10:37). 그러

므로 믿음과 인내를 굳게 붙들라. 그가 당시에는 그의 초림에 대하여 말씀하셨다면, 이제 그는 그의 재림에 대하여 내가 진실로 속히 오리라(계 22:20)고 말씀하신다. 여기에는 그의 오심에 관하여 다음과 같은 것들이 예언되어 있다.

[1] 그가 오실 때에 천지가 진동하리라는 것(6절). 내가 하늘과 땅과 바다와 육지를 진동시킬 것이다. 이 말씀은 그리스도께서 이 세상에 그의 나라를 세우시기 위하여 먼저 뭇 나라를 심판하실 것을 가리키는 것이다(시 110:6). 하나님은 이스라엘 백성을 애굽에서 이끌어 내셨을 때에 하셨던 일을 그의 교회를 위하여 다시 한 번 행하실 것이다. 그는 시내 산에서 천둥과 번개와 지진으로 천지를 진동시키셨다. 그는 바다와 육지를 뒤흔드셔서, 바닷속으로 길을 내시고, 바위에서 물줄기가 뿜어져 나오게 하셨다. 그리스도께서 고난받으실 때에 이런 일이 다시 한 번 일어나서, 해가 어두워지고, 땅이 흔들리며, 바위들이 터질 것이다. 그리스도께서 탄생하실 때에도 헤롯과 온 예루살렘이 소동하였는데(마 2:3), 그리스도는 많은 사람을 패하거나 흥하게 할 표적이 되기 위하여 세움을 받으셨다(눅 2:34). 그의 나라가 세워졌을 때, 그것은 열방들에게 충격이었다. 신탁들이 침묵하였고, 우상들이 파괴되었으며, 나라들의 권세가 변동되었다(히 12:27). 이것은 진동할 것들이 변동할 것을 나타내는 것이다. 열방들이 요동하는 것은 흔히 교회가 자리를 잡고 요동할 수 없는 것들이 견고히 세워지기 위한 것임을 명심하라.

[2] 그가 오실 때에 모두가 만족하게 되리라는 것. 그는 모든 나라의 보배, 즉 모든 나라가 바라고 원하는 존재로서 오실 것이다. 왜냐하면, 땅의 모든 족속이 그로 말미암아, 구약의 예언들을 통해서 그에 관하여 조금이라도 알고 있는 모든 나라의 선한 자들이 오랫동안 기다리고 원하였던 최고의 복들을 얻을 것이기 때문이다(창 12:3). 발람은 모압 땅에서 야곱으로부터 떠오를 별에 대하여 말하였고, 욥은 우스 땅에서 그의 살아계신 구속주에 대하여 말하였다. 천하 각국으로부터 와서 예루살렘에 머물러 있던 경건한 자들은 그 무렵에 메시야의 나라가 세워질 것을 기대하고 있었다(행 2:5). 그리스도께로 와서 그의 이름으로 제자가 된 모든 나라는 그를 그들의 구원이자 그들의 보배라고 부를 것이다. 그리스도의 이 영광스러운 칭호는 그에게 모든 백성이 모여들고 복종하리라는 야곱의 예언(창 49:10)과 관련이 있는 것으로 보인다.

(3) 그들이 지금 짓고 있는 성전이 영광으로 충만하게 되고, 그 영광은 솔로

몬 성전의 영광을 능가하게 되리라는 것. 원수들은 유대인들을 따라다니면서 욕을 당하고, 그들이 짓고 있던 성전을 멸시하였다. 그러나 하나님이 그 성전을 영광으로 충만하게 하셨을 때, 그들은 그런 욕이나 멸시를 얼마든지 참아낼 수 있었다. 영광으로 충만하게 하시는 것은 하나님의 대권(大權)이다. 하나님으로부터 나오는 영광은 헛된 영광이 아니라 만족을 주는 영광이다. 모세의 성막과 솔로몬의 성전은 하나님이 구름 가운데에서 그것들 위에 임하셨을 때에 영광으로 충만하였다. 그러나 이 성전은 또 다른 성격을 지닌 영광으로 충만하게 될 것이다.

[1] 그들은 이 성전이 솔로몬의 성전만큼 금과 은으로 장식되지 못할 것이라고 해서 거기에 마음을 쓸 필요가 없다는 것(8절). 하나님은 그의 성전을 장식할 은과 금을 필요로 하지 않으신다. 왜냐하며, 은도 하나님의 것이요 금도 하나님의 것이기 때문이다. 세상에 있는 모든 금과 은은 하나님의 것이다. 땅 속에 감춰져 있는 모든 은과 금(땅과 거기에 충만한 것이 다 여호와의 것이기 때문에, 시 24:1), 국고와 은행과 사람들의 금고 속에 있는 모든 은과 금, 교역과 거래를 위해서 유통되고 있는 모든 은과 금은 다 하나님의 것이다. 모든 주화(鑄貨)는 가이사의 형상과 마찬가지로 하나님의 형상을 지니고 있다. 그러므로 금과 은이 그의 영광을 위하여 바쳐지고 그를 섬기는 데에 사용된다고 할지라도, 그것들은 원래 그의 것이었기 때문에 그에게 더해주는 것이 없다. 다윗과 그의 신하들은 하나님의 전을 위하여 막대한 재물을 드릴 때에 모든 것이 주께로 말미암았사오니 우리가 주의 손에서 받은 것으로 주께 드렸을 뿐이니이다(대상 29:14, 16)라고 고백하였다. 그러므로 하나님은 제물을 필요로 하지도 않으신다. 왜냐하면, 삼림의 짐승들이 다 그의 것이기 때문이다(시 50:10). 우리에게 금과 은이 있다면, 우리는 그것들로 하나님을 섬기고 존귀하게 해드려야 한다는 것을 명심하라. 그것들은 다 하나님의 것이고, 우리는 단지 그것들을 사용할 뿐, 그 소유권은 여전히 하나님께 있기 때문이다. 그러나 우리에게 금과 은이 없다면, 우리는 우리가 가진 것으로 하나님을 존귀하게 해드리면, 하나님은 우리를 받으신다. 하나님은 금과 은을 필요로 하지 않으시기 때문이다. 세상에 있는 모든 은과 금은 이미 그의 것이다. 땅은 하나님의 재화(財貨)로 가득하고, 크고 넓은 바다도 마찬가지이다(시 104:24-25).

[2] 그들은 이 성전은 그 속에 금은 많지 않겠지만, 솔로몬의 성전보다 더 큰

영광을 지니게 될 것이라는 사실로 위로를 삼아야 한다는 것(9절). 이 나중 성전의 영광이 이전 성전의 영광보다 크리라. 이것은 외적인 영광이라는 측면에서는 결코 사실이 아니었다. 이 나중에 지어진 성전은 후대에 헤롯에 의해서 아주 아름답고 풍성하게 장식된 것은 사실이다. 주님의 제자들은 이 성전의 돌과 건물들이 너무나 아름다운 것을 보고서 감탄을 금치 못하였다(막 13:1). 그러나 그것은 솔로몬의 성전에 비하면 아무것도 아니었다. 게다가, 유대인들은 이 성전에는 첫 번째 성전의 몇몇 영광들, 즉 **법궤, 우림과 둠밈**, 하늘로부터의 불, 세키나가 결여되어 있었다는 것을 시인한다. 그러므로 우리는 이 나중 성전의 영광이 첫 번째 성전이 지녔던 모든 영광을 능가하였던 단 한 가지, 즉 거기에 하나님의 아들 메시야가 그 모습을 나타내었다는 사실 외에는 이전 성전의 영광보다 뛰어난 점을 전혀 발견할 수 없다. 메시야는 자기 백성 이스라엘의 영광(눅 2:32)으로서 이 성전에 모습을 드러내셨는데, 열두 살 때에 이 성전에 오셨고, 나중에는 이 성전에서 말씀을 전하시고 이적들을 행하셨으며, 물건 파는 자들과 환전상들을 이 성전에서 쫓아내셨다. 그러므로 두 번째 성전이 서 있는 동안에 메시야는 꼭 오셔야 했다. 이제 그 성전은 오래 전에 파괴되고 없기 때문에, 우리는 우리 주 예수가 그리스도시요 오실 그이이시고, 다른 이를 찾을 필요가 없다는 결론을 내리지 않을 수 없다. 다음과 같은 것들도 이 나중 성전의 영광이었다.

첫째, 그리스도께서 오시기 전에, 이 성전은 우상들과 우상 숭배로부터 늘 깨끗하여서, 첫 번째 성전과는 달리 가증스런 것들로 더럽혀진 적이 없었기 때문에(왕하 23:11-12), 이 점에서 그 영광이 이전 성전의 영광을 능가하였다. 교회의 영광은 외적인 장엄함과 화려함에 있는 것이 아니라, 교회가 얼마나 정결하고 하나님이 정하신 제도들을 얼마나 엄격하게 지키느냐에 있다는 것을 명심하라.

둘째, 그리스도께서 오신 후에는, 복음, 곧 이 생명의 말씀이 사도들에 의해서 이 성전에서 전파되었다(행 5:20). 예수 그리스도께서도 이 성전에서 친히 날마다 가르치시고 전도하셨다(행 5:42). 복음을 전하는 의와 생명의 직분은 율법으로 말미암은 사망과 정죄의 직분보다 이루 말할 수 없이 더 영광스러운 것이었다(고후 3:9-10). 이것은 그리스도에 대한 우리의 관계 및 우리가 그리스도 안에서 지니고 있는 분깃으로 말미암아 생겨나는 지극히 귀한 영광이라는 것을 명심하라. 그리스도께서 계시는 곳은 솔로몬보다 더 큰 이가 있는 곳인 것과 마찬가지로(마 12:42), 그리스도께서 계셔서 산 성전으로 만드시는 마음은 솔로몬의 성전보다 영원토록 더 영광스럽다.

(4) 그들은 그들의 현재의 환난들이 좋게 끝나서 복되게 정착하는 즐거움을 누리게 되리라는 것. 내가 이 곳에 평강을 주리라 만군의 여호와의 말이니라. 하나님이 그의 규례들을 통해서 자기 백성과 함께 하시면, 그들은 온갖 복을 누리게 된다는 것을 명심하라. 하나님이 우리와 함께 하시면, 평강도 우리와 함께 한다. 그러나 유대인들은 이 나중에 지어진 성전이 서 있는 동안에 아주 많은 환난을 겪었기 때문에, 우리는 예수 그리스도께서 그의 피로 사신 저 영적 평안, 그의 마지막 뜻과 유언으로써 모든 믿는 자들에게 남겨주신 평안(요 14:27), 그리스도께서 평화의 선지자로서 친히 전하시고 평화의 왕으로서 주시는 평안을 통해서 그 약속이 성취된 것이라고 결론을 내리지 않을 수 없다. 하나님은 이 곳에 평강을 주실 것이다. 하나님은 화평이신 그의 아들을 주실 것이다(엡 2:14).

[10]다리오 왕 제이년 아홉째 달 이십사일에 여호와의 말씀이 선지자 학개에게 임하니라 이르시되 [11]만군의 여호와가 말하노니 너는 제사장에게 율법에 대하여 물어 이르기를 [12]사람이 옷자락에 거룩한 고기를 쌌는데 그 옷자락이 만일 떡에나 국에나 포도주에나 기름에나 다른 음식물에 닿았으면 그것이 성물이 되겠느냐 하라 학개가 물으매 제사장들이 대답하여 이르되 아니니라 하는지라 [13]학개가 이르되 시체를 만져서 부정하여진 자가 만일 그것들 가운데 하나를 만지면 그것이 부정하겠느냐 하니 제사장들이 대답하여 이르되 부정하리라 하더라 [14]이에 학개가 대답하여 이르되 여호와의 말씀에 내 앞에서 이 백성이 그러하고 이 나라가 그러하고 그들의 손의 모든 일도 그러하고 그들이 거기에서 드리는 것도 부정하니라 [15]이제 원하건대 너희는 오늘부터 이전 곧 여호와의 전에 돌이 돌 위에 놓이지 아니하였던 때를 기억하라 [16]그 때에는 이십 고르 곡식 더미에 이른즉 십 고르뿐이었고 포도즙 틀에 오십 고르를 길으러 이른즉 이십 고르뿐이었었느니라 [17]만군의 여호와가 말하노라 내가 너희 손으로 지은 모든 일에 곡식을 마르게 하는 재앙과 깜부기 재앙과 우박으로 쳤으나 너희가 내게로 돌이키지 아니하였느니라 [18]너희는 오늘 이전을 기억하라 아홉째 달 이십사일 곧 여호와의 성전 지대를 쌓던 날부터 기억하여 보라 [19]곡

식 종자가 아직도 창고에 있느냐 포도나무, 무화과나무, 석류나무, 감람나무에 열매가 맺지 못하였느니라 그러나 오늘부터는 내가 너희에게 복을 주리라

이 설교는 이 장의 앞 부분에 나온 설교가 행해진 지 두 달 후에 이루어졌다. 제사장들과 레위인들은 늘 설교하였지만, 선지자들은 가끔씩 설교하였다. 이 둘은 모두 필요하고 선한 것이었다. 우리는 때를 얻든지 못 얻든지 우리의 본분에 대하여 가르침을 받을 필요가 있다. 지금 백성들은 머지않아 성전이 완성되어서 거기에서 하나님께 예배를 드리게 될 것이라는 부푼 소망을 품고서, 성전을 재건하는 일에 박차를 가하고 있었다. 이 때에 하나님은 그의 선지자를 통해서 그들에게 유익할 메시지를 전하신다.

I 죄를 깨우쳐 주시고 주의(注意)를 주는 방식으로. 그들은 지금 지극히 선한 일을 하고 있었지만, 그들이 하는 일이 선할 뿐만 아니라, 그 일이 올바른 방식으로 행해지는지를 살필 필요가 있었다. 만약 그렇지 않으면, 그 일은 하나님이 열납하지 않으실 것이기 때문이다. 하나님은 그들 가운데에 부정한 마음과 손으로 이 일을 함으로써 이 선한 일을 망침과 아울러 그들 자신도 유익을 얻지 못하는 자들이 많은 것을 보셨다. 하나님은 여기에서 그런 자들의 죄를 깨우쳐 주시고, 그것을 통해서 모든 사람들에게 그들의 손을 깨끗하게 한 후에 이 일을 하도록 경고하신다. 왜냐하면, 오직 깨끗한 자들에게만 모든 것이 깨끗하고(딛 1:15), 오직 깨끗한 자들에게서만 깨끗한 것이 나오기 때문이다. 하나님은 여기에서 이 문제를 율법의 예식법에서 정하고 있는 많은 것들과 관련되어 있는 부정하고 정한 것의 분별(레 11:47)에 관한 확고한 규범을 통해서 예시하신다. 우리는 여기에서 예식법이 영적인 의미로 해석되고 있는 것을 보면서, 예식법조차도 유대인들을 위한 신성한 의식(儀式)이 아니라 모든 사람을 의로 교육하기 위하여 주어진 것임을 깨닫게 된다. 그러므로 예식법은 말세가 이르러서 우리의 질병인 죄와 그 치유책이신 그리스도가 둘 다 이미 계시된 시대에 살고 있는 우리에게도 의로 교육하기에 유익하다. 좀 더 자세하게 살펴보자.

1. 율법의 규범은 어떤 것이었는가. 선지자는 그것에 관하여 제사장들에게 물으라는 지시를 받는다(11절). 왜냐하면, 제사장들의 입술은 이런 지식을 지켜야 하고, 백성들은 그들의 입에서 율법을 구하게 되어야 하기 때문이다(말 2:7). 학개는 비록 선지자였지만 율법에 관하여 제사장들에게 물어야 했다. 특사(特使)

인 그가 할 일은 하나님의 섭리들을 설명해 주고, 백성들이 해야 할 구체적인 일들을 지시해 주는 것이었다(1:8-9). 그러나 그는 통상적인 성직자들에게서 그들이 맡은 제사장적 직무를 빼앗고자 하지는 않았다. 성직자들이 하는 일은 백성들에게 하나님의 규례들과 그 의미를 설명해 주고, 그 규례들을 지키기 위한 일반적인 규범들을 가르치는 것이었다. 그러므로 그런 종류의 문제인 경우에는 학개 선지자도 그들에게 물어야 하였다. 하나님은 그의 사역자들에게 다양한 은사들을 주셔서 그들로 하여금 각각 다양한 일을 하게 하시기 때문에, 그들은 서로를 필요로 한다. 따라서, 그들은 서로를 활용하고 서로를 도와야 한다는 것을 명심하라. 선지자는 하나님의 감동을 받은 자이지만, 제사장들에게 내가 너를 쓸 데가 없다(고전 12:21)고 말할 수 없고, 제사장들도 선지자에게 그렇게 말할 수 없다. 그러므로 하나님은 제사장들의 입을 통해서 그들과 백성들이 하나님이 고소하시는 죄, 예식법상의 부정함보다 더 악한 죄를 지었다는 것을 시인하게 하시기 위하여, 학개에게 정함과 부정함의 문제를 제사장들에게 물으라고 지시하셨다(레 10:10-11). 선지자가 제시한 사례들에 있어서 율법의 규범들은 이런 것이었다.

(1) 거룩한 고기를 자기 옷에 싼 자가 그 옷을 다른 것들에 닿게 한다고 해서 그것들이 거룩하게 되는 것은 아니라는 것(12절). 사람이 옷자락에 거룩한 고기를 쌌고, 그 옷이 거룩한 곳에서 빨 때까지는 속된 용도로 사용될 수 없는 성별된 옷이라고 하여도(레 6:27), 그 옷과 접촉한 고기나 음료가 거룩하게 되는 것도 아니고, 그 고기나 음료를 사용하는 자가 유익을 얻게 되는 것도 아니다.

(2) 시체를 만져서 결례(潔禮)상으로 부정하게 된 자가 만지는 것들은 부정하게 된다는 것. 율법은 부정한 자가 만진 것은 무엇이든지 부정할 것이라고 분명하게 말하고 있는데도(민 19:22), 학개는 그것을 제사장들의 입을 통해서 직접 듣고자 하였다. 왜냐하면, 성경에서 아주 분명하게 말하고 있는 것들일지라도 우리는 성직자들의 말을 직접 들어 보는 것이 좋기 때문이다. 이 두 가지 규범을 요약해 본다면, 그것은 부정함은 성결함보다 더 쉽게 전파된다는 것이다. 즉, 악의 길은 무수히 많지만, 덕의 길은 오직 하나만 존재하고, 그 길은 어려운 길이다(그로티우스의 말). 선은 완전을 의미하기 때문에, 악은 아주 미세한 결함에서 시작된다. 우리는 우리가 선한 자들 가운데서 산다고 해도 우리 자신이 선하지 않으면 하나님께 칭찬을 들을 수 없다는 것을 알아야 하고, 부정한 것

을 만지면 우리 자신도 부정하게 될 것이기 때문에 그것을 두려워하여 항상 부정한 것에서 멀리 떨어져 있어야 한다.

2. 그 율법의 규범이 여기에서 어떻게 적용되는가(14절). 내 앞에서 이 백성이 그러하고 이 나라가 그러하다. 하나님은 그들을 그의 백성, 그의 나라라 부르지 않고(그들은 그렇게 불릴 자격이 없다), 이 백성, 이 나라라 부르신다. 그들은 하나님 앞에서 부정한 자들이었다. 그들은 그들이 제단에서 계속해서 제사를 드리고 있기 때문에, 그들도 거룩하고, 그들이 성전 재건을 게을리한 죄도 용서받고, 그 죄로 말미암아 그들의 삶에 임한 저주도 제거되었다고 생각하였다. 하나님은 이렇게 말씀하신다: "그렇지 않다. 너희의 거룩한 고기와 제단이 너희의 고기와 음료, 너희의 포도주와 기름을 거룩하게 하는 것이 아니고, 또한 너희가 하나님의 성전을 멸시함으로써 너희가 일상적으로 누리는 것들은 물론이고 너희의 제물까지도 더럽혀졌다. 너희가 하나님이 맡기신 일을 게을리한 동안에 너희의 모든 것이 부정하였는데, 이 백성이 아직도 여전히 그러하다. 그리고 너희가 계속 그렇게 한다면, 앞으로도 너희는 부정할 것이다. 이 조건은 그들에게 계속해서 변하지 않을 것이다. 그들이 속되고 방탕하며 도덕적으로 부정하고, 악한 마음을 품고서 악한 삶을 산다면, 비록 그들이 성전을 재건하는 일에 온 힘을 다해 심혈을 기울여 일하고, 성전이 지어진 후에 아주 값비싼 제물들을 무수히 많이 갖다 바친다고 할지라도, 그것이 그들의 먹을 것과 마실 것을 거룩하게 해주지 못할 것이고, 그들로 하여금 그것들을 편안하게 사용할 수 있게 해주지 않을 것이다. 아니, 그들의 마음과 삶이 부정하면, 그들의 손으로 하는 일과 그들이 드리는 모든 제물도 부정하게 되어 하나님 앞에 가증스러운 것이 되고 말 것이다."

이것은 우리에게도 그대로 적용된다. 그럴 듯하게 헌신할지라도 행실이 악한 자들은 그들의 헌신으로 그들이 누리는 것들을 거룩하게 할 수 없고, 도리어 그들의 악이 그것들을 더럽히게 된다는 것을 발견하게 될 것이다. 우리가 어떤 선한 일에 쓰임을 받고 있다면, 우리는 우리의 부패한 성품과 잘못된 행실로 말미암아 그 일을 부정하게 만들지 않도록 하기 위해서 우리 자신을 세심하게 살피지 않으면 안 된다는 것을 명심하라.

Ⅱ. 위로하시고 격려하는 방식으로. 그들의 마음이 하나님 앞에서 올바르고, 그들의 눈이 하나님을 섬기는 데에 순전하다면, 그들은 그들의 헌신의 유

익을 얻게 될 것이다. 하나님은 그들이 성전 재건을 태만히 한 죄로 그들에게 내리셨던 기근의 심판을 거두시고, 그들에게 다시 풍성한 수확을 주실 것이다. 하나님은 그들에게 이것을 깊이 생각하고, 하나님이 그의 말씀만큼 지극히 선하셔서 그의 섭리를 통하여 그들이 이 일에서 마음과 행위를 고쳐 먹은 것에 대하여 충분한 보상을 해주시는지 아니하시는지를 잘 살펴보라고 말씀하신다. 하나님은 이것을 더 확실하게 하시기 위하여, 그들에게 그들이 성전을 재건하는 일을 시작하였던 날, 한참 전에 놓여진 기초 위에 구조물을 세우기 시작하였던 날에 그들의 사는 형편이 어떠하였는지를 잘 생각해보라고 말씀하신다. 그들은 여섯째 달 이십사일에 재료들을 준비하기 시작하였고(1:15), 이제 아홉째 달 이십사일에 여호와의 전에 돌 위에 돌을 놓기 시작하였다. 그들은 그 날에 그들의 형편이 어떠하였는지를 잘 생각해 보고, 다음과 같은 것들을 알아야 한다.

1. 이 날 이전에 그들의 사는 형편이 좋지 않았다는 것. 그들은 그 때에 모든 것이 열악하고 궁핍하며 형편없었다는 것을 기억하여야 한다(16절). 그 때에 어떤 사람이 이십 고르 곡식 더미를 기대하고서 그의 곳간에 갔지만, 거기에 있는 곡식이 이상하리만치 얼마되지 않아서 말로 되어 보니 겨우 십 고르뿐이었다. 그 사람은 그 만한 크기의 땅에서 그 정도의 곡식이 나오곤 하였거나, 그 해의 작황이 그런 정도였거나, 그 땅에서 그가 마지막으로 수확했을 때에 그 정도의 곡식이 나왔기 때문에, 당연히 이십 고르의 곡식을 기대한 것이었지만, 실제의 수확은 절반밖에 되지 않았고, 그것은 도저히 설명이 되지 않는 일이었다. 그의 곳간에 있던 곡식이 보관 중에 마르거나 흩어져서 없어져 버렸거나 벌레가 먹었거나 누가 훔쳐간 것이 틀림없었다. 마찬가지로, 그는 평상시에 그 정도 분량의 포도에서 나오곤 하였던 분량인 오십 고르의 포도주를 기대하고서 포도즙 틀에 갔지만, 평상시와는 달리 이십 고르만을 얻을 수 있었다. 이것은 앞에서 우리가 들은 말씀 ― 즉 너희가 많은 것을 바랐으나 도리어 적었다(1:9) ― 과 일치한다. 우리는 어리석게도 피조물로부터 뭔가를 얻을 수 있을 것이라고 기대하고, 내일도 오늘과 같을 것이며 훨씬 더 풍요로울 것이라고 기대하지만, 그런 기대는 흔히 무참하게 깨지고, 우리의 기대가 클수록 우리의 실망도 커진다. 하지만, 새 언약의 곳간과 창고는 우리를 실망시키지 않는다. 우리가 믿음으로 나아가기만 하면, 우리는 그 곳간에서 우리가 기대했던 것을 차고 넘치게

얻을 수 있다. 그러나 이것이 전부가 아니었다. 하나님은 누구나 알 수 있게 날씨를 통해서 그들과 다투셨다(17절). 내가 너희를 모든 푸른 곡식을 마르게 하는 재앙인 바람과 서리, 곡식이 여물었을 때에 그 곡식을 죽이는 깜부기 재앙, 다 자란 이삭을 쳐서 떨어뜨리는 우박으로 쳤다. 그들이 하나님의 일에 손을 대어서 수고하는 것에 늑장을 부리고 있는 동안에, 그들은 이렇게 그들의 손으로 지은 모든 일에 실망과 좌절을 맛보아야 했다. 우리가 하나님의 일을 돌보지 않고 있는 동안에는 하나님이 우리의 일들을 돌보아 주실 것이라고 기대할 수 없다는 것을 명심하라. 하나님이 이렇게 우리를 거슬러 행하시는 것은 우리가 하나님과 우리의 본분으로 돌아오기를 바라시기 때문이다. 그러나 이 백성은 이런 재앙 속에서 하나님의 손길을 보지 못하였고(그것을 우연으로 돌렸다), 그 재앙을 불러일으킨 그들 자신의 죄를 보지 못하였기 때문에, 하나님께로 돌이키지 않았다. 그들은 하나님의 이러한 책망들 아래에서도 오랫동안 그들의 잘못을 고치지도 않았고 낮아지지도 않았기 때문에, 하나님의 손이 여전히 펴져 있었다. 왜냐하면, 백성들이 그들을 치신 이에게로 돌아오지 않았기 때문이다(사 9:12-13). 그들은 그들이 계속해서 성전 재건의 일을 게을리하고 있었기 때문에 그들의 모든 일이 뒷걸음질치고 잘 되지 않았다는 것을 얼마든지 쉽게 알 수 있었다.

2. 그들은 이제 이 날 이후로 하나님이 그들에게 복 주시는 것을 깨닫게 되리라는 것(18-19절). "너희는 이제 하나님을 향한 너희의 행위를 바꾸기 시작했는데도 과연 하나님이 너희에 대한 태도를 바꾸시는 것을 너희가 발견할 수 없는지를 잘 살펴보라. 그러면, 너희가 성전의 일을 시작한 이 날부터 너희의 모든 일이 주목할 만한 정도로 좋아지고 있다는 것을 너희는 깨닫게 될 것이다. 곡식 종자가 아직도 창고에 있느냐. 그렇다. 그 종자는 아직 땅에 뿌려지지 않았다. 포도나무, 무화과나무, 석류나무, 감람나무 같은 과실수들은 아직 싹이 나지 않았고 열매를 맺지 않았기 때문에, 다음 해에 풍성한 수확을 거둘 가망성이 전혀 보이지 않는다. 자연은 그런 풍성한 수확을 약속하지 않는다. 그러나 너희가 너희의 본분을 열심으로 행하기 시작한 지금, 자연의 하나님이 그 풍성한 수확을 약속하신다. 하나님은 오늘부터는 내가 너희에게 복을 주리라고 말씀하셨다. 오늘은 너희가 너희의 삶 속에서 최고의 날이다. 왜냐하면, 오늘부터 너희는 다시 형통할 것이기 때문이다." 하나님은 구체적으로 어떻게 하실 것

인지를 말씀하지 않으시고, 그저 내가 너희에게 복을 주리라고만 말씀하신다. 하나님이 복을 주시면 거기로부터 어떤 열매들이 흘러나올 것인지를 아는 자들은 이 말씀이 그 어떤 말씀보다도 그들을 복되게 행복하게 해주는 말씀이라는 것을 안다. "내가 너희에게 복을 주리라. 그러므로 너희는 곧 너희의 모든 손실을 만회하게 될 것이고, 너희가 뒷걸음질치기 전처럼 빠르게 번영할 것이다. 왜냐하면, 여호와께서 주시는 복은 사람을 부하게 하고(잠 10:22), 하나님이 복을 주시는 자들은 진정으로 복을 받은 자들이기 때문이다." 우리가 하나님에 대한 우리의 본분을 꼼꼼히 행하기 시작한다면, 우리는 하나님이 복 주실 것을 기대할 수 있다는 것을 명심하라. 이 생명 나무는 그 열매들을 통해서 알 수 있기 때문에, 다시 자신의 본분으로 돌아온 자들은 바로 그 날에 하나님의 섭리가 그들에게 유리한 쪽으로 주목할 만하게 바뀌는 것을 감지할 수 있다. 따라서, 그들은 물론이고 다른 사람들도 오늘부터 그들이 복을 받았다고 말할 수 있다(말 3:10). 지혜 있는 자들은 이러한 일들을 지켜 보고 여호와의 인자하심을 깨달으리로다(시 107:43).

20그 달 이십사일에 여호와의 말씀이 다시 학개에게 임하니라 이르시되 21너는 유다 총독 스룹바벨에게 말하여 이르라 내가 하늘과 땅을 진동시킬 것이요 22여러 왕국들의 보좌를 엎을 것이요 여러 나라의 세력을 멸할 것이요 그 병거들과 그 탄 자를 엎드러뜨리리니 말과 그 탄 자가 각각 그의 동료의 칼에 엎드러지리라 23만군의 여호와가 말하노라 스알디엘의 아들 내 종 스룹바벨아 여호와가 말하노라 그 날에 내가 너를 세우고 너를 인장으로 삼으리니 이는 내가 너를 택하였음이니라 만군의 여호와의 말이니라 하니라

　　　백성들을 향한 학개의 설교가 끝난 후에, 여기에서는 같은 날에 방백들을 향한 설교가 뒤따라 나온다. 이 설교는 특히 유다 총독 스룹바벨을 향한 것이었는데, 스룹바벨은 백성들이 지금 착수한 이 선한 일을 주도적으로 이끈 인물이었기 때문에, 하나님은 그에게 몇 가지 말씀을 주신다(21절): 너는 유다 총독 스룹바벨에게 말하여 이르라. 너는 그에게 직접 말하라. 그는 다른 사람들보다도 더 높고 큰 영역에서 움직이고 있었기 때문에, 지혜로운 방백들이 흔히 그러하듯이 평범한 백성들의 생각을 훨씬 뛰어넘은 생각들을 그의 머릿속에 지

니고 있었다. 땅의 백성들의 관심은 그들의 밭과 포도원에 있기 때문에, 하나님은 그들에게 그들이 형통할 것이라고 약속해 주셨고, 이 약속을 들은 백성들의 마음이 편안해졌을 것이다. 그러나 스룹바벨은 유대 민족 전체와 그들의 이익, 이웃 나라들의 동향과 국제 정세, 격변하는 국제 정세 속에서 소수의 약한 유대인들이 어떻게 될 것인지, 자기와 같은 힘 없는 방백이 어떻게 해야 이 땅을 지켜내고 유대 민족에 도움이 될 수 있을지를 고민하였다. 하나님은 학개 선지자에게 이렇게 말씀하신다: "그에게 가서, 그와 그의 남은 자가 잘 될 것이라고 전하여, 그의 마음을 편하게 해주라."

I 열방들 가운데서 큰 소동들이 일어나서, 그가 그 소문을 듣게 되겠지만, 놀라지 말라는 것. 내가 하늘과 땅을 진동시킬 것이다(21-22절). 하나님은 앞에서 이 말씀을 하셨지만(6-7절), 여기에서 다시 한 번 스룹바벨에게 직접 말씀해 주신다. 그는 격동의 시대, 나라들이 요란하게 될 시대를 예상하고 있어야 한다. 세상은 바다나 수레바퀴 같아서, 늘 움직이다가 종종 크게 격동한다. 그러나 하나님께 감사하게도, 땅이 요동한다면, 그것은 악한 자들을 땅에서 떨쳐 버리기 위한 것이다(욥 38:13). 묵시론적 이상(異像)들을 보면, 지진들은 교회에 아무런 해를 미치지 않는다. 여기에서도 하나님이 하늘과 땅을 진동시키시는 것은 교만한 압제자들을 부수시고 낮추시기 위한 것이다. 내가 여러 왕국들의 보좌를 엎을 것이다. 오랫동안 여러 왕국들의 보좌였던 갈대아 제국은 이미 무너졌고, 현재에 있거나 장차 있게 될 권세들이 마찬가지로 무너지게 될 것이다. 그들의 날은 끝나게 될 것이다.

1. 그들이 아무리 막강하다고 할지라도, 하나님이 그들의 나라들의 세력을 멸하시리라는 것. 그들은 병거와 말을 의지하지만(시 20:7), 하나님은 그들의 병거들과 그 탄 자를 엎드러뜨리실 것이기 때문에, 그들은 그들이 박해하는 하나님의 백성을 공격할 수 없을 것이고, 그들을 쫓는 하나님의 심판들을 피할 수 없을 것이다.

2. 그들을 멸망시킬 도구가 될 만한 자가 아무도 없는 것처럼 보일지라도, 하나님은 반드시 그들을 멸망시키시리라는 것. 왜냐하면, 그들은 각각 그의 동료의 칼에 엎드러질 것이기 때문이다. 이것은 하나님의 교회를 대적하여 회개치 않고 하나님께 영광을 돌리지도 않는 모든 원수들의 운명을 보여준다. 또한, 이 말씀은 그리스도께서 흑암의 권세들을 이기실 것에 관한 약속이기도 한 것

으로 보인다. 그리스도께서는 여러 왕국들의 보좌, 즉 사탄의 보좌, 이 세상 신의 보좌를 엎으셔서, 사탄이 의지하고 있던 모든 무기를 그에게서 빼앗으시고, 탈취물을 나누실 것이다. 또한, 그는 모든 반대 세력들, 즉 모든 통치와 모든 권세와 능력을 멸하시고 나라를 아버지 하나님께 바치실 것이다(고전 15:24).

Ⅱ. 그가 이 모든 소란 가운데서 하나님의 보호하심 아래에서 안전하리라는 것(23절).   스룹바벨은 하나님의 성전을 건축하는 데에 적극적인 역할을 하였기 때문에, 하나님은 비슷한 경우에 다윗에게 주셨던 것과 동일한 약속을 그에게도 주신다. 즉, 그가 하나님을 위하여 집을 세우고, 하늘과 땅이 요동하는 그 날에도 그 집을 견고히 하리라는 것이다(삼상 2:35). 이 약속은 이 선한 자 자신과 그의 가문에게 주어진 것이다. 그는 하나님을 존귀하게 해드렸기 때문에, 하나님은 그를 존귀한 자로 만들어 주고자 하신다. 유다를 통치하였던 그의 후계자들도 이 약속으로부터 격려를 받았을 것이다. 그들의 권세는 사람들과 관련해서는 매우 불안전한 것이었지만, 하나님은 그들의 권세를 확인해 주셨고, 이것은 그들의 권세 아래 있는 백성을 안정시키는 데에도 기여하였을 것이다. 그러나 이 약속은 특히 그리스도와 관련되어 있다. 그리스도는 스룹바벨의 직계손이었고, 복음 성전을 지으신 유일한 분이시다.

1. 하나님은 여기에서 스룹바벨을 그의 종이라고 시인하심. 하나님은 모세와 다윗에게 그러셨듯이, 여기에서 스룹바벨을 내 종이라는 영광스러운 호칭으로 부르신다. 하나님은 그의 원수들은 멸하시고, 그의 종들은 높이신다. 우리 주 예수는 구속 사역에 있어서 그의 아버지의 종이셨고, 아들의 신분으로서 신실한 종이 되셨다(사 42:1).

2. 하나님은 스룹바벨을 그가 택하신 자라고 시인하심. 내가 너를 택하여 네게 이 직분을 주었다. 하나님은 그가 택하신 자를 사용하신다. 우리 주 예수는 하나님께서 택하신 자이셨다(벧전 2:4). 그는 택하심을 입은 남은 자의 머리이시다. 그리스도 안에서 그들은 택하심을 입었다.

3. 하나님은 자기가 택한 스룹바벨을 인장으로 삼으실 것이라고 약속하심. 여고냐는 하나님의 오른손의 인장반지였으나, 하나님은 그 반지를 빼어 버리셨다(렘 22:24). 이제 스룹바벨이 여고냐의 자리에 대신 들어섰다. 그는 하나님께 가깝고 소중한 자가 될 것이고, 하나님이 보시기에 귀하고 존귀한 자가 될 것이다. 하나님의 오른손의 인장반지인 메시야가 그의 가문에서 나올 때까지 그

의 가문은 지속될 것이다. 이것은 다음과 같은 것들을 보여준다.

(1) 아버지 하나님이 그를 기뻐하신다는 것. 하나님은 거듭거듭 그를 기뻐한다는 것을 밝히셨다. 하나님은 그를 도장 같이 마음에 품고 도장 같이 팔에 두셔서(아 8:6) 늘 가까이 하실 것이고, 그의 손 그늘에 숨기실 것이다(사 49:2).

(2) 아버지 하나님이 그에게 통치권을 맡기셨다는 것. 왕들은 그들의 인장반지로 그들의 조서와 교서와 칙서에 서명을 한다(에 3:10). 우리 주 예수는 하나님의 오른손의 인장반지이시다. 왜냐하면, 모든 권세가 그에게 주어졌고 그로부터 나오기 때문이다. 복음의 위대한 헌장(憲章)에 서명하시고 비준하신 것도 그리스도이시고, 하나님의 모든 약속들이 예와 아멘이 되는 것도 그리스도 안에서이다.

스가랴

서론

스가랴 선지자는 학개 선지자의 동료였고, 두 번째 성전의 건축을 촉진시키는 일을 학개와 함께 하였다(스 5:1). 왜냐하면, 둘이 하나보다 낫기 때문이다. 그리스도께서는 전도를 위해서 그의 제자들을 둘씩 짝지어 보내셨다. 스가랴는 학개보다 약간 늦게 예언 활동을 시작하였다. 그러나 그는 학개보다 더 오랫동안 활동하였고, 묵시와 계시에 있어서 더 높이 솟아올랐으며, 글을 더 많이 썼고, 그리스도에 관하여 더 구체적으로 예언하였다. 주님은 나중 된 자로서 먼저 될 자가 많으니라(마 19:30)고 말씀하셨는데, 스가랴 선지자가 그랬다. 시간상으로 나중에 시작하였지만 존엄에 있어서는 앞서는 자들이 종종 있다.

스가랴는 처음에 그의 예언의 목적이 무엇인지를 명확히 표현하는 아주 실천적인 설교로 시작하지만(1:1-5), 그 이후부터 6장까지는 그가 본 묵시들과 그 묵시들을 통해서 하늘로부터 직접 받은 가르침들을 얘기해 나간다. 그는 7장에서 금식에 관한 유대인들의 질문을 계기로 해서, 8장 끝까지 그들에게 그들이 현재 행하여야 할 본분이 무엇인지를 보여주고, 하나님의 은총을 바라라고 그들을 격려한다. 그 후에는 여호와의 경고의 말씀이라 불리는 두 편의 설교가 나오는데(이 두 설교는 각각 9장과 12장에서 시작된다), 이 설교들은 아마도 한참 후에 행해진 것 같다. 이 두 편의 설교의 취지는 죄를 책망하고, 회개하지 않는 자들에 대해서는 하나님의 심판을 경고하며, 하나님을 경외하는 자들에 대해서는 하나님이 그의 교회를 위하여 긍휼을 예비해 두고 계시다는 것과 특히, 메시야가 오셔서 이 세상에서 그의 나라를 세우실 것에 관한 약속들로 격려하는 것이다.

제
— 1 —
장

개요

이 장에는 서론(1절) 이후에 다음과 같은 내용들이 나온다. I. 선지자가 죄악된 백성에게 그들의 죄를 회개하고 하나님께로 돌아오라고 일깨우며 촉구함(2-6절). II. 선지자가 그들에게 긍휼을 바라도록 크게 격려함. 1. 말들에 관한 묵시를 통해서(7-11절). 2. 예루살렘을 위한 천사의 기도와 그 기도에 대한 응답을 통해서(12-17절). 3. 유다와 예루살렘을 흩어 버린 네 개의 뿔을 잘라 버리기 위해서 쓰임받은 네 명의 목수들에 관한 묵시를 통해서(18-21절).

[1]다리오 왕 제이년 여덟째 달에 여호와의 말씀이 잇도의 손자 베레갸의 아들 선지자 스가랴에게 임하니라 이르시되 [2]여호와가 너희의 조상들에게 심히 진노하였느니라 [3]그러므로 너는 그들에게 말하기를 만군의 여호와께서 이처럼 이르시되 너희는 내게로 돌아오라 만군의 여호와의 말이니라 그리하면 내가 너희에게로 돌아가리라 만군의 여호와의 말이니라 [4]너희 조상들을 본받지 말라 옛적 선지자들이 그들에게 외쳐 이르되 만군의 여호와께서 이같이 말씀하시기를 너희가 악한 길, 악한 행위를 떠나서 돌아오라 하셨으나 그들이 듣지 아니하고 내게 귀를 기울이지 아니하였느니라 여호와의 말이니라 [5]너희 조상들이 어디 있느냐 또 선지자들이 영원히 살겠느냐 [6]내가 나의 종 선지자들에게 명령한 내 말과 내 법도들이 어찌 너희 조상들에게 임하지 아니하였느냐 그러므로 그들이 돌이켜 이르기를 만군의 여호와께서 우리 길대로, 우리 행위대로 우리에게 행하시려고 뜻하신 것을 우리에게 행하셨도다 하였느니라

이 단락에는 다음과 같은 내용들이 나온다.

I 스가랴의 사역의 토대. 그 토대는 하나님의 권세에 놓여져 있다. 여호와의 말씀이 스가랴에게 임하니라. 그는 하나님으로부터 이 백성에 대하여 하나님의 입이 될 사명을 받았고, 이 백성에게 무엇을 말해야 하는지를 가르침받았

다. 그는 그가 그들에게 전한 것들을 여호와께로부터 받았다. 여호와의 말씀이 스가랴에게 있었다. 그 말씀은 망상이 아니라 실재(實在)로서 성령의 증거와 나타나심을 통하여 그에게 왔다. 이것이 확실하다는 것을 보여주기 위해서, 여기에는 다음과 같은 것들이 기록되어 있다.

1. 여호와의 말씀이 스가랴에게 처음으로 임한 때, 또는 이후에 나오는 말씀이 그에게 임한 때. 그 때는 다리오 왕 제이년이었다. 포로기 이전에는 선지자들이 그들이 쓴 글의 연대를 나타낼 때에 유다와 이스라엘의 왕들의 재위 연도를 사용하였지만, 이제는 그들이 바사 제국의 지배 아래 놓여 있었기 때문에 바사의 왕들의 재위 연도를 사용한다. 그들의 죄가 그들의 상황을 이렇게 암울하게 변화시켜 놓은 것이다. 스룹바벨은 독자적인 연호를 사용할 정도의 위치에 있지 않았고, 선지자들은 이런 성격의 일들에서 당시의 관례를 따르는 것이 합당하였기 때문에, 이방 왕들의 재위 연도를 연대 표시의 도구로 사용하는 것을 꺼리지 않았다(단 7:1; 8:1). 스가랴는 다리오 왕 제이년 여덟째 달에 그의 첫 번째 설교를 전하였고, 학개는 같은 해 여섯째 달에 그의 첫 번째 설교를 전하였다(학 1:1). 백성들이 학개의 입을 통해 전해진 여호와의 말씀에 기꺼이 순종하자, 하나님은 또 다른 선지자, 즉 스가랴 선지자를 보내셔서 그들에게 복을 더하여 주셨다. 왜냐하면, 가진 자, 그리고 자기가 가진 것을 잘 사용하는 자는 더 많은 것을 받게 되는 법이기 때문이다.

2. 여호와의 말씀이 임한 선지자의 이름과 가문. 그는 잇도의 손자 베레갸의 아들 스가랴였다. 학개가 선지자로 불리듯이(학 1:1), 스가랴도 선지자로 불린다. 이전 시대들에 잇도라는 불린 선지자가 딱 한 명 있었지만(대하 12:15), 우리는 스가랴가 그의 후손이었을 것이라고 생각할 이유는 없다. 펨블(Pemble) 목사는 베레갸의 아들인 이 스가랴가 우리 구주께서 성전과 제단 사이에서 죽임을 당하였다(마 23:35)고 말씀하신 선지자와 동일 인물이고, 우리 구주께서 말씀하신 인물이 여호야다의 아들 스가랴(대하 24:20)가 아니라는(우리 구주께서 여호야다와 베레갸를 착각하셨을 리가 없기 때문에) 결정적인 견해를 제시하면서, 그리스도께서 설명하시는 방법을 보면 우리가 그런 식으로밖에 생각할 수 없다고 말한다. 왜냐하면, 그리스도께서는 유대인들에 의해서 흘려진 무죄한 피를 열거하시면서, 아벨에서 시작하여 거룩한 선지자들 중 마지막 선지자에서 끝을 맺고 계시기 때문이다. 그런데, 여호야다의 아들 스가랴 이후에도

많은 선지자들과 의인들이 유대인들에 의해서 죽임을 당하였다. 그 어떤 역사서에도 유대인들이 이 스가랴 선지자를 죽였다는 언급이 없다는 것은 사실이지만, 유대인 역사가였던 요세푸스(Josephus)는 그의 민족의 수치인 이 사건을 끈질기게 은폐하고자 하였을 것이다. 스가랴는 그리스도께서 팔리셔서 그의 친구들의 집에서 상처를 입으시고 목자가 죽임을 당할 것이라는 예언을 하였는데, 이 예언은 스가랴 선지자 자신에게 그대로 이루어져서, 그는 그리스도의 모형이 되었던 것 같다. 아마도 그는 그를 박해하는 자들의 공격을 받고서, 제사장의 뜰로 피하였다가(어떤 이들은 그가 제사장이었다고 생각한다), 현관과 제단 사이에서 죽임을 당하였을 것이다.

Ⅱ. 스가랴의 사역의 첫 열매들. 그는 묵시와 계시를 받기 전인 초기에 예언적인 말씀들을 전하였을 때에 평이하고 실천적인 내용들을 전하였다. 왜냐하면, 그런 것으로 시작하는 것이 가장 좋기 때문이다. 그는 긍휼의 약속들을 선포하기 전에 백성들에게 회개할 것을 촉구하는 내용의 말씀을 전하였다. 왜냐하면, 여호와의 말씀은 이런 식으로 준비되어야 하기 때문이다. 율법이 먼저 전파되어야 하고, 그런 후에 복음이 전파되어야 한다.

1. 선지자는 여기에서 그들에게 하나님이 그들의 조상들과 다투셨던 것을 상기시킴(2절). "여호와가 너희의 조상들에게 심히 진노하셔서, 그 조상들을 그의 진노의 징표들 아래에 두셨었다. 너희는 너희의 귀로 직접 그것을 들어 왔고, 너희의 조상들은 그것을 너희에게 얘기해 주었다. 너희는 하나님의 진노로 인한 재앙의 잔재들을 너희의 눈으로 직접 보아 왔다. 하나님이 너희와 다투신 지가 오래되었다. 그러므로 이제는 너희가 그것을 진지하게 생각해 보아야 할 때이다." 우리가 저주의 사슬을 끊어버리고 그 저주를 복으로 바꾸고자 한다면, 우리는 우리보다 앞선 자들에게 임하였던 하나님의 심판들을 그들의 발자취를 밟지 말라는 우리에 대한 경고만이 아니라 우리에게 회개하라고 하시는 부르심으로도 받아들여야 한다는 것을 명심하라.

2. 선지자는 하나님의 이름으로 그들에게 하나님께로 돌아와서 화해하라고 촉구함(3절). 하나님은 그의 종 선지자들을 통해서 자주 말씀하셨던 이 패역한 백성에게 스가랴 선지자를 통해서 이렇게 말씀하신다: "너희는 믿음과 회개, 본분과 순종의 길을 따라서 내게로 돌아오라. 그리하면, 내가 은총과 긍휼, 화평과 화해의 길을 따라서 너희에게로 돌아가리라." 반역자들은 다시 돌아와서 충

성 맹세를 하여야 한다. 그러면, 그들은 통치자의 보호 아래 놓이게 될 것이고, 선한 신민의 모든 특권들을 누리게 될 것이다. 그들이 그들의 길을 바꾸면, 하나님도 그의 길을 바꾸실 것이다(말 3:7). 그러나 여기에서 가장 주목할 만한 것은 하나님이 세 차례나 만군의 여호와로 불리고 있다는 것이다: "만군의 여호와께서 이처럼 이르신다. 말씀하시는 이는 만군의 여호와이시니, 너희는 그가 말씀하시는 것에 주의를 기울여야 한다." 너희는 내게로 돌아오라 만군의 여호와의 말이니라(이것은 이 명령의 권위와 당위성을 보여준다) 그리하면 내가 너희에게로 돌아가리라 만군의 여호와의 말이니라(이것은 이 약속의 유효성과 가치를 보여준다). 그러므로 그것은 쓸데없는 반복이 아니다. 죄인들은 하나님의 전능하신 능력과 절대주권에 의거한 통치권을 생각하고서 힘을 내어 회개하고 그에게로 돌아와야 한다는 것을 명심하라. 만군의 여호와를 우리의 친구로 삼는 것은 아주 바람직한 일이고, 그분을 우리의 적으로 돌리는 것은 너무나 무서운 일이다.

3. 선지자는 그들에게 그들의 조상들처럼 회개하지 않겠다고 끝까지 버티어서는 안 된다고 경고함(4절). 너희 조상들을 본받지 말라. 그들은 그들의 조상들의 죄를 본받아서 악한 길을 고집하지 말고, 그들의 조상들이 받은 벌을 본보기로 삼아서 두려워하며 그 죄를 멀리하여야 한다. 우리는 선례의 영향을 아주 많이 받는데, 우리가 우리 앞에 놓인 선례들을 어떻게 사용하느냐에 따라서 선한 영향을 받기도 하고 나쁜 영향을 받기도 한다. 동일한 본보기들이 어떤 자들에게는 생명으로부터 생명에 이르는 냄새가 되고, 어떤 자들에게는 사망으로부터 사망에 이르는 냄새가 된다(고후 2:16). 어떤 자들은 이런 논리를 폈다: "우리가 우리의 조상들보다 더 지혜로운 자들이냐? 그들은 선지자들을 전혀 개의치 않았는데, 우리가 왜 선지자들을 신경 써야 한단 말인가? 그들은 선지자들을 금하는 법들을 만들었는데, 우리는 왜 선지자들을 용납하여야 한단 말인가?" 그러나 하나님은 여기에서 그들에게 그들이 어떤 논리를 펴야 하는지를 가르쳐 주신다. "우리의 조상들은 선지자들을 멸시하였기 때문에, 하나님이 그들에 대하여 크게 진노하셨다. 그러므로 우리는 하나님이 그의 선지자들을 통해서 우리에게 말씀하시는 것을 좀 더 주의 깊게 경청하자. 지나간 일을 돌아보고 잘 살펴보자."

(1) "하나님이 그의 종 선지자들을 통해서 너희 조상들에게 전하신 메시지

는 무엇이었는가. 옛적 선지자들이 너희 조상들에게 외쳤다. 그들은 큰 소리로 외쳤고, 목소리를 아끼지 않았으며, 그들 자신의 목숨도 아끼지 않았고, 너희 조상들을 눈감아주지 않았다. 그들은 정말 간절한 심정을 지니고 있었고, 너희 조상들이 그들의 말을 꼭 들어야 한다고 생각하였기 때문에 큰 소리로 외쳤다. 그들은 그들 자신에게서 나온 생각을 말한 것이 아니라, 만군의 여호와의 이름으로 그의 말씀을 전하였다. 그들이 전한 내용의 핵심, 그들이 부른 모든 노래의 후렴구, 그들이 행한 모든 설교의 적용은 이런 것이었다: 너희가 악한 길, 악한 행위를 떠나서 돌아오라. 우리가 지금 너희에게 전하는 말씀도 마찬가지이다. 너희는 우리가 전하는 말씀을 받아들여서 너희의 죄들에서 떠나고, 다시는 그런 죄들을 짓지 않겠다고 결심하라. 신속하게 삶을 고치는 것만이 다가오고 있는 파멸을 막을 수 있는 유일한 길이다. 너희는 지금 지체없이 죄에서 떠나서 하나님께로 돌아오라."

(2) "너희의 조상들이 이 메시지를 얼마나 들은 체 만 체하였는가. 그들이 듣지 아니하고 귀를 기울이지 않았다. 그들은 이런 부르심들에 귀를 막아 버렸다. 그들은 내게 귀를 기울이려 하지 아니하였느니라 여호와의 말이니라. 그들은 내가 그들에게 준 말씀을 따라 삶을 고치고자 하지도 않았고, 그 말씀의 다스림을 받고자 하지도 않았다. 그러므로 너희는 너희 조상들이 했던 대로 할 것이라고 말하지 말라. 왜냐하면, 너희 조상들은 잘못 행하였기 때문이다(렘 44:17)." 우리의 조상들이 하나님의 사랑을 받는 자녀들이 아니었다면, 우리는 그들의 본을 따라서는 안 되고, 그들이 하나님께 순종하여 본분을 다한 것 외에는 그들을 본받아서는 안 된다는 것을 명심하라.

(3) "너희 조상들과 그들에게 말씀을 전한 선지자들은 어떻게 되었는가. 그들은 모두 죽고 없다(5절)."

[1] 너희 조상들이 어디 있느냐. 그들의 세대 전체는 이미 사라졌고, 그들이 살던 곳은 그들을 더 이상 알지 못한다. 우리는 우리보다 앞서 이 세상에 왔다가 가버린 우리의 조상들을 생각할 때에 그들이 어디 있느냐를 생각해 보아야 한다. 그들은 우리가 지금 살고 있는 이 동일한 마을과 촌락에 살면서, 동일한 거리들을 무수히 지나갔으며, 동일한 집에 거주하고, 동일한 가게들과 은행들을 이용하였으며, 동일한 교회에서 하나님을 예배하였다. 그러나 그들은 어디에 있는가? 그들은 지금 어딘가에 있다. 그들이 죽었다고 해서, 그들의 존재가 없

어져 버린 것은 아니다. 그들은 영원 속에 있고, 영들의 세계, 저 변치 않는 세계에 있다. 그리고 우리도 그 세계를 향하여 걸음을 재촉하고 있다. 그들은 어디에 있는가? 그들 중에서 죄 가운데에 살다가 죽은 자들은 고통을 받고 있다. 우리는 모세와 선지자들, 그리스도와 그의 사도들을 통해서, 우리가 이 고통 받는 곳에 가지 않게(눅 16:28-29) 주의하라는 경고를 듣는다. 그들 중에서 그리스도 안에서 살다가 죽은 자들은 낙원에 있다. 우리가 그들과 같이 살다가 죽는다면, 우리는 머지않아 영원히 그들과 함께 있게 될 것이다.

[2] 선지자들이 영원히 살았느냐. 결코 그렇지 않다. 그들도 죽고 없다. 보화가 질그릇에 담겨 있고, 생명수가 흙으로 만든 항아리에 담겨 있다. 그것들은 종종 금이 가고, 결국에는 깨어져서 원래 있던 곳으로 돌아간다. 그리스도는 영원히 살아 계시는 선지자이시지만, 다른 모든 선지자들은 일정 기간 동안만 선지자의 직무를 수행한다. 사역자들도 죽을 수밖에 없는 사람들이기 때문에 이 세상에서 영원히 사는 것이 아님을 명심하라. 사역자들은 그들 자신을 그런 존재로 여기고, 머지않아 침묵할 수밖에 없고 어느 설교가 그들의 마지막 설교가 될지를 알지 못하는 자들로서 말씀을 전하여야 한다. 사람들은 그들을 그런 존재로 여기고, 잠시 동안만 빛이 그들 중에 있어서 빛이 있을 동안에 다니고 행할 수 있는 자들로서 말씀을 들어야 한다(요 12:35). 우리는 죽을 수밖에 없는 사역자들로서 현세에서 내세로 이어지는 벼랑끝에 서서, 죽을 수밖에 없는 사람들에게 영원히 죽지 않는 영혼과 무시무시한 영원에 관한 일들을 전하고 있다는 이 막중한 사실이 지닌 무게가 우리에게 제대로 느껴지게 하소서! 우리는 우리보다 앞서 살다간 옛적의 선지자들을 곰곰이 생각해 보아야 한다(렘 28:8). 사람들의 영광이었던 그들은 시들어 떨어졌지만, 여호와의 말씀은 세세토록 있다(벧전 1:24-25). 지금 살아서 활동하는 선지자들인 우리가 영원히 살겠느냐(어떤 이들은 이렇게 읽는다). 결코 그렇지 않다. 학개와 스가랴는 너희와 함께 오래 있지 않을 것이고, 예언도 머지않아 그칠 것이다. 저 세상에서는 우리든 우리의 선지자들이든 영원히 살 것이다. 저 세상을 준비하는 것은 이 세상에서 우리의 중요한 관심사이자 일이 되어야 한다.

(4) "하나님이 그의 선지자들을 통해서 그들에게 전한 말씀의 결과는 어떠하였는가(6절). 말씀을 전한 자들도 죽었고 그 말씀을 들은 자들도 죽었지만, 하나님의 말씀은 죽지 않았다. 그 말씀은 효력을 나타내었고, 일점일획도 땅에

떨어지지 않았다." 내 입에서 나가는 말도 하늘에서 내리는 비나 눈처럼 헛되이 내게로 되돌아오지 아니하리라(사 55:11). 하나님은 그들에게 스스로 판단해 보라고 말씀하신다. 그들은 다음과 같은 사실들을 아주 잘 알고 있었다.

[1] 하나님이 경고하신 심판들이 그들의 조상들에게 집행되었고, 그들의 조상들은 그들이 믿으려 하지 않았고 두려워하지 않았던 바로 그것을 몸으로 겪게 되었다는 것. "내가 나의 종 선지자들에게 명령한 내 법도들, 즉 내가 너희 조상들이 그것들을 따르지 않을 경우에 받게 될 벌들과 더불어서 그들에게 준 명령들이 어찌 너희 조상들에게 임하지 아니하였느냐." 하나님의 선지자들은 그들의 죄를 깨우칠 수 없었지만, 선지자들이 경고한 재난들은 그들에게 임하였고, 그들은 그 재난들을 피하거나 거기에서 빠져나갈 수 없었다. 도망하려던 채무자가 집행관에게 체포되어 망신을 당하듯이, 그들은 줄행랑을 치려다가 하나님의 말씀에 의해서 뒷덜미가 붙잡혀서 망신을 당하였다. 사람들이 믿지 않는다고 해서 하나님의 말씀의 경고들이 무효화되는 것이 결코 아니기 때문에, 하나님이 그 경고들을 막을 수 있도록 미리 가르쳐 주신 조치가 취해지지 않으면, 그 경고들은 조만간에 반드시 집행될 것임을 명심하라. 하나님의 권위에 붙잡히지 않는 자들은 반드시 하나님의 진노에 붙잡히게 될 것이다. 왜냐하면, 하나님은 심판하실 때에 반드시 이기실 것이기 때문이다.

[2] 그들의 조상들은 그들에게 임한 하나님의 심판들을 통해서 하나님의 말씀이 성취되었다는 것과 그들을 심판하신 하나님은 의로우시며 그들에게 불의를 행하신 것이 하나도 없었다는 것을 인정할 수밖에 없었다는 것. 그들이 돌이켜 이르기를(그들은 그들의 파멸을 막기에는 너무 늦은 때에 마음을 고쳐먹고 이 사실을 인정하였다) 만군의 여호와께서 우리 길대로, 우리 행위대로 우리에게 행하시려고 뜻하신 것을 우리에게 행하셨도다. 우리는 하나님의 참되심과 공의를 인정하고서, 하나님을 탓하지 말고 오직 우리 자신만을 탓하여야 한다. 이런 뒤늦은 깨달음은 하나님이 참되심을 보여주는 증거임과 동시에, 눈으로 보는 것 이상으로는 믿으려 하지 않는 인간의 어리석음을 보여주는 증거이다. 그들은 선지자의 말을 듣고서, 아직 때가 늦기 전에 다음과 같이 말하고자 하지 않았다: "하나님은 신실하시니 말씀하신 대로 이루실 것이다. 그는 의로우시니, 우리의 공과(功過)를 따라서 우리에게 행하실 것이다." 그러나 이제 하나님의 선고가 집행되고 나서야, 그들은 이 두 가지 사실을 아주 분명하게 본다. 이제

그들은 그들이 겪는 현재의 섭리들과 전에 그들이 무시하였던 예언들이 정확히 맞아떨어지고, 그들에게 내려진 현재의 벌들과 그들이 이전에 고집하였던 죄들이 정확히 맞아떨어진다는 것을 인정하지 않을래야 인정하지 않을 수 없다. 이제 그들은 여호와께서 의로우시다고 말하지 않을 수 없다(단 9:14).

7다리오 왕 제이년 열한째 달 곧 스밧월 이십사일에 잇도의 손자 베레갸의 아들 선지자 스가랴에게 여호와의 말씀이 임하니라 8내가 밤에 보니 사람들이 붉은 말을 타고 골짜기 속 화석류나무 사이에 섰고 그 뒤에는 홍마와 자줏빛 말과 백마가 있기로 9내가 말하되 내 주여 이들이 무엇이니이까 하니 내게 말하는 천사가 내게 이르되 이들이 무엇인지 내가 네게 보이리라 하니 10화석류나무 사이에 선 자가 대답하여 이르되 이는 여호와께서 땅에 두루 다니라고 보내신 자들이니라 11그들이 화석류나무 사이에 선 여호와의 천사에게 말하되 우리가 땅에 두루 다녀 보니 온 땅이 평안하고 조용하더이다 하더라 12여호와의 천사가 대답하여 이르되 만군의 여호와여 여호와께서 언제까지 예루살렘과 유다 성읍들을 불쌍히 여기지 아니하시려 하나이까 이를 노하신 지 칠십 년이 되었나이다 하매 13여호와께서 내게 말하는 천사에게 선한 말씀, 위로하는 말씀으로 대답하시더라 14내게 말하는 천사가 내게 이르되 너는 외쳐 이르기를 만군의 여호와의 말씀에 내가 예루살렘을 위하며 시온을 위하여 크게 질투하며 15안일한 여러 나라들 때문에 심히 진노하나니 나는 조금 노하였거늘 그들은 힘을 내어 고난을 더하였음이라 16그러므로 여호와가 이처럼 말하노라 내가 불쌍히 여기므로 예루살렘에 돌아왔은즉 내 집이 그 가운데에 건축되리니 예루살렘 위에 먹줄이 쳐지리라 만군의 여호와의 말이니라 17그가 다시 외쳐 이르기를 만군의 여호와의 말씀에 나의 성읍들이 넘치도록 다시 풍부할 것이라 여호와가 다시 시온을 위로하며 다시 예루살렘을 택하리라 하라 하니라

우리는 이제 여기에서 여호와의 묵시들과 계시들을 만난다. 왜냐하면, 하나님은 백성들의 주의를 일깨우고, 그들로 하여금 겸손히 하나님의 말씀을 경외하고 물으며, 그들의 마음과 기억 속에 더 확실하게 각인시켜 두도록 하시기 위하여, 스가랴를 통해서 이런 방법으로 그들에게 말씀하시는 쪽을 택하셨기 때문이다. 지금부터 나오는 묵시들 중 대부분은 이제 막 포로 생활에서 돌아온 유대인들을 위로하고, 성전을 재건하는 일을 계속하도록 그들을 격려

하기 위한 것으로 보인다. 이 묵시(이것은 나머지 묵시들의 서론 역할을 하고 있다)의 취지는 유대인들이 지금 버림을 받은 것처럼 보이고 그들의 처지가 통탄스러워 보여도, 하나님은 그들을 돌보고 계시며, 하나님의 섭리도 그들을 잘 되게 하기 위한 방향으로 작용하고 있다는 것을 확인시켜 주는 것이다. 선지자가 이 묵시를 본 때는 열한째 달 이십사일(7절), 즉 그가 그들에게 임한 하나님의 심판을 잘 숙고해서 회개하라는 설교(1절)를 한 지 삼 개월 후였다. 그들이 그의 설교를 받아들임으로써 그 설교가 선한 결과를 가져와서, 그들이 하나님께 돌아와 다시 그들의 본분을 다하는 것을 보신 하나님은 그들에게 다시 긍휼을 베푸시고자 하셨다. 좀 더 자세하게 살펴보자.

I 선지자가 본 것과 그것에 대한 해설.

1. 그가 여러 능선들 사이에서 깊숙이 들어간 골짜기 속에서 화석류나무(또는, 도금양나무) 숲, 어둡고 그늘진 숲을 보았다는 것. 그러나 그 곳은 그늘지고 어두웠기 때문에, 그는 그것이 무엇인지를 제대로 알 수 없었다. 이것은 당시 유대 교회의 비천하고 어둡고 외롭고 암울한 처지를 나타내는 것이었다. 그들은 그들의 모든 이웃 나라들에게 눌려서 어둡고 외진 곳에 내몰려 있었다. 설령 그들에게 친구들이 있다고 해도, 그들은 눈에 띄지 않는 외진 곳에 박혀 있었기 때문에, 그들이 거기에서 구조되어 나올 방법은 없어 보였다. 교회는 늘 눈에 띄는 곳에 있었던 것이 아니고, 종종 광야로 도망한 여자처럼 숨어 있기도 하였다는 것을 명심하라(계 12:6).

2. 그가 한 사람이 붉은 말을 타고서 이 그늘진 화석류나무 숲 사이에 서 있는 것을 보았다는 것. 이 사람은 다름 아닌 그리스도 예수, 즉 여호수아가 여리고에 가까이 이르렀을 때에 여호와의 군대 대장이라 말하며 칼을 빼어 손에 들고 있던 바로 그 사람(수 5:13-14), 요한이 본 활을 가지고 면류관을 쓴 바로 그 사람(계 6:2)이었다. 교회는 비록 비천한 처지에 있었지만, 그리스도는 교회 가운데에 계셨다. 교회가 능선들에 의해서 숨겨져 있었는가? 그리스도는 화석류나무 숲에 더욱더 깊이 숨겨져 계셨고, 거기에서 때가 되면 갑자기 자기 백성을 구조하러 나타나셔서 그들에게 구원을 선사하실 채비를 갖추고 계셨다. 이스라엘의 거룩하신 이이자 구원자 이스라엘의 하나님이신 분은 진실로 주는 스스로 숨어 계시는 하나님이시니이다(사 45:15)라는 말씀과 비교해 보라. 그는 자기 백성을 도우시려고 서두르는 전사처럼 말을 타고 계셨다. 그는 붉은 옷을 입고 오시는

승승장구하는 왕으로 묘사되듯이(사 63:1-2), 여기에서는 붉은 말을 타신 것으로 묘사되는데, 이것은 원래부터 붉은 말이었을 수도 있고, 전쟁의 피로 말미암아 붉게 된 것일 수도 있다. 붉은 색은 불의 색깔로서, 그가 예루살렘을 위하여 크게 질투하시고(14절), 그 원수들에 대하여 크게 진노하셨음을 나타낸다. 그리스도는 율법 아래에서는 붉은 말을 타시는 것으로 묘사되고 있는데, 이것은 율법 시대에서는 그가 아직 피흘리기까지 대항하지 않고(히 12:4) 계셨고, 앞으로 그가 싸우실 싸움이 남아 있었다는 것을 나타낸다. 그러나 그리스도는 복음 아래에서는 흰 말을 타고 나타나시는데(계 6:2; 19:11), 이것은 그가 이제 승리를 거두시고서, 개선 장군으로서 피의 깃발을 내리고 흰 색의 평화의 깃발을 내건 모습으로 말을 타고 계시다는 것을 나타낸다.

3. 그가 한 무리의 말들이 그 사람의 뒤에서 지시를 기다리고 있는 것을 보았다는 것. 그 뒤에는 홍마와 자줏빛 말과 백마가 있었다. 그들은 주 예수를 모시는 천사들로서, 그의 명령을 따라 그의 교회를 섬기는 데에 쓰임받는 자들이었는데, 이 천사들은 그의 명령을 따라 심판의 일이나 긍휼의 일, 또는 그 둘이 뒤섞여 있는 일을 담당하여 처리하였다. 교회의 왕이신 그리스도께서는 천사들을 그의 뜻대로 부리시는데, 천사들은 그를 존귀하게 모시는 일만을 하는 것이 아니라, 그의 백성인 자들의 복을 위한 일도 행한다는 것을 명심하라.

4. 그가 이 묵시의 의미를 물었다는 것. 이 묵시에서 그가 본 자들 외에도, 그와 말을 하며 그가 묻는 것을 그에게 가르쳐 주는 천사가 있었다. 에스겔도 그랬고(겔 40:3), 다니엘도 그랬다(단 8:16). 스가랴는 그 천사에게 내 주여 이들이 무엇이니이까(9절)라고 물었다. 그에게 말한 이 천사는 아마도 붉은 말을 탄 사람, 즉 그리스도 자신이었고, 나머지 사람들은 그를 모시는 자들이었던 것으로 보인다. 스가랴는 그리스도께 직접 말을 붙인다. 만약 우리가 천국의 신비들을 더 잘 알고자 한다면, 우리는 천사들(그들도 배우는 자들일 뿐이다)이 아니라 그리스도와 말을 하여야 한다. 왜냐하면, 오직 그리스도만이 두루마리를 취하여 그 인봉을 떼기에 합당하신 분이시기 때문이다(계 5:9). 선지자의 질문 속에는 자신의 무지를 겸손히 인정하고 알기를 간절히 원하는 그의 마음이 담겨 있다. 이것들이 무엇인지 내게 알게 해 주소서! 그가 이것을 알기를 간절히 원한 것은 그의 호기심을 만족시키기 위한 것이 아니라, 현재 곤고함 가운데에 있는 하나님의 백성을 위로하고 격려할 만한 것을 찾아서 얻고 싶었기 때문이었다.

5. 그가 그와 말한 천사(9절)와 화석류 사이에 선 자(10절)로부터 이 묵시에 대한 해석을 들었다는 것. 예수 그리스도께서는 하나님의 일들에 대하여 겸손히 가르침받고자 하는 자들을 기꺼이 가르치신다는 것을 명심하라. 그에게 말하는 천사는 즉시, 이들이 무엇인지 내가 네게 보이리라고 말하였다. 영들의 세계에 관하여 우리가 어떤 지식을 갖고 있거나 가질 수 있다면, 그것은 다 전적으로 그리스도 덕분이다. 천사가 그에게 해준 설명은 이는 여호와께서 보내신 자들이라는 것이었다. 그들은 땅에 두루 다니며 신속하게 왕래하면서 이 땅에서 무슨 일이 벌어지고 있는지를 살피고 이 땅에 하나님의 명령들을 집행하는 하나님의 사자(使者)들이자 그의 사절들이었다(대하 16:9). 하나님은 그들을 꼭 필요로 하시는 것은 아니다. 하지만, 하나님은 그들을 쓰시는 것을 기뻐하시고, 우리에게는 천사들이 우리를 위해 일한다는 것을 알고서 위로를 얻는 것이 필요하다.

Ⅱ. 선지자는 무엇을 들었고, 어떤 지시를 받았는가. 믿음은 들음에서 나기 때문에, 일반적으로 묵시들 속에는 하나님이 말씀하시고자 하시는 것들이 들어 있다.

1. 그는 천사들이 그리스도께 세상의 현재 상태에 대하여 보고하는 말을 들었다는 것(11절). 그들은 왕의 명령을 받들어 급히 나가는 파발들처럼(에 3:15) 세상으로 나가서 두루 살핀 후에 돌아와서, 화석류나무 사이에 선 여호와의 천사에게 이렇게 보고를 한다(천사들은 주 예수의 휘하에 있기 때문에): 우리가 땅에 두루 다녀 보니 온 땅이 평안하고 조용하더이다. 주님은 우리에게 하나님의 뜻이 하늘에서 천사들에 의해 이루어지고 있듯이 땅에서도 사람들에 의해서 이루어지게 해달라고 기도하도록 가르치셨는데, 우리는 여기에서 우리가 왜 그런 기도를 해야 할 필요가 있는지를 보게 된다. 왜냐하면, 땅에서는 하나님의 뜻이 제대로 이루어지고 있지 않기 때문이다.

(1) 우리는 여기에서 천사들의 세계가 아주 바쁘게 돌아가는 것을 봄. 하늘의 궁정에서 일하는 천사들은 밤낮으로 하나님을 찬송하는 일을 쉬지 않는데, 찬송은 거기에서 그들이 해야 하는 일이다. 땅의 진영(陣營)에서 일하는 천사들도 결코 빈둥거리거나 시간을 허비하지 않는다. 야곱이 꿈에서 사닥다리를 보았는데 하나님의 사자들이 그 위에서 오르락 내리락 하였듯이(창 28:12), 땅에서 일하는 천사들은 계속해서 인자 위에 오르락 내리락 한다(요 1:51). 그들은

계속해서 땅에 두루 다니고 있다. 사탄도 해악을 끼치기 위해서 아주 활동적으로 부지런히 이렇게 땅을 두루 돌아다닌다(욥 1:7). 이 땅에서 우리의 대적들이 울부짖는 사자들처럼 끊임없이 왔다갔다 하면서 우리를 삼킬 기회를 노리고 있는 상황에서, 우리를 위해서 우리에게 유익이 되고 복이 되는 일들을 하기 위해 끊임없이 분발하여 움직이는 선한 천사들이 있다는 것은 우리에게 다행스럽고 좋은 일이다. 거룩한 천사들은 이 땅에서 볼썽사나운 일들을 아주 많이 만나지만, 하나님의 심부름을 다니고 있는 것이기 때문에, 땅에 두루 다니는 것을 주저하지 않는다. 그들의 거처를 타락한 천사들은 좋아하지 않았지만, 그들은 이 땅에 머무는 것보다 그 거처로 돌아가기를 더 바란다.

(2) 우리는 여기에서 인간의 세계가 얼마나 무심하고 태평스러운지를 보게 됨. 온 교회가 광풍에 요동하여 안위를 받지 못하는 가운데에 불안한 삶을 살고 있는데도, 온 땅은 평안하고 조용하다. 교회에 대하여 외인(外人)인 자들은 안정되어 있고 편안하며, 교회의 원수들인 자들은 일이 잘 풀린다. 가엾은 유대인들은 끊임없이 깜짝깜짝 놀라고 있는 동안에도, 갈대아 사람들과 바사 사람들은 편안하게 살아간다. 왕은 하만과 함께 앉아 마시되 수산 성은 어지러웠다(에 3:15). 사람의 자녀들은 즐거워서 웃고 떠들며 즐길 뿐이고, 하나님의 자녀들의 환난에 대하여 근심하는 자는 아무도 없다. 세상이 얼마나 깊은 잠에 빠져 있는지, 잠자게 하는 영이 인류 전체를 얼마나 단단히 사로잡고 있는지, 세상이 하나님의 진노와 사탄의 권세 아래 놓여 있으면서도 무심하고 태평스럽게 살아가고 있는 것을 생각하는 것은 얼마나 서글픈 일인가! 세상은 아무 일 없다는 듯이 조용하기 그지없다(눅 17:26 이하).

2. 그는 그리스도께서 고난받는 그의 교회를 위하여 중보 기도 하시는 것을 들음(12절). 천사들은 이 아랫세상의 일들이 어떻게 돌아가고 있는지에 대하여 보고하였지만, 우리는 그 어디에서도 천사들이 인간 세상에서 본 악폐들을 가슴 아파하며 고치기 위해서 기도를 했다는 말을 듣지 못한다. 위대한 중보자는 화석류나무 사이에 선 천사였다. 그는 천사들의 보고를 듣자마자, 즉시 하늘을 우러러보고, 만군의 여호와여 여호와께서 언제까지 주의 교회를 불쌍히 여기지 아니하시려 하나이까라고 기도하였다.

(1) 이 천사가 그의 교회를 위하여 구한 것은 하나님의 긍휼이었다는 것. 여호와여 주의 인자하심을 우리에게 보이소서(시 85:7). 하나님의 긍휼만이 교회에

위로가 될 수 있다는 것을 명심하라. 교회는 그리스도의 중보를 의지해서, 하나님의 긍휼만을 바라고 소망하여야 한다.

(2) 이 천사가 탄식한 것은 이 긍휼이 지체되고 있다는 것이었다는 것. 여호와께서 언제까지 불쌍히 여기지 아니하시려 하나이까. 그는 자기로 말미암아서 인자하심이 영원히 세워지리라(시 89:2)는 것을 알고 있었지만, 그 세워지는 것이 너무 오랫동안 지체되고 있다고 생각하였다.

(3) 이 천사가 하나님께 긍휼히 여겨 주시라고 부탁한 대상들은 거룩한 도성인 예루살렘과 지금은 폐허로 변해 있는 유다의 다른 성읍들이었다는 것. 왜냐하면, 하나님이 예루살렘과 유다 성읍들에 대하여 노하신 지 칠십 년이 되었기 때문이다. 그가 칠십 년이라는 기간을 언급한 것은 그것이 하나님의 계획 속에서 유대인들이 포로 생활을 하도록 정해진 기간이었기 때문이다. 포로 생활 중에 그들의 하나님 여호와께서 그들에게 잠시 동안 은혜를 베푸사 그들을 조금 소생하게 하시기도 하셨지만(스 9:8), 하나님의 진노가 너무 오랫동안 지속되었기 때문에, 이 칠십 년 동안의 포로 생활이 준 상처들은 아직 깊고 고통스럽게 남아 있어서, 그들은 여전히 칠십 년 동안의 하나님의 진노에 대한 기억에서 벗어나지를 못하고 그들의 수금으로 우울한 곡조를 타고 있었다. 라이트푸트(Lightfoot) 박사는 보통은 칠십 년의 포로 생활이 여호야김 제4년에 시작되어서 고레스 원년에 끝난 것으로 계산하지만, 7:5에서 포로 생활에서 돌아온 지 19년이 되던 때에 비로소 칠십 년이 되었다고 말하고 있는 것으로 보아서, 이 기간은 예루살렘과 성전이 불탄 시드기야 제11년에 시작되어 다리오 제2년에 끝난 것으로 계산되어야 한다고 주장한다. 포로기는 처음 시작될 때와 마찬가지로 끝날 때에도 점진적으로 진행되었다. "여호와여, 우리가 여전히 칠십 년의 진노라는 무거운 짐 아래에 있사온데, 주께서 우리에게 영원히 노하시려 하시나이까(시 85:5)."

3. 그는 그리스도께서 그의 교회를 위하여 드리신 이 중보 기도에 대한 은혜로운 응답을 들음. 왜냐하면, 그리스도의 중보 기도는 언제나 받으실 만하고 들어 주실 수밖에 없는 기도이고, 아버지께서는 항상 그의 말을 들으시기 때문이다(요 11:42). 여호와께서 내게 말하는 천사, 즉 언약의 천사에게 선한 말씀, 위로하는 말씀으로, 즉 긍휼과 구원을 약속하시고 그들에게 시작하신 선한 일을 끝까지 이루시리라는 약속의 말씀으로 대답하셨다. 이것은 그의 교회의 곤고함을

보시고 근심하신 그리스도에게 주신 위로의 말씀이었고, 시온에서 우는 모든 자들에게 주신 위로의 말씀이었다. 하나님은 흔히 우리의 기도에 대하여 즉시 큰 일들을 이루시지는 않으시더라도 선한 말씀으로 응답하신다. 그리고 이 선한 말씀은 우리의 기도에 대한 진정한 응답이다. 사람들의 선한 말은 우리의 몸에 아무런 유익을 주지 못하지만(약 2:16), 하나님의 선한 말씀은 우리의 믿음에 유익을 준다. 왜냐하면, 사람들의 경우에는 언행이 별개의 것이지만, 하나님은 언행이 별개의 것이 아니기 때문이다.

4. 선지자는 그 천사가 하나님으로부터 받은 응답을 그에게 다시 전해 주면서, 그것을 그의 백성에게 널리 전하여 그들을 위로하라고 명하시는 것을 들음. 이것은 예수 그리스도의 계시인데, 하나님은 이것을 그리스도에게 주셔서 그의 천사를 그의 종 요한에게 보내어 예수 그리스도의 계시를 알게 하셨고, 요한을 통해서 교회들에게 알게 하셨다(계 1:1, 4). 이렇게 복음의 모든 선한 말씀과 위로의 말씀은 예수 그리스도께서 그의 피의 기도에 대한 응답으로 아버지로부터 받아서 우리에게 주시는 것이고, 그의 사역자들은 그 말씀을 온 세상에 전파하라는 명령을 받는다. 하나님이 예루살렘에게 위로의 말씀을 하고자 하셨을 때, 스가랴는 너희는 주의 길을 준비하라고 광야에서 외치는 자의 소리였다(마 3:3). 그 천사는 스가랴에게 너는 외치라고 말하였다. 선지자들은 이전에 하나님의 백성에게 그들의 죄악을 보여줄 때에 그랬던 것처럼, 이제는 그들에게 위로가 되는 말씀들을 전하기 위해 마찬가지로 큰 소리로 외쳐야 한다(사 40:2-3, 6). 스가랴가 내가 무엇을 외치리이까라고 물었다면, 그는 여기에서 응답을 받고 가르침을 받은 것이다.

(1) 그는 하나님이 예루살렘의 원수들을 위하여 진노를 준비해 두고 계시다는 것을 선포하여야 한다는 것. 하나님은 시온을 위하여 크게 질투하신다(14절). 하나님은 이전에 그의 교회에서 발견된 죄악들로 인하여 그러셨듯이, 그의 교회에 대하여 행해진 온갖 해악들과 모욕들에 의해서 그 자신이 극도로 모욕을 당하신 것으로 여기신다. 형들이 요셉을 팔아 버린 후에도 아무 일 없었다는 듯이 앉아서 떡을 먹었듯이, 세상은 예루살렘에게 온갖 해악을 행한 후에도 전혀 불안해하지도 않고 일말의 가책이나 후회하는 태도도 보이지 않은 채 평안하고 조용하였다(11절). 하나님은 이것을 지극히 악한 것으로 여기셨다(15절): 고난을 받는 교회에 대해서는 전혀 아랑곳하지 않고 안일한 여러 나라들 때문에

내가 심히 진노하였다. 하나님은 슬픔 중에 있는 딸 시온을 불쌍히 여기지 않고 도리어 시온의 아들들과 더불어서 시온에서 마음이 든든하여 편히 지내는 자들(암 6:1)에 대하여는 더욱더 진노하실 것이다. 그러나 이것이 전부가 아니었다. 그들은 시온을 염려하는 마음을 지니고 있지 않았을 뿐만 아니라, 도리어 시온을 해하려고 하였다. 나는 내 백성에게 조금 노하였고 그들을 조금 징계하고자 한 것인데, 징계의 도구들로 사용된 자들은 무지막지한 분노와 악의를 품고서, 힘을 내어 하나님이 치신 자들을 핍박하며(시 69:26) 하나님이 괴롭게 하신 자들을 모욕하여, 그들에게 고난을 더하였다(사 47:6; 10:5; 겔 25:12, 15을 보라). 하나님은 고난을 받아 마땅한 자들일지라도 그들의 괴로움을 가중시키는 자들에 대하여 진노하신다는 것을 명심하라. 왜냐하면, 그런 경우에는 진정한 인간성, 즉 그들을 불쌍히 여기고 돕는 것이 진정한 신성(神性)이기 때문이다.

(2) 그는 하나님이 예루살렘과 유다의 성읍들을 위하여 긍휼을 준비해 두고 계신다는 것을 선포하여야 한다는 것(16절). 그는 이렇게 외쳐야 한다: "그러므로 여호와가 이처럼 말하노라 내가 불쌍히 여기므로 예루살렘에 돌아왔노라. 내가 진노 가운데에 떠나갔었지만, 이제는 사랑 가운데에서 돌아왔으니, 너는 그런 취지의 메시지를 다시 외치라(17절)." 이전에는 죄를 깨우치는 말씀들이 줄을 이었던 것처럼, 이제는 위로하는 말씀들이 줄을 이을 것이다. 만군의 여호와께서 그들에게 다음과 같은 것들을 약속하신다.

[1] 지금은 겨우 첫 삽을 뜬 것에 불과할지라도 성전이 반드시 건축되리라는 것. 그들이 지금 진행하고 있는 이 선한 일은 낙심 되는 일을 많이 만날지라도 반드시 완성될 것이고, 그들은 하나님의 임재를 보여주는 징표들, 이전처럼 하나님과 대화하고 그를 예배할 수 있는 기회들을 갖게 될 것이다. 하나님이 거기에 자기 집을 지으시겠다는 말씀은 그 어느 곳에나 진정으로 복된 소식이라는 것을 명심하라.

[2] 예루살렘은 잘 짜여진 성읍, 이전과 같은 영광을 지닌 성읍으로 다시 건설되리라는 것(시 122:3). 아주 정확하고 규모 있게 재건되기 위하여 예루살렘 위에 먹줄이 쳐질 것이다.

[3] 유대 민족이 지금은 그 수도 적고 빈곤하지만 다시 인구도 많아지고 부강해지리라는 것. 예루살렘만이 아니라, 쇠락한 다른 성읍들도 다시 번영하여 널리 뻗어나갈 것이다. 성읍들의 지경(地境)이 크게 넓혀질 것이고, 성읍들이

자신의 식민지를 건설하여 거기에 자신의 주민들을 살게 할 것이다. 성읍들이 형통하여 다시 넘치도록 풍부해져서 이런 일이 가능해질 것이다. 성읍들은 인구가 너무 많아지고 부해져서, 성안에 사람들이 살 공간이 없을 정도가 될 것이다. 그래서 그들은 이곳이 너무 좁다(사 49:20)고 불평하게 될 것이다. 그들은 전에는 환난을 당하여 밖으로 뿔뿔이 흩어졌지만, 이제는 인구가 넘치도록 많아져서 밖으로 나가서 흩어져 살게 될 것이다. 네 샘물을 집 밖으로 넘치게 하라(잠 5:16). 이렇게 번영하는 성읍들을 하나님은 그의 성읍들이라 부르신다. 그들은 하나님의 복을 받아서 생육하고 번성하여 땅에 충만할 것이다(창 1:28).

[4] 그들의 현재의 모든 슬픔은 하나님의 위로하심으로 말미암아 상쇄될 뿐만 아니라 영원히 사라지리라는 것. 여호와가 다시 시온을 위로하리라. 시온에 근심 되고 괴로운 일들이 오랫동안 지속될지라도, 하나님은 시온과 거기에서 우는 모든 자들을 위하여 위로들을 준비해 놓고 계신다.

[5] 이 모든 것이 하나님의 특별한 선행적인 은총의 열매라는 것. 하나님은 다시 예루살렘을 택하셔서 언약을 갱신하시고, 그가 예루살렘을 택하였다는 것을 나타내 보이실 것이다. 하나님은 그들을 애굽에서 이끌어 내셔서 하나의 민족으로 지으셨듯이, 이제도 그들을 바벨론에서 이끌어 내신 후에 그들을 재건하실 것이다. 하지만, 그것은 그들 안에 어떤 가치 있는 것이 있기 때문이 아니라, 전적으로 하나님의 선택으로 인한 것이다(신 7:7-8). 예루살렘은 하나님이 택하신 성이기 때문에, 하나님은 그 성을 버리지 않으실 것이다.

[18]내가 눈을 들어 본즉 네 개의 뿔이 보이기로 [19]이에 내게 말하는 천사에게 묻되 이들이 무엇이니이까 하니 내게 대답하되 이들은 유다와 이스라엘과 예루살렘을 흩뜨린 뿔이니라 [20]그 때에 여호와께서 대장장이 네 명을 내게 보이시기로 [21]내가 말하되 그들이 무엇하러 왔나이까 하니 대답하여 이르시되 그 뿔들이 유다를 흩뜨려서 사람들이 능히 머리를 들지 못하게 하니 이 대장장이들이 와서 그것들을 두렵게 하고 이전의 뿔들을 들어 유다 땅을 흩뜨린 여러 나라의 뿔들을 떨어뜨리려 하느니라 하시더라

교회가 위로를 얻고 크게 기뻐할 것은 원수가 막강한 대군을 몰고 큰 물처럼 밀려올지라도 여호와의 영이 그 원수를 대적하여 깃발을 올리시리라는 것

이다(사 59:19). 이제 스가랴 선지자가 본 두 번째 묵시에서 우리는 이사야서의 이 구절의 한 예시(例示), 즉 하나님의 영이 교회의 대적들의 무시무시한 세력과 맞서는 모습을 보게 된다.

I. 우리는 여기에서 교회의 원수들이 무모할 정도로 과감하게 행하여 교회를 죽이려고, 즉 이스라엘의 이름을 끊으려고 위협하는 모습을 보게 됨. 이 하나님의 백성들은 최근에 이 원수들에 의해서 수모를 당하였었다: 내가 눈을 들어 본즉 네 개의 뿔이 보였다(18절). 이 묵시에 대한 설명은 19절에 나온다. 이 뿔들은 유다와 이스라엘과 예루살렘을 흩뜨린 뿔들이었다. 유대인들은 하나님의 이스라엘이었기 때문에, 이 뿔들은 촌락이나 성읍에 있던 유대인들을 다 흩어 버렸다. 성난 황소가 그를 화나게 한 것을 뿔로 치받아 버리듯이, 이 뿔들은 그들을 치받았다(어떤 이들은 이렇게 읽는다). 이 뿔들은 그들을 흩었기 때문에, 사람들이 능히 머리를 들지 못하였다(21절). 사람들은 이 뿔들이 두려워서 감히 얼굴을 들 수 없었고, 그들에 맞서거나 대항하는 일은 꿈조차 꿀 수 없었다. 이 원수들은 위엄과 통치권을 나타내는 뿔들로 표현되고 있다. 들린 뿔이라는 표현은 그들의 힘과 권세와 폭력을 나타낸다. 그들은 네 개의 뿔이다. 왜냐하면, 유대인들은 그들에 의해서 사방으로 둘러싸여 있기 때문이다. 그들은 돌진해 오는 한 뿔을 피하면 다른 뿔 때문에 또다시 도망하게 되어 있다. 유다 사람들과 예루살렘의 주민들, 그리고 그들과 합류한 이스라엘의 많은 사람들은 성전을 재건하는 일에 착수하였다. 그러나 원수들은 그 일을 하지 못하게 사방에서 그들을 들쑤셔대서 그들을 그 일로부터 몰아내고자 하였다. 성전 건축을 반대한 르훔, 심새를 비롯한 사마리아인들이 이 뿔들이었다(스 4:8). 예루살렘 성벽을 중수(重修)하는 일을 반대한 산발랏과 도비야와 아라비아 사람들과 암몬 사람들과 아스돗 사람들도 이 뿔들이었다(느 4:7). 교회의 원수들은 뿔들을 가지고 있고, 그것들을 사용해서 온갖 선한 일을 훼방한다는 것을 명심하라. 신약 교회의 큰 원수는 일곱 머리와 열 뿔을 가지고 있기 때문에(계17:3), 교회를 섬기고자 애쓰는 자들은 그 뿔들에 치받힐 각오를 하여야 한다.

II. 우리는 여기에서 교회의 친구들이 그 뿔들을 이기는 활약상을 보게 됨. 선지자는 눈을 들어서 본 네 개의 뿔이 아주 무시무시한 것을 보고서, 모든 선한 자의 안전과 모든 선한 일의 성취에 대하여 절망하기 시작하였다. 그러나 그 때에 여호와께서 이 뿔들을 자를 능력이 있는 대장장이(또는, 목수) 네 명을 그에게 보이셨다(20-21절). 우리의 육안으로 볼 때에는 교회의 원수들의 힘은 막강해 보인다. 우리가 어디를 보아도, 세상은 우리에게 그것을 보여준다. 그러나 믿음의 눈으로 바라보면, 그럼에도 불구하고 교회가 안전하다는 것이 보인다. 여호와께서는 엘리사 선지자의 종의 눈을 여셔서 그의 주인을 둘러싸고 있는 무수한 천사들을 보게 하셨듯이(왕하 6:17), 우리에게 이렇게 교회가 안전하다는 것도 보여주신다. 이방인들의 뿔들을 꺾거나 잘라서 내던져 버리게 되어 있던 자들은 다음과 같이 묘사된다.

1. 그들은 대장장이들(또는, 목수)이었다는 것. 그들은 그런 일을 할 수 있는 능력과 솜씨를 지니고 있었다. 그 일은 그들의 본업이었기 때문에, 그들은 그 일을 잘 이해하고 있었고, 그 일을 할 때에 필요한 도구들도 가지고 있었다. 어떤 이들은 네 개의 뿔이 쇠로 된 뿔들이었기 때문에, 여기에서 대장장이들이 등장하는 것이라고 말한다. 하나님은 어떤 일을 하실 때에 그 일에 가장 적합한 자들을 찾아내시거나 만드셔서 그의 교회를 위하여 그 일을 하게 하신다는 것을 명심하라. 교회를 대적하여 해치고자 하는 뿔들(이것은 짐승의 세력과 광분을 나타낸다)이 있다면, 교회를 위하여 일하는 대장장이들(이것은 사람의 지혜와 선견지명을 나타낸다)도 있다. 인간은 이렇게 지혜와 통찰력을 통해서 가장 강한 짐승들을 지배하는 방법들을 찾아낸다. 온갖 종류의 짐승은 다 사람이 길들일 수 있고 길들여 왔다(약 3:7).

2. 그들은 대장장이 네 명이었다는 것. 뿔이 네 개였기 때문에, 그 뿔을 자르기 위해서는 대장장이도 네 명이 필요하였다. 교회가 어떤 식으로 해악의 위협을 받고 반대를 받는다고 할지라도, 하나님은 그 힘을 저지하고 그 광분을 억제하여, 그런 위협과 반대를 결국 하나님에 대한 찬양으로 바꾸실 방법들과 수단들을 찾아내실 수 있으시다는 것을 명심하라. 어떤 이들은 네 명의 대장장이가 온갖 반대를 무릅쓰고 하나님의 일을 수행하였던 스룹바벨, 여호수아, 에스라, 느헤미야를 가리키는 것으로 이해한다. 저 뿔 달린 짐승들은 하나님의 포도원을 짓밟기 위해서 그 포도원 속으로 침입하였다. 그러나 하나님이 일으키신 선한 방백들과 선한 사역자들은 비록 악인들의 뿔을 벨 힘은 없었지만(시 75:5, 10) 그들을 겁주어서 내쫓았다. 하나님은 어떤 일을 하실 때에 그 일을 직접 할 자들과 그 일을 옹호할 자들과, 그 일을 하는 데에 쓰임받는 자들을 보호해 줄 자들을 따로따로 다 일으켜 세우신다는 것을 명심하라.

제 2 장

개요

이 장에는 다음과 같은 내용들이 나온다. I. 선지자가 본 또 다른 묵시. 하나님이 그에게 묵시를 주신 것은 그를 즐겁게 하기 위한 것이 아니라, 그로 하여금 그가 보내심을 받은 자들을 만족시키고 그들의 덕을 세우게 하기 위한 것이다(1-2절). II. 이 장의 나머지 부분에는 선지자가 이 묵시를 토대로 한 설교가 나옴. 1. 묵시에 대한 해설. 선지자는 이 묵시가 예루살렘이 다시 번영하고 안전하며 존귀하게 될 것에 관한 예언이라는 것을 보여준다(3-5절). 2. 묵시의 적용. (1) 아직 바벨론에 있는 유대인들에게 하루 속히 고국으로 돌아올 것을 강력히 권면하는 데에 적용함(6-9절). (2) 고국으로 돌아와서 많은 난관들과 싸워야 하는 처지에 있던 자들을 위로하는 데에 적용함(10-12절). (3) 하나님께 이러저러하게 해달라고 주문하거나 하나님을 제한하지 말고, 인내로써 묵묵히 하나님을 기다리라고 모든 자들에게 주의를 주는 데에 적용함(13절).

¹내가 또 눈을 들어 본즉 한 사람이 측량줄을 그의 손에 잡았기로 ²네가 어디로 가느냐 물은즉 그가 내게 대답하되 예루살렘을 측량하여 그 너비와 길이를 보고자 하노라 하고 말할 때에 ³내게 말하는 천사가 나가고 다른 천사가 나와서 그를 맞으며 ⁴이르되 너는 달려가서 그 소년에게 말하여 이르기를 예루살렘은 그 가운데 사람과 가축이 많으므로 성곽 없는 성읍이 될 것이라 하라 ⁵여호와의 말씀에 내가 불로 둘러싼 성곽이 되며 그 가운데에서 영광이 되리라

스가랴 선지자는 예루살렘 위에 먹줄이 쳐지리라는 약속을 하나님의 이름으로 백성들에게 전하라는 명령을 받았다(1:16). 이제 여기에서 우리는, 선지자로 하여금 하나님의 메시지의 그 부분을 백성들에게 더 분명하고 확신 있게 전하도록 하기 위하여, 하나님이 그 약속을 예시하시고 확증해 주시는 것을 본다.

I 선지자가 묵시 가운데서 한 사람이 예루살렘을 측량하러 가는 것을 봄(1-2

절).   내가 또 눈을 들어 보았다. 하나님은 앞에서 그에게 아주 큰 힘이 될 만한 것을 보여주셨기 때문에(1:20), 이제 그는 또 눈을 들어 보았다. 우리가 믿음으로 말미암아 하나님의 선하심과 관련된 위로가 되는 광경을 보게 되면, 우리는 또다시 눈을 들어서, 하나님의 은혜와 관련하여 우리에게 주어지는 계시들을 계속해서 찾고 살피게 될 수밖에 없다. 왜냐하면, 우리가 보아야 할 것은 무궁무진하기 때문이다. 앞 장의 끝부분에서 그는 예루살렘의 원수들이 좌절되고 무너지는 것을 보았기 때문에, 이제는 예루살렘이 멸망을 받지 않게 되기를 소망하기 시작한다. 그러나 그것만으로는 예루살렘이 복된 성읍이 되기는 충분하지 않기 때문에, 그것은 여기에서 하나님이 약속하시는 것의 전부가 아니다. 여기에는 대장장이(또는, 목수)가 할 일이 더 나온다. 다윗은 악인들의 뿔을 다 베고자 결심하였을 때에 그것과 아울러서 의인들의 뿔은 높이 들 것이라고 약속하였다(시 75:10). 마찬가지로, 다윗의 자손도 여기에서 그렇게 하신다. 왜냐하면, 선지자가 보았을 때에 한 사람이 측량줄을 그의 손에 잡고 있었는데, 그 사람은 바로 사람이신 그리스도 예수이셨기 때문이고(딤전 2:5), 자신의 교회를 지으시는 건축자(히 3:3)이신 그리스도는 먹줄과 수준기(水準器)를 가지고 정확히 건축하시기 때문이다. 스가랴는 용기를 내어서, 그 사람에게 그가 어디로 가며 그 측량줄로 무엇을 하고자 하는지를 물었다. 그 사람은 자기가 예루살렘을 측량하여 각 방향으로 그 치수를 구체적으로 알려고 하는 것이라고 선선히 그에게 대답해 주었다. 이렇게 치수를 재는 것은 성곽을 만드는 데에 꼭 필요한 일이었고, 그 수치와 이 성에 거주할 사람들의 수와 비교함으로써, 그 많은 사람들이 다 들어가 살 수 있도록 성을 확장하는 데에도 꼭 필요한 일이었다. 많은 무리들이 예루살렘으로 몰려올 것이기 때문에(사 60:4), 예루살렘의 장막터를 넓힐 때가 된 것이다(사 54:2). 하나님은 그의 교회의 규모를 항상 알고 계시고, 아주 많은 손님들이 혼인 잔치에 온다고 할지라도 여전히 자리가 있도록 배려하신다는 것을 명심하라(눅 14:22). 위에 있는 내 아버지 집, 즉 새 예루살렘에는 거할 곳이 많다(요 14:2).

 Ⅱ. 선지자가 이 묵시는 예루살렘에게 좋은 것이라는 말을 들음.   그가 본 측량줄은 하나님이 딸 시온의 성벽을 헐기로 결심하시고 줄을 띠었던(애 2:8) 때와는 달리, 그 성을 멸망시키기 위해서 측량하는 줄도 아니었고, 혼란의 줄도 아니었으며(사 34:11), 도리어 하나님이 줄을 쳐서 그들의 소유를 분배하셨던(시 78:55)

때와 같은 그런 목적의 줄이었다. 선지자에게 말한 천사는 그가 말한 대로 예루살렘을 측량하러 나가고, 다른 천사가 이 묵시를 선지자에게 설명해 주어서 선지자가 괜히 이상한 생각을 하는 것을 방지하기 위해서 나와서 그를 맞았다. 너는 달려가서 그 소년에게 말하라(선지자는 젊었을 때에 예언을 시작하였지만, 하나님이 이렇게 그의 예언에 존귀를 더하셨기 때문에 아무도 젊은 그를 멸시하지 못하였던 것으로 보인다). 그는 경험이 별로 없는 젊은이여서, 이 묵시를 가장 나쁜 쪽으로 생각하여 두려워할 수 있기 때문에, 이 묵시가 아주 좋은 것임을 그에게 말해 주어라. 예루살렘이 아주 안전하고 어마어마하게 커지게 될 것이라고 그에게 말해 주어라.

1. 예루살렘이 사람이 생각할 수 있는 한도 내에서 가장 안전하고 큰 성이 되리라는 것(4절). 예루살렘은 그 가운데 사람이 많으므로 성곽 없는 성읍이 될 것이라. 주민들이 놀라울 정도로 불어나고 번성하여, 예루살렘은 현재의 규모와는 비교할 수 없을 정도로 확장될 것이다. 일반적으로 성벽은 적군으로부터 성을 방어하기 위한 것임과 동시에, 성의 영지(領地)를 제한해서 주민들이 그 경계 이상으로 늘어나는 것을 막기 위한 것이기도 하다. 그러나 예루살렘은 적군을 가까이 오지 못하게 하기 위하여 성벽을 두른다고 할지라도, 마치 성곽 없는 성읍 같이 성벽 너머에도 많은 사람들이 거주하게 될 것이다. 런던의 경우에 외곽 지역들이 성안의 지역들보다 거주자가 더 많은 것처럼, 예루살렘 성도 그렇게 될 것이다. 예루살렘 성은 마치 성벽이 전혀 없는 것처럼 무한정으로 확장될 것이지만, 마치 가장 튼튼한 성벽이 둘러져 있는 것처럼 지극히 안전할 것이다. 예루살렘은 그 가운데 사람과 가축이 많을 것이다(사람이 많은 것은 한 성의 최고의 성벽이고, 가축이 많다는 것은 사람들의 양식이 풍부하다는 것만이 아니라 부유하다는 것을 나타낸다). 사람들이 번성하여 그 수가 크게 늘어나는 것은 큰 축복이고, 하나님이 그들에게 복주신 것의 열매이며, 앞으로도 더 많은 복을 주실 것임을 보여주는 전조(前兆)라는 것을 명심하라(시 107:38): 하나님이 그들에게 복을 주사 그들이 크게 번성하게 하셨다.

2. 예루살렘이 하나님의 임재로 인하여 지극히 안전하고 큰 성이 되리라는 것(5절).

(1) 하나님이 친히 성을 불로 둘러싼 성곽이 되실 것이기 때문에, 예루살렘이 안전하리라는 것. 예루살렘은 당시에 그 성을 두른 성벽이 없이 그대로 무방비

인 채로 외부에 노출되어 있었다. 전에 성벽이 있었을 때에는 적군이 그 성벽을 뚫었을 뿐만 아니라 무너뜨렸다. 그러나 이제 하나님이 예루살렘 성의 불 성곽이 되어 주실 것이다. 어떤 이들은 이 표현이 목자들이 양 떼 곁에 불을 지피거나 여행자들이 황량한 곳에 장막을 쳤을 때에 그 주변에 불을 지펴서 들짐승에게 겁을 주어 가까이 오지 못하게 한 것을 염두에 둔 표현이라고 생각한다. 하나님은 욥에게 그러셨듯이(욥 1:10) 그들의 주위를 울타리로 두르시고, 그들의 주위에 성벽과 외벽들(사 26:1)을 지으시며(이것들은 무너질 수 있다), 그들의 주위를 두르는 산들(시 125:2) 같으실(산들은 넘을 수 있다) 뿐만 아니라, 친히 그들 주위를 둘러싼 불 성곽이 되어 주실 것이다. 불 성곽은 뚫을 수도 없고, 사닥다리를 걸쳐서 넘을 수도 없으며, 공성퇴(攻城槌)를 이용해서 그 벽에 구멍을 낼 수도 없고, 그 밑을 파서 무너뜨릴 수도 없으며, 가까이 접근해 올 수도 없다. 하나님은 예루살렘 주위에 불 성곽을 만드실 뿐만 아니라, 친히 불 성곽이 되어 주실 것이다. 왜냐하면, 우리 하나님은 그와 그의 교회의 원수들에게 소멸(燒滅)하는 불이시기 때문이다(신 4:24; 히 12:29). 하나님은 오직 한 쪽 면에만 있는 것이 아니라 사면을 둘러싸고 있는 불 성곽이시다.

(2) 하나님이 친히 그 가운데에서 영광이 되실 것이기 때문에, 예루살렘이 크게 되리라는 것. 거기에 하나님의 성전과 제단이 세워지고 모셔질 것이며, 하나님의 제도들이 지켜질 것이며, 거기에 하나님의 특별한 임재와 은총이 있을 것인데, 이러한 것들은 그들 가운데에 있는 영광이 될 것이고, 주위의 모든 나라 사람들로 하여금 그들을 진정으로 칭송하게 만들 것이다. 하나님은 그들로부터 높임을 받으실 것이고, 그들에게 존귀함을 더하실 것이다. 하나님을 자신의 하나님으로 모시고 살아가는 자들은 하나님을 자신의 영광으로 모시고 살아가는 것임을 명심하라. 그들 가운데에 하나님을 모시고 있는 자들은 그들 가운데에 영광을 모시고 있는 것이기 때문에, 성경에서는 왕의 딸, 즉 교회는 궁중에서 모든 영화를 누린다고 말한다(시 45:13). 하나님이 그들 가운데에서 영광이 되어 계시는 사람들과 장소들은 그들을 둘러싼 불 성곽을 가지고 있는 것이다. 왜냐하면, 여호와께서 그 모든 영광 위에 덮개를 두실 것이기 때문이다(사 4:5). 이제 이 모든 것은 세월이 흘러서 예루살렘이 아주 번성하는 성읍이 되고, 세상의 그 지역에서 아주 유명한 성읍이 되었을 때에 부분적으로 성취되었다. 예루살렘의 그러한 모습은 그 성읍이 얼마나 비천하게 낮아졌고, 회복되기

전에 얼마나 오랫동안 그러한 상태로 있었는지를 생각해 본다면 사람으로서 도저히 상상하기 힘든 모습이었다. 그러나 이 모든 것은 복음 교회에서 온전히 성취되었다. 복음 교회는 이방인들이 거기로 들어옴으로써 성벽 없는 성읍 같이 무한정으로 확장되었고, 그 가운데에는 교회의 왕이자 수호자이신 하나님의 아들이 계신다.

[6]오호라 너희는 북방 땅에서 도피할지어다 여호와의 말씀이니라 이는 내가 너희를 하늘 사방에 바람 같이 흩어지게 하였음이니라 여호와의 말씀이니라 [7]바벨론 성에 거주하는 시온아 이제 너는 피할지니라 [8]만군의 여호와께서 이같이 말씀하시되 영광을 위하여 나를 너희를 노략한 여러 나라로 보내셨나니 너희를 범하는 자는 그의 눈동자를 범하는 것이라 [9]내가 손을 그들 위에 움직인즉 그들이 자기를 섬기던 자들에게 노략거리가 되리라 하셨나니 너희가 만군의 여호와께서 나를 보내신 줄 알리라

우리는 애굽 왕 바로가 이스라엘 백성에게 애굽과 그들이 종살이 하던 집을 떠나도 좋다고 허락하였을 때에 수저 하나도 남기지 않고 다 가지고 나왔던 것처럼, 포로 된 유대인들에게 고국으로 돌아갈 자유를 허락한 고레스의 칙령이 반포되었을 때에 그들 모두가 돌아왔을 것이라고 생각하기 쉽다. 그러나 사실은 그렇지가 않았던 것으로 보인다. 하나님이 그 마음을 감동시키셔서 돌아오게 하신 자는 대략 사만 명 가량이었다. 그러나 많은 유대인들, 아마도 더 많은 수의 사람들이 여전히 포로 된 땅에 그대로 머물러 있었던 것 같다. 그들 중 대다수에게는 포로 된 땅은 그들이 태어난 땅이기도 하였다. 그들은 거기에 뿌리를 내리고 정착하였으며, 그들 중 다수는 거기에서 아주 편안하게 살고 있었다. 그리고 일부 사람들은 거기에서 재산도 모으고 출세도 했기 때문에, 고국으로 돌아가 보아야 더 나을 것이 없다고 생각하였을 것이다. 내가 편안하게 느끼는 그 곳이 바로 내 고향이다. 그들은 그들의 고국에 대하여 큰 애정을 갖고 있지 않았고, 고국으로 돌아가는 길에 만나게 될 난관들을 그들이 극복할 수 없을 것이라고 생각하였다. 그런데 이런 생각은 하나님의 능력과 약속에 대한 불신, 안락함과 세상 재물에 대한 사랑, 그들의 신앙과 이스라엘 하나님에 대한 무관심이라는 악한 근원에서 흘러나온 것이었다. 또한, 그것은 악영

향을 미쳤다. 왜냐하면, 그런 생각과 태도는 고국으로 돌아온 자들을 은연중에 어리석고 경솔하며 줏대가 없는 자들이라고 비난하는 것이었고, 하나님의 일을 하는 자들의 손의 힘을 약화시키는 것이었기 때문이다. 이런 자들은 이미 예루살렘을 잊었기 때문에 포로 생활 가운데에서 시편 137편을 노래할 수 없는 자들이었고, 그들 자신을 기쁘게 하는 것보다 예루살렘을 기쁘게 하는 것을 결코 앞세울 수 없는 자들이었다. 그러므로 여기에서 이스라엘의 하나님은 또 하나의 영(令)을 내리시는데, 그것은 자유인의 신분으로 살아가는 그의 모든 신민(臣民)들에게 그들이 어디에 흩어져 있든지 속히 고국으로 돌아와서 각자의 역할을 감당하라고 엄히 명령하고 당부하는 영이었다. 선지자는 큰 소리로 외쳐서 그들을 호출한다(6절): 오호라 너희는 북방 땅에서 도피할지어다 여호와의 말씀이니라. 이 말씀이 예루살렘이 반드시 재건되고 번영하여 크게 확장될 것이라는 약속에 뒤이어서 나오는 것은 아주 적절하다. 하나님이 그들과 그들의 위로를 위해서 예루살렘을 재건하신다면, 그들은 마땅히 하나님과 그의 영광을 위하여 예루살렘으로 돌아와서 살아야 하고, 바벨론에 은근슬쩍 숨어서 계속해서 기생하며 살아가서는 안 된다. 하나님이 자기 백성에게 복을 주시기 위하여 약속들과 특권들을 말씀하실 때, 우리는 어떤 대가를 치르더라도 당연히 하나님의 백성에 합류하여, 그들과 함께 제비를 뽑아야 한다는 것을 명심하라. 하나님이 자기 백성이 다 와서 충분히 살 수 있도록 시온을 확장하시는데도, 그들 중의 어떤 자들이 바벨론에 계속해서 머무른다면, 그것은 사람이 생각할 수 있는 것 중에서 가장 미친 짓이다. 사람이 세속적인 관점에서는 아무리 편안하다고 할지라도, 죄의 포로가 되어 사로잡혀 사는 삶은 결코 계속되어서는 안 된다. 너희는 조금도 지체하지 말고 아주 신속하게 거기에서 나와서 도피할지어다(6절). 너희는 도망하여 생명을 보존하고 돌아보지 말라(창 19:17). 하나님은 하루 속히 돌아오도록 그들을 유인하시기 위하여, 그들로 하여금 다음과 같은 것들을 깊이 생각하게 하신다.

1. 그들은 지금 흩어져서 살고 있지만, 그들 모두가 다같이 살기 위해서는 한데 뭉치는 데에 관심을 기울여야 한다는 것(6절). "내가 너희를 하늘 사방에 바람 같이 흩어지게 하여서, 어떤 자들은 세상의 이 구석으로, 어떤 자들은 세상의 저 구석으로 보내었다. 너희는 오랜 세월 동안 그런 상태로 지내왔다. 그러나 이제 너희는 다시 한데 뭉쳐서 서로를 도울 생각을 하여야 한다." 하나님은 자

기가 그들에 대하여 진노하셔서 그들을 흩으셨다는 것을 인정하신다. 그러므로 그들은 이 초대를 하나님이 기꺼이 그들과 다시 화해하고자 하신다는 표시로 받아들여야 한다. 만약 그들이 하나님의 이 초대를 거절한다면, 그들은 하나님의 인자하심을 차버리는 것이다.

2. 그들은 지금 포로로 살고 있지만, 그들의 자유를 되찾는 데에 관심을 기울여야 한다는 것. 그러므로 "시온아, 너는 피할지니라. 압제로부터 도망하고, 네게 열려 있는 길을 최대로 선용하라. 시온아, 너그럽고 은혜로운 아브라함의 자손답게 스스로를 돕기 위한 담대한 시도들과 싸움들을 행하라(7절)." 그리스도께서 포로 된 자들을 속량하시는 일을 하신 후에 그들에게 구원을 선포하실 때에는 우리 각자는 우리 자신을 구원하는 일, 우리의 목의 줄을 스스로 푸는(사 52:2) 일에 관심을 가져야 하고, 우리가 은혜 아래에 있게 된 때로부터는 죄가 우리를 주장하지 못하게 하리라고 결심하여야 한다(롬 6:14). 여기에서는 시온이 바벨론 성에 거주하고 있다고 말한다. 왜냐하면, 시온의 보배로운 아들들(애 4:2) 중 다수가 바벨론에 거주하였고, 하나님의 교회는 장소에 얽매이지 않아서 하나님의 백성이 있는 곳에 교회도 있기 때문이다. 그러나 이제 시온이 바벨론 성에 거주하는 것은 적절하지 않다. 빛이 어떻게 어둠과 사귐을 가질 수 있겠는가? 시온은 바벨론이 저지르는 죄들과 바벨론이 받을 재앙들에 연루될 위험성이 있다. 그러므로 "내 백성아 거기서 나와 그의 죄에 참여하지 말고 그가 받을 재앙들을 받지 말라(계 18:4). 시온아 이제 너는 피할지니라. 저 부패하고 저주받은 땅에 계속 거주함으로써 스스로 멸망을 자초하지 말고, 속히 네 고국으로 돌아오라." 하나님의 자녀들의 세대 가운데에서 발견되고자 하는 자들은 이 세상의 패역한 세대에서 구원을 받아야 한다(행 2:40). 이것은 사도 베드로가 그의 설교를 듣고서 회심한 새 신자들에게 당부한 말이었다.

3. 그들은 지금까지 하나님에게서 버림받고 잊혀진 것처럼 보였지만, 하나님은 이제 그가 그들의 대의(大義)를 옹호하시고 열심으로 그것을 변호할 것임을 나타내 보이시리라는 것(8-9절). 고국으로 돌아간 형제들이 난관들과 반대들에 봉착해서 여전히 적대 세력에 의해서 제압당하여 분쇄될 위험에 있다는 소식을 전해 듣는 것은 바벨론에 남아 있던 자들에게는 낙심이 되는 일이었다. 그들은 '바벨론을 떠나서 큰 고생을 해서 고국에 돌아가 망하느니 차라리 여기에서 조용히 앉아 망하는 것이 더 낫다'고 생각하였을 것이다. 이러한 반론

에 대한 대답으로, 선지자와 말한 천사(즉, 예수 그리스도)는 그에게 자기가 그들을 보호하고 그들의 구원을 온전히 이루기 위하여 어떤 일을 하도록 사명을 받았는지를 말씀해 주는데, 이것은 때가 찼을 때에 그가 이루게 될 저 큰 구속 사건을 염두에 둔 것이었다. 여호와이시고, 하늘과 땅의 모든 군대, 즉 만군의 주이시며, 하늘과 땅에서 절대 주권을 지니고 계시는 그리스도께서는 그(즉, 아버지 하나님)가 나를 보내셨다고 말씀하신다. 예수께서 그의 원수들을 대적하시고 그의 교회를 위하여 행하신 일은 모두 그가 아버지로부터 사명을 받고 아버지로부터 보내심을 받아서 하신 일이었다는 것을 명심하라. 그리스도께서는 종종 그를 보내신 아버지에 대하여 말씀하시면서 대단히 흡족해하신다.

(1) 그리스도는 영광을 위하여 보내심을 받았다는 것. 그들의 영광스러운 구원이 시작된 후에, 그는 그것을 완성하기 위하여 보내심을 받았다. 왜냐하면, 그는 그가 시작한 저 구원 사역을 끝마쳐서 완성시키는 분이시기 때문이다. 그리스도는 우선적으로 이 영광이 속한 유대 민족에게로 보내심을 받았다(롬 9:4). 그는 그 자신이 자기 백성 이스라엘의 영광이셨다. 그러나 유대인들에게 그의 영광을 나타내신 후에, 그는 이방을 비추는 빛이 되도록 이방 나라들로 보내심을 받아서, 그의 복음의 능력으로 그들을 사로잡으시고, 그들 가운데에 있는 모든 높아진 생각을 사로잡아 그에게 복종하게 하시는 일을 하셨다.

(2) 그리스도는 그들을 노략한 여러 나라로 보내심을 받았다는 것. 그는 그의 속량받은 자들의 해가 오고 시온의 송사를 위하여 신원하시는 해가 왔을 때에(사 34:8) 시온에게 불의를 행한 자들에게 복수하시기 위하여 보내심을 받았다. 그는 그들 위에 그의 손을 흔들고, 그의 능하신 손을 들어서 그들을 치며, 그들 위에 그의 무거운 손을 올려놓고, 철장으로 그들을 깨뜨리고 질그릇 같이 부수기(시 2:9) 위하여 보내심을 받았다. 어떤 이들은 이 구절은 하나님이 그의 손을 한 번 드시는 것만으로도 얼마나 쉽게 그들을 제압하시고 낮추실 수 있으신지를 보여주는 것이라고 생각한다. 하나님이 그의 손을 들어 그들 위에서 흔들기만 하셔도, 모든 일이 끝난다. 그들은 자기를 섬기던 자들에게 노략거리가 되고, 그들이 종으로 삼았던 자들의 종이 되며, 그들이 노략하였던 자들에 의해서 노략을 당하게 될 것이다. 에스더 때에 유대인들이 자기들을 미워하는 자들을 제거하게 된 때에 이것은 성취되었고(에 9:1), 마카베오 시대에는 자주 그런 일이 일어났다. 이 약속은 그리스도께서 우리의 영적 원수들에 대하여 승리하시고, 통치자

들과 권세들을 무력화하여 드러내어 구경거리로 삼으셨을 때에 더 온전하게 성취되었다(골 2:15). 그리고 이 약속은 복음 교회에서 여전히 유효하다. 그리스도께서는 교회의 모든 원수들을 벌하실 것이고, 조만간에 그들을 그의 발판이 되게 하실 것이다(시 110:1; 계 3:9).

(3) 그리스도께서 그의 교회를 위하여 행하시는 일은 하나님이 교회를 자상하게 돌보시고 사랑하신다는 것을 보여주는 분명한 증거가 되리라는 것. 너희를 범하는 자는 그의 눈동자를 범하는 것이라. 이것은 교회에 대한 하나님의 사랑이 어느 정도인지를 잘 표현해 주고 있는 말씀이다. 그가 교회에 해악을 끼친 자들을 미워하신다는 것은 교회가 그에게 얼마나 소중한 존재인지, 교회의 모든 일에 얼마나 깊은 관심을 갖고 계시는지를 보여주는 것이다. 게다가, 그는 교회에 행하여진 해악을 자기가 당한 해악으로 여기실 뿐만 아니라, 그의 몸 중에서 가장 예민하고 여린 부분인 그의 눈동자를 범한 것으로 여기신다. 눈동자는 아주 정교한 기관으로 만들어졌기 때문에, 이중으로 보호 장치가 되어 있고, 특별한 주의와 보호가 필요하며, 조금만 범하여도 큰 일이 난다. 이러한 말씀은 하나님의 백성에게 다윗처럼 나를 눈동자 같이 지키소서(시 17:8)라고 기도할 힘을 주고, 솔로몬의 권면처럼 그의 법을 네 눈동자처럼 지키라(잠 7:2)고 서로에게 권면할 용기를 준다. 어떤 이들은 이 구절을 이렇게 이해한다: "너희를 범하는 자는 자기 자신의 눈동자를 범하는 것이다. 너희에게 해악을 끼치는 자는 결국 그들 자신에게 아주 큰 해악을 끼친 것이었음을 알게 될 것이다."

(4) 그것은 하나님이 그리스도를 보내셨다는 것을 보여주는 분명한 증거가 되리라는 것. 너희가 만군의 여호와께서 나를 그의 교회의 보호자로 보내신 줄 알 것이고, 교회에 주어진 약속들이 내 안에서 예와 아멘이 된다는 것을 알게 될 것이다. 우리의 영적 원수들에 대한 그리스도의 승리는 아버지 하나님이 그를 보내셨고 그와 함께 하셨다는 것을 증명해 준다.

¹⁰여호와의 말씀에 시온의 딸아 노래하고 기뻐하라 이는 내가 와서 네 가운데에 머물 것임이라 ¹¹그 날에 많은 나라가 여호와께 속하여 내 백성이 될 것이요 나는 네 가운데에 머물리라 네가 만군의 여호와께서 나를 네게 보내신 줄 알리라 ¹²여호와께서 장차 유다를 거룩한 땅에서 자기 소유를 삼으시고 다시 예루살렘을 택하시리니 ¹³모든 육체가 여호와 앞에서 잠잠할 것은 여호와께서 그의 거룩한 처소에서 일

어나심이니라 하라 하더라

이 단락에는 다음과 같은 내용들이 나온다.

바벨론 성과 결별하고 나온 하나님의 백성, 즉 딸 시온에게 기쁨이 선포되었다. 귀환한 유대인들은 곤고함과 위험 가운데에 있었고, 원수들은 그들의 지척에서 그들을 해치려고 이를 갈고 있었으며, 바벨론에 남아 있던 그들의 친구들은 그들을 꺼리고 냉담하게 대하며 그들을 도우러 오기를 거절하였다. 그런데도, 하나님은 그들에게 환난 가운데서도 노래하고 기뻐하라고 하신다. 아직 외적인 형통을 회복하지는 못했을지라도 정결함과 온전한 신앙과 영적인 자유함을 회복한 자들은 노래하고 기뻐하며, 하나님께 영광을 돌리고, 스스로 위로를 받을 이유가 있다는 것을 명심하라.

Ⅰ 하나님은 그들 가운데에서 한 백성을 이루시리라는 것. 바벨론에 있는 그들의 형제들이 그들에게 오지 않는다면, 다른 나라 사람들이 와서 예루살렘과 유다 성읍들을 가득 채우게 될 것이다. 그 날에 지금은 멀리 있고 외인(外人)인 많은 나라가 여호와께 속하게 될 것이다. 유대 민족은 포로기 이후에 개종자들의 유입으로 그 인구가 아주 많이 늘어났는데, 유대인으로 귀화한 개종자들은 태생적으로 이스라엘 사람인 자들의 모든 특권을 누렸다. 그래서 바울은 자기가 베냐민 지파요 히브리인 중의 히브리인이라는 사실을 많은 유대인들이 갖지 못한 영광으로 언급할 수 있었다(빌 3:5). 이것은 이방인들이 기독 교회로 들어오게 될 것을 보여주는 전조(前兆)였고, 여기에 나오는 것을 비롯해서 다른 비슷한 약속들은 이것을 통해서 온전히 성취될 것이었다. 그러므로 선지자들의 시대에 하나님이 그들에게 약속하셨던 복, 즉 많은 나라가 여호와께 속하리라는 말씀이 사도들의 시대에 유대인들을 격분하게 한 아주 못마땅한 것이 되어 버린 것은 정말 이상한 일이었다. 거류민에게나 본토인에게나 동일한(민 9:14) 하나의 율법이 있었듯이, 마찬가지로 그런 하나의 복음이 있는 것이 마땅한 일이었다. 그들이 어느 나라에서 왔든, 여호와께 속한 자들은 전에 이스라엘이 그랬듯이 하나님께 소중한 그의 백성이 될 것이다. 하나님은 작심하고 그에게 속한 자들을 그의 백성이라고 시인하실 것임을 명심하라. 많은 사람들이 그런 식으로 하나님께 속할 때, 우리는 그들을 질시하는 눈이 아니라 기뻐하는 눈으로 바라보아야 한다. 많은 나라들이 여호와께 속할 때, 천사들은 무척 기

뻐한다. 그러므로 딸 시온도 기뻐하는 것이 마땅하다.

II. 하나님이 그들 가운데에 임재해 계시리라는 것. 노래하고 기뻐하라 이는 내가 와서 네 가운데에 머물 것임이라. 하나님이 어떤 자들에게 오신다면, 그들은 기뻐할 이유가 있다. 왜냐하면, 하나님은 그들에게 그들의 최고의 기쁨이 되어 주실 것이기 때문이다. 하나님은 그들을 단지 방문하시기 위하여 오시는 것이 아니라, 그들에게 오셔서 그들과 함께 거하시면서 그들을 주관하실 것이다. 내가 네 가운데에 머물 것이다(10절과 11절). 이 말씀이 두 번 반복되어 나오는 것은 그 약속이 이중으로 성취될 것이기 때문이었다.

1. 성전이 봉헌되어, 거기에서 하나님의 모든 규례들이 주기적으로 지켜지고, 하나님은 그 규례들 속에서 그들을 시인하시리라는 것. 정결함 가운데에서 하나님의 규례들을 지키고, 그 규례들 속에서 하나님의 능력을 경험하는 자들은 하나님이 그들 가운데에 머무시는 것이다. 이제 유대 교회는 예전과 마찬가지로 하나님의 임재의 이러한 징표들을 누리는 복을 받게 될 것이다.

2. 이 약속은 그리스도의 성육신을 통해서도 성취되리라는 것. 여기에서 그들 가운데에 거하시겠다고 약속하고 계시는 분은 만군의 여호와께서 보내신 주 예수이시다(11절). 그리스도께서는 이 땅에 오셔서 유대 민족 가운데에 거하셨다. 그는 육신이 되어 우리 가운데 거하신 영원한 말씀이셨다(요 1:14). 이것은 말일에 유대 민족에게 주어진 큰 영광이었다. 이 약속이 성취될 때까지 유대 민족의 존속은 확실하게 보장된 것이었다. 그들은 이 축복이 그들에게 임할 때까지 결코 멸망할 수 없었다. 이 약속이 성취되기를 기다리는 것은 예루살렘의 속량을 바라는 모든 사람에게 큰 힘과 위로가 되었다(눅 2:38). 하나님은 그리스도께서 오셔서 그들 가운데에 거하실 때에 그들이 만군의 여호와께서 그를 보내신 줄 알게 될 것이라고 약속하신다. 실제로 하나님은 모든 이스라엘 사람들이 얼마든지 그것을 알 수 있게 해주셨다. 그리스도께서 행하신 이적들을 통해서 충분한 증거들이 주어졌기 때문에, 그들은 그것을 당연히 알아야 했다. 그런데도 그것을 알지 못하고 무지와 불신앙 가운데에서 멸망한 자들이 있었다. 만일 그들이 그것을 알았더라면 영광의 주를 십자가에 못 박지 아니하였으리라(고전 2:8).

III. 하나님이 그들의 옛 위엄들과 특권들을 다시 회복시키시리라는 것(12절).

1. 가나안은 다시 거룩한 땅이 되리라는 것. 이제 가나안은 이전처럼 죄로

더럽혀지거나, 최근에처럼 원수들에 의해서 모독을 당하지 않게 될 것이다. 이 땅은 울타리도 없이 허허벌판처럼 위험에 노출되는 것이 아니라, 다시 울타리로 둘러쳐지게 될 것이다.

2. 유다는 이 거룩한 땅에 있어서 거기에 거주하며 이 땅이 주는 위로를 누리게 될 것이고, 다시는 바벨론 등지로 흩어져서 스러져가는 일이 없을 것이다.

3. 유다는 하나님의 분깃(또는, 몫)이 되리라는 것. 하나님은 유다를 기뻐하시고 소중히 여기실 것이며, 유다의 섬김을 받으시고, 유다로 인하여 영광을 받으실 것이다. 여호와의 분깃은 그의 백성이다.

4. 하나님이 유다를 다시 그의 분깃으로 삼으셔서, 유다에 대한 자신의 소유권을 주장하시고, 자신의 소유인 유다를 그의 권리를 침해한 자들의 손으로부터 회복하시리라는 것. 사람이 자신의 기업(基業)에 대하여 그러하듯이, 하나님은 자기 백성을 보호하시고 다스리실 것이며, 그들 가운데에 거하실 것이다.

5. 하나님이 예전처럼 다시 예루살렘을 택하셔서 자기의 이름을 거기에 두시리라는 것(신 12:5). 하나님은 그 택하심을 갱신하시고 재확인하셔서, 예루살렘이 위로부터 오는 예루살렘에 그 영광을 넘기기 전까지는 그 곳을 그가 택하신 곳으로 삼으실 것이다. 이 택하심은 한동안 폐기된 것처럼 보였을지라도, 여전히 유효하게 될 것이다.

Ⅳ. 하나님이 온 세상 사람들에게 잠잠하라고 하심(13절). 딸 시온은 마땅히 노래할 것이지만, 모든 육체는 잠잠하여야 한다.

1. 하나님이 자기 백성을 건지시러 나타나시는 모습이 아주 장엄하게 묘사됨. 여호와께서는 마치 사람이 잠에서 깨어나서 일어나듯이(시 44:23; 78:65), 또는 사람이 자기가 반드시 끝내야 하는 일을 결연한 각오로 착수하려고 일어나듯이, 그의 거룩한 처소에서 일어나실 것이다. 천국은 윗세상에 있는 하나님의 거룩한 처소이다. 우리는 하나님이 하늘로부터 나타나시기를 기다려야 한다(사 64:1). 이 아랫세상에서는 하나님의 성전이 그의 거룩한 처소이다. 하나님은 성전의 그룹 사이에 좌정하시고 거기로부터 빛을 비추신다(시 80:1). 하나님은 오랫동안 가만히 계시는 것처럼 보였지만, 이제 자기 백성의 억울함을 풀어주시고자 비상하고 아주 놀랍고 예기치 않은 그 무엇을 행하고자 하신다.

2. 이러한 때에 하나님이 시의적절한 주의(注意)와 지시를 주심. 모든 육체

여, 여호와 앞에서, 그리스도와 그의 은혜 앞에서(육체는 그리스도께서 취하시는 방법들에 대하여 반대하지 말라), 하나님과 그의 섭리 앞에서 잠잠하라. 교회의 원수들은 침묵하게 될 것이고, 모든 죄악이 교회의 입을 다물게 할 것이며, 교회의 친구들도 침묵하여야 한다. 하나님이 그의 방식대로 하시게 맡겨 드리고, 감히 나서서 하나님이 어떻게 해야 한다고 주문하려 들지 말며, 하나님이 무슨 일을 하시든지 시비를 걸지 말라. 너희는 가만히 있어 내가 하나님 됨을 알고(시 46:10), 가만히 서서 여호와께서 너희를 위하여 행하시는 구원을 보라(출 14:13; 또한, 합 2:20; 습 1:7). 너희는 하나님이 그의 거룩한 처소에서 일어나실 때에는 그의 일을 완전히 이루실 때까지는 결코 물러나시거나 다시 앉지 않으실 것임을 확신하고서, 묵묵히 그의 거룩하신 뜻에 순종하는 가운데에 그 결과를 참고 기다리라.

제
— 3 —
장

개요

앞 장의 묵시는 유대 민족의 시민적 권리들이 다시 회복될 것이라는 약속들을 보여주는 것이었고, 그 약속들의 효력은 그리스도에게서 끝이 났다. 이제 이 장에 나오는 묵시는 교회 국가로서의 그들의 이해관계와 교회의 권리들에 관한 것으로서, 그것들이 다시 좋은 상태로 회복될 것을 그들에게 약속한다. 이 약속들도 그리스도와 연관이 되어 있다. 그리스도는 우리의 왕이실 뿐만 아니라, 우리가 믿는 도리의 대제사장이시기 때문이다. 여기에서는 대제사장 여호수아가 그리스도의 모형으로 등장한다. I. 당시에 교회의 대표자였던 여호수아와 관련된 묵시. 이 묵시는 여호수아와 백성들이 불리한 여건들 아래에서 수고하는 모습과 하나님이 그들의 애로들을 제거해 주시는 모습을 보여준다. 1. 그는 사탄에 의해서 고소를 당하지만, 그리스도에 의해서 건짐을 받는다(1-2절). 2. 그는 더러운 옷을 입고 나타나지만, 그리스도는 그의 옷을 갈아입히신다(3-5절). 3. 그는 그가 그의 소임을 잘 한다면 그의 직분이 견고하리라는 약속을 받는다(6-7절). II. 여기에서 "싹"이라 불리는 그리스도와 관련된 설교. 그리스도는 그의 일을 위해서 온갖 완전한 것들을 부여받으신 후에, 그 일을 성공적으로 수행하실 것이고, 우리는 그로 말미암아 죄 사함과 화평을 얻게 될 것이다(8-10절).

[1]대제사장 여호수아는 여호와의 천사 앞에 섰고 사탄은 그의 오른쪽에 서서 그를 대적하는 것을 여호와께서 내게 보이시니라 [2]여호와께서 사탄에게 이르시되 사탄아 여호와께서 너를 책망하노라 예루살렘을 택한 여호와께서 너를 책망하노라 이는 불에서 꺼낸 그슬린 나무가 아니냐 하실 때에 [3]여호수아가 더러운 옷을 입고 천사 앞에 서 있는지라 [4]여호와께서 자기 앞에 선 자들에게 명령하사 그 더러운 옷을 벗기라 하시고 또 여호수아에게 이르시되 내가 네 죄악을 제거하여 버렸으니 네게 아름다운 옷을 입히리라 하시기로 [5]내가 말하되 정결한 관을 그의 머리에 씌우소서 하매 곧 정결한 관을 그 머리에 씌우며 옷을 입히고 여호와의 천사는 곁에 섰더라 [6]여호와의 천사가 여호수아에게 증언하여 이르되 [7]만군의 여호와의 말씀에 네가 만

일 내 도를 행하며 내 규례를 지키면 네가 내 집을 다스릴 것이요 내 뜰을 지킬 것
이며 내가 또 너로 여기 섰는 자들 가운데에 왕래하게 하리라

이스라엘이 처음으로 가나안에 정착하는 데에 가장 중요한 역할을 한 인물은 여호수아였다. 여기에는 여호수아라는 이름을 지닌 또 하나의 인물이 등장하는데, 그는 포로기 이후에 이스라엘 백성이 가나안에 두 번째로 정착하는 데에 아주 큰 활약을 하였다. 우리 주님의 이름인 예수도 여호수아와 같은 이름으로서 구원자를 의미한다. 두 명의 여호수아는 장차 오시게 되어 있던 예수, 우리의 대장이시자 우리의 대제사장이신 예수의 모형이자 예표(豫表)였다. 스가랴와 말하였던 천사는 그에게 대제사장 여호수아를 보여주었다. 선지자는 그를 자주 보았고 그와 얘기를 나누었으며, 두 사람은 아주 친하였을 것이다. 그러나 선지자는 평소에 사람들 앞에 선 여호수아의 모습만을 볼 수 있었을 뿐이다. 그가 여호와 앞에 선 여호수아의 모습이 어떤지를 알고자 한다면, 그는 묵시를 통해서 여호수아의 모습을 보아야 한다. 그런데 지금 그 모습이 그에게 보여졌다. 세상 사람들의 눈에 비친 모습이 아니라 하나님 앞에 선 모습이야말로 그 사람의 참모습이다. 여호수아는 여호와의 천사 앞에, 즉 천사들의 주(主)이신 그리스도 앞에 섰다 ― 아론의 반열에 속한 대제사장들도 그리스도의 휘하에 있다. 여호수아는 천사들의 감독 하에 하나님을 섬기는 그의 직무를 수행하기 위하여 여호와의 천사 앞에 섰다. 그는 대제사장으로서 이스라엘을 대표하는 자였기 때문에, 이스라엘을 위하여 하나님의 말씀을 받고자 그 앞에 섰다. 우리가 하나님 앞에 설 때, 우리를 크게 낙심시키는 두 가지는 죄책과 타락이다. 우리는 우리가 저지른 죄들로 인한 죄책 때문에 하나님의 공의에 따라 형벌을 받아야 하는 자들이 되었고, 우리 안에 거하는 죄의 능력으로 말미암아 하나님의 거룩하심 앞에서 가증스러운 자들이 되었다. 하나님의 이스라엘은 모두 다 이 두 가지 때문에 위험에 처해 있었다. 이 묵시에 등장한 여호수아도 마찬가지였다. 율법은 약점을 가진 사람들을 제사장으로 세웠기 때문이다(히 7:28). 우리는 예수 그리스도로 말미암아 이 두 가지에서 건짐을 받는다. 왜냐하면, 하나님은 그리스도를 우리의 의로움과 거룩함이 되게 하셨기 때문이다(고전 1:30).

Ⅰ 여호수아가 죄인으로 고소당하지만, 의롭다 하심을 얻음.

1. 여호수아가 사탄의 격렬한 반대를 받음. 사탄은 그의 오른쪽에 서서 그를 대적하였다. 사탄은 죄수의 오른쪽에 서는 검사 또는 증인과 마찬가지로 여호수아의 오른쪽에 섰다. 마귀는 형제들을 고소하는 자, 하나님 앞에서 형제들을 밤낮으로 참소하는(계 12:10) 자라는 것을 명심하라. 어떤 이들은 여기에서 대제사장 여호수아는 그의 휘하에 있는 많은 하위 제사장들의 죄로 인해서 고소를 당한 것이라고 생각한다. 당시에 제사장들은 포로 생활에서 돌아온 뒤에 이방인 여자와 결혼하는 죄를 많이 범하였다(스 9:1-2; 느 13:28). 하나님이 제사장단을 다시 세우고자 하실 때, 사탄은 제사장들 가운데에서 발견된 죄들을 들먹이며, 그런 자들은 제사장이 될 자격이 없다는 이유를 들어서 반대한다. 우리는 우리 자신의 어리석음 때문에 사탄에게 우리를 공격하고 모욕하며 고소할 빌미를 제공한다. 특히, 제사장들에게서 어떤 잘못이 발견된다면, 사탄은 틀림없이 그것을 가장 나쁜 쪽으로 해석하고 과장해서 악용할 것이다. 사탄은 서서 여호수아를 대적하였다. 즉, 사탄은 여호수아가 백성들의 유익을 위하여 행하고 있는 일을 반대하였다. 사탄은 여호수아의 오른쪽에 섰다. 즉, 사탄은 여호수아가 활동할 때에 써야 하는 오른손을 붙잡아서, 그를 낙심하게 하고, 여러 가지 난관으로 그의 길을 훼방하고자 하는 것이다. 우리는 하나님 앞에 서서 그를 섬기거나, 하나님을 위하여 그의 일을 할 때에, 사탄이 그 교활함과 악의를 가지고서 우리를 훼방하는 온갖 방해들을 만날 각오를 하여야 한다는 것을 명심하라. 그러므로 우리는 우리를 대적하는 자를 대적하여야 한다. 그러면, 그는 우리에게서 멀리 도망칠 것이다.

2. 그리스도께서 여호수아를 성공적으로 방어해 주심(2절). 여호와(즉, 주 그리스도)께서 사탄에게 이르시되 여호와께서 너를 책망하노라 하셨다. 성도들의 복(福)은 재판장 또는 심판자이신 분이 그들의 친구라는 것이다. 사탄이 그들을 고소할 때에 그 고소를 들으시고 판결하시는 분은 바로 그들의 후견인이자 보호자이시고 그들을 변호해 주시는 분이기 때문에, 그분은 반드시 그들을 그 고소에서 건져 주실 것이다.

(1) 사탄은 여기에서 권세를 가지신 분, 그를 정복하신 분, 그를 무수히 잠잠하게 만드셨던 분의 제지를 받음. 형제들, 그리고 사역자들과 그들의 사역을 참소하던 자가 쫓겨났다(계 12:10). 그의 고소들은 파기되고, 그가 그들에게 한 말들과 그들을 해치기 위해서 한 말들은 악의적이고 하잘것없고 남을 괴롭히기

위해서 한 말들임이 드러난다. 사탄아 여호와께서 너를 책망하노라. 주, 곧 우리의 구속주께서 이르시되 여호와, 곧 창조주 여호와께서 너를 책망하노라 하셨다. 그리스도의 은혜가 효력을 나타내도록 하기 위하여 하나님의 권능이 동원된다. "여호와께서 너의 악의적인 분노를 억제하시고, 너의 악의적인 고소를 기각하시며, 그의 종에 대한 너의 적대감으로 인하여 네게 복수하신다." 그리스도께서는 사탄이 자기 백성을 사납게 공격하면 그들을 열심으로 변호하시고 지키신다는 것을 명심하라. 그는 사탄과 협상하시는 것이 아니라, 즉시 다음과 같은 날카로운 질책으로 사탄의 입을 막으신다: 사탄아 여호와께서 너를 책망하노라. 이것은 저 광분하는 원수를 다루는 가장 좋은 방법이다. 사탄아 내 뒤로 물러 가라(마 16:23).

(2) 그리스도께서는 여기에서 이치를 따져서 사탄을 꼼짝 못하게 만드심. 사탄은 대제사장 여호수아를 대적하였지만, 그는 다음과 같은 것들을 알아야 한다.

[1] 그가 대적해 보아야 아무 소용이 없으리라는 것. 여호와께서 예루살렘을 택하셨고, 그가 택하신 곳에 계실 것이기 때문에, 예루살렘을 대적하여 어떤 일을 시도해 보아야 아무 소용이 없을 것이다. 하나님은 자기 백성을 대적하는 것을 다 보신다. 하나님은 자기 백성을 택하실 때에 사탄이 대적하리라는 것을 미리 다 아신 가운데 택하셨다. 그러므로 이제 와서 하나님의 백성을 대적해 보아야, 그것은 하나님께서 고려할 만한 사항이 될 수 없다. 하나님은 그들을 택하실 때에 그들이 최악일 때의 모습이 어떤 것일지를 이미 알고 계셨다. 그러므로 그의 택하심은 계속해서 유효할 것이다.

[2] 그가 대적하는 것이 이치에 맞지 않는다는 것. 왜냐하면, 그들은 불에서 꺼낸 그슬린 나무이기 때문이다. 여호수아가 그러하고, 그가 대표하고 있는 제사장들과 백성들이 그러하다. 그리스도께서는 그들이 지닌 어떤 칭찬할 만한 것을 말할 수는 없으셨지만, 그들이 불쌍히 여김을 받아야 할 존재라는 것은 말할 수 있으셨다. 그리스도께서는 자기 백성의 연약함을 아시기 때문에 그들을 가장 좋게 보아 주시고, 그들의 잘못들도 너그러이 용서해 주실 수 있으시다. 그러므로 그는 그들이 잘못하는 것들을 지나치게 지적하지 않으신다. 그들은 얼마 전까지 불 속에 있었다. 그들이 검게 그슬린 모습을 하고 있고, 그들에게서 아직도 그 그을린 냄새가 나는 것은 이상한 일이 아니다. 그러므로 그들

을 고소하는 것이 아니라 불쌍히 여겨서 용서하는 것이 옳다. 얼마 전까지 바벨론에서 포로 생활을 하던 자들이 아주 비천하고 멸시받을 만하게 보이는 것은 어쩌면 당연한 일이다. 그들은 최근에 저 큰 환난에서 건짐을 받았다. 그런데도, 사탄아, 네가 그들을 다시 그 환난 속으로 던져 넣고자 하는 것은 너무나 잔인하고 야만적인 처사가 아니겠느냐? 하나님은 그들을 통해서 영광을 받으시기 위하여, 기이한 일들을 행하셔서 그들을 불에서 건져 내셨다. 그런데도, 하나님이 그들을 다시 불구덩이 속으로 던져 버리는 것이 옳은 일이냐? 아니다. 하나님은 꺼져 가는 심지도 끄지 않으시는 분이시고, 연기를 내면서 꺼져 가는 나뭇 조각도 끄지 않으시는 분이시다. 하나님은 그들을 사용하사기 위해서 불에서 건져 내셨다. 절박한 위험을 간신히 피하게 된 것은 더 큰 은혜를 받을 것임을 보여주는 강력하고 복된 전조(前兆)라는 것을 명심하라. 회심한 심령은 하나님의 거저 주시는 은혜로 말미암아 불에서 꺼내진 그슬린 나무이기 때문에, 하나님은 그를 사탄의 먹이가 되도록 내버려 두지 않으신다.

Ⅱ. 여호수아는 더럽혀진 자임이 드러나지만, 정결하게 됨. 왜냐하면, 여호수아는 하나님의 이스라엘을 대표하는 자이고, 이스라엘은 주 예수의 이름과 우리 하나님의 성령으로 씻음을 받고 거룩하게 될 때까지는 모두 다 부정한 자 같기 때문이다(사 64:6). 좀 더 자세하게 살펴보자.

1. 여호수아는 부정한 자로 나타났다는 것(3절). 그는 그의 직분의 위엄이나 그의 일의 거룩성에 전혀 합당하지 않게 조악할 뿐만 아니라 더러운 옷을 입고 있었다. 모세의 율법에 의하면, 대제사장의 옷은 영화롭고 아름다워야 했다(출 28:2). 그러나 여호수아가 입고 있는 옷은 대제사장이 입기에는 부끄럽고 망신스러운 옷이었다. 그런데도 그는 그런 옷을 입고서 여호와의 천사 앞에 섰다. 그에게는 하나님을 섬기며 그의 직무를 행할 때에 입을 깨끗한 세마포가 없었다. 이것은 제사장들이 가난하고 초라하며 멸시를 받았다는 것만이 아니라, 거룩한 일들에 아주 많은 죄악이 붙어 있다는 것을 보여주는 것이다. 귀환한 유대인들은 그들에게 닥친 환난들과 문제들에 골몰하였기 때문에, 그들의 죄들에 대하여 탄식할 필요가 없다고 생각하였고, 그 죄들이 그들 가운데에서 하나님의 일의 진척을 크게 방해하는 것들이라는 사실을 알지 못하였다. 그들은 우상숭배로부터 자유로웠기 때문에, 누구도 그들에게 죄악이 있다고 고소할 수 없을 것이라고 생각하였다. 그러나 하나님은 그들 가운데에 많은 잘못된 것들이

있어서, 그것이 하나님이 그들에게 은혜를 부어 주시는 것을 지연시키고 있다는 것을 그들에게 보여주셨다. 그들을 대적하여 싸우는 영적인 원수들이 있었고, 이 원수들은 그들을 대적하고 훼방하는 그 어떤 이웃 나라의 원수보다도 더 위험한 존재였다. 갈대아 역본에서는 이 구절을 이렇게 의역한다: 여호수아에게는 제사장들이 취하는 것이 불법으로 되어 있는 여인들을 아내로 취한 아들들이 있었다. 우리는 이런 일이 실제로 있었다는 것을 확인할 수 있다(스 10:18). 제사장들이 그 밖의 다른 잘못들도 저질렀으리라는 것은 의심의 여지가 없다(말 2:1). 그런데도, 여호수아는 여호와의 천사 앞에 서는 것이 허락되었다. 제사장들이 그들의 마땅한 모습을 갖추고 있지 못했다고 할지라도, 하나님이 그들에게 주신 제사장 언약이 무효화된 것은 아니었기 때문이다. 그리스도께서는 자기 백성이 많은 연약함들을 보인다고 할지라도, 그 마음이 그에게 정직하기만 하다면 그들을 용납하시고, 그들로 하여금 그와 교제하도록 허락하신다는 것을 명심하라.

2. 그리스도께서 여호수아를 깨끗하게 하시기 위하여 취하신 조치들. 그리스도께서는 그를 모시는 천사들, 그가 기뻐하시는 일은 무엇이든 기꺼이 행하는 천사들에게 여호수아를 더 나은 상태로 만들라고 명하셨다. 여호수아는 더러운 옷을 입고서 여호와 앞에 나타났고, 그리스도께서 불쌍히 여기실 수밖에 없는 대상이 되었다. 그리스도께서는 여호수아에게 진노하셨어도, 그것은 의롭고 마땅한 일이었을 것인데도, 은혜로우시게도 그를 불쌍히 여기셨다. 그리스도께서는 여호수아의 옷이 더러운 것을 보시고 싫어하셨지만, 그를 쫓아내신 것이 아니라 그 더러운 옷만을 벗겨서 제거하셨다. 하나님은 그가 그의 제사장으로 택하신 자들을 이렇게 은혜로 대하신다. 하나님은 그들과 그들의 죄들을 갈라 놓으심으로써, 그들의 죄들이 그들과 그들의 하나님을 갈라 놓는 것을 미리 방지하신다. 하나님은 죄인과는 화해하시지만, 죄와는 결코 화해하지 않으신다. 여기에서 그리스도께서는 여호수아를 위하여 두 가지를 행하시는데, 이것은 믿는 자들 안에서 및 그들을 위하여 행해지는 하나님의 은혜의 이중적인 역사(役事)를 나타낸다.

(1) 여호수아에게서 그의 더러운 옷을 벗기심(4절). 이 조치의 의미는 그리스도께서 하신 말씀을 통해서 우리에게 주어지는데, 그는 권세 있는 자로서 보라 내가 네 죄악을 제거하여 버렸다고 말씀하신다. 죄로 인한 죄책(罪責)은 죄 사

하시는 긍휼에 의해서 제거되고, 죄의 악취와 흔적은 양심에 선포되는 평안에 의해서 제거되며, 죄의 권능은 새롭게 하시는 은혜에 의해서 제거된다. 하나님은 우리의 죄를 용서하실 때에 다시는 우리의 죄악이 우리에게 나타나서 우리를 정죄하는 일이 없도록 우리에게서 사라지게 하신다. 우리의 죄악은 동이 서에서 먼 것 같이(시 103:12) 우리에게서 멀리 사라진다. 하나님이 우리의 본성을 거룩하게 하실 때, 우리는 그의 능력 주심을 힘입어서 우리의 옛 사람을 벗어 버리고, 우리의 부패한 감정들과 욕망들의 더러운 누더기를 벗어서 다시는 우리와 아무 상관이 없게 멀리 내던져 버려서, 그것들이 옷처럼 우리를 두르거나 우리 속에 나타나는 일이 다시는 없게 할 수 있다. 그리스도께서는 이렇게 하나님을 위하여 나라와 제사장으로 삼으신 자들을 그의 피로 그들의 죄에서 해방하신다(계 1:5-6). 우리는 더러운 죄로부터 깨끗하게 되어야 한다. 그렇지 않으면, 우리는 부정하게 되어 제사장의 직분을 행하지 못하게 될 것이다(스 2:62).

(2) 여호수아에게 새 옷을 입히셔서, 그의 더러움의 수치를 제거해 주실 뿐만 아니라, 그의 벌거벗은 수치도 덮어 주심. 내가 네게 아름다운 옷을 입히리라. 여호수아에게는 깨끗한 세마포가 없었지만, 그리스도께서 그에게 깨끗한 세마포를 공급해 주실 것이다. 왜냐하면, 그리스도께서는 그가 제정하신 제사장 직분이 사람들 앞에서 경멸을 받거나 하나님 앞에서 열납되지 못하여 소멸되도록 내버려 두지 않으실 것이기 때문이다. 여기에서 여호수아가 갈아입게 될 옷은 명절 때나 입는 고급스럽고 값비싼 옷이다. 여호수아는 앞서 혐오스러운 모습이었던 그 정도만큼 이제는 아름다운 모습이 될 것이다. 거룩한 일들에 복무하는 자들은 악을 행하기를 그칠 뿐만 아니라 선을 행하기를 배우게 될 것이다. 하나님은 그들을 지혜롭고 겸손하며 부지런하고 신실하게 만드셔서, 온갖 선한 일의 본보기가 되게 하실 것이다. 여호수아는 아름다운 옷으로 갈아입혀진다. 그리스도께서 영적 제사장으로 삼으시는 자들은 이렇게 그의 흠 없고 점 없는 의(義)의 옷으로 갈아입혀지고 그의 성령의 은혜들을 장식으로 단 모습으로 그리스도 앞에 나아가게 된다. 성도들의 의는 덧입혀지고 옮겨 심어진 것으로서 어린 양의 신부가 입은 빛나고 깨끗한 세마포 옷이다(계 19:8).

Ⅲ. 여호수아는 대제사장의 직분을 박탈당할 위험에 처하지만, 도리어 그의 직분이 더욱 견고해짐. 그는 그의 죄들을 사함받고 충분한 은혜를 받을 뿐만 아니라, 법정에서 무죄로 풀려나서 이전의 직분과 신임을 회복한다.

1. 제사장의 관이 그에게 씌워짐(5절). 이것은 스가랴 선지자의 특별한 요청에 의해서 행하여졌다. 스가랴는 이렇게 말하였다: "그의 직분의 상징으로서 정결한 관을 그의 머리에 씌우소서. 그를 깨끗하게 하셨으니, 이제 그를 위엄 있게 하소서. 그에게 대제사장의 모든 의관(衣冠)을 갖추어 입히소서." 하나님은 신앙을 회복시키거나 부흥시키고자 하실 때에는 그의 선지자들과 백성들에게 감동을 주셔서, 그들로 그것을 위하여 기도하게 하시고, 그들의 기도에 응답하여 그 일을 행하신다는 것을 명심하라. 스가랴는 천사들을 시키셔서 여호수아의 머리에 관을 씌우시라고 기도하였고, 천사들은 즉시 정결한 관을 그의 머리에 씌우며, 그에게 제사장의 옷을 입혔다. 왜냐하면, 이 존귀는 아무도 스스로 취하지 못하고 오직 하나님의 부르심을 받은 자에게만 주어지는 것이었기 때문이다(히 5:4). 여호와의 천사는 곁에 서서, 피조된 천사들이 하는 일을 감독하였다. 그가 곁에 서 있었던 것은 그가 이 일을 무척 기뻐하였기 때문이고, 또한 그가 내린 명령이 이루어지는 것을 지켜보면서 제사장들과 계속해서 함께 하기로 작정하셨기 때문이었다.

2. 제사장 언약이 그에게 갱신됨. 이 언약은 하나님의 평화의 언약이라 불린다(민 25:12). 펨블(Pemble) 목사는 이것을 여호수아가 자신의 직분의 특허를 획득한 것이라고 부르는데, 그에게 특허가 주어졌다는 사실은 여기에서 증인들 앞에서 그에게 선포되고 전달된다(6-7절). 여호와의 천사는 여호수아를 그의 직분에 합당한 자로 만드는 일을 마친 후에(하나님은 누구에게든 직분을 맡기실 때에는 그 직분에 합당한 자를 찾아내시거나 먼저 그를 그 직분에 합당한 자로 만드신다), 그에게 그 직분을 수여한다. 여호수아는 맹세로 된 제사장(이러한 존귀는 멜기세덱의 반차를 좇은 제사장이신 분에게만 주어진다, 히 7:21)은 아니었지만, 그분의 모형으로서, 그가 어떤 조건들 아래에서 그의 직분을 지닐 수 있는지에 대한 엄숙한 선언과 함께 대제사장으로 취임한다. 여호와의 천사는 여호수아에게 그가 그의 직무를 제대로 행하기만 한다면 그 직분의 위엄과 상급을 누리게 될 것이라고 증언한다. 좀 더 자세하게 살펴보자.

(1) 그는 어떤 조건들 위에서 그의 직분을 유지할 수 있는가. 그는 성실하게 자신의 직분을 수행할 때에만 그 직분을 유지할 수 있다는 것을 알아야 한다. 그는 하나님의 도를 행하여야 한다. 즉, 그는 선한 삶을 살아야 하고, 모든 행실에서 거룩하여야 한다. 그는 백성들의 본이 되도록 앞장서서 하나님의 계명들

의 길로 가야 하고, 신중하고 조심스럽게 행하여야 한다. 또한, 그는 하나님의 규례를 지켜야 한다. 즉, 그는 제사장으로서의 온갖 직무를 정성을 다해서 행하여야 하고, 하위 제사장들이 각자가 맡은 본분을 품위 있고 질서 있게 수행하는지를 감독하여야 한다. 그는 자기를 위하여 또는 온 양 떼를 위하여 삼가야 한다(행 20:28). 하나님의 사역자들은 선한 그리스도인들이 되어야 한다는 것을 명심하라. 그렇지만, 그것만으로는 충분하지 않다. 그들에게는 그리스도께서 그들에게 맡기신 일이 있고, 그들은 정성을 다해서 책임 있게 그 일을 수행하여서, 장차 그리스도께 자기가 한 일을 기쁜 마음으로 고할 수 있어야 한다(딤전 6:14).

(2) 그가 그의 직분을 성실하게 수행할 때에 그에게 약속된 특권들은 무엇인가. 그의 특허는 자신의 직분을 성실하게 수행할 때에만 유효하다. 그가 확실하게 자신의 본분을 다한다면, 하나님은 그를 시인하실 것이다.

[1] "네가 내 집을 다스릴 것이다. 너는 성전의 일들을 주재(主宰)할 것이고, 하위 제사장들은 너의 지시 아래 움직일 것이다." 교회와 교회 지도자들의 권세는 입법권이 아니라 사법권이라는 것을 명심하라. 대제사장은 하나님이 정하신 것 외에는 하나님의 집을 위한 그 어떤 새로운 법도 만들 수 없고, 그 어떤 예배 의식도 제정할 수 없다. 그는 단지 하나님의 집을 치리하는 일만을 해야 한다. 즉, 그는 하나님의 법들과 규례들이 정확히 지켜지고 있는지를 감독하고, 그것들을 지키는 자들을 보호하고 격려하며, 그것들을 범하는 자들을 가려내서 벌하여야 한다.

[2] "네가 내 뜰을 지킬 것이다. 너는 성전의 모든 뜰에서 행해지는 일을 감독하는 권한을 갖게 될 것이고, 거기에서 행해지는 예배를 위해서 그 뜰들을 정결하고 질서 있게 유지하게 될 것이다." 사역자들은 하나님의 청지기들임을 명심하라. 그들은 주인이신 하나님을 공경하고 가솔들 가운데에서 공평함과 선한 질서를 보존하기 위하여, 하나님의 뜰들을 지켜야 한다.

[3] "내가 너로 여기 섰는 자들 가운데에, 즉 이 취임식에서 검열관들이자 보좌관들인 이 천사들 가운데에 왕래하게 하리라." 여호수아가 하나님을 위해 일하는 동안에, 천사들은 그 곁에 서서 그의 수비대가 되어 줄 것이다. 또는, 여호수아는 하나님의 천사로서 지극한 존귀함과 공경을 받게 될 것이다(갈 4:14). 사역자들은 천사들로 불린다(계 1:20). 하나님의 도를 행하는 자들은 천사들 가운

데에서 행한다고 할 수 있다. 왜냐하면, 그들은 하늘에서 천사들이 그러하듯이 이 땅에서 하나님의 뜻을 행하는 자들로서, 천사들과 같은 종들이기 때문이다(계 19:10). 어떤 이들은 이 구절이 여호수아가 충성하였을 때에 장차 내세에서 그에게 주어질 상급, 즉 영생에 대한 약속을 말하고 있는 것으로 본다. 천국은 쉴 수 있는 곳인 궁전일 뿐만 아니라, 그 안에서 걸을 수 있는 곳인 낙원이나 동산이기도 하다. 천사들 사이에서는 왕래가 있고, 여호수아는 이 거룩하고 영화로운 무리와 사귐이 있을 것이다(겔 28:14).

⁸대제사장 여호수아야 너와 네 앞에 앉은 네 동료들은 내 말을 들을 것이니라 이들은 예표의 사람들이라 내가 내 종 싹을 나게 하리라 ⁹만군의 여호와가 말하노라 내가 너 여호수아 앞에 세운 돌을 보라 한 돌에 일곱 눈이 있느니라 내가 거기에 새길 것을 새기며 이 땅의 죄악을 하루에 제거하리라 ¹⁰만군의 여호와가 말하노라 그 날에 너희가 각각 포도나무와 무화과나무 아래로 서로 초대하리라 하셨느니라

다윗에게 주어진 약속들이 흔히 슬그머니 메시야에 관한 약속들로 넘어가듯이(다윗의 나라는 메시야의 나라의 모형이었다), 여기에서 여호수아에게 주어지는 약속들은 즉시 아주 높이 날아오르고 아주 멀리 앞으로 나아가서 그리스도에게까지 이어진다. 여호수아의 제사장직은 일반적으로 아론의 제사장직을 이어받은 것이었다는 점에서만이 아니라, 특히 이스라엘의 죄악과 포수(捕囚)에 의해서 오랫동안 단절되어 있던 하늘과 땅 간의 복된 소통 방법을 부활시켰다는 점에서 그리스도의 제사장직의 그림자였다. 그리스도는 여호수아처럼 죄인들과 고난받는 자들을 위한 대제사장, 죄책과 진노 아래 있는 자들을 위하여 중재하는 대제사장이시다. 여호수아의 제사장직의 모든 효력, 교회에 있어서 그 제사장직의 가치와 유익성이 그리스도의 제사장직에 의존되어 있었고, 거기로부터 흘러나오는 것이었기 때문에, 그는 그리스도의 제사장직을 이해하는 것이 마땅하였다.

I 그리스도에 관한 이 약속은 누구에게 주어졌는가(8절). "여호수아야 내 말을 들을 것이니라. 너는 앞서 네게 관한 것을 기쁜 마음으로 들었다. 그러나 여호수아보다 더 큰 이가 머지않아 오신다. 너와 나머지 제사장들, 네 앞에, 즉 네 발 앞에 문하생으로 앉은 네 동료들(너희는 다 형제이기 때문에, 너는 그들

을 네 동료들로 여겨야 한다)은 그 이에 관한 내 말을 들을 것이니라. 대제사장과 모든 하위 제사장들은 이것을 주의해서 들어야 한다. 왜냐하면, 그들은 예표의 사람들이기 때문이다." 그들은 그리스도의 제사장직의 모형들과 예표들로 세움을 입었다. 하나님이 지금 여호수아와 그의 동료들에게 주신 약속들은 그가 약속하신 메시야가 오시리라는 것이 확실하다는 것을 보여주는 복된 징조였고, 때와 징조를 읽을 줄 아는 모든 자들은 놀랍고 기쁜 마음으로 그 약속들을 그렇게 해석할 것이었다. 또는, 그들은 그들의 특이한 행실로 말미암아 사람들에 의해서 이상히 여겨지고 이상한 부류의 사람들로 야유를 받는 자들이다. 즉, 그들은 다른 사람들과 함께 그런 극한 방탕에 달음질하지 아니한다는 이유로(벧전 4:4), 또는 시편에서 나는 무리에게 이상한 징조 같이 되었다(시 71:7)고 말하고 있는 것처럼 그들이 이상하게 환난을 받다가 거기에서 놀랍게 건짐을 받는다는 이유로 기이히 여김을 받는 자들이다. 그들은 기이한 사람들이다. 그들은 그들 자신이 보아도 기이한 자들이고, 그들의 처지가 얼마나 복되게 변하였는지를 생각해 볼 때에도 기이하게 여겨진다. 하나님의 백성들과 사역자들은 여러 가지 많은 이유들로 인해서 기이한 자들이다. 대제사장과 그의 동료들은 징조들과 예표들이다(이사야 선지자와 그의 자녀들이 그랬듯이, 사 8:18). 그러나 해가 떠오르면 별들이 그 빛을 잃듯이, 메시야가 오시면 사람들이 그들을 기이히 여기는 것도 그치게 될 것이다. 왜냐하면, 그의 이름은 기묘자라 할 것이기 때문이다(사 9:6).

II. 몇 부분으로 이루어진 이 약속은 모두 성전 재건이라는 크고 선한 일에 착수한 여호수아와 그의 친구들을 위로하고 격려하기 위한 것임. 그리스도를 바라보고, 그리스도 및 그의 나라와 관련된 약속들을 믿음으로 의지한다면, 그들은 이 일을 비롯해서 여러 가지 일들을 하다가 만나는 난관들을 잘 뚫고 나가게 될 것이었다.

1. 메시야가 오시리라는 것. 내가 내 종 싹(또는, 가지)을 나게 하리라. 그는 오랫동안 감추어져 있었지만, 머지않아 때가 차면, 그가 세상에 나오게 될 것이고, 그의 백성 이스라엘 가운데에 나오게 될 것이다. 하나님이 친히 그를 나오게 하는 일을 하실 것이기 때문에, 그를 시인하시고 그의 곁에 계실 것이다. 그는 하나님의 존귀와 영광에 전적으로 헌신되어서, 하나님의 뜻에 순종하여, 하나님의 일에 쓰임받을 하나님의 종이다. 그는 싹이다. 그는 여호와의 싹(사

4:2), 이새의 뿌리에서 난 가지(사 11:1), 의로운 가지(렘 23:5), 의의 가지(렘 33:15)라 불린다. 그의 시작은 연한 가지처럼 작겠지만, 때가 되면 큰 나무가 되어서 온 땅을 채울 것이다(사 53:2). 그는 가지이고, 우리의 모든 열매는 그 가지에서 맺어진다.

2. 그에게는 많은 눈(eye)이 있으리라는 것. 그는 여호수아 앞에 놓인 돌이다. 이것은 여호수아 앞에서 엄숙한 의식(儀式)을 통해서 놓여진 성전의 초석 또는 모퉁잇돌을 빗댄 말이다. 그리스도는 나무의 시작인 싹 또는 가지일 뿐만 아니라, 건물의 시작인 초석이기도 하다. 그가 나올 때, 일곱 눈이 그에게 있을 것이다. 그의 아버지의 눈이 항상 그에게 있어서, 그를 돌보시고 보호하셨는데, 그가 고난받으실 때에 특히 그러하였다. 그가 초석이 땅 밑에 있듯이 무덤에 장사되었을 때, 하늘의 눈들은 그의 위에 있어서, 그는 사람들의 눈에는 보이지 않았지만 하나님의 눈에서 벗어난 것은 아니었다. 구약의 모든 선지자들과 성도들의 눈이 이 한 돌 위에 있었다. 아브라함은 그리스도의 때를 볼 것을 즐거워하다가 보고 기뻐하였다(요 8:56). 모든 믿는 자들의 눈이 그의 위에 있다. 뱀에 물린 이스라엘 백성이 놋뱀을 보고 나음을 입었듯이, 그들은 그를 바라봄으로써 구원을 받는다. 어떤 이들은 일곱 눈을 가진 이 한 돌을 에스겔의 이상 속에 나오는 일곱 눈을 가진 바퀴들과 동일한 것으로 이해해서, 그것은 예수 그리스도께서 그의 교회를 위하여 수여받은 지혜와 지식의 완전함을 나타내는 것이라고 생각한다. 이 일곱은 온 세상에 두루 다니는 여호와의 눈이라(4:10).

3. 하나님이 친히 그를 아름답게 하시고 그에게 존귀를 더하시리라는 것. 만군의 여호와가 말하노라 내가 거기에 새길 것을 새기리라. 건축자들이 거칠고 볼품없다고 버린 이 돌을 하나님은 다듬고 광을 내고 아름답게 깎으셔서, 건물 중에서 가장 아름다운 모퉁잇돌이 되게 하실 것이다. 그리스도는 하나님의 작품이었다. 하나님의 풍성하신 지혜는 우리의 구속 사업을 고안해 내신 것 속에서 여실히 드러나는데, 그것은 하나님의 새기시는 작업이 완성될 때에 온전히 밝혀지게 될 것이다. 이 돌은 초석으로 놓여질 돌이었지만 **보배로운 돌**이었다. 여기에서 그 돌에 새길 것은 대제사장의 흉패에 박힌 보석들 위에 열두 지파의 이름을 도장을 새기는 법으로 새긴 것과 연관이 있는 것으로 보인다(출 28:21-22). 흉패가 보여주듯이, 아론 앞에는 열두 돌이 놓여 있었다. 그러나 여호수아 앞에는 그 모든 돌보다 더 가치 있는 한 돌이 놓여질 것인데, 그것은 그리스도 자

신이다. 이 보배로운 돌은 마치 일곱 눈을 가진 것처럼 번쩍일 것이다. 판결의 흉패로부터 나오는 하나님의 말씀들 속에서 완전한 지혜와 사려분별이 드러날 것이다. 하나님은 거기에 새길 것을 새기실 것이다. 하나님은 그의 택함받은 모든 자들을 그리스도에게 맡기실 것이고, 그리스도께서는 대제사장이 그의 흉패에 박힌 보석들에 새겨진 온 이스라엘의 이름들을 가지고서 여호와 앞에 나아올 때에 그런 것처럼, 그들을 대표하는 자로서 하나님 앞에 서실 것이다. 하나님이 남은 자를 그리스도께 주셔서 그들로 하여금 은혜를 거쳐서 영광에 이르게 하셨을 때, 그것은 하나님이 그들의 이름을 이 보배로운 돌에 새기신 것이었다.

4. 하나님이 그를 통해서 죄, 곧 죄로 인한 죄책과 죄가 지닌 지배권을 제거하시리라는 것. 내가 이 땅의 죄악을 하루에 제거하리라. 대제사장이 이스라엘의 이름들이 새겨진 보석들이 장식된 흉패를 입는다는 것은 그가 성물과 관련된 죄책을 담당하는 것이라고 한다(출 28:38). 그러나 율법은 아무것도 온전하게 할 수 없었다(히 10:1). 대제사장은 그리스도의 모형으로서 이 땅의 죄악을 담당하였지만, 그 죄악을 제거할 수는 없었다. 죄악을 제거하는 일은 세상 죄를 지고 가는 하나님의 어린 양이신 그리스도의 몫이었다. 그는 그가 고난을 당하여 죽은 바로 그 날 하루에 그 일을 하셨다. 이전의 모든 세대들이 드린 희생제사와, 모세로부터 그리스도까지 해마다 행하여진 모든 속죄일들에 의해서 이루어질 수 없었던 일이 바로 그 날에 드려진 희생제사에 의해서 이루어졌다. 이것은 천사의 예고와 일치한다(단 9:24): 그가 허물이 그치며 죄가 끝나게 하실 것이다. 어떤 이들은 하나님이 그의 위에 새기신 것들은 그의 몸에 난 상처와 채찍 자국들을 가리키는 것이라고 해석한다: 그가 찔림은 우리의 허물 때문이요 그가 상함은 우리의 죄악 때문이라 그가 채찍에 맞으므로 우리는 나음을 받았도다(사 53:5).

5. 이 모든 일의 결과로 모든 믿는 자들이 죄 사함을 받아 즐거워하고, 서로 즐거운 교제를 나누게 되리라는 것(10절). 그 날에 너희가 각각 포도나무와 무화과나무 아래로 서로 초대하리라. 이 나무들은 아주 기분 좋은 열매들을 내고, 그 잎사귀들은 시원한 나무 그늘을 만들어 준다. 죄악이 제거될 때, 다음과 같은 일들이 있게 될 것이다.

(1) 우리는 죄 사함과 의롭다 하심을 받음으로써, 포도나무나 무화과나무의 열매들보다도 더 귀한 유익들과 특권들을 거두게 될 것이다(롬 5:1).

(2) 우리는 평화로운 곳에서 쉬며, 해악을 두려워하지 않는 평안한 삶을 살게 될 것이다. 죄악이 제거되어서, 아무것도 우리를 해칠 수 없는데, 무엇이 우리를 두렵게 하겠는가? 우리는 그리스도의 그늘 아래에서 즐거이 앉아, 율법의 저주라는 뜨거운 열기를 피하게 될 것이다. 이스라엘이 솔로몬의 태평성대에서 살았듯이(왕상 4:24-25), 우리는 그리스도의 태평성대에서 살게 될 것이다. 왜냐하면, 그는 평화의 왕이시기 때문이다.

(3) 우리는 이 특권들을 함께 누리자고 다른 사람들을 초대하여야 한다. 우리는 모든 사람을 초대하여, 이웃처럼 포도나무와 무화과나무 아래에 함께 앉아 서로 대화를 나누고, 그 열매를 함께 먹어야 한다. 복음의 은혜가 권능으로 임할 때, 그것은 사람들은 모두 이웃으로 만든다. 그들 자신이 그리스도를 알고 그로 말미암아 하나님과 교제하는 자들은 다른 사람들도 그렇게 하도록 적극적으로 나서서 권하게 될 것이다: 우리가 여호와의 전으로 가자.

제
— 4 —
장

개요

이 장에는 또 하나의 위로가 되는 묵시가 나온다. 이 묵시에는 선지자가 설명받은 것처럼 당시에 궁지에 몰려 있던 하나님의 백성에게 힘이 될 만한 내용들이 많이 담겨 있었다. 그 때에 그들은 너무 큰 곤경에 처해 있어서, 그들은 그들이 어찌할 수 없는 상태에 있고, 그들의 성전은 결코 재건될 수 없으며, 예루살렘 성도 다시 부흥될 수 없다고 생각하고 있었다. 그러므로 이 묵시의 취지는 그들의 친구들이 주는 조력이 아주 미약한 반면에 그들의 원수들의 반대와 저항은 아주 강력할지라도, 하나님이 그의 능력으로 그 일을 완성시키시리라는 것을 보여주는 것이었다. I. 선지자를 깨워서 묵시를 보게 하심(1절). II. 기름 그릇과 일곱 등잔을 갖춘 등잔대가 있고, 등잔대의 양쪽 곁에 있는 두 감람나무로부터 곧바로 공급되는 기름을 통해서 등불이 계속해서 타오르고 있는 것을 보여주는 묵시(2-3절). III. 하나님은 이 묵시를 통해서 성전을 짓는 자들에게 그 일이 반드시 완성되리라는 것을 약속하시면서, 그 선한 일을 계속해 나가라고 격려하심(4-10절). IV. 이 약속을 예시하기 위하여 이 묵시를 구체적으로 해설해 주심(11-14절).

¹내게 말하던 천사가 다시 와서 나를 깨우니 마치 자는 사람이 잠에서 깨어난 것 같더라 ²그가 내게 묻되 네가 무엇을 보느냐 내가 대답하되 내가 보니 순금 등잔대가 있는데 그 위에는 기름 그릇이 있고 또 그 기름 그릇 위에 일곱 등잔이 있으며 그 기름 그릇 위에 있는 등잔을 위해서 일곱 관이 있고 ³그 등잔대 곁에 두 감람나무가 있는데 하나는 그 기름 그릇 오른쪽에 있고 하나는 그 왼쪽에 있나이다 하고 ⁴내게 말하는 천사에게 물어 이르되 내 주여 이것들이 무엇이니이까 하니 ⁵내게 말하는 천사가 대답하여 이르되 네가 이것들이 무엇인지 알지 못하느냐 하므로 내가 대답하되 내 주여 내가 알지 못하나이다 하니 ⁶그가 내게 대답하여 이르되 여호와께서 스룹바벨에게 하신 말씀이 이러하니라 만군의 여호와께서 말씀하시되 이는 힘으로 되지 아니하며 능력으로 되지 아니하고 오직 나의 영으로 되느니라 ⁷큰 산아 네가 무엇이냐 네가 스룹바벨 앞에서 평지가 되리라 그가 머릿돌을 내놓을 때에 무

리가 외치기를 은총, 은총이 그에게 있을지어다 하리라 하셨고 [8]여호와의 말씀이 또 내게 임하여 이르시되 [9]스룹바벨의 손이 이 성전의 기초를 놓았은즉 그의 손이 또한 그 일을 마치리라 하셨나니 만군의 여호와께서 나를 너희에게 보내신 줄을 네가 알리라 하셨느니라 [10]작은 일의 날이라고 멸시하는 자가 누구냐 사람들이 스룹바벨의 손에 다림줄이 있음을 보고 기뻐하리라 이 일곱은 온 세상에 두루 다니는 여호와의 눈이라 하니라

이 단락에는 다음과 같은 내용들이 나온다.

I. 곧 주어질 계시를 받을 수 있도록 선지자를 준비시키심. 내게 말하던 천사가 다시 와서 나를 깨웠다(1절). 그는 공적으로 중요한 일들을 놓고 천사와 대화를 나누는 중에 천사가 그에게 말하는 동안에 점점 둔해져서 잠이 들었던 것으로 보인다. 제자들도 그리스도께서 변모되시는 것을 보았을 때에 깊이 졸았다(눅 9:32). 선지자의 영은 그에게 보여지고 들려지는 것에 집중하고자 하였지만, 육체가 연약하였다. 하나님을 묵상하는 일에 있어서 그의 몸은 그의 영혼과 보조를 맞출 수 없었다. 아마도 기이한 묵시들이 그를 멍하게 만들어서 그가 잠을 이길 수 없었던 것이었을 수도 있고, 너무나 좋은 묵시들이 마치 자장가를 듣는 것처럼 그를 편안하게 만들어서 그가 잠에 빠진 것일 수도 있다. 다니엘도 천사의 음성을 들을 때에 깊이 잠들었다(단 10:9). 우리는 이 육신을 벗어버릴 때까지는 영들과 대화하기에 결코 적절한 존재들이 아니다. 이 천사는 선지자가 새로운 계시들을 받을 수 있게 새 힘을 얻도록 잠시 잠을 자게 내버려두었다가, 다시 와서 그를 깨웠고, 그는 마치 자는 사람이 잠에서 깨어난 것 같았다. 하나님의 영은 우리에게 신령한 일들을 알게 해줄 뿐만 아니라, 우리를 깨워서 그 신령한 일들을 주목하게 만드는 역할도 한다는 것을 명심하라. 주 여호와께서 아침마다 깨우시되 나의 귀를 깨우치사 알아듣게 하시도다(사 50:4). 우리는 하나님이 우리에게 말씀하실 때에 우리를 깨우셔서, 우리로 하여금 떨쳐 일어나게 해주시라고 간구하여야 한다.

II. 선지자가 이렇게 준비되었을 때에 그에게 주어진 계시. 그 천사는 그에게 네가 무엇을 보느냐고 물었다(2절). 만약 천사가 이렇게 그에게 무엇이 보이느냐고 주의를 환기시키지 않았다면, 그는 비록 깨어 있었을지라도, 하나님이 그에게 보여주시는 것을 주목하지 않았을 것이다. 그는 순금 등잔대를 보았는

데, 그것은 전에 성전에 있던 것이었고, 그와 같은 등잔대(또는, 촛대)는 재건될 성전에도 장차 비치될 것이었다. 교회는 이 어두운 세상을 비쳐서 밝게 하고 하나님의 계시의 빛을 이 세상에 비치는 촛대이고, 촛불은 하나님의 것이다. 교회는 촛대에 불과하지만, 그 전체가 다 금으로 되어 있다. 이것은 하나님의 교회가 큰 가치가 있고 지극히 탁월하다는 것을 나타낸다. 이 순금 등잔대에는 일곱 등잔이 나무의 가지처럼 뻗어 있었고, 각각의 등잔에서는 불이 타는 가운데에 빛이 발산되고 있었다. 유대 교회는 오직 하나였다. 흩어진 유대인들이 여러 지역에서 각각 회당을 두고 있었지만, 그 회당들은 하나의 등잔대에 속한 여러 등잔과 같은 것이었다. 그러나 이제 복음 아래에서는 예루살렘이나 어느 한 지역이 아니라 그리스도가 그 하나 됨의 중심이다. 그러므로 요한계시록에 나오는 일곱 교회는 일곱 등잔이 아니라 일곱 금 촛대로 묘사된다(계 1:20). 이 등잔대 위에는 하나의 기름 그릇이 있어서, 일곱 개의 관을 통해서 일곱 등잔으로 끊임없이 기름을 공급하고 있었다. 그러므로 사람이 돌보지 않아도, 일곱 등잔은 기름이 소모되는 대로 즉시 기름을 공급받을 수 있었다. 일곱 등잔은 기름이 부족하지도 않고 넘치지도 않는 상태를 늘 유지하고 있었기 때문에, 늘 계속해서 밝게 타오를 수 있었다. 기름 그릇에 기름을 계속해서 공급하는 일도 사람의 손을 빌리지 않고도 저절로 이루어지게 되어 있었다. 왜냐하면, 등잔대 양 옆에는 아주 기름지게 잘 자란 두 그루의 감람나무가 있어서, 많은 기름이 그 나무에 연결된 두 개의 큰 관을 통해서 기름 그릇으로 계속해서 흘러들어 갔고(12절), 그 기름은 다시 작은 관들을 통해 일곱 등잔으로 흘러들어 갔기 때문이다(3절). 따라서, 이 등잔대에 기름을 공급해 주는 일손은 전혀 필요하지 않았다(이 일은 사람을 기다리지 아니하며 인생을 기다리지 아니하는 일이었다, 미 5:7). 이것은 하나님은 사람의 기술이나 수고 없이 그의 지혜와 능력으로 그의 교회에 대한 그의 은혜로우신 뜻들을 이루실 수 있고, 또한 종종 실제로 그렇게 하신다는 것, 하나님은 종종 도구들을 사용하시기는 하지만, 그들을 필요로 하시거나 그들이 없으면 안 되는 것이 아니라, 그들 없이도 그의 일을 하실 수 있으시다는 것을 보여주는 것이다.

Ⅲ. 선지자가 이 묵시의 의미에 대하여 물었고, 그의 무디고 둔한 것에 대하여 온건한 책망을 들음(4절).　내게 말하는 천사에게 물어 이르되 내 주여 이것들이 무엇이니이까 하였다. 선지자가 그 천사에게 아주 정중하게 말을 하고 있는

것을 주목하라. 그는 그 천사를 내 주라고 부른다. 가르침을 받고자 하는 자들은 그들을 가르치는 자들에게 예를 갖추어 대하여야 한다. 그는 이것들이 무엇인지는 보았지만, 그 의미를 알 수 없었기 때문에, 이것들이 무엇을 의미하는 것이냐고 물었다. 하나님이 그의 말씀을 통해서, 그리고 그의 규례와 섭리들을 통해서 하나님 자신과 그의 뜻을 나타내실 때에 그 의미를 아는 것은 대단히 바람직한 일이라는 것을 명심하라: 이러한 것들을 통해서 주께서 전하고자 하시는 것이 무엇이나이까. 하나님의 마음과 뜻을 깨닫고자 하는 자들은 꼬치꼬치 캐물어야 한다. 우리가 힘써 알고자 한다면, 즉 우리가 단지 들을 뿐만 아니라, 우리가 들은 것에 대하여 묻기도 한다면, 우리는 반드시 알게 될 것이다(호 6:3; 눅 2:46). 그 천사는 그에게 대답하는 대신에, 네가 이것들이 무엇인지 알지 못하느냐고 반문하였다. 이것은 만약 선지자가 이것들을 깊이 숙고하면서, 영적인 일들을 영적인 일들과 비교해 보았다면, 이것들의 의미를 대체로 추측할 수 있었을 것임을 의미한다. 왜냐하면, 그는 성막에 순금 등잔대가 있었고, 거기에 끊임없이 기름을 공급해서 항상 불이 타오르게 하고 꺼지는 일이 없게 하는 것이 제사장들의 일이었다는 것을 알고 있었기 때문이다. 그러므로 그는 묵시 가운데에서 순금 등잔대가 있고 거기에 붙어 있는 등잔들 위에서는 계속해서 불이 타오르는데 그것을 돌보는 제사장은 아무도 없는 것을 보았을 때에, 하나님이 다시 제사장들을 세우시긴 하셨지만 그들이 없이도 자기 백성을 위하여 그의 일을 직접 하실 수 있으시다는 것을 보여주는 것이 이 묵시의 취지라는 것을 분별할 수 있어야 했다. 우리는 하나님이 주신 계시들의 의미를 좀 더 쉽게 깨닫지 못하는 우리 자신을 부끄러워하여야 한다는 것을 명심하라. 그 천사가 선지자에게 이렇게 반문한 것은 그에게서 그 자신이 깨닫는 데에 둔하고 무디며 어둡고 더디다는 고백을 이끌어내기 위한 것이었는데, 선지자는 즉시 그렇게 고백하였다: "내 주여 내가 알지 못하나이다. 이것들이 무엇인지를 내가 알지 못하나이다." 묵시들은 의미를 지니고 있지만, 흔히 애매모호해 보여서 깨닫기 어렵기 때문에, 선지자들조차도 항상 묵시들을 한 번 척 보고 즉시 그 의미를 깨달을 수 있었던 것은 아니었다. 그러나 하나님에게서 가르침을 받고자 하는 자들은 그들 자신의 무지와 그들이 가르침을 받을 필요가 있다는 것을 깨닫고 인정하여야 하고, 적극적으로 하나님께 가르침을 청하여야 한다. 우리는 우리에게 금고를 주신 분에게 그 금고를 열 수 있는 열쇠도 주시라고 청하여야 한다. 자기 자신에 대하여 자부심을 가지고 그들 자신의 총명이라는 상한 갈대를 의지하는 자들이 아니라 온유하고 겸손한 자들이 하나님에게서 가르침을 받게 될 것이다.

Ⅳ. 이 묵시의 전체적인 의도 이 묵시의 모든 세세한 부분에 대한 비평적인 꼼꼼한 해석이 없어도, 우리는 이 묵시의 전체적인 의도를 알 수 있는데, 그것은 그들의 원수들이 많고 막강하며 그들의 친구들과 비호 세력은 적고 약하다고 할지라도, 성전을 재건하는 이 선한 일은 하나님의 섭리에 의한 특별한 돌보심과 하나님의 은혜의 직접적인 감화를 통해서 복된 결과로 끝나게 될 것임을 선지자와 백성에게 확실하게 보여주는 것이다. 묵시들과 비유들을 설명할 때, 우리는 그 세부적인 사항들을 일일이 다 설명할 수 없다고 할지라도, 그 주된 취지를 분명하게 알 수 있다면, 그것으로 만족하여야 한다는 것을 명심하라. 천사는 선지자에게 이 묵시는 여호와께서 스룹바벨에게 하신 말씀, 즉 성전 재건의 일을 계속하도록 그를 격려하기 위하여 하신 말씀을 예시하기 위한 것임을 알려 준다. 스룹바벨은 그가 성전 재건의 일에 있어서 하나님과 함께 일하는 동역자이고, 그 일은 하나님이 옳다고 인정하시고 아주 소중히 여기시는 일이라는 것을 알아야 한다.

1. 하나님은 그들을 바벨론에서 건져내실 때에 그러셨듯이, 외부의 힘을 빌려서가 아니라 사람들의 마음에 은밀히 작용하고 내적으로 감화를 주시는 방법을 쓰셔서, 이 일을 진행시키시고 완성하시리라는 것. 만군의 여호와, 즉 무수한 군대를 동원하셔서 힘으로 그 일을 하실 수도 있으신 분이 이렇게 말씀하신다. 그는 인간의 힘이나 능력이 아니라 그의 영으로 이 일을 하실 것이다. 하나님의 영에 의해서 행해지는 일도 분명히 힘과 능력에 의해서 행해지는 일이기는 하지만, 그것은 눈에 보이는 힘으로 하는 것과 반대되는 것이다. 하나님은 힘과 능력으로 이스라엘을 가나안에서 이끌어 내셔서 가나안으로 인도하셨다. 이 두 가지 놀라운 일들이 행해질 때에 큰 살육이 있었다. 그러나 그들을 바벨론에서 이끌어 내셔서 두 번째로 가나안으로 인도하실 때에는, 하나님은 고레스의 영에 역사하셔서 그들에게 자유를 선포하게 하시고, 포로 된 자들의 영들에 역사하셔서 그들에게 주어진 자유를 받아들일 마음을 먹게 하심으로써, 만군의 여호와의 영으로 그 일을 하셨다. 마찬가지로, 이번에 백성들에게 성전을 재건하여야 하겠다는 감동을 준 것도 만군의 여호와의 영이었다. 선지자들은 성

령의 입의 역할을 해서 그들의 마음을 향하여 성령의 음성을 들려 주었기 때문에, 그들은 하나님의 선지자들이 함께 있어 그들을 도왔다고 말하였다(스 5:2). 다리오의 마음을 움직여서 저 선한 일에 호의를 갖고 후원하게 만들고, 성전 건축을 반대한 불구대천의 원수들을 얼빠지게 하여 엉뚱한 모략을 세우게 하셔서, 그들이 의도한 대로 그 일을 훼방할 수 없게 만드신 것도 동일한 하나님의 영이었다. 하나님의 일은 흔히 사람의 도움 없이 아주 조용히 진행될 때에 대단히 성공적으로 수행된다는 것을 명심하라. 복음 성전은 힘이나 능력으로가 아니라(우리의 싸우는 무기는 육신에 속한 것이 아니기 때문에, 고후 10:4), 사람들의 양심에 역사하여 그들의 마음의 견고한 요새들도 얼마든지 무너뜨릴 수 있을 만큼 강력한 만군의 여호와의 영으로 지어진다. 이렇게 지극히 큰 능력은 사람에게서 나오는 것이 아니라 하나님에게서 나온다. 도구들이 실패했을 때, 우리는 그것을 하나님께 맡겨 드려서, 하나님이 그의 영으로 그의 일을 하시게 하여야 한다.

2. 성전 재건의 일을 할 때에 만나게 될 온갖 난관들과 반대들은 도저히 뛰어넘을 수 없는 것 같이 보일지라도 결국 극복되고 제거되리라는 것(7절). 큰 산아 네가 무엇이냐 네가 스룹바벨 앞에서 평지가 되리라.

(1) 난관은 여기에서 어떻게 묘사되고 있는가. 그것은 넘을 수 없고 움직일 수 없는 큰 산, 제거하지 않으면 일을 진행할 수 없는 큰 산과 같은 쓰레기 더미로 묘사된다. 유대인의 원수들은 큰 산들처럼 교만하고 상대하기 힘든 자들이었다. 그러나 하나님이 어떤 일을 하고자 하시면, 그 길을 가로막고 있던 산들은 점점 작아져서 쥐구멍 속으로 들어가 버리게 될 것이다.

(2) 하나님은 이 난관들을 얼마나 우습게 보시는가. "큰 산아 네가 무엇인데, 감히 하나님의 길을 가로막고 그의 일의 진척을 중단시키려고 생각하는 것이냐. 아주 거대하고 대단히 위협적이며 두려운 존재로 보이는 너는 누구냐. 네가 스룹바벨 앞에서 그가 하나님의 대리인으로 행할 경우에 평지가 되리라. 온갖 난관들은 사라질 것이고, 온갖 반대들은 극복될 것이다. 주의 길을 준비하고자 할 때에는 산마다, 언덕마다 낮아질 것이다(사 40:4)." 믿음은 산들을 옮겨서 평지로 만들어 버릴 것이다. 그리스도는 우리의 스룹바벨이시다. 난관의 산들이 그가 행하는 길에 있었지만, 그의 앞에서 모두 평지가 되었다. 하나님의 은혜로 해내지 못할 일은 없다.

3. 이 선한 일을 시작한 바로 그 손이 그 일을 마치리라는 것. 그가 머릿돌을 내놓을 것이다(7절). 스룹바벨의 손이 이 성전의 기초를 놓았은즉 그의 손이 또한 그 일을 마치리라(9절). 아마도 스룹바벨은 이 성전의 초석을 그 자신의 손으로 놓았던 것 같다. 이 일은 오랫동안 지체되었고, 아직도 여전히 많은 반대를 받고 있지만, 마침내 끝마쳐지게 될 것이다. 스룹바벨은 살아 생전에 성전이 완성되는 것을 보게 될 것이다. 아니, 그의 손이 또한 그 일을 마칠 것이다. 이 점에서 그는 우리의 믿음의 창시자요 완성자이신 그리스도의 모형이다(히 12:2). 그가 이 믿음의 창시자라는 사실은 그가 이 믿음의 완성자가 되시리라는 것을 우리에게 보증해 준다. 왜냐하면, 하나님의 일은 완전하기 때문이다. 하나님이 일을 시작만 하시고 끝내시지 않으시겠는가? 많은 사람들이 기쁨의 환호성을 지르는 가운데에, 스룹바벨이 직접 머릿돌을 내놓을 것이다. 무리들은 만세를 부르는 것이 아니라 은총, 은총이라는 환호성을 지를 것인데, 이것은 교회가 부르는 개선가의 후렴구이다. 이 환호성은 다음과 같은 것으로 해석될 수 있다.

(1) 그것은 그들이 하나님의 거저 주신 은혜를 찬양하고, 이루어진 일의 모든 영광을 하나님께 돌리는 것으로 해석될 수 있다는 것. 일이 끝났을 때, 우리는 그 일이 완성될 수 있었던 것은 우리 자신의 지략이나 능력 때문이 아니라 하나님의 은혜, 즉 우리를 향하신 그의 선하신 뜻과 우리 안에서 및 우리를 위하여 행하여진 그의 선하신 역사(役事) 때문이라는 것을 감사함으로 인정하여야 한다. 우리는 머릿돌만이 아니라, 기초석과 모퉁잇돌, 아니 하나님의 전에 사용된 모든 돌들에 대하여 은혜, 은혜라고 외쳐야 한다. 이 일은 처음부터 끝까지 우리가 한 것은 아무것도 없고, 모든 것이 다 은혜로 이루어진 것이기 때문에, 우리는 우리의 모든 면류관을 벗어서 아낌없이 거저 은혜를 주신 하나님의 발 앞에 놓는 것이 마땅하다. 여호와여 영광을 우리에게 돌리지 마옵소서 우리에게 돌리지 마옵소서 오직 주의 이름에만 영광을 돌리소서(시 115:1).

(2) 그것은 그들이 하나님의 거저 주시는 은혜를 의지하면서, 앞으로도 모든 일에 계속해서 그 은혜를 주시도록 바라는 것으로 해석될 수 있다는 것. 은혜, 은혜는 찬양의 언어임과 동시에 기도의 언어이다. 이제 성전 건축이 끝났으니, 이 성전에 온갖 복된 일이 가득하게 하소서! 은혜를 베푸셔서 성전에 평화가 깃들게 하소서. 우리 하나님 여호와의 은총이 그 위에 있게 하소서. 우리는 하나님의 은혜로부터 온 것들을 믿음 안에서 하나님의 은혜에 맡겨 드릴 수 있

고, 또한 맡겨 드리는 것이 마땅하다. 왜냐하면, 하나님은 그의 손으로 이루신 일을 버리지 않으실 것이기 때문이다.

4. 유대인들이 돌아와서 다시 정착하게 될 것에 관한 앞서의 예언들이 옳았음이 온전히 증명되리라는 것. 성전이 완성되었을 때, 만군의 여호와께서 나를 너희에게 보내신 줄을 네가 알리라. 성경의 예언들의 정확한 성취는 그 예언들이 하나님에게서 나왔다는 것을 보여주는 설득력 있는 증거라는 것을 명심하라. 하나님은 이렇게 예루살렘에 대하여 중건될 것이라고 말씀하심으로써 그의 종의 말을 세워 주시고 확증해 주신다(사 44:26). 하나님의 말씀은 일점일획도 땅에 떨어지지 않을 것이다. 교회가 구원을 받을 날이 머지않았다는 스가랴의 예언들이 하나님에게서 나왔다는 것이 실제로 그 예언들이 성취됨으로써 곧 밝혀지게 될 것이었다.

5. 사람들이 성전 재건을 시작하는 것을 경멸하는 눈으로 바라보았던 자들이 할 말을 잃게 되리라는 것(10절). 성전 재건이 시작된 날을 작은 일들의 날이라고 멸시하면서, 그 일이 결국 그 어떤 성과도 내지 못하고 끝나게 되리라고 생각하였던 자는 누구이며 지금 어디에 있느냐? 두 번째 성전의 기초가 놓였을 때, 그 성전의 규모가 첫 번째 성전과 비교해서 너무나 초라해 보였기 때문에, 유대인들조차도 그 일을 멸시하였고(스 3:12), 그들의 원수들은 사람들이 성벽을 중수하는 것을 보고서 비웃고 멸시하였다(느 2:19; 4:2-3). 그러나 그들은 이 일을 멸시하지 말아야 한다. 우리는 하나님의 일에 있어서 작은 일들이 시작된 날을 멸시해서는 안 된다는 것을 명심하라. 하나님이 사용하시는 도구들은 비록 연약하고 별 볼일 없어 보일지라도, 하나님은 흔히 그런 자들을 택하셔서, 그들을 통하여 큰 일들을 이루신다. 하나님이 마음만 먹으시면 큰 산이 그의 앞에서 평지가 되듯이, 하나님은 사람의 손을 사용하지 않고 산에서 잘라낸 작은 돌로 태산을 이루게 하셔서 온 세계를 가득 채우게 하신다(단 2:35). 시작은 미약하고 작지만, 하나님은 그 나중을 크게 창대하게 만드실 수 있으시다. 겨자 씨 한 알이 큰 나무가 된다. 돋는 햇살을 멸시하지 말라. 왜냐하면, 그 햇살은 점점 크게 빛나서 한낮의 광명에 이르게 될 것이기 때문이다(잠 4:18). 작은 일들의 날은 보배로운 일들의 날이고, 장차 큰 일들의 날이 될 것이다.

6. 하나님의 일이 잘 되기를 진심으로 바라는 모든 자들이 크게 만족하게

될 것이고, 그들은 그들이 이것을 작은 일들의 날이라고 멸시하였던 것이 잘못되었다는 것을 알고서 기뻐하리라는 것. 성전 재건의 일이 완성되지 못할 것이라고 절망하였던 자들은 스룹바벨의 손에 다림줄이 있음을 보고 기뻐할 것이고, 그가 건축자들 사이를 바쁘게 돌아다니며 할 일들을 지시하고, 일이 제대로 정확하게 이루어지고 있는지를 살피는 모습을 볼 때에 기뻐할 것이다. 방백들이 하나님의 전을 세우는 데에 정성을 다해 적극적으로 나서는 것을 보거나, 마음만 먹으면 많은 일들을 할 수 있는 능력이 있는 자들의 손에 다림줄이 있는 것을 보는 것은 모든 선한 자들이 크게 기뻐할 일이라는 것을 명심하라. 스룹바벨은 그의 손에 흙손(이것은 일꾼들, 즉 사역자들의 몫이다)이 아니라 다림줄을 가지고 있는데, 이런 모습은 그의 체면과 위신을 손상시키는 것이 아니라, 도리어 그를 명예롭게 해준다. 방백들은 사역자들의 일을 감독하고, 자신의 본분을 다하는 레위인들에게 위로의 말을 해주는 것이 마땅하다.

7. 교회의 유익과 복을 위하여 늘 사용되는 하나님의 섭리의 지혜와 돌보심이 크게 찬양을 받게 되리라는 것. 스룹바벨은 자신의 역할을 하면서, 사람으로서 그 일을 위하여 할 수 있는 최선을 다하지만, 그가 모든 일을 다하는 것이 아니라, 여호와의 일곱 눈이 그와 함께 한다(3:9). 모든 것을 살피시는 가운데에 능력과 은혜로 행하시는 하나님의 섭리가 그의 앞에서 가거나 그와 동행하지 않는다면, 그는 아무것도 할 수 없다. 여호와께서 이 집을 세우시지 않으셨다면, 스룹바벨을 비롯한 많은 사람들의 수고는 헛되었을 것이다(시 127:1). 이 여호와의 눈들은 온 세상에 두루 다니며 모든 피조물들과 그들의 모든 행위들을 살피며(대하 16:9) 하나님의 계획에 따라 그 모든 것들에 영향을 주고 그 모든 것들을 인도하는 일을 한다. 우리는 하나님이 그의 교회의 일에 너무 몰두하셔서 세상에 대해서는 무관심하신 것이라고 생각해서는 안 된다는 것을 명심하라. 그러나 그의 지혜롭고 전능한 섭리를 통해서 세상의 나라들을 다스리시는 하나님이 교회에 대해서도 특별한 방식으로 아주 잘 파악하고 계시다는 것은 우리에게 위로가 된다. 온 세상에 두루 다니는 저 일곱 눈은 모두 다 스룹바벨이 그의 손에 쥔 다림줄을 이용하여 똑바르게 놓고 있는 돌 위에 집중되어 있는데, 이는 그 돌이 잘 놓여지는지를 살피기 위한 것이다. 자신의 손에 다림줄을 가지고 있는 자들은 여호와의 저 눈들을 우러러보고, 하나님의 섭리를 끊임없이 주시하며, 그 섭리의 인도하심에 의지하고 그 처분에 순복하는 가운데에 행하

여야 한다.

[11]내가 그에게 물어 이르되 등잔대 좌우의 두 감람나무는 무슨 뜻이니이까 하고 [12]다시 그에게 물어 이르되 금 기름을 흘리는 두 금관 옆에 있는 이 감람나무 두 가지는 무슨 뜻이니이까 하니 [13]그가 내게 대답하여 이르되 네가 이것이 무엇인지 알지 못하느냐 하는지라 내가 대답하되 내 주여 알지 못하나이다 하니 [14]이르되 이는 기름 부음 받은 자 둘이니 온 세상의 주 앞에 서 있는 자니라 하더라

하나님은 이제 막 착수된 성전 재건의 선한 사업과 관련해서 스가랴가 스스로 힘을 얻고, 그로 하여금 다른 사람들에게도 힘을 줄 수 있도록 하기 위하여 그에게 해주실 말씀을 충분히 해주셨는데, 이것이 스가랴가 본 묵시의 주된 의도였다. 그러나 스가랴는 계속해서 그 묵시의 세부적인 것들에 대하여 캐묻는다. 물론, 이것은 그의 헛된 호기심 때문이 아니라, 그가 하나님의 계시를 소중히 여겼고, 그 계시를 아는 것을 즐거워하였기 때문이었다. 하나님의 일들에 대하여 많이 알고 있는 자들은 더 많은 것을 알고자 하는 겸손한 소원을 지닐 수밖에 없다. 좀 더 자세하게 살펴보자.

I 선지자가 물은 것은 무엇이었는가. 그는 등잔대와 그 등잔들이 무엇을 의미하는지에 대해서는 이미 깨닫고 있었다. 불 타는 등불 같이 나타나야 하는 것은 예루살렘이고 성전이며 그들의 구원이다(사 62:1). 그러나 그는 두 감람나무(11절), 감람나무 두 가지(12절)가 무슨 뜻인지를 알고자 하였다.

1. 그가 물었다는 것. 하나님의 일들에 대하여 알고자 하는 자들은 그러한 일들에 대하여 꼬치꼬치 캐물어야 한다는 것을 명심하라. 물으라. 그리하면, 네가 듣게 될 것이다.

2. 그의 첫 번째 질문에 대한 대답이 없자, 그가 다시 물었다는 것. 우리의 질문이나 요청에 대하여 만족스러운 대답이 속히 주어지지 않는다면, 우리는 그것들을 다시 반복해서 물어야 하고, 즉시 그리고 끈질기게 계속해서 물어야 한다는 것을 명심하라. 묵시는 반드시 응하고 거짓되지 아니할 것이다(합 2:3).

3. 그의 두 번째 질문은 첫 번째와는 다소 달랐다는 것. 그는 처음에는 두 감람나무가 무슨 뜻인지를 물었지만, 두 번째에는 이 감람나무 두 가지는 무슨 뜻이니이까라고 물었다. 즉, 그가 나중에 물은 것은 기름 그릇에 걸려 있는 상태로

거기에 기름을 떨어뜨려 주고 있던 감람나무의 두 가지에 관한 것이었다. 우리가 하나님의 은혜에 대하여 물을 때, 그것은 우리의 모든 것의 원천인 참감람나무 속에 내재되어 있는 은혜(이것은 우리에게 속하지 않은 감추어진 일들 중의 하나이기 때문에)가 아니라, 말씀과 규례라는 결실 많은 가지들을 통해서 우리에게 전달되는 은혜(이것은 우리와 우리 자손에게 속한 나타난 일들 중의 하나이기 때문에)에 대한 것이 되어야 한다(신 29:29).

4. 그는 질문을 하면서, 자기가 묵시 속에서 관찰한 것들을 언급함. 그는 한 번만 보아도 눈에 금방 띄는 것, 즉 두 감람나무가 하나는 등잔대의 오른쪽에, 하나는 그 왼쪽에 있다는 것(하나님의 은혜는 교회에 아주 가까이 있다는 것)만을 알아차린 것이 아니라, 좀 더 자세히 보아야만 알 수 있는 것, 즉 감람나무 두 가지가 두 금관을 통해서 등잔대에 금 기름(즉, 지극히 값진 최고 품질의 맑고 투명한 기름), 그러니까 감람나무 뿌리의 진액(사도 바울이 교회에 대하여 말한 것처럼, 롬 11:17)을 비워내어 흘리는 것, 또는 (난외주의 읽기를 따르면) 두 금관을 통해서 기름을 비워내어 등잔대의 위에 있는 금 그릇으로 흘리는 것도 알아내었다. 우리 주 예수께서는 우리를 채워주시기 위하여 자기 자신을 비우셨다. 그의 보배로운 피는 우리가 필요할 때마다 우리에게 공급되는 금 기름이다.

Ⅱ. 그의 물음에 대하여 어떤 대답이 주어졌는가. 그 천사는 여기에서 다시 한 번 선지자에게 대답을 해주기 전에, 그로 하여금 그의 무지를 분명하게 인정하지 않을 수 없게 만든다(13절). "네가 이것들이 무엇인지 알지 못하느냐. 등잔대가 교회를 의미한다는 것을 네가 알고 있다면, 너는 거기에 기름을 공급해 주는 감람나무들이라는 것이 하나님의 은혜 외에 다른 것이 될 수 없다는 것도 알 수 있을 것이 아니냐?" 그러나 선지자는 자기가 그것을 온전히 깨닫지 못하였거나 제대로 깨닫지 못하였다고 고백한다: 내가 대답하되 내 주여 내가 알지 못하나이다. 지도해 주는 사람이 없으니 어찌 깨달을 수 있으리이까(행 8:31). 그러자 그 천사는 그에게 이렇게 말해 주었다(14절): 그것들은 기름 부음 받은 자 둘 또는 두 명의 기름의 아들들(원문에는 이렇게 되어 있다)이니라. 우리가 이사야 5:1에서 심히 기름진 산으로 읽는 어구는 원문에는 기름의 아들의 뿔, 즉 기름진 땅으로 되어 있다.

1. 등잔대를 눈에 보이는 교회, 특히 당시의 유대인들의 교회(이 묵시는 주로 그들을 위로하기 위하여 주어진 것이기 때문에)를 가리키는 것으로 이해한

다면, 우리는 온 세상의 주 앞에 서 있는 이 기름의 아들들은 당시에 두 명의 중요하고 선한 인물이었던 스룹바벨과 여호수아의 손에 쥐어져 있던 방백직과 성직(聖職)이라는 두 가지 중요한 규례 또는 직분을 나타내는 것이라고 보아야 한다. 왕들과 제사장들은 기름 부음을 받은 자들이었다. 이 왕과 이 제사장은 기름 부음 받은 자들, 즉 그들이 부르심을 받은 일을 행하는 데에 필요한 자질들을 갖추기 위하여 하나님의 영의 은사들과 은혜들을 수여받은 자들이었다. 그들은 온 세상의 주를 섬기며 그에게서 명령을 받기 위해서, 그의 앞에 서 있었다. 그들은 당시에 교회의 일들에 큰 영향력을 지니고 있었다. 그들의 지혜와 용기와 열심은 끊임없이 비워져서, 등잔들을 계속해서 불타오르게 하기 위하여 금 그릇 속으로 흘러갔다. 그들이 죽으면, 하나님은 그들이 했던 것과 동일한 일을 수행하도록 다른 사람들을 일으키실 것이다. 이스라엘에 왕과 제사장이 없는 일은 더 이상 없을 것이다. 하나님의 은혜로 기름 부음을 받고서, 하나님의 뜻을 신실하게 받드는 자들로서 온 세상의 주 앞에 서 있는 선한 방백들과 선한 목회자들은 신앙을 보호하고 흥왕하게 하는 일과 생명의 말씀이 빛을 발하게 하는 일에 아주 큰 기여를 한다.

2. 등잔대를 장자들의 교회, 참된 신자들의 교회로 이해한다면, 우리는 이 기름의 아들들은 그리스도와 성령, 구속주와 보혜사(Comforter)를 가리키는 것으로 보아야 한다. 그리스도는 메시야, 곧 기름 부음 받은 자이실 뿐만 아니라, 그의 교회에 대하여 참감람나무이시다. 우리는 다 그의 충만한 데서 받는다(요 1:16). 성령은 우리가 받은 바 기름 부음이다(요일 2:20, 27). 감람나무이신 그리스도로부터 나오는 온갖 은혜의 금 기름은 감람나무 가지이신 성령을 통해서 믿는 자들에게 전달되고, 이렇게 전달된 기름으로 등잔들은 계속해서 타오를 수 있는데, 그 기름이 끊임없이 공급되지 않는다면, 등잔의 불은 곧 꺼지게 된다. 그리스도와 성령은 특별한 방식으로 교회의 주이시자 온 세상의 주이신 하나님 앞에 서 있다. 정해진 때가 되면, 성자와 성령은 성부에 의해서 보내심을 받게 되어 있었으므로, 그들은 갈 채비를 다 마친 상태로 성부의 앞에 서 있다.

제
— 5 —
장

개요

이제까지는 우리가 오직 평화의 묵시들만을 보아 왔고, 우리가 들은 모든 말씀들도 선하고 위로가 되는 말씀들이었다. 그러나 구름 기둥과 불 기둥은 이스라엘 쪽으로는 밝고 즐거운 측면을 보이지만 애굽인들 쪽으로는 어둡고 암울한 측면을 보인다. 스가랴의 묵시들도 마찬가지이다. 왜냐하면, 하나님의 선지자들은 화평의 아들들과 평화의 조약을 맺기 위한 사자(使者)들일 뿐만 아니라, 전쟁을 즐기고 반역을 고집하는 자들에 대하여 전쟁을 선포하는 전령관들이기도 하기 때문이다. 이 장에는 "하나님의 진노가 불의로 진리를 막는 사람들의 모든 경건하지 않음과 불의에 대하여 하늘로부터 나타나는(롬 1:18) 것"을 보여주는 두 개의 묵시가 나온다. 하나님은 자기 백성을 위하여 크고 인자하신 일들을 행하실 것이고, 시온의 신실한 아들들은 그것을 즐거워할 것이다. 그러나 시온의 죄인들은 두려워하여야 하는데, 그 이유는 다음과 같다. I. 하나님은 그들 가운데에서 악하고 불경스러운 자들, 삶을 고쳐야 할 때에 그렇게 하기를 싫어한 자들을 엄하게 벌하실 것이다. 하나님이 이스라엘 민족 전체에 대해서는 인자하심을 보이시고 그의 복들을 부어 주실지라도, 그럼에도 불구하고, 그들과 그들의 가족들은 저주 아래 놓이게 될 것인데, 선지자는 그것을 날아가는 두루마리를 통해서 본다(1-4절). II. 이후에 민족 전체가 타락하여, 그들 가운데에서 악이 성행하면, 이스라엘 민족은 하나님의 진노의 억누르는 무게로 인해서 신속하게 멸망하여 흩어지게 될 것이다. 이것은 에바가 그 아귀가 납 조각으로 덮인 채 어디론가 옮겨져 가는 묵시로 표현된다(5-11절).

¹내가 다시 눈을 들어 본즉 날아가는 두루마리가 있더라 ²그가 내게 묻되 네가 무엇을 보느냐 하기로 내가 대답하되 날아가는 두루마리를 보나이다 그 길이가 이십 규빗이요 너비가 십 규빗이니이다 ³그가 내게 이르되 이는 온 땅 위에 내리는 저주라 도둑질하는 자는 그 이쪽 글대로 끊어지고 맹세하는 자는 그 저쪽 글대로 끊어지리라 하니 ⁴만군의 여호와께서 이르시되 내가 이것을 보냈나니 도둑의 집에도 들어가며 내 이름을 가리켜 망령되이 맹세하는 자의 집에도 들어가서 그의 집에 머

무르며 그 집을 나무와 돌과 아울러 사르리라 하셨느니라 하니라

선지자는 앞에서와는 달리(4:1) 천사가 깨워야 할 필요가 없었다. 그는 그 때에 깨어난 후에 계속해서 깨어 있었다. 아니, 이제 그는 천사로부터 주위를 둘러보라는 말을 들을 필요조차 없었다. 왜냐하면, 그는 자발적으로 눈을 들어 보았기 때문이다. 선한 자들은 그들의 연약함으로 인해서 종종 졸거나 잘 수도 있지만, 그런 후에는 이전보다 더 세심하게 주의를 기울여서 신중하고 조심스럽게 행한다.

I 선지자가 본 것은 무엇이었는가. 그는 허공을 올려다 보다가, 날아가는 두루마리를 보게 되었다. 말려 있어서 두루마리라 불리는 거대한 양피지 두루마리가 그의 눈 앞에서 펼쳐진 채로 날아가고 있었다. 이 두루마리는 먹잇감을 향하여 쏜살 같이 하강하는 독수리처럼 바람의 날개를 타고서 누구다 다 볼 수 있게 허공을 가르며 빠르게 날아가고 있었다. 그것은 에스겔의 두루마리처럼 그 안팎에 글이 있는데 그 위에 애가와 애곡과 재앙의 말이 기록된 두루마리였다(겔 2:9-10). 율법의 계명이 확실성과 영속성을 지니기 위해서 글로 기록되어 있듯이, 율법의 저주도 마찬가지이다. 이 두루마리에는 죄인을 대적하는 괴로운 일들이 기록되어 있었다. "내가 쓸 것을 썼고, 씌어진 것은 영원히 남으리라." 천사는 선지자의 주의를 환기시키고, 그로 하여금 그 묵시에 대하여 묻고자 하는 마음을 불러일으키기 위하여, 그에게 "네가 무엇을 보느냐"고 묻는다. 그러자 선지자는 자기가 본 것을 이렇게 설명한다: "내가 날아가는 두루마리를 보나이다. 눈대중으로 추측해 보건대, 그 길이가 이십 규빗(즉, 9미터)이요 너비가 십 규빗(즉, 약 4.5미터)이니이다." 구약과 신약의 성경 책들은 하나님이 그의 율법과 복음의 큰 일들을 우리를 위하여 기록하신 두루마리들이다(호 8:12). 그리스도는 이 두루마리들의 주인이시다. 그것들은 큰 두루마리들이어서 그 속에 많은 것들이 기록되어 있다. 그것들은 날아가는 두루마리들이다. 사람들에게 전할 영원한 복음을 가진 천사는 공중에서 날아다녔다(계 14:6). 하나님의 말씀은 속히 달린다(시 147:15). 이 두루마리들의 의미 속으로 들어가고자 하는 자들은 먼저 그들이 보는 것을 말하고, 그들 자신이 할 수 있는 한 깊숙이까지 들여다 보아야 한다. "율법에 무엇이라 기록되었으며 네가 어떻게 읽느냐(눅 10:26). 내게 그것을 말하라. 그러면, 너는 읽는 것을 깨닫게 될 것이다(행 8:30)."

Ⅱ. 천사는 선지자에게 이 묵시를 어떻게 설명해 주었는가(3-4절). 이 날아가는 두루마리는 저주였고, 거기에는 특히 거짓 맹세로써 하나님의 위엄을 모독하거나 도둑질로 이웃의 재산권을 침해하는 죄인들에 대하여 하나님의 의로우신 진노를 선포하는 내용이 담겨 있었다. 모든 이스라엘 사람들은 하나님이 그들의 나라에 주신 복들을 두렵고 떨리는 마음으로 기뻐하여야 한다. 왜냐하면, 그들이 거짓 맹세하거나 도둑질하거나 어떤 죄 가운데서 살아간다면, 그들에게 저주가 임하여서, 그들은 하나님이 그들에게 주신 복들로 인한 위로를 얻지 못하게 될 것이기 때문이다. 내가 악하면 이 모든 일 때문에 내게 화가 있을 것이다(욥 10:15). 좀 더 자세하게 살펴보자.

1. 이 저주의 범위. 선지자는 두루마리가 날아가는 것을 보았다. 그렇다면, 그 두루마리는 어느 방향으로 날아가고 있었는가? 두루마리는 온 땅 위에 내리고 있었다. 즉, 이 두루마리는 이스라엘 땅만이 아니라 온 땅을 대상으로 삼고 있다는 것이다. 왜냐하면, 율법 책을 가지고 있지 않은 자들이라도 그들의 마음에 새긴 율법을 거슬러 범죄한 자들은 바로 그 율법에 의해서 심판을 받게 될 것이기 때문이다(롬 2:15). 온 인류는 하나님의 심판을 받아야 할 처지에 놓여 있다는 것을 명심하라. 죄인들이 온 땅의 어느 곳에 있든지, 하나님의 저주는 그들을 찾아내서 붙잡을 수 있다. 하나님의 저주의 날아다니는 두루마리가 죄악된 세상 위에 두터운 구름처럼 걸려 있어서, 하나님의 은총의 햇살이 사람들에게 오는 것을 차단할 뿐만 아니라, 천둥과 번개와 폭풍우로 그들을 멸하고자 위협하고 있는 모습을 우리가 믿음의 눈으로 볼 수 있다면, 얼마나 좋겠는가! 그렇게만 된다면, 구주께서 친히 우리를 위하여 저주가 되시고, 선지자처럼 이 두루마리를 먹으셔서, 우리를 율법의 저주에서 속량하셨다는 사실을 전하는 복음이 사람들에게 얼마나 큰 환영을 받겠는가! 이 두루마리의 길이와 너비가 아주 컸다는 것은 죄인들이 얼마나 많은 저주들을 받게 되어 있는지를 보여준다. 그들이 돌이키지 않는다면, 하나님은 그들에 대한 재앙을 극렬하게 하실 것이다(신 28:59).

2. 이 저주가 특별히 겨냥하고 있는 범죄자들. 세상은 아주 다양한 죄로 가득 차 있고, 당시의 유대 교회도 마찬가지였다. 그러나 여기에서는 특히 두 가지 종류의 죄인들을 이 저주의 대상으로 구체적으로 지적한다.

(1) 도둑들. 이 저주는 도둑질하는 자에 대한 것이었다. 사기를 치거나 힘으

로 밀어부쳐서 자기 것이 아닌 것을 취하고, 특히 하나님의 것을 도둑질하며, 하나님과 그의 영광을 위하여 바쳐진 것들을 빼돌려서 자기 것으로 만들어 버리는 것은 당시 유대인들 가운데에서 많은 원성을 산 죄였다(말 3:8; 느 13:10). 성물을 도둑질하는 신성모독죄는 의심할 여지 없이 최악의 도둑질이다. 또한, 부모의 물건을 도둑질하고도 죄가 아니라 하는 자(잠 28:24)는 이 저주가 그에게 향해 있다는 것을 알아야 한다. 왜냐하면, 이 저주는 도둑질하는 모든 자에 대한 것이기 때문이다. 여덟 번째 계명에는 벌이 덧붙여져 있지 않지만, 여기에 나오는 저주가 바로 그 계명을 범할 때에 주어지는 벌이다.

(2) 거짓 맹세하는 자들. 앞의 부류의 죄인들은 두 번째 돌판을 거슬러 범죄하는 자들이고, 여기에서 언급되는 죄인들은 첫 번째 돌판을 거슬러 범죄하는 자들이다. 왜냐하면, 저주는 두 돌판 중 어느 쪽이든 깨뜨리는 자들에게 임할 것이기 때문이다. 경솔하게 그리고 불경스럽게 맹세하는 자도 죄가 없는 것으로 간주되지 않을 것인데, 하물며 거짓으로 맹세하는 자는 두말할 필요도 없다(4절). 그런 자는 그의 위증이나 거짓 맹세를 통해서 자기 자신에게 저주를 내려달라고 기원한 것이기 때문에, 그에 대한 판결은 결국 그렇게 될 것이다. 하나님은 그가 저주를 자신에게 내려달라고 기원한 것에 대하여 아멘이라 말씀하시고서, 그 저주를 그 자의 머리에 돌리실 것이다. 그는 거짓을 옳다고 확증하기 위해서 언제나 진리대로 되는 하나님의 판단과 심판에 호소하였기 때문에, 그가 그토록 불경스럽게 모독한 하나님의 심판을 스스로 자초한 것이다.

3. 이 저주가 집행될 것이고, 그것은 공평한 처사라는 것. 만군의 여호와께서 이르시되 내가 이것을 보냈다(4절). 하나님은 판결을 내리신 후에는, 그것이 제대로 집행되는지를 세심하게 감독하실 것이다. 하나님이 저주를 보내셨다는 것은 다음과 같은 것들을 의미한다.

(1) 하나님이 저주에게 사명을 주셨다는 것. 그것은 의로운 저주이다. 왜냐하면, 그 저주를 보증하시는 분은 의로우신 하나님이기 때문이다.

(2) 하나님이 저주에게 시작하라는 명령을 내리셨다는 것. 하나님은 자신의 권세로써 저주를 보내시면서, 그가 주신 사명을 따라 집행하라고 명령하신다. 전능하신 하나님이 보내시는 저주를 누가 피하거나 거역할 수 있겠는가?

4. 이 저주의 효과.

(1) 이 저주는 죄인 자신에게 아주 두려운 것이 되리라는 것. 도둑질하는 자

는 징계를 받는 것이 아니라 멸망을 받아서 산 자의 땅에서 끊어질 것이다. 하나님의 저주는 끊으시고 죽이시는 저주이다. 도둑질하는 자는 이쪽에서(이 곳, 즉 예루살렘에서) 끊어질 것이고, 거짓 맹세하는 자도 이쪽에서(앞에 나온 것과 동일한 단어가 사용됨) 끊어질 것이다. 하나님은 자기 백성 가운데에서 발견되는 죄인들을 살려두지 않으실 것이고, 거룩한 도성이 거룩하지 못한 자들의 보호막이 되지 못할 것이다. 또는, 그들은 거기로부터, 즉 저주가 그 위를 날아다니고 있는 온 땅의 지면으로부터 끊어지게 될 것이다. 또는, 도둑질하는 자는 이쪽에서, 거짓 맹세하는 자는 저쪽에서 끊어질 것이다. 그들은 이 사람 저 사람 가릴 것 없이 다 저주를 따라 끊어질 것이다. 왜냐하면, 하나님의 손에 의한 심판은 그의 입에 의한 심판과 정확히 일치하기 때문이다.

(2) 이 저주는 죄인의 가문에 아주 두려운 것이 되리라는 것. 저주는 도둑의 집에도 들어가며 망령되이 맹세하는 자의 집에도 들어갈 것이다. 하나님의 저주는 문들을 부수는 것이 허락된 영장을 들고 오고, 사람들은 빗장이나 자물쇠로 저주를 막아낼 수 없다. 죄인이 위험에서 벗어난 곳이라고 생각하여 방심하고 있는 그 곳, 그가 음식과 잠으로 새 힘을 얻기를 기대하는 그 곳, 그의 집에서 하나님의 저주가 그를 붙잡을 것이다. 아니, 저주는 그에게만이 아니라, 그로 말미암아 그의 주위의 모든 사람에게 임할 것이다. 네 광주리와 떡 반죽 그릇, 네 몸의 소생이 저주를 받을 것이다(신 28:17-18). 악인의 집에는 여호와의 저주가 있다(잠 3:33). 저주는 문 밖에서 죄인과 그의 집을 괴롭힐 뿐만 아니라, 그의 집에 머무르며 집안 구석구석에 악독한 독기를 발산할 것이다: 그에게 속하지 않은 자가 그의 장막에 거하리라(욥 18:15). 저주는 그가 거하는 곳에 거하면서, 침대에서이든 거실에서이든 그와 꼭 붙어 다니며 그가 하는 모든 것을 망쳐 놓을 것이다. 저주는 그를 한번 붙잡으면 놓아주지 않을 것이기 때문에, 그가 회개하고 삶을 고치지 않는다면, 저주를 내던져 버리거나 저주의 줄을 끊어 버릴 길은 없다. 아니, 저주는 그의 집에 머물면서, 그 집을 나무와 돌과 아울러 사를 것이다. 목재들이 상수리나무의 가장 단단한 부분으로 만들어진 것들이고, 돌들이 가장 단단한 바위들에서 잘라온 것이라 할지라도, 그것들은 하나님의 저주 앞에서 견딜 수 없을 것이다. 우리는 돌들과 목재들이 주인의 착취와 압제에 대하여 탄식하며 그 무거운 짐 아래에서 신음하는 소리를 들었다(합 2:11). 이제 여기에서 우리는 그것들이 썩어짐의 종 노릇 한 데서 해방되는 것을 보게 된다

(롬 8:21). 그것들은 그 힘과 아름다움을 간직하고 있는 동안에는 자신의 뜻과는 정반대로 죄인의 교만과 안일함을 밑받침하는 일을 하였다. 그러나 그것들이 타버리면, 그 잔재들은 아주 흡족해하면서, 하나님의 공의를 증언하는 영원한 기념물들과 죄인의 불의를 고발하는 영원한 증인들이 되어 줄 것이다. 죄, 특히 남에게 해를 끼치는 죄(injury)와 위증죄(perjury)는 그 죄를 지은 죄인의 집과 가족들을 파멸로 이끄는 죄라는 것을 명심하라. 누가 주의 노여움의 능력을 알며 주의 저주의 활동을 알까(시 90:11). 목재와 돌들조차 그 저주의 활동으로 인해서 살라져 버렸다. 그러므로 우리는 두려운 줄을 알고서 죄를 짓지 말아야 한다.

⁵내게 말하던 천사가 나아와서 내게 이르되 너는 눈을 들어 나오는 이것이 무엇인가 보라 하기로 ⁶내가 묻되 이것이 무엇이니이까 하니 그가 이르되 나오는 이것이 에바이니라 하시고 또 이르되 온 땅에서 그들의 모양이 이러하니라 ⁷이 에바 가운데에는 한 여인이 앉았느니라 하니 그 때에 둥근 납 한 조각이 들리더라 ⁸그가 이르되 이는 악이라 하고 그 여인을 에바 속으로 던져 넣고 납 조각을 에바 아귀 위에 던져 덮더라 ⁹내가 또 눈을 들어 본즉 두 여인이 나오는데 학의 날개 같은 날개가 있고 그 날개에 바람이 있더라 그들이 그 에바를 천지 사이에 들었기로 ¹⁰내가 내게 말하는 천사에게 묻되 그들이 에바를 어디로 옮겨 가나이까 하니 ¹¹그가 내게 이르되 그들이 시날 땅으로 가서 그것을 위하여 집을 지으려 함이니라 준공되면 그것이 제 처소에 머물게 되리라 하더라

앞의 묵시는 아주 분명해서 알기가 쉬웠지만, 여기에 나오는 묵시 속에는 오묘해서 알기 어려운 것들이 들어 있다(벧후 3:16). 어떤 이들은 유대 교회와 나라가 그리스도를 십자가에 못 박고 그의 복음을 박해함으로써 그들의 죄악의 분량을 채웠을 때에 최종적으로 멸망해서 유대인들이 뿔뿔이 흩어지게 될 것을 미리 보여주는 것이 이 묵시의 취지라고 생각한다. 그러므로 "성전과 나라가 두 번째로 무너질 것이라는 분명한 경고의 말씀을 듣고서, 그들이 완전히 낙심해서, 현재 그 둘을 재건하는 일을 그만두는 일이 없도록 하기 위하여," 하나님은 이 묵시를 모호한 비유들과 표현들로 보여주려고 애쓰고 계신다는 것이다(펨블 목사의 설명).

선지자는 도둑들과 거짓 맹세하는 자들의 집을 사르는 저주의 권능과 두려움을 곰곰이 묵상하고 있을 때에, 천사로부터 눈을 들어 보라는 말을 듣고서, 사람의 죄로 인한 하나님의 저주에 의해서 이루어진 더 큰 멸망과 황폐화를 보게 된다. 너는 눈을 들어 나오는 이것이 무엇인가 보라(5절). 그것이 날아가는 두루마리처럼(3절) 온 땅의 지면 위에 있었던 것인지, 아니면 단지 예루살렘 위에 있었던 것인지는 확실하지 않다. 그러나 선지자는 지금 거리가 멀어서이든 그의 시력이 나빠서이든 그것이 무엇인지를 제대로 알 수 없었기 때문에, 이것이 무엇이니이까라고 물었다(6절). 그러자, 천사는 그에게 그것이 무엇인지와 그것이 무엇을 의미하는지를 둘 다 그에게 말해 준다.

I 선지자가 에바를 봄. 에바는 유대인들이 곡물의 양을 재는 데에 사용하던 됫박이었다. 에바에는 십 오멜(출 16:36), 십분의 일 호멜(겔 45:11)의 곡물이 들어갔다. 에바는 곡물을 거래할 때에 쓰던 됫박을 나타낼 때에 가장 일상적으로 사용되던 표현이다(신 25:14). 온 땅에서 그들의 모양이 이러하니라. 즉, 에바는 유대인들이 지금 온 땅에 흩어져 있는 모습, 또는 그들의 멸망이 장차 있게 될 때에 그렇게 될 모습을 나타내는 것이라는 말이다. 그들은 하나님이 그들에게 정해 두신 그들의 죄악의 분량을 다 채워가고 있었다. 그들의 죄악의 분량이 곡물의 분량을 되는 됫박처럼 다 채워졌을 때, 그들은 하나님이 그들의 죄로 말미암아 팔아 버린 그들을 산 자들의 손으로 넘어가게 될 것이다. 에바로 되어진 곡물이 시장이나 방앗간으로 가져가도록 배정되듯이, 그들은 멸망에 내어주기로 배정되었다. 어떤 이들은 곡물을 팔거나 살 때에 사용되는 에바가 언급되고 있는 것은 장사할 때에 속이고 사기치며 착취하는 일이 그들 가운데에서 팽배한 죄들이었다는 것을 보여주는 것이라고 생각한다. 실제로 당시에 그들은 그런 죄들을 짓는 백성으로 악명을 떨쳤다. 이것은 온 땅에 흩어져 있는 그들의 모습이다. 그들에게 정해진 죄악의 분량이 있는데, 그들은 그 분량을 급속히 채워가고 있었다(마 23:32; 살전 2:16).

II. 선지자가 에바 가운데에 한 여인이 앉아 있는 것을 봄. 이것은 신실하던 성읍이 창기가 되었던 때(사 1:21)인 포로기 직전의 타락한 시대에 유대인들의 죄악된 교회와 나라를 나타낸다. 큰 산들과 작은 산들을 저울과 천칭으로 달아 보시는 하나님은 나라들과 교회들도 마치 에바로 그러듯이 되어 보신다. 하나님이 나라들과 교회를 사법적으로 다루시는 것은 아주 정확하다. 하나님의 백성은 그의 타작 마당의 곡식이라 불린다(사 21:10). 하나님은 여기에서 이 곡식을 처분하시기 위하여 말로 되어 보신다. 천사는 에바 가운데에 앉아 있는 여인에 대하여 이는 악이라고 말한다. 그것은 악한 나라이다. 만약 그렇지 않았다면, 하나님은 그 나라를 이런 식으로 버리지 않으셨을 것이다. 그 나라는 악 자체일 정도로 악하고, 가증스러울 정도로 악하다. 이스라엘은 여호와를 위한 성물이었는데, 어찌 그리 금이 빛을 잃었는고(애 4:1; 렘 2:3). 지금 이스라엘은 악의 화신이 되어 있다. 신앙을 고백하는 자들 가운데에서 발견되는 악만큼 추악하고 혐오스러우며 많은 경우들에서 잔인무도한 악은 그 어디에도 없다.

Ⅲ. 선지자는 그 여인이 에바 속으로 던져지고, 무거운 납 조각이 에바 위에 던져져서 그 아귀를 덮는 것을 봄. 이렇게 해서, 그 여인은 에바에 안전하게 갇혀서, 거기에서 도저히 나올 수 없게 되었다. 이것은 회개치 않는 죄인들에 대한 하나님의 진노가 다음과 같을 것임을 보여주고자 하는 것이다.

1. 그 진노는 피할 수 없는 것이기 때문에, 그들은 거기에서 도망할 수 없다는 것. 그들은 에바 속에 갇힌 이 여인처럼 하나님의 진노에 속박되어 있고, 죄와 저주 아래 갇혀 있다. 그들은 그의 손에서 도망치려고 힘쓰겠지만(욥 27:22), 그렇게 할 수 없을 것이다.

2. 그 진노는 견딜 수 없는 것이기 때문에, 그들은 그 진노 아래에서 견뎌낼 수 없다는 것. 죄책은 납덩이처럼 죄인을 짓눌러서 가장 낮은 음부로 가라앉게 만들 것이다. 그리스도께서 예루살렘의 평화에 관한 일들에 대하여 그것들이 지금 네 눈에 숨겨졌도다(눅 19:42)고 말씀하셨을 때, 그것은 그들 위에 납덩이를 던져서 올려 놓으신 것이었다.

Ⅳ. 선지자는 여인이 그 속에 넣어지고 밀봉된 채로 에바가 어떤 먼 나라로 옮겨지는 것을 봄.

1. 이 일을 하는 데에 쓰임을 받은 도구들은 학의 날개 같은 크고 튼튼한 날개가 있어서 더 빨리 날 수 있고 그 날개에 바람이 있는 두 여인이었다는 것. 이것은 로마 군대가 유대 나라를 아주 신속하게 맹렬한 폭력으로 멸망시키리라는 것을 보여주는 것이었다. 하나님께는 하늘에 날개 달린 사자들이 있을 뿐만 아니라, 하나님은 마음만 먹으시면 이 아랫세상에서도 그가 쓰시는 자들에게 날개를 달아 주실 수 있으시다. 하나님은 그들이 그들의 날개로 바람을 타고서 앞으로 나아가게 하신다. 하나님의 섭리는 훈풍으로 그들을 실어나른다.

2. 이 두 여인은 공중에서 에바를 들고 있었다는 것. 이것은 악한 유대인들이 공포에 쫓기게 되리라는 것과 그들이 세상에 대한 하나님의 보복하심의 공공연한 본보기가 될 것임을 보여주는 것이다. 이 여인들은 마치 에바가 하늘과 땅 어디에서도 쓸모가 없어서 버려져야 하는 것인 양 그 에바를 천지 사이에 들었다. 왜냐하면, 이 일이 성취되었을 때에 유대인들은 하나님을 기쁘시게 하지 아니하고 모든 사람에게 대적이 되었기 때문이다(살전 2:15). 그들은 악 자체이기 때문에, 그렇게 되는 것이 합당하다. 하늘은 악한 천사들을 밀어내고, 땅은 악한 가나안 사람들을 토해 내었다.

3. 선지자는 그들이 지금 형을 집행 중인 그 죄수를 어디로 데려가는 것이냐고 물었을 때에(10절), 그들로부터 시날 땅으로 가서 그것을 위하여 집을 지으려 한다는 대답을 들음. 이것은 유대인들을 최종적으로 흩으시는 것이 그들에 대한 벌이라는 것을 보여준다. 그들은 **바람에 나는 겨와 같이**(시 1:4) 그들의 땅에서 급히 옮겨져서, 먼 나라들, 특히 바벨론 땅에 가서 살게 될 수밖에 없게 될 것이다. 실제로, 유대 민족이 로마군에 의해 멸망당한 후에 흩어진 유대인들 중에서 다수가 바벨론 땅으로 가서 살았고, 일부는 이전의 포수(捕囚) 때처럼 칠십 년 동안 머무르기 위해서가 아니라 거기에 영원히 정착하여 살기 위해서 다른 나라들, 특히 동부 지중해 연안의 나라들로 갔다. 거기에서 에바를 위한 집이 준공되면, 에바는 제 처소에 머물게 될 것이다. 이것은 다음과 같은 것들을 보여준다.

(1) 그들의 재난은 대대로 이어질 것이고, 그들은 다시는 결코 하나가 되거나 연합하지 못할 정도로 뿔뿔이 흩어지게 되리라는 것. 그들은 정착하여 살되, 영원히 뿌리를 내리지 못하는 불안정한 삶을 살게 될 것이고, 가인의 운명이 그들의 운명이 되어서 영원히 떠돌며 유리(遊離)하는 삶을 살게 될 것이다.

(2) 그들의 죄악도 대대로 이어지고, 그들의 마음은 그 죄악 가운데에서 완악해지리라는 것. 이스라엘은 우둔하게 되어서(롬 11:25), 그들의 불신앙의 잔재 위에 고착되어 살아가게 될 것이고, 그들의 악은 그 불신앙의 토대 위에서 견고해질 것이다. 하나님은 그들이 마음으로 깨달아 돌이켜 내게 고침을 받지 못하도록 하시기 위하여 그들에게 혼미한 심령을 주셨다(마 13:15; 롬 11:8).

제 — 6 — 장

개요

섭리와 은혜라는 두 나라는 우리 모두와 아주 밀접한 이해관계가 있는 것이기 때문에, 우리는 이 두 나라를 아는 데에 관심을 기울여야 한다. 우리의 세속적인 모든 일들은 전적으로 하나님의 섭리에 따라 이루어지고, 우리의 모든 영적인 영원한 관심사들은 전적으로 하나님의 은혜에 의존되어 있다. 이 장에서는 이 두 가지가 우리에게 제시되는데, 전자는 묵시를 통해서, 후자는 모형을 통해서 제시된다. I. 하나님이 만국의 왕으로서 천사들을 부리셔서 세상을 다스리고 계심을 보여주는 네 병거에 관한 묵시(1-8절). II. 대제사장 여호수아에게 면류관을 씌우는 예식과 그 후에 나오는 그리스도에 관한 말씀을 통해서, 하나님이 성도들의 왕으로서 그리스도의 중보를 통해 교회를 다스리고 계심을 보여줌(9-15절).

[1]내가 또 눈을 들어 본즉 네 병거가 두 산 사이에서 나오는데 그 산은 구리 산이더라 [2]첫째 병거는 붉은 말들이, 둘째 병거는 검은 말들이, [3]셋째 병거는 흰 말들이, 넷째 병거는 어룽지고 건장한 말들이 메었는지라 [4]내가 내게 말하는 천사에게 물어 이르되 내 주여 이것들이 무엇이니이까 하니 [5]천사가 대답하여 이르되 이는 하늘의 네 바람인데 온 세상의 주 앞에 서 있다가 나가는 것이라 하더라 [6]검은 말은 북쪽 땅으로 나가고 흰 말은 그 뒤를 따르고 어룽진 말은 남쪽 땅으로 나가고 [7]건장한 말은 나가서 땅에 두루 다니고자 하니 그가 이르되 너희는 여기서 나가서 땅에 두루 다니라 하매 곧 땅에 두루 다니더라 [8]그가 내게 외쳐 말하여 이르되 북쪽으로 나간 자들이 북쪽에서 내 영을 쉬게 하였느니라 하더라

선지자는 이 묵시를 받기 위해 적극적인 태도를 보인다. 그는 마치 자기가 그 묵시를 기다렸다는 듯이 눈을 들어 보았다. 이것은 그가 본 일곱 번째 묵시였는데도, 그는 자기가 충분히 묵시를 보았다고 생각하지 않았다. 왜냐하면, 우리가 하나님과 그의 뜻에 대하여 제대로 알면 알수록, 하나님을 더 알 수

있게 되기를 바라는 마음이 더욱 커지기 때문이다. 선지자는 여러 색깔의 말들이 끄는 네 병거가 두 구리산 사이에서 나오는 것을 보았다(1-5절). 그는 이 묵시를 보면서 얼마 지나지 않아, 이 암울한 시기에 자기 자신과 그의 친구들에게 아주 큰 힘이 될 만한 묵시를 자기가 지금 보고 있다는 것을 알아차렸다. 이 묵시 속에는 우리가 그 의미를 파악하기 어려운 오묘한 것들이 아주 많이 나온다.

어떤 이들은 네 병거를 네 왕조를 가리키는 것으로 이해한다. 그런 후에, 그들은 5절에 나오는 이것들은 하늘의 네 바람이라는 구절이 다니엘이 묵시 중에서 본 큰 바다로 몰려 부는 하늘의 네 바람(단 7:2)과 연관이 있다고 보는데, 다니엘서에서 이 네 바람은 네 왕조를 가리킨다. 바벨론 왕조는 여기에서 붉은 말들로 상징되고 있는데, 이 왕조는 당시에 소멸되고 없었기 때문에, 이 붉은 말들은 나중에는 다시 언급되지 않는다. 검은 말들이 끄는 둘째 병거는 바사 제국이다. 이 병거는 바벨론 사람들을 치기 위해서 북쪽으로 나아가서, 바벨론에 대한 하나님의 심판을 집행하고 유대인들을 포로 생활에서 해방시켜 줌으로써, 북쪽 땅에서 하나님의 영을 쉬게 하였다(8절). 그리스 사람들을 나타내는 흰 말들은 검은 말들을 따라서 북쪽 땅으로 갔다. 왜냐하면, 그들은 바사인들을 무너뜨렸기 때문이다. 그리스 제국을 정복한 로마인들을 나타내는 회색 말들은 남쪽 땅으로 나갔다. 왜냐하면, 남쪽에 있던 애굽은 로마인에 의해서 복속된 그리스 제국의 마지막 거점이었기 때문이다. 갈색 말들은 회색 말들과 함께 있다가, 나중에 그들만 따로 나갔다. 갈색 말들은 고트족과 반달족을 가리키는 것으로 이해된다. 이 족속들은 승승장구하는 군대를 이끌고 온 땅을 두루 다녀서, 그리스 제국의 두 거점인 셀레우코스 왕조(Seleucidae)와 라기다이 왕조(Lagidae)를 멸망시켰다(그로티우스를 비롯한 여러 사람들의 견해).

그러나 나는 이 묵시를 좀 더 일반적으로 이해하여서, 이 아랫세상을 다스림에 있어서 섭리의 나라가 어떻게 운영되는지를 나타내는 것으로 보고자 한다. 천사들은 흔히 하나님의 병거들로 불린다(시 68:17; 18:10). 나라들과 교회들에 관한 하나님의 다양한 섭리들은 서로 다른 여러 색깔의 말들로 표현된다(계 6:2, 4-5, 8). 따라서, 우리는 여기에서 다음과 같은 것들을 볼 수 있다.

1. 하나님의 계획들과 작정들은 모든 사건들의 원천이고, 구리 산들처럼 확고부동하다는 것. 병거들은 두 산 사이에서 나왔다. 왜냐하면, 하나님은 우리에

게 작정하신 것을 이루시기 때문이다(욥 23:14). 하나님이 작정하시고 정하신 것들이 원본들이고, 그가 행하시는 것들은 그것들로부터 나온 사본들일 뿐이다. 하나님은 모든 일을 그의 뜻의 결정대로 행하신다(엡 1:11). 우리의 유한한 명철로 하나님의 계획들을 깨달을 수 없는 것은 우리의 팔로 산들을 껴안을 수 없는 것과 같고, 우리가 하나님의 그 어떤 계획도 바꿀 수 없는 것은 구리 산들을 옮길 수 없는 것과 같다. 하나님은 뜻이 일정하시니 누가 능히 돌이키랴(욥 23:13). 공적인 일이든 사적인 일이든 우리와 관련된 하나님의 섭리들이 무엇이든, 그것들은 모두 구리 산들 사이에서 나온다. 그러므로 그 섭리들에 순순히 따르는 것이 우리의 본분이고, 그것들에 대하여 시비를 거는 것은 어리석은 짓이다. 누가 감히 하나님께 도대체 뭐 하시는 겁니까라든가 어째서 그렇게 하시는 겁니까라고 말할 수 있겠는가(행 2:23; 4:28)?

2. 하나님은 섭리의 일들을 통해서 그가 작정하신 것들을 집행하신다는 것. 섭리의 일들은 병거들과 같다. 왕이신 하나님은 의전용 병거에 타셔서 온 세상에 그의 영광을 나타내 보이시기도 하고, 전쟁용 병거에 타고 나가셔서 이기고 또 이겨 그의 영광과 통치에 대적하는 모든 원수들을 무찌르시고 개가를 올리신다. 하나님이 행하시는 일들은 위대하시고 두려우며(시 66:3), 우리는 그 일들 속에서 우리의 하나님 우리의 왕이 행차하시는 것을 본다(시 68:24). 하나님의 섭리들은 병거들처럼 빠르고 강력하게 움직이지만, 병거들이 그것을 모는 자들에 의해 조종되는 것과 마찬가지로 하나님의 무한하신 지혜와 절대 주권적인 뜻에 의해서 움직이고 지배된다.

3. 거룩한 천사들은 하나님의 섭리를 수행하는 일꾼들이라는 것. 하나님은 세상의 모든 거민들 가운데에서 그의 계획들을 집행하시기 위하여 천사들을 하늘의 군대로 사용하신다. 그들은 병거들이다. 또는, 마찬가지이긴 하지만, 그들은 병거들을 끄는 힘 좋고 튼튼한 말들이다. 그들은 하나님이 친히 말에 관하여 묘사하신 구절에 나오는 것 같이(욥 39:19 이하) 천둥을 옷입고 있고 두려운 모습을 하고 있지만 두려워하게 할 수는 없다. 그들은 어떤 선지자를 하늘로 태워다 주기도 하고 어떤 선지자를 이 땅에서 지켜 주기도 하는 불병거들이자 불말들이다. 잘 훈련된 말들이 그 탄 자들의 말을 잘 듣듯이, 천사들은 하나님의 뜻에 절대적으로 복종한다. 하나님은 그들이나 그들의 섬김을 필요로 하지 않으시지만, 그들을 사용하심으로써 그들에게 존귀를 더하고, 그들의 섬김들

이 우리로 하여금 그의 섭리를 더욱 신뢰하게 해주는 것을 기뻐하신다.

4. 섭리의 사건들은 서로 다른 면모들을 지니고 있어서, 시대들의 모습도 자주 바뀐다는 것. 첫째 병거를 끄는 말들이 붉은 말들이라는 것은 말 굴레에까지 닿을 정도의 많은 피 흘림을 나타낸다(계 14:20). 둘째 병거를 끄는 검은 말들은 전쟁이 가져다 준 암울하고 절망적인 결과들을 나타낸다. 전쟁은 모든 사람들을 애곡하게 만들고, 모든 것을 황폐화시키며, 기근과 전염병과 폐허를 가져다 주고, 온 땅을 초췌하게 만든다. 셋째 병거를 끄는 흰 말들은 이 암울하고 절망적인 시대가 가고 다시 위로와 평화와 번영의 시대가 돌아왔다는 것을 의미한다. 하나님은 인생들에게 근심을 주시지만, 장차 그들을 불쌍히 여기실 것이다. 넷째 병거들을 끄는 말들은 회색 말들이었다. 회색 말이나 점 있는 말, 또는 갈색 말은 서로 다른 성격의 사건들이 얽혀 있거나 교대로 일어나고, 형통하는 날과 역경의 날이 교대로 오는 것을 의미한다. 여호와의 손에 있는 섭리의 잔은 섞은 것이 가득한 잔이다(시 75:8).

5. 섭리의 모든 도구들과 모든 사건들은 하나님에게서 나오는 것이고, 천사들은 하나님으로부터 그들의 임무와 지시를 수여받는다는 것(5절). 이것들은 하늘의 네 바람 또는 네 영이다. 이 바람들은 그들이 원하는 대로 여러 방향으로 부는 것처럼 보이지만, 사실은 하나님이 그 바람들을 그의 장중에 모으시고, 그의 곳간에서 그 바람들을 내어놓으시는 것이다. 또는, 이것들은 온 세상의 주 앞에 서 있다가 나가는 천사들이다. 천사들은 윗세상에서 하나님의 영광을 뵈옵고 그를 모시고 섬기는 것이 그들의 복이고, 이 아랫세상에서 그의 영광을 위하여 섬기는 것이 그들의 일이다. 그들은 온 세상의 주로부터 지시를 받고, 이 세상에서 그들이 한 일들에 대하여 보고하기 위해서 그의 앞에 서 있다. 왜냐하면, 이 세상은 모두 하나님의 관할 안에 있기 때문이다. 그러나 하나님이 임무를 주시면, 그들은 그의 계획을 알리는 사자(使者)들이자 그의 공의와 긍휼의 일꾼들로서 이 세상으로 나간다. 어떤 이들은 하나님으로부터 나와서 모든 육체의 영들의 하나님(민 16:22)이신 분이 정하신 일들을 수행하는 이 하늘의 네 영이 바로 하나님의 섭리의 목적들을 이루기 위하여 사람들의 영에 은밀하게 작용하여 감화를 주는 것이라고 생각한다.

6. 섭리 속에는 경탄할 만한 아름다움이 존재하고, 사건들은 서로 균형을 이룬다는 것(6절). 검은 말들은 모든 사람과 모든 것을 암울하게 만들어 버리는

매우 어둡고 암울한 사건들을 지니고서 나갔다. 그러나 곧 흰 말들이 애곡하는 자들에게 기쁨을 선사하고, 일들의 국면을 새롭게 전환하여 다시 밝고 환하게 만들기 위하여 그 뒤를 따라 나갔다. 이것이 하나님이 그의 교회와 백성을 다루시는 방식이다. 검은 말들이 나가면, 흰 말들이 곧 그 뒤를 따라 나간다. 왜냐하면, 고난이 넘칠수록 위로는 훨씬 더 넘치기 때문이다(고후 1:5).

7. 여러 가지가 섞여 있고 혼합되어 있는 것이 섭리의 평범하고 일반적인 측면이라는 것. 넷째 병거를 끄는 말들 가운데에는 회색 말들과 갈색 말들이 섞여 있었다(3절). 그 말들은 처음에는 남쪽 땅으로 나아갔지만, 나중에는 땅에 두루 다니고자 하였고, 그렇게 하도록 지시를 받았다(7절). 우리는 땅에 두루 다니다 보면 완전히 검은 것도 아니고 완전히 흰 것도 아닌 섭리의 사건들, 즉 검은 색과 흰 색이 섞인 회색 또는 갈색의 사건들을 발견하게 될 것이다. 우리가 몸 담고 살고 있는 세상이 그러하다. 그러나 우리 앞에 있는 저 세상은 그렇지 않다. 이 세상에서 우리는 긍휼과 심판(또는, 인자와 정의)을 동시에 노래한다(시 101:1). 우리는 인자하심과 공의로우심을 둘 다 지니신 하나님을 찬양하여야 하고, 이 두 가지가 섞여 있는 섭리 속에서 하나님의 뜻과 계획에 순순히 순복하고자 애써야 한다. 따라서, 우리는 우리의 위로들 속에는 불순물이 섞여 있기 때문에 위로를 받고 기뻐도 기뻐하지 않는 체하여야 하고, 우리의 환난들 속에는 많은 긍휼이 섞여 있기 때문에 환난을 당하여 울어도 울지 않는 체하여야 한다.

8. 하나님은 그의 섭리의 모든 활동들을 기뻐하신다는 것(8절). 북쪽으로 나간 자들이 내 영을 쉬게 하였느니라. 서로 섞여 있는 평범한 섭리들은 온 세상을 두루 다닌 반면에, 특별한 심판들을 가리키는 검은 말들과 특별한 구원들을 가리키는 흰 말들은 둘 다 북쪽 땅으로 나갔다. 이 말들은 북쪽 땅에서 내 영을 쉬게 하였다. 북쪽 땅은 최근에 교회와 관련하여 가장 주목할 만한 일이 벌어진 곳이었다. 즉, 이 섭리의 특별한 나타남과 활동들을 통해서, 하나님의 진노가 교회의 원수들에게 집행되었고, 하나님의 은총이 교회에 주어졌다. 이 일은 오랫동안 미루어졌었지만, 하나님은 이 두 가지를 통해서 그의 뜻을 이루시고 그의 말씀을 성취하셨기 때문에, 그의 영을 쉬게 할 수 있었다. 여호와께서 그의 의로 말미암아 기뻐하시고(사 42:21), 그가 말씀하신 대로(사 1:24) 그의 대적에게 보응하여 그의 마음을 편하게 하셨다.

[9]여호와의 말씀이 내게 임하여 이르시되 [10]사로잡힌 자 가운데 바벨론에서부터 돌아온 헬대와 도비야와 여다야가 스바냐의 아들 요시아의 집에 들어갔나니 너는 이 날에 그 집에 들어가서 그들에게서 받되 [11]은과 금을 받아 면류관을 만들어 여호사닥의 아들 대제사장 여호수아의 머리에 씌우고 [12]말하여 이르기를 만군의 여호와께서 이같이 말씀하시되 보라 싹이라 이름하는 사람이 자기 곳에서 돋아나서 여호와의 전을 건축하리라 [13]그가 여호와의 전을 건축하고 영광도 얻고 그 자리에 앉아서 다스릴 것이요 또 제사장이 자기 자리에 있으리니 이 둘 사이에 평화의 의논이 있으리라 하셨다 하고 [14]그 면류관은 헬렘과 도비야와 여다야와 스바냐의 아들 헨을 기념하기 위하여 여호와의 전 안에 두라 하시니라 [15]먼 데 사람들이 와서 여호와의 전을 건축하리니 만군의 여호와께서 나를 너희에게 보내신 줄을 너희가 알리라 너희가 만일 너희의 하나님 여호와의 말씀을 들을진대 이같이 되리라

하나님은 옛적에 여러 시기만이 아니라 여러 모양으로 선지자들을 통하여 그의 교회에게 말씀하셨다(히 1:1). 하나님은 이 장의 전반부에서는 묵시를 통하여 말씀하셨고, 오직 스가랴 선지자만이 그 묵시를 직접 보았다. 여기 이 후반부에서는 하나님이 많은 사람들이 볼 수 있는 예표 또는 모형을 통해서 말씀하신다. 하나님이 설명해 주신 대로, 이 모형은 교회의 제사장이자 왕이신 메시야에 관한 눈부신 예언이었다.

Ⅰ. 하나님이 선지자에게 의미심장한 예식, 즉 대제사장 여호수아의 대관식을 행하도록 지시하심(10-11절). 구약에 여호수아라는 이름을 지닌 그리스도의 걸출한 모형이 두 명이 나온다는 사실은 주목할 만한데(여호수아는 예수와 동일한 이름으로서, 칠십인역과 신약에서는 예수로 번역되었다, 행 7:45), 이 두 인물은 우리의 구원의 대장이신 그리스도의 모형인 총대장 여호수아와 우리가 믿는 도리의 대제사장이신 그리스도의 모형인 대제사장 여호수아이다. 이 두 사람은 각각의 시대에서 이스라엘 백성을 가나안으로 이끈 구원자이자 지도자들이었다. 여기에서 대제사장 여호수아가 왕이자 제사장이었던 멜기세덱의 반차를 좇은 제사장이신 그리스도의 모형이 되도록 하기 위하여, 하나님은 그가 정한 특별한 예식을 여호수아에게 행할 것을 선지자에게 지시하신다. 여호수아는 왕관을 쓰고자 하는 야심이 없었고, 백성들도 그들 위에 왕을 세우고자 하는 야심을 품을 수 없었다. 그러나 스가랴 선지자는 여호수아나 백성들

이 들으면 기겁을 하게 될 명령, 즉 마치 여호수아가 왕이 되기라도 한 듯이 그에게 왕관을 씌우라는 명령을 하나님으로부터 받는다. 스룹바벨은 지혜롭고 경건해서 이 일을 그에 대한 모독으로 여기지 않았고(그와 경쟁할 자를 세우는 것으로 여기지 않았다는 것), 하나님의 섭리로 말미암아 바사의 왕들도 이 일을 그들에 대한 반역으로 여겨서 분노하는 일이 벌어지지 않았다. 이 일과 같이 하나님이 기뻐하시는 일이라는 확신이 드는 경우에는, 우리는 사람들의 분노를 두려워하지 말고 그 일을 감행하는 것이 마땅하다.

1. 바벨론에서 온 몇몇 유대인들이 하나님의 전을 위해 예물을 바침. 사로잡힌 자 가운데 예루살렘을 방문하기 위해서 **바벨론에서부터** 온 그들의 이름이 여기에 구체적으로 언급되고 있는 것은 그들의 존귀함을 더하기 위한 것이다. 그들은 바벨론에 영원한 작별을 고하고서, 그들의 형제들과 더불어서 그들의 고국 땅에 와서 정착해 살았어야 하였지만, 여러 가지 사정으로 그렇게 하지 못한 것에 대한 죄송하고 미안한 마음을 이번 방문을 통해서 속죄하려고 생각하였다. 아마도 그들은 바벨론에서 부족함 없이 편안하게 살고 있던 유대인들의 무리가 보낸 사절 자격으로 왔을 것이다. 그 유대인 무리는 재원이 부족해서 성전 재건 공사가 지지부진되고 있다는 소식을 듣고서, 하나님의 전에 바칠 금과 은의 예물을 이 사절 편으로 보내었다. 거리가 멀다든지 해서, 또는 그 밖의 다른 사정으로 직접 선한 일에 참여할 수 없는 자들은 할 수 있는 대로 자신의 지갑을 열어서 그 선한 일에 동참하여야 한다는 것을 명심하라. 어떤 사람들이 일손들을 발견하면, 다른 사람들은 그 손들을 채워 주면 된다.

2. 하나님이 선지자에게 그들을 만날 시간과 장소를 정해 주심. 그들은 하나님의 통상적인 일꾼인 제사장에게 그들의 예물을 가져다 바칠 생각이었다. 그러나 하나님은 특별한 일꾼인 선지자를 시켜서 그 예물을 받게 하고자 하셨다. 이것은 포로 생활을 하는 동안에 우리의 표적은 보이지 아니하며 선지자도 더 이상 없다(시 74:9)고 늘 탄식하였던 그들에게 큰 힘이 될 것이었고, 예언의 영이 이 땅에서 다시 활동하게 된 것을 보았을 때에 이 땅이 다시 거룩한 땅의 면모를 갖추기 시작했다는 것을 알고서 고국 땅에 돌아와서 정착하고 싶은 마음을 그들과 그들을 보낸 무리들에게 불러일으킬 것이었다. 하나님은 스가랴에게 그들이 도착한 바로 그 날에 그들을 만나서 환영하고(그들은 도착하자마자 지체없이 그들이 가져온 예물을 제사장에게 바치고자 할 것이었기 때문에), 하

나님이 지금 그들의 예물을 열납하셨다는 것을 확실하게 알게 해주라고 지시하신다. 스가랴 선지자는 성전의 재무를 맡아서 금전의 출납을 담당하고 있던 스바냐의 아들 요시아의 집에서 그들을 만나야 하였다. 그들은 성전을 재건하는 일에 사용하도록 하기 위하여 그들의 금과 은을 가져왔지만, 하나님은 그것을 성전보다 더 큰 이를 기리는 데에 사용하도록 명하셨다(마 12:6).

3. 하나님이 선지자에게 면류관들을 만들어 여호수아의 머리에 씌우라고 명하심(11절). 두 개의 면류관, 곧 은으로 만들어진 것과 금으로 만들어진 것이 마련된 것으로 추정된다. 어떤 이들은 은 면류관은 그의 제사장적 위엄을, 금 면류관은 그의 왕적 위엄을 나타내는 것이라고 생각한다. 또는, 그는 이미 제사장으로서의 그의 존귀함과 권능을 나타내는 순금으로 된 면류관을 가지고 있었기 때문에, 이 은과 금으로 만든 두 개의 면류관은 둘 다 왕적 위엄을 나타내는 것일 수 있다. 아마도 은 면류관은 이 땅에 계실 때에 이스라엘의 왕(요 1:49)이셨던 메시야의 나라를 나타내기 위한 것이고, 금 면류관은 그 영광이 전자를 훨씬 능가하는(금이 은에 비해서 그렇듯이) 높아지신 상태에서의 메시야의 나라를 나타내기 위한 것인 듯하다. 해는 힘 있게 나아올 때에 금처럼 빛을 발하고,달이 밝게 떴을 때의 달빛은 은빛이라 불린다. 해와 달을 섬기며 숭배하였던 자들은 이제 높아지신 구속주의 금 면류관과 은 면류관 앞에서 엎드러지게 될 것이고, 구속주 앞에서는 해와 달도 그 빛을 잃기 때문에 부끄러워하고 당혹스러워하게 될 것이다.

Ⅱ 하나님이 이 예식에 의미를 부여하심. 이 예식이 행해질 때, 사람들은 당연히 "여호수아에게 이렇게 면류관을 씌우는 의미는 무엇인가"라고 물을 것이었다. 그러므로 선지자는 그 의미를 그들에게 설명해 줄 준비를 해두어야 한다. 하나님이 이 예식의 의미를 말씀해 주심으로써 비로소 예표는 예언에 접붙여졌다. 예표나 징조는 사람들이 예언의 말씀을 더 잘 알아듣고 더 잘 기억할 수 있도록 하기 위하여 사용된다. 하나님이 주신 약속의 말씀은 다음과 같다.

1. 때가 차면, 하나님이 여호수아 같은 대제사장을 일으키시리라는 것. 하나님은 스가랴 선지자로 하여금 여호수아에게 그는 장차 오실 이의 모형이자 희미한 그림자일 뿐이라고 전하게 하신다(12절): 만군의 여호와의 이름으로 그에게 싹이라 이름하는 사람이 자기 곳에서, 즉 그가 탄생하기로 정해진 곳, 다윗의 동네 베들레헴에서 돋아나리라고 말하라. 봄이 되어 햇살이 따뜻하게 비치면

겨우내내 숨어 있던 꽃들이 뿌리로부터 돋아나듯이, 그의 가문은 비록 메마른 땅에 뿌리를 내리고 있지만, 이 싹은 그 뿌리로부터 돋아나게 될 것이다. 그는 스스로, 즉 자신의 생명력으로 자라날 것이고, 자신의 힘으로 높아질 것이다.

2. 여호수아가 성전을 재건하는 일에서 적극적이고 유능한 도구였듯이, 싹이라 이름하는 사람도 영적 성전, 즉 복음 교회를 세울 유일한 건축자가 되리라는 것. 그가 여호와의 전을 건축하리라. 이것은 13절에서 다시 반복된다. 그는 자라나서, 선한 일을 행하고, 하나님의 영광의 도구이자 인류의 큰 복이 될 것이다. 복음 교회는 여호와의 성전, 신령한 집(벧전 2:5), 성전(엡 2:21)이라는 것을 명심하라. 성전에서 하나님은 자기 백성에게 자신을 계시하셨고, 자기 백성으로부터 예배와 공경을 받으셨다. 마찬가지로, 복음 교회에서는 말씀으로 말미암아 하나님의 계시가 빛을 발하고, 기도와 찬송의 영적 제사가 드려진다. 이제 그리스도는 이 성전의 기초석이실 뿐만 아니라, 그의 성령과 은혜로 이 성전을 세우시는 분이기도 하시다.

3. 그리스도께서 그 영광을 짊어지시리라는 것. 영광은 무거운 짐이지만, 만물을 붙들고 계시는 분이 짊어지기 어려울 정도로 무거운 짐은 아니다. 십자가는 그의 영광이었고, 그는 그 영광을 짊어지셨다. 가시 면류관은 지극히 크고 영원한 영광의 중한 것이었기 때문에(고후 4:17), 그는 그 가시 면류관을 쓰셨다. 그는 그의 어깨에 정사를 메었는데(사 9:6), 그런 식으로 영광을 짊어지신다. 그의 아버지 집의 모든 영광이 그의 위에 걸릴 것이다(사 22:24). 이 일은 그에게 합당하다. 그는 그 일을 잘 감당할 수 있다. 제사장의 영광과 왕의 영광은 각각 아론의 집과 다윗의 집에 속하여 서로 나뉘어 있었다. 그러나 이제 그가 혼자서 이 두 영광을 다 짊어지게 될 것이다. 그가 짊어질 일, 그가 수행할 일은 진정으로 이스라엘의 영광이 될 것이다. 그들은 그것을 대망하여야 하고, 그들이 이전에 누렸던 저 외적인 영광이 없더라도 섭섭해하지 말아야 한다. 그는 이 나중 성전의 영광을 이전 성전의 영광보다 더 크게 만들 그런 영광을 짊어지게 될 것이다. 그는 영광을 들어올릴 것이다(본문은 이렇게 읽을 수도 있다). 이스라엘의 영광은 내던져지고 짓밟혔었지만, 그가 그 영광을 티끌 가운데에서 일으켜 세울 것이다.

4. 그는 한 보좌를 갖게 되실 것이고, 그의 보좌 위에서 제사장이자 왕이 되시리라는 것. 보좌라는 것은 위엄과 통치권, 광범위한 권세를 지닌 지극히 높

은 존귀함을 나타낸다.

(1) 이 제사장은 왕이 될 것이고, 왕으로서의 그의 위엄 때문에 제사장으로서의 그의 직임이 손상되는 일은 없으리라는 것. 그가 그의 보좌에 앉아서 다스릴 것이다. 그리스도는 제사장으로서 항상 살아 계셔서 우리를 위하여 중보 기도를 하신다. 그러나 그는 그의 아버지의 우편에 앉으셔서, 권세를 지니신 자로서 그렇게 하신다(히 8:1). 우리에게는 이스라엘이 한 번도 가져 보지 못했던 그런 대제사장이 계신다. 왜냐하면, 그는 하늘에서 지극히 크신 이의 보좌 우편에 앉아 계시고(히 8:1), 그의 이러한 지위로 인해서 그의 중보의 효력은 지극히 크기 때문이다. 휘장 안에서 우리를 위해 제사를 지내시는 그는 거기에 앉아서 다스리시는 분이시기도 하다. 우리를 위해 제사를 드릴 수 있는 제사장의 자격을 부여받으신 그리스도께서는 우리에게 법을 주실 왕의 권세도 부여받으셨다. 그가 우리를 다스리는 것을 우리가 원하지 않는다면, 그는 우리를 구원하지 않으실 것이다. 하나님은 그를 위해서 하늘에 한 보좌를 마련해 두셨다. 우리가 하늘에 계신 그로부터 어떤 유익을 얻고자 한다면, 우리는 우리 마음속의 보좌를 그에게 내드리고서, 그가 그 보좌에 앉아서 다스리시는 것을 바라고 기뻐하여야 하고, 우리 안에 있는 모든 생각을 그에게 온전히 복종시켜야 한다.

(2) 이 왕은 제사장이 되시리라는 것. 즉, 그는 그의 보좌에 앉은 제사장이 되실 것이다. 그는 왕으로서의 위엄과 권세를 지니실 뿐만 아니라, 사람들 가운데서 취해져서 사람들을 위하여 세우심을 받아 무식하고 미혹된 자를 능히 용납할 수 있는 제사장으로서의 자애로움과 소박함도 지니실 것이다(히 5:1-2). 그는 그의 모든 통치 행위들 속에서 제사장으로서의 그의 은혜의 의도들을 이루어나가실 것이다. 그러므로 그의 보좌를 바라보는 자들은 비록 그것이 영광의 보좌이고 심판의 보좌이긴 하지만 겁을 집어먹고 두려운 마음으로 바라보지 않아야 한다. 왜냐하면, 그의 보좌에 무지개가 둘려 있듯이(계 4:3), 그는 보좌 위에 앉으신 제사장이시기 때문이다.

5. 이 둘 사이에 평화의 의논이 있으리라는 것. 이것은 다음 둘 중의 하나를 의미한다.

(1) 여호와와 싹이라 이름하는 사람, 즉 성부와 성자 간에 평화의 의논이 있으리라는 것. 그리스도의 중보를 통해서 하나님과 사람 사이에 이루어질 평화에

관한 계획들은 구속(救贖)의 언약 안에서 무한하신 지혜에 의해서 조율될 것이다(즉, 조율된 것처럼 보일 것이다). 성부와 성자는 이 문제에 있어서 서로를 완벽하게 잘 이해하였다.

(2) 제사장과 보좌, 예수 그리스도의 제사장적 직임과 왕적 직임 간에 평화의 의논이 있으리라는 것. 싹이라는 이름하는 사람은 장차 다 자라서, 이 땅 위에서의 평화의 계획을 실행할 것이고, 그것을 위해서 하늘과의 평화의 계획을 실행할 것이다. 우리를 향하신 하나님의 생각들은 평화의 생각들이었고, 하나님은 그 생각들을 실행에 옮긴 그의 아들 예수 그리스도를 지극히 높이셔서 왕과 구주가 되게 하셨다. 하나님은 한 가지 조건을 붙여서 그에게 보좌를 주셨는데, 그 조건은 그가 그의 보좌 위에 앉은 제사장이 되어, 제사장과 왕이라는 두 가지 직임을 다 수행하여서, 인간을 하나님과 화해시키고 하나님 안에서 복을 얻을 수 있게 하는 저 큰 사역을 하여야 한다는 것이었다. 어떤 이들은 이 구절이 지금 스룹바벨과 여호수아처럼 왕과 제사장이 따로 있어서 교회와 나라의 평화 및 번영을 위하여 서로 의논하였던 유대 나라의 이전의 통치 구조를 염두에 두고 있는 것이라고 생각한다. 나는 거기에 왕과 제사장을 돕는 하나님의 선지자들도 포함시키고 싶다. 이렇게 복음 교회와 모든 믿는 자들의 평화와 복리는 별개의 두 사람에 의해서가 아니라 한 사람, 즉 그의 제사장직을 통해서 모든 평화를 사시고 그의 나라를 통해서 그 평화를 유지하고 지키시는 그리스도 안에서 만나는 두 가지 별개의 직임을 통해서 이루어지게 될 것이다(펨블 목사의 설명). 또한, 그리스도의 선지자직은 이 큰 사역에서 제사장직과 왕직 둘 다에 도움을 준다.

6. 복음 교회 안에서 유대인과 이방인의 복된 연합이 있을 것이고, 그들은 그들의 하나됨의 중심이신 그의 보좌에 앉으신 제사장 그리스도 안에서 만나게 되리라는 것(15절). 먼 데 사람들이 와서 여호와의 전을 건축하리라. 어떤 이들은 여기에 나오는 먼 데 사람들을 당시에 저 멀리 바벨론에서 포로 생활을 하고 있던 유대인들, 먼저 돌아온 형제들이 성전 재건에 있어서 그들의 도움을 원했지만 이 형제들의 모습을 보고 크게 낙심하여 바벨론에 그대로 눌러 앉아 있었던 유대인들을 가리키는 것으로 이해한다. 이제 하나님은 그들 중 다수와 유대 종교로 개종한 일부 다른 나라 사람들이 와서 성전을 짓는 일에 일손을 보태게 될 것이고, 많은 사람들이 참여함으로써 그 일이 한결 가벼워지게 될 것이라고

약속하신다. 바사의 왕들은 성전을 짓는 일과 성전의 설비에 도움을 주었다(스 6:8; 7:19-20). 그리고 후대에 헤롯 대왕을 비롯해서 여러 이방인들이 성전을 아름답게 장식하고 풍성하게 하는 데에 조력하였다. 그러나 이 구절은 더 나아가서, 싹이라 이름하는 사람이 장차 짓게 될 여호와의 전과 연관되어 있다. 멀리 있던 외인들인 이방인들은 성전을 짓는 것을 돕게 될 것이다. 왜냐하면, 하나님은 그들 가운데에서 성전을 짓는 일에서 그리스도와 함께 동역하는 일꾼들이 될 사역자들을 일으키실 것이기 때문이다. 모든 이방인 회심자들은 이 성전 건물에 더해지는 돌들이 될 것이고, 유대인과 이방인은 함께 성전으로 지어져 가게 될 것이다(엡 2:20-22). 하나님은 성전을 짓고자 하실 때에 멀리 있던 자들을 데리고 오셔서, 성전을 짓는 일에 그들을 사용하실 수 있으시다.

7. 이 일이 성취될 때에 하나님의 말씀이 진리라는 것이 견고하게 확증되리라는 것. 만군의 여호와께서 나를 너희에게 보내신 줄을 너희가 알리라. 멀리 있던 자들이 와서 그들을 도와서 여호와의 전을 건축할 것이라는 저 약속은 그들에게 표적 또는 징조를 주신 것이었다. 이 약속이 이루어질 때, 그들은 하나님의 다른 약속들도 때가 되면 이루어질 것임을 확신할 수 있는데, 이 약속은 아주 신속하게 성취될 것이다. 정말 이 약속은 신속하게 성취되었다. 왜냐하면, 그들의 원수들과 그들을 고소하는 자들이 다리오 왕의 조서(詔書)에 복종하여 그들의 조력자들이 되었고, 성전 재건의 일을 속히 끝내라는 왕의 명령을 신속히 준행하여, 그 일은 일사천리로 진행되어 완성될 수 있었기 때문이다(스 6:13-14). 이제 멀리 있던 자들의 이 예기치 않은 도움으로 성전 재건을 완성하였을 때, 그들은 이것을 그들에게 예언하였던 스가랴가 하나님으로부터 보내심을 받았다는 것을 알 수 있었을 것이고, 따라서 싹이라 이름하는 사람에 관한 그의 예언도 성취되리라는 것을 믿을 수 있었을 것이다.

8. 이 약속들에는 순종이라는 강력한 의무가 부과되어 있다는 것. "너희가 만일 너희의 하나님 여호와의 말씀을 들을진대 이같이 되리라(즉, 너희가 성전을 짓는 일에 도움을 받게 되리라). 너희가 스스로 정성을 다해서 성전을 짓는 일을 할 때에만, 너희는 그 일에서 이방인들의 도움을 받게 될 것이다." 다른 사람들의 도움을 얻게 되었을 때, 우리는 그것을 핑계로 해서 나태해져서는 안 되고, 도리어 열심에 더욱 박차를 가하여야 한다. "너희가 너희에게 주어진 본분을 정성을 다해 행한다면, 너희는 이 모든 약속들로 인한 유익과 위로를 얻

게 될 것이다." 그들이 성실하게 자신의 본분을 다할 때에만 그 약속들이 그들에게 이루어지리라는 것을 그들은 알아야 한다. 그들이 하나님이 긍휼의 길로 그들을 향하여 오시고 계실지라도, 그들이 그의 법들을 지키지 않는다면, 그들은 그가 계속해서 그 길로 오실 것을 기대할 수 없다. 하나님이 그의 은총을 주시기 위해 우리를 준비시키실 때에 우리에게 원하시는 것은 그의 계시된 뜻에 순종하는 것임을 명심하라. 그것은 열심 있는 순종이어야 한다. 우리는 많은 정성과 수고를 들임이 없이는 하나님의 음성에 순종할 수 없고, 애쓰고 힘쓰는 것이 들어가지 않는 우리의 순종은 하나님께 열납되지 못할 것이다.

Ⅲ. 하나님이 이 일을 기념하도록 하기 위해 취하신 조치. 이 예식에서 사용된 면류관들은 여호수아에게 주어지는 것이 아니라, 기념하기 위하여 여호와의 전 안에 두어져야 한다(14절). 그 면류관들은 성전 곳간에 두어졌거나, (유대인의 전승에 의하면) 모든 사람들이 볼 수 있도록 성전의 창문들에 걸어 두었다. 그것은 메시야에 관한 약속들과 그 약속에 대한 확증으로 사용된 모형으로서의 예식의 역사적 증거인 이 **면류관들**을 영원한 기념물로 삼기 위한 것이었다. 이 면류관들은 그 재료가 된 금과 은을 헌물로 바친 자들의 이름으로 여호와의 전에 보관되었다(어떤 이들은 그들의 이름을 이 면류관들에 새겨 넣었을 것이라고 생각한다). 이것은 그들이 경건한 마음으로 후하게 헌물을 드린 것을 공개적으로 증언하고, 다른 사람들도 이와 같이 하나님의 전에 헌물을 드리도록 권하기 위한 것이었다. 하나님이 정하신 때까지 이스라엘의 위로를 기다렸던 구약의 성도들의 믿음을 붙들어 주기 위해서 다양한 방법들이 사용되었다는 것을 명심하라.

제
— 7 —
장

개요

우리는 스가랴서에 나오는 묵시들을 다 살펴보았지만, 이 책에 나오는 계시들을 다 살펴본 것은 아니다. 선지자는 이전과 같은 묵시나 징조는 다시 볼 수 없었지만, 여전히 "여호와의 말씀이 그에게 임하였다." 이 장에는 다음과 같은 내용들이 나온다.

I. 포로로 잡혀간 자들이 선지자에게 금식과 관련된 양심의 문제를 물어옴. 그 문제는 그들이 칠십 년의 포로기 동안에 지켜왔던 공식적인 금식일들을 계속해서 지켜야 하느냐는 것이었다(1-3절). II. 이 문제에 대한 대답. 그 대답은 이 장과 다음 장에서 주어진다. 이 대답은 한 번에 주어진 것이 아니라, 여러 번에 걸쳐서 조금씩 주어진 것으로 보인다. 왜냐하면, 여기에는 이 문제와 관련된 네 편의 강론이 따로따로 나오기 때문이다. 이 강론들은 모두 "여호와의 말씀이 임하였다"는 말로 시작된다(7:4, 8; 8:1, 18). 이 강론들이 사용하고 있는 방법은 매우 주목할 만하다. 이 장에서 1. 선지자는 그들이 금식을 부적절하게 행하였다고 날카롭게 책망한다(4-7절). 2. 그는 그들에게 그들의 삶을 고치는 것이 가장 좋은 금식이니 먼저 삶을 고칠 것을 권면하고, 그들이 그들의 나라에 대한 하나님의 이전의 심판들을 기념하여 금식을 지키고 있지만 먼저 그 심판을 불러온 그들의 죄들을 주시하고 그 죄들을 버리는 일에 애써야 할 것이라고 권면한다(8-14절). 그런 후에, 선지자는 다음 장에서 그들의 상처를 찾아내서, 하나님이 그들을 위해 크신 긍휼을 준비해 두고 계시고 그 긍휼을 통해서 그들의 금식을 즐거운 명절로 바꾸어 주실 것이라는 은혜로운 약속들을 통해서 그 상처를 싸매어 주고 치유해 준다.

¹다리오 왕 제사년 아홉째 달 곧 기슬래월 사일에 여호와의 말씀이 스가랴에게 임하니라 ²그 때에 벧엘 사람이 사레셀과 레겜멜렉과 그의 부하들을 보내어 여호와께 은혜를 구하고 ³만군의 여호와의 전에 있는 제사장들과 선지자들에게 물어 이르되 내가 여러 해 동안 행한 대로 오월 중에 울며 근신하리이까 하매 ⁴만군의 여호와의 말씀이 내게 임하여 이르시되 ⁵온 땅의 백성과 제사장들에게 이르라 너희가 칠십 년 동안 다섯째 달과 일곱째 달에 금식하고 애통하였거니와 그 금식이 나를 위하

여, 나를 위하여 한 것이냐 ⁶너희가 먹고 마실 때에 그것은 너희를 위하여 먹고 너희를 위하여 마시는 것이 아니냐 ⁷예루살렘과 사면 성읍에 백성이 평온히 거주하며 남방과 평원에 사람이 거주할 때에 여호와가 옛 선지자들을 통하여 외친 말씀이 있지 않으냐 하시니라

선지자가 특별한 일이 있어서 전한 이 설교, 즉 이 장과 다음 장에 기록되어 있는 설교는 그가 본 묵시들을 설명한 이전의 설교가 있은 지 2년 조금 넘어서 행하여졌는데, 이런 사실은 이 설교가 행해진 연대가 다리오 왕 제사년 아홉째 달이고(1절), 이전 설교의 연대가 다리오 왕 제이년 여덟째 달이었다는 (1:1) 것에서 알 수 있다. 스가랴는 이 기간 동안에 아무 예언도 하지 않았던 것은 아니지만(성경에서는 성전이 다리오 왕 제육년에 완성될 때까지 그와 학개가 계속해서 예언하였다고 분명하게 말한다, 스 6:14-15), 그가 이 기간 동안에 행한 설교는 이 설교와는 달리 기록으로 남아서 전해진 것이 하나도 없다. 우리는 글만이 아니라 입의 말로도, 그리고 새로운 것을 제시하는 것만이 아니라 이미 들은 것을 반복해서 계속하여 가르치는 것을 통해서도 얼마든지 하나님께 영광을 돌리고, 그의 일을 이루며, 그의 유익에 봉사할 수 있다. 좀 더 자세하게 살펴보자.

Ⅰ 금식과 관련하여 제기된 문제. 사로잡혀 갔던 자들 중의 몇몇이 제사장들과 선지자들에게 사람들을 보내어서, 그들이 해마다 지켜온 금식일들, 특히 다섯째 달에 있는 금식일들을 이전처럼 계속해서 지켜야 하는지에 대하여 문의를 해왔다. 이 문의를 해온 자들이 바벨론에 여전히 남아 있던 자들, 즉 하나님의 규례가 그들에게 정해준 절기들을 지킬 수 없게 되자 하나님의 섭리를 따라 금식일들을 정하여 그것들로 절기들을 대신해 왔던 자들이었는지, 아니면 포로 생활에서 귀환하여 농촌에 살고 있던 자들이었는지는 확실하지 않다. 어떤 이들은 후자에 속한 자들이 **땅의 백성**(5절)으로 불린다는 사실에 착안하여 후자의 견해가 더 유력하다고 주장한다. 그러나 포로로 사로잡혀 간 유대인들이 보낸 사자(使者)들에게 주어진 대답은 단지 그들만을 위한 것이 아니라, 모든 백성을 위한 것이다.

1. 이 질문을 가지고 온 자들은 누구였는가. 그들은 사레셀과 레겜멜렉이었고, 어느 정도 지위와 신분이 있는 인물들이었다. 왜냐하면, 그들은 그들의 부

하들과 함께 왔기 때문이다. 그들은 이 임무를 수행하러 보냄을 받은 것을 그들의 위신이 깎이는 일이라고 생각한 것이 아니라, 도리어 다음과 같은 이유들로 인해서 그들에게 영광이 되는 일이라고 생각하였다.

(1) 그들이 하나님의 전에서 드려지는 제사에 참여하고, 거기에서 그들의 본분을 행하며 명령을 받을 것이기 때문에. 사람들 중에서 가장 큰 자라고 할지라도 예수 그리스도의 규례들 중에서 가장 작은 규례보다 못하다.

(2) 그들은 하나님의 백성의 대리인들이 되어서, 그 백성의 일을 처리하는 것이기 때문에. 재산을 많이 가진 사람들은 일하는 사람들보다 더 많은 여유 시간을 갖고 있기 때문에 공적인 일을 돌보는 데에 그들의 시간을 사용하고, 선을 행함으로써 그들 자신을 진정으로 큰 자들로 만드는 것이 마땅하다. 교회의 사자들은 그리스도의 영광이었다(고후 8:23).

2. 그들의 임무는 무엇이었는가. 그들은 금과 은을 하나님의 전에 예물로 드리기 위해서 보내진 것이 아니라(6:10-11에 나오는 자들과는 달리), 두 가지 큰 임무를 수행하기 위해서 보냄을 받았다(이 두 가지는 우리도 모두 하나님의 전에서 행하여야 하는 것들이다).

(1) 하나님께 그의 긍휼을 베풀어 주시라고 중보기도를 드리는 것. 그들은 여호와께 기도를 드리도록 보냄을 받았다. 어떤 이들은 이것은 제사를 드리는 것을 의미하는 당시의 관용적인 표현이었다고 생각한다. 그들은 하나님께 제사를 드리면서, 아울러 기도도 올려 드렸다. 유대인들은 포로 생활을 하는 동안에 성전이 있는 쪽을 향하여 기도하였다(단 6:10). 그러나 이제 성전의 재건이 상당히 진척되었기 때문에, 그들은 내 집은 만민이 기도하는 집이라 불리게 되리라는 하나님의 말씀을 기억하고서, 그들의 대표단을 보내어서 그 성전에서 기도하게 한 것이었다(사 56:7). 우리는 기도할 때에 우리가 정말 여호와 앞에 있는 것처럼 기도하되, 그의 눈이 우리를 보고 계시다고 생각하고, 우리의 눈을 들어 그를 바라보는 가운데에 기도하여야 한다.

(2) 하나님께 그의 뜻을 묻는 것. 우리는 하나님께 무엇을 물을 때에는 하나님으로부터 오는 가르침을 기꺼이 받겠다는 마음을 지니고서 물어야 한다는 것을 명심하라. 왜냐하면, 우리의 귀를 막고서 하나님의 가르침을 듣지 않으려 한다면, 우리는 우리의 기도가 하나님께 열납될 것을 기대할 수 없기 때문이다. 그러므로 우리는 우리의 평생에 여호와의 집에서 살기를 원하여야, 거기에

서 하나님께 구할 수 있다(시 27:4). 그럴 때에만, 우리는 "여호와여, 주는 내게 무엇을 하고자 하시나이까"라고 물을 뿐만 아니라, "여호와여, 주는 내가 무엇을 하기를 원하시나이까"라고 물을 수 있다.

3. 그들은 누구에게 자문을 구하였는가. 그들은 여호와의 전에 있는 제사장들과 선지자들에게 물었다. 제사장들은 통상적인 경우들에 있어서 하나님의 말씀을 담당한 자들이었고, 선지자들은 특별한 경우들에 있어서 하나님의 말씀을 담당한 자들이었다. 그들은 이 두 부류의 사역자들을 다 만나는 복을 받았고, 어느 쪽이 그들에게 이 문제에 있어서 하나님의 뜻을 알게 해줄 수 있는지를 타진해 볼 수 있었다. 하나님은 사람들을 유익하게 하기 위하여 다양한 은사들을 사람들에게 주셨기 때문에, 우리는 그때그때마다 모든 은사들을 다양하게 활용하여야 한다는 것을 명심하라. 그들은 그들의 공식적인 사역자들인 제사장들만을 편애하여 각자에게 주어진 은사를 따라 교회에 유익을 끼칠 수 있는 선지자들을 불신하지도 않았고, 선지자들에게 매혹되어 제사장들을 무시하지도 않았다. 그들은 제사장들과 선지자들에게 똑같이 물어서 자문을 구함으로써, 모든 것을 모든 사람 가운데서 이루시는 이스라엘의 하나님과 한 분 성령께 영광을 돌렸다(고전 12:6). 하나님은 그들에게 우림으로도, 선지자로도 말씀해 주실 수 있으셨기 때문에(삼상 28:6), 어느 쪽도 무시하고자 하지 않았다. 제사장들과 선지자들은 서로를 질투해야 하는 사이도 아니었고, 둘 간에 어떤 차이가 있는 것도 아니었다. 그러므로 사람들은 이 둘을 차별해서는 안 되고, 오히려 이 둘을 모두 주신 하나님께 감사하여야 한다. 선지자들은 제사장들에게 잘못된 것이 있다면 그것을 책망하였지만, 동시에 백성들에게 제사장의 입술은 지식을 지켜야 하기 때문에, 사람들은 그의 입에서 율법을 구하게 되어야 할 것이니 제사장은 만군의 여호와의 사자가 됨이라(말 2:7)고 말해 주었다. 하나님의 마음을 알고자 하는 자들은 하나님의 사역자들에게 물어야 하고, 의심스러운 일들에서 성경을 연구하는 것을 자신의 업(業)으로 삼는 자들의 조언을 구하여야 한다는 것을 명심하라.

4. 그들이 해결받고자 했던 문제는 무엇이었는가(3절). 내가 여러 해 동안 행한 대로 오월 중에 울며 근신하리이까.

(1) 그들이 지난 세월 동안 관행처럼 해온 것은 무엇이었는가. 그들은 그것을 칠십 년에 걸친 포로기 동안만이 아니라, 그들에게 해방령이 선포된 지 이

십 년이 지난 오늘날까지도 행해 왔다. 그들은 자신을 괴롭게 하고 기도하기 위한 공식적인 금식일들을 정해 놓고서, 그들의 골방에서나 가족들끼리, 또는 신앙 집회들 속에서 정기적으로 지켜 왔다. 그들은 여기에서는 그러한 금식일들 중에서 그들이 다섯째 달에 지켜 온 금식일에 대해서만 언급한다. 그러나 그들은 해마다 네 번의 금식일을 지켰다(8:19): 예루살렘 성벽이 뚫린 것을 기념한(렘 52:6) 넷째 달의 금식(6월 17일), 성전이 불탄 것을 기념한(렘 52:12-13) 다섯째 달의 금식(7월 4일), 그다랴가 죽음으로써 그들의 흩어짐이 완성된 것을 기념한 일곱째 달의 금식(9월 3일), 예루살렘에 대한 포위가 시작된 것을 기념한(왕하 25:1) 열째 달의 금식(12월 10일). 그들이 울며 애곡하라는 하나님의 부르심을 따라서 그들을 낮추시는 섭리들 아래에서 스스로 낮아져서, 이렇게 그들에게 닥친 환난들을 순순히 받아들이며 하나님이 이루실 구원을 준비하는 가운데에 이러한 금식일들을 지킨 것은 정말 칭찬받을 만한 일이었다. 또한, 이것은 그들의 자녀들이 여호와의 손이 그들을 치러 나왔다는 제대로 된 인식을 일찍부터 가질 수 있도록 해주는 수단이 될 수 있었다.

(2) 그들이 현재 의구심을 갖고 있었던 것은 무엇이었는가. 그들은 과연 그들이 이 금식일들을 계속해서 지켜야 하는지에 대하여 의구심을 갖고 있었다. 이 문제는 마치 한 개인의 문제인 것처럼 제시된다: 내가 울며 근신하리이까. 그러나 이것은 많은 사람들의 문제였고, 한 사람의 의구심이 풀리면 나머지 사람들의 의구심도 풀릴 수 있었다. 또는, 많은 사람들이 진작부터 이 금식일을 지키지 않았지만, 이 질문을 한 사람은 다른 사람들이 하는 대로 무작정 따라하고자 하지 않은 것일 수도 있다. 만약 하나님이 그에게 그것을 계속하기를 원하시면, 다른 사람들이 어떻게 하든, 그는 이 금식일을 지키고자 하였다. 그는 이 금식일을 울며 근신하는 날이라고 설명한다. 신앙상의 금식일은 여기에서 일상적인 삶의 위로들에서 떠난다는 의미에서 근신하는 것으로 표현된 금욕만이 아니라, 여기에서 우는 것으로 표현된 죄에 대한 경건한 슬픔을 통해서도 엄숙하게 지켜져야 한다. "내가 여러 해 동안 행한 대로 이러한 자기의 마음을 괴롭게 하는 날들을 여전히 계속해서 지켜야 하나이까?" 그들은 앞에서처럼(1:12) 여기에서도 최후의 포수(捕囚)를 기산일로 해서 칠십 년 동안 금식을 해왔다고 말해진다(5절). 그들이 한 질문 속에는 이 금식일들이 비록 그들의 육체에 힘이 드는 고행이긴 하지만, 하나님이 원하시기만 한다면, 기꺼이 금식일들을 계

속해서 지켜나가겠다는 의지가 내포되어 있다.

[1] 이 금식일들을 지속하기 위한 명분은 여전히 있었음. 금식과 기도는 어느 때든지 선한 일이고 선한 일을 하는 것이다. 우리는 하나님 앞에서 우리 자신을 낮춰야 하는 충분한 이유와 필요를 늘 가지고 있다. 이러한 금식을 그만둔다는 것은 그들이 너무 안일해졌다는 증거가 될 것이고, 그들이 앞으로 점점 더 안일해지는 이유가 될 것이다. 그들은 여전히 곤고함 속에 있었고, 하나님의 진노의 징표들 아래에 있었다. 환자가 그의 질병의 후유증이 여전히 느껴지는데도 치료를 중단하는 것은 지혜롭지 못한 일이다.

[2] 이 금식일들을 그만두어야 할 명분도 있었다는 것. 하나님은 그들에 대한 그의 섭리의 방향을 바꾸셔서, 긍휼의 길들을 따라 그들에게 돌아오셨다. 그러므로 그들이 마땅히 행해야 하는 본분의 방향도 바뀌어야 하는 것이 아니겠는가? 신랑이 돌아왔는데, 혼인 집 손님들이 금식하는 것이 과연 마땅한 일인가(막 2:19)? 모든 일은 제때에 해야 아름다운 법이다. 지금 성전이 거의 완공 단계에 있기 때문에, 다른 금식일은 차치하고라도, 성전이 불타 버린 것을 기념하기 위하여 지켜온 다섯째 달의 금식일(그들은 특히 이 금식일에 대하여 묻고 있다)은 이제 그만둘 때가 되지 않았나 하는 것이 그들의 생각이었을 것이다. 그러나 이 금식일을 오랫동안 지켜온 그들로서는 성직자들의 조언을 받아서 이 문제에 대한 하나님의 뜻을 확인하지 않고 함부로 이 금식일을 폐지하는 것이 꺼림칙했을 것이다. 우리 자신을 비롯해서 많은 사람들에게 유익을 끼쳐 온 신앙상의 선한 일들은 합당한 이유 없이는 변경되어서는 안 되기 때문에, 그런 일들을 폐지할 때에는 심사숙고하는 과정을 거치지 않으면 안 된다는 것을 명심하라.

Ⅱ. 이 문제에 대하여 주어진 대답. 이 질문은 충분히 일리가 있는 질문으로 보여졌지만, 이 문제를 제기한 자들은 이 문제를 신중하고 용의주도하게 살펴보지는 못한 것으로 보인다. 왜냐하면, 그들은 본질이나 실질보다는 의식(儀式)이나 형식에 더 주안점을 두고 있는 모습을 보였기 때문이다. 그들은 그들이 오랜 세월 동안 금식해 온 것에 대하여 자부심을 지니고 있는 것으로 보였고, 그들이 그렇게 애쓰는데도 하나님이 더 일찍 그들에게 다시 긍휼을 베풀어 주시지 않은 것에 대하여 전능하신 하나님께 금식으로 항의하는 것으로 보였다: "우리는 그것을 이렇게 아주 오랜 세월 동안 행해 왔나이다." 우리가 금식하되

어찌하여 주께서 보지 아니하시오며 우리가 마음을 괴롭게 하되 어찌하여 주께서 알아 주지 아니하시나이까(사 58:3). 어떤 이들은 그들의 질문의 밑바닥에는 하나님의 약속들에 대한 불신앙과 불신이 자리잡고 있었다고 생각한다. 왜냐하면, 만약 그들이 하나님의 약속들을 제대로 신뢰하고 믿었다면, 그들은 금식할 때가 이미 지난 지금에 와서 그 금식을 폐지해야 하나 말아야 하나를 고민할 필요가 없었을 것이기 때문이다. 그러므로 그들의 질문에 대한 첫 번째 대답은 그들의 위선에 대한 아주 날카로운 책망이었다. 이 책망은 온 땅의 백성만이 아니라, 이 금식일들을 제정했던 제사장들을 향한 것이기도 하였다. 아마도 제사장들 중에는 그들 자신의 사적인 이익을 위해서 백성들로 하여금 이 금식일들을 계속해서 지켜나가게 한 자들도 있었을 것이다. 그들은 모두 그들이 이 금식일들을 지킴으로써 하나님을 그들에게 큰 빚을 지게 만들었다고 생각하겠지만 그것은 큰 착각이라는 것을 알아야 한다. 왜냐하면, 그들이 이 금식일들을 더 선한 태도와 더 선한 의도로 지키지 않았으므로, 그들의 금식은 하나님께 열납될 수 없었기 때문이다.

1. 그들은 선한 일을 하였지만, 올바르게 제대로 행한 것은 아니었다는 것(5절). 너희가 금식하고 애통하였다. 금식은 몸을 괴롭게 하는 것이었지만, 그들은 이 본분을 빼먹거나 게을리하지 않았기 때문에, 그것 때문에 그들이 욕먹을 일은 없었지만(네 금식이 항상 내 앞에 있었다, 시 50:8), 그들은 금식을 제대로 올바르게 하지 않았다. 자기가 무엇을 해야 하는지를 물으러 오는 자들은 그들이 잘못한 것들에 대하여 먼저 꾸중을 들을 각오를 하여야 한다는 것을 명심하라. 어떤 본분의 외면에만 열심을 보였던 자들은 자기가 과연 그 일의 내면에 신경을 썼는지를 충실하게 살피는 것이 마땅하다.

(1) 그들은 하나님을 바라보며 금식을 한 것이 아니었다는 것. 그 금식이 나를 위하여, 나를 위하여 한 것이냐. 하나님은 그들 자신의 양심에 호소하신다. 그들이 금식을 할 때에 진실하지 않았다는 것은 그들의 양심이 얼마든지 증언할 수 있다. 하물며, 사람의 마음보다 더 크시고 모든 것을 아시는 하나님은 얼마나 더 잘 증언하실 수 있으시겠는가. 너희가 결코 나를 위하여 금식하지 않았다는 것은 누구보다도 너희 자신이 아주 잘 알고 있다. 금식할 때에 너희가 나를 위하여 금식하였느냐. 금식의 잔해(殘骸)와 모양은 있었지만, 금식의 생명과 영혼과 능력은 전혀 없었다. 그것이 나를 위한, 정말 나를 위한 것이었느냐? 이러한 반

복은 여기에 나오는 금식을 비롯해서 다른 경건의 일들에 있어서 가장 중요하고 주안점을 두어야 하는 것이 그것들이 하나님을 위하여 행해지고 있느냐 하는 것임을 보여준다. 즉, 우리는 우리가 마땅히 해야 할 일을 행할 때에 하나님의 말씀을 우리의 규범으로, 그의 영광을 우리의 목적으로 삼고서, 그 일을 통하여 하나님을 기쁘시게 해드림과 동시에 그의 은총을 얻고자 하며, 우리의 의도가 진실함을 나타내어 하나님께 인정을 받고자 애써야 한다는 것이다. 이것이 결여되어 있을 때, 모든 금식은 하나님을 희롱하는 짓이 되고 만다. 금식은 하지만 하나님을 위하여 금식하지 않는 것은 하나님을 우롱하고 약 올리는 것이기 때문에 하나님을 기쁘시게 해드릴 수가 없다. 이세벨처럼 금식을 죄를 감추기 위한 포장으로 사용하거나, 바리새인들처럼 사람들에게 칭찬을 받기 위하여 금식하거나, 아합처럼 마음은 전혀 낮아지지 않았는데 겉으로만 낮아진 체하기 위하여 금식을 하는 자들은 하나님을 위하여 진정으로 하나님을 위하여 금식하는 것이냐? 이것이 어찌 하나님이 기뻐하는 금식이 되겠느냐(사 58:5)? 우리가 금식을 장기간 동안 자주 그리고 혹독하게 한다고 해도, 그 금식들이 우리의 경건을 생생하고 깊게 하고 기도를 열렬하게 하며 경건한 슬픔을 깊게 하고 우리의 기질과 성품과 삶을 더 선한 쪽으로 바꾸어 놓지 않는다면, 그 금식들은 본래의 목적을 전혀 이루지 못한 것이기 때문에, 하나님은 그 금식들을 그를 위하여, 정말 그를 위하여 행해진 것으로 여기지 않으실 것이고, 따라서 받으시지도 않으실 것이다.

　(2) 그들은 그들이 먹고 마실 때와 똑같이 그들 자신을 위하여 금식을 하였다는 것(6절). "너희가 먹고 마실 때에 그것은 너희를 위하여 먹고 너희를 위하여 마시는 것이 아니냐(아마도 그들은 다른 날들만이 아니라 금식일에도 어떤 핑계가 생기면 먹고 마셨을 것이다). 너희는 언제나 너희가 하고 싶은 대로 해오지 않았느냐? 그런데 왜 이제 와서, 너희가 하나님의 뜻을 알고자 하는 체하는 것이냐? 너희는 너희의 절기들과 추수감사절에도 너희의 금식일 때와 마찬가지로 하나님을 바라보지 않았다." 또는, 이것은 그들의 평소의 식사를 가리키는 것일 수도 있다. 그들은 먹고 마시는 것과 마찬가지로 금식하고 기도하는 것도 하나님의 영광을 위한 것이 아니었고, 그들의 모든 자연적이고 세속적이고 종교적인 행위들의 중심은 항상 자기 자신이었다. 그러므로 그들은 금식일들을 더 제대로 지킬 생각이 아니라면, 그 금식일들을 계속해서 지키느냐 말아야 하

느냐에 신경을 쓸 필요가 없었다. 우리가 우리 자신을 위하여 먹고 마신다면, 그것은 우리가 먹고 마시는 목적이 잘못된 것이다. 왜냐하면, 우리가 먹고 마시는 것은 우리의 심령이 하나님을 섬기기에 적합하도록 우리의 몸을 적절한 상태로 만들어 놓기 위한 것이기 때문이다. 우리는 먹든지 마시든지 하나님의 영광을 위하여 하여야 한다(고전 10:31).

2. 그들이 행하였어야 마땅한 가장 중요하고 선한 일을 그들은 쏙 빼놓고 행하지 않았다는 것(7절). "여호와가 옛 선지자들을 통하여 외친 말씀이 있지 않으냐. 그렇다. 너희는 바로 그것을 너희의 금식일들에 행하였어야 했다. 너희가 심판 아래 있는 것을 슬퍼한다는 표시로 금식일들에 울며 근신하는 것으로는 충분하지 않았고, 너희는 마땅히 선지자들의 성경을 연구해서, 하나님이 너희의 조상들과 다투신 이유가 무엇이었는지를 알아내어, 그들의 비참한 모습을 보고 교훈을 얻어서 그들의 전철을 밟아 죄악을 저지르는 일이 없도록 하여야 했다. 너희는 지금까지 해왔던 대로 금식을 계속해서 해야 하느냐고 묻는다. 아니다. 너희는 너희가 지금까지 하지 않았던 것을 해야 한다. 너희는 너희의 죄들을 회개하고, 너희의 삶을 고쳐야 한다. 그것이 우리가 지금 너희에게 요구하는 것인데, 이것은 옛 선지자들이 너희 조상들에게 요구하였던 것과 동일하다." 선지자는 죄로 인하여 그들이 받았던 재난이 어떠하였는지를 더욱 생생하게 말해 주어서, 그들로 하여금 그들의 죄를 회개하게 하기 위하여, 그들의 나라가 전에 얼마나 큰 번영을 누렸었는지를 그들에게 상기시킨다. 예루살렘이 지금은 황량하고 빈곤하지만, 당시에는 **백성이 평온히 거주하며 번영을 구가**하였었다. 지금은 폐허로 변해 있는 사면 성읍도 당시에는 **백성이 평온히 거주**하였다. 마찬가지로, 촌락과 마을들에도 많은 사람들이 살았다. 남방과 평원에는 백성들을 보호해 줄 성곽이 전혀 없었지만, 사람들은 거기에서도 안전하게 살았고, 그 땅이 비옥해서 풍요롭게 살았다. 그러나 그 때에 하나님은 선지자들을 통하여 아주 간절하고 끈질기게, 그들의 행실을 고치지 않으면 그들의 번영도 곧 끝나게 될 것이라고 그들에게 **외쳤다**. 선지자는 이렇게 말한다: "너희는 그 말씀을 듣고서, 심판을 막기 위해서 그들이 해야 했지만 하지 않았던 것이 무엇인지를 깨닫고, 너희의 심판을 제거하기 위하여 너희가 해야 할 것이 바로 그것이라는 것을 추론해 내었어야 했다. 너희가 바로 그것을 행하지 않는다면, 너희의 모든 금식과 애곡은 아무 소용 없는 짓이 되고 만다." 나중 선지자들이

전하는 말씀들은 이전 선지자들이 전한 말씀들과 일치한다는 것을 명심하라. 사람들이 형통 가운데에 있든 역경 속에 있든, 우리는 그들에게 그들의 죄에서 떠나서 그들의 본분을 다하라고 외쳐야 한다. 이것은 계속해서 모든 노래의 후렴구가 되어야 마땅하다.

8여호와의 말씀이 스가랴에게 임하여 이르시되 9만군의 여호와가 이같이 말하여 이르시기를 너희는 진실한 재판을 행하며 서로 인애와 긍휼을 베풀며 10과부와 고아와 나그네와 궁핍한 자를 압제하지 말며 서로 해하려고 마음에 도모하지 말라 하였으나 11그들이 듣기를 싫어하여 등을 돌리며 듣지 아니하려고 귀를 막으며 12그 마음을 금강석 같게 하여 율법과 만군의 여호와가 그의 영으로 옛 선지자들을 통하여 전한 말을 듣지 아니하므로 큰 진노가 만군의 여호와께로부터 나왔도다 13내가 불러도 그들이 듣지 아니한 것처럼 그들이 불러도 내가 듣지 아니하리라 만군의 여호와가 말하였느니라 14내가 그들을 바람으로 불어 알지 못하던 여러 나라에 흩었느니라 그 후에 이 땅이 황폐하여 오고 가는 사람이 없었나니 이는 그들이 아름다운 땅을 황폐하게 하였음이니라 하시니라

선지자는 그가 앞의 7절에서 전한 말, 즉 그들이 옛 선지자들의 말씀을 들었어야 했다는 말을 여기에서 자세하게 설명해 나간다. 이것은 그들이 마치 하나님의 말씀을 아주 꼼꼼하게 지키는 자들인 것처럼 그들의 금식일들을 계속해서 지켜야 하느냐고 물을 때조차도 그들의 죄들에서 떠나 있지 않았던 이 위선적인 자들에게 경고하기 위한 것이었다. 스가랴 선지자는 앞에서 그들의 조상들이 선지자들의 부름에 불순종하였다는 것과 그 결과가 어떤 것이었는지를 그들에게 상기시켜 주었는데(1:4-6), 여기에서 다시 그것을 그들에게 상기시켜 준다. 왜냐하면, 우리는 다른 사람들이 당한 재난들을 우리에 대한 경고로 삼아야 마땅하기 때문이다. 하나님이 옛적에 이스라엘을 그들의 죄로 말미암아 심판하신 일들은 우리 그리스도인들을 깨우치기 위하여 기록되었다(고전 10:11). 우리는 우리 시대에서 보는 비슷한 섭리들도 동일하게 선용하여야 한다.

I 선지자는 옛 선지자들이 그들의 조상들에게 전하였던 설교들의 골자를 여기에서 반복함(9-10절).   이것은 그들의 조상들에게 요구되었던 바로 그것

들이 지금 그들에게도 요구되기 때문이었다. "만군의 여호와가 너희는 진실한 재판을 행하라고 너희 조상들에게 말씀하셨고, 지금 너희에게도 말씀하고 계신다." 여기에서 그들에게 요구된 본분들, 즉 그들의 조상들이 지켰다면 평화롭게 사는 날이 더 길어지게 해주었을 것이고 그들이 지금 지킨다면 그들의 평화가 다시 회복되게 해줄 그런 본분들은 금식일들을 지키고 희생제사를 드리는 것이 아니라, 정의를 행하고 인자(仁慈)를 사랑하는 것이다(미 6:8). 이 본분들은 하나님이 그들에게 선지자를 보내어 역설하지 않으셨더라도 자연의 빛과 법에 의해서 그들이 마땅히 알았어야 하는 본분들이고, 많은 사람들을 잘 되게 하고 평화롭게 해주는 직접적인 효능을 지닌 본분들이며, 하나님이 아니라 그들 자신에게 그 유익이 돌아가는 그런 본분들이다.

1. 방백들은 사람을 보지 말고, 오직 율법의 대원칙들과 주장의 옳고 그름을 따져서, 공평하게 재판을 행하여야 한다는 것. "너희는 진실한 재판을 행하며, 판결이 나왔을 때에는 그것을 집행하라."

2. 이웃들은 서로에 대하여 따뜻한 관심을 가지고서, 서로에게 불의를 행하지 않을 뿐만 아니라, 그들의 힘이 닿는 대로 온갖 선한 일을 서로에게 기꺼이 행하여야 한다는 것. 그들은 기회가 있을 때마다 서로 인애와 긍휼을 베풀어야 한다. 우리는 이웃의 재난들만이 아니라 그들의 약점들도 긍휼히 여기는 마음으로 바라보아야 한다.

3. 그들은 약하거나 스스로 어떻게 할 힘이 없는 자들을 압박하거나 억눌러서는 안 된다는 것. 그들은 거래에서나 법정에서나 과부와 고아와 나그네와 궁핍한 자를 압제하지 말아야 한다(10절). 힘이 없고 약하다고 해서, 그런 사람을 밀쳐서 담벼락에 부딪히게 하는 일이 있어서는 안 된다. 자신의 권리를 요구하고 되찾아올 능력이 있는 자들의 권리라고 해도, 우리는 그들의 권리를 침해해서는 안 된다. 하물며, 우리에게 자신의 권리를 빼앗겼을 때에 우리로부터 그 권리를 되찾을 힘이 없는 자들의 권리를 우리가 강제로 빼앗는 일은 하나님의 진노만이 아니라 우리의 양심을 위해서도 있어서는 안 된다. 또는, 이것은 보통 사람들에게는 엄격히 하는 것에 불과한 일도 과부나 고아에게는 가혹한 처사가 된다는 것을 나타낸다. 아니, 우리가 마땅히 고아나 과부를 돕고 그들의 짐을 덜어주어야 하는데도 그렇게 하지 않는 것 자체가 사실상 그들을 압제하는 것이다.

4. 그들은 누구에게도 불의를 행하지 말아야 할 뿐만 아니라, 그것을 원하거나 생각해서도 안 된다는 것. "너희는 서로 해하려고 마음에 도모하지 말라. 너희는 그것을 계획하지도 말고 바라지도 말라. 아니, 그런 것을 공상하는 것으로 즐거워하지도 말라." 하나님의 법은 마음을 구속(拘束)하는 법이기 때문에, 악의와 앙심과 심술을 품거나 용납하는 것을 금지한다. 삼가 너는 마음에 악한 생각을 품지 말라(신 15:9).

Ⅱ. 선지자는 그들의 조상들의 고집스러움과 불순종을 설명함. 하나님의 이름으로 그들에게 자주 주어진 이러한 권면과 충고들에도 불구하고, 그들은 온갖 악행과 불의를 고집스럽게 행하였다. 선지자는 이러한 취지의 여러 가지 다양한 표현들을 중복적으로 사용해서(11-12절), 하나님과 원수가 되고 하나님의 법에 굴복하지 아니할 뿐 아니라 할 수도 없는 육신의 생각의 완고함을 묘사한다(롬 8:7). 그들은 완악하고 고집이 세며 제멋대로여서, 순전히 하나님의 법이 그들의 심기에 거슬린다는 이유만으로 하나님의 법을 계속해서 고집스럽게 범하였다.

1. 그들은 얼마든지 가까이 다가와서 선지자들의 말씀을 들을 수 있었는데도 그렇게 하지 않고, 선지자들과 멀찌감치 거리를 두었다는 것. 또는, 그들은 선지자들이 말씀을 전하는 자리에 있을 수밖에 없는 상황에서는 그 말씀을 듣지 않으려고 작심을 했다. 그들은 마치 선지자들이 그들에게 말씀을 전하려 하는 것이 아니라는 듯이 아예 듣지 아니하였고 딴 곳을 보았다.

2. 그들은 선지자들이 전하는 말씀을 듣고서, 처음에는 그 말씀에 끌렸는데도, 그 말씀이 그를 주관하려 하자, 마치 멍에를 메어보지 않은 황소가 멍에를 메지 않으려고 할 때처럼 어깨를 빼고서, 하나님의 계명들이라는 쉬운 멍에와 가벼운 짐을 메고자 하지 않았다는 것. 그들은 어깨를 뺐다(원문은 이런 의미이다). 그들은 처음에는 멍에를 멜 것처럼 어깨를 내미는 듯이 보였지만, 곧 다시 어깨를 빼버렸다(렘 34:10-11). 그들은 속이는 활(시 78:57)과 같았고, 가겠나이다 하더니 가지 아니한 아들(마 21:29)과 같았다.

3. 그들은 하나님의 말씀에 대한 편견들로 그들의 생각을 채워 놓았다가, 설교를 들을 때마다 미리 준비해 둔 이런저런 반론을 마음속에서 제기하는 식으로 하나님의 말씀을 받아들이지 않았다는 것. 그들은 귀머거리 독사 같이(시 58:4) 듣지 아니하려고 귀를 막았다. 듣고자 하지 않는 자들, 그들의 귀를 둔하게

만드는 자들만큼 하나님의 말씀에 대하여 귀가 먹은 자는 없다.

4. 그들은 선지자가 그들에게 전해 주는 하나님의 계명들이 어느 하나도 그들에게 전혀 감화를 주지 못하도록 철저하게 거부하기로 작심하였다는 것. 그들은 그들의 마음을 금강석 또는 부싯돌 같게 하였다. 금강석은 가공하기가 가장 힘든 돌이고, 부싯돌은 채석장에서 가져온 돌들 중에서 석공이 자유자재로 다듬을 수 없는 돌이다. 주제넘고 건방진 죄인의 마음만큼 딱딱하고 가공할 수 없고 구부릴 수 없는 것은 존재하지 않는다. 마음이 완악한 자들은 그것이 그들 자신의 탓임을 알아야 한다. 그들은 스스로 완악해진 것이기 때문에, 하나님이 그들을 그들의 타락한 마음, 그들의 완악하고 회개치 않는 마음에 내어주시는 것은 마땅하고 의로우신 일이다. 여기에 나오는 이 완고한 죄인들은 하나님이 기록된 말씀, 즉 모세의 율법을 통해서, 또는 선지자들이 전하는 말씀을 통해서 그들에게 하시는 말씀을 듣지 아니하려고 일부러 그들의 마음을 완악하게 하였다. 그들에게는 모세와 선지자들이 있었지만, 그들은 어느 쪽의 말도 듣지 않기로 작정하였다. 죽은 자 가운데서 한 사람이 그들에게 와서 말해 주었다고 해도, 그들은 그 사람의 말도 믿으려 하지 않았을 것이다. 선지자들이 전하는 말씀은 만군의 여호와께서 직접 선지자들을 보내시고 그의 영으로 선지자들에게 말씀을 주어서 전하게 하신 말씀들임에도 불구하고, 그들은 그 말씀들을 듣고자 하지 않았다. 그러므로 그들이 그 말씀들을 멸시한 것은 하나님을 모독한 것이었고 성령을 거스르는 것이었다. 사람들이 선하지 않은 이유는 그들이 선하고자 하지 않기 때문이라는 것을 명심하라. 그들은 깊이 생각하려고 하지 않고, 하나님의 말씀을 순순히 받아들이고자 하지 않는다. 그러므로 네가 만일 거만하면 그 책임이 네게 있기 때문에 너 홀로 해를 당하리라(잠 9:12).

Ⅲ. 선지자는 그들의 조상들의 고집스러움과 불순종이 어떤 치명적인 결과들을 초래하였는지를 보여줌. 큰 진노가 만군의 여호와께로부터 나왔도다. 하나님은 그들에게 몹시 진노하셨는데, 이것은 마땅한 것이었다. 하나님은 그들에게 그 자체로 이치에 맞고 그들에게 유익한 것 이외에는 아무것도 요구하지 않으셨다. 그런데도 그들은 거부하였고, 그것도 대단히 오만무례하고 방자한 태도로 거부하였다. 어떤 주인이 자기 종에게 이런 모욕을 받고도 그냥 참고 있을 수 있겠는가? 하나님의 극에 달한 노하심이 끝까지 유대 교회의 마지막 세대에 임하게 만든 것은 율법과 선지자들, 나아가 복음에 대한 이와 같은 달랠 수

없는 뿌리깊은 적대감이었다(살전 2:16). 누구도 이의를 제기할 수 없는 권세를 지니신 만군의 여호와를 대적하는 큰 죄들은 누구도 거역할 수 없는 권능을 지니신 만군의 여호와께로부터 나오는 큰 진노를 초래한다. 그 결과는 다음과 같은 것들이었다.

1. 그들이 하나님의 말씀에 귀를 막았기 때문에, 하나님도 그들의 기도에 귀를 막으셨다는 것(13절). 그들이 형통할 때에 하나님이 그들에게 죄에서 떠나라고 외쳤어도, 그들이 듣지 아니하고 그들의 죄악을 고집한 것처럼, 그들이 환난 날에 심판들을 거두어 주시라고 외쳤어도, 하나님은 듣지 아니하시고, 그들을 재난들 가운데에 두는 기간을 연장하셨다. 교만이 극에 달하여 하나님께 도전하였던 자들도 극심한 고통이 그들에게 임하자 하나님께 부르짖었다. 여호와여 그들이 환난 중에 주를 앙모하였나이다(사 26:16). 그러나 하나님은 사람이 귀를 돌려 율법을 듣지 아니하면 그의 기도도 하나님 앞에서 가증한 것이 될 것이라고(잠 28:9; 1:24) 전에 말씀하셨고, 앞으로도 그 말씀을 고수하실 것이다. 마음에 죄악을 품은 자의 기도는 하나님이 결코 듣지 아니하실 것이다(시 66:18).

2. 그들이 하나님에 대한 그들의 본분과 충성 맹세를 떠나서 정함이 없이 변덕스럽게 이랬다 저랬다 하였기 때문에, 하나님은 회오리 바람 앞의 겨처럼 그들을 흩으셨다는 것. 하나님은 그들을 그들이 알지 못하던 여러 나라, 그러니까 그들이 그들에게 호의적인 대우를 해줄 것이라고 기대할 수 없었던 나라들에 흩으셨다(14절).

3. 그들이 그들의 땅의 모든 법들을 범하였기 때문에, 하나님은 그들의 땅의 모든 영광을 거두어 가셨다는 것. 그 후에 이 땅이 황폐하여 오고 가는 사람이 없었다. 두 지파의 왕국이었던 모든 땅은 그다랴가 살해된 후에 나머지 유대인들이 다 흩어졌고, 그 후에는 사람이 살지 않는 황무지로 버려져 있었다. 유대인들이 칠십 년의 포로 생활 후에 귀환할 때까지 거기에는 남자나 여자나 아이나 할 것 없이 아무도 살지 않았다. 아니, 그 땅을 관통하던 도로들조차 버려져서 통행하는 사람이 아무도 없었다. 이 구절 속에는 긍휼의 뉘앙스가 내포되어 있기는 하지만(그들은 이 땅에서 쫓겨났지만, 이 땅은 그들이 돌아오기를 기다리며 무주공산으로 남아 있었다는 의미에서), 어쨌든 그런 모습은 하나님의 심판을 훨씬 더 절망적인 것으로 보이게 만들었다. 칠십 년이라는 긴 세월 동안 아무도 살지 않은 땅이었다면, 그 땅이 얼마나 황량한 곳이 되어 있었을지를 상

상해 보라! 이것은 다 그들 탓이었다. 그들 자신의 악으로 말미암아 아름다운 땅을 황폐하게 한 것은 바로 그들이었다. 그들의 땅을 그렇게 만든 것은 결코 갈대아 사람들이 아니었다. 그들 자신이 그렇게 하였다. 어떤 땅이 황폐화되었다면, 그것은 다 그 주민들의 악 때문이다(시 107:34). 그것은 그들이 하나님의 법을 악의적으로 불순종한 결과였다. 그리고 현재의 세대는 죄가 저 아름다운 땅을 얼마나 황폐하게 만들었는지를 뻔히 보았으면서도, 그것이 주는 경고를 받아들이고자 하지 않았다.

제
— 8 —
장

개요

사역자들의 일은 진리의 말씀을 제대로 구분하여서 각 사람에게 그가 받아야 할 몫을 주는 것이다. 여기에서 선지자는 금식일들을 계속해서 지켜 나가야 하느냐는 문제와 관련하여 제기된 질문에 대한 추가적인 대답 속에서 그렇게 하도록 지시를 받는다. 앞 장에 나온 그의 대답은 진리에 순종하고자 하지 않고 불순종한 자들에 대한 책망이었다. 그러나 여기에서는 그는 그의 목소리를 바꾸어서, 기꺼이 순종한 자들을 향하여 그들을 격려하는 말씀을 전하라는 지시를 받는다. 이 장에는 만군의 여호와로부터 임한 두 번의 말씀이 나오는데, 그 말씀들은 둘 다 선하고 위로가 되는 말씀들이다.

첫 번째 말씀에서(1절), 하나님은 예루살렘이 회복되고 개혁되며 다시 번성하게 되고 (2-8절), 이 땅이 부유해지며, 나라의 일들이 잘 풀려 나가고, 그들의 명성이 회복되며, 그들의 상태가 지난 오랜 세월과는 모든 점에서 정반대가 될 것이라고 약속하신다(9-15절). 그런 후에, 하나님은 그들이 그들에게 준비된 이러한 은총을 받기 위해서는 그들 가운데에서 잘못된 것들을 고쳐야 할 것이라고 권면하신다(16-17절). 두 번째 말씀에서(18절), 하나님은 긍휼이 그들에게 다시 베풀어질 때에 그들의 금식일들이 폐하여질 것이고(19절), 이방인들이 그들에게 몰려와서 그들이 다시 번성하고 번영하며 국력이 강해지게 될 것이라고 약속하신다(20-23절).

¹만군의 여호와의 말씀이 임하여 이르시되 ²만군의 여호와가 이같이 말하노라 내가 시온을 위하여 크게 질투하며 그를 위하여 크게 분노함으로 질투하노라 ³여호와가 이같이 말하노라 내가 시온에 돌아와 예루살렘 가운데에 거하리니 예루살렘은 진리의 성읍이라 일컫겠고 만군의 여호와의 산은 성산이라 일컫게 되리라 ⁴만군의 여호와가 이같이 말하노라 예루살렘 길거리에 늙은 남자들과 늙은 여자들이 다시 앉을 것이라 다 나이가 많으므로 저마다 손에 지팡이를 잡을 것이요 ⁵그 성읍 거리에 소년과 소녀들이 가득하여 거기에서 뛰놀리라 ⁶만군의 여호와가 이같이 말하노라 이 일이 그 날에 남은 백성의 눈에는 기이하려니와 내 눈에야 어찌 기이하겠느냐

만군의 여호와의 말이니라 ⁷만군의 여호와가 이같이 말하노라 보라, 내가 내 백성을 해가 뜨는 땅과 해가 지는 땅에서부터 구원하여 내고 ⁸인도하여다가 예루살렘 가운데에 거주하게 하리니 그들은 내 백성이 되고 나는 진리와 공의로 그들의 하나님이 되리라

선지자는 그의 앞서의 강론들에서 그들의 죄책을 강도 높게 책망하고 그들에 대한 깊은 분노감을 표출하였었고, 그들의 조상들의 불순종의 결과로 그들의 아름다운 땅이 황폐해진 암울한 광경 속에 그들을 그냥 그대로 둔 채 앞 장에 나오는 강론들을 마쳤었다. 그러나 그의 의도는 그들을 회개로 이끌려는 것이었지 결코 그들을 절망으로 몰고가고자 한 것이 아니었기 때문에, 그는 여기에서 하나님이 그들을 위해 준비해 두신 크신 역사(役事)들을 그들 앞에 제시하면서, 그들이 물은 양심의 문제는 곧 저절로 결정이 날 것이고, 전에 그들을 금식과 애곡으로 불렀던 것처럼 이제는 큰 소리로 그들을 기쁨과 즐거움으로 부르는 하나님의 섭리의 소리를 듣게 될 것이라고 격려한다. 여기에서 약속되고 있는 것은 다음과 같다.

I 하나님이 예루살렘을 위하여 나타나셔서, 그들을 옹호하시며 변호해 주시리라는 것.

1. 하나님이 시온의 원수들에게 보복하시리라는 것(2절). 내가 시온을 위하여 또는 시온을 질투하였다. 즉, "내가 최근에 큰 질투심으로 시온의 영광과 유익에 진심으로 관심을 가져 왔다. 시온을 향하였던 큰 진노(7:12)는 이제 그 대적들에게 향할 것이다. 나는 지금 시온을 위하여 크게 분노함으로 질투하고 있다. 내가 전에 시온의 도발로 인해서 내가 받은 모욕을 참을 수 없었던 것과 마찬가지로, 지금은 시온이 환난들 가운데에서 모욕을 당하는 것을 더 이상 참을 수가 없다." 하나님은 이제 그의 분노의 권능이 그들을 위한 것이 될 때에 그들로 하여금 그의 분노의 권능이 그들을 대적하였을 때에 그들이 두려움을 느꼈던 정도만큼의 큰 기대를 갖게 하기 위하여, 앞에서도 하신 이 말씀(1:14-15)을 여기에서 다시 한 번 반복하신다. 시온의 죄들은 그들의 최악의 원수들이었고, 그들에게 치명적인 해악을 안겨 주었다. 그러므로 하나님은 시온의 영광과 위로에 대한 그의 질투심 속에서 시온의 죄들을 제하실 것이다. 그런 후에는 다른 원수들이 시온에 대하여 어떤 식으로 해악을 끼치든, 이제 위험해지는 것은

바로 그 원수들이 될 것이다.

2. 하나님이 시온의 궁정에 거하시리라는 것(3절). "나는 너무나 오랫동안 멀리서 지켜보고만 있는 것처럼 보였지만, 이제 내가 시온에 돌아와, 이전처럼 다시 예루살렘 가운데에 거하리라." 이것은 하나님이 그의 규례들 속에 임재해 계시리라는 것과 그의 섭리들을 그들에게 유리한 쪽으로 이끌어 가시리라는 것을 그들에게 보장해 주는 것이었다.

Ⅱ. 예루살렘에 놀랍고 기이한 개혁이 있을 것이고, 거기에서 신앙이 힘 있게 지배하며 흥왕하게 되리라는 것. "하나님과 사람들에 대하여 기만적으로 행하였던 예루살렘은 성실함과 정직함으로 아주 유명해져서, 진리의 성읍이라는 이름으로 알려지고 일컬어지며, 그 주민들은 거짓을 행하지 아니하는 자녀라 불리게 될 것이다(사 63:8). 신실하던 성읍이 창기가 되었었지만(사 1:21), 이제는 다시 신실한 성읍, 즉 이스라엘의 하나님께 신실하여 오직 그 하나님만을 예배하는 성읍이 될 것이다." 이것은 그대로 성취되었다. 왜냐하면, 유대인들은 포로 생활에서 돌아온 후로는 비록 그들 가운데에 많은 잘못들이 있긴 하였지만 결코 우상 숭배의 죄를 범하지 않았기 때문이다. 예루살렘은 만군의 여호와의 산, 즉 여호와를 고백하고 여호와의 인정을 받는 산이라 불리게 될 것이고, 그렇기 때문에 예전처럼 타락의 산(왕하 23:13)이 아니라 우상들로부터 깨끗하고 하나님께 성별된 성산이라 불리게 될 것이다. 하나님의 성은 진리의 성읍이 되어야 하고, 만군의 여호와의 산, 즉 성산이 되어야 한다는 것을 명심하라. 신앙을 고백하고 하나님과의 관계를 공언하는 자들은 그들의 신앙 고백을, 경건함과 정직함을 보여주는 그들의 온갖 행실들로 장식하려고 애써야 한다.

Ⅲ. 예루살렘에 사람들의 수가 크게 늘어날 것이고, 태평성대임을 보여주는 온갖 징후들이 나타나게 되리라는 것. 예루살렘이 진리의 성읍과 성산이 되었을 때, 그 곳은 평화롭고 번성할 것이고, 그 곳의 모든 것이 밝고 아름다워 보일 것이다.

1. 그들은 인생을 마치고 이 세상을 떠나는 세대를 좋은 마음으로 바라볼 수 있으리라는 것. 왜냐하면, 그 사람들은 전쟁이나 기근이나 전염병에 의해서 강제로 이 세상에서 쫓겨나는 것이 아니라, 천수를 다 누리고서 평안한 중에 이 세상을 떠나게 될 것이기 때문이다(4절). 죽은 자들의 시체가 가득하였거나 버려져서 황폐화되었던 예루살렘 길거리에 이제는 무절제한 삶이나 하나님의

복수하심으로 말미암아 이른 나이에 요절하지 않고 끝까지 천수를 다 누리며 살고 있는 늙은 남자들과 늙은 여자들이 다시 앉을 것이라. 그들은 늙어서도 몸의 질병이나 노쇠함을 느끼지 않을 것이고, 곡식단을 제 때에 들어올림 같이 천수를 다 누리고서 무덤에 이를 것이다(욥 5:26). 그들은 다 나이가 많으므로 저마다 손에 지팡이를 잡을 것이요, 요셉처럼 그 지팡이 머리에 의지하여 경배할 것이다(히 11:21). 나이가 들면 의지할 것이 필요한데, 나이 든 사람들은 그런 의지할 것을 사용하는 것을 부끄러워하지 않아야 하지만, 심령에 힘이 되어 주고 손에 쥔 지팡이보다 더 나은 의지가 되어 줄 하나님의 은혜를 의지하는 것이 아름다운 일이다. 백발은 본인들에게 영광의 면류관이듯이 그들이 사는 곳에도 영광의 면류관임을 명심하라. 어느 성읍에 나이 든 사람들이 많이 있는 것은 그 성읍에 은혜로운 일이다. 그것은 공기가 맑다는 것을 보여주는 표징일 뿐만 아니라, 사람들을 요절하게 만드는 많은 악덕들이 억제되고 추방되었고, 그 성읍에 미덕이 가득하다는 것을 보여주는 징조이기도 하기 때문이다. 또한, 그것은 기후만 온화한 것이 아니라 사람들도 온화하다는 것을 보여주는 징조이다.

2. 그들은 무대에서 사라진 세대의 공백을 메우기 위해 새롭게 자라나는 세대를 기쁜 마음으로 바라볼 수 있으리라는 것(5절). 그 성읍 거리에 소년과 소녀들이 가득하여 거기에서 뛰놀리라. 이것은 다음과 같은 것들을 보여주는 것이다.

(1) 그들이 많은 자녀를 두는 복을 받게 되리라는 것. 그들의 가족들은 번성하여 성읍을 가득 채우게 될 것이다. 이것은 예로부터 하나님의 축복의 산물이었다(창 1:28). 화살통이 화살들로 가득 차 있는 사람이나 나라는 복이 있다! 그들에게는 소년들과 소녀들이 둘 다 있어서, 이들은 나중에 서로 합하여 가족을 이루어, 다음 세대를 키우게 될 것이다.

(2) 그들의 자녀는 건강하고 튼튼하며 활동적인 아이들이 되리라는 것. 그들의 소년들과 소녀들은 병상에 누워 있거나 방 구석에 힘 없이 앉아 있는 것이 아니라, 원기왕성하고 즐겁게 길거리에서 뛰놀 것이다(이것은 부모들에게 즐거운 광경이다). 소년들과 소녀들은 한창 즐겁게 뛰놀 나이이기 때문에, 우리는 그들이 그렇게 노는 것을 못마땅해해서는 안 된다. 즐겁게 뛰노는 것은 아이들에게 많은 유익이 있고 해로운 것은 없다. 하지만 곤고한 날, 아무 낙이 없다고 할 해들이 올 것이고, 그 날과 해는 길 것이기 때문에, 아이들일지라도 그들의 모든 시간과 관심을 온통 노는 데에 쓰지 말고, 그들의 창조주를 기억

하는 데에 관심을 가져야 한다(전 12:1).

(3) 그들은 아주 풍요롭게 되어서, 그들 모두가 먹을 양식이 차고 넘치게 되리라는 것. 기근의 때에는 아이들이 상한 자처럼 기절한다(애 2:11-12). 아이들이 길거리에서 뛰놀고 있다면, 그것은 아이들에게 부족한 것이 아무것도 없다는 것을 보여주는 좋은 징조이다.

(4) 그들은 전쟁 경보에 놀라 두려워 떠는 일이 없이 완벽한 평화와 안전을 누리게 되리라는 것. 침략자들이 침노하는 일이나 변절자들이 빠져나가는 일이나 거리들에서 슬피 부르짖는 일이 없을 것이다(시 144:14). 왜냐하면, 길거리들에서 아이들이 즐겁게 뛰논다는 것은 그 성읍에 걱정이나 두려움이 거의 없다는 것을 보여주는 징조이기 때문이다. 원수들이 그들의 걸음을 낱낱이 엿보고 있어서 그들이 거리를 나다닐 수 없었던 때가 있었지만(애 4:18), 이제는 아이들조차 아무런 걱정 없이 거리에서 뛰놀게 될 것이다.

(5) 그들 가운데에 사랑과 평화가 있게 되리라는 것. 파벌과 파당으로 나뉜 성읍들에서는.아이들도 부모들에게 금방 물들어서 서로에 대한 적대감을 드러내는 일이 종종 있지만, 예루살렘 거리들에서 소년들과 소녀들이 싸우는 일은 없을 것이다. 도리어, 그들은 서로를 잡아먹을 듯이 으르렁대는 것이 아니라, 천진난만하고 사랑스럽게 거리에서 뛰놀며 서로를 즐겁게 해줄 것이다.

(6) 아이들이 하는 놀이나 오락들은 모두 해악이 없으리라는 것. 소년들과 소녀들은 사람들이 누구나 거리에서 보아도 되는 그런 놀이, 부끄러워할 이유가 없는 정직하고 건전한 놀이를 할 것이고, 후미진 구석에서나 할 수 있는 엉뚱하고 못된 놀이를 하지 않을 것이다. 왜냐하면, 그 곳은 여호와의 산이고 성산이기 때문이다.

(7) 오직 아이들만이 아이다운 놀이를 하며 즐겁게 뛰놀게 되리라는 것. 소년들과 소녀들이 거리에서 뛰노는 모습을 보는 것은 즐거운 일이지만, 일과 사업을 해야 할 남녀 청년이나 어른들이 거리에서 뛰노는 것은 꼴불견이다. 아이들이 장터에 앉아 재잘거리며 떠드는 것은 괜찮은 일이지만(마 11:16-17), 포도원에서 일할 수 있는 장정들이 장터에서 온 종일 서서 빈둥거리는 것은 볼썽사나운 일이다(마 20:3).

IV. 하나님이 흩어진 이스라엘 백성을 그들이 흩어져 있는 모든 곳들로부터 다시 모으시리라는 것(7절). "내가 내 백성을 해가 뜨는 땅과 해가 지는 땅에서부터 구원하여 내리라. 내가 바벨론이나 애굽, 또는 그들이 끌려간 모든 나라에서 그들을 구원하여 낼 것이고, 그들로 거기에서 그럭저럭 살다가 흔적도 없이 사라지게 내버려 두지 않을 것이다. 그들이 머물고 있는 나라들이 그들을 붙잡아 두지도 못할 것이고, 그들이 그 나라 사람들과 동화되는 일도 없을 것이다. 왜냐하면, 내가 그들을 그 나라 사람들로부터 갈라내고 구원하여 내어서 그들의 고국 땅으로 다시 데려올 것이기 때문이다. 내가 그들의 고국 땅을 번영하게 하여, 그들로 하여금 돌아오고 싶은 마음이 들게 할 것이다. 그들은 예루살렘 가운데에 거주하게 될 것이다. 여러 가지 이유들로 인해서 농촌에 거주하는 것이 더 유리할지라도, 그들은 거룩한 성이라는 이유 하나만으로도 예루살렘에 거주하는 쪽을 선택하게 될 것이다." 그러므로 성경에서는 예루살렘에 거주하기를 자원하는 모든 자를 위하여 백성들이 복을 빌었다(느 11:2)고 말한다.

V. 하나님이 그들과의 언약을 갱신하시고, 그들에 대하여 신실하실 것이며, 그들을 그에게 신실하도록 만드시리라는 것. 그들은 내 백성이 되고 나는 그들의 하나님이 되리라. 이것은 이 모든 약속들의 토대이자 면류관이 되는 말씀으로서, 그 속에 모든 복을 내포하고 있다. 그들은 하나님의 법들에 순종할 것이고, 하나님은 그들에게 유익된 모든 것들을 그들을 위하여 행하시며 그들에게 주실 것이다. 이러한 계약은 진리와 의(義)로 새롭게 맺어질 것이다. 어떤 이들은 여기에서 진리는 이 계약에 있어서 하나님의 몫을 나타내고, 의는 사람의 몫을 나타낸다고 생각한다. 즉, 하나님은 그가 그들에게 한 모든 은총의 약속들에 대하여 참되시다는 것을 보이시기 위하여 그 약속들을 어김없이 다 실현하실 것이고, 그들은 의 가운데서 그의 백성이 되어, 의로운 백성이 되며, 의의 열매가 가득한 백성이 될 것이고, 이전처럼 그들의 하나님을 기만적이고 불의하게 대하지 않을 것이다(호 2:19-20). 하나님은 결코 그들을 떠나거나 버리지 않으실 것이고, 그들에게 약속하신 대로 긍휼을 베푸실 것이다. 그들도 결코 하나님을 떠나거나 버리지 않을 것이고, 그들이 약속한 대로 그들의 본분을 다할 것이다. 이러한 약속들은 포로기와 그리스도 시대 사이의 몇 세대 동안 유대 교회가 번영을 구가하게 됨으로써 성취되었지만, 복음 교회, 곧 자유자이자 우리 모두의 어머니인 위에 있는 예루살렘을 통해서 좀 더 온전하게 성취되었다(갈 4:26). 그러나 이 모든 약속들은 내세에서 궁극적으로 온전히 성취될 것이다.

하나님은 여기에서 다음과 같은 반문을 통해서 이 모든 보배로운 약속들을 재가(裁可)하시고, 하나님의 백성의 의구심들을 잠재우신다(6절). "이 일이 이 백성의 눈에는 기이하려니와 내 눈에야 어찌 기이하겠느냐. 예루살렘이 그런 식으로 중수되어 번성하게 되는 것이 너희에게 불가능한 것처럼 보인다고 해서, 그런 일이 하나님에게도 불가능하겠느냐?" 이 백성의 남은 자(이 세상에 있는 하나님의 백성은 남은 자에 불과하다)는 그 수도 적고 연약해서, 이 모든 것이 너무나 좋은 일이지만 실제로 실현되기는 어렵고, 특히 이런 시기, 즉 이와 같이 험난한 시기, 암울하고 어두운 시기에는 더더욱 불가능하다고 생각하였다. 당시가 얼마나 열악한 시기였는지를 생각하면, 그들이 선지자가 말하는 그런 좋은 시절을 맞이하게 되리라는 것은 사실상 불가능한 일이었거나, 적어도 가능성이 극히 낮은 일이었다. 그런 일들이 어떻게 일어날 수 있는가? 마른 뼈들이 어떻게 살아날 수 있는가? 그러므로 이것은 하나님의 눈에도 그렇게 보이지 않겠는가? 우리가 어찌 할 바를 모를 때에 하나님도 그러실 것이고, 우리에게 극복할 수 없는 것처럼 보이는 난관들은 하나님도 극복하실 수 없으실 것이라고 생각하는 것은 큰 착각이라는 것을 명심하라. 사람으로는 할 수 없으나 하나님으로서는 다 하실 수 있느니라(마 19:26). 하나님의 생각과 길은 우리의 생각과 길보다 아주 높이 있다.

⁹만군의 여호와가 이같이 말하노라 만군의 여호와의 집 곧 성전을 건축하려고 그 지대를 쌓던 날에 있었던 선지자들의 입의 말을 이 날에 듣는 너희는 손을 견고히 할지어다 ¹⁰이 날 전에는 사람도 삯을 얻지 못하였고 짐승도 삯을 받지 못하였으며 사람이 원수로 말미암아 평안히 출입하지 못하였으나 내가 모든 사람을 서로 풀어 주게 하였느니라 ¹¹만군의 여호와의 말씀이니라 이제는 내가 이 남은 백성을 대하기를 옛날과 같이 아니할 것인즉 ¹²곧 평강의 씨앗을 얻을 것이라 포도나무가 열매를 맺으며 땅이 산물을 내며 하늘은 이슬을 내리리니 내가 이 남은 백성으로 이 모든 것을 누리게 하리라 ¹³유다 족속아, 이스라엘 족속아, 너희가 이방인 가운데에서 저주가 되었었으나 이제는 내가 너희를 구원하여 너희가 복이 되게 하리니 두려워하지 말지니라 손을 견고히 할지니라 ¹⁴만군의 여호와가 이같이 말하노라 너희 조상들이 나를 격노하게 하였을 때에 내가 그들에게 재앙을 내리기로 뜻하고 뉘우치지 아니하였으나 ¹⁵이제 내가 다시 예루살렘과 유다 족속에게 은혜를 베풀기로 뜻하였나니 너희는 두려워하지 말지니라 ¹⁶너희가 행할 일은 이러하니라 너희는 이

웃과 더불어 진리를 말하며 **너희** 성문에서 진실하고 화평한 재판을 베풀고 [17]마음에 서로 해하기를 도모하지 말며 거짓 맹세를 좋아하지 말라 이 모든 일은 내가 미워하는 것이니라 여호와의 말이니라

하나님은 여기에서 선지자를 통해서 그가 유다와 예루살렘을 위하여 긍휼을 준비해 두고 계시다는 사실을 다시 한번 단언하신다. 하나님은 앞에서는 그들의 죄를 깨우치시기 위해서 교훈에 교훈을 더하셨던 것처럼, 여기에서는 그들을 위로하시기 위하여 약속에 약속을 더하신다. 이 단락에는 그들이 지금 겪고 있는 난관들과 관련된 강력한 격려의 말씀들이 나온다. 좀 더 자세하게 살펴보자.

Ⅰ 이 격려의 말씀들은 누구에게 주어졌는가. 그들은 선지자들을 통한 하나님의 부르심에 순종하여 성전 건축에 정성을 다한 자들이었다(9절). "선지자들의 입의 말을 이 날에 듣는 너희, 옛적에 선지자들의 말에 불순종했던 너희의 조상들과는 달리 그들의 말에 불순종하지 않은 너희는 하나님을 위하여 일하느라 분주한 너희의 손을 견고히 할지어다. 만군의 여호와의 집 곧 성전을 건축하려고 그 지대를 쌓던 날에 너희에게 주어진 명령들에 순종한 너희는 이 약속의 말씀들로 인한 위로와 유익을 얻게 될 것이다. 하나님은 너희에게 성전을 건축하는 일을 계속해야 한다고 말씀하셨고, 너희는 상당 기간 동안 하늘의 묵시에 순종해서 그 일에 힘써 왔다. 이제 하나님은 이 보배로운 약속들을 통해서 너희의 손을 견고히 하시고 너희의 마음을 위로하시고자 하셔서, 이 위로의 말씀을 너희에게 보내신다." 하나님의 쓰임을 받는 자들만이 하나님의 격려를 기대할 수 있다는 것을 명심하라. 자신의 본분을 행하기 위해 자신의 손으로 쟁기를 잡는 자들에 대해서 하나님은 그들의 손을 긍휼의 약속들로 견고히 해주실 것이다. 그들의 조상들의 잘못들을 피하는 자들은 저주의 사슬을 끊어 버릴 뿐만 아니라, 그 저주를 축복으로 바꾸어 가고 있는 것이다.

Ⅱ 그들을 지금까지 힘들게 하고 낙심되게 하였던 일들은 무엇이었는가(10절). 이러한 것들이 여기에서 언급되고 있는 것은 하나님이 이제 그들에게 부어주시고자 하시는 복들을 돋보이게 하기 위한 것이고, 그 복들이 얼마나 기이한 것인지를 보여주어서 하나님께 영광이 되게 하고, 그 복들이 얼마나 좋은 것인지를 보여주어서 그들로 하여금 한층 더 큰 위로를 받게 하기 위한 것이

다. 그들의 형편은 오랫동안 아주 나빴고, 그들이 겪은 재난들과 어려움들은 많았고 컸다.

1. 일이 없었다는 것. 사람들은 할 일이 없었기 때문에 수입도 없었다. 개혁이 시작된 이 날 전에는 사람도 삯을 얻지 못하였고 짐승도 삯을 받지 못하였다. 그들의 땅은 오랫동안 경작되지 않은 채로 있었기 때문에 비옥했어야 하는데도, 그 땅에서 나온 소산들은 빈약하였다. 그러므로 농부들은 곡식을 추수할 일꾼들이나 곡식단을 집으로 나를 일꾼들을 고용할 일이 없었고, 상인들은 물건을 수입하거나 수출하지 않았기 때문에, 사람들이나 짐승들을 쓸 일이 없었다. 이런 사정이다 보니, 일일 노동자로 하루 벌어서 하루 먹고 살아야 하는 가난한 사람들은 그들 자신과 그들의 가족을 먹여 살릴 길이 없었다.

2. 여행하는 것이 위험하였기 때문에, 해로와 육로를 통한 모든 교역이 끊어져 있었다는 것. 아니, 사람들이 친구를 방문하기 위해서 밖에 나가는 것조차 할 수 없는 것이 당시의 현실이었다. 왜냐하면, 사람이 원수로 말미암아 평안히 출입하지 못하였기 때문이다. 사마리아인들과 암몬 자손들, 그리고 그 밖의 다른 악한 이웃 나라 사람들이 삼삼오오 떼지어 다니면서 닥치는 대로 그들을 습격하여 모두 잡아갔다. 도로와 길에는 강도들이 득실거렸고, 성읍과 촌락에는 도둑들이 극성이었다. 따라서, 집에서든 밖에서든 사람이나 물건이나 가릴 것 없이 다 안전하지 못하였다.

3. 그들 사이에서는 우정이나 이웃 간의 정(情)이라는 것을 찾아볼 수 없었다는 것. 내가 모든 사람으로 각기 자기 이웃을 대적하게 하였다. 그들의 이런 모습은 그들의 죄가 많다는 것을 보여주는 것이었다. 왜냐하면, 이러한 전쟁이나 싸움은 사람들의 욕망에서 비롯된 것이지, 하나님에게서 나온 것이 아니기 때문이다. 그러나 그들의 이런 모습은 그들이 참상을 보여주는 것이기도 하기 때문에, 그것은 그들의 불순종에 대한 하나님의 의로우신 보복이기도 하였다. 그들은 악한 영에 속하여 하나님과 그의 법에 대적하였기 때문에, 하나님은 그들 가운데에 악한 영을 보내셔서, 그들로 하여금 서로를 괴롭히게 하셨다. 하나님의 사랑을 내팽개친 자들은 형제애를 통한 위로도 상실하고 만다.

Ⅲ. 하나님은 그들로 하여금 그들이 착수한 선한 일을 계속 진행하게 하시고, 그 일이 잘 끝나게 되리라는 소망을 품을 수 있도록 하시기 위하여, 어떤 격려의 말씀을 그들에게 주시는가. "너희가 지금까지는 이런저런 고난과 괴롭힘

을 당해 왔지만, 이제부터는 하나님이 너희에 대한 태도를 바꾸실 것이다(11절). 지금 너희가 돌아와서 너희의 본분을 다하고 있기 때문에, 하나님은 너희를 괴롭게 한 날수대로 너희를 위로하실 것이다. 썰물이 다시 밀물로 변할 것이다."

1. 하나님이 그들과 더 이상 다투지 않으시리라는 것. 이제는 내가 그들을 대하기를 옛날과 같이 아니할 것이다. 우리가 잘 되고 못 되고는 하나님이 우리에게 어떻게 하시느냐에 달려 있다는 것을 명심하라. 왜냐하면, 모든 피조물은 하나님이 시키시는 대로 우리를 대하기 때문이다. 우리가 옛날과는 달리 하나님을 거슬러 행하지 않는다면, 하나님도 옛날과는 달리 우리를 거슬러 행하지 아니하실 것이다. 왜냐하면, 하나님은 오직 고집세고 제멋대로인 자들과만 씨름하시기 때문이다.

2. 그들은 온갖 좋은 것들을 차고 넘치게 받게 되리라는 것(12절). 너희가 뿌린 씨앗이 잘 자라서 풍성한 수확을 내게 될 것이다. 포도나무가 너희의 마음을 기쁘게 해주는 열매를 맺으며, 땅이 너희의 마음을 힘 있게 해주는 그 산물들을 낼 것이다. 그들은 그들이 원하는 모든 것, 즉 생활에 꼭 필요한 것들만이 아니라 장식과 즐거움을 위한 것들도 모두 갖게 될 것이다. 하늘은 이슬을 내릴 것이다. 이슬이 없이는 땅이 그 소산을 낼 수가 없기 때문에, 이 말씀은 하늘의 하나님이 이 땅의 사람들에게 인자하시다는 것과 사람들의 삶이 하나님께 의존되어 있다는 것을 늘 상기시켜 준다. 성경은 곡식을 남기지 아니하는 폭우에 대하여 말하지만(잠 28:3), 하늘이 내리는 이슬은 땅을 촉촉히 적셔서, 파종하는 자에게는 종자를 주며 먹는 자에게는 양식을 준다(사 55:10). 하나님은 이렇게 이 남은 백성으로 이 모든 것을 누리게 하실 것이다. 그들은 단지 극소수의 남은 자일 뿐이어서, 사람들은 그들을 돌볼 가치가 없다고 생각할지도 모른다. 그러나 그들이 지금 하나님을 위하여 일하고 있기 때문에, 하나님은 그들에게 필요한 모든 것이 부족하지 않도록 그들을 돌보아 주실 것이다. 이것은 스가랴 선지자의 동료가 얼마 전에 전하였던 말씀, 즉 오늘부터는 내가 너희에게 복을 주리라(학 2:16, 19)는 말씀을 확증해 준다. 하나님을 충성스럽게 섬기는 자들은 부족한 것이 없이 모든 것을 가지게 된다는 것을 명심하라. "너희는 그리스도의 것이기 때문에, 모든 것이 다 너희의 것이다"(고전 3:22-23).

3. 그들은 그들의 이웃 나라들 사이에서 명성을 회복하게 되리라는 것(13

절). 너희가 이방인 가운데에서 저주가 되었었다. 그들이 큰 수치 아래 있었던 까닭에, 모두가 그들을 비난하고 단죄하였고, 그들을 향하여 온갖 험담과 욕을 하였으며, 그들이 잘못 되기만을 빌었다. 어떤 이들은 그들이 저주받은 자들의 전형(典型)이 되어서, 사람들은 자신의 원수에게 가장 심한 저주의 말을 퍼붓고자 할 때에는 하나님이 너를 유대인 같이 만드시기를 빈다고 말하였을 것이라고 생각한다. "그러나 이제는 내가 너희를 구원하여 너희가 복이 되게 할 것이다. 전에 너희의 황폐함과 흩어짐이 너희의 수치와 욕(辱)이 되었던 그 정도만큼, 이제는 너희의 회복된 모습이 너희의 영예가 될 것이다. 너희는 전에 너희가 비방을 받고 짓밟힘을 당하였던 것만큼 이제는 칭찬과 찬사를 듣게 될 것이고, 전에 너희가 무시당하고 버려졌던 것만큼 이제는 구애와 포옹을 받게 될 것이다." 대부분의 사람들은 하나님의 섭리가 그 사람에 대하여 미소를 짓느냐 찌푸리느냐에 따라서 그 사람에게 미소를 짓기도 하고 찌푸리기도 한다. 그러나 하나님이 자기 백성으로 인정하여 분명하게 복을 주시고 은혜와 존귀함을 더하시는 자들에 대해서는, 우리도 그들을 공경하고 호의적으로 대하는 것이 마땅하다. 여호와께 복을 받은 자들은 그들이 살고 있는 땅의 복이기 때문에, 우리도 그들을 그런 복된 자들로 여겨야 한다. 이 약속은 여기에서 이스라엘과 유다 족속에게 주어진다. 왜냐하면, 열 지파에 속한 자들 중 다수도 두 지파에 속한 자들과 더불어서 포로 생활에서 돌아와서, 이 축복들에 동참하였기 때문이다. 또한, 상황이 완전히 바뀌어서, 열 지파에 속한 자들 중에서 처음 귀환한 자들의 형편이 호전된 것을 보았을 때에 바벨론에 여전히 남아 있던 자들 중 아주 많은 수의 사람들이 나중에 그들과 합류하였을 가능성이 크다.

4. 하나님이 그들에게 은혜를 베푸시기로 작정하셨다는 것(14-15절). 그들의 모든 위로들은 그들을 향하여 하나님이 지니고 계신 사랑으로부터 나온다(렘 29:11). 이 약속의 말씀들을 앞에 나온 경고의 말씀들과 비교해 보라.

(1) 그들이 그들의 죄로 그를 격노하게 하였을 때, 하나님은 그들에게 재앙을 내리겠다고 말씀하셨고, 실제로 그렇게 하셨다는 것. 하나님은 그들을 심판하셔서 멸망시키실 것임을 미리 분명하게 밝히셨고, 그들이 그에 대한 반역을 뉘우치지 않았기 때문에, 하나님도 그들에 대한 심판의 경고를 거두지 않으시고, 그들의 죄에 대한 판결을 그대로 집행하셨다. 하나님은 어느 날 갑자기 마음 내키는 대로 죄인들을 벌하시는 것이 아니라, 늘 오랜 시간 숙고하셔서 결정하

시는 것이기 때문에, 하나님의 뜻의 그 부분에 있어서도 계획이 있으시다는 것을 명심하라. 죄인이 돌이키지 않는다면, 하나님도 돌이키지 않으신다.

(2) 이제 그들이 그들의 섬김으로 그를 기쁘시게 하였기 때문에, 하나님은 그들에게 은혜를 베풀겠다고 말씀하셨다는 것. 자신의 경고의 말씀들을 그대로 이행하신 하나님이 자신의 약속의 말씀들을 이행하지 않으시겠는가? 의심할 여지 없이, 하나님은 그렇게 하실 것이다. "너희가 선지자들을 통해서 너에게 전해진 하나님의 목소리에 귀를 기울이기 시작하였기 때문에, 이제 내가 다시 예루살렘에 은혜를 베풀기로 뜻하였다. 이러한 나의 뜻은 이행될 것이다."

Ⅳ. 그들은 이러한 격려의 말씀들을 어떻게 선용하여야 하는가.

1. 그들은 이 약속들이 그들에게 주는 위로를 받아야 한다는 것. 너희는 두려워하지 말지니라(15절). 너희는 손을 견고히 할지어다(9절). 두려워하지 말지니라 손을 견고히 할지니라(13절).

(1) 그들은 성전을 건축하는 일을 할 때에 난관들을 만난다고 해서 그 일을 그만두거나 지지부진하게 두어서는 안 된다. 왜냐하면, 그 일의 결과는 선한 것이고, 그 상은 클 것이기 때문이다. 그러므로 너희는 이것을 생각하고서, 힘을 내어 기쁜 마음으로 그 일을 계속해 나가야 한다.

(2) 그들은 원수들로부터 위험한 일들을 당한다고 해서 그 원수들을 두려워해서는 안 된다. 그들에게 은혜를 베풀겠다는 하나님의 약속을 받은 자들은 사람이 그들을 대적하여 무엇을 하든 두려워할 필요가 없다.

2. 그들은 이 약속들이 그들에게 요구하는 본분을 행하여야 한다는 것(16-17절). 옛 선지자들이 그들의 조상들에게 하나님이 그들에게 경고하신 진노가 임하지 않도록 하기 위하여 그들이 행하여야 한다고 역설하였던 바로 그 본분들(7:9-10)을 스가랴 선지자도 하나님이 그들에게 약속하신 긍휼을 받기 위해서 행하여야 한다고 역설한다. "하나님이 너희를 위하여 약속하신 것들은 그의 방법과 때를 따라서 행하시도록 맡겨 드리고, 너희는 너희에게 주어진 본분을 꼼꼼하게 행하라. 너희가 행할 일들은 이러하니라. 이것이 이 언약에서 너희가 해야 할 몫이다. 이것들은 너희가 너희의 문에 빗장을 걸고서 하나님의 은총의 물결이 들어오지 못하게 막고자 하는 것이 아니라면, 너희가 반드시 이행하고 이루고 지켜야 할 조목들이다."

(1) "너희는 결코 거짓말을 하지 말고, 언제나 생각하는 대로 말하며, 네가

알고 있는 그대로를 말하여야 한다. 거래할 때에나 일상적인 대화 속에서나 너희는 이웃과 더불어 진리를 말하라. 단 한 마디라도 거짓말처럼 보이는 말도 삼가라." 사도 바울은 이 명령을 인용하여 말하면서, 우리가 서로 지체이기 때문에 그렇게 하여야 한다고, 그 이유를 제시한다(엡 4:25).

(2) 재판을 맡은 자들은 재판에서 그 누구도 억울함이 없도록 해야 하는 것은 물론이고, 억울한 일을 당한 자들이 재판을 통해서 권리를 회복할 수 있도록 해주어야 한다는 것. 너희는 너희 성문에서 진실하고 화평한 재판을 베풀라. 성문 앞의 재판자리에 앉은 재판관들은 모든 재판 과정 가운데서 진실과 화평을 존중하여야 한다. 그들은 정의를 행하고, 차이들을 조정하며, 소송이 악용되는 것을 방지하는 일에 주의를 기울여야 한다. 화평을 위해서는 진실에 의거한 재판이 이루어져야 하고, 진실과 합치하는 경우에는 화평의 재판, 즉 서로 견해 차이를 보이는 자들을 화해하게 만드는 재판을 하여야 하지만, 그 선을 넘어서는 안 된다.

(3) 그 누구도 어떤 이유로든 이웃에 대하여 악의를 품어서는 안 된다는 것. 이것은 우리가 앞에서 보았던 것(7:10)과 동일하다. 우리는 우리의 손이 악을 행하는 것을 금하여야 할 뿐만 아니라, 우리의 마음에도 보초를 세워서, 이웃을 해하기를 도모하지 말아야 한다(잠 3:29). 남에게 해악이나 손상을 입히고자 하는 생각은 아예 그 싹부터 잘라버려야 한다.

(4) 맹세하는 것을 극히 두려운 것으로 여겨서 아주 신중하게 하고, 함부로 맹세하지 않아야 한다는 것. "거짓 맹세를 결코 하지 말라. 아니, 거짓 맹세를 좋아하지 말라. 즉, 거짓 맹세를 미워하고 두려워하며 멀리하라. 다른 사람들에게 맹세를 강요하는 것을 좋아해서, 행여나 다른 사람들이 거짓 맹세를 하는 일이 있게 하지 말라. 다른 사람이 너희의 유익을 위하여 거짓 맹세를 하거나, 너희가 잘 되도록 하기 위해서 위증하는 것을 좋아하지 말라." 이 모든 부패하고 악한 일들을 해서는 안 되는 지극히 선한 이유가 본문에 덧붙여져 있다. "이 모든 일은 내가 미워하는 것이기 때문에, 너희는 하나님을 너희의 친구로 삼고자 한다면 그것들을 미워하여야 한다." 여기에서 하나님이 금하고 있는 이러한 것들은 모두 다 여호와께서 미워하시는 예닐곱 가지(잠 6:16-19)에 포함되어 있다. 우리가 죄를 용납하지 않아야 하는 것은 죄는 하나님을 진노하시게 하는 것이어서 죄를 용납했다가는 우리가 위험하기 때문이기도 하지만, 죄는 하나

님이 미워하시는 것이어서 죄를 용납하는 것은 우리에게 합당하지 않고 매우 배은망덕한 일이 되기 때문이라는 것을 명심하라.

[18]만군의 여호와의 말씀이 내게 임하여 이르시되 [19]만군의 여호와가 이같이 말하노라 넷째 달의 금식과 다섯째 달의 금식과 일곱째 달의 금식과 열째 달의 금식이 변하여 유다 족속에게 기쁨과 즐거움과 희락의 절기들이 되리니 오직 너희는 진리와 화평을 사랑할지니라 [20]만군의 여호와가 이와 같이 말하노라 다시 여러 백성과 많은 성읍의 주민이 올 것이라 [21]이 성읍 주민이 저 성읍에 가서 이르기를 우리가 속히 가서 만군의 여호와를 찾고 여호와께 은혜를 구하자 하면 나도 가겠노라 하겠으며 [22]많은 백성과 강대한 나라들이 예루살렘으로 와서 만군의 여호와를 찾고 여호와께 은혜를 구하리라 [23]만군의 여호와가 이와 같이 말하노라 그 날에는 말이 다른 이방 백성 열 명이 유다 사람 하나의 옷자락을 잡을 것이라 곧 잡고 말하기를 하나님이 너희와 함께 하심을 들었나니 우리가 너희와 함께 가려 하노라 하리라 하시니라

이 단락에는 성전을 짓는 일에 정성을 다했던 경건한 유대인들을 추가적으로 격려하기 위한 두 가지 보배로운 약속들이 나온다.

I 그들이 지켜 왔던 금식일들이 유종(有終)의 미를 거두게 되어, 이제 더 이상 금식할 일이 없을 것이고, 그들의 금식일들은 감사하는 날들로 변하게 되리라는 것(19절). 이 말씀은 그들이 금식일들과 관련해서 질문한 것(7:3)에 대한 직접적인 대답이다. 그들 중에서 위선적으로 금식하였던 자들에 대한 판결은 앞 장에 나왔지만, 하나님 앞에 진심으로 낮아져서 그의 얼굴을 구하였던 자들에게는 여기에서 그들이 다가올 복된 시절에 동참하게 될 것이라는 위로가 되는 약속이 주어진다. 그들이 해마다 지켜 왔던 네 번의 금식일들은 유다 족속에게 기쁨과 즐거움과 희락의 절기들로 바뀌게 될 것이다. 교회는 고난의 시절이 가면 기쁨의 시절을 맞으리라는 것을 명심하라. 우는 것이 밤을 지새워 그 다음 날 새벽이 될 때까지 계속된다고 할지라도, 마침내 기쁨을 가져다 줄 새벽은 반드시 올 것이다. 하나님이 긍휼의 길들을 따라 우리를 향하여 오시면, 우리는 기쁨과 감사함으로 그를 맞아야 한다. 하나님이 심판을 긍휼로 바꾸시면, 우리는 금식을 희락의 절기로 바꾸어서 여호와를 좇아 행하여야 한다.

시온과 더불어서 눈물로 씨를 뿌리는 자들은 시온과 함께 **기쁨으로** 거두게 될 것이다. 시온의 금식일들이 계속되고 있는 동안에 그 고난에 동참한 자들은 마침내 찾아온 시온의 희락의 절기들에도 동참하게 될 것이다(사 66:10). 이 약속의 말씀으로부터 도출된 결론은 이것이다: "오직 너희는 진리와 화평을 사랑할지니라. 너희의 모든 일에서 신실하고 정직하라. 너희가 그렇게 해서 버는 소득이 다른 사람들이 부정직하게 얻는 이득에 못 미칠지라도, 너희는 신실하고 정직하게 행하는 것을 기쁨으로 여기라. 네 편에서 할 수 있거든, 모든 사람과 화목하게 지내고, 구제하는 것이 너희의 일상이 되게 하라. 하나님의 진리가 너희의 생각을 다스리게 하고, 하나님의 화평이 너희의 가슴을 다스리게 하라."

Ⅱ. 다른 나라 사람들이 많이 회심함으로써 큰 무리가 교회에 더해지리라는 것(20-23절). 유대 교회의 말기에 많은 개종자들이 모든 나라들로부터 예루살렘에 왔을 때에 이 약속은 부분적으로 성취되었다. 아주 멀리 떨어진 나라들을 비롯해서 천하 각국으로부터 개종자들이 해마다 예루살렘에 참배하러 왔는데, 이것은 예루살렘의 위엄과 번영에 크게 기여하였다. 당시의 예루살렘은 폐허에서 재건되기 시작한 상태에 있었지만, 후에 다른 나라 사람들이 개종자들이 되어 유대 교회에 더해져서, 우리 구주께서 오시기 전에 이미 예루살렘은 상당히 유명한 성읍이 되어 있었다. 그러나 이 약속의 말씀은 이방인들이 회심하여 그리스도를 믿는 신앙을 갖게 되어서, 믿는 유대인들과 연합하여 머리 되신 그리스도 아래에서 하나의 큰 무리를 이루게 되었을 때에 훨씬 더 온전하게 성취될 것이었는데, 이것은 선지자들의 글로 말미암아 드러나게 된 신비의 계시였다(롬 16:26). 이러한 분명한 약속이 엄연히 존재하는데도, 막상 이 일이 이루어졌을 때에 이 일은 믿지 않는 유대인들에게는 너무나 뜻밖의 일임과 동시에 걸림돌이 되었다는 것은 정말 이상한 일이 아닐 수 없다.

1. 교회로 나아올 자들은 누구인가. 그들은 여러 백성과 많은 성읍의 주민들이었다(20절). 속아넘어가기 쉬운 몇몇 무지몽매한 시골 사람들이나 할 일이 없이 빈둥거리는 일부 한량들만이 아니라, 세상을 잘 아는 지적이고 탐구적인 시민들과, 무역을 하는 자들도 그리스도의 복음을 받아들이게 될 것이고, **많은 백성과 강대한 나라들, 온갖 언어를 사용하는 자들이 복음을 구하게 될 것이다**(22-23절). 서로 다른 온갖 언어를 사용하는 자들과 강대한 나라들에 속한 자들이 교회로 나아온다는 것은 인간적인 설득이나 무력에 의한 강제에 의해서가 아

니라 순전히 하나님의 진리와 은혜의 역사(役事)로 말미암아 이런 일이 일어나게 될 것임을 보여주는 것이다. 왜냐하면, 언어가 서로 다르면 설득할 수 없고, 나라들이 강하면 무력을 행사해도 얼마든지 거부할 수 있기 때문이다. 하나님은 세계의 그 어디에도 남은 자들을 갖고 계신다는 것을 명심하라. 장차 장자들의 교회의 총회에서는 각 나라와 족속에서 온 자들이 발견될 것이다(계 7:9).

2. 그들이 교회로 나아오는 모습은 어떻게 묘사되고 있는가. 그들은 와서 만군의 여호와를 찾고 여호와께 은혜를 구할 것이다(21절). 이것이 그들이 회심한 주된 이유라는 것을 보여주기 위하여 이 말씀은 22절에서 다시 한 번 반복되어 나온다: 그들이 예루살렘으로 와서 만군의 여호와를 찾고 여호와께 은혜를 구하며 기도하리라. 그들이 제사를 드릴 것이라는 언급이 없는 것은 개종자들은 제사를 드리지 않는 것이 통례였기 때문이기도 하지만, 이방인들이 교회에 들어오게 될 때에는 제사나 제물은 완전히 폐지될 것이었기 때문이다. 하나님은 어떤 자들을 하나님께 회심한 자들이자 교회의 지체들로 여기시게 될지를 보라. 하나님께 회심한 자들은 모두 다 교회의 지체들이다.

(1) 그들은 만군의 여호와를 찾는 자들이라는 것. 그들은 그들을 지으신 하나님을 만나러 오는 자들, 그의 은총을 받기를 간절히 원하고, 그의 마음과 뜻을 알기를 진정으로 원하며, 그의 존귀하심과 영광을 위하여 진정으로 헌신된 자들이다. 이는 여호와를 찾는 족속이요 야곱의 하나님의 얼굴을 구하는 자로다(시 24:6).

(2) 그들은 여호와 앞에서 기도하는 자들이라는 것. 그들은 기도의 본분을 꼼꼼히 지키며 기도를 자신의 일로 삼는 자들, 기도 없이 사는 것은 꿈에도 생각할 수 없는 자들, 기도를 통해서 하나님을 존귀하게 해드리고, 그들이 하나님께 의존되어 있다는 것을 고백하며, 하나님과 그들의 교제를 유지하고, 하나님으로부터 긍휼과 은혜를 가져오는 자들이다.

(3) 그들은 이런 일들을 할 때에 하나님의 계시와 제도를 존중하는 자들이라는 것. 그들의 이러한 모습은 그들이 이 일들을 예루살렘에 와서 한다는 것을 통해서 드러난다. 예루살렘은 하나님이 택하신 곳, 그의 말씀과 성전이 있는 곳이자, 그리스도와 그의 중보의 모형이었기 때문에, 모든 신실한 예배자들이 존중하여야 하는 곳이었다.

3. 그들은 한마음으로 교회로 나아오게 될 것이고, 큰 열심을 가지고서 서로

를 독려하리라는 것(21절). 예전에 그들이 해마다 절기들을 지키기 위해서 온 나라 방방곡곡으로부터 예루살렘으로 올라갔듯이, 장차 이 성읍 주민이 저 성읍에 가서 이르기를 우리가 속히 가서 여호와께 은혜를 구하자 나도 가겠노라고 말할 것이다. 이것은 다음과 같은 것들을 보여준다.

(1) 그리스도를 알게 된 자들은 다른 사람들에게도 그리스도를 알게 해주기 위하여 최선을 다하여야 한다는 것. 그래서 안드레는 베드로를, 빌립은 나다나엘을 그리스도께로 초청하였다. 참된 은혜를 받은 자들은 은혜를 독점하기를 싫어하는 법이다.

(2) 그들에게 그리스도 및 그로 말미암은 하나님의 은총이 필요하다는 것을 제대로 알게 된 자들은 그들 자신과 다른 사람들을 분발하게 하여, 지체 없이 서둘러서 그리스도께 가고자 한다는 것. "우리가 속히 가서 은혜를 구하자. 우리는 우리의 생명, 우리 영혼의 생명을 간구하여야 하기 때문에, 지체할 시간이 없다. 그런 중대한 일을 미루는 것은 위험천만한 일이다."

(3) 우리와 하나님의 교제는 성도들 간의 교제를 통해서 많은 도움을 받고 훨씬 촉진된다는 것. 무리와 함께 동행하여 하나님의 집에 가는 것은 즐거운 일이고(시 42:4; 55:14), 그렇게 하는 자들에게는 지체하지 말고 속히 가자고 서로를 독려하는 것은 유익한 일이다. 우리는 여호와의 집에 올라가자는 말을 들었을 때에 기뻐하여야 한다(시 122:1). 쇠가 쇠를 날카롭게 하듯이, 선한 자들은 선한 일을 하고자 하는 서로의 의지와 사기(士氣)를 날카롭게 해줄 수 있다.

(4) 다른 사람들을 부추겨서 선한 일을 하게 해놓고서는 정작 자기 자신은 그 일에서 슬그머니 빠지는 일이 없도록 조심하여야 한다는 것. 우리가 가자고 말한 사람은 나도 가겠노라고 말하여야 한다. 우리는 다른 사람들에게 어떤 선한 일을 하게 하였든지, 우리 자신도 반드시 그 선한 일을 하여야 한다. 그렇지 않으면, 우리는 우리 자신이 한 말에 의해서 심판을 받게 될 것이다. 우리는 "너나 가라 나는 집에 있겠다"고 말하는 것이 아니라, "너는 가라 나도 너와 함께 가리라"고 말하여야 한다. 이것은 "다른 사람들을 뒤에 남겨 두지도 않고, 다른 사람들을 앞세우지도 않는 대단한 동포애의 유별난 모범"이다(펨블 목사의 말).

4. 그들은 어떤 유인(誘因) 때문에 교회에 합류하게 되는 것인가. 그것은 교회 때문이 아니라 교회에 속한 개인 때문일 것이다(23절). 나라와 언어가 서로

다른 열 명이 유다 사람 하나의 옷자락을 잡고서, 그들을 놓아 두고 가지 말고 그들도 따라가게 해달라고 애걸할 것이다. 이것은 다른 나라 사람들이 하나님의 선민인 유대인을 사귈 만한 가치가 있는 자로 여기고서 크게 존경하게 될 것임을 보여주는 것이다. 열 사람이 모두 한 유대인을 손으로 잡거나 팔로 껴안을 수 없기 때문에, 그의 옷자락을 붙잡거나 그의 옷의 가장자리라도 만지고자 하면서, 하나님이 너희와 함께 하심을 들었나니 우리가 너희와 함께 가려 하노라고 말할 것이다. 복음은 먼저 유대인들에게 전해졌고(사도들이 유대인들이었기 때문에), 그들에 의해서 다시 이방인들에게 전해졌다. 많은 이방인들은 유대인인 사도 바울을 하나님의 천사로 영접하여 그의 옷자락을 잡고서, 그들을 그리스도께로 데려가 달라고 애걸하였다. 또한, 헬라인들도 빌립의 옷자락을 잡고서, 선생이여 우리가 예수를 뵈옵고자 하나이다(요 12:21)라고 말하였다. 하나님이 그들에게 계시다는 것, 하나님을 알고 경외하며 예배하는 것이 그들 가운데에 있다는 것은 성도들의 특권이라는 것을 명심하라. 그들에게는 하나님의 은총과 은혜로우신 임재가 있기 때문에, 사람들은 그들과 함께하고자 하는 것이다. 하나님이 함께하시는 자들과 함께하는 것은 선한 일이다. 주와 연합하고자 하는 자들은 주의 제자들과 연합하여야 한다. 우리가 하나님을 우리의 하나님으로 섬기고자 한다면, 우리는 하나님의 백성을 우리의 백성으로 받아들이고서, 우리의 몫을 그들 가운데에 두며, 기꺼이 그들과 운명을 같이할 각오를 하여야 한다.

제 9 장

개요

이 장에서 또 하나의 설교가 시작되어서 11장 끝까지 이어지는데, 이 설교는 "여호와의 엄중한 말씀"이라 불린다. 왜냐하면, 하나님의 모든 말씀은 그것을 존중하는 자들에게는 현재적으로 무게가 있고, 그것을 존중하지 않는 자들에게는 장차 치명적으로 무게가 있을 것이기 때문이다. 이 장에는 다음과 같은 내용들이 나온다. I. 유대인들의 불의한 이웃 나라들을 치는 예언: 아람 사람들, 두로 사람들, 블레셋 족속들 등(1-6절). 여기에는 그들 중에서 회개하고 돌아오는 자들에게 긍휼이 있을 것이라는 말씀(7절)과 하나님의 백성은 보호하심을 받을 것이라는 긍휼의 약속에 관한 말씀(8절)도 아울러 나온다. II. 그들의 의로우신 왕 메시야가 오실 것에 관한 예언. 여기에는 메시야에 관한 묘사(9절), 그의 나라 및 그 나라의 성격과 범위에 관한 묘사(10절)도 나온다. III. 유대인들이 바벨론에서의 포로 생활에서 건짐을 받기 위해서 그리스도에 대하여 행하여야 할 의무에 관한 설명(11-12절). IV. 하나님이 그리스도에 의한 큰 구원의 모형으로서 유대인들로 하여금 그들의 원수들에게 승리를 거두게 하실 것에 관한 예언(13-15절). V. 하나님이 자기 백성을 위하여 준비해 두신 풍요로움과 기쁨과 존귀함에 관한 약속(16-17절). 이것은 그들을 격려하기 위하여 기록되었다.

[1]여호와의 말씀이 하드락 땅에 내리며 다메섹에 머물리니 사람들과 이스라엘 모든 지파의 눈이 여호와를 우러러봄이니라 [2]그 접경한 하맛에도 임하겠고 두로와 시돈에도 임하리니 그들이 매우 지혜로움이니라 [3]두로는 자기를 위하여 요새를 건축하며 은을 티끌 같이, 금을 거리의 진흙 같이 쌓았도다 [4]주께서 그를 정복하시며 그의 권세를 바다에 쳐넣으시리니 그가 불에 삼켜질지라 [5]아스글론이 보고 무서워하며 가사도 심히 아파할 것이며 에그론은 그 소망이 수치가 되므로 역시 그러하리라 가사에는 임금이 끊어질 것이며 아스글론에는 주민이 없을 것이며 [6]아스돗에는 잡족이 거주하리라 내가 블레셋 사람의 교만을 끊고 [7]그의 입에서 그의 피를, 그의 잇 사이에서 그 가증한 것을 제거하리니 그들도 남아서 우리 하나님께로 돌아와서 유

다의 한 지도자 같이 되겠고 에그론은 여부스 사람 같이 되리라 ⁸내가 내 집을 둘러 진을 쳐서 적군을 막아 거기 왕래하지 못하게 할 것이라 포학한 자가 다시는 그 지경으로 지나가지 못하리니 이는 내가 눈으로 친히 봄이니라

앞 장에서 하나님의 백성에게 은혜가 주어지리라는 보배로운 약속들이 나온 후에, 여기에는 그들을 미워하여 박해한 자들, 특히 그들과 국경을 접하고 있던 나라들에 속한 자들이 벌을 받게 되리라는 말씀이 나온다.

I. 아람 사람들은 이스라엘의 악한 이웃이었기 때문에, 하나님이 그들과 다투심. 여호와의 말씀은 하드락 땅, 즉 아람에 엄중한 말씀이 될 것이다. 아람이 왜 하드락으로 불렸는지 그 이유는 본문에 나와 있지 않다. 하지만, 그것이 아람을 의미한다는 것은 분명하다. 왜냐하면, 본문에서는 아람의 수도인 다메섹이 이 엄중한 말씀이 머무는 곳이 될 것이라고 말씀하고 있기 때문이다. 즉, 하나님이 여기에서 경고하시는 심판들은 다메섹에 닥칠 것이고 거기에 머물 것이라는 말이다. 여호와의 엄중한 말씀, 하나님의 진노가 그 위에 머물러 있는 자들은 비참한 자들이다(요 3:36). 왜냐하면, 엄중한 말씀이나 진노는 그들이 떨쳐내 버릴 수도 없고, 감당해낼 수도 없는 무거운 짐이기 때문이다. 하나님이 그의 분노를 그 위에 있게 하시는 자들이 있다. 하나님의 진노는 표적으로 삼은 자들을 반드시 정확하게 맞출 것이고, 하나님의 진노가 머물러 있는 자들은 반드시 무너져서 가라앉게 될 것이다. 이 경고의 말씀이 다메섹에 머물게 될 것은 사람의 눈, 곧 이스라엘 모든 지파의 눈이 여호와를 우러러보기 때문이다. 즉, 그것은 하나님의 백성이 믿음과 기도로 하나님을 바라보면서 구원해 달라고 부르짖고, 하나님을 의지해서 최선을 다하여 그들의 원수들과 싸우고 있기 때문이다. 하나님이 자기 백성에게 그를 믿고 기대하며 의지하는 마음을 주시고, 그의 은혜로 말미암아 그들을 우상에서 돌이켜서 그에게로 돌아오게 하셨다면, 그것은 하나님이 자기 백성을 위하여 그 모습을 드러내시고자 하신다는 것을 보여주는 징조이다. 그 날에 사람이 자기를 지으신 이를 바라보리라(사 17:7-8). 이 본문은 여호와께서 사람을 보시고 이스라엘의 모든 지파를 보심이라로 읽을 수도 있다. 하나님은 성도들의 왕이신 동시에 열방들의 왕이시다. 그는 교회만이 아니라 온 세상을 다스리시기 때문에, 자기 백성의 죄들만이 아니라 다른 백성의 죄들도 벌하신다. 하나님은 만민의 심판자이시기 때문에(히 12:23), 모

든 사람은 하나님께 책임을 져야 한다. 사도 바울이 다메섹에서 회심하고 말씀을 전하며 유대인들과 논쟁하였을 때, 그것은 여호와의 말씀이 거기에 머물러 있었다고 할 수 있고, 이스라엘의 지파들 외에도 사람들의 눈이 여호와를 우러러 보기 시작하였다고 할 수 있다(행 9:22). 성경에 자주 등장하는 다메섹의 북쪽에 있던 하맛에도 그 엄중한 말씀이 임할 것이다(2절). 다메섹에 머물러 있는 여호와의 엄중한 말씀은 아람과 붙어 있는 하맛에도 임할 것이다. 유대인들 사이에는 악인에게 화가 있고, 그의 이웃에게 화가 있으리라는 속담이 있는데, 이것은 악인의 이웃은 악인의 죄와 벌에 휘말려들 위험이 있다는 뜻이다. 하드락 땅에 화가 있고, 그 접경한 하맛에 화가 있으리라.

Ⅱ. 다른 예언들에서와 마찬가지로, 두로와 시돈이 그 다음으로 불려나와 심문을 받음(2-4절). 좀 더 자세하게 살펴보자.

1. 번영하고 있던 두로는 그들이 아주 안전하다고 생각해서, 하나님의 심판은 그들과는 아무 상관이 없다고 생각했을 뿐만 아니라, 하나님의 심판을 아예 무시하였다는 것.

(1) 그것은 그들이 매우 지혜로웠기 때문이라는 것. 이것은 반어법적으로 비꼬는 말이다. 그들은 스스로 매우 지혜롭다고 생각하였고, 하나님의 지혜조차도 얼마든지 능가할 수 있다고 생각하였다. 두로의 왕과 관료들은 모두 정치에 아주 능한 자들이었다(겔 28:3). 그러나 하나님의 심판이 사명을 부여받고 임할 때, 그들의 온갖 지혜와 모략을 다 동원해도 그들은 그 심판을 피할 수 없을 것이다. 지혜로도 못하고, 명철로도 못하고 모략으로도 여호와를 당하지 못하느니라(잠 21:30). 아니, 하나님은 지혜로운 자들이 자기 꾀에 속아넘어가게 하심으로써 스스로 영광을 받으시는 분이시다.

(2) 그것은 그들이 천혜의 요새이자 인공적인 방비(防備)로 아주 튼튼하게 구축된 곳이었기 때문이라는 것. 두로는 자기를 위하여 요새를 건축하였고, 이 요새 같은 성이 무너지거나 함락되는 일은 있을 수 없다고 생각하였다.

(3) 그것은 그들이 매우 부유한 도시였기 때문이라는 것. 돈은 방비이고(전 7:12), 전쟁의 힘줄이다. 그들은 대규모의 교역을 통해서 은을 티끌 같이, 금을 거리의 진흙 같이 쌓았다. 즉, 그들에게 은은 너무나 많아서 모래 더미 같이 흔한 것이었다는 말이다(욥 27:16). 솔로몬 시대에 예루살렘에는 은이 거리의 돌 같이 많았었는데, 두로는 한술 더 떠서 정금을 거리의 진흙 같이 축적하였다. 우

리가 지혜와 은혜라는 물건과 이 물건에 의한 이득에 비해서 금이나 은을 거리의 돌이나 진흙 같이 여길 수 있다면, 그것은 좋은 일일 것이다.

2. 두로는 결국 망하게 되리라는 것. 그들의 지혜와 부와 힘이 그들을 안전하게 지켜줄 수 없을 것이다(4절). 주께서 그들이 견고하게 두르고 있던 저 요새에서 그들을 끌어내고 내쳐서 가난하게 만들어 버리실 것이다(어떤 이들은 이 본문을 이렇게 읽는다). 갑부였다가 모든 것을 다 잃고 알거지가 된 사례들은 예로부터 있어 왔다. 하나님은 그의 권세를 바다에 쳐넣으실 것이다. 물에 둘러싸여 있는 천혜의 조건이 그들을 안전하게 지켜주지 못할 것이다. 도리어, 두로는 불에 삼켜져서, 모든 것이 다 타버리고 말 것이다. 두로는 바다 한가운데에 있었기 때문에, 사람들은 두로가 언젠가는 바닷물이 범람하거나 바닷물에 씻겨내려가서 멸망하게 될 것이라고 생각했을지 모른다. 그러나 하나님은 정반대로 두로를 불로 멸하시는 쪽을 택하실 것이다. 하나님은 종종 그의 원수들이 전혀 예기치 못하였던 수단을 사용하셔서 그들을 멸망시키신다. 두로에 붙은 불을 끄기에 충분한 양의 물이 바로 가까이에 있는데도, 두로는 허망하게 불에 삼켜져서 망하게 될 것이다. 전능자의 숨이 계속해서 공기를 불어넣어 주는 불을 누가 끌 수 있겠는가?

Ⅲ. 하나님은 그 다음으로 이스라엘과 남쪽에서 접경을 이루고 있던 블레셋 족속, 그리고 그들의 큰 성읍들 및 큰 군주들과 다투심.

1. 그들은 여호와의 엄중한 말씀이 다메섹을 치고 거기에 머물러 있는 것을 보고, 깜짝 놀라 기겁을 하게 되리라는 것(5절). 이스라엘의 굴욕들은 아스글론의 거리들에서 여러 차례 공표되었었고, 그들은 그 소식을 전해 듣고서 뛸듯이 기뻐하였었다. 그러나 이제 아스글론은 그들의 우방들과 동맹국들이 멸망하는 것을 보고 무서워할 것이고, 가사와 에그론도 두렵고 떨리게 하는 잔이 한 순배 돌아서 이제 그들에게 올 것임을 감지하고서 심히 아파할 것이다. 이웃집에 불이 났는데, 그들의 집은 무사하겠는가? 그들은 두로와 시돈을 그들의 땅을 보호해 주는 방벽(防壁)으로 여겼었다. 그런데 저 견고한 성읍들이 멸망하였기 때문에, 그들의 소망과 기대는 수치가 되어 버렸다. 마찬가지로, 모든 피조물에 대한 우리의 기대는 결국 수치가 되리라는 것을 명심하라.

2. 그들 자신도 멸망을 당하고 황폐화되리라는 것.

(1) 그들의 정부가 해체되리라는 것. 가사에는 임금이 끊어질 것이다. 현재의

왕이 끊어질 뿐만 아니라, 아예 대(代)가 끊어져서 후계자가 없을 것이다.

(2) 성읍들에 살던 주민들도 해체되리라는 것. 아스글론에는 주민이 없을 것이다. 합법적인 주인들이 죽거나 포로로 끌려가서, 그들의 성읍들에서 쫓겨나게 될 것이다.

(3) 외국인들이 그들의 땅을 차지하고, 그 땅의 온갖 부를 갖게 되리라는 것(6절). 아스돗에는 잡족이 거주하리라. 그들과는 족속이 다른 외인들이 그들의 기업(基業)을 차지하고, 원주민들이 합법적으로 갖고 있던 재산은 다른 족속의 차지가 될 것이다. 하나님은 이렇게 해서 블레셋 사람의 교만을 끊고, 그들이 자랑하던 모든 힘과 부, 그들 자신을 의지하고 하나님의 이스라엘을 멸시하게 만든 토대였던 그들의 힘과 부를 끊으실 것이다. 블레셋, 다메섹, 두로의 멸망에 관한 이 예언은 이 예언이 있은 지 오래지 않아서 알렉산더 대왕에 의해서 성취되었는데, 그는 그의 승승장구하는 군대를 이끌고 와서 이 모든 나라들을 초토화시키고, 성읍들을 점령하여, 거기에 식민지들을 건설하였다. 그의 정복에 관한 역사는 퀸투스 쿠르티우스(Quintus Curtius)가 그의 역사서에서 자세하게 설명해 놓았다. 어떤 이들은 본문에 나오는 잡족이 바로 이 알렉산더 대왕을 가리키는 것이라고 생각한다. 왜냐하면, 그의 어머니 올림피아(Olympia)는 간음을 해서 낳은 사생아인 그를 마치 제우스 신의 점지로 낳은 것처럼 위장하였기 때문이다. 유대인들은 나중에 블레셋과 아람을 비롯한 이웃 나라들을 침공해서, 그들의 일부 성읍들을 취하고 그들의 촌락들을 차지하였다. 이것은 전에 예언된 일로서(습 2:4; 옵 1:20), 요세푸스가 쓴 역사서나 마카베오 가문에 관한 이야기들 속에서 확인된다.

3. 그들 가운데에 일부는 복음과 은혜로 말미암아 회심하여 하나님께로 돌아오게 되리라는 것. 어떤 이들은 이렇게 7절을 약속의 말씀으로 이해한다.

(1) 하나님은 이 나라들의 죄들, 즉 그들의 피와 그들의 가증한 것들, 그들의 잔혹한 것들과 그들의 우상 숭배를 제거하시겠다는 것. 그들은 이러한 죄들을 달콤한 사탕처럼 그들의 혀 아래에서 굴리며 단물을 빨아 먹기를 즐기면서, 마치 사람들이 고기를 그들의 입에서 뱉어내기를 싫어하여 그들의 잇사이에 꼭 끼고 있듯이 그 죄들을 놓지 않으려고 안간힘을 쓰겠지만, 하나님은 그들과 그들의 이러한 죄들을 갈라놓으실 것이다. 하나님의 은혜가 해낼 수 없는 일은 없기 때문이다.

(2) 하나님은 그들 중에서 남은 자를 자기 백성으로 받아들이시겠다는 것. 그들 가운데에서 남은 자는 우리 하나님께로 돌아올 것이다. 하나님은 심지어 이 나라들에서도 일부를 남겨두셔서, 그들을 그의 소유로 성별하시고, 그의 긍휼과 은혜의 기념비들로 삼으실 것이다. 그들의 약점인 혈통은 더 이상 그들이 하나님께 받아들여지는 것을 가로막는 장애물이 되지 않을 것이다. 블레셋 사람은 복음 안에서 유다 사람, 아니 유다의 한 지도자처럼 하나님께 받아들여질 것이고, 에그론 사람은 여부스 사람, 또는 예루살렘 사람, 아라우나와 같이 개종한 여부스 사람처럼 받아들여질 것이다(삼하 24:16). 그리스도 예수 안에는 종족이나 나라로 인한 차별이 없고, 모두가 그의 안에서 하나이고, 모두 똑같이 그에게서 환영을 받는다.

IV. 이 모든 일은 하나님이 이스라엘에게 긍휼을 베푸시기 위하여 의도하신 일이라는 것. 하나님이 이웃 나라들을 이런 식으로 처리하셔서, 그들이 과거에 이스라엘에게 행하였던 해악에 대하여 보복하심과 동시에 장래에 이스라엘을 안전하게 해주고자 하시는 것은 이스라엘에 대한 인자하심 때문이라는 것이다.

1. 어떤 이들은 7절을 이런 식으로 이해해서, 7절의 말씀이 다음과 같은 것들을 보여주는 것이라고 생각한다.

(1) 하나님은 피에 굶주린 대적들이 자기 백성을 미워하고 가증스럽게 여겨서 자기 백성을 삼키고 그들의 먹잇감으로 삼고자 할 때에 그들을 그 원수들에게서 이런 식으로 구하시겠다는 것. 블레셋 사람들이 내 백성에 대한 증오심과 적대감으로 내 백성을 게걸스럽게 삼키고자 할 때, 내가 그들의 입에서, 그리고 그들의 잇사이에서 그의 피(즉, 이스라엘의 피)를 제거할 것이다(암 3:12).

(2) 하나님은 이렇게 해서 자기 백성으로 하여금 그들의 대적들을 이기고 지배하게 하시겠다는 것. 남은 자(즉, 이스라엘의 남은 자)가 우리 하나님께로 돌아와서, 그의 은총을 입으며, 그를 시인하고, 그의 인정을 받으며, 유다의 한 지도자 같이 되리라. 유대인들은 오랫동안 종살이를 해 왔지만, 다윗을 비롯해서 유다의 지도자들이 전에 그랬듯이 그들의 옛 영광과 위엄을 회복하여, 승승장구하게 될 것이다. 에그론(즉, 블레셋 족속)은 다른 나라들과 마찬가지로 그들 밑에 종속되어 종노릇하는 여부스 사람 같이 될 것이다.

2. 하지만, 8절의 의미는 하나님이 자기 백성을 그의 특별한 보호하심 아래

에 두고자 하시기 때문에 이웃 나라들을 약화시켜서 자기 백성을 해칠 힘이 없게 하시겠다는 것이 분명하다. 내가 내 집을 둘러 진을 쳐서 적군을 막을 것이다. 하나님의 집은 원수의 땅 가운데에 있기 때문에, 하나님의 교회는 가시나무들 가운데 있는 백합화와 같다(아 2:2). 그러므로 우리는 하나님의 교회가 특별히 보호받고 있다는 사실 속에서 하나님의 능력과 선하심을 볼 수 있다. 성도들의 진은 그 진을 둘러싸고 공격하는 어둠의 권세들의 무수한 군대에 비하면 적은 무리에 불과하기 때문에, 만약 하나님의 천사들이 엘리사에 대하여 그랬듯이 성도들의 진을 보호하기 위해서 둘러싸고 있지 않는다면, 그 진은 반드시 어둠의 권세들에 의해서 삼켜져 버리고 말 것이다(계 20:9; 시 34:7). 이례적인 위기의 때이고, 군대들이 어지러이 행군하며, 모든 상황이 시온에 불리해 보이는 때에도, 다른 나라를 치기 위해서 유대 땅을 통과하여 지나가는 자로 인하여서와 돌아가는 자로 인하여서(그가 승리하고 돌아가든 패배하여 돌아가든, 돌아가면서 그들에게 해코지를 하지 못하도록) 섭리는 하나님의 교회를 갑절로 튼튼하게 지켜줄 것이다. 지나가는 자가 그 누구도 그들을 해치지 못할 것이고, 포학한 자가 다시는 그 지경으로 지나가지 못할 것이다. 그들을 점령해서 가혹하게 통치하여 옛적에 애굽에서 그랬던 것처럼 혹독한 종살이로 그들의 삶을 고되게 만드는 원수는 더 이상 없게 될 것이다. 이 본문의 말씀은 마카베오 가문의 투쟁이 있은 지 얼마 후에 유대가 번영하는 독립국이 되었을 때에, 또는 알렉산더 대왕이 대제사장 얏두스(Jaddus)에 대하여 경외감을 갖게 되어 유대인들에게 호감을 보이며 그들을 그의 보호 아래 둠과 동시에 그 이웃 나라들을 초토화시켰을 때에 성취되었다. 하나님이 이 모든 일을 행하시는 이유가 여기에 나온다: "이는 내가 눈으로 친히 봄이니라. 즉, 전에는 내 백성이 다른 백성과 별 차이가 없어 보였지만, 이제는 내가 내 백성을 다른 백성으로부터 세심하게 구별하여, 내가 내 백성인 자들을 안다는 것을 보여주고자 한다." 이것은 여호와의 눈은 의인을 향하신다(시 34:15)는 말씀과 일치한다. 온 땅을 두루 감찰하시는 여호와의 눈이 이제 자기 백성에게 고정되어서, 그가 그들을 사랑하시고 아끼셔서 그들을 위하여 능력을 베푸신다는 것을 보여주실 것이다(대하 16:9).

[9] 시온의 딸아 크게 기뻐할지어다 예루살렘의 딸아 즐거이 부를지어다 보라 네 왕이 네게 임하시나니 그는 공의로우시며 구원을 베푸시며 겸손하여서 나귀를 타시나

니 나귀의 작은 것 곧 나귀 새끼니라 [10]내가 에브라임의 병거와 예루살렘의 말을 끊겠고 전쟁하는 활도 끊으리니 그가 이방 사람에게 화평을 전할 것이요 그의 통치는 바다에서 바다까지 이르고 유브라데 강에서 땅 끝까지 이르리라 [11]또 너로 말할진대 네 언약의 피로 말미암아 내가 네 갇힌 자들을 물 없는 구덩이에서 놓았나니

여기에서 메시야와 그의 나라에 관한 예언이 시작되고 있다는 것은 그리스도께서 나귀를 타고 예루살렘에 입성하심으로써 9절이 문자 그대로 성취되었다는 사실로부터 분명하다(마 21:5; 요 12:15).

I. 하나님이 약속하신 메시야가 머지않아 오셔서, 구약 교회의 큰 기쁨이 되리라는 것. 보라 네 왕이 네게 임하신다. 그리스도는 제왕의 권세와 대권(大權)들을 부여받으신 왕, 하늘과 땅의 모든 권세를 지니신 절대 군주이시다. 그는 시온의 왕이시다. 하나님은 그를 그의 거룩한 산 시온에 세우셨다(시 2:6). 시온에서 왕으로서의 그의 영광이 빛난다. 시온으로부터 그의 율법, 즉 여호와의 말씀이 나왔다. 복음 교회 속에서 그의 영적인 나라가 경영된다. 교회의 규례들을 제정하시고, 그 직분들을 위임하시는 분은 그리스도이시다. 교회는 그의 보호하심 아래에 있다. 그는 교회의 왕이시기 때문에 교회를 위하여 싸우시고 교회의 유익들을 지키신다. "이 왕은 오래 전부터 오고 계셨는데, 이제 그가 임하신다. 그는 문 앞에 와 계신다. 불과 몇 세대만 더 지나면, 오실 그이가 오실 것이다. 그는 네게 임하신다. 머지않아 말씀이 육신이 되어 너의 지경(地境) 안에 거하실 것이다. 그가 자기 백성에게 오실 것이다. 그러므로 크게 기뻐하고 즐거이 부를지어다. 이것을 복음으로 여기고, 그것이 참되다는 것을 믿으라. 그가 오고 계신다는 것, 그가 너를 향하여 길을 재촉하고 계신다는 것을 생각하고 기뻐하라. 기쁨이 너무 커서 그 기쁨을 이기지 못하는 자처럼, 이 일이 너무나 의롭기 때문에 그것을 시인하는 것이 전혀 부끄럽지 않은 자처럼 환호성을 지르며 뛰쳐나가서 그를 맞으라. 그를 향하여 호산나라고 외치라." 그리스도께서 가까이 오시면, 교회는 기뻐하며 환호성을 질러야 마땅하다.

II. 메시야는 그의 모든 사랑하는 신민들의 눈에 지극히 사랑스러우실 것이고, 그가 그들에게 오시는 것은 지극히 환영할 만한 일이 되리라는 것.

1. 그는 의로우신 통치자시라는 것. 그의 모든 통치 행위들은 정확히 공평의 법칙들을 따라 이루어지게 될 것이다. 왜냐하면, 그는 공의로우시기 때문이

다.

2. 그는 그를 믿고 진심으로 충성하는 모든 자들을 완벽하게 지키시는 강력한 보호자시라는 것. 왜냐하면, 그는 구원을 베푸시는 자이시기 때문이다. 그에게는 구원을 베푸실 능력이 있으시고, 그는 그의 모든 신민들에게 구원을 베푸실 것이다. 그는 구원의 하나님이시다. 구원의 보배들이 그의 안에 있다. 그는 자신을 구원하실 것이다(어떤 이들은 이 본문을 이렇게 읽는다). 즉, 그는 자신의 권능으로 무덤에서 다시 일어나셔서, 우리의 구주가 되실 자격을 갖추실 것이다.

3. 그는 그의 자녀들이기도 한 그의 모든 신민들에게 온유하고 겸손하며 자상한 아버지시라는 것. 그는 겸손하시다. 그는 가난하고 고통받는 분이시다(원어는 이런 의미이다). 이것은 그의 겉모습이 초라할 것임을 나타낸다. 그는 자신을 비우시고 멸시를 받아 사람들에게 버림 받으셨다(사 53:3). 그러나 복음서 기자는 이 단어를 그의 성품을 나타내는 것으로 번역한다. 그는 온유하셔서, 위세를 부리지도 아니하시고, 자기에게 해악을 끼친 자들을 미워하지도 않으시며, 처음부터 끝까지 한결같이 자신을 낮추셔서, 비천한 자들과 눈높이를 맞추시고, 비참한 삶을 사는 자들을 불쌍히 여기신다. 이것은 선지자로서만이 아니라 왕으로서의 그의 빛나고 훌륭한 성품이었다(마 11:29): 나는 마음이 온유하고 겸손하니 내게 배우라. 그가 자신의 성에 공식적으로 입성하실 때에(이것은 그의 생애에서 세상 사람들의 눈에 멋져 보이는 요소가 있는 유일한 대목이다) 세상의 고관들처럼 말이나 병거를 타고 위풍당당하게 들어가신 것이 아니라, 짐을 싣는 데에 주로 사용되었던 보잘것없고 느리며 어리석어서 멸시받을 만한 짐승이었던 나귀, 당시에 가난한 자들이 탈 것으로 이용하였던 나귀를 타고 들어가신 것이 바로 그 증거였다. 또한, 그가 사용하신 것은 길이 잘 들여진 나귀가 아니었고, 아직 길들여지지 않아서 제멋대로 행하여 다루기 힘든 나귀 새끼였기 때문에, 나귀 새끼를 타고 입성하는 것은 그에게 명성을 더해주기는커녕 도리어 수치와 욕(辱)이 될 만한 일이었다. 또한 그 나귀 새끼는 그의 것도 아니었고, 그 나귀에 얹을 안장이나 그 밖의 다른 장식물들도 없어서, 제자들의 옷이 안장을 대신하였다. 왜냐하면, 그는 지극히 겸비 가운데에서 우리를 찾아오셨을 때에 자신의 모든 영광과 권세를 다 비우셨기 때문이다.

Ⅲ. 메시야의 나라가 그 영광 가운데에서 묘사됨.   이 왕이 다스리는 나라

는 이 세상에 속한 나라가 아니라, 영적인 나라, 천국일 것이다.

1. 메시야의 나라는 외적인 무력이나 육신의 팔이나 육적인 병기를 통해서 세워지거나 확장되지 않으리라는 것. 그는 에브라임의 병거와 예루살렘의 말을 끊으실 것이다(10절). 왜냐하면, 그는 나귀를 타실 것이어서, 병거나 말을 사용할 기회가 없으실 것이기 때문이다. 그는 자기 백성이 마땅히 하나님의 능력만을 의지해야 하는데도 병거와 말을 의지함으로써 하나님으로부터 끊어지는 일이 없도록 하기 위하여, 그들을 위하는 마음에서 병거와 말을 끊으실 것이다. 그가 친히 자기 백성을 보호하시는 일을 담당하셔서, 그 자신이 예루살렘을 불로 둘러싼 성곽이 되시고(2:5), 불 병거들과 불 말들인 그의 천사들로 그들을 지키게 하심으로써, 그들로 하여금 그들의 병거와 말이 전혀 쓸모가 없는 것을 보고서 버리게 만드실 것이다.

2. 메시야의 나라는 복음 전도를 통해서, 즉 이방 사람들에게 화평을 전함으로써 전파되고 견고해지리라는 것. 왜냐하면, 그리스도께서는 오셔서 먼 데 있는 자들에게 평안을 전하시고 가까운 데 있는 자들에게 평안을 전하셨고(엡 2:17), 땅에서 사람들 중에 평화를 선포하심으로써 그의 나라를 견고히 하셨기 때문이다(눅 2:14).

3. 메시야의 나라는 사람들의 마음을 다스리셔서, 그들로 평화를 사랑하고 모든 적대감을 버리게 만드시리라는 것. 그 나라는 전쟁하는 활을 끊을 것이고, 사람들로 하여금 칼을 쳐서 보습을 만들게 할 것이다(사 2:4). 그 나라는 평화를 명할 뿐만 아니라, 입술의 열매인 평화를 창조할 것이다(사 57:19).

4. 메시야의 나라는 온갖 반대와 배척을 뚫고서 세상의 모든 곳으로 확장되리라는 것. "시온의 왕의 진군을 막기 위해 에브라임과 예루살렘을 치러 오는 병거와 말은 끊어질 것이다. 그의 복음은 온 세계에 전파되고 이방 사람들 가운데에서 받아들여져서, 다윗이 미리 말하였듯이(시 72:8), 그의 통치는 바다에서 바다까지 이르고 유브라데 강에서 땅 끝까지 이를 것이다." 복음을 전하는 자들은 세상의 가장 후미진 곳들이 복음을 받아들일 때까지 나라와 나라, 섬과 섬을 다니며 복음을 전할 것이다.

IV. 메시야가 인류를 위하여 큰 일을 이루어내시리라는 것. 그 큰 일이라는 것은 인류가 극도의 참상(慘狀)에서 구속을 받는 것인데, 유대인들이 바벨론에서의 포로 생활로부터 건짐을 받은 사건은 이 큰 일의 예표였다(11절).

"너(딸 예루살렘, 또는 왕인 메시야)로 말할진대, 네 언약의 피로 말미암아, 즉 아브라함과 맺고서 할례의 피로 인친 언약, 시내 산에서 이스라엘과 맺고서 희생 제물의 피로 인친 언약의 피로 말미암아, 내가 그 언약을 이행하기 위하여 최근에 네 갇힌 자들을 아주 불안하고 불편한 곳인 물 없는 구덩이 같은 바벨론에서 놓았다." 그들이 포로 된 땅에서 여호와를 찾으면, 그가 그들에게 나타나리라는 것은 이 언약의 일부였다(레 26:42, 44-45; 신 30:4). 그들이 포로 생활에서 놓여나게 된 것은 이 언약의 피로 말미암은 것이었는데, 이 언약의 피는 그리스도의 피의 예표였고, 이 일은 딸 시온의 왕이 이루실 큰 구원의 그림자에 불과한 것이었다. 하나님이 인간과 맺은 모든 언약은 그리스도의 피 안에서 예와 아멘이 된다. 죄악된 인간은 속박되어 있는 상태라는 것을 명심하라. 그것은 영적인 감옥이고, 아무런 낙이 없다는 의미에서 물 없는 구덩이 또는 지하감옥이다. 우리는 모두 나면서부터 이 구덩이 속에 갇힌 죄수들이다. 성경은 우리 모두를 죄 아래에 가두었기 때문에(갈 3:22), 우리는 하나님의 공의를 따라 심판을 받을 수밖에 없는 자들이었지만, 하나님은 이 죄수들과 새로운 조건들 위에서 또 다른 언약을 맺기를 기뻐하셨는데, 그리스도의 피가 바로 그 언약의 피이다. 그리스도께서는 우리를 위하여 그 언약과 그 언약으로 인한 온갖 유익을 그의 피로 사셨다. 이 언약의 피로 말미암아 이 죄인들이 쉽고 명예로운 조건들 위에서 놓여날 수 있는 여건이 마련되었고, 마치 바벨론에 있던 유대인들에게 고레스의 해방령이 내려져서 하나님의 감동을 받은 모든 자들이 그 영을 따라 귀환하였듯이, 포로된 자에게 자유를, 갇힌 자에게 놓임을 선포하는 해방령이 내려졌다(사 61:1).

¹²갇혀 있으나 소망을 품은 자들아 너희는 요새로 돌아올지니라 내가 오늘도 이르노라 내가 네게 갑절이나 갚을 것이라 ¹³내가 유다를 당긴 활로 삼고 에브라임을 끼운 화살로 삼았으니 시온아 내가 네 자식들을 일으켜 헬라 자식들을 치게 하며 너를 용사의 칼과 같게 하리라 ¹⁴여호와께서 그들 위에 나타나서 그들의 화살을 번개 같이 쏘아내실 것이며 주 여호와께서 나팔을 불게 하시며 남방 회오리바람을 타고 가실 것이라 ¹⁵만군의 여호와께서 그들을 호위하시리니 그들이 원수를 삼키며 물맷돌을 밟을 것이며 그들이 피를 마시고 즐거이 부르기를 술취한 것 같이 할 것인즉 피가 가득한 동이와도 같고 피 묻은 제단 모퉁이와도 같을 것이라 ¹⁶이 날에 그들의

하나님 여호와께서 그들을 자기 백성의 양 떼 같이 구원하시리니 그들이 왕관의 보석 같이 여호와의 땅에 빛나리로다 [17]그의 형통함과 그의 아름다움이 어찌 그리 큰지 곡식은 청년을, 새 포도주는 처녀를 강건하게 하리라

선지자는 포로 생활에서 돌아온 자들에게 그들의 구원이 언약의 피와 메시야에 관한 약속 덕분이라는 것을 가르친 후에(하나님이 그들을 이렇게 기이하게 도우신 것은 그들의 민족의 태 속에 있던 때부터 그들을 축복하셨기 때문이므로), 여기에서는 이제 그들이 기쁘고 복되게 이 땅에 정착하여 영화로운 때를 보게 될 것이라는 장래에 대한 전망으로 그들을 격려한다. 그들은 실제로 한동안 그러한 복을 상당한 정도로 누렸다. 그러나 이 약속들은 우리가 예수 그리스도로 말미암아 영적인 복들을 누리게 되었을 때에 온전히 성취되었다.

I. 하나님이 그들에게 그리스도를 바라보고 그들의 도피성인 그에게로 피하라고 초청하심(12절). 갇혀 있으나 소망을 품은 자들아 너희는 요새로 돌아올지니라. 포로 생활을 청산하고 그들의 땅으로 돌아온 유대인들은 갇힌 자라는 꼬리표는 뗐지만 실제적으로는 갇힌 자들(우리가 오늘날 종이 되었다, 느 9:36), 즉 갇혀 있으나 소망을 품은 자들이었다. 왜냐하면, 그것은 하나님이 그들을 종노릇 하는 중에서 조금 소생하게 하신 것이었기 때문이다(스 9:8). 또한 아직 일이 남아 있어서 바벨론에 머물러 있던 유대인들도 조만간에 그들의 땅을 다시 볼 소망을 품고서 살아 갔다. 하나님은 이제 이 두 부류의 유대인들에게, 약속을 통해서 그들 앞에 제시된 메시야께로 눈을 돌려서, 그를 그들의 피난처로 삼고, 그의 은혜로 말미암고 그를 위하여 이렇게 영광스럽게 시작된 하나님의 긍휼이 온전히 이루어질 수 있도록 그를 의지하라고 명하신다. 그에게로 돌이켜 그를 바라보고 구원을 받으라(사 45:22). 메시야에 관한 약속은 그가 오시기 오래 전부터 신실한 자들의 요새였다. 그들은 그가 오실 날을 멀리서 보고서 기뻐하였고, 예루살렘의 속량을 믿고 기다리는 것은 오래 전부터 이스라엘의 위로와 힘이었다(눅 2:25; 38). 그들은 위험과 곤경에 처하면 거기에서 건짐을 받기 위해서 이런저런 피조물을 바라보았다. 그러나 선지자들은 그들에게 한결같이 그리스도를 바라보고, 그들의 왕이 구원을 가지고 그들에게 오실 것을 기뻐하며 위로를 받으라고 외쳤다. 그러나 그들의 구원이 그리스도에 의한 우리의 구속(救贖)의 모형이었듯이(11절), 그들을 요새로 피하라고 초청한 것은 복음의 부르

심을 보여주는 표현이다. 죄인들은 갇힌 자들이지만, 소망이 있는 갇힌 자들이다. 그들의 처지는 딱하지만, 절망적이지는 않다. 지금 그들에게는 소망이 있다. 그리스도는 그들을 위한 요새이자 견고한 망대이시기 때문에, 그들이 그리스도께로 피한다면, 그들은 하나님의 진노와 율법의 저주, 그들의 영적인 원수들의 공격에 대한 두려움에서 벗어나 평안하고 안전할 수 있다. 그들은 살아 있는 믿음을 가지고서 그리스도께로 돌이켜야 한다. 그들은 그리스도께로 피하여 그의 이름을 의지하여야 한다.

II. 하나님이 그들에게 은총을 베푸실 것을 약속하심. "상황이 최악이어서, 너희의 통탄스러운 처지가 극에 달해 있다는 생각을 너희가 떨칠 수 없는 오늘날일지라도, 내가 너 예루살렘, 갇혀 있으나 소망이 있는 너희 각자에게 갑절이나 갚을 것이라고 나는 엄숙하게 이르고 약속한다. 나는 너희가 겪은 슬픔들보다 갑절이나 많은 위로를 너희에게 줄 것이고, 너희의 조상들의 처지가 가장 좋았을 때에 내가 그들에게 주었던 것보다 갑절이나 많은 복을 너희에게 베풀 것이다. 너희의 나중 성전의 영광과 마찬가지로 너희의 나중 나라의 영광이 너희의 이전 성전이나 나라의 영광보다 갑절이나 클 것이다."

이 약속은 메시야가 오셔서 그의 복음이 전파되고 그의 나라가 세워지는 것 외에 다른 식으로는 이루어질 수 없는 것이었다. 하늘에 있는 것들로 받게 될 이러한 영적인 복들은 그들이 가장 형통하던 시절에 누렸던 복들보다 갑절이나 귀한 것이 될 것이었다. 하나님은 이 약속의 담보로서 때가 되면 유대인들이 그들의 땅에서 승리하고 번영하며 기뻐하게 될 것이라고 약속하신다. 그렇지만, 머지않아 그들이 누리게 될 그러한 형통하는 삶도 그리스도의 나라에서 그의 백성이 누리게 될 더 영광스러운 승리와 부요함과 기쁨의 모형이자 그림자에 불과할 것이다.

1. 그들이 그들의 원수들을 이기게 되리라는 것. 유대인들은 귀환한 후에 사방으로 원수들에게 둘러싸여 있었다. 그들은 무늬 있는 매와 같아서(렘 12:9), 온갖 새들이 그들을 공격하였다. 그들의 땅은 헬라 제국에 속한 두 강력한 왕국인 아람과 애굽 사이에 있었고, 그들이 이 둘 사이에서 얼마나 자주 위험에 처하게 될 것인지는 하나님이 이미 말씀하신 바 있다(단 11장). 그러나 하나님은 여기에서 이 두 강대국으로부터 그들을 건져 내시겠다고 약속하신다. 이 약속은 마카베오 시대에 유대인들이 그들의 원수들과 맞서 싸우며 그들의 머리

를 물 위로 내밀었고, 수많은 싸움과 난관들을 겪은 후에 드디어 그 원수들을 제압하게 되었을 때에 일차적으로 성취되었다. 여기에서 약속되고 있는 것은 다음과 같은 것들이다.

(1) 그들이 하나님의 손에 들린 도구가 되어서 그들을 박해하던 자들을 무찔러서 이기리라는 것. "내가 유다를 당긴 활, 강철로 만든 나의 활로 삼고, 에브라임을 그 활에 끼운 화살로 삼아서, 최대한으로 잡아당겼다." 어떤 이들은 활에 끼웠다는 어구를 이런 의미로 해석한다. 여기에 나오는 표현들은 아주 세련되고, 그 비유들은 아주 생생하다. 유다는 활을 사용하는 법에 대하여 가르침을 받았고(삼하 1:18), 에브라임은 활을 잘 쏘기로 유명하였었다(시 78:9). 그러나 그들은 그들이 지닌 활로 승리를 얻을 것이라거나 승리를 얻었다고 생각해서는 안 된다. 왜냐하면, 그들은 하나님의 손에 들린 활과 화살에 지나지 않고, 하나님은 그 활과 화살을 그의 뜻대로 사용하셔서 그의 뜻을 이루시는 것일 뿐이기 때문이다. 사람들 가운데서 가장 용감한 자들이라고 할지라도, 그들은 하나님이 그들에게 허락하신 일만을 할 수 있을 뿐이다. 복음을 전하는 자들은 그리스도의 손에 들린 활이고, 그는 그 활을 가지고 나아가셔서 이기고 또 이기신다(계 6:2). 그 뒤에 나오는 말씀이 이것을 설명해 준다: 시온아 내가 네 자식들을 일으켜 힘을 주어서 헬라 자식들을 치게 하였다. 이것은 하나님을 아는 백성이 강하여 헬라 왕조의 왕들 중의 하나였던 안티오코스에 맞서 용맹을 떨쳤을 때에 성취되었다(단 11:32). 그들은 전능하신 하나님의 손 안에서, 그 누구도 당할 수 없는 용사의 칼과 같게 되었다. 성경에서는 흔히 악인들을 하나님의 칼이라고 말하지만(시 17:13), 선한 자들도 종종 하나님의 칼이 된다. 하나님은 그의 뜻대로 이 둘을 모두 사용하시기 때문이다.

(2) 하나님이 모든 전쟁과 전투에서 그들 위에 대장이 되시리라는 것(14절). 여호와께서 그들 위에 나타나실 것이다. 하나님은 광야에서 그들을 인도하실 때에 구름 기둥과 불 기둥으로 이스라엘 위에 나타나셨듯이, 이제 그가 그들의 모든 일을 주관하시고 그들의 모든 움직임을 인도하고 계시다는 것을 비록 그 때처럼 그렇게 가시적이지는 않을지라도 아주 분명하게 보여주실 것이다.

[1] 그들이 군대를 일으키거나 소집해서 전쟁터로 나가야 하는가? 주 여호와께서 나팔을 부셔서, 군대를 모으시고, 전쟁을 선포하시며, 경보를 울리시고, 어느 길로 진군하며 어느 길로 움직여야 하는지, 지시를 내리실 것이다. 왜냐하

면, 하나님이 나팔을 부시면, 그것은 불명확한 소리이거나 약해서 잘 들리지 않는 소리가 아닐 것이기 때문이다.

[2] 그들의 군대가 전쟁터에 나가서 진군하게 되었는가? 전쟁이 어떤 식으로 벌어지든, 하나님은 믿을 수 없을 만큼 빠르고 거센 남방 회오리바람을 타고 그들의 군대의 맨앞에서 가시면서 전투를 지휘하실 것이다. 이 회오리바람 앞에서 헬라의 아들들은 겨처럼 날아가 버릴 것이다.

[3] 그들의 군대가 실제로 접전을 하게 되었는가? 하나님이 화살들을 번개 같이 아주 강하고 신속하며 저항할 수 없게 쏘아내실 것이다. 하나님의 번개들이 화살 같이 날아가서 그들을 흩으실 것이다. 즉, 하나님은 번개들을 날리셔서 그들을 무찌르셨다(삼하 22:15). 이것은 하나님이 옛적에 이스라엘을 애굽에서 이끌어 내셔서 가나안으로 인도하실 때에 행하셨던 일을 은연중에 암시하고 있다. 이 약속은 마카베오 시대에 유대인들이 그들을 공격한 이웃 나라들을 그들을 위한 하나님의 특별한 섭리로 말미암아 기적적인 승리들을 거두었을 때에 부분적으로 성취되었고, 그리스도께서 사탄과 어둠의 모든 권세들에 대하여 영광스러운 승리를 거두셔서, 우리가 십자가의 도(道)로 말미암아 그 원수들을 넉넉히 이기는 자들이 되었을 때에 온전히 성취되었다.

[4] 그들이 원수에 의해서 제압당할 위험에 처해 있는가? 만군의 여호와께서 그들을 호위하시고(15절), 그들의 하나님 여호와께서 그들을 구원하실 것이다(16절). 따라서, 그들의 원수들은 그들을 이기거나 먹잇감으로 삼지 못할 것이다. 하나님은 그들에게 공격용 무기만이 아니라 방어용 무기도 되어 주실 것이기 때문에, 그들의 보검이 되실 뿐만 아니라 그들을 돕는 방패도 되어 주실 것이다(신 33:29). 이것은 하나님이 그들을 지키실 능력이 있으신 만군의 여호와이시기 때문이고, 그들이 그의 소유이어서 그들을 지키실 수밖에 없는 그들의 하나님이시기 때문이다. 하나님은 목자가 자기 양 떼를 자상하게 돌보는 심정으로 저 결정적이고 위험한 그 날에 그들을 자기 백성의 양 떼 같이 구원하실 것이다. 하나님이 구원하시는 자들은 안전하다.

[5] 그들의 원수들을 그들을 삼키고자 하였는가? 상황이 반전되어서, 그들이 그들의 원수들을 삼키며, 그들을 공격해 오는 자들을 물맷돌로 제압하여(더 나은 무기가 없어서) 밟을 것이다. 하나님이 기뻐하시면, 시냇가의 돌들도 가장 훌륭한 병기들 못지않은 역할을 해낼 수 있다. 왜냐하면, 별들이 그들이 다니는 길

에서 같은 편이 되어 싸워줄 것이기 때문이다(삿 5:20). 다윗은 골리앗을 물맷돌 하나로 제압하였다. 그들은 그들의 원수들을 제압하고 나서 그 피를 마시고, 이긴 자들이 흔히 그러하듯이 즐거이 부르기를 술 취한 것 같이 할 것이다. 승리자들이 큰 소리로 환호하며 그들의 승리를 자랑하고 사람들에게 널리 알리는 것은 흔히 있는 일이다. 성경에는 승전가를 소리 높여 부르는 자들도 나오고(출 32:18), 하나님의 백성 가운데에서 왕을 소리쳐 부르는 소리에 대한 것도 나온다(민 23:21). 그들은 희생제물의 피로 가득한 성전의 대접들이나 제단 모퉁이들 같이 그들의 원수들의 피와 그 원수들로부터 탈취한 노략물들로 가득하게 될 것이다. 왜냐하면, 그들의 원수들이 하나님의 공의의 희생물들이 될 것이기 때문이다.

2. 그들이 그들의 하나님을 기뻐하게 되리라는 것. 그들은 그들의 승리로 인한 위로를 얻으며, 그 영광을 하나님께 돌릴 것이다. 어떤 이들은 15절을 이렇게 읽는다: 그들은 그들이 얻은 것을 먹을 것이다(즉, 평안히 누리리라는 것). 그들이 물맷돌들(즉, 그들에게 물맷돌들을 던진 그들의 원수들)을 제압한 후에, 하나님은 그들에게 그것을 먹을 권세를 주실 것이고, 그들은 그들을 지으시고 지키시는 자이신 여호와 앞에서, 연회에서 술 취하여 즐거워하는 자들 같이 즐거이 부를 것이다. 그들은 방탕하게 술에 취하는 것이 아니라 오직 성령으로 충만함을 받아서, 헛되고 어리석은 노래들을 지절거리는 술 취한 자들과 달리 시와 찬송과 신령한 노래들로 서로 화답할 것이다(엡 5:18-19). 그들은 충만한 기쁨으로 차고 넘치게 희생제물을 드려 하나님을 존귀하게 해드릴 것이기 때문에, 대접들과 제단의 모퉁이들은 그 희생제물들의 기름과 피로 가득하게 될 것이다. 그들이 이렇게 그들의 승리를 기뻐할 때, 그들의 기쁨은 결국 그들의 구원의 하나님에게로 모아질 것이다.

(1) 그들은 하나님이 그들에 대하여 지니신 사랑과 그들이 하나님과 맺고 있는 관계를 기뻐하리라는 것. 그들은 하나님의 백성인 양 떼이고, 하나님은 그들의 목자이시다. 그들은 하나님께 왕관의 보석 같다. 왕관의 보석은 지극히 보배롭고 값진 것이어서, 왕이 철저히 지키는 물건이다. 왕들이 자기 왕관의 보석을 기뻐하고 소중히 여긴다고 하지만, 그것은 하나님이 그에게 가깝고 소중하며 그의 자랑인 자기 백성을 기뻐하시는 것에는 비길 수 없다. 그들은 하나님의 손에 들린 아름다운 관이자 왕관이다(사 62:2-3). 만군의 여호와가 이르노라

나는 내가 정한 날에 그들을 나의 특별한 소유로 삼을 것이다(말 3:17). 그들은 하나님의 땅에 승리와 기쁨을 나타내는 왕의 깃발로 내걸릴 것이다. 하나님의 백성은 하나님의 영광이다. 하나님은 그들을 그렇게 만드시기를 기뻐하시고, 그들을 그렇게 여기시기를 기뻐하신다. 하나님이 그들을 그의 땅에 깃발로 내거실 때, 그 깃발은 하나님을 미워하는 자들에게는 전쟁을 선포하는 깃발이 될 것이지만, 하나님을 사랑하는 그의 모든 흩어진 자녀들에게는 거기로 모이라는 구심점 역할을 하는 깃발이 될 것이다(사 11:10, 12).

(2) 그들은 하나님이 그들을 위하여 공급해 주신 모든 것으로 인하여 기뻐하리라는 것(15절). 이것은 그들이 크게 기뻐해야 할 일이다(17절). 그의 선하심과 그의 아름다움이 어찌 그리 큰지. 그들이 여호와 앞에서 즐거이 부를 노래들의 요지 또는 후렴구가 바로 이것이다. 우리는 여기에서 다음과 같은 가르침을 받는다.

[1] 하나님의 아름다우심을 노래하고 찬양하라는 것. 그의 아름다움이 어찌 그리 큰지! 하나님의 성품의 모든 완전함들이 전체적으로 어우러져서, 그것은 그를 아는 모든 자들의 눈에 하나님을 무한히 아름다워 보이게 만든다. 하나님의 백성들은 그에게 왕관의 보석들이다. 그렇다면, 하나님은 그들에게 무엇인가? 성전에서 우리가 할 일은 여호와의 아름다움을 바라보는 것이다(시 27:4). 그 아름다움이 얼마나 큰지! 특히, 그의 거룩하심의 아름다움은 다른 모든 아름다움과 비할 수 없을 정도로 아름답다. 이것은 메시야, 즉 장차 오실 시온의 왕을 가리키는 것일 수 있다. 사람들보다 아름답고 만만의 사람들 중에서 가장 아름다우며 전체가 사랑스러운 저 왕을 그의 아름다운 가운데에서 보라(사 33:17). 세상의 눈으로 볼 때에는 고운 모양도 없고 풍채도 없지만(사 53:2), 믿음의 눈으로 보면 그의 아름다움은 얼마나 큰가!

[2] 하나님의 은총과 은혜로 인하여 주신 것들을 감사하고 찬양하라는 것. 그의 선하심이 어찌 그리 큰지! 하나님의 긍휼하심은 얼마나 풍성한지! 그 긍휼의 샘들은 얼마나 깊고 풍부한지! 그 긍휼의 물줄기들은 얼마나 다양하고 풍부하며 보배로운지! 하나님은 얼마나 많은 선을 행하시는지! 그의 긍휼하심은 얼마나 풍성한지! 여기에 자기 백성을 향한 그의 선하심을 보여주는 한 예가 나온다. 곡식은 청년을, 새 포도주는 처녀를 강건하게 하리라. 즉, 하나님은 땅의 풍성한 소산으로 자기 백성을 복주실 것이다. 그들은 청년들과 처녀들이 굶주리

고 목말라서 기절하고 혼절할 정도로 양식과 포도주가 없어서 괴로움을 당했었지만(애 2:12, 21; 4:7-8; 5:10), 이제는 양식과 물만이 아니라 청년들을 자라게 하고 즐겁게 해줄 새 포도주도 충분히 먹고도 남을 만큼 갖게 될 것이고, 양식이 차고 넘치게 있어서 값이 싸질 것이기 때문에, 가난한 자들이 가족을 충분히 부양할 수 있게 되어 결혼을 해서 이 땅을 다시 많은 사람들로 채우게 될 것이다. 하나님이 우리에게 어떤 선한 선물들을 주시든, 우리는 그것들로 하나님을 즐거이 섬겨야 한다. 또한, 우리가 양식과 포도주로 새 힘을 얻었으면, 우리는 양식과 포도주라는 물줄기의 근원으로 거슬러 올라가서, 하나님의 선하심이 어찌 그리 크신 것이냐고 말하며 감사하여야 한다.

제
— 10 —
장

개요

이 장의 취지는 앞 장의 취지와 거의 동일해서, 귀환한 유대인들이 성전을 재건하는 일을 게을리한 것으로 인하여 하나님의 책망 아래 있었고, 지금도 원수들과 위험들에 둘러싸여 있지만, 하나님은 그들에게 복을 주셔서, 그들이 안에서는 형통하고 밖에서는 승리하게 하실 것이라는 소망으로 그들을 격려하는 것이다. I. 그들은 그들과 관련된 모든 일들에서 크신 하나님을 바라보고, 그들이 겪은 재난들이나 그들이 원하였던 위로들 속에서 하나님의 손길을 인정하라는 권면을 받음(1-4절). II. 그들은 그들의 교회와 나라의 원수들과의 모든 싸움에서 하나님으로부터 오는 힘과 승리를 기대하고, 그 결과가 결국 영광스러울 것임을 소망하라는 격려를 받음(5-12절).

[1]봄비가 올 때에 여호와 곧 구름을 일게 하시는 여호와께 비를 구하라 무리에게 소낙비를 내려서 밭의 채소를 각 사람에게 주시리라 [2]드라빔들은 허탄한 것을 말하며 복술자는 진실하지 않은 것을 보고 거짓 꿈을 말한즉 그 위로가 헛되므로 백성들이 양 같이 유리하며 목자가 없으므로 곤고를 당하나니 [3]내가 목자들에게 노를 발하며 내가 숫염소들을 벌하리라 만군의 여호와가 그 무리 곧 유다 족속을 돌보아 그들을 전쟁의 준마와 같게 하리니 [4]모퉁잇돌이 그에게서, 말뚝이 그에게서, 싸우는 활이 그에게서, 권세 잡은 자가 다 일제히 그에게서 나와서

하나님은 앞 장에서 지극히 은혜롭고 지극히 영광스러운 일들을 이 고난받는 가엾은 백성에게 약속하셨는데, 이제 여기에서는 그들이 그런 것들을 그들에게 이루어 주기를 그에게 구하여야 할 것이라고 말씀하시고, 그들의 모든 행위들과 그가 그들에게 행하는 모든 일들에서 우상들이 아니라 그를 인정할 것을 기대하신다고 말씀하신다.

I. 선지자는 그들에게 비를 제때에 주실 것을 하나님께 기도하라고 권면함. 하나님은 앞 장의 끝부분에서 최근 여러 해 동안 좋지 않은 날씨 때문에 크게

흉작이 들었지만 이제 곡식과 포도주가 아주 풍성하게 될 것이라고 약속하셨었다. 그러나 하늘이 땅을 촉촉히 적셔 주지 않으면, 땅은 그 소산들을 낼 수 없다. 그러므로 그들은 땅이 비옥해져서 풍년이 들도록 하늘의 이슬을 내려 주시라고 하나님을 바라보며 기도하여야 한다(1절). "너희는 여호와께 비를 구하라. 비를 내려 달라고 구름이나 별에게 기도하지 말고, 여호와께 기도하라. 왜냐하면, 여호와께서 하늘에 응답하셔야 하늘이 땅에 응답할 것이기 때문이다(호 2:21)." 제때에 내리는 비는 큰 은혜이다. 우리는 비가 가장 절실하게 필요한 늦은 비가 올 시기에, 즉 봄비가 올 때에 여호와께 비를 구하여야 한다. 이른 비는 가을의 파종기에 내렸고, 늦은 비는 봄, 그러니까 3월과 5월 사이에 내려서, 이삭이 영글 수 있게 해주었다. 이른 비와 늦은 비 중에서 어느 한 쪽이라도 내리지 않으면, 그 해에는 큰 흉작이 들었다. 왜냐하면, 그 땅에는 5월 말부터 9월까지는 비가 한 방울도 내리지 않았기 때문이다. 유대 땅에 살았던 히에로니무스(Jerome)는 6월이나 7월에는 비가 오는 것을 자기가 한 번도 보지 못했다고 말한다. 선지자는 그들에게 비가 오곤 했던 때에, 즉 제때에 비를 구하라고 권면한다. 우리는 기도할 때에 하나님의 섭리를 존중하고 그 섭리를 따라 구하여야 한다는 것을 명심하라. 우리는 어떤 것을 구할 때에 그것이 주어지는 것이 적절한 때에 구하여야 하고, 하나님이 우리를 위하여 그의 통상적인 길과 방법을 벗어나서 행하시기를 기대해서는 안 된다. 그러나 하나님은 종종 그의 진노의 표시로서 비가 와야 할 때에 비를 내려 주시지 않으셨기 때문에, 그들은 하나님의 은총의 표시로서 비를 제때에 내려 주시도록 기도하여야 하는데, 그러면 그들의 기도는 헛되지 않을 것이다. 구하라 그리하면 너희에게 주실 것이다(마 7:7). 여호와께서는 밝은 구름(난외주의 읽기에 의하면, 번개)을 일게 하실 것이다(구름은 비 자체는 아니지만, 비의 전조이다). 왜냐하면, 하나님은 비를 내리기 위하여 번개를 만드시는 분이시기 때문이다. 하나님은 그들에게 소낙비를 풍성하게 내려서 밭의 채소를 각 사람에게 주실 것이다. 왜냐하면, 하나님은 모든 이에게 선하셔서, 그의 비를 의로운 자와 불의한 자에게 내려 주시기 때문이다(마 5:45).

Ⅱ. 선지자는 그들에게 그들의 조상들처럼 우상들에게 비는 것이 얼마나 어리석은 짓인지를 보여줌(2절). 드라빔들은 허탄한 것을 말하였다. 그들이 어려울 때마다 도와 달라고 빌었던 드라빔들은 그들을 위해 비를 내리게 할 수 없

었기 때문에, 언제 비가 내리게 될지를 그들에게 말해 줄 수 없었다. 이 우상들이 비가 언제 내릴 것이라고 그들에게 약속했을지라도, 그 시각에 비는 오지 않았다. 이 우상들을 대변하는 선지자 노릇을 하였던 복술자들은 진실하지 않은 것을 보았다(그들이 보았다고 하는 이상들은 모두 속임수요 가짜였다). 그들은 거짓 꿈을 말하였다. 그들이 말하는 꿈은 현실에서 그대로 일어나지 않았고, 이 것은 그들이 하나님으로부터 오지 않았다는 것을 증명해 주는 것이었다. 그러 므로 그들의 거짓 신탁을 믿은 자들에 대한 그들의 위로는 헛된 것이었다. 이방 인들의 모든 우상들이 한데 힘을 합쳐도 능히 비를 내리게 할 수 없다(렘 14:22). 그러나 이것이 우상들을 의지했을 때의 최악의 상황인 것은 아니었다. 그들은 거짓 신들에게서 아무것도 얻지 못했을 뿐만 아니라, 참 하나님의 은총을 잃었 다. 왜냐하면, 그들은 우리 속으로 몰아넣어지는 양 떼 같이 포로로 잡혀서 줄 줄이 끌려갔고, 목자가 없으므로, 즉 그들을 다스릴 왕이나 그들을 위해 중보 기 도해 줄 제사장이나 그들을 돌보고 한데 뭉치게 해줄 그 어떤 지도자도 없었으 므로, 흩어진 양들처럼 이런저런 괴로운 일들을 만나서 곤고를 당하였기 때문이 다. 이방신들을 좇아 유리(遊離)하던 자들은 길을 잃고 유리하다가 이방 나라 들로 들어갔다.

III. 선지자는 그들과 관련된 모든 사건들,즉 그들에게 해악이 되었던 일들에서나 이득이 되었던 일들에서나 거기에 하나님의 손길이 있었다는 것을 그들에게 보여줌(3절).

1. 모든 일이 어긋났을 때, 그것은 그들과 반대로 행하신 하나님 때문이었다는 것(3절). "마땅히 양 떼를 먹였어야 함에도 양들을 돌보지 않고 내버려 두어서 굶주리게 만든 목자들에게 내가 노를 발하였다. 내가 저 악한 방백들과 성직자들, 그러니까 우상의 목자들에게 진노하였다." 그들을 바벨론에 포로로 사로잡혀 가게 하신 것은 그들에 대한 하나님의 진노의 표시였다. 또한, 하나님은 그렇게 하심으로써 양 떼 가운데에 있던 더럽고 해로운 자들인 숫염소들을 벌하셨다. 하나님은 그 숫염소들을 벌하시기 위하여 왼편에 두셨다. 민족 전체가 포로로 사로잡혀 가는 고난을 당하였지만, 하나님이 진노하셔서 벌하신 자들은 오직 숫염소들과 목자들뿐이었다. 다른 사람들에게 임한 동일한 환난은 하나님의 사랑에서 온 것으로서 단지 아버지로서 징계하신 것에 불과한 것이었다.

2. 상황이 좋은 쪽으로 호전되기 시작하였을 때, 그것은 그들에게 다시 복을 주신 하나님 때문이었다는 것. "하나님이 이제 은총으로 그의 무리를 돌보셨고, 그들에게 필요한 것들을 공급하고 계신다. 사람이 자기가 타는 말을 그 자체로 아주 소중하고 남들에게는 두려운 준마로 기르듯이, 하나님은 그들을 잘 돌보시고 장식하셔서 전쟁의 준마와 같게 하셨다." 우리를 현재의 우리가 되게 하신 것은 하나님이시다.

IV. 선지자는 모든 피조물은 하나님이 시키시는 대로 그들을 대한다는 것을 그들에게 보여줌(4절). 모퉁잇돌이 그에게서, 말뚝이 그에게서 나왔다.

1. 그들을 대적한 모든 세력은 하나님으로부터 왔다는 것. 그들의 원수들의 모든 결합된 세력은 그에게서 나왔다. 모든 권세 잡은 자가 다 일제히(이스라엘을 압제하는 자들은 그 수가 적지 않았다) 하나님의 손길과 모략이 미리 결정해 둔 바로 그 일을 행하였다. 그 자들은 위로부터 권세가 주어지지 않았다면 그들을 대적하여 그런 권세를 사용할 수 없었을 것이다.

2. 그들을 위한 모든 세력도 하나님으로부터 나왔다는 것. 나라의 여러 지역들을 한데 묶는 역할을 하는 방백들의 권세, 즉 건물의 모퉁잇돌은 하나님에게서 나왔다. 고관들은 흔히 백성의 모퉁잇돌들이라 불린다(삼상 14:38의 난외주). 나라를 견고하게 하는 말뚝, 단단한 곳에 박힌 못(사 22:23), 그의 거룩한 처소에 박힌 못(스 9:8)은 하나님에게서 나왔다. 싸우는 활, 즉 군사력도 하나님에게서 나왔고, 모든 권세 잡은 자도 하나님에게서 나왔다. 그러므로 우리는 모든 권세의 원천이신 하나님을 늘 바라보아야 하고, 각 사람에 대한 심판이 하나님으로부터 나온다는 것을 알아야 한다.

[5]싸울 때에 용사 같이 거리의 진흙 중에 원수를 밟을 것이라 여호와가 그들과 함께 한즉 그들이 싸워 말 탄 자들을 부끄럽게 하리라 [6]내가 유다 족속을 견고하게 하며 요셉 족속을 구원할지라 내가 그들을 긍휼히 여김으로 그들이 돌아오게 하리니 그들은 내가 내버린 일이 없었음 같이 되리라 나는 그들의 하나님 여호와라 내가 그들에게 들으리라 [7]에브라임이 용사 같아서 포도주를 마심 같이 마음이 즐거울 것이요 그들의 자손은 보고 기뻐하며 여호와로 말미암아 마음에 즐거워하리라 [8]내가 그들을 향하여 휘파람을 불어 그들을 모을 것은 내가 그들을 구속하였음이라 그들이 전에 번성하던 것 같이 번성하리라 [9]내가 그들을 여러 백성들 가운데 흩으려니와

그들이 먼 곳에서 나를 기억하고 그들이 살아서 그들의 자녀들과 함께 돌아올지라 ¹⁰내가 그들을 애굽 땅에서 돌아오게 하며 그들을 앗수르에서부터 모으며 길르앗 땅과 레바논으로 그들을 이끌어 가리니 그들이 거할 곳이 부족하리라 ¹¹내가 그들이 고난의 바다를 지나갈 때에 바다 물결을 치리니 나일의 깊은 곳이 다 마르겠고 앗수르의 교만이 낮아지겠고 애굽의 규가 없어지리라 ¹²내가 그들에게 나 여호와를 의지하여 견고하게 하리니 그들이 내 이름으로 행하리라 나 여호와의 말이니라

이 단락에는 하나님의 백성에게 주어진 여러 가지 다양한 보배로운 약속들이 나오는데, 이 약속들은 유대 교회의 말기를 살았던 유대인들보다 더 먼 미래, 즉 영적 이스라엘, 복음 교회, 모든 참된 신자들과 관련되어 있는 약속들이다.

I. 그들에게는 하나님의 은총과 임재가 있을 것이고, 하나님은 그들을 시인하시고 받으시리라는 것. 이것은 다른 모든 약속들의 토대가 된다. 여호와가 그들과 함께 한다(5절). 하나님은 그들의 대의(大義)를 옹호하시고, 그들의 편을 들어 주시며, 그들의 편에 계신다. 하나님이 그들의 편이신데, 누가 그들을 대적할 수 있겠는가? 내가 그들을 긍휼히 여긴다(6절). 그들의 모든 위엄과 기쁨은 전적으로 하나님의 긍휼 덕분이다. 긍휼은 비참한 상태를 전제하고 공로를 배제한다. 그들은 내버려졌었고, 그 결과는 비참함일 수밖에 없었다. 그들은 내버려지는 것이 마땅했었기 때문에, 하나님에게서 진노와 저주 외에는 기대할 것이 없었다. 그런데도, 하나님은 그들은 내가 내버린 일이 없었음 같이 되리라고 약속하신다. 하나님은 그들의 조상들을 버림받게 만들었던 그들의 죄악들에 대한 벌을 그들에게 내리지 않으실 뿐만 아니라, 그 죄악들을 기억하여 그들을 나쁘게 바라보시는 일도 없으실 것이다. 하나님은 마치 그가 그들과 다투신 적이 전혀 없으셨던 것처럼 그들과 완벽하게 화해하실 것이고, 하나님이 그가 사랑하시는 그들과 잠시 떨어져 계셨던 것은 그들에 대한 그의 사랑을 약화시키는 것이 아니라 새롭게 하는 계기가 될 것이다. 그들은 하나님이 그들과 화해하시리라는 것에 대하여 온전한 확신을 갖게 될 것이고, 그 확신 위에서 그들 자신과도 잘 화해를 하여서, 마치 그들이 전혀 버림받은 적이 없었다는 듯이 평안하게 될 것이다. 하나님의 은총을 회복한 후의 그들의 처지는 너무나 복되어서, 그들이 버려진 것으로 인하여 받은 상처가 조금도 남아 있지 않게 될 것

이다. 본질상 하나님으로부터 멀리 있었고 진노의 자식들이었던 죄인들이 돌아와 회개하면, 하나님은 그들에게 그러한 은총을 보여주신다. 하나님은 그들에게 그와의 그런 교제를 허락하시고, 너무나 허심탄회하게 그들을 대하시기 때문에, 그들은 마치 그들이 내버려진 일이 전혀 없었던 것과 같은 그런 모습이 될 것이다.

1. 하나님이 그들과 다시 맺으실 언약은 이전의 것과 동일하리라는 것. 그들의 조상들과 맺은 원래의 언약을 따라서 나는 그들의 하나님 여호와이다.

2. 하나님이 그들에게 허락하시는 교제도 이전의 것과 동일하리라는 것. 내가 그들에게 들으리라. 하나님은 이전처럼 그들이 그에게 얘기하는 것을 환영하실 것이고, 그들에게 반드시 평안의 응답을 주실 것이다. 왜냐하면, 하나님은 결코 야곱 자손에게 너희가 나를 찾아보아야 헛되리라고 말씀하신 적이 없으셨기 때문이다(사 45:19).

Ⅱ. 그들은 하나님에 대한 그들의 본분이나 하나님 안에서의 그들의 위로로부터 그들을 끌어 내고자 하는 그들의 원수들을 이기게 되리라는 것(5절). 그들은 몸이 튼튼하고 마음이 담대한 자들, 힘과 용맹함이 넘치는 용사 같이 될 것이다. 유다 사람들과 마찬가지로 에브라임 사람들도 어려운 일에 과감하게 뛰어들어서 돌파해 낼 수 있는 용사 같이 될 것이다(7절). 그들은 싸울 때에 용사 같이 원수를 집 밖으로 버려진 티끌이 거리의 진흙 중에 있는 티끌과 함께 밟히듯이 밟을 것이다. 여호와가 그들과 함께 하기 때문에, 그들이 싸울 것이다. 어떤 이들은 모든 것을 하실 수 있으시고 실제로 하실 여호와께서 그들과 함께 하기 때문에, 그들은 아무것도 하지 않고 가만히 앉아 있어도 된다는 주장을 할지도 모른다. 그러나 그렇지 않다. 하나님이 은혜로우시게도 우리에게 임재하셔서 우리를 도우실 때, 우리는 가만히 있어서는 안 되고, 도리어 정신을 바짝 차리고서, 그 싸움을 이기기 위하여 있는 힘껏 우리의 최선을 다하여야 한다. 우리 안에서 행하시는 이는 하나님이시기 때문에, 우리는 두렵고 떨림으로 우리의 구원을 이루어 내어야 한다(빌 2:12-13). 하나님이 그들과 함께 하시면, 그들이 넉넉히 이길 것이 확실하기 때문에, 그들은 자발적으로 결연한 각오로 싸움에 임하게 될 것이고, 그 싸움에서 그들이 말 탄 자들을 부끄럽게 할 것이다. 원수들의 기병이 유대인들의 보병에 의해서 궤멸되어 지리멸렬 흩어지게 될 것이다. 그리스도의 복음을 전하는 자들은 선한 싸움을 싸우기 위하여 나아가서,

용감하게 접전하였는데, 이것은 하나님이 그들과 함께 하셨기 때문이다. 또한, 그들을 대적한 말 탄 자들이 궤멸되어 부끄러움을 당하게 된 것은 하나님이 세상의 약한 것들을 택하사 강한 것들을 부끄럽게 하시기로 작정하셨기 때문이다(고전 1:27). 그렇다면, 그들이 지닌 이 모든 힘은 어디에서 온 것인가? 그들은 어떻게 해서 이렇게 힘 있고 적극적인 자들이 되었는가? 그들이 그렇게 된 것은 여호와 안에서, 즉 그의 힘의 능력으로 된 것이다(엡 6:10): 내가 유다 족속을 견고하게 하여 요셉 족속을 구원할 것이다(6절). 하나님은 우리에게 힘을 주셔서 우리를 견고하게 하심으로써 우리를 구원하시고, 우리 속에서 역사하셔서 우리로 우리의 본분을 다할 수 있게 하심으로써 우리의 복을 일구어내게 하신다는 것을 명심하라. 우리는 이렇게 하나님이 우리에게 주시는 힘을 있는 힘껏 사용하여야 한다. 그렇지만, 모든 일이 이루어졌을 때, 우리는 그 모든 영광을 하나님께 돌려야 한다. 하나님은 우리의 힘이시기 때문에, 우리의 노래이자 구원이 되신다.

Ⅲ. 그들 중에 흩어진 자들이 한데 모여서 한 몸을 이루게 되리라는 것(6절). 내가 그들을 정착시키고자 다시 데려오리라. 즉, 내가 그들을 다른 땅들로부터 데려와서 그들 자신의 땅에 두리라. 이것은 그들의 다른 모든 옛 특권들을 그들이 완벽하게 회복하게 될 것임을 보여주는 징표였다. 그들은 원래대로 회복되어서 그들 자신의 땅을 차지하게 될 것이다. 이것은 흩어졌던 하나님의 자녀들이 그리스도를 믿는 믿음으로 말미암아 복음 교회 안에서 연합되어, 유대인과 이방인이 한 무리가 되어 한 우리(fold)에 들 때에 성취되었다(요 10:16). 이것을 위해서, 목자가 그의 피리로 그의 양들을 불러 모으듯이, 내가 나의 음성을 아는 자들을 향하여 휘파람을 불어 그들을 모을 것이다(8절). 복음을 전하는 것은 하나님이 심령들에게 예수 그리스도께 오라고 휘파람을 부시는 것이며, 그의 흩어진 양들에게 푸른 초장으로 오라고 부르시는 것이다. 내가 그들을 속량하였으니 그들을 모으리라. 그리스도께서 그의 피로 속량하신 자들을 하나님은 암탉이 제 새끼를 날개 아래에 모음 같이 그의 은혜로 모으시고자 하신다는 것을 명심하라. 이 약속은 10절에서 좀 더 자세하게 표현된다: 내가 그들을 애굽 땅에서 돌아오게 하리라. 어떤 이들은 하나님이 그들을 앗수르로부터 모으시겠다는 약속이 안티오코스 에피파네스(Antiochus Epiphanes)의 아들 알렉산더를 통해서 성취되었듯이, 애굽 왕 프톨레마이오스 필라델포스(Ptolemaeus Philadelphus)가

유대인 12만 명을 고국으로 보냈을 때에 여기에 나오는 약속이 문자 그대로 성취되었다고 생각한다. 그러나 이 약속은 하나님이 애굽이나 앗수르에서의 종살이보다도 더 혹독한 종살이로부터 보배로운 심령들을 건져 내어 모으셔서, 하나님의 자녀들로 하여금 길르앗 땅과 레바논에 있는 아름답고 비옥한 초장들에서 뛰노는 것 같은 영광스러운 자유를 누리게 하실 때에 영적으로 성취된다. 동쪽 경계인 길르앗에서 북쪽 경계인 레바논에 이르기까지의 모든 약속의 땅이 그들의 땅이다. 그러나 이런 일이 어떻게 일어날 수 있는가? 여러 이방 나라로 흩어진 백성이 어떻게 다시 한데 모이게 될 수 있는가? 고국으로부터 너무나 멀리 떨어져 있는 그들이 어떻게 다시 고국으로 돌아올 수 있는가? 그들 앞에 놓여 있는 여러 가지 난관들은 극복할 수 없는 것처럼 보이는 것은 사실이지만, 그들이 애굽에서 건지심을 받아서 가나안으로 들어오는 길에 놓여 있던 여러 난관들과 마찬가지로 쉽게 극복될 것이다. 그들이 옛적에 홍해를 건널 때에 애굽 왕 바로와 그의 군대로 인한 환난이나 바다 물결에 의한 극심한 환난으로 고난의 바다를 지나갈 때에, 하나님은 그 바다 물결을 치시리니, 바다가 보고 도망하며 물결도 물러갈 것이다(시 114:3). 이스라엘이 하나님이 주신 저 선한 땅으로 들어가는 길을 내기 위해서, 나일의 깊은 곳과 모든 강들이 아무리 깊은 곳일지라도 요단 강처럼 마를 것이다. 앗수르의 교만이 그들의 구원을 막아서는가? 교만한 바다 물결에 경계를 정해 주시는 하나님이 그 교만을 제압하시리니, 그 교만이 낮아질 것이다. 애굽의 규가 그들의 구원을 반대하는가? 그 규가 없어져서, 하나님의 이스라엘이 모이는 것을 방해할 수 없을 것이다. 복음이 전파되어 모든 나라로부터 믿는 자들이 복음 교회로 모이게 되었을 때, 격분한 세상과 음부의 연합 세력이 그것을 격렬하게 반대하였다. 도저히 극복할 수 없는 난관들이 그 길에 있는 것처럼 보였다. 그러나 그리스도의 가르침에 수반된 하나님의 권능으로 말미암아, 복음은 견고한 진을 무너뜨릴 수 있을 만큼 강력하게 되어, 무수한 사람들을 회심시키고 구원하였다(고후 10:4). 그러므로 여호와 앞에서 바다가 도망하였고, 요단 강이 물러났다.

IV. 그들이 크게 늘어나서, 저 새로운 세상인 교회가 번성하리라는 것(8절). 그들이 전에 애굽에서 번성하던 것 같이 번성할 것이고, 다윗과 솔로몬의 시대처럼 많은 수가 그들에게 더해질 것이다. 하나님이 그의 구속받은 자들을 자기에게로 모으실 때, 그들은 서로를 권하여 함께 모여올 것이기 때문에, 그 수가 점점 눈덩이처럼 불어나게 될 것이다. 내가 그들을 모으리니 그들이 번성하리라. 그리스도의 교회는 현재는 소수일지라도 그리스도의 장성한 분량에 이를 때까지 계속해서 자라나는 몸이라는 것을 명심하라(엡 4:13). 구원 받는 사람이 날마다 교회에 더해질 것이다(행 2:47).

1. 교회가 아주 먼 곳들까지 퍼지게 되리라는 것. 교회는 길르앗 땅과 레바논 땅에 이르기까지 온 가나안 땅을 다 채울 것이기 때문에, 거기에는 그들이 거할 곳이 부족하게 될 것이다(10절). 하나님은 오직 유다에만 알려지셨고, 그의 이름은 오직 이스라엘에서만 위대하셨다(시 76:1). 하나님은 오직 이스라엘에서만 그의 율례와 규례를 보이셨다(시 147:19). 그러나 복음 시대에 그 곳은 너무나 협소한 곳임이 드러나게 될 것이다. 교회의 장막터는 넓혀져야 하였고, 그 줄들은 길게 하여야 했다(사 54:2). 그 때에 내가 그들을 여러 백성들 가운데 흩어서 심을 것이다(9절). 하나님이 그들을 흩으시는 것은 땅에 씨를 흩어서 뿌리는 것과 같아서, 그들을 땅에 묻어두는 것이 아니라 많은 열매를 맺어서 더 늘어나게 하기 위한 것이다. 하나님은 유대인들을 천하 각국으로 흩으셨다(행 2:5). 하나님은 그들 중에 어떤 자들은 환난을 통해서 흩으셨고, 어떤 자들은 천하 각국에 있는 거류지들로 보내어 거기에 심으셨는데, 이것은 이스라엘 땅이 그들에게 너무 좁았기 때문이었다. 그들 중에서 다수는 천하 각국에서 태어났지만, 유대교로 개종하였다. 그들은 하나님이 여러 백성 중에 심은 자들이었다(호 2:23). 이것은 복음이 전파되는 데에 아주 큰 기여를 하였다. 예루살렘에서 절기를 지키기 위하여 천하 각국에서 모여든 유대인들은 예루살렘에서 복음의 빛을 가져다가 그들이 살고 있는 땅에 복음의 불을 붙였다(행 2장; 8:26-40). 이방인들의 여러 성읍들에 있던 그들의 회당들은 사도들이 어디를 가나 가장 먼저 복음을 전한 곳이었고, 그 복음을 가장 먼저 받아들인 곳이었다. 하나님은 이렇게 그들을 여러 백성들 가운데 흩어서 심으시고 나서, 그들이 이방인들에 의해서 해를 당하지 않고 복을 받도록 하시기 위하여, 그들이 먼 곳에서 그를 기억하고 그의 이름을 부르도록 보살펴셨다. 그들은 구약에 계시된 하나님을 아는 지식을 보존하고 있었기 때문에, 신약에 계시된 그리스도를 아는 지식을 받아들이기가 훨씬 더 쉬웠다.

2. 교회가 먼 미래의 세대들에 이르기까지 지속되리라는 것. 교회는 일시적으로 존재했다가 사라지는 것이 아니라, 대대로 여호와를 섬기게 될 것이다(7절).

그들의 자손은 그것을 보고 기뻐할 것이다. 그들이 살아서 그들의 자녀들과 함께 돌아올지라(9절). 그리스도께로 회심한 자들은 그들의 자녀들에게도 여호와를 아는 지식을 가르쳐서, 그들이 거룩한 땅과 거룩한 행실로 돌아올 때에 그 자녀들도 데리고 올 것이다. 베드로가 복음을 처음 전할 때에 듣는 자들에게 이 약속은 너희와 너희 자녀에게 하신 것이라(행 2:39)고 말하였다. 그들은 이렇게 여러 백성들 가운데 심겨진 자들이 될 것이기 때문에 결코 멸절되거나 뿌리 뽑히지 않을 것이다. 이 땅에 있는 그리스도의 권속들은 결코 사라지지 않을 것이고, 그리스도께서 피로 사신 소유가 상속자가 없어서 버려지는 일도 없을 것이다.

V. 하나님 자신이 그들의 힘이 되심과 동시에 그들의 노래가 되시리라는 것.

1. 하나님 안에서 그들이 위로를 받고 넘치는 만족을 얻게 되리라는 것(7절). 그들의 마음이 포도주를 마심 같이 즐거울 것이다. 왜냐하면, 그들의 기쁨인 그리스도의 사랑은 포도주보다 낫기 때문이다(아 1:2). 그들은 용사 같이 될 것이고, 그들의 마음은 즐거울 것이다. 우리가 결연하게 우리의 영적 원수들과 대항하여 이길 때, 우리의 마음은 즐거울 것이다. 그러나 우리의 저항이 약하여 사탄의 유혹에 굴복한다면, 그것은 우리가 우리의 기쁨을 망치는 것이다. 그들의 마음이 즐거울 것이기 때문에, 그들은 용사 같이 될 것이다. 왜냐하면, 여호와를 기뻐하는 것이 우리의 힘이 될 것이기 때문이다. 그들이 받은 은혜들로 인하여서 그들의 기쁨이 넘치게 될 것이다. 그들의 자손은 그것을 보고 기뻐하며 여호와로 말미암아 마음에 즐거워하리라. 자녀들이 일찍부터 여호와를 즐거워하는 것을 배워서 마음을 다하여 여호와께 꼭 붙어 있을 수 있도록 하기 위하여, 자녀들에게 일찍부터 신앙의 기쁨들을 알게 해주고, 여호와를 즐거운 마음으로 섬길 수 있게 해주는 것은 좋은 일이다.

2. 하나님으로 말미암아 그들이 생기 있고 넓어진 마음으로 그를 섬기게 되리라는 것(12절). 내가 그들에게 주를 의지하여 견고하게 하리니, 그들의 영적 싸움만이 아니라 그들의 행실과 일에서 그들에게 힘을 주어 견고하게 해줄 것이다. 이스라엘의 하나님은 자기 백성에게 힘과 능력을 주시되, 그들이 본성적으로 갖고 있는 것을 뛰어넘고 부패한 본성에 의한 방해를 넉넉히 이겨내는 가운데에 영적인 일들을 할 수 있는 온갖 능력과 자질을 견고하게 해주신다.

(1) 하나님은 그들로 하여금 그들의 본분을 다할 수 있도록 그들에게 힘과

생기를 주시리라는 것. 여호와인 내가 그들에게 주이신 메시야, 우리의 의이신 여호와임과 동시에 우리의 힘이신 여호와를 의지하여 견고하게 하리라. 그리스도 안에는 우리를 위한 힘이 쌓여 있고, 그 힘은 그리스도로부터 우리에게 전달된다. 우리는 우리에게 능력 주시는 그리스도 안에서 모든 것을 할 수 있고(빌 4:13), 그리스도 없이는 우리가 아무것도 할 수 없다. 하나님은 이런 목적을 위하여 그리스도께 힘을 명령하셨다(시 68:28).

(2) 그들이 그들에게 주어진 이 힘을 선용하리라는 것. 그들이 내 이름으로 행하리라. 하나님이 우리에게 힘을 주셔서 견고하게 하시면, 우리는 분발하여, 그리스도인으로서의 삶을 살아갈 때에 우리가 행해야 할 모든 본분을 부지런히 행하고, 조금이라도 시간을 허비하거나 기회를 놓치는 일이 없도록 부지런하고 적극적으로 하나님의 일을 행하여야 한다. 그러나 우리는 모든 일을 그리스도의 이름으로 행하여야 한다. 즉, 우리는 그의 말씀을 우리의 규범으로 삼고 그의 영광을 우리의 목적으로 삼아서, 그를 의지하고 그의 보증을 받아 모든 일을 행하여야 한다. 우리에게 살아 계신 것은 그리스도여야 한다. 우리는 우리에게 힘 주시는 하나님의 은혜를 헛되지 않도록 하기 위하여, 무엇을 하든지 말에나 일에나 다 주 예수의 이름으로 하여야 한다(골 3:17). 시편 80:17-18을 보라.

제
— 11 —
장

개요

하나님의 선지자는 앞의 장들에서는 평화를 약속하러 보내심을 받은 사자(使者)였다면, 여기에서는 전쟁을 선포하러 보내심을 받은 전령관(傳令官)으로 등장한다. 유대 나라는 다시 형통하게 되어서 한동안 번영하고 상당한 국력을 지닌 나라가 될 것이다. 마침내 오랫동안 기다렸던 메시야가 오시고, 그의 복음이 전파되며, 거기에 그의 깃발이 세워질 때에 그들은 지극히 복될 것이다. 그러나 하나님은 그들 가운데서 택하신 남은 자를 효과적으로 부르셔서 그리스도와 하나가 되게 하시고 나서는, 여전히 불신앙을 고집하는 유대 민족을 그리스도를 배척한 죄로 인하여 철저히 버리시고 멸망에 내어주실 것이다. 이 장에서 예언되고 있는 것은 바로 이것이다: 그리스도를 배척한 유대인들은 그들의 죄의 분량을 아구까지 다 채운 최후의 죄를 지었고, 그 죄로 말미암아 하나님의 맹렬한 진노가 그들에게 임하였다.

I. 유대 나라에 임하게 될 멸망에 관한 예언(1-3절). II. 하나님이 유대 나라를 메시야의 손에 두심. 1. 하나님이 양 떼를 보살피는 책임을 메시야에게 맡기심(4-6절). 2. 메시야가 그 일을 맡으셔서, 양 떼를 다스리심(7-8절). 3. 메시야가 그들이 패역한 것을 보시고, 그들을 버리시고(9절), 그가 가진 목자의 막대기를 꺾으시며(10-11절), 그에게 가해진 모욕들과 멸시에 대하여 분개하시고(12-13절), 그의 또 다른 막대기를 꺾으심(14절). 4. 메시야가 그들을 어리석은 목자들의 손에 넘겨 주심. 이 목자들은 그들의 파멸을 막아주기는커녕 완벽하게 이루어지도록 하는 역할을 하게 될 것이다. 눈먼 인도자들과 그들을 따르는 눈먼 자들이 둘 다 구덩이에 빠지게 될 것이다(15-17절). 하나님은 이런 일이 일어났을 때에 양 떼 중의 가난한 자들이 시험에 들지 않도록 하기 위해서 이것을 그들에게 미리 말씀해 주시는 것이다.

¹레바논아 네 문을 열고 불이 네 백향목을 사르게 하라 ²너 잣나무여 곡할지어다 백향목이 넘어졌고 아름다운 나무들이 쓰러졌음이로다 바산의 상수리나무들아 곡할지어다 무성한 숲이 엎드러졌도다 ³목자들의 곡하는 소리가 남이여 그들의 영화로

운 것이 쓰러졌음이로다 어린 사자의 부르짖는 소리가 남이여 이는 요단의 자랑이 쓰러졌음이로다

　　　　우리 주 예수께서 때가 거의 다 찼을 때에 아주 분명하게 명시적으로 예언하셨던 예루살렘의 멸망, 유대 교회와 나라의 멸망이 여기에서는 성경에서 먼 훗날에 일어날 일들에 대한 예언이 통상적으로 그렇듯이 애매하고 비유적인 표현들을 통해서 미리 말씀되고 있다.

　1. 그 멸망을 위한 준비(1절). "레바논아 네 문을 열라. 너는 네 왕이 들어가려 하시는데도 문을 열고자 하지 않았다. 그가 자기 땅에 오매 자기 백성이 영접하지 아니하였다(요 1:11). 그러므로 이제 너는 너의 멸망이 들어가도록 그 문을 열지 않으면 안 된다. 삼림의 문들과 거기로 통하는 모든 길들을 활짝 열고, 불이 들어가서 그 영광을 삼키게 하라." 어떤 이들은 여기에 나오는 레바논을 레바논의 백향목들로 지어진 성전, 그 돌들이 레바논의 눈처럼 희었던 성전을 가리키는 것으로 이해한다. 예루살렘 성전은 로마 군대에 의해서 불탔고, 그 문들은 광분한 병사들에 의해서 강제로 열렸다. 이 본문을 이렇게 이해하는 자들은 자신의 주장을 확증하기 위해서 한 가지 이야기를 들려주는데, 두 번째 성전이 멸망하기 사십 년 전에 성전의 문들이 저절로 열리는 사건이 일어났고, 이 괴이한 일에 대하여 랍비 요하난은 "레바논아 네 문을 열고 불이 네 백향목을 사르게 하라는 스가랴의 예언에 따라 성전이 멸망할 때가 가까이 다가왔다는 것을 이제 내가 알았다"고 평하였다는 것이다(이 일화는 어느 유대인 저술가의 글에 나온다). 어떤 이들은 여기에 나오는 레바논을 예루살렘, 또는 가나안 땅 전체를 가리키는 것으로 이해한다. 왜냐하면, 레바논은 북쪽으로 가나안 땅으로 들어오는 관문이었기 때문이다. 모든 것이 침략자에게 노출될 것이고, 백향목들, 즉 힘 있는 용사들과 권세 있는 높은 자들이 불살라질 것인데, 이것은 백성들에게 경악할 일이 될 수밖에 없다(2절). 백향목들이 넘어졌다면(즉, 모든 용사들이 쓰러져 무너졌다면), 잣나무는 곡할 수밖에 없다. 위풍당당한 백향목들이 쓰러졌다면, 갸날픈 잣나무들이 어떻게 견딜 수 있겠는가? 백향목들이 불에 삼켜졌다면, 잣나무들이 곡할 때가 온 것이다. 왜냐하면, 삼림 속에서 잣나무만큼 잘 타는 나무가 없기 때문이다. 온갖 해악에 노출된 바산의 상수리나무들아 곡할지어다. 왜냐하면, 특별히 크게 신경을 써서 보호되는 무성한 포도원의 숲 또는

레바논 같은 견고한 숲이 엎드려졌기 때문이다. 지혜롭고 선한 자들이 죄에 빠지거나, 부하고 큰 자들이 환난에 빠지는 것은 모든 점에서 그들보다 못한 자들에게 그들도 안전하지 못하다는 것을 큰 소리로 알려주는 경보(警報)라는 것을 명심하라.

2. 그 멸망으로 인한 애곡. 곡하는 소리가 남이여(3절). 이미 쓰러진 자들은 근심과 수치 때문에 곡하였고, 자기 차례가 곧 올 것을 보는 자들은 두려움 때문에 곡한다. 그러나 이 경보 때문에 가장 곤혹스러운 것은 특히 큰 자들이다. 흥청대며 기뻐하던 날에 사자처럼 포효하던 그들은 두려움의 날에 곡을 하고 있다. 왜냐하면, 지금 그들은 다른 그 누구보다도 더 고통스럽기 때문이다. 이 큰 자들은 목자의 직분을 맡고 있었기 때문에, 그들에게 맡겨진 하나님의 양 떼를 보호했어야 마땅하였다. 그것은 고관들과 제사장들에게 주어진 본분이다. 그러나 그들은 어린 사자들 같이 포효하는 소리로 그 양 떼에게 겁을 주고, 그들 자신이 양들을 잡아먹었다. 백성에게 목자들이 되어 주어야 할 자들이 도리어 어린 사자들 같이 행한다면, 그 백성은 참으로 서글픈 처지에 있는 것이다. 그러나 결과는 어떻게 어떻게 되었는가? 목자들은 곡한다. 왜냐하면, 그들의 영화로운 것이 쓰러졌기 때문이다. 초장들과 거기를 덮고 있던 양 떼들은 시골 젊은이의 영화로운 것이었는데, 그것이 초토화되었다. 어린 사자들이 곡한다. 왜냐하면, 요단의 자랑이 쓰러졌기 때문이다. 요단의 자랑은 사자들이 살고 있는 강둑에 무성한 수풀이었다. 그러므로 강이 범람해서 그 수풀을 망쳐 놓으면, 사자들은 수풀에서 나와서 포효하였다(렘 49:19). 권세를 지닌 자들이 그들의 권세를 교만하게 악용하여, 백성들에 대하여 목자가 아니라 어린 사자가 될 때, 그들은 의로우신 하나님이 그들의 교만을 낮추시고 그들의 권세를 깨뜨리시리라는 것을 각오하여야 한다.

[4]여호와 나의 하나님이 이르시되 너는 잡혀 죽을 양 떼를 먹이라 [5]사들인 자들은 그들을 잡아도 죄가 없다 하고 판 자들은 말하기를 내가 부요하게 되었은즉 여호와께 찬송하리라 하고 그들의 목자들은 그들을 불쌍히 여기지 아니하는도다 [6]여호와가 말하노라 내가 다시는 이 땅 주민을 불쌍히 여기지 아니하고 그 사람들을 각각 그 이웃의 손과 임금의 손에 넘기리니 그들이 이 땅을 칠지라도 내가 그들의 손에서 건져내지 아니하리라 하시기로 [7]내가 잡혀 죽을 양 떼를 먹이니 참으로 가련한

양들이라 내가 막대기 둘을 취하여 하나는 은총이라 하며 하나는 연합이라 하고 양 떼를 먹일새 8한 달 동안에 내가 그 세 목자를 제거하였으니 이는 내 마음에 그들을 싫어하였고 그들의 마음에도 나를 미워하였음이라 9내가 이르되 내가 너희를 먹이지 아니하리라 죽는 자는 죽는 대로, 망하는 자는 망하는 대로, 나머지는 서로 살을 먹는 대로 두리라 하고 10이에 은총이라 하는 막대기를 취하여 꺾었으니 이는 모든 백성들과 세운 언약을 폐하려 하였음이라 11당일에 곧 폐하매 내 말을 지키던 가련한 양들은 이것이 여호와의 말씀이었던 줄 안지라 12내가 그들에게 이르되 너희가 좋게 여기거든 내 품삯을 내게 주고 그렇지 아니하거든 그만두라 그들이 곧 은 삼십 개를 달아서 내 품삯을 삼은지라 13여호와께서 내게 이르시되 그들이 나를 헤아린 바 그 삯을 토기장이에게 던지라 하시기로 내가 곧 그 은 삼십 개를 여호와의 전에서 토기장이에게 던지고 14내가 또 연합이라 하는 둘째 막대기를 꺾었으니 이는 유다와 이스라엘 형제의 의리를 끊으려 함이었느니라

선지자 이사야가 종종 그랬듯이, 스가랴 선지자는 여기에서 그리스도의 모형이 된다. 이 단락의 취지는 그리스도께서 심판하러 이 세상에 오셨다는 것(요 9:39)을 보여주는 것이다. 그리스도께서 오실 때 즈음에 유대 교회와 나라는 그들의 지도자들의 세속성과 위선으로 인하여 형편없이 타락하고 부패해 있었다. 그리스도께서는 그들을 고치고자 하셨지만, 그들은 고침을 받고자 하지 않았다. 그러므로 그들은 황폐하게 되어서 폐허로 버려지게 될 것이다. 좀 더 자세하게 살펴보자.

I. 위정자들의 폭정 아래에서 유대 교회가 처한 절망적인 상황. 그들의 땅에서 그들이 종살이하는 것은 그들이 포로로 끌려가 이방 땅에서 종살이했던 때만큼이나 그들을 비참하게 만들었다. 양 떼를 소유한 자들은 그들을 죽이기도 하고 팔아 버리기도 한다(5절). 스가랴 시대에 우리는 관원들과 귀족들이 그들의 형제들에게 높은 이자를 취하는 고리대금업을 한 일 때문에 하나님으로부터 책망받는 것을 본다(느 5:7). 위정자들은 그들의 종들을 통해서조차 백성들을 압제하였다(느 5:15). 그리스도 시대에는 양 떼의 소유자들이었던 대제사장들과 장로들은 인간의 전통과 사람들의 계명을 이용하여 백성들의 양심에 무거운 짐을 지움으로써 철저한 폭군들이 되었고, 백성들의 가산을 삼켜서 그들의 부를 늘렸고, 양 떼를 먹이는 것이 아니라 교묘하게 속여서 강탈을 일삼았다. 무

신론자들이었던 사두개인들은 하나님의 규례들을 훼손시켰고, 미신적인 것들을 맹신한 완고한 자들이었던 바리새인들은 하나님의 계명을 무력화시킴으로써 백성들의 도덕을 타락시켰다(마 15:16). 그들은 이런 식으로 양들을 죽였고, 이런 식으로 양들을 팔아 버렸다. 그들은 그들 자신의 목적을 이루고 그들 자신의 이익을 챙길 수만 있다면, 양 떼가 어찌 되든 상관하지 않았다.

1. 그들은 이런 일들을 하면서도 자신들이 의롭다고 주장하였다는 것. 그들은 양 떼를 죽이고도 그들에게 죄가 없다고 하였다. 그들은 그들이 양들에게 한 짓은 아무런 해악이 없고, 그 일로 인해서 목자장에게 벌을 받을 일은 결코 없을 것이라고 생각하였다. 그들은 그들의 권세가 오직 덕 세우는 일을 위해서 주어진 것이었는데도 마치 다른 사람들을 해치기 위해 주어진 것처럼 여겼고, 그들이 모세의 자리에 앉아 있기 때문에 마치 그들은 율법을 지킬 의무 아래 있지 않고 그들의 마음대로 율법을 베풀며 그들 자신은 율법을 깨뜨려도 아무 상관이 없다는 듯이 행하였다. 불의를 행하고도 자기 자신을 의롭다고 여기는 자들은 그들의 마음이 비참하리 만큼 눈멀어 있는 것임을 명심하라. 스스로 죄가 없다고 여기는 자들을 하나님은 결코 죄 없다고 하지 않으실 것이다.

2. 그들은 이런 악한 일을 저지르고서도, 그들이 압제를 통해서 얻은 이득으로 인하여 하나님께 감사함으로써 하나님을 모독하였다는 것. 그들은 마치 하나님이 그들의 악행을 후원하시고, 하나님의 섭리가 그들의 죄책의 공범자가 되었기 때문에, 그들이 악한 일에서 형통하여 재물을 모았다는 듯이 내가 부요하게 되었은즉 여호와께 찬송하리라고 말하였다. 우리는 우리가 정직하게 얻은 것에 대하여 하나님께 감사하여야 하고, 사람을 부하게 하고 근심을 겸하여 주지 아니하시는 그런 복을 주시는 하나님을 찬송하여야 한다(잠 10:22). 그러나 불의한 방법으로 재물을 얻고자 하는데에 축복해 달라고 하거나, 그렇게 해서 얻은 재물로 인하여 하나님께 감사드리기 위해서라면, 우리가 어떻게 얼굴을 들고 하나님 앞에 나아갈 수 있겠는가? 그들은 죄로 인해 얻은 이득을 하나님이 주신 선물로 둔갑시킴으로써 하나님을 우롱할 것이 아니라, 도리어 하나님 앞에 나아가 그들의 죄를 고백하고, 그 죄로 인한 수치를 스스로 담당하며, 자기가 끼친 손해를 배상하겠다고 맹세하였어야 마땅하였다.

3. 그들은 스스로 이런 악한 일을 저지르면서도, 하나님의 백성을 존중히 여기거나 불쌍히 여길 가치가 없는 자들로 여겨서 경멸하였다는 것. 그들의 목자

들은 그들을 불쌍히 여기지 아니하는도다. 그들은 백성들을 비참하게 만들어 놓고서, 불쌍하게 여기지조차 않는다. 그리스도께서는 목자 없는 양과 같이 고생하며 기진한 무리를 보시고 불쌍히 여기셨다(마 9:36) ― 사실 그들에게 있는 목자들은 차라리 없느니만 못한 자들이었다. 그러나 그들의 목자들은 그들을 불쌍히 여기지 아니하였고, 그들에게 그 어떤 관심도 보이지 않았다. 교회에서 목회자들이 보배로운 심령들에 대한 자애로움이나 불쌍히 여기는 마음이 없어서, 무지하거나 어리석거나 악하거나 약한 자들을 불쌍히 여기지 않을 때, 그 교회는 불행할 수밖에 없다.

Ⅱ. 상황이 이런 데도 백성들은 여전히 지각 없고 우둔하였기 때문에, 하나님이 그들에게 진노의 판결을 내리심.   그들 가운데에서 신앙은 전반적으로 쇠락하다 못해 아예 멸절되었지만, 그들은 아무런 관심이 없었다. 그들은 신앙을 귀하게 여기지 않았다. 내 백성은 그것을 좋게 여긴다(렘 5:31). 그들은 학대를 받고 재판의 압제를 받는데도, 사람의 명령을 뒤따르기를 좋아하였다(호 5:11). 그들의 목자들은 그들을 불쌍히 여기지 않았고, 그들은 그들의 그런 처지를 슬퍼하거나 탄식하지 않았다. 그러므로 하나님은 이렇게 말씀하신다(6절): "내가 다시는 이 땅 주민을 불쌍히 여기지 아니하리라. 그들은 그들을 멸망시켜 달라고 애걸한 꼴이니, 그들의 운명은 그들이 원한 대로 되리라." 긍휼의 하나님이 더 이상 불쌍히 여기지 않으시겠다고 하신 자들은 정말 비참한 자들이다. 사람의 계명으로 교훈을 삼아 가르치는 자들이 자신의 양심을 압제하도록 기꺼이 허용하는 자들(그렇게 가르친 자들을 랍비라 부른 유대인들, 마 15:9; 23:7)은 흔히 그들의 시민적 권리들을 그 자들에게 빼앗기고 억압당하는 벌을 받는다. 왜냐하면, 하나님이 주신 권리들을 얌전히 포기하는 자들은 그들 자신의 권리들을 상실하게 되기 때문이다. 전에는 유대인들이 그랬고, 지금은 가톨릭교도들이 그렇게 하고 있다. 그들이 스스로 압제받고자 하는데, 누가 그들을 불쌍히 여기겠는가? 하나님은 여기에서 그들에게 다음과 같이 경고하신다.

1. 하나님이 그들을 압제자들의 손에 넘기시리라는 것. 하나님은 그 사람들을 각각 그 이웃의 손에 넘기셔서, 그들이 서로를 야만적으로 학대하게 하실 것이다. 예루살렘의 여러 파당들이 그랬다. 요세푸스가 유대 전쟁사에 관한 그의 글에서 들려주듯이, 열심당들은 일반적인 원수들이 했던 것보다 더 큰 불법들을 자행하였다. 그들은 모두 그들의 임금의 손에 넘겨질 것이다. 즉, 하나님은,

가이사 외에는 우리에게 왕이 없나이다(요 19:15)라고 말하며, 그리스도가 아니라 로마 황제에게 복종하기로 선택한 그들을 그들의 임금인 로마 황제에게 넘겨주실 것이다. 그들은 그렇게 말함으로써 그들의 주군들과 주인들인 로마 사람들의 환심을 샀다고 생각했겠지만, 하나님은 이 일로 인해서 로마 군대를 불러오셔서 그들을 치게 하여 그들의 땅과 민족을 빼앗아 가게 하셨다(요 11:48).

2. 하나님이 그들을 그 압제자들의 손에서 건지지 않으시리라는 것. 그들이 이 땅, 이 온 땅을 칠지라도 내가 그들의 손에서 건져내지 아니하리라. 여호와께서 그들을 돕지 않으시면, 그들 스스로도 어찌 할 수가 없을 뿐만 아니라, 다른 그 누구도 그들을 도울 수 없다.

Ⅲ. 하나님이 그들에게 그리스도를 목자로 보내셔서, 그들이 그들의 파멸을 미리 막을 수 있도록 합당하게 행하는지를 시험해 보시겠다고 하심.　하나님은 그들에게 그의 종들을 수없이 보내셨지만, 아무 소용이 없었기 때문에, 마지막으로 자기 아들을 보내며 이르되 그들이 내 아들은 존대하리라 하였다(마 21:37). 여러 선지자들이 이스라엘의 목자이신 그 아들에 대하여 예언하였었다(사 40:11; 겔 34:23). 예수께서는 친히 이 본문을 염두에 두시고서, 바리새인들에게 자기가 양의 목자이며, 지금 목자인 체하는 자들은 절도요 강도라고 말씀하셨다(요 10:1-2, 11).

1. 그리스도께서 아버지로부터 이 양 떼를 어떻게 해야 할지를 시험해 보라는 명령을 받으심(4절). 여호와 나의 하나님이 이르시되(그리스도께서는 그의 모든 일에서 하나님의 뜻에 맞게 행하셨고, 하나님의 영광을 염두에 두고 행하셨기 때문에, 그의 아버지를 그의 하나님이라 부르셨다), 너는 잡혀 죽을 양 떼를 먹이라고 하셨다. 유대인들은 하나님의 양 떼였지만, 잡혀 죽을 양 떼였다. 왜냐하면, 그들의 원수들은 온종일 그들을 죽였고, 그들을 도살할 양 같이 여겼기 때문이다. 그들의 소유주들이 그들을 죽였고, 하나님도 그들에게 도살의 판결을 내리셨다. 그렇지만, "책망과 위로의 말씀들을 통해서 그들을 먹이라. 오랫동안 서기관과 바리새인의 누룩을 먹어서 까다로워진 자들에게 건강에 좋은 음식을 주어서 먹이라." 그리스도께는 이 우리에 들지 아니한 다른 양들이 있어서, 나중에 그들도 인도하여야 한다(요 10:16). 그러나 그는 먼저 이스라엘 집의 잃어버린 양에게 보내심을 받으셨다(마 15:24).

2. 그리스도께서 하나님의 그런 명령을 받아들이시고, 그 명령을 수행하심

(7절). 그는 보시옵소서 내가 하나님의 뜻을 행하러 왔나이다(히 10:9)라고 말씀하신다. "그것은 하나님의 뜻이기 때문에, 곧 나의 뜻이기도 하나이다. 내가 잡혀 죽을 양 떼를 먹이리이다." 그리스도께서는 이 잃어버린 양들을 돌보실 것이다. 그는 그들 가운데에서 두루 행하며, 참으로 가련한 양들인 그들을 가르치고 고치실 것이다. 그리스도께서는 아무리 비천한 자라 할지라도 무시하지 않으셨고, 그들이 비천하다고 해서 그들을 본체만체하시는 일이 없으셨다. 그들을 먹잇감으로 삼은 목자들은 가난한 자들을 무시하고 본체만체하였다. 그 목자들은 뭔가 이익이 될 만한 것을 얻어낼 수 있을 것 같은 자들과만 사귀었다. 그러나 그리스도께서는 그의 복음을 가난한 자들에게 전하셨다(마 11:5). 그가 주로 하층민들과 어울리셨다는 것은 그의 겸비를 보여주는 한 예였다. 그와 늘 함께 하였던 그의 제자들은 이 양 떼 중에서 가난한 자들에 속하였다.

3. 그리스도께서 하나님에게서 받은 명령을 수행하시기에 적합한 도구들을 갖추심. 내가 막대기 둘, 즉 양을 치기 위한 두 개의 막대기를 취하였다. 목자들은 보통 손잡이가 구부러진 지팡이 하나만을 갖고 있었지만, 그리스도께서는 두 개의 막대기를 가지고 계셨다. 이것은 그가 그의 양 떼를 갑절로 돌보셨다는 것과 사람들의 심령과 육신을 둘 다 돌보셨다는 것을 의미한다. 다윗은 하나님의 지팡이와 막대기, 즉 징계를 위한 막대기와 약한 자를 거들어 주기 위한 지팡이, 이렇게 두 가지를 얘기한다(시 23:4). 이 두 개의 막대기 중 하나는 아름다움(또는, 은총)이라 불리는데, 이것은 거룩함의 아름다움이라 불린 성전을 나타낸다. 성전 문들 중의 하나의 이름은 미문이었다. 그리스도께서는 성전을 그의 아버지의 집이라 부르셨고, 매매하는 모든 사람들을 성전에서 쫓아내심으로써 아버지의 집을 향한 그의 큰 열심을 나타내셨다. 그는 또 다른 하나의 막대기를 연합이라 부르셨는데, 이것은 그들의 나라, 이스라엘 민족이 연합하여 이룬 사회를 의미하는 것이었다. 그리스도께서도 그들 가운데에 사랑과 평화를 전하심으로써 그들의 나라에 관심을 나타내셨다. 그리스도께서는 그의 복음 및 그가 그들 가운데서 행한 모든 일을 통해서 그들의 시민적 이득과 신앙적 이득의 진전을 둘 다 고려하셨다.

4. 그리스도께서 목자장으로서의 그의 직분을 수행하심. 내가 양 떼를 먹였다(7절). 그는 그들에게 맡겨진 일에 신실하지 못했던 목자들을 해고하셨다(8절). 한 달 동안에 내가 그 세 목자를 제거하였다. 유대 교회의 말기에 관한 역사

가 상세하게 알려져 있지 않아서, 우리는 어떤 특정한 사건을 통해서 이 말씀이 성취되었는지를 알지 못하지만, 대체적으로 이 구절은 죄악된 목자들이 벌을 받고, 학대받던 양 떼의 우환이 제거된, 권세와 공의에 관한 어떤 사건을 가리키고 있는 것으로 보인다. 어떤 이들은 이 구절을 그리스도께서 그의 사역을 마치셨을 때에 왕과 제사장과 서기관 또는 선지자라는 세 직분이 그들의 신실치 못함으로 인해서 폐기된 것을 의미하는 것으로 이해한다. 또 어떤 이들은 이 구절을 그리스도께서 논쟁을 통해 할 말이 없게 만드셨던 유대인들의 세 분파, 즉 바리새파, 사두개파, 헤롯당이 얼마 후에 다 제거된 것을 의미하는 것으로 이해한다(마 22장).

IV. 그들이 그리스도를 미워함으로써, 그들 자신을 그리스도께 가증스러운 자들로 만듦. 그는 자기 백성에게 오셨고, 그의 초장의 양들에게 오셨다. 사실, 그들과 그 사이에는 마치 목자와 그의 양들 사이와 마찬가지로 온전한 애정이 있어야 마땅하였다. 그러나 그들은 너무나 악하게 행하였기 때문에, 그의 마음이 그들을 싫어하였다. 즉, 그들을 향한 그의 마음은 좁아졌다(이것이 원어의 의미이다). 그는 그들에게 인애(仁愛)를 베풀고자 하였으나, 그들이 믿지 않음으로 말미암아 그가 의도한 인애를 그들에게 베풀 수 없었다(마 13:58). 그는 그가 제거한 목자들 때문만이 아니라, 그가 자주 근심어린 마음과 눈물을 머금고 바라보았던 백성들 때문에도, 실망하고 낙심하며 근심하셨다. 그의 진노를 불러일으키는 그들의 도발은 그의 인내심을 바닥나게 만들었고, 그는 저 믿음이 없고 패역한 세대(마 17:17)에 질리셨다. 그들의 마음도 나를 미워하였다. 그러므로 그의 마음이 그들을 싫어하였다. 왜냐하면, 하나님과 사람의 사이가 어떤 식으로든 틀어진다면, 그것은 사람 쪽에서 시작한 것이기 때문이다. 유대의 건축자들이 이 모퉁잇돌을 버렸듯이, 유대의 목자들은 이 목자장을 배척하였다. 그들은 그리스도의 가르침과 이적들, 백성들 가운데서 그의 세력이 확장되는 것에 대하여 분노를 품고서, 어떻게 해서든지 그리스도가 백성들에게 미움을 사도록 하기 위해서 온갖 짓을 다하였다. 하나님과 악한 백성 간에는 서로에 대한 적대감이 존재한다는 것을 명심하라. 그들은 하나님을 미워하고, 하나님은 그들을 미워하신다. 거듭나지 못한 상태의 죄악성과 비참성을 이것보다 더 잘 말해 주는 것은 없다. 육신적인 마음은 세상의 친구이자 하나님의 원수이다. 하나님은 모든 행악자들을 미워하신다. 그들이 이 싸움을 빨리 포기하지 않는다면, 그 결과가 어떻게 될지를 예견하는 것은 쉬운 일이다(사 27:4-5).

V. 그리스도께서 그들을 구제불능으로 여기셔서 버리시고, 그들의 집이 황폐하게 되어 버려지도록 내버려 두시리라는 것(마 23:38). 그들의 평화에 속한 일들은 지금 그들의 눈에 감추어져 있다. 왜냐하면, 그들은 하나님이 그들을 벌하실 날을 알지 못하고 있기 때문이다.

1. 하나님이 그들을 버리실 것이라는 선고가 내려짐(9절). "그 때에 내가 이르되 내가 너희를 먹이지 아니하리라 하였다. 나는 앞으로 너희를 돌보지 아니할 것이다. 너희가 다시 나를 보지 못하리라. 네 갈 길을 가라. 나는 너희를 먹이지 않을 것이고, 너희를 고치려 하지 않을 것이다. 죽는 자는 죽는 대로(목자이신 그는 죽어가는 자의 목숨을 건지기 위한 일을 하지 않으실 것이다), 망하는 자는 망하는 대로 두리라. 스스로 이리의 먹이가 되고자 하는 자는 먹이가 되도록 내버려 두리라. 나머지는 그들의 온순한 성품을 완전히 잊어버리고서 서로 살을 먹어도 그대로 두리라. 이 양들이 개들처럼 서로 싸우게 되어도 그대로 두리라." 그리스도를 배척하는 자들은 당연히 그에 의해서 버림을 받게 될 것이고, 그 때에 그들의 처지는 비참할 것이다.

2. 하나님이 이 일이 반드시 일어날 것임을 보여주는 징조를 그들에게 주심(10절). 내가 아름다움(또는, 은총)이라 하는 막대기를 취하여 꺾었다. 영국의 대관식을 주재하도록 지명을 받은 자가 그의 흰 막대기를 꺾음으로써 자기가 현재의 직책을 잠시 중단하고 그 임시적인 소임을 맡기로 결정했음을 보여주고, 모세가 하나님과 이스라엘 간의 언약을 잠시 중단한다는 의미로 율법의 돌판들을 깨뜨린 것과 마찬가지로, 이것은 그가 더 이상 그들의 목자직을 수행하지 않겠다는 결의를 보여주는 것이었다. 이 막대기를 꺾은 것은 하나님이 모든 백성들과 세운 언약, 이스라엘의 모든 지파 및 (개종자가 되어서 이스라엘 민족과 하나가 된) 다른 모든 백성과 특별히 맺은 언약을 파기한다는 것을 나타내는 것이었다. 하나님은 이제 유대 교회에게서 그들이 가진 모든 영광을 다 벗겨 버리셨다. 그들의 면류관은 더럽혀져서 땅에 던져졌고, 그들의 모든 존귀함은 티끌 속에 묻혔다. 왜냐하면, 하나님이 유대 교회를 떠나셨고, 그 교회를 더 이상 그의 교회로 인정하지 않으실 것이기 때문이다. 그리스도께서 하나님의 나라를 그들에게서 빼앗아 다른 백성에게 주리라(마 21:43)고 분명하게 말씀하셨을 때, 그것은 그가 아름다움의 막대기를 꺾으신 것이었다. 그 날에 막대기가 꺾였

다. 예루살렘과 유대 나라는 그 때로부터 사십 년 동안 더 유지되었지만, 바로 그 날로부터 아름다움의 막대기는 꺾인 것이었다(11절). 큰 자들은 그것을 하나님의 선고로 받아들이지 않았고, 그렇게 되지 말아지이다(눅 20:16)라는 냉담한 말로 그 선고를 무력화시킬 수 있다고 생각했지만, 그리스도의 말을 지키던 가련한 양들, 즉 그가 무슨 권세로 말씀하시는지를 알고 있었고 그들의 목자의 음성과 타인의 음성을 분간할 수 있었던 그의 제자들은 이것이 여호와의 말씀이었던 줄 알고서 두려워 떨며, 그 말씀이 땅에 떨어지지 않을 줄을 확신하였다. 무리 중에서 가난한 자들이 그리스도를 모신다는 것을 명심하라. 그는 그들을 택하셔서, 그와 함께 있게 하시고, 그의 문도(門徒)들이자 증인들이 되게 하셨다. 큰 재물을 가진 자들은 그에게 등을 돌렸지만, 가난한 자들은 그와 그의 복음을 받아들였다. 그리스도를 모시고서, 그의 말씀을 듣고 받으려고 그의 발 아래 앉은 자들은 그 교훈이 하나님께로부터 왔는지 그가 스스로 말함인지 알게 될 것이다(요 7:17).

3. 하나님이 그들을 버리시기로 한 또 다른 이유. 그들의 마음이 그를 미워하였다는 말씀이 앞에 나왔었는데, 여기에서 그것을 보여주는 한 예가 나온다. 즉, 그들은 은 삼십 개를 받고 그리스도를 팔리라는 것이다. 여기에서 은 삼십 개는 로마의 화폐 단위로 해서 삼십 데나리온일 수도 있지만, 아마도 유대의 화폐 단위로 해서 삼십 세겔로 보는 것이 더 유력하다. 이것은 여기에서 다소 모호한 표현으로 예언되고 있는데, 그것은 예언이 너무 명확하면 그 성취가 방해를 받을 수 있어서, 이렇게 구체적인 예언들은 그런 식으로 모호하게 표현하는 것이 합당하기 때문이다.

(1) 목자이신 그리스도께서 그의 품삯을 받고 그들에게 팔리시리라는 것(12절). "너희가 좋게 여기거든 내 품삯을 내게 주라. 너희가 내게 싫증이 났으니 내게 품삯을 주고 나를 보내라. 그렇지 아니하거든 그만두라. 너희가 나로 하여금 계속해서 너희를 섬기게 하고자 한다면, 나는 계속해서 그렇게 할 것이다. 또는, 너희가 품삯을 주지 않고 나를 보낸다고 해도, 나는 만족이다." 그리스도는 품꾼이 아니셨지만, 일한 자는 자신의 품삯을 받을 권리가 있다. 이것을 그리스도께서 그를 팔려고 한 유다를 향해 하신 말씀과 비교해 보라: "네가 하는 일을 속히 하라. 대제사장들과 협상을 해서, 그들로 하여금 그 거래를 받아들이든지 거부하든지 하게 하라(요 13:27)." 그리스도를 배신하는 자들은 그렇게 하

도록 강제되는 것이 아니다. 그들은 얼마든지 선택할 수 있었다.

(2) 그들이 그리스도의 값어치로 은 삼십 개를 쳐주리라는 것. 그는 오랜 세월 동안 목자로서 그들을 위해 일하셨지만, 그들이 그의 품삯으로 준 것은 고작 은 삼십 개였다. "이것은 그들이 나의 모든 돌봄과 수고를 헤아린 바 그 삯이었다." 유다가 예수를 판 대가로 요구한 것이 정확히 이 금액이었는데, 그의 이름이 유다, 즉 이 백성 전체의 명칭과 동일한 이름이었다는 사실은 주목할 만하다. 왜냐하면, 그것은 민족적인 행위였기 때문이다. 또는, 대제사장들이 이 금액을 먼저 제시한 것이었다고 해도, 그들은 이 백성의 대표자들이었다. 하나님께 바치기로 서원한 것의 값을 정하는 것은 제사장의 직무 중의 하나였고(레 27:8), 대제사장들은 그들의 직무를 따라 주 예수의 값을 그렇게 정하였다. 은 삼십 세겔은 통상적으로 종 한 명의 값이었다(출 21:32). 그리스도를 가볍게 보고, 저 크시고 선하신 목자의 사랑을 우습게 여기는 것은 많은 사람들의 멸망의 원인이고, 또 그런 자들은 멸망을 받아 마땅하다.

(3) 은은 어떤 식으로든 그리스도의 값어치로 합당하지 않기 때문에 하찮은 것으로 여겨져서 토기장이에게 던져지게 되리라는 것. "토기장이로 하여금 그 돈으로 진흙을 사든지, 푼돈으로 할 수 있는 일을 하게 하라. 왜냐하면, 그 정도의 돈은 저축할 가치도 없는 푼돈이기 때문이다. 은 삼십 개는 토기장이의 물건 값으로는 충분할지 모르지만, 이런 목자를 사는 데에는 턱도 없는 값이고 목자의 품삯으로도 충분하지 않은 값이다." 그래서 선지자는 그 은 삼십 개를 여호와의 전에서 토기장이에게 던졌다. "토기장이로 하여금 그 돈을 취하여, 그것으로 그가 하고 싶은 것을 하게 하라." 우리는 이것이 그리스도의 수난의 역사 속에서 아주 구체적으로 성취된 것을 보고, 이 예언이 전거(典據)로 인용되고 있는 것을 본다(마 27:9-10). 은 삼십 개는 그리스도께서 대제사장들에게 팔린 바로 그 값이었다. 유다가 이 돈을 받으려 하지 않자, 대제사장들은 그 돈을 도로 가져가지 않고, 그 돈으로 토기장이의 밭을 사서 나그네의 묘지로 삼았다. 이것은 대제사장들의 갑작스러운 결정이었을지라도, 아주 오래된 옛 예언 및 그 예언보다 더 오래된 하나님의 계획과 미리 아심을 따라 결정된 것이었다.

4. 그리스도께서 또 하나의 막대기를 꺾음으로써 하나님이 그들을 버리신 것이 마무리됨(14절). 앞에서 한 개의 막대기를 꺾은 것은 하나님과 그들 간의 언약이 폐기됨으로써 그들의 교회가 멸망하게 될 것임을 보여주는 것이었는

데, 이것은 그들의 아름다움을 말살하는 것이었다. 여기에서 또 하나의 막대기를 꺾은 것은 유다와 이스라엘 간의 형제애가 끊어지고, 그들 사이에 해묵은 반목과 알력이 되살아남으로써 그들의 나라가 멸망하게 될 것임을 보여주는 것이다. 유다와 이스라엘이 여호와의 손에서 한 막대기가 되는 것은 그들이 포로 생활에서 돌아온 후에 하나님이 약속하신 복들 중의 하나였었다(겔 37:19). 그러나 그 연합이 이제 해체될 것이다. 그들은 여러 파당들과 분파들로 쪼개져서, 필사적으로 서로 싸우게 될 것이다. 그들의 나라는 이렇게 나뉘어져서 결국 황폐화 될 것이다.

(1) 연합의 막대기가 꺾이는 것, 그들 간의 형제애가 약화되는 것만큼 한 백성을 확실하게 필연적으로 멸망으로 이끄는 것은 없다. 왜냐하면, 분열된 백성은 공통의 원수의 손쉬운 먹잇감이 되기 때문이다.

(2) 이것은 하나님과 그들 간의 언약이 파기되고, 그들 가운데에서 신앙이 쇠퇴한 후에 나타나는 현상이다. 죄악이 만연될 때, 사랑은 식어간다. 하나님을 격동시켜서 그들로부터 떠나가게 만든 자들이 그들 내부에서 서로 분열을 일으키는 것은 전혀 이상한 일이 아니다. 아름다움의 막대기가 꺾일 때, 연합의 막대기도 오래 견디지 못한다. 교회가 쇠락한 백성은 곧 망하는 백성이 될 것이다.

[15]여호와께서 내게 이르시되 너는 또 어리석은 목자의 기구들을 빼앗을지니라 [16]보라 내가 한 목자를 이 땅에 일으키리니 그가 없어진 자를 마음에 두지 아니하며 흩어진 자를 찾지 아니하며 상한 자를 고치지 아니하며 강건한 자를 먹이지 아니하고 오히려 살진 자의 고기를 먹으며 또 그 굽을 찢으리라 [17]화 있을진저 양 떼를 버린 못된 목자여 칼이 그의 팔과 오른쪽 눈에 내리리니 그의 팔이 아주 마르고 그의 오른쪽 눈이 아주 멀어 버릴 것이라 하시니라

하나님은 선한 목자로부터 버림받은 이 백성의 참상을 보여주신 후에, 여기에서는 어리석은 목자에 의해서 학대받는 그들의 수치스러운 참상을 보여주신다. 스가랴 선지자는 여기에서 이 어리석은 목자의 역할을 직접 상징적으로 행한다(15절). 너는 그 일을 하기에 전혀 합당하지 않은 어리석은 목자의 기구들 또는 장신구들, 즉 어리석은 목자가 지닌 겉옷과 주머니와 지팡이를

빼앗아 취하라. 왜냐하면, 하나님은, 그들을 보호하기는커녕 그들을 압제하고 그들에게 해악을 끼칠 그런 목자를 그들 위에 세우실 것이기 때문이다(16절).

1. 그들이 신실하지 못한 성직자들의 감시 아래 있게 되리라는 것. 그들의 서기관들과 제사장들과 율법 박사들은 그들이 지기 버거운 무거운 짐을 그들에게 지울 것이고, 인간의 전통을 그들에게 강요하여 예식법을 하나님이 의도하셨던 것보다 훨씬 더 무거운 멍에로 만들어 버릴 것이다. 여기에 나오는 어리석은 목자에 관한 묘사는 그리스도께서 서기관들과 바리새인들을 묘사하신 것과 아주 잘 맞아떨어진다(마 23:2).

2. 그들이 무자비한 지도자들의 폭정 아래에 있게 되리라는 것. 그 지도자들은 그들을 가혹하게 다스리고, 그들의 땅을 애굽이나 바벨론 같이 그들이 종살이 하였던 집처럼 만들어 버릴 것이다. 그리스도로 말미암아 **방백들이** 공의를 세우는 것인데(잠 8:15), 그들이 그리스도를 배척하였기 때문에, 하나님이 그들을 불의한 **법령을** 만드는 방백들의 손에 넘기신 것은 마땅한 일이었다.

3. 우리 구주께서 예언하셨듯이(마 24:5), 그들이 적그리스도들과 거짓 선지자들에 의해서 미혹되리라는 것. 그런 자들이 많이 나와서, 백성들을 선동함으로써 로마 사람들을 자극하여, 유대 나라의 멸망을 재촉하였다. 그러나 주목할 만한 것은 그들이 참 메시야를 거부하고 배척할 때까지는 가짜 메시야에 의해서 한 번도 속지 않았다는 것이다.

I. 이 어리석은 목자는 백성에게 어떤 저주가 되는가(16절). 하나님은 그들을 벌하시기 위해서 목자로서의 본분을 하고자 하지 않는 어리석은 한 목자를 일으키실 것이다. 그 목자는 없어진 자들을 마음에 두지 아니할 것이고, 선한 목자처럼(마 18:12-13) 길 잃은 자들을 쫓아가서 찾아내어 집으로 데려오지도 아니할 것이다. 그 목자는, 그리스도께서 하시듯이 그의 보살핌이 필요하고 그럴 가치가 있는 어린 양들을 돌보지 않을 것이다(사 40:11). 그 목자는 찢겨서 괴로워하는 상한 자를 고치지 아니하고, 제때에 조금만 치료했으면 얼마든지 살릴 수 있었을 자를 그 상처로 인하여 죽게 내버려 둘 것이다. 그 목자는, 힘이 약해서 앞으로 나아가지를 못하고 현기증을 일으켜서 가만히 서 있는 자들을 먹이지 아니하고, 도리어 그들을 뒤에 처진 채로 내버려 두어서 짐승에게 잡아먹히게 할 것이다. 그 목자는 가만히 서 있는 것을 데려가지 않을 것이다(어떤 이들은 이렇게 읽는다). 그 목자는 약한 자들을 거들거나 여린 마음을 지닌 자들에게

위로가 되는 그 어떤 일도 하지 않을 것이다. 반대로, 그는 다음과 같은 일들을 할 것이다.

1. 그는 자기 스스로는 사치스럽게 먹고 방탕하게 살리라는 것. 그는 살진 자의 고기를 먹을 것이다. 그는 가장 좋은 것들로만 먹을 것이다. 내 주인이 더디 오리라고 말한 저 악한 종처럼, 그는 술친구들과 더불어 먹고 마시며, 그들의 배만 섬길 것이다(마 24:48-49).

2. 그는 양 떼에게 야만적으로 대하리라는 것. 그는 식욕만이 아니라 혈기도 다스리지 못할 것이다. 왜냐하면, 그는 양 떼 중의 하나에 대하여 격노하면, 그들을 지나치게 몰아부침으로써 그들의 굽을 찢어 놓을 것이기 때문이다. 그는 그들의 굽을 칠 것이다. 그는 동료 종들을 때릴 것이다. 네 왕이 이런 어린 아이인 나라여 네게 화가 있도다(전 10:16).

Ⅱ. 이 어리석은 목자는 자기 자신에게 어떤 저주를 가져다 주는가(17절). 우상처럼 눈이 있어도 보지 못하고, 우상처럼 백성들로부터 차고 넘치는 공경과 예우, 최고의 예물을 받아도 그들에게 그 어떤 복도 줄 수 없는 우상 같은 목자에게 화 있을진저. 그는 양들이 그의 보살핌을 가장 절실하게 필요로 할 때에 양 떼를 굶주린 채로 내버려 두고 혼자 도망친다. 왜냐하면, 그는 삯꾼 목자이기 때문이다. 그가 받을 벌은 하나님의 공의의 칼이 그의 팔과 오른쪽 눈에 떨어지는 것이 될 것이다. 그렇게 해서, 그는 그의 팔과 오른쪽 눈을 완전히 못쓰게 될 것이다. 그의 팔은 아주 말라 버려서, 그를 절실히 필요로 했을 때에 그의 친구들을 돕고자 하지 않았던 그는 이제 자기 자신을 도울 힘도 없게 될 것이다. 그의 오른쪽 눈은 아주 멀어 버려서, 그는 그의 양 떼가 어떤 위험에 처해 있는지, 어디에 구조를 요청해야 하는지도 모르게 될 것이다. 이것은 그리스도께서 바리새인들에게 내가 보는 자들은 맹인이 되게 하려 왔다(요 9:39)고 말씀하셨을 때에 성취되었다. 선을 행할 수 있는 은사들을 가진 자들은 그 은사들로 선을 행하지 않으면 그 은사들을 빼앗기게 될 것이다. 일꾼이 되었어야 마땅한 자들이 게을러서 아무 일도 하지 않고자 한다면, 그들의 팔이 말라 버리는 것은 마땅한 일이다. 파수꾼이 되었어야 마땅한 자들이 잠만 자고 주변을 경계하지 않는다면, 그들의 눈이 멀게 되는 것은 마땅한 일이다.

제
― 12 ―
장

개요

사도 바울은 "그 자녀들과 더불어 종 노릇 하는 지금 있는 예루살렘"(그리스도를 배척한 유대 교회의 남은 시체)과 "자유자, 곧 우리 모두의 어머니인 위에 있는 예루살렘"(하나님이 그의 이름을 두려고 택하신 영적 예루살렘, 곧 기독 교회)을 구별한다(갈 4:25-26). 앞 장에서 우리는 전자에 대한 판결을 읽었고, 그 시체를 거기로 모여들 독수리들의 먹잇감이 되게 놓아 두었다. 이제 이 장에서 우리는 후자에 대한 축복들, 즉 하나님이 그에게는 그의 약속을 이룰 능력이 있음을 보여주시면서(1절), 복음적 예루살렘에게 주시는 많은 보배로운 약속들을 본다. 하나님은 다음과 같은 것들을 약속하신다. I. 원수들이 교회를 해치고자 하면 도리어 그들 자신이 파멸을 당하게 될 것이고, 교회에 어떤 해악을 끼치면 그들 자신이 위태로워진다는 것을 알게 되리라는 것(2-4, 6절). II. 교회의 유익을 위한 교회의 친구들과 후원자들의 수고는 경건하고 늘 있으며 성공을 거두리라는 것(5절). III. 그들의 하나님이 그의 교회에 속한 가장 미천하고 약한 자들을 보호하시고 견고하게 하실 것이며, 그들의 구원을 이루시리라는 것(7-8절). IV. 하나님이 이 모든 긍휼을 받을 준비를 시킴과 동시에 그 담보로서, 그들 위에 기도와 회개의 영을 부으실 것이고, 그 효과는 도처에 미치고 아주 구체적이리라는 것(9-14절). 이 약속들은 당시에 안티오코스를 비롯해서 여러 박해자들과 압제자들 밑에서 괴로운 시기를 보내고 있던 경건한 유대인들에게 유익하였고, 복음 교회와 관련해서도 우리의 기도를 지도하고 우리의 소망을 격려하는 데에 모든 시대에서 여전히 선용될 수 있다.

¹이스라엘에 관한 여호와의 경고의 말씀이라 여호와 곧 하늘을 펴시며 땅의 터를 세우시며 사람 안에 심령을 지으신 이가 이르시되 ²보라 내가 예루살렘으로 그 사면 모든 민족에게 취하게 하는 잔이 되게 할 것이라 예루살렘이 에워싸일 때에 유다에까지 이르리라 ³그 날에는 내가 예루살렘에게 모든 민족에게 무거운 돌이 되게 하리니 그것을 드는 모든 자는 크게 상할 것이라 천하 만국이 그것을 치려고 모이리라 ⁴여호와가 말하노라 그 날에 내가 모든 말을 쳐서 놀라게 하며 그 탄 자를 쳐

서 미치게 하되 유다 족속은 내가 돌보고 모든 민족의 말을 쳐서 눈이 멀게 하리니 [5]유다의 우두머리들이 마음속에 이르기를 예루살렘 주민이 그들의 하나님 만군의 여호와로 말미암아 힘을 얻었다 할지라 [6]그 날에 내가 유다 지도자들을 나무 가운데에 화로 같게 하며 곡식단 사이에 횃불 같게 하리니 그들이 그 좌우에 에워싼 모든 민족들을 불사를 것이요 예루살렘 사람들은 다시 그 본 곳 예루살렘에 살게 되리라 [7]여호와가 먼저 유다 장막을 구원하리니 이는 다윗의 집의 영광과 예루살렘 주민의 영광이 유다보다 더하지 못하게 하려 함이니라 [8]그 날에 여호와가 예루살렘 주민을 보호하리니 그 중에 약한 자가 그 날에는 다윗 같겠고 다윗의 족속은 하나님 같고 무리 앞에 있는 여호와의 사자 같을 것이라

이 단락에는 다음과 같은 내용들이 나온다.

I. 하나님의 이스라엘에게 주어진 이 약속들의 헌장(憲章)의 표제. 이것은 여호와의 경고의 말씀, 즉 하나님에게서 나온 예언이다. 이것은 엄중하게 전달되어야 하는 예언이다. 이것은 사람들이 무겁게 받아들여야 하는 예언이고, 반드시 성취될 예언이다. 이것은 교회의 모든 원수들에게 납 한 조각처럼(5:7-8) 무거운 짐이 되는 예언이다. 그러나 이것은 이스라엘을 위한 것이다. 이것은 그들의 위로와 유익을 위한 것이다. 불 같은 율법이 있듯이(신 33:2), 하나님의 오른손에서 나오는 그들을 위한 불 같은 예언들과 불 같은 섭리들도 있다. 구름 기둥과 불 기둥이 이스라엘 백성에게는 밝은 면을 보여서 그들을 인도하고 격려한 반면에, 애굽 사람들에게는 어두운 면을 보여서 그들을 두렵게 하고 사기를 떨어뜨렸듯이, 원수들에게 두려움을 전달하는 말씀은 교회에게는 평안을 전하는 말씀이다. 하나님의 말씀의 축복들만이 아니라 그들을 위한 하나님의 엄중한 말씀들까지 가진 자들은 복된 자들이다.

II. 이 헌장을 하사하신 분의 칭호 이 칭호가 헌장 앞에 붙어 있는 것은 그에게는 이 약속들을 하실 권세만이 아니라 이루실 능력도 있으시다는 것을 보여주기 위한 것이다. 왜냐하면, 그는 세계의 창조주이시고 우리의 창조주이시므로, 그 누구도 이의를 제기할 수 없고 거역할 수 없는 통치권을 지니고 계시기 때문이다.

1. 여호와는 하늘을 펴시는 분이시라는 것. 그는 태초에 궁창이 있으라고 말씀하심으로써 하늘들을 펴시고 궁창을 만드셨을 뿐만 아니라, 지금도 여전히 그

렇게 하고 계신다. 그는 하늘들을 계속해서 휘장처럼 펼쳐져 있게 하시고, 하늘들이 말리는 것을 막으시며, 하늘들이 두루마리 같이 말리게 될 종말이 올 때까지 그렇게 하실 것이다(사 34:4). 하늘들을 펴시는 분이신 그의 능력은 한이 없어서, 그에게 버거운 일이라는 것은 있을 수 없다.

2. 여호와는 땅의 터를 세우시는 분이시라는 것. 땅은 바다 위에 세워져 있고(시 24:1-2), 아무것도 없는 곳에 매달려 있지만(욥 26:7), 하나님은 땅이 계속해서 그 토대 위에 또는 그 축 위에 견고하게 고정되어 있게 하신다. 이 땅을 만드신 분은 이 땅을 다스리시고 심판하시는 분이시기도 하다는 것은 의심의 여지가 없다. 여호와께서 이 땅을 버리셨다(겔 8:12)고 말하는 자들은 스스로 속고 있는 것이다. 왜냐하면, 하나님은 맨처음에 땅의 터를 놓으셨을 뿐만 아니라, 지금도 여전히 그 터를 붙들고 계시는데, 만약 그렇지 않다면, 땅은 이미 무너져 내렸을 것이기 때문이다.

3. 여호와는 사람 안에 심령을 지으신 이시라는 것. 그는 우리의 영혼을 지으셨다(렘 38:16). 그는 첫 사람에게 숨을 불어넣으셨을 뿐만 아니라, 지금도 여전히 각 사람에게 생기를 불어넣으신다. 육신은 우리 육신의 아버지로부터 나오지만, 영혼은 모든 영의 아버지에 의해서 주입된다(히 12:9). 그는 사람들의 마음을 지으신다(시 33:15). 사람들의 마음은 그의 손 안에 있고, 그는 사람의 마음들을 마치 봇물과 같이 그의 뜻대로 인도하시고, 그가 원하시는 대로 조성하셔서, 그의 뜻을 이루시는 데에 사용하신다(잠 21:1). 그러므로 그는 교회의 친구들의 사기를 북돋워 주고 원수들의 사기를 떨어뜨리심으로써 그의 교회를 구원하실 수 있으시고, 그 영들을 새롭게 하셔서 그의 택하신 모든 자들을 영원히 구원하실 것이다.

III. 하나님이 그들에게 주시는 약속들. 이 약속들을 의지해서 교회는 안심하게 될 것이고, 교회의 모든 친구들은 거룩한 안전감을 누릴 수 있다.

1. 원수들이 교회의 순전함이나 평안을 어떤 식으로 공격해 오든, 결국 그 원수들 자신이 낭패를 당하고 혼란에 빠지게 될 것이라고 약속하심. 하나님과 그의 나라를 대적하는 원수들은 예루살렘에 대하여 큰 악의와 악감을 지니고 있어서, 어떻게든 멸망시키려고 온갖 계략을 다 짜낸다. 그러나 그것은 결국 그들 자신의 파멸을 준비하고 있는 것일 뿐임이 나중에 드러나게 될 것이다. 예루살렘은 안전함 가운데에 있고, 도리어 예루살렘과 싸우는 자들이 온갖 위

험 속에 있다. 하나님은 여기에서 이것을 세 가지 비유를 들어 설명해 주신다.

(1) 예루살렘은 그 곳을 포위하는 모든 자들에게 취하게 하는 잔이 되리라는 것(2절). 그들은 예루살렘이 그들에게 포도주 잔, 즉 그들이 즐거운 마음으로 쉽게 마셔 버릴 수 있는 포도주 잔이 되기를 기대한다. 그들은 포도주 잔 같은 예루살렘의 노략물들, 아니 예루살렘의 피에 목마르다. 그러나 예루살렘은 그들에게 졸리게 하는 잔, 아니 독이 든 잔이라는 것이 밝혀질 것이다. 그들은 예루살렘을 그들의 손에 넣고서, 그 곳의 모든 것이 그들의 것이라고 생각하겠지만, 그 잔은 마실 수 없는 잔일 것이다. 그들은 그 잔의 독기운을 맡고서 기겁하게 될 것이다. 왕들이 예루살렘을 치기 위해 모였다가, 하나님이 그 여러 궁중에서 자기를 요새로 알리신 것을 보고서, 놀라고 두려워 빨리 지나갔고, 거기서 떨림이 그들을 사로잡았으니 그 고통이 해산하는 여인의 고통 같았다(시 48:3-6). 실제로 알렉산더 대왕은 대제사장 얏두스(Jaddus)를 만나고서 너무나 큰 감명을 받고, 예루살렘을 공략하는 것을 단념하였다. 산헤립은 유다와 예루살렘을 치기 위해서 포위하였을 때에 그의 모든 용사들이 얼빠지게 만드는 포도주 잔을 받고 잠에 빠진 것을 발견하였다(시 76:5-6). 어떤 이들은 이 본문을 내가 예루살렘으로 회한의 말뚝이 되게 하리라로 읽는다. 예루살렘을 공격하는 자들은, 아무리 해도 뽑히지 않고 도리어 거기에 부딪치는 자들만을 다치게 만드는 말뚝을 향하여 머리를 내밀고 돌진하는 것과 같다는 것이다. 포학자들의 기세는 성벽을 치는 폭풍과 같아서(사 25:4), 성벽은 꿈쩍도 하지 않고, 도리어 그들만 부서지게 될 것이다. 하나님의 교회는 그들의 모든 친구들에게는 위로의 잔이지만(사 66:11), 악행이나 타락한 것들로 교회를 더럽히거나 전쟁이나 박해로 교회를 멸하고자 하는 모든 원수들에게는 비틀걸음 치게 하는 잔, 두려워 떨게 하는 잔이다(사 51:22-23).

(2) 예루살렘은 그것을 제거하거나 옮기고자 하는 모든 자들에게 무거운 돌이 되리라는 것(3절). 여기에서는 언젠가는 천하 만국이 예루살렘을 치려고 모이리라는 것이 전제되고 있다. 모든 시대마다 교회를 대적하여 싸운 원수들이 끊임없이 있어 왔다. 그들은 늘 교회를 치기 위해서 모두 하나로 똘똘 뭉쳐서, 그들을 멸하여 이스라엘의 이름으로 다시는 기억되지 못하게 하자고 단단히 결의하였지만(시 83:4), 결국에는 그 일이 그들이 해내기에는 어림없는 일임을 재확인하곤 하였다. 이 세상에서 죄의 나라를 유지하고 확장하고자 하는 자들은

예루살렘, 곧 하나님의 교회를 그들의 계획을 방해하는 큰 장애물로 여기고 제거하고자 하지만, 그 일은 그들이 생각하는 것보다 더 어렵다는 것을 발견하게 된다.

[1] 그들은 예루살렘을 제거할 수 없다는 것. 하나님은 원수들의 그 어떤 책동에도 불구하고 이 세상에 그의 교회를 두실 것이다. 교회는 반석 위에 지어져서, 영원히 있는 시온 산과 같다(시 125:1). 손대지 아니하고 산에서 나온 이 돌은 견고히 서 있을 뿐만 아니라, 온 세계를 가득 채울 것이다(단 2:35).

[2] 그 돌이 우상을 부서뜨린 것처럼(단 2:45), 예루살렘은 그것을 드는 모든 자를 산산이 부서뜨려서 크게 상하게 하리라는 것. 예루살렘을 대적하여 이길 수 있다고 생각하는 모든 자들은 도리어 그들 자신이 크게 상하게 될 것이다. 어떤 이들은 히에로니무스(Jerome)의 말대로 이 구절이 우리들 사이에서와 마찬가지로 유대인들 사이에서 행하여졌던 놀이를 염두에 두고 한 말이라고 생각한다. 젊은이들은 큰 돌들을 쌓아 올리는 놀이를 해서 자신의 힘을 자랑하곤 하였는데, 이 놀이를 하다 보면, 돌들이 너무 무거워서 무너져 내리는 바람에 그들이 상처를 입는 일이 종종 있었다. 신앙을 조소하고 거룩한 일들을 조롱하는 자들은 그것이 그들이 감당하기에 버거운 무거운 돌이라는 것을 알게 될 것이다. 조소나 조롱이라는 날카로운 도구들을 가지고 장난하는 자들은 내가 희롱하였노라(잠 26:19)고 말하며 별일 아닌 것처럼 가볍게 여길지 모르지만, 그들이 견뎌낼 수 없는 무거운 죄책을 스스로 짊어지게 된 것을 나중에 알게 될 것이다. 우리 구주께서 자기 자신을 무거운 돌이라고 말씀하시면서, 그를 기초석으로 삼지 않는 자들에게는 이 돌이 떨어져서 그들을 가루로 만들어 흩으리라고 하셨을 때에 여기에 나오는 구절을 염두에 두고 계셨던 것으로 보인다(마 21:44).

(3) 유다의 위정자들은 그들의 원수들 가운데에서 나무 가운데에 화로 같고 곡식단 사이에 횃불 같으리라는 것(6절). 그 위정자들은 그들 자신의 혈기로 말미암아 주위의 모든 것을 태우는 방화범이나 횃불이 되는 것이 아니다. 시온의 왕은 온유하고 겸손하시기 때문에, 그의 휘하에 있는 모든 위정자들도 그와 같아야 한다. 그러나 하나님의 공의가 그들을 하나님과 그들의 대의(大義)를 위하여 원수들에게 복수하는 자들로 만들 것이다. 그들과 싸우는 자들은 마치 찔레와 가시가 타오르는 불을 상대로 싸우는 것과 같다는 것을 발견하게 될 것이

다(사 27:4). 그 불은 그 원수들을 관통하며 한꺼번에 불살라 버릴 것이다. 대적들을 삼키는 불은 그들의 분노가 아니라 하나님의 진노이다. 여호와의 불이 시온에 있고, 여호와의 풀무는 예루살렘에 있다(사 31:9). 원수들은 그들이 물이 되어서 얼마든지 이 불을 완전히 꺼버릴 수 있을 것이라고 생각하였다. 그러나 하나님은 그 원수들을 나무, 아니 곡식단(이것이 더 잘 타기 때문에)이 되게 하셔서, 이 불에 의해서 탈 뿐만 아니라, 이 불을 더욱 맹렬하게 타오르게 만들 것이다. 하나님은 아비멜렉과 세겜 사람들이 서로를 멸하게 만들고자 하셨을 때에 불이 서로에게서 나와서 서로를 사를 것이라고 말씀하셨다(삿 9:20). 또한, 장차 하나님의 증인들의 입에서 불이 나와서 그들을 해하고자 하는 자들을 불사르게 될 것임과 마찬가지로(계 11:5), 여기에서도 불은 유다의 지도자들로부터 나와서 그 좌우에 에워싼 모든 민족들을 불사를 것이다. 처음에 교회를 박해했던 자들에게 내린 하나님의 심판들에 관한 락탄티우스(Lactantius)의 글이 보여주듯이, 초대 교회를 박해한 자들은 이 말씀이 그들에게 성취되는 것을 보았다. 또한, 배교자 율리아누스(Julian)도 최후에 가서는 "갈릴리 사람이여, 당신이 나를 이겼소이다"라고 고백할 수밖에 없었다. 교회의 모토는 이것이다: 나를 공격하는 자는 그 자신이 위태로워지리라. 삶에 싫증이 나서 죽고 싶은 자는 그리스도인들을 박해하라는 속담이 한때 유행할 정도였다.

2. 하나님이 교회의 원수들의 계략들을 얼빠지게 만드시고 그들의 담력을 약하게 만드실 것이라고 약속하심(4절). "천하 만국이 함께 모여 예루살렘을 치는 그 날에 내가 모든 말을 쳐서 놀라게 하며 그 탄 자를 쳐서 미치게 하되, 모든 민족의 말을 쳐서 눈이 멀게 하여, 그 말들이 그들에게 더 이상 쓸모가 없게 하리라. 눈먼 말은 힘줄을 다친 말만큼이나 쓸모가 없게 되리라." 말들과 기병들은 둘 다 그들이 훈련받은 전투법을 잊어버릴 것이기 때문에, 전술의 규칙들을 따라서 자기 자리를 지키지 못하고, 미쳐서 날뛰다가 스스로 자멸하게 될 것이다. 적군의 기병은 교회의 보병조차 당해내지 못할 것이다. 말들을 의지한다는 책망을 들은 자들은 말들을 늘리지 말라는 말씀에 순종한 자들에 의해서 패배당하게 될 것이다.

3. 예루살렘이 다시 많은 사람들이 들어와 살면서 번성하게 될 것이라고 약속하심(6절). 예루살렘 사람들은 다시 그 본 곳 예루살렘에 살게 되리라. 미국 동북부의 여섯 주로 구성된 뉴잉글랜드(Newengland)에 사는 자들이 원래의 잉글

랜드(영국)에 있는 마을들의 이름을 가져다가 그들의 마을들의 이름으로 삼았듯이, 예루살렘 원주민들이 다른 나라의 거류지에 살면서 그 곳 주민들과 동화되는 것이 아니라, 거기에 따로 성읍을 짓고, 그 성읍을 예루살렘이라 부른다면, 이 약속의 말씀은 성취된 것인가? 결코 그렇지 않다. 새 예루살렘은 옛 예루살렘이 있던 바로 그 자리와 그 터 위에 세워질 것이다. 실제로 그들은 포로 생활에서 돌아온 후에 예루살렘을 재건하였다. 그러나 이 약속의 말씀은 그 본 곳 예루살렘인 복음 교회를 통해서 온전히 성취될 것이었다. 왜냐하면, 복음이 온 세계에 전파될 때에, 복음을 받아들인 모든 곳이 복음의 본 곳(its own place)이라 할 수 있기 때문이다.

4. 예루살렘의 주민들이 스스로를 방어할 수 있을 것이지만, 하나님의 보호하심 아래에 있게 될 것이라고 약속하심(8절). 여기에서 하나님이 어떤 방법으로 그의 교회와 그에게 속한 자들을 하늘 문에 이를 때까지 음부의 권세로부터 지키시는지를 보라.

(1) 하나님이 친히 그들을 안전하게 지키시리라는 것. 그 날에 여호와가 예루살렘 주민을 보호하리니, 예루살렘이 함락되거나 멸망하는 것을 막아 주시고, 그 모든 주민이 어떤 식으로든 해를 입는 것을 막아 주실 것이다. 하나님은 불 성곽이 되셔서 성 주위를 에워싸서 견고하게 지켜 주실 뿐만 아니라, 각 개인들을 그의 은총으로 방패 같이 둘러싸셔서 그들을 포위하고 공격하는 원수들의 화살이 그들에게 닿지 못하게 하실 것이다.

(2) 하나님이 그들에게 힘과 담력을 주셔서, 그들이 스스로를 지켜낼 수 있게 하시리라는 것. 하나님이 그의 은혜로 자기 백성 안에서 일하시는 것은 그가 그의 섭리를 통해서 그들을 위하여 일하시는 것보다 그들을 보호하시고 지키시는 것에 더 많은 기여를 한다. 이스라엘의 하나님이 자기 백성에게 힘과 능력을 주시면, 그들은 그들의 앞가림을 잘 할 수 있게 될 것이고, 그러면 하나님은 그의 목적을 이루실 수 있으실 것이다. 그의 도움을 절실히 필요로 하고, 그 도움이 필요하다는 것을 잘 알고 있으며, 도움이 주어졌을 때에 그 도움을 가장 크게 감사할 약한 자를 강하게 하시는 것은 하나님의 영광이다.

[1] 그 날에 예루살렘의 주민들 중에서 가장 약한 자들이 다윗 같이 되리라는 것. 그들은 다윗 같이 담대하고 용감하며 노련하고 강력한 전사들이 될 것이고, 다윗 같이 큰 일들을 시도하고 이룰 것이며, 다윗 같이 예루살렘을 건설하

고 지키는 일에 기여할 것이고, 다윗 같이 예루살렘의 원수들에게 두려운 존재가 될 것이다. 하나님의 은혜가 어떤 일들을 이루어 내는지를 보라. 하나님의 은혜는 어린 아이들을 사나이들로만이 아니라 용사들로 만들어 주고, 약한 성도들을 선한 군사들로만이 아니라 다윗 같은 위대한 군사들로 만들어 준다. 하나님은 아주 유명하고 훌륭한 도구들이 아니라 약하고 보잘것없는 도구들을 사용하셔서, 그의 일을 쉽고 효과적으로 이루셔서 영광을 받으시는 경우가 얼마나 자주 일어나는지를 보라.

[2] 다윗의 족속은 하나님 같고 무리 앞에 있는 여호와의 사자 같으리라는 것. 스룹바벨은 지금 다윗 족속의 우두머리였다. 그는 그가 부르심 받은 일을 하는 데에 필요한 지혜와 은혜를 부여받고서, 광야 길에서 이스라엘 백성 앞에 갔던 저 천사(이 천사는 사실 하나님 자신이었다) 같이 백성들 앞에서 행하게 될 것이다(출 23:20). 하나님은 백성들과 지도자들을 통해서 하시고자 하시는 각각의 일들에 따라 그들 각자에게 은사와 능력을 풍성히 나누어 주실 것이다. 성경에서는 다윗에 대하여 그가 선과 악을 분간하는 일에 하나님의 사자 같았다고 말한다(삼하 14:17). 지금의 다윗 족속도 그렇게 될 것이다. 예루살렘의 주민들은 일들에 있어서 천부적인 재능을 지닌 다윗처럼 강력하고 합당하게 행할 것이고, 방백들은 모략에 있어서 은혜를 받은 다윗처럼 지혜롭고 합당하게 생각하게 될 것이다. 그러나 이 말씀은 그리스도 안에서 온전히 성취될 것이었다. 지금 다윗의 족속은 작고 초라해 보이고 그 영광은 쇠락하여 가물가물하지만, 그리스도 안에서 다윗의 족속은 이전보다 더 밝게 빛을 발할 것이고, 그 족속의 빛나는 모습이 천사와 같을 것이었다. 그리스도 안에서 다윗의 족속은 과거 그 어느 때보다도 더 복을 받게 될 것이고, 인류에 더 큰 복이 될 것이다.

5. 성읍과 촌락은 서로를 충분히 잘 이해하는 관계가 될 것이고, 그들 간에 균형이 지켜질 것이라고 약속하심. 그들 서로 간에 시기나 질투가 없게 될 것이다. 그들은 더 이상 각자의 이익을 도모하는 것이 아니라, 진심으로 하나가 되어 함께 계획을 세우고 공동의 유익을 위하여 한 마음으로 행하게 될 것이다. 성읍과 촌락, 머리와 몸 간의 이러한 복된 화합은 어떤 나라의 건강과 복리와 안전에 절실히 필요하다.

(1) 유다의 우두머리들, 즉 각 지방을 다스리는 방백들과 유력 인사들이 예루살렘의 주민들, 즉 주로 상인들과 장인(匠人)들인 성읍 주민들을 존중하게 되리

라는 것. 그들은 성읍 주민들을 짓밟거나 억누르고자 하지 않고, 마음속에 이르기를, 즉 의례적인 말이 아니라 진심으로 예루살렘 주민이 그들의 하나님 만군의 여호와로 말미암아 나와 나의 지역과 나의 가족의 힘이 될 것이라고 말할 것이다(5절). 그러므로 그들은 모든 일에서 예루살렘을 가장 우선시되어야 할 어머니 성이자 수도(首都)로서 존중하고 경의를 표할 것이다. 그들은 예루살렘을 나라가 위험에 처했을 때에 이 나라를 지켜줄 보루이자 가장 강력한 요새라고 여겨서, 그들이 모두 와서 예루살렘을 적극적으로 돕고 지켜야 한다고 생각할 것이다. 그것은 예루살렘이 부유한 성읍이고, 돈은 전쟁의 힘줄이기 때문도 아니고, 예루살렘이 인구가 많은 성읍이어서 전쟁터에 가장 많은 수의 장정을 보낼 수 있기 때문도 아니며, 그 주민들이 대체로 가장 재능 있고 활동적인 자들이고 최고의 군사들과 대장들도 그 곳 사람들이기 때문도 아닐 것이다(시온에 대하여 말하기를 용사들인 이 사람, 저 사람이 거기서 났다고 말하리라, 시 87:5). 그것은 오직 예루살렘이 하나님의 집과 권속, 성전과 제사장들이 있는 거룩한 성, 하나님의 예배와 절기가 지켜지는 곳이기 때문이고, 하나님이 예루살렘 주민에게 간구하는 심령을 부어 주서서(10절), 예루살렘이 이전보다 더 기도하는 성읍이 될 것이기 때문이다. 그러므로 유다의 우두머리들이 예루살렘 주민들이 나의 힘이라고 말할 것이다. 예루살렘 주민들이 유다의 촌락들의 힘이 될 수 있는 것은 그들의 하나님 만군의 여호와와 그들의 관계, 즉 그들이 여호와와 교제하고 여호와 안에 분깃을 갖고 있기 때문이다. 만군의 여호와가 특별한 방식으로 예루살렘 주민들의 하나님이기 때문에(그의 장막은 살렘에 있고 그의 처소는 시온에 있기 때문에, 시 76:2), 그들은 나의 힘이 될 것이다. 큰 자들이 선한 자들을 소중히 여길 줄을 알고, 위정자들이 신앙과 신앙인들이 그들의 힘이라고 여겨서, 신앙인들을 밑받침해 주는 것이 그들의 유익이라고 생각하여, 기도하는 경건한 자들과 유능하고 신실한 성직자들을, 엘리야에 대하여 아합이 그랬던 것처럼 이 땅을 괴롭히는 자라고 하는 것이 아니라 엘리사가 그랬던 것처럼 이스라엘의 병거와 그 마병(왕하 2:12)이라고 한다면, 그 나라는 복된 나라라는 것을 명심하라.

(2) 궁정과 성읍에 사는 사람들이 촌락의 주민들을 멸시하거나 무시하는 눈으로 바라보지 않으리라는 것. 그들은 유다의 우두머리들만이 아니라, 백성들 가운데서 가장 미천한 자들도 멸시하지 않을 것이다. 왜냐하면, 하나님이 유다

에 아주 큰 존귀함을 부여하셔서, 그들이 형제들로부터 멸시를 당하지 않게 하실 것이기 때문이다. 하나님은 특별한 규례들을 주어서 예루살렘을 위엄 있게 하셨듯이, 특별한 섭리들을 통해서 유다를 위엄 있게 하실 것이다. 하나님은 내가 유다 족속, 즉 가난한 농촌 사람들을 돌보리라(4절)고 말씀하신다. 교만한 자들은 그들을 비웃으며 무시하지만, 크신 하나님은 그들을 인자하신 눈으로 바라보시며 돌보아 주실 것이다. 아니, 여호와가 먼저 유다 장막을 구원하실 것이다(7절). 장막에 거주하는 자들은 위험에 가장 많이 노출되어 있는 자들이다. 그러나 하나님은 예루살렘에 거주하는 자들보다 먼저 그들을 보호하시고 구원하실 것이다. 그는 이스라엘에서 마을 사람들을 위하여 그가 행하시는 일을 통해서 그의 영광을 나타내실 것이다(삿 5:11). 이렇게 신비의 몸에서 하나님은 부족한 지체에게 귀중함을 더하사 몸 가운데서 분쟁이 없게 하신다(고전 12:22-25). 이것이 각각 큰 권세와 큰 부를 지니고서 부귀영화를 누리며 즐겁게 살아가는 다윗의 집의 영광과 예루살렘 주민의 영광이, 고되게 일하고도 별로 돈을 잘 벌지 못해서 호의호식하지 못하는 유다 장막에 사는 자들보다 더하지 못하게 하시는 이유라고 여기에서는 말한다. 궁정에 속한 자들과 성읍 주민들은 시골 사람들을 깔보거나 무시해서는 안 된다는 것을 명심하라. 부자와 큰 자는 하나님의 나라에 들어가기가 아주 어렵지만, 가난한 시골 사람들은 하나님이 돌보시고 먼저 구원하신다. 하나님이 그의 은혜로 유다 장막에 거주하는 자들을 높이시고, 세상의 약하고 어리석은 것들을 택하셔서 사용하시기로 작정하셨는데도, 우리가 그들을 헐뜯거나 그들에 대하여 우월감을 가진다면, 그것은 우리가 하나님을 모독하는 것이다(약 2:5-6). 나아가, 이 약속의 말씀은 복음 교회와 연관되어 있다. 교회 안에서는 신분이 높은 자나 낮은 자, 가난한 자나 부자, 종이나 자유인, 할례자나 무할례자 간에 그 어떤 차별이 없을 것이고, 모두 다 똑같이 그리스도의 환대를 받으며 그의 은택들에 참여하게 될 것이다(골 3:11). 그 때에는 예루살렘이 지금까지와는 달리 이스라엘 땅의 다른 지역들보다 더 거룩한 곳으로 생각되지 않게 될 것이다.

[9]예루살렘을 치러 오는 이방 나라들을 그 날에 내가 멸하기를 힘쓰리라 [10]내가 다윗의 집과 예루살렘 주민에게 은총과 간구하는 심령을 부어 주리니 그들이 그 찌른 바 그를 바라보고 그를 위하여 애통하기를 독자를 위하여 애통하듯 하며 그를 위

하여 통곡하기를 장자를 위하여 통곡하듯 하리로다 ¹¹그 날에 예루살렘에 큰 애통이 있으리니 므깃도 골짜기 하다드림몬에 있던 애통과 같을 것이라 ¹²온 땅 각 족속이 따로 애통하되 다윗의 족속이 따로 하고 그들의 아내들이 따로 하며 나단의 족속이 따로 하고 그들의 아내들이 따로 하며 ¹³레위의 족속이 따로 하고 그들의 아내들이 따로 하며 시므이의 족속이 따로 하고 그들의 아내들이 따로 하며 ¹⁴모든 남은 족속도 각기 따로 하고 그들의 아내들이 따로 하리라

여기에서 말하는 그 날은 하나님이 예루살렘을 지키시고 구원하실 날, 하나님이 자기 백성의 구원을 위하여 나타나실 저 영광의 날이다. 이 날은 유대인들이 마카베오 시대에 그들의 원수들을 이기고 승리를 거둔 날을 가리킬 수 있지만, 더 나아가서 그리스도께서 어둠의 권세들을 이기시고 그의 택하신 자들을 위하여 큰 구원을 이루신 복음의 날을 가리킨다. 여기에는 하나님이 그 날에 이루시기로 계획하신 두 가지 주목할 만한 일들에 관한 설명이 나온다.

I. 하나님이 자기 백성을 위하여 이루실 영화로운 일. "예루살렘을 치러 오는 이방 나라들을 그 날에 내가 멸하기를 힘쓰리라(9절). 많은 힘 있는 나라들이 예루살렘을 치러 올 것이다. 그러나 그들은 모두 멸망을 당할 것이고, 그들의 힘은 꺾일 것이며, 그들의 시도들은 좌절될 것이다. 그들이 의도했던 해악은 그들 자신의 머리로 되돌아갈 것이다." 하나님이 그들을 멸하기를 힘쓰시리라는 것은 그가 그들을 멸하실 방법이나 수단을 찾아내는 데에 어려움을 겪으시리라는 의미가 아니라(무한한 지혜를 가지신 분은 결코 어찌 할 바를 몰라 하시는 법이 없으시기 때문에), 그가 시온을 위하여 큰 열심을 지니고 계셔서, 복수하실 날을 손꼽아 기다리신다는 것과 이 일을 위하여 수단들과 도구들 및 이차적인 원인들의 모든 움직임과 활동을 완전히 장악하고 계시다는 것을 보여 주는 것이다. 하나님은 그들에게 어떤 재앙을 내리실지 그 계책을 세우고 계신다(렘 18:11). 하나님은 그들을 세우시고 계시는 것처럼 보이는 때에 이미 그들을 멸하실 계획을 세우고 계신다. 그리스도의 초림을 통해서, 하나님은 죽음의 세력을 잡은 자를 멸하실 계획을 세우신 후에(히 2:14), 그 자를 멸하시고 뱀의 머리를 상하게 하셨으며, 사람들 가운데에서 하나님의 나라 및 그 나라의 신실한 친구들과 신민들을 대적하여 공격하는 모든 어둠의 권세들을 깨뜨리셨다. 하나님은 그들을 노략해서 무력화하여 드러내어 구경거리로 삼으셨다(골

2:15). 그리스도의 재림을 통해서, 하나님은 그를 대적하는 모든 통치와 권세와 능력을 제압하시고, 사망을 삼키고 이기심으로써, 그들을 멸망시키는 일을 완성하실 것인데, 예루살렘을 대적하여 싸운 모든 세력 중에서 맨 나중에 멸망받을 원수는 사망이다(고전 15:26, 54).

Ⅱ. 하나님이 자기 백성을 위하여 이루실 일을 위하여 그들 안에서 행하실 은혜로우신 일. 하나님은 그들의 원수들을 멸하시고자 하실 때에 그들에게 은총과 간구하는 심령(또는, 영)을 부어 주실 것이다. 하나님이 자기 백성을 위하여 큰 은혜를 준비해 두셨을 때에 가장 먼저 하시는 일은 그들로 하여금 기도하게 하시는 것임을 명심하라. 하나님은 그들의 원수들을 멸하시고자 하실 때에 이렇게 그들을 감동시키셔서 그가 그들을 위하여 그렇게 해주실 것을 간구하게 만드신다. 하나님이 그 일을 계획하시고 약속하셨으며, 그의 영광을 위하여 그 일을 하시는 것이지만, 이스라엘 족속은 이같이 자기들에게 이루어 주기를 하나님께 구하여야 한다(겔 36:37). 구하라 그리하면 너희에게 주실 것이다(마 7:7). 하나님은 이 영광을 스스로 취하심과 아울러서, 기도와 기도하는 백성에게 이 영광을 더하실 것이다. 하나님이 자기 백성을 감동시키셔서 그들을 구원해 주시라고 부르짖게 하신다면, 그것은 고난받은 교회의 구원이 가까웠고, 그 날이 동터오기 시작하였음을 보여주는 복된 전조(前兆)이다. 그러나 이 약속의 말씀은 모든 믿는 자들에게 주어질 성령의 은혜들과 관련이 있고, 그것을 통해서 행해진다: 내가 나의 영을 네 후손에게 부어 주리라(사 44:3). 이 약속은 예수께서 영광을 받으셨을 때에 성취되었다(요 7:39). 그것은 성령을 주시겠다는 약속이고, 그리스도 안에서 하늘에 속한 모든 신령한 복을 주시겠다는 약속이다(엡 1:3). 좀 더 자세하게 살펴보자.

1. 이 복들은 누구에게 부어지는가.

(1) 이 복들이 다윗의 집, 즉 큰 자들에게 부어지리라는 것. 왜냐하면, 그들은 하나님의 은혜가 그들을 만드는 만큼의 존재가 되기 때문이다. 하나님은 앞에서 다윗의 족속은 여호와의 사자 같을 것이라고 약속하셨다(8절). 이제 그것을 위해서 은혜의 성령이 그들에게 부어질 것이다. 왜냐하면, 성도들이 은혜의 성령을 더 많이 받을수록, 그들은 더욱더 거룩한 천사들 같이 될 것이기 때문이다. 하나님은 그 땅을 위하여 나타나시고자 하셨을 때에 그의 은혜의 성령을 다윗의 집, 즉 그 땅의 지도자들에게 부어 주셨다. 왕과 고관들과 큰 자들이 선

한 일에 백성들보다 앞장서는 것은 좋은 징조이다(대하 20:5). 다윗의 집 또는 족속은 모두 다윗의 자손인 예수 그리스도로 집약된다. 은혜의 성령은 머리인 그에게 부어지고, 그에게로부터 그의 모든 지체들에게로 퍼져나간다. 우리가 다 그의 충만한 데서 받으니 은혜 위에 은혜러라(요 1:16).

(2) 이 복들이 예루살렘 주민, 즉 평범한 자들에게 부어지리라는 것. 왜냐하면, 성령의 역사들은 강하고 더 성숙한 그리스도인들에게나 보잘것없고 약한 그리스도인들에게나 동일하기 때문이다. 예루살렘 주민들은 다윗 족속의 큰 자들처럼 그들의 권세와 정책으로 나랏일에 영향을 미칠 수 없지만, 기도를 통해서 선하게 나라를 섬길 수 있기 때문에, 그들에게도 성령이 부어질 것이다. 교회는 예루살렘, 즉 하늘의 예루살렘이다. 하늘에 분깃을 가지고 있는 모든 참된 신자들은 이 예루살렘의 주민들이기 때문에, 이 약속은 그들에게 속해 있다. 하나님은 그들에게 그의 성령을 부어 주실 것이다. 이것은 그리스도를 믿는 모든 자들이 받게 될 것의 계약금이다. 그들은 이런 식으로 성별될 것이고, 인침을 받게 될 것이다.

2. 이 복들은 어떤 것들인가. 내가 그들에게 성령을 부어 주리라. 성령을 주신다는 것은 우리가 하나님의 은총을 받을 수 있도록 준비시키신다는 것을 의미하기 때문에, 다른 모든 복된 것들과 하나님의 다른 모든 은사들을 주신다는 말과 같다. 하나님이 부어 주실 성령은 다음과 같은 성령이 될 것이다.

(1) 그것은 우리를 성별시키고 우리로 은혜를 따라 행하게 만드는 은혜의 성령이다.

(2) 그것은 우리 안에서 기도하고자 하는 마음을 불러일으키고, 우리에게 기도의 본분을 가르치며, 우리가 기도하는 것을 돕는 간구의 성령이다. 은혜의 성령이 주어지는 곳에서, 그 성령은 성별(聖別)의 성령이기도 하다는 것을 명심하라. 성령은 양자의 영이시기 때문에, 하나님께 **아빠 아버지라고 부르짖도록** 우리에게 가르치신다(롬 8:15). 바울은 회심하자마자 기도하였다(행 9:11). 호흡이 없는 산 자가 있을 수 없듯이, 기도 없이 살아 있는 성도도 있을 수 없다. 율법 아래에서보다도 지금 복음 아래에서 기도의 영은 더 차고 넘치게 흘러나온다. 우리 안에서 성별(聖別)의 역사가 더 많이 진행될수록, 우리에 의한 간구의 역사도 더 잘 이루어질 것이다.

3. 이 복들의 효과는 무엇이 될 것인가. 내가 그들에게 은혜의 성령을 부어 주

리라. 우리는 이 말씀 뒤에 당연히 "그들은 그들이 믿은 분을 바라보고 기뻐하리라"(성령을 부어 주실 때의 열매들 중의 하나가 성령의 기쁨이라는 것은 사실이다)는 말씀이 나올 것이라고 생각하지만, 실제로 나오는 것은 "그들이 애통하리라"는 말씀이다. 왜냐하면, 성령이 부어졌을 때의 효과 중의 하나는 거룩한 애통, 즉 자신의 죄로 인하여 애통해하는 것이기 때문이다. 이러한 애통은 그리스도를 믿는 믿음을 일깨우고 하나님 안에서 기쁨을 누릴 준비를 갖추는 데에 유익하다. 그들이 애통하리라는 말씀은 여기에서 하나의 약속의 말씀으로 나온다. 왜냐하면, 이 애통은 결국 기뻐하는 것으로 끝나게 될 것이고, 복이 수반될 것이기 때문이다. 이 애통은 은혜의 성령의 열매이고, 그 심령 속에서 은혜가 역사하고 있다는 것을 보여주는 증거이며, 기도를 통해서 생생한 사랑을 표현하는 간구의 성령의 반려이다. 그런 까닭에, 기도와 눈물은 함께 하는 일이 흔하다(왕하 20:5). 야곱은 하나님과 씨름하면서 울며 간구하였다(호 12:4). 그러나 여기에 나오는 것은 성령이 부어졌을 때의 효과로서 죄로 인하여 애통하는 것이다.

(1) 그것은 그리스도를 보았을 때의 애통이리라는 것. 그들이 그 찌른 바 그를 바라보고 그를 위하여 애통하리라.

[1] 그리스도께서 찔리게 되실 것이 예언됨. 성경에서는 십자가 위에서 그리스도께서 옆구리를 창으로 찔리셨을 때에 이 말씀이 성취된 것으로 인용한다(요 19:37).

[2] 그리스도는 우리가 찌른 것이라는 것. 일차적으로 이 말씀은 그리스도를 박해하여 죽게 만든 유대인들에게 적용된다(성경에서는 그를 찌른 자들과 그로 말미암아 애곡하게 될 땅에 있는 모든 족속을 구별한다, 계 1:7). 그렇지만, 우리가 그리스도를 찔렀다는 말은 죄인인 우리 모두에게도 적용된다. 왜냐하면, 우리의 죄가 그리스도의 죽음의 원인이었고, 그는 우리의 죄악 때문에 상하셨고, 우리의 죄악은 그의 영혼의 질고였기 때문이다(사 52:5, 10). 그는 죄인들의 음란한 마음을 근심하셨다. 또한, 죄인들은 그를 다시 십자가에 못 박아 드러내 놓고 욕되게 하는 자들이다(히 6:6).

[3] 죄를 진정으로 회개하는 자들은 그들이 그리스도를 찔렀다고 여긴다는 것. 그리스도는 그들의 죄 때문에 찔림을 당하셨고, 지금도 그들이 그리스도를 찌르고 있다고 그들은 생각한다. 그러므로 그들은 애통하는 마음으로 그리스

도를 바라보게 된다.

[4] 그들이 애통하는 것은 그리스도를 바라본 결과라는 것. 그리스도를 바라보게 되면, 그들은 애통하게 된다. 이 말씀은 베드로가 무리들 앞에서 십자가에 못 박히신 그리스도를 전했을 때에 구체적으로 성취되었다. 그들은 그들이 그를 찌르는 데에 한 몫을 했다는 말을 들었을 때에 마음에 찔려 우리가 어찌할꼬(행 2:37)라고 소리쳤다. 이 말씀은 죄로 인한 경건한 슬픔을 지닌 모든 자들에게서 성취된다. 그들을 그리스도를 바라보고서 그를 위하여 애통하는데, 이것은 그의 고난 때문이라기보다는 그의 고난을 초래한 그들 자신의 죄 때문이다. 회개하는 심령의 참된 슬픔은 찔림을 당하신 구주를 믿음으로 보는 데서 흘러나온다는 것을 명심하라. 믿음으로 그리스도의 십자가를 바라보면, 우리는 우리의 죄로 인한 경건한 애통함을 갖게 된다.

(2) 그것은 큰 애통이리라는 것.

[1] 그것은 사랑하는 자녀가 죽었을 때에 부모가 애통하는 것과 같다는 것. 그들은 독자가 죽어서 자기 가문의 소망도 함께 무덤 속에 묻혀 버린 것을 슬퍼하여 애통하는 자처럼 죄로 인하여 애통할 것이고, 장자가 죽었을 때에 온 애굽 땅에 넘쳐났던 애굽 사람들의 통곡처럼 장자를 위하여 통곡하듯 비통한 마음으로 애통할 것이다. 부모가 죽었을 때에 자녀들의 슬픔은 종종 가장된 것이고, 흔히 별것 아니며, 곧 사라지고 잊혀진다. 그러나 자녀가 죽었을 때, 그것도 독자나 장자가 죽었을 때의 부모의 슬픔은 강제되지 않은 자연스럽고 진정한 것이며, 속으로 깊이 박혀서 오래 지속된다. 다른 어떤 것이 아니라 순전히 그리스도에 대한 사랑에서 흘러나오는 참된 회개자의 슬픔도 마찬가지이다.

[2] 그것은 지혜롭고 선한 왕이 죽었을 때에 백성들이 애통하는 것과 같다는 것. 그것은 므깃도 골짜기 하다드림몬에 있던 애통과 같을 것이다(11절). 선한 왕 요시야가 거기에서 죽었고, 모든 사람이 그의 죽음을 애통해하였다. 그 애통이 더욱 컸던 것은 아마도 하나님이 그들의 죄로 인해서 이토록 큰 복을 그들에게서 빼앗아가신 것이라는 말을 그들이 들었기 때문일 것이다. 그러므로 그들은 우리의 머리에서는 면류관이 떨어졌사오니 오호라 우리의 범죄 때문이니이다(애 5:16)라고 울부짖었다. 그리스도는 우리의 왕이시고, 우리의 죄 때문에 그가 죽으셨다. 그런 까닭에, 그의 죽음은 우리의 슬픔일 수밖에 없다.

(3) 그것은 온 세상에 임하는 애통이 되리라는 것(12절). 온 땅이 애통하리라.

그리스도께서 죽으실 때에 땅도 애통하였다. 왜냐하면, 그 때에 온 땅에 어둠이 임하였고(마 27:45), 땅이 두려워 떨었기 때문이다. 그러나 이것은 그리스도의 죽음을 생각하고서 많은 무리들이 자신의 죄를 슬퍼하며 하나님께로 돌아오게 될 것이라는 약속이다. 이스라엘 온 족속이 여호와를 사모하여 몹시 슬퍼하였을 때와 같이(삼상 7:2), 도처에서 많은 사람들이 은혜를 받아 애통하는 일이 있게 될 것이다. 어떤 이들은 이 약속의 말씀이 유대 민족이 다 회심하고 돌아올 때에 온전히 성취될 것이라고 생각한다.

(4) 그것은 개개인의 구체적인 애통이 되리라는 것. 총회에서 그 땅의 대표자들에 의한 애통만 있는 것이 아니라(그 곳을 이름하여 보김, 즉 우는 자들의 곳이라 하였을 때처럼, 삿 2:5), 애통은 그 땅의 방방곡곡으로 퍼져나갈 것이다. 각 족속이 따로 애통하고(12절), 모든 남은 족속도 각기 따로 애통할 것이다(14절). 모든 사람이 그 죄책에 기여하였기 때문에, 그 슬픔에도 모든 사람이 동참하게 될 것이다. 사람들은 성회로 모여서 함께 기도하며 애통할 뿐만 아니라, 가정마다 가족끼리 모여서 기도하며 애통해야 한다는 것을 명심하라. 국가적인 금식일들은 우리의 회당들에서만이 아니라 우리의 집에서도 지켜져야 한다. 여기에서 예언된 애통에서, 여자들은 에스더와 그녀의 하녀들처럼 따로 그들의 방에서 애통한다. 어떤 이들은 이것이 국가적인 애통의 때에 여자들이 분방해야 한다는 것을 보여주는 것이라고 생각한다(고전 7:5). 여기에서는 이 애통하는 일에서 다른 가문들의 모범으로 네 가문을 구체적으로 언급한다.

[1] 두 가문은 왕가들로서, 솔로몬으로 내려가는 다윗의 족속과 다윗의 또 다른 아들이자 솔로몬의 형제였던 나단의 족속인데, 그리스도의 족보를 보면, 나단의 족속에서 스룹바벨이 나왔다(눅 3:27-31). 다윗의 집, 특히 지금 그 가문의 주축이 된 나단의 족속은 이 선한 일에서 앞장을 서게 될 것이다. 아무리 위대한 왕들이라도 국가적인 애통의 때에 그들 자신까지 굳이 회개에 동참할 필요는 없을 것이라고 생각해서는 안 되고, 도리어 다른 사람들을 격려하기 위해서라도 가장 엄숙하게 회개를 표현하여야 마땅하다. 히스기야가 스스로를 낮추고 회개하였고(대하 32:26), 이스라엘의 왕과 방백들(대하 12:6), 니느웨 왕(욘 3:6)이 그러하였다.

[2] 나머지 두 가문은 성직자 가문으로서(13절), 하나님의 소유인 지파였던 레위의 족속과 레위 지파의 한 지류였던 시므이의 족속인데(대상 6:17), 아마도

당시에 시므이의 족속의 후손들 중에 백성들에게 말씀을 전하거나 제단을 섬기는 자들로 유명한 이들이 꽤 있었던 것으로 보인다. 왕과 고관들은 국정을 잘못 이끈 죄들로 인하여 애통하여야 하듯이, 제사장들은 거룩한 일들과 관련된 죄악으로 인하여 애통하여야 한다. 국가적인 환난과 애통의 때에 여호와를 섬기는 성직자들은 낭실과 제단 사이에서 울어야 하되(욜 2:17), 거기에서만이 아니라 그들의 집에서도 따로 애통하여야 한다. 성직자들의 가문에서 경건의 모양과 능력을 찾을 수 없다면, 우리는 그것을 그 어느 가문에서 찾을 수 있겠는가?

**제
— 13 —
장**

개요

이 장에는 다음과 같은 내용들이 나온다. I. 복음 시대와 관련된 몇 가지 추가적인 약속들: 죄를 사하시겠다는 약속(1절), 백성들의 행실을 고치시겠다는 약속(2절), 특히 거짓 선지자들로 하여금 자신의 죄를 깨닫고서 침묵하게 하시겠다는 약속(2-6절). II. 몇 가지 분명한 추가적인 예언들: 그리스도의 고난 및 그 때에 그의 제자들이 흩어지리라는 것(7절), 그 후에 오래지 않아 유대 나라의 상당 부분이 멸망을 당하리라는 것(8절), 그들 중의 남은 자를 정결하게 하여 하나님의 특별한 백성으로 삼으시겠다는 것(9절).

¹그 날에 죄와 더러움을 씻는 샘이 다윗의 족속과 예루살렘 주민을 위하여 열리리라 ²만군의 여호와가 말하노라 그 날에 내가 우상의 이름을 이 땅에서 끊어서 기억도 되지 못하게 할 것이며 거짓 선지자와 더러운 귀신을 이 땅에서 떠나게 할 것이라 ³사람이 아직도 예언할 것 같으면 그 낳은 부모가 그에게 이르기를 네가 여호와의 이름을 빙자하여 거짓말을 하니 살지 못하리라 하고 낳은 부모가 그가 예언할 때에 칼로 그를 찌르리라 ⁴그 날에 선지자들이 예언할 때에 그 환상을 각기 부끄러워할 것이며 사람을 속이려고 털옷도 입지 아니할 것이며 ⁵말하기를 나는 선지자가 아니요 나는 농부라 내가 어려서부터 사람의 종이 되었노라 할 것이요 ⁶어떤 사람이 그에게 묻기를 네 두 팔 사이에 있는 상처는 어찌 됨이냐 하면 대답하기를 이는 나의 친구의 집에서 받은 상처라 하리라

세상 죄, 교회의 죄를 지고 가는 하나님의 어린 양을 보라. 왜냐하면, 우리 죄를 없애려고 하나님의 아들이 나타나셨기 때문이다(요일 3:5).

I. 그리스도께서 그의 십자가의 피로 죄책을 없애시리라는 것(1절).   그 날에, 즉 복음의 날에 샘이 열리리라. 즉, 그 날에는 진정으로 회개하고 자신의 죄를 슬퍼하는 모든 자들이 죄의 더러움에서 씻음받을 수 있는 길이 열리게 될 것이다. 은혜의 성령이 부어져서 그들로 하여금 그들의 죄로 인하여 애통하게

할 그 날에, 그들은 소망이 없어서 애통하는 것이 아니라, 그들의 죄를 사함받고서 그 죄 사함받은 위로가 그들의 가슴속에 있어서 애통하게 될 것이다. 그들의 양심은 그 양심을 모든 죄에서 깨끗하게 하시는 그리스도의 피로 말미암아 정결하게 되어 평안을 얻게 될 것이다(요일 1:7). 왜냐하면, 그리스도께서는 죄에 대한 회개와 죄 사함을 주시기 위하여 부활하셔서 하늘에 오르신 것이기 때문이다. 그가 우리에게 회개할 마음을 주신다면, 죄 사함도 반드시 주신다. 이 열린 샘은 앞에서 언급된 예수 그리스도의 찔린 옆구리이다(10절). 왜냐하면, 거기로부터 우리를 깨끗하게 할 피와 물이 나왔기 때문이다. 창에 찔린 그리스도를 바라보고, 그를 찌른 그들의 죄로 인하여 애통하며, 그를 위하여 비통한 심정을 갖는 자들은 창에 찔린 그리스도를 다시 바라보고 그의 안에서 기뻐할 수 있다. 왜냐하면, 여호와께서는 이런 식으로 이 반석(즉, 그리스도)을 치셔서, 그것이 우리에게 생수의 샘이 되게 하시기를 기뻐하셨기 때문이다.

1. 우리는 어떻게 더러워져 있는가. 우리는 모두 더러워져 있다. 우리는 범죄하였고, 죄는 더러움이다. 죄는 마음과 양심을 더럽히고, 우리를 하나님께 역겨운 자들로 만들며, 우리 자신 속에서 스스로 불안하게 만들고, 하나님을 섬기는 일에 쓰임받기에 합당하지 못하게 만들며, 마치 부정한 자들이 성소에 들어오지 못하였던 것처럼 우리를 하나님과 교제하지 못하게 만든다. 다윗의 족속과 예루살렘 주민은 죄 아래에 있고, 죄는 더러움이다. 사실, 우리는 다 부정한 자 같아서(사 64:6), 부정한 자들과 운명을 같이하여야 마땅하다.

2. 우리는 어떻게 정결해질 수 있는가. 보라, 우리가 거기로 들어가서 우리의 죄를 씻을 수 있는 샘이 열려 있고, 그 샘으로부터 나온 물줄기들이 우리를 향하여 흘러나오고 있다. 그러므로 우리가 지금도 깨끗하지 못하다면, 그것은 전적으로 우리 자신의 잘못이다. 새 언약에서 계시된 그리스도의 피와 그 피로 말미암은 하나님의 죄 사하시는 긍휼은 다음과 같은 것이다.

(1) 그것은 샘이라는 것. 왜냐하면, 그것들 속에는 아무리 써도 다함이 없는 충만함이 있기 때문이다. 복음의 조건 아래에서 아무리 큰 죄나 큰 죄인도 용서받기에 충분한 긍휼이 하나님 안에 있고, 충분한 공로가 그리스도 안에 있다. 너희 중에 이와 같은 자들이 있더니 씻음을 받았느니라(고전 6:11). 율법 아래에서는 씻을 물을 놋으로 만든 물독과 놋 바다에 담아 놓았는데, 그것들은 단지 그릇들일 뿐이었다. 그러나 우리에게는 항상 넘쳐 흐르는 샘이 있다.

(2) 그것은 열린 샘이라는 것. 왜냐하면, 원하는 자는 누구나 거기로 가서 그 샘이 주는 은택을 얻을 수 있기 때문이다. 이 샘은 다윗의 족속에게만이 아니라 예루살렘의 주민들에게도 열려 있다. 즉, 이 샘은 부자들과 큰 자들만이 아니라 가난하고 미천한 자들에게도 열려 있다는 것이다. 또는, 이 샘은 그리스도의 영적 자손으로서 다윗의 족속에 속하고, 교회의 살아 있는 지체들로서 예루살렘의 주민들인 모든 믿는 자들에게 열려 있다. 모든 믿는 자는 그리스도로 말미암아 의롭다 하심을 받고, 그의 피로 말미암아 그들의 죄에서 씻음을 받는데, 이것은 그리스도께서 그들을 우리 하나님을 위하여 나라와 제사장으로 삼으시기 위한 것이다(계 1:5-6).

Ⅱ. 그리스도께서 그의 은혜의 권능으로 죄의 지배권을 없애시리라는 것. 이것은 전자(前者), 즉 죄책을 없애신 것에 항상 수반된다. 열린 샘에 씻음을 받은 자들은 의롭다 하심을 얻을 뿐만 아니라 거룩함을 입는다. 창에 찔린 그리스도의 옆구리에서는 피와 함께 물이 나왔다. 하나님은 그 날에 다음과 같은 것들이 이루어질 것이라고 약속하신다.

1. 우상 숭배가 완전히 폐하여질 것이고, 유대 백성은 우상에게 끌리는 마음을 효과적으로 치유받게 되리라는 것(2절). 내가 우상의 이름을 이 땅에서 끊을 것이다. 그들의 조상들의 우상 숭배는 아주 완벽하게 뿌리뽑혀서, 한두 세대 이내로 그들 가운데에 그런 우상들이 있었다는 사실조차도 잊혀지게 될 것이다. 우상들은 존중받지 못할 것은 물론이고, 그 이름조차 불려지지 않게 될 것이다. 하나님이 이미 약속하신 대로, 사람들이 다시는 우상들의 이름을 기억하여 부르는 일이 없게 될 것이다(호 2:17). 이것은 유대인들이 포로 생활에서 돌아온 후에 우상들과 우상 숭배에 대하여 뿌리깊은 혐오감을 지니게 됨으로써 성취되었고, 그러한 정서는 오늘날까지도 지속되고 있다. 또한, 이것은 유대인들 중에서 다수가 회심하여 그리스도를 믿음으로써, 믿지 않는 유대인들처럼 예식법을 우상으로 삼는 것으로부터 떠나게 된 것을 통해서도 성취되었다. 이 약속의 말씀은 심령들이 두 가지 큰 우상인 세상과 육신으로부터 떠나서 오직 하나님만을 섬기게 될 때에 지금도 여전히 성취되고 있다.

2. 거짓 예언도 끝나게 되리라는 것. 내가 거짓 선지자와 더러운 귀신, 즉 더러운 귀신의 영향 아래에 있는 선지자들을 이 땅에서 떠나게 할 것이다. 귀신은 더러운 영이다. 죄와 더러움은 귀신에게서 나온다. 귀신에게는 그의 이익에 봉사

하고 그에게서 가르침을 받는 그의 선지자들이 있다. 더러운 귀신을 제거해 보라. 그러면, 선지자들은 그들이 전에 하던 대로 사람들을 미혹하는 일을 하지 못하게 될 것이다. 가짜 사명을 받은 거짓 선지자들을 제거해 보라. 그러면, 더러운 귀신은 그가 전에 행하던 대로 사람들에게 해악을 끼칠 수 없게 될 것이다. 하나님은 거짓 선지자들을 침묵시키고자 하실 때에는, 그들 속에서 역사하는 더러운 귀신, 사람들의 마음의 보좌를 놓고 그와 다투는 더러운 귀신을 이 땅에서 쫓아내신다. 유대 교회도 우상들에 빠져 있었을 때에는, 그들의 죄악을 비호해 주면서, 그들에게 아무 일이 없을 것이고 평안만이 있을 것이라고 듣기 좋은 말만을 해주었던 거짓 선지자들에게 홀려 있었다. 그러나 하나님은 여기에서 그가 약속하신 개혁의 복된 결과로, 그들은 거짓 선지자들을 혐오하게 될 것이고, 이 땅에서 그들을 몰아내는 데에 열심을 내게 될 것이라고 약속하신다. 그들은 거짓 선지자들을 대적하는 맹목적인 열심으로 인해서 그리스도를 거짓 선지자로 몰아서 죽일 때까지는 포로 생활에서 돌아온 후로 지속적으로 그런 모습을 보였다. 그러나 그들이 그리스도를 죽인 이후로는 적그리스도와 거짓 선지자가 많이 일어나 많은 사람을 미혹하였다(마 24:11). 여기에서는 다음과 같은 것들이 예언되고 있다.

(1) 사람들은 거짓 선지자들을 좋아하거나 그들에게 빠지는 것이 아니라, 도리어 아무리 가까운 혈육이라 할지라도 거짓 선지자 노릇을 하는 자는 반드시 단죄하리라는 것. 여기에는 그런 미혹하는 자들을 대적하고자 하는 사람들의 악명높은 열심을 보여주는 한 무시무시한 예가 나온다(3절). 사람이 아직도 선지자로 자처하여 여호와의 이름을 빙자하여 거짓말을 하고, 사람들을 하나님에게서 멀어지게 하는 말이나 사람들의 죄를 비호하는 말을 전하면, 그 사람의 부모가 가장 먼저 나서서 그를 박해하고 율법에 따라 그를 처단하게 될 것이다. "네 아들이 가만히 너를 꾀어 하나님에게서 떠나게 하고자 하면, 너는 반드시 그를 죽일지니라(신 13:6-11). 그에게 너의 분노를 보이고, 그가 너를 계속해서 유혹하는 것을 막으라." 낳은 부모가 그가 예언할 때에 칼로 그를 찌르리라. 우리는 악한 것을 용납하지 못하는 자들답게(계 2:2) 우리를 우리의 본분에서 꾀어내어 곁길로 빠지게 하는 모든 것에 대한 극도의 혐오감과 두려움을 항상 품고 있어야 한다는 것을 명심하라. 우리가 하나님과 경건에 대한 거룩한 열심을 품고 있으면, 우리는 죄를 미워하게 될 것이고, 대체로 우리가 인간적으로 가장

사랑하거나 가장 가까운 자들로부터 오는 유혹을 두려워하게 될 것이다. 아담이 하와로 말미암아 유혹에 빠지고, 욥이 그의 아내로 인하여 시험에 들었듯이, 우리가 가장 사랑하는 자나 우리와 가장 가까운 자로부터 오는 유혹이 가장 위험하다. 그러므로 레위가 하나님을 인하여 그의 형제들을 인정하지 아니하며 그의 자녀를 알지 아니한 것처럼(신 33:9), 그 부분에서 우리의 열심을 보이는 것은 가장 칭찬받을 만한 일이 될 것이다. 우리의 가장 가까운 혈육들이 하나님에 대한 우리의 본분을 행하는 데에 방해가 된다면, 우리는 이렇게 그들조차 미워하고 버려야 한다(눅 14:26). 아무리 강력한 천륜이라고 해도 자연적인 애정들이 은혜에 의한 애정들보다 우선시되어서는 안 된다.

(2) 거짓 선지자들이 스스로 자신의 죄와 어리석음을 깨닫고서, 더 이상 선지자 행세를 하지 않게 되리라는 것(4절). "선지자들이 그 환상을 각기 부끄러워할 것이다. 그들은 그 환상을 되풀이하거나 역설하지 않고, 도리어 그것이 가짜라는 것을 기꺼이 시인하며, 그것을 잊고 더 이상 그것에 대하여 말하지 말아 달라고 부탁하게 될 것이다. 이것은 하나님이 그의 은혜로 말미암아 그들의 양심을 일깨우셔서 그들에게 그들의 잘못을 보여주셨기 때문이거나, 실제로 일어난 사건이 그들의 예언들과 맞아 떨어지지 않아서 그 예언들이 거짓말이라는 것이 탄로났기 때문이거나, 그들의 예언에 대하여 백성들이 이전과는 달리 환영을 하지 않고 전반적으로 멸시하는 태도와 혐오감을 드러냈기 때문일 것이다. 그들은 백성들이 그들을 부끄럽게 여긴다는 것을 감지하고서, 그들 자신에 대하여 부끄러워하기 시작할 것이다. 그러므로 그들은 전에는 참 선지자들이 엘리야를 본받아서 감각적인 쾌락과 즐거움들에 대하여 자기가 죽었음을 표현하는 의미로 털옷을 입었던 것을 흉내내었는데, 이제는 더 이상 그렇게 하지 않을 것이다." 거짓 선지자들은 참 선지자가 입던 복장을 흉내내었었다. 그러나 이제 그들의 어리석음이 드러났기 때문에, 그들은 그런 복장으로 생각 없고 부주의한 자들을 속이는 일을 하지 않게 될 것이다. 검소한 옷차림은 겸손한 마음의 진정한 표현인 경우에는 지극히 선한 것이지만, 교만하고 야심찬 마음을 숨기고 속이기 위한 위선적인 위장(僞裝)인 경우에는 악한 것이다. 사람은 겉으로 보여지는 것만큼 실제로 선하여야 하고, 실제의 모습보다 더 선하게 보이는 일이 없도록 하여야 한다. 이 거짓 선지자는 참된 회개자가 되어서 다음과 같이 하게 될 것이다.

[1] 그는 그가 지금까지 속여 왔던 사람들을 더 이상 속이지 않게 되리라는 것. 그는 말하기를 "나는 선지자 행세를 해왔지만 사실은 선지자가 아니다. 나는 선지자로 구별되거나 교육받거나 키워지지 않았고, 선지자의 일에 정통한 자도 아니었다. 나는 농부라. 나는 원래부터 농사를 짓도록 키워졌다. 나는 하나님으로부터 예언하라는 명령을 받은 적이 없고, 사람으로부터 소 떼를 지키라는 가르침을 받았을 뿐이다." 아모스도 원래는 농부였지만, 나중에 선지자로 부르심을 받았다(암 7:14-15). 그러나 이 거짓 선지자는 그런 부르심을 결코 받은 적이 없었다. 다른 사람들을 속인 것에 대하여 경건한 슬픔을 지닌 자들은 자신의 죄를 적극적으로 고백하고서, 그들로 인해서 생겨난 여러 잘못된 것들을 바로잡아 놓아야 한다는 것을 명심하라. 그래서 마술을 행하던 자들은 회심하였을 때에 자복하여 자기가 행한 일을 알리며, 그들이 어떤 식으로 사람들을 속여 왔었는지를 고백하였다(행 19:18-19).

[2] 그가 그에게 가장 어울리는 그의 본래의 직업으로 돌아가게 되리라는 것. 나는 농부가 되리라(본문은 이렇게 읽을 수도 있다). "나는 다시 내 직업에 전념하고, 다시는 내 일이 아닌 것들에 끼어들지 않을 것이다. 왜냐하면, 사람들이 어려서부터 내게 소 떼를 지키라고 가르쳤는데, 이제 나는 다시 소 떼를 지키는 일을 할 것이고, 더 이상 하나님의 말씀을 전하는 자로 서지 않을 것이기 때문이다." 우리는 우리의 본분을 벗어났다는 것을 깨달았을 때에는 아무리 힘들고 고통스러워도 그 본분으로 다시 돌아감으로써 우리의 회개가 참된 것임을 입증해 보여야 한다는 것을 명심하라.

[3] 그가 혹독한 징계를 통해서 그로 하여금 그의 잘못을 보게 해준 자들을 그의 친구들로 인정하게 되리라는 것(6절). 어제까지만 해도 아주 확신있게 선지자 노릇을 하던 그가 갑자기 태도를 돌변해서 "나는 선지자가 아니요"라고 말할 때, 모든 사람이 깜짝 놀라서 이렇게 물을 것이다. "네 두 팔 사이에 있는 상처 또는 채찍 자국은 어찌됨이냐. 너는 어떻게 해서 그런 상처를 입게 되었느냐? 너는 채찍질을 당하며 심문을 받은 것이 아니냐? 그래서 네가 이런 말을 하는 것이 아니냐(고통을 당하면 제정신이 드는 법이기 때문에). 네가 흠씬 두들겨 맞아서 이런 고백을 하는 것이 아니냐? 네게 이런 지혜를 준 것이 매와 책망이 아니더냐?" 그러면, 그는 이렇게 시인할 것이다. "너희 말이 맞다. 이것들은 내가 나의 친구들의 집에서 받은 상처들이다. 친구들이 나를 정신이상자로 여겨

서 묶어놓고 가혹하게 다루었고, 그래서 내가 제정신을 차리게 되었다." 이것을 통해서 우리는 거짓 선지자의 부모가 자기 아들을 칼로 찌르기 전에(3절), 먼저 그를 징계하여 정신을 차리게 하려고 무진 애를 썼을 것임을 어렵지 않게 추측할 수 있다. 왜냐하면, 패역한 아들을 어떻게 해야 하는지에 대하여 율법이 그렇게 정해 놓고 있기 때문이다. 부모는 먼저 그 아들을 징계하여 정신을 차리게 해야 하고, 그것이 안 되는 경우에만 그를 장로들에게로 끌고가서 돌로 쳐서 죽이는 벌을 받게 하여야 한다(신 21:18-19). 그러나 여기에 나오는 것은 채찍을 맞고서 제정신을 차림으로써 죽음을 면한 경우이다. 그는 그를 징계하여 정신을 차리게 해준 자들을 그의 진정한 친구들이라고 인정할 정도로 정상적인 지각과 정직함을 회복하였다. 왜냐하면, 친구의 아픈 책망은 충직으로 말미암는 것이기 때문이다(잠 27:6).

몇몇 훌륭한 해석자들은 이 본문이 그리스도께서 찔리셨다는 언급이 있은 직후에 나온다는 점을 주목하고서, 이것이 앞에서 얘기된 거짓 선지자의 말이 아니라 저 위대한 선지자(즉, 그리스도)의 말이라고 생각한다. 그리스도께서는 십자가에 못 박히셨을 때에 그의 손에 상처를 입으셨고, 부활하신 후에도 그 상처를 지니고 계셨다. 여기에서 그는 자기가 어떻게 그 상처를 입게 되었는지를 말씀하신다. 그는 거짓 선지자로 몰려서 그런 상처를 입었다. 왜냐하면, 대제사장들은 그를 미혹하는 자라 부르며, 그런 죄목으로 그를 십자가에 못 박아 죽였기 때문이다. 그러나 그는 그의 친구들의 집, 즉 그의 친구들이었어야 마땅한 유대인들에게서 그 상처를 받으셨다. 그는 자기 백성에게 오셨기 때문에, 그들이 그의 불구대천의 원수들이었음에도 불구하고 그들을 그의 친구들이라 부르기를 기뻐하셨다. 그는 그를 판 유다에 대해서는 그들을 위한 그의 고난을 도왔기 때문에 그를 친구라고 부르셨지만(친구여 네가 무엇을 하려고 왔는지 행하라, 마 26:50), 그가 고난받는 것을 말린 베드로에 대해서는 사탄, 즉 대적자라 부르셨다.

⁷만군의 여호와가 말하노라 칼아 깨어서 내 목자, 내 짝 된 자를 치라 목자를 치면 양이 흩어지려니와 작은 자들 위에는 내가 내 손을 드리우리라 ⁸여호와가 말하노라 이 온 땅에서 삼분의 이는 멸망하고 삼분의 일은 거기 남으리니 ⁹내가 그 삼분의 일을 불 가운데에 던져 은 같이 연단하며 금 같이 시험할 것이라 그들이 내 이름을

부르리니 내가 들을 것이며 나는 말하기를 이는 내 백성이라 할 것이요 그들은 말하기를 여호와는 내 하나님이시라 하리라

이 단락에는 다음과 같은 예언이 나온다.

I. 그리스도께서 고난받으실 것에 관한 예언. 그는 창에 찔리실 것이었고, 열린 샘이 되실 것이었다. 칼아 깨어서 내 목자를 치라(7절). 이것은 하나님의 아들 그리스도께서 자원하여 그의 영혼을 속건제물로 바치고자 하실 때에 아버지 하나님이 그의 공의의 칼에게 그의 아들을 치라고 명령을 내리시면서 하시게 될 말씀이었다. 왜냐하면, 여호와께서는 그에게 상함을 받게 하시기를 원하사 질고를 당하게 하셨기 때문이다. 그는 징벌을 받아 하나님께 맞으며 고난을 당하였다(사 53:4, 10). 다음과 같은 것들을 좀 더 자세하게 살펴보자.

1. 하나님이 그리스도를 어떻게 부르시는가. "그는 삼위일체 하나님 중 하나이기 때문에 내 짝이다." 왜냐하면, 그는 근본 하나님의 본체시나 하나님과 동등됨을 취할 것으로 여기지 아니하셨기 때문이다(빌 2:6). 그와 아버지는 하나이다. 그는 영원 전부터 하나님 곁에 계셨고, 사람을 구속하는 일에 있어서 하나님이 택하신 자이자 하나님의 마음이 기뻐하신 자였으며, 둘 사이에는 평화의 언약이 존재하였다. "그는 중보자로서 내 목자, 즉 양 떼를 먹이는 일을 맡은 저 크고 선한 목자이다(11:7)." 그는 양들을 위하여 자기 목숨을 내놓을 목자이다.

2. 하나님이 그리스도를 어떻게 사용하시는가. 칼아 깨어서 그를 치라. 그는 희생제물이 되고자 하기 때문에 죽임을 당할 수밖에 없다. 왜냐하면, 피 흘림, 곧 생명의 피를 흘림이 없이는 죄 사함이 있을 수 없기 때문이었다. 그는 하나님의 양 떼를 자기 피로 사기 위해서는(행 20:28), 사람들에 의해서 찔림을 당하여야 한다(3절). 하나님이 내리시는 명령은 매에게 그를 징계하라는 것이 아니라, 칼에게 그를 죽이라는 것이다. 왜냐하면, 기름 부음을 받은 자가 끊어져 없어져야 하기 때문이다(단 9:26). 하나님으로부터 이러한 명령을 받는 것은 전쟁의 칼이 아니라 공의의 칼이다. 왜냐하면, 그는 전쟁터에서 명예롭게 죽는 것이 아니라, 범죄자의 누명을 쓰고서 저 치욕의 나무 위에서 죽어야 하기 때문이다. 하나님은 그를 치기 위해서 칼을 일부러 깨워야 하셨다. 그리스도는 벌을 받을 만한 죄를 짓지 않으셨고, 공의의 칼은 스스로는 그를 처단할 명분이 없었으므로, 오직 만유의 재판장이신 분의 특별한 명령이 있어야만 그를 칠 수

있었기 때문이다. 그리스도는 하나님의 작정하심과 계획 속에서 창세로부터 죽임을 당하기로 예정되어 있던 어린 양이셨다(계 13:8). 그러나 그를 치기로 되어 있던 공의의 칼은 오랫동안 잠자고 있다가, 이제야 비로소 깨어나라는 부르심을 받는다. "깨어서 그를 치라. 졸린 상태로가 아니라 정신을 바짝 차리고서 그에게 정확하게 일격을 가하라." 왜냐하면, 하나님은 자기 아들을 아끼지 않으셨기 때문이다.

Ⅱ. 그 때에 제자들이 흩어질 것에 관한 예언. 목자를 치면 양들이 흩어지리라. 우리 주 예수께서는 그의 모든 제자들이 그가 팔리던 밤에 그로 인하여 다 그를 버렸을 때에 이 예언이 성취되었다고 직접 분명하게 말씀하신다(마 26:31; 막 14:27). 그들은 다 그를 버리고 도망하였다. 목자를 치면, 양들이 흩어진다. 그들은 다 각각 제 곳으로 흩어지고 그를 혼자 두었다(요 16:32). 이 점에서 그들은 겁 많은 양들 같았다. 그렇지만 목자는 그를 잡으러 온 자들에게 너희가 나를 찾거든 이 사람들이 가는 것은 용납하라(요 18:8)고 말씀하심으로써, 제자들을 안전하게 보호하셨다. 어떤 이들은 이 본문을 다른 식으로 적용한다. 그리스도는 유대 민족의 목자이셨고, 하나님이 그를 치셨다. 아니, 그들 자신이 그를 쳤다. 그래서 그들은 이방 나라들로 흩어졌고, 오늘날까지도 그런 상태로 있다. 작은 자들 위에는 내가 내 손을 드리우리라는 말씀은 그리스도께서 고난을 당하셨으므로 그의 제자들도 그가 마신 잔을 마시며 그가 받은 세례를 받게 되리라(마 20:22-23)는 경고의 말씀으로 이해할 수도 있고, 하나님이 그리스도의 흩어진 제자들을 다시 모이게 하셔서 그가 그들을 갈릴리에서 만날 수 있게 될 것이라는 약속의 말씀으로도 이해할 수 있다. 그리스도의 군사들 중에서 작은 자들은 흩어질 수도 있지만, 다시 모이게 될 것이다. 그의 양 떼에 속한 어린 양들은 맹수들 때문에 겁에 질려 달아날 수도 있지만, 다시 제정신을 차려서 그에게 돌아와 그의 팔에 안기며 그의 품에 눕게 될 것이다. 양들이 흩어져서 광야에서 길을 잃고 죽는 일이 일어나지만, 들짐승의 밥이 될 것이라고 걱정했던 작은 자들은 도리어 무사히 돌아오는 일이 종종 있다(민 14:31). 하나님이 그들 위에 그의 손을 드리우셨기 때문이다.

Ⅲ. 믿지 않는 유대인들이 버림을 받고 멸망하게 될 것에 관한 예언(8절). 이 말씀은 교회 중에 있는 타락하고 위선적인 무리의 멸망을 통해서 성취된다. 이 온 땅에서 삼분의 이는 멸망하리라. 로마 군대는 이스라엘 온 땅을 초토화시키

고, 적어도 유대인들의 삼분의 이를 죽였다. 어떤 이들은 이 본문을 온 땅의 두 부분, 즉 이교와 유대교가 멸절되고, 세 번째 부분인 기독교가 홀로 온 땅을 지배하게 될 것이라는 예언으로 이해한다. 유대교 예배는 예루살렘과 그 성전의 멸망으로 완전히 제거되었다. 그리고 얼마 후에, 로마 제국 전체가 기독교화되었을 때에 이교의 우상 숭배는 어떤 의미에서 멸절되었다.

IV. 그들 가운데서 믿는 자들, 하나님이 택하신 남은 자, 즉 기독 교회를 연단하시고 보존하실 것에 관한 예언(9절). 삼분의 일은 남으리라. 예루살렘과 유대가 멸망하였을 때, 그 땅에 있던 모든 그리스도인들은 산으로 도망하라는 그리스도의 경고를 따라서 그들의 안전을 위하여 도망하여, 요단 건너편에 있는 펠라라 불린 성읍으로 피신하였다. 우리는 여기에서 기독 교회와 그 모든 신실한 지체들이 처음에는 시련을 겪다가 나중에는 개가를 부르게 될 것임을 본다.

1. 그들의 시련. 내가 그 삼분의 일을 환난의 불 가운데에 던져 은 같이 연단하며 금 같이 시험할 것이다. 이 예언은 초대 교회가 받았던 극심한 박해들, 그 때에 하나님의 백성에게 닥쳤던 불 시험(벧 4:12)을 통해서 성취되었다. 하나님이 자신을 위하여 구별하신 자들은 이 세상에서 연단과 정화(淨化)의 과정을 통과하지 않으면 안 된다. 하나님이 아브라함의 믿음을 시험하시려고 이삭을 바치라고 명하신 후에 그가 순종하였을 때에 내가 이제야 네가 하나님을 경외하는 줄을 아노라(창 22:12)고 하셨듯이, 그들은 그들의 믿음이 칭찬과 존귀를 얻게 되도록 하기 위하여 시험과 연단을 받아야 한다(벧전 1:6-7). 하나님은 그들 중에서 온전한 자들과 그렇지 않은 자들을 드러내시기 위해서 그들을 시험하신다. 그들은 시험을 받아서 연단이 되어, 찌꺼기가 빼내져야 하고, 그들의 부패한 성품이 정화되어야 하며, 순결하게 되고 맑아져야 한다.

2. 그들의 개가(凱歌).

(1) 그들이 하나님과 교통하게 된 것이 그들의 개가라는 것. 그들이 내 이름을 부르리니 내가 들을 것이다. 그들은 하나님께 기도로 아뢰고, 하나님으로부터 평안의 응답을 받는다. 그들은 이런 식으로 하나님과의 편안한 교통을 유지해 나간다. 이런 영광은 그의 모든 성도에게 있도다(시 149:9).

(2) 그들과 하나님의 언약이 그들의 개가라는 것. "나는 말하기를 이는 내 백성이라, 내가 택하고 사랑하며 시인한 내 백성이라고 할 것이고, 그들은 말하기를 여호와는 내 하나님, 내게 부족함이 없게 해주시는 하나님이시라고 할 것이

다. 그들은 날마다 온종일 이렇게 나를 자랑할 것이다: 이 하나님은 영원히 우리 하나님이시다(시 48:14)."

제
— 14 —
장

개요

앞의 두 장에서는 "그 날에" 일어날 여러 가지 일들이 예언되었고, 이 장은 "장차 올 여호와의 날," 그의 심판의 날에 관하여 말한다. "그 날"이라는 표현은 앞의 장들에는 열 번 반복되고, 이 장에는 일곱 번 반복된다. 그러나 여기에서 그 날이 무엇을 가리키는지는 불확실하고, 엘리야가 올 때까지는 계속해서 그럴 것이다(유대인들은 이렇게 말한다). 그 날이 선지자 시대로부터 메시야 시대에 이르는 전 기간을 가리키는지, 아니면 그 기간 동안에 있을 몇몇 특정한 사건들을 가리키는지, 아니면 그리스도께서 오셔서 유대 나라의 폐허 위에 그의 나라를 세우시게 될 것을 가리키는지는 우리가 결정할 수 없지만, 여기에 나오는 여러 구절들은 저 멀리 복음 시대를 내다보고 있는 것으로 보인다. "여호와의 날"은 심판과 긍휼, 즉 그의 교회에 대한 긍휼과 교회의 원수들이나 박해자들에 대한 심판을 둘 다 가져온다. I. 음부의 권세가 교회를 위협하지만 이기지 못하리라는 것(1-2절). II. 천국의 권세가 교회를 위하여 나타나서 그 원수들을 치리라는 것(3, 5절). III. 교회와 관련된 사건들은 나쁜 일과 좋은 일이 뒤섞여 나오지만, 결국에는 좋게 끝나리라는 것(6-7절). IV. 하나님을 아는 지식의 수단들이 널리 퍼지리라는 것. 세상에 복음의 나라가 세워질 것이고(8-9절), 이것은 또 다른 예루살렘이 더욱 확장되어 견고히 서는 것이 될 것이다(10-11절). V. 예루살렘을 대적하여 싸운 자들(12-15절), 거기에서 하나님을 예배하는 일을 소홀히 한 자들이 벌을 받게 되리라는 것(17-19절). VI. 큰 무리가 교회로 모여올 것이고, 교회 안에 큰 정결함과 경건함이 있게 될 것이라는 약속(16, 20-21절).

[1]여호와의 날이 이르리라 그 날에 네 재물이 약탈되어 네 가운데에서 나누이리라 [2]내가 이방 나라들을 모아 예루살렘과 싸우게 하리니 성읍이 함락되며 가옥이 약탈되며 부녀가 욕을 당하며 성읍 백성이 절반이나 사로잡혀 가려니와 남은 백성은 성읍에서 끊어지지 아니하리라 [3]그 때에 여호와께서 나가사 그 이방 나라들을 치시되 이왕의 전쟁 날에 싸운 것 같이 하시리라 [4]그 날에 그의 발이 예루살렘 앞 곧 동쪽 감람 산에 서실 것이요 감람 산은 그 한 가운데가 동서로 갈라져 매우 큰 골짜

기가 되어서 산 절반은 북으로, 절반은 남으로 옮기고 ⁵그 산 골짜기는 아셀까지 이를지라 너희가 그 산 골짜기로 도망하되 유다 왕 웃시야 때에 지진을 피하여 도망하던 것 같이 하리라 나의 하나님 여호와께서 임하실 것이요 모든 거룩한 자들이 주와 함께 하리라 ⁶그 날에는 빛이 없겠고 광명한 것들이 떠날 것이라 ⁷여호와께서 아시는 한 날이 있으리니 낮도 아니요 밤도 아니라 어두워 갈 때에 빛이 있으리로다

교회에 관한 하나님의 섭리들은 여기에서 기이하게 변화하고 기이하게 뒤섞여 있는 것으로 묘사된다.

I. 기이하게 변화하는 하나님의 섭리들. 거센 물살이 그들을 치러 큰 파도를 이루며 맹렬하게 몰려오다가도, 언제 그랬냐는 듯이 금방 잔잔해져서 그들에게 호의를 보이는 일이 종종 있다. 하나님은 지혜롭고 거룩한 목적들을 이루시기 위해서 그들에게 이 둘을 교대로 보내시는 것이다.

1. 하나님이 여기에서 예루살렘을 대적하시는 모습으로 나타나심. 심판은 하나님의 집에서 시작된다. 여호와의 날이 이를 때(1절), 예루살렘은 연단을 받기 위해서 불을 통과하지 않으면 안 된다. 하나님이 친히 이방 나라들을 모아 예루살렘과 싸우게 하신다(2절). 그는 전에 산헤립에게 그러셨듯이 이방 나라들에게 탈취하며 노략하라(사 10:6)고 명령하신다. 왜냐하면, 예루살렘 백성이 지금 그의 진노의 백성이 되었기 때문이다. 하나님이 불러 모으신 열방의 군대 앞에 누가 설 수 있겠는가? 하나님으로부터 사명을 받은 자는 반드시 승리하게 되어 있다. 이방 나라들을 호령하는 로마 사람들에 의해서 예루살렘 성읍이 함락될 것이다. 원수에 의해서 그들의 가옥이 약탈되며, 그들의 모든 재물이 탈취될 것이다. 마치 승리가 극악무도한 짓을 저질러도 좋다는 면허라도 되고, 범죄들이 법에 의해 인가된 것인 양, 야수 같은 더러운 욕망을 채우려는 원수들에 의해서 부녀들이 욕을 당할 것이다. 성읍 백성이 절반이나 사로잡혀 가서 팔리거나 노예가 될 것이지만, 스스로 어찌 할 수 없는 처지가 되고 말 것이다. 여호와의 저 크고 두려운 날에 있을 멸망이 그와 같을 것이다.

2. 하나님은 금방 그의 길을 바꾸셔서, 예루살렘을 위하여 나타나심. 왜냐하면, 심판은 하나님의 집에서 시작되기는 하지만, 거기에서 끝나지 않을 것이고, 하나님의 집을 완전히 끝장내지도 않을 것이기 때문이다(렘 4:27; 30:11).

(1) 남은 자, 곧 앞에서 말한 저 삼분의 일은 죽지 않으리라는 것(13:8). 성읍 백성이 절반이나 사로잡혀 가겠지만 나중에 거기에서 돌아오게 될 것이고, 남은 백성도 우려와는 달리 성읍에서 끊어지지 아니하리라. 유대인들 중 다수가 복음을 받아들이게 될 것이고, 따라서 그들이 하나님의 도성, 이 땅에 있는 그의 교회에서 끊어지는 일도 없게 될 것이다. 그 중에 십분의 일이 아직 남아 있을 것이다(사 6:13; 겔 5:3).

(2) 하나님이 그들 편이 되셔서 그들의 원수들을 치시리라는 것(3절). 하나님이 이방 나라들을 자기 백성을 치는 회초리로 사용하실 그 때에 여호와께서 나가사 그의 심판들로 그 이방 나라들을 치시되, 이왕의 전쟁 날에, 즉 전에 그의 교회의 원수들을 치기 위하여 애굽 사람이나 가나안 사람 등과 싸운 것 같이 하시리라. 하나님의 진노를 집행하는 도구로 사용된 자들은 그들 자신이 그 진노의 대상이 될 것임을 명심하라. 왜냐하면, 그들이 두렵고 떨리게 하는 잔을 마실 차례가 올 것이기 때문이다. 하나님은 그가 대적하여 싸우시는 자들을 반드시 이기실 것이다. 하나님이 그의 약속을 따라서 자기 백성을 위하여 나가 싸우셨던 이전의 모든 전쟁의 날은 그들에게 승리의 날이었다. 하나님은 어제나 오늘이나 동일하시기 때문에, 이것은 그들에게 그를 의지하고 믿을 수 있는 힘을 준다. 로마 제국은 예루살렘을 멸망시킨 후에는 이전처럼 결코 번영하지 못하였고, 많은 일들에 있어서 하나님이 로마 제국을 대적하여 싸우셨다는 것은 주목할 만하다.

(3) 예루살렘과 성전이 멸망할지라도, 하나님은 세상 속에 그의 교회를 두실 것이고, 이방인들이 교회 속으로 들어와서 믿는 유대인들과 연합하게 되리라는 것(4-5절). 이 두 절은 애매해서 그 뜻을 이해하기가 어렵다. 그러나 여러 훌륭한 해석자들은 이것이 다음과 같은 것들을 의미하는 것으로 본다.

[1] 원수들이 예루살렘을 초토화시키고 있을 때조차도, 하나님은 예루살렘을 유심히 살피시리라는 것. 그 날에 그의 발이 예루살렘 앞 곧 감람 산에 서실 것이다. 감람 산은 예루살렘 성과 그 성전을 한 번에 조망할 수 있는 곳이었다(막 13:3). 제련하는 자는 금을 용광로에 넣고 나서, 그 곁에 서서, 뭔가 잘못되어서 금이 손상되지 않도록 감시하기 위해서 용광로에서 눈을 떼지 않는다. 마찬가지로, 하나님은 그가 가지신 금인 예루살렘을 연단하실 때에 그 과정을 계속해서 지켜보고 계실 것이다. 그는 감람 산에 서서 살펴보실 것이다. 우리 주 예

수께서 자주 이 산에 오르셨고, 특히 이 산에서 승천하심으로써, 이 예언은 문자 그대로 성취되었다(행 1:12). 감람 산은 그의 발이 이 땅에서 마지막 있던 곳이었고, 이 땅을 떠나실 때에 그가 마지막으로 밟으셨던 곳이었다.

[2] 유대인과 이방인을 나누었던 칸막이 벽이 제거되리라는 것. 예루살렘 주위의 산들, 특히 감람 산은 거기로 접근하고자 하는 자들을 가로막아 서서, 예루살렘을 폐쇄적인 공간으로 만들어 주었다. 이방인과 예루살렘 사이에는 이 베데르 산, 즉 칸막이의 산이 서 있었다(아 2:17). 그러나 예루살렘의 멸망으로 이 산이 그 한 가운데가 갈라져서, 유대인들의 울타리가 무너지고, 교회는 이방인들이 마음대로 밟을 수 있는 곳이 되었다. 이 중간에 막힌 담이 허물어짐으로써 이방인들은 유대인들과 하나가 될 수 있었다(엡 2:14). 큰 산아 네가 무엇이냐(4:7). 결코 넘을 수 없는 큰 산으로 생각되었던 예식법은 유대인들의 회심을 가로막고 있었지만, 그리스도와 그의 복음 앞에서 평지가 되었다. 이 산이 떠나가고 이 작은 산이 없어져도, 화평의 언약은 깨뜨려질 수 없다. 왜냐하면, 먼 데 있는 자에게와 가까운 데 있는 자들에게 여전히 평안이 전해지고 있기 때문이다(엡 2:17).

[3] 새 예루살렘으로 오는 새롭고 산 길이 열려서, 사람들이 그것을 보고 거기로 오게 되리라는 것. 감람 산이 갈라져서, 절반은 북으로, 절반은 남으로 옮겨지고, 매우 큰 골짜기가 생겨나게 될 것이다. 즉, 예루살렘과 이방 세계 간에 소통할 수 있는 넓은 길이 열리고, 이방인들이 그 길을 통해서 복음의 예루살렘으로 자유롭게 오게 될 것이며, 예루살렘에서 나온 여호와의 말씀은 이방 세계로 자유롭게 나아가게 될 것이다. 이렇게 산마다, 언덕마다 낮아져서, 산이나 언덕 대신에 평탄한 골짜기들이 생겨서, 주의 길이 준비될 것이다(사 40:4).

[4] 믿는 유대인들이 복음 교회로 들어와서 이방인들과 연합하여 하나가 되리라는 것. 너희가 그 산 골짜기, 즉 감람 산이 둘로 갈라지면서 열리게 된 그 골짜기로 도망하리라. 전에 이방인들이 그들의 옷자락을 잡고 함께 가고자 했던 것처럼(8:23), 이제는 그들이 이방인들에게 합류하여 교회 속으로 급히 들어오게 될 것이다. 그 산 골짜기는 복음 교회이다. 유대인들이 그 골짜기를 그들의 피난처로 삼아 거기로 도망하여 와서, 구원 받는 사람이 날마다 교회에 더해졌다(행 2:47). 본문에서는 그 산 골짜기가 아셀까지, 즉 따로 구별해 놓은 곳까지 이르러 있다고 말한다. 즉, 교회는 하나님이 자기를 위하여 구별하신 모든 자들에

게 열려 있다는 말이다. 하나님이 그의 모든 산을 골짜기로 만드셔서 길로 삼으실 때(사 49:11), 그 길은 모든 행인들에게 개방될 것이고(사 35:8), 우매한 자들이라도 거기에서는 길을 잃지 않을 것이다. 또는, 이 골짜기는 지금 하나님으로부터 분리되어 있는 자들에게 이를 것이다. 왜냐하면, 멀리 떨어져 있는 이방인들이 하나님에게 가까운 백성인 유대인들과 더불어서 가까이 와서, 둘이 하나가 되어 한 성령 안에서 아버지 하나님께 나아가게 될 것이기 때문이다(엡 2:18).

[5] 그들이 율법의 저주로 인한 위험을 느끼고 두려워서 그 산 골짜기, 즉 복음 교회로 도망하게 되리라는 것. 그들은 웃시야 때에 지진을 피하여 도망하던 것같이(암 1:1), 또는 비둘기들이 그 보금자리로 날아가는 것 같이(사 60:8), 장차 임할 진노, 그들을 뒤쫓는 피의 복수자를 피하여 도피성인 교회로 도망하게 될 것이다. 복음은 하나님의 진노가 하늘로부터 나타나리라는 것을 계시하고 있기 때문에(롬 1:18), 우리는 정신을 차리고서, 마치 지진을 피하여 도망하듯이 우리의 목숨을 위하여 도망하여야 한다. 우리가 딛고 있는 이 땅이 언제 무너질지 모르고, 우리는 이 땅에서 견고한 곳을 발견할 수 없기 때문에, 그리스도께로 도망하여야 한다. 오직 그리스도 안에서만 우리는 견고히 설 수 있고 안전할 수 있다.

(4) 하나님이 이 모든 일을 이루시기 위하여 영광 중에 나타나시리라는 것. 나의 하나님 여호와께서 임하실 것이요 모든 거룩한 자들이 주와 함께 하리라(5절). 이것은 그가 예루살렘을 멸하시러, 또는 예루살렘의 원수들을 멸하시러 오시는 것을 가리킬 수도 있고, 그가 세상에 그의 나라를 세우기 위하여 오시리라는 것(이것은 인자의 임함이라 불린다, 마 24:37), 또는 종말에 있을 그의 재림을 가리킬 수도 있다. 어떻게 해석하든, 이 말씀은 우리에게 다음과 같은 것들을 가르쳐 준다.

[1] 여호와께서 오시리라는 것. 그가 지금까지 하신 모든 말씀을 적절한 때에 이루시기 위하여 여호와께서 오시리라는 것은 모든 성도들의 믿음이었다.

[2] 여호와께서 오실 때에 그의 모든 성도들도 그와 함께 오리라는 것. 그들은 그가 어디로 움직이시든 그를 모시며, 기꺼이 그를 위하여 섬기는 자들이다. 그리스도께서는 시내 산에서 율법을 주시기 위하여 오셨던 것처럼, 종말에 일만 성도와 함께 오실 것이다(신 33:2).

[3] 하나님을 자신의 하나님으로 섬기는 모든 믿는 자는 그가 오실 것을 기대하며 기뻐할 수 있고, 나의 하나님 여호와께서 임하셔서 그에게 속한 모든 자들을 위로하실 것이라고 기쁜 마음으로 말할 수 있다는 것. "찬송 받으시기에 합당하신 여호와여, 모든 거룩한 자들이 주와 함께 할 것이고, 주 앞에 거하는 것은 그들의 영원한 복일 것이나이다. 그러므로 주 예수여 오시옵소서." 어떤 이들은 이 본문을 기도문으로 읽을 수 있다고 생각한다: 오 나의 하나님 여호와여, 오소서 모든 성도들과 함께 오소서.

Ⅱ. 기이하게 뒤섞여 있는 하나님의 섭리들(6-7절). 그 날에는 빛이 밝지도 아니하고 어둡지도 아니하며 낮도 아니요 밤도 아니라 그러나 어두워 갈 때에 빛이 있으리로다. 어떤 이들은 이것은 스가랴 선지자가 살던 때로부터 메시야가 오실 때까지의 전 기간의 특징을 보여주는 것이라고 생각한다. 유대 교회는 온전한 평화를 누리지도 못했고, 그렇다고 해서 끊임없이 환난에 시달린 것도 아니었기 때문에, 비가 오는 것도 아니고 햇빛이 나는 것도 아닌 구름 낀 날이었다고 할 수 있다는 것이다. 그러나 이 말씀은 좀 더 일반적으로 해석해서, 하나님이 섭리의 나라와 은혜의 나라를 경영하실 때에 통상적으로 취하시는 방법을 나타내기 위한 것이라고 볼 수 있다.

1. 하나님이 세상을 다스리실 때의 통상적인 기조. 그의 은혜의 날과 그의 섭리의 날은 밝지도 아니하고 어둡지도 아니하며 낮도 아니요 밤도 아니다. 이 세상에서 하나님의 교회의 형편도 마찬가지이다. 의(義)의 해가 이미 떠올랐으니 어두운 밤일 수는 없지만, 아직 천국에 이른 것도 아니기 때문에 밝은 낮도 아니다. 개별 성도들도 마찬가지이다. 그들은 어둠이 아니고, 주 안에서 빛이다. 하지만, 그들 속에는 여전히 많은 잘못과 부패가 남아 있기 때문에 온전한 낮도 아니다. 하나님의 교회와 관련된 섭리들도 마찬가지이다. 전체적으로 교회의 일들은 극단적으로 선하거나 악하지 않고, 이 두 가지가 서로 뒤섞여 있다. 우리는 긍휼과 심판, 둘 모두를 노래하고 있고, 어느 쪽이 우세할지를 확실히 알지 못하며, 저녁의 황혼인지 새벽의 서광인지도 구분할 수 없다. 우리는 상황이 어떻게 변할지를 모르는 가운데에 소망과 두려움 사이에서 살아간다.

2. 이런 기조 속에서 위로가 되는 한 마디 말씀이 주어짐. 여호와께서 아시는 한 날이 있으리라. 이것은 다음과 같은 것들을 보여준다.

(1) 그러한 뒤섞여 있는 사건들이 아름답게 조화를 이루고 있다는 것. 모든

일 속에는 단 하나의 목적과 경향성이 존재한다. 모든 바퀴는 하나의 바퀴를 중심으로 돌아가고, 모든 날들은 한 날을 중심으로 움직인다.

(2) 그 사건들은 얼마 지속되지 못하고 금방 변한다는 것. 한 사건은 불과 한 날 동안, 아니 짧은 순간 동안만 지속된다. 빛을 어둡게 만드는 구름은 곧 걷힌다.

(3) 하나님은 이 모든 사건들을 보고 계시고, 이 모든 사건들 속에는 하나님의 손길이 있다는 것. 그것들은 여호와께서 아신다. 그는 그것들을 아시고, 그의 뜻과 계획에 따라서 최고의 선을 이루시기 위하여 모든 것을 적절하게 배치하신다.

3. 결국에는 지극히 기쁜 결과가 나온다는 것. 어두워 갈 때에 빛이 있으리로다. 그 때에는 밝은 빛이 있을 것이고, 더 이상 어둡지 않을 것이다. 우리는 내세에서 이렇게 될 것을 확신하고, 현세에서 그것을 소망한다. 어두워 갈 때에, 즉 온종일 기다려도 아무 소용이 없어서 우리의 소망이 완전히 바닥이 날 때, 아니, 날이 완전히 어두워지는 것은 아닌가 하고 우리가 두려워할 때, 상황이 최악이고 교회의 처지가 지극히 통탄스러울 때, 빛이 있을 것이다. 교회의 원수들에게는 해가 대낮에 지지만 교회에게는 해가 밤에 뜬다. 정직한 자들에게는 흑암 중에 빛이 일어난다(시 112:4). 하나님의 백성에게는 모든 소망이 다 끊어져서 더 이상 기댈 곳이 없을 때에 구원이 온다. 이렇게 빛은 흑암 중에 느닷없이 와서, 우리를 뛸 듯이 기쁘게 만든다.

⁸그 날에 생수가 예루살렘에서 솟아나서 절반은 동해로, 절반은 서해로 흐를 것이라 여름에도 겨울에도 그러하리라 ⁹여호와께서 천하의 왕이 되시리니 그 날에는 여호와께서 홀로 한 분이실 것이요 그의 이름이 홀로 하나이실 것이라 ¹⁰온 땅이 아라바 같이 되되 게바에서 예루살렘 남쪽 림몬까지 이를 것이며 예루살렘이 높이 들려 그 본처에 있으리니 베냐민 문에서부터 첫 문 자리와 성 모퉁이 문까지 또 하나넬 망대에서부터 왕의 포도주 짜는 곳까지라 ¹¹사람이 그 가운데에 살며 다시는 저주가 있지 아니하리니 예루살렘이 평안히 서리로다 ¹²예루살렘을 친 모든 백성에게 여호와께서 내리실 재앙은 이러하니 곧 섰을 때에 그들의 살이 썩으며 그들의 눈동자가 눈구멍 속에서 썩으며 그들의 혀가 입 속에서 썩을 것이요 ¹³그 날에 여호와께서 그들을 크게 요란하게 하시리니 피차 손으로 붙잡으며 피차 손을 들어 칠 것

이며 ¹⁴유다도 예루살렘에서 싸우리니 이 때에 사방에 있는 이방 나라들의 보화 곧 금 은과 의복이 심히 많이 모여질 것이요 ¹⁵또 말과 노새와 낙타와 나귀와 그 진에 있는 모든 가축에게 미칠 재앙도 그 재앙과 같으리라

이 단락에는 다음과 같은 내용들이 나온다.

I. 메시야의 날에 예루살렘, 곧 복음적 예루살렘에게 약속된 복들과 예루살렘에 부어질 복들로 인하여 온 땅, 특히 이스라엘 땅이 받게 될 복들.

1. 예루살렘이 온 세상에 대하여 생수의 샘이 되리라는 것. 예루살렘에서 성령이 사도들에게 부어져서, 예루살렘으로부터 여호와의 말씀이 세상의 모든 나라들로 퍼져나가게 되었을 때, 이 약속은 성취되었다(8절). 그 날에 생수가 예루살렘에서 솟아나리라. 왜냐하면, 죄 사함을 받게 하는 회개를 모든 족속에게 전파할 자들이 예루살렘에서 그 사역을 시작하였기 때문이다(눅 24:47). 복음 및 거기에 수반된 하나님의 성령의 은혜들이 가는 곳은 생수가 흘러가는 곳임을 명심하라. 우리 하나님의 성을 기쁘게 하는 시내들(시 46:4)은 온 땅도 기쁘게 하고, 온 땅을 물이 넉넉한 여호와의 동산 같이 만든다. 여호와의 말씀이 예루살렘에서부터 나왔다(사 2:3)는 것은 예루살렘의 영광이었다. 당시에 예루살렘은 가장 악하고 타락한 성읍이었는데도, 하나님은 옛 정을 생각하셔서 이렇게 복된 곳이 되는 영광을 받게 하셨다. 모든 강이 바다를 향하여 동쪽으로나 서쪽으로 흐르게 되어 있듯이, 이 생수의 절반은 동해로, 절반은 서해로 흐를 것이다. 복음은 동쪽으로 예루살렘에서 아주 멀리 떨어져 있는 곳으로도, 서쪽으로 아주 멀리 떨어져 있는 곳으로도 흘러가서, 세계의 모든 곳에 퍼지게 될 것이다. 왜냐하면, 복음 전파를 통해서 세상에 세워질 구속주의 통치권은 바다에서부터 바다까지 미쳐야 하고(시 72:8), 마치 여러 경로를 통해서 바다로 흘러간 물이 바다를 덮음 같이 여호와를 아는 지식이 온 땅에 충만해야 하기 때문이다(사 11:9).

(1) 하나님을 아는 지식은 모든 방향으로 퍼져나가게 되리라는 것. 이 생수는 동방 교회와 서방 교회를 둘 다 만들어낼 것이고, 이 두 교회는 자신의 때에 이름을 떨치게 될 것이다.

(2) 하나님을 아는 지식은 날마다 퍼져나가게 되리라는 것. 여름에도 겨울에도 그러하리라. 복음을 전파하는 일에 쓰임받는 자들은 여름에도 겨울에도 일을 하고, 사시사철 복음을 전파하여 주를 섬겨야 한다는 것을 명심하라(행 20:18).

이 생수가 흘러갈 때에 하나님의 권능도 함께 따라갈 것이기 때문에, 이 생수는 여름의 가뭄에 의해서 마르는 일도 없을 것이고, 겨울의 서리에 의해서 어는 일도 없을 것이다.

2. 사람들 가운데 있는 하나님의 나라는 전세계적으로 하나로 연합된 나라가 되리라는 것(9절).

(1) 하나님의 나라는 전세계적인 나라가 되리라는 것. 여호와께서 천하의 왕이 되시리라. 하나님은 어제나 오늘이나 당연히 천하의 왕이시다. 그의 나라는 그의 주권적인 섭리를 통해서 만유를 다스리고, 그의 관할에서 제외되는 자는 아무도 없다. 그러나 여기에서 약속되고 있는 것은 그가 그의 신민(臣民)들의 마음을 실질적으로 차지함으로써 명실상부한 천하의 왕이 되시리라는 것이다. 그는 모든 곳에서 모든 사람들에 의해서 왕으로 인정을 받으시게 될 것이다. 모든 사람들은 그의 권세를 인정하고 복종할 것이며, 그에게 충성을 맹세하게 될 것이다. 이 말씀은 세상 나라가 우리 주와 그의 그리스도의 나라가 되었다(계 11:15)는 음성이 하늘에서 날 때에 성취될 것이다.

(2) 하나님의 나라는 하나의 연합된 나라가 되리라는 것. 그 날에는 여호와께서 홀로 한 분이실 것이요 그의 이름이 홀로 하나이실 것이라. 모든 사람이 우상들을 버리고 오직 한 분 하나님만을 섬길 것이고, 하나님을 예배하는 일에 한 마음이 될 것이다. 모든 거짓 신들은 버려질 것이고, 모든 거짓된 방식의 예배들은 폐기될 것이다. 하나님이 그들의 하나 됨의 중심이 되셔서, 그들이 하나님 안에서 모두 만나게 될 것이고, 성경이 그들을 하나로 묶는 규범이 되어서, 그들은 모두 성경을 따라 행하게 될 것이다.

3. 유대 땅과 그 어머니 성인 예루살렘이 수리되고 번성하여, 하늘의 특별한 보호하심 아래에 있게 되리라는 것(10-11절). 어떤 이들은 이것이 유대 백성에 대한 특별한 은총을 보여주는 것으로서, 말일에 그들이 회심하고 돌아오게 될 것임을 보여주는 것이라고 생각한다. 그러나 우리는 이 본문을 비유적으로 이해해서, 유다와 예루살렘이라는 모형을 통해서 복음 교회에 대하여 말하고 있는 것으로 보아야 한다. 이 구절들은 교회가 차고 넘치는 은혜들을 받아서, 그 지체들이 열매를 많이 맺으며, 그 수가 헤아릴 수 없이 늘어나게 될 것을 보여준다.

(1) 교회가 땅의 온갖 풍부한 소산물들로 차고 넘치는 옥토 같이 되리라는

것. 자연적으로는 구릉이 많아서 평탄하지 않은 유대 온 땅이 평지로 변하게 될 것이다. 그 땅은 최북단 국경 성읍인 게바 또는 기브아에서부터 최남단 국경 성읍인 예루살렘 남쪽 림몬에 이르기까지 모두 다 평탄하고 부드러운 평야가 될 것이다. 그리스도의 복음이 권능으로 임하는 곳에서는 모든 것이 평탄해진다. 복음으로 말미암아 산들과 구릉들이 낮아지고, 오직 여호와만이 높아지신다.

(2) 교회가 사람들이 북적대는 성읍 같이 되리라는 것. 거룩한 땅은 평탄해질 것이고, 거룩한 성읍은 재건되어 사람들로 번성하게 될 것이다. 예루살렘이 비천한 상태에서 높이 들릴 것이고, 폐허에서 일어나게 될 것이다. 온 땅이 평지 같이 변하고, 감람 산만이 아니라 다른 산들도 제거될 때(4절), 예루살렘은 높이 들릴 것이다. 즉, 예루살렘은 더 두드러져 보이게 될 것이다. 예루살렘 사람들은 다시 그 본처 예루살렘에 살게 될 것이다(12:6). 온 성의 어디에나 사람들이 거주하여, 황폐하여 버려진 곳은 그 어디에도 없을 것이다. 여기에는 각 방면으로 예루살렘 성의 경계가 어디가 될지가 언급되어 있는데, 북동쪽의 베냐민 문에서 북서쪽의 첫 문 자리까지, 남쪽의 하나넬 망대에서부터 북쪽의 왕의 포도주 짜는 곳까지가 그 경계가 될 것이고, 이 경계들 내의 땅은 버려진 곳이 없이 사람들이 집을 짓고 살게 될 것이다. 모든 곳에서 그리스도의 교회들이 많은 수의 거룩하고 겸손하며 진지한 그리스도인들로 가득 차고, 그러한 그리스도인들이 날마다 교회에 더해질 때, 이 약속은 성취되고 있는 것이다.

(3) 이 땅과 이 성읍이 둘 다 안전하리라는 것. 땅에서 나는 양식과 성읍에 있는 입들이 둘 다 안전할 것이다. 거기에 사는 자들은 안전하게 살게 될 것이고, 그들을 두렵게 하는 자는 아무도 없을 것이다. 땅과 성읍을 둘 다 초토화시킨 저 철저한 멸망이 다시는 없을 것이고, 저주(anathema)나 끊어지는 것이나 하나님을 떠나 재앙을 당하는 것이나 너희가 겪어 왔던 모든 것을 황폐화시키는 심판들이 다시는 없을 것이며, 예루살렘이 평안히 서고, 사람들은 안전하게 거주할 것이다. 위험도 없을 것이고, 위험을 느끼고 두려워하는 것도 없을 것이다. 예루살렘의 친구들은 스스로 불안해하거나 두려워하지 않을 것이고, 그 원수들은 그들을 불안하게 만들 정도로 두려운 존재가 되지 못할 것이다. 음부의 권세가 교회를 이기지 못하리라(마 16:18)는 그리스도의 약속이 이것을 설명해 주고, 믿는 자들이 하나님의 보호하심에 의지함으로써 누리게 되는 거룩한

안전감과 평정심이 이것을 설명해 준다.

Ⅱ. 예루살렘을 대적하여 싸웠거나 싸우는 교회의 원수들에게 주어지는 심판의 경고. 하나님이 원수들에게 이러한 심판을 경고하시는 것은 교회를 안전하게 지키시기 위한 것이다. 이 재앙들을 읽고 듣는 자들은 예루살렘을 대적하여 싸우기를 겁낼 것이고, 이 경고의 말씀들이 어떤 자들에게 성취되었을 때에는 다른 사람들이 그것을 듣고 더욱 두려워하게 될 것은 말할 필요도 없다. 하나님의 도성과 그의 백성을 대적하여 싸우는 자들은 하나님을 대적하여 싸우고 있는 것이다. 하나님을 대적하여 그 마음을 완악하게 하였다가 형통한 자는 아무도 없었다. 예루살렘을 친 모든 백성에게 여호와께서 내리실 재앙은 이러하다(12절). 그들이 누구이든, 하나님은 그들을 그를 모욕한 것으로 여겨서 벌하실 것이고, 예루살렘 대신에 그들에게 원수를 갚아주실 것이다.

1. 그들이 시름시름 중병들을 앓으며 죽어가리라는 것. 그들은 섰을 때에도 그들의 살이 썩으며 비참하게 수척해져서 해골이 걸어가는 것 같을 것이다. 가죽과 뼈 외에는 아무것도 남아 있지 않을 것이다. 그들은 그동안 하나님의 백성에게서 탈취한 것들로 흥청망청 배부르게 호의호식하며, 그들의 육신의 욕망을 한껏 채워주었지만, 이제 그 육체의 살이 썩어서 보이지 아니하고 보이지 않던 뼈들은 드러나게 될 것이다(욥 33:21). 그들은 어떻게든 두 발을 딛고 땅에 서고자 하고, 엉금엉금 기어보려고도 하겠지만, 결국에는 포기할 수밖에 없게 될 것이다. 죄를 쏟아내는 데에 사용되던 시각 기관인 그들의 눈동자가 눈구멍 속에서 썩어서, 그들의 머리 속으로 함몰되거나 머리 밖으로 돌출되어 나오게 될 것이다. 지독한 시기심과 악의, 음욕이 가득했던 그들의 눈, 하나님의 백성의 비참한 모습을 보며 마음껏 즐겼던 그들의 눈은 썩어서, 그들의 몰골이 귀신처럼 소름끼치게 변해 버릴 뿐만 아니라, 그들의 삶도 비참해질 것이다. 죄를 쏟아내는 데에 사용되던 발성 기관인 그들의 혀가 입 속에서 썩을 것인데, 하나님은 그들이 그를 모독하거나 그의 백성을 욕하는 온갖 말들을 한 것에 대하여 그들을 이런 식으로 벌하실 것이다. 그들이 혀를 놀려 악한 말들을 한 것에 대하여 이런 벌이 그들에게 임하게 될 것이기 때문에, 사람들은 그들의 벌을 보면 그들이 어떤 죄를 지었는지를 읽어낼 수 있게 될 것이다. 이런 자들은 장차 그들의 혀가 음부의 불 속에서 영원토록 고통을 당하게 될 것이다. 안티오코스(Antiochus)와 헤롯이 이렇게 살이 썩는 병에 걸려서 죽었다.

2. 그들이 서로 물어뜯고 싸우며 자멸해 가리라는 것(13절). 그 날에 여호와께서 그들을 크게 요란하게 하시리라. 그러나 무질서가 아니라 질서의 하나님(고전 14:33)이신 여호와께로부터 요란함이 온다는 것이 있을 수 있는가? 요란함이 질서를 어지럽히는 자들이 저지르는 죄인 경우에는, 그것은 여호와로부터 오는 것이 아니라, 악한 자와 사람들 자신의 정욕으로부터 오는 것이다. 그러나 요란함이 죄인들에 대한 벌인 경우에는, 그것은 사람들의 죄와 어리석음과 불안한 심령들을 통해서 자신의 목적을 이루시고 자신의 의도를 수행하시는 여호와로부터 온다. 그들이 서로 물고 먹는 것은 그들에게서 나오는 것이지만, 그들이 그렇게 해서 피차 멸망하는 것은 의로우신 재판장이신 여호와에게서 나오는 것이다(갈 5:15). 아합은 여호와께서 보내신 거짓말하는 영에게 속아넘어갔고, 아비멜렉과 세겜 사람들은 하나님이 보내신 악한 영으로 인해서 분열되어 멸망당하였다(삿 9:23). 서로 손을 잡고 연합하여 교회를 대적하는 자들은 결국 사이가 벌어져서 자기들끼리 서로 싸우게 될 것임을 명심하라. 하나님은 그를 대적하여 요란하게 소동을 벌인 자들을 그들 내부에서 소동이 일어나게 하셔서 자멸하게 하시는 방식으로 보복하실 것이다. 그들은 피차 손으로 붙잡아서, 상대방이 자기를 치지 못하게 하거나, 상대방을 묶어서 자신의 포로로 만들어 버릴 것이다. 아니, 그들은 피차 손을 들어 쳐서 서로에게 상처를 입힐 것이다. 교회를 멸하고자 하는 자들은 흔히 자중지란을 일으켜서 자멸하게 된다는 것을 명심하라. 모든 칼의 주인이신 하나님은 종종 각 사람의 칼을 자신의 동료에게 겨누게 만드신다. 어떤 이들은 로마 군대가 그들을 모두 멸하고자 하였을 때에 유대인들 내부에서 파당과 분열이 일어난 것을 통해서 이 예언이 성취되었다고 생각한다. 왜냐하면, 유대인들은 영적 예루살렘, 즉 복음 교회를 대적하여 싸웠기 때문이다. 유다도 예루살렘을 대적하여 싸우리라(14절)는 말씀은 이것과 아주 잘 부합한다. 유대 나라는 스스로 자멸하게 될 것이고, 그들 자신의 손에 의해 죽게 될 것이다. 성읍과 촌락이 서로 으르렁대고 싸워서, 둘 다 멸망하게 될 것이다.

3. 하나님의 백성이 원수들의 진영에서 얻은 탈취물로 크게 부해지리라는 것(14절). 유다도 예루살렘에서 먹으리라(한 박식한 해석자는 본문을 이렇게 읽는다). 이 탈취물을 얻고자 사람들이 사방에서 모여오게 될 것이다. 산헤립의 군대가 예루살렘 성 앞에서 패주하여 물러갔을 때에 사람들이 많은 재물을 탈취

하여 나누었듯이(사 33:23), 이제도 그런 일이 일어나게 될 것이다. 예루살렘을 노략하였던 사방에 있는 이방 나라들의 보화 곧 금 은과 의복이 심히 많이 모여질 것이고, 이 승리에 기여한 모든 무리 가운데서 공평하게 나누어질 것이다. 죄인의 죄물은 흔히 의인을 위하여 쌓인다는 것을 명심하라(잠 13:22). 하나님의 이스라엘은 애굽 사람들에게서 얻은 탈취물로 부유해졌다.

4. 하나님의 교회의 원수들을 멸망시킬 재앙은 가축들에게도 미치게 되리라는 것. 하나님이 애굽에 여러 가지 재앙을 내리셨을 때에도 그러하였다. 하나님이 이 악인들과 다투러 오실 때, 그들의 진에 있는 모든 가축, 즉 말과 같이 전쟁에서 사용되는 가축만이 아니라, 여행이나 농사에 사용되는 노새와 낙타와 나귀 같은 가축들도 그들과 동일한 재앙을 당하여 죽게 될 것이다(15절). 열등한 피조물들은 흔히 사람의 죄 때문에 사람이 받는 재앙을 함께 받아서 고통을 겪는다는 것을 명심하라. 하나님이 이렇게 죄에 대한 그의 진노를 보이실 때, 허무한 데에 굴복한 피조물들은 이렇게 신음하게 된다. 그러나 장차 하나님은 이 피조물들을 해방하여 하나님의 자녀들의 영광의 자유에 이르게 하실 것이다(롬 8:21-22).

¹⁶예루살렘을 치러 왔던 이방 나라들 중에 남은 자가 해마다 올라와서 그 왕 만군의 여호와께 경배하며 초막절을 지킬 것이라 ¹⁷땅에 있는 족속들 중에 그 왕 만군의 여호와께 경배하러 예루살렘에 올라오지 아니하는 자들에게는 비를 내리지 아니하실 것인즉 ¹⁸만일 애굽 족속이 올라오지 아니할 때에는 비 내림이 있지 아니하리니 여호와께서 초막절을 지키러 올라오지 아니하는 이방 나라들의 사람을 치시는 재앙을 그에게 내리실 것이라 ¹⁹애굽 사람이나 이방 나라 사람이나 초막절을 지키러 올라오지 아니하는 자가 받을 벌이 그러하니라 ²⁰그 날에는 말 방울에까지 여호와께 성결이라 기록될 것이라 여호와의 전에 있는 모든 솥이 제단 앞 주발과 다름이 없을 것이니 ²¹예루살렘과 유다의 모든 솥이 만군의 여호와의 성물이 될 것인즉 제사 드리는 자가 와서 이 솥을 가져다가 그것으로 고기를 삶으리라 그 날에는 만군의 여호와의 전에 가나안 사람이 다시 있지 아니하리라

이 단락에는 세 가지 예언이 나온다.

I. 복음적인 예배가 교회에 세워져서, 많은 무리가 와서 그 예배를 드리게 되

리라는 것. 신앙을 대적하였던 원수들 중에서 남겨진 자들은 하나님의 긍휼로 그들이 간신히 목숨을 건졌다는 것을 알고서, 이스라엘의 하나님을 예배하러 와서 그 하나님께 경배를 드리게 될 것이다(16절). 교회의 원수들 중에서 죽임을 당하지 않은 자들은 회심하게 될 것이고, 이것으로 인해서 그들이 건짐을 받은 것은 갑절의 긍휼이 될 것이다. 이것은 하나님의 은혜가 그들에게 역사하여 만들어낸 큰 변화이다. 예루살렘을 치러 왔던 자들은 그들의 시도가 헛되고 아무런 열매가 없는 것을 발견하고서, 이전에 적대감을 지녔던 그 정도만큼 숭배하는 자들로 변하여, 해마다 예루살렘에 올라와서, 전에 그들이 대적하였던 자들과 함께 예배를 드리게 될 것이다. 그리스도의 원수들 중 일부는 그의 발판이 되고, 일부는 그의 친구들이 될 것임을 명심하라. 그들 속에서 적대감이 근원적으로 사라질 때, 그들의 이전의 적대 행위들은 용서받고, 마치 그들이 예루살렘을 대적하여 싸운 적이 없었던 듯이 그들의 예배가 용납되고 받아들여지게 될 것이다. 그들은 예루살렘에 경배하러 올라올 것이다. 왜냐하면, 예루살렘은 하나님이 택하신 곳이고, 성전도 거기에 있기 때문이다(예루살렘 성전은 그리스도와 그의 중보의 모형이었다). 회심시키는 은혜를 받은 자는 다음과 같이 된다.

1. 누구를 예배해야 할지 그 대상을 올바르게 알게 된다는 것. 그들은 더 이상 이방인들이 숭배하는 몰록이나 바알, 왕들과 주들, 즉 그들 자신의 상상력으로 만들어낸 것들을 경배하지 않고, 그 왕 만군의 여호와, 영원하신 왕, 만왕의 왕, 만유의 주를 경배하게 될 것이다.

2. 하나님이 친히 정하신 예배의 규례들을 올바르게 알게 된다는 것. 복음적인 예배는 여기에서 초막절을 지키는 것으로 묘사되는데, 이것은 초막절이 세상에 대한 멸시와 하나님 안에서의 기쁨이라는 두 가지 큰 은혜를 특별한 방식으로 상징화하여 지키는 절기였기 때문이다(느 8:17). 선한 그리스도인의 삶은 늘 초막절일 수밖에 없다. 우리는 우리의 모든 행위를 초막절을 지키는 심정으로 행하여야 한다. 즉, 우리는 세상으로부터 물러나서 여호와를 즐거워하며 경배하는 마음으로 우리의 모든 일들을 행하여야 한다.

3. 예배의 중보자가 누구인지를 올바르게 알게 된다는 것. 우리는 우리의 모든 제물과 예물을 가지고서 우리의 성전이신 그리스도께로 가야 한다. 왜냐하면, 하나님은 오직 그리스도 안에서만 우리의 신령한 제사를 기쁘게 받으시기

때문이다(벧전 2:5). 우리가 우리 자신 안에 머문다면, 우리는 결코 하나님을 기쁘시게 해드릴 수 없다. 우리는 그리스도께로 올라가야 하고, 오직 그의 의(義)를 의지하여야 한다.

4. 예배의 때를 올바르게 알게 된다는 것. 우리는 늘 예배를 드려야 한다. 그들은 초막절로 정해진 때에 해마다 올라가게 될 것이다. 그리스도인의 삶의 매일매일은 초막절의 날이고, 모든 주일은 특히 그러하다(주일은 절기의 큰 날이다). 그러므로 우리는 매일 만군의 여호와를 예배하여야 하고, 주일에는 특별히 엄숙한 마음으로 여호와를 예배하여야 한다.

II. 복음적인 예배의 본분들을 소홀히 하는 자들은 하나님이 그들을 소홀히 하시는 벌을 받게 되리라는 것. 하나님은 그의 규례들을 지키지 않는 자들에게 그의 은총들을 중단하시는 방법을 사용하셔서, 그들로 하여금 올라와서 그를 경배하도록 그들을 압박하실 것이다. 여호와께 경배하러 예루살렘에 올라오지 아니하는 자들에게는 비를 내리지 아니하실 것이다(17절). 어떤 이들은 이것을 비유적으로 이해한다: 하늘의 가르침의 비, 그리고 그 가르침에 수반되는 하늘의 은혜의 비가 그들에게 보류될 것이다. 하나님은 구름에게 명하여 그들 위에 비를 내리지 못하게 하실 것이다(사 5:6). 하나님께서 은혜를 얻을 수단들로 주신 것들에 참여하지 않는 자들에게 은혜의 복들을 보류하시고, 목자의 장막에 참여하지 않는 자들에게 푸른 초장을 주지 않으시는 것은 의로우신 일임을 명심하라. 또는, 우리는 이 본문을 문자적으로 이해할 수도 있다: 그들에게는 그들의 땅을 비옥하게 해줄 비가 없을 것이다. 하나님이 그가 정하신 규례들을 소홀히 하고 멸시하는 자들에게 일반 섭리에 의한 선물들을 보류하시는 것은 마땅한 일임을 명심하라. 성전을 건축하는 일을 소홀히 하였던 자들이 비가 오지 않는 벌을 받았듯이(학 2:17), 성전이 지어지고 나서 거기에서 드려지는 예배에 참석하기를 소홀히 한 자들도 그런 벌을 받았다. 우리가 하나님에 대하여 열매를 맺지 못하는 불모지가 되었다면, 땅이 우리에게 불모지가 되는 것은 마땅한 일이다. 많은 사람들이 하는 일들마다 잘 되지 않는다면, 그 근저에 있는 이유는 그들이 하나님의 예배를 정성껏 드리지 않았다는 것이다. 그들이 하나님으로부터 멀어져 가고 있기 때문에, 하나님도 그들과 반대로 행하시는 것이다. 우리가 하나님이 우리에게 기대하시는 본분들을 빼먹거나 연기한다면, 하나님이 우리가 그로부터 기대하는 은총들을 보류하시는 것은 마땅하다. 그러나 애굽 땅에는 아예 비가 내리지 않기 때문에, 비를 내리지 않겠다는 경고는 애굽 사람들에게는 전혀 경고가 될 수 없는데, 이런 경우에 하나님은 그에게 경배하러 오지 않는 애굽 사람들에게 어떤 벌을 내리실 것인가? 그들에게는 비가 필요가 없기 때문에, 그들은 비를 원하지 않는다. 그들에게는 나일 강이 하늘에서 내리는 비를 대신해서 그들의 땅을 적셔 주고 비옥하게 만들어 주기 때문에, 다른 나라 사람들에게는 벌인 것이 그들에게는 전혀 벌이 되지 않는다(18-19절). 만일 애굽 족속이 올라오지 아니할 때에는, 거기에는 원래부터 비 내림이 있지 아니하니, 하나님은 그들을 벌하실 다른 방법을 찾으셔서, 다른 나라 사람들이 그를 예배하기를 소홀히 했을 때에 받는 벌과 실제적으로 동일한 재앙을 애굽 사람들에게 내리실 것이라고 경고하신다. 실제로 하나님은 나일 강의 범람을 막으시는 방법을 종종 사용하셨는데, 이것은 하늘의 구름을 가두어 두는 것과 동일한 효과를 발휘하는 것이었다. 또는, 나일 강이 여느 해처럼 그 수위가 높아져서 범람하였다면, 하나님은 전에 애굽에 내리셨던 열 가지 재앙 중에서 몇몇 재앙을 통해서 하신 것처럼, 그들의 땅에 맺힌 열매들을 망쳐 놓으심으로써 그들로 하여금 기근을 겪게 하는 방법을 사용하셨다. 이것은 초막절을 지키러 올라오지 아니하는 다른 이방 나라들에 대한 벌과 동일한 효과를 지닌 애굽에 대한 벌이 될 것이다. 그들이 하늘의 긍휼의 덕을 조금도 보고 있지 않고, 그 긍휼에 의지하고 있지도 않다고 생각하는 자들은 그들이 하늘의 공의의 벌이나 심판까지 막아낼 수 있다고 생각해서는 안 된다는 것을 명심하라. 비 없이 살 수 있는 자들이라고 해서 하나님 없이 살 수 있는 것은 아니다. 왜냐하면, 하늘만이 아니라 다른 모든 피조물들도 하나님이 시키시는 그대로 우리를 대하기 때문이다. 사람은 어떤 식으로 살아가든 하나님의 심판을 가볍게 여겨서는 안 된다. 애굽 사람이나 이방 나라 사람이나 초막절을 지키러 올라오지 아니하는 자가 받을 벌이 그러하니라. 이 구절에서 벌로 번역된 단어는 죄로도 번역될 수 있다. 죄와 벌은 그 관계가 아주 밀접해서 서로 분리될 수 없고(창 4:7), 죄는 흔히 그 자체가 벌이기도 하다. 빼먹고 하지 않는 것도 죄이기 때문에, 우리는 그것으로 인하여 심판을 받게 될 것임을 명심하라. 그들에게 기회가 주어져 있는데도, 정해진 때에 예배하러 올라가지 않는 자들은 죄를 짓는 것이다. 이것은 죄인 동시에 그 자체가 벌이기도 하다. 왜냐하면, 예배의 본분을 저버리는 자들은 하나님과 교통하는 특권을 상실하기 때문이다.

Ⅲ. 복음적 예배와 관련된 본분들을 지키는 자들은 복음적 행실과 관련된 본분들을 행하여 그것들로 그들의 신앙 고백을 장식하는 은혜를 받게 되리라는 것. 이것은 하나님의 약속이고(20-21절), 교회의 아름다움과 복을 완성하는 데에 꼭 필요하다. 요지는 모든 것이 여호와께 성결이 되리라는 것이다.

1. 성결(또는, 거룩)이라는 명칭과 성격이 이전과는 달리 일부에 국한되지 않으리라는 것. 여호와께 성결이라는 어구는 전에는 오직 대제사장의 이마에만 기록되었었으나, 이제는 대제사장의 전유물이 되지 않을 것이다. 모든 그리스도인들이 하나님께 봉헌되어 하나님을 섬기는 일에 쓰임받는 살아 있는 성전들과 신령한 제사장들이 될 것이다.

2. 진정한 성결이 지금까지보다 더 많이 퍼지게 되리라는 것. 그것은 성결을 위한 더 강력한 수단들, 더 탁월한 규범들, 사람들을 더 힘 있게 설복시킬 수 있는 근거들, 더 밝은 모범들이 있을 것이기 때문이고, 성결과 성화(聖化)의 성령이 그리스도의 승천 이후에는 이전보다 더 풍성하게 주어질 것이기 때문이다.

(1) 성결이 일상적인 것들에도 이루어지리라는 것. 아주 생소하고 낯설어 보였던 것들도 하나님께 성별되어 바쳐질 것이다.

[1] 그들의 말과 관련된 장비들이 하나님께 성별되리라는 것. "그 날에는 말방울 또는 말의 재갈(난외주의 읽기) 또는 마구에도 여호와께 성결이라는 글귀가 새겨질 것이다. 전쟁에서 사용되던 말들은 이전처럼 하나님과 그의 백성을 대적하기 위해서 사용되는 것이 아니라, 하나님과 그의 백성을 위하여 사용될 것이다. 그들의 전쟁들은 거룩한 전쟁들이 될 것이고, 그들의 군대는 하나님의 깃발 아래에서 복무하게 될 것이다. 많은 시종들을 거느리고 당당하게 말을 타는 그들의 큰 자들은 그들의 존귀함으로 하나님을 존귀하게 해드리는 것을 그들의 가장 큰 장식으로 여길 것이다. 큰 자들이 종종 문장(紋章)이 그려진 겉옷을 갑옷 위에 입듯이, 여호와께 성결이라는 글귀가 그들의 병거를 끄는 말들의 마구(馬具)에 씌어져 있을 것이다. 모든 신사들은 대제사장의 이마에 있던 글귀를 자신의 것으로 삼아서 자랑으로 여기며, 그 글귀를 거기에 합당하지 않는 일을 하지 않는 계기로 삼을 것이다. 여행자들은 이 글귀를 그들의 재갈에 적어두고서, 그것을 지침으로 삼아서 그들의 말을 몰 것이다. 즉, 그들은 그 글귀를 항상 자기 앞에 두고 생각하며, 그들의 모든 행동의 지침으로 삼아서 행할

것이다. 여행길에서 말에 탄 자들을 졸지 않고 깨어 있게 해주고 그들이 가까이 다가왔다는 것을 사람들에게 알려주는 역할을 하는 말 방울에 여호와께 성결이라는 글귀가 씌어질 것이다." 이것은 그 날에는 우리가 어디를 가든 스스로 그 글귀의 감화 아래 행하고, 다른 사람들에게도 우리가 그렇게 행할 것임을 고백할 것임을 보여주는 것이다.

[2] 그들의 가구들도 하나님께 성별되어 그를 섬기는 데에 사용되리라는 것.

첫째, 여호와의 전에 붙어 있는 제사장들의 집이나 거처의 가구들이 성별될 것이다. 그들이 사용하던 흔한 물잔들도 희생제물의 피를 받거나 전제를 위한 포도주와 기름을 담기 위해 사용되던 제단 앞 주발들과 다름이 없을 것이다. 그들이 그들의 식탁을 위해 사용하던 그릇들이 그들의 경건한 마음을 표현하는 도구로서 하나님의 영광을 위하여 바쳐져서 아주 건전하고 절제된 방식으로 신앙적으로 사용되어, 그들의 식사 자체가 희생제사 같이 보이게 될 것이다. 그들은 그들 자신을 위하여서가 아니라, 그들 앞에 상(床)을 베푸시고 그들의 잔들을 채워 주시는 하나님을 위하여 먹고 마시게 될 것이다. 다른 가정들은 어떨지 몰라도, 적어도 성직자들의 가정에서는 평범한 일들까지 경건하게 행해질 것이다.

둘째, 일반 사람들의 가구들이 성별될 것이다. "예루살렘과 유다의 모든 솥이 여호와의 성물이 될 것이다. 그들이 고기를 삶는 솥과 포도주를 따라 마시는 잔(렘 35:5) 같은 하나님의 선한 피조물들이 이전에 모든 상에 토한 것과 더러운 것이 가득하였던(사 28:8) 때에 육체의 정욕을 채워주는 양식과 연료로 악용되었던 것과는 달리, 그 날에는 순종의 바퀴들을 잘 굴러가게 해주는 기름 역할을 하게 될 것이다. 그들이 이러한 솥과 잔에서 먹고 마시는 것들은 하나님을 더 잘 섬기라고 그들의 육신에 자양분을 공급해 줄 것이다. 그들은 솥단지와 잔에 있는 것들로 가난한 자들을 후하게 구제하게 될 것이다." 그 날에 그것들은 회심한 두로 사람들의 물건들과 무역하여 번 재물들과 마찬가지로(사 23:18) 여호와의 성물이 될 것이다. 왜냐하면, 우리는 버는 것과 쓰는 것, 둘 모두에 있어서 늘 하나님의 뜻을 우리의 규범으로 삼고, 하나님의 영광을 우리의 목적으로 삼아야 하기 때문이다.

셋째, 진정한 성결이 이렇게 차고 넘치게 될 때, 사람들은 예식상의 성결을 좋아하지도 않고 관심도 갖지 않게 될 것이다. "제사 드리는 자가 와서 이 평범한 그릇들을 가져다가 그것으로 고기를 삶으리라. 그들은 평범한 그릇들과 제단 앞 주발들을 더 이상 구별하지 않을 것이다." 복음 시대에 참된 예배자들은 이 산에서도 말고 예루살렘에서도 말고 오직 신령과 진정으로 하나님을 예배하게 될 것이다(요 4:21). 사람들이 어디에서 예배를 드리든, 하나님은 그 예배를 기쁘게 받으실 것이다(나는 각처에서 사람들이 기도하기를 원하노라, 딤전 2:8). 또한, 하나님은 사람들이 어느 그릇을 사용하든 다 기쁘게 받으실 것이다. 믿음으로 드리고, 상스러운 것이나 무질서한 것이 없다면, 외적인 것들은 하나님이 보지 않으실 것이다. 어떤 이들은 이것이 성소의 그릇들로는 감당할 수 없을 정도로 아주 많은 희생제사가 드려지게 될 것임을 보여주는 것이라고 생각한다. 그러나 제사장이 부족할 때에는 레위인들이 희생제물을 잡는 일을 도왔듯이(대하 29:34), 그들은 성소의 그릇들이 부족하다는 이유로 희생제사를 제한하거나 연기하는 것이 아니라, 일반 그릇들을 스스럼없이 사용하여 제사를 드리게 될 것이다.

(2) 그들의 거룩한 것들에 거룩하지 못한 것이 들어와서 부패하게 만드는 일이 없으리라는 것. 그 날에는 만군의 여호와의 전에 가나안 사람이 다시 있지 아니하리라. 어떤 이들은 이 본문을 "상인이 다 있지 아니하리라"로 읽는다. 왜냐하면, 가나안 사람은 종종 상인을 의미하기도 하기 때문이다. 그들은 그리스도께서 사고 파는 자들을 성전에서 몰아내셨을 때에 이 말씀이 성취된 것이라고 생각한다. 또는, 가나안 사람, 외인들, 외국인들이 여호와의 전에 들어오기는 하겠지만, 그들은 가나안 사람이기를 그치게 될 것이다. 그들 속에는 가나안 사람의 영이나 성품이 전혀 없게 될 것이다. 또는, 이것은 복음 시대에 사람들은 거룩한 그릇들에 대하여는 무관심해지는 반면에, 교회의 치리(治理)에는 아주 엄격하여서, 속된 것이 거룩한 규례들을 더럽히는 것을 용납하지 않을 것이고, 선한 것과 악한 것, 이스라엘 사람과 가나안 사람을 철저하게 구분하리라는 것을 보여준다. 그렇지만, 이 말씀은 부정한 것은 들어가지 못할 만군의 여호와의 전, 즉 하늘의 예루살렘에 가서야 온전히 성취될 것이다. 왜냐하면, 종말에 가서야 비로소 그리스도께서는 그의 나라로부터 모든 거치는 것들을 모아서 갖다 버리실 것이고, 알곡과 가라지를 온전하게 영원히 갈라내실 것이기 때문이다.

말라기

서론

하나님의 선지자들은 오랜 세월에 걸쳐서 각각 자기 시대에 하나님의 교회에 보내심을 받은 하나님의 증인들이었다. 그들은 하나님과 그의 권세를 증언하고, 죄와 죄인들을 쳐서 증언하는 증인으로서, 하나님이 자기 백성을 다루시는 섭리들의 참된 의도와 메시야 시대에 그의 교회에 은혜를 베풀고자 하시는 그의 자비로운 의도를 증언하였는데, 모든 선지자들은 하나 같이 메시야를 증언하였다. 이제 우리는 오직 한 사람의 증인만을 남겨 두고 있다. 이 증인을 마지막으로, 우리는 하나님이 우리에게 주신 모든 증인의 말을 다 들어보는 것이 된다. 그는 마지막 선지자였고, 그를 마지막으로 예언이 그쳤지만, 예언의 영은 그의 앞에 왔던 그 어느 선지자 못지않게 그의 속에서 명료하고 강력하며 밝게 빛을 발하고 있기 때문에, 우리는 그의 증언을 다른 선지자들의 증언을 들을 때와 동일한 경외심으로 경청하여야 한다. 유대인들은 예언이 제2성전 시대 아래에서 40년 동안 지속되었다고 말하면서, 이 선지자를 끝으로 일련의 선지자들의 맥이 끊어지고 한 시대가 마감되었다고 해서, 그를 예언의 봉인(封印)이라 부른다. 하나님은 메시야가 오시기 전 몇 세대 동안 하나님의 감동이 그치도록 하는 아주 지혜로운 조치를 취하심으로써, 큰 선지자이신 메시야가 더 돋보이고 빛나며 더 환영을 받을 수 있게 하셨다. 그러면, 여기에서 다음과 같은 것들을 살펴보자.

I. 말라기 선지자에 대하여. 이 예언서에는 오직 이 선지자의 이름이 말라기였다는 것만 나오고, 그의 출신 지역이나 족보는 나오지 않는다. 말라기라는 이름은 내 사자(使者)를 의미한다. 이 이름 때문에 이 선지자는 사람이 아니라 하늘로부터 온 천사였다는 추측이 생겨났다(삿 2:1). 그러나 이러한 추측은 정당한 근거가 없다. 선지자들은 사자들, 하나님의 사자들이었고, 이 선지자도 마찬가지였다. 그의 이름은 3:1에 나오는 내 사자라는 단어와 동일하다. 아마도 말라기라는 그의 이름은 그 단어로부터 유래했을 것이다(그의 본명은 따로 있었을 것이지만). 갈대아 역본과 일부 유대인들은 말라기가 에스라와 동일 인물이었을 것이라고 추정한다. 그러나 그러한 주장도 근거가 없다. 에스라는 서기

관이었고, 우리는 그가 선지자였다는 말을 그 어디에서도 찾아볼 수 없다. 또 어떤 이들은 그가 모르드개였을 가능성이 높다고 주장한다. 그러나 우리는 말라기라는 이름은 이 선지자의 가명이 아니라 본명이었다고 보는 것이 옳다고 생각한다. 몇몇 옛 사람들의 전승에 의하면, 그는 스불론 지파 사람이었고, 젊어서 죽었다고 한다.

Ⅱ. 이 예언의 취지.　학개와 스가랴가 성전을 짓는 일을 차일피일 미루고 있는 백성들을 책망하기 위하여 보내심을 받았다면, 말라기는 성전을 지어 놓고서 소홀히 하고 성전 예배를 더럽히는 백성들을 책망하기 위하여 보내심을 받았다. 왜냐하면, 그들은 우상 숭배와 미신을 떠나긴 했지만, 불경건과 불신앙이라는 또 다른 극단으로 내달렸기 때문이다. 그가 증언하는 죄들은 그의 동시대인이었을 가능성이 큰 느헤미야 시대에 저질러진 죄들과 동일하다. 예언이 끝나가고 있던 때에, 그는 다른 그 어느 선지자들보다도 메시야에 대하여 더 분명하게 얘기하고, 메시야가 아주 가까이 와 있는 것으로 얘기하면서, 하나님의 백성을 향하여 그리스도의 복음을 기다리는 가운데에 모세의 율법을 계속해서 기억하고 지켜나가라고 권면하는 말로 그의 예언을 마무리한다.

제
— 1 —
장

개요

선지자는 이렇게 먼저 죄를 깨닫게 하고 그런 다음에 위로하며, 먼저 죄를 드러내어 책망하고 그런 다음에 죄를 없애 주실 자가 오실 것이라는 약속을 전하도록 보내심을 받는다. 성령도 심령들을 다루실 때에 이런 방법을 취하신다(요 16:8, 그가 와서 죄에 대하여, 의에 대하여, 심판에 대하여 세상을 책망하시리라). 그는 먼저 상처를 드러낸 후에, 거기에 치료약을 발라준다. 하나님은 섭리들과 규례들을 통해서 이스라엘이 잘 해나갈 수 있도록 모든 것들을 공급해 주셨었다. 그러나 여기에서 선지자가 그들에 대하여 탄식하고 있는 것을 보면, 그들은 섭리들과 규례들을 통하여 주어진 하나님의 은혜를 헛되이 받은 것으로 보인다. I. 그들이 그들에 대한 하나님의 은총들에도 불구하고 대단히 배은망덕하여, 그들이 받은 은택에 대하여 보답하지 않았다는 것(1-5절). II. 그들이 하나님이 정하신 제도들을 지키는 일에 별 관심이 없고 소홀히 하였다는 것. 이 제도들과 관련해서 특별한 책임을 맡고 있던 제사장들이 특히 그러하였다(6-14절). 섭리들이나 규례들이 전혀 통하지 않는 자들, 하나님이 그에게 영광을 돌리도록 하기 위하여 정해 놓으신 바로 그것들을 통해서 도리어 하나님을 모독하는 자들에 대하여 우리가 도대체 무슨 말을 할 수 있겠는가?

¹여호와께서 말라기를 통하여 이스라엘에게 말씀하신 경고라 ²여호와께서 이르시되 내가 너희를 사랑하였노라 하나 너희는 이르기를 주께서 어떻게 우리를 사랑하셨나이까 하는도다 나 여호와가 말하노라 에서는 야곱의 형이 아니냐 그러나 내가 야곱을 사랑하였고 ³에서는 미워하였으며 그의 산들을 황폐하게 하였고 그의 산업을 광야의 이리들에게 넘겼느니라 ⁴에돔은 말하기를 우리가 무너뜨림을 당하였으나 황폐된 곳을 다시 쌓으리라 하거니와 나 만군의 여호와는 이르노라 그들은 쌓을지라도 나는 헐리라 사람들이 그들을 일컬어 악한 지역이라 할 것이요 여호와의 영원한 진노를 받은 백성이라 할 것이며 ⁵너희는 눈으로 보고 이르기를 여호와께서는 이스라엘 지역 밖에서도 크시다 하리라

말라기서의 예언에는 여호와께서 말씀하신 경고(1절)라는 표제가 붙어 있는데, 이것은 다음과 같은 것들을 보여준다. 1. 이 예언이 큰 무게와 중요성을 지니고 있다는 것. 거짓 선지자들이 말한 것들은 겨처럼 가벼웠지만, 참 선지자들이 말한 것들은 알곡처럼 묵직하였다(렘 23:38). 2. 이 예언은 노래의 후렴구처럼 그들 가운데에서 자주 반복되어야 한다는 것. 3. 이 예언이 무거운 짐이자 욕(辱)으로 들릴 자들이 그들 중에 있다는 것. 그들은 이 예언이 그들에게 큰 괴로움을 주는 것을 보고서 진저리를 쳤고, 이 예언을 견딜 수가 없었다. 4. 만약 그들이 회개하지 않는다면, 이 예언이 그들에게 정말 무거운 짐이 되어서, 그들을 가장 낮은 지옥으로 떨어지게 만들리라는 것. 5. 우리 구주께서 말씀하셨듯이(마 11:30), 이 예언을 좋아하고 기쁜 마음으로 받아들이는 자들에게 이 예언은 가벼운 짐일 것이지만, 그래도 역시 짐이리라는 것.

1. 여호와께서 말씀하신 이 경고는 이스라엘에게 보내졌다. 왜냐하면, 기록된 말씀만이 아니라 생생한 예언의 말씀도 그들에게 속하였기 때문이다. 하나님은 많은 선지자들을 이스라엘에게 보내셨는데, 이제 또 한 명의 선지자를 보내셔서 그들을 시험하시고자 하신다.

2. 이 경고의 말씀은 말라기를 통하여, 즉 말라기의 손에 의해서 보내졌다. 이것은 마치 하나님이 좀 더 확실하게 그의 뜻을 전하시기 위해서, 선지자의 입에 의한 말에 의해서가 아니라, 선지자의 손에 그의 서신을 들려 보내서 그들에게 말씀하신 것 같이 표현하고 있는 것이다.

이 단락에서 그들은 하나님이 그들에게 특별한 복을 내려 주신 것을 제대로 깨닫지 못하고서 배은망덕한 짓을 하고 있다는 책망을 받는다. 이와 같은 책망은 사람의 마음을 무겁게 짓누르기 때문에 무거운 짐이라 불리는 것이 당연하다.

I. 하나님이 그들에 대하여 큰 사랑과 인애(仁愛)를 지니고 있었고, 자주 그런 마음을 표현하셨다고 단언하심(2절). 여호와께서 이르시되 내가 너희를 사랑하였노라. 하나님은 마치 그가 지금 그들에게 어떤 책망들을 하여도, 그것은 다 그가 그들을 사랑하기 때문이니까, 그들은 서운하게 생각하지 말고, 계속해서 그에 대하여 좋은 마음을 지니라고 미리 그들에게 말씀해 두시려는 듯이, 선지자의 설교는 이렇게 거두절미하고 갑작스럽게 이런 말로 시작된다. 무릇 내가 사랑하는 자를 책망하여 징계하노니 그러므로 네가 열심을 내라 회개하라(계 3:19).

이렇게 설교는 부드러운 말로 시작된다. 하나님은 그가 그들을 사랑하고 있고 그의 사랑을 항상 잊지 않고 염두에 두고 있다는 말씀을 통해서 자기 백성을 안심시키고 만족을 주시고자 하신다. 이 말씀은 그가 옛적에 처녀 이스라엘에게 구애하실 때에 하신 말씀과 동일하다(렘 31:3-4): 내가 영원한 사랑으로 너를 사랑하였다. 이 한 마디 말씀 속에는 하나님이 그들을 지금까지 어떻게 대해 오셨는지가 집약되어 있다. 사랑은 하나님이 그들에게 행하신 온갖 일들의 원천이었다. 하나님은 그들이 사랑받을 만해서가 아니라 일방적으로 그들을 사랑하셨고(신 7:7-8), 그들이 어렸을 때에 그들을 사랑하셨다(호 11:1). 하나님은 그들을 기뻐하셨다(사 62:4). "내가 너희를 사랑하였으나, 너희는 나를 사랑하지도 않았고, 나의 사랑에 합당한 보답도 하지 않았다." 하나님의 백성에게는 그들에 대한 하나님의 사랑을 자주 일깨워줄 필요가 있다는 것을 명심하라.

II. 그들이 하나님의 사랑을 의심하고, 그 사랑이 표현된 예들이 거의 없다고 말하며, 하나님이 그들을 사랑하셨다는 것에 대하여 시비를 거는 모습을 보임. 너희는 이르기를 주께서 어떻게 우리를 사랑하셨나이까 하는도다. 하나님은 그들에 대한 그의 모든 은총을 근원까지 추적하셔서 그것이 그들에 대한 그의 사랑이었다고 말씀하셨듯이, 그에 대한 그들의 모든 죄를 근원까지 추적하셔서 그것이 그의 사랑에 대한 그들의 멸시였다고 말씀하신다. 그들은 하나님의 사랑을 인정하고서 무엇으로 보답할지를 궁리하는 것이 아니라, 그들이 하나님의 덕분으로 살아 왔다는 사실을 부정하고 비웃으며, 하나님의 사랑을 증명해 줄 수 있는 구체적인 증거들을 내놓으라고 압박하면서, 하나님의 사랑이 나타난 예들은 너무나 적고 보잘것없어서 입에 담을 가치조차 없고, 보답할 가치는 더더욱 없으며, 설령 하나님이 그들에게 사랑을 베푸셨다고 해도 그런 것들은 그동안 그들이 받은 하나님의 진노에 의해서 충분히 상쇄되고도 남는다고 말하며, 하나님의 사랑을 아예 무시해 버렸다. "우리는 지금까지 빈곤에 허덕였으며, 포로로 끌려가기도 하였고, 우리의 땅은 초토화되었는데, 도대체 주께서 어떤 점에서 우리를 사랑하셨나이까?" 그들이 이렇게 하나님의 은총을 가볍게 여기며 말할 가치조차 없다는 듯한 태도를 보일 때, 하나님이 그들의 그러한 태도를 매우 악하게 여기시는 것은 당연하다는 것을 명심하라. 어디를 둘러보아도 하나님이 우리를 사랑하신다는 증거와 사례들이 도처에 널려 있는데도, 우리가 하나님이 어떤 점에서 우리를 사랑하셨느냐고 반문한 것은 너무나 터무니없고 어이없는 일이다.

Ⅲ. 하나님이 그가 그들을 지극히 각별하게 사랑하셨다는 것을 반박할 여지 없이 증명해 보이심. 하나님은 이것을 증명하시기 위해서, 그가 야곱과 에서, 이스라엘 백성과 에돔 족속을 차별하였고, 지금도 여전히 차별하고 계시다는 것을 보여주신다. 어떤 이들은 2절에 나오는 그들의 질문을 주께서는 무슨 까닭으로 우리를 사랑하셨나이까로 읽는다. 즉, 그들의 질문 속에는 그가 그들을 사랑하였다는 사실은 그들이 인정하면서도, 거기에는 이유가 있었을 것이라고 은근히 반박하는 의도가 숨겨져 있다는 것이다. 하나님이 그들을 사랑하신 것은 그들의 아브라함이 그를 사랑하였기 때문이므로, 엄밀히 말해서 그 사랑은 거저 주신 사랑이 아니라, 아브라함에게 빚진 것을 갚는 의미를 지니는 사랑이었다는 것이다. 그들의 이러한 반문에 대하여 하나님은 이렇게 대답하신다. "너희와 같이 아브라함의 혈육인 에서가 있지 않았느냐? 에서는 야곱의 형이 아니었더냐? 그러므로 만약 나에 대한 아브라함의 사랑과 관련해서 보상 받을 권리가 있다면, 그 권리는 너희에게만이 아니라 에서에게도 있었다. 그렇지만, 내가 야곱은 사랑하였고 에서는 미워하였다."

1. 그들은 하나님이 야곱과 에서를 어떻게 차별하셨는지를 알아야 한다는 것. 에서는 야곱의 쌍둥이 형이었다. "그러나 내가 야곱을 사랑하였고 에서는 미워하였다. 즉, 나는 야곱과는 언약을 맺고서, 그와 그의 후손에게는 복을 내렸지만, 에서는 거절하고 버렸다." 하나님과의 언약 관계 속으로 들어온 자들, 살아 있는 하나님의 말씀과 은혜의 수단들이 주어진 자들은 그런 것들을 그의 사랑의 표시들로 여겨야 한다는 것을 명심하라. 야곱이 그런 것들을 가지고 있다는 것은 하나님의 사랑을 받고 있다는 증거이고, 에서가 그런 것들을 가지고 있지 않다는 것은 하나님의 미움을 받고 있다는 증거이다. 사도 바울은 하나님이 그의 은총들을 베푸심에 있어서 절대 주권을 가지고 계시다는 것을 가르치면서, 그 예로 이 본문을 인용하고(롬 9:13), 이 본문을 리브가에게 주어진 쌍둥이에 관한 하나님의 말씀, 즉 큰 자가 어린 자를 섬기리라(창 25:23)는 말씀과 비교한다. 하나님이 그의 것으로 그가 하고자 하시는 대로 하시면 안 되는 것이냐? 에서가 미움을 받은 것은 마땅한 일이었지만, 야곱이 사랑을 받은 것은 값없이 거저 받은 것이었다. 하나님은 그의 눈에 좋으신 대로 행하신 것이기 때문에, 우리가 왜 또는 무슨 까닭으로 그렇게 하신 것이냐고 반문한 것은 옳지 않다.

2. 그들은 처음부터 존재하였던 이러한 차별을 따라서 하나님이 지금 야곱과 에서에게 어떻게 하고 계시고 앞으로 어떻게 하실 것인지를 알아야 한다는 것.

(1) 에돔 족속은 하나님의 공의의 기념비들이 될 것이고, 하나님은 그들의 철저한 멸망을 통해서 영광을 받으시리라는 것. 내가 에서를 미워하여, 그의 산업인 그의 산들, 즉 세일 산을 황폐하게 하였다. 하나님은 미리 말씀하신 대로(사 34:6, 11), 세계의 이 지역이 갈대아 군대에 의해서 유린될 때에, 에돔 땅은 철저하게 초토화되어서 폐허로 남아 광야의 이리들을 위한 거처가 되게 하셨다. 에돔 족속은 예루살렘이 무너지는 것을 보고 무척 기뻐하며 의기양양해하였다(시 137:7). 그러므로 하나님이 두렵고 떨리게 하는 잔, 비틀거리게 하는 잔을 그들의 손에 쥐어 주신 것은 의로우신 일이었다. 에돔은 마지막으로 파괴되었지만, 영속적으로 폐허로 남게 되었다. 이 점에서 하나님은 야곱과 에서를 차별하셨다. 의인과 악인에게 모든 일이 똑같이 일어나고 매일반인 것처럼 보이지만, 이 점에서 의인과 악인을 다루시는 하나님의 방법은 차별이 있다. 야곱의 성읍들은 황폐화되었을지라도 재건되었다. 그러나 에돔의 성읍들은 황폐화되고 나서 결코 재건되지 못하였다. 의인들의 고난은 끝이 있고 좋게 끝난다. 그들의 모든 근심 거리들은 결국 제거되고, 그들의 슬픔은 기쁨으로 변한다. 그러나 악인들의 환난과 괴로움은 폐허가 된 에돔과 마찬가지로 끝이 없고 회복되지 못한다(4절). 좀 더 자세하게 살펴보자.

[1] 에돔 족속이 폐허가 된 그들의 땅을 이스라엘처럼 다시 일으켜 세우겠다는 소망을 품을지라도, 그러한 소망은 하나님의 약속 위에 근거한 것이 아니기 때문에 헛되리라는 것. 그들은 이렇게 말한다. "우리가 무너뜨림을 당하였다는 것은 사실이다. 그것은 흔한 일이고, 어쩔 수 없는 일이다. 그러나 우리가 돌아가서 황폐된 곳을 다시 쌓으리라. 우리가 반드시 쌓고 말리라(이것은 하나님께 허락을 구하는 말이 아니다). 하나님이 허락하시든지 말든지, 우리가 그렇게 하리라. 아니, 우리는 에돔에 내려진 저주, 즉 세세에 황무하리라(사 34:10)는 하나님의 선고에 도전하여, 그 일을 해내리라." 그들이 주제를 모르고 그들의 땅을 재건한다면, 벧엘 사람 히엘이 하나님의 말씀을 정면으로 어기고서 여리고를 재건하다가 재앙을 당하였듯이(왕상 16:34), 그들도 똑같은 재앙을 당하게 될 것이다. 마음을 낮추시고자 하시는 하나님의 섭리들 아래에서 마음이 낮아지

지 못한 자들은 그들이 영원히 황폐하리라고 하나님이 분명히 말씀하셨는데도, 하나님의 그런 말씀을 대적하여 예전처럼 그들의 땅을 재건하고 번영하여 그들 자신의 뜻을 이룰 수 있다고 생각하는 것이 보통이다.

[2] 그들의 그러한 소망은 산산이 부서지고, 그들은 실망하게 되리라는 것. 그들은 우리가 다시 쌓으리라고 말한다. 그러나 만군의 여호와는 무엇이라 말씀하시는가? 왜냐하면, 우리는 그들의 말이 아니라 여호와의 말씀이 서리라는 것을 확신하기 때문이다. 하나님은 이렇게 말씀하신다.

첫째, 그들의 시도는 좌절될 것이다. 그들은 쌓을지라도 나는 헐리라. 하나님과 반대로 행하는 자들은 하나님도 그들과 반대로 행하신다는 것을 알게 될 것임을 명심하라. 하나님을 거슬러 스스로 완악하게 행하고도 형통할 자가 누구이랴(욥 9:4). 유대인들은 그리스도와 그의 복음을 배척하고 나서, 에돔 족속이 되어 버림으로써, 이 말씀이 그들을 통해서 성취되었다. 왜냐하면, 로마의 아드리아누스 황제 때에 그들이 예루살렘을 재건하고자 시도하였을 때에, 하나님이 지진과 화산의 분출을 통해서 그들이 재건해 놓은 것을 헐어 버리셔서, 그들은 그 일을 그만둘 수밖에 없었기 때문이다.

둘째, 하나님이 그들을 철저한 멸망에 내어주셨다는 사실을 누구나 다 알게 될 것이다. 그들을 보는 모든 자들은 그들을 악한 지역, 구제불능일 정도로 죄악된 민족, 여호와의 영원한 진노를 받은 백성이라 부르게 될 것이다. 그들의 악은 결코 고쳐지지 않을 것이기 때문에, 그들의 황폐함도 다시는 결코 회복되지 못할 것이다. 하나님은 이스라엘에 대해서는 조금 노하셨지만(슥 1:15), 에돔에 대해서는 계속해서 진노를 지니고 계시고, 영원히 진노하실 것이다. 왜냐하면, 그들은 그가 저주한 백성, 즉 그가 진멸하기로 한 백성이기 때문이다(사 34:5).

(2) 이스라엘 백성은 하나님의 긍휼의 기념비들이 될 것이고, 하나님은 그들의 구원을 통해서 영광을 받으시리라는 것(5절). "에돔 족속은 하나님께 미움을 받은 백성으로 낙인이 찍힐 것이지만, 너희는 너희에 대한 하나님의 사랑을 눈으로 보고, 그 사랑에 대한 너희의 의심은 영원히 사라지게 될 것이다. 왜냐하면, 너희는 여호와께서 이스라엘 지역에서, 즉 이스라엘 땅의 모든 곳과 그 지경(地境)에서 크시다고 말하게 될 것이기 때문이다." 에돔의 지경은 악한 지경이기 때문에, 여호와께서는 그 곳에 대하여 영원히 진노하실 것이다. 그러나 이스라엘 지경은 거룩한 지경, 성소의 지경이기 때문에(시 78:54), 하나님은 그가

그 곳을 위하여 긍휼을 준비해 놓고 계시다는 것, 그래서 그가 거기에서 크시다고 일컬음을 받게 되리는 것을 나타내 보이실 것이다(비록 그 곳이 한동안 황폐하게 되어 있었을지라도). 하나님은 자기 백성 이스라엘에게 그를 찬송할 이유와 마음을 둘 다 주실 것이다. 에돔의 지경이 여전히 폐허로 남아 있는데, 이스라엘의 지경은 회복되고 번성하게 될 때, 하나님이 야곱을 사랑하셨다는 것이 드러나게 될 것이다.

[1] 하나님이 자기 백성을 사랑하신다는 것을 의심하는 자들은 조만간에 그 사랑을 증명해 주는 부인할 수 없는 증거들을 보게 되리라는 것. "너희는 너희의 눈으로 너희가 믿고자 하지 않았던 것을 보게 될 것이다."

[2] 하나님의 백성은 환난을 겪을 수 있지만, 그들이 그 환난에서 건짐을 받은 것을 그들에 대한 하나님의 선의의 증거로 여겨야 한다(시 34:19).

[3] 특별한 은총을 받은 자들은 큰 빚을 진 자들이라는 것. 하나님이 에돔의 지경은 폐허인 채로 그대로 두시고, 이스라엘의 지경은 다시 일으키신다면, 이스라엘 백성은 부끄러움도 모르고 주께서 어떻게 우리를 사랑하셨나이까라고 반문해서는 안 된다.

[4] 이스라엘을 존귀하고 위엄 있게 하시는 것은 이스라엘의 하나님이 높아지시는 것이기 때문에, 하나님은 이런저런 방식으로 그를 믿는 백성으로부터 존귀와 영광을 받으실 것이다.

[5] 하나님의 선하심은 그의 영광이기 때문에, 하나님이 우리에게 복을 주실 때에, 우리는 그가 크시다고 선포하여야 한다는 것. 왜냐하면, 그것이 그를 높여 드리는 것이기 때문이다. 그가 그의 종들의 형통을 기뻐하시는 것은 그의 선하심을 보여주는 한 예이고, 그의 구원을 사랑하는 자들은 이것으로 인하여 여호와는 위대하시다고 말한다(시 35:27).

⁶내 이름을 멸시하는 제사장들아 나 만군의 여호와가 너희에게 이르기를 아들은 그 아버지를, 종은 그 주인을 공경하나니 내가 아버지일진대 나를 공경함이 어디 있느냐 내가 주인일진대 나를 두려워함이 어디 있느냐 하나 너희는 이르기를 우리가 어떻게 주의 이름을 멸시하였나이까 하는도다 ⁷너희가 더러운 떡을 나의 제단에 드리고도 말하기를 우리가 어떻게 주를 더럽게 하였나이까 하는도다 이는 너희가 여호와의 식탁은 경멸히 여길 것이라 말하기 때문이라 ⁸만군의 여호와가 이르노라 너

희가 눈 먼 희생제물을 바치는 것이 어찌 악하지 아니하며 저는 것, 병든 것을 드리는 것이 어찌 악하지 아니하냐 이제 그것을 너희 총독에게 드려 보라 그가 너를 기뻐하겠으며 너를 받아 주겠느냐 [9]만군의 여호와가 이르노라 너희는 나 하나님께 은혜를 구하면서 우리를 불쌍히 여기소서 하여 보라 너희가 이같이 행하였으니 내가 너희 중 하나인들 받겠느냐 [10]만군의 여호와가 이르노라 너희가 내 제단 위에 헛되이 불사르지 못하게 하기 위하여 너희 중에 성전 문을 닫을 자가 있었으면 좋겠도다 내가 너희를 기뻐하지 아니하며 너희가 손으로 드리는 것을 받지도 아니하리라 [11]만군의 여호와가 이르노라 해 뜨는 곳에서부터 해 지는 곳까지의 이방 민족 중에서 내 이름이 크게 될 것이라 각처에서 내 이름을 위하여 분향하며 깨끗한 제물을 드리리니 이는 내 이름이 이방 민족 중에서 크게 될 것임이니라 [12]그러나 너희는 말하기를 여호와의 식탁은 더러워졌고 그 위에 있는 과일 곧 먹을 것은 경멸히 여길 것이라 하여 내 이름을 더럽히는도다 [13]만군의 여호와가 이르노라 너희가 또 말하기를 이 일이 얼마나 번거로운고 하며 코웃음치고 훔친 물건과 저는 것, 병든 것을 가져왔느니라 너희가 이같이 봉헌물을 가져오니 내가 그것을 너희 손에서 받겠느냐 이는 여호와의 말이니라 [14]짐승 떼 가운데에 수컷이 있거늘 그 서원하는 일에 흠 있는 것으로 속여 내게 드리는 자는 저주를 받으리니 나는 큰 임금이요 내 이름은 이방 민족 중에서 두려워하는 것이 됨이니라 만군의 여호와의 말이니라

원래 제사장들은 백성들의 잘못을 추궁하도록 임명을 받은 재판관들이었지만, 선지자는 여기에서 하나님의 특별한 위임을 받아서 제사장들의 잘못을 추궁한다. 하나님의 집을 다스리는 자들은 그들 위에 그들의 모든 잘못들로 인하여 그들을 벌하실 한 분 주인이 계시다는 것을 알아야 한다. 제사장들아 만군의 여호와가 너희에게 이렇게 이른다(6절). 하나님은 신실하지 못한 성직자들에게 하실 말씀이 있으시다. 하나님으로부터 말씀을 받아서 하나님의 백성에게 전하는 자들은 그가 그들에게 말씀하시는 것을 잘 들어야 한다. 그들이 먼저 구원받지 못한다면, 어떻게 그들이 전하는 말씀을 듣는 자들을 구원하는 일에 일조를 할 수 있겠는가? 제사장들은 여기에서 하나님이 그들에게 맡기신 거룩한 일들을 더럽히고 속되게 한 죄로 엄하게 책망을 받는다. 이것이 제사장들의 범죄였다면, 백성들도 십중팔구 그런 죄를 저질렀을 것이다. 따라서, 하나님이 여기에서 제사장들에게 말씀하시는 것은 곧 모두에게 하시는 말씀이다. 아

니, 그것은 그리스도인으로서 하나님의 백성일 뿐만 아니라 그의 제사장이기도 하다고 고백하는 우리에게 하시는 말씀이다. 좀 더 자세하게 살펴보자.

I. 하나님이 그들에게 기대하신 것은 무엇이었고, 그런 기대를 하신 데에는 어떤 타당한 이유가 있었는가(6절).　아들은 그 아버지를 공경한다. 왜냐하면, 그는 그 아들의 아버지이기 때문이다. 하나님이 이 법을 시내 산에서 돌판에 기록하시기 이전에, 이 법은 자연적으로 자녀들의 마음속에 기록되어 있었다. 아니, 자기 주인에 대한 종의 의무는 자연적인 것이 아니라 임의적인 계약에 의한 것이지만, 종은 자기 주인을 공경하고 그의 명령을 따르며 그의 이익에 충실하는 것이 그의 본분이라고 생각한다. 자녀들과 종들은 그들의 부모나 주인에게 예를 갖추어 대한다. 만약 그들이 그렇게 하지 않는다면, 모든 사람이 그들에게 욕을 하고, 그들 자신의 마음도 그들을 책망할 수밖에 없다. 가족의 질서는 이런 식으로 유지되고, 그것은 가족의 아름다움이자 유익이다. 그러나 하나님의 자녀들이자 종들인 제사장들은 하나님을 두려워하지도 않고 공경하지도 않는다. 그들은 백성들에 대하여 아버지와 주인이었고, 백성들로부터 그렇게 불리며 존경과 순종을 받기를 기대하였다(삿 18:19; 마 22:7, 10). 그러나 그들은 하늘에 계시는 그들의 아버지이자 주인을 잊었고, 그에 대한 그들의 본분도 잊었다. 우리는 여기에 나오는 제사장들에 대한 책망들을 우리 자신에 대한 책망으로 받아들여야 한다.

1. 우리는 각자 하나님을 우리의 아버지이자 주인으로 여겨야 하고, 우리 자신을 그의 자녀이자 종으로 여겨야 한다.

2. 우리의 아버지이자 주인이신 하나님에 대한 우리의 관계를 생각해서, 우리는 당연히 하나님을 두려워하고 공경하여야 한다. 우리가 우리 육신의 아버지도 공경하고 두려워할진대, 하물며 우리의 영의 아버지이자 주인이신 분에 대해서는 더욱 공경하고 두려워하는 것이 마땅하지 않은가(히 12:9).

3. 하나님을 자신의 아버지이자 주인이라고 고백하는 자들조차 하나님을 별로 두려워하지도 않고 공경하지도 않는다면, 그것은 당연히 통탄스러운 일이라는 것. 나를 공경함이 어디 있느냐 나를 두려워함이 어디 있느냐(6절).

II. 제사장들은 하나님을 어떤 식으로 멸시하였는가.

1. 그들에 대한 고소와 책망들.

(1) 그들이 하나님의 이름을 멸시하였다는 것. 하나님의 이름에 친숙하다는

것이 제사장들 가운데에서 그 이름을 멸시하는 성향을 키웠기 때문에, 제사장들은 하나님의 이름이 높임을 받으시게 하는 데에는 별 관심이 없었고, 단지 하나님의 이름을 이용하여 그들 자신이 공경을 받고 그들의 이름을 높이는 데에만 관심을 가졌다. 하나님은 그의 이름을 통해서 그를 사람들에게 알리셨고, 그의 이름으로 그의 말씀과 규례들을 사람들에게 주셨다. 그들은 그의 이름으로 주어진 그의 말씀과 규례들을 하찮게 여겼고, 그것들을 높이는 것이 그들의 일인데도, 도리어 그것들이 별것 아니라는 듯이 사람들에게 얘기하였다. 그들은 하나님의 이름을 멸시하였기 때문에, 백성들 앞에서 하나님의 이름을 멸시받게 할 만한 일들을 행하였고, 심지어 제사장 엘리의 아들들처럼 백성들로 하여금 여호와의 제사를 멸시하게 만드는 일들도 자행하였다(삼상 2:17).

(2) 그들이 하나님의 이름을 더럽혔다는 것(7, 12절). 그들은 거룩한 것들을 하찮게 여겼을 뿐만 아니라, 그것들을 가장 사악한 목적, 즉 그들의 교만과 탐욕과 사치를 위하여 이용하고 악용하였다. 하나님의 이름을 더럽히는 것보다 하나님을 더 진노하시게 만드는 것은 있을 수 없다. 왜냐하면, 하나님의 이름은 거룩하고 경외하여야 마땅하기 때문이다. 하나님의 순전하심은 우리에 의해서 더럽혀지거나 손상될 수 없다. 왜냐하면, 하나님은 점도 흠도 없으시기 때문이다. 그러나 그의 이름은 더럽혀질 수 있다. 또한, 하나님의 이름을 높이는 것이 자신의 직무인 제사장들의 행실이 잘못되었을 때, 하나님의 이름은 가장 더럽혀진다. 이것이 그들에 대한 전체적인 고소이자 책망이었다. 그러나 그들은 이러한 책망에 대해서 "우리는 죄가 없다"고 항변하며, 하나님께 그것을 그들에게 증명해 보이라고 오히려 대들어서, 뻔뻔스러운 불경죄에 후안무치한 죄까지 더하였다: 우리가 어떻게 주의 이름을 멸시하였나이까(6절). 우리가 어떻게 주를 더럽게 하였나이까(7절). 교만한 죄인들은 책망을 받으면 이렇게 고개를 뻣뻣이 들고서 자기가 의롭다고 항변하는 것이 보통이다. 이 제사장들은 너무나 끔찍하게 거룩한 것들을 더럽히고서도, 잠언에 나오는 음녀처럼 내가 악을 행하지 아니하였다(잠 30:20)고 말하였다. 그들은 그들 자신을 살피는 일에 소홀히 하였기 때문에, 그들 자신의 행위들을 반성하지 않았다. 또는, 그들은 하나님의 법에 대하여 아주 무지하였기 때문에, 그들의 행위들은 전혀 문제가 없다고 생각하였고, 그들이 한 일들은 하나님의 이름을 멸시한 행위로 해석될 수 없다고 생각하였다. 또는, 그들은 대단히 무신론적인 사상을 지니고 있어서,

그들이 그들 자신의 죄를 알기는 하지만, 하나님이 그것을 알 것이라고는 생각하지 않았다. 또는, 그들은 하나님과 그의 선지자들을 우습게 여기고 깔보는 태도가 몸에 배어 있었기 때문에, 하나님의 진지하고 의로우신 책망을 조롱하고 농담으로 치부해 버리는 데에서 자부심을 느꼈다. 그것은 그들이 그 책망에 대하여 마음을 완악하게 가지고서 멸시하며 비웃은 것일 수도 있고, 그 책망에 의한 감화를 받지 않기로 작정하고서 웃어 넘긴 것일 수도 있다. 우리가 그것을 어느 쪽으로 해석하든, 그들이 자기 자신을 옹호한 것은 그 자체가 범죄였다. 그들이 그들의 혀로 "우리가 어떻게 주의 이름을 멸시하였나이까"라고 말하여 스스로를 의롭다고 한 것 자체가 그들 자신이 교만하고 뒤틀려 있다는 것을 증명하는 것이었고, 자기 자신을 스스로 단죄한 것이었다. 만약 그들이 어떤 점에서 잘못하였는지를 좀 더 구체적으로 듣기 위해서 겸손한 마음으로 이 질문을 했더라면, 그것은 그들이 회개하였음을 보여주는 증거가 되었을 것이고, 그들이 고침받을 소망도 생겨났을 것이었다. 그러나 그들이 하나님의 말씀을 경멸하고 무시하는 태도로 이 질문을 하였다는 것은 그들의 마음이 악을 행하는 데에 담대하다(전 8:11)는 것을 웅변적으로 보여준다. 죄인들은 남들이 깨우쳐 주는 그들의 죄악을 어떻게든 뭉개버리려고 애씀으로써 스스로 자멸하는 길을 간다는 것을 명심하라. 그러나 그들은 가시채를 뒷발질하기가 고생이라는(행 26:14) 것을 알게 될 것이다.

2. 하나님이 그들의 반문에 대하여 더 구체적으로 대답해 주심. 하나님이 그들의 항변을 쓸데없는 것으로 치부하셔서 무시하시고, 일반적인 고소와 책망을 근거로 그들을 단죄하셨어도, 그것은 의로우신 일이었을 것이다. 그러나 하나님은 판단하시고 심판하실 때에 이기실 뿐만 아니라, 자기가 의로우시다는 것을 분명하게 증명해 보이시고자 하시기 때문에, 그들이 어떤 점에서 그의 이름을 멸시하였는지, 그들이 그를 어떤 식으로 경멸하였는지를 아주 세세하게 그들에게 보여주신다. 하나님은 전에 그들을 우상 숭배로 인하여 고소하실 때에 그러셨듯이, 지금 그들이 그의 이름을 더럽혔다고 고소하실 때에도, "골짜기 속에 있는 네 길을 보고 네 행한 바를 알라"고 말씀하신다(렘 2:23).

(1) 그들은 그들이 한 말들 속에서, 즉 하나님이 세우신 제도들을 하찮게 여기는 말들을 한 것을 통해서 하나님의 이름을 멸시하였다는 것. "너희 제사장들이 쉬기 위해서 함께 모일 때에 백성들이 듣는 가운데에서 여호와의 식탁은

경멸히 여길(7절) 것이고 여호와의 식탁은 더러워졌기(12절) 때문에, 여호와의 식탁이라고 해서 우리의 식탁보다 더 거룩한 것은 아니라고 말한다." 여기에서 그들이 말한 여호와의 식탁은 진설병이 놓여 있는 성전의 상(床)이거나(그들은 이 상의 신비를 알지 못했기 때문에 하찮은 것으로 여겨 멸시하였다), 번제단이었을 것이다. 후자의 가능성이 더 높은데, 그것은 거기에서 하나님과 그의 제사장들과 그의 백성이 교제의 표시로 함께 모여서 희생제물을 먹었기 때문이다. 그들은 이것이 경멸받을 만한 것이라고 생각하였다. 예전에 미신이 성행하던 시절에는, 번제단은 이방인들에게 있던 우상의 제단들에 비해서 경멸 받을 만한 것으로 생각되어서, 새로 유행하는 최신식 제단을 그 자리에 놓기 위해서 한 쪽 구석으로 옮겨지기도 하였는데(왕하 16:14-15), 지금은 그들 자신의 식탁, 큰 자들의 식탁에 비해서 하찮은 것으로 생각되었다. 여호와의 식탁 위에 있는 과일 곧 먹을 것은 경멸히 여길 것이라(12절). 제단에서 섬기는 자들은 그 제단에서 나오는 것으로 먹고 살아야 했다. 그러나 그들은 그들이 가난하고 초라하게 사는 것을 불평하였고, 제단에서 나오는 열매나 양식이 보잘것없어서 제단을 섬길 맛이 나지 않는다고 불평하였다. 왜냐하면, 제단에서는 언제나 지극히 똑같은 평범한 것들이 나왔기 때문이다. 제단에서 나오는 것들 속에는 진수성찬도 없었고, 다양한 먹을 거리도 없었으며, 좋은 요리도 없었다. 아니, 그들은 하나님께 드려지는 희생제물의 피와 기름이 대단한 것도 아닌데, 하나님이 일부러 그것들과 관련해서 많은 법과 규례들을 만드실 필요가 과연 있었던 것인지에 대하여 의구심을 품을 정도로, 그 제물들을 경멸하였다. 그들은 "기름을 태우고 피를 뿌리는 별것 아닌 일을 가지고 그렇게 야단법석을 떨 필요가 과연 있는가"라고 반문하였다. 신앙의 일은 지극히 존귀한 것인데도 그 일을 멸시하여 수고할 가치가 없는 일로 여기고, 신앙의 유익들은 대단히 가치 있는 것들인데도 그것들을 위하여 수고할 가치가 없다고 여기는 자들은 하나님의 이름을 크게 더럽히고 욕되게 하는 자들임을 명심하라. 거룩한 규례들을 부주의하게 소홀히 하며 살아가고, 공경하는 마음도 없이 그 규례들에 참석하며, 그 규례들에 참석하지 않아도 아무렇지도 않은 자들은 사실상 이렇게 말하는 것이다: "여호와의 식탁은 경멸히 여길 것이라. 그것은 효능도 없고 가치도 없으며, 믿을 만하지도 않고 위로도 없다."

(2) 그들은 그들이 한 행위들 속에서 하나님의 이름을 멸시하였다는 것. 그

들의 행위는 그들의 말과 부합하는 것이었고, 그들의 말에서 흘러나온 것이었다. 부패한 생활 철학들과 생각들이 쓴 뿌리가 되어서, 부패한 행위들의 쓴 맛을 만들어 낸다. 그들은 여호와의 식탁과 제단을 경멸할 만한 것으로 여겼기 때문에, 거기에서 다음과 같은 행위들이 나왔다.

[1] 그들이 희생제물로 아무것이나 드려도 상관없다고 생각하였다는 것. 그들은 마땅히 가장 좋은 것들로 드렸어야 하는데도, 그렇게 하지 않았고, 오히려 가장 나쁘고 쓸모없는 것들, 즉 시장에 내다 팔 수도 없고 그들의 상에 올릴 수도 없는 것들을 가져와서는, 하나님의 제단에 드렸다. 그들은 모든 제사를 드릴 때마다 고운 가루에 기름을 섞어 만든 소제(素祭)를 드리게 되어 있었는데, 더러운 떡(7절), 종들이나 먹는 거친 떡을 가져다가 소제로 드렸다. 아마도 그 떡은 딱딱하게 말라 비틀어지고 곰팡이가 난 떡이었거나, 밀기울로 만들어진 떡이었을 것이다. 그들은 제단에서 태울 것이니까 그런 떡도 얼마든지 괜찮다고 생각하였다. 차라리 그들은 대놓고 무슨 의도로 이것을 허비하느냐(마 26:8), 즉 쓸데없이 좋은 떡을 태운다면 그것이 무슨 낭비란 말인가라고 말하는 편이 더 나았을 것이다. 또한, 희생제물로 드려질 짐승들과 관련해서 율법은 흠 없는 것을 드려야 한다고 분명하게 정해 놓았는데도, 그들은 눈 먼 것과 저는 것과 병든 것(8절), 가만히 놓아두면 곧 죽게 되어 있는 찢긴 것과 저는 것과 병든 것(13절)을 갖다 바쳤다. 그들은 희생제물이 태워질 것이라는 사실 외에 다른 것에는 관심이 없었기 때문에, 다른 용도로 쓸 수 있는 멀쩡한 짐승들을 태워 버린다면 얼마나 아까운 일이겠는가라고 항변하였다. 백성들은 아직까지 그래도 그들의 본분을 완전히 망각하지는 않아서 희생제물들을 가져왔다. 그들은 감히 그 본분을 완전히 생략할 엄두를 내지는 못했지만, 그들이 가진 것 중에서 가장 나쁜 것을 갖다 바침으로써, 헛된 제물들을 가져왔고, 하나님을 우롱하였으며, 그들 자신을 속였다. 제사장들은 백성들에게 더 좋은 제물을 가져오라고 가르쳤어야 했지만 백성들이 가져오는 것들을 아무 소리 하지 않고 그대로 다 받았다. 왜냐하면, 그들이 흠이 있다고 해서 제물들을 거절한다면, 백성들은 아예 제물들을 가져오지 않을 것이고, 그러면 그들의 수입도 줄어들 것이었기 때문이다. 그러므로 그들은 하나님의 존귀하심보다 그들 자신의 이득을 더 고려하고 생각하였기 때문에, 하나님이 열납하지 않으실 것을 뻔히 알면서도 백성들이 가져오는 대로 제물들을 다 받았다. 어떤 이들은 7절에서 시작된 제사

장들의 불경스러운 말이 8절에서도 계속되고 있는 것으로 본다. 즉, 제사장들은 백성들에게 너희가 눈 먼 희생제물을 바친다고 해도 악하지 아니하고, 저는 것, 병든 것을 드려도 악하지 아니하다고 말하고 있다는 것이다. 눈 먼 것, 저는 것, 찢긴 것, 병든 것을 하나님께 제물로 드리는 것은 사람들이 어떻게 생각하든 지극히 악한 일이라는 것을 명심하라. 우리가 하나님을 지각 없이 무지한 가운데에 섬긴다면, 그것은 눈 먼 것을 하나님 앞에 제물로 갖다 바치는 것이다. 우리가 아무 생각 없이 부주의하게 하나님을 섬기고, 냉정하고 덤덤하며 별 감정 없이 하나님을 섬긴다면, 그것은 병든 것을 갖다 바치는 것이다. 우리가 진심으로가 아니라 겉으로만 하나님을 섬긴다면, 그것은 저는 것을 갖다 바치는 것이다. 우리가 헛된 생각들과 온갖 잡념들을 우리 속에 품고 있다면, 그것은 찢긴 것을 갖다 바치는 것이다. 이것이 악하지 아니한가? 그것은 하나님에 대한 큰 모욕이고, 우리 자신의 심령에 큰 악과 해악을 가하는 것이 아닌가? 우리의 성경, 아니 우리 자신의 마음이 그것이 악하다고 말하지 않는가? 왜냐하면, 우리는 최고이신 하나님을 우리가 가진 것 중에서 최고의 것으로 섬겨야 마땅하기 때문이다.

[2] 그들은 그들이 얻게 될 수입을 생각하고서 그들의 일을 하였다는 것. 제사장들은 백성들이 제단에 가져온 희생제물들을 하나님께 드리는 일을 한 것은 그 제물들 중에 그들의 몫이 있었기 때문이었다. 그러나 성전의 다른 일들 중에서 그들에게 특별히 돌아오는 것이 없는 일들에 대해서는, 그들은 그 일들을 하기 위해서 한 발자국도 움직이기 싫어하였고, 손을 빌려 주고자 하지도 않았다. 이러한 풍조는 제사장들 가운데에서 만연되어 있었다(10절). 제사장들 가운데에서 생기는 것이 아무것도 없는 일들, 즉 성전 문을 닫거나 불을 켜는 일을 하고자 하는 사람은 한 사람도 없었다. 제사장들에게 작은 일이라도 부탁하려고 하면, 그들은 그 일을 하는 데에 얼마를 낼 것이냐고 묻는 것이 관례화되어 있었다. 그들은 값없이는 아무 일도 하고자 하지 않았고, 돈이 생기는 일이라면 뭐든지 다하였다. 그들은 이렇게 다 제 길로 돌아가며 자기 이익만 추구하였다(사 56:11). 하나님은 그의 종들이 이 세상에서 수고한 값을 충분히 받게 하라고 명령하셨지만, 돈을 바라고 일하는 자들, 돈이 생기는 일 외에는 아무 일도 하고자 하지 않는 자들은 하나님을 기쁘시게 해드리는 종들이 될 수 없다는 것을 명심하라.

[3] 그들이 하는 일은 그들에게 허드렛일이자 고된 잡일에 지나지 않았다는 것(13절). 너희가 또 말하기를 이 일이 얼마나 번거로운고 하였다. 제사장들과 백성들은 한결같이 하나님이 그들에게 너무 과중한 일을 억지로 시키신다고 생각하였다. 백성들은 희생제물을 꼭 바쳐야 한다는 것에 대하여 불만이 있었고, 제사장들은 제사를 드리는 수고를 해야 한다는 것에 대하여 불만이 있었다. 그들은 여호와의 절기들이 너무 자주 돌아와서, 여호와의 뜰에서 그들이 너무 자주 그리고 오랫동안 섬겨야 하는 것이 불만이었다. 제사장들은 제단을 섬기거나 성물들을 먹을 때마다 결례를 행하여야 한다는 것이 그들에게 부과된 혹독한 보속(補贖)이라고 생각하였다. 그들은 그들의 직무가 힘들고 괴롭다고 생각하였고, 그 직무가 불합리해서 그들에게 과중한 부담을 안겨 주고 있다고 코웃음쳤다. 그들은 그들의 직무를 수행하기는 하였지만, 불만에 가득 차서 마지 못해 행하였다. 하나님은 그들의 이러한 불만에 대하여, 그가 제물로 말미암아 너를 수고롭게 하지 아니하였고 유향으로 말미암아 너를 괴롭게 하지 아니하였다(사 43:23)고 말씀하시며, 그의 율법이 의로움을 변호하신다. 내가 무슨 일로 너를 괴롭게 하였느냐(미 6:3). 그들이 그들의 직무를 행하면서 괴로운 것은 그들의 악한 마음 때문이었다. 그들은 사울의 신하였던 도엑처럼 억지로 마지못해서 여호와 앞에 머물러 있었기(삼상 21:7) 때문에, 성전이 아닌 다른 곳이라면 그 어디라도 그들에게 천국이었을 것이다. 하나님을 섬기고 예배하는 일을 싫증내고 코웃음치는 자들은 하나님과 그들 자신에게 큰 해악을 끼치는 것임을 명심하라.

Ⅲ. 하나님은 그들을 깨우치시고 낮추시기 위하여 어떤 식으로 이치를 따져서 그들을 타이르시고 훈계하시는가.

1. 하나님은 그들의 상대가 이 땅의 왕이었다면 그들이 감히 그런 식으로 왕을 모욕할 수 있었겠느냐고 반문하심. "너희는 하나님께 저는 것과 병든 것을 갖다 바친다. 너희가 총독의 환심을 사고자 하거나 그가 베풀어준 어떤 은혜에 감사하여 예물로 그것을 너희 총독에게 드려 보라(8절). 그가 너를 기뻐하겠느냐. 아니, 도리어 그가 너로부터 모욕을 당했다고 생각하지 않겠느냐." 하나님을 섬기는 것과 관련된 본분들에 대하여 부주의하고 공경하는 마음이 없는 자들은 그들의 총독에게도 바치지 못할 것을 그들의 하나님께 바치고, 신앙의 법들은 지키지 않으면서 세상의 법들은 잘 지키려 하며, 불경한 자가 되는 것은 두

려워하지 않으면서 세련되지 못한 자가 되는 것은 두려워하는 것이 얼마나 부끄러운 일인지를 곰곰이 생각하여야 한다는 것을 명심하라.

2. 하나님은 이와 같은 희생제물들이 하나님을 기쁘시게 해드리거나 희생제사의 목적에 부합할 것이라고 생각하느냐고 그들에게 반문하심. "내가 그것을 너희 손에서 받겠느냐 이는 여호와의 말이니라(13절). 너희는 내가 이 모욕을 분간하지 못하거나 이런 모욕을 받아도 화내지 않을 것이며, 너희가 나의 법들을 범하여도 눈 감아 줄 것이라고 생각하는 것이냐? 결코 그렇지 않다(10절). 내가 너희를 기뻐하지 아니하며, 너희가 손으로 드리는 것을 받지도 아니하리라." 하나님이 어떤 사람을 기뻐하지 않으시고, 그 사람이 의롭다 하심을 받은 상태에 있지 않으며, 거룩함을 입지도 않았다면, 하나님은 그 사람이 드리는 제사를 열납하지 않으실 것이다. 하나님은 먼저 아벨을 받으셨고, 그런 다음에 그의 제사를 받으셨다. 우리가 하나님께 열납되기 위해서는, 그 자체로 선한 일을 하는 것만으로는 충분하지 않고, 그 선한 일을 올바른 중심에서 올바른 방식과 목적으로 행하여야 한다는 것을 명심하라. 하나님이 정해 놓으신 옛적부터의 규범은 네가 선을 행하면 어찌 낯을 들지 못하겠으며 네가 열납되지 않겠느냐(창 4:7)는 것이다. 그러므로 우리 자신이 하나님께 열납되지 못하는 상태에서는, 우리가 하나님을 예배해 보아야 아무 소용이 없다. 그것은 다 헛수고일 뿐이다. 아니, 우리가 하나님께 열납되지 못한다면, 우리는 모두 망한 것이고, 영원히 망한 것이다. 그러므로 신앙의 모든 일들을 행하기는 하되 그 본래의 목적에 부합하게 행하지 않고, 겉으로만 그럴 듯하게 행하여, 아무런 효력도 없게 만들어 버리는 자들은 그들 자신을 위하여 손해나는 거래를 하는 것이다. 몸으로 있든지 떠나든지 주를 기쁘시게 하는 자가 되는 것(고후 5:9)을 자신의 최고의 야망으로 삼고 있는 자들(우리는 모두 마땅히 그래야 한다)은 감히 찢긴 것과 저는 것과 병든 것을 희생제물로 바치는 짓을 하지 못할 것이다.

3. 하나님은 그들이 이런 식으로 희생제사를 통해서 그를 모독하고도 백성들을 위한 그들의 중보 기도가 그에게 통할 것이라고 기대하는 것이냐고 반문하심. 어떤 이들은 9절을 이렇게 반어법적인 것으로 이해한다: "너희가 제사장으로서의 본분을 다하고자 한다면, 우리에게 곧 부어질 하나님의 심판들을 돌이키기 위해서 우리와 하나님 사이에 서서, 제발 하나님께 우리 및 메뚜기와 황충의 떼에 의해서 거의 먹혀 버린 우리의 땅에(3:11) 은혜를 베풀어 주시라고 구

하라. 이제 너희가 은혜의 보좌를 과연 움직일 수 있는지를 시험해 보라. 이 재앙을 제거하는 데에 너희의 영향력을 선용하라. 왜냐하면, 이 재앙은 너희 때문에 온 것이기 때문이다. 너희가 하나님을 진노하시게 만들어서, 하나님이 이 재앙을 보내신 것이다. 그러나 너희가 이렇게 계속해서 하나님의 거룩한 것들을 더럽히고 있는데, 과연 하나님이 너희나 너희의 기도를 받겠느냐. 너희는 하나님을 움직여서 이 재앙을 떠나게 할 수 없다." 왜냐하면, 우리가 우리의 마음에 죄악을 품고 있다면 하나님께서 우리 자신이나 다른 사람들을 위한 우리의 기도를 듣지 아니하실 것이기 때문이다(시 66:18).

4. 하나님은 그들에게 충분히 다해 주시고서 이런 것을 요구하시는 것인가. 하나님은 그들이 평안하게 살 수 있도록 모든 것을 그들에게 공급해 주셨고, 그들이 기쁜 마음으로 그들의 직무를 잘 해나갈 수 있도록 모든 조치를 다 해 주셨었다. 어떤 이들은 10절을 이런 식으로 이해한다: "너희 가운데에 아무 대가도 없이 문을 닫거나 불을 켤 자가 있느냐. 그럴 자는 아무도 없다. 하나님은 너희가 아무 대가도 받지 않고 그를 섬기기를 기대하지 않으신다. 너희는 너희의 섬김에 대한 대가를 충분히 받고 있고, 앞으로도 그럴 것이다. 하나님의 이름을 인하여 냉수 한 그릇을 대접하더라도, 그 수고는 결단코 상을 잃지 않을 것이다(마 10:42)." 우리가 끊임없이 하나님으로부터 은혜를 받고 있고, 말씀에 순종했을 때에는 순종의 상을 현재적으로 받고 있다는 것을 생각하면, 우리가 하나님에 대한 본분을 다함으로써 그 보답을 하는 데에 게으르고 인색하다는 것이 얼마나 악한 것인지가 더욱 분명해진다.

IV. 하나님이 그들에게 그의 거룩한 이름을 더럽힌 것에 대하여 회개하라고 부르심. 우리는 9절을 이런 식으로 이해할 수 있다: "이제 청하건대 하나님께 우리에게 은혜를 베풀어 주시라고 구하라. 너희의 죄로 인하여 스스로 낮아져서, 하나님께 용서해 달라고 큰 소리로 부르짖고, 너희가 희생제사에서 부족했던 것을 너희의 믿음과 뜨거운 기도로 보충하라. 왜냐하면, 우리가 겪고 있는 하나님의 섭리에 의한 이 모든 책망들은 다 너희 탓이기 때문이다." 그들의 죄로 말미암아 하나님의 진노의 불을 붙이는 데에 일조한 자들은 그들의 회개와 기도와 삶의 변화를 통해서 그 불을 끄려고 애를 써야 한다는 것을 명심하라. 우리는 하나님의 심판들이 많은 부분 우리 탓이라는 것을 알고서, 하나님께 다시 긍휼을 베풀어 주시라고 정신을 바짝 차리고 간절하게 깨어 기도하여야 한다.

우리가 이렇게 하지 않는다면, 하나님이 우리를 돌아보시겠는가?

V. 하나님이 그의 이름의 영광을 지키심과 동시에 그의 이름을 더럽힌 자들을 벌하시겠다는 그의 결심을 분명하게 밝히심. 하나님과 신앙을 멸시하고, 거룩한 것들을 짓밟겠다고 생각하는 자들은 다음과 같은 것들을 알아야 한다.

1. 그들이 그들의 목적을 이루지 못하리라는 것. 그들이 하나님의 법을 비방하고 멸시한다고 할지라도, 하나님은 그의 법을 높이시고 존귀하게 하실 것이다. 왜냐하면, 해 뜨는 곳에서부터 해 지는 곳까지의 이방 민족 중에서 내 이름이 크게 될 것이기 때문이다(11절). "하나님이 이런 제사장들과 백성들이라도 열납하지 않으시면, 하나님을 예배할 자들이 없게 될 것이다"라고 말하는 사람들이 있을 수 있다. 이것은 마치 하나님이 그들이 그를 어떻게 섬기든 감지덕지 받으셔야 하고, 만약 그렇게 하지 않으신다면, 하나님은 그 누구로부터도 섬김을 받지 못하실 것이라고 말하는 것이다. 그렇게 해서 하나님을 섬기는 자들이 한 사람도 없게 되면, 하나님이 그의 크신 이름을 위하여 무엇을 하실 수 있으시겠는가? 그러나 그 일은 하나님께 그냥 맡겨 두라. 이스라엘이 믿음이 없어서 모이지 않을지라도, 하나님은 영광을 받으실 것이다. 이 제사장들이 그를 진노하시게 하여, 그가 율법 시대를 마감시키시고, 나아오는 자들을 온전하게 할 수 없는 계명의 율법을 폐하신다고 할지라도(히 10:1), 그는 결국에는 그것으로 인하여 결코 손해 보는 자가 되지 않으실 것인데, 그것은 다음과 같은 이유들 때문이다.

(1) 그들이 더럽힌 저 육적 규례들 대신에, 영적인 예배 방식이 도입되고 견고히 세워지리라는 것. 황소와 염소의 피와 기름 대신에, 하나님의 이름을 위하여 분향이 드려지게 될 것이다(이것은 기도와 찬송을 의미한다, 시 141:2; 계 8:3). 그것은 제사장들의 행위들 속에 있던 부패와 타락으로부터만이 아니라 제도들 자체가 지닌 속성이었던 단순한 육체적 행위(이것은 개혁할 때까지 맡겨 둔 육체의 예법이라 불린다, 히 9:10)로부터도 벗어난 깨끗한 제물이 될 것이다. 아버지께 참되게 예배하는 자들이 영과 진리로 예배할 때가 왔을 때, 그것은 이 분향, 즉 이 깨끗한 제물이 드려진 것이었다(요 4:23).

(2) 하나님은 세상의 한쪽 구석에 있는 작은 백성인 유대인들 가운데에서만 경배와 섬김을 받는 것이 아니라, 해 뜨는 곳에서부터 해 지는 곳까지 모든 곳에서 경배와 섬김을 받게 되리라는 것. 각처에서, 세상의 모든 곳에서 그의 이름을 위하여 분향이 드려지게 될 것이다. 만민이 제자가 되어, 하나님의 기이한 일들

에 대하여 말하며, 그들 자신의 언어로 그 일들을 듣게 될 것이다. 이것은 은혜의 나라에서의 저 큰 혁명, 즉 외인이자 나그네였던 이방인들이 성도들과 동일한 시민이요 하나님의 권속(엡 2:19)이 되어서, 유대인들과 더불어서 은혜의 보좌 앞에 나아올 수 있게 된 저 사건에 관한 분명한 예언이다. 지금까지는 유다에서만 하나님이 알려지셨고 그의 이름이 크셨지만(시 76:1), 이제는 내 이름이 이방 민족 중에서 크게 될 것이다(이것은 확실한 것이었기 때문에 두 번이나 언급된다). 하나님의 이름이 이방인들에게 선포될 것이고, 이방인들은 그 선포를 받아들여 그 이름을 믿게 될 것이다. 이방인들 가운데에서 유대인들이나 제사장들보다도 더 하나님의 이름을 높이고 영화롭게 할 자들이 있게 될 것이다.

2. 그들이 벌을 받지 않은 채로 그냥 넘어가지 못하리라는 것(14절). 여기에 이 제사장들과 같이 행하는 자들에 대한 판결이 나온다. 왜냐하면, 그들에 대한 선고는 그들과 같은 모든 자들에 대한 선고이기 때문이다.

(1) 불경스럽고 부주의한 예배자들에 관한 묘사. 그들은 그들의 짐승 떼 가운데에 수컷이 있는데도, 흠 있는 것으로 서원하고 드리는 자들이다. 하나님이 그들에게 차고 넘치게 선물을 주셔서, 그들은 하나님을 섬기고 높여 드리는 데에 쓸 가장 좋은 짐승들을 많이 가지고 있지만, 하나님께 가장 나쁜 것을 갖다 바치면서, 하나님께는 그것으로도 충분하다고 생각한다. 그들은 하나님께 보답함에 있어서 이렇게 배은망덕한 자들이다. 이것은 백성들의 잘못이었지만, 제사장들이 그것을 눈감아 주었기 때문에, 백성들은 이렇게 행하는 것이 몸에 배어 있었다. 율법에서는 자원제물로 드릴 수는 있지만 서원제물로는 드릴 수 없는 것을 구별하여 규정하고 있다(레 22:23). 그러나 제사장들은 하나님보다 그들이 더 너그러운 자들이라는 듯이, 하나님이 열납하지 않으실 제물들을 받아들였다. 하나님은 저 큰 날에 이 일에 대하여 제사장들에게 그 죄를 물으실 것이다.

(2) 하나님은 그러한 예배자들을 어떤 자로 규정하시는가. 그들은 속이는 자들이다. 그들은 하나님을 거짓되게 기만적으로 대하는 자들이고, 하나님 앞에서 위선을 행하는 자들이다. 그들은 하나님 앞에서 서원을 행하여 그를 높여 드리고자 하는 척하지만, 서원을 이행할 때에는, 서원하고 그런 식으로 갚는 것보다 서원하지 아니하는 것이 더 낫다(전 5:5)는 말이 나올 정도로 하나님을 모독한다. 그러나 그런 자들은 스스로를 속이지 말아야 한다. 왜냐하면, 하나님은

업신여김을 받지 아니하시는 분이시기 때문이다(갈 6:7). 즉, 하나님은 사람에게 우롱당하시는 그런 분이 아니시라는 말이다. 하나님을 속여 먹으려고 생각한 자들은 결국 그들 자신의 영혼에 대하여 그들이 치명적인 사기를 쳤다는 것이 드러나게 될 것이다. 위선자들은 속이는 자들이다. 그들은 스스로를 속인 자들, 자기 자신을 망친 자들임이 드러나게 될 것이다.

(3) 그들에게 내려진 판결. 그들은 저주를 받는다. 그들은 복을 기대하지만, 기록한 판결대로(시 149:9) 하나님의 진노의 징표인 저주를 만나게 될 것이다.

(4) 이 판결의 이유. "나는 큰 임금이기 때문이다. 만군의 여호와의 말이니라. 그러므로 나는 나를 그들과 같은 한낱 사람으로 대하는 자들을 벌할 것이다. 내 이름은 이방 민족 중에서 두려워하는 것이 될 것이기 때문에, 나는 내 이름이 나의 백성 가운데에서 멸시를 받는 것을 참지 않을 것이다." 이방인들은 비록 우상들을 섬겼지만, 유일하게 참되고 살아 계신 하나님을 섬긴 유대인들보다도 그들의 신을 더 공경하였다. 하나님이 온 세상을 다스리신다는 것과 온 세상 사람들이 하나님의 통치를 인정하게 되리라는 것을 생각해서, 우리는 하나님을 섬기는 일에서 불경함이나 불손함이 없도록 극히 주의하여야 한다는 것을 명심하라.

제
— 2 —
장

개요

하나님의 지혜로 제정된 두 가지 큰 규례가 있는데, 이 장에서 하나님은 이 두 규례가 형편없이 더럽혀졌다고 탄식하시고 날카롭게 책망하신다. I. 성직의 규례. 이 규례는 교회를 유지하기 위하여 만들어지고 교회에 특유한 규례이다. 이것이 이 규례의 존귀함으로 인하여 위엄을 얻게 된 자들, 이 규례를 주관하는 일을 맡은 자들에 의해서 더럽혀졌다. 제사장들은 하나님의 거룩한 것들을 더럽혔다. 그들은 여기에서 그것 때문에 비난을 받는다. 그들의 죄는 막중하고, 그들은 그 죄로 인하여 엄중한 경고를 받는다(1-9절). II. 혼인의 규례. 이것은 인류에게 공통적인 것으로서, 인류를 유지하기 위한 목적으로 제정되었다. 이것은 제사장들과 백성들이 이방인들과 결혼하고(11-12절), 자신의 아내를 비정하게 대하며(13절), 이혼하고(16절), 기만적으로 대함으로써(10, 14-15절) 더럽혀졌다. 이것을 비롯해서 불경함과 무신론적 사상을 보여주는 그 밖의 다른 예들의 밑바닥에 있었던 것은 하나님을 그들 자신과 같은 사람으로 생각하는 것이었는데, 이것은 사실상 하나님이 없다고 말하는 것이나 마찬가지였다(17절). 그들에 대한 이러한 책망들은 우리에 대한 경고들이다.

[1]너희 제사장들아 이제 너희에게 이같이 명령하노라 [2]만군의 여호와가 이르노라 너희가 만일 듣지 아니하며 마음에 두지 아니하여 내 이름을 영화롭게 하지 아니하면 내가 너희에게 저주를 내려 너희의 복을 저주하리라 내가 이미 저주하였나니 이는 너희가 그것을 마음에 두지 아니하였음이라 [3]보라 내가 너희의 자손을 꾸짖을 것이요 똥 곧 너희 절기의 희생의 똥을 너희 얼굴에 바를 것이라 너희가 그것과 함께 제하여 버림을 당하리라 [4]만군의 여호와가 이르노라 내가 이 명령을 너희에게 내린 것은 레위와 세운 나의 언약이 항상 있게 하려 함인 줄을 너희가 알리라 [5]레위와 세운 나의 언약은 생명과 평강의 언약이라 내가 이것을 그에게 준 것은 그로 경외하게 하려 함이라 그가 나를 경외하고 내 이름을 두려워하였으며 [6]그의 입에는 진리의 법이 있었고 그의 입술에는 불의함이 없었으며 그가 화평함과 정직함으로

나와 동행하며 많은 사람을 돌이켜 죄악에서 떠나게 하였느니라 [7]제사장의 입술은 지식을 지켜야 하겠고 사람들은 그의 입에서 율법을 구하게 되어야 할 것이니 제사장은 만군의 여호와의 사자가 됨이거늘 [8]너희는 옳은 길에서 떠나 많은 사람을 율법에 거스르게 하는도다 나 만군의 여호와가 이르노니 너희가 레위의 언약을 깨뜨렸느니라 [9]너희가 내 길을 지키지 아니하고 율법을 행할 때에 사람에게 치우치게 하였으므로 나도 너희로 하여금 모든 백성 앞에서 멸시와 천대를 당하게 하였느니라 하시니라

하나님이 앞 장에서 말씀하신 것들은 제사장들을 향한 것이었다: 내 이름을 멸시하는 제사장들아 만군의 여호와가 너희에게 말씀하신다(1:6). 그러나 거기에서 그들이 제사를 주관하는 자들로서 저지른 범죄들이라고 하나님이 책망하신 것들은 그들에게 변명의 여지가 있을 수 있었다. 왜냐하면, 그들은 단지 백성들이 가져온 희생제물들을 받아서 제사를 드린 것뿐이어서, 만약에 거기에 악이 있었다면, 그것은 그들의 잘못이 아니라 백성들의 잘못이라고 그들은 항변할 수도 있었을 것이기 때문이다. 그러므로 여기에서 하나님은 거기에서 지적한 그들의 타락상을 그 근원이자 원천으로 거슬러 올라가서, 제사장들이 율법과 하나님의 생생한 말씀들을 해설해 주는 백성들의 선생으로서 저지른 잘못들을 지적하신다. 이것은 복음 사역자들에게도 그대로 계승된 그들의 직무의 일부이기 때문에, 복음 사역자들은 여기에 나오는 권면을 특히 주의해서 경청하여야 한다(복음 사역자들은 율법 시대의 제사장들과는 달리 제사를 주관하는 자들은 아니지만, 그들과 마찬가지로 목회자이자 선생으로 임명을 받은 자들이다). 만약 제사장들이 백성들을 더 잘 가르쳤다면, 백성들은 더 나은 제물들을 하나님께 드렸을 것이다. 그러므로 그 책임은 제사장들에게로 돌아간다. "너희 제사장들아 이제 오직 너희에게, 즉 백성들에게 여호와를 아는 선한 지식과 어떻게 해야 하나님께 올바르게 예배를 드릴 수 있는지를 가르쳤어야 할 너희에게만 이같이 명령하노라(1절)." 교회의 지도자들은 하나님의 통치 아래 있고, 그들은 하나님께 책임을 져야 하는 자들이라는 것을 명심하라. 하나님은 명령을 내리는 자들에게도 주실 명령들이 있으시다. 아니, 내가 이 명령을 너희에게 내린 것을 너희가 알리라(4절). 이것은 다음 둘 중의 하나를 의미한다.

1. 그들은 그들을 깨우치시고 변화시키시기 위해서 말씀과 함께 역사하는 성령의 능력으로 말미암아 그것을 알게 되리라는 것. "너희는 이 명령의 효능을 보고서 이 명령이 어디에서 왔는지를 알게 될 것이다." 우리에게 임한 하나님의 말씀이 우리 안에서 하나님의 일을 이루어낼 때, 우리는 하나님이 그 말씀을 우리에게 보내셨고, 그 말씀은 말라기, 즉 하나님의 사자의 말이 아니라 진정으로 하나님의 말씀이며, 모두에게 일반적으로가 아니라 우리에게 특별히 보내진 것임을 알 수밖에 없다.

2. 그들은 그들에게 선포된 경고의 말씀이 성취되는 것을 보고서 그것을 알게 되리라는 것. "너희는 대가를 치르고서야 내가 이 명령을 너희에게 내린 것과 나의 명령이 결코 헛되이 되돌아가는 법이 없다는 것을 알게 될 것이다."

우리는 이제 제사장들을 위한 이 명령, 즉 그들에게 보내졌다는 것을 그들이 알아야 하는 이 명령을 살펴보기로 하자. 그 세부적인 내용을 차례로 검토해 보자.

I. 하나님이 이 거룩한 지파와 맺으신 언약에 관한 자세한 설명. 이 언약은 하나님이 그들에게 그들이 무슨 일을 해야 할지 그들의 사명을 주신 것이었고, 그들의 존귀함을 보장한 특허장이었다. 이 언약을 세우기 위해서 **만군의 여호와**가 그들에게 명령을 내렸다(4절). 왜냐하면, 그의 언약은 그가 명령하신 말씀이기 때문이다(시 105:8). 하나님은 이 때에 그들이 계속해서 이 언약을 범함으로써 언약 자체가 폐기되는 일이 일어나지 않도록 언약을 다시 세우기 위하여 말라기 선지자를 통해서 이 명령을 보내셨다. 그러므로 레위의 자손들(특히, 아론의 자손들)은 하나님이 그들의 가문에 어떤 존귀함을 더하셨고, 그들에게 어떤 일을 맡기셨는지를 알아야 한다(5절): 레위와 세운 나의 언약은 생명과 평강의 언약이었다. 하나님이 이스라엘의 온 족속과 맺으신 선민 언약 외에도, 한 가문과 맺으신 제사장 언약이 있었는데, 그것은 그들은 제사장의 직무를 수행하여야 하고, 그 조건 위에서 제사장으로서의 모든 특권을 누리게 되리라는 것, 이스라엘이 제사장의 나라로서 특별한 민족이었던 것처럼, 아론의 족속은 하나님을 섬기고 영화롭게 해드리기 위해 따로 구별된 제사장 가문이 되어서, 이스라엘이 열방들 가운데에서 그의 이름을 짊어지듯이, 이스라엘 나라 안에서 그의 이름을 짊어져야 한다는 것이었다. 이스라엘 민족이나 아론의 족속은 둘 다 정도 차이는 있지만 하나님의 이름을 영화롭게 하는 것이 주된 사명이었다(2절).

하나님은 그의 천한 종들인 그들과 언약을 맺으셔서, 그들에게 그의 일을 해야 하는 의무를 지우시고, 그 일을 하는 조건으로 그들을 시인하고 받아들이겠다고 약속하셨다. 이것은 그의 생명과 평강의 언약이라 불린다. 왜냐하면, 이 언약은 사람들의 심령에 생명과 평강을 가져다 주는 신앙, 즉 죽은 자들에게는 생명을, 괴롭고 곤고한 자들에게는 평강을 가져다 주는 신앙을 밑받침하기 위한 것이었기 때문이거나, 이 언약을 통해서 신실하고 양심적으로 자신의 본분을 수행하는 제사장들에게 생명과 평강이 약속되었기 때문이다. 그들은 모든 해악으로부터의 안전을 의미하는 평강과, 모든 복과 유익을 포괄적으로 담고 있는 생명을 갖게 될 것이다. 여기에 나오는 제사장 언약에 대한 설명은 영적 제사장들인 모든 믿는 자들에게 주어진 은혜의 언약에 그대로 적용된다. 은혜의 언약은 생명과 평강의 언약이다. 그것은 생명과 평강, 영원한 평강, 영원한 생명, 현세와 내세에서의 모든 복을 모든 믿는 자들에게 약속한다. 이 언약은 다른 지파들로부터 구별된 레위 지파 전체에게 주어졌는데, 하나님은 레위 지파를 이스라엘 자손의 계수 중에 넣지 말게 하시고, 그들에게 증거의 성막을 관리하도록 맡기신 후에(민 1:49-50), 레위인은 내 것이라고 말씀하셨다(민 3:12). 또한, 이 언약은 아론에게 주어졌는데, 하나님은 아론과 그의 아들들을 여호와를 섬기는 제사장 직분을 행하게 하셨다(출 28:1). 그러므로 아론은 여호와의 거룩한 자라 불린다(시 106:16). 또한, 이 언약은 특별한 경우에 아론 족속의 한 분가(分家)인 비느하스와 그의 가문에게 주어졌다(민 25:12-13). 거기에서도 여기에서와 마찬가지로 제사장 언약은 평강의 언약이라 불리는데, 그것은 이 언약을 통해서 하나님과 이스라엘 간에 평화가 이루어지고 지켜졌기 때문이다. 그 언약 속에 담겨진 생명과 평강이라는 큰 복들을 하나님은 레위와 아론과 비느하스에게 주셨다. 하나님은 그들과 그들의 후손들에게 생명과 평강을 약속하셨고, 이러한 은택들을 하나님의 이스라엘을 위하여 사용하도록 그들에게 맡기셨다. 그리스도께서 그러셨듯이, 그들은 주기 위해서 받은 것이었다(시 68:18). 이제 이 언약을 좀 더 열어 보기 위해서 다음과 같은 것들을 살펴보자.

1. 하나님이 그들에게 이 언약을 주실 때에 고려하신 것들. 내가 이것을 그에게 준 것은 그가 나를 경외하고 내 이름을 두려워하였기 때문이다. 레위 지파는 금송아지 우상을 숭배하는 자들에 대항하여 아주 용감하게 여호와의 편에 섬으로써(출 32:26), 그들이 하나님과 그의 이름에 대하여 거룩한 경외심을 지니고

있다는 확실한 증거를 보여주었다. 이 일에서 그들이 보여준 열심을 보시고, 하나님은 그들에게 이 복을 수여하셨고, 그들을 성별하여 그의 것으로 삼으셨다. 비느하스도 재앙을 그치게 하기 위하여 시므리와 고스비를 찔러 죽임으로써 하나님과 그의 심판을 두려워하고 경외함에 있어서 특별한 열심을 보여주었다(시 106:30-31). 하나님의 이름을 두려워하는 자들만이 생명과 평강의 언약으로 인한 유익을 기대할 수 있다는 것을 명심하라. 하나님을 위한 자신의 열심을 증명하는 자들은 틀림없이 복음적 제사장의 영광스러운 특권들로 보상받게 될 것이다. 어떤 이들은 이 구절을 하나님이 언약을 주실 때의 고려 사항이 아니라 그 조건으로 읽기도 한다: 내가 그것을 그들에게 준 것은 그로 나를 경외하게 하려 함이라. 하나님이 우리에게 생명과 평강을 주실 때에는 우리가 그를 경외하기를 기대하신다.

2. 하나님이 이 언약을 통해서 제사장들에게 맡기신 일(7절). 그들은 이 언약으로 말미암아 만군의 여호와의 사자(使者)들, 생명과 평강의 언약의 사자들이 되었다. 그들은 이 언약의 중개자들이 아니라, 단지 하나님과 이스라엘 간의 평화 조약을 섬기기 위해 쓰임받는 사자들 또는 대사(大使)들일 뿐이었다. 제사장들은 하나님으로부터 말씀을 받아서 그의 백성에게 전하는 하나님의 입이었다. 이것은 레위에게 맡겨진 직분이었다. 하나님을 향한 열심으로 인해서 레위는 그의 형제들을 인정하지 아니하며 그의 자녀를 알지 아니하였기 때문에, 레위 지파는 하나님의 법도를 야곱에게 가르치는 직분을 맡게 되었다(신 33:9-10). 하나님의 사자로 쓰임받고 그의 일을 하기 위해 보내심을 받는 것은 하나님의 종들에게 영광이다. 천사라는 이름은 그들의 이런 역할 때문에 붙여진 이름이고, 학개는 여호와의 사자라 불렸다.

(1) 사역자들의 본분은 무엇인가. 제사장의 입술은 지식을 지켜야 한다. 그들은 지식을 자기 속에만 두는 것이 아니라, 백성들에게 전해 주어야 한다. 사역자들은 지식의 사람들이어야 한다. 하나님의 일들을 스스로 잘 알지 못하거나 그런 지식으로 준비되어 있지 않은 자들이 어떻게 다른 사람들에게 하나님의 일들을 가르칠 수 있겠는가? 그들은 지식을 지키고, 지식을 비축하며, 그들이 얻은 것을 간직해 둠으로써, 새것과 옛것을 그 곳간에서 내오는 선한 집주인 같이 되어야 한다(마 13:52). 그들의 머리만이 아니라 그들의 입술도 지식을 지켜야 한다. 그들은 지식을 가지고 있을 뿐만 아니라, 기회가 있을 때마다 그 지식을

다른 사람들에게 전할 수 있도록 준비가 되어 있어서, 그 지식이 그들의 입 끝에서 맴돌고 있어야 한다. 그러므로 성경에서는 명철한 자의 입술에는 지혜가 있어서, 그들은 그 지혜로 많은 사람들을 먹인다(잠 10:13, 21)고 말한다.

(2) 백성들의 본분은 무엇인가. 사람들은 그의 입에서 율법을 구하여야 한다. 그들은 하나님의 사자들인 제사장들에게 물어야 한다. 그들은 말씀을 들을 뿐만 아니라, 말씀을 더 잘 이해하고 말씀을 오해하는 것을 막거나 바로잡기 위해서 질문해야 한다. 우리는 주의 뜻이 무엇인지를 온전히 분명하고 확실하게 알기 위해서 모든 노력을 다 기울여야 한다. 우리는 주의 뜻을 알기를 원하여야 하고, 그러므로 주의 뜻이 무엇인지를 꼬치꼬치 캐물어야 한다: 주께서는 나로 무엇을 행하기를 원하시나이까(행 9:6). 우리는 기록된 말씀(즉, 율법과 증거의 말씀, 사 8:20)을 참조해야 할 뿐만 아니라, 우리의 몸이나 재산에 관한 일을 의사나 변호사에게 상담하듯이, 우리의 영혼에 관한 일들에 있어서는 하나님의 사자들의 가르침과 권면을 구하여야 한다. 사역자들은 하나님의 법에 대하여 묻지도 않고 알기를 원하지도 않는 자들에게도 그 법을 얘기해 주어야 하지만 (그들은 자원하는 자들과 마찬가지로 거역하는 자들도 훈계하여야 한다, 딤후 2:25), 사역자들에게 가서 하나님의 말씀을 들을 뿐만 아니라 질문을 하는 것은 사람들의 본분이다: 파수꾼이여 밤이 어떻게 되었느냐 파수꾼이 이르되 아침이 오나니 밤도 오리라 네가 물으려거든 물으라(사 21:8, 11-12). 사람들은 사역자들의 입에서 위로가 되는 말씀만을 바라지 말고, 하나님의 법도 구하여야 한다. 왜냐하면, 우리가 본분을 행하는 길에 있다면, 우리는 그것이 곧 위로를 얻는 길임을 발견하게 될 것이기 때문이다.

II. 제사장 직분에 있던 그들의 많은 선조들의 충성심과 열심에 대한 회상. 하나님이 이것을 여기에서 언급하시는 것은 그들이 이러한 존귀한 조상들의 찬란한 모범들을 버리고 타락한 죄가 얼마나 큰 것인지를 보여주시고, 그가 그에게 충성한 자들에게 허락하신 그의 임재의 징표들을 그들에게서 거둔 것이 의로운 일임을 보여주시기 위한 것이다. 우리는 여기에서 경건한 제사장이 얼마나 선하였는지(그들은 그의 발자취를 따라야 마땅하였다), 하나님의 은혜가 그에게 역사하심으로 그가 어떤 선을 행하였는지를 보게 된다(6절).

1. 그가 얼마나 선하였는가. 그는 성경에 정통하고 능하였다. 그의 입에서 율법을 구하는 자들을 위해서 그의 입에는 진리의 법이 있었다. 그의 모든 말 속에

는 진리의 법이 많든 적든 들어 있었다. 그가 말한 모든 것은 그 법의 다스림 아래 있었고, 그는 그 법으로 다른 사람들을 다스렸다. 그는 권세 있는 자처럼(그의 모든 말이 법이었다), 지혜와 온전함을 갖춘 자처럼 말하였다. 그의 말은 진리의 법이었다. 진리는 법이기 때문에 모든 것을 압도하는 힘을 지닌다. 그리스도께서는 진리로 다스리신다. 진리의 법은 그의 입에 있었다. 왜냐하면, 그에게 들어온 양심의 문제들에 대하여 그가 말한 해법들은 언제나 의지해도 좋은 해법들이었기 때문이다. 그의 견해는 선한 법이었다. 그의 입술에는 불의함이 없었다. 그는 사람들을 기쁘게 하거나 어떤 목적에 이용하거나 자신의 이익을 챙기기 위해서 하나님의 말씀을 혼잡하게 기만적으로 다루지 아니하였고(고후 4:2), 그 법이 무엇을 말하고 있는지를 그에게 물어본 자에게 다 말해 주었다(그들이 듣기 좋아하든 싫어하든 상관없이). 그는 깨끗한 것을 부정하다고 하지도 않았고, 부정한 것을 깨끗하다고 하지도 않았다. 그의 행실은 그의 가르침과 일치하였다. 하나님은 친히 그에 대하여 이런 명예로운 증언을 해주신다: 그가 화평함과 정직함으로 나와 동행하였다. 그는 하나님에 대하여 말하는 것으로 충분하다고 생각한 것이 아니라, 실제로 하나님과 동행하는 삶을 살았다. 그의 마음의 성정(性情)과 그의 삶의 기조는 그의 가르침 및 신앙고백과 일치하였다. 그는 하나님과 교통하는 삶을 살았고, 어떻게 하면 하나님을 기쁘시게 해드릴 수 있는지만을 늘 생각하였다. 그는 하나님 앞에 행하도록 택함받은 제사장처럼 살았다(삼상 2:30). 그의 행실은 차분하였다. 그는 모든 사람에 대하여 온유하였고(딤후 2:24), 사랑의 모범이자 사랑을 조장하는 자였다. 그는 화평함 가운데에 하나님과 동행하였고, 스스로 평화로웠으며 평화를 만드는 자였다. 또한, 그의 행실은 정직하였다. 그는 그 누구에게도 불의를 행하지 않았고, 각 사람에게 합당한 대우를 하려고 세심하게 배려하였다. 그는 정직함으로 나와 동행하였다. 우리는 화평을 위해서 공평의 규범을 어겨서는 안 되지만, 공의와 일치하는 한에서는 화평을 지켜야 한다. 위로부터 난 지혜는 첫째 성결하고 다음에 화평하다(약 3:17). 모든 사람이 그래야 하지만, 특히 사역자들은 화평함과 정직함으로 하나님과 동행하기를 힘써서, 무리의 본이 되어야 한다.

2. 그가 어떤 선을 행하였는가. 그는 하나님이 그에게 제사장의 직분을 주신 목적에 부응하였다. 그가 많은 사람을 돌이켜 죄악에서 떠나게 하였다. 그는 선을 행하는 것을 그의 일로 삼았고, 하나님은 그의 수고들이 놀라운 열매를 거

두게 해주셨다. 그는 많은 영혼을 사망에서 구하는 데에 일조하였기 때문에, 지금 천국에는 그들이 그를 만나게 해주신 것을 하나님께 감사하는 영혼들이 많이 있다. 사역자들은 죄인들을 회심시키는 일에 온 힘을 다하여야 한다. 이스라엘 백성이라는 이름을 지닌 자들 가운데에도 회심이 필요한 자들이 있고, 죄악에서 돌이켜야 할 자들이 많이 있다. 그들은 그런 일에 그들이 쓰임받는 것을 영광으로 여겨야 하고, 그들의 수고에 대한 차고 넘치는 상으로 여겨야 한다. 오직 하나님만이 그의 은혜로 사람들을 죄악에서 떠나게 할 수 있는데도, 여기에서는 경건한 사역자가 그의 수고를 통해서 하나님과 함께 일하는 동역자이자 그의 손에 붙들린 도구로서 사람들을 죄악에서 떠나게 한 것으로 말한다. 많은 사람을 옳은 데로 돌아오게 한 자는 별과 같이 영원토록 빛나리라(단 12:3). 성경에 따라 선한 교훈을 가르치고 선한 삶을 사는 사역자들만이 사람들을 죄악에서 떠나게 할 수 있다는 것을 명심하라. 왜냐하면, 어느 랍비가 이 본문에 대하여 설명하면서 말하였듯이, 제사장이 정직할 때에 많은 사람이 정직할 것이기 때문이다.

Ⅲ. 제사장 언약을 깨뜨리고서, 그들 앞에 놓여 있는 규범들과 모범들을 정면으로 거슬러서 행한 당시의 제사장들에 대한 강도 높은 고소와 책망. 그들이 저지른 죄들의 세부적인 내용들 중 많은 부분은 우리가 앞 장에서 보았다. 우리는 이방 여자들과의 혼인, 이방인들을 하나님의 전에 들어오게 허용한 것, 안식일을 더럽힌 것 등 많은 부패한 폐습들이 당시의 유대 교회에 스며들어 왔다는 것을 보게 되는데(느 13장), 이것들은 모두 부주의하고 신실하지 못하였던 제사장들 때문이었다. 여기에는 그들 전체에 대한 고소와 책망이 나온다.

1. 그들이 규범을 어겼다는 것. 너희는 옳은 길에서, 즉 하나님이 너희에게 정해 주신 선한 길이자 너희의 경건한 조상들이 너희보다 앞서 걸어 갔던 길에서 떠났다(8절). 백성들을 옳은 길로 인도하여야 하는 직분을 맡은 자들 자신이 그 옳은 길에서 떠나 있다면, 그 백성은 참으로 불행하다. "너희가 내 길을 지키지 아니하였다. 너희는 스스로 내 길을 지키지 않았고, 다른 사람들이 내 길을 지키도록 애쓰지도 않았다(9절)."

2. 그들이 그들에 대한 하나님의 신임을 저버렸다는 것. "너희가 레위의 언약을 깨뜨렸느니라. 너희는 그 언약을 훼손시켰고, 그 중요한 의도들을 짓밟았으며, 그것들을 좌절시키고 물리치기 위해서 온갖 짓을 다하였다. 너희는 마치

너희의 직분을 너희의 배를 불리며 너희를 유명하게 만들어 주는 수단인 양 취급하였고, 하나님의 영광과 사람들의 영혼의 유익을 위하여 너희의 직분을 사용하지 않았다." 그것은 레위의 언약을 훼손시키는 것이었다. 제사장의 직분은 저 방탕하고 속된 행위들을 억누르라고 있는 것인데, 도리어 그런 것들에 종속됨으로써, 하나님이 제사장의 직분을 두신 목적이 왜곡되었다. 그들은 이렇게 해서 그 언약을 스스로 깨뜨리고서, 그 언약으로 인한 은택을 상실하였다. 그들은 레위의 언약을 무효화시켜서, 그들에게 주어졌던 생명과 평강을 상실하였다. 언약에서 우리가 해야 할 몫을 세심하게 행하지 않는다면, 우리는 하나님이 그 언약에서 그의 몫을 행하실 것이라고 기대할 수 없다. 그들이 그들에 대한 하나님의 신임을 저버렸음을 보여주는 또 하나의 사례는 그들이 율법을 행할 때에 치우쳐 있었다는 것이다(9절). 그들은 그들에게 주어진 율법 가운데에서 그들이 해야 할 본분을 마음대로 취사선택하였다. 그들은 그들의 입맛에 따라 어떤 것을 행하고 어떤 것은 행하지 않았다. 이것은 위선자들이 보이는 행태이다. 반면에, 하나님 앞에 정직한 마음을 지닌 자들은 주의 모든 계명에 주의한다(시 119:6). 또는, 그들은 사람들의 얼굴을 보아가며 율법을 적용하였고, 사람들에 따라 율법을 달리 적용하였다. 그들은 율법을 의도적으로 잘못 해석해서, 그들의 마음에 들지 않는 자들에 대해서 불리하게 적용하고, 그들의 마음에 드는 자들에게는 유리하게 적용하였다. 그들은 똑같은 죄를 저지른 사람들에 대해서도 그들의 이익이나 기분에 따라서 호되게 책망하기도 하고 별 것 아니라는 듯이 웃으며 넘어가기도 하였다. 하나님은 그의 율법을 적용하실 때에나 율법을 깨뜨린 자들을 벌하실 때에나 사람의 외모를 보지 아니하신다(행 10:34). 하나님은 가난한 자들 앞에서 부자의 낯을 세워주지 아니하시는 분이시기 때문에(욥 34:19), 만약 그의 제사장들이나 사역자들이 가르칠 때에나 치리할 때에나 사람의 외모를 본다면, 그것은 그들이 하나님을 잘못 대표하는 것으로서 하나님께 큰 치욕을 안겨드리는 것이다(딤전 5:21).

3. 그들이 사람들의 영혼을 구원하는 일에 일조를 하였어야 마땅한데도, 도리어 큰 해악을 끼쳤다는 것. 너희는 많은 사람을 율법에 거스르게 하는도다. 즉, 백성들은 제사장들의 모범을 보고 배워서 율법을 범함으로써 율법에서 넘어졌을 뿐만 아니라, 제사장들로부터 율법이 마치 죄를 장려하는 것처럼 배웠기 때문에 율법에 대한 그러한 편견으로 말미암아 율법에 걸려 넘어졌다. 홉니와 비

느하스는 그들의 악행으로 말미암아 여호와의 제사가 백성들에 의해서 멸시를 받게 만들었다(삼상 2:17). 많은 사람들에게 하나님의 법은 부딪치는 돌이고, 그리스도의 복음은 사망으로부터 사망에 이르는 냄새(고후 2:16)이며, 그리스도 자신은 걸려 넘어지게 하는 바위이다(벧전 2:8). 신앙을 고백한 자들의 악한 삶보다 이것에 더 기여하는 것은 없다. 신앙인들의 그런 삶을 보고서, 사람들은 "신앙이라는 것이 다 웃기는 것이네"라고 말하게 된다. 이것은 말 그대로 걸려 넘어지게 하는 돌이다. 실족하게 하는 일이 없을 수는 없으나 실족하게 하는 자들에게는 화가 있도다(마 18:7).

4. 그들은 그들의 죄로 인하여 하나님의 말씀과 섭리의 책망들 아래에 있었을 때에 그 책망들을 듣지 아니하였고 마음에 두지 아니하였다는 것. 그들은 그들의 죄에 대하여 전혀 근심하거나 부끄러워하지 않았으며, 하나님의 진노의 징표들 아래에서도 아무런 변화가 없었다. 우리가 책망을 들어도 그것을 마음에 새기고 그 감화를 받아들이지 않는다면, 그 책망은 우리에게 아무런 유익도 끼치지 못한다. 너희가 나의 책망을 마음에 두지 아니하며, 회개와 삶의 변화를 통해서 내 이름을 영화롭게 하지 아니한다. 우리는 하나님의 이름을 영화롭게 하고, 하나님이 자신을 나타내신 모든 일들로 인하여 그를 찬송할 수 있기 위해서는, 하나님이 하신 일들을 마음에 새겨 두지 않으면 안 된다. 하나님에게서 그의 영광과 존귀하심을 빼앗는 것은 누가 해도 악한 일이지만, 하나님의 이름을 짊어지고서 그 이름에 합당한 영광을 그에게 돌리는 것이 자신의 직무요 일인 성직자들이 그런 일을 한다면, 그것은 지극히 악한 일이 아닐 수 없다.

IV. 하나님이 불경스러울 뿐만 아니라 거룩한 것들을 더럽힌 이 제사장들에게 내리신 심판들.

1. 그들이 그들의 위로를 잃었다는 것(2절). 내가 이미 너희의 복을 저주하였다. 그들은 그들의 일을 할 때에 선을 행하는 데에서 오는 만족감이 있는 법인데, 그러한 위로와 낙을 상실하였다. 왜냐하면, 그들이 제사장으로서 백성들을 축복하였어도, 하나님은 발람의 저주를 축복으로 바꾸어 놓으셨듯이, 그들의 축복에 대하여 아멘이라고 말씀하시기는커녕 오히려 그 축복을 저주로 바꾸어 놓으셨기 때문이다. 저 불경스러운 백성들은 하나님의 복을 받을 만한 은총을 얻을 수 없었고, 저 불경스러운 제사장들은 백성들에게 복을 전해줄 영광을 받을 만한 은총을 얻을 수 없었다. 도리어, 백성들과 제사장들은 하나님의 진노

의 징표들 아래에 있어야 했다. 또한, 그들은 그들의 삶으로 인한 위로도 얻지 못하였다. 왜냐하면, 하나님이 그들에게 주신 복들은 그들이 악용한 탓에 그들에게 저주들로 변해 버렸기 때문이다. 그들은 그들에게 주어진 책망들을 마음에 두지 않음으로써 하나님의 진노를 샀기 때문에, 하나님의 은총의 선물들인 그 복들을 받을 수 없었다.

2. 그들이 그들의 신용과 명성을 잃었다는 것(9절). 나도 너희로 하여금 모든 백성 앞에서 멸시와 천대를 당하게 하였느니라. 그들이 하나님을 영화롭게 하는 동안에는, 하나님도 그들을 존귀하게 하시고 그들의 명성을 떠받쳐 주셨다. 또한, 그들은 그들의 본분을 다하며 화평함과 정직함으로 하나님과 동행하는 동안에는, 백성들의 사랑과 존경을 한 몸에 받았다. 그 때에 백성들은 누구나 다 그들을 소중히 여기고 높이 떠받들었다. 그 때에는 백성들이 진심으로 그들을 존경하는 제사장님이라는 호칭을 사용하여 불렀다. 그러나 그들이 하나님의 길들을 버리고 레위의 언약을 깨뜨리자, 그들은 평범한 백성들의 눈에조차 초라하고 악한 존재가 되어 버렸다. 백성들은 성직을 존경하였기 때문에, 성직을 더럽힌 자들을 더욱 미워하였다. 그들의 불의한 행위는 이런 벌을 그 속에 잉태하고 있었고, 거기에는 하나님의 손길이 작용하였다. 그들이 백성들로부터 멸시와 천대를 받은 것은 그들에 대한 의로운 심판으로서, 그들의 죄가 불러온 벌일 뿐만 아니라 그들의 죄에 상응하는 벌이기도 하였다. 그들은 하나님을 모욕하고 욕되게 하였고, 여호와의 식탁과 그 위에 있는 과일이 백성들에게 멸시를 받게 만들었다(12절). 그러므로 하나님은 그들에게 욕(辱)을 더하시고, 그들을 멸시받게 만드셨다. 그들은 스스로 멸시받을 만한 짓을 했기 때문에, 하나님은 그들로 멸시받게 하셨다. 죄는 어느 사람에게나 수치이지만, 제사장들에게는 특히 그러하다는 것을 명심하라. 땅의 표면에서 불경스럽고 악하며 추악한 성직자보다 더 멸시받을 만한 동물은 없다.

V. 그들에게 내려진 진노의 판결. 말라기 선지자는 이 판결로 그의 설교를 시작한다(2-3절). 그러나 이 판결은 조건부로 되어 있다. "너희가 만일 마음에 두지 아니하면"이라는 말씀은 다음과 같은 의미를 함축하고 있다: "너희가 하나님의 명령을 마음에 두면, 하나님의 진노가 돌이켜져서 모든 것이 잘 될 것이다. 하지만, 너희가 계속해서 악한 길을 고집한다면, 너희의 죄가 곧 너희의 파멸이 될 것이라는 너희에 대한 판결을 들으라."

1. 그들이 하나님의 저주 아래에서 넘어져서 엎드러지게 되리라는 것. 내가 너희에게 저주를 내리리라. 기록된 말씀이 경고한 대로, 하나님의 진노가 그들에게 나타날 것이다. 율법의 명령들을 범하는 자들은 율법의 저주 아래로 들어가는 것임을 명심하라.

2. 제사장으로서 그들이 하는 일들이나 누리는 것들이 그들에게 깨끗하지 못하리라는 것. "내가 너희의 복을 저주할 것이기 때문에, 너희는 스스로 복이 있지도 못하고, 백성들에게 복이 되지도 못하며, 너희의 풍성한 재물이 너희에게 재앙이 되고, 너희는 너희 세대에 재앙이 될 것이다."

3. 그들이 백성들로부터 십일조로 받은 땅의 소산들이 그들에게 위로가 되지 못하리라는 것. "보라 내가 너희의 씨를 썩게 하리라. 너희가 뿌리는 씨앗들은 땅 밑에서 썩어서 땅 위로 올라오지 못할 것이고, 이로 인하여 기근이 와서 양식이 부족하게 될 것이다. 따라서, 소제물들이 제단에 올라오지 않을 것이고, 제사장들의 수입은 줄어들게 될 것이다." 또는, 이것은 그들이 전한 말씀의 씨앗을 가리키는 것으로 이해할 수도 있다. 씨가 썩어 버리면 농부의 수고가 헛되듯이, 하나님은 그들이 백성들을 가르칠 때에 거기에 복을 주지 않으실 것이고, 결국 그들의 수고는 헛된 것이 되고 말 것이라고 경고하신다. 이것은 그들은 이 백성에게 아무 유익이 없으리라(렘 23:32)는 경고의 말씀과 일치한다.

4. 그들과 그들의 섬김들이 하나님으로부터 거부당하게 되리라는 것. 하나님은 그들을 기뻐하시기는커녕, 도리어 몹시 싫어하시고 혐오스러워하실 것이다. 내가 똥 곧 너희 절기의 희생의 똥을 너희 얼굴에 바를 것이다. 이것은 그들이 절기들에 하나님께 드린 희생제물들을 가리킨다. 하나님은 그들이 드린 희생제물들의 기름을 기뻐하시는 것이 아니라, 그 제물들의 똥을 그들의 얼굴에 던지심으로써 그의 진노를 나타내실 것이다. 하나님이 헛된 제물을 다시 가져오지 말라 너희의 분향은 내가 가증히 여기는 바요(사 1:13)라고 말씀하셨을 때, 하나님은 사실 그렇게 하신 것이다. 그리스도를 얻기 위해서 배설물로 여겨져야 할(빌 3:8) 신앙의 외적인 행위들에 의지하는 자들은 그들의 그런 행위들이 하나님께 열납되지 못할 뿐만 아니라, 그들의 어리석음으로 인하여 수치와 낭패를 뒤집어쓰게 되리라는 것을 명심하라.

5. 모든 것이 결국에는 그들의 철저한 멸망으로 끝나게 되리라는 것. 너희가 그것과 함께 제하여 버림을 당하리라. 그들은 그들의 희생제물들의 똥을 뒤집어

쓴 채로 똥과 함께 거름 더미에 버려져서, 그 일부가 될 것이고, 똥이나 썩은 고기를 먹는 동물들이 와서 그들을 먹어 치울 것이다. 여호와께서 그들을 버리셨기 때문에, 사람들이 그들을 내버린 은이라 부르게 될 것이고, 거기에 합당하게 그들을 다룰 것이다(렘 6:30).

[10]우리는 한 아버지를 가지지 아니하였느냐 한 하나님께서 지으신 바가 아니냐 어찌하여 우리 각 사람이 자기 형제에게 거짓을 행하여 우리 조상들의 언약을 욕되게 하느냐 [11]유다는 거짓을 행하였고 이스라엘과 예루살렘 중에서는 가증한 일을 행하였으며 유다는 여호와께서 사랑하시는 그 성결을 욕되게 하여 이방 신의 딸과 결혼하였으니 [12]이 일을 행하는 사람에게 속한 자는 깨는 자나 응답하는 자는 물론이요 만군의 여호와께 제사를 드리는 자도 여호와께서 야곱의 장막 가운데에서 끊어 버리시리라 [13]너희가 이런 일도 행하나니 곧 눈물과 울음과 탄식으로 여호와의 제단을 가리게 하는도다 그러므로 여호와께서 다시는 너희의 봉헌물을 돌아보지도 아니하시며 그것을 너희 손에서 기꺼이 받지도 아니하시거늘 [14]너희는 이르기를 어찌 됨이니이까 하는도다 이는 너와 네가 어려서 맞이한 아내 사이에 여호와께서 증인이 되시기 때문이라 그는 네 짝이요 너와 서약한 아내로되 네가 그에게 거짓을 행하였도다 [15]그에게는 영이 충만하였으나 오직 하나를 만들지 아니하셨느냐 어찌하여 하나만 만드셨느냐 이는 경건한 자손을 얻고자 하심이라 그러므로 네 심령을 삼가 지켜 어려서 맞이한 아내에게 거짓을 행하지 말지니라 [16]이스라엘의 하나님 여호와가 이르노니 나는 이혼하는 것과 옷으로 학대를 가리는 자를 미워하노라 만군의 여호와의 말이니라 그러므로 너희 심령을 삼가 지켜 거짓을 행하지 말지니라 [17]너희가 말로 여호와를 괴롭게 하고도 이르기를 우리가 어떻게 여호와를 괴롭혀 드렸나이까 하는도다 이는 너희가 말하기를 모든 악을 행하는 자는 여호와의 눈에 좋게 보이며 그에게 기쁨이 된다 하며 또 말하기를 정의의 하나님이 어디 계시냐 함이니라

타락한 행실은 타락한 사고 방식의 열매이고 산물이다. 사람의 마음과 삶이 악한 것은 그들이 어떤 방종한 무신론적 사상을 지니고서 그 지배를 받고 있기 때문이다. 이제 이 단락에서 우리는 그 한 예를 보게 된다. 우리는 여기에서 사람들이 서로를 거짓으로 대하는 것을 보는데, 그것은 그들이 그들의

하나님에 대하여 잘못 생각하고 있기 때문이다. 좀 더 살펴보자.

I. 그들의 행실이 얼마나 타락하였는가.   전체적으로, 그들은 각 사람이 자기 형제에게 거짓을 행하였다(10절). 하나님께 거짓된 자가 친구나 형제에게 참될 것을 기대하는 것은 불가능하다. 그들은 십일조 및 제물과 관련해서 하나님을 기만적으로 대하고 속임으로써, 그 양심이 더러워지고, 양심을 통제하는 모든 것들이 다 무너져서, 온갖 불의와 부정직이 들어올 수 있는 문이 열려 있었기 때문에, 혈육과 천륜의 유대 관계도 무너져서, 거기에도 거짓이 들어가는 데에 아무런 어려움이 없었다. 어떤 이들은 여기에서 하나님이 책망하시는 기만적인 행위들은 거의 동일한 시기에 활동하였던 느헤미야가 탄식하였던 압제와 착취의 사례들과 동일하다고 생각한다(느 5:3-7). 그들은 그들의 조상들의 하나님과 하나님이 그들의 조상들에게 주신 언약을 잊음으로써, 그들의 제물이 열납되지 못하게 만들었다(사 1:11). 그러나 여기에서 말하는 것은 그들이 결혼과 관련해서 잘못한 것을 가리키는 것으로 보이고, 느헤미야도 이 잘못된 결혼을 탄식하였다(느 13:23). 이 문제와 관련해서 하나님을 크게 진노하시게 만든 그들의 두 가지 죄는 그들이 이방 여인들을 아내로 취한 것과 그들의 조강지처를 버린 것이었다. 이 두 가지 일에서 그들은 기만적으로 행하였고, 거룩한 언약을 범하였다. 전자는 선민 언약을 멸시한 것이었고, 후자는 혼인 언약을 멸시한 것이었다.

1. 그들은 하나님이 이스라엘을 자신의 선민으로 받아들이신 언약을 멸시하여, 그 언약에서 명시적으로 금지한 이방 여인들과의 혼인(신 7:3)을 아무렇지도 않게 행하였다는 것.

(1) 그들은 이 언약에 의거해서 하나님과 서로를 신실하게 대하고, 이방 여인들과 결혼하지 않아야 할 지극히 합당한 이유들을 가지고 있었다는 것.

[1] 이 언약은 그들에게 그런 결혼을 하지 말 것을 명시적으로 규정해 놓았다는 것. 하나님은 그들이 이방 여인들과 섞이지 않는다는 조건 위에서 그들에게 복을 주시기로 약속하셨다. 이것은 하나님이 그들의 조상들과 맺으신 언약이었는데, 이것은 이 언약이 아주 오래 되었고 권위를 지니고 있으며 이스라엘 나라의 헌법이라는 것을 보여주는 것이었다. 그들은 그 언약을 엄격하게 지켜야 할 모든 의무 아래에 놓여 있었는데도, 마치 그들이 그 언약에 의해서 묶여 있지 않다는 듯이 그 언약을 더럽혔다. 그들의 조상들의 하나님의 명령에 불순

종하며 살아가는 자들은 그들의 조상들의 언약을 더럽히는 것이다.

[2] 그들은 한 몸으로 연합된 선민이었기 때문에, 당연히 선민으로서의 존귀함을 보전하는 일에도 하나가 되었어야 했다는 것. 우리는 한 아버지를 가지지 아니하였느냐. 그렇다. 우리에게는 한 아버지가 계신다. 한 하나님께서 지으신 바가 아니냐. 우리는 다 그의 소생이고 한 혈통이 아니냐(행 17:26, 28)? 틀림없이 그렇다. 하나님은 온 인류의 공통의 아버지이시고, 그런 까닭에 우리는 다 형제이며, 서로의 지체들이다. 그러므로 우리는 거짓을 버리고(엡 4:25), 각 사람이 형제에게 거짓을 행하여서는 안 된다. 그러나 여기에서 이 말씀은 구체적으로 유대 민족과 관련되어 있는 것으로 보인다. 우리는 한 아버지(즉, 아브라함이나 야곱)를 가지지 아니하였느냐. 그들은 아브라함이 우리 아버지(또는, 조상)라(마 3:9)는 것을 자랑스럽게 생각하였다. 그러나 여기에서 이러한 사실은 그들이 이방 여인들과 통혼함으로써 그들의 민족의 존귀함을 저버린 그들의 죄를 더욱 가중시키는 요인으로 나온다. "한 하나님께서 우리를 지으신 바가 아니냐. 즉, 하나님이 다른 나라들과 구별하여 우리를 하나의 나라로 만드셔서, 우리 나라에 생명을 불어넣으셨지 않느냐? 그러므로 우리가 우리 나라의 존엄을 유지하는 것이 마땅하지 않는가?" 교회가 그 창시자이자 아버지이신 그리스도 안에서 하나라는 것을 생각하면, 우리는 교회의 순수성을 보전하고 모든 부패와 타락으로부터 지켜내는 일에 온 정성을 기울여야 한다는 것을 명심하라.

[3] 그들은 다른 나라들과 구별되었을 뿐만 아니라, 하나님께 바쳐졌다는 것. 이스라엘은 여호와께서 그의 명성과 찬송이 되게 하시려고 언약을 맺으시고 그를 위하여 구별하신 여호와를 위한 성물이었다(렘 2:3). 그런 이유로 하나님은 그들을 사랑하셨고 기뻐하셨다. 그들 가운데에 세워진 성소는 여호와께서 사랑하시는 그의 성결이었다. 하나님은 이 성소에 대하여 이는 내가 영원히 쉴 곳이라 내가 여기 거주할 것은 이를 원하였음이로다(시 132:14)라고 말씀하셨다. 그러나 그들은 이방 여인들과 결혼함으로써 이 성결을 더럽혔고, 그 영광을 티끌 속에 내던졌다. 하나님께 바쳐지고 그의 사랑을 받는 자들은 그의 사랑을 잃고 내쳐지거나 그의 성물로서의 영광과 목적을 상실하지 않도록 하기 위해서 그들의 순전함을 보존하는 데에 관심을 가져야 한다는 것을 명심하라.

(2) 그럼에도 불구하고, 그들은 기만적으로 행하였다는 것. 그들은 하나님이 선민으로서의 그들의 존귀함을 보존하시기 위하여 그들에게 명하신 바로

그 일에서 그들 자신을 더럽혔다. 유다는 이방 신의 딸과 결혼하였다. 문제는 그 여인이 이방 나라의 딸이었다는 데에 있었다기보다는(하나님은 인류의 모든 족속을 지으셨고[행 17:26], 그 자신이 이방 사람들의 왕이시다[렘 10:7]), 그 여인이 그녀의 아버지의 뜻을 따라 거짓 신들을 섬기도록 양육을 받은 이방 신의 딸이었다는 데에 있었다. 그런 까닭에, 어떤 랍비는 이렇게 말하였다: 이방 여인과 결혼하는 자는 우상의 사위가 되는 것과 다름없다(포코크 박사의 글에서 재인용). 옛 세상의 타락은 하나님의 아들들과 사람의 딸들의 통혼에서 시작되었다(창 6:2). 여기에서 하나님이 탄식하시는 것도 바로 그것이지만, 그 표현을 보면, 이번이 그 때보다 더 심각하다는 것을 알 수 있다. 하나님의 아들들이 이방 신의 딸들과 결혼하였다. 이 일에서 유다는 기만적으로 행하였다는 말을 듣는다. 왜냐하면, 그들은 그들 자신의 존귀함을 내팽개치고, 그들이 사랑했어야 마땅한(어떤 이들은 이 본문을 이렇게 읽는다) 여호와의 성결을 더럽혔기 때문이다. 하나님은 그것을 이스라엘과 예루살렘 중에서 저질러진 가증한 일이라고 말씀하신다. 그것은 하나님께서 미워하시는 일이었고, 그의 이름으로 불린 자들에게 전혀 합당치 않은 일이었다. 여호와의 성결을 고백하는 자들이 특히 믿지 않는 자들과 멍에를 같이 멤으로써 그 성결을 더럽히는 것은 가증스러운 일임을 명심하라.

(3) 하나님이 이 일로 인하여 그들을 엄하게 벌하시겠다고 하심(12절). 이 일을 행하는 사람, 즉 이방 신의 딸과 결혼하는 사람은 여호와께서 끊어 버리시리라. 그런 사람은 사실상 자기 자신을 거룩한 민족으로부터 끊어내어서 이방인들에게 가서 연합하여, 이스라엘 나라 밖의 사람이 되었기 때문에(엡 2:12), 그에 대한 하나님의 벌도 그런 것이 될 것이다: 하나님은 그와 그에게 속한 모든 자들을 끊어 버리시리라. 그 사람은 이스라엘과 예루살렘으로부터 끊어질 것이고, 예루살렘 안에 생존한 자 중 기록된 모든 사람에서 빠지게 될 것이다(사 4:3). 여호와께서는 이 죄를 범하는 선생과 학생, 즉 가르치는 자들과 가르침을 받는 자들을 둘 다 끊으실 것이다. 눈 먼 인도자들과 그들을 맹목적으로 따라가는 자들은 둘 다 구덩이에 빠지게 될 것이고, 깨우는 자와 응답하는 자가 둘 다 끊어질 것이다 ─ 선생은 학생을 깨워서 학생으로서의 본업을 행하도록 북돋워주기 때문에 여기에서 깨우는 자로 표현된다. 그들은 야곱의 장막에서 끊어질 것이다. 하나님은 그들을 그의 나라에 속한 자들로 여기지 않으실 것이다. 아니,

여호와께 제사를 드리는 제사장이 이방 여인과 결혼한다면(많은 제사장들이 실제로 그랬다, 스 10:18), 그도 이런 벌을 면하지 못할 것이다. 그가 드리는 제사는 그를 속(贖)하지 못할 것이고, 다른 사람들이 야곱의 장막에서 끊어지듯이, 그는 여호와의 성전에서 끊어질 것이다. 대제사장의 아들들 중의 하나가 이 죄를 범한 것이 발견되자, 느헤미야는 그 자의 제사장직을 박탈하고 그 자를 쫓아내어 그를 떠나게 하였다(느 13:28).

2. 그들은 하나님이 인류의 유익을 위하여 제정하신 혼인 언약을 멸시하여, 당시의 유행을 따라서 이방 여인을 새로 들이기 위해서 동족의 조강지처를 핍박하고 버렸다는 것(13절). 너희가 이런 일도 행하였다. 이것은 그들에 대한 하나님의 고소 중에서 두 번째 죄목이다. 죄의 길은 내리막길이기 때문에, 그들은 언약의 한 조항을 깨뜨리자, 자연스럽게 다른 조항도 깨뜨리는 쪽으로 치닫게 되었다.

(1) 하나님이 여기에서 탄식하시는 것은 무엇인가. 그들은 그들의 아내에 대하여 도리를 다하기는커녕 도리어 패륜을 저질렀다.

[1] 그들은 아내에게 제멋대로 행하고 투정을 부리며 역정을 내는 등 있는 대로 아내를 괴롭혀서 아내의 삶을 지옥이 되게 하였기 때문에, 그들이 절기 때에 하나님을 예배하기 위해서 처자식을 데리고 갔을 때에 그 절기를 즐거워하기는커녕 짜증만 내었다는 것. 가련한 아내들은 마음에 상처를 받아 곪을 대로 곪았지만 누구에게 자신의 처지를 하소연하지도 못하고, 오직 눈물과 울음과 탄식으로 여호와의 제단을 뒤덮었다. 이것을 잘 보여주는 좋은 예는 한나의 경우였다. 한나는 남편이 다른 아내를 얻자(이 일 외에는 자상한 남편이긴 하였지만) 그 일로 인해서 한이 쌓여서 예배를 드리러 하나님의 전에 올라갈 때마다 괴로워서 통곡하며 울고 먹지 않았다(삼상 1:6-7, 10). 여기에 나오는 아내들도 마찬가지였다. 하나님은 그를 예배하는 자들에게 기쁜 마음으로 예물을 드릴 것을 요구하셨는데, 그들은 전혀 그렇지가 못했기 때문에, 그들이 드리는 기도는 하나님께 열납되지 못하였다. 하나님은 다시는 그들의 봉헌물을 돌아보지도 아니하신다. 우리가 얼마나 좋으신 주인을 모시고 있는지를 보라. 하나님은 그의 제단을 눈물로 뒤덮는 것이 아니라 찬송으로 둘러싸기를 원하신다. 이것은 하나님을 예배하는 것과 우상을 섬기는 것의 차이들 중의 하나이다. 우상을 숭배하는 자들은 그 의식(儀式)을 행하면서, 여인들이 담무스를 위하여 애곡

하기도 하고(겔 8:14), 숭배자들이 자신의 몸을 상하게 하여 그 몸에서 나온 피를 제단 위에 뿌리기도 한다(왕상 18:28). 또한, 다른 사람들의 심기를 상하게 하여서 기쁜 마음으로 하나님께 예배드릴 수 없게 만드는 것도 아주 악한 일이라는 것을 명심하라. 이 아내들이 남편들 때문에 화가 나서 하나님께 예배드릴 수 있는 마음가짐이 될 수 없었던 것은 그들의 잘못이긴 하지만, 아내들을 격동하여 화가 나게 만든 자들의 잘못이 훨씬 더 크다. 이것은 멍에를 함께 멘 자들이 거룩한 사랑과 기쁨 가운데에서 살아가야 하는 이유를 말해 주는데, 그것은 그들의 기도가 막히지 아니하게 하기 위한 것이다(벧전 3:7).

[2] 그들이 그들의 아내를 기만적으로 대하였다는 것(14-16절). 그들은 아내에게 한 약속들을 지키지 않았고, 아내가 지닌 재산을 속여서 빼앗았으며, 첩을 들여서 오직 아내에게만 주어야 합당한 애정을 첩에게 주었다.

[3] 그들이 아내를 버렸다는 것. 그들은 아내에게 이혼 증서를 주고서 쫓아내었다. 아니, 그들은 모세의 율법이 정한 절차도 밟지 않고서 아내를 내쫓았다(16절).

[4] 그들이 이 모든 일을 하면서, 그들의 옷으로 학대를 가렸다는 것. 그들은 아내를 학대하고 괴롭혔지만, 다른 사람들이 보는 앞에서는 자기 옷을 아내에게 다정스럽게 걸쳐주며, 아내를 무척 사랑하고 아끼는 척하였다. 폭력을 행하는 자들은 그것을 가릴 만한 어떤 특별한 것을 준비해 두는 것이 보통이다.

(2) 이 죄의 증거와 이 죄를 더욱 가중시킨 요인들.

[1] 이 죄는 하나님의 증언 자체만으로도 충분히 입증된다는 것. "너와 네가 어려서 맞이한 아내 사이에 여호와께서 증인이 되신다(14절). 하나님은 너와 네 아내 사이의 혼인 언약의 증인이시다. 왜냐하면, 너희는 혼인 언약에 충실한 것을 하나님을 두고 서약하였기 때문이다. 하나님은 네가 그 언약을 범한 모든 일들, 네가 그 언약을 멸시하고 기만적으로 행한 모든 것들에 대한 증인이시기 때문에, 이제 너와 네 아내 사이의 일을 판단하실 것이다." 하나님 자신이 우리의 모든 언약과 우리가 언약을 범한 모든 일들에 대한 증인이시라는 사실을 생각해서, 우리는 하나님 및 우리와 관계된 모든 사람에게 신실하여야 한다는 것을 명심하라. 하나님은 한 사람도 예외 없이 모든 사람에 대한 증인이시다.

[2] 이 죄는 그들이 학대하고 불의를 저지른 상대방이 그들의 조강지처라는 사실에 의해서 그 죄성이 이루 말할 수 없이 가중된다는 것.

첫째, "그녀는 네 아내, 네 뼈 중의 뼈요 살 중의 살인 네 아내, 세상에 있는 너의 모든 혈육 중에서 가장 가까운 네 아내, 그 곁에서 네 여생을 마감해야 하는 네 아내이다."

둘째, "그녀는 네가 어려서 맞이한 아내, 가장 튼튼할 때에 네 애정을 받았고 네가 처음으로 선택한 네 아내, 네가 오랫동안 함께 살아 왔던 네 아내이다. 네가 어려서 맞은 아내를 늙었다고 해서 싫어하고 무시해서는 안 된다."

셋째, "그녀는 네 짝이다. 그녀는 오랜 세월 동안 너의 염려와 슬픔과 기쁨을 함께 해온 너의 반려이다." 아내는 남편의 종이 아니라 반려이기 때문에, 남편은 아내와 친구처럼 허심탄회하게 얘기를 나누며 함께 재미있게 의논하는 사이가 되어야 한다. 또한, 남편은 다른 그 누구보다도 아내와 함께 있는 것을 더 기뻐하여야 마땅하다. 왜냐하면, 그녀는 네 짝이 되도록 정해진 자이기 때문이다.

넷째, "그녀는 너와 서약한 아내이다. 너는 혼인 서약을 통해서 그녀와 아주 굳건하게 묶여 있기 때문에, 그녀가 신실하게 행하는 한, 너는 그녀로부터 놓여날 수 없다. 왜냐하면, 그것은 일생 동안 지켜져야 하는 서약이기 때문이다. 너는 아내에게 서약을 하였고, 네 아내는 네게 서약을 하였다. 너희 사이에는 하나님의 서약이 존재하고, 그 서약은 가볍게 여겨져서는 안 되며, 마음대로 바꿀 수도 없다." 결혼한 사람들은 그들의 혼인 서약을 종종 떠올려서, 그들이 약속한 것들을 잘 이행하고 있는지를 꼼꼼하고 세심하게 살펴보아야 한다.

(3) 남편과 아내가 죽을 때까지 거룩한 사랑과 화평함 가운데에서 함께 살아가고, 서로 다투거나 갈라서지 말아야 하는 이유들.

[1] 하나님이 그들을 합해 놓으셨다는 것(15절). 그가 오직 하나를 만들지 아니하셨느냐. 즉, 하나님은 한 아담을 위해서 한 하와를 만드셨고, 아담으로 하여금 다른 여자를 데려와서 하와를 화나게 하거나(레 18:18), 다른 여자를 맞이하기 위해서 하와를 버리는 일을 하지 못하게 하셨다. 아담이 아름다운 에덴 동산에서 아직 죄를 범하기 전에 영광 중에 있을 때에 하나님이 하와 한 명만을 그에게 아내로 주신 것, 즉 한 남편과 한 아내의 일부일처제를 혼인의 법으로 정하신 것에 대하여 불평하는 것은 큰 악이다. 하나님에게는 영이 충만하였다. 즉, 그는 그가 이미 만든 하와만큼 사랑스러운 또 다른 하와를 얼마든지 만드실 수 있으셨지만, 아담에게 돕는 배필을 주실 목적이셨기 때문에 한 명의 아내만을 만

들어 주셨다. 만약 하나님이 아담에게 또 한 명의 아내를 더 만들어 주셨다면, 아내들은 아담의 돕는 배필이 될 수 없었을 것이다. 하나님은 왜 한 남자에게 오직 한 여자만을 만들어 주신 것인가? 그것은 그가 경건한 자손, 즉 하나님의 자손(원문에는 이렇게 되어 있다), 일생 동안 하나님을 섬기며 그의 영광과 존귀를 위하여 헌신하는 하나님의 형상을 지닌 자손을 얻고자 하심이었다. 또한, 그것은 율법을 따라서 남자마다 오직 한 명의 자기 아내를 두고서(고전 7:2), 짐승처럼 본능적인 정욕의 지배를 받지 말고, 오직 하나님의 법의 명령들과 제약들 아래에서 순결하고 거룩한 사랑 안에서 살아가며, 하나님의 성품을 닮은 자들이 생겨날 가능성이 높은 방식으로 인류를 번성하게 하기 위한 것이었다. 또한, 그것은 자녀들이 사람의 본능을 하나님의 명령의 규율 아래에 묶어 두기 위한 하나님의 규례인 거룩한 혼인 관계 속에서 태어나게 함으로써, 하나님을 섬기는 자손이 되게 하고, 하나님의 명령과 다스림 아래에서 자라게 하기 위한 것이다. 대대에 주를 전할 경건한 자손을 일으키는 것(시 22:30)이 혼인 제도의 하나의 큰 목적이라는 것을 명심하라. 그러나 그것은 혼인의 침소를 더럽히지 말고 혼인 관계를 깨지 않아야 하는 이유이기도 하다. 남편과 아내는 그들의 자손이 경건한 자손이 되게 하기 위하여 하나님을 경외하는 가운데에 살아가야 하고, 그렇지 않으면, 그 자녀들은 부정하였다. 그러나 이제 그 자녀들은 언약의 자녀들로서 거룩하다. 왜냐하면, 혼인 언약은 은혜 언약, 즉 이렇게 혼인 관계가 순전하게 지켜졌을 때의 부부의 하나됨처럼 그리스도와 그의 교회가 하나가 되어 신비의 몸을 이루게 될 은혜 언약의 모형이기 때문이다. 하나님은 이 은혜 언약 속에서 그를 위한 경건한 자손을 구하시고 얻으신다(엡 5:25, 32).

[2] 하나님은 그가 합하신 것을 나누고자 하는 자들에 대하여 몹시 진노하신다는 것(16절). 이스라엘 하나님이 이르노니 나는 이혼하는 것을 미워하노라. 하나님은 사실 그들의 마음의 완악함 때문에 유대인들에게 이혼을 허락하셨다(마 19:8). 아니, 하나님은 이혼을 제한하시고 이혼하는 것을 어렵게 만들어 놓으셨다. 그러나 하나님은 이혼을 미워하셨고, 특히 어떤 이유가 있으면 그 아내를 버리는 자들을 미워하셨다(마 19:3). 다른 남자와 눈이 맞아서 남편을 버려두고 달아난 아내들, 아내를 학대하고 내버리거나 아내에게 주어야 할 애정을 다른 여자들에게 주는 남편들, 서로에 대한 사랑이 없어서 합의 하에 별거하는 남편

과 아내들은 그들이 그들의 그런 행위들을 아무렇지 않게 생각할지라도, 이스라엘의 하나님이 그런 행위들을 미워하신다는 사실을 알아야 한다.

(4) 하나님이 이 모든 것을 근거로 해서 주의(注意)를 주심. 이것은 두 번 나온다(15, 16절): 그러므로 네 심령을 삼가 지켜 어려서 맞이한 아내에게 거짓을 행하지 말지니라. 죄를 멀리하고자 하는 자들은 그들의 심령을 삼가 지켜야 한다는 것을 명심하라. 왜냐하면, 거기에서 모든 죄가 시작되기 때문이다. 그들은 부지런히 그들의 마음을 지켜야 하고, 질투하는 눈과 엄격한 손길로 그들의 마음을 지켜보아야 하며, 거기에서 죄의 기미가 일어나지 않도록 경계하여야 한다. 우리는 우리의 마음에 따라서 행동하게 되어 있다. 그러므로 우리의 행위를 제어하고자 한다면, 우리는 우리가 어떤 마음 상태에 있는지를 살펴야 한다. 우리는 우리의 구체적인 관계들과 관련해서 우리의 심령을 살펴서, 그것들에 대한 우리의 감정이 올바르고 정직한지를 점검하여야 한다. 만약 우리의 감정이 올바르지 않다면, 우리는 기만적으로 대하거나 행할 위험성이 있기 때문이다. 우리의 마음이 우리를 기만한다면, 그 마음이 누구인들 기만하지 못하겠는가?

Ⅱ. 그들의 사고 방식이 얼마나 타락하였는가. 그들의 이 모든 타락한 행위들은 바로 그들의 이 타락한 사고 방식과 생각 때문이었다. 이제 이 물줄기들을 그 근원까지 추적해 올라가 보자(17절). 너희가 말로 여호와를 괴롭게 하였다. 그들은 하나님의 말씀이 그들의 죄를 깨우치는 것을 피해나갈 수 있다고 생각해서, 하나님이 하시는 말씀이나 일들에 대하여 트집을 잡아서 그들 자신을 정당화하고자 하였다. 그러나 그들을 지키려고 방어하는 것 자체가 그들의 범죄였고, 그들이 그들 자신의 의로움을 옹호하고자 하는 것이 곧 그들의 범죄를 가중시키는 것이었다. 그들은 그들의 말들로 여호와의 말씀을 반박하며 모욕하였고, 그런 말들을 아주 오랫동안 끈질기게 시도 때도 없이 반복함으로써, 하나님을 괴롭게 하고 지치게 만들었다(사 7:13). 그들은 하나님을 괴롭혀서 예전처럼 그들을 선하게 대하고자 하는 마음이 하나님에게서 없어지게 만들었고, 하나님의 은총의 물줄기를 중단시켰다. 또는, 그들은 하나님이 이 세상을 다스리시는 데에 지치셔서 이제 세상을 돌보는 일을 그만두실 것이라고 떠들고 다녔다. 사람들이 그들의 타락하고 악한 행위들이 옳다고 고집하고, 그 행위들을 정당화해 줄 그들의 무신론적인 사고 방식들을 옹호하느라고 열변을 토하는 것을 듣는 것은 하나님일지라도 정말 피곤한 일이라는 것을 명심하라. 그들은

마치 하나님이 그의 선지자를 통해서 그들에게 엉뚱한 트집을 잡아 못살게 하기라도 했다는 듯이, 너무나 뻔뻔스럽게 우리가 어떻게 여호와를 괴롭혀 드렸나이까라고 반문한다. 우리가 도대체 어떤 말들을 했기에 하나님이 괴로우시다고 하시는 것입니까? 죄악된 말들은 그들이 생각하는 것보다 더 하늘의 하나님을 진노하시게 만든다는 것을 명심하라. 그러나 하나님은 이미 증거들을 확보해 두고 계신다. 그들은 적어도 그들의 마음속에서(사람들의 생각은 하나님께는 말이기 때문에) 하나님을 괴롭혀 드린 두 가지 것을 말하였다.

1. 그들은 하나님이 거룩하신 하나님이시라는 것을 부정하였고, 하나님과 관련해서 그의 거룩하심에 관한 가르침과 정면으로 어긋나는 말들을 단언하였다는 것. 하나님은 거룩하시기 때문에 죄를 미워하시고, 눈이 정결하시므로 악을 차마 보지 못하시며 패역을 차마 보지 못하신다(합 1:13). 하나님은 죄악을 기뻐하는 신이 아니시다(시 5:4). 그런데도, 그들은 뻔뻔스럽게도 이러한 말씀을 정면으로 반박하여, 모든 악을 행하는 자는 여호와의 눈에 좋게 보이며 그에게 기쁨이 된다고 말하였다. 그들은 마치 사람들의 외적인 성공이나 출세 여부를 보면 그 사람을 하나님이 사랑하시는지 미워하시는지를 알 수 있기 때문에, 이 세상에서 부자인 사람들은 여호와의 눈에 선한 자들일 수밖에 없다는 듯이, 죄인들이 죄악된 길에서 형통하는 것을 보고서(3:15), 아무런 근거도 없이 이런 악한 결론을 이끌어 내었다. 또는, 이것은 그들이 그랬으면 좋겠다고 생각한 것을 말로 표현한 것일 수도 있다. 그들은 악을 행하기로 작정하였지만, 그럼에도 불구하고 그들이 여호와의 눈에 좋게 보이며 그에게 기쁨이 될 것이라고 믿고 싶었다. 그러므로 그들은 하나님에 대한 통상적인 묘사와는 달리 하나님은 그렇게 엄한 분이 아니시라는 핑계를 대면서, 그들이 조금 악을 저질러도 하나님은 너그러이 봐주실 것이라고 말함으로써, 하나님을 그들 자신과 같은 자로 만들어 버렸다. 하나님을 죄를 비호하시는 분이라고 생각하는 자들은 하나님을 모욕하는 것이고 스스로를 속이는 것임을 명심하라.

2. 그들은 하나님이 세상을 의롭게 다스리시는 분이라는 것을 부정하였다는 것. 설령 하나님이 죄와 죄인들을 기뻐하지 않으신다고 해도, 죄나 죄인들을 벌하시지는 않으실 것이라고 믿는 것만으로도 그들의 목적은 달성되는 것이었다. 그래서 그들은 이렇게 말하였다: "정의의 하나님이 어디 계시냐. 우리는 하나님이 우리가 말한 것이나 행한 것에 대하여 책임을 물으시고 우리를 벌하

실 것이라는 말을 무수히 들어 왔지만, 그 하나님이 어디에 계시느냐. 하나님은 이 땅을 버리셨기 때문에, 이 땅에서 우리가 무슨 말을 하고 무슨 행동을 하든 전혀 신경을 쓰지 않으신다. 하나님은 자기가 심판하러 오시겠다고 말씀하셨다. 그러나 주께서 강림하신다는 약속이 어디 있느냐(벧후 3:4). 우리는 그저 우리가 하고 싶은 대로 하면 된다. 하나님은 우리를 보지도 않으시고, 우리에게 신경도 쓰지 않으신다."

이것은 온 땅의 심판주이신 하나님의 공의에 도전하고, 그 하나님께 어디 한 번 할 테면 해보라고 덤벼드는 것이다. 이러한 오만한 자들이 유대 교회의 말기에 있었고, 그런 자들은 기독 교회의 말기에도 있을 것이다. 그러나 그들이 믿지 않는다고 해서, 하나님의 약속이 무효가 되는 것은 아니다. 왜냐하면, 여호와의 날이 올 것이기 때문이다. 보라 심판주가 문 밖에 서 계시니라(약 5:9). 하나님의 심판이 가까웠다.

제
— 3 —
장

개요

이 장에는 다음과 같은 내용들이 나온다. I. 메시야와 그의 길을 예비하는 사자(使者)가 올 것이라는 약속. 메시야가 와서 하실 일이 여기에서 구체적으로 설명되고 있는데, 그것은 그의 교회와 백성에게는 위로를, 악인들에게는 두려움을 가져다 줄 것이다(1-6절). II. 하나님의 규례들을 더럽히고, 하나님이 받으셔야 할 것들을 도둑질하는 신성모독을 범한 유대인들에 대한 책망과 그 일을 고치라는 당부, 그리고 그들이 그렇게 한다면 하나님이 그들에게 다시 긍휼을 베푸실 것이라는 약속(7-12절). III. 하나님을 대적하여 말하는 악인들의 악(13-15절)과 하나님을 위하여 말하는 의인들의 의에 관한 설명, 그리고 의인들에게 주어진 보배로운 약속들(16-18절).

¹만군의 여호와가 이르노라 보라 내가 내 사자를 보내리니 그가 내 앞에서 길을 준비할 것이요 또 너희가 구하는 바 주가 갑자기 그의 성전에 임하시리니 곧 너희가 사모하는 바 언약의 사자가 임하실 것이라 ²그가 임하시는 날을 누가 능히 당하며 그가 나타나는 때에 누가 능히 서리요 그는 금을 연단하는 자의 불과 표백하는 자의 잿물과 같을 것이라 ³그가 은을 연단하여 깨끗하게 하는 자 같이 앉아서 레위 자손을 깨끗하게 하되 금, 은 같이 그들을 연단하리니 그들이 공의로운 제물을 나 여호와께 바칠 것이라 ⁴그 때에 유다와 예루살렘의 봉헌물이 옛날과 고대와 같이 나 여호와께 기쁨이 되려니와 ⁵내가 심판하러 너희에게 임할 것이라 점치는 자에게와 간음하는 자에게와 거짓 맹세하는 자에게와 품꾼의 삯에 대하여 억울하게 하며 과부와 고아를 압제하며 나그네를 억울하게 하며 나를 경외하지 아니하는 자들에게 속히 증언하리라 만군의 여호와가 말하였느니라 ⁶나 여호와는 변하지 아니하나니 그러므로 야곱의 자손들아 너희가 소멸되지 아니하느니라

이 장의 첫 머리에 나오는 말씀은 앞 장의 끝부분에 나왔던 당시의 오만한 자들의 불경스럽고 무신론적인 반문에 대한 직접적인 대답인 것으로 보

인다: 정의의 하나님이 어디 계시냐. 이 반문에 대하여 선지자는 즉시 이렇게 대답한다. "정의의 하나님이 여기 계신다. 그가 바로 문 앞에 와 계신다. 우리가 오랫동안 기다려 왔던 메시야가 곧 나타나실 것이다. 그가 이렇게 말씀하신다: 너희가 그토록 오만방자하게 무시하고 도전하던 바로 그 심판을 하러 내가 이 세상에 왔노라(요 9:39)." 한 랍비는 이 구절의 의미를 이렇게 설명한다: 하나님이 의로우신 왕, 즉 왕이신 메시야를 일으키셔서 모든 것을 바로잡으실 것이다. 복음서에서는 그리스도의 복음의 시작이 구약의 끝에 나오는 이 약속의 성취라고 분명하게 말한다(막 1:1-2). 따라서, 이 약속의 말씀에 의해서 구약과 신약은 서로 연결되고 서로 상응(相應)하게 된다. 좀 더 자세하게 살펴보자.

I. 메시야의 사자 세례 요한이 등장할 것이라는 예언. 선지자 이사야는 여호와의 길을 예비할 자가 나타날 것이라고 예언하였고(사 40:3), 이 구절은 그것을 가리키는 것으로 보인다. 왜냐하면, 나중에 활동한 선지자들의 예언들은 먼저 활동한 선지자들의 예언들을 확증해 주는 역할을 하기 때문이다. 보라 내가 내 사자를 보내리라(또는, 그를 보내노라). "나는 그를 보내기로 결정하였다. 그는 이제 머지않아 올 것이다. 부주의한 세대는 그가 보내심을 받지 않았다고 말하겠지만, 그는 보내심을 받고 올 것이다."

1. 그는 하나님의 사자라는 것. 이것은 그의 직분이다. 그는 말라기(원어는 이렇게 되어 있다), 즉 이 예언서를 쓴 선지자와 같은 이름으로 불린다. 그는 내 사자, 내 대사(大使)이다. 세례 요한은 사람으로부터가 아니라 하늘로부터 그의 사명을 받았다(마 21:25). 모든 사람이 세례 요한을 선지자로 여겼다. 왜냐하면, 그는 다른 선지자들처럼 하나님의 사자였고, 다른 선지자들과 동일한 사명을 띠고서, 즉 사람들에게 회개하고 삶을 고치라고 외치기 위해서 세상에 왔기 때문이다.

2. 그는 그리스도보다 먼저 와서 준비하는 자라는 것. 그는 사람들을 메시야 및 메시야가 가져올 위로들을 받아들일 수 있도록 준비시키고, 그들로 그들의 조상 아브라함에 대한 그들의 관계를 의지하는 것에서 떠나게 하며(그들은 구주가 없이도 아브라함이 그들에게 필요한 모든 것을 해줄 것이라고 기대하였다), 메시야가 지금 가까이 와 있다는 것을 알려서 메시야에 대한 사람들의 기대를 올려 놓음으로써 메시야가 세상에서 그의 나라를 세우기 위한 조치들을 취하실 때에 그들로 하여금 그 조치들을 쉽게 받아들일 수 있게 하는 등 내

앞에서 길을 준비할 것이다. 하나님은 일을 하실 때에 체계적으로 하시기 때문에, 그가 오시기 전에 먼저 그의 길을 세심하게 준비하신다는 것을 명심하라. 이것은 징조를 주시는 것과 같다. 교회는 오래 전부터 메시야가 오실 것이라는 말씀을 들었는데, 하나님은 여기에서 메시야가 오기 조금 전에 뚜렷한 징조가 있을 것이라는 말씀을 덧붙이신다. 큰 선지자가 일어나서, 메시야가 곧 오실 것임을 사람들에게 알리고, 영원한 문들에게 머리를 들어 그를 맞이하라고 외칠 것이다. 이런 일이 성취되면, 그것은 예수가 그리스도이시고 오실 그이라는 증거이기 때문에, 우리는 다른 이를 찾아서는 안 된다. 왜냐하면, 예수보다 앞서 보내심을 받고서, 주를 위하여 세운 백성을 준비한 사자가 있었기 때문이다(눅 1:17). 유대인 저술가들은 이 확실한 증거를 애써 피해가는 큰 어리석음을 범하고 있다. 이 사자와 관련해서, 그들 중의 어떤 이들은 악인들을 현세에서 데리고 가서 영원한 고통이 있는 지옥으로 보내기 위해서 올 죽음의 사자를 가리킨다고 말하고, 어떤 이들은 다윗의 자손 메시야에 앞서 등장할 요셉의 아들 메시야를 가리킨다고 말하며, 어떤 이들은 말라기 선지자 자신을 가리킨다고 말하고, 어떤 이들은 하늘로부터 오는 천사를 가리킨다고 말한다. 진리를 받아들이고자 하지 않는 자들은 그러한 오해와 착각으로 치달을 수밖에 없다.

II. 메시야가 등장할 것이라는 예언. "너희가 구하는 바 주, 곧 너희가 이 땅을 버렸다고 생각했고 어떻게 되었는지 알지 못한다고 말했던 바로 그 정의의 하나님이 갑자기 그의 성전에 임하시리라. 메시야는 오랫동안 오실 그이라 불려 왔는데, 너희는 이제 머지않아 그가 오시리라는 것을 믿어도 좋다."

1. 그는 주(히브리어로, 아도나이)시라는 것. 그는 세계의 기초이자 토대이시고, 만유를 다스리시고 통치하시는 분이시며, 만유의 주 되시는 분이시고(행 10:36), 하늘과 땅의 모든 권세를 하나님께로부터 받으신 분이며(마 28:18), 영원히 야곱의 집을 왕으로 다스리실 분이시다(눅 1:33).

2. 그는 언약의 사자(또는, 천사)시라는 것. 그는 하나님과 사람 사이의 평화를 중보하시고 서로 교통할 수 있는 길을 열어 놓으시기 위하여, 하늘로부터 보내심을 받은 찬송받으실 이이시다. 그는 천사, 아니 천사들의 주인이신 천사장으로서, 죄를 짓지 않겠다는 언약을 깨뜨리고 하나님을 반역한 인간을 은혜의 언약을 통해서 다시 하나님께로 돌아오게 하는 사명을 아버지로부터 받으셨다. 그리스도는 이 언약의 사자이시다. 하나님이 이스라엘과 맺으신 언약이 천

사들을 통해서 이루어진 것처럼(행 7:53; 갈 3:19), 이 언약은 그리스도의 중보를 통하여 이루어지고 견고히 세워질 것이다. 그리스도는 선지자로서 이 언약의 사자이자 중보자이시다. 아니, 이 언약을 위해서 그리스도는 자기 자신을 버리실 것이다(사 49:8). 우리의 구원을 의미하는 이 언약은 주께서 처음으로 말씀하셨다(히 2:3). 그는 언약의 왕이시면서도(어떤 이들은 이렇게 읽는다), 우리가 그의 말씀을 통해서 인간에 대한 하나님의 선의를 온전히 확신할 수 있도록 하기 위하여, 스스로를 낮추셔서 언약의 사자가 되셨다.

3. 그는 너희가 구하고 사모하며 기뻐하는 자시라는 것. 경건한 유대인들은 그가 오시기를 기대하고 사모하였고, 큰 기쁨으로 그가 오시기를 기다렸다. 그들이 그를 기다린 것은 예루살렘의 속량을 바라고 이스라엘의 위로를 기다렸기 때문이다(눅 2:25, 38). 그리스도는 모든 사람이 사모하는 모든 나라의 보배가 되셔야 했지만(학 2:7), 현실적으로는 유대 민족의 사모하는 자 또는 보배였다. 왜냐하면, 오직 유대인들에게만 그가 오실 것이라는 약속이 주어져 있었기 때문이다. 예수를 구하는 자들은 그의 안에서 기쁨을 발견하게 될 것임을 명심하라. 그가 우리 마음의 사모하는 자가 된다면, 그는 우리 마음의 기쁨이 되어 주실 것이다. 우리에게는 언약의 사자이신 그를 기뻐하고, 그러한 복음을 들고 우리에게 오시는 그를 환영할 이유가 충분히 있다.

4. 그가 갑자기 임하시리라는 것. 그가 오실 날이 가까웠기 때문에, 우리는 족장들처럼 아수 멀리서 그것을 보고 있는 것이 아니다. 또는, 그는 세례 요한이 등장한 직후에 임하실 것이고, 그의 선발대인 세례 요한의 뒤를 바짝 뒤따라 오실 것이다. 저 새벽별이 등장하면, 의의 해가 머지않아 떠오르리라는 것을 믿으라. 또는, 그는 많은 사람들이 예기치 않은 때에 갑자기 임하실 것이다. 그는 두 번째 오실 때와 마찬가지로 첫 번째 오실 때에도 사람들이 그를 찾다가 포기해 버린 한밤중에 오셨다. 인자가 올 때에 세상에서 믿음을 보겠느냐(눅 18:8). 유대인들은 메시야가 무엇보다도 특히 부지불식간에 오실 것이라고 생각한다(포코크 박사의 설명). 성경에서는 인자가 자기 날에 오실 때에 번개가 번쩍임 같이 아주 느닷없이 오실 것이라고 말한다(눅 17:24).

5. 그가 그의 성전에, 즉 최근에 지어진 예루살렘 성전에 임하시리라는 것. 그는 이 나중 성전의 영광이 되실 것이다. 성전은 그의 집이다. 왜냐하면, 성전은 그의 아버지의 집이기 때문이다(요 2:16). 그리스도가 태어난 지 40일이 되어서

성전에 갔을 때에, 시몬은 이 예언의 지시를 따라 성령의 감동으로 성전에 들어가서 그리스도를 뵈었다(눅 2:27). 열두 살 때에 그는 그의 아버지의 일을 하기 위해서 성전에 계셨다(눅 2:49). 나귀 새끼를 타고 예루살렘에 입성하셨을 때, 그는 곧장 성전으로 가셨고(마 21:12), 거기에서 맹인과 저는 자들이 그에게 나아오매 고쳐 주셨다(마 21:14). 그는 성전에서 자주 말씀을 전하시고 논쟁하시며 이적들을 행하셨다. 이것은 메시야가 저 성전이 서 있을 동안에 오시게 되어 있었다는 것을 보여준다. 그러므로 그 성전이 파괴된 지 이미 오랜 세월이 흘렀기 때문에, 우리는 그가 오셨고, 다른 이를 찾을 필요가 없다는 결론을 내려야 한다. 그리스도를 알고 그의 은총을 얻고자 하는 자들은 그의 성전에서 그를 만나야 한다는 것을 명심하라. 왜냐하면, 거기에 그는 그의 이름을 기록해 두시고, 거기에서 자기 백성에게 복을 주실 것이기 때문이다. 거기에서 우리는 그의 말씀을 받아야 하고, 거기에서 우리는 그에게 예를 올려야 한다.

6. 그가 오실 것이라는 약속이 반복되고 재가(裁可)됨. 보라 그가 임하시리라 만군의 여호와가 이르노라. 우리는 거짓말을 하실 수 없는 이의 말씀을 믿을 수 있다. 잠시 잠깐 후면 오실 이가 오시리니 지체하지 아니하시리라(히 10:37).

Ⅲ. 메시야가 오시는 큰 목적과 의도(2절). 그는 그들이 구하는 자요 그들이 기뻐하고 사모하는 자이다. 그렇지만, 그가 임하시는 날을 누가 능히 당하리요. 이것은 거룩한 경외심을 가지고서 아주 진지하게 생각해 보아야 할 문제이다. 그는 세상을 정죄하기 위해서가 아니라, 그로 말미암아 세상이 생명을 얻을 수 있도록 하기 위하여 오시는 것이지만, 그가 나타나실 때에 누가 능히 서리요. 이것은 다음과 같은 것들을 가리킬 수 있다.

1. 그가 나타나시는 것 자체가 몹시 두려운 일이라는 것. 변화산 사건과 그가 죽으실 때에 일어난 기이한 일들이 보여주듯이, 그가 육체로 계시는 동안에도 그의 영광과 권능이 어느 정도 나타났고, 그 앞에 아무도 설 수 없었다. 성경에서는 사람들이 그의 앞에서 두려워 떨었던 사례를 일부 소개한다(막 5:33).

2. 그가 나타나신 직후에 있게 될 환난의 때가 두려운 일이라는 것. 유대인 랍비들은 그가 오실 때에 이스라엘에 큰 환난이 있을 것이라고 말하면서, 그 환난을 메시야 때의 큰 고통 또는 큰 슬픔이라고 부른다. 그리스도께서도 "그때에 큰 환난이 있겠음이라 창세로부터 지금까지 이런 환난이 없었고 후에도

없으리라"(마 24:21)고 말씀하시며, 큰 환난이 다가오고 있다고 하셨다.

3. 그가 나타나실 때에 사람들이 받게 될 시험이 두려운 일이라는 것. 그는 원광석을 녹여서 금과 찌꺼기를 갈라내는 금을 연단하는 자의 불, 또는 의복에서 얼룩들을 깨끗이 뽑아내는 표백하는 자의 잿물과 같을 것이다. 그리스도께서는 여러 사람의 마음의 생각을 드러내고(눅 2:35), 그의 손에 키를 들고 알곡과 쭉정이를 갈라내며(마 3:12), 불을 땅에 던져서 화평을 주려는 것이 아니라 분쟁하게 하고(눅 12:49, 51), 하늘과 땅을 흔들어서 악한 자들을 떨쳐 버리며(욥 38:13), 진동하지 아니하는 것을 영존하게 하기 위하여(히 12:27) 오셨다. 그러면, 복음에 의해서 이루어질 시험의 결과가 어떤 것일지를 살펴보자.

(1) 복음은 선한 성품을 지닌 자들에게는 선하게 역사하여, 생명으로부터 생명에 이르는 냄새가 되리라는 것(3절). 그가 은을 연단하는 자 같이 앉으리라. 그리스도께서는 그의 복음으로 그의 교회를 정화하시고 개혁하시며, 복음과 함께 역사하는 성령을 통해서 개별 심령들을 거듭나게 하시고 깨끗하게 하실 것이다. 왜냐하면, 그는 그의 교회를 물로 씻어 말씀으로 깨끗하게 하사 거룩하게 하시며(엡 5:26), 믿는 자들을 깨끗하게 하사 자기 백성이 되게 하려(딛 2:14) 자신을 주셨기 때문이다. 그리스도는 연단하시는 자이시다.

[1] 그가 깨끗하게 하시는 자들은 누구인가. 그는 레위 자손들, 즉 레위 지파처럼 그의 찬송을 위하여 바쳐지고 그를 섬기는 일에 쓰임받는 모든 자들, 그가 우리 하나님의 영적 제사장들(계 1:6), 거룩한 제사장(벧전 2:5)으로 심고자 하시는 모든 자들을 깨끗하게 하신다. 모든 참된 그리스도인들은 하나님의 성소를 섬기고 선한 싸움을 싸우도록 하나님을 위하여 구별된 레위 자손들이라는 것을 명심하라.

[2] 그는 그들을 어떻게 깨끗하게 하시는가. 그는 금, 은 같이 그들을 연단하실 것이다. 즉, 그는 그들의 내면을 거룩하게 하실 것이다. 그는 그들이 밖에서 묻혀온 때와 얼룩을 씻어주실 뿐만 아니라, 그들의 안에서 발견되는 찌꺼기들도 제거해 주실 것이다. 그는 그들의 자질과 능력들을 무가치하고 무익하게 만들어 버렸던 그들 속에 내주하는 부패한 성품들을 그들에게서 갈라내어서, 그들을 가치있고 유익한 금으로 연단하실 것이다. 그는 금과 은을 연단하듯이 불로 그들을 연단하실 것이다. 왜냐하면, 그는 성령과 불, 즉 불과 같이 역사하시는 성령으로 세례를 베푸실 것이기 때문이다(마 3:11). 그는 그들의 믿음의 확실함이

칭찬과 영광과 존귀를 얻게 하시기 위하여 여러 가지 환난과 시험으로 그들을 연단하실 것이다(벧전 1:6-7). 그는 그들을 연단하셔서 자기의 귀한 백성으로 삼으실 것이다.

[3] 그 결과는 어떤 것인가. 그들이 의로운 제물을 여호와께 바칠 것이다. 즉, 그들은 진심으로 하나님께 회심하고 성별되어 그의 찬송이 될 것이고(그런 까닭에, 바울은 자기가 이방인들을 성령 안에서 거룩하게 하여 하나님께 제물로 드리는 일을 한다고 말한다, 롬 15:16), 하나님의 뜻을 따라 그를 영적으로 예배할 것이며, 의의 제사(시 4:5), 기도와 찬송과 거룩한 사랑의 제사를 드릴 것이고, 영과 진리로 아버지께 참되게 예배하는 자들이 될 것이다(요 4:23-24). 우리가 의롭다 하심을 얻고 거룩하게 되지 않는다면, 우리는 신앙에 있어서 그 의로운 것도 여호와께 드릴 수 없다는 것을 명심하라. 우리는 하나님의 은혜로 말미암아 우리 자신이 연단되고 깨끗하게 될 때까지는 하나님께 영광이 될 수 있는 그 어떤 일도 행할 수 없다. 하나님은 먼저 아벨을 받으신 후에, 그의 제사를 받으셨다. 하나님이 자기 백성을 연단하셔서 깨끗하게 하시는 것은 그들이 그에게 의로운 제사를 드릴 수 있게 하시기 위한 것이다(습 3:9). 그는 열매가 선하도록 하기 위하여 먼저 나무를 선하게 만드신다. 그 다음에 나오는 말씀은 그 때에 유다와 예루살렘의 봉헌물이 나 여호와께 기쁨이 되리라는 것이다(4절). 이전에 그들이 이스라엘의 하나님과 더불어서 다른 신들을 섬겼던 때나, 최근에 그들이 찢긴 것과 저는 것과 병든 것을 희생제물로 갖다 바칠 때와는 달리, 그 때에 그들이 드리는 제사는 더 이상 가증스러운 것이 되지 않고, 기쁘게 열납될 것이다. 하나님은 옛날과 고대와 같이, 즉 그가 아벨의 제사를 받으시고, 노아의 제사를 흠향하시며, 아론의 제사를 하늘로부터 불을 내리셔서 열납하셨던 교회의 초창기 때 같이 제사를 드리는 자들과 그들의 제물을 기뻐하실 것이다.

첫째, 메시야가 오실 때, 그는 그들 속에 그의 은혜를 주셔서 그들을 하나님께 열납되는 자들이 되게 하실 것이다. 그가 그들을 깨끗하게 하시고 연단하셨을 때, 그들은 하나님이 원하시고 열납하실 그런 제사를 드리게 될 것이다.

둘째, 메시야가 오실 때, 그는 그들을 위한 그의 중보 기도를 통해서 그들이 하나님께 열납되도록 하실 것이다. 그는 그들과 그들이 하는 일들을 하나님께 받으심직하게 하실 것이기 때문에, 그들의 기도는 그의 중보 기도의 향으로 말미암아 향기로운 것이 되어서 여호와께 기쁨이 될 것이다. 왜냐하면, 하나님은 우리를 그의 사랑하시는 자 안에서 기쁘게 받으셨고, 그의 안에 있는 자들과 그의 안에서 열매를 맺는 자들을 기뻐하시기 때문이다(엡 1:6).

(2) 복음은 악을 고집하는 자들을 치는 증언이 되리라는 것(5절). 이것은 정의의 하나님이 어디 계시냐는 그들의 도전에 대한 직접적인 대답이다: "너희는 그가 어디 계시는지를 알게 될 것이고, 그것을 알고서 경악하며 공포에 사로잡히게 될 것이다. 왜냐하면, 내가 심판하러 너희에게 임할 것이기 때문이다. 내가 하나님의 공의에 도전한 너희에게 임할 것이다." 그들에게 그리스도의 복음은 사망으로부터 사망에 이르는 냄새가 될 것이다(고후 2:16). 그 복음은 저 큰 날에 그들을 포박하여 심판대 위에 세워서 심판할 것이다(요 12:48).

[1] 그리스도의 복음에 의해서 심판받게 될 죄인들은 누구인가. 그들은 점치는 자들, 즉 영적인 악 가운데에서 죽은 자들, 진리의 하나님의 말씀들을 버리고 거짓의 아비에게 자문을 구하는 자들이다. 그들은 육체의 정욕에 탐닉한 간음하는 자들, 앞에서 자기 아내에게 거짓을 행하였다는 고소를 받은 저 간음하는 자들이다(2:15). 그들은 하나님을 거짓말의 증인이 되게 함으로써, 그의 이름을 더럽히고 그의 공의를 모독하는 거짓 맹세하는 자들이다. 그들은 그들의 처분을 바랄 수 밖에 없는 처지에 있고 스스로는 어찌 할 수 없는 자들을 야만적으로 짓밟는 압제자들이다. 그들은 정해진 품삯을 주지 않음으로써 품꾼의 삶에 대하여 억울하게 하는 자들이다. 그들은 과부와 고아를 압제하며, 과부나 고아가 소송을 제기하거나 다른 방도를 취할 아무런 힘도 없다는 것을 악용해서, 그들에게 마땅히 주어야 할 것들을 주지 않고 떼어먹는 자들이다. 그들은 나그네는 도와줄 친구도 없고 이 땅의 법에 무지해서 자신의 권리를 지키거나 회복할 수 없다는 것을 악용해서, 나그네를 억울하게 하는 자들이다. 이 모든 것의 근저에 있는 것은 그들이 나를 경외하지 아니한다는 것이라고 만군의 여호와가 말한다. 악인의 범죄는 그의 눈에 하나님을 두려워하는 빛이 없다는 분명한 증거이다(시 36:1). 하나님을 두려워하지 않는 곳에서는 그 어떤 선한 일도 기대할 수 없다.

[2] 누가 그들을 심판하러 나타나실 것인가. 내가 너희에게 임할 것이고, 그들에게 속히 증언하리라. 그들은 자기들이 의롭다고 주장하고, 그들의 죄를 교묘하게 은폐하였기 때문에 증거 부족으로 벌을 모면하게 되기를 바란다. 그러나 모든 것을 보시고 아시는 하나님이 직접 그들을 쳐서 증언하실 것이다. 하나님

은 모든 것을 아시는 분이시기 때문에 그의 증언은 천 명의 증언보다 더 낫다. 죄인의 양심은 하나님의 증언에 동의하게 될 것이기 때문에, 모든 입이 그 증언 앞에서 다물어지게 될 것이다(롬 3:19). 하나님은 신속한 증인이 되실 것이다. 그들은 하나님을 느러터진 분으로 여겨서, 정의의 하나님이 어디 계시냐, 그가 오신다는 약속이 어디 있느냐고 힐난하듯 반문하였지만, 머지않아 그가 그의 약속들에 대해서만이 아니라 그의 경고의 말씀들에 대해서도 결코 더디지 아니하시다는 것을 알게 될 것이다(벧후 3:9). 죄인들에 대한 심판이 증거 부족으로 미루어지는 일이 없을 것이다. 왜냐하면, 하나님이 신속한 증인이 되실 것이기 때문이다. 그의 심판이 그들을 덮칠 것이고, 그들이 그 심판을 따돌리고 도망치는 것은 불가능할 것이다. 재앙은 죄인을 따른다(잠 13:21).

IV. 하나님이 이 모든 것을 재가(裁可)하시고 확증하심(6절).　나 여호와는 변하지 아니하나니 그러므로 야곱의 자손들아 너희가 소멸되지 아니하느니라.

1. 하나님이 자기가 변치 않으신다는 것을 친히 단언하심. "나는 여호와이고, 나는 변하지 아니한다. 그러므로 내가 말한 것은 하나도 땅에 떨어지지 않을 것이다." 하나님은 그를 대적하여 반역하는 자들에게 보복하시는 의로우신 복수자(revenger)이시고, 그를 부지런히 찾는 자들에게는 풍성하게 상을 주시는 자이신가? 그는 이 두 가지 점에서 변치 않으신다. 악한 일들에 대하여 내려진 선고(5절)가 신속하게 집행되지 않는다고 해도, 그 선고는 반드시 집행될 것이다. 왜냐하면, 그 선고를 내리신 분은 여호와이시기 때문이고, 그는 **변하지 아니**하시기 때문이다. 그는 어제나 오늘이나 죄에 대하여 원수가 되시고, 회개하지 않는 죄인들은 그가 그런 분이시라는 것을 장차 알게 될 것이다. 그들에게 대한 하나님의 선고를 집행하기 위해서 판결문을 따로 제시할 필요도 없다. 왜냐하면, 그 선고는 그들이 오래 전에 저지른 일들에 대한 것이 아니고, 그들은 여전히 죄악 가운데에 있으며, 하나님의 법의 저주는 여전히 맹렬한 기세로 전면적인 권능과 효력을 지닌 채로 그들 위에 머물러 있기 때문이다.

2. 하나님이 변치 않으신다는 구체적인 증거. 이스라엘 백성은 위로가 되는 사건을 통해서 이 사실을 경험한 바 있었다. 하나님은 그들 및 그들의 조상들과 맺으신 그의 언약에 신실하셨기 때문에, 그들은 그가 변하지 않으시는 하나님이시라고 말할 수밖에 없었다. 만약 하나님이 그 언약에 신실하지 않으셨다면, 하나의 민족으로서의 그들은 오래 전에 소멸되었을 것이다. 그들은 하나님

에 대하여 거짓되고 변덕스러웠기 때문에, 하나님이 그들을 버렸어도 그들은 할 말이 없었을 것이고, 그렇게 되었다면, 그들은 곧 멸망하여 소멸되고 말았을 것이다. 그러나 하나님이 그의 언약을 기억하시고서, 그의 입술에서 나간 말들을 깨뜨리거나 변경하고자 하지 않으셨기 때문에, 그들은 멸망 직전에서 구사일생으로 다시 살아날 수 있었다. 그것은 순전히 하나님이 그의 말씀만큼 선하셨기 때문이었다(신 7:8; 레 26:42). 하나님이 그 언약에 신실하시다는 것과 그가 인생이 아니시므로 거짓말을 하지 않으신다(민 23:19)는 것을 보여주셨기 때문에, 그들이 멸망을 당하지 않았고, 선민 언약이 지금도 여전히 유효하듯이, 그 언약이 신약에 의해서 폐기되고, 그들이 새 언약의 복들을 거부함으로써 저주 아래 놓이게 될 때에도, 하나님은 그의 긍휼에서만이 아니라 그의 진노에서도 사람이 아니시므로 결코 변개하지 않으시고, 이제까지 그의 약속들에 신실하셨던 것처럼 그의 경고의 말씀들에도 신실하시다는 것을 보여주실 것이다(삼상 15:29). 우리는 모두 이것을 우리 자신에게 그대로 적용할 수 있다. 우리는 변하지 아니하시는 하나님과 상대하고 있기 때문에, 즉 여호와의 인자와 긍휼이 무궁하시므로 우리가 진멸되지 아니하는 것이다. 그 인자와 긍휼이 아침마다 새로우니 주의 성실하심이 크시도소이다(애 3:22-23).

[7]만군의 여호와가 이르노라 너희 조상들의 날로부터 너희가 나의 규례를 떠나 지키지 아니하였도다 그런즉 내게로 돌아오라 그리하면 나도 너희에게로 돌아가리라 하였더니 너희가 이르기를 우리가 어떻게 하여야 돌아가리이까 하는도다 [8]사람이 어찌 하나님의 것을 도둑질하겠느냐 그러나 너희는 나의 것을 도둑질하고도 말하기를 우리가 어떻게 주의 것을 도둑질하였나이까 하는도다 이는 곧 십일조와 봉헌물이라 [9]너희 곧 온 나라가 나의 것을 도둑질하였으므로 너희가 저주를 받았느니라 [10]만군의 여호와가 이르노라 너희의 온전한 십일조를 창고에 들여 나의 집에 양식이 있게 하고 그것으로 나를 시험하여 내가 하늘 문을 열고 너희에게 복을 쌓을 곳이 없도록 붓지 아니하나 보라 [11]만군의 여호와가 이르노라 내가 너희를 위하여 메뚜기를 금하여 너희 토지 소산을 먹어 없애지 못하게 하며 너희 밭의 포도나무 열매가 기한 전에 떨어지지 않게 하리니 [12]너희 땅이 아름다워지므로 모든 이방인들이 너희를 복되다 하리라 만군의 여호와의 말이니라

이 단락에서 하나님은 말라기 선지자가 활동하던 시대의 사람들이 그를 섬기기를 버렸을 뿐만 아니라 그의 것을 도둑질한 것에 대하여 그들과 다투신다. 그들은 그들의 주인에게서 달아났을 뿐만 아니라, 주인의 물건을 훔쳐서 달아난 악한 종들이었다.

I. 그들이 그들의 주인에게서 도망쳐서, 그 주인이 그들에게 준 일을 그만두었다는 것(7절). 너희가 나의 규례를 떠나 지키지 아니하였도다. 하나님의 예배와 관련된 규례들은 종들인 그들이 마음을 써야 하는 일이었고, 하나님이 그들에게 장사하라고 주신 달란트였으며, 하나님으로 위탁받은 귀한 것이었다. 그러나 그들은 그 규례들에 점차 싫증을 느껴서, 그들의 목에서 그 멍에를 빼버리고, 그 규례들로부터 도망쳤다. 그들은 하나님이 그들에게 정해 주신 규범에서 이탈하였고, 그들에게 두어진 신임을 저버렸다. 그들은 예배에서만이 아니라 행실에서도 하나님을 떠나 반역하였다. 그들은 그의 규례들을 지키지 않았다. 그들은 그들의 조상들의 날로부터 이러한 불순종의 죄를 범하였고, 그 죄 때문에 책망을 들었다. 이것은 그들이 불순종으로 말미암아 포로로 사로잡혀 가게 되었던 옛적의 그들의 조상들의 날들로부터 불순종하였다는 뜻일 수도 있고, 그들이 포로 생활에서 처음으로 돌아온 후 지난 몇 세대 동안 타락을 거듭하여 원래의 그들의 모습으로부터 떠났다는 뜻일 수도 있다. 에스라는 어떤 특별한 기회에 이 사실을 고백하며 인정한다: 우리 조상들의 때로부터 오늘까지 우리의 죄가 심하였다(스 9:7). 좀 더 자세하게 살펴보자.

1. 하나님은 은혜를 베푸셔서 그들에게 회개하고 돌아오라고 초청하심. "내게로 돌아오라. 너희는 너희의 본분으로 돌아오고, 너희의 이전의 섬김과 충성으로 돌아오라. 길을 잃은 여행자나 자기가 속한 부대를 이탈한 군사나 바람이 나서 남편을 떠난 아내처럼 돌아오라. 너 타락한 이스라엘아, 내게로 돌아오라. 그리하면, 나도 너희에게로 돌아가서 너희와 화해하고, 너희에게 내린 심판을 거두며, 너희가 두려워하는 것들을 막아줄 것이다." 이것은 옛적부터 하나님이 부르신 노래의 후렴구였었고(슥 1:3), 지금도 여전히 그러하다.

2. 하나님의 이러한 은혜로우신 초청에 대하여 그들은 퉁명스럽게 대답함. "그러나 너희는 그 초청을 경멸하며, 너희를 부른 선지자들과 서로에게 이렇게 말하였고, 너희 양심 속에서 일어나는 죄의 자각을 질식시키기 위해서 너희 자신의 마음에도 이렇게 말하였다: 우리가 어떤 점에서 돌아가야 하나요." 하나님

은 우리의 마음이 그의 말씀의 부르심에 어떤 반응을 보이는지, 우리가 설교를 들었을 때에 어떻게 말하고 생각하는지, 우리에게 주어진 메시지에 대하여 우리가 어떤 응답을 하는지를 다 아신다는 것을 명심하라. 하나님이 우리에게 돌아오라고 하시면, 우리는 여기에 나오는 자들처럼 우리가 어떤 점에서 돌아가야 하나요라고 반응하는 것이 아니라, 보소서 우리가 주께 왔나이다(렘 3:22)라고 응답하는 것이 마땅하다.

(1) 그들은 그들의 잘못들에 대하여 듣고 그것들을 고치라는 말을 듣는 것을 모욕으로 받아들였다는 것. 그들은 다음과 같이 말하고 싶은 마음이 굴뚝같았을 것이다: "이 선지자들이 우리에게 회개하고 돌아오라고 왜 이 난리들이지? 그들이 왜 우리의 양심과 우리의 이웃들에게 우리를 치라고 부추기며, 이렇게 우리를 괴롭히고 모욕하는 것인가?" 이렇게 책망하는 것을 망신 주는 것으로 여기고, 가시채를 뒷발질하는(행 26:14) 자들은 불행한 자들이다.

(2) 그들은 그들 자신에 대하여 무지하고, 하나님의 법의 엄격함과 범위와 영적 성격에 대하여 무지하였기 때문에, 그들 자신 속에서 회개하거나 삶을 고쳐야 할 것을 아무것도 보지 못하였다는 것. 그들은 그들의 눈으로 보기에는 그들이 깨끗하였기 때문에, 회개할 필요성을 느끼지 못하였다.

(3) 그들은 죄 가운데에 머물 결심이 아주 확고하였기 때문에, 수많은 어리석고 하잘것없는 핑계와 변명들을 찾아내서 어떻게든 그들에게 회개하라고 하는 부르심들을 막아내어서 회개하는 것을 피하고자 하였다는 것. 그들은 말도 되지 않는 것들을 그저 떠들어대는 자들처럼 보였다. 그들이 하는 말들은 결국 회피하는 말들이고, 선지자를 희롱하는 말들이며, 선지자에게 도전하는 말들이었다. 많은 사람들이 그들의 죄를 회개하라는 부르심을 방해함으로써, 그들 자신의 영혼을 멸망에 이르게 한다는 것을 명심하라.

II. 그들이 그들의 주인의 것을 도둑질하였고, 주인의 물건을 착복하였다는 것. 그들은 이렇게 반문하였었다: "우리가 어떤 점에서 돌아가야 하나요. 우리가 무슨 잘못을 저질렀나요?" 하나님은 즉시 그들에게 대답을 해주신다.

1. 선지자가 하나님의 이름으로 백성들을 강도 높게 고소함. 그들은 도둑질 중에서도 가장 악한 신성모독죄, 즉 성물을 도둑질한 죄로 고소당한다. 너희는 나의 것을 도둑질하였다. 선지자는 이것에 대하여 그들을 따끔하게 책망한다. 사람이 되어 가지고 어떻게 하나님의 것을 도둑질할 정도로 그토록 대담하고 뻔

뻔스러울 수 있느냐? 연약한 피조물로서 전능하신 하나님과 다툴 수 없는 자인 사람이 어떻게 불법적으로 하나님의 것을 훔칠 생각을 할 수 있는가? 하나님이 다 알고 계시고 하나님에게 그 어떤 것도 숨길 수 없는 사람이 어떻게 은밀하게 하나님의 것을 훔칠 생각을 할 수 있는가? 모든 것이 하나님께 의존되어 있고 모든 것을 하나님으로부터 받는 사람이 어떻게 은인 되시는 하나님의 것을 훔칠 수 있는 것인가? 그것은 정말 배은망덕하고 불의하며 비정한 짓이다. 우리를 심판하실 분을 이런 식으로 진노하시게 하는 것은 정말 지혜롭지 못한 일이다. 어떤 이들은 사람이 어찌 하나님께 포학을 행하겠느냐로 읽기도 하고, 사람이 어찌 하나님을 압박하겠느냐로 읽기도 한다. 하나님의 것을 도둑질하는 것은 극악무도한 범죄이다.

2. 백성들이 그러한 고소에 대하여 심하게 반발함. 너희는 말하기를 우리가 어떻게 주의 것을 도둑질하였나이까 하는도다. 그들은 그들에게 죄가 없다고 항변하며, 그들의 죄를 증명하는 일을 하나님께 떠넘긴다. 하나님의 것을 도둑질하는 것은 극악무도한 범죄이기 때문에, 그런 죄를 저지른 자들은 그들이 유죄라는 것을 인정하고자 하지 않는다. 그들은 하나님의 것을 도둑질해 놓고서도, 그들이 무슨 짓을 했는지를 알지 못하였다. 그들은 그의 명예를 도둑질하였고, 그에게 바쳐져서 그를 섬기는 데에 사용될 것들을 도둑질하였으며, 그들 자신과 안식일을 도둑질하였고, 신앙을 밑받침하기 위하여 그들의 재산에서 그의 몫으로 내놓아야 할 것들을 도둑질하였다. 그런데도, 그들은 우리가 어떻게 주의 것을 도둑질하였나이까라고 반문한다.

3. 그들의 반발에 대하여 이 고소가 참됨을 보여주는 명백한 증거. 이는 곧 십일조와 봉헌물이라. 제사장들과 레위인들은 십일조와 봉헌물들을 가지고 그들 자신과 그들의 가족의 생계를 꾸려 나갔다. 그러나 백성들은 그것들을 내지 않거나, 온전한 십일조를 하지 않거나, 가장 좋은 것으로 봉헌물을 드리지 않았다. 그들은 하나님이 요구하시는 제물들을 갖다 바치지 않거나, 제물로 쓰기에 합당하지 않은 찢긴 것, 저는 것, 병든 것을 갖다 바쳤다. 그들은 모두 다 이 죄를 범하였다. 즉, 온 나라가 마치 모두 함께 짜고서 하나님을 대적하며, 모두 함께 힘을 합쳐서 하나님께 마땅히 바쳐야 할 것들을 바치지 않고 도둑질하며, 서로가 그렇게 하는 것을 도와 주는 것 같았다. 그들은 이 때문에 저주를 받았다(9절). 하나님은 불순한 날씨나 땅의 열매들을 먹어 치우는 곤충들을 보내셔

서, 양식이 부족하게 하고 기근이 일어나게 하여, 그들을 벌하셨다. 하나님은 전에도 그들이 성전을 짓는 일을 소홀히 했을 때에도 그들에게 그런 벌을 내리셨는데(학 1:10-11), 이제 성전 예배를 소홀히 한 그들에게 똑같은 벌을 내리셨다. 그들의 재물 중에서 하나님의 몫을 제대로 드리지 않는 자들은 그들 자신의 몫에 저주가 임할 것을 예상하여야 한다는 것을 명심하라. "너희가 나의 것을 도둑질하여 저주를 받았는데도, 여전히 그 일을 계속하는구나." 하나님의 섭리에 의한 책망 아래에 있는데도 계속해서 죄를 고집하는 것은 그 죄를 훨씬 가중시키는 것임을 명심하라. 아니, 하나님이 그들을 벌하셔서 양식을 부족하게 하시자, 그들은 이제 가난해져서 십일조와 봉헌물을 드릴 형편이 되지 못하고, 가족을 먹여 살리려면 아껴 써야 한다는 핑계를 대고 더욱 하나님의 것을 도둑질하였다. 하나님이 어떤 죄를 그들로부터 떼어놓기 위해서 환난을 보내신 것인데, 그들이 그 환난을 핑계 삼아서 그 죄를 고집한다면, 그것은 그들의 죄성이 심히 크다는 것을 보여주는 것임을 명심하라. 그들이 적은 것을 가지고 있다면, 그 적은 것으로 더 많은 선을 행하여야 했고, 그러면 하나님이 그들의 소유를 더 많아지게 하실 길을 열어 주셨을 것이다. 그러나 환자가 병을 근본적으로 치료하지는 않고 단지 통증만을 가라앉히는 방법만을 사용한다면, 그 병은 더욱 악화될 수밖에 없다.

4. 이 일에 있어서 잘못된 것을 고치라고 간곡하게 권면하시고, 그들이 그렇게만 한다면 그들이 지금 겪고 있는 심판이 속히 제거될 것이라고 약속하심.

(1) 그들은 그들의 본분을 다하여야 한다는 것(10절). 너희의 온전한 십일조를 창고에 들이라. 그들은 십일조를 일부만 갖다 바쳤다. 그들은 아나니아와 삽비라처럼 그 값에서 얼마를 감추어 두고서, 정말 궁핍해서 율법에서 요구한 그대로 다 드릴 수가 없는 척하였다. 그러나 궁핍해도 이 법을 지켜야 하고, 그래야만, 그들이 궁핍에서 벗어날 수가 있다. "너희 집에 양식이 있든 없든, 너희가 율법에서 요구한 대로 온전한 십일조를 드려서, 하나님의 집에 제단을 섬기는 자들을 위한 양식이 있게 하라." 우리는 우리의 일용할 양식을 챙기기 전에 하나님을 가장 우선적으로 섬겨서, 우리가 살고 있는 곳에서 신앙이 든든히 설 수 있도록 우리에게 배정된 몫, 즉 우리의 온전한 십일조를 다함으로써, 하나님의 이름이 거룩히 여김을 받게 하고, 그의 나라가 오게 하며, 그의 뜻이 이루어지게 하여야 한다는 것을 명심하라. 왜냐하면, 우리는 우리의 영혼을 돌보는

일을 우리의 육신을 돌보는 일보다 우선하여야 하기 때문이다.

(2) 그들은 그런 후에 하나님이 그들의 쓸 것을 공급해 주시도록 의지하여야 한다는 것. "너희는 하나님을 먼저 섬기라. 그런 후에, 그것으로 나를 시험하여 내가 하늘 문을 열지 아니하나 보라고 만군의 여호와가 이르노라." 그들은 이렇게 말하였다: "하나님이 이전처럼 우리에게 다시 재물을 차고 넘치게 부어 주셔서, 우리가 이전처럼 십일조와 봉헌물을 드리는지 아니 드리는지를 시험해 보소서"라고 말하였다. 하나님은 이렇게 말씀하신다: "아니다. 너희는 먼저 너희의 온전한 십일조와 지난 날에 너희가 내지 못하였던 모든 십일조들을 다 가져와서 드리고서, 내가 너희에게 차고 넘치게 부어주나 부어주지 않나 나를 시험해 보라." 하나님과 거래하고자 하는 자들은 신뢰를 토대로 거래하여야 한다는 것을 명심하라. 우리는 모두 그렇게 행하여야 한다. 왜냐하면, 많은 사람들이 하나님을 위하여 손해 보는 자들이 되었지만, 결국에는 그 누구도 하나님으로 인해서 손해를 본 자는 없었기 때문이다. 우리가 먼저 하나님을 신뢰하는 것이 마땅하다. 왜냐하면, 상급이 그에게 있고 보응이 그의 앞에 있기 때문이다 (사 40:10). 우리는 먼저 우리의 몫을 하여야 하고, 그런 후에 하나님이 상을 주시나 시험하고, 또한 그가 상을 주실 것을 믿어야 한다. 엘리야가 사렙다 과부에게 다음과 같이 말했을 때에 그가 사용한 방법도 이런 것이었다(왕상 17:13): "먼저 그것으로 나를 위하여 작은 떡 한 개를 만들어 내게로 가져오고, 그 후에 너와 네 아들을 위하여 떡을 만들 가루가 충분히 있을지 없을지 나를 시험하라." 사람들이 선뜻 구제를 위해 재물을 내놓지 못하는 것은 구제가 가져다 줄 이득과 유익에 대한 믿음이 부족하기 때문이다. 그들은 구제를 통해서 그들이 이득을 얻을 수 있다고 생각하지 못한다. 그러나 하나님은 여기에서 아주 합리적인 요구를 하신다: "지금 나를 시험해 보라. 너희가 구제를 해서 너희에게 이득이 있을지 없을지를 와서 보라." 위험을 무릅쓰고 과감히 행하지 않으면, 얻는 것도 없다. 하나님을 의심 없이 신뢰하라. "그리하면, 너희는 다음과 같은 것들을 발견하게 될 것이다."

[1] "지금까지는 하늘이 닫혀서 비가 오지 않았지만, 이제는 하나님이 너희에게 하늘 문을 열어 주실 것이다. 왜냐하면, 그의 손에는 구름 곳간의 열쇠가 있으시기 때문이다. 그리하면, 너희의 땅에는 때를 따라 비가 오게 될 것이다." 또는, 이 표현은 비유적으로 해석될 수도 있다. 모든 좋은 선물은 다 위로부터

오기 때문에, 이제부터 하나님은 그의 풍성하신 섭리를 따라 그들에게 온갖 좋은 것들을 차고 넘치게 부어주실 것이다. 하나님이 하늘 문을 연다는 것은 아주 갑자기 어떤 것이 차고 넘치게 주어질 것임을 나타내는 표현이다(왕하 7:2). 노아의 홍수 때에는 하나님이 진노의 큰 물을 퍼부으시기 위하여 하늘의 창문들을 여셨다(창 7:11). 그러나 여기에서 하늘의 문들은 쌓을 곳이 없을 정도로 복을 부어 주기 위해 열린다. 그들의 땅이 너무나 풍성하게 소산을 내는 바람에, 그들은 곡식을 쌓아둘 곳이 없어서, 곳간을 헐고 더 크게 짓고자 하는 마음이 생길 것이다(눅 12:18). 포코크 박사는 이 구절을 이렇게 설명한다: "내가 너희에게 충분한 정도의 복이 아니라, 충분하고도 더 차고 넘치도록 복을 부어줄 것이다." 기름은 그 기름을 받을 그릇들이 있는 한 계속해서 멈추지 않고 생겨날 것이다(왕하 4:6). 회개하고 삶을 고치는 죄인들과 화해하실 뿐만 아니라, 그들에게 차고 넘치게 복을 부어 주실 것임을 명심하라. 하나님은 우리에게 복을 차고 넘치게 부어주시고자 하시는데도, 우리가 믿음이 약하고 바라는 것이 적어서 그 복을 다 받을 그릇이 되지 못하기 때문에 궁핍한 경우가 많다.

[2] 이제까지는 그들의 땅의 소산들을 메뚜기와 황충이 먹어 치웠지만, 이제는 하나님이 그 심판을 거두시리라는 것(11절). "내가 너희를 위하여 메뚜기를 금하고, 너희의 곡식을 먹어 치우는 생물들이 오는 것을 막아서, 그것들이 더 이상 땅의 소산들과 나무의 열매들을 망치지 못하게 할 것이다." 하나님은 모든 피조물들을 마음대로 부리시기 때문에, 그것들을 오라고 하실 수도 있으시고 가라고 하실 수도 있으시다. 내가 너희 밭의 포도나무 열매가 기한 전에 떨어지지 않게 하리라. 그 열매들이 거친 바람에 시들거나 떨어지지 않을 것이다. 또는, 어떤 이들은 이 구절을 이렇게 읽기도 한다: 전에는 메뚜기가 그랬지만(욜 1:7), 이제는 그 먹어 치우는 자, 즉 메뚜기가 너희의 포도나무에 열매를 맺지 못하게 하지 못하리라(욜 1:7).

[3] 이제까지는 이웃 나라들이 그들에게 양식이 부족한 것을 보고 그들을 힐책하였고, 언제나 먹을 것이 풍성하였던 그들의 땅에서 그들이 기근의 욕(辱)을 겪고 무척 괴로워하였지만, 이제는 모든 이방인들이 그들을 복되다고 할 것이고, 그들을 복된 백성이라 칭송하게 될 것이다.

[4] 이제까지는 그들의 죄로 인하여 하나님이 그들의 땅을 싫어하셨고(그들의 성전과 제단과 제물들도 마찬가지였다, 2:13), 하나님의 심판으로 인하여

그들의 땅이 그들에게 살기가 좋지 않고 아주 암울한 곳이었지만, "이제는 너희 땅이 아름다워져서, 하나님이 기뻐하시고 너희에게 위로가 되는 땅이 될 것이다." 어떤 땅에서 신앙이 부흥하면, 그 땅은 진정으로 하나님과 모든 선한 자들에게 아름답고 기쁜 땅이 될 것임을 명심하라. 하나님은 그 땅에 대하여 이는 내가 영원히 쉴 곳이라 내가 여기 거주하리라(시 132:14)고 말씀하실 것이고, 그들도 똑같은 말을 하게 될 것이다(사 62:4; 신 11:12). 온전한 십일조를 드리라는 하나님의 명령은 좋은 결과를 가져왔던 것으로 보인다. 왜냐하면, 성경에서는 온 유다가 십일조를 가져다가 곳간에 들였다(느 13:12)고 말하기 때문이다. 의심할 여지 없이, 그들은 그들의 본분으로 돌아가자마자, 하나님이 여기에서 약속하신 것들로 인한 유익을 얻어서, 풍성함의 상을 받았기 때문에, 무슨 까닭으로 그들에게 재앙이 임하였었는지를 분명하게 깨달을 수 있었을 것이고 (원인이 제거되었을 때에 재앙도 제거된 것을 보고서), 그들이 회개하였을 때에 하나님이 그들과 온전히 화해하셨다는 것과 그들의 죄를 더 이상 기억하지 않으신다는 것을 알게 되었을 것이다(저주가 거두어졌을 뿐만 아니라 풍성한 복으로 변하였기 때문에).

¹³여호와가 이르노라 너희가 완악한 말로 나를 대적하고도 이르기를 우리가 무슨 말로 주를 대적하였나이까 하는도다 ¹⁴이는 너희가 말하기를 하나님을 섬기는 것이 헛되니 만군의 여호와 앞에서 그 명령을 지키며 슬프게 행하는 것이 무엇이 유익하리요 ¹⁵지금 우리는 교만한 자가 복되다 하며 악을 행하는 자가 번성하며 하나님을 시험하는 자가 화를 면한다 하노라 함이라 ¹⁶그 때에 여호와를 경외하는 자들이 피차에 말하매 여호와께서 그것을 분명히 들으시고 여호와를 경외하는 자와 그 이름을 존중히 여기는 자를 위하여 여호와 앞에 있는 기념책에 기록하셨느니라 ¹⁷만군의 여호와가 이르노라 나는 내가 정한 날에 그들을 나의 특별한 소유로 삼을 것이요 또 사람이 자기를 섬기는 아들을 아낌 같이 내가 그들을 아끼리니 ¹⁸그 때에 너희가 돌아와서 의인과 악인을 분별하고 하나님을 섬기는 자와 섬기지 아니하는 자를 분별하리라

당시의 유대인들은 모두 동일한 특권과 유익들을 누렸지만, 그들 가운데에는 예레미야가 본 무화과 열매들처럼 아주 다른 성격의 사람들, 즉 아주

선한 자들과 아주 악한 자들, 하나님의 자녀임이 분명해 보이는 자들과 악한 자의 자식임을 분명하게 드러내 보인 자들이 섞여 있었다(세상과 교회의 모습은 항상 이러하다). 같은 밭에 알곡과 가라지가 있고, 같은 타작 마당에 알곡과 겨가 있다. 이 단락에는 이 두 부류에 관한 이야기가 나온다.

I. 하나님이 시온의 죄인들의 뻔뻔스럽고 불경스러운 말들을 지적하시며 노하심. 아마도 그들 가운데에는 신앙을 대적하는 자들이 하나의 무리를 이루어서, 재치 있는 말들로 신앙을 짓밟고 조롱하며, 함께 박장대소하며 즐거워하였던 것 같다.

1. 그들이 만왕의 왕을 능멸하는 대역죄에 해당하는 말들을 서슴없이 하였다는 하나님의 고소. 여호와가 이르노라 너희가 완악한 말로 나를 대적하였다. 그들은 그들의 조상들이 광야에서 그랬듯이 하나님을 대적하여 비난하고 반박하는 말을 하였다(시 78:19). 그렇다, 그들이 하나님을 대적하여 말하였다. 그들은 마치 하나님과 그의 대의(大義)를 대적할 음모를 마음속에 간직한 자들처럼 작정하고 하나님을 대적하는 말을 하였다. 하나님을 대적하는 그들의 말은 완강하였다. 그 말들은 그들의 교만과 오만함, 하나님에 대한 경멸로부터 나온 것이었다. 그들은 마치 누가 들어도 상관없다는 듯이 하나님을 대적하는 말들을 큰 소리로 떠들어댔다. 그들은 그런 말들을 하는 것을 부끄러워하지 않았고, 그들의 무신론적인 사상을 널리 알려서 사람들의 마음을 그런 사상으로 물들이고자 하였다. 그들은 그런 말들을 고수하기로 작정한 자들처럼 대담하게 말하였고, 그런 말들을 했다는 이유로 벌을 받는 것을 두려워하지 않았다. 그들은 그들이 하나님의 통제와 다스리심 아래에 있다는 것을 코웃음치는 듯이, 교만하고 오만방자하게 그런 말들을 하였다. 그들은 스스로를 강하게 하여, 전능자에게 힘을 과시하였다(욥 15:25).

2. 하나님의 이러한 고소에 대한 그들의 항변. 그들은 우리가 무슨 말로 주를 대적하였나이까라고 말하였다. 그들은 그들이 그런 말들을 했다는 것을 부인하고, 선지자에게 그것을 증명해 보이라고 도리어 대들었다. 또는, 설령 그들이 그런 말들을 했다고 해도, 그들에게는 하나님을 대적하고자 하는 의도가 없었기 때문에, 그런 말들은 아무런 해악이 없다고 그들은 주장하였다. 그들은 적어도 이 문제를 별일 아닌 것으로 만들고자 하였다. 우리가 무슨 말을 해서 얼마나 주를 대적하였기에 이렇게 야단법석을 떠는 것인가? 그들은 그들이 하나님을

대적하는 말을 했다는 사실을 부인할 수는 없었지만, 그것을 하찮은 일로 만들고자 하여서, 그런 것을 문제 삼는 것이 의아하다는 식으로 항변하였다. 그들은 이렇게 말하였다: "말이라는 것은 단지 바람일 뿐이다. 남들은 우리보다 더한 말도 했고 더한 일도 하였다. 우리가 지극히 선하지는 않을지라도, 우리는 하나님이 문제 삼으실 정도로 그렇게 악하지는 않다." 자신의 죄를 깨닫지 못하여 낮아지지 않은 죄인들이 그들의 잘못들을 부인하거나 별일 아닌 것으로 치부해 버리고, 하나님의 말씀과 그들의 양심의 책망을 반박하여 그들 자신이 의롭다고 역설하는 것은 흔한 일임을 명심하라. 그러나 그들이 그렇게 해보아야 아무 소용이 없을 것이다.

3. 하나님이 문제 삼으신 그들의 말들. 하나님은 사람들이 행하는 것들과 말하는 것들을 다 기록해 두시고, 그가 그렇게 하고 계시다는 것을 그들에게 알게 하신다. 우리는 우리가 한 말들을 금방 잊어버리고, 우리가 잘못 말했다는 것을 부인하기 쉽다. 그러나 하나님은 너희가 이러저러하게 말하였느니라고 말씀하실 수 있으시다. 그들은 의도적으로 다음과 같은 말들을 하였다.

(1) 하나님을 애써 수고하며 섬겨도 얻는 것이 아무것도 없다는 것. 그들은 이렇게 말하였다: "하나님을 섬기는 것이 헛되다. 또는, 하나님을 섬기는 자가 헛되다. 즉, 고생하면서 하나님을 섬겨 보아야 아무 소용이 없다. 고생을 해보아야 돌아오는 것은 고통뿐이니, 하나님을 섬기며 고생하는 자는 미련한 자일 뿐이다. 우리가 그의 명령을 지키는 것, 즉 그가 우리에게 지키라고 정해 놓으신 것을 지키는 것이 무엇이 유익하리요." 갈대아 역본에는 "우리가 그의 명령을 지켜서 어떤 재물을 얻었느냐"로 되어 있는데, 이것은 그들이 오직 재물을 위해서 하나님을 섬겼다는 것, 사실 그들이 섬긴 것은 하나님이 아니라 맘몬, 즉 재물의 신이었다는 것을 말해 주는 것이다(포코크 박사의 설명). "우리는 만군의 여호와 앞에서 슬프게, 즉 아주 진지하고 큰 슬픔을 지닌 채로 행하였고, 그런 목적을 위해서 하나님이 정하신 날들에 우리의 심령을 괴롭게 하였다. 그렇지만, 우리의 형편이 나아진 것이 없다." 아마도 이 말은 그들이 십일조를 드리면 그들을 형통하고 번영하게 해주겠다는 하나님의 말씀을 믿지 못하는 이유를 제시하기 위해 한 말인 것 같다(10절). 그들은 "우리가 다른 일들에서 하나님을 시험해 보았다가 하나님 때문에 손해만 보았다"고 말하고 있는 것이다. 이것은 하나님을 섬기는 것에 대한 대단히 부당하고 불합리한 성찰이다. 우리는 이 비방하

는 자가 한 말을 반박할 수 있는 무수한 증인들을 불러 올 수 있다.

[1] 그들은 그들이 하나님을 섬겼고 그의 규례들을 지켰다고 생각했겠지만, 사실 그들이 지킨 것은 그 규례들의 껍데기뿐이었고, 그 규례들의 진짜 의도에 대해서는 문외한이었기 때문에, 헛되다고 말할 수밖에 없었다. 하나님은 이 백성이 입술로는 나를 공경하되 마음은 내게서 머니, 나를 헛되이 경배하는도다(마 15:8-9)라고 말씀하신다. 그렇다면, 그것은 누구의 잘못인가? 그것은 그를 부지런히 찾는 자들에게만 상을 주시는 하나님의 잘못이 아니라, 부주의하게 건성으로 그를 찾은 그들의 잘못이다.

[2] 그들은 그들이 하나님 앞에서 슬프게 행하였다는 점을 대단히 강조하였지만, 사실 하나님은 그들에게 기쁜 마음으로 그를 섬기고, 그의 앞에서 즐거이 행하라고 요구하셨었다. 그들은 그들의 잘못된 생각으로 말미암아 하나님을 섬기는 것을 고된 힘든 일로 만들어 버리고 나서는, 그 일이 너무 힘들다고 불평한 것이었다. 그리스도가 메워 주시는 멍에는 쉽고 가볍다. 정말 무거운 것은 적그리스도가 메워 주는 멍에이다.

[3] 그들은 신앙으로 인해서 그들이 얻은 것이 아무것도 없다고 불평하였다. 그들은 여전히 가난과 환난 속에 있었고, 세상에서 뒤처진 채로 살아갔다. 아주 오래된 불경스러운 말들 중의 하나는 이것이다: 우리가 그에게 기도한들 무슨 소용이 있으랴(욥 21:14-15). 엘리후는 욥이 이와 같은 말, 즉 사람이 하나님을 기뻐하나 무익하다(욥 34:9)고 말한 것을 책망한다. 신앙의 원수들은 이미 오래 전에 답변되어서 옳지 않다는 것이 증명되어 파기된 해묵은 트집들을 가지고서 신앙을 공격할 뿐이다. 이것은 유대 교회의 말기에 교회의 수치가 되었던 사두개파의 잘못이기도 하였다. 그들은 내세가 있다는 것을 부인하고서, 하나님을 섬기는 것이 헛되다고 말하였다. 그러나 만일 그리스도 안에서 우리가 바라는 것이 다만 이 세상의 삶뿐이면 모든 사람 가운데 우리가 더욱 불쌍한 자이리라(고전 15:19). 신앙이 무익하거나 재미없는 것이라고 말하는 자들은 하나님을 크게 욕되게 하는 것임을 명심하라. 왜냐하면, 그것은 사실이 아니기 때문이다. 지혜의 길은 즐거운 길이고(잠 3:17), 지혜로 인한 유익은 정금이 주는 유익보다 더하다.

(2) 그들은 악을 행하는 것이 형통의 길이라고 주장하였다는 것. 왜냐하면, 그들은 악을 행하는 자들이 세상에서 번영하고, 하나님을 시험하는 자들이 화를

면하는 것을 지켜보았기 때문이다(15절). 죄인들이 죄악 가운데에서도 외적으로 형통하는 것은 경건한 자들의 손을 약하게 하여 경건하게 행하는 힘이 떨어지게 만들었고(시 73:13), 악인들의 손을 힘 있게 하여 더욱 악을 자행하게 만들어 왔다.

[1] 악을 행하는 자들은 주제넘고 건방진 죄들을 통해서 하나님을 시험하는 자들이라는 것. 그들은 하나님이 그의 말씀을 통해서 말씀하신 대로 그들을 벌하실 수 있고 벌하시고자 하시는지를 시험하여, 사실상 하나님을 극도로 격동하여 한번 해볼 테면 해보시라고 도전하는 것이다.

[2] 악한 행위들을 통해서 하나님을 시험하는 자들이 곤경에서 빠져나오지 못해야 마땅한데도 곤경에서 건짐을 받고, 형통할 자격이 전혀 없는데도 형통하는 일이 많다는 것. 그들은 단지 한 번만 일어서는 것이 아니라, 그들의 날이 다 되어서 망하여 고통을 겪는 것이라고 생각되는 때에도 또다시 건짐을 받고 일어선다. 하나님의 섭리는 너무나 기이하게도 그들에게 미소를 짓는 것처럼 보인다.

[3] 현실이 그렇다고 할지라도, 우리가 교만한 자가 복되다고 말하면, 그것은 사실이 아니라는 것. 왜냐하면, 그들은 한동안 건짐을 받고 세움을 받을 수 있지만, 하나님이 그들을 대적하신다는 것과 그들의 교만이 그들의 멸망의 선봉이라는 것이 드러나게 될 것이기 때문이다. 그러므로 그들은 정말 비참한 자들이고, 그들을 복되다고 하거나, 여호와께서 혐오하시는 자들을 축복하는 것은 어리석은 짓이다. 잠시만 기다리라. 그러면, 너희는 악을 행하는 자들이 하나님의 복수의 화살들의 표적으로 세워지고, 하나님을 시험하는 자들이 영원토록 고통을 가할 자들에게 넘겨지는 것을 보게 될 것이다. 그들을 현재의 모습만 보고 판단하지 말고, 그들에게 곧 있을 일을 보고 판단하라. 이 교만한 죄인들에 대한 하나님의 판결(4:1)은 호리도 남김 없이 그대로 집행될 것이다.

II. 하나님이 시온의 성도들의 경건한 말들을 들으시고, 그들에게 은혜로운 상을 내리심. 진실한 경건이 크게 쇠퇴하고 몹시 경멸받는 이 타락하고 부패한 시대 속에도 하나님을 향한 온전한 신앙과 열심을 지닌 자들이 있었다. 좀 더 자세하게 살펴보자.

1. 그들은 어떻게 스스로를 구별하였고, 그들의 사람됨은 어떠하였는가. 그들은 하나님을 대적하는 말을 많이 한 자들과 정반대의 모습을 보여주었다.

(1) 그들이 여호와를 경외하였다는 것. 이것은 지혜의 시작이고 모든 신앙의 뿌리이다. 그들은 하나님의 엄위하심을 경외하였고, 그의 권세에 복종하였으며, 그들이 생각하고 말하는 모든 것 속에서 하나님의 진노를 살까봐 두려워하였다. 그들은 겸손히 하나님의 말씀을 따랐고, 하나님을 거슬러 완악한 말을 하지 않았다. 모든 시대에는 여호와를 경외하는 남은 자가 있었다 – 어떤 때에는 그 수가 아주 적었지만.

(2) 그들이 여호와의 이름을 존중히 여겼다는 것. 그들은 하나님이 그의 말씀과 섭리들을 통해서 자신을 보여주신 것들을 진지하게 숙고하였고 자주 묵상하였으며, 하나님에 대한 그들의 묵상은 그들에게 달콤한 것이었고 그들에게 감화를 주었다. 그들은 하나님의 이름을 생각하였다. 그들은 그들이 하는 모든 일에서 어떻게 하면 하나님이 높임을 받으실까를 생각하였고, 그것을 그들의 궁극적인 목적으로 삼았다. 하나님의 이름을 아는 자들은 자주 그 이름을 생각하고 깊이 묵상하여야 한다는 것을 명심하라. 그것은 풍부하고 흥미 있는 주제이고, 그것에 대하여 자주 생각하는 것은 우리가 하나님과 교통하고, 그에 대한 우리의 경건한 사모함을 불러일으키는 데에 아주 큰 도움이 된다.

(3) 그들은 그들이 경외하는 하나님과 그들이 자주 묵상한 그의 이름에 대하여 피차에 말하였다는 것. 왜냐하면, 마음에 가득한 것이 입으로 나오는 법이고, 선한 사람은 자신의 마음에 쌓은 선에서 선한 것을 내기 때문이다(마 12:35). 이 여호와를 경외하는 자들은 서로를 위하는 무리로서 함께 모이기를 힘썼다. 그들은 죄악이 만연할 때에 사랑이 식어지지 않도록 하기 위해서, 서로에 대한 사랑을 지키고 격려하려고 함께 모여서, 서로를 격려하는 말들을 해주었다. 그들은 믿음과 성결을 더하기 위하여 서로에게 유익한 지식과 덕 세우는 말들을 해주었다. 그들은 여호와를 경외하고 그의 이름을 생각하는 자들의 언어로 피차에 말하였다. 불경함이 극에 달해서 모든 거룩한 것을 짓밟을 때, 여호와를 경외하는 자들은 자주 함께 만나서 피차에 말하였다.

[1] 죄악이 대담해지고 노골화되었을 때, 하나님의 백성이 담대하게 분발하여 떨쳐 일어났다는 것. 죄 없는 자들이 경건하지 못한 자들 때문에 분을 내었다(욥 17:8). 다른 사람들이 악해질수록, 우리는 더욱 선해져야 한다. 악덕이 대담해질 때, 미덕이 슬금슬금 기어들어가서는 안 된다.

[2] 신앙이 욕을 당하고 중상모략을 받았을 때, 신앙의 친구들은 신앙에 대

한 평판을 지키고 신앙이 사람들 가운데에서 위신을 잃지 않도록 하기 위하여 최선을 다하였다는 것. 악한 자들은 하나님의 길들이 암울하고 힘든 길이고 고독하고 슬픈 길이라고 말하였었다. 그러므로 하나님을 경외하는 자들은 어리석은 사람들의 무식한 말을 막기 위하여(벧전 2:15), 서로 사랑하며 즐겁게 교제하는 것을 보여줌으로써, 신앙은 그들이 말한 것과 정반대라는 것을 증명해 보이고자 하였다.

[3] 유혹하는 자들이 조심성 없는 심령들을 속여서 신앙에 대한 나쁜 선입견들을 심어주기 위해서 바쁘게 움직였을 때, 여호와를 경외하는 자들은 서로를 가르치고 격려하며 용기를 불어넣어 주고 서로의 손을 힘 있게 함으로써 거기에 물들지 않도록 무장하는 일에 힘썼다는 것. 악한 교제가 선한 마음과 생활을 타락시키듯이, 선한 교제는 그것들을 견고하게 해준다.

2. 하나님이 그들을 어떻게 존귀하게 하셨고, 그들을 위해 어떤 추가적인 존귀함과 은총을 준비해 두셨는가. 하나님을 대적하여 완악한 말들을 한 자들은 의심할 여지 없이 하나님을 경외하는 자들을 멸시하고 싫어하는 눈으로 쳐다보았고, 그들을 조롱하며 괴롭혔다. 그러나 그들은 하나님이 그들을 지지해 주셨기 때문에 이 대적들의 언행에 신경을 쓸 필요도 없었고, 그런 것들로 인해서 마음이 흐트러지지도 않았다.

(1) 하나님이 그들의 경건한 대화를 들으셨고, 그들의 대화 중에 은혜로 임재하셨다는 것. 여호와께서 그것을 분명히 들으시고 기뻐하셨다. 하나님은 악한 자들이 무슨 말을 하는지, 즉 그들이 정직을 말하지 아니하는 것을 분명히 들으셨다고 말씀하시는데(렘 8:6), 여기에서는 선한 자들이 무슨 말을 하는지, 즉 그들이 정직하게 말하는 것을 분명하게 들으셨다고 말씀하신다. 은혜로우신 하나님은 자기 백성의 입에서 나오는 온갖 은혜로운 말들을 다 들으신다는 것을 명심하라. 그들은 사람들이 그들의 말을 듣고 칭찬해 주기를 바랄 필요가 없다. 그들은 그들의 말로 인해서 사람들로부터 칭찬을 듣고자 할 필요도 없고, 사람들이 그들의 말을 알아 주기를 바랄 필요도 없다. 그들은 그들이 아무리 은밀하게 대화를 나눈다고 하여도, 하나님이 은밀한 중에 보고 들으시며, 공개적으로 상을 주시리라는 것으로 만족할 수 있다. 두 제자가 엠마오로 가면서 그리스도에 관하여 얘기를 나누고 있을 때, 그리스도께서는 그것을 들으시고, 그들에게 합류하셔서 그들과 동행하셨다(눅 24:15).

(2) 하나님이 그들의 대화를 기록하셨다는 것. 여호와께서 그의 앞에 있는 기념책에 그것을 기록하셨느니라. 영원한 마음을 지니신 분은 어떤 일들을 책이나 기록을 통해서 다시 상기하실 필요가 없기 때문에, 이것은 사람의 예를 따른 표현으로서, 하나님은 그들의 경건한 언행을 마치 책에 기록해 두신 것처럼, 아니 그들의 모든 대화를 일지에 다 기록해 두신 것처럼 정확하고 구체적으로 기억하고 계시다는 것을 나타낸다. 큰 왕들은 신하들로 하여금 누가 언제 어떤 일들을 그들을 위하여 행하였는지를 소상하게 기록하여 기념책들로 남겨두게 하였고, 종종 그 기념책들을 그들 앞에서 읽게 하였다(에 2:23). 하나님도 마찬가지로 자기 백성의 섬김들을 다 기억해 두셨다가, 그것들을 회상하시면서, 잘하였도다 네 주인의 즐거움에 참여할지어다(마 25:21)라고 말씀하신다. 하나님은 그로 말미암아 우는 자들의 탄식과 눈물들을 다 책에 기록해 두시는데(시 56:8), 하물며 그를 지지하고 변호하는 자들이 한 말들을 왜 기록해 두지 않으시겠는가. 정직한 마음에서 하나님에 대하여, 또는 하나님을 위하여 한 선한 말들은 모두 다 기록되어서, 의인들이 부활하는 날에 상을 받게 될 것이고, 결코 그 상을 잃지 않을 것이다.

(3) 하나님이 그들에게 나중에 그의 영광에 참여하게 될 것이라고 약속하심(17절). 만군의 여호와가 이르노라 나는 내가 정한 날에 그들을 나의 특별한 소유로 삼을 것이다. 하나님이 유대 교회와 나라를 그들의 불신앙으로 인하여 진멸하실 때, 그들 가운데에서 그의 말씀을 믿고 이스라엘의 위로를 기다리며 그가 임하였을 때에 그를 영접한 남은 자들은 그리스도 교회로 받아들여져서 하나님의 특별한 백성이 될 것이다. 하나님은 그들이 믿지 아니하는 자들과 함께 멸망하지 아니하도록 그들을 돌보실 것이기 때문에, 그들은 유대 교회와 나라에 대한 여호와의 분노의 날에 숨김을 얻을 것이다(습 2:3). 내가 말했고 행하고자 한 일을 하는 그 날에 그들은 나의 특별한 보배가 될 것이다(출 19:5). 이 경건한 자들은 하나님의 이스라엘의 모든 영광스러운 특권들을 물려 받아서 누리게 될 것이고, 그 이스라엘의 중심이 될 것이다. 나머지 사람들이 버림을 받을 때, 그들은 이제 그의 특별한 보배가 될 것이다. 나머지 사람들이 천히 쓸 진노의 그릇이 될 때, 그들은 이제 귀히 쓸 긍휼의 그릇이 될 것이다. 이것은 하나님의 모든 신실한 백성에게 적용될 수 있다. 그는 저 큰 날에 이 두 부류를 구별하실 것이다.

[1] 성도들은 하나님의 보석들이라는 것. 그들은 하나님이 아주 소중히 여기고 사랑하시는 자들이다. 그들은 하나님이 그들에게 입혀 주신 아름다움으로 아름답고, 그는 그들을 자랑하기를 기뻐하신다. 그들은 그의 손에 들린 왕관이다(사 62:3). 하나님은 그들을 그의 특별한 소유, 그의 최고의 소유, 그의 금고 속에 넣어둔 보배, 그의 방에 있는 귀한 가구로 여기신다(시 135:4). 세상의 나머지는 그들에 비하면 잡동사니에 불과하다.

[2] 하나님이 그의 보석들을 모으실 날이 오리라는 것. 그들은 지금 티끌 속에 버려져 있지만, 그 날에 하나님은 그들을 티끌로부터 모으실 것이고, 그들이 지금 흩어져 있는 모든 곳들로부터 그들을 모으실 것이다. 그는 그의 보석들인 그의 택하신 자들을 하늘 이 끝에서 저 끝까지 사방에서 모으시기 위하여, 즉 여러 논에서 거둔 알곡들을 곳간에 들이듯이 곳곳에 흩어져 있는 그의 보석들을 모으시기 위하여 천사들을 보내실 것이다(마 24:31). 그 때에 모든 성도들은 그리스도께로 모이게 될 것이고, 그 때에 온전해질 것이다. 그 때에 하나님은 마치 별들로 별자리를 만드시듯이 그의 보석들을 모으셔서 면류관을 만드실 것이다.

[3] 하나님이 지금 그를 자신의 하나님이라고 시인하는 자들을 그 때에 그의 것이라 시인하시고, 천사들과 사람들 앞에서 그들을 그의 것이라고 공개적으로 인정하시리라는 것. "그들은 나의 소유가 될 것이다. 그들의 성화(聖化)가 완성되어서, 그들은 세상과 육신의 그 어떤 잔재도 없는 온전한 나의 소유가 될 것이다." 하나님에 대한 그들의 관계, 그들에 대한 하나님의 소유권이 인정될 것이다. 하나님은 그들을 그의 소유가 아닌 자들로부터 갈라 내셔서, 그의 소유인 자들 가운데에서 분깃을 얻게 하실 것이다. 왜냐하면, 그 때에 그들은 내 아버지께 복 받을 자들이여 나아와 창세로부터 너희를 위하여 예비된 나라를 상속받으라(마 25:34)는 말씀을 듣게 될 것이기 때문이다. 그들은 그들이 하나님께 속하였는지 아닌지를 종종 의심했었다. 그러나 그 때에는 그 문제가 해결될 것이다. 하나님이 친히 그들에게 너희는 나의 소유라고 말씀하실 것이다. 지금은 하나님에 대한 그들의 관계로 인하여 그들이 욕을 당하지만, 그 때에는 자랑하게 될 것이다. 하나님이 친히 그들을 자랑하실 것이다.

(4) 하나님은 그들이 지금 그의 은혜에 참여하게 될 것이라고 약속하심. 사람이 자기를 섬기는 아들을 아낌 같이 내가 그들을 아끼리라. 하나님은 장차 그들

을 그의 소유라 시인하시고, 그들을 데려다가 그와 함께 있게 하겠다고 약속하셨었다. 그러나 그들이 하나님께 범죄하여서 버림을 받을 수도 있다는 것은 그들에게 낙심 되는 일이었을 것이다. 그러나 그것과 관련해서, 하나님은 이렇게 말씀하신다: "내가 그들을 아끼리라. 나는 그들을 냉정하게 대하지 않을 것이다. 신랑이 신부를 대하듯이, 나는 그들을 기뻐하리라(사 62:5; 습 3:17)." 그러나 이 단어는 통상적으로 아버지가 자식을 긍휼히 여김 같이 불쌍하고 측은해서 아끼는 것을 의미한다(시 103:13).

[1] 자녀의 마음으로 하나님을 섬기는 것은 우리의 본분이라는 것. 우리는 하나님의 아들들이어야 하고, 거듭남을 통해서 하나님의 성품에 참여하여야 하며, 양자의 언약에 동의하여야 하고, 양자의 영에 참여하여야 한다. 그리고 우리는 하나님의 종들이어야 한다. 하나님은 그의 자녀들을 대충 양육하시는 분이 아니시다. 그들은 마음 중심에 사랑을 품고서 즐겁고 기쁜 마음으로 하나님을 섬겨야 한다. 이것이 자식이 아버지에게 함같이 섬기는 것이고(빌 2:22), 그럴 때에 그것은 그들 자신에게도 유익이 된다.

[2] 우리가 자녀의 마음으로 하나님을 섬기면, 하나님은 아버지의 자애로우심과 불쌍히 여기시는 마음으로 우리를 아끼시리라는 것. 하나님을 섬기는 자녀들일지라도 하나님의 아끼시는 긍휼을 필요로 한다. 우리가 소멸되지 않는 것도 바로 그 긍휼 덕분이고, 우리가 지옥에 떨어지지 않는 것도 바로 그 긍휼 덕분이기 때문이다. 느헤미야는 많은 선한 일을 했으면서도, 이 땅에 선을 행하고 범죄하지 않는 의인이 없다는 것과 모든 죄는 하나님의 진노를 사게 되어 있다는 것을 알았기 때문에, 내 하나님이여 주의 크신 긍휼하심으로 나를 아끼시옵소서(느 13:22)라고 기도한다. 하나님은 아버지로서 그들에게 이러한 긍휼을 보여주실 것이다. 그는 우리가 잘못하는 것들을 아주 꼼꼼하게 표시하지 않으시고, 우리와 우리의 형편없는 행위들을 가장 좋은 쪽으로 보아주실 것이다. 그는 그의 자녀들이 겪는 환난들을 감하여 주시고, 마땅히 멸망받아야 할 그들을 지키셔서 멸망에서 구원해 주실 것이다. 아버지는 계속해서 아들을 아끼면서도 흡족한 마음으로 그 일을 행하는데, 그것은 그가 그의 아들이기 때문이다. 우리가 하나님을 별로 잘 섬기지 못하고 폐만 끼치는데도, 하나님은 사람이 자기를 섬기는 아들을 아낌 같이 겸손하게 회개하고 간구하는 자들을 아끼실 것이다.

3. 그들이 어떻게 이런 식으로 이 세상의 자녀들로부터 구별될 것인가(18절). "그 때에 너희가 돌아와서 의인과 악인을 분별하고, 죄인들과 성도들, 하나님을 섬기며 자신의 본분을 다하는 자들과 하나님을 섬기지 아니하고 도리어 그런 일을 멸시하는 자들을 분별하리라. 지금 하나님이 선과 악을 구별하지 않으시기 때문에, 하나님을 섬기는 것이 헛되다(14절)고 그를 대적하여 말하는 너희는 너희가 착각했다는 것을 알게 될 것이다. 지금 하나님 편에 서서 말하지만, 의인과 악인에게 일어나는 일들이 모두 일반이고 모든 사람에게 임하는 그 모든 것이 일반인 것처럼(전 9:2) 보이는 것에 대하여 무엇이라 말해야 할지를 모르는 너희는 그 때에는 그 문제를 참된 빛 속에서 보게 될 것이고, 하나님이 의인과 악인을 구별하신다는 것을 알고 흡족해하게 될 것이다. 그 때에 너희가 돌아올 것이다. 즉, 너희가 생각을 바꾸어서, 모든 것을 올바르게 이해하게 될 것이다." 이것은 일차적으로 로마 군대에 의해서 예루살렘 및 유대 교회와 나라가 멸망을 당할 때에 믿는 유대인들과 불신앙을 고집하는 유대인들이 하나님의 섭리에 의해서 분명하게 구별되어 취급받게 될 것을 가리킨다. 그러나 이것은 예수 그리스도께서 다시 오실 때에, 즉 의인과 악인을 분별하는 일이 너무도 쉬운 일이 될 저 큰 날에 온전히 이루어질 것이다.

(1) 모든 사람은 의인이든가 악인이든가, 즉 하나님을 섬기는 자이든가 섬기지 않는 자이든가 둘 중의 하나라는 것. 이것은 사람들과 관련해서 영원히 지속될 구분이고, 사람들의 영원한 상태를 결정지을 구분이다. 모든 사람은 천국 아니면 지옥으로 가게 되어 있다.

(2) 이 세상에서는 의인과 악인을 분별하는 것이 종종 힘들다는 것. 같은 그물 안에 좋은 물고기와 나쁜 물고기가 섞여 있듯이, 의인과 악인도 함께 섞여 있다. 의인들은 왜곡되어 있고, 악인들은 위장되어 있기 때문에, 우리는 흔히 의인과 악인을 구별하는 일에서 속는다. 하나님을 섬긴다고 생각하지만, 그들의 마음이 하나님 앞에서 올바르지 않기 때문에 하나님의 종들에 속한 자가 아닌 것으로 드러날 자들이 많이 있다. 반면에, 우리와 함께 다니지 않고, 우리가 생각한 대로 하나님을 섬기지 않았지만, 하나님의 신실한 종들임이 밝혀질 자들도 많이 있다. 그러나 여기에서 특히 어려움을 불러일으킨 것은 하나님의 섭리가 의인과 악인을 구별하지 않는 것처럼 보인다는 것이었다. 우리는 하나님이 어떤 사람에게 얼굴을 찌푸리신다고 해서 그 사람을 악인이라고 말할 수 없

다. 왜냐하면, 악인들은 보통 이 세상에서 형통하기 때문이다. 또한, 우리는 하나님이 어떤 사람에게 미소를 짓는다고 해서 그 사람을 의인이라고 말할 수 없다. 왜냐하면, 의인들은 다른 사람들과 마찬가지로 재난에 휘말리기 때문이다. 그러므로 지금은 사람들의 겉모습을 보고서 하나님의 사랑을 받는지 미움을 받는지를 아무도 알 수가 없다(전 9:1).

(3) 최후의 심판 때에 그리스도의 심판대 앞에서는 의인과 악인을 분별하는 일이 쉬우리라는 것. 왜냐하면, 그 때에는 각 사람의 성품이 완전해지고 온전히 드러나서, 각 사람의 위장이 벗겨지고 그 진면목이 드러날 것이기 때문이다. 어떤 사람들의 죄가 드러나면, 우리는 그가 악하다는 것을 지금 알 수 있지만, 어떤 사람들의 죄는 드러나지 않는다. 하지만, 저 큰 날에는 우리가 누가 의인이고 누가 악인인지를 알게 될 것이다. 또한, 각 사람의 상태도 완전해져서 영원히 결정될 것이다. 그 때에는 혼합물이 전혀 끼어들지 않아서, 의인들은 온전히 복될 것이고, 악인들은 온전히 비참해질 것이다. 그 때에 그리스도께서 의인들에게는 그의 오른편으로 와서 복을 받으라고 초청하시고, 모든 악인들은 그의 왼편에 세우시고서 저주와 함께 그를 떠나라고 말씀하실 것이기 때문에, 의인과 악인을 분별하는 것은 아주 쉬운 일이 될 것이다. 그러므로 우리는 우리 자신에 대해서는 우리가 어느 쪽에 우리의 분깃이 있을지를 생각해 보아야 하고, 다른 사람들에 대해서는 때가 이르기 전 곧 주께서 오시기까지 아무것도 판단하지 말아야 한다(고전 4:5).

제
— 4 —
장

개요

이 장에는 구약의 정경을 끝마침에 있어서 아주 적절한 교훈들이자 우리에게 합당한 교훈들이 나온다. I. 장차 우리 앞에는 상과 벌의 상태, 즉 악인의 비참한 상태와 의인의 복된 상태가 놓여 있다는 교훈(1-3절). 이것은 예루살렘과 믿지 않는 유대인들의 멸망과 그들 가운데에서 복음을 받아들인 자들에게 주어질 위로들과 승리들에 관한 예언이라는 형식으로 우리에게 제시된다. II. 우리가 지금 시험과 준비의 상태에 놓여 있다는 교훈. 이 상태에서 우리는 하나님의 계시를 바라보고, 그것을 좇으라는 지시를 받는다. 그들은 모세의 율법을 지켜야 하고(4절), 선지자 엘리야, 즉 메시야의 선발대인 세례 요한이 추가적으로 하나님의 뜻을 보여줄 것을 기대하여야 한다(5-6절). 신약의 마지막 장도 구약의 마지막 장과 거의 동일한 의도로 우리 앞에 내세에서의 천국과 지옥을 제시하면서, 우리로 하여금 현세에서 하나님의 말씀을 굳게 붙잡도록 강력하게 권면한다.

¹만군의 여호와가 이르노라 보라 용광로 불 같은 날이 이르리니 교만한 자와 악을 행하는 자는 다 지푸라기 같을 것이라 그 이르는 날에 그들을 살라 그 뿌리와 가지를 남기지 아니할 것이로되 ²내 이름을 경외하는 너희에게는 공의로운 해가 떠올라서 치료하는 광선을 비추리니 너희가 나가서 외양간에서 나온 송아지 같이 뛰리라 ³또 너희가 악인을 밟을 것이니 그들이 내가 정한 날에 너희 발바닥 밑에 재와 같으리라 만군의 여호와의 말이니라

여호와의 저 크고 두려운 날이 여기에서 예언되고 있다. 이것은 구름 기둥과 불 기둥처럼 하나님을 대적하여 싸우는 애굽 사람들에게는 어두운 면을 보이고, 하나님을 좇는 신실한 이스라엘 백성에게는 밝은 면을 보일 것이다. 날이 이르리라. 즉, 여호와께서 오실 것이고, 여호와의 날이 이를 것이다. 이것은 예수 그리스도의 초림 및 재림과 관련되어 있다. 이 두 날은 확정되어 있고, 여기에 나오는 묘사와 부합할 것이다.

I. 초림과 재림에서 그리스도는 그를 대적하여 반역한 자들에게 소멸시키는 불이 되시리라는 것. 그가 오시는 날은 용광로 불 같을 것이다. 그 날은 진노의 날, 맹렬한 진노의 날이 될 것이다. 메시야에 관하여 다음과 같은 예언이 이미 있었다(시 21:9): 주의 손이 주의 모든 원수를 찾아내셔서 주가 노하실 때에 그들을 풀무불 같게 하실 것이다. 그 날은 한 성읍이나 삼림이 불타서 나무들이 말라 죽는 것과 같은 두려움과 멸망의 날이 될 것이다. 왜냐하면, 그 날은 그런 식으로 비유되는 것으로 보이기 때문이다(사 10:17-18): 이스라엘의 빛은 불이 되고 그의 거룩하신 이는 불꽃이 되실 것이니라 그의 숲과 기름진 밭의 영광이 전부 소멸되리라. 좀 더 자세하게 살펴보자.

1. 이 불의 연료가 될 자들은 누구인가. 그들은 모든 교만한 자들, 즉 하나님을 대적하여 완악한 말을 하고, 목을 뻗뻗이 세우고서 하나님의 계명들의 멍에를 메고자 하지 않는 자들(교만한 얼굴로 하나님을 구하지도 않고, 예수 그리스도의 은혜와 통치에 순복하지도 않는 모든 자들, 그리스도의 다스리심을 받고자 하지 않는다고 교만하게 말하는 모든 자들)이다. 그들은 그들의 생각과 행실에서 악을 행하는 자들, 즉 하나님의 법을 멸시하고 거슬러서 악의적으로 죄를 고집하는 모든 자들이다. 또 한 사람의 선지자가 최근에 표현하였듯이, 그들은 언약을 배반하고 악행하는 자들이다(단 11:32). 하나님은 각 사람의 성품을 완전하게 알고 계시기 때문에 누가 교만한 자인지를 아시고, 각 사람의 행위를 완전하게 알고 계시기 때문에 악을 행하는 자가 누구인지 아신다. 그들은 이 불 앞에서 지푸라기 같을 것이다. 그들은 이 불에 의해서 아주 쉽게 그리고 남김없이 탈 것이고, 그들이 그렇게 되는 것은 전적으로 그들 탓이다. 왜냐하면, 그들을 이 불 앞에서 아주 잘 타는 지푸라기로 만든 자는 바로 그들 자신이기 때문이다. 만약 그들이 지푸라기가 아니라면, 그 불은 그들을 태우지 못할 것이다. 왜냐하면, 그 불은 각 사람이 어떤 자이고 어떤 행위들을 하였느냐에 따라 각 사람마다 효능이 달라질 것이기 때문이다. 그들이 나무나 풀이나 짚이면, 그들은 그 불에 타서 소멸될 것이다. 그러나 그들이 금이나 은이나 보석이면, 그들은 그 불 앞에서 그대로 있을 것이고, 도리어 그 불에 의해서 정결하게 될 것이다(고전 3:13-15). 불신앙으로 말미암아 그리스도를 배척하는 자들은 그들 자신을 맹렬한 불 앞의 찔레와 가시로 만드는 자들이다(사 27:4-5).

2. 이 불의 힘은 어떠하고, 그 결과는 어떠할 것인가. 그 이르는 날에 그들을

살라 그들을 두렵게함과 동시에 멸망시키고 그 뿌리와 가지, 즉 아들이나 조카(갈대아 역본의 읽기)를 남기지 아니할 것이다. 그들이나 그들의 후손이나 다 살아남지 못할 것이다. 그들은 완전히 진멸되고 멸절될 것이다. 누가 주의 노여움의 능력을 알리이까(시 90:11). 교만한 자들과 악을 행하는 자들은 그것을 두려워하지 않겠지만, 장차 그 매운 맛을 직접 느끼게 될 것이다. 교만한 자들이 이렇게 철저하게 비참하게 될 때, 현재적으로 누릴 그들의 복의 가지가 하나도 남아 있지 않고, 복의 뿌리도 다 없어져서 앞으로도 복을 다시 누릴 가망이 완전히 사라져 버릴 때, 교만한 자들이 복이 있다고 한 자들이 어디 있느냐?

(1) 이 말씀은 그리스도께서 그의 가르침을 통해서 교만한 바리새인들과 악을 행한 유대인들을 두렵게 하고 정죄하는 말씀을 전하셨을 때에, 그리고 그가 불을 이 땅에 던지셔서 장로들의 전통들이라는 지푸라기와 그들이 하나님의 법에 덧씌워 놓은 부패한 해설들을 태워 버리셨을 때에 성취되었다.

(2) 이 말씀은 예루살렘이 로마 군대에 의해서 멸망을 당하고, 유대 나라가 하나의 나라로서 하늘 아래에서 완전히 말살되어, 뿌리나 가지가 남아 있지 않게 되었을 때에 성취되었다. 여기에서 주로 염두에 두고 있던 것은 바로 이것인 것 같다. 우리 구주께서는 그 날들은 그러한 취지로 기록된 모든 일들이 이루어질 징벌의 날들이 될 것이라고 말씀하신다(눅 21:22). 그 때에 믿지 않는 유대인들은 마치 시체가 있는 곳에 독수리가 모여들듯이 그들 주위로 모여든 하나님의 심판들의 맹렬한 불 앞에서 지푸라기 같았다.

(3) 이 말씀은 분명히 각 사람이 죽음 직후에 받게 되는 심판에 적용될 수 있고, 또 적용되어야 하겠지만(일부 유대인 박사들은 이 구절이 몸을 빠져나간 직후에 악인들의 영혼에게 덮쳐오는 벌을 얘기하고 있다고 말한다), 특히 종말에 그리스도께서 교만한 자들과 악을 행하는 모든 자들에 대한 심판을 집행하시기 위하여 불꽃으로 나타나실 저 심판의 날에 적용되어야 한다. 그 때에 온 세상은 용광로 불 같이 타오르게 될 것이고, 이 세상에 마음을 두고 자신의 분깃을 거기에 둔 세상의 자녀들은 이 세상과 함께 멸망할 것이며, 그 때에 붙은 불은 결코 꺼지지 않을 것이다.

II. 초림과 재림에서 그리스도는 그를 신실하게 섬기는 자들에게 기쁨의 빛이 되시리라는 것. 그들은 그의 이름을 경외하고, 그에게 합당한 영광을 돌리며(2절), 악인들이 더럽히고 짓밟는 그의 이름을 두려워하는 자들이다. 여기에는 여호와를 경외하고 그의 이름을 공경하는 모든 자들에게 준비되어 있는 긍휼과 위로가 나온다.

1. 이 긍휼과 위로는 어디로부터 그들에게 흘러오게 될 것인가. 내 이름을 경외하는 너희에게는 공의로운 해가 떠올라서 치료하는 광선을 비추리라. 그 이르는 날은 악인들에게는 폭풍우가 휘몰아치는 날, 하나님이 소돔에 그러셨듯이 불과 유황과 태우는 바람을 그들 위에 비처럼 내리실 날(시 11:6), 빛 없는 어둠의 날과 빛남 없는 캄캄함의 날(암 5:18, 20)이 될 것이지만, 하나님을 경외하는 자들에게는 청명하고 밝은 날, 떠오르는 해가 땅을 소생시키듯이 그들을 소생시키는 날이 될 것이다. 평지의 성읍들이 불에 의해서 소멸되었고, 오직 소알이 하나님의 긍휼로 특별히 심판을 피하게 되었을 때, 성경은 해가 떠올랐다는 말을 거기에서 사용한다(창 19:23, 롯이 소알에 들어갈 때에 해가 돋았더라). 여기에서 하나님을 경외하는 자들에게 주어진 말씀도 마찬가지이다. 다른 사람들의 마음이 두려움으로 기절할 때, 그들은 기쁨으로 머리를 들어야 한다. 왜냐하면, 그들의 속량이 가까웠기 때문이다(눅 21:26, 28). 그러나 여기에 나오는 공의로운 해(또는, 의의 해)는 예수 그리스도를 가리키는 것임에 틀림없다. 그리스도께서는 유대인들이 모두 멸망을 당하는 날에 믿는 남은 자들이 다른 사람들과 함께 멸망하지 않도록 하고, 환난과 곤고의 날에 그들을 위로하시는 일을 하실 것이다. 그는 유대에 있는 자들에게 산으로 도망하라고 명하셨고(마 24:16), 그들은 실제로 펠라로 피신하여 모두 안전하고 평안하였다. 그러나 이 말씀은 좀 더 일반적으로 적용되어야 한다.

(1) 이 말씀은 그리스도께서 잃어버린 자들을 찾으셔서 구원하시기 위하여 육체로 오시리라는 것을 보여줌. 그 때에 의로운 해가 이 어두운 세상 위에 떠올랐다. 그리스도는 세상의 빛, 참 빛, 해처럼 낮을 만드시고 날을 다스리는 큰 빛이시다(요 8:12). 그는 사람들의 빛(요 1:4)이시다. 해가 눈에 보이는 이 세상의 빛이듯이(해 없이는 이 세상은 지하토굴이 되어 버릴 것이다), 그는 사람들의 영혼을 비추는 빛이시기 때문에, 그리스도의 얼굴에서 빛나는 하나님의 영광의 빛이 없다면, 인류는 어둠 그 자체가 되어 버릴 것이다. 그리스도는 자기 자신 속에 빛을 가지고 계시는 해이시고, 빛의 원천이시다(시 19:4-6). 그는 의로운 해이시다. 왜냐하면, 그는 의로우신 구주이시기 때문이다. 의는 이 해의 빛이자 열기이다. 그의 의의 말씀도 마찬가지이다. 그의 말씀은 사람들을 인도하

고 교훈하며 일깨운다. 그가 이루신 영원한 의도 마찬가지이다. 그는 하나님으로부터 나와서 우리에게 의로움이 되셨다(고전 1:30). 그는 여호와 우리의 의이시기 때문에, 의로운 해라 불리는 것이 합당하다. 우리는 그로 말미암아 의롭다 하심과 거룩함을 얻어서, 빛을 보게 된다. 이 의로운 해는 때가 차매 세상 위에 떠올랐고, 그와 함께 빛, 곧 큰 빛이 세상에 왔다(요 3:19; 마 4:16). 그의 안에서 돋는 해가 위로부터 우리에게 임하여 어둠에 앉은 자들에게 비치셨다(눅 1:78-79). 의는 종종 긍휼이나 자비를 나타내는데, 그리스도 안에서 우리 하나님의 자애로 우신 긍휼이 우리에게 임하였다.

(2) 이 말씀은 사람들의 영혼 속에 주어지는 성령의 은혜와 위로들에 적용될 수 있다는 것. 그로티우스(Grotius)는 이 구절을 그리스도께서 그의 소유인 자들에게 성령을 주셔서, 성령으로 하여금 그들의 마음속에서 빛을 비추고, 그들에게 위로자가 되며, 해와 방패가 되게 하실 것을 보여주는 것이라고 이해한다. 하나님에 대한 거룩한 경외와 그의 엄위하심에 대한 두려움에 의해서 사로잡혀서 그 다스림을 받는 자들은 성령으로 말미암아 그들의 마음에 부은 바 된 하나님의 사랑을 갖게 될 것이다(롬 5:5). 그렇게 되었을 때, 우리는 해가 그들의 마음속에 떠올라서 그들의 마음이 즐거운 낮이 되고 화창한 봄이 되었다고 말할 수 있다.

(3) 그리스도의 재림은 그의 이름을 경외하는 모든 자들에게 너무나 반가운 찬란한 일출(sun-rising)이 되리라는 것. 그 아침은 정직한 자들이 다스리게 될 부활의 그 아침일 것이다(시 49:14). 악인들에게는 용광로 불 같을 그 날은 의인들에게는 아침과 같이 밝은 날일 것이다. 파수꾼이 아침을 기다림보다 그들은 그 날을 더 기다린다(시 130:6).

2. 이 긍휼과 위로는 그들에게 무엇을 가져다 줄 것인가. 그는 떠올라서 치료하는 광선을 비추실 것이다. 그리스도께서 해로 오신 것은 단지 어두운 세상에 빛을 비추시기 위한 것만이 아니라, 병들고 이상해진 세상을 치료하시기 위한 것이기도 하다. 유대인들 사이에서는 해가 떠오르면 질병들이 줄어든다는 속담이 있다고 한다(포코크 박사의 말). 밤 사이에 풀이 시들었던 꽃들도 아침이 되면 생기를 되찾는다. 그리스도께서는 위대한 의사이신 동시에 명약이 되시기 위하여, 즉 길르앗의 의사와 연고(軟膏)가 되시려고 이 세상에 오셨다. 그는 이 땅에 계실 때에, 마치 해가 그 궤도를 따라 운행하듯이, 두루 다니시며 이

선한 일을 행하셨다: 그는 두루 다니사 백성 중의 모든 병과 모든 약한 것을 고치셨다(마 4:23). 해가 그렇듯이, 그는 두루 다니시며 고쳐 주셨다. 그는 그의 옷자락에 치료를 지니시고 떠오르실 것이다(어떤 이들은 이렇게 읽는다). 그들은 이 구절을 혈루병을 앓던 여인이 그리스도의 옷자락에 손을 대어서 병이 나았고, 그는 그의 능력이 자기에게서 나간 것을 아셨다는 이야기와 연결시킨다(막 5:28-30). 그러나 그가 육체의 질병들을 고치신 것은 그가 이 세상에 오신 큰 목적, 즉 사람들의 영혼의 질병을 고치셔서 그들을 건강하게 만들어서 하나님을 섬기고 잘 살아갈 수 있도록 하기 위한 것의 일부에 지나지 않는 것이었다.

3. 이 긍휼과 위로는 그들에게 어떤 선한 결과를 미치게 될 것인가.

(1) 이 긍휼과 위로로 말미암아 그들은 활기가 넘치게 되리라는 것. "치료된 자들이 밖으로 나와서 그들의 본업으로 돌아가듯이, 그렇게 너희가 나올 것이다." 죄수들이 지하감옥에서 나와서 빛을 보고 자유를 누리듯이, 죽을 때에 영혼들은 몸에서 나올 것이고, 부활의 때에 몸은 무덤에서 나올 것이다. "봄이 되어 해가 다시 돌아오면 식물들이 땅에서 나오듯이, 그렇게 너희가 나올 것이다." 어떤 이들은 이 구절을 예루살렘이 멸망할 때에 그리스도인들이 거기로부터 나와서 피신하여 목숨을 부지하게 될 것을 의미하는 것으로 해석한다. 그 영혼에 의로운 해가 떠오른 자들은 참으로 자유롭게 된 자들로서(요 8:36) 세상에서 나올 것이고, 바벨론에서 나올 것이다. "또한, 너희는 자랄 것이다. 건강과 자유를 되찾은 너희는 지식과 은혜, 영적인 힘에 있어서 자랄 것이다." 그 영혼에 의로운 해가 떠오른 자들은 온전한 사람이 되기 위하여 자라가고 있는 자들이다. 하나님의 은혜로 말미암아 지혜롭고 선하게 된 자들은 동일한 은혜로 점점 더 지혜롭고 더 선한 자들이 되어 간다. 그들의 길은 떠오르는 해와 같이 점점 더 빛나서 한낮의 광명에 이르게 된다(잠 4:18). 그들이 자라는 것은 외양간의 송아지가 자라는 것에 비유되는데, 송아지는 아주 빨리 튼튼하고 쓸모있게 자란다. "너희는 가냘프고 연약하며 별 쓸모도 없고 다 자란 후에는 곧 시들어 버리는 들의 꽃 같이 자라는 것이 아니라, 한 랍비가 말하듯이 살이 토실토실하게 잘 자라서 하나님의 제단과 사람들의 식탁을 풍성하게 해주는 외양간의 송아지 같이 자랄 것이다." 마찬가지로, 그 영혼에 의로운 해가 떠오른 성도들도 하나님을 존귀하게 해드리고 사람에게 유익을 끼치는 쓸모있는 자들로 자란다. 어떤 이들은 이 구절을 너희가 자라리라로 읽는 대신에 너희가 스스로 움

직이리라 또는 너희가 기뻐 뛰리라로 읽는다. 즉, 그들은 외양간에 갇혀 있다가 이제 좀 자라서 야외로 방목된 송아지가 까불거리며 뛰노는 것처럼 기뻐하리라는 것이다. 이것은 성도들이 그리스도 예수를 즐거워하고 기뻐하는 모습을 묘사한 것이다. 그들은 너무나 기뻐서 깡충깡충 뛰기까지 할 것이다. 왜냐하면, 하나님이 항상 그들을 그리스도 안에서 이기게 하실 것이기 때문이다(고후 2:14).

(2) 이 긍휼과 위로로 말미암아 그들은 그들의 원수들에게 승리하리라는 것(3절). 너희가 악인을 밟을 것이다. 악인들이 그들을 밟으며, 그들에게 엎드리라 우리가 넘어가리라(사 51:23)고 말하던 때가 있었다. 그러나 그들이 악인을 밟을 때가 올 것이다. 악인들은 그리스도의 발판이 될 때에 그들의 발판도 될 것이고(시 110:1), 와서 교회의 발 앞에 절하게 될 것이다(계 3:9). 큰 자가 어린 자를 섬기리라(롬 9:12). 믿는 자들이 믿음으로 세상을 이길 때, 그들이 그들 자신의 부패한 욕심과 혈기를 다스릴 때, 평화의 하나님이 사탄을 그들의 발 아래에서 상하게 하실 때, 그것은 그들이 악인을 밟는 것이다. 그리스도인들이 그들을 모욕하였던 유대인들에 대하여 마침내 승리하였을 때, 이 약속은 성취되었다. 그들이 너희 발바닥 밑에 재와 같으리라. 그들은 밟힐 뿐만 아니라, 밟혀서 재가 될 것이다. 그 이르는 날이 악인들을 태워 버렸을 때, 그들은 재가 된 악인들을 밟을 것이다. 의인들이 부활하여 영생을 누릴 때, 악인들은 부활하여 영원히 부끄러움을 당할 것이다(단 12:2). 그들은 악인들을 밟고서 개가를 부르지는 않을 것이지만, 하나님이 그의 공의로 악인들을 멸망시키심으로써 영광을 받으시게 된 것을 기뻐할 것이다. 영광 중의 성도들에게는 만국을 다스리는 권세가 주어질 것이고, 그들은 철장을 가지고 그들을 다스릴 것이다(계 2:26-27). 내가 이 일을 행할 그 날에 너희가 그것을 하게 될 것이다. 성도들이 승리의 기쁨을 만끽하게 되는 것은 모두 하나님의 승리 덕분이라는 것을 명심하라. 그들이 이 일을 하는 것이 아니라, 하나님이 그들을 위하여 이 일을 하시고서, 가까이 와서 이 왕들의 목을 발로 밟으라(수 10:24)고 말씀하시는 것이다. 어떤 이들은 이 어구를 "내가 정한 날에"라고 읽기도 한다. 즉, 하나님이 정한 큰 날에, 그들은 이 날은 여호와께서 정하신 것이라 이 날에 우리가 즐거워하고 기뻐하리로다(시 118:24)라고 말하게 되리라는 것이다. 예루살렘이 멸망할 날은 주의 크고 영화로운 날이라 불리고(행 2:20), 우리 구주께서도 예루살렘의 멸망을 예언하실 때에 이

와 같은 표현을 사용하셨는데, 이 표현은 세상의 종말이나 최후의 심판을 나타 낼 때에도 사용된다. 왜냐하면, 이 표현은 하나님의 두려운 진노가 하늘로부터 나타나서 이 땅에 무시무시한 광경이 펼쳐지게 될 것을 보여주고 있어서, 시간 의 날들이 가고 영원의 날들이 오게 될 저 영화로운 임무 교대의 모형으로서 적절하였기 때문이다. 이 예언들이 유대 나라가 멸망함으로써 성취된 것을 본 우리는 그리스도께서 만물이 해체되어 없어질 것에 관하여 우리에게 주신 약 속을 믿는 믿음을 더욱 견고히 하는 것이 마땅하다. 내가 진실로 속히 오리라(계 22:20). 하늘과 땅의 모든 권세를 위임받으신 만군의 여호와 그리스도께서 이렇 게 말씀하신다.

⁴너희는 내가 호렙에서 온 이스라엘을 위하여 내 종 모세에게 명령한 법 곧 율례와 법도를 기억하라 ⁵보라 여호와의 크고 두려운 날이 이르기 전에 내가 선지자 엘리 야를 너희에게 보내리니 ⁶그가 아버지의 마음을 자녀에게로 돌이키게 하고 자녀들 의 마음을 그들의 아버지에게로 돌이키게 하리라 돌이키지 아니하면 두렵건대 내 가 와서 저주로 그 땅을 칠까 하노라 하시니라

이 단락에 나오는 말씀은 의심할 여지 없이 이 예언서만이 아니라 구 약의 정경 전체의 엄숙한 결론으로 의도된 것으로서, 메시야의 복음이 시작될 때까지는 하나님의 감동에 의한 말씀이나 글, 예언의 영에 의한 지시들이 더 이상 없을 것임을 분명하게 알려 준다. 그러므로 외경들(Apocrypha)은 성경의 일부가 될 수 없고, 따라서 유대인들도 외경들을 받아들이지 않았다.

이제 바야흐로 예언이 그치고 봉인이 되려고 하는 즈음에, 하나님은 당시의 자기 백성에게 두 가지의 것을 요구하신다.

I. 그들은 모세의 율법을 계속해서 숭상하고 순종하여야 한다는 것(4절). 너희는 내가 호렙에서 온 이스라엘을 위하여 내 종 모세에게 명령한 법 곧 율례와 법 도, 즉 십계명의 율법만이 아니라 그 때에 거기에서 받은 그 밖의 다른 모든 율 례와 법도를 기억하라. 좀 더 자세하게 살펴보자.

1. 구약의 마지막 기자(記者)인 말라기가 구약의 최초의 기자인 모세를 존귀 하게 언급함. 하나님은 말라기를 통해서 모세를 내 종 모세라고 부르신다. 왜냐 하면, 의인은 영원토록 기억될 것이기 때문이다. 성경의 기자들은 비록 여러

세대에 걸쳐서 서로 아주 먼 세월의 간격을 두고 살았을지라도(모세로부터 말라기까지는 대략 1,200년의 세월이 흘렀다), 모두 동일한 한 분 성령에 의해서 감동과 인도하심을 받았기 때문에, 모두 동일한 것을 증거하였고, 서로를 지지하였다.

2. 모세의 율법도 존귀하게 언급됨. 그 율법은 하나님이 친히 명령하신 것이었다. 하나님은 그것을 그의 율법이라고 시인하신다. 그는 온 이스라엘을 위하여 그 율법을 그들의 나라의 법으로 삼도록 명령하셨다. 하나님은 이렇게 그의 법을 크게 하며 존귀하게 하려 하신다(사 42:21). 하나님이 율법을 명령하셨고 우리를 위하여 명령하셨기 때문에, 우리는 그 율법을 지키려고 애를 써야 한다는 것을 명심하라. 왜냐하면, 우리는 영적 이스라엘이기 때문이다. 하나님이 이스라엘과 맺으신 언약으로 인한 유익을 기대한다면(히 8:10), 우리는 하나님이 이스라엘에게 주셔서 그들의 영속적인 의무가 되게 하신 그 명령들을 지켜야 한다.

3. 율법과 관련한 우리의 본분의 요지(要旨). 우리는 그것을 기억하여야 한다. 율법을 잊어버리는 것은 우리가 율법을 범하는 것의 근저에 있다. 율법을 제대로 기억하고 있기만 하면, 우리는 율법에 맞춰 살아갈 수밖에 없다. 우리는 율법을 사용할 기회가 있을 때에 그 율법을 기억하여야 하고, 명령들 자체와 그 명령들을 어겼을 때의 벌을 둘 다 기억하여야 한다. 양심이 할 일은 우리에게 율법을 기억하라고 명령하는 것이다. 그렇다면, 모세의 율법을 기억하라는 당부가 왜 여기에 나오는 것인가?

(1) 선지자는 앞에서 예배와 행실에 있어서 그들이 저지른 많은 악폐들과 불법들을 책망하였었는데, 이제 여기에서 잘못된 것을 고치고 바로잡게 하기 위하여서는 단지 그들에게 모세의 율법을 기억하라고만 당부한다. "그 규범을 기억하고 있기만 한다면, 너희는 너희가 마땅히 행해야 할 모든 것을 하게 될 것이다." 하나님은 그들이 이미 받은 것 외에 다른 짐을 그들에게 지우지 않으시고, 다만 그들에게 있는 것을 굳게 잡으라(계 2:24-25)고만 말씀하신다. 부패하고 타락한 교회는 기록된 말씀에 의해서 개혁되어야 하고, 율법과 증거의 말씀의 표준으로 돌아감으로써 제자리를 찾아야 한다는 것을 명심하라(사 8:20).

(2) 교회는 오랫동안 하나님의 특별한 사자(使者)들인 선지자들로 인한 유익을 누려 왔었지만, 이제는 그 선지자들의 예언들을 한데 묶어서 완성한 책을

갖게 되었다. 그러나 그렇다고 해서, 그들은 모세의 율법이 폐기되었고, 지나간 달력처럼 되어 버렸으며, 이제 그들이 더 수준 높은 하나님의 법으로 나아가게 되었기 때문에, 모세의 율법을 잊어버려도 좋다고 생각해서는 안 된다. 전혀 그렇지 않다. 선지자들이 한 일은 단지 율법을 확증하고 적용하며, 율법을 지킬 것을 강력히 촉구한 것뿐이다. 그러므로 계속해서 율법을 기억하라. 우리는 하나님을 아는 지식에 있어서 상당한 진보를 이루었다고 할지라도, 여전히 실천적인 신앙의 가장 기본이 되는 원리들을 간직하고서 그것을 꼭 붙들어야 한다는 것을 명심하라. 선지자들의 글과 묵시록을 연구하는 자들은 계속해서 모세의 율법과 사복음서를 기억하여야 한다.

(3) 예언은 이제 여러 세대 동안 교회에서 그치게 될 것이었고, 예언의 영도 복음이 시작될 때까지는 다시 돌아오지 않을 것이었다. 그러므로 그들은 지금 모세의 율법을 기억하라고 당부하시는 말씀을 듣는다. 그들은 율법의 규범들에 따라서 살아야 하고, 그 약속에 의지해서 살아야 한다. 우리에게 기록된 말씀이 있고 완성된 정경(正經)이 있어서 우리의 지침이 되어 주고 있는 한, 우리는 묵시와 계시가 없다고 불평할 필요가 없다는 것을 명심하라. 왜냐하면, 기록된 말씀은 가장 확실한 예언이고(벧후 1:19), 영들을 시험할 수 있는 시금석이기 때문이다(요일 4:1). 우리에게는 선지자들이 없지만 성경이 있기 때문에, 우리는 하나님과의 교통을 유지할 수 있고, 하나님의 길을 따라 계속해서 행할 수 있다.

(4) 그들은 메시야가 오셔서 그의 복음을 전파하시며 그의 나라를 세우실 날을 기다려야 하였다. 그들은 그렇게 기다리는 동안에 모세의 율법을 기억하고, 그 율법에 순종하여 살아가야 한다. 그래야만, 그들은 메시야가 즐겨 순종하는 자들에게 가져다 주실 위로들을 기대할 수 있다(사 1:19). 그들은 모세의 율법을 지키며, 그들에게 주어진 빛에 걸맞게 살아가야 한다. 그래야만, 그들은 그리스도의 복음으로 인한 유익을 기대할 수 있다. 왜냐하면, 무릇 있는 자, 그러니까 자기가 가진 것을 잘 사용하는 자는 더 많은 것을 받아 넉넉하게 될 것이기 때문이다(마 13:12).

II. 그들은 그리스도의 복음을 계속해서 믿고 기다려야 하고, 선지자 엘리야가 나타나서 복음이 시작되는지를 살펴야 한다는 것(5-6절). "보라 내가 선지자 엘리야를 너희에게 보내리라. 예언의 영이 한동안 그쳐서, 너희가 오직 율법만을 참조하게 되겠지만, 예언의 영은 엘리야의 심령과 능력으로 보내심을 받게 될 자를 통해서 다시 재개될 것이다(눅 1:17)." 율법과 선지자는 요한의 때까지였다(눅 16:16). 율법과 선지자들은 새벽별이 나타날 때까지는 계속해서 교회의 유일한 빛들이었다. 하나님은 세상에 그를 증거하는 증인을 남겨 두지 않으신 적이 없으셨듯이(행 14:17), 교회에서도 기회가 있을 때마다 그의 계시의 빛을 점점 더 밝게 하셔서 대낮의 광명이 되게 하셨다. 그들은 지금 모세와 선지자들을 가지고 있으니, 그들에게서 들어야 한다. 그러나 하나님은 거기에서 더 나아가, 그들에게 엘리야를 보내실 것이다.

1. 보내심을 받게 될 이 선지자는 누구인가. 그는 엘리야이다. 유대인 박사들은 이 선지자가 아합 시대에 이스라엘에서 예언하였던 바로 그 엘리야일 것이라고 말한다. 그 엘리야가 메시야의 선발대로 다시 올 것이라는 것이다. 그러나 유대인 박사들 중에는 이 두 사람이 동일 인물이 아니고, 이 선지자는 엘리야와 동일한 영을 지닌 다른 인물일 것이라고 말한다. 이러한 두 가지 견해는 그들이 요한에게 와서 "네가 엘리야냐, 아니면 엘리야라는 이름을 띠고 오게 되어 있던 그 선지자냐"라고 물었을 때에 그들의 물음 속에 그대로 드러나 있는 것으로 보인다(요 1:19-21). 그러나 우리 그리스도인들은 세례 요한이 오기로 되어 있던 엘리야였다는 것을 아주 잘 알고 있다(마 17:10-13). 그리스도께서는 친히 아주 분명하게, 기록된 바 보라 내가 내 사자를 네 앞에 보내노니 그가 네 길을 네 앞에 준비하리라 하신 것이 이 사람에 대한 말씀이니라(마 11:10; 말 3:1)고 말씀하셨고, 오리라 한 엘리야가 곧 이 사람이니라(마 11:14)고 말씀하셨다. 엘리야는 대단히 금욕적이고 절제하는 삶을 살았고, 하나님을 향한 열심이 특별하였으며, 죄를 책망하는 데에 담대하였고, 배교한 백성을 다시 하나님께 돌아오게 하기 위하여 온 힘을 다한 인물이었다. 세례 요한은 엘리야와 동일한 심령과 능력으로 활동하면서, 백성들에게 회개하고 삶을 고칠 것을 외쳤다. 모든 백성이 엘리야를 그의 시대에 선지자로 여겼듯이, 세례 요한을 선지자로 여겼고, 그의 세례가 사람으로부터가 아니라 하늘로부터 왔다고 믿었다. 하나님은 이전과 똑같은 일을 할 필요가 생겼을 때에는 이전에 그 일을 했던 자와 똑같은 심령과 능력을 지닌 자를 일으키실 수 있으시다는 것을 명심하라. 하나님은 세례 요한에게 엘리야의 영을 넣어 주셨다.

2. 그는 언제 보내심을 받게 될 것인가. 하나님은 그를 메시야가 나타나기

직전에 보내실 것이다. 메시야가 임할 날은 이 세상을 심판하고, 유대 교회와 나라를 멸망시킬 날이었기 때문에, 여기에서 여호와의 크고 두려운 날이라 불린 다. 세례 요한은 그들에게 임박한 진노(신속하게 다가오고 있던 끝까지 임할 노 하심, 살전 2:16)를 말해줌으로써 이 멸망의 날에 대하여 적절한 경고를 하였 고, 그리스도께서 손에 키를 들고 타작 마당을 정하게 하시리라는 것을 말해줌으 로써, 어떻게 하면 그들이 그 멸망으로부터 피할 수 있는지도 제시하였다(마 3:7, 10, 12). 그리스도께서 첫 번째로 오신 그 날은 그가 다시 오실 그 날과 같 았다. 즉, 이 두 번의 날은 모두 그를 영접하는 자들에게는 크고 기쁜 날이 될 것이지만, 그를 배척하는 자들에게는 크고 두려운 날이 될 것이다. 세례 요한은 이 날이 이르기 전에, 백성들에게 그 날을 알려 주어서 그들로 하여금 준비를 해서 그 날을 맞으러 나갈 수 있도록 먼저 보내심을 받았다.

3. 그는 어떤 사명을 띠고 보내심을 받게 될 것인가. 그가 아버지의 마음을 자 녀에게로 돌이키게 하고 자녀들의 마음을 그들의 아버지에게로 돌이키게 하리라. 즉, "그는 이 일에 쓰임을 받게 될 것이다. 그는 그 일을 시도할 것이다. 그의 가르침과 세례는 모두 그런 목적을 위한 것이 될 것이고, 그 목적은 많은 사람 들에게서 성공할 것이다. 그는 많은 사람들을 의로 돌아오게 하고 그들의 하나님 여호와께로 돌아오게 하여서 주를 위하여 세운 백성을 준비하고자 하시는 하나님 의 손에 들린 도구가 될 것이다(눅 1:16-17). 심령들을 하나님 및 그들의 본분 으로 돌아오게 하는 것은 여호와의 크고 두려운 날에 대비하여 그들을 가장 잘 준비시키는 일임을 명심하라. 여기에서는 세례 요한에 대하여 다음과 같은 것 들이 약속된다.

(1) 그가 상황을 반전시켜서, 그의 백성들 가운데에서 흐르고 있는 죄와 불 경(不敬)의 거센 격류에 과감하게 맞서서 모든 것을 굴복시키리라는 것. 이것 은 그들이 다시 올바른 통로로 흘러갈 수 있도록 하기 위하여 그가 모든 일을 회복하고(마 17:11) 그들을 바로잡아 놓을 것이라는 말로 표현된다.

(2) 그가 사람들의 마음에 와 닿는 가르침을 전파하여, 그들에게 감화를 주 고, 그들의 마음을 변화시켜 놓으리라는 것. 하나님의 말씀은 그의 입에서 살아 있고 활력이 있어, 사람들의 마음의 생각과 뜻을 판단하게 될 것이다(히 4:12). 지 금까지 잘 깨닫지 못하였던 많은 사람들이 그의 사역을 통해서 그 양심이 깨어 났다. 그의 사역 속에는 그 정도로 영과 능력이 충만하였다.

(3) 그가 아버지들의 마음을 자녀들과 더불어서, 자녀들의 마음을 아버지들과 더불어서 하나님과 그들의 본분으로 돌아오게 하리라는 것. 그는 젊은 사람이나 나이 든 사람이나 가리지 않고 모든 사람에게 회개하라고 외칠 것이고, 그의 수고는 헛되지 않을 것이다. 왜냐하면, 하나님을 떠났던 아버지들 중에서 많은 수와, 자라나고 있는 자녀들 중에서 많은 수가 그의 사역에 의해서 감화를 받게 될 것이기 때문이다.

(4) 그가 아버지들과 자녀들을 한데 묶어서 그들의 하나님께로 돌아오게 함으로써, 혈육들 간의 사랑과 연합이 되살아나고 더욱 견고해지게 하며, 그들을 서로 더 가깝게 묶어주리라는 것. 그는 이렇게 해서 천국의 길을 예비하게 될 것이다. 왜냐하면, 천국은 모든 신실한 신민들이 한마음과 한 뜻이 되어 사랑하는 사랑의 나라이고, 모든 적대감이 사라지고 없는 나라일 것이기 때문이다(행 4:32).

4. 그가 이런 사명을 띠고 보내심을 받는 이유는 무엇인가. 그것은 내가 와서 저주로 그 땅, 즉 이스라엘 땅과 유대 나라를 치지 않도록 하기 위한 것이다. 그들은 그들의 불경함과 회개치 않음으로 인하여 하나님의 저주를 당하게 될 위험을 자초하였는데, 하나님의 저주는 그들을 모든 재앙에 내어주시는 것이다. 하나님은 그런 저주로 그들을 치셔서 철저히 멸망시킬 준비를 다 갖추고 계셨다. 그러나 하나님은 마지막으로 다시 한 번 그들이 회개하고 돌아와서 그 저주를 막고자 하는지를 시험하고자 하신다. 그래서 하나님은 그들이 회심하여 낭패를 당하지 않도록 하기 위하여, 그들에게 회개하라고 외치라고 세례 요한을 보내실 것이다. 하나님은 그 누구도 멸망당하기를 정말 원하지 않으시고, 그의 진노를 거두게 되기를 정말 간절히 원하신다. 만약 그들이 민족적으로 회개하고 삶을 고쳤다면, 그들의 회개는 이러한 소기의 목적을 이룰 수 있었을 것이다. 그러나 그들은 세례 요한을 보내신 하나님의 뜻을 저버렸기 때문에(눅 7:30), 하나님은 그들과 그들의 땅을 저주로 치실 수밖에 없으셨고, 그들은 오늘날까지도 그 저주 아래 놓여 있다. 회초리나 십자가로 그들을 치시는 이에게로 돌아오지 아니하는 자들은 하나님이 장차 그들을 칼과 저주로 치실 것임을 명심하여야 한다(사 9:13). 지금 도끼가 나무 뿌리에 놓여 있다고 세례 요한은 말한다(마 3:10). 하나님이 저주로 그들을 치셔서 잘라 버리실 채비를 다 하고 계시다는 것이다. 그러므로 회개에 합당한 열매를 맺으라(마 3:8). 어떤 이들은

구약의 마지막 말씀이 이 땅을 위협하는 저주라는 점을 주목한다(슥 5:3). 하나님이 우리에게 우리가 저주를 받아 마땅한 자들이라는 것을 상기시켜 주시는 것은 우리로 하여금 복을 가지고 오시는 그리스도를 영접하도록 하시기 위한 것이다. 신약은 복, 그것도 최고의 복으로 끝나는데, 우리는 그 복으로 무장하여야 한다. 아니, 우리는 하나님이 우리를 그 복으로 무장시켜 주셔서 구약의 마지막에 나오는 이 저주가 우리에게 임하지 않게 해주시도록 하여야 한다: 주 예수의 은혜가 모든 자들에게 있을지어다 아멘(계 22:21).

● **독자 여러분들께 알립니다!**

'**CH북스**'는 기존 '**크리스천다이제스트**'의 영문명 앞 2글자와
도서를 의미하는 '**북스**'를 결합한 출판사의 새로운 이름입니다.

매튜 헨리 주석전집 15

매튜 헨리 주석 호세아~말라기

1판 1쇄 발행 2009년 9월 20일
1판 중쇄 발행 2020년 3월 10일

발행인 박명곤
사업총괄 박지성
편집 신안나, 임여진, 이은빈
디자인 구경표, 한승주
마케팅 김민지, 유진선
재무 김영은
펴낸곳 CH북스
출판등록 제406-1999-000038호
전화 031-911-9864 **팩스** 031-944-9820
주소 경기도 파주시 회동길 37-20
홈페이지 www.hdjisung.com **이메일** main@hdjisung.com
제작처 영신사 월드페이퍼

ⓒ CH북스 2009

세계기독교고전 목록

1 데이비드 브레이너드 생애와 일기 | 조나단 에드워즈 편집

2 그리스도를 본받아 | 토마스 아 켐피스

3 존 웨슬리의 일기 | 존 웨슬리

4 존 뉴턴 서한집 - 영적 도움을 위하여 | 존 뉴턴

5 성 프란체스코의 작은 꽃들

6 경건한 삶을 위한 부르심 | 윌리엄 로

7 기도의 삶 | 성 테레사

8 고백록 | 성 아우구스티누스

9 하나님의 사랑 | 성 버나드

10 회개하지 않은 자에게 보내는 경고 | 조셉 얼라인

11 하이델베르크 요리문답 해설 | 우르시누스

12 죄인의 괴수에게 넘치는 은혜 | 존 번연

13 하나님께 가까이 | 아브라함 카이퍼

14 기독교 강요 (초판) | 존 칼빈

15 천로역정 | 존 번연

16 거룩한 전쟁 | 존 번연

17 하나님의 임재 연습 | 로렌스 형제

18 악인 씨의 삶과 죽음 | 존 번연

19 참된 목자 | 리처드 백스터

20 예수님이라면 어떻게 하실까 | 찰스 쉘던

21 거룩한 죽음 | 제레미 테일러

22 웨이크필드의 목사 | 올리버 골드스미스

23 그리스도인의 완전 | 프랑소아 페넬롱

24 경건한 열망 | 필립 슈페너

25 그리스도인의 행복한 삶의 비결 | 한나 스미스

26 하나님의 도성 (신국론) | 성 아우구스티누스

27 겸손 | 앤드류 머레이

28 예수님처럼 | 앤드류 머레이

29 예수의 보혈의 능력 | 앤드류 머레이

30 그리스도의 영 | 앤드류 머레이

31 신학의 정수 | 윌리엄 에임스

32 실낙원 | 존 밀턴

33 기독교 교양 | 성 아우구스티누스

34 삼위일체론 | 성 아우구스티누스

35 루터 선집 | 마르틴 루터

36 조지 폭스의 일기 | 조지 폭스

37 성도의 영원한 안식 | 리처드 백스터

38 웨스트민스터 소요리문답 해설 | 토머스 왓슨

39 신학총론 (최종판) | 필립 멜란히톤

40 헨리 마틴의 생애와 일기 | 존 사전트

41 루터의 로마서 주석 | 마르틴 루터

42 놀라운 회심의 이야기 | 조나단 에드워즈

43 새뮤얼 러더퍼드의 편지 | 새뮤얼 러더퍼드

44-46 기독교 강요 (최종판) 상·중·하 | 존 칼빈

47 인간의 영혼 안에 있는 하나님의 생명 | 헨리 스쿠걸

48 완전의 계단 | 월터 힐턴

49 루터의 탁상담화 | 마르틴 루터

50-51 그리스도인의 전신갑주 I, II | 윌리엄 거널

52 섭리의 신비 | 존 플라벨

53 회심으로의 초대 | 리처드 백스터

54 무릎으로 사는 그리스도인 | 무명의 그리스도인

55 할레스비의 기도 | 오 할레스비

56 스펄전의 전도 | 찰스 H. 스펄전

57 개혁교의학 개요 | 헤르만 바빙크

58 순종의 학교 | 앤드류 머레이

59 완전한 순종 | 앤드류 머레이

60 그리스도의 기도학교 | 앤드류 머레이

61 기도의 능력 | E. M. 바운즈

62 스펄전 구약설교노트 | 찰스 스펄전

63 스펄전 신약설교노트 | 찰스 스펄전

64 죄 죽이기 | 존 오웬